日本語フリジア語辞典

日本語フリジア語辞典
Japansk-Frysk Wurdboek

兒玉 仁士 編
Hitoshi Kodama

大学書林

JAPANSK-FRYSK WURDBOEK

Hitoshi Kodama

DAIGAKUSYORIN

Tokyo 2015

はしがき

　本辞典は、『フリジア語辞典』（大学書林、2004年）の姉妹編として、編纂されたものである。日本語の見出し語として約21,000語がここに収録されている。さらに、見出し語を遥かに上回る追い込みの派生語を加えた。見出し語および派生語には、必要に応じてそれぞれ文例を示し、両言語の有する個々の語義の異同がより一層明らかになるよう配慮した。この辞典は「日本語対フリジア語」の対応関係を単に提示するにとどまらず、日本語の「辞典」としても利用できるように個々の語義、同義語、類義語、反意語、などを可能な限り数多く収録した。また両言語の文化的・言語学的側面に関する説明も随所に施した。なお、日本語の選択と訳語は「参考資料」に列挙した国語辞典およびフリジア語・ゲルマン諸語に関する国内外の辞典を参考資料として最大限に利用した。巻末には、付録として、「フリジア語の諺」と「フリジア語文法の概要」を加えた。

　このような辞典の編纂に常に伴う難題は、異文化の言語間の対比である。言語にはその背景にその言語を営々と育んできた民族の長年の歴史、つまり「文化」がある。一見、同義と思われる言葉でも、厳密に吟味すれば、外延的意味は兎も角として、内包的意味に著しい差異が見られることがある。この異文化間の差異には、むろん当然なこととは言え、越えがたい障害があり、同時に、それは翻訳の限界でもある。もし翻訳する際に、適切な訳語がない場合、已むを得ずそれに最も近接した語を選択するか、または最後の対処法として、日本語をローマ字で表記し、フリジア語で補足的に説明するか、のいずれかによることにした。

　第一原稿の執筆を開始したのは平成13年で、終了したのはそれから約10年後の平成23年の暮れであった。この手書き原稿は、当初から順次、フリジア語のネイティブスピーカーである友人のリッチェ・ミーデマ氏（Richtsje L. Miedema）に通覧をお願いし、参考資料からは到底得がたい貴重な情報を長年に亙って提供して頂いた。また、これと平行して、フリジ

ア語辞典の編纂・研究に従事し、経験豊富な友人のアナ・デクストラ博士（Anne Dykstra：Fryske Akademy）にはコンピューターによる第二原稿を全般に亘って校閲を依頼した。同氏は貴重な研究の時間を割いて数多くの質問に解答してくださった。

　この辞典を完成させるに当たり、上記お二人のご助言の他に、以下の方々に、お世話になった。前回の辞書の編纂にもご協力くださったクーン・ソンダッハ氏（Koen Zondag：フリジア語教育の元視学官）、イエラ・クロル氏（Jelle Krol：Tresoar（フーリラント文学館・資料センター研究員））、ピテル・ブースマ氏（Piter Boersma：Fryske Akademy、作家）の諸氏は編者が毎夏州都レーワルデンに滞在中にしばしば訪れて助言を求めた方たちである。常に懇切丁寧に適切なコメントを頂いたことは無上の喜びであった。なお、編者がフリジア語に携わる過程で、特に初期の段階で、フローニンゲン国立大学のフリジア語学科のウーブラ・フリース博士（O. Vries）、ゲールト・フォン・デール・メール博士（G. fan der Meer）、および音声学者のチアート・デ・グラーフ博士（T. de Graaf）に、またフリスク・アカデミーの研究員（『フリジア語辞典』（WFT）の初代の監修者）で、故人となられたカー・エフ・フォン・デール・フェーン（K. F. van der Veen）の4氏の適切な薫陶・鞭撻に浴し、それによって編者のフリジア語研究の方向・基礎付けがなされたことは、その後の研究に大いに幸いしたことをここに改めて銘記したい。この他、直接・間接に支援していただいた Fryske Akademy、Tresoar、AFUK の所員の方々に謝意を表したいと思う。また、第一原稿からのコンピューター入力は、前編と同様、東かおりさんに依頼し、長期間に亘る数回の調整にもかかわらず快くこの作業に従事して頂いたその労に対してお礼の言葉を述べたい。

　最後になったが、大学書林の社長、佐藤政人氏の温情あふるるお力添えにより、このような「実用性の乏しい」少数言語の辞典の出版を、多大な犠牲を払って、決断・推進され、ここにこの『日本語フリジア語辞典』が上梓されたことを心から喜び感謝したい。なお、社内校正でも細部に亘り貴重なご指摘を賜った。

編纂の全般に亙って努めて慎重を期した積りであるが、なお思わぬ遺漏・誤記などがあることを危惧する。これは偏に編者の責任であることは言うまでもない。

　このような数多くの国内外の友人・知人のご支援・ご協力により実現したこの辞書が、『フリジア語辞典』と共に、フリジア文化・フリジア語に関心を持つ方々の手助けになれば、幸いである。

2015 年初夏

編者　兒　玉　仁　士

Acknowledgements

In this Japanese-Frisian Dictionary I have tried to translate Japanese words into their Frisian equivalents. However, since there are large cultural and linguistic gaps between these two languages, sometimes an "oersetting"(translation) yielded so many problems that it proved virtually impossible to provide an equivalent.

I am eager to express my warmest gratitude to my friends for their help, Richtsje L. Miedema and Dr. Anne Dykstra, both of whom have played a pivotal role as good advisers. The former has since the start of this work engaged herself in answering numberless questions from me, correcting the first (and original) handwriting for many years. The latter, Dr. Dykstra (Fryske Akademy), who is an expert lexicographer of Frisian, has also spent a large amount of time on the present dictionary, in spite of his own busy schedule, and he commented on various draft versions of the dictionary. Thanks to these two helpers, I could finish the dictionary much earlier than expected.

With many thanks I happily mention the names of other supporters, Mr. Koen Zondag (a former School Inspector), Mr. Jelle Krol (a staff member of the Tresoar library in Ljouwert), and Mr. Piter Boersma (Fryske Akademy, writer). They warmly answered my occasional questions during my yearly summer stays in Friesland.

It should be emphasized that without the cooperation and encouragement of the above mentioned persons and indeed others not mentioned here, this dictionary could never have appeared.

目　次

はしがき……………………………………………………………… ii
Acknowledgements………………………………………………… v
凡例…………………………………………………………………… vii
日本語フリジア語辞典……………………………………………… 1
付録（一）フリジア語の諺………………………………………… 641
付録（二）フリジア語文法の概要………………………………… 655

凡　例

見出し語

1）見出し語の表示：平仮名ないし片仮名（通例、外来語）で表示し、これに対応する漢字と共にゴシック体で示す。見出し語はすべて50音順に配列する。

あいさい	愛妻	jins leave frou；…
あいさつ	挨拶	*de* begroeting, *de* groed,…
あいしゅう	哀愁	*de* drôfenis,…
アカデミー		*de* akademy：
はブラシ	歯ブラシ	*de* tosk(e)boarstel
アキレスけん	アキレス腱	*de* haksine
アルプス（山脈）		*de* Alpen　＊省略可能な場合は（　）で示す

2）見出し語に省略可能な（　）が後続する場合は、それを含んだ順序で配列する。＊かし（の）の場合

かしぬし	貸し主	*de* krediteur
かし（の）	仮死（の）	(*de*) skyndea
かしま	貸し間	*de* hierkeamer, ...

3）見出し語に先行する（…）、（-）は配列には関与しない。

がんじつ	元日	*it* nijjier,…
（…に）かんして	（…に）関して	oanbelangjend(e),…
かんしゃ	感謝	*de* tank,…

4）見出し語の平仮名に対応する漢字が複数ある場合には、**並記**する。

あだな	渾名，綽名

ある	有る，在る
いとこ	従兄弟，従姉妹
しぼる	絞る，搾る
よる	因る，依る，由る

5）見出し語の一部に交換可能な語・句がある場合には、［ ］，／で表示することがある。

  のんきな［に］ 呑気な［に］，暢気な［に］

  ぶっとうしの［で／に］ ぶっ通しの［で／に］

品詞・数・性の表示

1）品詞の表示は、通例、語義の判別を示す場合に限り付け、通例、文中の場合はその直前にセミコロン（；）を付す。

ききめ	効き目	*de* útwurking, *de* wurking：薬の効き目　*de wurking* fan medisinen；《形》効き目がある effektyf, probaat；《動》効き目がある　wurkje；効き目がない　net wurkje
ひとみしりする	人見知りする	《形》minskeskou；《動》ferlegen [skou] wêze
まぶしい	眩しい	《形》skril（→まばゆい）；《動》ferblynje：太陽（の光）がまぶしかった　Ik wie troch de sinne *ferbline*.

2）複数形で用いられる名詞は、通例、《複》で表示する。

けいひ	経費	《複》*de* ûnkosten（←費用）
ざいせい	財政	《複》*de* finânsjes：わが家の財政　ús *finânsjes*

3）名詞の「文法性」は、一語から成る名詞（固有名詞の一部を除く）にはすべて「通性」*de*、「中性」*it* の孰れかをイタリック体で表示する。ただし、両性を有する名詞は *it/de* で示す。なお、名詞が同時に形容詞として用いられる場合は、カッコ付きの (*it*)、(*de*) で区別する。

あい	愛	*de* leafde：親の愛　alderlike *leafde*；…
あいま	合間	*it* ynterfal, *it* skoft,…
あや	文，綾	*it/de* figuer；言葉の文 *it/de* stylfiguer
うは（の）	右派（の）	(*it*) rjochts（↔左派（の））

4）名詞の前後にカッコ付きの限定詞ないし修飾語・句がある場合には、「文法性」をイタリック体で示す。

いがい	遺骸	*it* (stoflik) oerskot ［omskot］
うぐいす	鶯	*de* (Japanske) nachtgeal
ごぎ	語義	*de* sin (fan in wurd)
せんす	扇子	*de* (optearbere) waaier
cf. げんじょう	現状	*de* stân fan saken

語義・用例の表示

1）語義の配列

日本語に対応するフリジア語が複数ある場合には、通例、アルファベット順に列挙する。

おい	甥	*de* muoikesizzer, *de* neef, *de* omkesizzer
おわり	終わり	*de* ein, *de* einbeslút, *de* ôfrin
おちど	落ち度	（過失）*de* flater, *de* misgryp,（へま）*de* bok, *de* mistaast

ただし、上例のように、カッコ付きの補足説明がある場合は、この限りではない。

2）用例の表示

フリジア語の用例は、必要に応じて、語義の直後に、コロン（：）を付し、例示する。語義に対応する用例中の単語・句はイタリック体で示す。

| しぼる | 絞る, 搾る | （布を）wringe, (乳を) melke, (液などを) útknipe：洗濯物を絞る de wask *wringe*, レモンを搾る in sitroen *útknipe*；脳みそを絞る immen de kop ynslaan |

3）見出し語の日本語に対応するフリジア語がない場合、補足的に解説するか、日本語をコーテイション付きのローマ字で例示する。

しいたけ	椎茸	in (Japanske) poddestoel
しぞく	士族	de stân [laach] fan in 'samurai'
ひばち	火鉢	'hibachi' (in tastel om jins fingers te waarmjen)
にらめっこ	睨めっこ	in Japansk spultsje dat twa bern nei elkoar stoarje oant ien laket

4）見出し語に対応する適当な訳語がない場合は、日本語の文例とその訳とを例示するにとどめる。

ごそくろう	御足労	拙宅まで御足労願えませんか　Soene jo nei myn hûs komme wolle?
ばんしょう	万障	万障お繰り合わせご出席ください Wy soene jo oanwêzigens tige op priis stelle.
まちぼうけ	待ちぼうけ	彼女に待ちぼうけを食わされた　Ik wachte har, mar se ferskynde nea.
みとる	看取る	母の最後を看取った　Ik wie derby doe't ús mem op har deabed [stjer-] lei.
もちきり	持ち切り	彼女の噂で持ち切りになっている Se giet geweldich oer de tonge.

参考資料

1）本辞典に採録された日本語の選択およびその表記は、原則的に、以下の辞典に準拠し、見出し語は中級レベルの語彙（約 21、000 語）に限定した。

『新和英中辞典』（研究社、2002）
『新明解国語辞典』（三省堂、1997）
『新国語例解辞典』（小学館、1997）
『現代国語表現辞典』（三省堂、1997）
『類語例解辞典』（小学館、2003）

2）日本語に対応するフリジア語の選択は、次の辞典を参考にした。

Frysk-Ingelsk wurdboek (A. Dykstra, 2000)
Frysk Hânwurkboek (P. Duiff, Frits van der Kuip et al, 2008)
Frysk Wurdboek (f-n, J. W. Zantema；n-f, W. Visser, 1992)
Wurdboek fan de Fryske taal (K. F. van der Veen et al, 1984-2011)
Frysk-Japansk wurdboek (H. Kodama, 2004)

なお、補助資料として、

Engels Nederlands (Van Dale, 2006)
Handwoordenboek Engels-Nederlands/Nederlands-Engels (F. Veldman/ Prue Gargano, 2008)
Groot Woordenboek Nederlands-Engels (W. Martin et al, 1986)
Kodansha's Nederlands-Japans Woordenboek (P. G. J. van Sterbenburg et al, 1994)
Deutch-Japanisches Wörterbuch (Y. Tomiyama, 1988)
Sanseidos Neues Wörterbuch Concise Japanisch-Deutsch (K. Kunimatsu, 2003).
Omkearwurdboek fan de Fryske Taal (A. Dykstra, J. Reitsma, W. Wisser, 1992)
Spreek-Woordenboek (H. L. Cox et al, 1992)

等を随時参考にした。

略語

1）文法用語：品詞

　　《名》名詞：《単》単数；《複》複数

　　　　　　：《通》通性；《中》中性

　　《動》動詞：《自動》自動詞；《他動》他動詞

　　《非》非人称動詞

　　《形》形容詞

　　《副》副詞

　　《代》代名詞

　　《接》接続詞：《等接》等位接続詞；《従接》従属接続詞

　　《前》前置詞

　　《間》間投詞

2）語法：《強形》；《弱形》：《方》方言：《口》口語；《文》文語：《俗》俗語：《古》古語：《幼児》幼児語

　　記号：

　　　, （コンマ）語・句の並列、同義語、類義語

　　　; （セミコロン）異なる語義間、追い込みの語、句、文

　　　: （コロン）例文の直前に

　　　! 間投詞的・擬音的な表現で

　　　- （ハイフン）行末の分綴

　　　— 語幹の前部/後部の省略、複合語

　　　/ （スラッシュ）あるいはまた

　　　・（中黒）カッコ内の並列

　　　(　) 省略、補足語義・説明

　　　《　》文法・語法、補足説明、省略形

　　　「　」会話表現の表示

　　　[　] 先行の語・句との交換

― （ダッシュ）見出し語の接辞的用法

… （ドット）見出し語（句）の補足、省略語（句）

→ 類義語、参照

← 見出し語の別義

↔ 反意語、反対語

' ' ローマ字で表記した日本語、引用語

＝ 同義語・句・文

＜ …から（由来）

＊ 文法的・語法的・文化的補足説明

cf. 比較せよ

あ ア a

ああ！ O!, Och!
アーケード in oerdutsen winkelgalerij
アース(線) de ierdlieding
アーチ de bôge；アーチ形 de wulving
アーモンド de mangel
あい 愛 de leafde：親の愛 alderlike leafde；(…を)愛する hâlde (fan), leafhawwe, leavje；(…に)愛されている bemind；愛すべき benimlik；…より愛をこめて mei de groetnis fan …
あいいれない 相容れない ynkonsistint, stridich (→相反する)
あいいろ(の) 藍色(の) (de) indigo
あいか 哀歌 it treurdicht (→悲歌)
あいかぎ 合い鍵 de loper
あいかわらず 相変わらず noch hieltyd, oars neat, altyd deselde [itselde] (as eartiids)：彼らは相変わらず貧しい Se binne noch hieltyd earm.
あいがん 哀願 de bea (→嘆願)；哀願する smeke (→嘆願する)
あいがんどうぶつ 愛玩動物 it húsdier (→ペット)
あいきょう 愛敬, 愛嬌 de sjarme；愛きょうのある ynnimlik, sjarmant：愛きょうのある顔 in ynnimlik antlit
あいくるしい 愛くるしい oanfallich
あいけん 愛犬 jins hûn as húsdier
あいこ 愛顧 de graasje
あいこう 愛好 de nocht；愛好する leafhawwe；愛好者 de leafhawwer
あいこくしん 愛国心 de heitelânsleafde；愛国者 de patriot
あいことば 合い言葉 it wachtwurd
アイコン de ikoan
あいさい 愛妻 jins leave frou；愛妻家 in tadiene man
あいさつ 挨拶 de begroeting, de groet, de groetnis；挨拶する begroetsje, groetsje；挨拶状 de begroetingsbrief
あいしゅう 哀愁 de drôfenis, de weemoed (→悲しみ, 悲哀)；哀愁のある weemoedich
あいしょう 愛称 de flaainamme, (あだ名) de spotnamme (→ニックネーム)
あいじょう 愛情 de leafde, (家族への) de nêstwaarmte：愛情をこめて mei leafde；愛情のある [こもった], 愛情の深い leafdefol, oanhelderich, oanhinklik；愛情のない leafdeleas
あいしょうのある 相性のある kompatibel (→両立する)；相性の悪い [合わない] net strike mei
あいじん 愛人 de leafste, (男性の) de minner, (女性の) de minneres
アイス (氷) it iis；アイスクリーム de iisko；アイスホッケー de iishokky
あいず 合図 it sein, it sinjaal；合図する seine, sinjalearje, (手を振って) winke
あいすみません！ 相済みません！ Nim my net kwea(ôf)!, Pardon!
アイスランド Yslân；アイスランド人 de Yslanner；アイスランド(語・人)(の) (it) Yslânsk
あいする 愛する →愛
あいそうのいい 愛想のいい floatich, flot, freonlik, gemoedlik, minlik；愛想のない ûnfreonlik (→無愛想な)
あいた 開いた (開いた) iepen：ドアが開いている De doer is iepen., 口を(ぽかんと)開けて mei (de) mûle iepen
あいた 空いた (空席の) fakant, frij, leech, ûnbeset, (土地などが) ûnbe-

boud：この席は空いていますか Is dizze stoel *frij?*, 空いている席 in *lege* stoel（→空席），空いている席はなかった Der wie net in stoel *ûnbeset*.

あいだ 間 （距離の）*de* distânsje, *de* fierte, *de* ôfstân, *it* trajekt, （期間の）*de* perioade, *de* rite, （空間の）*de* luskenromte（→間隔，休止）；（…の）間（に）tusken；《接》（…する）間は safier't, salang't, （…する）間 wylst

あいたいする 相対する elkoar net lije meie

あいだがら 間柄 *de* relaasje

あいたずさえる 相携える gearwurkje, meiwurkje（→協力する）

あいちゃく 愛着 *de* foarleafde, *de* tagedienens；愛着のある tagedien；愛着を持つ jin hechtsje

あいついで 相次いで efterinoar：来客が相次いで到着した Us gasten binne *efterinoar* oankommen.

あいづちをうつ 相槌を打つ ja knikke（→（…に）同意する）

あいて 相手 （連れ）*de* begelieder, （試合などの）*de* tsjinstanner, （競争相手）*it* partoer

アイディア *it* idee；アイディア商品 *it* snufke

アイディーカード *it* identiteitsbewiis（→身分証明書）

あいとう 哀悼 *de* jammerklacht, *de* rouklacht, *de* rouwe；哀悼する berouwe, treur（j）e, （…を）rouje（om）

あいどくする 愛読する Ik mei graach lêze.；（新聞・雑誌の）愛読者 *de* abonnee, *de* yntekener；愛読書 ien fan jins favorite boeken

アイドル *it* idoal

あいならんで 相並んで neistinoar

あいにく 生憎 spitich genôch, ûngelokkigerwize；あいにくく spitigernôch

あいのこ 合の子 *de* healbloed（→混血児）

あいのりする 相乗りする （車などに）meiride

あいはんする 相反する 《形》tsjinstridich, （…に）stridich（mei）；互いに相反する mei-ioar yn tsjinstriid wêze

あいぶ 愛撫 *it* aai；愛撫する aaikje, koezje, leafkje, oanhelje

あいぼう 相棒 *de* kompanjon, （テニスなどの）*de* partner

あいま 合間 *it* ynterfal, *it* skoft, *de* tuskenromte（→間隔，休止）

あいまいな 曖昧な dûbelsinnich, faach, ûndúdlik

あいもかわらず 相も変わらず altyd deselde（as eartiids）

あいようする 愛用する eat geregeld brûke；愛用の favoryt；愛用の万年筆 in *favorite* folpinne

あいらしい 愛らしい minlik, moai, oanfallich（→可愛い）

アイルランド Ierlân；アイルランド（語・人）（の）（*it*）Iersk

アイロン *it* strykizer；アイロンを掛ける opparsje, strike

あう 会う （人に）moetsje, （偶然に）meimeitsje, treffe（→遭遇する）：人に定期的に会う immen regelmjittich *moetsje*

あう 合う passe, （体に）bekomme, （ぴったり）sitte, （適合する）treffe（→一致する）：その眼鏡はあなたにぴったり合いますね De bril *past* moai by jo.

あう 遭う （事故に）botse, meimeitsje, （抵抗・敵などに）moetsje

アウト （外に）út

アウトプット （コンピューターの）（出力）*de* útfier（↔入力）

アウトライン →概要

あえぐ 喘ぐ hymje：息を切らしてあえぐ nei de siken *hymje*；あえぎながら hymjend en blazend

あえて…する 敢えて…する doare：彼女が言ったことには敢えて触れまい Ik *doar* net te sizzen wat se sei.

あえん 亜鉛 *it* sink

あお 青 *it* blau；青色の blau：青空 in *blauwe* loft；（顔色が）青い feal；→青二才

あおぐ 仰ぐ →尊敬する，（仰ぎ見る）omheechsjen
あおぐ 扇ぐ （扇子・新聞などで）wynderje
あおざめる 青褪める ferblikke, ferearmje；青ざめた bleek, feal（→蒼白な）
あおじゃしん 青写真 *de* blaudruk
あおじろい 青白い bleek, wyt
あおしんごう 青信号 （交通信号の）in blau ferkearsljocht
あおにさい 青二才 in ûnfolslein jong, *de* griene jonkheid
あおむけに 仰向けに efterstebek [foarst]：仰向けに寝る *efterstebek* lizze
あおもの 青物 *de* (bledsje) griente；青物野菜 *de* bledsjegriente
あおり 煽り （風の）*de* skuor；（火・欲望などを）あおる stoke；あおり立てる opstoke（→扇動する）
あか 垢 *de* smoargens
あか(いろ) 赤(色) *it* rea(d)；赤い，赤色の rea(d)：赤くなる *read* wurde；（赤面する）in kaam krije；赤線地帯 *de* huorrebuert
あかぎれ 皸 *de* barst
あかご 赤子 →赤ん坊
あかし 証 *it* bewiis, *it* blyk，（証拠）*de* tsjûgenis：友情の証 in *bewiis* fan freonskip；証を立てる bewize, wiermeitsje
あかじ 赤字 *de* skea, *it* tekoart：赤字を埋める in *tekoart* bypasse
アカシア *de* akasia
あかしんごう 赤信号 in read stopljocht
あかす 明かす bleatlizze, iepenbierje, loslitte：秘密を明かす in geheim *iepenbierje*
あかちゃん 赤ちゃん →赤ん坊
あかつき 暁 *it* moarnsljocht（→夜明け）
アカデミー *de* akademy：フリスク・アカデミー de Fryske Akademy（フリジア語・文化研究所）；アカデミックな akademysk（→学究的な）
あがなう 贖う dylgje（→（罪を）償う）
あかぬけした 垢抜けした elegant, raffinearre（→洗練された）
あかのたにん 赤の他人 *de* poerfrjemd
あかみがかった 赤味がかった readich
あがめる 崇める （神を）oanbidde，（崇敬する）fearearje（→尊敬する）
あからさまに plan-út（→ずばりと），ûngewosken：あからさまに物を言う eat *ûngewosken* sizze
あかり 明かり （光の）*it* ljocht，（ランプの）*de* lampe；明るい helder, klear, licht, ljocht：明かりを消す［つける］*it ljocht* dôvje［oansette］
あがる 上がる （坂・階段を，値段・熱などが）opgean, oprinne，（登る）klimme
あかるい 明るい （光が）hel, helder, ljocht，（性格・表情などが）fleurich，（…に精通している）jin oaneigenje：明るい部屋 in *ljochte* keamer, 彼女は外国語に明るい Se *oaneigenet* har yn frjemde talen.
あかるくなる 明るくなる （空が）opfleurje, ophelderje, opklearje
あかるみにでる 明るみに出る foar it rjocht komme
あかんぼう 赤ん坊 *de* baby, *de* lytse, *it* lytske, *de* poppe，（1〜3才までの）*de* hummel
あき 秋 *de* hjerst；秋の［に］，秋らしい hjerstich：秋らしい陽気 *hjerstich* waar
あき 空き *de* romte, *de* tuskenromte，（余白）*de* spaasje，（空席）*de* fakatuere；空きの fakant, frij, leech, liddich：空室 in *fakante* keamer, 空き地 in *frije* fjild, in *leech* plak；空き家 *de* leechstân
あきた 飽きた sêd，（…に）wurch (fan)；飽き飽きした wurch；（…に）飽き飽きしている jins nocht hawwe (fan)；飽きっぽい lumich, ritich（→移り気な）

あきなう　商う　dwaan, ferhannelje
あきらかな[に]　明らかな[に]　begryplik, bepaald, dúdlik, klear, manifest：明らかになる klear wurde；明らかにする útiensette
あきらめる　諦める　oerjaan,（…を）ôfsjen（fan）, opjaan, wanhopich wurde（→断念する）；諦め de berêsting
あきる　飽きる　ferfele, wurch wurde
アキレスけん　アキレス腱　de haksine
あきれて　呆れて　→唖然として
あく　悪　it euvel, it kwea；悪に染まる troch en troch min wurde
あく　開く　iepengean, iepenje；開いた[て] iepen；開けておく iepenhâlde, iepenlizze；（ドア・栓などを）開ける iepensette
あく　空く　leech wurde；空ける leechmeitsje,（空にする）leechnimme；空いている leech,（場所が）frij,（席・部屋が）ûnbeset：空き部屋 in ûnbesette keamer
あくい　悪意　it kwea, de moedwil, de willemoed：この子には悪意はない Der stekt gjin kwea yn dy jonge., 悪意で mei moedwil；悪意がある feninich, gemien, kwea, kwea-aardich, lilkaardich：彼女は悪意があってそれをやったのではない Sy bedoelde it net kwea.
あくうん　悪運　→不運
あくえいきょう　悪影響　grutte ynfloed[ynwurking]
あくさい　悪妻　in aaklik[mislik] wiif
あくじ　悪事　it kwea：悪事を働く kwea dwaan
あくしつな　悪質な　kwea-aardich, smoarch：悪質ないたずら in smoarge fiten
あくしゅ　握手　de hândruk；（…と）握手をする fûstkje (mei)；握手をして別れる ôffûstkje
あくしゅう　悪臭　de stank：糞が放つ悪臭 de stank fan 'e dong；悪臭のする ranzich；（動）悪臭を放つ stjonke,《形》stjonkend(e)
あくしゅう　悪習　in minne gewoante
あくしゅみ　悪趣味　de wansmaak；悪趣味の wansmaaklik
あくじょ　悪女　de fekke
あくせいの　悪性の　（病気が）kwea-aardich, lilkaardich：悪性のがん lilkaardige kanker
あくせく　あくせく働く　wrame；あくせくしない tajouwent
アクセサリー　it garnituer, it helpstik
アクセル　（車の）it gaspedaal
あくせんくとう　悪戦苦闘　悪戦苦闘する hurd tsjinakselje
アクセント　（音声の）it aksint；アクセントをつける aksintuearje
あくたい　悪態　de skelnamme, it skelwurd；(…に)悪態をつく flokke (tsjin), fûterje (op)
あくてんこう　悪天候　it minne waar, it needwaar, it ûnwaar：悪天候のため troch it minne waar
あくどい　(けばけばしい) bluisterich, opsichtich
あくとう　悪党　de skelm,（ごろつき）de flarde, de rakkert, de skarlún
あくとく　悪徳　de ûndeugd；悪徳商人 de sjachelder, in slûchslimme keapman
あくにん　悪人　de kweadogger[-dwaner]
あくび　欠伸　de gap；あくびをする gapje
あくへい　悪弊　it misbrûk, de misstân, de wantastân
あくへき　悪癖　→悪習
あくま　悪魔　de deale, de duvel, it kwea；悪魔のような[に] duvels(k)
あくまで(も)　飽くまで(も)　（最後まで）oant it lêst(e) ta,（強情に）koppich, steech, stokstiif：飽くまでも自説を主張する jins eigen opiny koppich folhâlde
あくむ　悪夢　de nachtmerje
あくめい　悪名　in minne namme；悪名高い kwea[raar] ferneamd
あくよう　悪用　it misbrûk；悪用する misbrûke
あぐらをかく　胡座をかく　hûkearzje,

yn 'e hoksen sitte, krúslings mei de fuotten sitte
あくりょく　握力　*de* klam
アクリル　*it* akryl
アクロバット　*de* akrobaat
あげあしをとる　揚げ足を取る　（あら探しをする）lekskoaie；揚げ足取り *de* lêber
あけがた　明け方　*de* dage, *it* dageljocht（→夜明け）
あげく　挙句, 揚句　あげくの果てに úteinlik（→結局（は））
あけのみょうじょう　明けの明星　*de* moarnsstjer（→金星）
あけぼの　曙　*de* dage, *it* moarnsljocht
あける　開ける　（ドア・蓋などを）iependwaan, iepenje, （ガス栓を）oplûke
あける　空ける　（席・場所を）romje, útnimme, （道を）frijhâlde, （グラスなどを）leegje, leechmeitsje, （郵便箱などを）lichte；（時間・場所を）空けておく frijhâlde
あける　明ける　（夜が）daagje；明けましておめでとう！ Lokkich nijjier!
あげる　上げる　（持ち）opheffe, optille, （手を）（挙げる）opstekke, （価格・給料などを）opslaan, （与える）jaan, （スピードを）sette
あげる　挙げる　（結婚式などを）ynsegenje, （犯人などを）arrestearje（→検挙する）, （証拠などを）bybringe, jaan
あげる　揚げる　（旗を）hise, opbringe, （凧を）oplitte
あけわたす　明け渡す　ynleverje, ôfsjen
あご　顎　*de* kaak, *it* kin：二重あご in dûbeld *kin*
アコーデオン　*de* akkordeon；アコーデオンのドア［カーテン］*de* harmonikawand
あこがれ　憧れ　*it* langhalzjen, *it* longerjen, （熱望）*de* langstme；（…に）憧れる langhalzje (nei), longerje (op)
あごひげ　顎鬚　*it* burd
あさ　朝　*de* moarn, 朝（に）, 朝のうちに moarns：朝早く ier yn 'e *moarn*, *moarns* betiid, 朝7時に om sân oere *moarns*
あさ　麻　*de* himp；麻（製）の himpen
あざ　痣　（生まれ付きの）*it* deaplak, *de* spoeketaast（→ほくろ, 打ち身）
あさい　浅い　（深さが）ûndjip, （経験などが）grien, ûnbewend, ûnerfaren, （眠りが）tear, wif：浅い川 in *ûndjippe* rivier, 経験の浅い教師 in *griene* learaar, 眠りが浅い *wif* yn it sliepen wêze
あさがお　朝顔　in（Japanske）spoekeblom
あざけり　嘲り　*de* gekoanstekkerij, *de* hún, *de* spotternij；嘲る ferhúnje, gekjeie, húnje, spotte：宗教を嘲る *spotte* mei de godstsjinst；嘲る人 *de* spotter
あさせ　浅瀬　*de* plaat
あさって　明後日　oaremoarn；あさっての朝［晩］de moarn [nacht] efternei
あさねする　朝寝する　let opstean；朝寝坊 *de* langslieper
あさひ　朝日　de sinne dy 't opkomt
あさましい　浅ましい　（恥ずべき）beskamsum, skandlik
あざみ　薊　*de* stikel, *de* tiksel
あざむく　欺く　beskite（→だます）：《諺》他人を欺く者は最後には自分自身を欺く Dy't in oar *beskyt*, *beskyt* op it lêst himels.
あさめし　朝飯　*de* breatafel（→朝食）
あざやかな　鮮やかな　（色が）fel, hel, skel, (手際（てぎわ）などが）→見事な：鮮やかな色彩 *skelle* kleuren
あざらし　海豹　*de* rob(be), *de* seehûn
あさる　漁る　（探し求める）sykje
あざわらう　嘲笑う　begekje, gnyskje, gnize, útgnize, útlaitsje（→嘲笑する）
あし　足　*de* foet, （犬・猫などの）*de* flerk, 《複》*de* fikken；足裏 *de* foetsoal；足取り *de* stap；足並み *de* pas；彼は足が遅い［速い］Hy is in sleawe [hurde] rinner.
あし　脚　（家具の）*de* poat (fan meubels), （動物の）*de* poat
あし　葦　*it* reid

あじ　味　*de* smaak, （変な・変わった）*de* bysmaak：ぴりっとする味 in pikante *smaak*, その食べ物は甘い［苦い］味がする Dat iten hat in swiete［bittere］*smaak*.；味わう karre, priuwe；味がする smeitsje：どんな味がしますか Hoe *smakket* it？, おいしい［苦い／酸っぱい／甘い］味がする It *smakket* goed［bitter／soer／swiet］.；味を付ける krûdzje；味のない flau

あじ　鯵　in Spaanske makriel

アジア　Azië；アジア人 *de* Aziaat；アジア（人）の Aziatysk

あしあと　足跡　*de* foetprint, *de* fuotleast, it（foet）spoar, *de* print：人の足跡をたどる immens *fuotleasten* folgje

あしおと　足音　*de* fuotstap

あしか　海驢　*de* seeliuw

あしがかり　足掛かり　in steun fan fêste foet

あしかせ　足枷　《複》*de* boeien(s), *de* bongels

あしからず　悪しからず　Ik hoop dat jo it net kwealik nimme.

あしくび　足首　it ankel：足首をねん挫する it *ankel* ferkloffe

あじけない　味気ない　flau, smaakleas（→詰まらない）

あじさい　紫陽花　*de* hortinsje

アシスタント　（男性の）*de* assistint,（女性の）*de* assistinte,（手伝い人・助手）*de* helper（→助手）

あした　明日　moarn（→明日）

あじつけ　味付け　*de* smaakstof；味付けをする krûdzje：料理に味付けをする it iten *krûdzje*

アジト　（隠れ家）it beskûl, it ferskûl, it skûl（plak）

あしどめする　足留めする　immen binnen hâlde

あしば　足場　（建築現場の）it skafot, *de* steiger, *de* stelling；足場を組む stegerje

あじみ　味見　*de* keuring（→試食，試飲）；味見する keure

あしらう　immen koel behannelje,（趣を添える）fersiere, garnearje, siere

あじわう　味わう　smeitsje（→味）

あす　明日　moarn：Oant *moarn*! じゃ，また明日！；明日の朝 moarnmoarne, moarntemoarn；明日の午後 moarn(te)middei；明日の夕方［晩］moarn(te)jûn

あずかる　与る　meidiele［-partsje］

あずかる　預かる　berêde, bewarje：これをロッカーに預ってくれませんか Wolle jo dit yn de klûs *bewarje*?；（お金を）預ける deponearje, ynlizze,（物を）oerlitte

アスパラガス　*de* asperzje

アスピリン　*de* aspiryn／aspirine；アスピリン錠 it aspiryntsje

アスファルト　it asfalt

アスベスト（の）　(it) asbest

あせ　汗　it swit：冷や汗 it kâlde *swit*, ひどく汗をかいている it *swit* op 'e noas hawwe, 汗をかく it *swit* hawwe, yn it *swit* komme；汗をかく poarje：彼はびっしょり汗をかいた It swit *poarre* him ta de hûd út.

あぜ　畦　in igge fan rysfjilden

あせも　汗疹　*de* útslach（→吹き出物, 発疹）

あせる　焦る　→気をもむ；焦った→せっかちな［の］

あせる　褪せる　ferearmje, fersjitte；（色）褪せた feal（→変色した）

あぜんとして　唖然として　ferstelde

あそこ（に）　dêr《強調形 dêre》, dêrjinsen

あそび　遊び　it boartsjen；（スポーツなどをして）遊ぶ spylje,（おもちゃで）boartsje；遊び友だち *de* boarter；（子供の）遊び場 it boartersplak

あたい　値, 価　（値段）*de* priis,（価値）*de* wearde；…に値する fertsjinje：死に値する de dea *fertsjinje*；(形)値[価] する fertsjinstlik, weardich

あたえる　与える　jaan,（賞などを）takenne, tawize,（影響を）beynfloedzje,（損害を）beskeadigje, skansearje, skeine,（苦痛を）tamtearje,（衝撃など

を）bûnzje：餌を与える foer *jaan*

あたかも 恰も （まるで…のように）as, likas, oft（ちょうどその時）krekt

あたたかい 暖かい, 温かい waarm：暖かいコート in *waarme* jas, 温まる *waarm* wurde；暖［温］める bestoke, ferwaarmje, stoke, waarmje,（体を）jin waarmrinne；暖かさ *de* waarmte

アタッシュケース *de* attasjeekoffer

あだな 渾名, 綽名 *de* skelnamme, *de* spotnamme

あたふたと halje-trawalje, yn 'e haast, yn [mei]（alle）haast（→慌てて）

あたま 頭 *de* holle, *de* kop：頭が痛い pine yn 'e *holle* hawwe；頭を下げる hûge,（お辞儀をする）nige；頭がいい befetlik, klear, knap：頭が切れる人 in *kleare* keardel, 頭のいい生徒 in *knappe* learling

あたらしい 新しい nij,（新鮮な）fris：新しい考え in *nij*(*e*) idee, 新しい時代 de *nije* tiid；新しくする fernije

あたり 当たり *de* ynslach（→命中）；（標的などに）当たる ynslaan, reitsje, treffe,（予想が）útkomme,（ある日に）falle,（風が）oanslaan：当り！ Dat wie *rekke*!, その日はちょうど私の誕生日に当たる Dat falt krekt op myn jierdei.

あたりに［で］ 辺りに［で］ omhinne, yn 'e buert（→周りに）,（…の頃に）om（→そこら辺りに）：この辺りにポストがありますか Is hjir in brievebus *yn 'e buert*?

あたりまえの 当たり前の （当然の）natuerlik,（普通の）gewoan

あちこちに hjir en dêr, oeral, rûnom；あちらこちらへ hinne [oer] en wer

あちらへ［に］ fuort

あっ！ （驚き）Ah!, O!, Och!, Oe!

あつい 熱い gleon, hyt, hjit：熱いお茶［コーヒー］*gleone* [*hjit*] tee [kofje]

あつい 暑い gleon, hjit, waarm：暑い日 in *gleone* dei, 昨日はとても暑かった It wie juster tige *hjit*.

あつい 厚い dik, tsjok, tsjûk：厚さ 10 センチ 10 sm *tsjûk*；厚さ *de* tsjokkens, *de* tsjokte

あつかう 扱う （問題を）hannelje (oer),（人・問題を）behannelje, hantearje；扱うこと *de* behanneling；扱いやすく hannelber；扱いにくい dôfhûdich（→手に負えない）

あっかする 悪化する efterútgean,（事態が）ferwurde, hûnje（→悪くなる）, nei de bedelte gean,（天気・病気が）oanboazje

あつかましい 厚かましい dryst(wei), ûnbeskamsum（→図々しい［く］）

あつがみ 厚紙 it karton

あつぎする 厚着する waarm klaaie

あつくるしい 暑苦しい benypt（→蒸し暑い）

あっけなく al te gau,（不意に）hommels：パーティーはあっけなく終わった It feest is *al te gau* einige., 彼女の夫はあっけなく死んだ Har man is *hommels* stoarn.

あつさ 暑さ *de* hjittens：夏の暑さ *de hjittens* yn 'e simmer

あっさり（と） （簡単に）gau, licht, simpel；あっさりした licht, simpel：あっさりしたデザイン *simpele* opsetten；あっさりと断る ferdomme [-poffe]

あっしゅく 圧縮 *de* kompresje；圧縮する gearparse

あっせん 斡旋 *de* tuskenkomst（→仲介）：…の斡旋で troch *tuskenkomst* fan …；斡旋者 *de* foarspraak

あっち →あちらへ［に］

あつでの 厚手の dik, tsjok：厚手の手袋 in *dikke* fingerwant

あっというまに あっという間に yn in flits（→瞬く間に）

あっとうする 圧倒する oerdonderje, oerweldigje,（数量で）bedobje：キスの連発で人を圧倒する ien mei [ûnder] tútsjes *bedobje*

あっぱく 圧迫 *de* druk, *de* presje：圧迫する immen ûnder *druk* sette = drukke, 圧迫されている ûnder *druk* stean

アップリケ　*de* applikaasje
アップルパイ　*it* appelgebak, *de* appeltaart
あつまり　集まり　*de* gearkomste,（非公式の）*de* gearsit（→密会）；集まる gearboskje, gearkomme
あつみ　厚味　*de* tsjokte：氷の厚味 *de tsjokte* fan it iis
あつめる　集める　garje, opfandelje, sammelje,（かき）gearbringe,（呼び）gearbringe, gearroppe,（募集する）rekrutearje, ronselje,（雨水などを）opfange
あつらえ　誂え（注文品）*de* bestelling；あつらえの op maat, makke troch de kleanmakker；あつらえる（in kostúm）meitsje litten；あつらえ向きの pasklear
あつりょく　圧力　*de* drang, *de* druk, *de* presje：人に圧力をかける *presje* op ien útoefenje, immen ûnder *druk* sette；圧力を加える drukke
あつれき　軋轢　*de* wriuwing
あて　当て（目当て・目標）*it* doel, *de* doelstelling,（期待）*de* ferwachting, *de* hope, *de* ôfwachting（→希望）；当てにする jin betrouwe, jin ferlitte op, ferwachtsje, rekkenje, stean,（…を）rekkenje [tidigje]（op）：天気は当てにしていない Ik *stean* it waar net., 私たちは君の援助を当てにしている Wy *tidigje* wol op dyn help.；当てになる degelik, streksum（→信頼できる）；当てにならない ûnbetrouber
（一）あて　（一）宛（誰それ）宛に adressearre [rjochte] oan（…）
あてがう　宛がう　gunne, oanwize, wije,（分配する）ferkavelje, tapartsje：（…に）仕事をあてがう it wurk *gunne*（oan）
あてこすり　当て擦り　*de* ynsinuaasje, *de* irony, *de* prip(per), *de* rûker, *it* sarkasme, *de* stek：それは私に対する当て擦りだ Dat is in *prip*(ke) op my., 人を当て擦る immen in *rûker* jaan, immen in *stek* ûnder wetter（troch）jaan；

当て擦る ynsinuearje, stikelje
あてさき　宛て先　*it* adres
あてずっぽうで　当てずっぽうで aselekt, in slach yn 'e loft, op 'e roai (ôf)；当てずっぽうの［に］aselekt
あてな　宛名　*it* opskrift（→宛て先）
あてはずれ　当て外れ　*it* bollekeal（→期待外れ）
あてはまる　当て嵌まる　jilde,（…に）opjaan（yn）（→適用する）：その法律はここでは当てはまらない Dy wet *jildt* hjir net.
あてはめる　当て嵌める　oanlizze, tapasse（→適用する）：この条項はここでは当てはめられない Dit wetsarkartik is net *tapaste*.
あでやかな　艶やかな　bekoarlik, leaflik, sjarmant
あてる　当てる　gisse, riede（→推測する）,（どんとぶつける）bûnzje,（包帯・体温計などを）oanlizze,（さらす）bleatstelle：手に何を持っているか当ててごらん Ried ris wat ik yn 'e hân haw.
あてる　充てる　wije,（用途に）útlûke：ある話題を1章に充てる in haadstik oan in ûnderwerp *wije*, ある金額をあることに充てる in bedrach foar eat *útlûke*（→充当する）
あてる　宛てる（…に）（手紙などを）adressearje（oan）,（…に）rjochtsje（oan）
あと　跡（人・車の）*de* print, *it* spoar,（傷跡）*de* groed(e)
あとあし　後足　*de* efterpoat；後足で立つ stegerje
あとあじ　後味（飲食後の）*de* neismaak
あとおしする　後押しする（手押し車などを押す）skowe,（後援する）sponsorje
あとがき　後書き　*it* neiskrift, *it* neiwurd, *it* slotwurd [slút-]
あとかたづけする　後片付けする（部屋などを）opknappe, oppakke, oprêde, opromje（→片づける, 整頓する）：

部屋の後片づけをする de keamer opromje
あとくち　後口　→後味
あどけない　（無邪気な）ûnnoazel：あどけない子供たち ûnnoazele bern
あとしまつをする　後始末をする　（決着をつける）beklinke, ôfwuolje, útite；→後片づけする
あとつぎ　跡継ぎ　（相続人）de erfgenaam [-genamt]
あとで [に]　後で [に]　aanstons, letter, neitiid；《前》…の後で [に] achter, nei；《接》nei dat …, nei't …：マルクは食事の後で釣りに出かけた Nei't er iten hie gyng Mark te fiskjen.
アドバイス　it advys；アドバイスする adviseare
あとばらい　後払い　it neibeteljen；後払いにする neibetelje（↔ foarútbetelje）
アトピー　de atopy；アトピー性喘息 konstitúsjoneel ekseem
アトリエ　it atelier：アトリエで仕事をする op in atelier wurkje
あな　穴，孔　it gat,（墓穴のような）de dobbe,（ほら穴）it hoal / de hoale, de holte, de kûle,（欠損）it tekoart,（空白）de lakune：穴をふさぐ in gat tichtmeitsje；穴が空いている gatt(er)ich；穴開け器 de perforator（→パンチ）
あなうめをする　穴埋めをする　（穴・空白の）folje,（欠損などの）ynhelje
アナウンサー　de omropper,（女性の）de omropster；アナウンスする omroppe
あながち（…でない）　→必ずしも（…でない）
あなぐま　穴熊　de das
アナログの　analooch：アナログ時計 in analooch horloazje
あなた　貴方　（は／が）jo, je, jim(me)；あなたの jo, jins, jim(me)；あなたを [に] jo；あなたの物 jowes, jinnes；あなた自身を [に] josels
あなたたち　貴方達　（は／が）jim(me)；あなたたちの jim(me)；あな

たたちを [に] jim(me)；あなたたちの物 jimmes；あなたたち自身は [が]／を [に] jim(me)sels
あなどる　侮る　ferachtsje, fersmaadzje, ferspuie（→見くびる）：敵を侮る de fijân ferachtsje
あに　兄　âldere broer
アニメ（ーション）　de animaasjefilm
あね　姉　âldere suster
あねったい　亜熱帯　de subtropiske sône
アネモネ　de anemoan
あの　《中性》dat,《通性》dy,《複》dy（→あれらの）：あの本 dat boek, あの犬 de hûn；あの人 hy, hja；あの人たち hja；あの時は dan；あの頃 doe；あの辺 der；あのような as；あのように sa'n
あのう　wel, wat sil ik sizze
あのよ　あの世　it hjirneimels（→来世）
アパート　it appartemint, de flet：アパートに住む op in flet wenje
あばく　暴く　bleatlizze, loslitte（→暴露する）：彼の不正行為を暴く syn ûnrjocht bleatlizze
あばら（ぼね）　肋（骨）　de rib(be)
あばれる　暴れる　ferheftich wêze, geweld brûke
アピール　（訴え）it appêl, it berop；アピールする→訴える
あびせる　浴びせる　（水を）ferjitte,（悪口・非難などを）goaie；（人に）非難を浴びせる (immen) ferwiten meitsje
あひる　家鴨　de ein (fûgel)
あびる　浴びる　（水を）swimme,（風呂・シャワーを）in bad nimme,（日光を）bakerje,（非難を）bleatstean,（注目を）oantrekke
あぶ　虻　in drintske mich
あぶく　泡　it skom（→泡）
アフターケア　（病後・事後の）de neisoarch
アフターサービス　tsjinst nei ferkeap
あぶない　危ない　（危険な）gefaarlik, nuodlik, riskant, ûnfeilich,（疑わしい）

あぶみ　鐙　（乗馬用の）de stiichbûgel
betinklik,（信頼できない）ûnbetrouber；危ない橋を渡る riskearje（→危険を冒す）；危ない！Sjoch út!
あぶら　油　de oalje；油を塗った，油だらけの oaljich；油汚れ it oaljepak；油絵 it oaljeferfskilderij
あぶら　脂　it smoar；脂の多い，脂っこい fet, smoarch
アプラウト　（母音交替）de lûdwiksel
あぶらむし　油虫　de (blêd)lús（→ごきぶり）
アフリカ　Afrika；アフリカ（人）の Afrikaan；アフリカ人 de Afrikaan
あぶる　炙る　（肉などを）briede, roasterje：肉をあぶる fleis briede
あぶる　焙る　→温[暖]める
あふれ(で)る　溢れ(出)る　oerfloeie, oerrinne, oerstreame,（涙が）opwâlje：バケツの水があふれ出た De amer streamde oer.
あべこべの[に]　（逆さまの[に]）dwersferkeard, earsling(s), omkeard（→裏返しの，後ろ前に）
アベック　（二人）it pear, it span；アベックで歩く gear rinne
あへん　阿片　de opium
あほう　阿呆　de hisp / hysp；あほうらしい bespotlik
アポストロフィ　（省略符号）de apostrof (')
あま　尼　de non, de suster（→修道女）
あま　亜麻　it flaaks（→リンネル）
あま　海女　in froulike dûkster
あまい　甘い　（味・香りが）sûkerich, swiet,（考えが）optimistysk,（人に対して）tajouwend（→寛大な）；甘い物 de snobberij, it swiet
あまえる　甘える　gedrage (as in bedoarn bern),（女などが）（こびを売る）kokettearje：この子供は母親に甘えてばかりいる It bern gedraacht him altyd as in poppe by syn mem.；甘えん坊 in bedoarn bern, it skoatpopke
あまがえる　雨蛙　de beamfroask, it skoatopke

あまがさ　雨傘　de paraplu
あまぐ　雨具　《複》de reinklean,（レインコート）de reinjas
あまくちの　甘口の　→甘い
あまぐつ　雨靴　de reinlears
あまくみる　甘く見る　lytsachtsje（→軽視する）：相手を甘く見る de opponint lytsachtsje
あまぐも　雨雲　de reinwolk
あます　余す　（残す）oerlitte,（節約する）sparje；余すところなく→徹底して
あまだれ　雨垂れ　de reindrip
アマチュア　（素人）de amateur
あまど　雨戸　it finsterblyn
あまとう　甘党　de slynder, de swietbek, de swietekau：ぼくは甘党だ Ik bin in swietbek.；甘党の fretterich, slynderich
あまのがわ　天の川　de molkwei（→銀河）
あまのじゃく　天の邪鬼　de dwersdriuwerij（→へそ曲がり，ひねくれ）
あまみ　甘味　de swietens
あままみず　雨水　it reinwetter
あまやかす　甘やかす　bedjerre, fergrieme, ynskikke, popkje：子供を甘やかす in bern wat ynskikke；甘やかされた bedoarn：その子供は随分甘やかされている Dat bern wurdt slim bedoarn.；（子供を）甘やかして駄目にする ferpopkje；甘やかし de bedoarnens
あまやどりする　雨宿りする　ôfskûlje, skûlje：私たちは木の下に雨宿りした Wy skûlen ûnder in beam.
あまり　余り　→残り,（余剰）it oerskot；余りに（多[大き]すぎる）te folle [grut]；余りにも fierste(nte) fol, grut, hurd（→非常に）；それは身に余る光栄です De eare is mear as ik fertsjinje.
あまる　余る　oerbliuwe（→残る）：食べ物が少し余っている Der is wat iten oerbleaun.
あまんじる　甘んじる　（妥協する）in

kompromis slute, (あきらめる) oerjaan
あみ 網 *it* net：網を仕掛ける in *net* spanne
あみど 網戸 *de* gaasdoar
あみぶくろ 網袋 *it* net (←網棚)
あみもの 編み物 *it* breidwurk, *de* trikotaazje；編み糸 *it* breidjern；編み針 *de* breidpriem
あむ 編む （セーター・紐・髪などを）befrisselje, breidzje, flechtsje, frisselje, （編集する）besoargje, redigearje
あめ 雨 *de* rein：激しい雨 tichte *rein*；雨が降る *reine*：It *reint*., どしゃ降りの雨が降っている It *reint* balstiennen [jonge katten].；雨が上がった It is wer droech.；にわか雨 *de* reinbui
あめ 飴 *de* fretterij, *de* snobberij, *it* suertsje (→キャンディー)：飴をしゃぶる in *snobberij* ôfslikje
アメーバ *de* amoebe
アメシスト *it / de* ametist
アメリカ Amearika, (アメリカ合衆国) de Feriene Steaten fan Amearika；アメリカ人 *de* Amerikaan；アメリカ（人・英語）の Amerikaansk
あや 文，綾 *it / de* figuer；言葉の文 *it / de* stylfiguer
あやうい 危うい →危険な；危うく →もう少しで；危うく死を免れる dea amper ûntkomme
あやしい 怪しい （疑わしい）betinklik, twivelachtich, (不確かな) twivelich, ûnwis
あやしむ 怪しむ （疑う）twivelje, （…かしらと思う）jin ôffreegje：彼女は怪しいと私は思っている Ik *twivelje* oan har., 彼は来るかしら Ik *freegje* my *ôf* oft er wol komt.
あやす koezje, suskje：子供をあやして寝かしつける in bern yn 'e sliep *suskje*
あやつりにんぎょう 操り人形 *de* marionet
あやつる 操る （人形などを）manipulearje, （機械などを）betsjinje (→操作する)

あやぶむ 危ぶむ （疑う）twivelje, （気遣う・懸念する）duchtsje, freezje, freze
あやふやな （不確かな）twivelachtich, twivelich, ûnwis, （あいまいな）ambigu, dûbelsinnich, faach：あやふやな返事 in *dûbelsinnich* antwurd
あやまち 過ち （手落ち・へま・間違い）*it* fersin, *it* fersom, *de* skuld, （誤り・軽犯罪）*it* delikt, *it* fergryp：《諺》過ちは人の常 *Fersinne*(*n*) is minsklik., 過ちを犯す in *fersin* meitsje = bedriuwe, jin fersinne, それは私の過ちです It is myn *skuld*.
あやまり 誤り *de* dwaling, *de* flater, *de* fout, （言葉・計算の）*it* fersin, *de* flater：ばかげた誤り in stomme *flater*, 誤りをする in *flater* meitsje [slaan] = jin fersinne, 誤って by [troch] *fersin*；誤りを犯しやすい feilber；誤りのない flaterfrij
あやまり 謝り *it* ekskús (→言い訳, 謝罪), *de* (fer)ûntskuldiging；謝る (fer)ûntskuldigje
あやめ 菖蒲 *de* iris
あやめる 殺める （殺害する）(fer)moardzje, （傷つける）ferwûnje
あゆみ 歩み （歩行）*de* pas, *de* rin, *de* stap (→歩調), （歴史などの）*de* a-ve(n)saasje, *it* ferwin, *de* progresje
あゆみより 歩み寄り （妥協・和解）*it* kompromis, *de* tuskenoplossing；歩み寄る tichterby komme, （妥協する）in kompromis slute
あゆむ 歩む stappe
あら 粗 （欠点）*de* fout, *it* (ge)brek, *it* swak, *it* tsjin；あら探しをする fitte；彼はいつも彼女のあら探しをしている Hy rint altyd op har te skellen.；あらを探す人 *de* fitter
あらあらしい 荒々しい geweldich (→乱暴な)
あらい 荒い （海・天候などが）bâlstjurrich, mâl, rûch, wyld, （気性が）ferheftich, hurdhandich, （言葉が）plat

あらい　粗い　（手触りが）rou,（布が）spliterich, stroef
あらいおとす　洗い落とす　（汚れを）ôfspiele, ôfwaskje, omspiele, útspiele, útwaskje
あらいぐま　洗い熊　*de* waskbear
あらいもの　洗い物　*de* wask（→洗濯物）：洗い物が紐に干してある De *wask* hinget oan 'e line.
あらう　洗う　waskje（→洗濯をする），（清める）reinigje, suverje：手を洗う de hannen *waskje*, 体を洗う jin *waskje*
あらかじめ　予め　《副》(fan) tefoaren,《接》(…する前に) foardat：旅に出掛けるとなると，あらかじめ色々なことを準備しなければならない As wy op reis geane, moatte wy *tefoaren* de saken goed regelje.
あらし　嵐　*de* stoarm；嵐が吹く stoarmje：昨夜嵐が吹いた It hat fannacht *stoarme*.；嵐の（ような）stoarmich
あらす　荒らす　（荒廃させる）ferwoast(g)je, ruïnearje,（襲撃する）oerfalle
あらすじ　粗筋　*de* line, *it* skema, *de* skets（→概要，要旨）
あらそい　争い　it pleit, *de* rûzje, *de* tsierderij,（紛争）it ferskil, *it* skeel,（論争）it dispút, *it* striidpetear：争い［紛争］を解決する de *rûzje* [it *skeel*] bylizze
あらそう　争う　（競争する）konkurrearje, meidwaan,（…と）wediverje (mei),（言い争う）kibje, stride, tsiere
あらだてる　荒立てる　（気分を）ferbitterje,（ことを）de saken slimmer meitsje
あらたに［な］　新たに［な］　nij,（再び）nochris, op 'e(n) nij
あらたまる　改まる　（更新する）fernije
あらためて　改めて　（再び）fannijs, nochris, wer, op 'e(n) nij, fan nijs
あらためる　改める　（更新する）fernije,（変更する）wizigje,（欠点・誤

りを）ferbetterje, feroarje, korrizjearje
あらっぽい　荒っぽい　（気性が）→荒い
アラビア　Arabië；アラビア（語・人）（の）(it) Arabysk：アラビア文字 *Arabyske* sifers
あらびき　粗碾き　粗びきコーヒー rauwe kofje
アラブ（人）《総称》*de* Arabier（→アラビア人）；アラブの Arabysk
あらまし　（概略）it skema（→粗筋）；《副》sawat
あらゆる　al；あらゆる種類の âlderhanne, allerhanne soarten (fan)：あらゆる点で yn *alle* opsichten；あらゆる人 alleman
あられ　霰　*de* hagel（→ひょう）；あられが降る hagelje, heilje：あられが降っ（てい）た It *hagele*.
あらわす　表す　（好意・敬意などを）（示す）bewize,（感情などを）manifestearje, útdrukke,（立証・証明する）útwize, wiermeitsje,（表現する）fertolkje, útdrukke, útsprekke
あらわす　現す　（姿を）opdaagje opkomme
あらわす　著す　（出版する）publisearje, skriuwe
あらわに　露に　（露骨に・あからさまに）blank, breedút, neaken, ûnferhoalen
あらわれ　表れ　it blyk, *it* teken（→しるし）：時勢の表れ in *teken* fan 'e tiid
あらわれる　現れる　bleatkomme, ferskine, opdaagje, jin toane,（出廷する）foarkomme,（登場する）optrede
あらんかぎり　有らん限り　mei [út] alle macht, sa hurd mooglik, nei jins fermogen
あり　蟻　*de* eamel(d)er, *de* mychhimmel(der)
ありあまるほどの［に］　有り余る程の［に］　grouwélich,（過剰の）oerdiedich, ryklik
ありありと　besteanber, mooglik（→はっきりと，明らかに，明白に）
ありあわせの　有り合わせの　foarhan-

nen（→持ち合わせの）
ありうる　有り得る　→ありそうな, 可能な
ありえない　有り得ない　ûnbesteanber, ûnmooglik
ありがたい　有り難い　erkentlik, tankber,（とても）woldiedich（→感謝して）；有り難く思う tankje：（どうも）有り難う！ *Tank(j)e* (wol)!；ご忠告, 有り難う！ Tank foar jo rie!；有り難くない ûnwolkom：有り難くない客 in *ûnwolkomme* [net wolkomme] gast
ありがちな　有り勝ちな　fetber,（しばしば起る）frekwint
ありきたりの　banaal,(dea)gewoan（→有り触れた）
ありさま　有(り)様　*de* kondysje, *de* stân, *de* steat（→状態）
ありそうな　有りそうな　mooglik, wierskynlik；有りそうなこと *de* wierskynlikens
ありのままの　有りの儘の　sljocht
アリバイ　（現場不在証明）*it* aliby
ありふれた　有り触れた　deagewoan, gewoan, sljocht（→平凡な）
ある　或る　guodden, sommige；ある人 immen（→某氏）；あること［物］eat, wat；ある時 ienkear, ienris；ある日 op in dei
ある　有る, 在る　（存在する）binne, wêze,（位置する）bestean, lizze, sitte, stean,（所有する）hawwe；（形）oanwêzich；（名）あること *de* oanwêzigens（→存在）
あるいていく　歩いて行く　te foet gean
あるいは　或いは　of, oft(e),（ひょっとして）faaks, miskien
アルカリ　*it* alkaly；アルカリ性の alkalysk
あるく　歩く　rinne,（ぶらぶら）kuierje（→散歩する）；歩き回る omrinne, spane
（…で）あるけれども　（接）alhoewol, hoewol, hoewol't, nettsjinsteande
アルコール　*de* alkohol；アルコールを含んだ alkoholhâldend；非アルコール性の alkoholfrij；アルコール依存症患者 *de* alkoholist；アルコール中毒 *it* alkoholisme
アルツハイマーびょう　アルツハイマー病　*de* sykte fan Alzheimer
あるていど　或る程度　wat；ある程度まで ta in hichte, oant in hichte ta
アルバイト　→パート；アルバイトをする in dieltiid wurkje
アルバム　*it* album
アルファベット　*it* alfabet：アルファベット順に op *alfabet*；アルファベットの（順で）alfabetysk
アルプス（山脈）　*de* Alpen
あるまじき　有るまじき　（ふさわしくない）ûnweardich, ûnwurdich
アルミ（ニウム）（の）　（*it*）aluminium；アルミ箔 *it* sulverpapier
あれ　荒れ　（嵐）*de* stoarm；荒れ模様の stoarmich, ûnlijich, wreed；（表面が）荒れた wrimpen,（海・天候が）oerstjoer：荒れた皮膚 wrimpen fel
あれ　《中性》dat,《通性》dy,《複》あれら(の) dy：あれらの犬 *dy* hûnen
あれいらい　あれ以来　（接）sûnt；（副）sûnt(tiid)：彼にはあれ以来一度も会っていない Ik haw him *sûnt* net wer sjoen.
あれから　→あれ以来
あれくるう　荒れ狂う　（海などが）raze, woedzje；荒れ狂った razen(d), wyld, woedzjend
あれち　荒れ地　*de* wyldernis, *de* woastenij(e)
あれはてる　荒れ果てる　ferfalle；荒れ果てた ferfallich, woast
あれる　荒れる　（海・天気などが）stoarmje,（肌が）(w)rimpen wurde,（庭が）ferwylderje,（人が）woest wurde（→暴れる）
アレルギー　*de* allergy；アレルギー性の allergysk
あわ　泡　*it* skom,（石けんの）*it* sjipsop；泡立つ skomje；（怒って）（口から）泡を吹く skombekje (fan lilkens), skomje

あわ　粟　*de* gierst
あわい　淡い　（味・色などが）ljocht,（かすかな）flau, minym：淡い望み minime hope
あわせる　合わせる　yninoar sette（→合体する），（組み）gearfoegje,（お祈りで手を）geardwaan,（焦点・ピントを）ynstelle,（ダイヤルを）ôfstelle,（照合する）neirekkenje,（適合させる）ynpasse,（つなぎ）ferbine：カメラのピントを合わせる in kamera ynstelle
あわせる　併せる　（結合させる）kombinearje
あわただしい　慌ただしい　（忙しい）bannich, drok, jacht(er)ich,（…で）慌ただしい dwaande (mei)：慌ただしい生活 it *jachtige* libben
あわだつ　泡立つ　buorrelje；泡立てる skomje litte
あわてる　慌てる　jin reppe；慌てている rûzich, tiz(er)ich；慌てて gysten, hals oer (de) kop, yn 'e haast, yn [mei] (alle) haast；慌てふためくこと *de* haast；慌て者 in hastige persoan
あわれ（み）　哀れ（み）　*de* euvelmoed, *it* meilijen, *de* moederaasje, *de* ûntferming；哀れな beroerd, jammerlik, tryst(ich)：哀れに見える *tryst*(ich) sjen；哀れむ bekleie, erbarmje
あん　案　（考え）*it* idee,（計画）*it* plan,（提案）*de* foarslach, *it* foarstel, *it* útstel：案を練る it plan útwurkje
あんいな　安易な　maklik, noflik：安易な返事 in *maklik* antwurd
あんがい（な）　案外（な）　ynienen, ûnferwachte, ûnfoarsjoen（→不意の [に]，予想外の [に]）
あんかな　安価な　goedkeap
あんきする　暗記する　memorisearje, út 'e holle leare
アンケート　*it* enkêteformulier
あんこう　鮟鱇　*de* seeduvel
あんごう　暗号　*de* koade；暗号文 *it* kryptogram：暗号文を解読する in *kryptogram* ûntsiferje

アンコール（曲）　*de* tajefte：アンコールを求める om in *tajefte* roppe, アンコールに応える in *tajefte* jaan
あんこくの　暗黒の　pikketsjuster：暗黒の夜 in *pikketsjustere* nacht
あんさつ　暗殺　*de* slûpmoard；暗殺する fermoardzje；暗殺者 *de* slûpmoardner
あんざん　安産　in maklike befalling
あんざん　暗算　it hollerekkenjen；暗算をする hollerekkenje
あんじ　暗示　*de* bedoeling, *de* suggestje；暗示する jin oanjaan, oantsjutte, suggerearje；暗示された suggestyf
あんしゅつする　案出する　optinke, útprakkesearje
あんしょう　暗唱　*de* repetysje；暗唱する repetearje
あんしょう　暗礁　*de* reef, *it* rif；《比喩的に》暗礁に乗り上げる droechsette, fêstrinne, strânje：交渉が暗礁に乗り上げた De ûnderhannelingen binne *fêstrûn*.
あんしょうばんごう　暗証番号　jins privee koade [nûmer]
あんじる　案じる　jin bekommerje, jin bekroadzje（人を oer / 物を om）, omtiizje（→くよくよする，思い悩む）
あんしん　安心　*de* ferlichting, *de* ferromming, *de* gemoedsrêst, *de* opluchting, *de* sielerêst；安心する opluchtsje：彼はそれで安心した It *luchte* him op.；安心させる ferlichtsje, gerêststelle, opluchtsje
あんず　杏　*de* abrikoas
あんせい　安静　*de* rêst；安静にする rêstich bliuwe
あんぜん　安全　*de* feilichheid：安全のために foar de *feilichheid*；安全な feilich：安全な場所 in *feilich* plak；安全ベルト *de* autogur(d)le, *de* feilichheidsgur(d)le；安全ピン *de* spjeld(e)；安全装置 *de* boarch
アンダーライン　*de* ûnderstreking；アンダーラインを引く ûnderstreekje
あんちする　安置する　（遺骸・棺など

を）oanbringe

あんてい　安定　*de* bestindigens, *de* lykwichtigens；安定させる stabili-searje；安定した bestindich, lykmjittich, lykwichtich, stabyl：安定した気候 *lykwichtich* waar；安定剤 *de* stabilisator

アンティーク　*de* antikiteit

アンテナ　*de* spryt

あんど　安堵　*de* ferlichting, *de* ferromming, *de* opluchting：安堵させる *ferlichting* jaan = gerêststelle, opluchtsje

あんな　《単数名詞と共に》sa'n,《単数・通性名詞および複数名詞と共に》sok：あんな人 *sa'n* man, あんな人たち *sokke* minsken

あんない　案内　*de* lieding；案内する ynliede, liede, wize；案内して回る rûnliede；案内書［人］*de* gids, *de* paadwizer；案内図 *de* plattegrûn（市街図）；案内所 *it* ynformaasjeburo

あんに　暗に　ymplisyt, yndirekt, sydlings（→暗示された）

あんのじょう！　案の定！　Wrachtich!

あんば　鞍馬　（体操用の）*it* hynder

アンパイア　（審判員）*de* arbiter, *de* skiedsrjochter

あんぴ　安否　*de* feilichheid, *de* wissichheid（→無事）；（…の）安否を尋ねる freegje (nei)

アンプル　（注射液の）*de* ampul

アンペア　*de* ampère

あんま　按摩　*de* massaazje（→マッサージ）,（人）*de* masseur；あんまをする massearje（→マッサージをする）

あんもくの（うちに）　暗黙の（うちに）stilswijend：暗黙の約束 in *stilswijende* oerienkomst

アンモニア（水）　*de* ammoniak

あんらく　安楽　it gemak, *de* gerêststelling, *de* geryflikens, *de* maklikens（→気楽）；安楽な［に］geryflik（→快適な［に］）,（楽な）maklik：安楽椅子 in *maklike* stoel = *de* briedstoel, *de* fauteuil（→椅子）

い　イ　i

い　胃　*it* liif, *de* mage：胃が痛い pine yn 't *liif*［*de mage*］hawwe；胃痛 *de* pinemage；胃癌 *de* maachkanker；胃潰瘍 *de* maachswolm；胃痙攣 *de* maachkramp

い　意　（心）*de* geast, *it* gemoed,（意味）*de* bedoeling, *de* betsjutting,（意向）*de* bestimming,（意志）*de* wil,（注意）*de* attinsje, *de* oandacht；意に介する steure；意を決する beslisse, beslute

（一）い　（一）位　*it* plak, *it* stee：1 位 *it* earste *plak*［*stee*］

いあつする　威圧する　oerweldigje（→圧倒する）

いい　良い, 好い, 善い　goed, moai, skoander：いい本 *goede* boeken, いい天気 *moai* waar, いい例 in *skoander* foarbyld（好例）

いいあい　言い合い　*de* rûzje, *it* spul；（人と）言い合う spul meitsje (mei immen)

いいあてる　言い当てる　fermoedzje, riede, tinke（→推測する）

いいあらそい　言い争い　→言い合い

いいあらわす　言い表わす　fertolkje, útdrukke：自分の考えを言い表わす jins gedachten *útdrukke*

いいえ！　Nee!　（↔はい）：いいえ, 彼女は仕事でうちにいます *Nee*, hja is hjir foar saken.

いいかえす　言い返す　tsjinsprekke, weromsizze（→口答えをする）
いいかえる　言い換える　omskriuwe
いいかえれば　言い換えれば　mei oare wurden（→換言すれば）
いいかげんな　いい加減な　nonsjalant：いい加減な返事 in *nonsjalant* antwurd
いいしれぬ　言い知れぬ　ûnútspreklik（→名状し難い）
いいすぎる　言い過ぎる　te folle sizze,（誇張する）fergrutsje, oerdriuwe, opblaze,（酷評する）ôfbrekke
イースター　（キリストの復活祭）de Peaske
いいつけ　言い付け　（命令・指示）it kommando, *de* oarder；命令を言いつける dirigearje（→命令する，指示する）
いいつたえ　言い伝え　*de* leginde, *de* oerlevering,（伝承）*de* tradysje；言い伝える berjochtsje（→伝言をする）
いいなかである　好い仲である　（…と）fereale wêze（op）（→（…に）惚れている）
いいなずけ　許婚　*de* ferloofde, *de* oansteande,（女の）*de* faam（→婚約者）
いいぬける　言い抜ける　behimmelje, beklauwe；言い抜け *de* ûntduking
いいのがれる　言い逃れる　beklauwe, beprate, goedprate；言い逃れ *de* draaierij, *it* útfynsel, *de* útwei：言い逃れをしようとする *útwei* sykje；言い逃れをする draaie, útflechten sykje
いいはる　言い張る（主張する）betingje, stean
いいふらす　言い触らす　rûnkrantsje
いいぶん　言い分（主張）*it* folhâlden,（異議・異論）*it* beswier, *de* tsjinspraak,（不平）*it* beklach
いいまわし　言い回し　*de* ekspresje, *de* útdrukking
いいよる　言い寄る　（異性に）fersiere,（男が女に）befrije
いいわけ　言い訳　*it* aliby, *it* ekskús, *it* ferlechje, *de* útwei, *it* útwynsel：言い訳をする jins *ekskús* meitsje [oanbiede] = ekskusearje, ちゃんとした言い訳 in earlik *ferlechje*
いいわたす　言い渡す　（宣告する）feroardielje,（判決を下す）fonnisje
いいん　委員　《集合的に》*it* bestjoer,（官庁などの）*de* kommissaris；委員会 *it* bestjoer, *de* kommisje,（全員の）*it* kommitee；委員長→議長
いう　言う　（話す）sizze, sprekke,（述べる・伝える）fertelle,（おしゃべりをする）keuvelje,（称する）neame,（意味する）bedoele：あなたの好きな物を言ってくださいませんか Sis mar watst wolst., そのことは何も言っていない Ik haw dêr neat oer te *sizzen*., 実を言えば de wierheid *sprekke*,…は言うまでもなく om net te *sprekken* fan …, …ということだ Ik haw my *fertelle* litten, dat …, 君が何を言おうとしているのか分からない Ik begryp net watst *bedoelst*.；（接）（…と）言うのは omdat, trochdat, want
いえ　家　（建物）*it* hûs,（家庭・家族）*de* famylje, *it* gesin, *it* geslacht,（家事）*de* húshâlding,（住宅）*it* thús；家に［へ］thús：家にいる *thús* bliuwe, 家に帰える *thús* komme
いえがら　家柄　（de status fan）*it* geslacht（→家系）；家柄のよい beskaafd
イエス　ja（→はい）
イエスキリスト　Jezus Kristus
いえやしき　家屋敷　hûs en hiem
いおう　硫黄　*de* swevel, *it* swevelsoer
イオン　*it* ion
いか　以下　（前）（…未満の）ûnder：*ûnder* de euro 1ユーロ以下；以下の neifolgjend；（…は）以下の通りである hjirûnder folgje；以下同様 ensafuorthinne（略 ensfh.）（→…など）
いか　烏賊　*de* inketfisk
いがい　以外　（前）…以外は behalve(n), útsein op … nei（→…を除いて）；（接）…である以外は útsein dat …；…以外は…もない neat oars as

…

いがい 遺骸 *it* (stoflik) oerskot [om-skot]（→遺体，死体，亡骸）

いがいな 意外な ferbaasd, ferbazend, ûnferwacht(e), ûnfoarsjoen：意外に寒い It is *ferbaasde* kâld., 意外な結末 in *ûnfoarsjoene* ôfrin；意外に oeribel, ûnfoarsjoens（→不意の[に]，思い掛けない）

いかが 如何 いかがお過しですか Hoe is it mei dy?, Hoe stiet it libben?, コーヒーを一杯いかがですか Wolle jo in kopke kofje hawwe?

いかがわしい （怪しい）fertocht, （わいせつな）ûnearber, ûnfatsoenlik：いかがわしい写真 *ûnfatsoenlike* foto's

いかく 威嚇 *de* bedriging, *de* driging（→脅迫）；威嚇的な driigjend；威嚇する bedriigje, driigje（→脅(おど)(かか)す）

いがく 医学 *de* genêskunde,《複》*de* medisinen；医学の［的な］genêskundich, medysk：医学生 in *medysk* studint

いかさま *de* ferlakkerij；いかさま師 *de* swindeler（→ぺてん師）

いかす 生かす （生かしておく）libbje litte, (活用する) woekerje, yn libben hâlde

いかだ 筏 *it* flot：筏に乗って行く op in *flot* farre

いかに 如何に hoe（→どの様に）

いかにも 如何にも yndie(d), rjocht, wrachtich, wrammels（→実に，本当に，確かに）

いがみあう 啀み合う （獣などが）tasnauwe, (口論・論争する) stride, tsiere

いかめしい 厳めしい （厳かな）plechtich, steatlik, (厳しい) bartsk, strak

いかり 錨 *it* anker：錨を下ろす foar [te'n] *anker* gean

いかり 怒り *de* lilkens, *de* nidigens（→激怒）：彼女は怒りのあまり顔が青くなった Se wie wyt fan *lilkens*.；怒り ien nidich meitsje（→怒(おこ)る）；怒り狂った[て] poerlilk, razend

いかれている （女の子に）（夢中になってる）gek mei in faam wêze, （機械などが）（故障している）stikken wêze

いかん 遺憾 *de* spyt；遺憾な rouwich, spitich：それはとても遺憾なことです Dat is tige *spitich*.；遺憾に思う spite（→残念に思う）

いき 息 *de* azem, *de* sike, *de* smûch （→呼吸）：息を止める de *siken* yn hâlde；息をする azemje, sykhelje；息切れがする hymje, smûge（→あえぐ）；息苦しくなる stikke；息切れした near

いき 域 （地域）*it* gea, *it* gebiet, *it* gewest, *de* krite, *de* regio（→地方，地区），（範囲）*de* grins, （限度）*de* limyt, （水準）*it* nivo

いぎ 異議 *it* beswier, *de* tsjinspraak：(…に) 異議を提出する *beswieren* ynbringe (tsjin)；異議を唱える abbelearje, tsjinsprekke, wjersprekke；異議を申し立てる tsjinhaspelje, tsjiniggewearje

いぎ 意義 （言葉の）*de* betsjutting, *de* sin, (重大さ) *de* belangrikens, *it* doel, *de* sin；意義がある sinfol

いきあたりばったり 行き当たりばったり aselekt, lokraak, yn it wylde wei

いきいきした 生き生きした libben, monter, trinten

いきうつし 生き写し *it* evenbyld：その女の子は母親の生き写し［→そっくり］だ Dat famke is it *evenbyld* fan har mem.

いきおい 勢い *de* enerzjy, *de* krêft（→活力）；勢いのある ferheftich

いきかえる 生き返る ferrize, oplibje, opwekje（→よみがえる）

いきかた 生き方 （暮らし方）*de* libbenswize

いきぐるしい 息苦しい near, nearzich（→むさ苦しい）

いきごみ 意気込み *it* entûsjasme, *de* reeëns, *de* waarmens（→情熱）；意気込む entûsjast wêze

いきさき　行き先　（旅行先）de bestimming, it doel, de reisbestimming：私たちの旅行先 it doel fan ús reis

いきさつ　経緯　de tadracht,（事情）it gefal,（詳細）de finesse

いきじびき　生き字引　in rinnend wurdboek

いきしょうちん　意気消沈　《複》de moedfearren, it ôffal：意気消沈する de moedfearren hingje litte = ôffalle（→失望する）；意気消沈して ferslein, mismoedich, oatmoedich, omber；意気消沈している telider slein wêze

いきしょうにん　生き証人　de getuge, de tsjûge

いきする　遺棄する　ferlitte：死体を遺棄する in lyk ferlitte

いきちがい　行き違い　（すれ違い）it foarbyrinnen,（誤解）it misferstân, it misbegryp,（意見の不一致）it ferskil, de strideraasje, de ûnienichheid；行き違う foarbyrinne

いきづかい　息遣い　it sykheljen；息遣いが荒い swier sykhelje

いきつけの　行き付けの　favoryt：行きつけの本屋 in favorite boekwinkel

いきづまり　行き詰まり　de ympasse（→袋小路）, de stilstân：行き詰まっている yn in ympasse sitte [wêze]；行き詰まっている stilstean：その仕事は行き詰まっている It wurk stiet stil.

いきどおり　憤り　（怒り・立腹）de lilkens, de nidigens

いきどまり　行き止まり　de gloppe（→袋小路）：《比喩的に》行き止まる yn in gloppe sitte（→窮地に陥っている）

いきな　粋な　sjyk, styfol（→しゃれた，シックな）；粋なこと de sjyk

いきなり　（不意に）abrupt, hookstrooks, sprongsgewize

いきぬき　息抜き　（休息）de lins, de rêst,（気晴らし）de ferdivedaasje, de ûntspanning

いきのこり　生き残り　de oerlibjende；生き残る oerlibje

いきのびる　生き延びる　ferduorje, oerlibje, trochlibje, útlibje（→長生きする）

いきむ　息む　stinne（→力（い）む）

いきもの　生き物　it kreatuer, it skepsel, it wêzen, libbene wêzens

いきょう　異教　it heidendom；異教（徒）の heidensk；異教徒 de heiden,（女性の）de heidinne

イギリス　（英国）Ingelân；イギリス人（の）(it) Ingelsk（→英国の，英語（の））

いきる　生きる　libje：母は父より長生きした Us men libbe langer as ús heit.；生きている libben, libbensliif

いきわたる　行き渡る　（普及する）ferspriede, útdrage,（流布する）útstruie, wreidzje

いく　行く　（ある場所に・目的で）gean,《完了形で》binne：駅へ行く nei it stasjon ta gean, 彼は魚釣りに行った Hy gong te fiskjen., 汽車で行く mei de trein gean, 私はオランダに行ったことがある Ik bin nei Nederlân west.

いく　逝く　→死ぬ

いぐさ　藺草　de rusk

いくじ　育児　de bernefersoarging

いくじのない　意気地のない　sleau, slop, willeas：意気地なしめ！ Dat is sleau fan dy!

いくせいする　育成する　（育てる）grutbringe, opbringe

いくつ　幾つ　hoe, hoefolle：彼は幾つですか Hoe âld is er?, 荷物を幾つ持っていますか Hoefolle bagaazje nimme jo mei?；幾ら hoefolle：日本へ出す手紙の郵送料は幾らですか Hoefolle moat der op in brief nei Japan?；幾つかの ferskate, guon, ynkel(d), sommige, stikmannich, in mannich

いくど　幾度　Hoe faak …?（→何度）；幾度も faak（→何度も）；幾度となく frekwint（→頻繁に）

いくぶん　幾分　wat,（いささか）frijwat：幾分遅い wat letter

いくらか　幾らか　→少々

いけ　池　（人工的な）de fiver, （貯水池）it reservoir

いけい　畏敬　de earbied, it ûntsach（→崇敬）：人に畏敬の念を持つ ûntsach foar immen hawwe；《形》畏敬の念を起させる ûntsachlik

いけがき　生垣　de hage

いけない　（悪い・良くない）min, net goed（wêze）,（役に立たない）ûnbrûkber；…してはいけない net meie [moatte]：ここではたばこは吸ってはいけない Hjir mei net smookt wurde.

いけにえ　生け贄　it offer；生けにえにする offerje：山羊を生けにえにする in laam offerje

いけばな　生け花　（生け花用の）it blomstik,（花を生けること）de blomsierkeunst, it blomskikken

いけん　意見　（考え・見解）de beskôging, it bestek, it betinken, it doel, de gedachte, de miening, it oardiel, de opiny, it tinkbyld, it tinken：私の意見[考え]では nei myn bestek [gedachte / tinken], 同じ意見である deselde miening hawwe, これについての君の意見は？ Wat is dyn oardiel hjiroer?, …というのが私の意見です Myn opiny is dat …；（人に）（あることを）意見する immen wat te rieden jaan

いげん　威厳　de weardichheid；威厳のある deftich, steatlik, weardich

いご　以後　tenei：以後もっと注意しなさい Do moatst tenei better oppasse.；以後ずっと tenei（→今後, 将来は）

いこう　移行　it oerskeakeljen（→転換）；移行する oerskeakelje [om-]（→転換する）：新体制に移行する oerskeakelje op in nij systeem

いこう　意向　de bedoeling, de bestimming, it foarnimmen；（…する）意向である foarnimme, de yntinsje hawwe（om）（→…するつもりである）

いこう　憩う　rêste

いごこちよい　居心地よい　geryflik；居心地が悪い ûngeryflik

いこつ　遺骨　de jiske

いごん　遺言　it testamint, de wilsbeskikking（→遺(ｲ)言(状)）

いさい　委細　de finesse（→詳細）：あることを委細に記述する eat yn 'e finesses beskriuwe

いさかい　諍い　it ferskil（→不和）

いざかや　居酒屋　de herberch, de kroech

いさぎよく　潔く　（あっさりと）licht,（快く）goedskiks

いざこざ　（面倒なこと・ごたごた）it beswier, it gedonder, it geseur, it spul, it trammelant

いさましい　勇ましい　moedich（→勇気のある）

いさめ　諫め　de warskôging（→警告, 注意, 助言）；いさめる warskôgje（→注意を促す）

いさん　遺産　de erfenis, it erfskip, de neilittenskip；遺産相続をする neilitte；遺産相続 de erfopfolging；遺産相続人 de erfgenamt

いし　石　de stien,（小石）it stientsje；石の多い stiennich；石造りの stiennen；石を投げつける stiennigje；石けり遊びをする hinkelje

いし　医師　de dokter（→医者）

いし　意志　de wil, de wilskrêft：意志の強い mei wilskrêft, 意志の弱い sûnder wilskrêft；意志薄弱の willeas

いし　意思　it foarnimmen, de yntinsje（→意志, 意図）；意思の疎通 ûnderlinge ferstânhâlding

いじ　意地　（根性）de pit,（意思）de wil,（気力）de kriich,（自尊心）de grutskens, de heechmoed：意地がある in strange wil hawwe；意地悪な[い]boas, gemien, haatlik, kwea-aardich, mislik, narderich, pleagerich：意地悪くする haatlik dwaan, 意地悪いやつ in mislike fint；意地悪な女 de fûlekaan, de njirre

いじ　維持　it behâld, de ynstânhâlding；維持する behâlde, bewarje,（習

慣・関係などを）ûnderhâlde；（土地・車などの）維持費 de ynstânhâlding

いしき　意識　it besef, de kennis：意識を失う it *besef* ferlieze, 意識を回復する ta [by] *besef* [*kennis*] komme；意識を失った bewusteleas；意識する fiele（→感じる）；意識している beseffe；意識的な bewust；意識しない ûnbewust；意識不明の ûnwillekeurich（→無意識の [に]）；意識不明である bûten kennis wêze

いじくる　弄る　poarje

いじけた　畏縮けた　（ひねくれた）ferset,（おどおどした）bangachtich, bedêst：いじけた心 *bedêste* geast；いじける ferlegen wurde

いしずえ　礎　→基礎

いしつの　異質の　ferskillend, ûnderskaat, ûngelikens

いしつぶつ　遺失物　ferlerne saken

いじめ　苛め　de mishanneling, de pleagerij（→虐待）；苛める knoeie, mishannelje, negerje, pleagje；苛めの好きな pleagerich；苛めっ子 *de* pleager

いしゃ　医者　de dokter,（内科医）de genêskundige,（外科医）de hielmaster,（かかりつけの）de húsdokter：医者に診てもらう in *dokter* rieplachtsje, 医者を呼ぶ in *dokter* roppe；医者にかかっている ûnder doktersbehanneling

いしゃ　慰謝　de fertreasting；慰謝する→慰める；慰謝料 it smertejild

いしゅう　異臭　→悪臭

いじゅう　移住　*de* migraasje,（外国からの）de ymmigraasje；移住する migrearje,（外国から）ymmigrearje；（外国からの）移住者 *de* ymmigrant, de ynkomeling,（外国への）de lânferhuzer

いしゅくする　萎縮する　→萎れる

いしょ　遺書　（遺言）it testamint, *it* / *de* ôfskiedsbrief,（書き置き）it berjocht

いしょう　衣装　*de* dracht, *it* kostúm, *de* toai：フリジア人の（民族）衣装 de Fryske *dracht*

いじょう　異状　→故障，欠陥；（機械などに）異状がある behyplik, gebrekkich, ûnklear,（身体・精神に）gammel, goarrich（→病弱の）

（…）いじょう　（…）以上　（…よりは）mear as …；《前》boppe：5歳以上の子供たち bern *boppe* de fiif jier

いじょうする　委譲する　（任せる）oerlitte, tabetrouwe,（譲り渡す）oerdrage（→譲渡する）

いじょうな [に]　異常な [に]　abnormaal, ûngewoan

いしょく　衣食　iten en klean；衣食住 iten, klean en ûnderdak ＊語順に注意

いしょく　委嘱　de kommisje（→委託）；委嘱する betrouwe, tabetrouwe, tafertrouwe

いしょく　移植　de transplantaasje；（植物を）移植する ferbêdzje,（植物・臓器などを）ferplantsje

いしょくの　異色の　ûngewoan：異色の作家 in *ûngewoane* skriuwer

いじる　弄る　（指で）fingerje,（おもちゃなどをいじって遊ぶ）tipelje, spylje mei boartersguod

いじわる　意地悪　de pesterij（→意地）；意地悪い [く] haatlik, lilk：（…に）意地悪くする *haatlik* dwaan

いしん　威信　it prestiizje（→信望）：（自分の）威信を失う jins *prestiizje* ferspylje,（自分の）威信を保つ jins *prestiizje* ophâlde

いす　椅子　（一人用の）de stoel,（安楽椅子）de briedstoel,（折りたたみ椅子）de optearstoel,（藤椅子）de rotanstoel：（椅子に）掛けてください Krij in *stoel*., 椅子に腰を掛ける op 'e *stoel* sitte

いずみ　泉　（湧き水）de boarne, de welle,（知識の）de boarne

イスラムきょう　イスラム教　de Islam；イスラム教徒 de islamyt

いずれ　孰れ　（二つのうち）いずれか *óf* … *óf*, いずれも allebeide（両方共）：彼はこれかあれかのいずれを選ばなければならない Hy moat *óf* dit *óf* dat kieze.；《接》いずれも（…でない）noch …noch：彼の妻も娘も彼がどこにいたのかいずれも知らなかった *Noch syn frou noch syn dochter wist(en) wêr't er wie.*；いずれ（そのうち）mei de tiid, meidertiid, nochris：私たちはいずれそのうちに引っ越します *Wy sille meidertiid ferhúzje.*；いずれにせよ afjn, dochs, yn elk gefal, yn alle gefallen（→とにかく）：いずれにせよお入りください *Kom der dochs yn!*

いせい　威勢　*it* ferhef, *de* galle, *de* geast（→元気，勢い）；威勢のいい beweechlik, enerzjyk, kranich, libben, pittich, snedich；威勢よく krêftdiedich

いせい　異性　it oare geslacht；異性愛の hetero

いせき　遺跡　*it* oerbliuwsel

いぜん　以前　（かつて・昔）alear(en), foarhinne, ienkear, ienris, ris：以前大きな橋があった *Der wie alear(en) in grutte brêge.*；以前（は）eartiids, foarhinne, yn it foarige：彼女は以前と変わっていない *Hja is noch deselde as eartiids.*；以前の foarich：以前うちで働いていた下男 *ús foarige feint*；以前と［の］earder；《接》（…する）以前に foardat, foar't：私が出掛ける以前に *foar't ik gean*

いぜん（として）　依然（として）　noch

いそ　磯　*it* strân,（特に岩の多い）*de* rotskust

いそいそと　fleurich, lustich, moedich

いぞうする　遺贈する　fermeitsje, tameitsje

いそうろう　居候　*de* parasyt, *de* waarmmielrinner

いそがしい　忙しい　beuzich, drok, dwaande, warber：忙しい *it drok hawwe* = omheisterje, 仕事で忙しい *drok [dwaande] mei it wurk*

いそぐ　急ぐ　ave(n)searje, jin haastje, haast meitsje, hastigje：私たちは急ぐ必要はない *Wy hoege ûs net te haastjen.*；急ぎの［いで］hastich, rimpen：急いでいる *hastich wêze*, 急いで立ち去る *hastich fuortrinne*；かなり急いで rillegau；急ぎ *de* haast；（人の）急ぎ足 *de* draaf；急ぎの仕事 *it* haastwurk；《諺》急がば回れ *In stadiger rinner komt der ek.*

いぞく　遺族　*de* neibesteande, neilitten famylje

いぞん　依存　*de* ôfhinklikens；（…に）依存する ôfhinkje (fan)；（…に）依存して（いる）ôfhinklik (fan)：参加者数に依存している *wêze ôfhinklik fan it tal dielnimmers*

いた　板　（薄い）*it* boerd,（厚い）*de* planke,（金属・ガラスなどの）*de* plaat；ベニヤ板 *it* multipleks

いたい　遺体　→遺骸；遺体安置所 *it* lykhúske

いたい　痛い　pynlik, sear；痛み *de* pine, *it* sear, *it* skeel,（激しい）*de* stek：胸［心］の痛み *in stek yn 't boarst [hert]*, 頭［口］が痛む *pine yn 'e holle [mûle] hawwe*；（ちくちく・ひりひり）痛む stekke；痛みを感じさせない pynleas

いだいな　偉大な　grut：偉大な詩人 *in grut dichter*；偉大さ *de* gruteid

いたく　委託　（商取引の）*de* kommisje；委託する betrouwe, fertrouwe, oansizze

いだく　抱く　（腕に）hâlde（→抱（だ）く),（考え・感情などを）herbergje

いたずら　悪戯　*it / de* fyt, *de* keunst, *de* streek,（子供の）*de* flegel, *it* kattekwea [berne-]；いたずら好きの ûndogens：いたずら好きの子供たち *ûndogense bern*；いたずらっ子 *de* dogeniet, *de* flegel, *de* oester, *de* smycht；いたずらをする lol meitsje, streken [in streek] úthelje,（悪質な）(smoarge) fiten úthelje

いたずらに　徒に　（無為に）nutteleas, sinleas

いただき　頂　（頂上・上部）*it* kopstik, *de* pyk, *de* top：山の頂 de berch *top*

いただく　頂く　(もらう) hawwe, krije, (飲食する) drinke, hawwe, ite, nimme：手紙を頂いた Ik *krige* in brief., コーヒーを一杯頂きたいです Ik wol in kopke kofje *nimme*., たくさん頂きました Ik haw genôch iten.；雪を頂いた山 de berch besnijd mei snie, de besnijde berch

いたち　鼬　de wezeling

いたって　至って　(ひどく・すこぶる) bar, bûtenwenstich, liderlik, tige, ûnbidich

いたで　痛手　(損害・被害) *it* kwea, *de* oantaasting, *de* skea, *de* strop：痛手をこうむる *skea* lije

いたばさみになる　板挟みになる　foar in dilemma stean

いたましい　痛ましい　drôf, (哀れな) drôvich, tryst, (悲惨な) fertrietlik

いたみ　痛み　*de* pine, (激しい) *de* stek (→激痛)；痛みが激しい bitter

いためる　炒める　(油で) útbakke

いためる　傷める, 痛める　(傷つける) besear(j)e, deare, knoeie, (感情を) krinke, kwetse；痛めつける kwelle, (苦しめる) kwelle, teisterje

イタリア　Itaalje；イタリア人 *de* Italjaan；イタリア人[風]の Italjaansk；イタリア語(の) (*it*) Italjaansk

イタリック(体)　*it* kursyf；イタリック体の kursyf

いたる　至る　今に至るまで oant no ta；(道路などが)(…に)至る útmûnje, (結果が)(…に)útdraaie, útrinne

いたるところ(に)　至る所(に)　alles, oeral, rûnom, wech-ende-wear, witwêr：世界中至る所に *oeral* yn 'e wrâld, 善人は至る所に住んでいる *Rûnom* wenje goede minsken., お客は至る所からやって来た De gasten kamen fan *wech-ende-wear*.

いたわり　労り　(思い遣り) *de* konsideraasje, (同情) *de* dielnimming, *it* meifielen, *it* meiljbjen, *de* sympaty；労り *mije*, (慰める) fertreast(g)je：お父さんを労らなくちゃいけませんよ Do moatst dyn heit wat *mije*.

いたん　異端　*de* ketterij (→異教)；異端の kettersk；異端者 *de* ketter

いち　一　1(の) (*de*) ien；1番目(の) (*it* / *de*) earste [foarst]

いち　位置　(場所) *de* lizzing, *it* plak, (立場・地位) *de* posysje, *de* post

いち　市　(市場) *de* diskemerk, *de* merk

いちい　一位　it earste plak；(1位の) earstegraads [-rangs] (→最高の)

いちいち　elk, (一つ一つ) by ienen, (何でもかんでも) alles, (詳しく) yn 'e finesse

いちいん　一員　(…の) *it* lid (fan) (→…の会員)

いちおう　一応　(ざっと・おおむね) (foar it) meastepart, (差し当たり・当分の間) fêst, foarearst, foarfêst；一応リストに目を通す in list trochrinne

いちおく　一億　hûndert miljoen

いちがいに　一概に　(必ずしも) needsaaklik, (概して) yn it algemien [generaal]

いちがつ　一月　*de* jannewaris [-waarje]

いちかばちか　一か八か　derop of derûnder (→のるかそるか)

いちげき　一撃　*de* dreun, *de* klap, *de* opdonder：一撃の下に mei ien *klap*

いちご　苺　*de* ierdbei

いちじ　一時　(時刻) ien oere, (かつて) alear(en), (当分の間) fêst, foarfêst；一時の, 一時的な foarriedich, tydlik (→暫定的な)；一時凌ぎの物 *de* needhelp；それは一時凌ぎだ It is in behelp.

いちじく　無花果　*de* figebeam, *de* fiich

いちじの　一次の　(最初の) earste, primêr

いちじゅん　一巡　*de* rûnte；一巡する rûngean

いちじるしい　著しい　bysûnder, frappant, opmerklik, sprekkend (→顕著な)：著しい類似点 in *sprekkende* ge-

likenis
いちずに 一途に （真剣に）earnstich, （盲目的に）blynseach
いちぞく 一族 de famylje, it slachte
いちだい 一代 （一世代）de generaasje, it laach
いちだん 一団 de groep, de keppel, de kloft, de partij, de ploech
いちど 一度 →一回；一度ならず mear as ienris
いちどう 一同 it gehiel, （みんな）alleman, elkenien, （すべての人々）al de minsken
いちなん 一難 一難去ってまた一難 fan 'e wâl yn 'e sleat
いちにち 一日 ien dei；一日中 de hiele dei, de dei troch；一日の仕事 it deiwurk；一日置きに om 'e oare dei；一日に二回 twa kear deis
いちにんまえ 一人前 （一人分）de poarsje（foar ien persoan）,（成人）folwoeksen minsken, it grutminske, de grutte minsken；一人前になる mearderjierrich wurde
いちねん 一年 ien jier；一年中 it jier troch；一年置きに om it jier；一年に一回（の）jierliks
いちば 市場 de diskemerk, de merk：市場に行く nei de merk gean, 市場で買い物をする op 'e merk keapje
いちはやく 逸早く （かなり急いで）rillegau,（即座に）flotwei；《接》（…するとすぐに）sadree（'t）
いちばんの 一番の （最初の）earste, primêr, 一番目（の）earste, foarste：それは一番列車だ It is de earste trein., 彼女はクラスでいつも一番だ Hja sit al yn de earste klasse.；一番目に earst：私は一番乗りだった Ik kaam it earst.；一番年上 âldste；一番若い jongste
いちぶ（ぶん） 一部（分） （全体の）it diel, it part, it ûnderdiel：フリースラントはオランダの一部である Fryslân is in diel fan Nederlân., 一部は foar in part；一部の人たち guon minsken；一部始終 alles, oeral
いちべつ 一瞥 de eachopslach, de opslach：一瞥して yn [mei] in [ien] eachopslach, yn 'e earste opslach（→一見して）；一瞥する sjen
いちまい 一枚 （紙の）in feltsje papier,（チーズ・ハムなどの一切れ）in daalder
いちまつ 一抹 一抹の不安 in swym(ke) fan eangst
いちみ 一味 de binde,（共謀者）de gearspanner,（ギャングの）de ploech
いちめん 一面 （表面）it oerflak, de oerflakte,（側面）it aspekt, de kant,（新聞記事の）it haadblêd：水面 it oerflak fan it wetter, 物事のあらゆる面 alle aspekten fan de saak；地球の表面 it ierdoerflak；（至る所に）alles, oeral, rûnom, witwêr
いちやくして 一躍して mei in sprong
いちょう 胃腸 de mage en de term
いちようの 一様の effen, ienfoarmich,（同様の）lykfoarmich, unioarm；一様に lykmjittich；一様でない net lykmjittich（→ばらばらである）
いちりつに 一律に （均等に）→一様に：一律[様]に…ない net lykmjittich
いちりゅうの 一流の earste, earsterangs, poerbêst, prima, treftich：一流のチーム de earste ploech
いちれつに 一列に 一列に並ぶ op 'e rige foarme stean
いつ hoenear, wannear：いつまた来ますか Hoenear komst hjir wer?, ここをいつ出発しますか Wanneer geane jo hjir wei?
いつか （将来）（そのうちに）ienris, nochris,（過去）ea, oait：いつか君は後悔するだろう It sil dy ienris spite., いつかそのことについて話し合いましょう Lit ús de saak nochris oereidzje.；いつかは nei [mei] ferrin fan tiid；いつかまた in oare kear；いつか別の日に in oare dei
いっかい 一回 （一度）ienris：週[年]

いっかい

に一回 ienris wyks [jiers], 一回だけで，後はだめ！ Dat is *ienris*, mar net wer!

いっかい 一階 de earste etaazje, ＊ヨーロッパでは，通例「二階」に相当

いっかしょ 一箇所 *it* plak, (部分) *it* part

いっかせいの 一過性の foarriedich, tydlik (→一時的な)

いっかつする 一括する gearfetsje (→引っ括(ﾞく)める)；一括払いで，一括して by de rûs

いっかん 一巻 (本の) de bondel, *it* diel

いっかんした 一貫した konsekwint, konsistint；一貫性 de konsekwinsje, (文体・言語の) de gearhing

いっきに 一気に yn ien haal；一気に飲み干す yn ien swolch leechdrinke, hiel trochslokke

いっきゅうの 一級の earste, earsteklas, poerbêst

いっきょに 一挙に mei ien klap

いつくしみ 慈しみ →慈悲；慈む leafhawwe：隣人を慈しむ jins neiste *leafhawwe*；慈しみ深い oanhelderich, oanhinklik (→愛情の深い)

いっけん 一見 de eachopslach, *de* opslach：一見して yn 'e earste *opslach*

いっこ 一個 *it* brok, *de* ien, *it* lape, *it* stik：1ユーロ一個 in euro it *stik*

いっこう 一行 de partij：一行の人たち in *partij* folk

いっこうに 一向に (少しも…ない) neat, yn it minst net：一向に構わない Dat kin *neat* skele.

いっさい 一切 (全て) al, alle；一切…でない neat, noait, hielendal net (→断じて…ない)：それについては一切覚えていない Ik wit der *neat* mear fan.

いっさいたふ 一妻多夫 de polyandry (↔一夫多妻)

いっさくじつ 一昨日 earjuster

いっさくねん 一昨年 it ôfrûne jier

いっさつ 一冊 it eksimplaar (→一巻)

いっさんかたんそ 一酸化炭素 de koalmonoksyde

いっしき 一式 *it* set, *it* stel：一式の家具 in *stel* meubels

いっしゅう 一周 *de* rûnte

いっしゅうかん 一週間 in wike：一週置きに om 'e oare *wike*, 一週間を通して troch de *wike*

いっしゅるい(の) 一種類(の) in soarte(mint)(fan)

いっしゅん 一瞬 *it* amerij, *it* momint, *it* stuit；一瞬に(して) yn in flits [omsjoch]

いっしょうけんめいに 一生懸命に flitich, hurd, kloek：一生懸命に働く *flitich* arbeidzje = oanpoatsje

いっしょう(の) 一生(の) ivich, libbenslang (→終生(の))

いっしょに 一緒に byinoar, gear, mei-inoar, oaninoar, tegeare：一緒に旅行する *oaninoar* reitsje；一緒に遊ぶ meispylje；一緒に行く meigean；《前》…と一緒に mei

いっせいき 一世紀 de ieu

いっせいに 一斉に →一緒に，同時に

いっせきにちょう 一石二鳥 《諺》Twa miggen yn ien flap.

いっそう 一層 jit,《比較級を強めて》fierwei, noch, (それだけ) safol(le)ste

いっそく 一足 一足の靴 in pear skuon

いったい(ぜんたい) 一体(全体) eigentlik,《感嘆文・疑問文で》hoe, wat, yn de goedichheid：一体全体どうしたことだ！ *Hoe* yn [op] 'e wrâld!, 一体何が欲しいんだい？ *Wat* moatste?

いったん 一旦 (一度) ienris；《接》一旦…したからに[以上]は no (dat)…：一旦君がここに居合わせたからには *No* 'tst hjir bist, …

いっち 一致 (意見の) de oerienkomst, (団結) de ienriedigens；(…と)一致する oerienkomme (mei)；一致させる oerienbringe；(…と)一致し

た ienriedich, ienstimmich（mei）
いっちょう 一兆　*it* triljoen
いっちょくせんに 一直線に　regelrjocht, rjocht
いつつ 五つ　五つ（の）（*de*）fiif；五つ目の子 it fyfde bern（→5番目の）
いっつい（の）一対（の）　in pear：一対の置き物 in *pear* ornaminten；一対にする pearje
いっていの 一定の　fêst, geregeld, konstant：血圧は（常に）一定でなければならない De bloeddruk moat *konstant* bliuwe.
いつでも （常に）altyd, altiten, hieltyd, jimmer；《接》…の時はいつ（で）も wannear't：眠い時はいつでも *Wannear't* je slûch binne, …
いっとう 一等　de earste klasse [rang]：一等で旅行する *earste klasse* reizigje
いつのまにか いつの間にか　ûngemurken, foar't men it wit：彼はいつの間にか部屋を出て行った *Ungemurken* ferliet er de keamer.；いつの間にか秋が冬になった De hjerst ferglied yn 'e winter.
いっぱい 一杯　（分量）it glês, *de* kop：一杯のコーヒー in *kopke* kofje, コップ一杯のビール in glês bier；一杯の fol（→たくさんの）；一杯にする folje；（…で）一杯である optille（fan）：この本には間違いが一杯ある It boek *tilt op* fan 'e flaters.
いっぱんの 一般の　algemien, gewoan：一般原則 in *algemiene* regel；一般的に（は）ornaris, gewoanlik；一般的に言えば yn syn algemienens；一般性 *de* algemienens
いっぴつつかい 一筆遣い　*de*（pinne）streek
いっぷく 一服　（薬の）de doasis：薬を一服飲む in *doasis* fan in medisyn nimme
いっぷたさい 一夫多妻　*de* polygamy（↔一妻多夫）
いっぺん 一片　*it* stik
いっぽ 一歩　*de* stap：（…への）最初の一歩を踏み出す de earste *stap* dwaan（ta）, 一歩一歩 *stap*（*ke*）foar *stap*（*ke*）；一歩も外に出ない gjin foet bûten sette
いっぽう 一方　（片側）ien kant；一方は…（他方は…）oan 'e iene *kant*（oan 'e oare *kant*）；一方だけの, 一方的な iensidich, inkelsidich；一方通行 *it* ienrjochtingsferkear
いつまで （どの位）hoelang：いつまで当地に滞在しますか *Hoelang* bliuwst do hjir?；（永久に）いつまでも ivich（en erflik）, foar altyd
いつも （常に）altyd, altiten,（通例）gewoan：彼女はいつも病気だ Hja is *altiten* siik.；いつもの通りに lyk as altiten, neffens gewoante
いつわ 逸話　*de* anekdoate
いつわり 偽り　*de* leagen, *de* ûnwierheid；偽りの falsk, loas, ûnwier：偽りの証言 *falsk*（*e*）tsjûgenis（→偽証）；偽る leagenje, lige（→うそをつく）
イデオロギー　*de* ideology；イデオロギー的な [に] ideologysk
いてざ 射手座　*de* Skutter
いてん 移転　*de* ferhûzing,（権利・財産の）*de* oerdracht；移転する betrekke, ferhûzje（→移る）
いでん 遺伝　*de* erflikens；遺伝性の, 遺伝的な [に] erflik：遺伝病 in *erflike* sykte, この病気は遺伝する Dizze sykte is *erflik*.；遺伝子 *it* gen；遺伝子組み換え genetyske modifikaasje
いと 糸　（縫い糸）*de* trie(d),（織り糸）*it* jern：針に糸を通す in *trie*(*d*) troch de nulle dwaan
いと 意図　*de* bedoeling, *it* foarnimmen, *it* opset, *de* rekken；意図する beëagje, bedoele：あなたの意図していることが私には分からない Ik wit net wat jo *bedoele*.；意図される ornearje；意図的な [に] opsetlik
いど 井戸　*de* put
いど 緯度　*de* breedte（↔経度）；緯度線 *de* breedtesirkel：38度線に op 'e 38ste *breedtesirkel*

いどう　移動　*de* ferskowing；移動させる［する］bewege, ferdrage, ferlizze, ferpleatse, fersette, ferskowe：テーブルを移動させる de tafel *ferskowe*

いとおしい　愛おしい　→可愛い，可哀想な

いとぐち　糸口　(話の)*it* oanknopingspunt, (手掛かり)*de* fingerwizing

いとこ　従兄弟，従姉妹　(男の)*de* neef, (女の)*de* nicht：彼らはいとこ同士です Sy binne *neef* en *nicht*.

いどころ　居所　*it* adres（→住所）

いとしい　愛しい　dierber, leaf：おお，愛しい子供たちよ！O *dierbere* bern!；愛しい人 *de* skat

いとなむ　営む　(店などを) driuwe, (挙行する) ferrjochtsje

いとま　暇　(暇(ひま)・余暇) *it* gemak, (機会) *de* gelegenheid, (いとま乞い) *it* ôfskie(d)：読書をするいとまが全くない We hawwe noait de *gelegendheid* om boeken te lêzen., いとまを告げる ôfskie(d) nimme；そろそろおいとましなければなりません Wy moatte nei hús ta.

いとまき　糸巻き　*it* jernpypke, *de* spoel

いどむ　挑む　daagje, útdaagje（→挑戦する）

いともかんたんに　いとも簡単に　deamaklik, sûnder muoite

いな　否　nee：否と答えた Ik sei fan *nee*.

(…は)いない　ôfwêzich

いないいないば！　Piba!

(…)いない(に)　(…)以内(に)　binnen：一週間以内に *binnen* in wike

いなか　田舎　(都会に対して) *it* lân, *it* plattelân, (生まれ故郷) *it* berteplak：都会と田舎 stêd en *lân*, 田舎で暮らす op it *plattelân* wenje；田舎風の boersk；田舎者 *de* boer

いなご　蝗　*de* sprinkhoanne（→ばった）

いなさく　稲作　de bou fan rys

いなずま　稲妻　*de* flits, *de* ljochtflits, *it* / *de* wjerljocht, *de* wjerslach

いななく　嘶く　wrinzgje

いなだ　稲田　(水田) *it* rysfjild, *de* sawa

いなびかり　稲光　→稲妻；一条の稲光 *de* wjerljochtslach

いなむ　否む　(否定する) ferleagenje, (断る) betankje

(…するや)いなや　(…するや)否や　《接》mei't, sa gau't, sadree't：彼が支度するや否や，彼女はすぐやって来た *Sadree't* er klear wie, kaam se.

イニシアチブ　(率先) *it* inisjatyf：イニシアチブを取る it *inisjatyf* nimme

イニシアル　(頭文字) *de* foarletter

いにゅう　移入　(他の地域からの) *de* ymport, *de* ynfiering（↔移出）；移入する ymportearje, ynfiere；→感情移入

いにん　委任　*de* kommisje；委任する berjochtsje, oansizze；委任状 *de* folmacht

いぬ　犬　*de* hûn, (雄) *de* rekel, (雌) *de* teef, (子犬) *it* hûntsje：犬が吠える In *hûn* bilet.；犬小屋 *it* hûnehok

いね　稲　*de* rys

いねむり　居眠り　*it* knipperke, *de* sûs, *de* tuk：居眠りをする in *tukje* dwaan = slûgje(うとうとする)

いのしし　猪　in wylde baarch

いのち　命　*it* hachje, *it* libben, *de* libbene：命を賭ける jins *hachje* weagje, そのために彼は命を落とした Dat koste him it *libben*.；命を賭けて人命を救う mei libbensgefaar immen rêde

いのり　祈り　*de* bea, *it* gebed（→祈祷）：お祈りをする in *gebedsje* opsizze；祈る bidde

いばら　茨　*de* toarne（→とげ）

いばる　威張る　sweeslaan（→自慢する）；威張り散らす baasspylje, foar master opslaan；《形》威張り散らす[して] bazich

いはん　違反　(法などの) *it* fergryp, *de* ynbreuk, *it* misbrûk, (スポーツの) *de* oertrêding, *it* skeinen；違反する misbrûke, oertrêdzje, skeine；違反者

de oertrêder
いびき 鼾 *it* snoarkjen；いびきをかく ronkje, snoarkje；いびきをかく人 *de* snoarker
いびつの 歪の krom, misfoarme, wrynsk（奇形の）
いびる →苛める，虐待（ぎゃくたい）する
いひん 遺品 *it* oerbliuwsel
いふ 畏怖 *de* bangens, *de* eangst(me), （神への）*de* freze；畏怖する duchtsje, freezje, freze（→畏れる）
いふうどうどうとした 威風堂々とした steatlik：威風堂々とした建物 in *steatlik* gebou
いぶかる 訝る →怪しむ
いふく 衣服 *de* klean, *it* kleed：衣服を着る［脱ぐ］de *klean* oanlûke［útlûke］；衣服用ブラシ *de* kleanboarstel
いぶす 燻す smoke, útrikje；いぶり出す útrikje
いぶつ 遺物 *de* âldheid, *it* oerbliuwsel, （聖遺物）*it* relyk, *de* relikwy
イブニング（ドレス）*it* rokkostúm
いぶんか 異文化 ferskillende kultuer
いへん 異変 （異常なこと）wat ûngewoans,（偶然の出来事）*de* tafalligens
いぼ 疣 *de* wart：彼女の片手にはいぼがいっぱいある Har iene hân sit fol *warten*.
いほう 違法 *de* yllegaliteit；違法の yllegaal, ûnrjochtmjittich, ûnwettich
いま 今 no：今から fan *no* ta, 今からは fan *no* ôf (oan)（→今後), 今すぐ（に) *no* dalik(s)；今しがた sakrekt；今からずっと tenei；今なお［でも］jit, noch（hieltyd）：今なお雨が降っている It reint *noch hieltyd*.；今のところ foarearst, ynearsten, op it［dit］pas ［stuit］（→目下, 当面）；今にも elk momint：それは今にも始まるところだ It kin no *elk momint* begjinne.；今まで oant no ta；今の hjoeddeisk
いま 居間 *de* húskeamer, *de* sitkeamer, *de* wenkeamer
いまいましい 忌々しい ergerlik, yrritant（→腹立たしい）

いまごろ 今頃 yn dizze tiid：彼らは今頃アムステルダムに着いていることでしょう In dizze tiid sille sy Amsterdam berikt hawwe.
いまさら 今更 （今となって）no
いましめ 戒め *de* fermoanning（→訓戒）；戒める fermoanje（→たしなめる）
いまだに 未だに noch no, no noch
いまどき 今時 （こんな時刻に）op dizze tiid（fan 'e nacht［dei］)；今時の notiidsk, tsjinwurdich
いまに 今に （将来）foar［yn］it ferfolch,（間もなく）gau, hast, skiel(i)k, （遠からず）mei koarten
いまわしい 忌まわしい abominabel
いみ 意味 *de* betsjutting, *de* sin：比喩的な意味で yn figuerlike *sin*；意味する betsjutte：その語の意味は？ Wat *betsjut* dat wurd？；意味深長な sinfol；意味のない sinleas
いみきらう 忌み嫌う ferfije（→嫌悪する）
いみことば 忌み言葉 →タブー
イミテーション（模造品）*de* imitaasje
いみょう 異名 *de* skelnamme, *de* spotnamme（→あだ名）
いみん 移民 （外国への)（移住）*de* emigraasje,（移住者）*de* emigrant,（外国からの)（移住）*de* immigraasje,（移住者）*de* ymmigrant
イメージ *it* byld, *it* imaazje
いもうと 妹 （jongere）suster,（小さな）*it* suske
いやおうなしに 否応なしに goedskiks of kweaskiks, tsjin wil en tank
いやがらせ 嫌がらせ *de* pesterij；（…を）嫌がる grize (fan), haatsje：彼女は犬も猫も嫌がる Hja *hatet* hûnen en katten.
いやく 医薬 →薬品
いやく 意訳 frije oersetting；意訳する frij oersette
いやし 癒し *de* genêzing；いやす genêze, hielje,（のどの乾きを）laavje
いやしい 卑しい, 賤しい deemoe-

いやしくも　苟　→仮にも

いやな　嫌な　aaklik, rottich, ûnaardich, ûnplezierich, net noflik：嫌な天気 aaklik waar, 嫌な手紙を受け取る in net noflike brief krije；嫌々ながら kweaskiks, skoarjend, tsjin heuch en meuch

いやに　ferskuorrend, freeslik（→ひどく), hartstikke(ne)

いやみ　嫌味　（不快）it ûnnocht,（皮肉）it sarkasme, de stek；嫌味のある ûnoangenaam；嫌味たっぷりな [に] sarkastysk：嫌味たっぷりの言葉 sarkastyske opmerkings

いやらしい　嫌らしい　（みだらな）ûnearber, ûnfatsoenlik,（不快な）ûnaardich,（下品な）ûnbeskaafd：いやらしい写真 ûnfatsoenlike foto's

イヤリング　it earknopke,（ペンダント付きの）de bel, de earbel

いよいよ　愈々　（遂に）lang om let, úteinlik,（益々）langer, mear en mear

いような [に]　異様な [に]　bjuster, frjemd, seldsum：異様な光景 seldsum gesicht

いよく　意欲　de reeëns,（やる気）it entûsjasme；意欲のない willeas；意欲的な [に]→積極的な [に]

いらい　依頼　it fersyk：依頼する in fersyk dwaan = fersykje, freegje

いらい　以来　（前・接）…以来 sûnt：1989年4月以来 sûnt april 1989, 彼がここに住むようになって以来 sûnt er hjir wennet；それ以来 sûnt, sûnttiid：彼女にはそれ以来会っていない Ik haw har sûnt net wer sjoen.

いらいらする　苛々する　（形）yrritant, jeuzelich, nerveus, nitelich；いらいらさせる yrritearje,（…に）いらいらしている argewaasje hawwe（fan）

いらくさ　刺草　de brânnettel, de nettel

イラスト　de yllustraasje, de plaat；イラストを入れる yllustrearje

いらっしゃい（ませ）！　Kom mar !, Wolkom thús!

いらぬ　要らぬ　oerstallich, ûnnedich（→不必要な, 余分な）

いりえ　入り江　de ynham（→湾）

いりぐち　入口　de yngong, de tagong：公園の入り口で by de tagong fan it park

いりたまご　炒り卵　rieraai(en)（スクランブルエッグ）

いりまじる　入り交じる　（混ざり合う）mjokse,（互いに）trochinoar minge

いりょう　衣料　de klean, it kleed（→衣服）

いりょう　医療　medyske hanneling,（治療）it medisyn, de remeedzje

いりょく　威力　de krêft：アメリカの威力 de krêft fan Ameariko

いる　炒る　roasterje：豆をいる beannen roasterje

いる　居る　（存在する）(der) wêze, sitte,（居住・滞在している）bliuwe, wenne, wêze：私は今日家にいます Ik bin hjoed thús., 母は寝ています Mem is yn 'e sliep., 昔々あるところに王様がいました Der wie ris in kening., 君の上着に汚れがついている Der sit smoargens op dyn jas., 私は夕方自宅にいます Ik bliuw jûn thús., その時私はレーワルデンに（住んで）いました Doe wie ik yn Ljouwert., リッケラはアムステルダムに住んでいる Likele wennet yn Amsterdam.；（居合わせる）present [oanwêzich] wêze：みんな出席していますか Is elkenien oanwêzich? ＊「進行」の意味を, wêze oan te + 「不定詞」で表わす：今手紙を書いている Ik bin oan 't skriuwen.

いる　要る　→必要である, (…は) 欠かせない

いる　射る　sjitte：弓で射る mei in bôge sjitte

いるい　衣類　de klean（→衣服）

いるか　海豚　de dolfyn, de dûkdalf [-dalve]

いれい　異例　it útsûnderingsgefal；異例の oeribel（→前例のない）

いれいさい　慰霊祭　de routsjinst
いれかえ　入れ替え　de ferwikseling；入れ替える ferwikselje, waarnimme（→差し替える）
いれずみ　入れ墨　de tatoeaazje
いれば　入れ歯　de keunsttosk, de stifttosk, in falsk [nij] gebyt
いれもの　入れ物　de huls（→容器）, de koker
いれる　入れる　（物を中に）ynlitte, ynlizze, sette,（コーヒー・お茶などを）jitte, opjitte, sette,（お金を）oprinne,（差し込む）ynfoegje, ynlaskje, ynsette, ynstekke,（収容する）akkommodearje, herbergje, ûnderbringe
いれる　容れる　（受け入れる）akseptearje, oanfurdigje, oannimme
いろ　色　（色彩・顔色・肌の）de kleur,（様子・気配）de yndikaasje, it oansjen：鮮やかな色 in heldere kleur，顔色を変えない kleur hâlde；色男 de rokkejager
いろあい　色合い　de tint, de tinktuer；色合いを付ける nuansearje
いろあせる　色褪せる　ferblikke, ferflagje, fersjitte, ferskine：その着物は色が褪せている De kleur fan de klean is fersketten.
いろいろな　色々な　ferskillend, ûnderskaat；色々と→あらゆる
いろえんぴつ　色鉛筆　it kleurpotlead
いろけ　色気　（性的魅力）de oantreklikheid, it / de seks-appeal；色気のある seksueel bekoarlik；色気のない sekseleas
いろごと　情事　de leafdesferhâlding
いろじろの　色白の　fan ljochte kleur；色白 ljochte kleur
いろどり　彩り　→色彩；彩る kleurje（→彩色する）
いろめ　色目　de skieppeeagen；人に色目を使う fereale nei immen sjen
いろん　異論　it beswier（→異議）；（…に対して）異論を唱える akselje（tsjin）
いわ　岩　de rots

いわい　祝い　de felisitaasje；祝う feestje, felisitearje,（誕生日などを）（jins jierdei）ferjierje [fiere]
いわし　鰯　de sardyn / sardine
いわば　言わば　by wize fan sprekken, om samar te sizzen
いわゆる　所謂　saneamd
いわれ　謂われ　（理由）de oarsaak, de reden
いんうつな　陰鬱な　neargeastich, somber：陰うつな天気 somber waar
いんが　因果　（原因と結果）oarsaak en gefolch,（運命・宿命）it lot, it needlot,（不運）de tsjinspoed, it ûngelok
いんかく　陰核　de klitoris
いんかん　印鑑　it segel, de stimpe（→判こ）
インキ　→インク
いんきな　陰気な　（表情・性格が）donker, mankelyk（→陰うつな）
いんきょく　陰極　de negative poal（↔陽極）
いんぎんな　慇懃な　hoflik（→丁重な）
インク　de inket：ペンとインクで書く mei pinne en inket skriuwe
いんけい　陰茎　de penis
いんけんな　陰険な　glûpsk, sinister
いんこ　鸚哥　de parkyt
いんこう　咽喉　de strôt（→のど）
いんさつ　印刷　de printinge；印刷する drukke, printsje；印刷所 de drukkerij, de printerij；印刷工 [業者] de drukker, de printer；印刷物 de print, it printwurk,（郵便としての）it printwurk
いんし　因子　de faktor（→要因）
いんし　印紙　de（plak）segel；印紙を張る segelje
いんしつな　陰湿な　（性格が）feninich, gemien, kwea-aardich（→意地悪い）,（場所が）damp en tsjuster
いんじゃ　隠者　de hearremyt
いんしゅ　飲酒　de drank；飲酒癖の（ある）dranksljj；飲酒癖 de dranksucht
いんしゅう　因習　de konvinsje；因習的な [に] konvinsjoneel

インシュリン　*de* ynsuline：インシュリンを打つ *ynsuline prippe* [*spuitsje*]

いんしょう　印象　*de* ympresje, *de* yndruk：いい［悪い］印象を与える in goede [ferkearde] *yndruk* jaan, ある物から印象を受ける in *yndruk* fan eat krije；印象的な［に］ymposant；印象を与える ymponearje, oankomme；（強く）印象づける ynprintsje

いんしょう　印章　*it* segel, *it* stimpel

いんしょくする　飲食する　ite en drinke；飲食店→レストラン；飲食物 spize en drank, *it* iten en *it* drinken

インスタントコーヒー　*de* kofjepoeier, *de* oploskofje

いんぜい　印税　*it* honorarium

いんせいの　陰性の　negatyf（↔陽性の）

いんせき　隕石　*de* meteoarstien

いんせきの　姻戚の　oantroud

いんそつする　引率する　liede（→導く）；引率者 *de* lieder

インターチェンジ　*it* knooppunt

インターネット　*it* ynternet

インターホン　*de* ynterkom

いんたいする　引退する　tebeklûke, weromlûke, mei pensjoen gean

インタビュー　*it* fraachpetear, *it* ynterview

いんちき　*de* bedragerij, *de* ferrifelderij；いんちきをやる bedrage, ôfsette（→だます、欺く）

インテリア　（室内装飾）*it* ynterieur

インド　Yndia；インド（人）（の）（*it*）Yndiaansk

いんとう　咽頭　*de* swolch

いんとくする　隠匿する（隠す）bestopje, ferbergje

イントネーション　*de* yntonaasje（→(声の) 抑揚）

インドネシア　Yndonezië；インドネシア（語・人）（の）（*it*）Yndonezïer / Yndonezysk

いんとん　隠遁　*de* ôfsûndering；隠遁する ôfsûnderje

いんぶ　陰部　《通常、複数形》*de* skamdielen

インフルエンザ　*de* gryp：インフルエンザにかかる *gryp* krije, その村にはインフルエンザが流行している Der giet *gryp* om yn it doarp.

インフレ（ーション）　（通貨膨張）*de* ynflaasje

いんぼう　陰謀　*de* yntriizje, *it* komplot, *de* kûperij, *de* list；（…に対して）陰謀を企てる konkelje [kûpje]（tsjin）；陰謀家 *de* yntrigant, *de* kûper

いんめつする　隠滅する　（証拠を）ferbergje

いんもう　陰毛　*it* skamhier

いんゆ　隠喩　*de* metafoar；隠喩の metafoarysk（→比喩的な）

いんよう　引用　*de* oanhaal, *it* sitaat；引用する oanhelje, útslachtsje：2, 3の諺を引用する in pear útspraken *oanhelje*；引用された oanhelle；引用符 *it* klamke, *de* oanheltekens（' ', " "）

いんようする　飲用する　drinke；飲用に適する drinkber：この水は飲用に適する It wetter is *drinkber*.

いんらんな　淫乱な　ûntuchtich

いんりつ　韻律　*it* metrum；韻律法 *de* fersifikaasje

いんりょう　飲料　*de* drank, *it* drinken；飲料水 *it* drinkwetter

いんりょく　引力　*de* swiertekracht [-krêft]：引力の法則 de wetten fan 'e *swiertekracht*

う ウ u

ういういしい 初々しい ûnskuldich（→純真な）

ウイスキー *de* whisky

ウイルス （病原菌）*it* firus

ウインカー （方向指示器）*de* rjochtingoanwizer

ウインク *de* knypeach, *de* weau, *de* wink：ウインクする（immen）de *weau* [wink] jaan = knypeagje

ウインタースポーツ *de* wintersport

ウインドーショッピング *it* etalaazje besjen；ウインドーショッピングをする *de* etalaazje besjen

ウール （羊毛）*de* wol

うえ 上 《前》（物の表面に接して）（…の）上に op,（上方に）boppe, oan, oer,（…に優って …を越えて）boppe：テーブルの上に *op* 'e tafel, 太陽は上空にある De sinne stiet *oan* 'e loft., 霧が川（の上）にかかっている De damp hinget *oer* de rivier., 木の上の方に *boppe* de beammen, それは私の能力（の限界）を越えている Dat giet *boppe* myn ferstân.；《副》上の方に，上へ[に] boppe, op：上に（→ 2 階に）寝室が二部屋ある Wy hawwe *boppe* twa sliepkeamers.,（上から）fan *boppen*（ôf）, 上と下に *op* en del

うえ 飢え *de* honger：飢える *honger* hawwe, 飢えで死ぬ stjerre fan 'e *honger*；飢えで苦しむ hongerlapje；飢えに苦しんでいる op 'e hongerpôle wêze；飢えた hongerich

ウエーター （男性の）*de* betsjinner（→給仕）

ウエートリフティング （重量上げ）*it* gewichtheffen

ウエートレス （女性の）*de* betsjinster（→女給）

うえかえ 植え替え *de* transplantaasje；植え替える ferplantsje, transplantearje（→移植する）

うえかけ 上掛け *it* dek（→ベッドカバー）

うえき 植木 *de* túnplant；植木屋 *de* túnker, *de* túnman（→庭師）；植木鉢 *de* blompot

ウエスト （胴）*de* mul：ほっそりしたウエスト in smel *multsje*

うえつける 植え付ける plantsje；植えつけ *de* ymplantaasje（→移植）

うえる 植える （栽培する）plantsje

うお 魚 →魚(さかな)

うおざ 魚座 *de* Fisken

ウォーニングアップ *de* ferwaarming

うかい 迂回 *de* ombocht, *de* omlieding, *de* omwei（→回り道）；迂回する omfytse, omride

うがいをする 嗽をする guorrelje：うがい薬 in drankje om te *guorreljen*

うかがい 伺い （訪問）*it* besyk, *de* besite,（質問）*de* fraach；伺う besykje（→訪れる）,（問う）befreegje

うかがう 窺う （のぞく）gluor(k)je, glûpe, kypje,（機会を）ôfwachtsje,（様子を）beloere,（伝え聞く）hearre

うかつな[に] 迂闊な[に] （不注意な[に]）achteleas, sloard(er)ich, ûnachtsum,（軽率な[に]）loswei, ûnbetocht(sum), ûntrochtocht

うかぶ 浮かぶ （水上・空中に）drifkje, sweve,（船が）driuwe,（心に）opkomme；浮かんでいる flot

うかる 受かる （試験などに）helje, slagje（→合格する）

うき 雨期, 雨季 （特に熱帯地方の）

うき　浮き　(釣り糸の) *de* dobber, *de* pylk

うきうきと　浮き浮きと　loftich, lustich : 浮き浮きしている *loftich* [*luchtich*] wêze ; (人を) 浮き浮きさせる (immen) opfleurje, optille : 私は (気持が) 浮き浮きしている It hert *tilt* my *op*.

うきくさ　浮き草　it einekroas, it kroas

うきしずみ　浮き沈み　goede en minne tiden ; 人生の浮き沈み it wol en wee fan it libben

うきぶくろ　浮き袋　*de* flotter

うきぼり　浮き彫り　it reliëf

うきよ　浮き世　it libben, *de* wrâld

うく　浮く　(水面・空中に) drifkje, (余る) sparje, útsparje

うぐいす　鶯　*de* (Japanske) nachtgeal

うけ　受け　*de* populariteit ; 受けがいい populêr (→人気のある)

うけあう　受け合う　(引き受ける) oannimme, (保証する) fersekerje

うけいれ　受け入れ　*de* ûntfang(st), it ûnthaal : 彼の計画は快く受け入れられた Syn plannen krigen in goed *ûnthaal*. ; 受け入れる akseptearje, oanfurdigje, oannimme, ûntfange ; 《形》受け入れられる oannimlik

うけおい　請負　it kontrakt, *de* oerienkomst : 請負で op *kontrakt* ; 請け負う fertelle, kontraktearje, oerienkomme

うけこたえ　受け答え　*de* beäntwurding, it ferhaal, it werwurd ; 受け答えする beäntwurdzje

うけたまわる　承る　hearre, oanharkje, oanhearre

うけつぐ　受け継ぐ　(財産を) erve, opfolgje (→継承する)

うけつけ　受(け)付(け)　*de* resepsje : 受け付ける *resepsje* hâlde ; 受付係 *de* resepsjonist《女性形 –ste》; 受付口 *de* baalje, *de* resepsje (→フロント, カウンター, 窓口)

うけて　受け手　(受取人) *de* ûntfanger

うけとめる　受け止める　opheine

うけとり　受(け)取(り)　*de* ûntfang(st) ; 受け取る bemachtigje, ûntfange, (伝言などを) trochkrije, (理解する) begripe ; 受け取りに行く ôfhelje ; 受取人 *de* ûntfanger ; 受取書 it bewiis (→領収書)

うけみの　受け身の　passyf

うけもち　受け持ち　受け持ちの先生 *de* klasselearaar ; 受け持ちの生徒 (たち) *de* learder(s)

うけもつ　受け持つ　(管理する) gean

うける　受ける　krije, oannimme, (試験を) ôflizze, ûnderwerpe, meidwaan (oan), (被害・罰を) lije, ûndergean, (手術を) ûndergean, (診断を) neisjen : 医師の診断を受ける jin *neisjen* litte troch in dokter

うごかす　動かす　(移動させる) bewege, fersette, (機械などを) (in masine) yn wurking sette, yn beweging bringe, (心を) oandwaan, reitsje ; 動く bewege, gean (→作動する)

うごき　動き　*de* ave(n)saasje, *de* beweging, (体の) it ferweech, *de* gong, (変化・変動) *de* feroaring

うさ　憂さ　*de* trystens, (精神的な抑圧) *de* ûnderdrukking ; 憂さ晴らし *de* fariaasje (→気晴らし, (気分の) 転換) ; 憂さ晴らしをする jin fersette, *de* [jins] sinnen [it sin] fersette

うさぎ　兎　(飼い兎・穴兎) *de* knyn, (野兎) *de* hazze

うさんくさい　胡散臭い　net plús

うし　牛　(牛の総称・雌) it kobist, (雌) *de* ko, (去勢牛) *de* okse, (去勢されていない) (雄牛) *de* bolle, (子牛) it keal, (1才の) *de* pink ; 牛小屋 *de* stâl (→家畜小屋)

うじ　蛆　*de* maits, *de* rûp

うしなう　失う　ferlieze, (財産・権利・信用・評判などを) ferspylje, (なくする) weibringe : 彼は息子を若くして失った Hy hat syn soan jong *ferlern*., 意識を失う it besit *ferlieze*, ハンカチを失う jins bûsdoek *weibringe* ; (記憶が) 失われる ûntgean

うしろ　後ろ　（物の）de efterkant（→裏側), 後ろに［へ］efter, efterop, efterút, tebek：彼は私の後ろに立っていた Hy stie by my *efterop*.；後ろ前に earsling(s)；《前》…の後ろに efter：教会の後ろに *efter* de tsjerke

うしろあし　後ろ足　de efterpoat；（馬などが）後ろ足で立つ steigerje, op de efterste poaten stean

うしろめたい　後ろめたい　skuldich：後ろめたい気がする jin *skuldich* fiele

うず　渦　→渦巻き

うすい　薄い　（厚みが）loftich, tin, (色が) licht, tear, (液体が) flau, larderich, slop, (空気が) yl：薄いコーヒー［お茶］*larderige*［*sloppe*］kofje［tee］；薄く切る skave

うすうす　薄々　（ぼんやりと）dof, faach, (僅かに・少しは) licht, lichtsje；(あることを) 薄々感じている der benul fan hawwe

うずうずする　ûngeduldich wurde

うずき　疼き　（痛み）de pine, (ずきずきする痛み) it sear；《形》うずく seare：指がうずく Ik haw in *seare* finger.

うすきみがわるい　薄気味が悪い　yslik (→ぞっとする), huverich (→尻込みをする)

うずくまる　蹲る　（しゃがみ込む）(jin) bûge；うずくまった［て］rûngear：うずくまって座っている *rûngear* sitte

うすぐらい　薄暗い　neargeastich, skimerich：薄暗い空 de *skimerige* loft

うすっぺらな　薄っぺらな　tin, (軽薄な) lichtsinnich, lossinnich

うずまき　渦巻き　de draaikolk, de kolk；(水・風が) 渦巻く dwar(re)lje, kolkje, (風が) twirje：ここは風が渦巻いている It *twirret* hjir.

うすめる　薄める　fertinje, (…で) oanlingje (mei)

うずもれた　埋もれた　（雪で）ûnderstood (mei snie)

うずら　鶉　de kwartel

うすらぐ　薄らぐ　(痛みなどが)(和らぐ) bekomme, ferminderje, ôfsakje, saksearje, (光・音などが) taanje, (風が) lúnje, (興味が) ferkwine：痛みがやがて薄らいだ De pine *bekaam* al mar oan.

うすれる　薄れる　（色が）ferblikke, ferflauje, fersjitte, (記憶などが次第に) weisakje

うそ　嘘　de leagen；（人に）うそを言う leagenje (tsjin immen), うそつき de leagener；《諺》嘘も方便 It doel hilliget de middels.

うた　歌　（歌うこと・歌(曲)) de sang, it sjongen, (ドイツ歌曲) it liet (→リート)：歌と踊り *sang* en dûns；(歌を) 歌う sjonge：歌を歌って赤坊を寝かしつける in lytse poppe yn 'e sliep *sjonge*

うたがい　疑い　（疑念）it erch, it erchtinken, de fertinking, de twivel, (嫌疑) it betinken, de fertinking：人に疑いを掛ける *betinken* hawwe op immen, …の疑いで op *fertinking* fan …；疑う betwivelje, fertinke, twivelje, wantrouwe：私は彼を疑っている Ik *twivelje* oan him.；疑わしい betinklik, twivel(acht)ich：疑わしいニュースin *twivelich* berjocht；疑い深い erchtinkend, fertocht, wantrouwich；疑い深い人 de twivel(d)er

うたたね　転た寝　→居眠り

うだるような　茹だるような　benaud, brodzich, gleonhjit, smoarhjit (→蒸暑い)：うだるような天気 *benaud* waar, うだる *brodzich* wurde, 今日はうだるような日だった It wie hjoed *gleonhjit*.

うち　内, 中　（内側）de binnenkant, it binnenst(e)；内(側)に binnen；内(側)の binnenst(e)；内の父［母］ús heit [mem]

うち　家　（建物）it hûs, it thús；家に thús：今日は終日家にいます Hjoed bin ik de hiele dei *thús*.；家にいる thúsbliuwe, thússitte

うちあける　打ち明ける　fertrouwe,

うちあわせ tafertrouwe：彼女は私に打ち明けて…と言った Hja fertroude my ta dat …, 人に秘密を打ち明ける immen yn fertrouwen nimme = immen wat fertrouliks fertelle

うちあげる　打ち上げる　（ロケットなどを）lansearje（→発射する）

うちあたる　打ち当たる　（雨・波などが）strymje

うちあわせ　打ち合わせ　it foarbesprekking；打ち合わせる opstelle（→取り決める）,（申し合わせる）ôfprate,（手筈を整える）beheisterje

うちおとす　打ち落とす　weislaan

うちかえす　打ち返す　（ボールなどを）weromslaan

うちかつ　打ち勝つ　（困難に）ferslaan, oerkomme, oerwinne,（病気に）ferwinne,（敵に）ferslaan

うちがわ　内側　→内

うちき　内気　de ferlegenens；内気な bleu, ferlegen, skou, skrutel：彼は女性に対して幾らか内気だ Hy is wat skrutel by de froulju.

うちきり　打ち切り　de sluting；打ち切る slute：討論を打ち切る de diskusje slute

うちきん　内金　de oanbetelling

うちくだく　打ち砕く　ynslaan：窓ガラスを打ち砕く in rút ynslaan

うちくびにする　打ち首にする　ûnthâlzje

うちけし　打ち消し　（否定）de ferleagening, de ûntkenning；打ち消す ferleagenje, ûntkenne：以前彼女に会ったことを、私は打ち消した Ik ûntkende dat ik har ea earder sjoen hie.

うちこむ　打ち込む　（釘などを）oanslaan

うちころす　撃ち殺す　dellizze, sjitte：兎を撃ち殺す in hazze dellizze [sjitte]

うちたおす　打ち倒す　delslaan, omslaan,（政府などを）omsmite

うちつづく(…)　打ち続く(…)　in searje：打ち続く不幸 in searje ûngelokken

うちとける　打ち解ける　ferslopje, jin ûntspanne, ûntteie；打ち解けて freonlik, frijmoedich, frijút, iepen, rjochtút（→腹蔵なく，忌憚なく）；打ち解けてない ienselvich

うちまかす　打ち負かす　ferslaan, oerwinne, slaan

うちまくる　打ちまくる　tatakelje

うちみ　打ち身　de kniezing

うちやぶる　打ち破る　oerwinne：敵を打ち破る de fijân oerwinne

うちゅう　宇宙　it hielal, de kosmos, it universum；宇宙空間の romt(e)lik；宇宙飛行 de romtefeart；宇宙飛行士 de romtefarder；宇宙飛行船 it romtefartúch

うちょうてん　有頂天　de ekstaze（→無我夢中）

うちわ　団扇　de waaier

うちわけ　内訳　de ûnderferdieling（→明細書）

うちわの　内輪の　besletten：内輪の集まり in besletten gearkomste

うつ　鬱　de melankoly, de swiermoedigens（→憂うつ（な））

うつ　打つ　（叩く）slaan,（心を）treffe, ûntroere（→感動させる）,（時計が）（時を告げる）oanslaan, slaan；打つこと de slach

うつ　撃つ　sjitte：ピストルで撃つ mei in gewear sjitte

うっかり　（何気なく）ûnopsetlik, ûnwillekeurich, sûnder opset；うっかり間違う stroffelje；うっかり忘れる slûpe

うづき　卯月　de april（→四月）

うつくしい　美しい　kant, moai, suver：彼女の体は（均整がとれて）美しい Hja is kant fan lea., それは美しい絵だ Dat is in moai skilderij., そのピアノの音色はとても美しい De piano is tige suver [moai].；美しく moai；美しさ de moaiens

うつしかえる　移し換える　oerplakke

うつす　写す　（写真を）nimme,（コピーする・書き写す）kopiearje；写し it duplikaat, de kopy

うつす　映す　ôfspegelje,（鏡で自分の姿を映す）jin spegelje［wjerspegelje］：ボートが水面に映っている De boat wjerspegelet him yn it wetter.

うつす　移す　（他の場所へ）ferlizze, ferpleatse, fersette, ferskowe,（車を別の場所に）ferride, oerbringe（→移動させる）,（病気を）besmette, ynfektearje：テーブル（の位置）を移す de tafel ferskowe

うっそうとした　鬱蒼とした　ticht：うっそうとした森 in ticht bosk

うったえ　訴え　（訴訟）it appèl, it berop, de oanklacht：（…に）訴える（in）berop dwaan（op）；訴える appellearje, jin beroppe

うっとうしい　鬱陶しい　→陰気な, どんよりした

うっとりする　（…に）folslein opgean（yn）；うっとりさせる bekoare, fassinearje, ynpakke；うっとりした［て］optein；うっとりするような bekoarlik

うつびょう　鬱病　de mankelikens, de melankoly；うつ病患者 in depressive persoan

うつぶせになる　俯せになる　op 'e búk lizze

うっぷん　鬱憤　de grime；うっぷんを晴らす luchtsje, ôfreagearje, jin tjir(g)je：その囚人たちはよくうっぷんを晴らしている De finzenen meie efkes luchtsje.

うつむく　俯く　de kop hingje litte；うつむいて foaroer：うつむいて歩く mei de holle foaroer rinne

うつり　写り　（釣［色］合い）de harmony：…は（…と）写りがよい yn goede harmony wêze（mei）

うつり　映り　（映像）de ôfspegeling

うつりかわり　移り変わり　de feroaring, de ferskowing,（季節の）de ôfwikseling, de omrin；移り変わる feroarje

うつりぎな［の］　移り気な［の］　feroarlik, lumich, ritich；移り気 de lúm, de wifel

うつる　写る　その写真はよく写っている De foto is goed nommen.

うつる　映る　→映す

うつる　移る　（移動する）jin ferpleatse,（移転する）ferfarre, ferhûzje, trekke（→転居する）,（病気が）oanstekke：新居に移る yn in nij hûs trekke

うつろな　空ろな　hol,（心が）gedachteleas, ôfwêzich

うつわ　器　（容器）de huls,（力量）de kapasiteit, de knappens

うで　腕　（上肢）de earm,（技能・腕前）de bekwamens, de feardigen, de slach：腕を組んで earm(ke) yn earm(ke)；腕の立つ bekwaam, kompetint, túk：腕の立つ大工 in bekwame timmerman；腕時計 it polshorloazje；腕輪 de earmbân

うとい　疎い　（よく知らない）net bekend, →親しくない；《諺》去る者は日々に疎し Ut it each, út it hert.

うとんじる　疎んじる　（相手にしない）skouderje（→嫌う, 無視する）

うながす　促す　（しきりに）moanje,（促進させる）befoarderje

うなぎ　鰻　de iel

うなずく　頷く　knikke, taknikke：人にうなずく immen taknikke；うなずき de knikke

うなり　唸り　de snau；（痛くて）唸る kjirmje, kreune, sangerje, stinne,（犬などが）bromme, grommelje：痛くて唸る stinne fan 'e pine；唸り声 de gnau

うに　雲丹　de seeychel, de seestikelbaarch

うぬぼれ　自惚れ　de arrogânsje, de eigenwizens, de oermoed, de pretinsje：彼女はうぬぼれがとても強い Hja hat in soad pretinsjes.；（…で）うぬぼれている wiis wêze（mei）；うぬぼれた eigenwiis, noaswiis, wiis；うぬぼれの強い idel, waanwiis

うねる　（波が）rolje, rôlje；（波・土地が）うねった barich

うのみにする　鵜呑みにする　（丸呑みにする）slokke（→ぐいと飲む）,（人

うば　乳母　（授乳する）de minne,（授乳しない）de baakster；乳母車 de bernewein

うばいあう　奪い合う　grabbelje：子供たちはおもちゃの奪い合いをしていた De bern grabbelen nei it boartersguod.

うばいとる　奪い取る　ôfkrije, ôfpakke（→ひったくる）：人から物を奪い取る wat fan immen ôfpakke

うばう　奪う　berove, rôve, rove, ûntkrije,（人の心を）bekoare, ynpakke（→魅了する）,（…の）議席を奪う wippe：人の自由を奪う immen fan syn frijheid berove, その子供からナイフを奪いなさい！Untkrij dat bern it mês!

うは(の)　右派(の)　(it) rjochts（↔左派(の)）

うぶな　初な　ûnskuldich,（未熟な）grien,（幼稚な）bernich

うへん　右辺　de rjochterkant

うま　馬　it hynder,（雄馬・種馬）de hynst,（雌）de merje,（子馬）de foalle,（去勢馬）de rún：馬に乗って op it [in] hynder；馬に乗る hynsteride；馬小屋 de stâl；馬跳び it bokjespringen

うまい　甘い, 旨い, 巧い　(おいしい) smaaklik, swiet　(上手な) behindich, goed, kundich, redsum, tûk：蜂蜜はとても甘い Hunich is hiel swiet., 字が巧い kundich skriuwe, 計算が巧い tûk rekkenje；旨い味 de smaak

うまくいく　旨くいく　gean, mei rinne [-sitte]：旨くいっている[いない] It giet wol [net]., 万事旨くいく Alles giet goed., 万事旨くいけば as alles meirint

うまく…する　oprêde, stelle：それは骨が折れたが, われわれはどうにかうまく処理した It wie dreech, mar wy hawwe it oprêden.

うまくはこぶ　旨く運ぶ　gean, marsjearje

うまくやる　旨くやる　handigje：それは私には旨くやれる Dat handiget my goed.

うまる　埋まる　（地下に）bedobbe wurde,（…で）（一杯になる）folle wurde (mei)

うまれ　生まれ　（誕生・家柄）de berte, it komôf,（出生地・生まれ故郷）it berteplak：高貴な[低い身分の]生まれである fan in goede [lege] komôf wêze

うまれつきの　生まれ付きの　ynberne, natuerlik, oanberne

うまれながらの　生まれながらの　→生まれ付きの

うまれる　生まれる　（出生する）berne wurde,（生じる）ûntstean：彼女は1949年にレーワルデンで生まれ, フローニンゲン大学で言語学を勉強した Hja is berne yn 1949 te Ljouwert, studearre taalkunde oan 'e Ryksuniversiteit te Grins., その共和国は1941年に生まれた De republyk ûntstie yn 1941.；生まれの berne

うみ　海　de see,（海洋）de oseaan, de wrâldsee；海の maritym；海辺 it strân

うみ　膿　de etter, de smoargens（→膿(?)）；うむ[ませる] swolle：指がうんでいる De finger swolt my.

うみがめ　海亀　de seeskyldpod (cf. 陸亀 de dekskyldpod)

うみだす　生み出す, 産み出す　→生[産]む

うみたての　産み立ての　farsk：産み立ての卵 in farsk aai, farske aaien

うみどり　海鳥　de seefûgel

うむ　産む　（子供・卵を）産む bernje,（動物が子を）fuortbringe, jongje, smite,（子豚を）bigje

うむ　生む　（生産する）ôfleverje, produsearje

うむ　倦む　→飽きる

うめ　梅　de (Japanske) abrikoas [prom]

うめあわせ　埋め合わせ　de fergoeding, de kompensaasje；埋め合わせる bylizze, goedmeitsje, kompensearje,

うめく　呻く　kjirmje, kreune, sangerje, seure, stinne

うめたて　埋め立て　de ynpoldering, de lânoanwinning（→干拓（地））；埋め立てる ynpolderje, lânoanmeitsje, yn 'e polder bringe

うめる　埋める　bedobje, begrave,（埋葬する）beïerdigje, besette,（空白を）folje

うもう　羽毛　it dûns, de fear, de plom：（羽毛のように）非常に軽い sa licht as in fearke；羽毛の生えた fearren

うやまう　敬う　ferearje, oanbidde, respektearje（→尊敬する）

うやむや　有耶無耶　→あいまい

うよきょくせつ　紆余曲折　bochten en kronkels：紆余曲折を経て efter bochten en kronkels

うよくの　右翼の　rjochts（↔左翼の）：（飛行機などの）右翼 de rjochtse wjuk,（思想上の）de rjochtse partijen；（政治・スポーツの）de rjochterfleugel

うら（がわ）　裏（側）　de efterkant；裏返し binnstbûten；裏返しの［に］omkeard, 裏返しに earsling(s)；裏に efteryn；裏返す keare, omkeare, omlizze, omslaan；裏返しにする omstrûpe；裏通り de efterbuert；裏口 de efterdoar, de efterútgong；裏庭 it efterút

うらぎり　裏切り　it ferrie(d)；裏切る ferriede,（期待を）beskamje, teloarstelle（→がっかりさせる）；裏切りの［って］ferriederlik；裏切り者 de ferrieder

うらじ　裏地　de fuorring

うらづけ　裏付け　（支持）de rêchdekking,（根拠）de basis, de grûn,（証拠）it bewiis：その殺害には明白な裏付けがない De moard hat gjin dúdlike grûn.；裏付ける wiermeitsje

うらない　占い　de wiersizzerij；占う wiersizze；（男性の）占い師 de wiersizzer；（女性の）de wiersister；カード占い師 de kaartlizzer

うらみ　恨み　de fijânskip, de wrok,（深い）恨み de rankune：彼は私に（対して）恨みを抱いている Hy hat in wrok op my.,（人に対して）恨みを抱く rankune hawwe（tsjin immen）；恨みを晴らす wreke（→仕返しをする）；恨んでいる wrokkerich

うらやましい　羨ましい　oergeunstich, ôfgeunstich；うらやましく思う jin fergunne, misgunne（→ねたむ）：彼は私の成功をうらやましく思った Hy fergunde my myn sukses.

うららかな　sereen：うららかな春 de serene maitiid

ウラン　it uranium

うり　瓜　de klabats,（メロン）de meloen,（きゅうり）de komkommer

うりあげ　売り上げ　de ôfset,（収益）de opbringst

うりあるく　売り歩く　sutelje：新鮮な野菜を売り歩く sutelje mei farske griente

うりいえ　売り家　in hûs te keap

うりきれの　売り切れの　útferkocht；売り切れる［つくす］útferkeapje；売り切れて net mear foarhannen

うりだし　売り出し　（安売り）de útferkeap [-keaping],（蔵払い）de oprommingsútferkeap

うりつくす　売り尽くす　opromje, útferkeapje；売り尽し de opromming

うりて　売り手　de ferkeaper（↔買い手）

うりはらう　売り払う　（在庫品などを）opromje

うりょう　雨量　de reinfal（→降雨）,（降水量）de delslach

うりわたし　売り渡し　（価格）de ferkeappriis；売り渡す oerdwaan

うる　売る　ferhannelje, ferkeapje, ôfsette；売りに出ている yn ferkeap wêze, ûnder ferkeap stean；売りに出された te keap

うるうどし　閏年　it skrikkeljier（↔平年）

うるおい　潤い（湿り気）it focht, de fochtigens,（ゆかしさ）de leaflikens,（儲け）de fertsjinst, it gewin, it profyt；うるおう befochtigje, wietmeitsje（→湿す),（利益を得る）profitearje

うるさい（騒々しい）lûdroftich, roerich,（煩わしい）ferfelend, hinderlik,（口やかましい）fitterich：その子供たちはとてもうるさかった De knapen wiene tige lûdroftich.

うるし　漆　it / de lak

うれい　愁い（悲しみ）de drôfenis

うれい　憂い（懸念）de noed, de soarch：憂う soarch hawwe

うれしい　嬉しい　bliid, heuchlik：あなたが来られたことを嬉しく思っています Ik bin bliid dat jo komme koene., 嬉しいニュース it heuchlike nijs；嬉しさ de freugde

うれのこり　売れ残り　it restant

うれゆき　売れ行き　de ôfset, de sleet：自動車の売れ行き de ôfset fan auto's, 今日のりんごの売れ行きはどうだい？ Hast hjoed wat sleet yn 'e appels?

うれる　売れる《形》（売れ行きがよい）ferkeapber,（名が）populêr（→人気がある）

うれる　熟れる（熟する）rypje；熟れている ryp：そのバナナは熟れている De bananen binne ryp.

うろこ　鱗（魚の）de skob(be),（魚などの）de skulfer

うろたえ(る) 狼狽え(る) →狼狽(ろうばい)(する)

うわあご　上顎　de boppekaak（↔下顎）

うわき　浮気　de skarrel, de troubrek；浮気の oerhorich（→不倫の);　浮気をする skarrelje, in slipperke meitsje；（…と）浮気をする in ferhâlding hawwe（mei), it mei immen hâlde

うわぎ　上着　de jas,（短い）it kolbert

うわくちびる　上唇　→唇

うわごとをいう　譫言を言う　dwylje：その患者はうわ言を言っている De pasjint dwylet.

うわさ　噂　it geroft, it praat：そのことが噂になっている Der giet praat fan [oer].；噂をする beprate, kletse；（噂が）広まる ferspriede；噂話 it kletspraat

うわっぱり　上っ張り　de kile

うわて（である）　上手（である）　→（…より）優れて（いる）

うわのそら　上の空　de ôfwêzigens；上の空の ôfwêzich；彼女は上の空だった Hja wie yn heger sfearen.

うわば　上歯　de boppeste tosken（↔下歯）

うわばき　上履き　de toffel（→スリッパ）

うわべ　上辺（表面・外観）it flak, it oerflak, de oerflakte；上辺の oerflakkich：上辺だけの知識 oerflakkige kennis

うわまわる　上回る　oertreffe,（…より）mear [better] wêze (as),（予想以上の結果になる）meifalle

うわやく　上役　de superieur

うん　運（幸運）it fortún, it gelok, it lok,（運命）it lot：運がいい gelok hawwe, 運が悪い gjin gelok hawwe = yn it ûngelok wêze：運よく fortúnlik, gelokkich：運よく間に合った Gelokkich kaam ik op 'e tiid.；運を天に任せて op 'e bonnefoai (ôf)

うんえい　運営　de lieding；運営する administrearje, beskikke, bestjoere, liede

うんが　運河　de feart,（都市を取り巻く）de grêft,（大きな）it kanaal：パナマ運河 it Panamakanaal

うんこ　→大便

うんこう　運行（天体の）de draaiïng, de omgong, it rêd, de rûntegong,（交通機関の）de tsjinst：太陽の回りの運行 in omgong om de sinne；運行する draaie, ride, rûndraaie：今日は汽車は運行していない Der ride hjoed gjin treinen.

うんこう　運航　de feart, de navigaasje；運航する farre, navigearje；フェリー

運航 de feartsjinst
うんざりする　jin ferfele, (ほとほと) jin blau [dea] ferfele ; うんざりさせる ferfele, jin oangrize, tagrize ; うんざりして (いる) ferfelend, sêd, takocht
うんせい　運勢　it fertún ; 運勢を占う wiersizze ; 運勢判断 de wiersizzerij
うんそう　運送　it ferfier, it transport (→輸送) ; 運送する ferfiere, transportearje ; 運送業者 de frachtrider
うんちん　運賃　(貨物の) de fracht, it transport (→輸送費), (複) de transportkosten, (乗客の) de kosten (→費用), it reisjild, de reiskosten (→旅費)
うんでいのさ　雲泥の差　in himelsbreed ferskil
うんてん　運転　de bestjoering ; (乗り物を) 運転する bestjoere (→操縦する), (機械を) betsjinje, (特に車を) ride : 機械を運転する in masine betsjinje ; 運転手 de bestjoerder, de rider, (専業の) de sjauffeur ; 運転免許証 it rydbewiis
うんどう　運動　(スポーツ) de sport, (肉体の) de lichemsbeweging, (社会・機械などの) de beweging, (反対の) de aksje : 運動をする oan sport dwaan, フリジア運動 de Fryske beweging ; 運動を起こす bewege ; 運動会 de sportdei ; 運動競技 de atletyk ; 運動選手 de atleet ; 運動靴 de gymnastykskoech, (学校の) 運動場 de boarterstún, (競技場) it sportfjild
うんぱんする　運搬する　oanfiere
うんめい　運命　de bestimming, it lot, it needlot (→宿命) : 人をその人の運命に任せる immen oan syn lot oerlitte ; 運命の faai ; 運命づける talizze
うんゆ　運輸　→運送
うんよう　運用　(使用) it brûkme, (適用) de applikaasje, de tapassing ; 運用する brûke (→使用する), (適用する) tapasse, (投資する) pleatse

え エ e

え　絵　de ôfbylding, (イラスト) de plaat, (絵画) it skilderij, (スケッチ) de skets, de tekening, (水彩画) de akwarel, (油絵) it oaljeferfskilderij, (特に絵本) it plaatsje, (子供の絵本) it printeboek ; (絵を) 描く skilderje ; 絵のような pitoresk, skildereftich
え　柄　it hânfet, de hângreep, it hânsel, de jelt, (ポンプの) de slinger, (ハンマーなどの) de stâle, (刀の) (柄(つか)) it hânfet
エアコン　de klimaatregeler
エアメール　de loftpost : 手紙をエアメールで送る in brief mei [per] loftpost ferstjoere
えい　鱏　de roch
えいえん　永遠　de ivichheid ; 永遠の [に] ivich ; 永遠に boppe
えいが　映画　de film : 映画を上演する in film draaie, 映画を見に行く nei de film gean ; 映画館 de bioskoop, de sinema, it teater ; 映画スター de filmstjer
えいかく　鋭角　in skerpe hoeke (↔鈍角)
えいかん　栄冠　de kroan
えいきゅうの [に]　永久の [に]　permanint ; 永久不変の [に] ivich, ûnfergonklik
えいきょう　影響　de ynfloed, de ynwurking : (…に) 悪い [よい] 影響を与える in ferkearde [goede] ynfloed

hawwe (op), (人から) 影響を受けて ûnder de *ynfloed* (fan immen), 影響力のある人 in man fan *ynfloed*; 影響する beynfloedzje, (…に) ynwurkje (op); 影響を及ぼす, 影響力のある ynfloedryk

えいぎょう　営業　（商売・取引）*de* hannel, *de* negoasje, *de* saak; その店は営業中です De winkel is iepen.; 営業時間 *de* kantoaroeren; 営業マン *de* sakeman

えいご (の)　英語 (の)　(*it*) Ingelsk: 英語は全然しゃべれません Ik kin gjin *Ingelsk* prate.; 英語の Ingelsktalich

えいこう　栄光　*de* gloaria, *de* gloarje, *de* rom: 永遠の栄光 ivige *rom*; 栄光ある glorieus

えいこく　英国　→イギリス

えいしゃ　映写　*de* projeksje; 映写する projektearje; 映写機 *de* projektor

えいじゅう　永住　permanint ferbliuw; 永住する permanint ferbliuwe

えいしん　栄進　*de* befoardering, *de* promoasje (→昇進)

エイズ　*de* AIDS / aids

えいせい　衛生　*de* hygiëne; 衛生的な, 衛生上の hygiënysk, (保健) 衛生上の sanitêr; 衛生設備 *it* sanitêr

えいせい　衛星　*de* satellyt: 衛星放送をする útstjoere fia de *satellyt*

えいぞう　映像　（心に浮かんだ）*it* byld, *it* imaazje, (鏡・水面に映った) *de* ôfspegeling, *it* spegelbyld, (テレビなどの) *it* byld: フットボール試合の映像 *bylden* fan in fuotbalwedstriid

えいぞくてきな [に]　永続的な [に]　duorsum, permanint; 永続性 *de* duorsumens

えいびんな　鋭敏な　skerp, spits: 鋭敏な判断力 in *skerp* ferstân

えいゆう　英雄　*de* held, (女傑) *de* heldinne; 英雄的な heldhaftich

えいよ　栄誉　*de* eare, *de* rom (→栄光); 栄誉ある earfol

えいよう　栄養　*de* fieding, *it* fiedsel; 栄養に富む streksum: 栄養のある食べ物 *streksum* iten; 栄養価 *de* foerwearde

ええ　《肯定》ja (→はい, そうです): ええ, そうなんです O ja!,《疑問・驚きを表して》Wat!, Wel! (→えっ！)

エース　（トランプの）*it* aas

えがお　笑顔　in laitsjend gesicht

えかき　絵描き　*de* skilder (→画家)

えがく　描く　（絵・図などを）beskilderje, lûke, skilderje, úttekenje, (線で) tekenje, (描写する) tekenje, úttekenje: 円を描く in rûnte *tekenje*, 彼女の顔を思い描くことができる Ik kin har gesicht wol *úttekenje*.

えき　益　→有益

えき　駅　（鉄道の）*it* stasjon: 発［着］駅 it *stasjon* fan fertrek [oankomst]; 駅舎 *it* stasjonsgebou; 駅長 *de* stasjonssjef; 駅員 *de* spoaramtner [-arbeider]

えきしゃ　易者　*de* kaartlizzer (→占い師), (男性の) *de* wiersizzer, (女性の) *de* wiersister

えきじょうの　液状の　floeiber

エキス　（煎じ液）*it* ôftreksel

エキストラ　（映画の）*de* figurant; エキストラで出演する figurearje

エキスパート　（熟練者）*de* artyst, *de* deskundige, *de* ekspert, *de* fakman

エキゾチックな　eksoatysk, útlânsk

えきたい　液体　*de* floeistof, *it* wiet; 液体の floeiber

えきびょう　疫病　*de* epidemy, *de* jacht (→伝染病)

エクスタシー　（恍惚(こう)）*de* ekstaze: エクスタシーの境地に達する yn *ekstaze* reitsje

えくぼ　靨　*it* kûltsje: 顔にえくぼのある mei *kûltsjes* yn 'e wangen

えぐる　抉る　útholje

エゴイスト　*de* egoïst (→利己主義者); エゴイズム *it* egoïsme

エコー　（木霊(こだま)）*de* echo, *de* galm, *it* wjerlûd

エコノミークラス　（旅客機の）（普通

座席）de toeristeklasse
えこひいき 依怙贔屓 de geunst, de graasje；えこひいきする befoarrjochtsje, begeunstigje
えさ 餌 it foer, it ies：餌をやる foer jaan；餌をやる fiede, fuorje：牛に餌が与えられた De kij wurde *fuorre.*
えじき 餌食 de proai, it slachtoffer, (犠牲) it offer, it slachtoffer (→生け贄)；餌食にする iez(j)e：多くの人たちがエイズの餌食(→犠牲)になっている AIDS easket in soad *slachtoffers.*
エジプト Egypte
えしゃく 会釈 de bûging；会釈する bûg(j)e, nige
エスカレーター de rôltreppen
えそ 壊疽 it kâldfjoer
えだ 枝 de takke, de túke, (小枝) de sydtúke, de sprút, de twiich；枯れた枝 de prikke；若枝 de stek
エチケット de etikette (→礼儀作法)
えっ！ Wel！：えっ！君はそれについてどう言っているの？ *Wel!* Wat seist derfan?
エックスせん X線 →レントゲン
エッセイ (随筆) it essay, (短い論文) it opstel
エナメル it emalje (→ほうろう)
エネルギー de enerzjy, (活力) de fut, de kriich；エネルギッシュな enerzjyk
えのぐ 絵の具 de ferve；絵の具箱 de ferfdoaze
えはがき 絵葉書 de aansicht(kaart)
えび 海老 (ロブスター) de kreeft, (車海老) de steurgarnaal, (小海老) de garnaal, de grenaat (→シュリンプ)
エピソード (挿話) de episoade, (逸話) de anekdoate
エプロン de skelk, de skerldoek (→前掛け)：エプロンを掛ける in *skelk* foardwaan
えほん 絵本 it berneboek, it printeboek
えみ 笑み de glim, de glimp：(口元に) 笑みを浮かべて mei in *glimke*

(om 'e mûle)
エメラルド it smaragd：エメラルド色の fan *smaragd*
えもじ 絵文字 de byldgrafyk
えもの 獲物 (狩猟の) it wyld
えら 鰓 (魚の) de kiuw
えらい 偉い grut (→偉大な), (重要な) belangryk, (酷い) ellindich, ôfgryslik；偉そうな[に] gewichtich：偉そうに振舞う *gewichtich* dwaan
えらぶ 選ぶ (選択する) ferkieze, kieze, (選出する) kieze, (選抜する) selektearje, (選び出す) útkarre, útpikke：君が欲しい物を選ぶことができる Wat wolsto hawwe do kinst *kieze.*, 人を評議員に選ぶ immen yn it bestjoer *kieze*；選ばれた selekt
えり 襟 (襟元) de nekke, (服・シャツの) it board, de kraach：コートの襟を折り返す[立てる] de *kraach* fan 'e jas omteare [omheechdwaan]；襟巻き de sjaal
エリート de elite；エリート(意識)の elitêr
えりぬく 選り抜く útkarre
える 得る behelje, krije, winne, (情報などを) ynwinne, (利益を) meinimme
エレガントな elegant, grasjeus, sjyk, sierlik
エレベーター de lift：エレベーターに乗る de *lift* nimme
えん 円 de sirkel (→円形), (日本の貨幣) de yen：半円 in heale *sirkel*
えん 縁 (関係) de betrekking, de ferhâlding, de konneksje, (巡り合わせ) de kâns, (縁側) de weranda；人と縁を切る mei immen brekke [ôfrekkenje], de hân [hannen] fan immen ôflûke
えんえき 演繹 de deduksje；演繹する dedusearje, ôfliede
えんかい 沿海 (海沿いの陸地) de kust；沿海の maritym；沿海の警備 de kustwacht
えんかい 宴会 it gastmiel, (公式の) it banket：宴会を催す in *banket* jaan

[oanbiede]
えんかくの 遠隔の fier, ôfhandich：遠隔の地 in ôfhandich lân
えんかつ 円滑 de glêdens；円滑な［に］flot, glêd, gled, op 'e gleed
えんがん 沿岸 de kust, de wâl：沿岸生活をする op 'e wâl libje
えんき 延期 de ferskowing, it útstel：私はアムステルダム行きを延期した Ik die it útstel om nei Amsterdam te gean.；延期する ferskowe, ferstelle, útstelle：試合を延期する in wedstryd útstelle
えんぎ 演技 it spul, de útfiering
えんぎ 縁起 de foarboade, it foarteken：縁起のいい［悪い］事柄 in goed［min］foarteken
えんきょく 婉曲 it eufemisme；婉曲な［に］eufemistysk
えんけい 円形 de rûnens, de rûnte, de sirkel；円形の rûn
えんけい 遠景 it fiersicht
えんげい 園芸 de túnbou；園芸用具 it túnark
えんげい 演芸 it fariëtee（バラエティーショー）
えんげき 演劇 it drama, it toaniel
えんこ 縁故 de konneksje, it kontakt（→コネ）,（親戚（関係））de sibbe
えんご 援護 de helpferliening, it helpmiddel, de stân, de stipe；援護する begeunstigje, bystean, foarstean, stypje
えんざい 冤罪 falske beskulding
えんさん 塩酸 it sâltsoer
えんじ 園児 bern op 'e beukerskoalle
エンジニア de yngenieur, de masinist
えんしゅう 円周 de omfang,（数学の）de omtrek：木の円周 de omfang fan in beam
えんしゅう 演習 （練習）de oefening,（軍隊の）de eksersysje,（大学の）it seminaarje（→セミナー）
えんじゅく 円熟 de ripens；円熟する rypje；円熟した ryp
えんしゅつ 演出 de rezjy；演出する regissearje；演出家 de regisseur

えんじょ 援助 de help, de helpferliening, it helpmiddel, de stipe：国際的な援助 de ynternasjonale helpferliening；援助する helpe, stypje；援助者 de stiper
えんしょう 炎症 de brân, de yrritaasje（→かぶれ）, de ûntstekking；炎症を起こす ûntstekke；炎症を起こした ûntstusen
えんじる 演じる aktearje, spylje, útbyldzje：ハムレットの役を演じる Hamlet spylje
エンジン de motor：エンジンを始動させる de motor oansette
えんすい 円錐 de kegel；円錐形の kegelfoarmich, taps（k）
えんすい 塩水 sâlt wetter
えんせい 遠征 de ekspedysje：遠征する op ekspedysje gean
えんせき 縁石 de stoeprâne
えんぜつ 演説 de rede, de taspraak：演説をする in taspraak hâlde = sprekke, tasprekke；演説者 de sprekker
えんそ 塩素 it gloar
えんそう 演奏 it spyljen；演奏する bespylje, fertolkje, spylje；演奏者 de spylder,（女性の）de spylster；演奏会 it konsert
えんそく 遠足 de útflecht, it útstapke：遠足に行く in útstapke meitsje
えんたい 延滞 it opûnthâld, it útstel；延滞する útstelle
えんだいな 遠大な （計画などが）fiergeand
えんだん 演壇 de sprekstoel
えんちゅう 円柱 （建物の）de kolom
えんちょう 延長 （時間・距離などの）de ferlinging,（パイプの）de útwreiding；延長する ferlingje, rekke, trochlûke：時間を幾らか延長する de tiid wat rekke, この道は今後延長されるだろう Dy wei sil letter trochlutsen wurde.
えんどう 沿道 （道筋）de rûte,（道路）de wei：沿道に lâns de wei
えんどう 豌豆 de eart

えんとつ　煙突　*de* skoarstien：屋根の煙突 in *skoarstien* op it dak
えんばん　円盤　*de* skiif
えんぴつ　鉛筆　*it* potlead；鉛筆削り *de* puntsjesliper；色鉛筆 *it* kleurpotlead
えんぶん　塩分　→塩
えんぽう　遠方　in grutte ôfstân；遠方の［に］fier
えんまんな　円満な　gemoedlik,（愛想のよい）aardich, minlik
えんむすび　縁結び　*de* keppeling；縁結び（の役）をする keppelje
えんゆうかい　園遊会　*it* túnfeest
えんよう　遠洋　*de* iepene see（→外洋）
えんらい　遠雷　fiere tonger
えんりょ　遠慮　*de* dimmnens［-heid］, *de* ienselvigens, *de* ynbannigens；遠慮なく言う opsprekke；遠慮する skytskoarje（→ためらう）；遠慮がちな beskieden, dimmen, efterhâlden(d), ynbannich；遠慮なく sûnder beskiedenheid

お　オ　o

お　尾　（動物の）*de* sturt；尾を振る sturtgiselje
おあいそ　お愛想　（勘定）*de* betelling, *de* rekken
オアシス　*de* oaze
おあつらえむきの　お誂え向きの　（理想的な）ideaal；((最も) 相応しい)（meast）doelmjittich, gaadlik, tapaslik
おい　甥　*de* muoikesizzer, *de* neef, *de* omkesizzer
おいかえす　追い返す　ferjeie
おいかける　追い掛ける　bejeie, efterfolgje, efterneirinne, eftersitte, ferfolgje, neisitte：彼は彼女（との交際を求めて）を追い掛ける Hy rint har oeral *efternei*.
おいこす　追い越す　fege, ynhelje, ynride, ynrinne, passearje：大急ぎで人を追い越して行く immen foarby *fege*, ここは追い越し禁止 Meist hjir net *ynhelje*.
おいしい　美味しい　hertlik, lekker, smaaklik, swiet：美味しい料理 *hertlik*［*lekker*］iten, おいしそうに見える It sjocht der *smaaklik* út., おいしく食べる, *swiet* smeitsje（→賞味する), おいしく召し上がってください！*Lekker ite!*；おいしい物 *de* lekkernij（→珍味）
おいだす　追い出す　ferkringe, fuortstjoere, útbanne, útdriuwe, útsette：人をドアから追い出す immen de doar *útsette*
おいたち　生い立ち　（成長）*de* groed(e), *de* tier, *de* ûntjouwing,（経歴）*de* ûndergrûn
おいたてる　追い立てる　（むちなどで）swypkje,（追い出す）ôfstjoere,（せき立てる）jachtsje, oanpoatsje
おいつく　追い付く　efteropkomme,（人に）(immen) fan efteren yn komme
おいつめる　追い詰める　betrekke
おいて　於いて　《場所》…に［で］yn, op, te,《関連》…（の点）で op：彼女はスネークに住んでいる Se wennet *yn* Snits., ヒンデローペンで *op* Hylpen, 私はレーワルデンで生まれた Ik bin berne *te* Ljouwert., あらゆる点において *op* alle punten
おいはらう　追い払う　ferjeie, reagje
おいもとめる　追い求める　neispoare（→追跡する）
おいる　老いる　ferâlderje, fergriizje（→年老いる）

オイル （油）*de* oalje；オイルタンク *de* oaljetank；オイルタンカー *de* oaljetanker

おう　王　*de* kening；王室の, 王者らしい［く］keninklik

おう　追う　ferfolgje, （…の後を）neikomme, neirinne：女の子たちの尻を追う［追い回す］*de* famkes *neirinne*

おう　負う　（物を背負う）drage, （責任・義務を）stean, （負債・損失を）opskypje, （傷を）ferfalle

おうい　王位　*de* troan(e)；王位につく troanje；王位継承 *de* troanopfolging

おういん　押韻　*it* rym；押韻する rime

おうえん　応援　（援助・励まし）*de* help, *de* oanmoediging, *de* steun, （声援）*it* jûchhei；応援する helpe, jûchje, oanmoedigje, steune

おうかくまく　横隔膜　*it* diafragma, *de* linsiepening

おうかん　王冠　*de* kroan；王冠を（頭上に）頂く kroanje

おうぎ　扇　*de* waaier

おうきゅう　王宮　*it* paleis （→宮殿）

おうきゅうの　応急の　urgint, （一時的な）tydlik；応急処置 *de* needmaatregel

おうけん　王権　*de* soevereiniteit

おうこうする　横行する　（はびこる）tiere

おうこく　王国　*it* keninkryk, *it* ryk：オランダ王国 *it* Keninkryk fan 'e Nederlannen

おうごん　黄金　*it* goud；黄金の gouden

おうざ　王座　*de* troan(e)；王座につく troanje

おうさま　王様　→王

おうし　雄牛, 牡牛　→牛；牡牛座 *de* Bolle

おうじ　王子　*de* prins

おうじて　応じて　（前）neffens：状況に応じて *neffens* de omstannichheden；(接) nei't：稼ぎが多くなれば, それに応じて支払う税も多くなる *Nei't* men mear fertsjinnet, betellet men ek mear belesting.

おうしゅう　押収　*it* beslach, *de* konfiskaasje；押収する beslaan, konfiskearje

おうしゅう　欧州　Europa （→ヨーロッパ）

おうじょ　王女　*de* prinses(se)

おうじょう　往生　（死ぬこと）*de* dea；往生する stjerre （→死ぬ）；往生して（いる）deaferlegen wêze （→閉口して）：この歯の痛さには往生している Ik bin *deaferlegen* fan pinemûle.

おうしょくじんしゅ　黄色人種　*it* giele ras

おうじる　応じる　（答える）antwurdzje, beäntwurdzje, （受け入れる）oannimme, opnimme, （…に）taslaan (nei)：申し出に応じる nei in oanbod *taslaan*

おうしん　往診　*it* húsbesyk：往診する *húsbesiken* ôflizze

おうせい　旺盛　彼は元気旺盛だ Hy is goed sûn.

おうせつ　応接　*de* resepsje, *de* ûntfang(st), *it* ûnthaal；応接間 *de* salon, *de* sprekkeamer

おうせんする　応戦する　（抵抗する）ferwar dwaan, jin te war sette

おうたい　応対　→応接

おうだん　黄疸　*de* gielsucht

おうだん　横断　*de* oertocht；横断する oerstekke, passearje, trochkruse, （大急ぎで）oerfleane：大急ぎで道を横断する de strjitte *oerfleane*；横断歩道 *it* oerstekplak, *de* sebra, *it* sebrapaad

おうちゃくな　横着な　（怠惰な）beroerd, loai, （ずうずうしい）ûnbeskamsum

おうてんする　横転する　kantelje, oerslaan, omfalle, omteare

おうと　嘔吐　*it* spui；嘔吐する jin bekoarje, koarje, spuie

おうとう　応答　*it* ferhaal （→返事, 返答）

おうとつのある　凹凸のある　（でこぼこの）hulterich, stroef, ûnegaal

おうひ　王妃　*de* keninginne
おうふく　往復　*de* reis hinne en werom；往復する hinne en werom reizgje；往復して hinne en werom；往復切符 *it* / *de* retoer, *it* retoerkaartsje：レーワルデンまでの往復切符 in *retoer*(*ke*) Ljouwert
おうへい　横柄　*de* arrogânsje；横柄な arrogant, eigenwiis；横柄に bretaalwei；横柄な人 *de* eigenwizeling
おうぼ　応募　（志願）*de* oanfraach, *de* sollisitaasje,（予約）*it* abonnemint, *de* ynskriuwing, *de* yntekening；応募する abonnearje, gadingmeitsje, ynskriuwe, oanfreegje, sollisitearje；応募者 *de* gadingmakker, *de* sollisitant
おうぼう　横暴　*de* tiranny；横暴な tiranyk
おうむ　鸚鵡　*de* pappegaai
おうよう　応用　*de* tapassing；応用する tapasse；応用できる tapaslik
おうらい　往来　（交通）*it* ferkear,（道路）*de* strjitte, *de* wei
おうりょう　横領　*de* fertsjustering, *it* ynkasso, *de* malversaasje；横領する fertsjustermoanje, ynkassearje
おうレンズ　凹レンズ　in holle lins（↔凸レンズ）
おうろ　往路　*de* hinnereis（↔ weromreis）
おえる　終える　beslikje, einigje, folbringe, foltôgje, ôfmeitsje：1時間ですべてが終わった Mei in oere wie alles *beslikke*.、できたら今日中にそれを終わらせなければならない As it efkes kin, moatte wy dat hjoed al *ôfmeitsje*.
おおあたり　大当たり　（曲・劇などの）*de* tophit；大当たりする ynslaan
おおあめ　大雨　in swiere reinbui
おおい　覆い　*de* bedekking, *de* beklaaiïng, *it* dek：じゃがいもの（上の）覆い it *dek* oer de ierappels；覆う bedekke, dekke：雪が草原を覆っ（てい）た De snie *bediek* de greiden.；（…で）覆う bestruie (mei)：花[雪]で覆われた *bestruid* mei blommen [snie]；覆いをする beklaaie, dekke, oerdekke（→かぶせる）；覆いのある oerdutsen
おおいかくす　覆い隠す　《比喩的に》（秘密にする）bedekke, beskûlje,（偽装する）kamûflearje
おおいそぎの[で]　大急ぎの[で]　gleonhastich, oerdreaun
おおいに　大いに　yntins, tige, ûnmeugend（→ひどく，大変）：大いに楽しむ *yntins* genietsje
おおいんする　押印する　segelje, wiermeitsje
おおう　覆う　→覆い
おおうりだし　大売り出し　*de* útferkeap
おおえだ　大枝　in grutte takke
おおえび　大海老　→海老
おおおじ　大伯[叔]父　*de* âldomke
おおおば　大伯[叔]母　*de* âldmuoike
おおかぜ　大風　（嵐）*de* stoarm,（台風）*de* tyfoan
おおがたの　大型の　grou, grut：大型（の）犬 in *grutte* hûn
おおかみ　狼　*de* wolf
おおかれすくなかれ　多かれ少なかれ　min ofte mear
おおきい　大きい　（形状が）grut,（音量が）lûd,（程度・規模が）grut, rom,（心が）liberaal, royaal, romhertich（→寛大な），（強大な）geweldich, machtich；（甚大な）enoarm：大きい木 in *grutte* beam, ぼくは父より大きい Ik bin *grutter* as ús heit.、大声で笑う *lûd* laitsje, 大きな部屋 in *romme* keamer, 大きなニュース it *grutte* nijs, 大きな家族 in *grutte* húshâlding, それは大きな損失です It is *enoarm* skea；大きさ *de* grutte,（寸法・サイズの）it formaat
おおきくなる　大きくなる　grutter wurde,（成長する）opgroeie, opsjitte,（動植物が）dije, oanhelje, oankomme；大きくする útgroeie, waaks(j)e
オーク　*de* iik（→樫）
オークション　（競売）*de* feiling：(物を）オークションに出す (eat) yn *feiling*

bringe
おおぐちをたたく　大口を叩く　opsnije, opsprekke
おおくて　多くて　（精々）maksimaal, uterlik：多くて１週間はここに滞在します Ik bliuw hjir *uterlik* in wike.
おおくの　多くの　folle, gâns, machtich, manmachtich, in soad,（無数の）ûntelber,（多数の）mannichte, mannich：あまり多過ぎる te *folle*, 多くの人々 *in soad* minsken；かなり多くの人たち in hiele lju
おおくまざ　大熊座　de Grutte Bear（→北斗七星）
おおげさな　大袈裟な　oerdreaun, steil：大げさにも程がある Dat is bot *oerdreaun*.；大げさに言う oerdriuwe：彼の話は素晴らしいが，幾分大げさなところがある　Syn ferhaal is moai, mar it sil wat *oerdreaun* wêze.
オーケストラ　it orkest
おおごえで　大声で　lûd, lûdroftich：大声で話す［呼ぶ］*lûd* prate [roppe]
おおざっぱな　大雑把な　globaal：大ざっぱな調査 in *globaal* oersjoch, 大ざっぱに言えば *globaal* sjoen
おおさわぎ　大騒ぎ　（複）de anneksen, de drokte, it gedoch, it / de poeha, de reboelje, it spektakel, it spul, it trelit：（あることで）大騒ぎする *spul* meitsje, in soad *drokte*（om [oer] eat）meitsje, 何でもないことに大騒ぎする *poeha* meitsje om neat, 大騒ぎして mei in soad *poeha*, この大火で村が大騒ぎになった Dy grutte brân joech in hiel *trelit* yn it doarp., 大騒ぎの末 de ôfrin fan it *trelit*
おおすじ　大筋　de line, it skema（→概略，あらまし）
オーストラリア　Australje
オーストリア　Eastenryk
おおぜい　大勢　it espel, de kloft：大勢の子供たち in *espel* lytse bern；大勢の in heap [keppel / kliber / kloft]：大勢の人たち *in heap* minsken = mannichien；大勢の人たちと共に mei man-

nemacht
オーソドックスの　ortodoks（→正統（派）の）
おおぞら　大空　de himel, de loft
オーソリティー　（権威）de autoriteit
オーダー　（注文）de bestelling, de oarder,（順序）de folchoarder；オーダーメードの pasklear
おおっぴらに　大っぴらに　（公然と）ûnferhoalen
オーディション　（実演）de audysje：オーディションを行う *audysje* dwaan
おおどおり　大通り　de buorren, de doarpsstrjitte
オートバイ　de motor, de motorfyts
オートマ（チック車）　in auto mei automatyske skeakeling
オートむぎ　オート麦　de hjouwer, it oat；オートミルかゆ de hjouwermout
オートメーション　（自動装置）de automaat
オーナー　de besitter, de eigener（→所有者）
おおなみ　大波　de stoartsee
オーバー　de oerjas（→外套）；オーバーオール de oerstrûper
オーブン　de ûne：オーブンでパンを焼く de bôle yn 'e *ûne* bakke；オーブンレンジ it fornús
オープン　（開くこと・開業）de iepening；オープンする iepenje；オープンサンド（イッチ）de útsmiter
オーボエ　de hamboai, de hobo
おおまかな　大まかな　globaal, rûchwei, ûngefear（→ざっと）；大まかに言えば→大雑把に言えば
おおみず　大水　→洪水
おおみそか　大晦日　it âldjier, de útein fan it jier, 大晦日（の日）de âldjiersdei, 大晦日（の晩）de âldjiersjûn [-nacht]
おおむかしの　大昔の　oerâld；大昔 lang ferline jierren；大昔から sûnt ûnheuchlike tiden
おおむぎ　大麦　de garst, it koarn
おおむね　概ね　→大体，大概
おおめにみる　大目に見る　ferjaan, ta-

jaan,（目をつぶる）oersljochtsje

おおもじ　大文字　*de* haadletter, in grutte letter：大文字で書く yn *haadletters* skriuwe

おおやけにする　公にする　publisearje, eat publyk meitsje, oan it ljocht bringe,（暴露する）ûntmaskerje；公になる publyk wurde, oan it ljocht komme；公の iepenbier, publyk

おおやすうり　大安売り　→大売り出し

おおゆき　大雪　in tsjokke laach snie, in fracht snie（↔小雪）

おおよそ　大凡　（大体）rûchwei（→ざっと）：おおよそ 200 ギルダー *rûchwei* twa hûndert gûne

おおよろこび　大喜び　*de* freugde：大喜びして fol *freugde*, 私の子供（たち）の大喜び *de freugde* fan myn bern；（…に）大喜びする jin ferlustigje（yn）

おおらかな　大らかな　liberaal, royaal, romhertich

オール　→櫂（かい）

オーロラ　*de* auroara

おか　丘　*de* bult(e), *de* heuvel

おかあさん　お母さん　(jins) mem；《呼称》お母ちゃん！ Memmy!

おがくず　大鋸屑　it seagemoal

おかげ　お陰　（恩義）*de* skuld,（好意）*de* geunst,（恵み）*de* genede, *de* graasje；何もかも彼のお陰です Wy tankje alles oan him.；…のお陰で tank sij …：彼女の手助けのお陰で *tank sij* har help

おかしい　可笑しい　（面白い）amusant, fermaaklik, ûnderhâldend,（滑稽な）grappich, kluchtich, komyk, snoad,（奇妙な）bjuster, bryk, frjemd, nuver, raar, wûnder,（怪しい）fertocht, wantrouwich,（不適切な）ferkeard, mis, ûngelokkich：彼女の話はおかしい Sy kin *ûnderhâldend* prate., それはおかしな光景だった It wie in *snoad* gesicht., おかしなことに *nuver* genôch, とてもおかしな感じがしている It is my sa *wûnder* yn 'e holle., おかしな言葉 in *ûngelokkige* opmerking

おかす　犯す　（過失・罪を）bedriuwe, begean, dwaan, pliigje,（法律・規則などを）oertrêdzje, skeine,（女性を）ferkrêftsje（→強姦する）：犯罪を犯す in misdied *dwaan*

おかす　冒す　（危険を）it gefaar rinne

おかす　侵す　（法・規則を）misbrûke, oertrêdzje, skeine

おかどちがいの　お門違いの　（見当違いの）yrrelevant

おかね　お金　*it* jild（→金（かね））

おかまい　お構い　どうぞお構いなく！ Doch gjin muoite!, Net om my bekommerje!, Steur dy net oan my!

おがむ　拝む　（崇拝する）ferearje, oanbidde,（祈る）bidde

おがわ　小川　*de* beek, *de* stream

おかん　悪寒　*de* koelte；悪寒がする skrousk wêze

おき（あい）に　沖（合い）に　bûtengats, foar de kust

おきあがる　起き上がる　（転んで）oprize, opstean, rize,（ベッドから）jin oereinjaan

おきかえ　置き換え　*de* substitúsje；置き換える substituearje

おきて　掟　（神の）*de* wet,（規則）*de* regel,（慣習・しきたり）*de* gewoante, *de* sede

おきどけい　置き時計　*de* tafelsklok

おぎない　補い　（補充）*de* oanfolling, *it* supplemint,（補償）*de* fergoeding, *de* kompensaasje；補う oanfolje,（償う）fergoedzje, kompensearje

(…)おきに　(…)置きに　《前》om：1 日［週刊］置きに *om* 'e oarde dei [oare wike], 2 年置きに *om* 'e twa jier

おきにいり　お気に入り　*de* leave, お気に入り（の）*(de)* favoryt：私のお気に入りの本 myn *favorite* boek

おきまりの　お決まりの　（いつも）gebrûklik, gewoan, wenstich,（月並の）konvinsjoneel, stereotyp：お決まりの文句 *stereotipe* opmerkings

おきもの　置き物　（飾り物）*de* fersiering, it ornamint

おきる 起きる （起床する・目を覚ます）opstean, wekker wurde,（立ち［起き］上がる）oereingean, rize,（事件などが）barre, foarfalle, gebeure, komme, tagean：早く［遅く］起きる ier [let] *opstean*, 不幸なことが起きた Der is in ûngelok *bard*., その事故はどのようにして起こったのか Hoe is dat ûngemak *kaam*?

おきわすれる 置き忘れる weimeitsje, lizze litte：鍵を部屋の中に置き忘れました Ik ha de kaai yn 'e keamer *lizze litten*.

おく 奥 （内部）de binnenkant,（奥地）it binnenlân；心の奥から［で］út [yn] it djipst fan myn hert（衷心から）

おく 億 1億（の）(*it*) hûndert miljoen

おく 置く litte, sette, stelle,（下に）dellizze,（横・脇に）lizze,（或る状態にして）litte：ドアを開けて置く de doar iepen *litte*, この傘をどこに置きますか Wêr moat ik dizze paraplu *litte*?

おくがいの 屋外の 《複合語の第1要素として》iepenloft-：屋外（の）プール *it iepenloft*bad；屋外へ út；屋外スポーツ de bûtensport

おくさん 奥さん de frou, de mefrou：ディクストラの奥さん！ *Frou* Dykstra!

おくじょう 屋上 *it* dak：屋上で［から］op [fan] 't *dak*

おくそく 憶測 *it* fermoeden, *de* gissing（→推測）；憶測する fermoedzje, gisse, riede

おくないの 屋内の 《複合語の第1要素として》binnen-：屋内スポーツ *de binnen*sport；屋内に binnen

おくび 噯（気）→げっぷ

おくびょう 臆病 de bangens, de leffens；臆病な［に］bang(ich), lef, skrutel, sleau；臆病者 de bangeskiter, de lefbek [-fert]

おくぶかい 奥深い djip,（意味が）djipsinnich；奥深さ de djipte

おくまんちょうじゃ 億万長者 de miljardêr

おくめんもなく 臆面もなく →厚かましく, 図々しく

おくやみ お悔やみ de kondoleânsje, *it* roubeklach；お悔やみを言う kondolearje

おくゆき 奥行き de djipte；奥行きのある djip,（深遠な）djipsinnich：奥行きのある部屋 in *djippe* keamer

おくらせる 遅らせる, 後らせる （延期する）ferskowe, ferstelle, útstelle,（時間をずらす）ferspringe

おくりかえす 送り返す weromstjoere：彼女に手紙を送り返す Ik sil har in brief *weromstjoere*.

おくりこむ 送り込む ynstjoere

おくりさき 送り先 *it* adres（→宛て先）

おくりじょう 送り状 de memoarje

おくりて[ぬし] 送り手[主] de stjoerder

おくりもの 贈り物 *it* geskink, de jefte, *it* kado, *it* presint：（人に）贈り物をする（immen）*kado* jaan, 贈り物を受け取る it *kado* krije [oannimme]

おくる 送る （品物を）stjoere,（郵便などを）fuortstjoere, oerstjoere（→郵送する）,（人を）（見送る）(immen) eintsje bringe

おくる 贈る jaan,（贈呈する）oanbiede

おくれ 遅れ, 後れ （乗り物・支払いなどの）de fertraging, *it* opûnthâld（→遅延）,（文化などの）de efterstân：遅[後]れを取り戻す in *efterstân* weiwurkje；遅[後]れる let wêze,（乗り）fersitte,（時計が）efterrinne, ferlieze, neigean, neirinne,（落伍する）efteropkomme：時計が10分遅れている De klok *rint* tsien minuten *efter*., この時計は1日に2分遅れている Dy klok *ferliest* twa minuten deis.；遅[後]れて benefter, let

おけ 桶 de kûp(e), de tobbe

おこがましい 烏滸がましい frijpostich（→生意気な）

おこす 起こす （倒れた物を）rjoch-

おしげもなく

tsje（→立てる）,（眠っている人を）wekker meitsje（→目覚めさせる）,（建物・学会などを）fêstigje, ynstelle, oprjochtsje, stichtsje（→設立する）,（悲しみ・災いなどを）feroarsaakje, oanrjochtsje（→もたらす）,（面倒を）stokelje,（行動を）fiere,（電気・熱などを）genereare,（火を）opstoke

おごそかな　厳かな　plechtich

おこたる　怠る　fersloere, fersomje, neilitte：彼女は家事をすることを怠ってきた Hja hat *fersomme* har húswurk te meitsjen.

おこない　行い　*de* die(d), *it* dwaan, *de* hanneling；行う dwaan, hannelje,（実施・遂行する）ferrjochtsje, folbringe, prestaasje,（講義などを）hâlde,（ミサ・儀式などを）selebrearje

おごり　奢り　*de* traktaasje；おごる frijhâlde, traktearje：人にコーヒーをおごる immen *traktearje* op kofje, 私のおごりだ Ik *traktearje*.

おごり　驕り　*de* arrogânsje, *de* eigenwizens；おごった arrogant, eigenwiis

おこる　起こる　barre, ynfalle,（不意に）opdûke（→起きる）,（嵐・にわか雨などが）opstekke

おこる　怒る　lilk wurde,（激しく）opspatte；（人を）怒らせる (immen) lilk meitsje；怒りっぽい hjitbloedich, kiezzich, nitelich, opljeppen(d), rekke, stringkidelich；怒り狂って ferskuorrend, hellich, poer, woedend

おさえる　押さえる, 抑さえる　ynhâlde,（しっかりと持つ）fêsthâlde,（抑制する）bedimje, deltriuwe,（怒り・反乱を）ferkropje, yndamje, oerwinne；押[抑]さえつける deltriuwe

おさきに！　お先に！　（どうぞ）Geane jo mar foar!

おさげ　お下げ　*de* flecht

おさない　幼い　jong,（幼稚な）bernich, bernlik；幼い頃から fan bern ôf [oan]

おさまる　収まる, 納まる　（…の中に入る）yngean,（風などが）besakje,

lúnje, ôfsakje, saksearje, útwoedzje（→和らぐ）；収[納]める ynwije, tawije（→献納する, 奉納する）,（税金・月謝などを）betelje,（利益を）meitsje

おさまる　治まる　（平和になる）fredich wurde,（鎮火する）dôvje, útdôvje,（痛みが和らぐ）deljaan,（風・嵐などが）deljaan, ôfswakje；治める regearje（→統治する）,（鎮圧する）ûnderdrukke

おさめる　修める　（学問を）studearje

おし　唖　*de* stomme；おしの stom, stom-en-dôf（→ろうあの）

おじ　伯父, 叔父　*de* omke

おしあう　押し合う　inoar ferkringe

おしあげる　押し上げる　opdrukke, opskowe, omheech drukke：窓を押し上げる it finster *opskowe*

おしい　惜しい　（残念な）rouwich, spitich,（もったいない）oerdiedich,（不本意な）kweaskiks：私の誕生日に君が来れないのは惜しい It is *spitich* datst net op myn jierdei komme kinst.

おじいさん　（祖父）*de* pake,（老人）*de* âldman

おしいる　押し入る　kreakje

おしうり　押し売り　in optwingerige ferkeaper

おしえ　教え　（教訓）*de* les, *de* lear,（教えること）*de* learing（→教育）,（教義）*de* lear, *de* learstelling；教え子 jins learling [studint]；教えるjaan, leare, ûnderwize,（道を）úttsjutte, wize：フリジア語を教える Frysk *jaan*, 教え易い maklik te *learen*

おしかくす　押し隠す　eat yn 'e dôfpot dwaan [hâlde]

おじぎ　お辞儀　*de* bûging：彼は女王の前でお辞儀をした Hy makke in *bûging* foar de keninginne.：お辞儀をする jin bûge

おしくも　惜しくも　spitich, ta jins spyt

おじけづく　怖じ気付く　bang [beskromme /skrik/ skrutel] wêze

おしげもなく　惜しげもなく　grutmoedich, rynsk, royaal

おしこむ　押し込む　propje, triuwe, tropje：食べ物を口に押し込む it iten deryn *propje*
おしさげる　押し下げる　drukke
おじさん　小父さん　《呼び掛け》Hear!, (よその) in frjemde man
おしすすむ　押し進む　optwinge, triuwe
おしたおす　押し倒す　omtriuwe
おしだす　押し出す　(絞り出す) útdrukke, útknipe
おしつける　押し付ける　(圧する) parsje, (強要する) drukke, oantwinge
おしっこ　*de* pisse；おしっこをする pimelje, pisje
おしつぶす　押し潰す　fermoarzelje, ferplettterje, knipe, útknipe, útparsje
おしとおす　押し通す　(提案などを) trochdriuwe, trochdrukke
おしとどめる　押し止める　wjerhâlde
おしながす　押し流す　meiskuorre
おしなべて　(概して) gewoan, oer it gehiel, (一様に) al, lykmjittich, totaal
おしのける　押し退ける　ôftriuwe, riere：父親は子供たちを(脇に)押し退けた Heit *rierde* [*rearde*] de bern oan 'e kant.
おしはかる　推し量る　→推量する
おしピン　押しピン　*de* punêze
おしべ　雄蕊　*it* moalstêfke (↔雌蕊)
おしボタン　押しボタン　*de* drukkno(o)p
おしまい　お仕舞い　(絶望的な) hopeleas, (終わり) dien：その仕事はこれでお仕舞いだ It wurk is *dien*.
おしむ　惜しむ　(残念に思う) begrutsje, spite, (気乗りがしない) ûnwillich, (物惜しむ) net gol：君はそれを惜しむだろう It sil dy *spite*.；惜しまずに royaal
おしめ　襁褓　→おむつ
おしもどす　押し戻す　tebekkringe
おしゃぶり　*de* styk
おしゃべり　お喋り　*it* praat；お喋りをする bekje, keuvelje, lulle, teutsje；お喋りな praatsk：彼女はそんなにお喋りではない Hja is net sa *praatsk*.；お喋りな人 *it* babbelgat, *de* praatmûtse, (特に子供の) *de* teut
おしやる　押し遣る　(脇に) oanfiere, oanskowe, ôfskowe, weitriuwe
おしゃれ　お洒落　(化粧) *de* opmaak；おしゃれな eptich, knap, sjyk, mondên；おしゃれをする jin optuge (→着飾る), (化粧する) jin opmeitsje
おじょうさん　お嬢さん　in jonge frou
おしょく　汚職　*de* korrupsje, *de* malversaasje
おしよせる　押し寄せる　(人が) krioel(j)e, swaarmje, (波が) skolperje, weagje
おしらせ　お知らせ　*de* advertinsje (→知らせ), (テレビ・ラジオなどの) *de* reklame
おしろい　白粉　*de* poeier, *it* / *de* talkpoeier：彼女は顔におしろいを塗った Sy die *poeier* op it gesicht.
おしわける　押し分ける　riere
おす　雄　(動物の) *it* mantsje (↔雌)
おす　押す　drukke, oantriuwe, presse, stjitte, triuwe, (強く) rame, (印を) stimpelje：ボタンを押す op in knopke *drukke*, そんなに僕を押すな！Triuw my net sa *oan*!
おす　推す　(憶測する) gisse, (推薦する) beneame, oanbefelje, (候補者を) foardrage
おすい　汚水　*it* rioelwetter, grûnich wetter
おすいぬ　雄犬　*de* rekel / rikel
おずおずと　bedêst, beskromme, ferlegen, skichtich, skoftich, skrutel
おせじ　お世辞　*de* flaaierij, *de* moaipraterij, *de* plom；お世辞を言う bekflaaie, flaaie, plomkestrike；お世辞を言う人 *de* flaaier, *de* moaiprater
おせっかい　お節介　*de* bemuoienis；お節介な bemuoisiik；(…に) お節介する jim bemuoie (mei), fanwegenkomme, yngripe, ynterferearje, kedize (→干渉する)；お節介な人 *de* bemuoial

おせわ　お世話　どうもお世話になりました Tige tank foar al jo muoite.
おせん　汚染　de fersmoarging, de kontaminaasje, de smoarchte：環境汚染 de fersmoarging fan it miljeu；汚染し［され］た besmet, fersmoarge：汚染された川 in fersmoarge rivier；汚染する besmette
おそい　遅い　（時刻が）let,（動作が）sleau, traach,（進歩・成育が）efterlik：午後遅く（なって）let op 'e middei, 昨夜遅く justerjûn let, もう遅過ぎる No is it te let., 遅かれ早かれ ier of let 知能の遅れた子供 in efterlik bern；遅くとも uterlik
おそう　襲う　（敵が）oanfalle, oantaaste,（暴風・台風が）stoarmrinne,（獲物を急に）bespringe, taspringe（→飛び掛かる）；（…に）襲い掛かる oanfleane（op）
おそなえ　お供え　（神への）it offer
おぞましい　悍ましい　（忌まわしい）abominabel,（胸が悪くなるような）stuitsjend, ûnhuerich
おそまつな　お粗末な　min（→粗末な）
おそらく　恐らく　faaks, miskien, tink, wol：恐らく明日お会いできるでしょう Ik sjoch dy miskien moarn., 彼は恐らく来ることを望まないでしょう Hy sil wol net komme wolle.
おそるべき　恐るべき　freeslik, groulik, grouwélich, heislik, ôfgryslik, skriklik：恐るべき殺人 in heislike [skriklike] moard
おそれ　恐れ　（恐怖）de bangens, de eangst (me),（畏怖）de freze, it ûntsach,（懸念）de soarch；(…を)恐れて bang (fan), skrutel, soargelik；(…を)恐れている soargje (foar)；恐れ る duchtsje, jin eangje；恐れを知らない ûnferfeard wêze
おそれいりますが　恐れ入りますが　Nim my net kwea (ôf).（→失礼ですが）
おそれ（い）る　恐れ（入）る　（恐縮する）muoie,（感謝する）tankje：どうも恐れ入ります！ Tankje wol!
おそれる　畏れる　（畏敬の念を持つ）ûntsach hawwe
おそろしさ　恐ろしさ　de bangens, de eagst (me), de grouwel
おそわる　教わる　leard wurde（→教える）；フリジア語は誰に教わったのですか Wa learde dy Frysk?
オゾン　de oazon
おたがい（に）　お互い（に）　elkoar, inoar：彼らは最初お互いに口をきかなかった Hja seine elkoar [inoar] earst neat.
おたから　お宝　→宝
おだて　煽て　de flaaierij；おだてる flaaie, flieme, おだてて…させる flaaie
おたまじゃくし　お玉杓子　it donderkopke, it kikkertsfiskje
おだやか　穏やか　（天候・海が）de bedaardens, de stilte,（態度が）de dimmenens；（天候・海などが）穏やかな gerêst, kalm, mak, rêstich, sêft,（性格が）bedaard, guodlik, smout, stadich：穏やかな天候 rêstich waar, 穏やかな人たち stadige lju, 穏やかな日々を過ごす in kalm libben liede；（気持が）穏やかになる bedarje
おちあう　落ち合う　moetsje：駅で落ち合いましょうか Sille wy elkoar by it stasjon moetsje?
おちいる　陥る　ferfalle：罪悪感に陥る yn skulden ferfalle；危険に陥っている yn gefaar wêze
おちこぼれ　落ち零れ　（落後者）de ôffaller,（落第生）de skoalferlitter；落ちこぼれる efteropkomme, ôffalle（→落伍する）
おちこむ　落ち込む　（物が中に）ynfalle,（頬・目などが）ynfalle,（気分が）mismoedich [wanmoedich] wêze
おちつき　落ち着き　（心の）de bedaardens, it lykwicht；落ち着いた［て］bedaard, evenredich, lykmoedich, rêstich；落ち着かない branderich, rêstleas, ûngedien；（気持ちが）落ち着く

bedarje, duorje,（天候が）bekomme,（定住する）jin delsette；（気持ちが）落ち着ける jin bedarje；落ち着きのない子供 de heisterder woelwetter

おちど　落ち度　（過失）de flater, de misgryp,（へま）de bok, de mistaast

おちば　落ち葉　deade blêden（→枯れ葉）

おちぶれる　落ちぶれる　ferkankerje, tekankerje, ûndergean（→破滅する）

おちゃ　お茶　de tee：一杯のお茶 in kopke tee, お茶を入れる tee meitsje [sette]

おちる　落ちる　（落下する）delfalle, falle, ôffalle,（ぱらぱらと）rûgelje,（試験に）ôfwize, sakje, sjeze（↔trochkomme),（色が）weisakje（→褪せる）,（成績・勢いなどが）delgean：崖から落ちる fan it klif falle, 木の葉が落ちる De blêden falle.

おちんちん　it pyk(je), de pimel, it rûpke,（ペニス）it ding

おっかない　（怖い）bang,（厳しい）strang：その犬はおっかない Ik bin bang foar de hûn., 新任の先生はおっかない Us nije learaar is strang.

おっくうな　億劫な　ferfelend, lestich, lêstich：おっくうになる lestich [lêstich] wurde

おつげ　お告げ　it orakel（神託）

おっちょこちょい　（せっかちな）oerhastich,（軽率な）lossinnich, rimpen, ûnberet；（慌て者）in hastich persoan（慌て坊）

おって　追って　binnenkoart, efterôf, letter, neitiid

おっと　夫　de man, it sydsulver（→連れ合い）

おっとせい　膃肭臍　de seebear

おっぱい　de tit（→乳首, 乳房(ちぶ)）：子供が母親のおっぱいを吸っている It bern sûget oan memme tit.

おつや　お通夜　→通夜

おつり　お釣り　it wikseljild（→釣り銭）

おてあげ　お手上げ　お手上げだ Ik wit net wat te dwaan., Ik jou it op!（→止めた！）

おでき　de fin, de stienpûst, de swolderij

おでこ　（額）de foarholle

おてつだい(さん)　お手伝い(さん)　de faam, de tsjinstfaam：パートのお手伝いさん in faam foar heale dagen, お手伝いとして働く as faam tsjinje

おてん　汚点　de kladde, it skeinplak, de smet：このスキャンダルは彼の名声に汚点を残している Dit skandaal is in smet op syn reputaasje.

おてんき　お天気　（天気）it waar,（気分・機嫌）de moed

おてんば　お転婆　de wyldebras

おと　音　de klank, it lûd,（物音）it leven,（騒音）it geweld：音を立てる leven meitsje, lûd jaan；（がたがた）音を立てる rammelje；音がする klinke：その音は聞き覚えがある It klinkt bekend.

おとうさん　お父さん　（jins）heit；《呼称》お父ちゃん！Heity!

おとうと　弟　（jins）(jongere) broer

おどおどする　（恐れて）kjel wurde；おどおどした[て] skichtich, skrikfallich

おどかし　脅かし　de bedriging；脅かす bedriigje, driigje：泥棒がナイフで私を脅した De dief bedrige my mei in mes.

おとぎばなし　お伽話　it mearke（→童話）；おとぎ話のような feeëryk

おとくい　お得意　（顧客）de kliïnt,（顧客たち）de klandyzje：この新しいスーパーマーケットはすぐに多くのお得意をつかんだ Dy nije supermerk hie daliks al in soad klandyzje.

おどけ　戯け　it / de fyt, de grap；おどける gekjeie, grapjeie, healwiizje；おどけた[て] grappich；おどけ者 de grapmakker, de skarlún

おとこ　男　de man,（独身の）de feint, de frijfeint；男の manlik（→男性の）；男の子 de feint, de jonge；男まさりの女 in frommes as in hynder

おとこともだち　男友達　de feint, de

freon, *de* frijer, *de* jonge
おどし　脅し　*de* sjantaazje (→ゆすり, 脅かし)
おとしあな　落とし穴　*de* falle, *it* fallûk
おとしいれる　陥れる　(策略で)人を陥れる immen yn 'e falle rinne litte
おとしだま　お年玉　*it* nijjiersgeskink
おどしとる　脅し取る　ôfparsje (→ゆすり取る):人からお金を脅し取る immen jild *ôfparsje*
おとしもの　落とし物　in kwytrekke ding；落とし物をする wat kwytreitsje
おとす　落とす　(物を) delfalle, knoffelje, (なくする) ferlieze, weibringe, (汚れなどを) ôfnimme, (こすって) skjirre, (払って・たたいて) ôfslaan, (評判・品位などを) ferleegje, (スピードを) ôfremje
おどす　脅す　→脅かす
おとずれ　訪れ　*de* besite, (到来) *de* komst：春の訪れ *de komst* fan de maitiid；訪れる besykje, opsykje (→訪問する)
おととい　一昨日　→一昨日(いっさくじつ)
おととし　一昨年　→一昨年(いっさくねん)
おとな　大人　*de* folwoeksene, *it* grut-minske；大人の folwoeksen, grut (→成人の[した])
おとなしい　大人しい　guodlik, sêft, (従順な) gehoarsum, mak, willich, (行儀のよい) fatsoenlik, (物静かな) dimmen, rêstich
おとめ　乙女　*de* faam, *de* jongfaam
おとも　お供　*de* neisleep；お供をする begeliede, meigean
おとり　囮　*de* koai, (おとりの鳥) *de* lokfûgel
おどりあがる　躍り上がる　omheechfearje, opfearje, opspringe
おとる　劣る　ynferieur [minder / minderweardich / ûnfolweardich] wêze
おどる　踊る　dûnsje：レコードに合わせて踊る op in plaat *dûnsje*；踊る人 *de* dûnser；踊り子 *de* dûnseres(se) 踊り *de* dûns

おどる　躍る　(跳ねる) opspringe：小躍りして喜ぶ *opspringe* fan wille
おとろえ　衰え　*de* ferslopping, (健康などの) *it* ferfal：力の衰え *ferfal* fan krêften；(風・火などが) 衰える ferfalle, (気力・体力が) efterútgean, ferslopje, ôfnimme, ôftakelje：彼の健康は急速に衰えている It *giet* hurd *efterút* mei syn sûnens.
おどろかす　驚かす　ferbaze, ferwûnderje；(…に)驚く jin ferbaze [fernuverje / ferwûnderje] (oer)；驚き *de* benijing, *de* ferheardens [-heid], *de* fernuvering, *de* ferrassing：(私が)驚いたことには ta (myn) *benijing* [*ferrassing*]；驚いた[て] ferwûndere；驚くほど(に) ferbaasd, ferheard
おないどし　同い年　→同(おな)じ年
おなか　お腹　(腹部) *it* lichem, *it* liif, (胃) *de* mage：彼は両手をお腹の上で組み合わせていた Hy hie de hannen oer *it liif* gear., お腹の痛み pine yn 'e *mage*, お腹をこわす de *mage* bedjerre [oerstjoer hawwe]
おなさけ　お情け　*de* genede, *de* kleminsje, *it* meilijen, *de* moederaasje
おなじ　同じ　(形)《単数・中性名詞と共に》datselde, itselde,《単数・通性名詞と共に》deselde,《複数名詞と共に》dyselde：同じ意見 *deselde* miening；同じく allyk(sa), gelyk, lyk；それと同じ(物) datselde：彼らは同じ年(齢)だ Se binne *like* âld.；同じ *de* gelikens
おなら　*de* skeet, *de* wyn：おならをする in *skeet* litte, in *wyn* gean litte
おに　鬼　(悪魔) *de* demon, *de* duvel, *de* pleachgeast；鬼のような satynsk；鬼のような人 *de* demon；鬼ごっこをする tikboartsje
おにもつ　お荷物　→荷物
おね　尾根　*de* kaam
おねがい　お願い　*de* winsk；お願いします! Asjebleaft!；あなたに一つお願いがあります Ik freegje dy om in geunst.；お願いだから Ik bid jo, …

おの　斧　*de* bile

おのおのの　各々の　elk：人は各々長所もあり短所もある *Elk hat syn goeie en minne punten.*

おのずから　自ずから　（自然と）fansels；自ずから明らかな *fanselssprekkend*

おののき　戦き　*de* trilling；戦く trilje

おのれ　己　jinsels（→自分自身）：己の *fan jinsels*

おば　伯母，叔母　*de* muoike

おばあさん　（祖母）*de* beppe,（老婆）*it* âldminske

オパール　*it / de* opaal

おばけ　お化け　（幽霊）*de* ferskining, *de* geast, *it* spoek；お化けが出る spoekje：その家にはお化けが出る *It spoeket yn dat hûs.*

おばさん　小母さん　in frjemde frou

おはよう！　お早う！　Goemoan!, Moarn!

おはり　お針　（針仕事）*it* hantwurkje, *it* naaien, *it* naaiwurk

おび　帯　in (Japanske) gurdle [riem]

おびえ　怯え　*de* ridel；おびえる grize, rydboskje, おびえて→怖がって

おびきだす　誘き出す　lokje, meilokke

おびきよせる　誘き寄せる　lokje（→誘き出す）

おびだたしい　夥しい　manmachtich

おひつじ　雄羊　*de* raam；牡羊座 *de* Raam

おひとよしの　お人好しの　tearhertich, weak, weakhertich：お人よしの母 in *tearhertige* mem, 彼女はお人よしだ *Sy is weak fan hert.*

おひや　お冷や　(in gleske [glês]) kâld wetter

おびやかす　脅かす　bedriigje, driigje,（怖がらせる）bekrûpe

おひる　お昼　（冷たい昼食）*it* brea, *de* lunch, *it* middeisiten

おびる　帯びる　（身につけている）drape；（…を）帯びている betroud [tabetroud] wêze (oan)

おひれ　尾鰭　（魚のひれ）*de* fin；尾ひれをつける fergrutsje, oerdriuwe (→誇張する), opsiere (→潤色する)

オフィス　*it* kantoar（→事務所）

おふくろ　お袋　jins mem

オブザーバー　（会議などの）*de* observator

おぶつ　汚物　*de* fizens, *de* smoargens, *it* ûngemak

おべっか　*de* flaaierij, *de* moaipraterij；おべっかを使う flaaie；おべっかを使う人 *de* flaaier, *de* moaiprater（→お世辞を言う人）

オペラ　*de* opera, *it* sjongspul

オペレーター　（機械などの）*de* operateur（→操作者）

オペレッタ　*de* operette

おぼえ　覚え　（記憶）*de* memoarje, *it* oantinken, *it* ûnthâld,（学習）*de* learing；覚える leare（→暗記する）：彼女は物覚えが早い［遅い］*Sy leart* (net) maklik.；覚えている heuge, tebinnenbringe, ûnthâlde, witte：それについては何も覚えていない *Ik wit [wyt] der neat mear fan.* = *Dat is my ûntgien.*, 私はそれをまだよく覚えている *It heucht my noch goed.*；今もなおそのことをはっきりと覚えている *It stiet my noch klear foar de geast.*

おぼえがき　覚え書き　*de* memoarje, *it* memorandum, *de* nota

おぼつかない　覚束ない　（不確かな・疑わしい）twivelachtich, twivelich, ûnwis,（ありそうもない）ûnwierskynlik：おぼつかない約束 *ûnwierskynlik ûnthjit*

おぼれる　溺れる　（水に）(jin) ferdrinke, fersûpe, (yn 't wetter) omkomme,（…に）（耽ける）jin oerjaan (oan)：彼女は湖で溺れ死んだ *Hja is yn 'e mar ferdronken.*；（諺）溺れる者は藁(わら)をも掴む *In drinkeldeade hâldt him oan in strie fêst.*

おぼろげな　朧げな　（考え・記憶などが）dizich, faach, nevelich, skimerich：父の思い出がおぼろげながら幾らかある *It oantinken oan ús heit bliuwt wat*

おまえ　お前　(君) do, (最愛の人) it leaf, de leafste, de skat

おまけ　お負け　(景品) de tajefte, (追加) de oanfraach, de tafoeging, (割引き・値引き) it diskonto, de koarting：5パーセントのお負けで mei in *koarting* fan 5 prosint；お負けを付ける tajaan

おまけに　お負けに　(…に加えて) njonken, (なお悪いことには) as wie it noch net moai genôch, op 'e keap ta

おまちどうさま！　お待ち遠様！　It is spitich dat ik jo wachtsje liet [litten haw].

おまつり　お祭り　it feest；お祭り気分で feestlik

おまもり　お守り　it amulet

おまる　御虎子　de kakstoel, de pot

おまわり　お巡り　(警官) de plysje

おまんこ　de naad

おむつ　お襁褓　de doek, it ruft：おむつを取り替える in bern in droech *ruft* omdwaan；紙おむつ it weismyt-ruft

オムニバス　(総集編) de omnibus, →乗合自動車

オムレツ　de aaipankoek, de omelet

おめい　汚名　de brânmerk, de skande, de ûnear(e), de ûngenede (→不名誉)

おめでたい　御目出い　(めでたい) gelokkich：おめでたいこと in *gelokkige* gelegenheid

おめでたい　(お人好し) de ûlewapper(t), it / de ûnferstân (→間抜け), 《形》(騙されやすい) lichtleauwich；→めでたい

おめでとう！　御目出度う！　Lokwinske！；ご結婚おめでとう！ Ik felisitearje dy mei dyn houlik!

おもい　重い　(目方が) swier, (傷・病気が) earnstich, swier, (罪・犯罪が) earnstich (→重大な), (気分が) mismoedich, swiermoedich：重い荷物 in *swiere* fracht, 重い病気 *swier* siik (→重病)；重さを量る weage；(病気が) 重くなる ferheffe；重さ it gewicht, de swierte

おもい　思い　(考え) de gedachte, it sin, (希望) de hope, (愛情) de leafde；哀れな思いをする jin miserable fiele

おもいあがる　思い上がる　jin ferbeeld(zj)e (→うぬぼれる)；思い上がり de oermoed

おもいうかべる　思い浮かべる　foarstean, oproppe；(人・ことが) 思い浮ぶ (immen / eat) yn it sin komme (→思い出す)：ちょっと思い浮かばない It wol my mar net *yn it sin komme*.

おもいがけず　思い掛けず　bygefal (→偶然に)

おもいがけない　思い掛けない　tafallich, ûnferwacht(e)：思い掛けない来客 in *ûnferwachte* gast；思い掛けなく →思い掛けず

おもいきって　思い切って　(大胆にも) bretaal, (決然として) fêstberet；思い切って言う fanwegenkomme；思い切ってや [す] る jin weagje：彼女は思い切って火の中に飛び込んでいった Sy *weage* har yn it fjoer.

おもいきり　思い切り　→思う存分に

おもいきる　思い切る　(断念する) loslitte, opjaan, (決心する) beslisse, beslute

おもいこがれる　思い焦がれる　(熱愛する) hertstochtlik leafhawwe, (…を) (恋しく思う) longerje (op)

おもいこみ　思い込み　(確信) de oertsjûging；思い込む oertsjûgje (→確信する), wiismeitsje (→うのみにする)：彼は自分が病気だと思い込んでいた Hy *makke* himsels *wiis* dat er siik wie.

おもいすごす　思い過ごす　(…を) jin grutte soargen meitsje (om)

おもいだす　思い出す　byfalle, (…を) jin betinke (oer), jin foarstelle, jin tebinnenbringe：彼女の顔をもう思い出せない Ik kin my har gesicht net mear *foarstelle*.；思い出させる tebinnenbringe, yn 't sin bringe：その写真は私たちの楽しい旅を思い出させてくれ

おもいちがい

る De foto *bringt* my ús moaie reis *yn 't sin.*；思い出 *de* neitins, *it* oantinken, *it* ûnthâld：亡くなった母の思い出に as [ta] *oantinken* oan in ferstoarne mem；思い出した！No wit ik it！

おもいちがい　思い違い　*de* ferbeelding, *it* misferstân；思い違いをする misferstean（→誤解する）

おもいつき　思い付き　*it* idee, *de* ynfal, *de* ynjouwing：（…することを）思いつく op it *idee* komme om, in *ynfal* krije；思いつきで op 'e dolle rûs

おもいつめる　思い詰める　（妄想・考えに取りつかれる）obsedearje, →思い悩む

おもいどおりにする　思い通りにする　dwaan op jins eigen manier, jins sin krije

おもいとどませる　思い止ませる　ûntriede

おもいなやむ　思い悩む　（悩む）bekommerje, jin kwelle, omtize：彼女はこのボーイフレンドのことが忘れられずに，そのことをいつも思い悩んでいる Hja kin dy feint mar net ferjitte, dêr *tiist* se altyd mei *om*.

おもいにふける　思いに耽ける　mimerje

おもいのこす　思い残す　《否定語と共に》ちっとも思い残すことはない Ik haw gjin spyt.

おもいのほか　思いの外　→案外（な）

おもいのまま（に）　思いの儘（に）　op jins eigen manier

おもいめぐらす　思い巡らす　jin beriede, oertinke

おもいやり　思い遣り　*de* dielnimming, *it* meifielen, *it* meilibjen, *de* sympaty（→同情）：思い遣りのある表情 bliken fan *meilibjen*；思い遣る dielnimme（→同情する）；思い遣りのある betochtsum, sympatyk, tearhertich：思い遣りのある父 jins *tearhertige* heit；思い遣りのない achteleas

おもいわずらう　思い煩う　→思い悩む

おもう　思う　（考える）achtsje, tinke, (予想・予期する) achtsje, fine, wachtsje, (望む) hoopje, wolle, (感じる) fiele：学校に行く時間だと思う Ik *fyn* dat it is tiid om nei skoalle te gean., 発見者は謝礼金をもらえると思っている De finer *wachtet* in beleanning., 金持ちであったらと思う Ik *woe* dat ik ryk wie., 幸せに思う jin lokkich *fiele*；何とも思わない Dat kin neat skele.

おもうぞんぶん（に）　思う存分（に）　wol, (腹一杯に) fersêde

おもおもしい　重々しい　plechtich, steatich

おもかげ　面影　*it* byld, (顔の) *it* gesicht, (形跡) *it* spoar；（…の）面影がある lykje (op)：彼女には母親の面影が残っている Se *liket* op har mem.

おもくるしい　重苦しい　neargeastich, somber

おもさ　重さ　→重い

おもしろい　面白い　（興味深い）ynteressant, (愉快な) hearlik, (楽しい) ûnderhâldend, (こっけいな) gek, grappich, snoad：彼女の話は面白い Sy kin *ûnderhâldend* prate., 何んて面白い女の子だろう！Wat in *grappich* famke！；面白くない droech, lêbich, ûngesellich：面白くないやつ in *droege* keardel, そのコーヒー店はちっとも面白くない Dat kafee is bot *ûngesellich*.

おもだった　主立った　foarnaam

おもちゃ　玩具　*de* boarterij, *it* boartersguod；玩具屋 *de* boartersguodwinkel

おもったとおりに　思った通りに　op jins eigen manier

おもて　表　（外側）*de* bûtenkant, (表面) *it* oerflak, *de* oerflakte, (通り) *de* strjitte：表で遊ぶ op 'e *strjitte* boartsje；表口 *de* foardoar；表通り *de* buorren（→大通り）

おもな　主な　liedend（→主立った）；主に yn ('e) haadsaak

おもに　重荷　（精神的な）*it* beswier,

おもねる 阿る →へつらう

おもみ 重み （重量）it gewicht, de grouwens, de swierens,（重大さ）it gewicht

おもむき 趣 （風情）de smaak；趣のある elegant, smaakfol；趣を添える siere

おもむく 赴く （…へ行く）bejaan, gean, tsjen（nei）

おもむろに 徐ろに （静かに）bedaard,（ゆっくりと）súntsjes,（少しずつ）súntsjes oan [wei]

おもり 重り （釣り糸の）it sink

おもわく 思惑 （意図・期待）it doel, de ferwachting, it opset,（世評）de namme, de reputaasje,（投機）de spekulaasje, de wynhannel

おもわしい 思わしい befredigjend, foldwaande

おもわず 思わず ûnwillekeurich, sûnder erch（→何気なしに）：彼はそれを思わずやってしまった Hy die it sûnder erch.

おもわれる 思われる foarkomme, lykje, skine, talykje：彼は怒っているように思われた Hy like lilk te wêzen.,ドアは全部閉まっているように思われる It skynt dat alle doarren ticht wiene., 彼女は1年前より快方に向かっているように思われる It liket my ta dat se der better útsjocht as in jier lyn.

おもんじる 重んじる （大事にする）respektearje,（評価する）skatte, wurdearje,（尊敬する）achtsje, earbiedigje；（…を）重んじて earbiedich

おや 親 de âlde, de âlder（→両親）；親不孝 gjin [gebrek oan] respekt foar jins âlden；親子 alder en bern

おや！ O！：おや本当ですか O ja?, おやおや！ O! hea!

おやかぎ 親鍵 de loper（→マスターキー）

おやかた 親方 de master

おやこうこう 親孝行 it respekt foar jins âlden

おやごころ 親心 âlderlike leafde

おやじ 親父 jins heit：彼の強情な親父 syn stege heit

おやしらず 親知らず （知恵歯）de ferstânskies

おやすみ お休み （休養）de rêst；お休みなさい！Goenacht!

おやつ お八つ it oefte：それは子供のおやつです Dat is in oefte foar de bern.

おやもと 親元 it âlder(s)hûs（→実家）

おやゆび 親指 （手の）de tomme,（足の）de grutte tean

おゆ お湯 waarm wetter

およぎ 泳ぎ （水泳）de swimsport

およぐ 泳ぐ swimme,（空中を）sile：泳ぎに行く te swimmen gean；泳ぎ渡る oerswimme：川を泳ぎ渡る de rivier oerswimme；泳ぐ人 de swimmer

およそ 凡そ sawat（→約, おおよそ）,（一般的に言って）yn [oer] it generaal

およばない 及ばない （力・能力が）（劣っている）ynferieur,《否定語と共に》（…するに）hoege：気遣うに及びません Do hoechst gjin noed te hawwen.

および 及び en,（…と同様に）likegoed as：女性および男性も de manlju likegoed as de froulju

およぶ 及ぶ （達する）drage, wurde：彼の名声は遠くまで及んでいる Syn reputaasje draacht fier., それで1,000ユーロに及ぶだろう Dat wurdt dan 1.000 euro.

およぼす 及ぼす （影響を）beynfloedzje,（…に）fan ynfloed wêze（op）, útoefenje：彼は子供（たち）に悪影響を及ぼしている Hy beynfloedet syn bern op in ferkearde manier.

オランダ Hollân, Nederlân；オランダ人 de Hollanner,（男性の）de Nederlanner,（女性の）Nederlânske；オラン

ダ（人・語）の Hollânsk, Nederlânsk；オランダ語 it Hollânsk；オランダ航空 de Keninklike Loftfeartmaatskippij《略 KLM》

おり　檻　（鳥・獣用の）it hok, de koai

おり　澱　（飲み物・沈殿物の）it grom, de ôfsetting

おり　折　（場合・チャンス）de gelegenheid：都合の折に by gelegenheid, …の折に by gelegenheid fan …；折に触れて no en dan, fan tiid ta tiid

おりあい　折り合い　（妥協）it kompromis：折り合う in kompromis slute（→妥協する）；折り合う skewiele（→譲歩する）：われわれも少しは折り合わなければならない Wy moatte mar wat skewiele.；…と折り合いがつく in skikking meitsje [treffe] mei …

オリーブ　de oliif；オリーブ油 de oliifoalje

オリエント　de Oriënt；オリエント風の oriïntaal（→東洋風の）

おりおり　折々　（時々）som(s)tiden, somtiids

おりかえし　折り返し　（衣服の）de seame,（封筒の）de klep；折り返し地点 it kearpunt

おりかえす　折り返す　（袖・ズボンなどを）opteare, omslaan,（袖口をまくり上げる）opstrûpe,（引き返す）weromkeare：長い袖を折り返す lange mouwen omslaan

おりがみ　折り紙　it origamy (Japanske papierfâldkunst)；折り紙付き ferklearre

オリジナルな　orizjineel（→独創的な）

おりたたむ　折り畳む　opklappe, opteare；折り畳み椅子 de optearstoel；折り畳み傘 de optearparaplu, 折り畳みベッド it harmoanikabêd

おりたつ　降り立つ　delstrike（→降りる）

おりまげる　折り曲げる　（曲げる）ferbûgje,（ハンカチ・布などを）（畳む）teare：木の枝を折り曲げる in tûke ferbûg(j)e

おりめ　折り目　de fâld(e), de ploai, de tear；折り目をつける ploaie：ズボンに折り目をつける broeken ploaie；折り目正しい foarkommend, hoflik

おりもの　織物　it weefsel

おりる　降りる　（乗り物から）ôfsette, ôfstappe：自転車を降りる fan 'e fyts ôfstappe

おりる　下りる　（山・階段・壇などから）ôfgean, ôfkomme, ôfstappe：階段を下りる de trep ôfkomme

オリンピック　（大会・競技）de olympiade；オリンピック（大会）の Olympysk：オリンピック競技 de Olympyske Spullen

おる　折る　（腕・枝などを）brekke,（ぽきっと）knappe,（折り畳む）teare：腕を折る in earm brekke, 彼は小枝をぽきっと折った Hy knapte in tûke.

おる　織る　weevje

オルガスムス　it orgasme

オルガン　it oargel：オルガンを弾く op it oargel spylje；オルガン奏者 de oargelist

オルゴール　de spyldoaze

おれ　俺　（私・僕）ik《短縮形 'k；強調形 ikke》

おれまがる　折れ曲がる　kronkelje,（ジグザグに曲がる）sigesaagje,（曲がりくねっている）slingerje

おれる　折れる　brekke,（譲歩する）skewiele

オレンジ　it oranje；オレンジ色（の）(it) oranje

おろかな　愚かな　healwiis, mâl, ûnenullich；愚か者 de dwaas

おろし　卸　卸（売業）de gruthannel：卸で売る[買う] by de gruthannel ferkeapje [keapje]；卸売業者 de grossier

おろしがね　下ろし金　de rasp；（チーズなどを）おろす (tsiis) raspje

おろす　下ろす　（カーテン・帆などを）deldwaan, delstrûpe,（ドアの錠を）draaie, ôfslute,（腰を）delsige,（貯金を）helje, ôfskriuwe, ôpfreegje,（積

み荷を) losse, ôfsette, útlade：カーテン [マスト] を下ろす it gerdyn [de mêst] deldwaan, ドアの錠を下ろす in doar op slot *draaie*, お金を口座から下ろす jild fan in rekken *ôfskriuwe*

おろす 降ろす（乗り物から客を）ôfsette：私をそこで降ろしてください Set my dêr mar *ôf*.

おろそかにする 疎かにする fersleaukje, fersloere, fersomje：彼女は家事をおろそかにしてきた Hja hat *fersomme* har húswurk te meitsjen.

おわせる 負わせる（責任・負担などを）oanrekkenje, opskypje（→負う）

おわび お詫び it ekskús, de ferûntskuldiging；(…の)お詫びをする ekskusearje（foar）, jin ferûntskuldigje（foar）

おわらい お笑い de klucht

おわり 終わり de ein, it einbeslút, de ôfrin：4月の終わりです It is *ein* april.；終わる einigje, útgean：会議が終わった De konferinsje is *einige*.；終わらせる beslikje, besljochtsje, einigje, folbringe, ôfmeitsje：できたら今日中にそれを終わらせなければならない As it efkes kin, moatte wy dat hjoed al ôfmeitsje.；終わった klear：仕事が終わった It wurk is *klear*.；終わりの lêst；終わりのない einleas

おん 恩 de tank：恩を仇で返す stank foar *tank* krije=kwea mei goed ferjilde；恩に報いる→恩返しする；恩知らずの ûntankber；恩知らず de ûntank

おんいん 音韻（音声）it lûd, (音素) it foneem；音韻論 de fonology

おんかい 音階 de toanljedder

おんがえしする 恩返しする leanje, immen in tsjinst [deugd] werom dwaan；恩返しに yn [út] tankberens

おんがく 音楽 de muzyk：軽 [古典] 音楽 de lichte [klassike] *muzyk*；音楽の [的な] muzikaal；音楽家 de muzikant；音楽会 it konsert

おんかん 音感 彼女は音感がよい Se hat in goed gehoar foar muzyk.

おんぎ 恩義 de ferplichting, de skuld：彼に恩義を受けている *ferplichtingen* oan him hawwe；恩義がある ferplicht(e)

おんきせがましい 恩着せがましい delbûgend

おんきゅう 恩給 it pensjoen：恩給を貰う *pensjoen* krije, 恩給で暮らしている mei *pensjoen* wêze；恩給生活者 de pensjonearde（→年金受給者）

おんきょう 音響 de galm, it lûd, (騒音) it geroft, it leven

おんけい 恩恵 de begeunstiging, de woldie(d), (神の) de segen(ing)；恩恵を施す immen in plezier dwaan；恩恵を施す人 de woldogger

おんけんな 穏健な matich, nochteren：穏健な人 in nochteren minske

おんこうな 温厚な gemoedlik, guodlik, myld, sêftmoedich, sêftsinnich

おんし 恩師 jins (âlde) learaar

おんしつ 温室 de broeikas, de kas, (促成栽培用の大きい) it warehûs

おんじょう 温情 in warm hert(e)；温情のある waarm

おんしらず 恩知らず →恩

おんじん 恩人 de woldogger, de woldwaner

オンス it ûns

おんすい 温水 waarm wetter

おんせい 音声 de klank, it lûd, de stim：フリジア語の音声 de Fryske klanken；音声学 de fonetyk, de klanklear；音声学者 de fonetikus

おんせつ 音節 de syllabe, it wurdlid（→シラブル）

おんせん 温泉 minerale bron

おんそ 音素 it foneem

おんだんな 温暖な myld, waarm：温暖な気候 in myld klimaat

おんち 音痴 gjin muzikaal gehoar

おんちょう 音調（調子・音色）de toan, de wize, (メロディー) de meldij

おんど 温度 de temperatuer；温度計 de termometer：温度計は摂氏20度を示している De *termometer* stiet op 20℃.

おんどくする　音読する　foarlêze
おんどり　雄鶏　de hoanne
おんな　女　（女性）de frou, de mefrou,（独身の）de âldfaam, de juffer,（女の子）de faam,（少女）it famke,（小娘）it fanke；女の[らしい] froulik；女好き de pleeboy
おんぱ　音波　de weach：短[長]波 de koarte [lange] weach
おんぴょうもじ　音標文字　in fonetysk skrift（←表音文字）

おんびんに　穏便に　（穏やかに）guodlik, smout, stadich,（円満に）freonlik
おんぷ　音符　（楽譜の記号）de muzyknoat, de noat, it noatskrift：音符が読めない gjin noaten lêze kinne
おんぷ　音譜　→楽譜
おんぼろの　fersliten, oanein；おんぼろ自動車 de rammelkast
おんりょう　音量　it folume
おんわな　温和な　（天候・人柄が）myld, sêft：温和な婦人 in sêfte frou

か　カ　ka

か　蚊　de langpoat, de mich
か　課　（教科の）de les,（会社などの）de ôfdieling, de seksje
か　科　（学校の）de fakgroep,（病院の）de ôfdieling,（生物分類上の）de famylje
(…)か　（どうか）of, oft：イエスかノーか ja of nee, 彼がそれをするかしないかだ Hy docht it of hy docht it net., それが本当かどうか知らない Ik wit net oft it wol wier is.
が　蛾　de mot
ガーゼ　it gaas
ガーター　de hoasbân
カーディガン　it fest：カーディガンを新しく編む in nij fest breidzje
カーテン　it gerdyn,（レースの）de fitraazje：カーテンを開ける[閉める] de gerdinen iepen [ticht] dwaan
カート　（手押し車）de hânkarre, it karke
カード　de kaart,（トランプの）de kaart：カードを切る de kaarten skodzje, 人の運勢をカードで占う immen de kaart lizze
ガードマン　de garde
カーニバル　（謝肉祭）it karnaval
カーネーション　de anje(lie)r
カーブ　de bocht, de draai, de knik：ゆるやかなカーブ in flauwe bocht, 道路の急カーブ in skerpe bocht；カーブの多い bochtich
カーフスキン　it keallelear（→子牛のなめし皮）
カーペット　it flierkleed, it tapyt
ガーリック　it knyflok（→大蒜）
カール　（巻き毛）de krol；カールする krolje
ガールフレンド　de faam, de freondinne, de skarrel
かい　回　de kear, de reis：5回 fiif kear, 何回も kear op kear；1回 ienris, 2回 twaris ＊1,2回は複合要素の -ris を用いる
かい　会　（会合・集会）de gearkomste, de moeting,（団体）de ferien(ig)ing：会に出席する in gearkomste bywenje, 会を開く[終える] in gearkomste iepenje [slute]；入会する jin opjaan；会員 it lid；会費 de kontribúsje
かい　貝　de núnder,（貝類）it skulpdier
かい　階　（建物の）de etaazje, de ferdjipping：2[3]階 de earste [twadde] etaazje [ferdjipping]；地階 it sûterrên,

1階 *de* ûnderferdjipping＊アメリカ式では1階は de earste ferdjipping
かい 櫂 *de* riem, *de* roeiriem, *de* útwurking
かい 甲斐 （価値）*de* wearde, （効果）*it* effekt；かいがある weardefol（→価値がある）；かいがない weardeleas
かい 下位 de legere laach；下位区分する ûnderferdieling
がい 害 （損害・被害）*it* kwea, *de* skea；害する beneidielje, oandeare；害を与える beskedigje, deare, skeadzje；害になる skealik；喫煙は健康に害になる Smoken is *skealik* foar de sûnens.；害を受けた skurf；害のない ûnskea(d)lik：人に害を与えない immen *ûnskea(d)lik* meitsje
がいい 害意 *de* moedwil, *de* willemoed（→悪意）
かいいき 海域 it gebiet fan de see
かいいれ 買い入れ *it* oernimmen, *de* oankeap；買い入れる keapje, oankeapje
かいいん 会員 *it* lid, *it* lidmaatskip：…の会員である［になる］lid wêze［wurde］fan …
かいうんがいしゃ 海運会社 *de* rederij
がいえん 外延 *de* denotaasje
かいおうせい 海王星 *de* Neptunus
かいか 開花 （花の）*de* fleur；開花する bloeie, blomkje
かいか 開化 （文明・能力などの）*de* ferljochting
かいが 絵画 *it* skilderij, （絵画芸術）*de* skilderkeunst
がいか 外貨 *it* devys
かいかい 開会 *de* sitting；開会する iepenje
かいがい 海外 *it* bûtenlân, *it* útlân（→外国）；海外の［から］frjemd, oerseesk；海外で［に］om utens, omfier；海外旅行 in bûtenlânske reis
がいかい 外界 *de* bûtenwrâld
かいかく 改革 *de* fernijing, *de* herfoarming, *de* reformaasje；改革する fernije, herfoarmje, reformearje；改革

者 *de* herfoarmer
がいかつ 概括 *de* gearfetting, *it* oersicht, *it* resumee；概括する resumearje
かいかつな［に］ 快活な［に］ blier, fleurich, lustich, monter
かいかに 階下に ûnder：私たちは階下に寝る Wy sliepe *ûnder*.；階下から fan ûnderen；階下へ nei ûnderen (ta)
かいがら 貝殻 *de* núnder, *de* skulp；貝殻を敷いた道 *it* núnderpaad
かいかん 会館 *de* aula, *de* gearkomsteseal
かいかん 快感 *it* lustgefoel
かいがん 海岸 *de* kust, *de* seekust, *it* strân：海岸沿いを行く lâns it *strân* rinne；海岸線 *de* kustline
がいかん 外観 *it* flak, *it* foarkommen, *it* oansjen, *it* oansjoch, *it* uterlik
がいかん 概観 *it* oersicht；概観する oersjen（→ざっと目を通す）
かいき 会期 （議会などの）*de* sitting：市議会の会期 de *sitting* fan de gemeenterie(d)
かいき 怪奇 *it* mystearje, *it* wûnder；怪奇な mysterieus
かいぎ 会議 *de* konferinsje, *de* sitting, （大会議）*it* kongres：会議中である yn *konferinsje* wêze, 国際会議 de ynternasjonale *kongressen*
かいぎ 懐疑 *de* skepsis, *de* twivel；懐疑的な skeptysk, twivelich
がいき 外気 in frisse loft
かいぎゃく 諧謔 *de* koartswyl（→ユーモア）；かいぎゃく味のある humoristyk, koartswilich
かいきゅう 階級 *de* laach, *de* rang, *de* steat, *de* stân：社会の幾つかの階級 guon lagen fan 'e befolking, 上層［下層］階級 de hegere［legere］stân
かいきゅうの 懐旧の retrospektyf
かいきょう 回教 *de* Islam（→イスラム教）；回教の islamitysk；回教徒 *de* mohammedaan
かいきょう 海峡 *de* ingte, *it* kanaal, *it* nau, *de* naute：ドーバー海峡 it *Nau* fan Calais

かいぎょう 開業 de iepening fan saken；開業する iepenje：店を開業する in winkel *iepenje*

かいきん 解禁 （解除）de ferwidering, it ôfstel, de opsizzing；解禁する ferwiderje, ôfsette, ôfstelle

かいぐん 海軍 de marine, de seemacht

かいけい 会計 de rekken, （支払い）de betelling；会計士 de akkountant；会計課 de boekhâlding；会計係 de ponghâlder；会計年度 it boekjier

かいけつ 解決 de besljochting, de oplossing, de skikking：問題の解決 de *oplossing* fan in probleem；解決する beklinke, besljochtsje, oplosse, útite：その件は解決している De saak is *beklonken*.，問題を解決する in kwestje *útite*；解決できる oplosber

かいけつびょう 壊血病 de skuorbûk [-bot]

かいけん 会見 it fraachpetear, de moeting；会見する moetsje

がいけん 外見 it foarkommen, de skyn, de skôging；外見上 uterlik；外見上の skynber

かいげんれい 戒厳令 戒厳令を布告する de steat fan belis ôfkundigje

かいこ 蚕 de siderûp

かいこ 回顧 it efteromsjoch, it weromsjen [-sjoch]；回顧する efteromsjen, weromsjen：自分の一生を回顧する op jins libben *weromsjen*；回顧の retrospektyf

かいこ 解雇 de ôfsetting, de ûntheffing, it ûntslach；解雇する ôfsette, ôftankje, ûntheffe, ûntslaan（→解任する）：解雇される *ûntslein* wurde；解雇を通告する de tsjinst opsizze

かいご 介護 de ferpleging, de fersoarging；介護する ferplege, fersoargje：子供たちは両親の介護をしなければならない De bern moatte harren âlden goed *fersoargje*.

かいこう 海溝 de seeslinke：日本海溝 de Japanske *seeslinke*

かいこう 開港 （海港・空港の）de iepening fan in haven [lofthaven]；開港する in (loft)haven iepenje

かいごう 会合 de gearkomste, de moeting, （非公式の）de gearsit：会合を開く in *gearkomste* hâlde [iepenje]

がいこう 外交 de diplomasy；外交（上）の，外交的な[に] diplomatysk；外交員 de ferkeaper（→セールスマン）；外交官 de diplomaat

かいこく 戒告 de warskôging（→警告）；戒告する warskôgje

がいこく 外国 it bûtenlân, de frjemdte, it útlân；外国の bûtenlânsk, frjemd, útlânsk：外国旅行 in bûtenlânske [*útlânske*] reis, 外国語 in *frjemde* taal；外国製[産]の frjemd；外国人 de bûtenlanner, de útlanner

がいこつ 骸骨 it bien, it bonkerak, it gebiente, it geramte, it skelet

かいこむ 買い込む opdwaan：冬の食べ物を買い込む winteriten *opdwaan*

かいこん 開墾 de ûntginning；開墾する oanmeitsje, ûntginne（→開拓する）

かいこん 悔恨 it berou, de boetfeardigens, de rouwe, de wroege（→後悔）

かいさい 開催 de iepening：祭りの開催 de *iepening* fan it feest；開催する iepenje

かいさつぐち 改札口 de boom, de kontrôle

かいさん 解散 （議会などの）de ûntbining；解散する likwidearje, ûntbine：議会を解散する de Keamer *ûntbine*

がいさん 概算 de begrutting, in rûge berekkening [skatting]：概算して mei in *rûge berekkening*；概算する rûch berekkenje

かいし 開始 it begjin, de oanfang, de oanset：開始する in *oanfang* nimme；開始する begjinne, oanfange：仕事を開始する it wurk *oanfange*

がいして 概して yn [oer] 't gemien, oer it generaal：概して言えば *oer it generaal* sprutsen

かいしめ 買い占め it opkeapjen；買

かいぞう

い占める opkeapje
かいしゃ　会社　it bedriuw, de firma, de kompanjy, de maatskippij：KLM は（オランダの）航空会社である De KLM is in loftfeart maatskippij.；会社員 de wurknimmer (→従業員)
かいしゃく　解釈　de ynterpretaasje；解釈する ynterpretearje, lêze：この文章をどう解釈しますか Hoe lêsto dizze sin?
かいしゅう　回収　de samling；回収する ynsammelje, opfandelje, ophelje：紙くずを回収する âld papier ynsammelje [ophelje]
かいしゅう　会衆　（礼拝に集まった）it gehoar, de gemeente
かいしゅう　改宗　de bekearing；改宗する jin feroarje, oergean；改宗させる bekeare
かいしゅう　改修　de reparaasje；改修する reparearje
かいじゅう　怪獣　it meunster (→怪物)
がいしゅつ　外出　de útgong；外出する útgean
かいじょ　解除　it ûntslach, (契約の) de opsizzing；解除する ûntslaan
かいしょう　解消　de opheffing；解消する ynlûke, opheffe, útmeitsje (→取り消す), (ストレスを) ôfreagearje：婚約を解消する de ferloving útmeitsje
かいじょう　会場　de seal
がいしょう　外相　→外務大臣
かいじょうに［で］　階上に［で］　boppe, boppen：階上に寝室が二部屋ある Wy hawwe boppe twa sliepkeamers.
かいじょうの［で］　海上の［で］　op see
かいしょく　解職　→解雇, 解任
かいしょくする　会食する　mei-ite
がいしょくする　外食する　bûten de doar ite
がいじん　外人　→外国人
かいしんする　改心する　jin bekeare, jin feroarje；改心 de bekearing
かいすい　海水　it seewetter；海水浴 it seebad

がいすう　概数　rûn getal；概数で (sa) likernôch, om dy roai (→約)
かいすうけん　回数券　it kûponboekje
がいする　害する　beneidielje, oandeare, skeine, (名誉・感情を) besear(j)e, (健康を) knoeie, jin slope
かいせい　改正　(法案などの) it amendemint, (修正) de revyzje；改正する amendearje, (修正する) feroarje
かいせい　快晴　(prachtich) moai waar
かいせつ　解説　it kommentaar, de útlis；解説する ferklearje, útlizze；(時事の) 解説者 de kommentator
がいせつ　概説　gewoane opmerkings；概説する sketse
かいせん　回線　(電気の) it sirkwy, de skeakeling
かいせん　改選　de werferkiezing；改選する werferkieze
かいせん　疥癬　de rude
かいせん　開戦　de iepening fan de oarloch
かいぜん　改善　de betterskip, de ferbettering, it ferwin：改善を約束する betterskip belove, すべての変化は必ずしも改善につながるとは限らない Alle feroaring is gjin ferbettering.；改善する jin betterje, ferbetterje
がいせん　凱旋　in triomfant(e)like weromkomst；凱旋する triomfant(e)lik weromkomme
がいぜんせい　蓋然性　de wierskynlikens；蓋然的な wierskynlik (→有りそうな)
かいそう　回想　de neitins, it oantinken；回想する betinke, weromtinke：彼女は母親のことを回想した Sy tocht werom oan har mem.
かいそう　改装　de opknapbeurt；改装する opknappe
かいそう　海藻, 海草　it seewier, it wier (→藻)
かいそう　階層　de laach
かいぞう　改造　de feroaring；改造する ferbouwe, fertimmerje, omarbeidzje (→改築する)

かいそうする　回送する　omstjoere, (転送する) trochstjoere
かいそうする　会葬する　in beïerdiging [útfeart] bywenje；会葬者 in dielnimmer oan de útfeart
かいぞえ　介添え　(助手)(男性の) de helper, (女性の) de helpster；(花婿の) de bêste man, (花嫁の) it breidsfamke
かいそく　快速　de faasje：快速で yn fûle *faasje*
かいぞく　海賊　de piraat, de seerôver, (バイキング) *de* Fiking
かいたいする　解体する　(建物を) ôfbrekke, (組織・団体などを) ôftankje, ûntbine (→解散する)；解体 *de* ôfbraak：家を解体して売る in hûs op *ôfbraak* ferkeapje
かいたく　開拓　de ûntginning；(荒地などを) 開拓する oanmeitsje, ûntginne, (先駆的な仕事をする) paadsljochtsje；開拓者 *de* paadsljochter, de pionier (→パイオニア)
かいだくする　快諾する　omearmje
かいだす　掻い出す　skeppe (→汲み出す)：水をかい出す wetter *skeppe*
かいだん　会談　de konferinsje, (協議) it oerlis；会談する oerlizze (→協議する)
かいだん　怪談　it spoekferhaal
かいだん　階段　de opgong, de trep：階段を下りる by de *trep* del gean, 階段を上る de *trep* op gean
がいたん　慨嘆　(憤慨) de wrok；慨嘆する wrokje；慨嘆している wrokkerich
ガイダンス　(指導・手引き) de lieding
がいち　外地　it útlân (↔内地)
かいちく　改築　de ferbouwing, de weropbou (→改造)；改築する ferbouwe
がいちゅう　害虫　it ûngedierte, it ûnrant
かいちゅうでんとう　懐中電灯　de bûslampe, de bûslantearne
かいちょう　会長　de presidint
がいちょう　害鳥　it ûngedierte

かいつうする　開通する　iepene wurde (foar it ferkear)
かいて　買い手　de keaper (↔売り手)
かいてい　改定　de ferbettering, de feroaring；改定する ferbetterje, feroarje
かいてい　改訂　de revyzje；改訂する behoffenje, ferbetterje；改定版 de ferbettere edysje [útjefte]
かいてい　海底　de seeboaiem
かいてい　開廷　(裁判所の) de audiïnsje；開廷する de rjochtsaak iepenje [hâlde]
かいてきな　快適な　behaachlik, geryflik, haachlik, noflik；快適さ it gemak, de geryflikens
かいてん　回転　de draai, (エンジンなどの) de rotaasje, de toer, (方向の) de swaai：このエンジンは毎分500回転する Dy motor makket 500 *toeren* yn 'e minút.；回転する [させる] draaie, rûndraaie；(向きを) 回転させる swaaie；回転椅子 *de* draaistoel；回転ドア *de* draaidoar；回転木馬 *de* karrûsel
かいてんする　開店する　(in winkel) iepenje
ガイド　de gids, de lieder (→案内人)；ガイドブック *de* gids
かいとう　解答　(問題の) de útkomst；解答する oplosse
かいとう　回答　(返事) it antwurd, de replyk；回答する antwurdzje, beäntwurdzje
かいとう　解凍　it ûntteien；解凍する ûntteie：肉を解凍する it fleis *ûntteie* litte
かいどう　街道　de strjitwei, (特に自動車の)(幹線道路) de autodyk, de autosnelwei
がいとう　外套　de oerjas
がいとう　街灯　de lantearne, de strjitlantearne；街灯柱 *de* lantearnepeal
がいとうする　該当する　→当て嵌まる
がいとうで　街頭で　op 'e strjitte：街頭で遊ぶ op 'e *strjitte* boartsje；街頭

オルガン　it draaioargel
かいどく　解読　it ûntsiferjen；解読する ûntsiferje
がいどく　害毒　it fenyn, it kwea
かいとる　買い取る　oernimme
かいならす　飼い馴らす　nuet [tam] meitsje；飼い馴らされた mak, nuet, tam：飼い馴らされた馬 in mak [tam] hynder
かいなんじこ　海難事故　de skipbrek
かいにゅう　介入　it yngripen：軍隊による介入 in militêr yngripen；介入する fanwegenkomme, yngripe
かいにん　解任　it ûntslach；解任する ôfsette, ûntslaan, weiwurkje：解任される ûntslein wurde
かいにん　懐妊　de dracht, de swierens；懐妊している swier, (通例，動物が) drachtich
かいぬし　買い主　de keaper, de keapman
かいぬし　飼い主　de eigener：私がこの犬の飼い主です Ik bin de *eigener* fan dy hûn.
がいねん　概念　it begryp, it idee, de noasje；「文法」の概念 it *begryp* fan 'grammatika'
かいば　飼い葉　it foer, it fretten (→まぐさ)；かいば桶 de krêbe
がいはくする　外泊する　útbliuwe
がいはくな　該博な　djipsinnich：該博な知識 in *djipsinnige* kennis
かいはつ　開発　de eksploitaasje, de ûntwikkeling；(資源などを) 開発する eksploitearje, ûntwikkelje；開発された ûntwikkele
かいばつ　海抜　de wetterspegel
かいひ　会費　it ledejild, (クラブなどの) de kontribúsje：会費を払う *kontribúsje* betelje
かいひ　回避　de ûntdûking；回避する foarkomme, mije, ûntdûke, útwike
かいびゃくいらい　開闢以来　sûnt ûnheuchlike tiden
かいひょうする　開票する　stimbiljetten [-briefkes] telle

がいぶ　外部　(外側) de bûtenkant, it eksterieur, (建物の) it bûtenwurk；外部の ekstern
かいふうする　開封する　in brief iepenje, ûntsegelje
かいふく　回復　(病気からの) de betterskip, de genêzing, de oplibbing：早く回復されますように！Ik winskje jo *betterskip* ta!；回復する betterje, bykomme, genêze, oansterkje, opbetterje, ophelje, opklearje, opknappe, oplibje, (天候が) opknappe, (名誉などを) opdwaan：その病人はかなり回復している De sike is wer aardich *opbettere*.，名誉を回復する jins eare *opdwaan*；回復させる opklearje
かいぶつ　怪物　it gedrocht, it meunster (→化け物)
かいへい　海兵　de marine；海兵隊員 de marinier
かいへん　改編　(再編) de reorganisaasje, de sanearring；改編する→再編 (成) する
かいほう　介抱　de ferpleging；介抱する ferplege
かいほう　会報　it bulletin
かいほう　解放　de frijdom, de frijens, de ûntheffing；解放する befrije, ferlosse, frijlitte, frijmeitsje, ûntheffe：(…から) 解放される *ûntheffing* krije (fan)；解放者 de ferlosser
かいぼう　解剖　de operaasje (→手術)；解剖する operearje
かいほうする　開放する　iepenlizze, iepensette, iepenstelle
かいまくする　開幕する　(劇場が) 開幕する It gerdyn giet iepen.；全国大会が明日開幕する De nasjonale konferinsje sil moarn iepenje.
かいむ　皆無　gjin, neat
がいむ　外務　Bûtenlânske Saken；外務大臣 de minister fan útlânske saken
かいめい　解明　de ferdúdliking, de oplossing, de taljochting；解明する neiplúzje, oplosse, taljochtsje；解明できる oplosber

かいめん　海面　it oerflak fan 'e see
かいめん　海綿　de spûns（→スポンジ）
かいもどす　買い戻す　ynlosse
かいもの　買い物　it boadskip：買い物に行く om boadskippen gean；買い物をする boadskipje
かいやく　解約　it betankjen, it ôfstel, de opsizzing；解約する beëinigje, betankje, ôfskriuwe, opsizze
かいよう　海洋　de see, de oseaan
かいよう　潰瘍　de swolm；胃潰瘍 de maachswolm：彼女は胃に潰瘍ができていた Sy hie in maachswolm.
がいよう　外洋　de iepene see（→公海）
がいよう　概要　de gearfetting, de line, it resumee；概要を述べる resumearje
がいようの　外用の　（薬が）foar útwindich gebrûk（↔内服用の）
がいらいの　外来の　frjemd；外来患者 in polikliniske pasjint；外来語 it lienwurd
かいらく　快楽　it (sensueel) plezier
かいりつ　戒律　it gebod
がいりゃく　概略　de line, it skema, de skets；概略する skematisearje, sketse；概略的に言えば yn grutte halen
かいりゅう　海流　de seestream(ing)
かいりょう　改良　de ferbettering, it ferwin；改良する ferbetterje
かいろ　回路　（電気の）it sirkwy, de streamkring
がいろ　街路　de strjitte
かいろう　回廊　de korridor
かいわ　会話　de konversaasje, it petear：（…と）会話する in petear hawwe (mei)
かいん　下院　de folksfertsjintwurdiging（↔上院）；下院議員 de folksfertsjintwurdiger
かう　買う　（物を）keapje, （評価する）skatte, wurdearje：高く買う heech skatte；買い手 de keaper
かう　飼う　（ペットなどを）hâlde, （家畜を）fokje, fokke

ガウン　de japon, de jurk, （裁判官・牧師などの）de toga（→職服）
カウンセラー　de adviseur, de konsulint, de riejouwer
カウンター　（店の中の）de toanbank, （銀行・ホテルなどの）de baalje, （計算器）de teller
カウント　（計算）de telling；カウントする telle（→数える）
かえす　返す　werombringe, weromdwaan, weromjaan：本を図書館に返す in boek werombringe nei de biblioteek
かえす　孵す　（卵などを）útbriede
かえだま　替え玉　de strieman
かえって　却って　（余計に）ynpleats, ynstee：それは良くなるどころか却って悪くなった It waard minder ynstee fan better.
かえで　楓　de eskdoarn
かえり　帰り　（帰宅）de thúskomst, （帰り道）de thúsreis, de weromwei：帰る途中で op 'e thúsreis [weromwei]；今夜は帰りは遅くなる It wurdt let jûn.
かえりみる　顧みる　（振り返る）efteromsjen, （…の方を）omsjen (nei), （回顧する）weromsjen, （気に掛ける）achtsje, soargje：自分の一生を顧みる op jins libben weromsjen
かえる　蛙　de kikkert, （墓蛙(ひきがえる)）de pod(de)；蛙が（がーがー）鳴く kweakje
かえる　代える，換える，替える　（交換する）ynwikselje, （意見などを）wikselje, （下着を）jin ferskjinje, （取り [入れ] 替える）ferfange, ferwikselje：小切手を現金に換える in sjek ynwikselje, 彼女は靴を長靴に履き替えた Se ferwiksele har skuon foar learzens.
かえる　変える　（場所・席などを）wikselje, （性質・状態を）feroarje, （変更する）wizigje：新設の学校の計画が変えられた It plan foar in nije skoalle is wizige.
かえる　帰る　thúskomme, weromkom-

me（→帰宅する）：旅から帰る fan in reis *weromkomme*

かえる 孵る （ひなが）útkomme（→孵(か)す）：そのひなは昨日かえったばかりだ Dat pykje is juster krekt *útkommen.*

かお 顔 *it* antlit, *it* gesicht, *it* oansicht, *de* trek, *de* troanje：幸せそうな顔（つき）in gelokkich *antlit*；顔立ちit uterlik：顔立ちがよい in knap *uterlik* hawwe, knap fan *uterlik* wêze；顔立ちのよい tsjep：顔立ちのよい女の子 in *tsjep* famke；顔のしわ *de* ronfels

かおいろ 顔色 *de* kleur：顔色を変えない *kleur* hâlde；顔色が悪い［よい］skiterich［sûn］sjen

かおつき 顔付き *it* gesicht, *it* oansicht, *de* trek：憤慨した顔つき in ferbittere trek

かおなじみ 顔馴染み in bekend［betroud］gesicht；われわれは顔なじみの間柄だ Wy kinne elkoar.

かおみしり 顔見知り *de* bekende, *de* kennis, *de* kunde：人と顔見知りになる *kennis* meitsje mei immen

かおり 香り *it* aroma, *de* geur, *de* rook, （芳香）*de* wijreek：コーヒーの香り it *aroma* fan kofje, ばらの香り *de* geur［*rook*］fan roazen；香る rûke；香りのいい swietrokich

がか 画家 *de* skilder

かがいしゃ 加害者 （殺害者）*de* moardner,（犯人）*de* misdiediger

かかえる 抱える （脇に）yn 'e earm nimme,（世話をする）ûnderhâlde：両親と子供たちを抱えている âlden en bern *ûnderhâlde*

カカオ カカオ（の木）*de* kakao；カカオの実 *de* kakaobean

かかく 価格 *de* priis：このコンピューターの価格は幾らですか Wat is de *priis* fan dizze kompjûter?, 価格を定める it op *priis* stelle；価格表 *de* priiskrante

かがく 化学 *de* gemy, *de* skiekunde；化学の, 化学的な［に］gemysk, skiekundich：化学製品 *gemyske* produkten；化学者 *de* gemikus, *de* skiekundige；化学物質［薬品］《複》*de* gemikaliën

かがく 科学 *de* wittenskip：科学を実用化する *wittenskip* beoefenje；科学の，科学的な［に］wittenskiplik；科学者 *de* gelearde, *de* wittenskipsman

かかげる 掲げる （旗などを）hise, ophise, takelje：旗を掲げる de flagge *hise*

かかし 案山子 *de* fûgelferskrikker

かかす 欠かす misse：私は眼鏡が欠かせない Ik kin myn bril net *misse.*；これは私の毎日の仕事に欠かすことはできない Dit is essinsjeel foar myn daagliks［deistich］wurk.

かかと 踵 （足・靴の）*de* hakke：かかとのまめ in blier op 'e hakke, かかとの高い［低い］靴 skuon mei hege［lege］hakken

かがみ 鏡 *de* spegel：自分の姿を鏡で見る yn 'e *spegel* sjen = jin spegelje, 氷面は鏡のようにつるつるしていた It iis wie as in *spegel.*

かがむ 屈む dûke；（身を）屈める jin bûge［dûke］：彼は低いドアを通り抜けるのに身を屈めなければならない Hy moast him *dûke* troch de lege doar.

かがやき 輝き *de* glâns, *de* glim, *de* skittering：顔の輝き de *glâns* fan it antlit, 星の輝き de *glim* fan 'e stjerren；輝く glânz(g)je, glimme, glinsterje, gloarje, skine,（きらきら）blikkerje, skitterje：金のように輝く *glimme* as goud, 太陽が輝いている De sinne *skynt.*,《諺》輝く物すべてが金とは限らない It is net allegearre guod wat der *blikkert.*；輝くような glânsryk；《形》輝く glânzich；（光り）輝いて skitterjend

かかり 係 （担当者）*de* gesachhawwer；（人に）（仕事の）係をさせる (immen) belêste (mei in taak)

かかる 掛かる （垂れ・ぶら下がる）hingje,（時間が）duorje,（費用が）

かかる

jilde, (費用・時間が) kostje：カーテンが窓に掛かっている De gerdinen *hingje* foar de finsters., 壁に絵が掛けられている It skilderij *hinget* oan 'e muorre., この辞書を執筆するのに10年掛かる It skriuwen fan dit wurdboek *kostet* tsien jier., この本は幾ら掛かりますか Wat *kostet* dat boek?

かかる　罹る　(病気などに) fetsje, krije, skypje：風邪にかかる kjeld *fetsje* [*krije* / *skypje*]；(病気に) かかって (いる) siik (wêze)

かかる　斯かる　→このような

かかわらず　拘らず　《前・接》nettsjinsteande：…という事実にも拘らず *Nettsjinsteande* it feit dat …, 彼に教育はないにも拘らず、そのことに関して色々なことを知っていた *Nettsjinsteande* (dat) er net leard hie, wist er der in soad fan.

かかわり (あい)　係わり (合い)　*de* soarch：それは私には係わりはない Dat is myn *soarch* net.；係わる belûke, reitsje：私はそれに係わっていない Dêr bin ik net by *belutsen*.

かき　垣　→垣根

かき　牡蠣　*de* oester

かき　柿　in (Japanske) dadelprom

かき　夏期、夏季　*de* simmer, *de* simmertiid；夏期休暇 *de* simmerfakânsje (→夏休み)；夏季オリンピック de Olympyske simmersspullen

かぎ　鉤　*de* heak

かぎ　鍵　*de* kaai, *de* sleutel：彼は玄関の鍵を持っている Hy hat de *kaai* fan de foardoar.；鍵を掛ける ôfslute；鍵穴 it kaaisgat, it slotsgat

がき　餓鬼　*de* flegel, *de* snotnoas

かきあつめる　掻き集める　klauwe, oanharkje：お金を掻き集める jild byinoar *klauwe*, 落ち葉を掻き集める fallen blêden *oanharkje*

かきあらためる　書き改める　behoffenje, omarbeidzje, omwurkje：文章を書き改める in sin *omwurkje*

かきあらわす　書き表す　→表現する

かきいれ　書き入れ　it ynfoljen, de ynskriuwing；書き入れる ynfolje, ynskriuwe (→記入する)；書き入れ時 de bêste tiid (foar saken dwaan), it drokke [drokste] seisoen [momint fan de dei]

かきうつし　書き写し　*de* kopy, *de* ôfskriuwing；書き写す kopiearje, neiskriuwe, oerskriuwe, ôfskriuwe

かきかえる　書き換える　→書き直す

かきかた　書き方　hoe te skriuwen

かききず　掻き傷　*de* klau：彼の顔にはひっ掻き傷がいっぱいあった Hy hie it gesicht fol *klauwen*.

かきくわえる　書き加える　taheakje, (それに) derby dwaan

かきけす　掻き消す　útkrasse, (音を) oerstimme

かきことば　書き言葉　*de* skriuwtaal (→話し言葉)

かきこむ　書き込む　ynfolje：投票用紙に書き込む in stimbiljet *ynfolje*

かきそえる　書き添える　→書き加える

かぎたばこ　嗅ぎ煙草　*de* snúf

かぎつける　嗅ぎ付ける　rûke (→嗅ぐ)

かきて　書き手　(男性の) *de* skriuwer, (女性の) *de* skriuwster

かきとめ (ゆうびん)　書留 (郵便)　in oantekene poststik；書留にする oantekenje：手紙を書留にする [して貰う] in brief *oantekenje* (litte), これを書留にしてくださいませんか Soene jo dit *oantekenje* wolle?；書留料 (金) de kosten fan it oantekenjen

かきとめる　書き留める　boekje, delskriuwe, fêstlizze, oantekenje, opskriuwe, optekenje：それを書き留めておいてください Kinne jo it *opskriuwe*?

かきとり　書き取り　it diktaat, it diktee (→口述)；書き取らせる diktearje；書き取る→書き留める

かきなおす　書き直す　ôfskriuwe, omwurkje

かきならす　掻き均す　oanklauwe

かきならす　掻き鳴らす　bespylje, puon-

ne, tokkelje：ギターを掻き鳴らす in gitaar *bespylje*
かきぬき　書き抜き　*it* úttreksel（→抜粋）：書き抜く in *úttreksel* meitsje
かきね　垣根　*de* freding,（生け垣）*de* hage：家の周りの垣根 in *hage* om it hûs
かきのこす　書き残す　efterlitte：メモを書き残す in berjocht *efterlitte*
かきまぜる　掻き混ぜる　（卵などを）beriere, klopje, omriere, omskeppe, trochinoar riere
かきまちがい　書き間違い　*de* ferskriuwing；書き間違いをする　jin ferskriuwe
かきまわす　掻き回す　beriere, omriere, omskeppe, riere：ポリッジを掻き回す de brij *omriere*
かぎまわる　嗅ぎ回る　omsneupe, snuffelje
かきみだす　掻き乱す　fersteure（→乱す）：社会の秩序を掻き乱す de iepenbiere oarder *fersteure*
かきもの　書き物　*it* skrift, *de* skriuwerij,（文書）*it* dokumint
かぎゃくせいあい　可虐性愛　*it* sadisme（→サディズム）
かきゅう　下級　legere klas(se)；下級の leger
かぎゅう　蝸牛　*de* húskeslak, *de* slak（→かたつむり）
かきゅうの　火急の　urgint（→緊急の）
かぎょう　家業　it ambacht [berop] fan jins famylje（→職業）
かきょく　歌曲　*de* sang
かぎり　限り　（限界）*de* grins, *de* limyt；限る limitearje；《接》（…する）限りでは ynsafier't, nei't, safier't：時間の許す限りお手伝いします Ynsafier't ik der tiid foar fine kin, sil ik helpe., 私が理解する限りでは *safier't* ik it begryp
かぎりない　限りない　ûnbegrinzge, ûnbepaald（→無制限の）
かきん　家禽　*it* fûgelfee, *de* húshin, *it* plomfee
かく　角　（角度）*de* hoeke
かく　画　（字画）*de* haal
かく　核　（原子）*de* kearn；核の nukleêr；核実験 *de* kearnproef；核戦争 *de* kearnoarloch；核ミサイル *de* kearnraket；核兵器 in nukleêr wapen；核爆発 *de* kearneksploazje；核武装 *de* kearnbewapening
かく　格　（身分・地位の）*de* rang, *de* steat,（文法の）*de* namfal：主格・属格・対格・与格 de earste [twadde / tredde / fjirde] *namfal*
かく　書く　（文字を）skriuwe
かく　画く　→描く
かく　掻く　jokje, rosse：体を掻く jin *jokje*（→引っ掻く), 背中を掻く（jin）de rêch *rosse*
かく　欠く　（不足する）misse, ûntbrekke（→欠ける）
かぐ　家具　*de* húsboel, *it* húsrie(d), *it* meubel：新しい家具を購入する nije *meubels* keapje
かぐ　嗅ぐ　noaskje, snuffelje,（…の臭いを）rûke：ワインの匂いを嗅ぐ Ik *rûk* wyn.
がく　学　→学問
がく　萼　*de* blomtsjelk, *de* tsjelk
がく　額　（金額）*de* som,（額縁）*de* list：写真を額に入れる in foto yn in *list*(ke) sette
がくい　学位　*de* graad：学位を取る in *graad* helje；学位論文 *de* dissertaasje, *de* teze
かくいつ　画一　*de* ienfoarmigens, *de* ienheid, *de* unifoarmiteit；画一的な [に] ienfoarmich, unifoarm；画一化する standerdisearje；画一化 *de* standerdisaasje
がくいん　学院　*de* akademy / akadeemje
かくうの　架空の　fiktyf, ûnwerklik,（空想の）fantastysk
かくぎ　閣議　*it* kabinetsberie(d)
がくぎょう　学業　jins skoalwurk
かくげつに　隔月に　om de oare moan-

かくげん

ne

かくげん　格言　it sprekwurd, de spreuk（→諺）：格言にいわく sa 't it *sprekwurd* seit, 古来の格言によれば neffens in âlde *spreuk*

かくご　覚悟　（決意）de fêstberettens, de resolúsje；覚悟をする jin tariede

かくさ　格差　it ûnderskie(d)

がくさいてきな　学際的な　ynterdissiplinêr

かくさく　画策　de yntrige, it komplot（→陰謀）；画策する kûpje, eat op priemmen sette

かくざとう　角砂糖　it klontsje：紅茶に角砂糖を2個入れる twa *klontsjes* yn de tee dwaan

かくさん　拡散　de diffúzje：核兵器の拡散 de *diffúzje* fan nukleare wapens

がくし　学士　（称号・人）de bachelor：文学士 bachelor yn 'e letteren

がくし　学資　→学費

かくしき　格式　（社会的地位）maatskiplik oansjen；格式ばった foarmlik

がくしき　学識　de geleardens；学識ある geleard, leard：彼は学識のある人として知られている Hy giet troch foar in *geleard* man.；学識者 de gelearde, learde lju

かくしげい　隠し芸　in favoryt nûmer

かくしご　隠し子　de oerwinneling, in ûnwettich bern（→私生児）

かくしごと　隠し事　it geheim, de geheimhâlding

かくしだてをする　隠し立てをする　in geheim bewarje

かくしつ　確執　（不和）it ferskil, it spul,（対立）de tsjinstriid

かくじつさ　確実さ　de soliditeit；確実な［に］bepaald, beslist, fêststeand, wis

かくして　斯くして　dus, alsa

かくじ（の）　各自（の）　elk, elkenien, respektivelik：各自が書いたこの論文 dy *respektlivelike* artikels

がくしゃ　学者　de gelearde

かくじゅう　拡充　de ekspânsje, de útwreiding；拡充する útwreidzje

がくしゅう　学習　de learling；学習する leare；学習者 de learder

かくしゅうに　隔週に　om de oare wike

がくじゅつ　学術　de wittenskip；学術的な［に］akademysk, wittenskiplik：学術雑誌 in *wittenskiplik* tydskrift；学術用語 in faktaal [-term]

かくしゅの　各種の　ferskillend [-skillich], ûnderskaat

かくしょう　確証　de bewiiskrêft, in ôfdwaande proef；確証する befêstigje

かくしん　革新　de fernijing, de ynnovaasje；革新する ynnovearje；革新的な foarútstribjend, progressif（→進歩的な）

かくしん　核心　de kearn：話の核心 de *kearn* fan it ferhaal, その問題の核心 de *kearn* fan it probleem

かくしん　確信　de oertsjûging, de wissens：確信して mei *oertsjûging* [*wissens*]；確信する jin oertsjûgje；確信させる oertsjûgje

かくじん　各人　→各自

かくす　隠す　ferbergje, ferstopje

かくする　画する　（線を引く）lûke,（境界を示す）ôfbeakenje

かくせい　覚醒　it wekker wurden；覚醒する wekker wurde（→目を覚ます）；覚醒させる wekker meitsje：あることに人を覚醒させる eat by immen *wekker meitsje*；覚醒剤 de stimulâns

がくせい　学生　de studint；学生時代 de studintetiid；学生証 de kolleezjekaart；学生生活 it studintelibben

がくせい　学制　→教育制度

がくせいき　拡声器　de lûdsprekker

がくせつ　学説　de teory：学説を立てる in *teory* opstelle

かくぜんとした　画然とした　dúdlik（→明白な）

がくぜんとする　愕然とする　→ショックを受ける

かくだい　拡大　de fergrutting；拡大する fergrutsje, útlizze, útwreidzje,（一定

かくたる　確たる　→確かな
かくたん　喀痰　（痰を吐くこと）it racheljen（→痰）
がくだん　楽団　it muzykkorps, it orkest
かくだんの　格段の　frappant, opmerklik：格段の進歩 in opmerklike foarútgong
かくちょう　拡張　de ferlinging, de útbou, de útwreiding：大学の拡張 de útwreiding fan de universiteit；拡張する ferbreedzje, ferromje, útlizze, útwreidzje：道路を拡張する in wei ferbreedzje, 町を拡張する in stêd útwreidzje；拡張させる útbouwe
がくちょう　学長　de presidint
かくちょうのたかい　格調の高い　ferheven, steatlik, weardich：格調の高い文体 in ferheven styl
かくづけ　格付け　de klassearring；格付けをする klassifisearje
かくてい　確定　de fêststelling；確定する fêststelle；確定している fêststean：日取りはまだ確定していない De datum stie noch net fêst.；確定申告 in definitive belestingoanslach
カクテル　de cocktail
かくど　角度　de hoeke
かくとう　格闘　de wrakseling；格闘する wrakselje,（問題に取り組む）wrakselje
かくとう　確答　in bepaald antwurd；確答する posityf antwurdzje
がくどう　学童　→生徒
かくとく　獲得　de oanwinst；獲得する behelje, winne：賞を獲得する in priis behelje
かくにん　確認　de befêstiging, de bekrêftiging；確認する befêstigje, bekrêftigje：彼はその話が本当であることを確認した Hy befêstige it ferhaal.
がくねん　学年　de klasse,（学期）it kolleezjejier, it kursusjier, it stúdzjejier
かくねんに　隔年に　om it oare jier
かくのうこ　格納庫　（飛行機の）de hangaar, de loads

（の比率で）拡大する op skaal tekenje；拡大鏡 it fergrutglês

がくは　学派　de skoalle：彼はチョムスキー学派に属する Hy heart ta de skoalle fan Chomsky.
かくはんする　撹拌する　（牛乳などを）tsjerne；撹拌器 de tsjerne,（台所用のミキサー）de mikser
がくひ　学費　it skoaljild
がくふ　楽譜　de muzyk：彼は楽譜なしでは弾けない Sûnder muzyk kin er net spylje.；楽譜台 de muzykstander
がくぶ　学部　de fakulteit, de ôfdieling：医学部 de medyske fakulteit
がくぶち　額縁　de list（→額）
かくべつの [に]　格別の [に]　beskaat, bûtengewoan, spesjaal（→例外的な [に]）
かくほうめんの　各方面の　各方面の人々 allerhanne soarten fan lju；各方面に op alle gebieten
かくほする　確保する　besprekke, loskrije, reservearje：席を確保する in plak besprekke
かくまう　匿う　beskutte（→保護する）
かくまく　角膜　it hoarnflues
かくめい　革命　de revolúsje：産業革命 de yndustriële revolúsje；革命的な revolúsjonêr；革命家 de revolúsjonêr
がくめい　学名　in wittenskiplike namme
がくもん　学問　de wittenskip；学問ある leard；学問的な [に] wittenskiplik；学問ある人 de wittenskipsman
がくや　楽屋　（劇場などの）de klaaikeamer
かくやく　確約　de fersekering（→保証）；確約する fersekerje：…ということを君に確約する Ik fersekerje jo dat …
かくやすの　格安の　goedkeap：格安の切符 in goedkeap kaartsje
がくゆう　学友　de skoalmaat
かくらん　撹乱　it opskuor, it tumult；撹乱する fersteure（→乱す）
かくり　隔離　de isolaasje, it isolemint, de ôfsûndering；隔離する isolearje, ôfsûnderje

かくりつ　確立　*de* ynstelling；確立する ynstelle

かくりつ　確率　*de* kâns, *de* wierskynlikens（→蓋然性）

かくりょう　閣僚　（男性の）*de* bewâldsman，（女性の）*de* bewâldsfrou

がくりょく　学力　akademysk fermogen

がくれい　学齢　de learplichtige leeftyd

がくれき　学歴　akademyske karriêre [libbensrin]

かくれる　隠れる　skûlje, weikrûpe：太陽が雲間に隠れる De sinne *krûpt wei efter de wolken*.；隠（さ）れた ferskûl；隠れ家［場所］*it* ferkûl, *de* skûlhoeke

かくれんぼうをする　隠れん坊をする beside(plak)boartsje, ferside(plak)boartsje, ferskûlboartsje

がくわり　学割　de koarting foar studinten

かけ　掛け　*it* kredyt：掛けで op *kredyt*

かけ　賭け　（ギャンブル）*de* gok, *it* gokken；（お金などを）賭ける ferwedzje, gokkke, wedzje

かげ　陰　（日陰）*it* skaad：（日）陰を歩く yn 't *skaad* rinne

かげ　影　（人影・物影）*it* skaad：人影 *it* skaad fan in minske, 夕方になると家の影が日中より長くなる Jûns binne de *skaden* fan de huzen langer as middeis.

がけ　崖　*it* klif, *de* klip(pe)

かけあう　掛け合う　（交渉する）ûnderhandelje，（互いに声を）inoar taroppe：値段を掛け合う *ûnderhandelje* oer in priis

かけあがる　駆け上がる　opdrave：階段を駆け上がる de treppen *opdrave*

かけあし　駆け足　*de* rin,（馬の）*de* galop

かけあわせる　掛け合わせる　→掛ける

かけい　家計　（家計費）*it* húshâldjild，（生活費）*de* libbensstandert，（生計）*it* libbensûnderhâld

かけい　家系　*de* genealogy, *it* skaai, *it* slachte, *de* stambeam：由緒ある貴族の家系 in âld adellik *skaai*；家系図 *de* stambeam

かげえ　影絵　*it* silhûet（→シルエット）

かけおち　駆け落ち　*it* fuortrinnen；（…と）駆け落ちする fuortrinne (mei)，（…と）（こっそり逃げる）útnaaie (mei)：彼は恋人と駆け落ちした Hy is mei syn freondin(ne) *fuortrûn*.

かけおりる　駆け下りる　ôfrinne：階段を駆け下りる de treppen *ôfrinne*

かけがえ　掛け替え　（代用物）*it* surrogaat；掛け替えのない ienichst, ûnferfangber：私の掛け替えのない一人息子 myn *ienichst(e)* soan

かけかえる　掛け替える　ferfange, ferwikselje

かけがね　掛け金　*de* klink：ドアの掛け金が外して［掛けて］ある De doar is fan [op] 'e *klink*.

かげき　歌劇　*de* opera

かげきな　過激な　ekstreem, radikaal：過激な思想 *radikale* gedachte；過激な人 *de* ekstremist, *de* radikaal

かけきん　掛け金　（保険料の）*de* preemje,（分割払いの）*de* termyn

かげぐち　陰口　*de* kwealaster, *de* rabberij；陰口を言う kweasprekke, rabbelje, rabje；陰口を言う人 *de* kweasprekker, *de* rabbelskûte

かけごと　賭事　*de* gok（→ギャンブル）：賭事をする in *gok* dwaan

かけこむ　駆け込む　ynsjitte, ynstowe；病院に駆け込む halje-trawalje nei it sikehûs gean

かけざん　掛け算　*de* fermannichfâldiging（↔割り算）；掛け算をする fermannichfâldigje

かけす　懸け巣　*de* houtekster, *de* skreau-ekster

かけずりまわる　駆けずり回る　→駆け回る

かけだす　駆け出す　drave, beginne te draven

かけつ　可決　*de* goedkarring, *de* ynstimming, *de* meistimming（→承認）；

可決する goedfine, goedkarre（→承認する）

かけて （…から）…にかけて（fan）…oant（→…に互って）：9時から12時にかけて fan 9 oant 12 oere

かけては oangeande（→…に関しては）

かけね 掛け値 in opdreaune priis；掛け値なしの目方 netto gewicht

かけはし 架け橋 de brêge

かけはなれる 懸け離れる fan fierren(s) wêze, fier útinoar lizze

かけひき 駆け引き （策略）de strategy, de taktyk；駆け引きする marsjandearje, tingje（→値切る）

かげひなたのある 陰日向のある dûbelhertich；陰日向のない earlik, trouhertich,（正直な）oprjocht：彼は陰日向のない人だ Hy is in oprjocht man.

かけぶとん 掛け布団 it dek（→上掛け）

かけまわる 駆け回る omdrave

かけよる 駆け寄る （…へ）tarinne (nei)：彼は母親のところへ駆け寄って行った Hy rûn nei syn mem ta.

かけら 欠けら it brok, it brokstik, de flarde, it fragmint, it stik：ガラスの欠けら in stik glês * in stik の成句で

かける 欠ける （壊れる）brekke；（不足する）ôffalle,（月が）fersitte, krimpe, ôfgean；欠けた brutsen,（月が）ôfgeand：欠けた月 ôfgeande moanne；欠けている brek lije [hawwe], ûntbrekke（→不足している）

かける 駆ける oanrinne, rinne,（馬が）fjouwerje, galoppearje

かける 掛ける （壁・枝などに）hingje,（エプロンを）foardwaan, foarhawwe,（眼鏡を）opsette,（カセットを）ôfspylje,（掛け算で）fermannichfâldigje,（費用・時間を）besteegje, spansearje, trochbringe, útjaan,（水を）sproeie：道楽に多額のお金を掛ける in soad jild oan hobbys spansearje

かける 架ける （橋などを）bouwe, oanlizze：橋を架ける in brêge oanlizze

かける 賭る （お金を）ferwedzje, wedzje：馬に（お金を）賭ける op in hynder wedzje

かげん 下限 it minimum（↔上限）

かげん 加減 （適度）de mjitte, de moederaasje,（調整）de ynstelling,（足し算と引き算）de optelling en de ôfrekking：加減して mei mjitte

かこ 過去 it ferline：過去に yn 't ferline；過去の ferline, foarby：過去6年間に yn 'e foarbye seis jier

かご 籠 （鳥かご）de koai,（バスケット）de koer

かこい 囲い （土地の）de freding, de ôfsetting,（家畜の）it hok

かこう 下降 de fal,（景気）de delgong；下降する dale, delfalle

かこう 火口 de krater

かこう 加工 de bewurking, de ferwurking；加工する ferwurkje；加工品 in ferwurke guod

かこう 河口 de riviermûning

かごう 化合 in (gemyske) kombinaasje；化合する ferbine：水素は酸素と化合して水になる Wetterstof ferbynt mei soerstof om wetter te meitsjen.；化合物 de ferbining

かこうがん 花崗岩 it granyt

かこくな 苛酷な bar, hert(e)leas, hurd, strang, wreed

かこつけ 託け （言い逃れ）it ekskús, it útfynsel, de útwei：かこつける jins ekskús meitsje（→言い逃れをする）, かこつけようとする útwei sykje

かこみ 囲み （包囲）it belis, de omsingeling,（囲い）de ôfsetting；囲む besingelje, ynslute, omsingelje：海に囲まれた ynsletten troch de see

かごん 過言 …といっても過言ではない Men kin sûnder oerdriuwing sizze dat …

かさ 傘 （雨傘）de paraplu,（日傘）de parasol：傘をさす in paraplu opstekke [opsette], 傘をすぼめる in parasol

かさ

slute；傘立て *de* paraplustander, in stander foar parapulu's

かさ　嵩　（容積）*de* ynhâld, *de* ynhâldsmjitte；（借金・費用などが）かさむ oanwinne

かさい　火災　*de* brân；火災警報 *de* brânmelding：火災報知器 *de* brânmelder；火災保険 *de* brânfersekering

かざい　家財　（道具）*it* húsrie(d)

かざかみ　風上　*de* loef（↔風下）

がさくする　画策する　eat op priemmen sette

かささぎ　鵲　*de* ekster

かざしも　風下　*it* / *de* lij, *de* lijte（↔風上）：風下に［へ］yn [oan] de [it] *lij*

がさつな　plomp, rau, ûnbeheind：がさつなやつ in *plompe* fint

かさなる　重なる　（物が）jin opheapje,（日付が）falle：その日は丁度私の誕生日と重なる Dat *falt* krekt op myn jierdei.；（干し草などを積み）重ねる opheapje, oplade, opsteapelje

かさばった　嵩張った　grou, livich, mânsk

かさぶた　瘡蓋　*de* roof, *it* roofke, *de* rouwe

かざみどり　風見鶏　*de* hoanne, *de* wynwizer

かざよけ　風除け　*it* wynskerm [-sket]

かざり　飾り　*it* ornamint, *de* sier；飾り付け *de* dekoraasje, *de* fersiering：素晴らしい飾り付け in moaie *dekoraasje*；飾る dekorearje, siere；飾り立てる jin moai meitsje,（陳列する）útstalle；飾り窓 *de* etalaazje, *de* fitrine；飾り物 *de* dekoraasje, *it* ornamint

かさん　加算　*de* optelling；加算する optelle；加算名詞 telbere haadwurden （↔不加算名詞）

かざん　火山　*de* fulkaan：活［死］火山 in wurksume [útdôve] *fulkaan*, 休火山 in slomjende *fulkaan*；火山性の［の多い］fulkanysk

かし　樫　*de* iik；樫の木 *de* ike(l)-beam；樫の実 *de* ikel（→どんぐり）

かし　可視　*de* sichtberens；可視の sichtber

かし　華氏　*de* Fahrenheit《略 F》：ここは華氏30度ある It is hjir 30 graden *Fahrenheit*.

かし　菓子　*de* snobberij, *it* snob(bers)guod,（焼いた洋菓子）*it* gebak；菓子屋 *de* snobberswinkel

かし　歌詞　（特にミュージカルの）*de* tekst

かし　貸し　（お金の）*it* lien, *de* liening,（恩義の）*de* skuld

かじ　舵　*it* roer：舵を取る it *roer* hâlde

かじ　火事　*de* brân, *it* fjoer：火事だ！Brân!, 火事が起きた Der is *brân* útbrutsen., 火事を消す it *fjoer* útdwaan

かじ　家事　*de* hûshâlding；家事を切り盛りする hûshâlde

かじ　鍛冶　*de* smite(rij)；→鍛冶屋

がし　餓死　*de* hongerdea；餓死する ferhongerje, ferrekke [smachtsje / stjerre] fan 'e honger

かしかた　貸し方　*de* krediteur

かしかり　貸し借り　*de* ûntliening [útliening] en *de* liening；貸し借りのない effen：これでわれわれは貸し借りなしだ No binne wy yn it *effen*.

かじかんだ　dôf, ferstive：寒さで指がかじかんでいる My fingers binne *dôf* [ferstive] fan de kjeld.；かじかむ ferpidelje, ferstiivje

かしきりの　貸し切りの　ôfhierd：貸し切りバス in *ôfhierde* bus；貸切る ôfhiere（→チャーターする）

かしきん　貸し金　*de* liening（→貸し付け金）

かしこい　賢い　wiis, wyslik：賢い人 in *wiis* man；賢いこと *de* wiisheid

かしだし　貸し出し　（物の）*it* lien,（お金の）*de* liening（→貸し付け）；貸し出す liene

かしつ　過失　（へま）*de* bok, *de* fout, *de* mistaast,（誤り）*de* flater：過失を犯す in *bok* sjitte, *fouten* meitsje

かじつ　果実　（果物）*de* frucht,《集合的に》*it* fruit

かじつ 過日 koartlyn, lêsten(deis)（→先日）
かしつけ 貸し付け it lien, de liening：人に貸し付けを認める immen in liening jaan；貸し付け金 de liening
かして 貸し手 de liender
かしぬし 貸し主 de krediteur
かし(の) 仮死(の) (de) skyndea
かしま 貸し間 de hierkeamer, in keamer te hier
かしや 貸し家 it hierhûs, in hûs te hier
かじや 鍛冶屋 de smid
かしゃ 貨車 de spoarwein
かしゃくなく 仮借なく ûnbarmhertich, sûnder genede
かしゅ 歌手 （男性の）de sjonger,（女性の）de sjongeres / sjongster
かじゅ 果樹 de fruchtbeam：果樹園 it hôf, it hou：果樹酒 de fruchtewyn
カジュアルウェア （普段着）de frijetiidsklean
かしゅう 歌集 it lieteboek
かじゅう 果汁 it fruchtesop
かしょ 箇所 it plak,（地点）it punt,（部分）it diel, it part
かじょう 過剰 de oerdied；過剰の[に] oerdiedich；過剰生産 de oerproduksje
かじょう 箇条 （条項）it artikel,（帳簿などの）（項目）de post
がじょう 賀状 →年賀状
かしょうひょうか 過少評価 de ûnderskatting；過少評価する ûnderskatte, ûnderwurdearje
かしら 頭 （頭部）de holle,（上役）de baas, it haad, de sjef（→長）
かしらもじ 頭文字 de foarletter, de inisjaal, de paraaf
かじる 齧る gnauwe, gnibbelje：その子ねずみはチーズをかじった It mûske gnibbele oan 'e tsiis.；フランス語は少しかじっただけです Ik kin mar in mûlfol Frânsk.
かしわ 柏 de iik；柏の木 de ike(l)-beam
かしん 過信 de oermoed（→思い上がり）；過信した oermoedich
かす 滓 （沈殿物）it besinksel, de ôfsetting,（水・飲み物などの）it grom（→おり）
かす 貸す （金銭・物を）liene：家[土地]を貸す in hûs [lân] liene；貸し出す útliene,（賃貸する）ferhiere：君の自転車を貸してくれませんか Mei ik dyn fyts liene?, その本は貸し出されている It boek is útliend.
かす 課す （仕事・問題を）opjaan,（義務・税を）heffe：税を課す(る) belesting heffe
かず 数 it getal, it oantal：5桁の数 in getal fan fiif sifers, 相当な数の本 in grut oantal boeken；数の上では numeryk；数限りなく talleas, ûntelber；数々の→沢山の
ガス （液体）it gas,（濃霧）tichte mist；ガス状の gaseftich；天然ガス it ierdgas；ガスストーブ de gaskachel；ガスバーナ de gasbrander；ガスマスク it gasmasker；ガス点火器, ガスライター de gasoanstekker；ガスレンジ it gasstel
かすがい 鎹 de knevel, de kram
かすかな[に] 微かな[に] （光・記憶などが）dizich, flau, minym（→ぼんやりと, わずかな[に]）：かすかな希望 minime hope, そのことを今でもかすかに記憶している It is my noch dizich yn it ûnthâld.
かすみ 霞 de dize, de nevel（→もや）,（目の）it waas；かすみのかかった dizich, nevelich
かすむ 霞む dizich [nevelich] wurde：山が遠くにかすんでいる De berch is dizich [nevelich] yn 'e fierte.
かすめる 掠める （こっそり盗む）stelle, ûntnaderje,（脳裏を）sjitte,（擦って通る）skampe：そのことが私の脳裏をさっとかすめた Dêr skeat my wat yn 't sin., 突然ある考えが彼の脳裏をかすめた Der skeat him ynienen wat troch de holle. * skeat は sjitte の過去形

かすりきず　擦り傷　de skram, de wûne
かする　科する　(罰を) beboet(sj)e
かする　課する　gunne, heffe, opjaan, oplizze (→課す)：(…に) 仕事を課する it wurk gunne (oan), 税を課する belesting heffe, 英語の先生はいつもたくさんの宿題を課する De learaar Ingelsk jout altyd in soad húswurk op. ＊ De Ingelske learaar …とも言う
かすれる　掠れる　(声が) heas wurde；かすれた heas, skor：かすれ声で話す heas prate
かぜ　風　de wyn；風がある wynderich, winich；風が吹く waaie：ひどく風が吹いている It waait hurd.
かぜ　風邪　it ferkâldzjen, de kjeld：風邪を引く kjeld skypje = ferkâlden wurde, ferkâldzje, 風邪で苦しんでいる kjeld lije；風邪を引きやすい fetber foar kjeldskypjen
かせい　火星　de Mars
かせい　加勢　de rêchdekking：人に加勢をする immen rêchdekking jaan
かせい　家政　it húshâlden, de húshâlding；家政婦 de húshâldster, (雇われた) de gesinshelp, de tsjinstfaam
かぜい　課税　de belesting；課税する belêste, belêst(i)gje：自分の家を持っている人はそのために課税される Minsken mei in eigen hûs wurde derfoar belêste.
かせいの　仮性の　falsk, loas, sabeare：仮性近視 de falske koartsichtichheid
かせいの　苛性の　fûlfrettend；苛性ソーダ it natriumhydroxide
かせき　化石　it fossyl；化石の fossyl：化石化した植物 fossile planten
かせぎ　稼ぎ　(働き) de arbeid, it wurk, (稼ぎ高) de fertsjinst, (収入) de ynkomsten；稼ぐ fertsjinje, (時間を) tiidrekke：ドイツ軍は時間を稼いでいた De Dútsers wienen oan it tiidrekken.
かせつ　仮説　de hypoteze：仮説を立てる de hypoteze opstelle；仮説の hypotetysk

かせつ　架設　(橋などの) it gebou, de konstruksje, de oanlis, de opbou；架設する konstruearje, (設置する) ynstelle
カセット　de kassette；カセットテープ de kassettebân：カセットを掛ける in kassettebân ôfspylje
かせつの　仮設の　foarriedich, tydlik；仮設の住宅 de needwente
かぜとおし　風通し　de fentilaasje (→換気)；風通しをよくする fentilearje
かせん　下線　de ûntstreking；下線を引く ûnderstreekje
かせん　河川　de rivier ＊「川」の総称；河川敷 in droech bêd
がぜん　俄然　(突然) hookstrooks, ynienen
かそ　過疎　(人口の) de ûntfolking；過疎(化)させる ûntfolkje
かそう　下層　de ûnderlaach；下層階級 de legerein
かそう　火葬　de kremaasje；火葬にする kremearje；火葬場 it krematoarium
かそう　仮装　(擬装) de kamûflaazje；仮装する jin ferklaaie, kamûflearje, (擬装する) jin fermomje
かそう　仮想　de ferbeelding；仮想する ferbeeld(zj)e；仮想の hypotetysk
がぞう　画像　it byld, de ôfbylding
かぞえあげる　数え上げる　opsomje (→列挙する)
かぞえきれない　数え切れない　ferskate, legio, talleas, ûntelber
かぞえなおす　数え直す　neitelle, oertelle
かぞえる　数える　rekkenje, telle
かそく　加速　de fersnelling；加速する oplûke
かぞく　家族　de famylje, it gesin, de húshâlding：家族を養う jins famylje ûnderhâlde；家族の húshâldlik
ガソリン　de benzine；ガソリンスタンド it benzinestasjon, de pomp
かた　片　→処理；片を付ける→処理 [解決] する
かた　型　(型式) it fatsoen, it model, (様式) de styl, (タイプ) it type, (鋳

型）*it* mal：この帽子は型がくずれている Dy hoed is út *fatsoen*., 新型の椅子 in nij *model* stoel；型にはまった stereotyp

かた　形　（形状）*it* bestek, *de* foarm：形を取る *foarm* krije

かた　肩　*it* skouder：肩をすくめる oan 'e *skouders* lûke；肩が凝った stiif：肩が凝っている Ik haw *stive* skouders [in *stiif* skouder].；人の肩を持つ op 'e hân wêze fan immen

かた　潟　*de* lagune

(一) かた　(一) 方　*de* kant：父方の親族 famylje fan heite *kant*

かたい　固い，硬い　（物の性質が）fêst, hurd, （肉などが）taai, （きつい・こわばった）stiif：硬い物質 *fêste* stoffen, 鉄のように硬い sa *hurd* as izer, 固い肉 *taai* fleis, 硬いカラー in *stive* kraach, 固い（→こわばった）表情 it *stive* gesicht；固くなる［まる］tichtbine

かたい　堅い　（堅実な）betroud, fertroud, hecht, （正直な）earlik, ynteger, （健全な）sûn：堅い人 in *earlik* [*fertroud*] minske, 堅い商売 in *sûne* hannel, 堅い友情 in *hechte* freonskip

かだい　課題　*de* opjefte, *de* taak, (宿題) *it* húswurk, (研究課題) *it* projekt

かたいじ　片意地　*de* koppigens；片意地な daamsteech, koppich, steech, stiifsettich, stokstiif；片意地な人 *de* hurdkop, *de* stiifkop（→強情な人）

かだいな　過大な　oerdiedich：過大な評価 in *oerdiedige* beoardieling

かたいなか　片田舎　in ôflein doarp

がたおち　がた落ち　*de* ynsinking（→暴落）；がた落ちする kelderje：株価ががた落ちしている De oandielen *kelderje*.

かたおもい　片思い　iensidige [inkelsidige / ûnbeantwurde] leafde

かたおや　片親　jins âlder；片親の子供 in bern sûnder mem [heit]

かたがき　肩書き　（称号）*de* titel, (学位) *de* graad, (社会的地位) *de* posy-sje, *de* status：三つの肩書を持っている人 in man mei trije *titels*

かたかけ　肩掛け　*de* omslachdoek, *de* sjaal（→ショール）

かたがみ　型紙　*it* patroan, *de* sjabloan

かたがわり　肩代わり　*de* oannimming；肩代わりする oannimme（→引き受ける）

かたき　敵　（戦争相手）*de* fijân, （競争相手）*de* rivaal：敵を討つ jins *fijân* ferjilde, wraak nimme op jins *fijân*

かたぎ　気質　→気質(きしつ)

かたく　固く，硬く　→固［硬・堅］い

かたぐるしい　堅苦しい　foarmlik, stiif

かたこと　片言　*de* brabbeltaal；片言を言う brabbelje

かたこり　肩凝り　stive skouders（→肩）

かたさ　固さ，硬さ，堅さ　（物の性質の）*de* fêst(ig)ens, *de* hurdens, (肉の) *de* taaiens

かたすみ　片隅　*de* hoeke：部屋の片隅に yn 'e *hoeke* fan de keamer

かたずをのんで　固唾を呑んで　fol spanning；あることを固唾を呑んで待つ yn spanning eat ôfwachtsje

かたち　形　（形状・様式）*it* bestek, *de* foarm；形のない foarmleas；形作る foarmje, stalle

かたづく　片付く　（整頓されている）op oarder wêze, (解決している) beklonken wêze, (完了されている) dien wêze：その件は片付いている De saak *is beklonken*., その仕事は片付いている It wurk *is dien*.

かたづけ　片付け　*de* opromming；(仕事などを) 片付ける behimmelje, besjen, ferwurkje, opbergje, oprêde, it goed foarinoar hawwe, (テーブルなどを) ôrêde, (部屋などを) ôfromje, opromje, (洗って) omwaskje：このごみの山を片付けなければならない Dy heap útskot moat *ferwurke* wurde., 私たちはすっかり片付いている部屋に入った Wy kamen yn in goed *oprêden* keamer., 食後にテーブルを片付ける

nei iten de tafel *ôfrêde*

かたっぱしから　片っ端から　（一つずつ）by ienen, ien foar ien,（次々と［に］）efterinoar, efterelkoar

かたつむり　蝸牛　de húskeslak, de slak；蝸牛の歩み de slakkegong

かたてまに　片手間に　（暇な時に）op jins（deade）gemak

かたどおりの　型通りの　formeel：型通りの挨拶 in *formele* groet

かたときも　片時も　（常に・一瞬たりとも（…ない））altyd, nea net, nea ofte nimmer：そのことは片時も忘れていません It is my *altyd* yn it sin., Ik haw it *nea net* fergetten.

かたな　刀　it swurd：鋭い刀 in skerp swurd, 刀を抜く it *swurd* lûke

かたはば　肩幅　jins skouderbreedte

かたひじをはる　肩肘を張る　grut-dwaan（→威張る）

かたほう　片方　（片側）ien kant,（対の片方）ien fan in pear

かたまり　塊　（物の）de klobbe, de klompe, de klonte, de klute,（小さな角形の）it klontsje,（集団）de groep, de keppel, de kloft, de ploech：一塊の肉 in *klompe* fleis, 一塊のバター［粘土］in *klute* bûter［klaai］

かたまる　固まる　（固くなる）be-hurdzje, ferhurdzje,（血液・牛乳などが）gearsette, gearsjitte,（凝結する）bestjurje,（集まる）gearboskje, gearhokje,（群をなして）gearkloftsje, gearkomme：セメントが固まった It semint wie *bestjurre*.

かたみ　形見　de gedachtenis, it oan-tinken：この時計は父の形見です Dit horloazje is de *gedachtenis* oan ús heit.

かたみ　肩身　肩身が広い jin grut fiele, 肩身が狭い思いをする jin lyts fiele

かたみち　片道　（切符の）it inkeltsje,（旅程の）inkel(d)e reis

かたむき　傾き　（傾斜）de deldracht, de gloaiïng, de skeante,（傾向）de oan-striid, de tendins

かたむく　傾く　（傾斜する）gearje, gloaie, nige, oerhingje, omteare,（…に）傾く oerbûg(j)e, oerhelje（nei）,（…する傾向がある）oerhingje,（…に傾倒する）hingje（oan）：その船は傾いている It skip *teart om*., 私はこの考えに心が傾いている Ik *hingje* nei dy opfetting *oer*.

かたむける　傾ける　（斜めにする）kantelje, teare；（…に）（傾注する）jin oerjaan（oan）

かためる　固める　ferhurdzje, hurdzje,（雪などを踏み）trêdzje,（防備を）fersterkje,（凝結させる）bestjurje：彼らは砂地の道をアスファルトで固めた Se hawwe dat sânpaad *ferhurde* mei asfalt.

かたやぶりの　型破りの　orizjineel,（正統でない）ûngebrûklik, ûnorto-doks：型破りの芸術 *orizjinele* keunst

かたよる　偏る　→傾く（偏っている）iensidich wêze：（一方に）偏った iensidich：（一方に）偏った報告 in *iensidich* ferslach

かたりあう　語り合う　（くつろいで雑談する）teutsje,（人と）（会話を楽しむ）jin（mei immen）ûnderhâlde,（話し合う）rieplachtsje

かたりぐさ　語り草　（話題）it ûnder-werp fan petear

かたりて　語り手　de ferteller

かたる　語る　fertelle,（話し合う）be-prate, rieplachtsje,（物語る）ferhelje

カタログ　（目録）de katalogus

かたわら　傍ら　de kant, de side（→脇）：（…の）傍らに oan 'e kant（fan）；（…する一方で）njonken：彼は英語を教えるかたわらフリジア語を研究してきた *Njonken* lesjaan yn it Ingelsk hat er ek Frysk studearre.

かだん　花壇　it bêd, it perk

かち　価値　de wearde：価値がある fan *wearde*；価値のある weardefol, weardich：価値のある物 *weardefolle* dingen（→貴重品）；価値のない weardeleas

かち　勝ち　（勝利）de fiktoarje, de oerwinning, *de* sege

かちあう　かち合う　(…と)(意見・利害などが) botse (mei), yn konflikt komme (mei) (→衝突する), (日が重なる) falle：決勝戦は私の誕生日とかち合う De finale falt op myn jierdei.

かちきな　勝ち気な　beret, steech, stiifsettich

かちく　家畜　《集合的に》it fee, (牛・馬・羊などの) it beslach, it feebeslach；家畜小屋 de feestâl；家畜商 de feehanneler

かちほこった　勝ち誇った　triomfant(e)lik

かちょう　課長　de ôfdielingssjef

がちょう　鷲鳥　de goes

かつ　且つ　→その上に，更に

かつ　勝つ　ferslaan, winne, (勝(䋆)る) oertreffe：敵に勝つ de fijân *ferslaan*, 試合に勝つ it spul *winne*, 私たちのクラブが勝った Us klup hat *wûn*.

かつ　克つ　(克服する) ferslaan, oerwinne：困難に打ち克つ de muoite *ferslaan*

かつあいする　割愛する　(省く) oerslaan, útlitte, weilitte, (断念する) opjaan, (分け与える) ferdiele：難しい言葉は割愛した In slim wurd *sloech ik oer*.

かつお　鰹　de bonito

かっか　閣下　de eksellinsje

がっか　学科　(大学の) de fakgroep, it ynstitút, de ôfdieling：言語学科 de *fakgroep* taalkunde, de taalkunde ôfdieling

がっか　学課　it leksum, de les：学課の予習をする de *les* tariede

がっかい　学界　in akademysk fermidden

がっかい　学会　de maatskippij：言語・文学学会 de *maatskippij* fan Taal en Letterkunde

かっかざん　活火山　in aktive [wurksume] fulkaan (↔死[休]火山)

がつがつ　skrokkerich：がつがつ食う

skrokkerich ite = skrokje, skrokke

がっかりする　(人・物に) teloarsteld wêze (oer immen [eat])：彼女はひどくがっかりしていた Se *wie tige teloarsteld*.；がっかりさせる beskamje, delslaan, teloarstelle, ûntmoedigje：がっかりさせるような結末 *ûntmoedigjende* resultaten；がっかりした [て] moedeleas：それでがっかりしている Dat makket my *moedeleas*.

かっき　活気　de enerzjy, it libben, de tier；活気づける opfleurje；活気のある aktyf, drok, enerzjyk, fleurich, libben, roerich；活気のない dea, deadsk：活気のない場所 in *deadsk* stedsje

がっき　学期　(1学期) it semester, (2学期制の) 半学期 it kwartaal, (4学期制の) 1学期 it kwartaal：大学の第1学期は9月に始まる It earste *semester* op de universiteit begjint yn september.

がっき　楽器　it muzykynstrumint, it spylark

かっきてきな　画期的な　fernijend, revolúsjonêr：画期的な発明 in *revolúsjonêre* útfining

がっきゅう　学級　de klas(se)

がっきゅうてきな　学究的な　akademysk

かっきり　eksakt, sprekkend, (時間通りに) punktueel

かつぐ　担ぐ　drage, opdrage, (騙す) bedonderje, bedrage, belazerje：武器を担ぐ in wapen *drage*

かっくう　滑空　it sweeffleanen；滑空する sweeffleane, sweve；滑空機 it sweeffleantúch (→グライダー)

かっけ　脚気　de beriberi

かっけつ　喀血　de bloedspuiïng；喀血する bloed opjaan [spuie]

かっこ　括弧　de heak：角括弧と丸括弧 kante en rûne *heakken* [*heakjes*]

かっこう　郭公　de koekoek

かっこう　格好　(姿) it / de figuer, it stal, (様子) it foarkommen, it oansjen, it uterlik, it útsicht；格好いい attrak-

がっこう

tyf, moai；格好が悪い ûnsjoch
がっこう　学校　*de* skoalle：公立［私立］学校 in iepenbiere [bysûndere / partikuliere] *skoalle*, 小学校 *de* basis-*skoalle* (4-12歳), 中高等学校 *de* middelbere *skoalle*：学校へ行く nei *skoalle* gean, 学校を休む fan *skoalle* fuortbliuwe [weibliuwe], 学校を止める［卒業する］fan *skoalle* gean, 学校が始まる De *skoalle* is yn., 今日は学校が休みだ Wy hawwe gjin *skoalle* hjoed.
かっこたる　確固たる　fêst, stânfêst, ûnferwrigber：確固とした決意 in *fêst* beslút, 確固たる信念 *ûnferwrikber* leauwe
かっさい　喝采　(拍手喝采) *it* applaus, *it* jûchhei：どっと喝采が起こった Der klonk in daverjend *applaus* op.；(拍手)喝采をする applaudisearje, bejubelje, tajûchtje
がっさく　合作　*de* kollaboraasje；合作する heule, kolloborearje；合作者 *de* kollaborateur, (男性の) *de* meiwurker, (女性の) *de* meiwurkster
がっさん（する）合算（する）→合計（する）
かつじ　活字　*de* drukletter [print-], *it* type
かっしゃ　滑車　*de* katrol(le), *de* skiif, *it* skiifblok；滑車装置 *it* blok
がっしゅくする　合宿する　byinoar [tegearre] wenje；合宿所 *it* opliedingskamp
かつじょう　割譲　*de* oerjefte, *de* ôfstân；割譲する oerjaan, opjaan
がっしょう　合唱　*it* koar：合唱して yn *koar*, 合唱する yn *koar* sjonge, 混声合唱 in mingd *koar*：合唱クラブ *it* sjongen；合唱隊 *it* sjongkoar
がっしょうする　合掌する　(お祈りのために) (de hannen) geardwaan, hannegearje；合掌して mei de hannen gear
かっしょく　褐色　*it* brún, *de* brunens：褐色の服装をしている yn *it brún* wêze；褐色の brún

がっしりした　(体格が) dreech, flink, foars, stoer：体のがっしりした人 in *drege* [*stoere*] keardel
かっすい　渇水　*de* wetterkrapte (→水不足)
かっせいの　活性の　aktyf：活性酸素 *aktive* soerstof；活性化する aktivearje
がっそう　合奏　*it* ensemble, *it* meiinoar (op)spyljen；合奏する meiinoar spylje
かっそうする　滑走する　glydzje, rôlje；滑走路 *de* baan, *de* glydbaan, *de* lanningsbaan, *de* startbaan
がったい　合体　*it* bûn, *it* ferbûn, *de* ferien(ig)ing；合体する ferien(ig)je, kombinearje
かったつ　闊達　*de* grutmoedigens, *de* royalens；闊達な grutmoedich, royaal
かっちゅう　甲冑　*it* pânser, *de* rissing
かつて　alear(en), ea, eartiids, foarhinne, ienris, ris：かつてテレビはまだなかった *Eartiids* wiene der noch gjin televyzjes., 彼はかつて有名なサッカーの選手だった *Ienris* wie er in ferneamd fuotballer.
かって　勝手　(台所) *de* koken
かって　勝手　(我が儘) *de* frijens, *de* selssucht, jins eigen gemak；自分の勝手で om jins gemak；勝手な［に］baatsuchtich, selssuchtich, (無断で) sûnder ferlof；勝手気ままにする jins gonggean
がってん！合点！Okee!
かっとう　葛藤　(心的な) *it* konflikt, *de* striid
かつどう　活動　*de* aktiviteit；活動的にする aktivearje；活動的な aktyf, wurksum
かっとなる　poerlilk [poerrazend] wurde, opfleane, opwine；かっとなって opljeppen(d)：父はかっとなる性分だ Us heit hat in *opljeppend* aard.
かっぱつな　活発な　beweechlik, bluisterich, fyf, libben, monter, roerich, snedich：活発な少女 in *beweechlik* [*snedich*] fanke

カップ （コーヒー・紅茶用の）*de* bak, *it* bakje, *de* kop, *it* kopke：カップ一杯のコーヒー［紅茶］in *kop(ke)* kofje［tee］

カップル　*it* pear, *de* ploech：彼らは似合いのカップルになるだろう Hja sille in *pear* wurde., 素敵なカップル in moaie *ploech*

がっぺい　合併　*de* fúzje, *de* yntegraasje, *de* konsolidaasje；合併する fusearje, gearfoegje, yntgrearje：会社を合併する bedriuwen *gearfoegje*；（病気の）合併症 *de* komplikaasje

かっぽ　闊歩　*de* haal, *de* stap；闊歩する trêdzje

かつぼう　渇望　*de* begearigens, *it* / *de* ferlangst, *it* / *de* langstme；渇望する begeare, ferlangje, (…を) 渇望する snakke (nei)

かつやく　活躍　*de* aktiviteit；活躍する wurksum wêze：彼女は言語学の分野で活躍している Sy *is wurksum* op it mêd fan 'e taalkunde.

かつよう　活用　*de* tapassing, （動詞の）*de* konjugaasje；活用する meinimme, tapasse：夏休みを最大限に活用する *de* grutte fâkânsje *meinimme*；（動詞を）活用させる ferbûg(j)e

かつら　鬘　*de* prûk / prúk, （部分の）*it* hierstikje

かつりょく　活力　*de* aktiviteit, *de* enerzjy, *de* fut, *de* kriich；活力のある aktyf, enerzjyk, fitaal, krêftdiedich

かて　糧　*it* brea, *it* iten, （心の）*de* stof：日々の糧 jins deistich *brea*, 思考の糧 *stof* ta neitinken

かてい　家庭　*de* famylje, *it* gesin：母子［父子］家庭 in ûnfolslein *gesin*；家庭（向き）の húshâldlik, húslik：家庭用品 húshâldlike artikels

かてい　仮定　*de* ûnderstelling；仮定する ferûnderstelle, oannimme, stelle, ûnderstelle：…と仮定しよう Ferûnderstel dat…, それが本当だと仮定しよう Lit ús *oannimme* dat it wier is.

かてい　過程　*it* berin, *it* ferrin, *de* gong, *de* proseduere, *it* proses, *de* rin

かてい　課程　(学習) *de* kursus

カテゴリー　(範疇) *de* kategory

がてん　合点　合点がいかない ûnbegryplik (→納得)

かど　角　(川・道の曲がり) *de* bocht, *de* draai, (隅) *de* herne, *de* hoeke：その通りの曲がり角 *de* hoeke fan de strjitte

かどう　稼働　*de* operaasje, *de* wurking；稼働する operearje；稼働していない wegerje

かとうな　下等な　gemien, ynferieur, min, minnich：下等なワイン *minnige* wyn；下等な人間 *de* pestkeardel；下等動物 legere dieren

かとうな　過当な　oerdiedich, oerdreaun

かどうな　可動な　mobyl：（可動性の電話）in *mobile* telefoan（→携帯電話）；可動性 *de* mobiliteit

かとき　過渡期　*de* oergongstiid；過渡的な tydlik（→一時的な）

かどの　過度の　oerdiedich, oerdreaun, ryklik（→法外な）；過度に stoef

カドミウム　*it* kadmium

カトリックの　katolyk；（ローマ）カトリック教 *it* katolisisme；カトリック教徒 *de* katolyk；（ローマ）カトリック教会の roomsk

かなあみ　金網　*it* gaas

かない　家内　（妻）myn frou, （家族）*de* famylje：家内一同 myn hiele *famylje*

かなう　叶う　（願いが）ferfolle wurde；かなえる ferfolje：人の希望をかなえる immens winsken *ferfolje*

かなう　適う　（…に）beäntwurdzje (oan), （適合する）foegje, passe, útkomme：目的に適う oan in doel *beäntwurdzje*

かなう　敵う　（匹敵する）belykje, kleurje, jin mjitte：彼にはかなわない Ik kin my net mei him *mjitte*.

かなきりごえ　金切り声　*de* gier, in hel［skil］lûd；金切り声を上げる giere

かなぐ　金具　metalen beslach
かなくぎ　金釘　de spiker, in (izeren) neil：物を金釘で留める eat mei in spiker fêstslaan
かなしい　悲しい，哀しい　drôf, drôvich, fertrietlik, treurich, tryst：悲しそうに見える drôvich sjen, 悲しい気持ち in tryst sin；悲しみ de drôfenis, it fertriet, it leed, de rouwe, de weemoed：悲しみと喜び leed en wille；(…を)悲しむ rouje [treur(j)e] (om)；悲しませる fertrietsje
かなた　彼方　→向こう；はるか彼方に fierôf
カナダ　Kanada；カナダ人 de Kanadees
かなづち　金槌　de hammer (→ハンマー)；金槌で打つ hammerje
かなめ　要　de spil, (要点) it punt
かなもの　金物　it hurdguod, de izerwaren；金物屋 de izerwinkel
かならず　必ず　(確実に) bepaald, fêst, foarfêst, grif, wis, (間違いなく) foarfêst, steefêst, wis, sûnder mis：それは必ず当てにできますよ Dêr kinne jo steefêst op oan., 必ず行きます Ik kom sûnder mis.
かならずしも…ない　必ずしも…ない　net allegearre：《諺》輝く物必ずしも金ではない It is net allegearre goud wat der blinkt.
かなりの　可成りの　behoarlik, belangryk, flink, hiel wat, oansjenlik：かなりの収入 in hiel behoarlik ynkommen, かなりの数 in belangryk [oansjenlik] tal, かなり多くの人たち flink wat minsken；かなり knap, moai, nochal：かなり暗くなってきた It wurdt al knap tsjuster., かなり長い nochal lang, かなり遅い moai let；かなり頻繁に withoefaak
カナリヤ　de kanarje
かに　蟹　de kraab, de krab(be)；がにまたで歩く tsjalskonkich rinne
かにゅう　加入　de oansluting：そのクラブへの加入 myn oansluting by de klup；(…に)加入する jin foegje [oanslute] (by)
カヌー　de kano
かね　金　(金属) it metaal, (お金) it jild：お金を儲ける jild fertsjinje, お金を浪費する it jild oer 'e balke smite, 全然お金がない gjin jild hawwe, 人にお金を貸す immen jild liene, jild oan immen liene
かね　鐘　de bel, de klok, de skille (→ベル，鈴)：鐘を鳴らす op 'e bel drukke, de klok liede (弔いのを鳴らす), oan 'e skille lûke；鐘を鳴らす belje, klokliede
かねかし　金貸し　(行為) de liening, (人) de liender
かねつ　加熱　de ferwaarming；加熱する ferwaarmje
かねつ　過熱　it tige hjit meitsjen；(エンジンなどが) 過熱する waarmrinne；過熱させる tige hjit meitsje
かねづまり　金詰まり　de jildkrapte (金欠)
かねて　予て　(以前から) tefoaren, yn 't foaren
かねもうけ　金儲け　de jildwinning；金儲けをする jild meitsje；金儲けのうまい人 de jildwinner
かねもち　金持ち　de rike, 《複》de rikelju；金持ちの ryk, skatryk：童話の中の王様は常に金持ちである In kening yn in mearke is altyd ryk.
かねる　兼ねる　(…と…とを) 兼ねる sawol as … as … tsjinje：この部屋は書斎と客間を兼ねている Dizze keamer tsjinnet sawol as wurkkeamer as salon.
かねんせいの　可燃性の　brânber, ûntflamber
かのう　化膿　de ettering, de swollerij：(親指が) 化膿している swolderij (oan 'e tomme) hawwe；化膿する drage, etterje, swolle：傷口が化膿している De wûne swolt., 指が化膿している De finger swolt my.
かのうな　可能な　mooglik：もし可能なら at it mooglik is = as it efkes koe,

可能な限り foar safier *mooglik*；可能性 *de* mooglikheid：…の可能性がある Der is in *mooglikheid* dat …；可能である→できる

かのじょ 彼女 彼女は［が］hja, sy, se；彼女の har；彼女を［に］har；彼女の物 harres；彼女自身は［が］hjasels, sysels；彼女自身を［に］har(ren)sels；彼女 jins freondinne（→ガールフレンド）

かのじょたち 彼女達 彼女たちは［が］hja, sy, se；彼女たちの har(ren)；彼女たちを［に］harren, se；彼女たちの物 harres；彼女たち自身は［が］／を［に］sysels, har(ren)sels

かば 河馬 *it* nylhoars

カバー （ベッドの）*de* beklaaiïng, *it* dek,（本などの）*it* omslach：本のカバー *it omslach* fan in boek；（損失などを）カバーする dekke

かばう 庇う beskermje, hoedzje（→保護する）

かばね 屍 *it* lyk（→死骸，屍(しかばね)）

かば(のき) 樺(の木) *de* bjirk(ebeam)

かはん 河畔 *de* riviersigge [-wâl]

かばん 鞄 *de* tas,（書類入れの）*de* aktetas, *de* attasjeekoffer（→アタッシュケース）,（旅行鞄）*de* koffer（→スーツケース）

かはんすう 過半数 *de* mearderheid：過半数を占めている yn 'e *mearderheid* wêze

かひ 可否 （是非）goed en kwea,（賛否）foar en tsjin

かび 黴 *de* skimmel：パンのかび *skimmel* op it brea；かびが生えた skimmelich：かびたチーズ *skimmelige* tsiis；かび臭い muf；かびが生える skimmelje, útslaan：そのパンにはかびが生えている It brea *skimmelet.*；白かび *de* útslach

がびょう 画鋲 *de* punêze（→押しピン）：絵は画びょうで留められる Mei in *punêze* kinst plaatsjes fêstprikke.

かびん 花瓶 *de* faas,（装飾用の）*de* stelt：チューリップを花瓶に挿す tulpen yn de *faas* sette, 飾り棚の上の花瓶 *steltsjes* op 'e kast

かびんな 過敏な gefoelich, nerveus：寒暖に過敏である *gefoelich* wêze foar kjeld en waarmte, 過敏になる *nerveus* wurde；過敏 *de* gefoeligens, *de* nerveuzens

かふ 寡婦 *de* widdo；寡婦年金 *it* widdopensjoen

かぶ 株 （切り株）*de* stobbe,（資本）*it* oandiel,（地位の評価）*de* reputaasje, *it* respekt；株主 *de* oandielhâlder

かぶ 蕪 *de* knol, *de* raap

カフェ *it* kaffee

カフェイン *de* koffeïne / kafeïne；カフェイン抜きの koffeïnefrij

カフェテリア *it* kafetaria（→軽食堂）

かぶさる 被さる （…に）hingje (op)：彼女の髪が額に被さっている Har hier *hinget* op 'e foarholle.

かぶしき 株式 *it* oandiel；株式会社 *it* nam(me)leas fennoatskip；株式市場 *de* oandielmerk

かぶせる 被せる （物で覆う）bedekke,（罪などを）beskuldigje

カプセル （薬・人工衛星の）*de* kapsule

かぶと 兜 *de* helm（→ヘルメット）

かぶとむし 兜虫 *de* krob(be), *de* tuor(re)

かぶぬし 株主 →株

がぶのみ がぶ飲み *de* slok：彼女は自分のビールをがぶ飲みした Se naam in grutte *slok* fan har bier.；がぶ飲みする slokke

かぶりつく 噛り付く bite, happe：りんごにかぶりつく yn in appel *bite*

かぶる 被る （帽子を）drage, opsette；被っている ophâlde, ophawwe,（ほこり・水などを）bedutsen wêze (mei)

かぶれ （皮膚の）*de* hûdútslach, *de* yrritaasje（→炎症）

かぶれる （漆などに）útslach krije,（感化される）gau [maklik] oanstutsen wurde

かふん 花粉 *it* stofmoal：花粉に敏感である gefoelich foar *stofmoal*；花粉

症 *de* stoppelgoarre
かぶんの　過分の　→過度の
かべ　壁　　*de* muorre,（城壁）*de* wâl,（障壁）*de* barrière, *de* hindernis：家の壁 *de muorren* fan in [it] hûs,《諺》壁に耳あり De *muorren* hawwe hjir earen., （障）壁を設ける *barrières* opsmite；壁紙 *it* behang（papier）
かへい　貨幣　*it* jild,（通貨）*de* faluta,（硬貨）*it* jildstik, *de* munt, *it* stik：貨幣を鋳造する *jild* muntsje
かべん　花弁　*it* kroanblêd
がペン　鵞ペン　*de* guozzepin(ne)
かほう　加法　（足し算）*de* optelling（→加算）
かほう　果報　*it* gelok, *it* lok；《諺》果報は寝て待て It kwea straft himsels.
かほう　家宝　*it* erfstik
かほう(に)　下方(に)　del
かほご　過保護　te grutte beskerming；過保護する te bot beskermje
かぼちゃ　南瓜　*de* pompoen
かま　釜　（炊飯用の）in izeren pot,（湯沸かし）*de* tsjettel；電気釜 in elektrysk rystastel
かま　窯　*de* ûne（→オーブン）
かま　鎌　*de* sichte
がま　蒲　*de* reidsigaar, *de* tuorrebout
がま　蝦蟇　*de* pod(de)（→蟇蛙）
かまう　構う　（気に留める）(jin) bekommerje [steure],（面倒を見る）fersoargje, soargje,（干渉する）fanwegenkomme, yngripe, ynterferearje；どうぞお構いなく Doch gjin muoite.
かまえ　構え　（身構え）*it* postuer,（外観）*it* foarkommen：構える jin yn *postuer* sette
かまきり　蟷螂　*de* bidsprinkhoanne
がまぐち　蝦蟇口　*de* jildpong(e), *de* pong(e), *de* portemonee
かまける　（雑用などに）かまける smoardrok wêze（→ひどく忙しい）：仕事にかまけている Ik haw it *smoardrok*.
がまん　我慢　*it* geduld：我慢する *geduld* dwaan, 私はこれ以上は我慢できない Myn *geduld* is op.；我慢強い ferduldich, geduldich：我慢強く待つ *geduldich* wachtsje；我慢できない ûnútsteanber：彼には全く我慢できない Ik fyn him absolút *ûnútsteanber*.；我慢する duldzje, ferdrage, ferkropje, ferneare, jin hâlde, hurdzje, úthâlde, útstean：寒さに我慢できない Ik kin de kjeld net *ferdrage* [*ferneare* / *útstean*].；じっと我慢する jin bedimje
かみ　神　（一神教）(*de*) God,（多神教）*de* god,（女神）*de* goadinne：神のみぞ知る *God* mei it witte., 神にかけて by *God*；神の god(de)lik；神を信じない goddeleas
かみ　紙　*it* papier：紙1枚 in feltsje *papier*；紙おむつ→おむつ, 紙屑 *it* skuorpapier；紙屑籠 *de* papierkoer
かみ　髪　*de* hier,《集合的に》（頭髪）*it* hier,《個別的に》（1本の）（髪毛）*de* hier：髪を伸ばす jins *hier* groeie litte
かみあう　噛み合う　mei-inoar ite,（歯車・歯などが）yninoar gripe,（議論が）op 'e selde weachlingte sitte
がみがみいう　がみがみ言う　gnauwe, gnoarje,（…に向かって）snauwe (tsjin)；《形》がみがみ言う snausk；がみがみ言う（女の）人 *it* fenyn, *it* hobbelhynder, *it* jeuzelgat, *de* lêber, *de* seurpot
かみきる　噛み切る　ôfbite
かみころす　噛み殺す　deabite；(あくび・痛みなどを) jin ferbite：痛みをかみ殺す jin fan 'e pine *ferbite*
かみしめる　噛み締める　（唇を）jin op 'e lippen bite,（熟考する）meal(l)e,（玩味する）wurdearje
かみそり　剃刀　*it* skearmês；剃刀の刃 *it* skearmeske
かみたばこ　噛み煙草　*de* prûmtabak
かみつく　噛み付く　（食いつく）bite, happe,（怒鳴）tabite
かみつな　過密な　（人口が）oerbefolke, oerbeset；人口過密 *de* oerbefolking

かみなり 雷 *de* tonger：雷がごろごろ鳴っている De *tonger* rattelet [rommelet].，雷が私の家に落ちた De *tonger* is by ús ynslein.；雷が鳴る tongerje：雷が鳴っている It *tongeret*.

かみん 仮眠 it knipperke, *de* sûs（→昼寝）

かむ 擤む （鼻を）(de noas) snute

かむ 噛む bite, gnauwe, haffelje, kôgje：食べ物をよくかむ jins iten goed *kôgje*

ガム *de* kaugom（→チューインガム）；ガムドロップ *de* gummybal

がむしゃらな roekeleas, ûnfoarsichtich：そんなにがむしゃらな運転をするな Do moatst net sa *roekeleas* ride.

カムフラージュ （偽装）*de* kamûflaazje；カムフラージュする kamûflearje

かめ 亀 *de* skildpod；海亀 *de* seeskyldpod；陸亀 *de* dekskyldpod

かめい 加盟 *de* oansluting；（…に）加盟する jin oanslute (by)（→加入する）

かめい 仮名 in fiktive namme（→匿名(とくめい)））

かめい 家名 *de* efternamme, *de* famyljenamme, *de* skaainamme, *de* tanamme（→名字）

がめつい （貪欲な）begearlik, fretterich, ynklauwerich；がめつい奴 *de* ynklauwer

カメラ it fototastel, *de* kamera；カメラ店 *de* fotohandel；（映画・テレビなどの）カメラマン *de* kameraman

カメレオン *de* kameleon

かめん 仮面 it masker；仮面をつける maskerje；仮面を取る ûntmaskerje

がめん 画面 （スクリーン）it skerm,（テレビなどの）it byldskerm

かも 鴨 （雌の）*de* ein,（雄の）*de* jerk(e)

かもく 科目, 課目 it fak, *de* kursus, *de* learfeint：科目を履修する in *kursus* folgje

かもく 寡黙 it stilswijen；寡黙な stilswijend, sunich, swijsum：寡黙な

（性格の）青年 in *sunich* jong

かもしか 羚羊 *de* antilope

かもしだす 醸し出す kreëarje, skeppe；（ビール・酒などを）醸す brouwe,（引き起こす）oanrjochtsje, stichtsje

（…）かもしれない kinne, meie：それは間違いかもしれない It *kin* in fersin wêze.，明日は無理かもしれません Moarn *kin* ik net.，彼は正しいかもしれないがそれでも Hy *mei* dan gelyk hawwe, dochs …

かもつ 貨物 *de* fracht, it frachtguod, *de* lading；貨物運送 *de* fracht；貨物自動車 *de* frachtauto [-wein]；貨物船 *de* frachtboat；貨物列車 *de* frachttrein；貨物運送業者 *de* frachtrider

かもめ 鴎 *de* miuw, *de* seefûgel

かもん 家紋 it famyljewapen

かやく 火薬 it krûd：銃に詰められた火薬 *krûd* yn it gewear

かやぶきやね 茅葺き屋根 it reidtek

かゆ 粥 （オートミルと牛乳からなる）*de* brij（ポリッジ），（米と牛乳からなる）*de* rizenbrij

かゆみ 痒み *de* jokte：体中がかゆい Ik haw oeral *jokte*.；かゆい jokje：かゆくて体を掻く jin *jokje*

かよう 通う （足繁く）jamk besykje,（学校へ）gean,（血などが）sirkulearje,（…と心が）kommunisearje (mei)；通いのお手伝いさん in deistige helper

かようび 火曜日 *de* tiisdei：火曜日毎に alle *tiisdeis*, 彼女は火曜日にはいつもテニスをする Hja tenniset altyd op *tiisdei*.；火曜日に（は）tiisdeis

がよく 我欲 *de* selssucht

から 殻 （卵・くるみ・栗などの）*de* bolster, *de* dop,（落花生・貝などの）*de* skyl, *de* skulp,（もみ）it tsjef / tsjêf；《比喩的に》自分の殻に閉じこもる yn 'e *skulp* krûpe

から 空 *de* leechte,（空っぽ）*de* legens；空の hol, leech；（グラスなどを）空にする leechmeitsje, leechnimme, leegje, lichte, útdrinke,（片づけて）útnimme, útskeppe：バケツを空に

（…）から

する in amer leegje，郵便受けを空にする in brievebus leegje；空になる leechrinne

（…）から 《場所の起点》fan，《時間の起点》《以来》sûnt

がら 柄 （模様）de ynrjochting, de tekening, de útfiering，（品格）de weardichheid

カラー （色）de kleur；カラーフィルム de kleurefilm；カラー写真 de kleurefoto；カラフルな kleurich

カラー （襟）de kraach：レースカラー in kanten kraach

からい 辛い pikant, pittich, skerp，（塩辛い）sâlt, sâltich

からいばり 空威張り de grutskens；空威張りする poche；空威張りの blastich, grutsk

からかう boartsje, pleagje：あることで人をからかう immen mei eat pleagje = de gek mei immen hawwe；からかうのが好きな pleagerich

からかみ 唐紙 in (Japanske) skodoar

からからにかわいた からからに乾いた koarkdroech [rys-]

からくじ 空籤 de neat：空くじを引く in neat lûke

がらくた de flarde, de rommel，《複》de snypsnaren

からくち 辛口の （ワインなど）droech，（塩辛い）sâltich：辛口のワイン droege wyn

からくも 辛くも krapoan, kweal(i)k （→辛うじて）

からくり 絡繰り （仕掛け）it meganyk, it meganisme，（誤魔化し）de trúk

からざお 殻竿 （脱穀用の）de fleiel, de swingel

からさわぎ 空騒ぎ de bombaarje, de omballingen, de ophef, it / de poeha：あることで空騒ぎする earne ophef fan meitsje

からし 辛子 de moster

からす 烏 de krie，（深山(みや)烏）de roek

からす 枯らす fertoarje, wylgje：日照りで花が枯れた De sinne fertoarre de blom.

からす 嗄らす （声を）嗄らしている heas wêze；嗄らして heas, mei in skoar lûd

ガラス it glês；ガラス（製）の glêzen：ガラス（張り）の家 in glêzen húske；ガラスのような glêzich；ガラス製品 it glês

からすむぎ 烏麦 de hjouwer, it oat （→オート麦）

からせき 空咳 droege hoast (sûnder flegma)

からせじ 空世辞 →お世辞

からだ 体 （身体）it lichem, it liif，（体格）de lichemsbou，（健康）de sûnens；体の fysyk, lichaamlik；体の具合がよくない siik wêze；お体に気をつけてください Do moatst dysels wat mije.

からっかぜ 空っ風 de beanhearre, in skrale wyn

からっぽの 空っぽの →空(か)っぽの

からつゆ 空梅雨 in droege rite

からて 空手 de karate

からてがた 空手形 in net dutsen sjek

からなみだ 空涙 《複》de bargetriennen

（…）からには no't：それを知ったからには No't ik dat wit, …

からまる 絡まる 《受け身形で》betiizje：猫が糸球に足を絡ませていた Us kat wie yn de kleaune jern betize.

からみあう 絡み合う yninoar wine

からみつく 絡み付く omstringelje

からむ 絡む bedraaie, wine，（係わる）belûke, meibringe：山羊の足にロープが絡んでいる De bok sit yn it tou bedraaid.

かられる 駆られる driuwe, oandriuwe；衝撃に駆られてあることをする yn in ympuls eat dwaan

がらんとした ferlitten：がらんとした部屋 in ferlitten keamer

かり 狩り de jacht：狩りに行く op 'e jacht gean，（…を）狩る jacht meitsje (op)；狩(り)をする jeie；狩人(か(や))

de jager（→猟師）
かり　借り　（借金）*it* debet, *de* skuld, （責任・恩などの）*it* debet：銀行に借りがある Ik stean *debet* by de bank., その仕事でぼくにも借りがある Ik bin dêr mei *debet* oan., 借りを返す in *skuld* fereffenje [ôflosse]；借りがある skuldich：あなたに幾ら借りがありますか Hoefolle bin ik jo *skuldich*?
かりあげる　刈り上げる　（髪などを）koart knippe
かりあつめる　駆り集める　opdriuwe
かりいれ　刈り入れ　*de* frucht, *de* risping(e)；（農作物を）刈り入れる rispje；刈り入れの月 *de* rispmoanne（→ augustus）
かりいれ　借り入れ　*de* ûntliening；借り入れる liene, ûntliene
カリエス　*de* kariës
かりかた　借り方　*de* debiteur（→債務者）
カリキュラム　it ûnderwiisprogramma
かりこむ　刈り込む　besnije, knippe
かりしんきゅう　仮進級　kondisjonele promoasje
カリスマ　*it* karisma；カリスマ的な karismatysk
かりそめの　仮初めの　（つかの間の）fergonklik, foarriedich, koart, tydlik：仮初めの恋 *koarte* ferealens
かりたてる　駆り立てる　driuwe, jeie：馬を駆り立てる hynders *driuwe*
かりちん　借り賃　（物品の）*de* hierpriis；借り賃を払う hiere
かりて　借り手　*de* hierder
かりとる　刈り取る　（草・穀物を）meane, ôfmeane, （収穫する）rispje, （悪などを）（根絶する）útroegje
かりに　仮に　（一時的に）fergonklik, fergonklik；仮の foarriedich, tydlik：仮の名前 in *foarriedige* namme（→仮名）, 仮の住まい it *tydlik* ferbliuw
かりに（…だとしたら）　仮に（…だとしたら）《接》as, mits：仮に彼がそれをしたら, その旨言うでしょう *As* er it dien hat, sil er it sizze.

かりに（…としても）　仮に（…としても）《接》al, alhoewol't, as：仮に遅くなったとしても, （それでも）彼は来る *Al* kaam er let, hy kaam dochs., 仮にお金がなくても, 彼は幸せだ Hy hat gelok, *alhoewol't* er gjin jild hat., 仮にそれが本当としても, 彼はそれを否定するだろう *As* it wie ris, sil er dat ferleagenje.
かりにも　仮にも　（いやしくも）al：仮にも彼がお金持ちだとしても, 幸福ではない As er *al* ryk is, lokkich is er net.
カリフラワー　*de* blomkoal
ガリべん　ガリ勉　*de* bealger, *de* wrotter
かりや　借り家　*it* hierhûs, *de* hierwenning
かりゅう　下流　*de* ûnderrin（↔上流）
かりゅう　顆粒　*de* kerl；顆粒状の kerlich
かりゅうびょう　花柳病　*de* geslachtssykte（→性病）
かりょう　加療　*de* sûnenssoarch；加療中である dokterje
かりょく　火力　de krêft fan it fjoer；火力発電所 *de* stoomkrêftsintrale
かりる　借りる　（お金を払って）hiere, （許可を得て）liene, （人の考えなどを）oernimme：家[土地]を借りる in hûs [stik lân] *hiere*, 父から自動車を借りている Ik haw de auto *liend* fan ús heit.
かる　刈る　（髪を）knippe, （草などを）meane
かる　駆る　（馬・車などを）driuwe, menne, stjoere：馬を駆る in hynder *stjoere*
かる　狩る　jeie
かるい　軽い　（重量が）licht, （程度が）licht, maklik：軽量のオートバイ in *lichte* motor, 軽い風邪 in *lichte* kjeld, 軽い仕事 in *maklik* putsje；軽く licht, sêft, （容易に）gau, maklik：彼女はドアを軽くノックした Sy kloppe *sêft* op 'e doar., 彼は試験に軽く合

格した Hy slagge *gau* foar in eksamen.
かるいし 軽石 *de* púmstien
かるくなる 軽くなる （目方が）licht wurde, (気分が) ferlichtsje：痛みが軽くなった De pine *ferlichte.*
カルシウム *de* kalk, *it* kalsium
カルテ *it* dossier
カルテット （四重奏）*it* kwartet
かるはずみ 軽はずみ →軽率
かるわざ 軽業 *de* akrobatyk；軽業師 *de* akrobaat（→アクロバット）
かれ 彼 彼は［が］hy, er；彼の syn；彼を［に］him；彼の物 sines, sinen；彼自身は［が］hysels；彼自身を［に］himsels；彼（氏）jins freon（→ボーイフレンド）
かれい 鰈 *it* platfisk
かれい 華麗 *de* geilens, *de* glâns, *de* pracht；華麗な prachtich, swiid
カレー *de* kerry：カレーライス rys mei *kerry*
ガレージ *de* garaazje, *de* stalling（→車庫）
ガレーせん ガレー船 *it* galei, *de* kombuis
かれき 枯木 in deade beam
がれき 瓦礫 *it* pún, *de* stienslach：がれきの下に埋もれている ûnder it *pún* lizze；がれきの山 *de* púnbult [-heap]
かれこれ dizze [dit] en dy [dat], (凡そ) foech, likernoch, neistenby, sawat, skraach, ûngefear：彼はかれこれ50才になる Hy is *foech* fyftich jier., かれこれ1時だ It is *sawat* [*skraach*] ien oere.
かれら 彼等 彼らは［が］hja, se, sy；彼らの harren；彼らを［に］harren, se；彼らの物 harres；彼ら自身は［が］sysels；彼ら自身を［に］har(ren)sels
かれる 枯れる （草木が）ferdôvje, ferdroegje, fertoarje, ferwyl(g)je, ôfstjerre, stjerre, wylgje：木が枯れている De beam *fertoarret.*；枯れた dea, dôf：枯れた枝 in deade tûke, 枯れ葉 *deade* blêden
かれる 涸れる （水が）lúnje, ôfdroegje, opdroegje
かれる 嗄れる （声が）heas [skar] wurde, (一時的に) in kikkerd yn 'e kiel hawwe；かれた heas, skoar：かれ声 (で)(mei) in *skoar* lûd
カレンダー *de* kalinder
かれんな 可憐な leaflik, moai, oannimlik：可憐な少女 in *moai* famke
かろう 過労 *it* oerwurk, oermjittich wurk；過労する jin ferarbeidsje, jin ferwrotte, jin ferwurkje, jin oerskreppe, oerwurkje
がろう 画廊 *de* keunstgalery
かろうじて 辛うじて efkes, foech, krapoan, kweal(i)k, skaachwei：彼女は辛うじて笑いを我慢することができた Hja koe mar *efkes* it laitsjen ynhâlde., 彼は辛うじて歩ける Hy kin *kweal(i)k* rinne.
かろやかな［に］軽やかな［に］licht：軽やかなステップ *lichte* stappen, 軽やかに踊る *licht* dûnsje
カロリー *de* kalory；低カロリーの kaloryearm, 高カロリーの kaloryryk：低［高］カロリーの食事 in *kaloryearm* [*-ryk*] dieet
かろんじる 軽んじる fersleaukje, fersloere, fersomje, útrûpelje：彼女は家事を軽んじてきた Hja hat *fersomme* har húswurk te meitsjen.
かわ 川, 河 *de* rivier, (流れ) *de* stream：その川は町を流れている De *rivier* streamt troch de stêd., 子供たちは川を泳ぎ渡った De bern swommen de *rivier* oer., 川の水が増した De *rivier* streamde oer.
かわ 皮 （豆などの）*de* hûl, (果物・じゃがいもなどの) *de* skyl, (穀物の) *de* bolster, (樹木の) *de* (beam)skors, (獣皮) *de* hûd：豆の皮 *de hûl* fan beane, バナナの皮 *de skyl* fan in banaan；りんごの皮をむく in appel skile
かわ 革 （セーム皮）*it* lear：この靴は革でできている Dy skuon binne makke fan *lear.*；革(製)の learen

がわ 側 *de* kant,（側面）*de* side：右［左］側に oan 'e rjochter [lofter] kant；左［右］側 *de* lofterkant [rjochter-]；両側に links en rjochts

かわいい 可愛い hearlik, leaf, leave, moai,（小さくて）leaflyts,（とても）alderleafst：あの子は可愛い顔をしている Se hat in *leaf* gesicht., 可愛らしい赤ちゃん in *leaflyts* berntsje；可愛らしい oanfallich；（子供などを）可愛がる koesterje, oanhelje：（自分の）子供を可愛がる (jins) bern *koesterje*

かわいそうな 可哀相な begrutlik, earm, earmhertich：可哀相な老人 in *begrutlik* âld mantsje, 可哀相に！Wat *begrutlik*!

かわうそ 川獺 *de* otter

かわかす 乾かす droegje, opdroegje；（すっかり）乾く droegje, ferdroegje, yndroegje, opdroegje：地面がすっかり乾いている De grûn is *yndroege*.；乾いた droech：乾いた大気 *droege* lucht

かわかみ 川上 *de* bopperin（→上流）

かわき 渇き （のどの）*de* toarst：のどがひどく渇く in soad *toarst* hawwe, のどの渇きをいやす de *toarst* dwêste [ferslaan]；のどが渇いた toarstich：今日はのどが渇いた Ik bin hjoed *toarstich*.

かわぎし 川岸 *de* bank, *de* igge, *de* wâl：川岸に oan 'e *igge* fan 'e rivier

かわきり 皮切り （初め）*it* begjin：皮切りに by it *begjin*

かわぐつ 革靴 learen skuon

かわしも 川下 *de* ûnderrin（→下流）

かわす 交わす （言葉・視線を）wikselje：（…と）言葉を交わす wurden *wikselje* (mei), …について意見を交わす fan gedachten *wikselje* oer …

かわす 躱す （避ける）ôfwarre, ûntwike：一撃をかわす in slach *ôfwarre*, ボールをかわす in bal *ûntwike*, 返事をかわす in antwurd *ûntwike*；かわすこと *de* draaierij（→言い逃れ）

かわず 蛙 →蛙（かえる）

かわせ 為替 （郵便）*de* postwiksel；為替手形 *de* wiksel；為替レート *de* faluta, *de* koer(t)s：1 ユーロの為替ルートは今 102 円である De *koer(t)s* fan de euro is no 102 yen.

かわせみ 翡翠 *de* iisfûgel

かわぞいに 川沿いに by de rivier lâns：川沿いに歩く *by de rivier lâns* rinne

かわぞこ 川底 *de* boaiem, de boaiem fan in rivier

かわった 変わった bryk, frjemd, nuver：それは変わった味がする It smakket *nuver*.

かわばた 川端 de kant fan in rivier

かわら 瓦 （屋根葺き用タイル）*de* dakpanne

かわり 代わり, 替わり （代用品）*it* substitút,（代役・代理人）*de* ynfaller, *de* waarnimmer,（交代）*de* ôflossing；…の代わりに ynpleats [ynstee] fan …；代［替］わる ferfange,（交代する）ôflosse

かわり 変わり （変化）*de* feroaring,（違い・異状）*it* ferskil, *de* ôfwiking；変わる feroarje,（情勢・状況などが）oerslaan, ôfwikselje, wikselje：天気が変わる It waar *feroaret*., アクセント（の位置）が変わる De klam *wikselet*.；変わりやすい feroarlik, lumich, ritich：変わりやすい天気 *lumich* waar

かわりめ 変わり目 （季節などの）*de* draaipeal, *it* draaipunt [kear-]

かわりもの 変わり者 *de* aparteling, *de* nuverling；彼は変わり者だ Hy is in apart man.

かわるがわる 代わる代わる efterinoar, om bar

かん 缶 （ブリキ）*it* blik, *de* bus, *it* konserveblik

かん 巻 （本の）*de* bondel, *it* diel,（刊行物の）*de* jefte,（雑誌・新聞などの合本）*de* jiergong：双書の第 10 巻 it tsiende *diel* út 'e rige

かん 勘 *de* yntuysje（→直観）, *de*

かん

noas：勘がいい in fine *noas* hawwe
かん　棺　*de* deakiste, *de* kist(e), *de* lykkist；棺に収める kistje
かん　管　*de* buis, *de* piip（→パイプ）
がん　癌　*de* kanker：癌を患っている kanker hawwe, 癌で死ぬ oan *kanker* stjerre；癌患者 *de* kankerpasjint
がん　雁　in wylde goes
かんあん　勘案　*it* berie(d), *de* beskôging；勘案する beriede, beskôgje
かんい　簡易　*de* ienfâld, *de* simpelens；簡易な ienfâldich；簡易化された simplistysk；簡易化する simplifisearje
がんい　含意　*de* ymplikaasje, *de* konnotaasje
かんいっぱつで　間一髪で　op it nipperke
かんえん　肝炎　*de* leverûntstekking
かんおけ　棺桶　→棺
かんか　看過　*it* fersom；看過する fersomje, oersjen, oersljochtsje：間違いを看過する flaters oersljochtsje
かんか　感化　*de* ynfloed：人から感化される ûnder de *ynfloed* fan immen stean, …に感化されて ûnder (de) *ynfloed* fan …；感化する beynfloedzje；感化作用 *de* beynfloedling
がんか　眼科　*de* eachhielkunde；眼科医 *de* eachdokter
かんがい　感慨　*de* emoasje, *de* yndruk（→感銘）；感慨無量である djip rekke wêze, opwâlje（→(感情が)込み上げる）
かんがい　灌漑　*de* befloeiïng, *de* yrrigaasje；灌漑する befluorje, yrrigearje
かんがえ　考え　(思考・見解) *de* gedachte, *de* tinkbyld, *it* tinken, *de* tins, (着想) *it* idee, (思慮・考慮) *it* berie(d), *de* beskôging, *it* betinken, *it* oerlis, *de* oertinking, *de* prakkesaasje, (意図・意向) *de* bedoeling, *it* doel, (想像・願望) *de* fantasy, *de* ferbylding, (期待・願望) *de* hope, *de* winsk：考え[物思い]に耽る yn *gedachten* sitte, 私の考え[見解]によれば nei [neffens] myn *betinken*, その理論についての私の考え[見解] myn *tinkbylden* oer de teory, …することを考え[思い]つく op it idee komme om …, よく考え[考慮し]ないで sûnder *berie*(d), …する考え[意向]である fan *doel* wêze [hawwe], それはきっと君の考え[思い]違いだったのだろう It sil wol *ferbylding* west hawwe., 彼女の考え[願い]がかなった Har *winsk* is útkaam.
かんがえかた　考え方　*de* ynstelling, *de* redenaasje：それは一風変わった考え方だ Dat is in nuvere *redenaasje*.
かんがえこむ　考え込む　prakkesearje：死について考え込む oer de dea *prakkesearje*
かんがえちがい　考え違い　*it* misbegryp, *it* misferstân：それに関しては考え違い[誤解]のないようにしよう Lit dêr gjin *misbegryp* oer wêze.；考え違いをする misferstean, miskenne
かんがえなおす　考え直す　jin beriede, jin betinke
かんがえる　考える　(思考する) tinke, (熟慮する) jin beriede [betinke], prakkesearje, sjen, (想像する) jin ferbyld(zj)e [foarstelle], (仮定する) fermoedzje, stelle, (疑う) jin benije, fertinke, ornearje, (意図する) bedoele, ornearje, (期待・願望する) hoopje, winskje, (見放す) hâlde, oanmerke：それをどう考えるか Wat *tinkst* derfan?, ちょうど考えていたところでした Ik siet krekt te *tinken*., それについての私の考えは違う Ik *tink* der oars oer., そのことをもう1度考えなければならない Ik moat my der ris oer [op] *betinke*., 君が同意してくれるものと考えている Ik *stel* my sa *foar* datst it der wol mei iens wêze silst.
かんかく　間隔　(時間・空間の) *de* ynterfal, *de* ôfstân, *de* romte, *de* spaasje（→スペース）, *de* tuskenromte, (時間の) *de* tuskentiid
かんかく　感覚　*it* gefoel, *de* sin, (五官

による) *de* gewaarwurding；私は指の感覚がない Ik haw gjin *gefoel* yn 'e fingers.；感覚の sintúchlik：感覚的知覚 in *sintúchlike* waarnimming；感覚を失った gefoelleas；感覚器官 *it* sintúch

かんかつ　管轄　*it* amtsgebiet, *it* rjochtsgebiet；管轄する kontrolearje

かんがっき　管楽器　*it* blaasynstrumint

がんかに　眼下に　眼下に広大な海が広がっている Wy sjogge de wide see, dy 't him ûnder ús útspraat.

かんがみて　鑑みて　…にかんがみて mei it each op …

カンガルー　*de* kangeroe

かんき　乾期, 乾季　de droege fan it jier

かんき　換気　*de* fentilaasje；換気する fentilearje；換気装置 *de* fentilator

かんき　寒気　*de* kjeld, in kjelderige loft

かんき　歓喜　*de* freugde；歓喜する jin ferlustigje, jubelje；歓喜して optein

かんきする　喚起する　(呼び起す) oproppe, útlokje, wekje：人に興味を喚起する immens belangstelling oproppe [wekje]

かんきゃく　観客　(劇場などの) *de* audiïnsje, (見物人) *de* omstanner, *de* sjogger, *de* taskôger；観客席 *de* tribune (→スタンド)

かんきゅう　緩急　(スピードの) hege en lege faasje, (緊急) *it* needgefal, *de* urginsje

がんきゅう　眼球　*de* eachbol

かんきょう　環境　*it* fermidden, *it* miljeu, *de* omwrâld：彼は(われわれとは)異なった環境の出である Hy komt út in oar *fermidden*.；環境汚染 *de* miljeufersmoarging

がんきょう　頑強　*de* koppigens；頑強な stânfêst, stiif, (体が) dreech, flink, stevich：頑強な抵抗 it *stege* ferset

かんきん　換金　*de* omsetting；換金する jild omsette

かんきん　監禁　*de* finzenisstraf, *de* finzenskip, *de* opsluting；監禁する finzensette, opslute

がんきん　元金　*it* kaptaal, *de* haadsom (→資本金)

がんぐ　玩具　*de* boarterij (→玩具(おもちゃ))；玩具店 *de* boartersguodwinkel

かんぐる　勘繰る　fertinke；勘ぐっている erchtinkend wêze

かんけい　関係　*de* betrekking, *de* relaasje：外交関係 diplomatike *betrekkingen*, (…と) 深い関係にある in yntime *relaasje* hawwe (mei)；関係する oangean, (関与する) belûke：それは私には関係がない Dat giet my net oan., 私はそれには関係 [係わってい] ない Dêr bin ik net by *belutsen*.

かんげい　歓迎　*de* begroeting, *de* resepsje, *it* ûnthaal, *it* wolkom：手厚い歓迎 in gastfrij *ûnthaal*, 人を歓迎する immen it *wolkom* taroppe；歓迎する begroetsje, ferwolkomje, ynhelje：新しい市長を歓迎する de nije boargemaster *ynhelje*；歓迎会 *de* resepsje：彼らは私のために歓迎会を開いてくれる Se sille in *resepsje* foar my hâlde.

かんげき　感激　*de* ympresje, *de* oandienens；感激する ymponearje (→感動する)；感激して (いる) oandien (wêze)

かんけつ　完結　*de* foltôging；完結する foltôgje

かんけつ　簡潔　*de* beheindens, *de* koartens；簡潔な koart, summier：簡潔に yn 't *koart*, by *koart*(en), 簡潔に言えば om *koart* te gean, 簡潔に述べる *koart* om 'e hoeke gean

かんげん　還元　*de* restauraasje；還元する restaurearje

かんげんがく　管弦楽　*de* orkestmuzyk；管弦楽団 *it* orkest (→オーケストラ)

かんげんすれば　換言すれば　oars sein

がんけんな　頑健な　dreech, foars, kras, stevich, ûngemaklik

かんこ　歓呼　*it* jûchhei；歓呼する jûchje

かんご　看護　de ferpleging；看護する ferplege；看護士［師］de ferpleger, 看護婦 de ferpleechster；看護人 de ferpleging
がんこ　頑固　de stegens；頑固な koppich, steech, stiif, stiiffêst, stiifsettich；頑固な人 de stiifkop
かんこう　観光　it toerisme；観光する omreizgje；観光（客）の, 観光旅行の toeristysk；観光案内所 it frjemdlingeferkear；観光客 de toerist
かんこう　感光　de beljochting（→露出）；感光させる beljochtsje
かんこう　慣行　de gewoante, de wenst
かんこうちょう　官公庁　it gemeentehûs（en it provinsjehûs）
かんこうへん　肝硬変　de leversykte
かんこうり　官公吏　de amtner, de ryksamtner（→公務員）
かんこく　勧告　it advys；勧告する adviseartsje, sommearje
かんこく　韓国　(Súd-)Koreä；韓国風の (Súd-)Kore'aansk；(韓国人［語］(の))(it)(Súd-)Kore'aansk
かんごく　監獄　→刑務所
かんこんそうさい　冠婚葬祭　in seremoniele gelegenheid
かんさ　監査　de ynspeksje, de kontrôle；監査する ynspektearje, kontrolearje, neisjen；監査役 de akkountant, de kontroleur
がんさく　贋作　de falsifikaasje（→偽物）；贋作する falsifiearje（→偽造する）；贋作の falsk
かんさつ　監察　de ynspeksje；監察する kontrolearje, opsichterje
かんさつ　観察　de observaasje；観察する neigean, observearje, waarnimme：鳥を観察する fûgels observearje；観察者 de observator, de waarnimmer
かんさつ　鑑札　de fergunning, de lisinsje（→認可証）
かんさん　閑散　de stilte；閑散とした dea, deadsk（→活気のない）：閑散とした通り in deade strjitte
かんさん　換算　de ynwikseling, it omrekkenjen；換算する ynwikselje, omrekkenje, omsette：円をユーロに換算する yens yn euro's omrekkenje；換算率 de omrekkenkoers
かんし　監視　it tasjoch, de wacht；監視する behoedzje, surveillearje, tasjen, wachthâlde；監視者［人］de surveillant, de útkyk, de wachter；監視哨 de wachtpost；監視カメラ in surveillânse kamera
かんし　冠詞　it artikel, it lidwurd：(不)定冠詞（ûn）beskaat lidwurd
かんじ　漢字　it Sineesk skrift
かんじ　感じ　it gefoel, de sin,（印象）de ympresje；感じのよい aardich；感じの悪い ûnaardich；感じやすい gefoelich；感じやすさ de gefoeligens
かんしき　鑑識　（美術品などの）de ûnderskieding, (犯罪の) krimineel ûndersyk；鑑識する karre
がんじつ　元日　it nijjier, de nijjiersdei
（…に）かんして　（…に）関して　oanbelangjend(e), oangeande
かんしゃ　感謝　de tank, de tankberens：…に対して感謝の印に as tank foar …；感謝する tankje；感謝して erkentlik, tankber；感謝祭 de tankdei；感謝状 de tankbetsjûging
かんじゃ　患者　de pasjint：患者の具合はどうですか Hoe is it mei de pasjint?
かんしゃく　癇癪　de opljeppenens；かんしゃく持ちの opljeppen(d)；かんしゃくを起こす jin hjit meitsje；かんしゃく持ち de hjitholle
かんしゅ　看守　（刑務所の）de sipier
かんしゅう　慣習　it gebrûk, de gewoante, de tradysje：古い慣習に従って neffens in âld gebrûk；慣習的な[に] âlderwenst
かんしゅう　観衆　→観客
かんじゅせい　感受性　de emosjonaliteit, it gefoel, de gefoeligens
がんしょ　願書　de oanfraach（→志願）
かんしょう　干渉　（言語・電波などの）it ynslûpsel, de yntervinsje, de tusken-

komst；干渉する jin bejaan, yngripe, ynterferearje（→口出しをする）

かんしょう 感傷 *it* sentimint；感傷的な[に] sentiminteel；感傷癖 *de* sentimintaliteit

かんしょう 環礁 *it* atol

かんしょう 観賞 （自然物の）*de* bewûndering；観賞する bewûnderje, geniet(sj)e：花を観賞する fan blommen *genietsje*

かんしょう 鑑賞 （芸術作品などの）*de* appresjaasje；鑑賞する geniet(sj)e：音楽を鑑賞する fan muzyk *genietsje*

かんじょう 勘定 *de* rekken：勘定を払う *de rekken* betelje = rekkenje；勘定書 *de* rekken, *de* rekkening

かんじょう 感情 *de* emoasje, *it* gefoel；感情的な emoasjonneel, gefoelich；感情のない gefoelleas；感情移入 *de* empaty

がんしょう 岩礁 *de* reef, *it* rif

かんしょうき 緩衝器 （自動車の）*de* buffer, *de* skokbrekker（→バンパー）

がんじょうな 頑丈な geef, hecht, solide, sterk, taai：頑丈な建物 in *geef gebou*, 頑丈な自転車 in *solide fyts*

かんじょうの 環状の ringfoarmich

かんしょく 官職 *it* amt：官職につく *it amt* besette

かんしょく 感触 *it* gefoel, *de* taast：感触で op *it gefoel*

かんじる 感じる fiele, oanfiele, （うすうす）rûke：寒く感じる kâld *oanfiele*, 彼女はあることをうすうす感じている Hja *rûkt* wat.

かんしん 感心 *de* bewûndering；感心する bewûnderje：人の…に感心する immen *bewûnderje* om …；感心な pryslik；感心しない ûngeunstich, （不快な）ûnhuerich

かんしん 関心 *it* belang, *de* belangstelling, *de* ynteresse, *de* niget：（…に）関心がある *belang* hawwe（by）, *belangstelling* hawwe（foar）, *niget* hawwe（oan）, それには関心はない It hat myn *ynteresse* net.；関心がある belang-

hawwend, ynteressant；（…に）関心がある jin ynteressearje（foar）, …に関心を示す［示さない］earne（net）nei tale：彼は女性に関心がないようだ Hy liket net nei frouljuete talen.

かんじんな 肝心な （大事な）belangryk, foarnaam, swier(wichtich), wichtich：肝心な問題 in *wichtich* fraachstik

かんすい 完遂 *de* foltôging；完遂する folbringe, foltôgje, trochfiere：改革を完遂する in herfoarming *trochfiere*

かんすう 関数 *de* funksje

かんする 関する →関係する

かんせい 完成 *de* folsleinens, *de* foltôging；完成する folbringe, foltôgje, ôfmeitsje；完成した folslein

かんせい 感性 *de* emosjonaliteit, *de* gefoeligens

かんせい 管制 *de* kontrôle；（航空）管制塔 *de* ferkearstoer

かんせい 歓声 *it* jûchheigerop；歓声を上げる jubelje, jûchje

かんぜい 関税 *de* dûane；関税のかからない tolfrij；関税のかかる tolplichtich

がんせき 岩石 *de* klip(pe), *de* rots, *de* stien；岩石だらけの rotsich

かんせつ 関節 *de* knier, *it* lid

かんせつの［に］ 間接の［に］ yndirekt, sydlings：彼には間接的な責任があった Hy wie *yndirekt* ferantwurdlik., 人にあることを間接的に［それとなく］知らせる immen *sydlings* wat meidiele

かんせん 感染 *de* besmetting, *de* ynfeksje；感染させる besmette, oansette, oanstekke, oerbringe；感染する oanstekke, omgean；感染した oandien；感染性の oanstutsen：仲間から感染した Ik bin *oanstutsen* troch myn maat.

かんせん 幹線 in foarname line；幹線道路 *de* foarrangswei, *de* strjitwei

かんぜん 完全 *de* perfeksje：あることを完全に学ぶ eat oant yn 'e *perfeksje* leare；完全な[に] finaal, folmakke, folslein, perfekt（→申し分のない）：完全犯罪 in folmakke [folsleine]

misdie(d)；完全に hielendal（→すっかり）

かんせんする　観戦する　（試合などを）oanskôgje, taskôgje

かんそう　乾燥　*de* droechte, *de* droegens；乾燥した droech, droechsum, skrok：乾燥した天気 *droech* [*skrok*] *waar*；乾燥させる droechmeitsje, droegje；乾燥する droegje, opdroegje, oplûke：今日は乾燥［からっと］した天気 It *droeget* goed hjoed.；乾燥機 *de* droeger

かんそう　感想　*de* foarstelling, *de* ympresje, *de* yndruk（→印象）：感想を述べる jins *yndruk* meidiele

かんぞう　肝臓　*de* lever, （牛・豚などの）*de* lever（→レバー）：肝臓が悪い it oan 'e *lever* hawwe

かんそうきょく　間奏曲　it tuskenspul

かんそうする　歓送する　→送別する；歓送会 it ôfskiedsfeest（→送別会）

かんそうする　完走する　útride

かんそく　観測　*de* observaasje：惑星の観測をする oan *observaasje* fan planeten dwaan；観測する observearje

かんそな　簡素な　ienfâldich, sober：簡素な生活をする ienfâldich [sober] libje

かんたい　寒帯　de kâlde sônes

かんたい　歓待　in gastfrij ûnthaal；（人を）歓待する（immen）warm ûnthelje

かんたい　艦隊　*de* float

かんだい　寛大　*de* gollens, *de* toleränsje；寛大な［に］gol, grutmoedich, liberaal

かんだかい　甲高い　hel, skerp：甲高い声 in hel lûd

かんたく　干拓　*de* ynpoldering, *de* lânoanwinning；干拓する droechlizze [-meitsje], ynpolderje；干拓地 *de* ynpoldering, *de* polder

かんたん　感嘆　*de* bewûndering；感嘆する bewûnderje；感嘆詞 *it* útropwurd；感嘆符 *it* útropteken（!）

かんたん　簡単　*de* simpelens；簡単な［に］ienfâldich, maklik, noflik, simpel, mei mak；いとも簡単に deamaklik：2, 3の簡単な質問 in pear *simpele* fragen；簡単にする simplifisearje

かんだん　閑談　it babbelpraatsje；閑談する babbelje, keuvelje

かんだん　歓談　in hearlik praatsje [petear]；歓談する prate

がんたん　元旦　→元日

かんだんけい　寒暖計　*de* termometer：寒暖計が摂氏25度を示している De *termometer* stiet op 25℃.

かんだんなく　間断なく　allegeduer(ig)en, aloan, oanienwei, trochrinnend

かんち　奸知　*de* smychtestreek（→悪知恵）

かんちがい　勘違い　*it* misbegryp, *it* misferstân；勘違いをする misferstean, misfetsje, miskenne

がんちく　含蓄　*de* ymplikaasje；彼女の言葉にはなかなかの含蓄がある Har opmerking is tige suggestyf.

かんちする　感知する　opfange（→感付く）

かんちする　関知する　（…に）jin bewust wêze（fan）；《通例，否定文で》（あることに）関知していない jin earne net fan bewust wêze

かんちょう　干潮　*de* eb(be) / êb(e)（→引き潮）, leech tij, *it* leechwetter（↔満潮）：干潮時に by *ebbe*[*êbe*]

かんちょう　官庁　it ryksamt, it ryksburo, *it* steatsamt

かんちょう　浣腸　it klysma

かんつう　姦通　*de* oerhoer, *de* troubrek；姦通する troubrekke

かんつう　貫通　*de* penetraasje；貫通する boarje

かんづく　感付く　bespeure, gewaarwurde

かんづめ　缶詰　it blik / blyk：缶詰の肉 fleis yn *blik*；缶詰にする kinne

かんてい　官邸　*de* amtswenning

かんてい　鑑定　*de* taksaasje；鑑定する taksearje（→査定する）；鑑定人 *de* taksateur, （美術品などの）*de* fynpriuwer, *de* kenner

かんてつ　貫徹　*de* ferwurvenheid；貫徹する trochfiere, trochsette：自分の主張を貫徹する jins sin *trochsette*
かんてん　観点　*it* eachpunt, *it* stânpunt：文法的観点から út grammatysk *eachpunt* wei
かんでんする　感電する　in elektryske skok krije
かんでんち　乾電池　*de*（droege）batterij
かんど　感度　*de* gefoeligens；感度のよい gefoelich
かんとう　巻頭　de iepening fan in boek
かんどう　勘当　*it* ferstjitten；勘当する ferstjitte, ûnterv(j)e：息子を勘当する in soan *ferstjitte*
かんどう　感動　*de* emoasje, *it* moed, *de* muoilikens, *de* oandienens, *de* oandwaning：彼女は感動のあまり震えていた Sy trille fan *oandwaning*., 彼は深く感動した It taaste him yn it *moed*.；感動する ûntroere；感動させる ymponearje, oandwaan, oanpakke；感動している muoilik [oandien] wêze：あることに感動している earne *muoilik* ûnder *wêze*, その芝居を見て，感動のあまり涙が出てきた Ik wie sa *oandien* troch it toanielstik dat ik der fan gûlde.；感動的な[に] oangripend：感動的な話 in *oangripend* ferhaal
かんとうし　間投詞　*de* ynterjeksje（→感嘆詞）
かんどうみゃく　冠動脈　*de* hertier, *de* krânsslachier
かんとく　監督　*de* kontrôle, *it* tasjoch,（映画の）*de* regisseur：監督下にある ûnder *kontrôle* hawwe；監督する kontrolearje, liede, regissearje：人の仕事を監督する immens wurk *kontrolearje*；監督者 *de* begelieder, *de* kontroleur, *de* opsichter
かんとくする　感得する　beseffe, jin realisearje
がんとして　頑として　daamsteech, koppich, obsternaat, steech, stiifsettich
かんな　鉋　*de* platskaaf, *de* roffel, *de* skaaf：大工はかんなを用いる De timmerman brûkt *skaven*.
かんなづき　神無月　*de* oktober（→十月）
かんなん　艱難　*de* muoite
かんにん　勘忍　（我慢・辛抱）*it* geduld, *de* lankmoedigens,（容赦）*de* ferjouwing：勘忍袋の緒が切れる jins *geduld* ferlieze
カンニング　*de* bedragerij；カンニングをする bedrage, ôfsjen, smokkelje, spike；カンニングペーパー *it* spykbriefke
かんぬき　閂　（差し錠）*de* skoattel, *de* slútboom
かんねん　観念　（考え）*it* besleur, *de* foarstelling, *it* tinkbyld,（断念）*de* berêsting；観念する loslitte, opjaan：彼女は観念しないだろう Sy sil it nea *opjaan*.；観念的な tinkbyldich
かんのう　官能　*de* sinlikens；官能的な geil, glei, puntich, sensueel, sinlik：官能的な女 in glei frommes, 官能的な喜び sinlik genot
かんぱ　寒波　*de* kjeldweach
かんぱい　完敗　in hiele delslach, in komplete nederlaach；完敗する kompleet ferslein wurde
かんぱい　乾杯　*de* dronk, *de* toast：ある事柄［人］のために乾杯をする in *dronk* útbringe op eat [immen]；乾杯！Proast!, Tsjoch!
かんばしい　芳しい　（においがよい）geurich, swietrokich,（評判がよい）geunstich；芳しくない sober wêze
カンバス　*it* kanvas
かんぱする　看破する　trochhawwe [-krije]（→見抜く）：私は彼のたくらみを看破した Ik *hie* syn plan *troch*.
かんばつ　干魃　*de* droechte；干ばつの droechsum：干ばつ続きの天気 *droechsum* waar
がんばる　頑張る　jins bêst dwaan, jin goed hâlde；頑張り抜く trochsette；頑張れ！Hâld moed!, Jûpsty!
かんばん　看板　*it* hingelboerd, *it* úthing-

boerd, (広告・掲示板) it oanplakboerd, it reklameboerd
かんぱん 甲板 it dek
かんびした 完備した (…が) folstean (mei)
かんびょう 看病 de ferpleging ; 看病する ferplege ; 寝ずの看病をする wekje
かんぶ 幹部 it bestjoerslid, de direksje (→監督，重役)
かんぷする 還付する werombetelje [-jaan] (→払い戻す)
かんぶつ 乾物 droech iten [proviand]
かんぺき 完璧 de folsleinens, de perfeksje ; 完璧な folslein, perfekt
がんぺき 岸壁 de kaai, de wâl (→埠頭) : 船が岸壁に停泊している It skip leit oan de kaai.
かんべつ 鑑別 de ûnderskieding ; 鑑別する ûnderskiede
かんべん 勘弁 de ferjouwing ; 勘弁する ferjaan, sparje
かんべんな 簡便な (便利な) hannelber, hânsum
かんぼう 感冒 →インフルエンザ
がんぼう 願望 it / de ferlangst(me), de wil, de winsk
かんぼく 灌木 it strew(i)el, de strûk / strúk
かんぼつ 陥没 de fersakking ; 陥没する fersakje, trochsakje [-sette]
がんぽん 元本 it kaptaal (→元金)
かんまん 干満 (潮の) eb en floed
かんまんな 緩慢な sleau, stadich, traach
かんむり 冠 (王・花の) de kroan
かんめい 感銘 de yndruk : 人に深い感銘を与える in djippe yndruk op immen meitsje
かんめいな 簡明な saaklik
がんめいな 頑迷な eigensinnich, eigenwiis, eigenwillich, obsternaat
かんもん 喚問 de ynkwisysje ; 喚問する sommearje (→召喚する)
かんやく 簡約 de ferkoarting ; 簡約する ferkoartsje

がんやく 丸薬 de pil (→錠剤)
かんゆ 換喩 de metonymy
かんゆう 勧誘 (誘い) de ferlieding, (説得) de oertsjûging ; 勧誘する ferliede, lokje (→誘う), (説得する) beprate, ferswarre, oerhelje, oerreedzje, oertsjûgje, omprate
がんゆうする 含有する ynhâlde, omfetsje ; 含有量 it gehalte ; アルコールの含有量 it alkoholgehalte
かんよ 関与 de dielnimming, de partisipaasje ; 関与する meipartsje, partisipearje
かんよう 涵養 de kultuer ; 涵養する kultivearje
かんよう 寛容 de ferdraachsumens, de tolerânsje ; 寛容な ferdraachsum, tolerant
かんよう 慣用 慣用(法) it spraakgebrûk ; 慣用的な，慣用語法の idiomatysk (→熟語的な) ; 慣用(語)法 it idioom
がんらい 元来 (本来) oarspronklik, orizjineel, (本質的に) essinsjeel
かんらく 陥落 (没落) de fersakking, (城などの) de fal : トロイの陥落 de fal fan Troje ; 陥落する falle, fersakje (→陥没する)
かんらくがい 歓楽街 it fermaakssintrum
かんらん 観覧 (見ること) de kyk ; 観覧する tasjen ; 観覧席 de tribune ; 観覧料 it yntreejild
かんり 官吏 (公務員) de amtner
かんり 管理 de administraasje, it behear, it opsicht : 地方自治体がその運河を管理している De gemeente hat it behear oer de diken. ; 管理する administrearje, beheare, berêde, bestjoere ; 管理者 de behearder, it bestjoer, de bestjoerder, de fâd / fâld, de opsichter : 病院の管理者 de fâlden fan it gasthús ; 管理上の administratyf
がんり 元利 (it) kaptaal en (de) rinte
かんりゃくか 簡略化 de ferienfâldiging ; 簡略(化)する ferienfâldigje
かんりゅう 寒流 in kâlde streaming

かんりゅうする　貫流する　trochrinne：その町を貫流する de stêd trochrinne
かんりゅうする　還流する　tebekrinne, weromrinne
かんりょう　完了　de ôfrûning, de ôfwurking；完了する ôfrûnje, ôfwurkje；完了した dien, klear
かんりょう　官僚　de burokraat；官僚主義 de burokrasy
かんれい　慣例　(習慣) de gewoante, de sede, de wenst, de wizânsje, (前例) de foargonger；慣例に従って âlderwenst, neffens gewoante
かんれいぜんせん　寒冷前線　it kjeldfront
かんれき　還暦　jins sech(s)tichste jierdei《60歳の祝い》
かんれん　関連　de betrekking, it ferbân, de ferbining：(…に)関連がある betrekking hawwe (op), …に関連して yn ferbân mei …
かんろくのある　貫禄のある　steatlik, weardich
かんわ　緩和　de ûntspanning；緩和する ûntspanne

き　キ　ki

き　木　(樹木) de beam, (木材) it hout；木の皮 de skors, de beamskors；《集合的に》木の葉 it beamtegrien
き　気　(心・精神) de geast, it hert, (気質・性格) de disposysje, de natuer, (気分・気持ち) it gefoel, de sin, (意向) de bedoeling, de bestimming, (興味・関心) it belang, (注意) de oandacht, it omtinken, (風味) de smaak, (大気・気配) de lucht：彼は気が狂っている It is him yn 'e sinnen slein [op 'e sinnen set]．；気が合う freonlik；気が多い mei in soad ynteresse；気が重い swier；気が変わりやすい feroarlik；気が狂う kranksinnich wurde；気が狂った dol, gek；気がする achtsje, foarkomme, opfalle；(…したい)気がする oanstriid hawwe；…という気がする it gefoel hawwe dat …；気が遠くなる flaufalle；気が晴れる opklearje, opljochtsje；気が強い / 弱い sterk / flau；気が短い hastich, opljeppen(d) (→短気な，怒りっぽい)；気がつく bemerke, fernimme, merke, opfalle；気が動転して ferset, ûntheistere；気が緩む ferslopje, jin ûntspanne, ûntteie；気に入る foldwaan, lije, mûlkje, oansprekke, sinnigje：彼はそれが気に入らない Dat mûlket him net．；気に入って fernoege；それは気に入っている Dat is my nei 't sin [nei myn sin]．；私はそれが気に入っている [いない] It is (net) fan myn gading．；気に懸ける soargelik (→心配する), (…を)気にする oanlûke(fan)；気の抜けたビール slop bier；気を失った gefoelleas, 気を失って flau；(…で)気をもむ ompakke (mei)；気をもませる bemale；気を引く oanlûke, oantrekke；気を配る oppasse：気をつけて！Pas op！；…する気だ fan doel wêze [hawwe]
き　黄　→黄色
ぎ　義　it rjocht, (忠義) de loyaliteit
ギア　de fersnelling：トップ [ロー] ギア de heechste [leechste] fersnelling；ギアを入れ替える skeakelje
きあい　気合い　it ferhef, de galle, de pit
きあつ　気圧　de luchtdruk；高 [低] 気圧 hege [lege] druk；気圧計 de baro-

meter, *it* waarglês

ぎあん　議案　*it* ûntwerp, *it* wetsûntwerp：議案を採択［否決］する in wetsûntwerp oannimme［fersmite］

キー　（ドア・自動車の）*de* kaai, *de* sleutel,（コンピューターなどの）*de* toets, →ピアノの鍵(⬚)；キーボード *it* klavier, *it* toetseboerd

きいちご　木苺　*de* framboas

きいと　生糸　rauwe side

きいろ　黄色　*it* giel,（信号の）*it* oranje：交通信号が黄色に変わった It ferkearsljocht sprong op *oranje*.；黄色の giel：黄色い花 *giele* blommen；黄色がかった gielachtich

ぎいん　議院　*de* keamer（→議会）

ぎいん　議員　*de* parlemintariër, in lid fan 'e Twadde Keamer

きいんする　起因する　（…に）bewurkje, feroarsaakje, oanrjochtsje, stichtsje

きうつり　気移り　*de* ôflieding；気移りがする ôfliede（→そらす）

きうん　機運　in geunstige kâns

きえいの　気鋭の　kranich（新進気鋭の）

きえうせる　消え失せる　ferdwine,（次第に）dearinne, weifalle, weiwurde

きえる　消える　（火・明かりが）útdôvje, útgean,（次第に）weistjerre,（姿が）ferdwine, weiwurde,（傷跡などが）fergroeie：明かりが消えた It ljocht gie *út*., この傷跡はやがて消えてしまうだろう Dy wûne sil wol *fergroeie.*

ぎえんきん　義援金　→寄付

きおうしょう　既往症　*de* anamnese, jins medyske histoarje

きおく　記憶　*de* gedachtenis, *de* heugenis, *de* memoarje, *it* tinken, *it* ûnthâld：私が記憶している限りでは yn myn *tinken*, sa goed as it my *foarstiet*, 私の記憶が正しければ as myn *ûnthâld* my net bedraacht, 今もなおそのことははっきりと記憶している It is my noch klear foar it *ûnthâld*.；記憶力 *de* opsluting, *it* ûnthâld：彼は記憶力が抜群によい Hy hat in bêste *opsluting*.,（私の）記憶力が次第に減退しつつある It *ûnthâld* wurdt minder.；記憶する memorisearje：記憶にある［している］foarstean, heuge, ûnthâlde

きおくそうしつしょう　記憶喪失症　*de* amnesy

きおくれ　気後れ　（物怖じ）*de* bedêstens, *de* skrutelens；気後れがする jins eangst kwytreitsje；気後れがして bedêst, beskromme, skrutel（→おどおとして）

キオスク　（駅などの売店）*de* kiosk

きおち　気落ち　→失望，落胆

きおん　気温　*de* temperatuer：気温が上［下］がっている De *temperatuer* giet omheech［sakket］.

ぎおん（ご）　擬音（語）　*de* onomatopee

きか　気化　*de* ferdamping；気化する ferdampe

きか　帰化　*de* naturalisaasje；帰化させる naturalisearje；帰化する jin naturalisearje litte

きか　幾何　→幾何学

きが　飢餓　*de* hongersneed：アフリカに飢餓が生じている Der is *hongersneed* yn Afrika.；飢餓に苦しんでいる op 'e hongerpôle wêze

きかい　機会　*de* gelegenheid, *de* kâns：機会をつかむ［逃す］de *kâns* gripe［misse］, フリジア語を話す機会がないのはとても残念です It is tige spitich dat ik gjin *kâns* haw om Frysk te praten.

きかい　器械　*it* wurktúch；器械体操 *de* gymnastyk；器械体操をする turnje

きかい　機械　*de* masine：機械を運転する in *masine* betsjinje；機械類［装置］*de* masinery；機械の［的に］masinaal；機械工 *de* masinist

きがい　危害　*it* kwea, *it* leed：（人に）危害を加える（immen）*leed* dwaan = deare, 危害を免れる *leed* ûntrinne

きがい　気概　→根性

ぎかい　議会　*de* keamer, *it* parlemint；議会の parlemintêr：議会制度 in par-

lemintêr stelsel
きかいな 奇怪な geheimsinnich, mysterieus, riedselachtich
きがえ 着替え （下着の）*de* ferskjinning；着替える ferdroegje, jin ferklaaie [-strûpe], ferskjinje
きかがく 幾何学 *de* mjitkunde
きがかり 気掛かり （心配）*de* bangens, *de* spanning；気掛かりである jin bangich [benaud] fiele
きかく 企画 *de* opset, *de* planning,（規模の大きい）*it* projekt：企画する in *planning* meitsje
きかく 規格 *de* noarm（→規準）
きかざる 着飾る jin optuge
きかせる 聞かせる （読んで）foarlêze,（知らせる）meidiele, trochdwaan：子供たちに本を読み聞かせる bern *foarlêze*
きがね 気兼ね *de* ienselvigens, *de* ynbannigens；気兼ねする skytskoarje
きがまえ 気構え *de* reeëns
きがるに 気軽に →打ち解けて
きかん 気管 *de* luchtpiip
きかん 帰還 *de* thúskomst, *de* werkomst；帰還する thúskomme, werkomme
きかん 基幹 *de* basis；基幹の basaal
きかん 期間 *de* doer, *de* perioade,（一定の）*de* termyn,（長い）*de* rek,（短い）*de* rit：休暇の期間 de *doer* fan de fakânsje
きかん 器官 （体の）*it* orgaan：心臓は重要な器官だ It hert is in belangryk *orgaan*.；器官の organysk
きかん 機関 *de* motor,（報道の）*it* orgaan,（組織の）*it* systeem：公的機関 in amtlik *orgaan*
きがん 祈願 *de* bea, *it* gebed, *de* winsk；祈願する bidde
ぎがん 義眼 *it* keunsteach
きかんし 気管支 《複》*de* luchtwegen；気管支炎 *de* brongitis
きかんしゃ 機関車 *de* lokomotyf；機関士 *de* masinist
きかんじゅう 機関銃 *it* masinegewear,

de mitrailleur
きかんの 季刊の kwartaal；季刊誌 *it* kwartaalblêd
きかんの 既刊の al útkommen；既刊の出版目録 *it* fûns
きき 危機 *it* gefaar, *de* krisis：経済危機 in ekonomyske *krisis*；危機の kritysk；危機一髪で op it lêste momint [stuit]；それは危機一髪だった Dat wie wikkerdewik [kile-kile].
ぎぎ 疑義 （疑い）*de* twivel；疑義のある twivelachtich, twivelich
ききあきる 聞き飽きる wurch wurde troch nei him te hearren
ききいる 聞き入る (goed) taharkje [-hearre]
ききいれる 聞き入れる tastimme：彼は彼女が出発するのを聞き入れた Hy *stimde* der yn *ta* dat sy fuortgie.
ききおとす 聞き落とす 君の意図していることを聞き落とした Ik griep [grypte] net wat jo bedoelde.
ききかえす 聞き返す nochris [opnij] freegje（→聞き直す）
ききかじりの 聞き齧りの →生齧（かじ）りの
ききぐるしい 聞き苦しい （好ましくない）aaklik [ûnoangenaam] om te hearren
ききすてる 聞き捨てる →無視する
ききそこなう 聞き損う （聞き誤る）misferstean, miskenne,（聞き漏らす）fersleaukje, misrinne
ききちがいをする 聞き違いをする jin ferhearre（→聞き損う）
ききつける 聞き付ける hearre, →聞き慣れる
ききづらい 聞き辛い ûnmooglik te hearren
ききて 聞き手 *de* fersteander, *de* harker, *de* taharker, *de* tahearder
ききとどける 聞き届ける →聞き入れる
ききとり 聞き取り *it* gehoar；聞き取(れ)る ferstean：何のことか聞き取れない Ik *ferstean* der gjin wurd fan.；

ききなおす 《形》聞き取れる fersteanber：聞き取れるように話してください Do moatst *fersteanber* prate.；聞き取れない ûnhearber

ききなおす 聞き直す nochris [opnij] freegje

ききながす 聞き流す →無視する

ききなれる 聞き慣れる wend wêze om te hearren, dreech [net maklik] om nei him te hearren

ききにくい 聞きにくい （聞き取りにくい）dreech om te hearren,（尋ねにくい）dreech om te freegjen

ききめ 効き目 de útwurking, de wurking：薬の効き目 de *wurking* fan medisinen；《形》効き目がある effektyf, probaat；《動》効き目がある wurkje；効き目がない net wurkje

ききもらす 聞き漏らす →聞き落とす

ききゃく 棄却 de ôfkarring, de ôfwizing；棄却する ôfkarre, ôfwize

ききゅう 危急 （危機）de krisis；危急の kritysk；危急の場合 it needgefal

ききゅう 気球 de ballon

ききょう 帰郷 de thúskomst；帰郷する thúskomme

きぎょう 企業 it ûndernimmen, de ûndernimming；企業家 de ûndernimmer

ぎきょうだい 義兄弟 de sweager

ぎきょく 戯曲 it drama；戯曲の dramatysk

ききわけ 聞き分け （分別）it ferstân；聞き分けのある ferstannich（→良識のある）；聞き分ける ûnderskiede

ききん 飢饉 de hongersneed：アフリカはききんにさらされている Der is *hongersneed* yn Afrika.

ききん 基金 it fûns, de stifting

ききんぞく 貴金属 edele metalen

きく 菊 de krysant

きく 効く （薬などが）helpe, jaan, wurkje,（効き目がある）goeddwaan：それは頭痛に効く Dat *helpt* foar [tsjin] 'e pineholle., その（飲み）薬は効きますか Jout dat drankje wat?, その飲み薬はすぐに効いてきた It drankje begûn al gau te *wurkjen*.；鼻が効く in fine noas hawwe；彼は右手が効かない Hy kin syn rjochter hân net brûke.；このジャケットは洗濯が効かない Dizze jas is net wosken.；その自動車は修理が効かない De auto is net te reparearjen.

きく 聞く, 聴く harkje, lústerje, oanharkje,（注意して）taharkje, tahearre,（聞こえる）hearre,（尋ねる）hearre：ドアに耳を押し当てて聞く oan 'e doar *harkje*, さあ，私の言うことをよく聞いてください No moatst ris goed nei my *lústerje*., 歌声が聞こえてきた Wy *hearden* sjongen., 変に聞こえる Dat *heart* mâl., 聞きたいのはそのことです Sa mei 'k it *hearre*.

きぐ 器具 it ynstrumint

きぐう 奇遇 in ûnferwachte moeting；奇遇ですね！Wat tafallich!

きぐつ 木靴 de klomp(e)：木靴をはいて歩く op *klompen* rinne

きくばり 気配り de noed, de soarch,（思い遣り）de konsideraasje

きぐろう 気苦労 （心配）de bangens, de ûngerêstens；気苦労の多い bangich, ûngerêst（→心配な [性の]）

ぎけい 義兄 de sweager（→義兄弟）

ぎげき 喜劇 de klucht, de komeedzje：喜劇を演じる *komeedzje* spylje；喜劇役者 de klucht, de komediant（→コメディアン）

きけつ 帰結 it beslút, de ein

ぎけつ 議決 de resolúsje：議決する in *resolúsje* oannimme（→票決する）；議決案 de resolúsje

きけん 危険 it gefaar, it / de risiko：危険に陥っている yn *gefaar* wêze, jin bleatjaan, 危険に身をさらす jin bleatstelle oan *gefaar*, …の危険を冒す it *risiko* rinne fan …；危険な gefaarlik, nuodlik, riskant：（…は）危険である *gefaarlik* wêze（foar）；危険を冒す riskearje

きけん 棄権 （投票の）de ûnthâlding,

（権利の）*de* ferlittenens （→放棄），（試合の）*de* wegering （→辞退）；棄権する ferlitte, ûnthâlde, wegerje

きげん　機嫌　（気分）*de* bui, *it* hum, *de* lúm, *de* moed, *de* sin, *de* stimming：機嫌がよい［悪い］in goede［lilke］*bui* hawwe, yn in goede［minne］*stimming* wêze, 不機嫌である út jins *hum* wêze, 上機嫌である in goed *sin* hawwe；機嫌が悪い nijsgjirrich

きげん　期限　（最終の）*de* termyn：期限が切れる In *termyn* ferstrykt., 期限を定める in *termyn* fêststelle；期限が切れる ferâlderje, ferfalle, ferrinne；期限が切れた ûnjildich：期限が切れたパスポート in *ûnjildich* paspoart

きげん　起源　*it* komôf, *de* oarsprong, *de* ôfkomst(e), *it* ûntstean：この語はラテン語起源である Dit wurd is fan Latynsk *komôf.*；起源の oarspronklik

きげん　紀元　*de* jiertelling：西暦紀元元年に yn it begjin fan 'e *jiertelling*

きこう　気候　*it* klimaat,（天候）*it* waar：穏やかな気候 in myld *klimaat*；気候の変わり目 *de* klimaatferoaring

きこう　寄稿　（新聞などへの）*de* ynstjoering；寄稿する ynbringe, ynstjoere；寄稿者 *de* ynstjoerder, *de* meiwurker

きこう　機構　*it* meganisme, *de* organisaasje

きごう　記号　*it* symbool, *it* teken：発音記号 fonetyske *tekens*

ぎこう　技巧　*it* fakmanskip, *it* fakwurk,（美術などの）*de* technyk：この彫刻家は独特な技巧を身につけている Dy byldhouwer hat in bysûndere *technyk.*

きこうする　寄港する　oandwaan：アムステルダムに寄港する Amsterdam *oandwaan*；(…に) oanlizze (op)

きこえる　聞こえる　harkje, hearre, klinke,（…のように）oanhearre, taharkje：変に聞こえる Dat *heart* mâl., その音は聞き覚えがある It *klinkt* bekend., それは私には奇妙に聞こえた Dat hat my nuver *taharke.*

きこく　帰国　*de* thúskomst, *de* weromkomst；帰国する thúskomme, weromgean [-komme]：私は9月に（日本に）帰国します Ik wol yn september (nei Japan) *weromgean.*

ぎごく　疑獄　*it* omkeapskandaal（→スキャンダル）

きごころ　気心　（信頼）*it* betrouwen, *de* fidúsje, *de* konfidinsje；気心の知れた betroud；気心の知れない ûnbetrouber：気心の知れない人 in *ûnbetrouber* persoan

ぎこちない　lomp, stiif, sukkelich, ûnhandich, ûnredsum（→不器用）；ぎこちなさ *de* stivens

きこり　樵　*de* houtkapper, *de* houtsjer

きこんの　既婚の　troud（↔ net troud）

きざ　気障　*de* mâlichheid, *de* oanstellerij；きざなやつ *de* oansteller（→気取り屋）；きざっぽい女性 *de* kakmadam

きさい　記載　*de* oantekening；記載する oantekenje, skriuwe

きざい　器材　*it* apparaat en *it* materiaal, *it* materiëel

ぎざぎざの　takkelich

きさくな　気さくな　（率直な）frijmoedich, iepenhertich

きざし　兆し　*it* foarteken, *it* teken,（物事・病気の）*it* skaaimerk：病気の兆し *de* skaaimerken fan in sykte

きざみ　刻み　*de* kerf；（V字形の）刻み目 *de* keep；（のみで）刻む beitelje, byldhouwe, kerv(j)e, snije, útkapje：自分の名前を木に刻む jins namme yn in beam *snije*；（心に）刻みつける ymponearje, ynprintsje（→印象づける）；切り刻む fersnije

きさらぎ　如月　*de* febrewaris（→二月）

きし　岸　（川・海などの）*de* igge, *de* kant, *it* strân, *de* wâl：川岸に沿って歩く by de *kant* fan de rivier lâns rinne

きし　騎士　*de* ridder；騎士の［らしい］ridderlik；騎士道 *de* ridderlikens

きじ　雉　*de* fazant

きじ　生地　*it* lapkeguod,（布地）*it* lek-

きじ

ken, *de* stof, （布）*it* doek, *de* pelleryn, （織物）*it* weefsel；生地の lekkensk（→布地の）

きじ　記事　（新聞などの）*it* artikel, *it* ferslach, （小さな）*it* berjocht, *it* stik, （報道）*de* reportaazje：その記事が新聞に載っている It *artikel* stiet yn 'e krante., フリジア語の記事を読む Fryske *stikken* lêze

ぎし　技師　*de* yngenieur
ぎし　義姉　*de* snoar
ぎし　義歯　*de* keunsttosk
ぎじ　議事　*it* wurk；議事録《複》*de* hannelingen, *de* oantekeningen；議事日程 *de* wurklist

ぎしき　儀式　（式典）*de* plechtichheid, *de* plichtpleging, *de* seremoanje, （宗教的な）*it* ritueel, *de* ritus；儀式（上）の ritueel, seremonieel

きつ　気質　*de* disposysje, *it* hum, *de* ynslach, *de* natuer, *it* temperamint

きじつ　期日　*de* datearring, *de* termyn（→期限）

きしべ　岸辺　→岸

ぎしまい　義姉妹　*de* skoansuster（→義姉）

きしむ　軋む　（ドア・車輪などが）krasse, piipje

きしゃ　汽車　*de* trein：汽車で旅行する mei de *trein* reizgje, 10 時発の汽車 de *trein* fan tsien oere, 君たちの汽車は何時に到着しますか Hoe let komt jim *trein* oan?

きしゃ　記者　（新聞・報道の）*de* ferslachjouwer, *de* kranteman, *de* sjoernalist

きしゅ　旗手　*de* findeldrager
きしゅ　騎手　*de* berider, *de* ruter
きじゅ　喜寿　jins sânensantichste jierdei《77 歳の祝い》
ぎしゅ　義手　*de* keunsthân
きしゅう　奇習　nuver gebrûk
きしゅう　奇襲　*de* oerfal, *de* oerrompeling；奇襲する oerfalle, oerrompelje

きじゅうき　起重機　*de* hefkraan, *de* hyskraan

きしゅくする　寄宿する　（…に）yn 'e kost wêze (by …)；寄宿学校 *it* ynternaat, *de* kostskoalle, *it* pensjonaat；寄宿舎 *it* kosthûs；（食事つきの）寄宿者 *de* kostgonger

きじゅつ　奇術　→手品；奇術師 *de* gûchelder

きじゅつ　記述　*de* beskriuwing；記述する bestriuwe；記述的な［に］deskriptyf

ぎじゅつ　技術　*de* keunst, （科学の）*de* technyk；技術的な［に］technysk：それは技術的に不可能だ Dat is technysk ûnmooglik.；技術者 *de* technikus

きじゅつの　既述の　boppeneamd, foarneamd（→上述の）

きじゅん　基準　（判断・批判の）*it* kritearium, *de* mjitstêf：基準に合わせる oan 'e *kritearia* foldwaan, 私の基準によれば nei myn *mjitstêf*；基準の noarmatyf

きじゅん　規準　→規範

きしょう　気性　*de* disposysje, *it* hum, *de* natuer, （激しい）*it* temperamint：スペインの女性には激しい気性の持ち主が多い Spaanske froulju hawwe in soad *temperamint*.

きしょう　気象　*it* waar, （気象状況）*it* gewier；気象台 *it* waarstasjon

きしょう　記章　*it* ynsynje（→バッジ）

ぎしょう　偽証　in falske eed, 偽証（罪）*de* meineed：偽証する *in falske eed* ôflizze, 偽証罪を犯す in *meineed* dwaan

きしょうする　起床する　fan (it) bêd komme

きしょうの　希少の　bysûnder, seldsum

きしょく　気色　（表情）*de* blik, （顔つき）*it* antlit；気色が悪い ûnhuerich, walchlik, （ぞっとする）grizelich

きしる　軋る　→軋む

きしん　寄進　*de* skinking：寄進をする in *skinking* dwaan

キス　（接吻）*de* tút：私にキスをしてください Jou my in *tút*(*sje*).；キスをする patsje, tútsje

きず 傷（怪我）de ferwûning, de wûne；傷を負わせる ferwûnje：傷を負う *ferwûne* reitsje；傷つける deare, ferslaan,（人の心を）krinke, kwetse,（名誉などを）besear(j)e, ûndermynje；傷つきやすい kwetsber；切り傷 de snijwûne；刺し傷 de stek(wûne)；かき［かすり］傷 de skram；心の傷 it trauma

きず 傷, 疵, 瑕（割れ物の）de barst, de skreef, de spleet,（果物の）de kniezing

きずあと 傷跡 de groed(e)：額の傷跡 in *groed(e)* op jins foarholle

きすう 奇数 ûneven getal（↔ even getal）；奇数の ûneven

きすう 帰趨（傾向）de tendins

きすう(し) 基数(詞) it haadtelwurd（↔序数(詞) rangtelwurd）

きずく 築く oanlizze：堤防を築く in dyk *oanlizze*；築き上げる opbouwe

きずぐち 傷口 de wûne：傷口につけた軟膏 salve op 'e *wûne*

きずな 絆 de bân, de bining：人との絆を断つ de *bân* mei immen brekke, 家族との固い絆 in sterke *bining* mei de famylje

きずもの 傷物 skurf guod

きする 帰する（原因・責任などを）taskriuwe,（結果が）…となる ôfrinne, útdraaie, wite：すべてを戦争に帰せない Wy kinne net alles oan 'e oarloch *taskriuwe*.；帰するところ úteinlik（→結局）

きする 期する（期待する）ferwachtsje, rekkenje, tidigje；…を期して yn ferwachting fan …

きせい 気勢（意気込み）it entûsjasme, it ferhef, de reeëns

きせい 寄生 it parasitisme；寄生する parasitearje；《形》寄生する parasitysk；寄生虫［生物］de parasyt

きせい 規制 de regeling；規制する beoarderje, regelje, regulearje：交通規制をする it ferkear *regelje*

ぎせい 犠牲 it offer, de opoffering；

犠牲にする opofferje；（…を）犠牲にさせる kostje (oan)；犠牲者 de deade, it offer, it slachtoffer：多くの人たちがエイズの犠牲（者）になっている AIDS easket in soad *slachtoffers*.

ぎせいご 擬声語 de onomatopee

きせいする 帰省する nei jins bertelân weromgean [-komme]

きせいの 既製の pasklear, kant en klear；既製服 de konfeksje

きせき 奇跡 it merakel / mirakel, it wûnder：奇跡を行う *merakels* [*wûnders*] dwaan；奇跡的な［に］wûnder(baar)lik

ぎせき 議席 de keamersit, de setel, de sit

きせつ 季節 de jiertiid, it seizoen：四季 de fjouwer *jiertiden*, 季節外れで bûten it *seizoen*

きぜつ 気絶 de flaute, de swym, de ûnmacht：気絶する yn *swym* [*ûnmacht*] falle；気絶する flaufalle, swimelje；気絶している flaufallen wêze

きせる 着せる（服・着物を）klaaie, oanklaaie（↔ útklaaie）,（人に罪・責任などを）beskuldigje（→なすりつける）：子供たちに温かそうな服を着せる de bern warm *klaaie* [*oanklaaie*]

きせん 汽船 de stoomboat：汽船で行く mei in *stoomboat* gean

ぎぜん 偽善 de hypokrisy, de hypokryt；偽善の［的な］hypokryt；偽善者 de hypokryt, de huchelder

きそ 起訴 de (rjochts)ferfolging；起訴する ferfolgje

きそ 基礎（建物の）de fûndearring, it fûnemint, de grûn,（物事の）de grûnslach：基礎を据える de *fûndearring* lizze, あることに基礎を置いている earne oan te 'n *grûnslach* lizze；…の基礎を置く grûndearje, grûnje,（…に）基礎を置く stuolje (op)；基礎の［的な］fûneminteel

きそう 基層 it substraat

きそう 競う →競争する

きぞう 寄贈（高価な品物・本など

の）*de* bydrage, *de* skinking；寄贈する bydrage, skinke

ぎそう　偽装　*de* kamûflaazje（→カムフラージュ）；偽装する kamûflearje；偽装させる fermomje

ぎぞう　偽造　（文書などの）*de* falsifikaasje, *de* ferfalsking；偽造する falsifiearje, ferfalskje,（貨幣などを）neimeitsje；偽造の falsk, neimakke：偽造貨幣 *neimakke* jild（→贋金（にせ/がね））

きそうする　起草する　（法案などを）opmeitsje, opstelle, redigearje, ûntwerpe

きそく　規則　*de* regel, *de* regeling, *it* reglemint；規則的な［に］regelmjittich；規則正しく palfêst

きぞく　貴族　*de* adel,（若い）*de* jonker；貴族の adellik：貴族生れの fan *adellik(e)* komôf

ぎそく　義足　*de* keunstfoet［-skonk］

きた　北　*de* noard：北から南へ fan *noard* nei súd；北の［から（の）］noard, noardlik：北から風が吹いている De wyn is *noard*., 北の国々 *de noardlike* lannen；北風 *de* noardewyn

ギター　*de* gitaar：ギターを弾く op 'e *gitaar* spylje, エレキギター in elektryske *gitaar*

きたい　気体　*it* gas（→ガス）；気体の gasachtich

きたい　期待　*de* ferwachting, *de* hope, *de* ôfwachting：期待している yn (blide) *ferwachting* wêze, 大いに期待して mei grutte *ferwachting*, …を期待して yn *ôfwachting* fan …, …ということを期待して yn de *hope* dat …, あまり期待が持てない net folle *hope* hawwe；期待する ferwachtsje, hoopje, ôfwachtsje, rekkenje：それは彼には期待できない Dat kinst net fan him *ferwachtsje*.；期待外れ *de* strop；期待が外れる tsjinfalle

ぎだい　議題　in ûnderwerp fan diskusje

きたえる　鍛える　（鉄などを）hurdzje, smeie,（体・筋肉を）hurdzje, traine

きたく　帰宅　*de* thúskomst；帰宅する thúskomme：何時までに帰宅しなければならないか Hoe let moat ik *thúskomme*?

きだて　気立て　goed aard［wêzen］；気立てのよい goedaardich, goedmoedich

きたない　汚い　fersmoarge, fiis, grûzich, smoarch：家の中が汚い *grûzich* yn 'e hûs, 汚い川 in *smoarge* rivier

きたる　来たる　（次の）ankom(me), eastfolgjend［-kommend］, oansteande, oar：来たる金曜日 *ankom(me)* freed, 来たる総選挙 de *oansteande* algemiene ferkiezings

きたんのない　忌憚のない　frijmoedich, iepenhertich, plan-út, rjochtút（→率直に）：自分の意見を忌憚なく述べる myn miening *plan-út* sizze；忌憚なく話してください Praat mar *rjochtút*.

きち　吉　（幸運）it lok, *de* lokkigens；吉日 in lokkige dei

きち　基地　*it* honk

きち　機知　*de* geast；機知に富んだ geastich, snedich：機知に富んだ人 in *geastich* man, 機知に富んだ返事 in *snedich* antwurd

きちがい　気違い　（狂気）*de* dûmens, *de* dwylsin, *de* waansin,（狂人）*de* gek, *de* krankinnige：気違いのように怒る raze as in *gek*, 気違いみたいに働く wurkje as in *gek*；気違いの dwylsinnich, gek, kranksinnich, steapel, waansinnich（→気が狂った）

きちの　既知の　（al) bekend：既知の事実 in *bekend* feit

きちゃくする　帰着する　weromkomme（→帰って来る），…という結果になる

きちゅう　忌中　*de* rouwe（→喪中）

きちょう　基調　（考えなどの）*de* grûntoan

きちょう　機長　*de* piloat (fan in fleantúch)

ぎちょう　議長　*de* foarsitter, *de* presidint；議長を務める foarsitte

きちょうな　貴重な　kostber：貴重な時間 *kostbere* tiid；貴重品《複》 *de* kostberheden, de weardefolle dingen, dingen fan wearde

きちょうめんな　几帳面な　eptich, pront, sekuer, sinnich, stipt：几帳面な人 in *sekuere* [*stipte*] man

きちんと　（正確に）krekt,（整った）himmel, knap, kreas,（規則的に）geregeld, regelmjittich,（時間通りに）pront, punktueel：服装がきちんとしている *himmel* [*knap*] yn 'e klean wêze, 私の友だちの家の中はいつもきちんとしている By myn freon is it altyd *kreas* yn 'e hûs.

きつい　（顔・表情が）bartsk, strak, strang,（服・靴などが）krap, nau, strak,（鍵・ドアなどが）stram, twang,（過酷な）stoer,（寒さ・暑さ・風などが）bar, strang：きつい顔つき in *bartsk* gesicht, その上着は肩の辺りがきつすぎる Dy jas is te *krap* om 'e skouders., きついズボン in *nauwe* broek, そのドアは幾分きつい De doar giet wat *stram*., きつい仕事 in *stoer* wurk

きつえん　喫煙　it roken, it smoken：喫煙は健康にとって害だ *Smoken* is ferkeard.；喫煙する roke, smoke：喫煙禁止！Ferbean (om) te *roken* [*smoken*]！；喫煙者 *de* roker, *de* smoker；喫煙室 *de* smookkeamer,（客車内の）*de* smookkúpee, 喫煙具 *de* smokerij

きづかい　気遣い　（心遣い）*de* soarch；気遣う male, soargje；気遣って nuodlik, soarchlik, soarchsum：彼は子供たちのことをいつも気遣っている Hy is altiten *soarchsum* foar syn bern.

きっかけ　切っ掛け　*de* gelegenheid（→動機）

きっかり　eksakt, just, krekt, sprekkend：彼女はきっかり10時に到着した Hja kaam *krekt* om tsien oere oan.

キック　*de* skop, *de* traap, *de* wâd；キックする traapje, wâdzje（→蹴る）：ボールをキックする in bal *traapje*

きづく　気付く　bespeure, fernimme, gewaarwurde, (op)merke, trochhawwe：私は最初その小鳥には気づかなかった Ik koe it fûgeltsje earst net *gewaarwurde*., それには誰も気づいていなかった Nimmen hat it *opmurken*., 人に気づく immen merke；気づかれずに ûngemurken：彼は気づかれないように部屋を出て行った *Ungemurken* ferliet er de keamer.

（…）きづけ　（…）気付　per adres《略 p.a.》：アテマ気付 *p.a.* Atema

きっこう　拮抗　→張り合い

きっさてん　喫茶店　it kafee, it kofjehûs, *de* lunchroom

ぎっしり　fol, grôtfol；ぎっしり詰まった stiiffol

きっすい　喫水　*de* djipgong

きっすいの　生粋の　echt, oprjocht, suver：生粋のフリジア人 in *oprjochte* Fries

きっちり　（時間・数量が）eksakt, just, krekt（→きっかり）,（服などがぴったり）krap, ticht, twang：きっちり1時間 *just* ien oere；きっちりした stevich

キッチン　（台所）*de* koken

きつつき　啄木鳥　*de* spjocht

きって　切手　*de* (post)segel：手紙に張った切手 in *segel* op it brief, 切手を収集する *postsegels* sammelje；切手を張る segelje

きっと　（間違いなく）bepaald, fêst, grif, wiswier, sûnder mis；きっと！Wis!

きつね　狐　*de* foks(e)：（狐のように）とてもずるい sa tûk as in *foks*(e)

きっぱり　beret, posityf, wisberet

きっぷ　切符　it kaartsje, it plakbewiis；切符を切る knippe；（劇などの）切符売場 it loket；切符発売係 *de* lokettist

きっぽう　吉報　goed nijs（↔悲報）

きつもん　詰問　it krúsferhear；詰問する skerp ûnderfreegje

きてい　規定　*de* bepaling, *de* definysje, it foarskrift, *de* oardering, it reglemint：規定によって neffens it *reglemint*, 規

定する bepale, definiearje, foarskriuwe, oarderje；規定の reglemintêr

ぎてい 義弟 →義兄弟

ぎてい 議定 （協定）it akkoart, it ferdrach；議定書 it protokol

きていの 既定の fêststeand：既定の事実 in *fêststeand* feit

きてき 汽笛 de stoomfluit：汽笛を鳴らす in *stoomfluit* klinke litte

きてん 起点 it útgongspunt

きてん 機転 it belied, de takt；機転が利く beret, geastich, taktysk

きと 帰途 de weromreis [-wei]：帰途に op 'e *weromreis*

きどあいらく 喜怒哀楽 （感情）de emoasjes, de gefoelens；彼女は喜怒哀楽がとても激しい Hja is slim emosjoneel.

きとう 祈祷 it gebed：祈祷する in *gebedsje* opsizze；祈祷書 it gebedeboek, it tsjerkeboek

きとう 亀頭 de ikel, de nút

きどう 軌道 （天体の）de baan, （鉄道の）it spoar

きどう 起動 de start （→始動）；起動する starte

きとくけん 既得権 wûne rjochten

きとくの 危篤の sunich：彼女は危篤だ Hja is [leit] *sunich*.；危篤状態である yn it [op (it)] stjerren lizze, gefaarlik siik wêze, De dea stiet foar de doar.；彼は危篤状態である Hy hat it slim ferhelle.

きどり 気取り de mâllichheid, de oanstellerij；気取る jin oanstelle, sweeslaan；気取った [て] eptich, oanstellerich, proastich：彼女はとても気取っている Hja is sa *eptich*.；気取り屋 de oansteller, de opskepper

きにいり 気に入り →お気に入り（の）；気に入る oansprekke, oanstean：それは父が気に入るでしょう Dat sil ús heit wol *oanstean*.

きにゅう 記入 de ynskriuwing；（名前などを）記入する dellizze, ynfolje, ynskriuwe：投票用紙に記入する in stimbiljet *ynfolje*

きぬ 絹 de side；絹（製）の siden；絹糸［織物］de side

きねん 記念 de betinking, de jierdei；記念すべき heuchlik, monumintaal：記念すべき日 in *heuchlike* dei；記念碑 it monumint, de tinkstien；記念日 de betinkingsdei

ぎねん 疑念 de twivel （→疑い）

きのう 昨日 →昨日（きのう）

きのう 帰納 de ynduksje （←帰納法）；帰納する ynduseare；帰納的な ynduktyf

きのう 機能 de funksje；機能（上）の, 機能的な [に] funksjoneel；機能する funksjonearje

ぎのう 技能 de bekwamens, it fakmanskip, de feardigens, （専門的な）de fakkennis；技能のある bekwaam, fakkundich；技能者 de fakman

きのこ 茸 de poddestoel, de sjampinjon （→マッシュルーム）：毒茸 in giftige *poddestoel*

きのどく 気の毒 it begrutsjen, it meilijen, （気の毒なこと）de skande：人を気の毒に思う begrutsjen [meilijen] mei immen hawwe, 彼女が気の毒です Ik fyn it *skande* foar har.；…を気の毒に思う bekrûpe；気の毒に思って sneu：大変気の毒です Ik fyn it *sneu* foar dy.；気の毒な [に] begrutlík, earm；それはお気の毒です It is need.

きのみ 木の実 de nút （→木（き）の実）, （果実）de frucht, （果肉の柔らかい）de bei

きのめ 木の芽 de knop, （新芽）de sprút

きのり 気乗り （気分）de oanstriid：気乗りがしない gjin *oanstriid* hawwe

きば 牙 （象牙）it ivoar, （象・猪などの）de slachtosk, （犬・狼の歯）de hoektosk；（犬・狼）きばをむく tasnauwe

きはく 気迫 de galle, （気力）de geast, de pit；気迫のある kranich, pittich

きはく 希薄 de meagerens, （液体が）

希薄な meager, （空気などが）yl：希薄な空気 ile lucht
きはずかしい 気恥ずかしい →恥ずかしい
きはつ 揮発 de flechtigens (←揮発性)；揮発性の flechtich
きばつな 奇抜な （独創的な）oarspronklik, orizjineel
きばらし 気晴らし de ferdivedaasje, it ferset, de ôflieding, it tiidferdriuw, de tiidkoarting, de útspanning；（…で）気晴らしをする jin ferdivedearje (mei), de [jins] sinnen [it sin] fersette：スポーツは多くの人たちにとって素晴らしい気晴らしだ Sport is foar in soad minsken in moai tiidferdriuw [moaie tiidkoarting].
きばる 気張る →頑張る，努力する
きはん 規範 it model, de noarm：規範を定める in noarm fêststelle；規範的な noarmatyf
きばん 基盤 de grûn, de grûnslach：あることに基盤を置いている earne oan te 'n grûnslach lizze
きひ 忌避 de ûntdûking；忌避する ûntdûke (→避ける，拒む)
きび 黍 de gierst
きびき 忌引 fersom fanwegen rou(we)；学校を忌引きする in les fersomje fanwegen rouwe
きびきびした （態度が）pittich, （精神的な）enerzjyk, krêftdiedich
きびしさ 厳しさ de hurdens, de strangens；（自然が）厳しい bar, hurd, （人・規則・自然などが）strang：厳しい冬 in strange winter, 新任の先生は厳しい Us nije learaar is strang.
きひん 気品 de elegânsje, de sierlikens, de swier (→上品)；気品のある elegant, kwier, sierlik
きびんな 機敏な kwik, redsum
きふ 寄付 de donaasje, de ynbring, de skinking, de stipe；寄付する ynbringe, stypje；寄付を募る lappe 寄付者 de stiper, （男性の）de donateur, （女性の）de donatrise；寄付金 de bydrage, de ôfdracht, it stipersjild

ぎふ 義父 de skoanheit (→しゅうと)
きふう 気風 de disposysje (→気質)
きふくした 起伏した barich：起伏した土地 barich lân
きふじん 貴婦人 de dame
ギブス it gips
きぶつ 器物 it ark, it ynstrumint, it wurktúch
ぎぶつ 偽物 de falsifikaasje, de ferfalsking
ギフト it geskink, de jefte, it kado, it presint, de skinking (→贈り物)；ギフトショップ de kadowinkel
きぶん 気分 de bui, de disposysje, it hum, de lúm, de sin, de stimming, (…したい気分) de oanstriid；気分転換する jin fersette；気分転換 de fariaasje：気分転換に foar de fariaasje；気分が悪い mîslik；気分が優れない út 'e rêding wêze
きべん 詭弁 it sofisme (→へ理屈)；詭弁の sofistysk (→こじつけの)
きぼ 規模 de omfang, de skaal：問題の規模 de omfang fan in probleem, 大[小]規模に op grutte [lytse] skaal
ぎぼ 義母 de skoanmem (→しゅうとめ)
きぼう 希望 de ferhoop, de hope：(…を)希望している ferhoop hawwe (op), …ということを希望します Ik haw de ferhoop dat …, 希望をいだく hope hawwe, …ということを希望して yn de hope dat …；希望する hoopje；希望に満ちた[て] hoopfol；希望のない hopeleas
ぎほう 技法 de technyk：このピアニストは独特の技法を身につけている Dy pianist hat in bysûndere technyk.
きぼり 木彫り it houtsnijwurk
きほん 基本 it fûnemint, de grûnslach；基本的な[に] fûneminteel
ぎまい 義妹 de skoansuster (→義姉妹)
きまえ 気前 de gollens, de grutmoedigens, de rynskens, de royalens；気前

きまぐれ　のよい goederjousk, gol, grutmoedich, rynsk, royaal, romhertich：気前よく払う *royaal* betelje

きまぐれ　気紛れ　*de* gril, *de* kuer, *de* lúm, *de* nuk, *de* rite, *de* wifel,（複）*de* oankomsten；気紛れな［に］grillich, lumich, ritich, tipelsinnich, by riten：気紛れな人たち *tipelsinnige* lju；気紛れな人 *de* wilewaal / wilewarl

きまじめな　生真面目な　tige earnstich

きまずさ　気まずさ　（はにかみ・当惑）*de* ferlegenens；気まずい思いをする ferlegen fiele；気まりが悪い sjenant

きまつ　期末　it [*de*] ein fan it semester

きまって　決まって　steefêst（→いつも，常に）：彼は決まって遅刻する Hy komt *steefêst* te let.

きままな　気儘な　balstjoerich, eigensinnich, eigenwiis

きまり　決まり　（決着）it beslút, *de* ôfwikkeling,（規定）it foarskrift,（習慣）*de* regel, it reglemint；決まる beslisse；（…によって）決まる ôfhingje (fan)；決まった fêst：決まった時間に op *fêste* tiden, 決まり文句 in *fêste* útdrukking = *de* formule, it siske,（陳腐な）it klisjee

ぎまん　欺瞞　it bedroch, *de* ferrifelderij, *de* mislieding；欺瞞的な［に］ferrifeljende

きみ　君　（主君）ús keizer, syn [har] majesteit

きみ　君　君は［が］do, 君の dyn, 君を［に］dy；君の物 dines, dinen；君自身は［が］dosels；君自身を［に］dysels

きみ　気味　（ちょっぴり）*de* bysmaak, it snufke, *de* suggestje, it tikje：彼女はちょっと病気気味だった Har sykte wie mar *suggestje*.

きみ　黄身　（卵の）it aaidjerre, *de* djerre, it giel, it read（↔ aaiwyt）：卵の黄身 it giel [read] fan it aai

きみがわるい　気味が悪い　（恐怖をかき立てる）ûnhuerich, (ぞっとする) yslik, (不気味な) sinister

きみじかな　気短な　→短気な

きみたち　君達　君たちは［が］jim(me)；君たちの jim(me)；君たちを［に］jim(me)；君たちの物 jimmes；君たち自身は［が］／を［に］jim(me) sels, dysels

きみつ　機密　it geheim, *de* geheimhâlding：国家の機密 heechst *geheim*；機密の［に］geheim

きみつの　気密の　luchtticht

きみょうな　奇妙な　nuver, raar, tipelsinnich：奇妙なことに *nuver* genôch

ぎむ　義務　*de* ferplichting, *de* plicht：社会的義務 sosjale *ferplichting*, それは私の義務です Dat is myn *plicht*., 義務を果たす jins *plicht* dwaan；義務のある，義務的な［に］ferplicht(e), plichtmjittich；義務づける ferplichtsje；義務感 it plichtsbesef

きむずかしい　気難しい　kribbekeurich, kribbich, noartsk：気難しい男［人］in *kribbekeurich* man, 気難しい顔をしてmei in *noartsk* gesicht

きめ　木目　（物の表面の）*de* kerl, *de* nerf,（心使い）*de* noed, *de* soarch；木目の細かい fyn,（思い遣りのある）soarchsum, tipelsinnich

ぎめい　偽名　it pseudonym：偽名で ûnder *pseudonym*

きめて　決め手　in ôfdwaande gegeven, *de* bewiiskrêft

きめる　決める　（場所・日時などを）bepale, fêststelle,（決意・判断を）beslisse, beslute：なお会合の時刻を決めなければならない Wy moatte de tiid fan gearkommen noch *bepale*., 価格を決める in priis *fêststelle*

きも　肝　（牛・豚などの）*de* lever（→レバー）,（肝臓）*de* lever；肝を潰す ferbaasd [ferwûndere] wêze

きもち　気持ち　（感じ）it fielen, *de* gewaarwurding,（…したい）smucht：（…したい）気持ちがある earne *smucht* op hawwe = lêste；気持ちがよい lekker, noflik；気持ちが悪い ûnnoflik

きもの　着物　*de* klean, it tenu；着

物を着る jin klaaie；着物を着せる klaaie；着物を脱ぐ ôfdwaan, ôflizze, útdwaan, jin útklaaie：着物を脱ぐ de klean *ôflizze* [*útdwaan*]；着物を脱がせる útklaaie：（人から）着物を脱がせる immen *útklaaie*

ぎもん 疑問 （疑い）*de* fraach, *it* fraachstik, *de* twivel, (問題) *de* fraach, *it* probleem, (質問) *de* kwestje：それは極めて疑問だ Dat is tige de *fraach*.；疑問の（余地が）ある betinklik, twivel(acht)ich；疑問符 *it* fraachteken (?)；疑問詞 *it* fraachwurd

きやく 規約 *it* karbrief, (規定) *it* foarskrift

きゃく 客 （来客）*de* besiker, *de* gast, *de* prater, (顧客) *de* ôfnimmer, (乗客) *de* passazjier

ぎゃく 逆 *it* tsjindiel：新聞は全く逆のことを示唆している De kranten suggerearje krekt it *tsjindiel*.；逆の dwersferkeard, ferkeard, tsjin(oer)steld, (裏返しの[に]) omkeard；逆に efterstebek, oarsom：いや，それは全く逆だ Nee, it is krekt *oarsom*.

ぎゃくこうか 逆効果 *de* tsjinstelde útwurking

ぎゃくさつ 虐殺 *de* moarderij, *de* slachting；虐殺する ôfslachtsje, slachtsje

きゃくしつ 客室 *de* keamer, (客船・航空機の) *de* kabine

きゃくしゃ 客車 *de* spoarwein

ぎゃくしゅう 逆襲 *de* tsjinoanfal：逆襲する in *tsjinoanfal* dwaan

ぎゃくじょう 逆上 *de* razernij；逆上する woedend wurde；逆上して razen(d)

きゃくしょく 脚色 *de* dramatisearring；脚色する dramatisearje

きゃくせき 客席 *de* keamersit, *de* setel

ぎゃくせつ 逆説 *de* paradoks；逆説の paradoksaal

きゃくせん 客船 *de* passazjiersboat

きゃくたい 客体 *it* objekt (↔主体)

ぎゃくたい 虐待 *de* mishanneling；虐待する knoeie, mishannelje, misjegenje：子供[動物]を虐待する bern [bisten] *knoeie* [*mishannelje*]

ぎゃくたんち 逆探知 it opspoaren fan telefoanpetearen；逆探知する telefoanpetearen opspoare；逆探知装置 in tastel om telefoanpetearen te opspoaren

ぎゃくてん 逆転 *de* omkearing, *de* omswaai；逆転する omkeare；逆転させる omsette

ぎゃくふう 逆風 →向かい風

きゃくほん 脚本 *it* draaiboek；脚本家 *de* dramaturch (→劇作家)

きゃくま 客間 *de* salon

ぎゃくもどりする 逆戻りする （再発する）weromkomme, （病気が）weromfalle

ぎゃくりゅうする 逆流する weromrinne

きゃしゃな 華奢な fynboud, tear：きゃしゃな腕 *teare* earmen

きやすい 気安い （打ち解けた）freonlik, (気楽に) maklik

キャスト （配役）*de* besetting, *de* rolbesetting：そのオーケストラのキャストはなお空いている De *besetting* fan it orkest is nochal krap.

きやすめ 気休め （安心）*de* ferlichting

きゃたつ 脚立 《複》 *de* kokenstreppen, *de* trep, *it* trepke

きゃっか 却下 *de* ôfkarring, *de* ôfwizing；却下する ôfkarre, ôfwize

きゃっかん 客観 *it* objekt (↔主観)；客観的な[に] objektyf, saaklik：物事を客観的に見る eat *objektyf* besjen, 客観的な報告 in *saaklik* ferslach；客観性 *de* objektiviteit

ぎゃっきょう 逆境 *de* tsjinslach, *de* tsjinspoed

きゃっこう 脚光 *it* fuotljocht, (注目) *de* oandacht (スポットライト)：脚光を浴びる de *oandacht* lûke

ぎゃっこうする 逆行する （後退する）efterútgean

キャッシュ （現金）*it* kasjild：キャッシュで支払う *kas(jild)* betelje

キャッチフレーズ （歌い文句）*de* slachsin (→標語)

ギャップ （断絶）de kleau, （空白）de lakune：世代のギャップ de kleau tusken de generaasjes = it generaasjekonflikt, ギャップを埋める in lakune oanfolje

キャバレー it kabaret

キャベツ de koal

ギャラリー de galery / galerij, （教会などの中2階）de kreake

キャリア （経歴）de karrière

ギャング （暴力団）de binde

キャンセル it betankje, it ôfstel, de opsizzing；キャンセルする betankje, ôfsizze, ôfskriuwe, ôfstelle, opsizze

キャンデー de snobberij, it snob(bers)guod

キャンプ it kamp；キャンプをする kampearje：キャンプに行く te kampearjen gean；キャンプ場 it kampearplak；キャンプする人 de kamper；キャンプファイア it kampfjoer；キャンピングカー de kampearwein

ギャンブル （賭博）de gok：ギャンブルをする in gok dwaan = gokke

キャンペーン （政治・選挙などの）de kampanje

きゅう 九 →9（く）

きゅう 級 （学）級 de klas(se), （等）級 de rang, （階）級 de klas(se), de steat

きゅう 旧 （古いこと）it âlde；旧年→昨年，去年

きゅう 急 （緊急）de urginsje, （危急）it needgefal；急な urgint, hommels, hookstrooks, steil：急な用事 in urginte saak, 彼の急な死 syn hommelse ferstjerren, 急な階段 in steile trep

きゅう 球 （球体）de bol；球の bolrûn

きゅうあい 求愛 de ferkearing, de frijerij；求愛する frije：人に求愛する om immen frije；求愛ダンス de peardûns

きゅうあく 旧悪 in âlde misdie(d)：旧悪を暴く in âlde misdie(d) bleatlizze ［oprekke］

きゅういん 吸引 de absorpsje；吸引する absorbearje

きゅうえん 救援 de stipe, de ûnderstân, it ûntset；救援する stypje；救援物資 de oanfier

きゅうか 休暇 de fakânsje, de feestdei, it ferlof：休暇を取る fakânsje nimme, クリスマス休暇 Kristlike feestdagen, 休暇中である mei ferlof wêze

きゅうかい 休会 （国会などの）de opheffing, it reses：下院は8月に休会になる De Twadde Keamer giet yn augustus op reses., 休会中である op reses wêze

きゅうかく 嗅覚 de rook, （勘）de noas：嗅覚がいい in fine noas hawwe

きゅうがく 休学 tydlike ûnderbrekking fan de stúdzje；休学する tydlik fan skoalle weibliuwe

きゅうかざん 休火山 in sliepende ［slomjende］fulkaan

きゅうかん 急患 →急病人

きゅうかんする 休館する （図書館・博物館を）de biblioteek［it museum］slute

きゅうかんする 休刊する de（tydlik）útjefte ûnderbrekke

きゅうかんちょう 九官鳥 de beo（Yndyske fûgel）

きゅうぎ 球技 it balspul

きゅうきゅう 救急 earste help by ûngemakken；救急車 de ambulânse, de sike-auto, de sikewein；救急箱 de ferbânkist(e)

きゅうきょ 急遽 （急いで）halje-trawalje, ynderhaast, staf-en-af：急きょ病院に駆け込む halje-trawalje nei it sikehûs gean

きゅうきょう 旧教 →（ローマン）カトリック教

きゅうぎょう 休業 de sluting；休業する in winkel tydlik slute；本日休業 Us winkel is hjoed sluten.

きゅうきょくの 究極の finaal, úteinlik, uterst；究極のところ doch, úteinlik

きゅうくつな 窮屈な krap, strak, （融通が利かない）stiif(settich)：この

服は肩の所が窮屈だ Dy jas sit *strak* oer 'e skouders.，窮屈な規則 *strakke regels*，窮屈な人 in man mei in *stive holle*

きゅうけい　休憩　*de* rêst, *it* skoft：少し休憩する wat *rêst* nimme，2幕後に30分の休憩があった Nei it twadde bedriuw wie der in healoere *skoft*.；休憩する rêste, skoftsje：10分の休憩をします Wy sille efkes tsien minuten *skoftsje*.

きゅうけいする　求刑する　in straf easkje

きゅうげきな　急激な　（突然の）hommels, hookstrooks：急激な変化 in *hommelse* feroaring；急激に変化する yngripend feroarje

きゅうけつき　吸血鬼　*de* fampier

きゅうげん　急減　hommelse mindering；急減する hommels minderje

きゅうご　救護　*de* help, *de* helpferliening；救護する helpe

きゅうこう　休講　it ôfstel fan in lêzing；休講する in lêzing annulearje

きゅうこう　急行　（急ぎ）*de* haast,（急行列車）*de* eksprestrein：急行で行く mei de *eksprestrein* [sneltrein] nimme；急行する hastich gean

きゅうこうか　急降下　*de* dûkflecht：急降下する in *dûkflecht* meitsje

きゅうこん　求婚　*it* oansiik [-syk]：求婚する in *oansyk* dwaan（houlik）= oansykje

きゅうこん　球根　*de* blombol

きゅうさい　救済　（難民・失業者の）*de* rêding,（救援）*it* ûntset；救済する behâlde, rêde, sparje, ûntsette：信仰によって彼は救済された It leauwen hat him *behâlden*.

きゅうし　休止　*de* rêst, *de* stilstân：小休止する wat *rêst* nimme；（火山が活動を）休止をする slomje；休止している stilstean

きゅうし　臼歯　*de* kies（奥歯）：臼歯を抜く in *kies* lûke

きゅうし　急死　hommelse ferstjerren；急死する hommels stjerre, hastich weireitsje

きゅうし　九死　九死に一生を得る troch it each fan 'e nulle gean

きゅうじ　給仕　（男性の）*de* betsjinner,（女性の）*de* betsjinster；給仕する betsjinje, optsjinje

きゅうしきの　旧式の　âlderwetsk, âldmoadrich：旧式の大砲 in *âlderwetsk kanon*

きゅうじつ　休日　*de* feestdei, *de* rêstdei

きゅうしゃ　鳩舎　*de* dowematte, *de* tille

きゅうしゃ　厩舎　*de* stâl

きゅうしゅう　吸収　*de* absorpsje：吸収する absorbearje, besinke, ferwurkje, opnimme：スポンジは水を吸収する In spûns *nimt* wetter *op*.

きゅうしゅう　急襲　*de* oerfal, *de* oerrompeling；急襲する oerrompelje

きゅうじゅう　九十　90（の）（*de*）njoggentich；90番目（の）（*it* / *de*）njoggentichste

きゅうじゅういち　九十一　91（の）（*de*）ienennjoggentich

きゅうしゅつ　救出　→救助；救出する ferlosse

きゅうしょ　急所　（体の）it fitale plak [stee],（要点）*it* punt；（言葉・冗談などが）急所を突く ynslaan；人の急所をける immen yn 'e pûde skoppe

きゅうじょ　救助　*de* help, *de* helpferliening, *de* rêding, *it* ûntset；救助する behâlde, helpe, rêde, ûntsette

きゅうじょう　窮状　*de* benaudens, *de* need（→窮地）

きゅうじょうしょう　急上昇　（物価の）*de* koersferheging,（騰貴）*de* stiging（↔ *de* koersferleging），（航空機の）de steile flecht；急上昇する steil omheechgean

きゅうしょく　休職　*de* wurkûnderbrekking；休職中である mei ferlof wêze

きゅうしょく　求職　*de* sollisitaasje；求職する sollisitearje；求職者 *de* sollisitant

きゅうしょく　給食　de foarsjenning fan it iten [miel] op skoalle
きゅうじん　求人　in oanbod foar wurk；求人広告 in fraach foar help
きゅうしんてきな　急進的な　yngripend, radikaal：急進的な政党 in *radikale* politike partij；急進主義 it radikalisme；急進党員 *de* radikaal
きゅうす　急須　*de* teepôt, *de* trekpôt
きゅうすい　給水　*de* wetterlieding, de tafier fan wetter；（…に）給水する wetter ferstrekke（oan）, tafiere
きゅうする　給する　→支給する
きゅうする　窮する　（生活に）ferearmje,（生活に余裕がない）te min earmslach hawwe,（困っている）deaferlegen wêze：ガソリン［返事］に窮している Wy sitte *deaferlegen* om benzine [in antwurd].
きゅうせい　旧姓　*de* famkesnamme
きゅうせい　急逝　→急死
きゅうせいの　急性の　akút：急性心筋梗塞 it *akút* hertynfarkt
きゅうせき　旧跡　in histoarysk plak, in âld stee, *de* ruïne
きゅうせっきじだい　旧石器時代　*de* âlde stientiid
きゅうせん　休戦　*de* wapenstilstân
きゅうぞう　急増　flugge fergrutting [ferheging / stiging]；急増する fluch stige
きゅうそく　休息　it bekoar, *de* rêst：人は誰でも休息とくつろぎが必要だ Elkenien hat ferlet fan *rêst* en ûntspanning.；休息する rêste；休息所 it rêsthûs
きゅうそくな　急速な　fluch, hastich, hurd, pront, rap, rêd：急速な進歩 *fluch* [*hurd*] foarútgong
きゅうたい　旧態　*de* eardere steat；旧態依然としている ûnferoare wêze
きゅうだいする　及第する　（試験に）slagje；及第点 *de* foldwaande（→合格点）
きゅうだん　糾弾　*de* oanklacht；糾弾する ferketterje, fûleindich feroardielje

きゅうち　旧知　in âlde freon
きゅうち　窮地　*de* klam, *de* knip, *de* need：窮地に陥っている yn 'e *knipe* sitte, yn *need* sitte, 人を窮地から救い出す immen út 'e *need* helpe；人を窮地に追いやる immen tsjin 'e muorre sette
きゅうちゃく　吸着　*de* adheezje；吸着する hechtsje, oanhingje（→吸いつく）
きゅうてい　宮廷　it hôf / hof；宮廷生活 *de* hofhâlding
きゅうていする　休廷する　It hof is op reses.；1週間休廷する It hof sil ien wike slute.
きゅうでん　宮殿　it paleis
きゅうてんする　急転する　hommels feroarje；急転回 hommelse feroaring
きゅうとう　急騰　*de* ferheging；急騰する hommels ferheffe
きゅうなん　救難　*de* rêding, it ûntset
きゅうに　急に　（突然）hommels, hookstrooks, ynienen,（緊急を要する）driuwend, urgint：彼女の夫は急に死んだ Har man is *hommels* stoarn.；（坂など）急な steil：その梯子は急だ De leider stiet *steil*.
ぎゅうにく　牛肉　it kowefleis
きゅうにゅう　吸入　it ynazemjen, it ynhalearjen；吸入する ynazemje, ynhalearje,（息を吸い込む）sykhelje；吸入器 *de* ynhalearder
ぎゅうにゅう　牛乳　*de* kowemolke, *de* molke：牛乳を飲む *molke* drinke, 牛乳を配達する *molke* besoargje [leverje]；牛乳を搾る melke；牛乳配達人 *de* molkman [-taper]
きゅうねん　旧年　it âldjier（↔ it nijjier）：旧年を送る *âldjier* útsitte；旧年を送り, 新年を迎える âld en nij fiere
きゅうば　急場　*de* need, it needgefal；急場凌ぎ（の）（it）laapwurk,（it）lapmiddel（→一時の）
きゅうびょう　急病　hommelse [ûnferwachte] sykte；急病人 in hommelse sike

きゅうふ　給付　*de* skinking, （給付金） *de* útkearing：給付を受ける資格がある rjocht hawwe op in *útkearing*；給付する ferliene, skinke, útrikke（→交付する）

きゅうへんする　急変する　hommels feroarje

きゅうほう　急報　in hastich berjocht；急報する hastich berjochtsje

きゅうぼう　窮乏　*de* earmoed；窮乏した behoeftich

きゅうみん　休眠　（冬眠）*de* wintersliep；休眠する sliepe

きゅうむ　急務　*it* haastwurk

きゅうめい　究明　*de* neifraach, *it* ûndersiik；究明する neifreegje, ûndersykje, útplúzje：問題を徹底的に究明する in problem *útplúzje*

きゅうめい　救命　*de* rêding；救命具［胴衣］*it* swimfest；救命ボート *de* rêdingsboat

きゅうやくせいしょ　旧約聖書　*it* Alde Testamint（↔新約聖書）

きゅうゆ　給油　*de* mingsmarring；給油する bytanke：ガソリンがもう少しで切れてしまう，給油しなくちゃ De benzine is hast op, ik moat *bytanke*.；給油所 *it* benzinestasjon（→ガソリンスタンド）

きゅうゆう　旧友　in âlde freon

きゅうゆう　級友　（男子の）*de* klasgenoat, （女子の）*de* klasgenoate（→同級生）

きゅうよ　給与　*de* fergoeding, （給料）*it* salaris

きゅうよう　休養　*de* rêst, *de* ûntspanning；休養する rêste：ちょっと休養しなければならない Ik moat efkes *rêste*.

きゅうよう　急用　*de* driuwende saken, *it* haastwurk

きゅうらく　及落　（試験の）sukses en mislearring（foar in eksamen）

きゅうらく　急落　（人気・物価の）*de* ynsinking（→暴落）；急落する hommels delgean, （名誉・地位などの）（失墜する）delkomme

きゅうり　胡瓜　*de* komkommer

きゅうりゅう　急流　*de* streamfersnelling

きゅうりょう　給料　*it* ynkommen, *it* lean, *it* salaris, *it* traktemint：高い給料を取る in goed *lean* fertsjinje, 給料をもらう *salaris* krije

きよ　寄与　*de* bydrage, *de* ynbring；寄与する ynbringe, (…に) bydrage (ta)

きよい　清い　klear, rein, skjin, suver：清い流れ *suvere* stream

きよう　器用　*de* handigens [-ichheid], *de* tsjeppens, *de* tûkens；器用な［に］betûft, handich, linich, tsjep, tûk：彼女はその仕事を器用な手つきでした Hja docht it wurk o sa *handich*., 彼はそれを器用にやった Dat hat er *handich* [*tûk*] dien.

きょう　今日　hjoed（→今日(こんにち)）：今日は行かないが，明日は行くよ Kom ik der *hjoed* net, dan moarn wol.

きょう　凶　（不運）*de* tsjinslach, *de* tsjinspoed, *it* ûngelok, *it* ûnk

ぎょう　行　（文章の）*de* rigel：この文章の片側は 25 行ある Yn dit skrift steane 25 *rigels* op ien side.

きょうあくな　凶悪な　ferskuorrend, ûnminsklik, wreed；凶悪犯罪 *de* grouweldie(d), *de* wredens / wreedheid；凶悪犯人 in grouwélige kriminee

きょうい　胸囲　*de* boppewiidte（→バスト）

きょうい　脅威　*de* bedriging, *de* driging；脅威を与える→脅(か)す

きょうい　強意　*it* aksint, *de* klam

きょうい　驚異　*it* wûnder：科学技術の驚異 in *wûnder* fan technyk, 驚異的な学識 in *wûnder* fan geleardheid；驚異的な ferbazend

きょういく　教育　*de* edukaasje, *de* opfieding, *it* ûnderwiis：教育を受ける *ûnderwiis* krije；教育する opfiede, ûnderwize；教育のある beskaafd；教育のない analfabeet；教育的な［に］, 教育（上）の edukatyf, learsum, ûnder-

きょういん　wiiskundich；教育者 de opfieder（→教師，教員）；教育制度 it edukative systeem

きょういん　**教員**　de learaar, de learkrêft, de learmaster

きょうえん　**競演**　it konkoers（→コンクール）

きょうえん　**饗宴**　it banket：饗宴を催す in banket jaan [oanbiede]

きょうえんする　**共演する**　mei-inoar opslaan,（…と）tegearre spylje（mei）；共演者 de tsjinspylder [-spiler]

きょうか　**強化**　de fersterking；強化する fersterkje

きょうか　**教化**　de ferljochting；教化する ferljochtsje, stichtsje

きょうか　**教科**　it fak, de learfeint；教科書 it learboek, it stúdzjeboek

きょうかい　**教会**　de tsjerke：教会（→礼拝）に行く nei tsjerke gean；教会に行く人たち it tsjerkefolk；教会の聖歌隊 it tsjerkekoar；教会の塔 de tsjerketoer；教会墓地 it tsjerkhôf

きょうかい　**協会**　de assosjaasje, de ferien(ig)ing

きょうかい　**境界**　de grins, de lângrins

ぎょうかい　**業界**　it sakelibben, de sakewrâld（→実業界）

きょうかく　**胸郭**　it boarst：胸郭が広い [狭い] in breed [smel] boarst hawwe

きょうがく　**共学**　de ko-edukaasje

きょうがく　**驚愕**　→驚き

きょうかつ　**恐喝**　(脅し) de bedriging, it drigemint；恐喝する bedriigje, driigje

きょうかん　**共感**　de dielnimming, de sympaty（→同情）；(…に) 共感する dielnimme (yn), sympatisearje (mei)

ぎょうかん　**行間**　de romte tusken de linen

きょうき　**凶器**　it oanfalswapen

きょうき　**狂気**　de dwylsin, de krankinnigens；狂気の dol, dwylsinnich, gek, kranksinnich, sljochtsinnich, steapel

きょうぎ　**協議**　it oerlis；協議をする ferstean,（…と）oerlizze（mei）：私たちはいずれお互いに協議することになります Wy sille nochris mei-inoar oerlizze.；協議会 de konferinsje

きょうぎ　**狭義**　in ingere sin：狭義で yn ingere sin

きょうぎ　**競技**　it spul, de wedstriid（→試合）：オリンピック競技 de Olympyske spullen, 競技に参加する oan in wedstriid meidwaan；競技をする spylje；競技者 de dielnimmer, de meidogger, de spylder：彼は競技者としてではなく観客として来る Hy komt net as meidogger, mar as taskôger.；競技場 it sportfjild [spyl-]

きょうぎ　**教義**　it dogma, de lear；教義上（の）dogmatysk

ぎょうぎ　**行儀**　de sede（→礼儀）；行儀のよい beskaafd, fatsoenlik；行儀の悪い stout, ûnfatsoenlik；《動》行儀がよい doge；行儀よくする goed oppasse；行儀作法 de etikette

きょうきゅう　**供給**　de foarsjenning, de leveránsje, it oanbod, de oanfier, de tafier：需要と供給 fraach en oanbod, 水の供給 tafier fan wetter；供給する foarsjen, leverje, tafiere：人に食料を供給する immen foarsjen fan iten；供給者 de leveransier

ぎょうぎょうしい [く]　**仰々しい [く]**　oerdreaun；仰々しく言う→大げさに言う

きょうく　**教区**　de parochy；教区民 de parochiaan；(特に新教の) 教区牧師 de dominy

きょうぐ　**教具**　it learmiddel

きょうぐう　**境遇**　de omwrâld,（環境）it miljeu,《複》de libbensomstannichheden,（状況）it gefal, de situaasje

きょうくん　**教訓**　de lear, it leksum, de les, de ôflear：これをまたの機会の教訓にしなさい Lit dit in goede lear [ôflear] foar in oare kear wêze.

ぎょうけつ　**凝血**　de skifting, stjurre bloed；凝血する skiftsje, strjemje

きょうけん　狂犬　in dolle hûn；狂犬病 *de* dûmens
きょうけんな　強健な　dreech, geef, krêftich：強健な人 in *krêftich* persoan
きょうこう　凶行　*de* grouweldie(d)；凶行に及ぶ moardzje（→殺害する）
きょうこう　恐慌　（経済の）*de* panyk
きょうこう　教皇　*de* Paus（→法王）
きょうごう　競合　*de* konkurrinsje, *de* rivaliteit, *de* wediver（→対抗）；競合する konkurrearje（→対抗［競争］する）
きょうこう　僥倖　*it* fortún（→幸運）
きょうこうする　強行する　gebiede, needsaakje（→無理に…させる）
きょうこうな　強硬な　beret, fêstberet, resolút, ûnferwrikber, ûnwrikber, wisberet
きょうこく　峡谷　*it* ravyn
きょうこつ　胸骨　*de* boarstbonke
きょうこな　強固な　（意志が）fêst, stânfêst
きょうさ　教唆　→扇動, 唆(そそのか)し
きょうざい　教材　*de* learstof
きょうさく　凶作　*it* misgewaaks（→不作）
きょうさんしゅぎ　共産主義　*it* kommunisme；共産主義（者）の kommunistysk：共産党 *de* kommunistyske partij；共産主義者 *de* kommunist
きょうし　教師　*de* learaar, *de* learkrêft, *de* learmaster, *de* skoalmaster,（女性の）*de* learares, *de* skoaljuffer
ぎょうじ　行事　*it* evenemint, *de* manifestaasje
ぎょうしする　凝視する　bedigerje, eagje, mikerje, stoarje：彼女は私を凝視している Se *eaget* nei my.
きょうしつ　教室　*it* leslokaal, *it* lokaal：学校の教室 in *lokaal* fan 'e skoalle
ぎょうしゃ　業者　*de* middenstân, *de* nearingdwaande
きょうじゅ　享受　（楽しみ）*it* geniet / genot；享受する genietsje
きょうじゅ　教授　（タイトル）*de* heechlearaar, *de* professor,（教えること）*de* ynstruksje, *de* learing：言語学教授 in *heechlearaar* yn 'e taalkunde；教授する ynstruearje, leare；教授法 *de* leargong [-metoade]；教授会 *de* fergearring fan fakulteit
きょうしゅう　郷愁　*de* nostalgy, *de* ûnwennigens [-ichheid]（→ホームシック）
ぎょうしゅく　凝縮　*de* kondinsaasje；凝縮する kondinsearje
きょうしゅくする　恐縮する　（遺憾に思う）begrutsje（→済まないと思う）
きょうしゅつ　供出　→提出, *de* offerte（fan rys oan de regearing）
きょうじゅつ　供述　（証言）*de* ferklearring, *de* tsjûgenis；供述する ferklearje, tsjûgje
きょうしょ　教書　（メッセージ）*it* berjocht,（ローマ法王の）in pauslike bul
ぎょうしょう　行商　*de* sutel(d)erij；行商する sutelje；行商人 *de* sutel(d)er
ぎょうじょう　行状　*it* gedrach, *it* optreden, *de* streek
きょうしょく　教職　it berop fan learaar
きょうじる　興じる　jin fermeitsje
きょうしん　狂信　*it* fanatisme；狂信的な fanatyk
きょうしん　強震　in ferheftige [swiere] ierdbeving
きょうじん　狂人　*de* gek
きょうじんな　強靭な　stoer, taai；強靭さ *de* taaiens：フリジア人の強靭さ *de* taaiens fan 'e Friezen
きょうする　供する　→役立てる, 差し出す
きょうせい　教生　*de* hospitant, *de* kwekeling（教育実習生）
きょうせい　強制　*de* twang；強制する gebiede, needsaakje, twinge；強制的な［に］ferplichtsjend, obligaat；強制収容所 *de* konsintraasjekampen
きょうせい　強勢　*de* klam（→アクセント）：強勢はその語の第2音節にある De *klam* leit op it twadde wurdlid fan it wurd.
きょうせい　矯正　*de* ferbettering, *de*

rektifikaasje；矯正する ferbetterje, rektifisearje, （悪癖・欠陥などを）genêze：どもりを矯正する it stammerjen *genêze*

ぎょうせい　行政　*de* administraasje, *it* bestjoer；行政上（の）administratyf；行政官 *de* bestjoerder

ぎょうせき　業績　*de* ferwurvenheid, *de* prestaasje

きょうそう　競争　*de* kompetysje, *de* wediver；競争する in wedstriid spylje, （…と）競争する wediverje (mei), (…を目指して) tingje (nei)；競争相手 *de* dielnimmer

きょうそう　競走　in wedstriid yn hurddraven；競争する hurdrinne；競走者 *de* hurdrider

きょうぞう　胸像　it boarstbyld：ボーリング・ディクストラの胸像 in *boarstbyld* fan Walling Dykstra

きょうそうきょく　協奏曲　*it* konsert

きょうそうざい　強壮剤　*de* grûntoan

きょうぞん　共存　*de* koëksistinsje；共存する tegearre bestean, byinoar libje

きょうだい　兄弟, 姉妹　（男性の）*de* broer, （女性の）*de* suster；兄弟愛 *de* neisteleafde, 姉妹愛 *de* susterleafde

きょうだいな　強大な　krêftich, machtich

きょうたん　驚嘆　*de* bewûndering, *de* ferbazing, *de* ferrassing；驚嘆する bewûnderje, jin ferbaze

きょうだん　教壇　*it* poadium

きょうち　境地　（状態）*de* stân, *de* steat, （領域）*it* terrein

きょうちょ　共著　*de* kollaboraasje

きょうちょう　強調　it aksint：（…を）強調する it *aksint* lizze (op)；強調する aksintuearje, beklamje, beklamme

きょうちょう　協調　*de* gearwurking [mei-]；協調する gearwurkje, meiwurkje

きょうつうの　共通の　mandélich, mienskiplik：共通の知り合い ús *mienskiplike* kunde；共通語 in algemiene taal

きょうてい　協定　*it* akkoart, *de* oerienkomst；（…と）協定する oerienkomme (mei)

ぎょうてん　仰天　*de* konsternaasje

きょうと　教徒　（信者）*de* leauwende, *de* leauwige

きょうど　郷土　*de* bertegrûn, *it* bertelân [-plak]（→故郷）

きょうど　強度　（光・熱・物資などの）*de* sterkens, *de* sterkte：その物質の強度 *de sterkens* fan it materiaal

きょうとう　共闘　in mienskiplike staking；二つないしそれ以上のグループが（ストライキで）共闘する Twa of mear groepen sille mienskiplik stake.

きょうどう　共同　*de* maatskip；共同の kollektyf, maatskiplik, mienskiplik：共同の炊事場 in *mienskiplike* keuken, 共同墓地 in *mienskiplik* begraafplak；共同社会 *de* mienskip；共同体 *de* gemienskip, *it* kollektyf；共同募金 miene middels

きょうねん　享年　彼は享年84歳で亡くなった Hy is yn 'e âldens fan 84 jier ferstoarn.

きょうは　教派　（宗派）*de* sekte

きょうばい　競売　it boelguod, *de* feiling；競売を行う boelguodzje；競売で売る feile：家を競売にかける in hûs *feile*

きょうはく　脅迫　it drigemint；脅迫する driigje：こぶしを上げて脅迫する mei de fûst *driigje*；脅迫状 *de* driichbrief

きょうはん　共犯　*de* meiskuldigens；共犯の hândiedich, mandélich, meiskuldich；共犯者 *de* hândiedige, *de* hânlanger

きょうふ　恐怖　*de* eangst(me), *de* skrik, *it* skrikbyld, *de* terreur, *de* ûntsetting：（人に）恐怖心を抱かせる（by immen）de *skrik* deryn jeie, (immen) skrik op 'e lea jeie, 恐怖のあまり震える trilje fan ('e) *skrik*；恐怖に襲われる skrikke, (…で) kjel wurde (fan)

きょうぼう　凶暴　*de* wredens / wreed-

heid；凶暴な wreed
きょうぼう　共謀　*de* gearspanning, *it* komplot；(…と) 共謀する gearspanne (mei)；共謀者 *de* gearspanner
きょうぼうな　狂暴な　dol, heftich, helsk, razen(d), woast
きょうまんな　驕慢な　arrogant, stronteigenwiis
きょうみ　興味　*it* belang, *de* belangstelling, *de* ynteresse, *de* niget：(…に) 興味を持つ *belang* stelle (yn), 興味を持って mei *belangstelling*, 非常に興味がある fol *interesse* wêze, 言葉に興味を持つ *niget* hawwe oan taal；興味のある ynteressant, nijsgjirrich；興味をそそる soppich；(…に) 興味がある jin ynteressearje (foar)：それには興味はない It *ynteressearret* my net.；(…に) 興味を示す tale (nei)
きょうむ　教務　*it* ûnderwiismêd
ぎょうむ　業務　*de* besetting, *de* opjefte, *de* taak；業務上(の) saaklik
きょうめい　共鳴　*de* resonânsje；(…に) 共鳴する sympatisearje (mei)
きょうゆう　享有　*de* besitting；享有する besitte, 《形》bejeftige, talintfol (→賦与された)
きょうゆうの　共有の　mienskiplik：共有財産 in *mienskiplik* besit；共有する diele：(…と) 部屋を共有する in keamer *diele* (mei)
きょうよ　供与　*de* leverânsje, *it* oanbod；供与する leverje
きょうよう　教養　*de* kultuer, *de* ûntwikkeling：幅広い教養のある婦人 in frou mei in brede *ûntwikkeling*；教養のある beskaafd, ûntwikkele：教養のある人 in *ûntwikkele* persoan；教養のない ûnbeskaafd
きょうようする　共用する　mienskiplik brûke
きょうようする　強要する　fergje, gebiede, twinge, (…を) oandringe (op)：彼は私に自動車から降りるように強要した Hy *twong* my om út 'e auto te stappen.

きょうらく　享楽　*it* geniet；享楽を好む genietsuchtich；享楽する geniet(sj)e；享楽主義 *it* hedonisme
きょうらん　狂乱　(狂気) *de* razernij, *de* útsinnigens [-ichheid]；狂乱の razen(d)
きょうり　郷里　*it* berteplak (→故郷, 出生地, ふるさと)
きょうり　教理　*it* dogma (→教義)
きょうりょうな　狭量な　benepen, benypt (om it hert), ing：狭量な考え方 *benypte* opfettings
きょうりょく　協力　*de* gearwurking, *de* meiwurking：…の協力を得て mei *meiwurking* fan …；協力する gearwurkje, meiwurkje；協力者 *de* meiwurker, (女性の) *de* meiwurkster
きょうりょくな　強力な　krêftich, machtich：強力なエンジン in *krêftige* motor；強力に hiel bot
きょうれき　教歴　jins ûnderfining as learaar
ぎょうれつ　行列　*de* fleet, *de* optocht, *de* prosesje, (儀礼的な) *de* omgong, *de* staasje, *de* tôch
きょうれつな　強烈な　fûl, fûleindich, yntins, kras：強烈な色彩 *fûle* kleuren
きょうわこく　共和国　*de* republyk
きょえいしん　虚栄心　*de* idelens [-heid]；虚栄心の強い idel (→うぬぼれた)：虚栄心の強い男 in *idel* keardeltsje
きょか　許可　*de* fergunning, *it* ferlof, *it* goedfinen, *de* konsesje, *de* talitting：特別許可 bûtengewoan *ferlof*, 許可を取り消す in *ferlof* ynlûke, …の許可を得て [ずに] mei [sûnder] *goedfinen* fan …；許可する goedfine, lije, talitte：それは許可したくない Ik wol it net *lije*. ＊しばしば否定語と共に；許可証 *de* fergunning
きょがく　巨額　in slompe jild
きょかん　巨漢　*de* reus (→巨人)
ぎょぎ　虚偽　*de* falskens, *de* leagen, *de* ûnwierheid；虚偽の falsk, ûnwier
ぎょぎょう　漁業　*de* fiskerij

きょく 曲 *de* deun, *de* meldij, *de* muzyk, *it* wyske, *de* wize：曲を口笛で吹く in *deuntsje* fluitsje, 曲に合わせて演奏する［歌］*wize* hâlde, …の曲に合わせて op 'e *meldij* fan …

きょく 極 *de* poal；(北・南)極圏 *de* poalsirkel

きょくうの 極右の ultrarjochts (↔極左の)

きょくがいしゃ 局外者 *de* bûtenstaander (→部外者)

きょくげい 曲芸 *de* akrobatyk；曲芸の akrobbatysk；曲芸師 *de* akrobaat, (サーカスの) *de* keunstemakker (→アクロバット)

きょくげん 極限 *it* brekpunt, *it* uterst

きょくげんする 極言する sa fier gean om te sizzen；極言すれば strikt besjoen (→厳密に言えば)

ぎょくざ 玉座 *de* troan(e)；玉座につく troanje

きょくさの 極左の ekstreemlinks (↔極右の)

きょくしょう 極小 *it* minimum；極小の minimaal

きょくせつ 曲折 *de* kromming；曲折する krinkelje, kronkelje, sigesaagje；曲折の多い krinkeljende［kron-］：曲折の多い道路 in *kronkeljende* dyk

きょくせん 曲線 in kromme［krûme］line

きょくだい 極大 *it* maksimum；極大の maksimaal

きょくたん 極端 *it* uterst：極端から極端に走る fan it iene *uterst* yn it oare gean；極端な［に］ekstreem, uterst；極端によい alderbêst (→最上の)

きょくち 局地 (地域) *de* streek；局地的な［に］lokaal, pleatslik：その雪は局地的なものだった De snie wie *pleatslik*.；局地化する lokalisearje

きょくど 極度 *it* uterst；極度の［に］uterst

きょくとう 極東 it Fiere Easten

きょくぶ 局部 *de* partij；局部の［的に］lokaal

きょくめん 局面 *de* faze, (情勢) *it* gefal, *de* situaasje, *de* tastân：経済の重大な局面 de krityske *tastân* fan 'e ekonomy

きょくりょく 極力 (可能な限り) foar safier mooglik；極力努力しょう Ik sil alles dwaan wat yn myn fermogen leit.

きょくろんすれば 極論すれば yn ekstreme termen

きょげん 虚言 →嘘

きょこう 虚構 *it* betinksel, *it* optinksel, *it* útfynsel；虚構の fiktyf

ぎょこう 漁港 *de* fiskershaven

きょこうする 挙行する fiere, selebrearje：結婚式を挙行する in brulloft *fiere*［selebrearje］

きょしきする 挙式する →挙行する

きょしてきな［に］巨視的な［に］grutskalich (↔微視的な［に］)：巨視的な研究 in *grutskalich* ûndersyk

ぎょしゃ 御者 *de* fuorman

きょじゃく 虚弱 *de* swakkens / swakheid；虚弱な breklik, gebrekkich, lammenadich, larderich, swak, wrak：虚弱な足 *swakke* fuotten, 虚弱な性格 in *swak* karakter

ぎょしやすい 御しやすい hannelber

きょじゅう 居住 *de* bewenning, *it* wenplak；居住する bewenje, ferbliuwe, wenje；居住地 *it* ferbliuw, *it* wenplak；居住者 *de* bewenner；居住に適した bewenber：その家は居住するには適さない It hûs is net *bewenber*.

きょしゅする 挙手する opheffe, opstekke

きょしょう 巨匠 in grutte master

ぎょじょう 漁場 *de* fiskgrûn, *it* fiskwetter

きょしょく 虚飾 *de* mallichheid［mâlich-］, *de* pronk(sucht)

きょじん 巨人 *de* reus, (大物) *de* kolos

きょしんに 虚心に →率直に

ぎょする 御する (馬車を) (駆る) bestjoere, (人・動物を) hantearje

きょせい　去勢　*de* kastraasje；去勢する kastrearje, snije：種馬を去勢する in hynst *snije*；去勢された人［動物］ *de* kastraat；去勢牛 *de* okse；去勢馬 *de* rún

きょせい　虚勢　*de* poze；虚勢を張る skermje, sweeslaan（→見栄を張る）

きょぜつ　拒絶　*de* ôfwizing, *de* wegering；（…を）拒絶する betankje（foar），（要求・法案などを）fersmite, ôfkitse, ôfstimme, ôfwize, wegerje：私は指名を拒絶した Ik haw foar de beneaming *betanke*., 彼は私の記事を拒絶した Hy hat myn artikel *wegere*.

ぎょせん　漁船　*de* fiskersboat

きょぞう　虚像　in falsk byld [imaazje]

ぎょそん　漁村　*it* fiskersdoarp

きょだいな　巨大な　enoarm, gigantysk, libbensgrut, machtich, reuseftich

きょだく　許諾　→受け入れ

きょだつ　虚脱　（無気力）*de* sleauwens, （放心状態）*de* ôfwêzigens

きょっかい　曲解　*de* ferdraaiïng；曲解する ferdraaie, ferwringe

きょっけい　極刑　de heechste straf；（人を）極刑に処する（immen）ta de dea feroardiele

きょっこう　極光　*de* auroara（→オーロラ）

きょてん　拠点　（基地）*it* honk, （本拠）*it* bolwurk

きょどう　挙動　（振る舞い）*it* gedrach, *it* hâlden (en dragen), *it* optreden；挙動不審である fertocht hannelje

きょねん　去年　hokkerjiers, ferline jier

きょひ　拒否　*it* betankje, *de* ôfwizing, *de* wegering；（…を）拒否する betankje（foar）, ferhippe, ferpoffe, ôfwize, ûntsizze, wegerje；拒否権 *it* feto：あることに対して拒否権を行使する jins *feto* oer eat útsprekke

きょまんの　巨万の　miljoen；巨万の富 in kolossaal fermogen

ぎょみん　漁民　*de* fiskerslju, *de* fiskerman（→漁師）

きょむ　虚無　*it* neat, *de* neatigens [-ichheid]；虚無主義 *it* nihilisme

きよめる　清める　reinigje, suverje：人の汚れを清める immen *reinigje* fan smet

ぎょもう　漁網　*it* fiskersnet

きょよう　許容　*de* talitting；許容する talitte, tastean：それは許容できない Dat kin ik net *talitte*.；許容できる talitber：許容限界 in *talitber* berik, in *talitbere* grins

ぎょらい　魚雷　*de* torpedo

きょり　距離　*de* distânsje, *de* ôfstân：フローニンゲンからアムステルダムまでの距離 de *ôfstân* fan Grins nei Amsterdam

きょりゅうする　居留する　yn in delsetting wenje；居留地 *de* delsetting

ぎょろぎょろした　pûdeagich, pûleagich；（目玉が）ぎょろぎょろする pûleagje

きよわな　気弱な　ferlegen, larderich, skoftich, slop, swak

きらい　機雷　*de* myn：機雷を撤去[敷設]する minen feie [lizze]

きらい　嫌い　*de* haat, (大嫌い) *de* ôfkear, *de* wjeraksel：私は嘘をつくのは嫌いだ Ik haw in *wjeraksel* tsjin ligen., （…が）大嫌いになる in *ôfkear* krije（fan）；嫌う haatsje, （…を）嫌う grize（fan）：私は犬も猫も嫌いだ Ik *haatsje* hûnen en katten.；嫌いな ôfkearich

きらきらひかる　きらきら光る　flikkerje, flonkerje, fonkelje, skitterje：きらきら光っている星 *flonkerjende* stjerren

きらく　気楽　*de* gerêststelling；気楽な [に] gerêst, geryflik, hûslik, kalm：気楽な雰囲気 *hûslike* atmosfear, 気楽にしなさい！*Kalm* oan!

きらす　切らす　（尽きる）útrinne；その品は切らしている It artikel is net mear foarhannen.

きらめく　煌めく　glinsterje（→きらきら光る）；きらめき *de* glim

きり　桐　*de* paulownia

きり

きり　錐　*de* drilboar
きり　霧　*de* damp, *de* dize, *de* mist, *de* nevel：濃い霧 in swiere *damp*, tichte *mist*, 霧が晴れてきた De *mist* lûkt op., 霧が濃くなった De *mist* waard tichter.；霧が立ち込めた，霧の深い damp, dizich, mistich：霧の深い朝 in *dampe* moarn
ぎり　義理　*de* ferplichting：世間の義理 sosjale *ferplichting*, 義理を果たす jins *ferplichtings* neikomme；義理のある ferplicht(e) ＊「続き柄」を表す語（例えば，義父，義兄弟など）はそれぞれの語を参照
きりあげ　切り上げ　（通貨の）*de* opwurdearing, *de* revaluaasje；（通貨を）切り上げる opwurdearje, revaluearje,（端数を）ôfrûnje,（終わりにする）einigje
きりおとす　切り落とす　úthouwe
きりかえ　切り換え　*de* omskeakeling,（更新）*de* fernijing,（スイッチなどの）*de* skeakeling；切り換える omskeakelje,（更新する）fernije,（スイッチなどを）oergean, skeakelje,（気持ちなどを）oerskeakelje：新体制に切り換える oerskeakelje op in nij systeem
きりかかる　切り掛かる　（…を持って）oanfleane (mei)：ナイフを持って切り掛かる mei in mes *oanfleane*
きりかぶ　切り株　（木の）*de* stomp
きりきざむ　切り刻む　snije
きりきず　切り傷　*de* fyk, *de* snijwûne,（深い）*de* hou, *de* jaap (cf. 擦り傷)
ぎりぎりの　（許容できる）talitber：ぎりぎりの最低値段 de leechst *talitbere* priis；ぎりぎりで op it nipperke
きりくち　切り口　*de* knip, *de* snee(d)
きりころす　切り殺す　（人を）(immen) fermoardzje mei in swurd [mes],《自動詞的に》moardzje mei …
きりさげ　切り下げ　（平価の）*de* devaluaasje, *de* ûntwearding：平価の切り下げであらゆる物価が上がった By *devaluaasje* wurde alle dingen djoerder.；（平価を）切り下げる devaluearje

きりさめ　霧雨　*de* storein；霧雨が降る miggelje, oanslaan, storeine：霧雨が降っている It *slacht*（wiet）*oan*.
ギリシャ　Grikelân；ギリシャ（語・人）（の）(*it*) Gryksk
きりすてる　切り捨てる　（切り殺す）deameitsje, ôfmeitsje,（端数を）ôfrûnje
キリスト　Jezus Kristus；キリスト教 *it* kristendom；キリスト教徒 *de* kristen；キリスト教(徒)の kristlik
きりたおす　切り倒す　kapje, omkapje
きりだす　切り出す　（話を）oansnije（→持ち出す）
きりたった　切り立った　steil：切り立った崖 in *steil* klif [klip(pe)]
きりつ！　起立！　Stean op!；起立する opstean
きりつ　規律　*de* dissipline, *de* tucht：規律を守る de *tucht* hanthavenje；規律正しい oarderlik
きりつける　斬り付ける　→斬り掛かる
きりづま　切妻　*de* trep(ke)gevel；切妻屋根 *it* puntdak, *it* seal
きりつめる　切り詰める　（長い物を）koartsje,（費用・経費を）besparje, útsunigje：食費を切り詰める *besparje* op it iten
きりとる　切り取る　ôfstekke, útfykje
きりぬき　切り抜き　（新聞などの）*it* útknipsel；切り抜く knippe, útfykje：新聞の記事を切り抜く in stik út 'e krante *knippe*
きりぬける　切り抜ける　trochkomme, trochmeitsje, trochstean：戦争を切り抜ける de oarloch *trochkomme*
きりはなす　切り離す　ôfskiede, ôfsnije, skiede：政治と宗教は切り離すべきだ Men moat polityk en religy *skiede*.
きりひらく　切り開く　（切開する）operearje,（森・荒地などを）oanmeitsje,（運命を）jins eigen paad sykje
きりふだ　切り札　（トランプの）*de* troef：スペードが切り札だ Skoppen is *troef*., 切り札を出す in *troef* útpylje
きりみ　切り身　（魚の）*de* moat：魚を

切り身にする in fisk yn *moaten* snije
きりゅう　気流　*de* luchtstream
きりょう　器量　*de* knappens, *de* tsjeppens；器量のよい knap, kreas, moai, tsjep：器量のよい少女 in *moai* famke
ぎりょう　技量　*de* bekwamens [-kwaamheid], *it* fermogen, *de* tûkens；技量のある bekwaam, tûk
きりょく　気力　*de* geast, *de* krêft, *de* pit, *de* sterkte, *de* taaiens；気力のある krêftich, sterk, taai；気力がない krêfteleas, machteleas (→無気力な)
きりわける　切り分ける　trochdwaan
きりん　麒麟　*de* sjiraf(fe)
きる　切る　snije, snoeie, (はさみで) knippe, (のこぎりで) seagje, (スイッチを) útdraaie, (シャッターを) (in sluter) iepenje, útwaan, útskeakelje, (メス・刀などで) deameitsje, (切符を) knippe, (電話を) ôfsnije, (縁を) ôflûke, (薄く) skave：木を切る in beam *snoeie*, つめを切る de neilen *knippe*
きる　着る　(着物を) oandwaan, jin oanklaaie (↔脱ぐ), (恩を) ferplichtsje
きれ　切れ　(布) *it* doek, (木) *de* stôk / stok, (チーズ) *it* brok, (紙) *it* fod(de)；切れ端 *de* snipel；一切れの肉 in lapke fleis
ぎれい　儀礼　*de* foarm, *it* protokol, *de* seremoanje；儀礼（上）の foarmlik, seremonieel
きれいな　奇麗な　(清潔な) kein, moai, (顔立ちが) jamk, knap, (美しい) moai, suver：奇麗にしている *kein* op jinsels wêze, 顔立ちの奇麗な少女 in *moai* famke, それは奇麗な絵だ Dat is in *moai* skilderij.；奇麗にする reinigje (→清掃する)
きれつ　亀裂　(裂け目) *de* kleau, *de* skreef, *de* skuor, *de* spjalt, *de* spleet, (人間関係の) *de* brek, *de* kleau (→断絶), (タイヤの) *de* knip：夫婦間の亀裂 de *brek* tusken in pear
きれめ　切れ目　→裂け目, 亀裂

きれる　切れる　《動》(刃物が) snije, (期限が) ôfrinne, omkomme, (道路・堤防などが) springe, trochbrekke (→決壊する)：そのナイフはよく切れる Dat mês *snijt* goed., その契約は(期限が)切れる It kontrakt is *ôfrûn*.；《形》(刃物などが) skerp, (頭が) spits (→鋭敏な)
きろ　帰路　*de* weromreis [-wei]：帰路にある op 'e *weromreis* [-wei] wêze
キロ　*de* kilo；キログラム *it* kilogram；キロメートル *de* kilometer
きろく　記録　(競技などの) *it* rekord / rekôr, (文書) *it* dokumint：記録を破る in *rekord* brekke；記録する fêstlizze, opnimme, optekenje：時間を記録する de tiid *opnimme*；記録的な net earder (sa) meimakke (→前例のない)；記録映画 *de* dokumintêre；記録保持者 *de* rekordhâlder
ギロチン　→断頭台
ぎろん　議論　*it* argumint, *de* diskusje；議論する arguminteartje, bekfjochtsje, bepleitsje, beprate, beredenearje：(…に賛成[反対]して)議論する *arguminteartje* (foar / tsjin), ある問題について議論する in kwestje *beprate*
ぎわく　疑惑　*it* betinken, *de* betinking, *it* erchtinken, *de* fertinking, *de* twivel：(人に)疑惑を掛ける *betinken* hawwe (op immen), 疑惑が晴れる fan *fertinking* befrijd wurde
きわだつ　際立つ　foaroansteand, opfallend, prominint, treffend (→目立った)
きわどい　際どい　(やっと) krapoan, krekt, skraachwurk, (微妙な) gefoelich, (危険な) gefaarlik, (下品な) ûnearber, ûnfatsoenlik, ûnfertogen：彼は際どいところで時間に間に合った Hy wie *krekt* op 'e tiid., 際どい写真 *ûnfatsoenlike* foto's
きわめて　極めて　bûtenwenstich, omraak, tige, ûnbidich：極めて残念です It is *tige* spitich.
きわめる　究める　(学問・真理などを) ûndersykje (→探求する)

きわめる　極める（達する）bedije, berikke, rikke：山頂を極める de pyk [top] fan 'e berch berikke

きをうしなう　気を失う　→気絶する

きをつける　気を付ける　→注意する

きん　近　hein：近東 it heine Easten

きん　金　it goud：《諺》輝く物必ずしも金ならず It is net allegearre goud wat der blinkt.；金（製）の gouden：金時計 in gouden horloazje

きん　菌　（病原）de baktearje（→バクテリア），（きのこなどの）de swam

ぎん　銀　it sulver；銀（製）の sulveren：銀のスプーンとフォーク sulveren leppels en foarken

きんいつの　均一の　unioarm：均一の価格 unifoarme prizen

きんえん　近縁　de sibbe；近縁（関係）の sib

きんえん　禁煙　smoken ferbean；禁煙！ Ferbean (om) te smoken!；禁煙する stopje mei smoken；禁煙家 de net-smoker；禁煙車 in kûpee foar net-smokers；禁煙席 in sône foar net-smokers

きんか　金貨　it goudstik

ぎんか　銀貨　it sulverjild

ぎんが　銀河　de molkwei

きんかいの　近海の　ticht by de kust,《複合語の第一要素として》kust-（→ kust）：近海漁業 de kustfiskerij

きんがく　金額　it bedrach, de dof, it dofke：莫大な金額 grutte bedraggen, 相当な金額 in aardich dofke

きんがしんねん　謹賀新年　Lok en seine yn it nije jier!, Lokkich nijjier!

ぎんがみ　銀紙　it sulverpapier

きんかん　金柑　de kumkwat

きんかんがっき　金管楽器　《複》koperen muzykynstruminten

きんかんの　近刊の　nij útkommen：近刊の本 in nij útkommen boek

きんがんの　近眼の　koartsichtich, steksjoch（→近視の）

きんき（の）　禁忌（の）　(it) taboe（→タブー（の））

きんきゅう（せい）　緊急（性）　de urginsje；緊急の akút, driuwend, urgint；緊急事態 it needgefal, de needtastân

きんぎょ　金魚　de goudfisk

きんきょう　近況　de hjoeddeistige situaasje

キング　de kening（→王）

きんけつ　金欠　→金詰まり

きんげん　金言　de spreuk（→格言）

きんげんな　謹厳な　（誠実な）ynteger, oprjocht

きんこ　金庫　de brânkast, de klûs, de skatkiste

きんこう　近郊　de omjouwing, de omkriten：レーワルデンとその近郊 Ljouwert en omjouwing, 京都の近郊に yn 'e omkriten fan Kioto

きんこう　均衡　de balâns, it lykwicht：均衡を保つ［失う］it lykwicht hâlde [ferlieze]

きんこう　金鉱　（鉱石）it gouderts,（金山）de goudmyn

ぎんこう　銀行　de bank：銀行にお金を預ける［ている］jild op 'e bank sette [hawwe], 銀行から預金を下ろす jild fan 'e bank helje；銀行家 de bankier；（銀行）紙幣 it bankbiljet；銀行通帳 it bankboekje；銀行預金口座 de bankrekken；銀行預金残高 it banksaldo

きんこんしき　金婚式　in gouden brulloft《結婚50周年記念》

ぎんこんしき　銀婚式　in sulveren brulloft《結婚25周年記念》

きんざん　金山　de goudmyn

ぎんざん　銀山　de sulvermyn

きんし　禁止　it ferbod；禁止する ferbiede：立ち入り禁止 Tagong ferbean.

きんじつちゅうに　近日中　earstdeis, meikoarten

きんしつの　均質の　homogeen

きんしの　近視の　koartsichtich, steksjoch（→近眼の）

きんしゅ　筋腫　de beam：子宮筋腫 in beam fan de limoer

きんしゅ　禁酒　de ûnthâlding；禁酒

する jin ûnthâlde fan drank；絶対禁酒 *de* gehielûnthâlding；ぼくは絶対禁酒者だ Ik drink nea.

きんしゅく 緊縮 *de* soberens [-heid]

きんじょ 近所 *de* buert：この近所に郵便局がありますか Is hjir in postkantoar yn 'e buert?

きんじる 禁じる →禁止する

きんしん 近親 *de* sibbe：最(さい)近親者 de neiste *sibben*；近親の nei, sib：近親者 *neie* famylje；近親相姦 *de* ynsest

きんしん 謹慎 （自制心）*de* selsbehearsking, (慎しみ) *de* beskiedens, *de* dimmenens；謹慎する neilitte, (慎む) jin ynbine

きんせい 近世 →近代

きんせい 均整 *de* symmetry；均整の取れた symmetrysk

きんせい 金星 *de* Fenus（→明けの明星，宵(よい)の明星）

きんせいの 禁制の ferban, taboe

きんせつの 近接の neist, neistlizzend, ticht（→隣接した）：フリジア語は英語に最も近接した言語である Frysk is de *neiste* taal oan Engels.；近接して roerend, roerlings

きんせん 金銭 *it* jild；金銭的な [上の] jildlik；金銭上のトラブル *de* jildsoargen

きんぞく 金属 *it* metaal；金属（製）の metalen：金属製の音 *metalen* lûden；金属工業 *it* metaal

きんだいの 近代の eigentiidsk, modern, nij：近代 de *eigentiidske* tiden, 近代文学 *eigentiidske* literatuer, 近代史 de *nije* skiednis；近代化する modernisearje；近代化 *de* modernisearring

きんだんの 禁断の ferban：禁断の木(き)の実 (de) *ferbeane* fruchten

きんちゃく 巾着 →財布

きんちょう 緊張 *de* spanning；緊張する jin spanne：そのことで緊張する jin derfoar *spanne*；緊張させる spanne：筋肉を緊張させる de spieren *spanne*

きんてい 謹呈 →贈呈

きんていやくせいしょ 欽定訳聖書 de (Hollânske) steate-oersetting fan de Bibel（→聖書）

きんとう 近東 it Heine Easten

きんとう 均等 *de* gelikens（→同等）；均等の [に] lykmjittich；均等化する lykmeitsje

ぎんなん 銀杏 *de* ginko

きんにく 筋肉 *de* spier, *de* spierbal；筋肉痛 *de* spierpine

きんねん 近年 yn de lêste jierren

きんぱく 金箔 *it* ferguldsel；金箔を着せた fergulde；金箔を着せる ferguldzje

ぎんぱく 銀箔 *it* sulverpapier

きんぱくの 緊迫の urgint

きんぱつ 金髪 blûn [ljocht] hier；金髪の blûn, blond, ljocht：金髪の少女 in *blond* famke

きんべん 勤勉 *de* flyt, *de* iver, *de* warberens [-berheid]；勤勉な flitich, iverich, warber：勤勉な学生 in *iverige* studint

きんぺん 近辺 *de* omkriten, *de* omtrek

ぎんまく 銀幕 （スクリーン）it doek, (映画) *de* film

ぎんみ 吟味 *de* keuring, *it* ûndersiik [-syk]；吟味する keure, ûndersykje

きんみつな 緊密な yntinsyf：緊密な関係 *yntinsyf* kontakt

きんむ 勤務 *de* tsjinst；勤務する tsjinje, wurkje

きんもつ 禁物 →タブー

きんゆう 金融 *de* finânsjes；金融の finansjeel；金融業者 *de* finansier

きんような 緊要な fan libbensbelang

きんようび 金曜日 *de* freed；毎金曜日に freeds, alle freden；金曜日の夕方 [夜] *de* freedtejûn

きんらい 近来 lêsten(deis), hokkerdeis, okkerdeis

きんり 金利 *de* ynterest, *de* rinte（→利息）

きんりょく 筋力 *de* spierkracht [-krêft]：筋力を増進する *spierkracht* ûntwikkelje

きんりん　近隣　*de* omjouwing, *de* omtrek；近隣の人々 *de* omjouwing

きんろう　勤労　*de* arbeid, *de* tsjinst, *it* wurk

く　ク　ku

く　九　9(の)(*de*) njoggen；9番目(の), 第9(の)(*it* / *de*) njoggende：9番目のバス停 *de njoggende* bushalte

く　区　(区分) *de* ôfdieling, (行政の地区) *de* stedswyk

く　句　(成句) *de* wurdgroep

く　苦　(苦痛) *de* muoite, *de* pine, *de* piniging, (死の苦しみ) *de* kwelling, (苦労) *it* lest / lêst, *de* soarch；《諺》苦あれば楽あり Gjin risseltaat [winst] sûnder ynspanning.

ぐあい　具合　(体調) *de* kondysje：(体の)具合がよい yn goede *kondysje* wêze；(物の)具合がよい haachlik, lekker, noflik：この靴はとても具合がよい Dizze skoen binne tige *haachlik* [*noflik*]., Dizze skoen sitte hiel *lekker*.；体の具合はどうですか Hoe is it mei dy?

くい　杭　*de* peal

くい　悔い　(悔悟) *it* berou, *de* ynkear (→後悔)：悔い改める ta *ynkear* komme

くいいる　食い入る　(食い入るように見詰める) eagje, stoarje

クイーン　(トランプなどの) *de* keninginne；→女王

くいき　区域　(地区) *it* gea, *de* hoeke, *de* krite, *de* stedswyk

くいきる　食い切る　ôfbite (←食い千切る)

くいけ　食い気　*de* skroei (→食欲)：食い気がある Ik haw *skroei*.

くいこむ　食い込む　(入り込む) ynsnije, (侵入する) deryn gean, ynkringe；ロープが手に食い込む It tou snijt my yn 'e hân.

くいさがる　食い下がる　(質問攻めにする) bestoke

くいしばる　食い縛る　(歯を) jin ferbite

くいしんぼう　食いしん坊　*de* fretsek, *de* fretter (→大食漢)

クイズ　(ラジオ・テレビなどの) *de* kwis

くいすぎる　食い過ぎる　te folle ite

くいちがい　食い違い　(相違) *it* ferskil, *it* ûnderskie(d), *de* ûngelikens：意見の食い違い *ferskil* fan miening；食い違った ferskillend；食い違う ferskille：意見が食い違っている De mieningen *ferskille*.

くいつく　食い付く　bite, (ta)happe, (…にしがみつく) (jin) fêsthâlde (oan)：今日は(魚の)食いつきがない It wol hjoed net *bite*.

くいつくす　食い尽くす　(食べ物を) behimmelje, ophimmelje, opite, (平らげる) opkrije

くいつぶす　食い潰す　(財産・遺産を) opite：親の遺産を食いつぶす *de* erfenis fan jins âlder opite

くいとめる　食い止める　opkropje, wjerhâlde

くいにげする　食い逃げする　sûnder betelling ôfsette

ぐいのみする　ぐい飲みする　ienkear opdrinke

くいもの　食い物　*it* iten, *de* fertarring, *de* fieding, *it* fiedsel, *de* iterij, *de* kost, *de* spize (→食べ物)

くいる　悔いる　berouwe, (…を) berou

hawwe (fan)：私はそのことを悔いている It *beroude* my.
クインテット （五重奏曲）it kwintet
くう 空 *it* neat, (空中) *de* loft, (空虚) *de* leechte, *de* legens
くう 食う ite, (がつがつ) sline, (魚が餌に食いつく) happe, (時間・費用がかかる) ferite, spansearje：朝はパンを食う Wy *ite* moarns bôle.
くうかん 空間 *it* hol, *de* romte；空間の romt(e)lik
くうき 空気 *de* loft, *de* lucht：新鮮な空気 frisse *lucht*, 空気は80パーセントの窒素と16パーセントの酸素から成る De *lucht* bestiet út 80% stikstof en 16% soerstof.；空気にさらす luchtsje；空気の抜けたタイヤ in lege [leechrûne] (bûten)bân；空気圧 *de* luchtdruk；空気入れ *de* luchtpomp；空気銃 *de* luchtbuks, *de* wynbuks
くうきょ 空虚 *de* hollens, *de* leechte, *de* legens：空虚な hol：空虚な言葉 *holle* flodders
ぐうぐうなる ぐうぐう鳴る （腹が）rommelje
くうぐん 空軍 *de* loftmacht：オランダ空軍 de Keninklike *loftmacht*；空軍基地 *de* loftbasis
くうこう 空港 *it* fleanfjild, *de* lofthaven：スキポール空港で op 'e *lofthaven* Skiphol
くうしつ 空室 →空(き)室
くうしゅう 空襲 *de* loftoanfal：空襲する de *loftoanfal* útfiere；空襲警報 *it* loftala(a)rm
くうしょ 空所 →空白
ぐうすう 偶数 in even getal (↔奇数)；偶数の even
ぐうする 遇する bejegenje (→持て成す)
くうせき 空席 in lege stoel, in fakant plak, (欠員) *de* fakatuere：空席を補充する yn in *fakatuere* foarsjen；空席の fakant, ûnbeset：空席はなかった Der wie net in stoel *ûnbeset*.
ぐうぜん 偶然 *it* tafal：偶然に by *tafal* = by [troch] ûngelok；偶然（の）bykomstich, tafallich；偶然に出会う trappearje：マーケットで彼に偶然に出会った Ik *trappearre* him op 't merk.；(…に)偶然に出会う stuitsje (op)；偶然(性)，偶然の出来事 *de* tafalligens
くうぜんの 空前の sûnder wjergea
くうそう 空想 *de* fantasy, *de* ferbylding, *de* ynbylding, *it* loftkastiel；空想する fantasearje, jin ferbyld(zj)e：それは私にも空想できる Dat kin ik my wol *ferbyld(zj)e*.；空想的な [に] fabeleftich, fantastysk
ぐうぞう 偶像 *it* idoal：偶像を崇拝する in *idoal* ferearje
くうちゅう 空中 *de* loft：空中に yn 'e *loft*；空中戦 *it* loftgefjocht
クーデター *de* steatsyngreep
くうどう 空洞 *de* grot, *it* hoal, *de* hoale, *de* holte；空洞の hol：空洞の (ある) 樹木 in *holle* beam
くうはく 空白 *it* fakuüm, *de* lakune, *de* leechte, (記憶・文書などの) *it* hiaat：空白を埋める in *lakune* opfolje；空白の leech, ûnbeskreaun
くうばく 空爆 →爆撃
ぐうはつ 偶発 （偶発的な出来事）*it* tafal；偶発的な bykomstich：偶発的な要因 *bykomstige* omstannichheden；偶発する barre, om (en) ta gean：不幸なことが偶発した Der is in ûngelok *bard*.，その事故はどのようにして偶発したのか Hoe is dat ûngemak *om en ta gien?*
くうふく 空腹 *de* honger (→飢え)：空腹である *honger* hawwe；空腹な hongerich, roppich：空腹になる *hongerich* wurde
クーポンけん クーポン券 *de* kûpon
くうゆ 空輸 *it* loftferfier；空輸する mei in fleantúch transportearje
クーラー （冷房装置）*de* klimaatregeler
くうらん 空欄 →空白
くうれい 空冷 *de* luchtkuolling
くうろ 空路 （航空路）*de* loftline, *de*

loftrûte；空路で mei it fleantúch（↔陸路で）

ぐうわ　寓話　de allegory, de fabel；寓話の［的な］allegoarysk

クエスチョン　de fraach, de kwestje（→疑問）；クエスチョンマーク it fraachteken（?）（→疑問符）

くおん　久遠　→永遠

くかく　区画　it fak / fek；区画する útsette：建築場所を区画する in hûs útsette

くがくする　苦学する　mei muoite studearje

くがつ　九月　de septimber,（秋の月）de hjerstmoanne：9月28日 28 septimber

くかん　区間　(場所の) it ynterfal, de ôfstân,（川・運河の）it trajekt（→間隔）

くき　茎　(草の) de raai, de stam：（その）草の茎 de raaien fan it gers

くぎ　釘　de neil, de spiker,（小釘）de pin(ne)：物を釘で留める eat mei in spiker fêstslaan, 板を釘で留める planken oaninoar sette mei pinnen

くきょう　苦境　de need, de pikel：苦境にある yn 'e pikel sette, 人を苦境から救う immen út 'e pikel helpe

くぎょう　苦行　de penitinsje；苦行する as(k)etysk libje

くぎり　区切り　（切れ目）de yndieling, de ôfdieling；区切る diele, yndiele

くぎり　句切り　（句読の）de ôfdieling,（区分）de ferdieling,（しばらくの間）it skoft

くりつける　括り付ける　befêstigje, fêstbine, fêstsette, hechtsje

くくる　括る　（しっかりと）fêstbine（→縛る）

くげん　苦言　in bitter advys：苦言を呈する immen in bitter advys jaan

くごう　愚行　de gekheid, de mâllichheid

くさ　草　it gers,（雑草）de smoargens, it túch,（複）de kjitten,（薬草）it krûd；草を食べる weidzje

くさい　臭い　《動》stjonke,（臭いにおいがする）rûke：町の堀は臭いにおいがする（→悪臭を放つ）De grêft yn 'e stêd stjonkt., ここは煙草臭い It rûkt hjir nei tabak.；臭み de stank

くさばな　草花　（草の）花 de blom：草花を植える blommen plantsje

くさび　楔　de kyl,（絆）de bining

くさぶきの　草葺きの　reiden：草ぶきの屋根 in reiden dak（→わらぶき屋根）

くさり　鎖　it keatling, it ketting：犬を鎖につなぐ in hûn oan it keatling lizze

くさる　腐る　bedjerre, ferdjerre, fermôgelje, ferrotsje, rotsje, terotsje：腐ったイチジク in bedoarne［fermôgele］fiich, 腐った肉 bedoarn fleis, その卵は腐っている It aai is bedoarn.；腐った ferotte, rottich：腐ったりんご in rottige appel；腐らす ferrotsje litte

くさわけ　草分け　（先駆者）de pionier（→開拓者，パイオニア）

くし　串　（焼き）it spit

くし　櫛　de kaam；（髪を）くしですく［とかす］kjimme

くじ　籤　it lot；くじを引く lotsje, útlotsje；宝［富］くじ de lotterij

くじく　挫く　（捻挫する）ferdraaie, ferkloffe, ferknoffelje, ferrekke, ôfstuitsje, swikje,（勢いを弱らせる）dwersbongelje,（出鼻を）bedjerre（→駄目にする）：手［足首］を挫く de hân［it ankel］ferkloffe；挫ける→がっかりする

くしくも　奇しくも　nuver（genôch), raar

くしする　駆使する　（言葉などを）behearskje,（…を）(思い通りにできる) beskikke (oer)：フリジア語を駆使する it Frysk behearskje

くじゃく　孔雀　de pau：孔雀のように尊大ぶった sa grutsk as in pau

くしゃくしゃの　（しわになった）rimpelich, skromfelich,（毛・髪などが）rûch：（しわで）くしゃくしゃの顔 in skromfelich gesicht, くしゃくしゃの髪（の毛）rûch hier

くしゃみ 嚔 *de* prúst；くしゃみをする prúste：風邪を引くと, 頻繁にくしゃみをする Ast ferkâlden bist, moatst hiel faak *prúste*.

くじょ 駆除 *de* eliminaasje；駆除する eliminearje, ferdylgje：ねずみを駆除する de mûzen *ferdylgje*

くじょう 苦情 *it* beklach, *de* klach-t(e)：人に苦情を言う jins *beklach* dwaan, 警察に苦情を訴える in *klach-t(e)* yntsjinje by de plysje；苦情を言う jin bekleie：彼は食べ物について苦情を言った Hy *beklage* him oer it iten.

くしょうする 苦笑する soer [wrang] laitsje

ぐしょぬれになった ぐしょ濡れになった dweil, dweiltrochwiet, klets (troch)-wiet, stronttrochwiet (→びしょ濡れの)：私はぐしょ濡れになった Ik bin *dweil* (en *dweil*)., 着ている物がぐしょ濡れになった Myn klean wiene *klets*(*troch*)*wiet*.

くじら 鯨 *de* walfisk

くしん 苦心 *de* muoite (→苦労)；苦心する lije, in protte muoite dwaan (→骨を折る)；苦心して mei lijen [pine]

ぐしんする 具申する (申し立てる) yntsjinje

くず 屑 *it* eart, *de* fûlens, *de* smoargens, (人間・社会の) *it* eart, *it* túch, *it* útskot：社会のくず it *útskot* fan 'e maatskippij；(紙) くずかご *de* papierkoer；くず鉄 *it* skroat

ぐずぐずする treuzelje；ぐずぐずした treuzelich

くすくすわらう くすくす笑う gibelje, gychelje, giisgobje, nokkerje

くすぐる 擽る kidelje, kribelje：人の足の裏をくすぐる immen ûnder de foet *kidelje*；《動》くすぐったい kidelje, kribelje；くすぐり *de* kribel

くずす 崩す (破壊する) ferniele, teroppe, (列などを) ûntregelje, (お金を) ferfange：(体調を) jin (sels) *ferniele*

くすねる ynkassearje (→盗む)

くすぶる 燻る broeie, smeule：それは長いことくすぶっている Dat hat al lang *broeid*., 火がくすぶっている It fjoer *smeult*.

くすり 薬 *it* genêsmiddel, *it* medikamint, *it* medisyn, (錠剤) *de* pil, (軟膏) *de* salve, *it* smarsel：薬を飲む *medisinen* ynnimme；薬屋 *it* / *de* ap(o)teek, *de* drogisterij

くすりゆび 薬指 *de* ringfinger

ぐずる 愚図る eamelje, jeuzelje, sangerje (→駄々をこねる)；《形》ぐずる eamelich, jeuzelich, sangerich

くずれる 崩れる (建物などが) ynsakje, ynstoarte, (崩れ落ちる) ôfslaan, omtruzelje, (変形する) ferfoarmje：運河の沿岸が今もなお崩れている De wâl by it kanaal lâns *slacht* noch altyd *ôf*.

くすんだ (黒ずんだ) donker, (色が地味な) dof, feal：くすんだ色 in *doffe* kleur

くせ 癖 *de* gewoante, *de* wenst, (悪い) *de* oanwenst：(…の) 癖がある de *gewoante* hawwe (om), そのような癖は直さなければならない Dêr moatst gjin *gewoante* fan meitsje., 彼には朝寝の癖がある Hy hat de *wenst* om te let fan bêd te kommen.；(特異な) 癖のある frjemd, nuver：それは癖のある味がする It smakket *nuver*.

くせん 苦戦 in hurde striid；苦戦する deafjochtsje

くそ 糞 *de* drol, *de* skyt, *de* stront (→糞(ふん))：くそくらえ！ Ik haw der *skyt* oan!；くそ！Drommels!

くだ 管 (パイプ) *de* koker, *de* lieding, *de* piip (→管(かん))

ぐたいてきな[に] 具体的な[に] konkreet：あることを具体的に述べる earne *konkreet* oer prate

くだく 砕く ferbrekke, (粉々に) ferbrizelje, (打ち) ynslaan：ガラス窓を打ち砕く in rút *ynslaan*；(粉々に) 砕ける sneuvelje

くだくだしい ferfeelsum, ferfelend (→

うんざりするような）：くだくだしい話 *ferfeelsum* praat
くたくたに （疲れて）deaynein [-wurch]；くたくたになるまで働く deaskreppe
くだけた　砕けた （平易な）maklik,（親しい）freonlik
くだす　下す （命令・判決などを）útsprekke,（結論・判断を）lûke：判決を下す in fûnis *útsprekke*, 結論を下す in konklúzje *lûke*
くたばる （死ぬ）it hoekje om gean,（くたくたに疲れる）deawurch wurde（→くたびれる）
くたびれる　草臥れる　deawurch [gear] wurde
くだもの　果物　*de* frucht, *it* fruit：りんごやオレンジは果物である Appels en sinesappels binne *fruchten*.；果物ジュース *it* fruchtesop；果物屋 *de* fruitwinkel；果物畑→果樹園
くだらない　下らない　neatich,（役に立たない）nutteleas：そんな下らない物 sa 'n *neatich* ding；下らない話 *it* geklets；下らない物 *de* neatigens [-ichheid]；下らん！ Flauwe kul!
くだり　下り　（下降）*de* delgong,（坂の）→下り坂；下りの汽車 in trein út it haadstasjon ＊汽車の「上り」、「下り」の表現はない
くだりざか　下り坂　in delgeande wei, *de* delgong；下り坂になる delrinne：テルプは下り坂になっている De terp *rint del*.
くだる　下る　（坂などを）dale, delgean,（川を）ôfsakje,（山を）ôfklimme, ôfkomme,（腹が）diarree hawwe, yn 'e loop wêze（→下痢する),（判決などが）útsprutsen wurde
くだんの　件の　foarneamd, oanbelangjend(e)（→前述の，当該の）
くち　口　（人・動物の）*de* mûle,（人の）*de* bek, *de* toet,（口）*de* snaffel,（特に鳥の）*de* bek（→くちばし),（口のきき方）*de* foardracht, *de* mûle,（味覚）*de* bysmaak, *de* smaak,（水差し・

ポットなどの）*de* tute,（入り［出］口）*de* yngong [út-],（川の）*de* mûning：口を開ける *de* mûle iepenje, 巻き煙草を口にくわえて mei in sigaret yn 'e *mûle*, 幼い子供は何でも口に押し込むものだ Lytse bern stopje alles yn 'e *mûle*., 言葉が彼の口からすらすらと出た De wurden floeiden him ta de *mûle* út., 人に大口をたたく immen in grutte *mûle* jaan, あと口が悪い Ik krij der in fize smaak fan yn 'e *mûle*., 河口 *de mûning* fan in rivier；口がうまい fetlik（→おべっかを使う）；口が重い［軽い］in lytste [grutte] bek hawwe；口が堅い ticht：彼女は非常に口が堅い Sy is sa *ticht* as in pot.；口が利けない stom [sprakeleas] stean, de spraak ferlern hawwe, de spraak kwyt wêze；口が滑る jin ferspreke（→失言する）；口が悪い praterich, in kweade tonge hawwe；口にする beprate, prate；口を固く結んで mei de lippen stiif opinoar；口をきく oansprekke, tasprekke（→話し掛ける),（…に）口を出す［出しをする］jin (be)jaan [minge] (yn), kedize, meiprate（→干渉する）；口をとがらす lippe, de lippe hingje litte；口を閉ざす tichtklappe；口を開く *de* stilte ferbrekke（→沈黙を破る）；口のうまい人 in goede prater

ぐち　愚痴　*it* beklach, *it* geseur, *de* skriemerij；愚痴る［をこぼす］eamelje, earmoedzje, kleie, krimmearje, lêbje, seure, skrieme：彼は食事がまずいといつも愚痴をこぼしていた Hy *klage* altyd oer it minne iten., 彼女はいつも夫のことで愚痴をこぼしている Hja sit altyd by har man te *skriemen*.；愚痴っぽい jeuzelich；愚痴をこぼす人 *de* kleier, *de* skriemer

くちうるさい　口煩い　*it* gemaal, *it* geseur；口うるさく言う eamelje；口うるさい人 *de* eamel(d)er, *de* eamelkont [-sek], *de* seur(der), *de* seurpot

くちえ　口絵　（本の）*de* titelplaat

くちおしい　口惜しい　spitich；口惜しく思う spite：君はそれを口惜しく思うでしょう It sil dy *spite*.

くちかずがおおい　口数が多い　praatsk；口数の多い人 de *praatmûtse*；口数が少ない *stom*：口数が少ない人 in *stom* [it *stomme*] minske

くちきき　口利き　（仲介）de bemiddeling, de foarspraak, de tuskenkomst；（仲介者）de foarspraak, de tuskenman [-persoan]；…の口利きで troch tuskenkomst fan …

くちぎたない　口汚ない　beledigjend [mis-]：口汚ない言葉 in *misledigjend* wurd（→悪態）

くちく　駆逐　de ferdriuwing；駆逐する ferdriuwe [út-]：敵を駆逐する de fijân *ferdriuwe*；駆逐艦 de torpedojager

くちぐせ　口癖　in favoryt sechje, jins favorite sechje；口癖のように言う altiten sizze

くちげんか　口喧嘩　it gedonder, de rûzje, it spul：口喧嘩をする *rûzje* hawwe, *spul* meitsje；（…のことで）口喧嘩をする *rûzje* [tsiere] (om), (つまらないことで) kibje (oer)

くちごたえ　口答え　it tsjinpraat, de tsjinspraak：口答えはもうたくさんだ！Gjin *tsjinpraat*(*sjes*) mear！；口答えをする tsjinprate, weromsizze：そんなにしょっ中口答えをするのはよしてくれ Praat my dochs net hieltyd sa *tsjin*.

くちごもる　口籠る　hakkelje, haperje；口ごもりながら stjittelich

くちさき　口先　（唇）de lippen；口先がうまい flaaierich, fluensk, mei ferwielene tonge；口先のうまい人 de moaiprater

くちずさむ　口吟む　núnderje, reauntsje

くちぞえ　口添え　de oanbefelling, de oanrikkemandaasje, de rekommandaasje（→推薦）；口添えをする oanbefelje, rekommandearje

くちづけ　口付け　→キス, 接吻

くちどめする　口止めする　（人を）(immen) it swijen oplizze（→黙らせる）；口止め料 it swijjild

くちばし　嘴　de bek, de snaffel, de snebbe：かもめが魚を（くちばしに）くわえている In seefûgel hat in fisk yn 'e *bek*., 鳥のくちばし de *snebbe* fan in fûgel

くちひげ　口髭　de knevel, de snor：口ひげを生やす de *snor* stean litte

くちびる　唇　de lippe：上 [下] 唇 de boppeste [ûnderste] *lippe*, 厚い [薄い] 唇 in tsjôkke [tinne] *lippe*, 彼の唇は震えている De *lippen* trilje him., 唇をかむ jin op 'e *lippen* bite

くちぶり　口振り　jins (manier fan) spraak

くちべた　口下手　（人）in minne prater （↔口のうまい人）

くちべに　口紅　（棒状の）de lippestift

くちぶえ　口笛　it fluitsjen；口笛を吹く fluitsje

くちやかましい　口喧しい　→口煩（うる）い

くちやくそく　口約束　de sprekbeurt, in mûnlinge ôfspraak；口約束をする mûnling ôfsprekke

くちょう　口調　de toan：彼は不機嫌な口調で話す Hy praat op in lulke *toan*.

くちる　朽ちる　fermôgelje；朽ちた fermôgele：朽ちた老木 in *fermôgele* âlde beam

ぐちる　愚痴る　fûterje, grommelje, mopperje：人のことで愚痴をこぼす op immen *mopperje*

くつ　靴　（短靴）de skoech /《複》skuon, (深靴) de lears /《複》learzen(s)（→ブーツ）；靴1[2] 足 in [twa] pear skuon, 靴を履く[脱ぐ] de *skuon* oandwaan [út-], この靴はセーム皮でできている Dy *skuon* binne makke fan lear.；靴墨 it skuonpoetsersguod；靴底 de skoechsoal；靴紐 de skuonfiter；靴紐を緩める de fiters losmeitsje；靴磨き（の人）de skuonpoetser；靴屋 de

くつう

skuonwinkel,（人）de skuonmakker；靴ブラシ de skuonboarstel；靴ベラ de skuonleppel

くつう　苦痛　de benearing, it lijen, de need, de pine, de piniging, it sear, de smert(e),（激しい）de kwelling：その病人は今は苦痛から解放されている De sike is út syn lijen., それは全く苦痛の種だ Dat is in echte kwelling.；苦痛を与える pinigje, smerte

くつがえす［る］　覆す［る］　（ひっくり返す［える］）kantelje, omslaan（→転覆させる［する］）

クッキー　it koekje

くっきょうな　屈強な　dreech, geef, gewant, kreas, krêftich, sterk, stevich：屈強な男たち gewante manlju

くっきょく　屈曲　de kromming；屈曲した krom, krûm；屈曲する→曲がる

くっきりと　dúdlik, helder, klear, skjin：富士山がくっきりと見える Wy kinne dúdlik de berch Fuji sjen.

クッキング　（料理）de koken

くっさく　掘削　it graafwurk；掘削する（út)grave，トンネルを掘削する in tunnel grave；掘削機 de graafmasine

くつした　靴下　de hoas（→ストッキング）, de sok（→ソックス）：絹製の靴下 siden hoazzen, 靴下を脱ぐ［履く］de hoazzen útdwaan［oan-］；靴下留め de hoasbân（→ガーター）

くっしの　屈指の　foaroansteand, liedend：ロッテルダムは世界屈指の貿易港だ Rotterdam is ien fan de liedende hannelshavens fan 'e wrâld.

くつじょく　屈辱　de fernedering；屈辱的な fernederjend

ぐっしょり　ぐっしょり濡れた dweil-(trochwiet),（stron)trochwiet

クッション　（座布団）it kessen,（緩衝器）it stjitblok

ぐっすり　fêst, goed：ぐっすり眠る fêst sliepe = sliepe as in baarch［roas］

くっする　屈する　（曲げる）ferbûg-(j)e, knikke,（屈服する）belies jaan, beswike, meijaan, swicht(sj)e, tajaan：

不可抗力に屈する foar de oermacht swicht(sj)e

くっせつ　屈折　（折れ曲がること）de kromming,（光・音などの）de brekking,（単語の）de ynfleksje；屈折した kronkeljend, slingere（→曲がりくねった）；屈折させる brekke,（語形を）ynflektearje；屈折変化 de bûging

くっつく　食っ付く　（付着する）kleve, klibje, oanhâlde, oanhingje, plakke：彼の手には血がべっとりとくっついていた Der klibbe him bloed oan 'e hannen., 肌着が（汗などで）体にぴったりとくっついていた It himd plakt my oan 'e lea.；くっついて neistinoar（→隣接して）：くっついて歩く neistinoar rinne, くっつける hechtsje, plakke,（のりで）lymje, stiselje：のりで紙をくっつける papier lymje

くってかかる　食って掛かる　útpakke（→怒鳴りつける）

ぐっと　（一気に）yn ien lûk［swolch］,（力を入れて）pal, stânfêst：ワイングラスをぐっと飲み干す in romer leechnimme yn ien lûk［swolch］, 母親の手をぐっと握 jins memme hân stânfêst gripe

くっぷく　屈服　de oerjefte；（…に）屈服する jin bûge (nei), jin beprate litte（→屈する）；屈服させる beprate

くつろぐ　寛ぐ　ferslopje, jin ûntspanne, ûntteie；くつろぎ de ferdivedaasje, de lins, de ûntspanning：しばらくくつろぐ efkes lins nimme, 人は誰でも休息とくつろぎが必要だ Elkenien hat ferlet fan rêst en ûntspanning.；（形）くつろげる yntym；どうぞくつろいでください！Doch mar as wiest thús!（→楽にしてください）

くつわ　轡　（馬の口にかませる）it bit

くてん　句点　it punt

ぐでんぐでんに　ぐでんぐでんに酔っ払って straal yn 'e wyn op

くどい　諄い　（話が）wiidweidich,（色が）opsichtich, pronkerich,（味が）fetlik, fettich：彼の話はちょっとくど

過ぎる Hy is wat te *wiidweidich* yn syn ferhalen.

くとう 句読 *de* ynterpunksje, *de* prip；句読点 *it* lêsteken, *it* skrapke：句読点を打つ *de* lêstekens oanbringe

くとう 苦闘 *de* wrakseling；苦闘する bealgje, moardzje, wrakselje：向い風で苦闘する yn 'e wyn op *bealgje*

くどく 功徳 （善行）*it* leafdewurk, *de* woldie(d),（神の恵み）*de* segen(ing)

くどく 口説く （説得する）beprate, ferswarre, omprate,（人に求愛する）om immen frije

ぐどん 愚鈍 *de* sleauwens, *de* stommens；愚鈍な gek, stom, ûlich

くなん 苦難 *de* lijenswei：苦難に耐える *de lijenswei* fele [ferdrage]

くに 国 （国土）*it* lân,（国家）*de* steat,（故郷）*it* bertelân [-plak], *it* lân,（国籍）*de* nasjonaliteit

くにざかい 国境 →国境(こっきょう)

くねくねと sigesaagjend（→ジグザグに）

くねる （曲がりくねる）sigesaagje, jin slingerje,（曲がる）kromje：その川は牧草地をくねくねと流れている De rivier *slingeret* him troch it lân.；くねった krom, krûm

くのう 苦悩 *de* kopsoarch, *de* kwelling；苦悩する jin kwelle

くばる 配る omdiele, útdiele, útkeare, útpartsje, útrikke,（気を）oppasse：トランプのカードを配る de kaarten *omdiele*, 子供たちにりんごを配る appels *útdiele* oan de bern

くび 首 *de* hals, *de* nekke,（頭部）*de* kop：人の首に抱きつく immen om 'e *hals* fleane, 首の骨を折る *de nekke* brekke, 人の首を絞める immen de *nekke* omdraaie；首を切る ôftankje（→解雇する）；首をはねる ûnthaadzje, ûnthalzje：首をはねられた死体 in *ûnthade* [*ûnthalze*] lichem；首を（縦に）振る knikke（→同意する）

くびかざり 首飾り *de* halsbân, *it* keatling（→ネックレス）

くびき 軛 *it* jok, *it* twangjok

くびきり 首切り *de* ûnthalzing,（解雇）*de* ûntheffing；首を切る ûnthalzje,（解雇する）ôflankje, ûntheffe

くびすじ 首筋 *de* nekke

くびつりをする 首吊りをする （自殺をする）jin ferhingje, jinsels ophingje

くびねっこ 首根っこ →首筋

くびれ 括れ *de* fernauwing；くびれる nauwer wurde（→細くなる）

くびわ 首輪 （犬の）*de* halsbân

くふうする 工夫する （考え出す）optinke, útfigelearje, útprakkesearje, úttinke

くぶん 区分 *de* yndieling；区分する yndiele

くべつ 区別 *it* ûnderskie(d), *de* ûnderskieding：（…の間に）区別をつける *ûnderskie(d)* meitsje (tusken)；区別する ûnderskiede

くぼみ 凹み, 窪み *de* dûk, *de* holte, *de* ynsinking, *de* kûle, *it* kûltsje, *de* lichte：道のくぼみ in *kûle* yn it paad；くぼんだ hol；くぼむ ynsinke；くぼ地 *de* delte, *it* leech, *de* leechte

くま 熊 *de* bear；大［小］熊座 *de* Grutte [Lytse] Bear

くまで 熊手 *de* harke, *de* klau, *de* túnklauwer

くまなく 隈無く rûnom；（船で）くまなく巡る trochkruse, くまなく捜す ôfreizgje, trochsykje：フリースラントをくまなく旅行した Ik haw hiel Fryslân *trochkrúst*., ポケットの中をくまなく捜す de bûsen *trochsykje*

くみ 組 （学級）*de* klas(se)（→クラス）,（小グループ）（一組）in pear [stel], in partoer, in set,（チーム）*it* team：私は彼と同じ組だ Ik sit by him yn 'e *klas*(se)., 一組のトランプ in *stel* kaarten, 二組の下着 twa *stel* ûnderklean, 一組の夫婦 in trou *stel*, 一組のフォーク in *partoer* foarken

くみあい 組合 *de* ferien(ig)ing, *de* sosjeteit,（労働者の）*it* fakbûn,（同業者の）*it* gild(e)

くみあげる　汲み上げる　（水・ガスなどを）pompe, (希望・要求などを) flije（→応じる）

くみあわせ　組み合わせ　*de* gearrin, *de* kombinaasje；組み合わせる gearfoegje, kombinearje,（手を）geardwaan

くみかえ　組み換え, 組み替え　*de* ferskikking；組み換［替］える ferskikke

くみこむ　組み込む　ynkorporearje, ynnimme, tuskenfoegje,（統合する）yntegrearje

くみする　与する　（参加する）meidwaan, partisipearje,（味方する）stypje,（賛成する）tastimme

くみだす　汲み出す　eaz(j)e, (op)-pompe, útskeppe：ボートから水を汲み出す wetter *eaz(j)e* út in boat, ポンプで水を汲み出す wetter oppompe = wetter út 'e pomp helje

くみたて　組み立て　*de* gearsetting, *de* gearstalling；組み立てる gearstalle

くみとる　汲み取る　skeppe,（理解する）begripe

くむ　汲む　pompe；（相手の気持ちを）（理解する）begripe, ferstean

くむ　組む　（腕を）kruse,（組み合わせる）geardwaan, gearfoegje

くめんする　工面する　losmeitsje,（調達する）ynsammelje：お金を工面する jild *losmeitsje*

くも　雲　*de* bewolking, *de* wolk(e), *de* wolken：低く垂れ込めた雲 leechhingjende *bewolking*, 空には雲一つなかった Der wie gjin *wolkje* oan 'e loft., 雲のない sûnder *wolken*(*s*)；雲の多い wolkich（→曇った）

くも　蜘蛛　*de* spin；くもの巣 *it* spinsel

くもり　曇り　（天候）wolkich waar,（表情の）*de* wolk(e)；曇った belutsen, wolkich；（空が）曇る belûke, berinne, betrekke,（顔・表情が）belûke,（ガラスなどが）beslaan：空が一面曇っている De loft is *belutsen*., 空が少し曇ってきた De loft berint [betrekt] in bytsje., 鏡が曇っている De spegel beslacht.；一面に曇る gearsette

くもん　苦悶　→苦悩

くやしい　悔しい　rouwich, spitich；悔しがる betreurje, muoie, spite：私はそう言ったことを悔しく思っている It *muoit* my dat ik dat sein haw., 君はそれを悔しがるだろう It sil dy *spite*.；悔しさ *de* lilkens, *de* spyt（→残念）

くやみ　悔やみ　*de* spyt,（後悔）*de* ynkear,（お悔やみ）*de* kondoleânsje；お悔みを述べる kondolearje：お父さんのご逝去をお悔やみ申し上げます Kondolearre mei it ferstjerren fan jim heit.

くやむ　悔やむ　（後悔する）besuorje, betreurje, muoie, spite：君はそれを悔やむだろう Dat silst *besuorje*.

くよう　供養　*de* routsjinst（→慰霊祭）：供養する *de routsjinst* hâlde

くよくよする　deare, omtize, pikerje, prakkesearje, tobje（→心配する）,（…で）ompakke [ompiele] (mei),（…を）ynsitte (oer)：彼らにしかられても彼はくよくよしなかった Harren geskel *dearde* him net., あることをくよくよする earne mei *omtize*

くら　鞍　*it* sadel, *it* seal：くらに乗る op 't *seal* ride；くらを置く sealje：馬に鞍を置く in hynder *sealje*

くら　蔵, 倉　*it* magazyn, *de* opslach, *it* pakhús（→倉庫）

くらい　位　（地位）*de* posysje, *de* steat,（格付け）*de* klassearring, *de* wurdearring,（数の桁）*it* sifer：立派な位にある in goede *posysje* hawwe, 位の高い人たち lju fan steat

くらい　暗い　donker, tsjuster：暗い It is *tsjuster*., 真っ暗な部屋 in *tsjustere* keamer；暗くなる donker [tsjuster] wurde, 暗くなる［する］tsjusterje：この高い樹木でここの辺りは暗い Dy hege beammen *tsjusterje* nochal wat.；暗さ→暗闇

(―)くらい　(―)位　→凡そ；《疑問文で》どの位 hoe, hoefolle：どの位滞在の予定ですか Hoe lang bliuwe jo?,

どの位ここに滞在しますか *Hoefolle dagen bliuwe jo hjir?*, 今どの位お金を持っていますか *Hoefolle jild hasto no?*

グライダー　*it* sweeffleantúch

クライマックス　（最高潮）*de* klimaks

グラウンド　（学校の）*de* boarterstún（→運動場）, *it* fjild（→競技場）

くらがり　暗がり　*it* tsjuster（→暗闇）

くらく　苦楽　(*de*) freugde en (*it*) fertriet：(…と) 苦楽を共にする jins lot diele (mei), leaf en leed diele (mei)

クラクション　（自動車の）*de* klakson：クラクションを鳴らす in *klakson* yndrukke

くらくらする　（頭が）skimerje：頭がくらくらする It *skimeret* my foar de eagen.

ぐらぐらする　wankelje, wippelje：そのテーブルはぐらぐらする De tafel *wippelet*.；《形》ぐらぐらする wankel：ぐらぐらするテーブル wankele tafels

くらげ　水母, 海月　*de* kwal

くらし　暮らし　*it* libben, *it* libbensûnderhâld：毎日の暮らし it deistich *libben*；暮らす libje：平和に暮らす yn frede *libje*；暮らし方 *it* bestean

クラシック　《複》*de* klassiken（→古典）；（音楽の）クラシックの klassyk（→古典の）：クラシック音楽 *klassike* muzyk

クラス　（学級）*de* klas(se), （等級）*de* graad, *de* klas(se)；クラスメイト *de* klasgenoat（→同級生）

グラス　（コップ）*it* glês：グラス一杯の牛乳 in *glês* molke；グラス一杯 *it* glêsfol

クラッカー　（爆竹）*de* fuotsiker, *de* ploffer, （菓子）*it* biskwy（→ビスケット）

ぐらつく　strampelje, waggelje（→ぐらぐらする，よろめく）,（気持が）driigje, wifelje, wifkje（→ためらう）

クラッチ　（自動車などの）*de* koppeling：クラッチを入れる [切る] *de koppeling* yntrapje [opkomme litte]

ぐらっとする　（頭が）dûzelje；《形》（目まいがする）draaierich, dronken, dûzelich, dwyl(derich), sweverich

クラブ　*de* ferien(ig)ing, *de* klup,（ゴルフクラブ）*de* golfstok

グラフ　（図表）*de* grafyk

くらべる　比べる　（…と）fer(ge)lykje (mei)（→比較する）；《前》…に比べて neffens：ドッカムはレーワルデンに比べて極く小さい町だ Dokkum is mar lyts *neffens* Ljouwert.

くらます　晦ます　→隠す

くらむ　眩む　→目まいがする

グラム　*it* gram：この手紙は4グラムの重さだ Dit brief weacht fjouwer *gram*.

くらやみ　暗闇　*it* tsjuster, *de* tsjusternis：暗闇で yn 't [by ('t)] *tsjuster*；暗闇の tsjuster

クラリネット　*de* klarinet

グランドピアノ　*de* fleugel

くり　栗　*de* kastanje：人のために火中の栗を拾う foar immen de *kastanjes* út it fjoer helje；栗の木 *de* kastanjebeam

くりあげる　繰り上げる　（期日を）ferfoarlikje,（数の位を）ôfrûnje（→四捨五入する）；（期日・時間が）繰り上がる ferspringe

クリーニング　（洗濯）*de* wask：ある物をクリーニングに出す eat yn 'e *wask* dwaan；クリーニング店 *de* waskerij

クリーム　（食品の）*de* rjemme,（化粧用の）*de* krêm；クリーム状の rjemmich；クリームケーキ *it* taartsje

グリーン（の）　(*it*) grien（→緑色（の））

くりかえす　繰り返す　herhelje, oerdwaan：歴史は繰り返す De skiednis *herhellet* him.,（おうむのように）繰り返して言う herhelje, neibauwe, neiprate, neisizze, oerdwaan, oersizze：彼は先生の言ったことを繰り返した Hy baude [*prate*] de learaar *nei*.；繰り返し繰り返し hieltyt opnij, hieltyd [iderkear(en)] mar wer

くりこし 繰り越し　it transport；繰り越す transportearje

くりさげる 繰り下げる　（期日を）ferskowe, ferstelle, útstelle（→延期する），（数の位を）ôfrûnje（→四捨五入する）

クリスタル （水晶）it kristal：クリスタルグラス in glês fan kristal

クリスチャン　de kristen（→キリスト教徒）

クリスマス　de kryst, de krystdei：クリスマスには家に帰ります Mei de kryst kom ik thús., クリスマスおめでとう！Noflike krystdagen!；クリスマスイブ de krystjûn；クリスマス休暇 de krystfakânsje；クリスマスツリー de krystbeam：クリスマスツリーを飾る de krystbeam optuge

グリセリン　de glyserine

クリップ　（留め金）de bûgel

クリトリス　（陰核）de klitoris

クリニック　de klinyk（→診療所）；クリニックの klinysk

くりぬく 刳り抜く　útholje

くりひろげる 繰り広げる　（展開する）jin ûntwikkelje

グリル　（焼き網）de gril

グリンピース　de dopeart(e)

くる 来る　（やって）komme, (到着・到来する) oankomme, (由来する) komme, (ある状態になる) wurde：彼は私の所へやって来た Hy kaam by my., 彼女は私に会いに来た Se kaam foar my., あなたはここへ帰って来る必要はない Jo hoege hjir net wer te kommen., 汽車は何時に来ましたか Hoe let komt de trein oan?, 夏がきた De simmer komt oan., 君の手紙が今日きた Dyn brief kaam hjoed by my oan., その語はラテン語からきている Dat wurd kaam út it Latyn., 夜が長くなってきた De nacht wurdt langer., 空が晴れてきた De loft klearret op.；何を持ってきたのか Wat hast meibrocht?

くるい 狂い　（混乱）de disoarder, it ûnstjoer

くるう 狂う　gek wêze；（気が）狂った dwylsinnich, gek, kranksinnich；（機械などが）defekt（→故障した）；調子[体調]が狂っている yn minne kondysje wêze

グループ　it fermidden, de groep, de groepearring：10人からなるグループで yn groepkes fan tsien；グループに分ける groepearje

ぐるぐるまわる[す] ぐるぐる回る[す] rûndraaie

くるしい 苦しい　（肉体的に）pynlik, （精神的に）slim, soer, （経済的に）earm；（生活に）苦しんでいる yn 'e earmelytse wêze；苦しんでいる人々 minsken yn 'e need；苦しみ it lijen, de pine：彼はもだえ苦しんだ後に死んだ Nei slim lijen is er stoarn., 苦しんでいる yn 'e pine sitte

くるしむ 苦しむ　jin kwelle, (…で) lije (mei)：あることで精神的に苦しむ jin kwelle mei eat, 私はそのことでもう苦しむことはないでしょう Ik wol my de holle der net langer mei kwelle., 病気で苦しむ oan in sykte lije；（胸の）苦しみ [さ] de besetting（→圧迫）：胸の苦しさ besetting op it boarst

くるしめる 苦しめる　benear(j)e, 《受け身文で》kwelle：彼は恐怖で苦しんだ Hy waard kweld troch eangsten.

くるぶし 踝　it ankel（→足首）

くるま 車　de wein, （自動車）de auto：車を運転する yn in auto ride；車に乗る ride；車の鍵 de autokaai；車のナンバー it autonûmer, it kenteken；車椅子 it karke, de rôlstoel

くるまえび 車海老　de garnaal

（…）ぐるみ　ynbegrepen, ynklusyf（→（…）込みで）

くるみ（のき）胡桃（の木）　de nutebeam；くるみの殻 de nutedop；くるみの実 in grutte nút；くるみ割り器 de nutekreaker

くるむ 包む　bepakke, berôlje, beteare, tadekke（→包（つ）む）：ソーセージを

紙に包む in woarst yn papier beteare
くれ 暮れ （日暮れ） de dage, de jûnskimer(ing)，（年末） de ein [útein] fan it jier
グレープフルーツ de grapefruit
クレーム （苦情） de klacht(e)：警察にクレームをつける in klacht(e) yntsjinje by de plysje
クレーン de hefkraan
くれぐれも 呉れ呉れも 呉れ呉れもご両親に宜しく Dochst dyn âlden de groeten fan my?
クレジット （信用貸し） it kredyt：クレジットで op kredyt；クレジットカード de kredytkaart
クレヨン it kryt
くれる 呉れる （与える） jaan
くれる 暮れる （日が） tsjuster wurde,（季節・年が）→終わる：フリースラントでは夏は夜9時頃に日が暮れる Yn Fryslân wurdt it om 9 oere tsjuster yn 'e simmer.
クレンザー （洗剤） it skjinmakkersguod
くろ (い) 黒 (い) (it) swart：黒パン swart brea = it rogge(n)brea；黒みがかかった swartich
くろう 苦労 de muoite, de pine：苦労して mei muoite [pine]，苦労したぶんだけのことはある It is de muoite wol wurdich.；苦労する jin útsloovje；苦労の種 de kwelling：講義をすることは私にとって全く苦労の種だ It jaan fan in lêzing is foar my in wiere kwelling.
ぐろう 愚弄 （嘲（あざ）り） de bespotting, it gekoanstekkerij, de spot：愚弄うする begekje, bespotte, gekjeie
くろうと 玄人 de ekspert, de spesjalist
クローク （一時預かり所） de garderôbe
クローズアップ →取り上げること
クローバー de klaver；四つ葉のクローバー de klaverfjouwer
くろじ 黒字 →利益，利潤
クロスワードパズル de krúswurdpuzzle
グロテスクな （異様な） grotesk

くろまく 黒幕 （黒い幕）in swart gerdyn, （陰で指図する人） de man achter de skermen
くろわく 黒枠 de rourâne
くわ 桑 de moerbei；桑の実 de moerbei；桑の木 de moerbeibeam
くわ 鍬 de houk(e), （除草用の） de skoffel；鍬を入れる skoffelje
くわうるに 加うるに （それに加えて） dêrby, derta, dêrta；《前》…に加えて njonken
くわえる 加える dwaan, tafoegje, taheakje：ある物を付け加える eat der by [ta] dwaan, 彼はその報告書に短い説明を加えた Hy heakket in koarte útlis oan it rapport ta.
くわえる 銜える ある物を口にくわえている eat yn 'e mûle hâlde [nimme], 巻煙草をくわえて mei in sigaret yn 'e mûle
くわしい [く] 詳しい [く] omstannich, wiidweidich, （精通して） eigen：詳しい説明 in omstannige útlis, 詳しく話す omstannich fertelle, あることに詳しい jin wat eigen meitsje；（あることを）さらに詳しく調べる neier (op eat) yngean
くわせる 食わせる →（食物を）与える
くわだて 企て de opset, it plan, de planning, （大きな） it projekt；企てる planne, programmearje, ûndernimme,（陰謀を） konkelje, kûpje
(一) くん (一) 君 de hear：フークストラ君 Hear Hoekstra
ぐん 軍 →軍隊
くんかい 訓戒 de fermoanning （→戒め）；訓戒する fermoanje （→戒める）
ぐんかくきょうそう 軍拡競争 de wapenwedrin
ぐんかん 軍艦 it oarlochsskip
ぐんき 軍記 de kriichstucht
ぐんき 軍旗 de bane, de banier, it findel
ぐんこう 軍港 de oarlochshaven
ぐんじ 軍事 militêre saken；軍事上

くんしゅ　（の）militêr：軍事政権 in *militêr* rezjym；軍事力 *de*（militêre）macht

くんしゅ　君主　*de* monarch；君主国 *de* monargy

ぐんしゅう　群衆　*it* espel, *de* float, *it* gekring, *de* kliber, *de* kloft, *de* mannichte, *de* oprin

ぐんしゅく　軍縮　*de* ûntwapening；軍縮する ûntwapenje：どの国も軍縮すべきだ Alle lannen soenen *ûntwapenje* moatte.

ぐんじゅ（ひん）　軍需（品）　*de* ammunysje；軍需産業 *de* oarlochsyndustry [wapen-]

くんしょう　勲章　*it* lintsje, *de* medalje（→メダル）：勲章をもらう in *lintsje* krije

ぐんじん　軍人　*de* militêr, *de* soldaat

ぐんせい　軍政　militêre administraasje

くんせいの　薫製の　rikke；薫製にする rikje：豚肉を薫製にする spek fan in baarch *rikje*；薫製肉 *de* ljirre

ぐんたい　軍隊　*it* leger, *it* legioen；軍隊の militêr

くんとう　薫陶　*de* tucht（→規律）；薫陶する tuchtigje

ぐんとう　群島　*de* eilannen（→諸島）

ぐんばい　軍配　軍配を上げる ta oerwinner útroppe

ぐんび　軍備　*de* bewapening, *de* wapening

ぐんぽうかいぎ　軍法会議　*de* kriichsrie(d)：人を軍法会議にかける immen foar de *kriichsrie(d)* bringe

ぐんようの　軍用の　militêr

くんりん　君臨　*de* behearsking, *de* oerhearsking；君臨する behearskje, bestjoere, oerhearskje, regearje

くんれん　訓練　*de* oefening, *de* oplieding, *de* trening / training：訓練を受ける in *oplieding* folgje；訓練する dressearje, oefenje, ôfrjochtsje, opliede（→練習する）：犬を訓練する in hûn *ôfrjochtsje*

け　ケ　ke

け　毛　（髪の毛）*it* / *de* hier,《集合的に》*it* hier,（うぶ毛）*it* poddehier,（陰毛）*de* skamhier,（羽毛）*de* fear, *de* plom,（羊毛）*de* wol(le),（剛毛）*it* dún, *de* stoppelhier；毛の hierren；毛の多い wollich；毛深い behierre, hierrich, rûch；毛が薄い tin；（人の）毛が抜ける keal wurde,（犬・猫の）hierje

け　気　（気配）*it* ferskynsel

(ー) け　(ー) 家　*it* slachte：ミーデマ家 it *slachte* fan de Miedema's

けい　刑　（刑罰）*de* bestraffing, *de* straf：刑を言い渡す ta *straf* feroardielje；刑量 *de* strafmjitte

けい　系　*it* systeem（→太陽系）

げい　芸　（演技）*it* spul,（手品などの）*de* trúk,（技能）*it* fakmanskip, *de* feardigens [-dichheid]

けいい　経緯　→経緯(いきさつ)

けいい　敬意　*de* hulde（→尊敬）：人に敬意を表する immen *hulde* bringe；敬意を表する huldigje

げいいんする　鯨飲する　opsûpe, sûpe, swolgje

けいえい　経営　*de* direksje, *de* lieding；経営する bestjoere, liede：会社 [店] を経営する in firma [winkel] *liede*；経営者 *de* direkteur

けいおんがく　軽音楽　lichte muzyk

けいえんする　敬遠する　→避ける

けいか　経過　*it* berin, *it* ferrin, *it* proses；

経過する fergean, ferrinne, hinnegean：時間が経過した De tiid is *ferrûn*.

けいかい 警戒 de foarsoarch, *de* útkyk, *de* wacht：警戒している op *'e útkyk* stean；警戒する foarsichtich [omsichtich] wêze,（監視する）beweitsje

けいがい 形骸 de boufal, it oerbliuwsel, *it* ramt,（建物の）*de* ruïne

けいかいな 軽快な licht：軽快な足取り *lichte* stappen

けいかく 計画 *it* plan, *de* planning, *it* projekt：計画を実施する in *plan* útfiere, 計画する in *planning* meitsje = planne；計画した，計画的な［に］planmjittich

けいかん 景観 in manjefyk gesicht

けいかん 警官 de plysjeman (→警察官)

けいき 刑期 刑期を勤め上げる jins tiid útsitte

けいき 計器 *de* meter (→メーター)：計器を読み取る de *meter* opnimme

けいき 契機 （機会）*de* gelegenheid, *de* kâns (→切っ掛け, 動機)

けいき 景気 *de* konjunktuer (↔不景気)：景気がよい時には失業者は少ない By in goede *konjunktuer* binne der net in soad minsken sûnder wurk.

けいきんぞく 軽金属 lichte metalen (↔重金属)

けいく 警句 *it* puntdicht, *it* stikeldicht；警句を吐く in geastige opmerking meitsje

けいぐ 敬具 《手紙の結句》《改まった》Mei heechachting(e),《くだけた》Mei hertlike groet(e)nis, Mei rjochtinge

けいけん 経験 *de* rûtine, *de* ûnderfining：あることに経験を積む earne *rûtine* yn krije, 経験のある人 in man fan *ûnderfining*, 経験が全くない gjin *ûnderfining* hawwe,《諺》経験は最良の教師である *Underfining* is de bêste learmaster.；経験する belibje, meimeitsje, ûnderfine；経験のある [を積んだ] befearn, rûtinearre, tûk：経験豊かな船乗り in *befearn* siler

けいげん 軽減 *de* ferleging, *de* ferlytsing, *de* ynkrimping, *de* reduksje；軽減する beheine, ferlytsje, ynkrimpe, redusearje

けいけんな 敬虔な from, leauwich：敬虔なキリスト教徒 in *fromme* [*leauwige*] kristen

けいこ 稽古 （練習）*de* oefening, *de* oplieding, *de* trening；稽古する opliede, jin trene

けいご 敬語 *de* hoflikheidsfoarm

けいご 警護 *it* konfoai；警護する behoedzje

けいこう 傾向 *de* tendins：…への傾向 de *tendins* nei …, …する傾向 de *tendins* om …；(…する)傾向にある plichtsje (te …)

けいこう 蛍光 *de* fluoresinsje；蛍光灯 *de* fluoresinsjelamp

けいこうぎょう 軽工業 in lichte (metaal) yndustry (↔重工業)

けいこうする 携行する hâlde, by jin hawwe：彼はいつもピストルを携行している Hy *hat* altyd in pistoal *by* him.

げいごうする 迎合する (…人に)（immen) tewille wêze

けいこく 渓谷 *it* ravyn

けいこく 警告 *de* warskôging：警告を受ける in *warskôging* krije；警告する warskôgje, wikke：人に危険を警告する immen *warskôgje* foar in gefaar, 君に警告する！ Ik *wik* it dy!

けいさい 掲載 *de* pleatsing；掲載する ynhâlde, opnimme：この新聞には何が掲載されているか Wat *hâldt* dizze krante *yn*?, その新聞は彼の記事を掲載した De krante hat syn artikel *opnommen*.

けいざい 経済 *de* ekonomy,（財政）*de* finânsjes,（節約）*de* ekonomy, *de* sparsumens [-sumheid]：自由市場経済 frije *ekonomy*；経済（上）の ekonomysk, finansjeel (→財政上の), sparsum (→つましい)；経済学 *de* ekonomy；経済学者 *de* ekonoom

けいさつ 警察 *de* plysje；警察官 *de*

plysje, *de* plysjeman：警察官は私に違反のチケットを切った De *plysje* set my op 'e bon.；警察の polysjeel；警察署 *it* plysjeburo

けいさん　計算　*de* berekkening, *de* besifering,（計算すること）*de* rekkenderij；計算する berekkenje, besiferje, rekkenje；計算高い berekkene；計算器 *de* rekkenmasine

けいし　軽視　*de* lytsachting；軽視する lytsachtsje

けいじ　刑事　（事件）*de* strafsaak,（人）*de* resjersjeur

けいじ　啓示　（神の）*de* bekendmakking, *de* iepenbiering；（神が）啓示する iepenbierje

けいじ　掲示　（告示）*de* meidieling；掲示する meidiele, oansizze；掲示板 *it* boerd, *it*（oan）plakboerd

けいしき　形式　*de* foarm；形式上（の），形式的な［に］formeel；形式張った foarmlik

けいしゃ　傾斜　*de* falling, *de* gloaiïng, *de* skeante,（気持の）*de* oanstriid；傾斜する delrinne, oerbû(g)je, oerhelje, oerhingje, ôfdrage, ôfrinne,（気持が）oerhingje；傾斜した gearend, skean；傾斜地 *de* delling

げいじゅつ　芸術　*de* keunst：芸術と科学 *keunsten* en wittenskippen, 芸術と音楽を勉強する *keunst* en muzyk studearje；芸術的な［に］，芸術の artistyk；芸術家 *de* artyst, *de* keunstner；芸術作品 *it* keunstwurk

けいしょう　形象　（姿）*it* / *de* figuer, *de* foarm, *it* imaazje

けいしょう　敬称　in hoflike oansprek(s)-foarm

けいしょう　軽傷　in lichte ferwûning［wûne］；軽傷を負っている licht ferwûne

けいしょう　継承　*de* opfolging：王位の継承 *de* opfolging fan 'e kening；継承する opfolgje

けいじょう　形状　*de* foarm

けいじょうする　計上する　optelle（→合計する）

けいしょうの　軽少の　licht：軽少の被害 *lichte* skea

けいしょく　軽食　*it* hapke；軽食堂 *it* kafetaria, *de* kofjebar, *de* snekbar

けいしん　軽震　in lichte ierdbeving

けいしんする　軽信する　wiismeitsje

けいず　系図　*de* genealogy,（家系図）*de* stambeam

けいすう　係数　*de* koeëffisjint

けいせい　形成　*de* foarming；形成する foarmje

けいせい　形勢　（事態・状況）*it* gefal, *de* situaasje, *de* tastân

けいせき　形跡　*it* spoar：暴行の形跡 *spoaren* fan geweld

けいそ　珪素　*it* silisium（→シリコン）

けいそう　係争　（争い）*it* ferskil, *it* pleit, *it* skeel, *de* striid：係争中である yn 'e *striid* bliuwe

けいぞく　継続　*it* ferlingstik, *de* fuortsetting；継続する fuortsette, oanhâlde；継続的な duorjend；継続的に geduerich, oanhâldend

けいそつ　軽率　*de* lichtfeardigens［-ichheid］；軽率な［に］foarbarich, lichfeardich［-fuottich］, lossinnich：軽率に行動［判断］する *lichtfeardich* hannelje［oardielje］

けいたい　形態　*de* foarm

けいたいする　携帯する　drage（→携える）；携帯の draachber,（可動性の）mobyl：携帯ラジオ in *draachbere* radio, 携帯電話 in *mobile* telefoan

けいちょう　慶弔　lokwinsk en kondoleânsje

けいちょうする　傾聴する　（…に）lústerje（nei）

けいてき　警笛　*de* toeter（→クラクション）；警笛を鳴らす toeterje

けいと　毛糸　*de* wol；毛糸の wollen：毛糸の靴下 *wollen(e)* sokken

けいど　経度　*de* lingte（↔緯度）

けいとう　系統　*it* systeem；系統立った systematysk（→組織立った）；系統立てる systematisearje

げいとう　芸当　*de* fertolking, *it* spul
けいとうする　傾倒する　(…に) jin oerjaan [wije] (oan) (→(…に一身を)捧げる)
けいどの　軽度の　(軽い) licht
げいにん　芸人　*de* entertainer, *de* keunstemakker, *de* konferensier
げいのう　芸能　útfierende keunsten；芸能人 in útfierend keunstner
けいば　競馬　*de* hynstesport；競馬場 *de* reesbaan, *de* rinbaan
けいはく　軽薄　*de* lichtsinnigens, *de* lossinnigens；軽薄な lichtsinnich, lossinnich, oerflakkich
けいはつ　啓発　*de* ferljochting；啓発する ferljochtsje
けいばつ　刑罰　*de* bestraffing, *de* straf；刑罰を加える ôfstraffe
けいばつ　軽罰　in lichte straf (↔重罰)
けいはん(ざい)　軽犯(罪)　in lichte misdie(d), in lyts fergryp
けいひ　経費　(複)*de* únkosten (→費用)：経費を請求[削減]する únkosten deklarearje [ferminderje / omleech bringe]
けいび　警備　*de* garde, *de* wacht；警備する frijwarje, wachthâlde；警備員 *de* garde, *de* wachter
けいびな　軽微な　licht, lyts, únnoazel：軽微な損失 in lyts ferlies
けいひん　景品　*de* preemje, *de* tajefte, in licht lyts (→お負け)
けいふ　系譜　*de* genealogy, *it* geslacht, *de* stambeam；系譜学 *de* genealogy
けいふ　継父　*de* styfheit
けいふく　敬服　→感心
けいべつ　軽蔑　*de* ferachting, *de* minachting：人を軽蔑する minachting hawwe foar immen；軽蔑する ferachtsje, minachtsje；軽蔑した[て] ferachtsum, smeulsk：軽蔑するような笑い in *smeulsk* glimke；軽蔑的な ferachtlik
けいぼ　継母　*de* styfmem
けいほう　刑法　*it* strafrjocht, (刑法典) *de* strafwet

けいほう　警報　*it* ala(a)rm：警報を発する *ala(a)rm* blaze [slaan]；警報を発する[出す] alarmearje；警報器 *it* ala(a)rm
けいぼう　警棒　*de* kneppel, (ゴム製の) *de* gummykneppel [-stok], *de* latte
けいみょうな　軽妙な　licht (→軽やかな)
けいむしょ　刑務所　*de* finzenis, *de* gefangenis, *de* kerker, (即決囚の) *de* straffinzenis：刑務所に入っている yn 'e *finzenis* sitte = finzensitte
けいもう　啓蒙　*de* ferljochting；啓蒙する ferljochtsje
けいやく　契約　*de* akte, *it* kontrakt：契約を発効させる in *akte* passearje, 契約している únder *kontrakt* stean, 契約を破棄する in *kontrakt* ferbrekke [opsizze], 契約を結ぶ in *kontrakt* slute；契約をする kontraktearje；契約書 *it* kontrakt
けいゆ　経由　…を経由して fia, oer：フローニンゲンを経由して *fia* Grins, ユトレヒトを経由してアムステルダムに行く *oer* Utert nei Amsterdam reizgje
けいゆ　軽油　lichte oalje (↔重油)
けいようし　形容詞　*it* eigenskipswurd；形容詞的な eigenskiplik：形容詞的に用いられた *eigenskiplik* brûkt
けいようする　掲揚する　(旗を) hise, opbringe, takelje：旗を掲揚する de flagge *hise*
けいらん　鶏卵　*it* aai (→卵)
けいり　経理　*de* boekhâlding
けいりし　計理士　*de* akkountant (→会計士)
けいりゃく　計略　*de* kneep, *de* kriichslist (→策略)
けいりゅう　渓流　*de* berchstream
けいりゅうする　係留する　fêstlizze：ボートを係留する in boat *fêstlizze*
けいりょう　計量　*de* mjitting, (重さ) *it* wicht；計量する mjitte, weage；計量器 *de* mjitter (←計量する人)
けいりん　競輪　*it* hurdfytsen；競輪選

手 *de* hurdfytser

けいれい 敬礼 *it* salút：（…に）敬礼をする *it salút* jaan (nei)；敬礼する saluearje

けいれき 経歴 *de* karriêre, *de* libbensrin

けいれつ 系列 *de* rige；系列会社 *de* dochterûndernimming

けいれん 痙攣 *de* kramp, *de* stûp(e)：けいれんを起している［起す］*kramp* hawwe [krije]；けいれん（性）の krampeftich

けいろ 経路 *de* koer(t)s, *de* rûte

けいろう 敬老 respekt foar âlden

けうの 稀有の bysûnder, seldsum (→ 珍しい)

ケーキ *de* koeke, *de* taart, *it* taartsje

ケース （容器）*de* huls, *de* koker, （箱）*de* doaze, （事例）*it* gefal

ゲート （門）*de* poarte, （小門・囲い地の入口）*it* stek, （空港の搭乗口）*《英》boarding gate* に相当する語はない

ケーブル *de* kabel；ケーブルカー *de* kabine；ケーブルテレビ *de* kabel t.v.

ゲーム *it* spul：ゲームをする *spultsjes* dwaan

けおりもの 毛織物 *de* wol；毛織（物）の wollen：毛織りの靴下 *wollen(e)* sokken

けが 怪我 *de* ferwûning, *de* wûne；怪我をする jin besear(j)e, ferwûnje：彼女は親指を怪我した Hja *bisearde* har oan de tomme., 腕を怪我する *de* earm *ferwûnje*；怪我をさせる besear(j)e, deare, ferwûnje, krinke；怪我をした ferwûne

げか 外科 *de* hielkunde；外科医 *de* hielmaster

けがす 汚す （汚(と)す）bebargje, bedwaan, （名誉などを）besmoargje：彼はそのようなおしゃべりをして父親の名を汚している Mei dy praatsjes *besmoarget* er syn heite namme.

けがらわしい 汚らわしい （不潔な）fiis, suterich, （みだらな）skean, smoarch：汚らわしい話をする *fiis* prate (→ わ

いせつな話をする), 汚らわしい言葉 *smoarch* praat

けがれ 汚れ （汚点）*de* smet, （精神的・道徳的な）*de* ûngerjochtichheid, *de* ûnsuverens [-suverheid]；汚れのない brânskjin, smetleas, sûkerskjin, ûnskuldich：汚れを知らない子供たち *ûnskuldige* bern

けがれる 汚れる （汚(と)れる）fersmoargje, （汚染させる）besmette；汚(染さ)れた besmet, fersmoarge

けがわ 毛皮 *de* pels, （柔らかい）*it* bûnt：高価な毛皮を身につけている in djoer *bûnt* drage；毛皮（製）の bûnten；毛皮製品 *it* bûnt；毛皮のコート *de* bûntjas

げき 劇 *it* drama, *it* toanielstik：劇を上演する in *toanielstik* opfiere；劇の, 劇的な［に］dramatysk；劇場 *de* skouboarch；劇作家 *de* dramaturch；劇団 *it* toanielselskip

げきしょう 激賞 hege (lof)prizing；激賞する heech priiz(g)je, ophelje

げきじょう 激情 *de* drift, *de* hertstocht, *de* lust, *de* passy, （恋の）*de* flam；激情的な［に］hertstochtlik

げきしん 激震 in strange ierdbeving

げきせん 激戦 （激しい戦い）felle [ferheftige] striid, （競争）swiere konkurrinsje

げきついする 撃墜する delhelje, delsjitte：飛行機を撃墜する in fleantúch *delhelje*

げきつう 激痛 bittere pine, *de* stek：胸の激痛 in *stek* yn 't boarst

げきど 激怒 *de* grime, *de* woede；激怒する opspatte, raze, tjir(g)je；激怒した［て］dûm, grimmitich, opsternaat, razen(d)

げきどうする 激動する (fer)heftich skodzje

げきとつ 激突 *de* botsing；（…に）激突する slaan (tsjin)：車がガードレールに激突した De auto *sloech* mei in fûle klap tsjin de fangrail.

げきへん 激変 in hommelse feroaring；

激変する hommels feroarje
げきやく 劇薬 in krêftich medisyn, (毒) *it* fenyn, *it* fergif
けぎらいする 毛嫌いする tsjinstean (→嫌悪する)
げきれい 激励 *de* bemoediging, *de* oanmoediging, *de* oantrún, *de* prikel, *de* stimulearring；激励する oanfjurje, oanmoedigje, oantrúnje, opmonterje, prikelje, stimulearje
げきろん 激論 in fûleindige diskusje
けげんな 怪訝な dubieus, twivelachtich, twivelich (→疑わしい)
けさ 今朝 fan 'e moarn
げざい 下剤 *it* laksearmiddel, *it* sjelearmiddel, *it* trochgongsmiddel
けし 罌粟 *de* papaver
けし 夏至 *it* simmersinnekearpunt (↔冬至) ＊6月21日頃
けしいん 消印 *it* poststimpel, *it* stimpel：切手の消印 in *stimpel* op 'e postsegel；消印を押す stimpelje：手紙に消印を押す brieven *stimpelje*, この手紙には東京の消印がついている It brief is yn Tokio *stimpele*.
けしかける（犬などを）oanhysje, ophise, ophysje,（扇動する）oanhysje, opfiere, opstoke(lje)：人に向けて犬をけしかける in hûn tsjin immen *ophise*
けしからん 怪しからん（無礼な）misdiedich
けしき 景色 *it* gea, *it* gesicht, *it* lânskip, *de* natuer, *it* útsicht：素晴らしい景色 in moai *gesicht*, フリースラントの素晴らしい景色 Fryslâns prachtige *natuer*, 素晴らしい景色を呈する in moai *útsicht* hawwe
けしゴム 消しゴム *it* gom；消しゴムで消す útgomje
けしとめる 消し止める →消す
けじめ（判別）*it* ûnderskie(d)；けじめをつける ûnderskiede：公私のけじめをつける tusken jins privee en publyk libben *ûnderskiede*
げしゃする 下車する útstappe：ドラハテンで下車する yn Drachten *útstappe*
げしゅく 下宿（食事つきの）*it* pensjon,（下宿屋）*it* ûnderdak；下宿する ûnderbringe
げじゅん 下旬 de lêste tsien dagen fan in moanne
けしょう 化粧 *de* opmaak,（品）*de* kosmetika,（おしろい）*de* poeier；化粧(用)の kosmetysk；化粧をする jin opmeitsje
けす 消す（火・ガスなどを）dôvje, útdôvje, útdraaie, útdwaan,（文字・録音などを）wiskje,（黒板の字を）→拭く,（姿を）ferdwine：火を消す it fjoer *dôvje* [*útdwaan*], ラジオを消す de radio *útdwaan*
げすい 下水（溝）*it* rioel,（設備）*it* rioel：私たちの村に下水設備が新たに設けられる Der komt in nij *rioel* yn ús doarp.
けずる 削る（かんなで）skave,（刃物で）（鉛筆などを）puntsje,（語・句などを）skrasse, trochwaan,（線を引いて）trochdwaan, útskriuwe,（削除する）skrasse,（予算などを）redusearje：板を削る planken *skave*, 鉛筆を削る in poatlead *puntsje*, 会員としての資格を削る immen *skrasse* as lid, 予算を削る de begrutting *redusearje*
けた 桁（梁(はり)）*de* balke, *it* bynt,（数の位）*it* sifer：屋根を支えている桁 *balken* ûnder it dak, 5桁の数 in getal fan fiif *sifers*
げた 下駄（Japanske) houten klompen
けだかい 気高い steatlik, weardich (→高貴な)
けだもの 獣 *it* ûndier, *it* ûnminske；獣のような人 *de* brút
けだるい 気怠い hingerich, lusteleas, sleau, slûch
けち *de* deunens, *de* gjirrigens, *de* nepert (→しみったれ)；けちな deun, frekkich, gjirrich, krinterich, skok：彼はけちだ Hy is *krinterich*.；けちん坊 *de* frek, *de* gjirrigert, *de* nepert
けち（難癖・評点）*de* oanmerking：

ケチャップ

（…に）けちをつける *oanmerkings hawwe* [*meitsje*] (*op*)；けちをつける *oanmerke*：あることで人にけちをつける *eat op immen oan te merken hawwe*

ケチャップ　*de* ketchup / ketsjup

けちる　deun [*krinterich*] *wêze*（→物惜しみする),（倹約する）*kloek libbe hawwe, besparje*：暖房費［食費］をけちる *deun mei ferwarming* [*iten*] *wêze*, 彼女は電車代をけちって病院まで歩いた *Hja rûn nei it sikehûs om de treinkosten te besparjen*.

けつ　欠（不足）*it gebrek, it tekoart*：欠を補う *in tekoart bypasse, yn in tekoart foarsjen*

けつ　穴（尻）*it efterwurk, de kolf, de kont, de reet*

けつあつ　血圧　*de bloeddruk, de driuw yn 't bloed*：私は血圧が高い［低い］*Myn bloeddruk is heech* [*leech*].；→高血圧，低血圧；血圧計 *de bloeddrukmeter*

けつい　決意　*de beslissing, it beslút, de fêstberettens, de resolúsje*；決意する *beslute, foarnimme*

けついん　欠員　*de fakatuere*：欠員を補充する *yn in fakatuere foarsjen*

けつえき　血液　*it bloed*；血液の循環 *de bloedsirkulaasje, de bloedsomrin*；血液型 *de bloedgroep*；血液銀行 *de bloedbank*；血液検査 *de bloedproef*

けつえん　血縁　*it bloed*；血縁関係 *de sibbe*：私は彼女と血縁関係にある *Ik bin mei* [*oan*] *har sibbe*.

けっか　結果（複）*de fertuten, it gefolch, it resultaat, de útslach*：試験の結果 *de útslach fan it eksamen*；…の結果（として）*as gefolch fan* … = *nei oanleune fan* …, …という結果になる *fan dy gefolgen wêze dat* …, その結果として *fan gefolgen*

けっかい　決壊（堤防などの）*de trochbraak*：堤防の決壊 *de trochbraak fan in dyk*；決壊する *trochbrekke*

けっかく　結核　*de longsykte, de tarring, de tuberkuloaze*：結核になる *yn 'e tarring reitsje*

けっかん　欠陥　*it brek, it defekt, de fout, it gebrek, it lek, it mankemint*：この車には欠陥がない訳ではない *Dizze auto is net sûnder brek.*, 欠陥と欠点 *lek*(*ken*) *en brek*(*ken*), 欠陥車 *in auto mei gebrekken*, 自転車に欠陥がある *in mankemint oan 'e fyts hawwe*；欠陥のある *behyplik, defekt, gebrekkich, rudich*

けっかん　血管　*it bloedfet, de ier*

げっかんし　月刊誌　*it moanneblêd, in tydskrift dat ien kear yn 'e moanne útkomt*

けつぎ　決議　*de stimming*, 決議（案）*de resolúsje*：市議会の決議 *de stimming foar de gemeenterie*(*d*)；決議する *stimme*

げっきゅう　月給　*it moannelean*

けっきょく（は）　結局（は）*eigentlik, úteinlik, by eintsjebeslút*：彼は結局医者になった *Úteinlik waard er dokter.*

けっきん　欠勤　*it fersom*；病気による欠勤 *it syktefersom*；病気で欠勤する *troch sykte fersomje*

げっけい　月経　*de menstruaasje, de ûngestelheid*（→生理, メンス）

げっけいかん　月桂冠　*de lauwerkrâns*

げっけいじゅ　月桂樹　*de laurier*

けっこう　血行　*de bloedsirkulaasje*（→血液の循環）

けつごう　結合　*it bûn, de kombinaasje*；結合する *gearhingje*；結合させる *gearbine, gearfoegje, gearlûke, kombinearje*：二つの文を結合させる *twa sinnen gearlûke*

げっこう　月光　*it moannejocht, de moanneskyn*

げっこう　激高（激しく怒ること）*de fuery, de grime, de razernij, de woede*；激高する *jin opwine*；激高した［て］*grimmitich, razen*(*d*)*, woedend*

けっこうする　決行する（実施する）*ferrjochtsje, folbringe*

けっこうな　結構な　*lekker, moai*,（見

事な）glânsryk, manjefyk, opperbêst, prachtich, (かなり) knap：結構暖かい *knap* [*lekker*] *waarm*, 結構！*Moai sa*！

けっこん　結婚　*it* houlik, *de* trouwerij：ご結婚おめでとう！Ik felisitearje dy mei dyn *houlik*！；（…と）結婚する trouwe (mei), 結婚する houlikje, trouwe, trouwe sille, op [te] trouwen stean：教会で結婚する yn tsjerke *trouwe*, 止むなく結婚する *trouwe moatte*；結婚式 *it* houlik, *it* houliksfeest, *de* troupartij [-werij]；結婚日 *de* troudei

けっさい　決裁　*de* goedkarring, *de* ynstimming, *de* meistimming, *de* sanksje：（…を）決裁する *sanksjes* oplizze (oan)；決裁する sanksjonearje

けっさいする　決済する　ferrekkenje, ôfrekkenje, ôfslute

けっさく　傑作　*it* masterstik [-wurk]

けっさん　決算　*de* ferrekkening, *de* ôfrekken(ing)；決算する ferrekkenje, ôfrekkenje, ôfslute, de balâns ôfslute

けつじつ　結実　（植物の）*de* spoarefrucht, (成果) *de* frucht

けっして…ない　決して…ない　nea (net), nea(t), noait：決してそんなことをしてはならない Moatst it *nea* dwaan.

けっしの　決死の　fertwivele, wanhopich (→絶望的な)：決死の戦い in *wanhopige* striid

げっしゅう　月収　*it* moanne-ynkommen

けっしゅうする　結集する　(集まる) gearboskje, gearkomme, gearrine, gearsette, (ある目的で) gearhokke, (群をなして) gearkloftsje, (呼び集める) gearbringe, gearroppe, (総力・知力などを) (集中する) konsintrearje

けっしゅつする　傑出する　útblinke, útmuntsje；傑出した foaroansteand, prominint, treflik：傑出した人物 in *prominint* persoan

けつじょ　欠如　*it* gebrek, *de* krapte, *it* tekoart：ビタミンの欠如 in *tekoart*

oan fitaminen；欠如した koart, krap

けっしょう　結晶　（水晶）*it* kristal, (結晶化[体]) *de* kristallisaasje；結晶する kristallisearje, (実を結ぶ) frucht drage

けっしょうせん　決勝戦　*de* einstriid, *de* finale：準[準々]決勝戦 de heale [kwart] *finale*；決勝戦をやる útspylje

けっしょく　血色　*de* hûdkleur, *de* kleur：彼女は血色がよい[悪い] Har *kleur* is (net) goed.

げっしょく　月食　*de* moannefertsjustering

けっしん　決心　*de* beslissing, *it* beslút, *de* fêstberettens：ぼくは決心した Myn *beslút* stiet fêst.；決心する beslisse, beslute, jin foarnimme

けっする　決する　→決心する

けっせい　血清　*it* searum

けっせい　結成　*de* organisaasje；結成する organisearje

けっせき　欠席　*de* absinsje, *de* ferhindering, *it* fersom, *de* ôfwêzigens；欠席する fersomje：授業を欠席する in les *fersomje*；欠席の absint, ôfwêzich：彼女は今日欠席です Hja is hjoed *absint*., 彼は病気で欠席した Hy wie troch sykte *ôfwêzich*.

けっせん　決戦　*de* fjildslach, *de* slach, in drege [swiere] striid

けっせん　決選　in finale ferkiezing

けっせん(しょう)　血栓(症)　*de* tromboaze

けつぜんとした[て]　決然とした[て]　beret, fêstberet, resolút, wisberet

けっそう　血相　→顔色

けっそく　結束　*de* ferien(ig)ing, *de* iendracht (→団結)；結束する ferien(ig)je；結束した iendrachtich, ienriedich

けつぞく(かんけい)　血族(関係)　*de* sibbe；血族関係のある sib

けったく　結託　→共謀

けつだん　決断　*de* belissing, *de* fêstberettens：決断する in *beslissing* nimme；決断する beslisse, beslute

けっちゃく　決着　*de* ôfwikkeling；決

けってい　着をつける beklinke, ôfwuolje：その件は決着している De saak is beklonken.

けってい　決定　de beslissing, it beslút：決定する in beslút nimme, 会合の決定事項 de besluten fan in gearkomste；決定する beslisse, beslute：自分で決定してください Moatst sels mar beslisse.；決定的な beskiedend：決定的な評言 in beskiedende opmerking

けってん　欠点　it brek, de fout, it swak, it tsjin：彼は自分の欠点を改めなければならない Syn fout moat er wer goed meitsje., 人は誰でも欠点があるものだ Elk minske hat syn swak.；欠点のある behyplik, breklik；欠点のない brânskjin, feilleas

けっとう　血統　it bloed, it folbloed, de line,（動物の）de stambeam；（家畜などの）血統台帳 it stamboek

けっとう　血糖　de bloedsûker（←血糖値）：私の血糖値は高い［低い］Myn (bloed)sûker is heech [leech].

けっとう　決闘　it duel：決闘をする in duel oangean

けっぱく　潔白　de suverens [-heid], de ûnskuld；潔白な ûnskuldich

げっぷ　月賦　de ôfbetelling：月賦（払い）で op ôfbetelling

げっぷ　de boer, de krôk：げっぷをする boere, krôkje：ビールを飲むとげっぷが出るよ Fan bier moatte jo krôkje.

けっぺきな　潔癖な　（きれい好きな）sindlik,（几帳面な）sekuer

けつべつ　訣別　→別れ

けつぼう　欠乏　it brek, it gebrek, it gemis, de krapte, it tekoart：欠乏している oan in gebrek lije, in gebrek hawwe, 資金の欠乏 in tekoart oan fûnsen；欠乏する［している］hinkje, mankearje

けつまつ　結末　（話・事件などの）it beslút, de ein, de ôfrin, it slot：大騒ぎの結末 de ôfrin fan it trelit, その物語の結末を知りたい Ik bin benijd nei de ôfrin fan it ferhaal.

げつまつ　月末　de ein fan 'e moanne

げつようび　月曜日　de moandei：月曜日の新聞 de krante fan moandei, 彼は月曜日に到着する Hy komt (de) moandei(s) oan.；月曜日に（は）moandeis：店は月曜日にはいつも閉まっている De winkels binne moandeis ticht.

けつらく　欠落　it hiaat, de lakune（→欠如）

けつれつする　決裂する　net ta oerienstimming komme

けつろん　結論　it beslút, de ein, de konklúzje：結論として ta beslút, …という結論に達する ta de konklúzje komme dat …；結論を下す beslute, konkludearje

げどく　解毒　de ûntwenningskuer；解毒する jin ûntdwaan fan fergiftige stoffen；解毒剤 antystoffen foar it fenyn

けなす　貶す　delsjen, ferleegje, lytsachtsje（→軽蔑する）：人は誰でも他人をけなしたがるものだ Elk mei graach op in oar delsjen.

けぬき　毛抜き　it pinset

げねつする　解熱する　(de) koarts ferleegje；解熱剤 middels foar de koarts

けねん　懸念　de eangst(me), de skrutelens；懸念する duchtsje, jin eangje, freezje；懸念して skrutel

けはい　気配　it / de aard, de blink, de swym：夏の気配だ It hat in blink fan simmer.

げびた　下卑た　→下品な

けびょう　仮病　彼は仮病を使った Hy wie sabeare siik.；仮病を使う sykte simulearje

げひん　下品　de grouwens；下品な grou, plat, ûnfoech, ûnhuerich：下品な口のきき方 ûnfoech praat

けむい　煙い　rik(k)erich

けむし　毛虫　de rûp

けむたい　煙たい　→煙い

けむり　煙　de reek, de smook：煙突から出る煙 reek út 'e skoarstien；煙る smoke

けもの　獣　wylde bisten,（極悪非道な

人）*it* ûndier, *it* / *de* ûnminske
ゲラ （校正刷り）*de* printkladde
けらい 家来 （家臣）*de* lienman
げらく 下落 *de* fal, （どさっと）下落（すること）*de* smakker：ドル［物価］の下落 *de fal fan 'e* dollar［prizen］；下落する falle, ôffalle
げり 下痢 *de* diarree：下痢している *diaree* hawwe, 下痢止め in medisyn foar *diarree*；下痢が止まる stopje
けりたおす 蹴り倒す omskoppe
ゲリラ *de* guerilja；ゲリラ戦 *de* gueriljaoarloch；ゲリラ兵 *de* gueriljastrider
ける 蹴る （足で）flikke, skoppe, traapje, wâdzje, （拒絶する）fersmite, ôfkitse：人の顔を蹴る immen yn it gesicht *skoppe*, 急所を蹴る yn de ballen *skoppe*, ボールを蹴る in bal traapje, 人のしりを蹴る immen ûnder de kont *wâdzje*；蹴り *de* skop, *de* traap, *de* wâd：人を蹴る immen in skop［traap / wâd］jaan, 馬に蹴られる in *traap* fan in hynder krije
ゲルマンじん ゲルマン人 *de* Germaan；ゲルマン語［人］（の）（*it*）Germaansk
げれつな 下劣な gemien, grou, leech：下劣な行為 in lege die
けれども （しかし）mar, 《接》（…ではある）けれども al, alhoewol('t), hoewol('t), nettsjinsteande：彼女は息を深く吸ったが，一言も言わなかった Hja sykhelle djip, *mar* sei gjin wurd., 彼女が来たのは遅かったけれども，それでも来た *Al* kaam se let, hja kaam dochs., よく質問をしたけれども，それでもよく分からない *Hoewol't* ik gauris frege haw, wit ik it noch net., 彼は教育はなかったけれども，そのことに関しては色々なことを知っていた *Nettsjinsteande*（dat）er net leard hie, wist er der in soad fan.
けろりと （完全に）hielendal：けろりと忘れてしまった Ik haw it *hielendal* fergotten.；《動》けろりとしている neat skele （→平気な顔をしている）：

彼女は遅くなってやって来たが，まるでけろりとしていた Hja wie let, mar it like oft it har *neat skele* koe.
けわしい 険しい （傾斜の度合いが）steil, （表情が）bartsk, strang：険しい山 in *steile* berch, 険しい顔つき in *bartske*［*strange*］blik
けん 券 （切符）*it* kaartsje, *it* plakbewiis, （クーポン）*de* kûpon
けん 県 （州）*de* provinsje ＊「州」は日本の「県」に相当する
けん 剣 *de* degen, *it* swurd：鋭い剣 in skerp *swurd*, 彼らは剣によって自由を勝ち取った Mei it *swurd* hawwe se har frijfochten.
けん 腱 *de* sine
けん 鍵 （ピアノなどの）*de* klep
げん 弦 （楽器・弓の）*de* koarde, *de* snaar：バイオリンの弦 in *snaar* fan in fioele, 弦を新しく張り替える njie *snaren* opsette
げん(-) 現(-) 現在(の) hjoedeis(k)；現大統領 de sittende presidint
けんあくな 険悪な （空模様・情勢などが）striemin, （顔・表情が）strang：険悪な空 in *strieminne* loft, 険悪な表情 in *strange* blik
けんあん 懸案 *de* opjefte；懸案の besteld, yn behanneling［bestelling］
げんあん 原案 *it* trasee
けんい 権威 *de* autoriteit, *it* gesach：権威をもって mei *autoriteit*；権威主義の autoritêr：権威主義者 in *autoritêr* persoan
けんいん 検印 *it* stimpel；検印を押す stimpelje
げんいん 原因 *de* oanlieding, *de* oarsaak：けんかの原因は結局は何だったのか Wat wie eins de *oanlieding* ta de rûzje?, 原因と結果 *oarsaak* en gefolch：原因となる feroarsaakje, stichtsje：激怒の原因となる brân *stichtsje*
げんえい 幻影 *de* yllúzje, *it* spoek, （幻想）*it* fizioen
げんえき 現役 in wurksum libben；現役の aktyf

けんえき（しょ）　検疫（所）　de karantêne：検疫中である yn karantêne wêze [bringe / sette], noch wurkje, noch yn it wurk wêze

けんえつ　検閲　de sensuer：検閲される [する] ûnder sensuer stean [stelle]；検閲する sensurearje；検閲済みの aktyf, yn aktive tsjinst；検閲官 de sensor

げんえんの　減塩の　sâltearm

けんお　嫌悪　de grize, it / de hekel, de tsjinaksel, de tsjinnichheid, de tsjinsin, de wjersin：(…)に嫌悪の念を抱く in hekel hawwe (oan), in tsjinaksel hawwe (yn)；(…を)嫌悪する grize (fan), haatsje (→…を嫌う)

けんおんする　検温する　jins temperatuer opnimme；検温器 de koartstermometer (→体温計)

けんか　喧嘩　de rûzje, it spul：この子供たちはいつもけんかをしている Dy bern hawwe altyd rûzje., けんかをする spul meitsje [sykje]

げんか　原価　de ynkeapspriis, de kostpriis, de sliterspriis (→仕入れ値)：原価で売る tsjin kostpriis ferkeapje, 原価で物を買う eat foar sliterspriis keapje [krije]

けんかい　見解　it bestek, de fisy, de miening, de opfetting, de opiny, de sjenswize：私の見解によれば nei myn bestek, 違った見解を持つ in ferskil fan opfetting hawwe, …に関する私の見解 myn fisy op …, …というのが私の見解です Myn opiny is dat …

げんかい　限界　it bestek, (能力などの) de grins, de omfieming

げんかい　厳戒　strange kontrôle, strang tafersjoch

けんがいに　圏外に　bûten skot

げんがいの　言外の　stilswijend；言外の意味 de konnotaasje

げんかく　幻覚　de hallusinaasje；幻覚を起こす hallusinearje；幻覚剤 it hallusinogeen

げんかく　厳格　de strangens [-heid]；厳格な strang：厳格な父 ús strange heit

げんがっき　弦楽器　it strykynstrumint；弦楽器奏者 de striker

げんかん　玄関　（正面）de foardoar, de bûtendoar (→表口)

けんぎ　嫌疑　→疑い

げんき　元気　it ferhef, de galle, de geast, it hert(e), de sterkte：元気を出しなさい! Haw it hert(e) ris!；元気な fleurich, fris, halich, kras, sûn：彼はあまり元気そうには見えない Hy sjocht der net al te fris út., 父は年の割には今なお元気です Us heit is noch kras foar syn jierren., 彼らはとても元気だ Se binne goed sûn.；元気のない dôf, lammenadich；元気になる opfleurje, oplibje；元気にする ferfarskje, opfleurje；元気づける bemoedigje, oantrúnje, opkikkerje

げんぎ　原義　de grûnbetsjutting

けんきゅう　研究　de bestudearring, de stúdzje：研究中である oan 'e stúdzje wêze., フリジア語の研究 in stúdzje oer de Fryske taal, あることを研究する earne stúdzje fan meitsje；研究する bestudearje, studearje；研究員[者] de ûndersike；研究室 de studearkeamer；研究所 it ynstitút；研究分野 de stúdzjerjochting

げんきゅう　言及　it gewach, de melding：あることに言及する earne gewach [melding] fan [oer] meitsje；言及する reppe, (…に) referearje (oan)

げんきゅう　原級　（文法）de positive graad；原級にとどまる op skoalle sitten bliuwe (→落第する)

けんきょ　検挙　it arrest, de arrestaasje；検挙する arrestearje

けんきょ　謙虚　de dimmens [-heid], de ynbannigens；謙虚な[に] dimmen, froed, ynbannich, nederich：敬虔で謙虚な from en froed, 謙虚な性格 in ynbannich aard, 謙虚に罪を認める skuld nederich bekenne

げんきょう　元凶　（根本原因）de grûnoarsaak

けんきん　献金　*de* donaasje；献金する ynbringe；（教会の）献金袋 *de* pong(e), *it* sekje

げんきん　現金　*it* jild, *it* kasjild：現金収入 ynkommen *jild*, 現金で oan *jild*；現金の［で］kontant：現金 *kontant jild*

げんきん　厳禁　in strang ferbod；厳禁する strang ferbiede：室内での喫煙は厳禁です Smoken is *strang ferbean* yn 'e keamer.

げんけい　原形　in orizjinele foarm

げんけい　原型　*it* orizjineel,（道具などの）*de* minút

けんけつ　献血　*de* bloeddonaasje；献血する bloed donearje [jaan]

けんげん　権限　*de* autoriteit, *it* foech：大統領の権限 it *foech* fan 'e presidint；権限を与える machtigje, machtiging jaan：（…の）権限を与えられている *machtige* wêze（om）

げんこ　拳固　→拳骨

げんご　言語　（言葉）*de* spraak, *de* taal：言語と方言との差は大きくない De grins tusken *taal* en dialekt is net skerp., 言語を習得する jin in *taal* eigen meitsje；言語学の，言語学的な［に］taalkundich；言語使用者 *de* taalbrûker；言語学 *de* taalkunde, *de* taalwittenskip；言語学者 *de* taalkundige；言語戦争 *de* taalstriid；言語能力 *de* taalbehearsking

けんこう　健康　*de* deugd, *de* sûnens：ご健康を祝します！ Op jo *sûnens*!, 人の健康を祝して乾杯する op immens *sûnens* drinke；健康な fiks, geef, halich, sûn；健康によい［的な］heilsum, sûn：健康によい気候 in *sûn* klimaat；健康に気をつける (jin (sels)) mije：健康に気をつけてください Do moatst dysels wat *mije*.；健康を害する jin slope；健康診断 *de* keuring, medyske kontrôle：健康診断を受ける *de* keuring ûndergean；医者の健康診断を受ける jin neisjen litte troch in dokter；健康保険 *de* syktefersekering；健康保険法 *de* syktewet

げんこう　言行　sizzen en dwaan：彼の言行は一致しない Syn *sizzen* korrespondeart [strykt] net mei syn *dwaan*.

げんこう　原稿　*it* hânskrift, *it* manuskript,（草稿）*de* kladde, *it* ûntwerp

げんこうの　現行の　aktueel；現行の法律 *de* wet no yn gebrûk, *de* hjoeddeistige wet

げんこく　原告　*de* oanklager, *de* pleiter （→告訴人）

げんこつ　拳骨　*de* fûst：拳骨で mei de *fûst*, 彼は拳骨を振り上げてテーブルをたたいた Hy sloech mei de *fûst* op 'e tafel.

けんごな　堅固な　（意志が）ûnwrikber,（城・要塞などが）deugdsum, ûnnimber：堅固な意思 in *ûnwrikbere* wil, 堅固な要塞 in *ûnnimbere* boarch [fêsting]；堅固にする stabilisearje

げんこん(は)　現今(は)　no, hjoed(deis)；現今の hjoeddeisk

けんさ　検査　*de* ynspeksje, *it* ûndersiik [-syk]：検査する ynspektearje, karre, keure, lotterje, meunsterje, ûndersykje：卵（のふ化）を検査する aaien *lotterje*, 血液検査をする it bloed *ûndersykje*；検査員［官］*de* ynspekteur《女性形 – trise》, *de* ûndersiker

けんざい　健在　（健康）in goede sûnens,（正常）in goede kondysje：わが家は健在です Us hûs is yn *goede kondysje*.；健在な sûn：両親は健在です Us âlden binne goed *sûn*.

げんざい　原罪　*de* erfsûnde

げんざい　現在　*de* notiid,（今）hjoed(deis), no；現在の hjoeddeisk, notiidsk, tsjintwurdich；現在のところ op it [dit] stuit

げんざいりょう　原材料　rûch materiaal

けんさく　検索　（参照）*de* referinsje；検索する neislaan

げんさく(の)　原作(の)　(*it*) orizjineel

けんさつ　検札　kontrôle fan kaartsjes；検札官 *de* kaartsjeknipper

けんさつかん 検察官 in iepenbiere oankleier；検察庁 it Iepenbier Ministearje
けんざんする 検算する ferifiearje
げんさんち 原産地 de orizjine, it lân fan komôf [oarsprong]
けんし 検死 de lykskôging：検死の結果，その男性は毒殺されたことが判明しました Ut de lykskôging die bliken, dat de man fergiftige wie.；検死する in lyk skôgje；検死官 de lykskôger
けんし 犬歯 de hoektosk
けんじ 検事 →検察官
けんじ 献辞 de oerjefte
げんし 原子 it atoom；原子の atomêr；原子核の nukleêr；原子爆弾 de atoombom；原子力発電所 de atoomsintrale；原子炉 de (atoom)reaktor
けんしき 見識 it oardiel；見識のある skerpsinnich
けんじする 顕示する útstalle
けんじする 堅持する hanthavenje
けんじつ 堅実 de stabiliteit；堅実な deegelik, deugdlik (→手堅い)
げんじつ 現実 de realiteit, de werklikheid；現実の reëel, wurklik；現実的な [に] realistyk (←現実主義の)；現実化 de realisearring；現実主義 it realisme
げんしの 原始の primityf；原始人 de primityf
げんしゅ 元首 (君主) de foarst, de soeverein, (女王) de foarstinne, (大統領) de presidint, (総理大臣) de premier
けんしゅう 研修 de oplieding：研修を受ける in oplieding folgje, 研修中である yn oplieding wêze；研修する opliede
けんじゅう 拳銃 it pistoal (→ピストル)
げんじゅうしょ 現住所 jins hjoeddeisk adres [domisylje]
げんじゅうな [に] 厳重な [に] strang, strikt：厳重な警戒 strikte wacht；厳重に注意する in útbrander jaan (→譴

(以)責する)
げんじゅうみん 原住民 de ynboarling, de ynlanner；原住民(の)(de) autochtoan；原住民の ynlânsk
げんしゅく 厳粛 de plechtichheid；厳粛な [に] plechtich
けんしょう 懸賞 de priisfraach
けんじょう 謙譲 de dimmens [-heid], de ynbannigens；謙虚な dimmen, ynbannich
げんしょう 現象 it ferskynsel
げんしょう 減少 de tebekgong；減少する belúnje；減少させる ferlytsje, minderje
げんじょう 現状 de stân fan saken；現状では yn 'e hjoeddeistige stiuaasje
けんじょうしゃ 健常者 in sûne persoan
けんじょうする 献上する presintearje
げんしょく 原色 in orizjinele kleur
げんしょくの 現職の sittend：現(職)の)大統領 de sittende presidint
げんしりょく 原子力 it atoom；原子力の atomêr；原子力発電所→原子
げんしりん 原始林 de oerbosk, it oerwâld
げんじる 減じる →減らす
けんしん 健診 in ûndersiik [-syk] fan jins sûnens；(医者による)健(康)診(断)を受ける jin neisjen litte (troch in dokter)
けんしん 検診 in medysk ûndersiik；そのがん患者は薬が有効に効いているかを医者に定期的に検診してもらう必要がある De kankerpasjint moat periodyk nei de dokter om te sjen oft de medisinen noch wol goed wurkje.
けんしん 献身 de devoasje, de oerjefte, de tawijing：あることに献身する eat mei oerjefte dwaan；献身的な tadien, tagedien：彼女は父親に献身的である (→孝行している) Se is har heit tige tadien.
けんじん 賢人 de wize
げんすい 元帥 (陸軍の) de fjildmaarskalk, (海軍の) de admiraal

げんすいばく　原水爆　in atoom- en wetterstofbom

げんせ　現世　dizze wrâld (↔来世)；現世の ierdsk

けんせい　牽制　(抑止) de remming, (抑制) de kontrôle；牽制する→抑制する, (阻止する) hinderje

げんせい　厳正　de strangens [-heid]；厳正な strang

げんぜい　減税　de belestingferleging；減税する belesting ferleegje

げんせいりん　原生林　de oerbosk, it oerwâld

けんせき　譴責　de bestraffing, de ôfrekken(ing), it rabbelemint, de reprimande：けんせきする[される] in rabbelemint(sje) jaan [krije], 人をけんせきする immen in reprimande jaan；けんせきする beskrobje, bestraffe

けんせつ　建設　de konstruksje, de oanlis：建設中の水路 it akwadukt yn oanlis；建設する konstruearje, oanlizze

げんせん　源泉　(川などの) de oarsprong, (知識の) de boarne

げんせんする　厳選する　foarsichtich selektearje [útkarre]

げんぜんと　厳然と　plechtich, (紛れもなく) dúdlik, perfoarst

けんぜんな　健全な　sûn：健全なユーモア sûne humor,《諺》健全なる精神は健全なる身体に宿る In sûne geast yn in sûn lichem.

げんそ　元素　it elemint：水は二つの元素、酸素と水素からなる Wetter bestiet út twa eleminten, soerstof en wetterstof.

けんぞう　建造　→建設

げんそう　幻想　it fizioen, de yllúzje：幻想を抱く in fizioen hawwe；幻想的な fantastysk

げんぞう　現像　de ûntwikkeling；現像する ûntwikkelje：写真を現像する foto's ûntwikkelje

げんそく　原則　it begjinsel, it grûnbegjinsel, it prinsipe；原則的な[に] prinsipieel：それは原則として間違っている Dat is prinsipieel ferkeard.

げんそくする　減速する　ynhâlde, ôfremje, faasje minderje：急カーブのためにスピードを幾分減速させなければならない Foar in skerpe bocht moat de auto wat ynhâlde.

けんそん　謙遜　de dimmenens [-heid]；謙そんする dimmen wêze；謙そんした[て] deemoedich, dimmen, nederich

げんぞんする　現存する　bestean；現存の oanwêzich

けんたい　倦怠　de ferfeelsumens；倦怠を感じる jin ferfele

けんたい　減退　de ôftakeling；減退する ôftakelje：気力が減退する geastlik ôftakelje

げんだい　現代　de notiid；現代の eigentiidsk, hjoeddeisk, notiidsk：現代文学 eigentiidske literatuer, 現代フリジア語 it hjoeddeiske Frysk, 現代の作家たち de notiidske skriuwers

けんち　見地　it stânpunt：私の見地からすれば fan myn stânpunt út

けんちく　建築　de arsjitektuer；建築する bouwe；建築家 de arsjitekt, de bouwer；建築学 de boukunde；建築業 de boufak；(宮殿・教会などの) 建築物 it bouwurk

げんちの　現地の　(当地の) lokaal：現地時間の12時に om tolve oere lokale tiid；現地で op 't plak [stee]

けんちょな　顕著な　frappant, opfallend, opmerklik：顕著な相違 in opmerklik ferskil；顕著になる nei foaren komme

けんてい　検定　offisjele goedkarring；検定する offisjeel goedkarre

けんてい　献呈　de presintaasje；(…に) 献呈する opdrage (oan)：私はこの本を兄に献呈する Ik draach dit boek op oan myn broer.

げんてい　限定　de befieming, de begrinz(g)ing, de beheining, de limyt；限定する begrinz(g)je, beheine, limitearje：限定された beheind

げんてん　原典　de oarspronklike tekst,

it orizjineel
げんてん　原点　（源）*de* oarsprong,（起点）*it* startpunt
げんてんする　減点する　punten ôflûke
げんど　限度　*de* grins, *de* limyt, *it* perk：これが限度だ Dit is *de limyt*.
けんとう　見当　（推測）*it* fermoeden；見当をつける fermoedzje,（…に）in goai dwaan（nei）（→推測する）
けんとう　健闘　ご健闘を祈ります！ Wy winskje dy gelok!
けんとう　検討　*de* diskusje, *it* omtinken；検討する besprekke, diskusjearje, eat yn omtinken nimme
げんどう　言動　sizzen en dwaan（→言行）
けんとうちがい　見当違い　in yrrelevante opmerking；見当違いの yrrelevant（→的外れの）；見当違いをする ferkearde [fermoedens] hawwe
げんどうりょく　原動力　*de* driuwkrêft
けんないに　圏内に　（…の）binnen [ûnder] it berik（fan）：暴風圏内にある binnen it berik fan in geweldige stoarm wêze
げんに　現に　feitlik, wrachtich
けんのうする　献納する　ynwije
げんば　現場　（事件などの）*de* sêne, *it* toaniel；殺人現場 it plak fan 'e moard
けんばいき　券売機　*de* kaartsjeautomaat
げんばく　原爆　→原子爆弾
げんばつ　厳罰　strange bestraffing [straf]；厳罰に処する strang straffe
げんぱつ　原発　（原子力発電所）in nukleêre（krêft）sintrale
けんばん　鍵盤　（ピアノ・ワープロなどの）*it* klavier, *it* toetseboerd
げんはんけつ　原判決　it orizjinele fonnis
けんびきょう　顕微鏡　*de* mikroskoop：ある物を顕微鏡で観察する eat mei [ûnder] de mikroskoop besjen
げんぴん　現品　→現物
けんぶつ　見物　*it* besjen, *de* oanskôging；見物する besjen, oanskôgje；見

物人 *de* kiker, *de* oanskôger, *de* omstanner
げんぶつ　現物　*it* orizjineel
けんぶん　見聞　（情報・知識）*de* ynformaasje, *de* kunde,（経験）*de* ûnderfining：見聞を広める jins ûnderfining útwreidzje
げんぶん　原文　*de* tekst（→原典）
けんぺい　憲兵　*de* maresjesee
げんぼ　原簿　it orizjinele register
けんぽう　憲法　*de* grûnwet, *de* konstitúsje
けんぼうしょう　健忘症　*de* amnesy；健忘症である ferjitlik wêze
けんぽん　献本　*it* presinteksimplaar（→献呈）
げんぽん　原本　*it* orizjinele boek, *it* orizjineel
げんまい　玄米　brune rys（↔白米）
けんまく　剣幕　彼はひどい剣幕だ Hy is [sjocht] poerlilk [poerrazend].
けんまする　研磨する　glânz(g)je, ôfslypje, poetse, slypje（→磨く）；研磨機 *de* sliper
げんみつ　厳密　*de* strangens；厳密に strikt：厳密に言えば *strikt* besjoen = neffens rjocht；厳密に（言えば）eigentlik, fan rjochten
けんめい　賢明　*de* wiisheid；賢明な wiis：賢明な人 [判断] in *wize* man [*wiis* oardiel]
けんめい　厳命　in strang befel；厳命する strang bestelle
けんめい　言明　→明言
けんめいに　懸命に　flitich, grimmitich：（一生）懸命に働く *flitich* arbeidzje
げんめつ　幻滅　*de* desyllúzje
けんもん　検問　*de* skôging,（点検）*de* kontrôle；検問する kontrolearje；検問所 *de* kontrôlepost
げんや　原野　*de* wyldernis, *de* woastenij(e)（→荒野）
けんやく　倹約　*de* sparsumens [-sumheid]；倹約する [して] behâldend, sparsum；節約する sparje：老後に備

えて節約する foar de âlde dei *sparje*
げんゆ 原油 rauwe oalje
けんらんたる 絢爛たる（衣装・花・文体などが）prachtich：けんらんたる衣装 in *prachtich* kostúm
けんり 権利 it rjocht：権利と義務 it rjocht en de plicht, あることに権利がある earne *rjocht* op hawwe, それには私の権利がある Dêr haw ik *rjocht* op.
げんり 原理 it begjinsel, it prinsipe：経済学の原理 de *begjinsels* fan 'e ekonomy, 普遍的原理 in algemien *prinsipe*
げんりゅう 源流 de bopperin（→源(みな)，水源(すい)）
げんりょう 原料 de grûnstof, it materiaal

げんりょうする 減量する gewicht redusearje
けんりょく 権力 it fermogen, *de* macht：国家権力 de iepenbiere *macht*, 権力を握る de *macht* gripe
けんろうな 堅牢な →（城・要塞などが）堅固な
げんろん 言論 de miening：言論の自由 frijheid fan *miening*
げんろん 原論 （…の）*de* prinsipes (fan)：経済学原論 de *prinsipes* fan 'e ekonomy
げんわく 眩惑 *de* ferblining；眩惑させる ferblynje,（当惑させる）ferbjusterje, ferbouwerearre wêze

こ コ ko

こ 子 （人の子供）it bern,（親から見た）（息子）de soan,（娘）de dochter,（男の子）de jonge,（女の子）it famke,（動物の子）（牛・馬・羊の子）it jongfee；子犬 it hûntsje, in jonge hûn；子猫 it katsje, de jongkat；子羊 it laam, it skiepke；子馬 de foalle；子牛 it keal
こ 弧 *de* bôge
こ 個 it brok, it ein, de lape, it stik：1ギルダー1個 in gûne it stik＊フリジア語では通例，数詞のみの表現で，「種類表示詞」を用いない：りんご5個 fiif appels
こ 故 silger：故鈴木教授 Professor Suzuki *silger*
ご 五 5(の)(*de*) fiif：5人の子供 *fiif* bern；5番目(の)(*it/de*) fyfte
ご 語 （単語）it wurd,（用語）*de* term,（言語）*de* taal：1語1語 *wurd* foar *wurd*, この文は6語から成る Dy sin bestiet út seis *wurden*., 法律用語 juridyske *termen*, 外国語 in frjemde *taal*；

語の選択 *de* wurdkar
(…)ご （…)後 efter；その後 dêrnei, efternei, sûnt(tiid)：母はその後間もなく亡くなりました Net lang *dêrnei* is ús mem stoarn., 彼にはその後1度も会っていない Ik haw him *sûnt*(*tiid*) net wer sjoen.
コアラ *de* koala(bear)
こい 恋 *de* leafde；《諺》恋は盲目 De *leafde* is blyn.；恋をする leafhawwe；恋人 *de* leafste, *de* pizel(d)er；恋煩い *de* ferealens；恋煩いをしている smoarfereale wêze
こい 鯉 *de* karper
こい 故意 it doel, it opset：故意に mei *opset*[sin]；故意の[に] opsetlik
こい 濃い （色が）sprekkend, sterk,（味・においなどが）sterk,（飲み物が）kras, sterk,（かゆなどが）tsjok：濃い色合い *sprekkende* kleuren, 濃いコーヒー *sterke* kofje, 濃いかゆは嫌いだ Ik hâld net fan *tsjokke* brij.

ごい　語彙　*de* taalskat, *de* wurdskat：彼は語彙が豊富です Hy hat in rike wurdskat.
こいし　小石　*it* stientsje
こいしい　恋しい　dierber, leaf, ûnwennich（→愛（と）おしい）：君が（いなくて）恋しい Ik bin *ûnwennich* fan dy.；《動》恋しい misse：君がとても恋しい Ik *mis* dy tige.
こいぬ　子犬　*it* hûntsje, in jonge hûn
こいのぼり　鯉幟　*de* karperstreamer
こいびと　恋人　*it* leaf, *de* leafste
コイン　*it* jildstik, *de* munt, *it* muntsje, *de* peinje, *it* stik（→硬貨）；コインロッカー *de* bagaazjeklûs
こう　功　→功績
こう　効　（効果）*it* effekt, *it* rendemint
こう　香　*de* wijreek：香をたく *wijreek* baarne
こう　項　（条項）*it* artikel, *de* klausule
こう　請う　freegje（→頼む）
ごう　号　（刊行物の）*de* jefte, *it* nûmer,（雑誌の）*it* diel,（番号）*it* nûmer：10号室 Keamer (*nûmer*) 10
ごう　郷　《諺》郷に入っては郷に従え Lânswize, lânseare.
ごう　壕　（堀）*de* grêft, *de* greppel,（塹壕）*de* rinfuorge, *de* slûf / slúf：壕を掘る *sluven* grave
こうあつ　高圧　（高電圧）*de* heechspanning,（抑圧）*de* ûnderdrukking；高圧的な［に］autoritêr, baasachtich, bazich
こうあん　考案　*de* útfining, *it* úttinksel；考案する klearmeitsje, optinke, útfigelearje, útfine, útprakkesearje, úttinke；考案者 *de* útfiner
こうい　行為　*de* aksje, *it* dwaan, *it* optreden, *it* wurk：慈善行為をする goede *wurken* dwaan
こうい　好意　*de* geunst, *de* tagedienens：人に好意を示す immen in *geunst* bewize；好意ある，好意的な freonlik, geunstich, tagedien, tasjitlik：好意的な批評 in *geunstich* besprek, この人はわれわれに大変好意を持っている Dy man is ús tige *tagedien*.
ごうい　合意　*it* fergelyk, *de* ferstânhâlding, *de* meistimming, *de* oerienkomst, *de* tastimming；合意する meistimme, oerienkomme, tastimme；合意した［て］ienstimmich
こういしつ　更衣室　*de* klaaikeamer
こういしょう　後遺症　*de* neiwurking
こういん　工員　*de* fabryksarbeider
こういん　光陰　《諺》光陰矢の如し De tiid hâldt gjin skoft.
ごういんな［に］強引な［に］geweldich, mei geweld
こうう　降雨　*de* rein(fal)；降雨期→梅雨（ゆ）
ごうう　豪雨　*de* stjalprein（→どしゃ降り）
こううん　幸運　*it* fertún, *it* gelok：思いがけない幸運 in moai *fertúntsje* [*gelokje*] = *de* mazzel, 私は幸運にもた myn *gelok*, …だったのは私にとって幸運だった It wie myn *gelok* dat …；幸運な［にも］fertúnlik, gelokkich
こうえい　光栄　*de* eare；光栄ある earfol, fereare：あなたにお会いして光栄です Ik bin *fereare* om jo te sjen.
こうえい　後裔　*de* ôfstammeling（→子孫）
こうえき　公益　*de* publike saak
こうえき　交易　*de* hannel（→貿易）
こうえつする　校閲する　neisjen；校閲者 *de* neisjogger
こうえん　公園　*it* park
こうえん　公演　*it* optreden, in publike foarstelling：最後の公演が最高によかった De lêste *optredens* wienen de bêste.
こうえん　後援　*de* beskerming, *it* patronaat；後援する begeunstigje, sponsorje：（…の）後援による *sponsore* wurde（troch）；後援者 *de* beskermer, *de* drager, *de* foarstander, *de* patroan, *de* sponsor
こうえん　講演　*de* lêzing, *de* opdracht, *de* sprekbeurt：（…について）講演をする in *sprekbeurt* hâlde（oer）；講演

する sprekke：その医者はエイズについて講演をした De dokter spriek [spruts] oer AIDS.；講演者 de sprekker

こうおん　高音　in hege toan (↔低音)

こうおん　高温　in hege temperatuer：高温多湿の気候 klimaat fan hege temperatueren en hege fochtigens

こうおん　喉音　it kiellûd

ごうおん　轟音　de dreun

こうか　効果　it effekt, de ynwurking：相乗効果 de ynwurking fan it iene op it oare；効果的な effektyf, probaat：効果的な措置 effektive maatregels, 効果的な治療 in probaat middel；効果のある ôfdwaand；効果のない ûndoelmjittich

こうか　降下　it delkommen；降下する delkomme：落下傘兵がゆっくりと降下してきた De parasjutist kaam del.

こうか　高価　hege prizen；高価な djoer, kostber, ryk：高価な宝石 kostbere juwielen

こうか　硬貨　→コイン

ごうか　豪華　de geilens, de pracht；豪華な geil, prachtich, spektakulêr, wielderich：家を豪華に飾り立てる in hûs wielderich ynrjochtsje

こうかい　公開　de publisiteit；公開する üntslute

こうかい　公海　de iepene see (→外洋)

こうかい　後悔　it berou, de ynkear, de rouwe, de spyt, de wroege / wroeging：《諺》後悔先に立たず Berou komt nei de sûnde., ちっとも後悔していない gjin spyt hawwe；後悔する [させる] berouwe, besuorje, rouje：私はそのことを後悔した It beroude my., 君は後でそのことをまた後悔するよ Dat kin dy letter wolris rouje.

こうかい　航海　de oertocht, de seefeart, de seereis：アメリカへの航海 de oertocht nei Amearika；航海する befarre：航海する de see befarre；航海に適する seefêst；航海者 de navigator；航海船 it seeskip

こうがい　口蓋　it ferwulf(t)：軟口害と硬口蓋 it sêfte en it hurde ferwulf；口蓋 (音) の palataal；口蓋垂 de hûch：口蓋垂はのどの奥に垂れ下がっている De hûch hinget achter yn 'e kiel.

こうがい　公害　de miljeufersmoarging (→環境汚染)

こうがい　郊外　de bûtenkant, de bûtenwyk, de foarstêd；郊外の ommelânsk：郊外の遠足 in ommelânske reis

こうがい　梗概　(概略) de line, it skema, de skets

ごうがい　号外　in ekstra nûmer

こうかいする　公開する　iepenstelle, (土地・図書館などを) üntslute：(…を) 一般に公開する iepenstelle foar publyk；公開の iepenbier：公開の会合 in iepenbiere gearkomste

こうがいする　口外する　(秘密などを) bleatlizze, iepenbierje

こうがく　工学　de technyk, de technology

こうがく　光学　de optyk；光学 (上) の optysk：光学器械 optyske ynstruminten

こうがく　高額　de djoerte, (相当な金額) in aardich dofke；高額の djoer, prizich

ごうかく　合格　it sukses, it wolslagjen；(試験に) 合格する sakje [slagje] (foar in eksamen)；合格点 de foldwaande (→及第点)

こうがくしん　向学心　de nocht oan learen

こうかする　硬化する　(物が) behurdzje, ferhurdzje, (心が [を]) 硬化する [させる] ferhurdzje：心を硬化させる it hert ferhurdzje

こうかつ　狡猾　de liepens；こうかつな betûft, fynbeslipe, goochem, liep, listich (→ずるい)；こうかつなやつ de liepert

こうかん　交換　de ferwikseling, de út-

こうかん　wikseling；（お金を）交換する ferwikselje, omroalje, omwikselje, útwikselje, （物などを）ynruilje, ruilje：捕虜を交換する gefangenen *útwikselje*
こうかん　好感　in goed gefoel, in goede yndruk；（…に）好感を抱く *in goede yndruk* hawwe（tsjin）；好感の持てる ynnimlik
こうがん　厚顔　*de* ûnbeskamsumens；厚顔な ûnbeskamsum
こうがん　睾丸　*de* kloat, *de* siedbal, *de* tylbal
ごうかん　強姦　*de* ferkrêfting；強姦する ferkrêftsje, oandwaan, oantaaste, ûntearje
こうがんざい　抗癌剤　in middel [medisyn] tsjin kanker
こうき　好機　*de* gelegenheid, *it* pas：好機を逃がす in *gelegenheid* foarbygean litte
こうき　香気　*de* geur, *de* rook, *de* swietrook（→芳香）
こうき　後記　（本などの）*it* neiskrift
こうき　後期　it lêste semester
こうき　高貴　*de* adel, *de* adeldom；高貴な adellik, eal, edelmoedich：高貴の生まれの fan *adellike* komôf
こうぎ　広義　in romme betsjutting
こうぎ　交誼　*de* hertlikens
こうぎ　抗議　*it* protest：…に抗議して út *protest* tsjin …；（…に）抗議する iggewearje, protestearje（tsjin）
こうぎ　講義　*de* foardracht, *it* kolleezje, *de* lêzing：講義に出席する *kolleezje* rinne, （…について）講義をする in *kolleezje* [*lêzing*] hâlde [jaan]（oer）
ごうぎ　合議　*it* oerlis；（…について）合議する *oerlis* hâlde（oer）
こうきあつ　高気圧　*de* hege luchtdruk（↔低気圧）
こうきしん　好奇心　*de* kuriositeit；好奇心のある[強い] benijd, kurieus；好奇心をそそる benije；好奇心に燃えている baarne fan nijsgjirrigens
こうきゅう　考究　*de* neispoaring, *it* ûndersyk；考究する neispoare

こうきゅう　高給　in heech salaris
ごうきゅう　号泣　*it* gejammer；号泣する jammerje, lûd gûle（→大声で泣く）
こうきゅうな　高級な　heechweardich, poerbêst, selekt：高級品 in *heechweardich* artikel
こうぎょう　工業　*de* yndustry；工業（上）の yndustrieel：工業地帯 in *yndustriele* sône = *it* yndustrygebiet；工業化する yndustrialisearje
こうぎょう　鉱業　*de* mynbou
こうぎょう　興業　*it* optreden（→ショー）
こうきょうきょく　交響曲　*de* symfony（→シンフォニー）
こうきょうの　公共の　iepenbier, publyk：公共の施設 in *publike* fasiliteit
こうきん　公金　*it* mienskipsjild：公金を横領する *mienskipsjild* fertsjusterje [-tsjustermoanje]
ごうきん　合金　*it* alliaazje, *de* legearring：真ちゅうは銅と亜鉛の合金である Gielkoper is in *legearring* fan koper en tin.；合金を作る legeare
こうぐ　工具　*it* ark, *it* ridskip, *it* wurktúch（→道具）
こうくう　航空　*de* loftfeart；航空会社 *de* loftfeartmaatskippij：オランダ航空会社 *de* Keninklike *Loftfeartmaatskippij*（KLM）；航空機→飛行機；航空写真 *de* loftfoto；航空書簡 *it* / *de* loftpostbrief；航空（郵）便 *de* loftpost（→エアメール）：手紙を航空便で送る in brief mei *loftpost* ferstjoere
こうぐん　行軍　*de* mars, *de* opmars：行軍する[中である] op *mars* gean [wêze]
こうけい　光景　*it* gesicht, *it* skouspul：素晴らしい光景 in moai *gesicht*
ごうけい　合計　*de* optelling, *it* totaal：合計して yn *totaal*；合計する optelle；合計の [で] totaal
こうけいき　好景気　*de* heechkonjunktuer（↔不景気）
こうけいしゃ　後継者　（相続人）*de*

erfgenaam [-genamt], (後任) de opfolger

こうげき 攻撃 de agresje, de oanfal；攻撃する oanfalle, oantaaste：敵は私たちを攻撃した De fijân falt [taast] ús oan.；攻撃的な[に] agressyf；攻撃者 de oanfaller

ごうけつ 豪傑 de held (→英雄) (↔女傑)

こうけつあつ 高血圧 hege bloeddruk

こうけん 効験 →効能

こうけん 後見 de fâdij；後見人 de fâd, (未成年者などの) de kurator：(ある人の) 後見人となる jins fâd wurde

こうけん 貢献 de bydrage, de ynbring；貢献する ynbringe, (…に) bydrage (ta)

こうげん 高原 de heechflakte, it plato

こうげんする 公言する ferklearje, útsprekke

ごうけんてきな[に] 合憲的な[に] konstitúsjoneel

こうご 口語 de praattaal, de sprektaal (↔文語)

こうご 交互 de ôfwikseling；交互にする ôfwikselje；交互の[に] ôfwikseljend

ごうご 豪語 de oerdriuwing；豪語する opsprekke, swetse (→大口をたたく)

こうこう 孝行 berneplicht；(両親に対して) 孝行する plicht wêze (tsjinoer jins âlden)；《形》孝行する tadien, tagedien (→献身的な)

こうこう 航行 de feart, de navigaasje；航行する besile, farkje, navigearje；航行可能な (be)farber

こうこう 高校 →高等学校

こうごう 皇后 de keizerinne

こうこうがい 硬口蓋 it hurde ferwulf(t) (↔軟口蓋)

こうごうしい 神々しい god(de)lik, himelsk

こうこうや 好好爺 in goedaardige [-moedige] âldman

こうこがく 考古学 de âldheidkunde, de argeology；考古学の[的に] argeologysk；考古学者 de argeolooch

こうこく 広告 de advertinsje：新聞に広告を出す in advertinsje sette；広告する advertearje；広告主 de advertearder

こうこく 抗告 it protest；(…に) 抗告する protestearje (tsjin)

こうこつ 恍惚 de ekstaze (→有頂天)：こうこつとなる yn ekstaze reitsje (→うっとりする)

こうさ 交差 it snijpunt；交差する kruse；(道路の) 交差点 de krusiging, it krúspunt, de krúswei, it oerstekplak

こうざ 口座 (銀行の) de bankrekken：銀行口座を開く in bankrekken iepenje；口座番号 it rekkeningnûmer

こうざ 講座 de kursus (→コース)

こうさい 公債 de obligaasjeliening

こうさい 光彩 de glâns, de skittering；光彩を放つ sprankelje

こうさい 交際 it ferkear, de ferkearing, it gedoente, it gedonder, de omgong (→付き合い)：家族ぐるみの交際 de omgong mei de famylje, 私はアメリカ人との交際はない Ik haw gjin omgong mei Amerikanen.；(…と) 交際する ôfjaan (mei), (特定の異性と) ferkeare (mei)

こうさく 工作 (手工) it hantwurk [hân-], (策略) de manoeuvre：政治工作 politike manoeuvres；工作する nifelje, (策略を巡らす) manoeuvrearje

こうさく 交錯 it fergroeien, de komplikaasje (→錯綜)；交錯する fergroeie；交錯した gearstald, yngewikkeld, kompleks, tiz(er)ich

こうさく 耕作 de bou, de kultuer；耕作する kultivearje, omploegje

こうさつ 考察 de beskôging, it oerlis；考察する beskôgje, oerlizze

こうさつ 絞殺 de wjirging；絞殺する wjirgje (→絞め殺す)

こうさん 公算 de wierskynlikens [-likheid]

こうさん 降参 (条件付きの) de kapi-

tulaasje, *de* oerjefte（→降伏）; 降参する kapitulearje, kamp jaan, priisjaan
こうざん　鉱山　*de* myn : 鉱山で働く yn *'e minen* wurkje
こうし　子牛　*it* keal（→子）: 生まれたばかりの子牛 in nochteren *keal*; 子牛の肉 *it* keallefleis; 子牛のなめし皮 *it* keallelear（→カーフスキン）
こうし　公私　jins privee en publyk libben : 公私のけじめをつける jins *priveet en publyk libben* skiede
こうし　公使　*de* gesant, *de* offisier
こうし　格子　（戸の）*de* traaljedoar,（窓の）*it* traaljefinster,（鉄の）*it* roaster
こうし　講師　（大学の）*de* lektor,（講演者）*de* sprekker
こうじ　工事　*de* opbou, *it* wurk : 工事中である yn *opbou* wêze; 工事現場 *it* bouterrein
こうじ　小路　*de* steech, *it* strjitsje
こうじ　公示　in publike meidieling; 公示する publyk meidiele
ごうしがいしゃ　合資会社　*de* firma, in kommanditêr fennoatskip
こうしき　公式　*de* formule : 水の化学（公）式は H₂O である De skiekundige *formule* fan wetter is H₂O.; 公式の amtlik, formeel : 公（式の）文書 *amtlike* stikken; 公式化する formulearje
こうしする　行使する　（権利・武力などを）brûke, fiere : 暴力を行使する geweld *brûke*
こうじつ　口実　*it* aliby, *it* ferlechje, *de* útflecht（→言い訳）: …であることを口実にして mei it *ferlechje* dat …
こうしゃ　後者　*de* lêstneamde（↔前者）
こうしゃ　校舎　*it* skoalgebou
ごうしゃ　豪奢　*de* lúkse, *de* pracht; 豪奢な lúks(ueus), wielderich : 豪奢な建物 in *lúks* gebou
こうしゃく　公爵　*de* hartoch; 公爵夫人 *de* hartoginne; 公爵領 *it* hartochdom
こうじゅ　口授　mûnling ûnderwiis

こうしゅう　口臭　stjonkende azem; 彼は口臭がある Hy hat in minne azem.
こうしゅう　公衆　*it* publyk; 公衆の publyk : 公衆電話 in *publike* telefoansel, 公衆トイレ in *publyk* toilet, 公衆浴場 in *publyk* badhûs
こうしゅう　講習　→講座
こうしゅけい　絞首刑　*de* galge : 絞首刑になる ta de *galge* feroardiele wurde = hingje; 絞首刑執行人 *de* boal; 絞首台 *de* galge
こうじゅつ　口述　*it* diktaat; 口述する diktearje; 口述者 *de* diktator
こうしょ　高所　*de* hichte; 高所恐怖症 *de* hichtefrees
こうじょ　控除　*de* ynhâlding; 控除する ynhâlde
こうしょう　交渉　*de* ûnderhandeling [-hanneling] : そのことは唯今交渉中です De saak is no yn *ûnderhandeling*.; 交渉する ûnderhandelje [-hannelje] : 和平［値段］の交渉をする *ûnderhandelje* oer de frede [in priis]
こうしょう　考証　in histoaryske [skiedkundige] neispoaring; 考証する konstatearje（→確証する）
こうじょう　口上　（伝言）*it* berjocht,（芝居の）*de* prolooch
こうじょう　工場　*it* fabryk :（化学）工場で働く op [yn] in (gemysk(e)) *fabryk* wurkje; 工場経営者 *de* fabrikant
こうじょう　向上　*de* foardering, *de* foarútgong, *de* stiging; 向上する foarderje, foarútgean; 向上させる stichtsje
こうじょう　厚情　*de* freonlikens [-likheid], *de* goedgeunstigens [-ichheid] : ご厚情を深く感謝しています Ik tankje jo foar jo grutte *freonlikens*.
ごうじょう　強情　*de* koppigens; 強情な eigensinnich, koppich, steech, stiifsettich, stokstiif; 強情な人 *de* hurdkop, *de* stiifkop
こうじょうせん　甲状腺　*de* skyldklier
こうしょうな　高尚な　edelmoedich : 学問は人格を高尚にする Wittenskip bringt de persoanlikheid op heger peil.;

高尚にする feredelje
こうしょうにん　公証人　de notaris：リッヒチェはフリースラントの公証人だった Richtsje wie notaris yn Fryslân.；公証人の notarieel
こうしょく　公職　it amt, de post, de rykstsjinst
こうしょく　好色　de gleonens；好色の eroatysk, glei, gleon：好色家 in gleon man
こうじる　高じる　minder wurde：彼の病気が高じた Syn sykte waard minder.
こうじる　講じる　→講義をする
こうしん　交信　（通信）de kommunikaasje, de korrespondinsje；交信する kommunisearje, korrespondearje
こうしん　行進　de mars；行進する marsjearje
こうしん　更新　de fernijing；更新する ferlangje, ferlingje：パスポートを更新する jins paspoart ferlangje [ferlingje]
こうしん　後進　（後輩）de junior,（若者）de jongfeint；後進の ûnderûntwikkele：後進国 in ûnderûntwikkele lân
こうじんぶつ　好人物　de lobbes, in goedaardige persoan
こうしんりょう　香辛料　it krûd (→薬味),（通例，複数形で）de krûderijen
こうず　構図　（構成）de gearstalling, de komposysje
こうすい　香水　it parfum, it rûkersgoed
こうすい　降水　de reinfal；降水量 de delslach
こうすい　硬水　hurd wetter (↔軟水)
こうずい　洪水　de floed, de oerstreaming
ごうすう　号数　（サイズ）de grutte, de mjitte,（出版物の）de edysje
こうする　抗する　→抵抗する
こうせい　公正　de rjochtfeardigens；公正な[に] earlik, ridlik, rjocht, rjochtfeardich：公正な審判 in rjochtfeardich oardiel
こうせい　更生　de werberte；更生する werberne wurde

こうせい　後世　（後の時代）kommende jierren,（次の時代）it neislacht, it neislachte
こうせい　厚生　publyk wolwêzen；厚生年金 sosjaal pensjoen
こうせい　校正　de korreksje, de revyzje：校正する korreksjes oanbringe = korrizjearje, ゲラの校正 revyzje fan 'e printkladden；校正刷 de drukproef, de kladde, de printkladde
こうせい　構成　de gearsetting, de gearstalling, de konstitúsje；構成する gearstalle, komponearje, konstruearje：(…から) 構成される gearstald wêze (út)；構成要素 de komponint
ごうせい　合成　de synteze；合成の gearstald, syntetysk；合成語 de gearsetting [-stalling]
こうせい(の)　攻勢(の)　(it) offensyf
こうせいのうの　高性能の　tige funksjoneel
こうせいぶっしつ　抗生物質　it antibiotikum
こうせき　功績　de ferwurvenheid, de prestaasje
こうせき　航跡　（船舶の）it kylwetter, it sok (wetter),（航空機の）de fleanrûte
こうせき　鉱石　it erts
こうせつ　交接　→性交
こうせつ　降雪　de snie
ごうせつ　豪雪　in jacht snie
こうせん　公選　publike ferkiezing；公選する publyk ferkieze
こうせん　交戦　（戦い）de kriich, de oarloch：交戦中である yn oarloch wêze；(…と) 交戦する bestride (tsjin), fjochtsje (mei), meistride
こうせん　光線　de ljochtstriel, de straal
こうせん　鉱泉　（水）it mineraalwetter (→ミネラルウォーター)
こうせんてきな　好戦的な　kriichshaftich, oarlochssuchtich, striidber, striidhaftich
こうぜんの [と]　公然の [と]　iepenbier, iepenlik, publyk, yn it iepenbier：あることを公然と認める earne ie-

こうそ *penlik foar útkomme*
こうそ 公訴 →起訴
こうそ 控訴　*it* appèl, *it* berop：控訴する yn (heger) *berop* gean = ferroppe；(…を)控訴する *jin beroppe* (op)
こうそ 酵素　*it* ensym, *it* fermint
こうそう 抗争　(張り合い) *de* konkurrinsje, *de* rivaliteit, *de* striid, *de* wediver；抗争する konkurrearje, rivalisearje, wediverje
こうそう 香草 →ハーブ
こうそう 構想　*de* konsepsje, *it* konsept, *de* opset：構想を練る in *konsept meitsje*, 物語の構想 *de opset fan it ferhaal*
こうぞう 構造　*de* bou, *de* struktuer；構造(上)の struktureel
こうそうけんちく(ぶつ) 高層建築(物)　hege gebouwen, *de* wolkeklauwer [→kliuwer] (→摩天楼)
こうそく 拘束　*it* arrest, *de* bining；拘束する bine；拘束される bûn wurde
こうそく 校則　*it* ûnderwiisreglemint
こうそく 梗塞　*it* opstopping, (血管の) *it* ynfarkt；脳梗塞 *it* hersenynfarkt
ごうぞく 豪族　in machtige famylje [stam]
こうそくど 高速度　in grutte faasje：高速度で mei *in grutte faasje*
こうそくどうろ 高速道路　*de* autodyk
こうぞくの 後続の　(nei)folgjend
こうたい 交代　(役職・歩哨などの) *de* ôflossing；歩哨の交代 *de ôflossing fan 'e wacht*；交代する ôflosse, ruilje
こうたい 交替　(昼と夜の) *de* ôfwikseling；交替する ôfwikselje：互いに交替する elkoar *ôfwikselje*
こうたい 抗体　*de* antystof
こうたい 後退　*de* delkap, *de* ôftocht, *de* retrête, (景気の) *de* resesje (→不景気)；後退する weromfalle
こうたいし 皇太子　*de* kroanprins；皇太子妃 *de* kroanprinsesse
こうだいな 広大な　grut, ûnúteachber：広大な土地 in *grut lân*
こうたく 光沢　*de* glâns, *de* glêdens；光沢のある glânzich；光沢のない rûpsk
ごうだつ 強奪　*de* rôf；強奪する plonderje, rôve, rove, ûntskuorre
こうたん 降誕　(キリストの) *it* krystboadskip；キリスト降誕祭 *de* krystdei
ごうたんな 豪胆な　bretaal
こうち 高地　*it* heechlân
こうち 耕地　*de* bou, *it* boubedriuw, *de* boupleats
こうちく 構築　*de* konstruksje, *de* opbou；構築する konstruearje, opbouwe
こうちゃ 紅茶　*de* tee：紅茶を飲む *tee* drinke = teedrinke, 紅茶を入れる *tee* meitsje [sette]
こうちゃく 膠着　*de* oanhechting；膠着する oanhechtsje
こうちょう 校長　*de* direkteur, (ギムナジウム・総合中学校の) *de* rektor, (小学校の) *de* skoaldirekteur
こうちょう 高潮　(満潮) heech tij (↔干潮)
こうちょうする 紅潮する　read wurde：彼女は紅潮した Hja *waard read*.
こうちょうの 好調の　befredigjend, foardielich, foldwaand(e), geunstich
こうちょく 硬直　*de* stivens；硬直した stiif；硬直する [させる] stiivje
こうつう 交通　*it* ferkear：激しい交通 drok *ferkear*；交通違反 *de* ferkearsoertrêding；交通違反者 *de* ferkearssûnder；交通事故 *it* ferkearsûngemak, *it* ûngelok：交通事故で by in *ûngelok*；交通渋滞 *de* opstopping；交通遮断 *it* kordon；交通信号 *it* ferkearsljocht；交通パトロール *de* wegewacht；交通法(規) *de* ferkearsregel
こうつごう 好都合　*it* gemak：好都合の時に op jins (deade) *gemak*；好都合の foardielich, gelegen, geunstich, nuttich
こうてい 行程　(距離) *de* distânsje, (旅程) *de* reis
こうてい 肯定　*de* befêstiging (↔否定)；肯定する befêstigje；肯定的な [に] posityf：肯定的な返事 in *posityf*

こうてい　皇帝　de keizer；皇帝の keizerlik
こうてい　高低　（平らでないこと）de ûngelikens,（声の）de toanhichte,（物価の）de skommeling
こうてい　校訂　de revyzje；校訂する behoffenje
こうてい　校庭　it skoalplein：校庭で遊ぶ op it *skoalpein* boartsje
こうでいする　拘泥する　oanhâlde（→固執する）
こうていの　公定の　→公的な
こうてきしゅ　好敵手　in echte rivaal
こうてきな　公的な　amtlik, offisjeel
こうてきな　好適な　doelmjittich, gaadlik, passend：スケートに好適な場所 in *gaadlik* plak om te reedriden
こうてつ　更迭　（解任）de ôfsetting, it ûntslach；更迭する ôfsette, ûntheffe, ûntslaan（→解任する）
こうてつ　鋼鉄　it stiel：その新しい橋は鋼鉄で造られている De nije brêge is fan *stiel* boud.；鋼鉄（製）の stielen；鋼鉄線 de stieltrie(d)
こうてん　公転　（天体の）de omrin（↔自転）；公転する draaie om, omrinne
こうてん　好天　moai waar
こうてん　好転　（病気・状況・景気などの）de oplibbing；好転する（fer）betterje, foarútgean, oplibje, opsjitte,（経済が）oanlûke
こうでん　香典　in jefte by it ferstjerren ＊このような習慣はない
こうてんてきな　後天的な　nei de berte, postnataal
こうど　光度　de ljochtsterkte
こうど　高度　de hichte(line)：この飛行機は 2.500 メートルの高度で飛ぶ Dit fleantúch fljocht op in *hichte* fan 2.500 meter.
こうとう　高騰　de koersferheging；高騰する ûnferwacht(e) ferheegje
こうとう　喉頭　de strôtbal（→のど）；喉頭炎 de kielûntstekking

こうどう　行動　de aksje, it gedrach, it optreden：行動を起こす yn aksje komme；行動する optrede；行動的な［に］aktyf, wurksum；行動様式 de hannelwize, it optreden
こうどう　講堂　de gehoarseal, de kolleezjeseal, de seal
ごうとう　強盗　（行為）de oerfal,（人）de rôver / rover；強盗の一味 in binde rôvers = de rôversbinde；強盗をする rôve, rove
ごうどう　合同　de fúzje, de koalysje, de kombinaasje；（…と）合同する fusearje（mei）；合同の fusearre
こうとうの　高等の　heech, heger：高等学校 in hege skoalle = de middelbere skoalle, 高等教育 heger ûnderwiis；高等裁判所 it paleis fan justysje
こうとうの［で］　口頭の［で］　mûnling：口頭（の）試験 in *mûnling* eksamen = it mûnling, 口頭試験を受ける mûnling dwaan
こうとうむけい　荒唐無稽　it ûnding, de ûnsin（→馬鹿げたこと）；荒唐無稽な ûnsinnich
こうどく　購読　（定期・予約の）it abonnemint；（予約・継続して）購読する jin abonnearje：新聞［雑誌］を（予約）購読する jin op in krante [tydskrift] *abonnearje*；購読者 de abonnee, de yntekener；購読料 it abonnemint
こうどく　講読　de lêzing；講読する lêze
こうにゅう　購入　de oankeap；購入する oanhannelje, oankeapje, oanskaffe, oantuge（→買う）；購入品 de oankeap
こうにん　公認　offisjele erkenning；公認する legalisearje, offisjeel erkenne；公認の offisjeel
こうにん　後任　de opfolger；後任の oankommend：後任の牧師 de *oankommende* dominy
こうねつ　高熱　grutte [slimme] hjittens,（体温の）hege koarts
こうねつひ　光熱費　ûnkosten foar ljocht

こうねん

en stookoalje
こうねん 光年 *it* ljochtjier
こうねんき 更年期 更年期にある yn 'e oergong wêze
こうねんに 後年に yn letter jierren, (今後は) yn 'e takomst
こうのう 効能 *de* deugd, *de* wurking：薬の効能 de *deugd [wurking]* fan medisinen (→効き目)；効能のある krêftich
こうのとり 鸛 *de* earrebarre
こうは 光波 *de* ljochtflits [-weach]
こうば 工場 →工場(こうじょう)
こうはい 交配 *de* pearing, (異種) *de* krusing；交配させる kruse：ろばと馬を交配させる in ezel *kruse* mei in hynder
こうはい 荒廃 *de* ferwoasting [-woesting]；(建物などが) 荒廃する boufallich wurde；荒廃させる ferwoaste, ruïnearje；荒廃した ferwoastich, wyld：荒廃した都市 in *ferwoastige* stêd, 荒廃した土地 in *wyld* lân
こうはい 後輩 *de* junior, (学生の) in jongere studint
こうばい 公売 →競売
こうばい 勾配 *de* gloaiïng, *de* skeante
こうばい 購買 *de* oankeap, *de* oanskaf
こうばくとした 広漠とした →広大な
こうばしい 香ばしい geurich, swietrokich
こうはん 公判 *de* rjochtsitting：公判を開く de *rjochtsitting* hâlde
こうはん 後半 de lêste helt(e) (↔前半)
こうばん 交番 *de* plysjepost
ごうばん 合板 *it* hechthout, *it* tripleks
こうはんいな [に] 広範囲な [に] rom, wiid：広範囲にわたる被害 in *wiid* ferspraat kwea
こうはんな 広範な breed, rom
こうひ 公費 *it* mienskipsjild, *it* oerheidsjild：公費で op in *oerheidsjild*
こうび 交尾 *de* kopulaasje, *de* pearing；交尾する joetse, kopulearje, pearje；交尾期 *de* peartiid

こうひょう 公表 *de* oansizzing, *de* ôfkundiging, *de* publikaasje：内閣の公表 in *publikaasje* fan it ministearje；公表する oansizze, ôfkundigje, ôflêze, publisearje, útbringe, buorkundich meitsje
こうひょう 好評 opbouwende krityk
こうひょう 講評 *de* beoardieling, *de* besprekking, *de* resinsje, *de* skôging；講評する beoardiel(j)e, besprekke, resinsearje, skôgje
こうびんで 後便で mei de lette post
こうふ 公布 *de* ôfkundiging, *de* proklamaasje；公布する ôfkundigje, proklamearje, útfeardigje：法律を公布する in wet *ôfkundigje [útfeardigje]*
こうふ 交付 *de* útjefte；交付する jaan, útjaan：(…の) 助成金を交付する in *jaan* (foar), パスポートを交付する in paspoart *útjaan*；交付を受ける krije：地方自治体から助成金の交付を受ける subsydzje fan de gemeente *krije*
こうふ 鉱夫 *de* mynwurker
こうぶ 後部 (自動車・船などの) *de* kont；(最)後部の [に] efterst；(自動車の) 後部座席 *de* efterbank；後部ドア *de* efterdoar
こうふく 幸福 *it* gelok, *it* lok, *de* lokkigens；幸福な [に] (ge)lokkich；幸福感 *it* loksfielen, in woldiedich gefoel
こうふく 降伏 *de* oerjefte, (条件付きの) *de* kapitulaasje：ドイツ軍の降伏 de *oerjefte* fan it Dútske leger；降伏する oerjaan, (条件付きで) kapitulearje
こうぶつ 好物 *de* favoryt, *de* pree：砂糖の入っているライスプディングは何よりの好物だ Rizenbrij mei sûker is in *pree*.
こうぶつ(の) 鉱物(の) (*it*) mineraal：鉱物資源 *minerale* helpmiddelen
こうふん 興奮 *de* alteraasje, *de* opwining *de* spanning：興奮のあまり, 鞄を忘れてしまった Yn 'e [Troch de] *alteraasje* fergeat ik myn tas., 昨夜は興奮のあまり眠れませんでした Jus-

ternacht koe ik net sliepe fan '*e span-ning*.；興奮した［て］bluisterich, oeral, oerémis：子供たちはすっかり興奮している De bern binne alhiel *oerémis*.
こうぶん　構文　（文章の）*de* konstruksje, *de* sinbou
こうぶんしょ　公文書　*de* akte
こうへい　公平　*de* ridlikens［-heid］, *de* rjochtfeardigens；公平な［に］objektyf, ridlik, rjocht, rjochtfeardich, ûnpartidich：物事を公平に見る eat *objektyf* besjen, 審判は公平でなければならない In skiedsrjochter moat *ûnpartidich* wêze.
こうへん　後篇　→後半
こうべん　抗弁　it tsjinpraat（→口答え）；抗弁する tsjinprate
ごうべんの　合弁の　maatskiplik；合弁会社［事業］it fennoatskip
こうほ　候補　*de* kandidatuer；候補者 *de* kandidaat,（…の）候補者 *de* leafhawwer（foar）：候補者を指名する in *kandidaat* foardrage；候補者名簿 *de* kandidatelist
こうぼ　公募　publike rekrutearring；公募する publyk rekrutearje［ronselje］
こうぼ　酵母　*it* gêst
こうほう　広報　in amtlik ferslach；広報活動 publike aktiviteiten［bekendmakkings］
こうぼう　工房　*it* atelier, *de* studio（→アトリエ）
こうぼう　興亡　opkomst en ûndergong
ごうほうかする　合法化する　wettigje
ごうほうてきな　合法的な［に］legaal, rjochtlik, rjochtmjittich, wetlik, wettich：合法的な権利 in *wetlik* rjocht
ごうほうな　豪放な　romhertich
こうほうに［へ］　後方に［へ］　efter, efterlik, efteroan［-oer / -stebek］, tebek
こうぼく　公僕　（公務員）*de* amtner
こうほん　稿本　*it* manuskript
こうま　子馬　*de* foalle / fôle
こうまん　高慢　*de* grutskens, *de* heechhertigens［-hertichheid］；高慢な［に］

grutsk, heech, heechhertich［-moedich］
ごうまん　傲慢　*de* arrogânsje；傲慢な arrogant, heechhertich
こうみ　香味　*de* smaak；香味料 *de* krûderij, *de* smaakstof
こうみゃく　鉱脈　*de* metaalier
こうみょう　光明　（光）*it* ljocht,（希望）*de* hope
こうみょうな　巧妙な　betûft, fynbeslipe, goochem, listich, trochtrape, tûk；巧妙な手口 *de* list, *de* smychtestreek, in gemiene streek
こうむ　公務　*it* amt, *de* tsjinst：公務を遂行する in *amt* útoefenje；公務員 *de* amtner, *de* funksjonaris, *de* offisier, *de* ryksamtner, sivile amtners
こうむる　被る　（損害・被害などを）lije：じゃがいもが霜の被害を被っている De ierappels hawwe te *lijen* han fan 'e froast.
こうめい　高名　*de* ferneamdens［-heid］, *de* rop；高名な ferneamd（→有名な）
ごうめいがいしゃ　合名会社　*it* fennoatskip, *de* kompanjy
こうめいせいだいな　公明正大な　earlik, ordintlik
ごうもう　剛毛　（豚・猪の）*it* dún
こうもく　項目　（辞書などの見出し）*it* artikel,（帳簿の）*de* post,（法律などの条項）*it* artikel, *de* klausule
ごうもくてきの　合目的の　doelmjittich, gaadlik, raak
こうもり　蝙蝠　*de* flearmûs
こうもりがさ　蝙蝠傘　*de* paraplu（→（雨）傘）
こうもん　肛門　*de* anus, *de* ears
こうもん　校門　*de* skoalpoarte, de yngong fan it skoalplein
ごうもん　拷問　*de* kwelling, *de* marteling, *de* piniging：その囚人は拷問を受けて死んだ De finzene beswiek oan 'e *kwellingen*.；拷問にかける marteljje, pinigje：拷問によって人を殺す immen dea *martelje*
こうや　荒野　*de* wyldernis, *de* woastenij(e)

こうやく　公約　in (publike) belofte [gelofte / tasizzing]；公約する yn publyk tasizze

こうやく　膏薬　(軟膏) de salve, it smarsel, it wriuwersguod：傷口に付けたこう薬 salve op 'e wûne, こう薬を擦り込む mei salve ynsmarre, 肌にこう薬を擦り込む salve op 'e hûd smarre；こう薬を塗る salvje

こうやくすう　公約数　in gemiene dieler：最大公約数 de grutste gemiene dieler

こうゆう　公有　mienskiplik eigendom

こうゆう　交友　→友人, 知人

こうゆう　校友　de skoalmaat (→学友, 同窓生)

こうよう　公用　→公務, (使用) publyk gebrûk；公用で mei amtlike saken；公用語 de fiertaal, amtlike taal, gongbere sprektaal

こうよう　効用　it nut, de nuttichheid, de utiliteit；効用がある nuttich, (効能がある) krêftich

こうよう　紅葉　reade blêden；紅葉する De blêden fan 'e beammen wurden read.

こうよう　黄葉　giele blêden

こうよう　高揚　geastlike [spirituele] ferheffing；高揚する geastlik ferheffe；高揚した útlitten：高揚した気分 in útlitten stimming

こうようじゅ　広葉樹　de leafbeam；広葉樹林 it / de leafbosk

ごうよく　強欲　de begearigens [-gearichheid], de ynklauwerichheid (→欲張り)；強欲な[に] begearlik, ynklauwerich

こうら　甲羅　it skild / skyld

こうらく　行楽　(遠足) de ekskurzje, de útflecht, it útstapke；行楽客 de fakânsjegonger；行楽地 de fakânsjeoarde

こうり　公理　it aksioma

こうり　功利　de utiliteit；功利的な praktysk, saaklik：功利的な人 in saaklike man

こうり　高利　in hege rinte：人に高利でお金を貸す immen jild tsjin hege rinte liene

こうり　小売り　de lytshannel；小売りをする yn it lyts ferkeapje；小売り価格 de lytshannelspriis；小売り業者 de lytshandeler, de werferkeaper

ごうり (せい)　合理 (性)　de rasjonalisaasje；合理的な[に] ferstannich, logysk, rasjoneel：われわれはこれらの諸問題を合理的に討議しなければならない Wy moatte dizze problemen ferstannich beprate.；合理化する rasjonalisearje；合理主義 it rasjonalisme；合理主義者 de rasjonalist

こうりつ　効率　it rendemint；効率的な[に] effisjint；効率の悪い ûndoelmjittich

こうりつの　公立の　iepenbier (↔私立の)：公立学校 [図書館] in iepenbiere skoalle [biblioteek]

こうりゃく　攻略　→占領

こうりゅう　交流　(電気の) de wikselspanning [-stroom], (交換) de útwikseling：文化の交流 kulturele útwikseling；交流する ruilje, útwikselje (→交換する)

こうりゅう　拘留　(容疑者などの) it arrest, it bewa(a)r；拘留する arrestearje, ynrekkenje；再拘留 it foararrest：再拘留中である yn foararrest sitte

ごうりゅう　合流　de gearsetting；(川・道などが) 合流する gearsette, (…に) 加わる jin oanslute (by)；合流点 de gearrin, (川の) de foarke

こうりょ　考慮　it berie(d), de beskôging, it betinken, de betinking, de gedachte, it oerlis, de oertinking：考慮する yn berie(d) nimme, あることを考慮に入れない eat bûten beskôging litte, あることを考慮に入れる eat yn betinken hâlde；(…について) 考慮する jin beriede (op), beskôgje, oertinke：すべてを考慮に入れて goed beskôge = alles byinoar naam

こうりょう　香料　it parfum, (薬味) de krûderij, de speserij

こうりょう 綱領 *it* program(ma), in algemiene regel, in algemien prinsipe
こうりょうとした 荒涼とした ferlitten, woast：荒涼とした土地 *woast* lân
こうりょく 効力 *de* krêft, *de* útwurking（→効果）：効力を生じる［発する］fan *krêft* wurde = yngean
こうりん 後輪 *it* eftertsjil, it efterste tsjil（↔前輪）
こうれい 高齢 in hege âldens；高齢で op riper jierren；高齢化社会 in maatskippij fan âlderen；高齢者 lju [minsken] op jierren, *de* âlderein
ごうれい 号令 *it* kommando, *de* oarder：号令をかける *oarders* jaan；号令する kommandearje
こうれいの 恒例の gebrûklik, gewoan；恒例によって neffens gewoante
こうろ 行路 *de* gong, *de* koer(t)s, *de* rûte；人生行路 *de* libbenswize
こうろ 航路 *de* rûte；外国航路 *de* farrûte
こうろう 功労 *de* fertsjinst(e)；功労のある fertsjinstlik
こうろん 口論 *it* dispút, *de* heibel, *de* kwestje, *de* rûzje, *de* strideraasje, *it* trammelant, *de* wurdestriid：この家族の人たちは金銭のことで口論が絶えない Yn dy famylje hawwe se altyd *heibel* om jild., あることで人と口論をする mei immen *rûzje* hawwe, それが口論の原因になるだろう Dêr komt *trammelant* fan.；口論する befjochtsje, disputearje, kibje, stride：もうそのことで口論するのはよそう Lit ús der mar net mear om *stride*.
こうわ 講和 （平和）*de* frede, （和解）*de* fermoedsoening；（…と）講和を結ぶ (de) *frede* slute (mei)；講和条約 *it* fredesferdrach
こうわん 港湾 *de* haven（→港）
こえ 声 *it* lûd, *de* stim, （叫び声）*de* útrop, （鳥の鳴き声）*de* sang（→さえずり）：この人の声は熊が唸っているみたいだ Dy man hat in *lûd* as in bear., 彼女は澄んだ声をしている Hja hat in heldere *lûd* [*stim*].；声を掛ける roppe；声の高い lûdroftich；声の大きい ropperich

ごえい 護衛 *it* konfoai, *de* liifwacht（→ボディーガード）：護衛のために ûnder *konfoai*, 女王には護衛がいつもついている De keninginne hat altyd in *liifwacht*.；（…に対して）護衛する frijwarje (tsjinst)
こえだ 小枝 *de* sprút, *it* tûkje, *de* twiich, （枯れた）*de* prikke：木の小枝 *twigen* oan 'e beam
こえび 小海老 *de* garnaal, *de* poarre（→海老）
こえる 肥える grou [swier] wurde；肥えた fet, (土地が) fet, glei：肥えた土地 *fet* [*glei*] lân
こえる 越える oerride, oerrinne；飛び越える oerspringe
こえる 超える （超過する）oer (hinne) wêze, （しのぐ）oertreffe；超えて oerhinne：それからすでに30年以上超えて（→経って）いる Der is al tritich jier *oerhinne* gien.
こおうする 呼応する byinoar roppe, （…と）（文法的に）oerienkomme (mei)
コークス *de* kooks
コース （課程）*de* kursus, （経路）*de* rûte, （飛行機・船舶の）*de* koer(t)s
コーチ （スポーツなどの）*de* trener
コート （洋服の）*de* jas, 婦人用の袖なし）*de* mantel
コート （球技の）*de* baan；→テニスコート
コード （電気の）*it* snoer
コード （暗号の）*de* koade
こおとこ 小男 *it* mantsje
こおどり 小躍り 小躍りして喜ぶ dûnsje fan wille
コーナー （角・隅）*de* hoeke
コーヒー *de* kofje：一杯のコーヒー in kopke *kofje*, 薄い[濃い]コーヒー sloppe [sterke] *kofje*；コーヒーを入れる [つぐ] *kofje* sette [ynjitte], コーヒーを飲む *kofje* drinke = kofjedrinke；コー

ヒー店 it kafee, de kofjebar, it kofjehûs；コーヒー豆 de kofjebean(e)；コーヒーの出がらし it kofjegrom；コーヒーひき（器）de kofjemole；コーヒーフィルター it kofjepûdsje；（自動の）コーヒーメーカー it kofjesetapparaat；コーヒーブレイク it kofjeskoft, de kofjetiid

コーラス （合唱）it koar
こおり　氷　it iis：（滑るのに）氷の厚さは十分でない It iis hâldt noch net.；氷水 it iiswetter
こおる　凍る　frieze, 凍る［らせる］befrieze：水は摂氏０度で凍る Wetter befriest ûnder 0 graden Celsius., 今日は氷が張っている It friest hjoed., 水を凍らせる wetter befrieze, 船が氷で閉じ込められている De skipper leit beferzen.
ゴール　（スポーツの）it doel, de goal, （目標・狙い）it doel：ゴールを達成する ta jins doel komme
こおろぎ　蟋蟀　it imerke：夜こおろぎが鳴いている Yn 'e nacht [Nachts] sjilpje imerken.
ごかい　誤解　it misbegryp, it misferstân：誤解を解く in misbegryp ophelderje, in misferstân út 'e wei helpe；誤解をする misferstean, miskenne
こがいで［に］戸外で［に］　bûten, bûtendoar：戸外に［で］bûten it hûs
コカイン　de kokaïne：コカインのにおいをかぐ kokaïne snuve
ごがく　語学　de taalstúdzje；彼女は語学の才能がある Se hat oanlis [talint] foar taal.
ごかくの　互角の　gelyk, gelikens, kyt, lykweardich：（…と）互角である kyt stean [wêze]（mei）
こかげ　木陰　it skaad fan in beam
こがす　焦がす　ferskroeie, skroeie（→焦げる）
こがた　小型　it lyts：小型の物 it lyts fan stik；小型カメラ de minykomera, in kompakte kamera；小型の lyts
こがたな　小刀　→ナイフ

こかつ　枯渇　it útdroegjen, (不足) de útputting；枯渇する útdroegje；枯渇させる útputte（→使い果たす）
ごがつ　五月　de maaie
ごかっけい　五角形　de fiifhoek
こがねむし　黄金虫　in gouden tuorre
こがらし　木枯らし　in skuorwyn yn de winter
こがらの　小柄の　lyts, lytsich：小柄な女性 in lytse frou
こがれる　焦がれる　（切望する）ferlange, smachtsje,（…を）待ち焦がれる longerje（op）
こがわせ　小為替　de postwiksel（→郵便為替）：小為替で払う mei in postwiksel betelje, 10,000 ユーロの小為替 in postwiksel foar 10.000 euro
ごかん　五感　de fiif sinnen
ごかん　語感　it taalgefoel：素晴らしい語感 in goed taalgefoel
ごかん　語幹　de stam：動詞の語幹 de stam fan in tiidwurd
ごかんせいのある　互換性のある　kompatibel
こき　古希　it santichste libbensjier《70歳の祝い》
こき　呼息　de útazeming
ごき　語気　de toan（→語調）：語気を荒げて op in lilke toan；語気を荒げる fûl(eindich) sprekke
ごぎ　語義　de sin（fan in wurd）
こきおろす　扱き下ろす　ôfbrekke, ôfkreakje（→酷評する）：その芝居は新聞にこき下ろされた It toanielstik waard troch de kranten ôfkreake.
ごきげん　御機嫌　御機嫌いかがですか Hoe is it mei jo [dy]?, 御機嫌よう！Oant sjen!, It bêste!（→さようなら！）
こきざみに　小刻みに　langsum（→少しずつ, 徐々に）
こぎって　小切手　de sjek：小切手で払う mei in sjek betelje
ごきぶり　de kakkerlak（→油虫）
こきみのいい　小気味のいい　eptich, goed, knap, moai, oantreklik, prima：小気味よい返事 in goed [prima] ant-

wurd
こきゃく　顧客　（店の）de gast, de kliïnt, de leafhawwer, de ôfnimmer
こきゅう　呼吸　de azem, de sike, de smûch：深呼吸 in swiere sike；呼吸をする azemje, sykhelje：深呼吸をする djip [swier] sykhelje
こきょう　故郷　（出生地）it berteplak,（故国）it bertelân
こぎれいな　小奇麗な　eptich, himmel, keken, kreas, sindlik；小奇麗なこと de sindlikens [-likheid]
こぐ　漕ぐ　roeie：ボートを風と流れに逆らって漕ぐ in boat tsjin wyn en stream yn roeie；（ボートなどの）漕ぎ手 de roeier；漕ぎ船 de roeiboat
ごく　語句　de wurdgroep（→成句）
ごく　極　hiel：極く僅か（な）in hiel lyts bytsje；極く最近 niis (krekt-(sa)) noch：極く最近リッヒチェから手紙をもらいました Ik haw niis noch in brief fan Richtsje krige.
ごくあく　極悪　de grouweldie(d)；極悪（非道）の [な] duvels(k), ferdeald, grousum：極悪な犯罪 in grousume misdie(d)
こくい　国威　nasjonaal prestiizje
ごくい　極意　it geheim：君にその極意を教えてあげよう Ik sil dy yn de geheimen ynwije.
こくいんする　刻印する　wiermeitsje（→押印する）
こくう　虚空　de holle himel；虚空を見詰める nei neat stoarje
こくえいの　国営の　nasjonaal（→国立の）：国営劇場 it nasjonale toaniel
こくえき　国益　it nasjonaal profyt
こくおう　国王　de kening：国家組織は各大臣と国王から成る De regearing bestiet út de ministers en de kening.；国王の keninklik：国王の布告 in keninklik beslút
こくがいの　国外の　oerseesk；国外に [で] yn 'e frjemdte；人を国外に追放する immen it lân útsette
こくぎ　国技　in nasjonale sport

こくご　国語　de folkstaal, de lânstaal,（母国語）de memmetaal,（日本語）de Japanske taal
こくさい　国債　in nasjonale skuld
こくさいてきな [に]　国際的な [に]　ynternasjonaal：国際会議 in ynternasjonale konferinsje, 国際競技 in ynternasjonaal spul, 国際空港 in ynternasjonale lofthaven, 国際電話 in ynternasjonale oprop；国際都市 de wrâldstêd；国際貿易 de wrâldhannel
こくさんの　国産の　ynlânsk,（国内の）yntern
こくし　酷使　de rôfbou：人を酷使する rôfbou op in minske dwaan
こくじ　告示　de meidieling；告示する meidiele, oankundigje, oanskriuwe
こくじ　酷似　in opmerklike gelikens；（…に）酷似する opmerklik lykje (op)
こくしびょう　黒死病　de pest（→ペスト）
こくしょ　酷暑　in ferskroeiende hijtte
ごくじょうの　極上の　poerbêst：極上のじゃがいも poerbêste ierappels
こくしょく(の)　黒色(の)　(it) swart：黒色人種 it swart ras
こくじん　黒人　de swarte,（男性の）de neger,（女性の）de negerin(ne)
こくぜい　国税　in nasjonale belesting
こくせいちょうさ　国勢調査　in nasjonale folkstelling
こくせき　国籍　de nasjonaliteit
こくそ　告訴　de beskuldiging, de oanklacht；告訴する beskuldigje, betichtsje, oankleie：殺人罪で告訴される beskuldige wurde fan moard, 人を殺害したかどで告訴する immen oankleie foar moard；告訴人 de oanklager（→原告）
こくたん　黒檀　it ebbenhout
こくち　告知　de oansizzing；告知する oansizze：医者は彼に癌であることを告知した Syn dokter sei him oan dat er kanker hie.
ごくちゅうにある　獄中にある　yn 'e finzenis sitte [wêze]

こくど

こくど 国土 *it* lân：国土を失う jins lân ferlieze
こくどう 国道 *de* rykswei
ごくどう 極道 *de* euveldie(d), *de* goddeleazens [-leasheid]；極道者 *de* doerak, *de* skobbert, *de* skoelje, *de* smycht, *de* smjunt；極道息子 in ferlerne soan (→放蕩息子)
こくないの 国内の ynlânsk, yntern：国内のニュース *ynlânsk* nijs, 国内事情 *ynterne* oangelegenheden
こくはく 告白 *de* bekentenis；告白する bekenne：(自分の)罪を告白する (jins) skuld *bekenne*
こくはつ 告発 →告訴
こくばん 黒板 *it* boerd, *it* skoalboerd：黒板(の字)を消す *it skoalboerd* feie [wiskje]；黒板ふき *de* boerdwisker
ごくひ 極秘 strang geheim；極秘にしておく in *strang geheim* bewarje；極秘の strang fertroulik
こくひょう 酷評 kritiske oanmerking；酷評する oanmerke, ôfbrekke, ôfkreakje, stikelje：本を酷評する in boek *ôfbrekke*
こくひん 国賓 *de* gast fan de steat
ごくひん 極貧 ekstreme earmoed；極貧の ekstreem earmoedich
こくふく 克服 *de* oerwinning；克服する oerwinne, ûnderfange：障害を克服する in behindering *oerwinne*
こくべつ 告別 *it* ôfskied：告別する ôfskied nimme；告別式 *de* útfeart-(tsjinst) (→葬式)；告別の辞 *de* ôfskiedstaspraak
こくほう 国宝 in nasjonale skat
こくぼう 国防 nasjonale ferdigening
こくみん 国民 *it* folk, *de* naasje, *de* steatsboarger, *de* ûnderdien：オランダ国民 *it* Nederlânske *folk*；国民の，国民(的)な [に] heitelânsk, nasjonaal；国民性 *it* / *de* folksaard, *de* nasjonaliteit；国民の祝祭日 *it* folksfeest；国民の健康 *de* folksûnens；国民健康保険 *it* sikefûns；国民年金 *it* steatspensjoen
こくむ 国務 *de* steatssaken；国務省

it ministearje；国務大臣 minister fan Ynlânske Saken
こくめいな [に] 克明な [に] minusjeus (→詳細に)：あることを克明に記述する eat *minusjeus* beskriuwe
こくもつ 穀物 *it* nôt, *it* sie(d)
こくゆうの 国有の fan de steat；国有財産 *it* steatseigendom
ごくらく 極楽 *it* paradys (→楽園)
こくりつの 国立の nasjonaal,《複合語の第一要素として》ryks-：国立大学 *de ryks*universiteit
こくるい 穀類 *it* nôt
こくれん 国連 (国際連合) de Feriene Steaten
ごぐん 語群 *de* wurdgroep (→成句)
こけ 苔 *it* moas：苔むした mei *moas* begroeid
ごけ 後家 →未亡人
ごけい 語形 *de* foarm (fan in wurd)：動詞の語形 *de foarm* fan in tiidwurd；語形変化(表) *it* paradigma；語形論 *de* foarmlear, *de* wurdfoarming (→形態論)
こけいの 固形の fêst：固形食 *fêst* iten
こげくさい 焦げ臭い →焦げる
こけこっこー！ Kukelekoe [-kú]!
こげちゃいろ 焦げ茶色 *it* donkerbrún
こける 転ける →ころぶ
こける 痩ける (ほおが) hol：こけたほお *holle* wangen
こげる 焦げる singe, skroeie,《通例, 受け身文で》焦がす ferbaarnd wurde：ストーブで着物が焦げている It guod by de kachel *stroeit*.；焦げている [臭い] skroeierich；焦げ臭い in *skroeierige* rook, ここは焦げ(る)臭い(がする) Ik rûkt hjir skroeierich.
ごげん 語源 *de* oarsprong fan in wurd, *de* etymology (→起源)；語源学 *de* etymology；語源的な [に], 語源(学)上(の) etymologysk：語源辞典 in *etymologysk* wurdboek
ここ (に／で／へ) hjir《強調形 hjirre》：ここかしこ *hjir* en dêr, ここに

犬がいる *Hjir* is in hûn., ここにすぐ戻って来る Ik bin *hjir* sa wer., ここで私にどんな話をしてくれるのですか Wat fertelsto my *hjir*?, ここへいらっしゃい Kom *hjir* ris.；ここへ harren, hjirhinne, hjirsa：ここへおいで *Hjirsa!*；ここから hjirút；ここから（離れて）hjirwei；ここ暫く fêst, foarearst, foarfêst, foarhâns（→当分は）；ここのところ koartlyn（→最近）：ここのところ彼女に会っていない *Koartlyn* haw ik har net sjoen.；ここだけの話だ Dat bliuwt ûnder ús.

こご 古語 in âld [argaysk] wurd,（古い語法）it argaïsme

ごご 午後 *de* middei, *de* neimiddei, *de* oerdei：今日の午後 fan 'e *middei*, 午後早々 ier yn 'e *middei*, 午後に yn 'e *middei*, op 'e *neimiddei*；午後に［は］middeis, oerdeis：私たちは午後は大抵ちょっとした散歩に出掛ける *Middeis* kuierje wy meastal in eintsje., 子供たちは水曜日の午後は授業がない Woansdeis binne de bern *oerdeis* frij fan skoalle.

ココア *de* kakao（→カカオ）

ごこう 後光 *de* stralekrâns

こごえ 小声 in sêft lûd；小声で sêft

こごえる 凍える rilje fan kjeld；凍え死ぬ deafrieze（→凍死する）

ここく 故国 *it* bertelân（→祖国）

ここじん 個々人 elk foar oar, elk yndividu

ここち 心地 *it* gefoel, *it* moed；心地よい [く] geryflik, haachlik, myld, noflik：座り心地がよい椅子 in *noflike* stoel, 心地が悪い jin net *noflik* fiele

こごと 小言 *it* rabbelemint；(…に) 小言を言う prottelje (op), (ぶつぶつ) pûlemûl(k)je：父は私に小言を言った Heit *prottele* op my.；小言を言う人 *de* kleier, *de* seurpot

ココナツ *de* kokosnút

ここのつ 九つ 九つ (の) (*de*) njoggen：九つのリンゴ *njoggen* appels, この子は（年齢が）九つです Myn jonge is *njoggen* jier.

ココやし ココ椰 *de* kokospalm

こころ 心 （心情）*it* hert, （精神）*de* geast, *de* siel(e)：彼女の心にかなった夫 in man nei har *hert*, 心の底から út it djipst ['e grûn] fan myn *hert*, 心の優しい先生 in learaar mei in sêfte *geast* = in tearhertige learaar, 心の病 sykte fan 'e *geast*, 食べ物と飲み物は共に心身の糧となる Iten en drinken hâldt siel(e) en lichem byinoar.；心 (の底) からの hertlik, ynlik：彼は彼女を心から愛していた Hy hie har *ynlik* leaf.；心の mentaal, psychysk：彼は心（上）が強い Sy is *mentaal* sterk.；心の中で yn jins hert, ynwindich；心持ち justjes（→ちょっと）；心に掛ける［留める］betinke；心を打つ reitsje

こころあたたまる 心温まる hertferwaarmjend, waarm

こころあたりがある 心当たりがある (…について) witte (fan)：そのことについては色々と心当たりがある Ik *wit* der alles fan.

こころいき 心意気 *de* galle（→根性）

こころえ 心得 （知識）*de* kennis, *de* kunde, *de* witnis：ギリシャ語の心得がない Myn *kennis* fan it Gryksk hâldt net oer.；心得違い *it* misferstean（→誤解）；心得ている kenne, witte：なぜか私にはその心得がない Ik soe net *witte* wêrom.（→知るもんか）

こころおぼえ 心覚え （記憶）*de* gedachtenis, *it* ûnthâld, （覚え書き）*de* memoarje, *it* memorandum

こころがけ 心掛け （態度）*de* mentaliteit；心掛けのよい betocht(sum), woltinkend；心掛けの悪い ûntrochtocht；心掛ける besykje（→努力する）

こころがまえ 心構え *de* hâlding, *de* ynstelling

こころぐるしい 心苦しい pynlik, smertlik；心苦しく思う jin begrutsje

こころざし 志 （意志）*de* wille,（大志）*de* ambysje, *de* earsucht,（意図・目的）*it* doel, *it* stribjen, *it* wyt,（小さ

こころざす

な贈り物) it presintsje

こころざす　志す　doele, (…を)(目指す) mikke [oanstjoere / roaie] (op), neistribje

こころづかい　心遣い　de attinsje, de konsideraasje, it regaad：お心遣いを感謝します Tankje foar jo regaad.

こころづけ　心付け　de foai, de tip (→チップ)：ウエイターに心付けをやる de ober in tip jaan

こころづよい　心強い　bemoedigjend, gerêststellend；心強く思う bemoedige

こころならずも　心ならずも　tsjin jins wille, ûnwillich (→不本意ながら)

こころのこり　心残り　de spyt；心残りがする spite

こころばかりの　心ばかりの　lyts：心ばかりの贈り物 in (lyts) presintsje

こころぼそい　心細い　hopeleas：心細く思う hopeleas fiele；心細くなる feriensumje

こころまちする　心待ちする　útsjen, wachtsje：《手紙の末尾に》お返事を心待ちして Utsjend nei jo antwurd.

こころみ　試み　it besykjen, it writen；試みる besykje, probearje：もう一度試みてみる Ik sil it nochris besykje.

こころもち　心持ち　(少し) in bytsje, justsjes

こころもとない　心許ない　bang, benaud, ûnrêstich (→不安な)

こころよい　快い　haachlik, hearlik, noflik；快さ de befrediging, it skik

こころよく　快く　gaadlik, gefallich, gemoedlik, (喜んで) wolkom：人を快く歓待する immen hertlik wolkom hjitte

ごこん　語根　it grûnwurd

こさ　濃さ　(色の) de sterkens, (コーヒー・味などの) sterkens, (気体の) de tichtens, (かゆなどの) de tsjokte (→濃い)

ごさ　誤差　de fout

ごさい　後妻　jins twadde frou；後妻を迎える wertrouwe (→再婚する)

こざかしい　小賢しい　frijpostich, goochem, liep, listich；小賢しいやつ de liepert

こさく　小作　de pacht；小作人 de pachter

こさじ　小匙　it teeleppeltsje：小匙一杯の塩 in teeleppeltsje sâlt

こざっぱりした　himpen：こざっぱりした小部屋 in himpen keamerke

こさめ　小雨　it reintsje：心地よい小雨 in myld reintsje

こざら　小皿　it boardsje

ごさん　午餐　it middeisiten

ごさん　誤算　de misrekken(ing), de telflater；誤算する misrekkenje

こさん(の)　古参(の)　(de) senior (↔ junior)

こし　腰　de mul (→ウエスト)：ほっそりした腰 in smel multsje, 人の腰をつかむ immen om 'e mul pakke；腰が痛む pine ûnder yn 'e rêch hawwe；腰をかがめる bûgje；腰を低くする in djippe bûging meitsje

こじ　固辞　it betankje, de wegering (→辞退)；(…を)固辞する betankje (foar), wegerje

こじ　孤児　de wees, it weesbern：孤児になる wees wurde

こじ　故事　in histoarysk barren；(…の)故事来歴 de oarsprong en histoarje (fan)

こじ　誇示　de pronk(skens)；誇示する pronkje

ごじ　誤字　in ferkeard brûkte letter

こじあける　抉じ開ける　(ドアを) mei geweld de doar iepenje, forsearje, iepenbrekke

こじか　小鹿　it reekeal

こしかけ　腰掛　de stoel (→椅子)：腰掛けに座る op 'e stoel sitte；腰掛ける sitte

こしき　濾し器　de trochslach

こじき　乞食　de bid(de)ler, de skoaier, de swabber

こしつ　固執　→執着；固執する oanhâlde

こしつ　個室　in ôfsûnderlik [privee]

fertrek
ごじつ 後日 （後に）efternei, letter, neitiid,（今後）foar [yn] it ferfolch
ゴシック de gotyk；ゴシック体［活字］goatyske letters；ゴシック様式 de gotyk
こじつけ it sofisme；（うまく）こじつける beklauwe；こじつけの misfoarme
ゴシップ （うわさ話）de kletserij, it kletspraat
こしぬけ 腰抜け de janhin
こしぬの 腰布 it muldoek；腰巻き in Japanske pettikoot
こじま 小島 it eilântsje,（湖などの）de pôle
ごじゅう 五十 50（の）(de) fyftich：第 50 章 Haadstik fyftich；50 番目（の）(it / de) fyftichste
ごじゅういち 五十一 51（の）(de) ienenfyftich
こじゅうと 小姑 de skoansuster
こじゅうと 小舅 de sweager
こしゅする 固守する （陣地などを）koppich [obsternaat / stiif] ferdigenje
ごじゅん 語順 de wurdfolchoarder, de wurdskikking
こしょ 古書 （古い）in âld boek,（古（ふる）本）in antikwarysk boek；その本は今では古書で見付かる Antikwarysk kin men dat boek noch wol krije.
こしょう 胡椒 de piper；こしょう入れ de piperbus
こしょう 故障 （機械類の）it maleur, de steuring：自動車［自転車］の故障 maleur oan [mei] de auto [fyts]；故障する kapotgean；故障した［て］kapot, stikken：コンピューターが故障している De kompjûter is stikken.
ごしょう 後生 it hjirneimels（→来世）；後生だから！Yn himelsnamme!
ごじょう 互譲 →譲り合い
ごしょく 誤植 de printflater, de setflater（→ミスプリント）：誤植を校正する in printflater ferbetterje
こしらえ 拵え （作り）de makkelij,（服装）de dracht,（準備）de tarissing）：こしらえの立派な家具 in meubel fan moaie makkelij；こしらえる meitsje
こじらす 拗らす （悪化させる）slimmer(oan) meitsje；（病気が）こじれる oanboazje（→悪化する）,（事態が）gearstald wurde
こじわ 小皺 （顔の）it ploaike, it rimpeltsje, de romfel：顔の小じわ romfel yn it gesicht
こじん 故人 de ferstoarne
こじん 個人 it yndividu, de inkeling；個人の［的な］yndividueel, ôfsûnderlik, partikulier, personiel, privaat, privee：個人教授 in ôfsûnderlik ûnderwiis, 彼女に個人的に話をしたい Ik wol har privee sprekke.；個人主義 it yndividualisme；個人主義者 de yndividualist
ごしん 誤診 in ferkearde diagnoaze：誤診をする in ferkearde diagnoaze stelle
ごしんする 誤審する fersjen
こす 越す, 超す →越［超］える,（年月を）trochbringe,（引っ越す）ferhúzje,（冬を）oerwinterje：新しい家に越す nei in nij hûs ferhúzje
こす 濾す filterje, filtrearje；→濾し器
こすい 湖水 de mar
こすい 狡い →狡（ずる）い
ごすい 午睡 it knipperke（→昼寝）：午睡する in knipperke dwaan
ごずえ 梢 de krún, de top fan 'e beam
コスト （費用）(複) de kosten：かなりのコストがかかる in soad kosten meitsje
コスモス （宇宙）it hielal, de kosmos,（植物の）de kosmos
こする 擦る wriuwe,（ごしごし）rosse,（眠い目を）útwriuwe, →擦りつける：（眠い）目を擦る de eagen útwriuwe；擦り落とす skjirje；擦ること de wriuwing
こすれる 擦れる →擦（す）れる

こせい 個性 *de* yndividualiteit, *de* persoanlikheid：個性が強い in sterke *persoanlikheid* hawwe；個性的な［に］yndividueel

こせいぶつ 古生物 dieren en planten fan eartiids

こせき 戸籍 it register fan de boargerlike stân；戸籍係 *it befolkingsburo, de griffier*；戸籍抄本 *it* úttreksel；戸籍登記所 *de* boargerlike stân；戸籍謄本 *it* befolkingsregister

こぜに 小銭 *it* lytsjild, *it* wikseljild

こぜに 古銭 in âlde munt

こぜりあい 小競り合い *de* skermutseling；小競り合いをする skermutselje

ごせん 互選 in mienskiplik stim(ming)；互選する mei algemiene stimme

ごぜん 午前 *de* moarn；午前中に (*de*) moarns, fan 'e moarn, by 't [yn 'e] moarntiid：私は午前中4時間働く Ik wurkje *moarns* fjouwer oeren.

ごそう 護送 *de* begelieding；（囚人などを）護送する begeliede；護送車 *de* boevewein

ごぞく 語族 *de* taalfamily, *de* taalgroep

こそくな 姑息な →一時的な，その場限りの

ごそくろう 御足労 拙宅まで御足労願えませんか Soene jo nei myn hûs komme wolle?

こそこそ temûk；こそこそ歩く glûpe, slûpe：こそこそ家に忍び込む it hûs yn *slûpe*

こそだて 子育て *it* grutbringen fan bern；子育てをする bern opbringe

こぞって 挙って as ien man, （一緒に）tegearre, （一致して）ienstimmich：彼らはこぞって退去した Se loeken *as ien man* werom.

こそどろ こそ泥 *de* gnobber, （泥棒）*de* gaudief, *de* ynglûper, *de* ynslûper；こそ泥を働く stelle, pikke

こそばゆい →くすぐったい

ごぞんじ 御存知 そのことを御存じでしょうか Witsto dêrfan?, 御存知のように sa as jo witte, witst wol, sas'to sjochte

こたい 固体 fêste stoffen；固体の fêst

こたい 個体 *it* yndividu, *de* yndividualiteit

こだい 古代 *de* âldheid：古代から út 'e *âldheid*；古代の âld

こだいもうそうきょう 誇大妄想狂 *de* grutheidswaan(sin), *de* heechmoedswaansin

こたえ 答え （返事）*it* antwurd, （問題の）*de* útkomst：あなたの手紙に答えて yn *antwurd* op jo brief = nei oanleune fan jo skriuwen；答える antwurdzje, beänderje, beäntwurdzje：質問に答える op in fraach *antwurdzje*

こたえる 応える （期待・要求などに）beäntwurdzje：要求に応える oan 'e easken *beäntwurdzje*

こたえる 堪える ferduorje (→我慢する)

ごたごた （もめごと）*it* trammelant, *it* únrie(d), （混乱）*de* betizing, *de* trewyn：私たちが夕方遅く帰ると，ごたごたが起る It jout *trammelant* as wy jûn wer te let thúskomme.

こたつ 炬燵 'kotatsu' (in Japanske ferwaarming)

ごたぶんにもれず 御多分にもれず lyk (→同様に)

こだま 木霊 *de* galm, *de* wjerklank, *it* wjerlûd (→反響)；こだまする galmje, wjerklinke

ごたまぜ ごた混ぜ *de* griemmank

こだわる 拘る keken [tier] wêze：食事にこだわる *tier* yn it iten *wêze*

こちこちの （物が）droech en hurd, （気持が）eigensinnich, （体が）kerbintich, krebintich, stiif

ごちそう 御馳走 《複》*de* hearlikheden, *de* traktaasje：パンケーキは子供たちにとって御馳走である Pankoeken is in *traktaasje* foar de bern.；御馳走する traktearje；御馳走さまでした

It smakket my tige goed.(←大変おいしく頂きました)
こちょう　誇張　*de* oerdriuwing, 誇張(法)*de* fergrutting：…といっても誇張ではない Men kin sûnder *oerdriuwing* sizze dat …；誇張する fergrutsje, oerdriuwe, opblaze；誇張された steil(→大げさな)
ごちょう　語調　*de* toan(→口調)：語調を強める[和らげる] jins *toan* [stim] ferheegje [ferminderje]
こちら　(ここ) hjir, dit plak；こちら側(に) diskant：溝のこちら(側)に *diskant* fan 'e sleat, こちらの方に[で] *diskant* op [út], こちらから fan *diskant*；こちらの人[物] dizze persoan [saak]；こちらにとって foar ús
こぢんまりした　behaachlik, noflik, smûk (→居心地のいい)
こつ　骨　骨(ほね) *it* bien, (遺骨) *de* jiske fan in minske
こつ　(秘訣) *de* handigens [-ichheid], *it* slach, *de* takt：こつを覚える *de takt* leare；(…の) こつを知っている slach hawwe (fan)：彼女はそのこつをちゃんと知っている Dêr hat se wol *slach* fan.
こっか　国家　*de* nasjonaliteit, *it* ryk, *de* steat：オランダは国家であり，フリースラントは州である Nederlân is in *steat*, Fryslân in provinsje.；国家の nasjonaal；国家機関 *de* ryksjinst；国家警察 *de* ryksplysje；国家主義 *it* nasjonalisme；国家主義者 *de* nasjonalist；国家機密 *it* steatsgeheim
こっか　国歌　*it* folksliet
こっかい　国会　(オランダの) *de* Keamer(s), *de* folksfertsjintwurdiging；(オランダの) 国会議員 *it* keamerlid 《定員225人》
こづかい　小使　*de* boade, (召使い) *de* feint, *it* tsjinstfolk
こづかい　小遣い　*it* bûsjild, *de* bûssinten, *de* talage
こっかく　骨格　*it* kader, *it* ramt (→骨組み), (体格) *de* bou

ごっかん　極寒　barre [omrake / strange] kjeld
こっき　国旗　in nasjonale [heitelânske] flag(g)e
こっきょう　国教　*de* steatsgodstsjinst
こっきょう　国境　*de* grins：国境を超える *de grins* passearje, 国境を守る[監視する] *de grins* hoedzje；国境警備 *de* grinswacht
コック　(調理師) *de* kok
コックピット　(操縦席) *de* stjoerhutte
こっけいな　滑稽な　gek, grappich, kluchtich, komyk, komysk：滑稽な演技 in *komyske* foarstelling
こっこ　国庫　*de* fiskus, *de* iepenbiere kas
こっこう　国交　diplomatike relaasjes：国交を樹立 [断絶] する *diplomatike relaasjes* lizze [brekke]
こっこっ　(めんどりの鳴き声) tok, tôk；こっこっと鳴く tokje, tôkje
ごつごつした　hobbelich, rou, stroef：ごつごつした道 in *hobbelige* wei
こつこつはたらく　こつこつ働く　wrotte (en wrame)
こっし　骨子　*de* haadsaak, *it* swiertepunt (→要点)
こつずい　骨髄　*it* moarch
こっせつ　骨折　*de* fraktuer；骨折する brekke：腕を骨折する in earm *brekke*
こつぜんと　忽然と　(突然) hommels：こつ然と姿を消す *hommels* ferdwine
こっそり　geheim, temûk：こっそりと yn 't *geheim*；こっそり見張る beloere；こっそりと逃げる útnaaie
ごっそり　(全部) al, alle, allegear(re)：彼はお金をごっそり盗まれた Al syn jild is stellen.
こった　凝った　(肩などが) kerbintich, stiif, stram：背中が凝っている Ik haw in *stive* rêch., 凝った体 *de stramme* lea
ごったがえす　→混み合う
こっち　→こちら
こづち　小槌　in houtene hammer
こづつみ　小包　*it* pak(je), *it* pakket, *it*

こっとう（ひん）

postpakket：小包で送る as (post)pakket ferstjoere；小包紙 it pakpapier (→包装紙)；小包郵便 de pakjepost
こっとう（ひん） 骨董（品） it antyk, de antikiteit
こつばん 骨盤 it bekken
こっぴどく こっ酷く fûl, fûleindich, hurd：こっ酷く叱られる hurd bekibbe wurde
こつぶ 小粒 in (fine) kerl [siedkerl]；小粒の kerlich
コップ it glês：コップ一杯のビール in glês bier；コップ一杯 it glêsfol：コップ一杯の牛乳 in glêsfol molke
こて 鏝 （左官・園芸用の）de troffel, （理髪用の） de kroltange, （アイロン） it strykizer
こてい 固定 de befêstiging；固定する befêstigje, fêstdwaan, fêstsette
こてい 湖底 de boaiem (fan in mar)
ごてごてした swierich：ごてごてした化粧 swierige opmaak, ごてごてと化粧をする jin swierich opmeitsje
こてんの 古典の klassyk：古典 in klassyk boek, 古典語 in klassike taal, 古典主義（の）文学 klassike letterkunde；古典主義 it klassisisme
こと 事 （事柄）it ding, （出来事）it gefal, （事態）de saak：大事なこと in ding fan belang, ささいな事（柄）de deistige dingen, 気味の悪い（出来）事 in frjemd gefal, 事の成り行き de gewoane gong fan saken；事によったら faaks, tink, wol
こと 琴 'koto' (in soarte Japansk muzykynstrumint)
ことう 孤島 in ôfhandich eilân
こどう 鼓動 （心臓の）de slach
ごとう 語頭 it begjin fan in wurd
ことかく 事欠く （窮している）krap sitte：お金に事欠いている krap yn 't jild sitte = yn 'e krapte sitte
ことがら 事柄 it ding, de matearje, de oangelegenheid, de saak (→事)
こときれる 事切れる →死ぬ；彼は事切れていた Hy hat net op it sykheljen past.

こどく 孤独 de ienlikens [-heid], de iensumens [-heid]；孤独な [に] ferlitten, ienlik, iensum, ôfgelegen：孤独な生活 [人生] in ienlik [iensum] libben [bestean]；孤独な人 de ienling
ことごとく 悉く al, alhiel, alle(gear-(re)), （例外なく）sûnder útsûndering：それはことごとく間違いだった Dat wie alhiel ferkeard.
ことこまかに 事細かに hierfyn, yn 'e finesses：あることを事細かに記述する eat yn 'e finesses beskriuwe
ことし 今年 dit jier, fan 't jier；今年の夏（には）fan 't simmer
ことたりる 事足りる （十分である）folslein [genôch] wêze, folstean：椅子は5脚もあれば事足りる Fiif stuollen binne genôch.
ことづけ 言付け （伝言）it berjocht：ディクストラからの言つけがあります Ik haw in berjocht foar jo fan Dykstra.
ことなく 事無く feilich, sûnder problemen (問題なく) (→無事に)
ことなる 異なる ferskille, skele：この二つの方言はずいぶん異なる Dy twa dialekten ferskille gâns.；異なった ferskillend, ûnderskaat：異なった色 [種類] ûnderskate kleuren [soarten]
ことに 殊に （特に）apart, benammen, foaral, yn 't bysûnder；殊によると bepaald
(…)ごとに (…)毎に 《形》（それぞれの）elk：家毎に elk hûs；（前）om：週 [年] 毎に om 'e twa wike [jier] (→毎($_{まい}$))；四年毎に foar in perioade fjouwer jier；《接》…する毎に wannear't：お金が入る毎に私はいつも本を買っている Wannear't ik jild haw, (dan) keapje ik altyd boeken.
ことにする 異にする →異なる
ことによったら 事によったら koarts, licht (→ひょっとして, もしかすると)
ことのほか 殊の外 （例外的に）bûtenwenstich, （意外に）ûnferwacht(e), （著しく）liderlik, omraak

ことば　言葉　(言語) *de* spraak, *de* taal, (言い方) *it* taalgebrûk：わがフリースラントの言葉 ús Fryske *taal* (→ フリジア語), 言葉を習得する jin in *taal* eigen meitsje, 子供たちは両親から言葉(の使い方)を学ぶ Bern leare de *taal* fan har âlden.；言葉に尽くせない net te beskriuwen；言葉遣い *it* taalgebrûk

こども　子供　*it* bern, (幼い子供) *it* lyts, (2, 3歳の) *it* pjut, (動物の) *it* jong：子供の頃から fan bern ôf (oan), そんなことは子供でも分かる Dat kin in *bern* wol begripe., 私はもう子供じゃない！Ik bin gjin *bern* mear!, 私たちが子供の頃 doe't wy *lyts* wiene；子供のような[ぽい] bernlik；子供らしい[く] berneftich, bernich；子供の絵本 *it* berneboek；子供部屋 *de* bernekeamer

こともなげに　事も無げに　(容易に) gau, licht, (無頓着に) loswei, nonsjalant

ことり　小鳥　*it* fûgeltsje

ことわざ　諺　*it* siske, *it* sprekwurd：諺にあるように sa't it *sprekwurd* seit；諺の[にもある通りに] sprekwurdlik

ことわり　断(わ)り　*it* betankje, *de* ôfwizing；断(わ)る betankje, ferdraaie, ferhippe, ôfslaan, ôfstegerje, ôfwize, wegerje, (きっぱり) ferpoffe：私は指名を断(わ)った Ik haw foar de beneaming *betanke*., 断(わ)れますか Mei ik *betankje*?, お断(わ)りします Ik *betankje*., 今その仕事をするのを断(わ)る No, ik *ferhip* it om dat wurk te dwaan., 訪問者を断(わ)る in besiker *ôfstegerje*, 支援を断(わ)る help *wegerje*

こな　粉　*de* poeier, *it* polver：粉にする oan *poeier* mealle；粉々に rampoai, stikken；→粉石けん

こなれる　熟れる　→消化する

こにんず(う)　小人数　groepke minsken

ごにんする　誤認する　miskenne, misrekkenje

こぬかあめ　小糠雨　*de* storein

コネ　(縁故・つて) *de* konneksje, *de* kroade：コネがある *konneksjes* hawwe, コネがないと就職はほぼ不可能だ Sûnder *kroade* krijt men hast gjin wurk.

こねこ　子猫　*de* jongkat, *it* katsje

こねる　捏ねる　beknipe, klieme, knetsje：(練り)粉をこねる it daai *beknipe*, パンをこねる bôle *klieme*

ごねる　(あれこれ文句を言う) eamelje, grine, kleie

この　《中性》dit, 《通性》dizze, 《複》dizze (→これらの)：この辞書 *dit* wurdboek, この犬 *dizze* hûn；(次の) ankom(me), earstfolgjend, earstkommend：この金曜日 *ankom(me)* freed, この2, 3日 *de earstfolgjende* dagen；(前の) ferline, foarby：この4年間に yn 'e *foarbye* fjouwer jier；この中に[で] hjirbinnen [-yn]；この上に[で] hjirboppe [-op]；この辺りに hjirearne, yn 'e buert；この後(？)ろに[で] hjirefter；この前に hjirfoar；この後で hjirnei；この横[隣]に hjirneist；この向こうに hjiroer；この周りに hjirom；このために hjirta；この下に hjirûnder

このあいだ　この間　okkerlêsten (→先日)

このかん　この間　dertusken, yntiid, wile(n)s, wylst

このくらい　この位　(この程度の[に]) lyk as dit [*dizze*]

このごろ　この頃　op 't heden, de lêste tiid (→最近)：この歌手はこの頃とても人気がある Dizze sjonger is *op 't heden* o sa populêr.

このさい　この際　no, by dizze gelegenheid：この際書き留めておくことは何もない By *dizze gelegenheid* is der neat beskreaun.

このさき　この先　(今後) fuortoan, tenei, fan no ôf (oan), (もっと先) fierderop：この先何が起こるか分からない *Tenei* witte wy net wat barre

sille., この先に大きなホテルがある *Fierderop* is der in grut hotel.
このじきにしては　この時期にしては　foar de tiid fan it jier
このたび　この度　→今度(ど)(は)
このつぎの　この次の　ankom(me)：この次の会合 de *ankom(me)* gearkomste
このところ　この所　(h)okkerdeis, koartlyn (→最近)：この所彼女に会っていない *Koartlyn* haw ik har net sjoen.
このばあい　この場合　yn dit gefal
このぶんでは　この分では　(現状では) yn 'e hjoeddeistige situaasje
このほかに　この外に　derby, dêrneist, dêroerhinne：彼は勘定の外になお10ギルダー払った Hy betelle de rekken en *dêroerhinne* noch in tientsje.
このまえ　この前　(先日) lêst：つい この前兄は亡くなった Us broer is *lêst* stoarn.
このましい　好ましい　ferkieslik, gaadlik, gemoedlik, (望ましい) begearlik
このみ　木の実　(堅果) de nút, (漿果) de bei, (果物) de frucht：禁断の木の実 (de) ferbeane *fruchten*
このみ　好み　de foarkar, de foarleafde, de gading, de meuch, de nocht, it sin, de smaak：各自の好みで elk syn *meuch*, 彼は自分の好み通りにする Hy docht allinnich dêr't er *nocht* oan hat., それは私の好みに合わない It is myn *smaak* net.；(…を) 好む foartrekke, nocht hawwe (oan)；より好む ferkieze
このよ　この世　dizze wrâld (↔来世)
このような[に]　この様な[に]　sa, sa'n：この様にすべきです Moatst it *sa* dwaan., 私もこの様な話を聞いたことがある *Sa'n* ferhaal haw ik ek heard.；この様な人[こと] sa'nen(t), soksoarte：ちょうどこの様な物を手に入れた Ik haw krekt *sa'nen(t)*., この様な人たちは信用すべきではない *Soksoarte* (folk) is net te fertrouwen.
このんで　好んで　(望んで) by foarkar, (自ら) út eigen beweging
こはく(の)　琥珀(の)　(de) amber

ごはさんにする　御破算にする　(元通り白紙にする) (eat) ûngedien meitsje
こばむ　拒む　(拒絶する) betankje, ôfwize, ûntsizze, wegerje：要望を拒む in fersyk *ôfwize*
コバルト　it kobalt；コバルト色[ブルー] it kobalt
こはるびより　小春日和　de neisimmer
こはん　湖畔　de marsigge；湖畔で oan 'e igge fan 'e mar
ごはん　御飯　(煮た米) de (seane) rys, (食事) it miel (→米)：御飯を炊く rys siere, 御飯を食べる in *miel* ite
こび　媚　de flaaierij (→おべっか, へつらい)；こびる flaaie (→お世辞を言う)
ごび　語尾　de útgong (fan in wurd)；語尾変化 de bûging, de ynfleksje
コピー　de kopy, it ôfskrift, it printsel (→複写)：この手紙のコピーを取る Fan dizze brief meitsje ik in *ôfskrift*.；コピーする kopiearje；コピー機 it fotokopierapparaat
こひつじ　子羊　it laam (→子)
こびと　小人　de dwerch
こびゅう　誤謬　→誤り
こびりつく　こびり付く　oanhâlde, plakke：泥がいっぱいこびりついている De modder *hâldt* sa *oan*.
こぶ　瘤　(人・らくだの) de bult(e), de hobbel, (木の幹などの) de knoarre, de knobbel, (はれ物) de pûde：それで頭にこぶができた Ik haw der in *bult(e)* [*pûde*] fan op 'e holle., 木にできたこぶ *knoarren* oan in beam
こぶ　鼓舞　de besieling, de oanfitering, (激励) de oanmoediging, de oantrún；鼓舞する besielje, drage, oanpuonne, oantreastgje, oantrúnje, oanwakkerje, opmonterje
ごぶ　五分　de helt(e)；五分の heal (半分の)：五分五分に *heal* om *heal*
こふうな　古風な　âlderwetsk, âldmoadrich, argaysk, argaïstysk
ごふく　呉服　it lapkeguod；呉服屋(人) de lapkekeapman, (店) de lapkewinkel

こぶくろ 小袋 *it* pûdsje
ごぶさた 御無沙汰 it lange stilswijen：長いこと御無沙汰いたしました Ik ferûntskuldigje my foar myn *lange stilswijen*.
こぶし 拳 *de* fûst：拳を振り上げて mei de *fûst* omheech, 彼は拳でテーブルをたたいた Hy sloech mei de *fûst* op 'e tafel.
こぶた 子豚 *it* barchje
こぶつ 古物 *de* antikiteit；古物の antikwarysk；古物商(人) *de* útdrager, (店) *de* útdragerij (→古道具屋)
こぶとりの 小太りの mûtel：小太りの女の子 in *mûtel* famke
こぶね 小舟 *it* boatsje, *it* skipke
こぶり 小降り *it* reintsje
こぶりの 小振りの lytsich, lyts fan stik (→小型の)
こふん 古墳 *de* grêfheuvel
こぶん 子分 *de* ûnderdien, (暴力団などの) *de* trawant
ごへいがある 語弊がある mislaat wurde
こべつ 個別 *it* yndividu；個別の [に] yndividueel, ôfsûnderlik
こべつに 戸別に hûs oan hûs；戸別訪問セール *de* hûs-oan-hûs-ferkeap
ごほう 語法 *it* spraakgebrûk, *de* útdrukking
ごほう 誤報 in falsk rapport, ûnkrekte ynformaasje
ごぼう 牛蒡 *de* kladde, *de* plakker
こぼす 零す (ミルク・インクなどを) omgoaie, (水を) こぼす puozje, (不平を言う) kleie：彼は食事がまずいといつも愚痴をこぼしていた Hy klage altyd oer it minne iten.；こぼれる oerrinne, oerstreame：バケツから水がこぼれている De amer *rint* oer.
こま 駒 (馬) *it* hynder, (子馬) *de* foalle, (チェッカーの) *de* skiif
こま 独楽 *de* top：こまを回す in *top* sette, こまを回して遊ぶ mei de *top* boartsje
ごま 胡麻 *de* sesam

コマーシャル (商業) *de* kommersy；コマーシャルの kommersjeel (→商業(上)の)：コマーシャルテレビ kommersjele t.v.
こまかい 細かい (小さい) fyn, (子細な) minusjeus, (些細な) ûnnoazel (→詳細な), (微妙な) subtyl：粒の細かい砂 *fyn* sân, あることを細かに記述する eat *minusjeus* beskriuwe, 細かい違い in *subtyl* ferskil
ごまかし 誤魔化し *de* bedragerij；誤魔化す bedonderje, bedrage, (着服する) fertsjusterje, fertsjustermoanje
こまく 鼓膜 *it* trommelflues
こまごまと 細々と →詳しく, 子細に
こましゃくれた (ませた) ierryp, (生意気な) frijpostich
ごまつ 語末 *de* útgong (→語尾)
こまったこと 困った事 *it* beswier, *de* ellinde (→面倒)；(…に) 困ったこと ûnrie(d) (mei)：家畜のことで困ったことがある Der is *ûnried* mei it fee., 困ったことには… Myn *beswier* [*rie(d)*] is dat …
こまって 困って (…に) deaferlegen wêze (fan), yn earmelytse wêze：この歯の痛みには困っている Ik bin *deaferlegen* fan pinemûle.
こまめにはたらく 小まめに働く sa iverich as in bij wurkje
こまもの 小間物 *de* galantery
こまやかな 細やかな soarchfâldich, tipelsinnich, (心のこもった) waarm：細やかな愛情 *waarme* leafde
こまらせる 困らせる ergerje：それには困っている It *ergeret* my.
こまりもの 困り者 *de* lêstpost, *de* narder (→厄介者)
こまる 困る (…で) (苦労する) muoite hawwe (mei), (当惑する) yn ferlegenheid brocht wêze；困った [て] ferlegen：あることに困っている earne mei *ferlegen* sitte
ごみ 塵, 芥 *it* eart, *de* fizens, *it* túch, *it* útskot；(円筒の大きな) (生) ごみ入

こみあう

れ *it* jiskefet；ごみ箱 *de* túchbak；ごみ捨て場 *it* stoart
こみあう　込み合う，混み合う　→込［混］む；込み合った fol：電車がとても混んでいた De trein wie tige *fol*.
こみあげる　込み上げる　（感情などが）opswolle, opwâlje, （げっぷ・酸っぱい物が）opkomme, （吐き気を催す）kokhalzje：（心の底から）悲しみが込み上げてきた Fertriet *wâle op* (út de boaiem fan myn hert)., 酸っぱい物が込み上げる It soer *komt* my *op*.
こみいる　込み入る　komplisearre wêze；込み入った gearstald, yngewikkeld, kompleks, tiz(er)ich
コミカルな　komysk（→滑稽な）：コミカルな演技 in *komyske* foarstelling
ごみごみした　ûnoersichtlik：ごみごみした部屋 in *ûnoersichtlike* keamer
こみだし　小見出し　*de* ûndertitel
こみち　小道　*it* paad；人通りの少ない小道 iensume dykjes
こみで　込みで　（…を含んで）ynbegrepen, ynklusyf, mank：サービス料込みで betsjinning *ynbegrepen*, 値段は付加価値税込みです De priis is *ynklusyf* btw.
コミュニケーション　（伝達）*de* kommunikaasje
コミュニズム　→共産主義
コミュニティーセンター　（公民館）*it* wyksintrum
こむ　込む，混む　oerfol wêze：バスはいつも混んでいる De bus *is* altyd *oerfol*.
ゴム　*it* gom, *it* / *de* gummy：ゴムのり Arabysk *gom*；ゴム紐 *it* ilastyk, *it* rubber
こむぎ　小麦　*de* weet；小麦粉 *it* moal, *it* weetmoal, *it* wytmoal；小麦パン *de* weitenbôle
こむすめ　小娘　*it* famke, *it* fanke, *it* flarde
こめ　米　*de* rys（→玄米，白米）：米を炊く *rys* kôkje, 米は日本人にとって主食である *Rys* is it wichtichste iten foar Japaners.
こめかみ　顳　*de* sliep
コメット　（彗星）*de* komeet
コメディアン　（喜劇役者）*de* komediant
コメディー　（喜劇）*de* komeedzje
こめる　込める　（弾丸を）lade；心を込めた hertlik：心を込めた歓迎 in *hertlike* ûntfang(st)
ごめん　御免　*it* pardon（→勘弁）：御免なさい！*Pardon*! = Nim my net kwea(ôf).
コメント　*it* kommentaar：ノーコメント！Gjin *kommentaar*!
こもじ　小文字　in lytse letter（↔大文字）
ごもっともです　御尤もです　It kloppet wat asto seist.
こもの　小物　*it* lytsguod, *it* lytske
こもり　子守　*de* baakster, *de* bernefaam；子守をする op 'e bern passe；子守歌 *it* sliepferske, *de* widzesang
こもる　籠る　（部屋などに）jin opslute, （ガス・煙などが）folje；心のこもった hertlik：心のこもった贈り物 in *hertlik* presintsje
こもん　顧問　*de* konsulint
こもんじょ　古文書　âlde dokuminten
コモンセンス　（常識）*de* nochterens
こや　小屋　*de* hutte, *de* keet
こやぎ　子山羊　*de* geit
ごやく　誤訳　ferkearde oersetting；誤訳する ferkeard oersette
こやし　肥やし　*de* dong, *de* mjuks, （化学肥料）*de* keunstdong；肥やしをやる［施す］dongje, （地味を）肥やす bedongje, （家畜を）fetmeste, fetsje：土地に肥やしをやる it lân *dongje*
こやま　小山　*de* bult(e)（→丘）
こゆうの　固有の　bysûnder, eigenaardich, spesjaal：それはフリースラント固有の物だ Dat is *spesjaal* foar Fryslân.；固有名詞 *de* eigennamme
こゆき　小雪　in lichte snie
こゆび　小指　（手の）de lytse finger, *de* pink, （足の）de lytse tean（→指）

こよう　雇用　*it* emploai；雇用する pleatse；雇用者 *de* wurkkrêft [-nimmer]；雇用主 *de* ûndernimmer, *de* wurkjouwer；雇用条件 *de* arbeidsbetingst

ごよう　御用　何か御用ですか Wat kin ik foar jo dwaan [helpe]?；御用だ！Do bist ûnder arrest!

ごよう　誤用　*it* misbrûk；誤用する misbrûke

こよみ　暦　*de* kalinder

こらい　古来　út 'e âldheid；古来の oerâld

こらえる　堪える　ynhâlde,（痛みを）ferbite（→我慢する）

ごらく　娯楽　*de* ferdivedaasje, *de* ôflieding, *de* tiidkoarting：テレビは多くの人たちにとって大きな娯楽になっている De tillevyzje jout foar in soad minsken hiel wat *ôflieding*., スポーツは私にとって素晴らしい娯楽です Sport is foar my in moaie *tiidkoarting*.

こらしめ　懲らしめ　*de* bestraffing, *de* straf；懲らしめる bestraffe, straffe

こり　凝り　（肩の）*de* strammens；（肩が）凝った stiif, stram

こりかたまる　凝り固まる　gearsette [-sjitte], klútsje, skiftsje, strjemje

こりごりだ　懲り懲りだ　(…は) genôch hawwe (fan)：彼の忠告はこりごりだ Ik *haw genôch* fan syn advys.

こりしょうの　凝り性の　dweperich：彼は何でも凝り性だ Hy is *dweperich* mei eat.

こりつ　孤立　*de* ienlikens [-heid], *de* isolaasje, *it* isolemint, *de* ôfsûndering；孤立した ienlik；孤立する jin isolearje；孤立させる isolearje：三つの村が積雪で孤立した Trije doarpen rekken *isolearre* troch de snie. * rekken は reitsje の過去形

ごりやく　御利益　god(de)like genede

こりょ　顧慮　*de* beskôging, *de* betinking（→配慮）；顧慮する beskôgje（→配慮する）

ゴリラ　*de* gorilla

こりる　懲りる　（経験によってある ことを学ぶ）eat út ûnderfining leare；失敗して懲りる in les út in mislearring lûke

こる　凝る　（肩が）stiif [stram] wurde,（…に）（熱中する）jin oerjaan (oan),（夢中になっている）gek wêze：背中が凝っている Ik haw in *stive* rêch., 私は今フリジア語に凝っている Ik bin no *gek* mei it Frysk.

コルク　*de* koark：瓶にコルクの栓をする de *koark* op 'e flesse dwaan

コルセット　*it* kesjet

ゴルフ　*it* golf；ゴルフをする golvje；ゴルフ場 [コース] *de* golfbaan

これ　此れ　これは [が]《中性》dit,《通性》dizze, これら [が]《複》dizze：これは私の兄です Dit is myn broer., これは彼の家です Dit is syn hús., これらは父の本です Dit binne ús heite boeken.

これいじょう　これ以上　これ以上は駄目だ Ik kin net mear.

これから　fuortoan, tenei（→将来）；これからは foar [yn] it ferfolch（→今後）

これからさき　これから先　→これから；（場所・将来）ここから先は út dit punt, fierderop

これきり　（全部）al, mear：そのようなことはこれきり起るまい Dat mei nea *mear* barre.

コレクション　（収集品）*de* kolleksje

コレクトコール　in tillefoanpetear foar rekkening fan de oproppene；コレクトコールでお電話ください Belje my mar op myn kosten.

これこれの　dy en dy, sa en sa

コレステロール　*de* golesterol

これだけ　al：私が持っているお金はこれだけだ Dit is *al* it jild dat ik by my haw.

これで　hjirmei：これで何を作るのか Wat wolsto *hjirmei* meitsje?

これなら　mei dit：これなら, 君も満足だろう！*Mei dit* soesto tefreden wêze moatte!

これほどに　これ程に　sok
これまで(は)　oant distiid, oant safier, oan distiid [dizze tiid] ta；これまで…ない　noait earder, noch nea [noait]
これみよがしに　これ見よがしに　yn 'e pee, (見せびらかして) pronksiik
コレラ　de goalera
これをもって　これを以って　hjirmei：これをもって会を終ります　Hjirmei wol ik ús gearkomste slute.
ころ　頃　(ほぼ) sawat：1時頃です　It is sawat ien oere.；この頃に yn dizze tiid；桜の(咲く)頃に yn de tiid fan de kerseblossem
ごろ　語呂　語呂がいい swietlûdich wêze；語呂が悪い min klinke；この文章は語呂が悪い Dizze sin rint striemin.；語呂合わせ de wurdboarterij
ころあい　頃合い　(都合のよい時機) in goede [doelmjittige / gaadlike / tapaslike] tiid；頃合いを見計らって op it goede [krekte] stuit (→ちょうどよい時に)
ころうな　固陋な　koppich, stiif (→頑固な)
ころがす　転がす　draaie, rolje, rôlje：ボールを君の方に転がしてやる Ik rolje de bal nei dy ta.；転がる rolje, rôlje：ボールが地面を転がっている De bal rôlet oer de grûn.；《諺》転がる石にこけむさず In stien dy 't rôlet waakst gjin moas op.；転がり落ちる omtruzelje
ころげおちる　転げ落ちる　rolje, rôlje：階段から転げ落ちる fan 'e treppen rolje
ころし　殺し　(殺害) de moard：日本では最近人殺しが頻繁に行われている Yn Japan binne in soad moarden.；殺す deadwaan, deadzje, moardzje；人を殺す immen it libben benimme；殺し屋 de moardner
ごろつき　無頼漢　de bandyt, de dogeneat, de flarde, de gút, de rakkert, de rekel, de skalk, de skarlún
コロッケ　de kroket

ころっと　(容易に) maklik, (突然) hommels, (すっかり) kompleet：彼女の夫はころっと死んだ Har man is hommels stoarn., それをころっと忘れていた It is my kompleet troch it sin gien.
ごろねする　ごろ寝する　oer 'e flier lizze [sliepe]：彼は床にごろ寝していた Hy lei [slepte] oer 'e flier mei de klean oan.
ころぶ　転ぶ　bruie, delfalle, (滑って) ûnderút gean
ころも　衣　(衣服) it klaad, it kleed, (フライの) de laach
コロン　in dûbel(d)e punt《：》
こわい　怖い　bang, beskromme, skrutel, (恐ろしい) freeslik, grimmitich, groulik, skrik, (厳格な) strang：人は大抵蛇を怖がる Minsken binne almeast bang foar slangen., 夜道を行くのを彼は怖がった Hy wie skrutel om by tsjuster op 'en paad te gean., 新任の先生は怖い Us nije learaar is strang.；怖さ de skrik：怖かったことには ta myn skrik
こわい　強い　(硬い) stiif, taai：こわい肉 taai fleis
こわいろ　声色　de toan (fan lûd)
こわがる　怖がる　skrome；怖がらせる ferskrikke；怖がって benaud, ferfeard：君なんか怖くない Ik bin net fan dy ferfeard.
こわきに　小脇に　ûnder de [jins] earm：彼は本を小脇に抱えている Hy hat boeken ûnder de earm.
こわす　壊す　brekke, (ばらばらに) ferbrekke, tebrekke, stikken meitsje, (ぶつけて) ferbrizelje, (建物を) (取り壊す) ôfbrekke：茶碗を壊す[割る] in kopke brekke；壊れる bejaan；壊れた kapot, (割れた) rampoai, stikken, tebrutsen：そのテレビは壊れている De televyzje is kapot.
こわばる　強張る　stiivje
こわれもの　壊れ物　in brekber artikel
こん　根　(数学の) de woartel, (植物

の)根(な) *de* woartel, →根性

こんいな 懇意な familiêr, freonlik：人と懇意にしている *freonlik* wêze tsjin immen；人と懇意になる befreone wêze mei immen, immen kennen leare

こん(いろ) 紺(色) it djipblau, it djippe blau；紺(色)の donkerblau

こんいん 婚姻 →結婚

こんがいの 婚外の bûtenechtlik：婚外交渉 *bûtenechtlike* seks

こんかい(は) 今回(は) diskear

こんがらかる （糸などが）（絡まる） bedraaie, betiizje,（話が）betiizje ＊ *betiizje* は通例，受け身で：それで(話が)こんがらかる Dat wurdt *betiizjend*.；頭がこんがらがって mei de rûzige holle

こんがりと moai brunich

こんかん 根幹 *de* basis, *de* grûnslach

こんがん 懇願 *de* bea, *it* fersyk, *it* oansiik [-syk]；懇願する bepleitsje, beswarre, bidde(lje), oansykje, ynmoedich bidde

こんき 根気 （忍耐）it geduld, *de* lankmoedigens；根気強い geduldich, lankmoedich：根気強く待つ *geduldich* wachtsje

こんきゅう 困窮 （貧乏）*de* earmoed；困窮した behoeftich；困窮している yn earmelytse wêze

こんきょ 根拠 *de* basis, *de* grûn：確固たる根拠に立脚している fêste *grûn* ûnder de fuotten hawwe；（十分な）根拠がある grûnich；根拠のない ûnridlik；（確かな）根拠を与える grûndearje

こんく 困苦 it lijen,（苦労）*it* lêst / lest

コンクール *it* konkoers（→競演）：国際コンクールで op it ynternasjonale *konkoers*

コンクリート *it* beton：コンクリートを流し込む *beton* stoarte；コンクリート製の betonnen；コンクリートミキサー *de* betonmole

こんげつ 今月 dizze moanne：今月10日に op de tsiende fan *dizze moanne*, 今月末に oan de ein fan *dizze moanne*

こんけつじ(の) 混血児(の) （*de*) healbloed：彼女は日本人とフリジア人女性との混血児だ Se is in *healbloed* fan in Japanner en in Fryske frou.

こんげん 根源 *de* woartel：諸悪の根源 *de woartel* fan alle kwea

こんご 今後 fan no ôf (oan), tenei；今後ずっと fuortoan, tenei：今後(ずっと)毎年大会が開催される *Tenei* sil der alle jierren in kongres holden wurde.

こんこう 混交, 混淆 *it* gearmjuksel：オランダ語とフリジア語の混交 in *gearmjuksel* fan Hollânsk en Frysk

こんごうせき 金剛石 →ダイヤモンド

こんごう(ぶつ) 混合(物) *it* gearmjuksel, *de* mingeling, *it* mingsel；混合する beminge, ferminge, mikse, oanmeitsje (→混ぜ(合せ)る)

コンコーダンス （用語索引）*de* konkordânsje

ごんごどうだんの 言語道断の abominabel

こんこんと 懇々と （熱心に）earnstich,（繰り返し幾度も）weroan, iderkear mar wer

コンサート *it* konsert（→演奏会）；コンサートホール *de* gehoarseal

こんざつ 混雑 （交通などの）*de* kongestje,（渋滞）*de* ferstopping；（ひどく）混雑した oerbefolke, oerfol

こんしゅう 今週 fan 'e ['t] wike

こんじょう 根性 *it* ferhef, *it* / *de* piid, *de* pit：彼には根性がない Der sit gjin *ferhef* [*piid* / *pit*] yn him.

こんしんかい 懇親会 in ynformele gearkomste

こんすい 昏睡 *de* koma, *de* trâns：昏睡状態にある yn *koma* lizze, 人を昏睡状態にさせる immen yn *trâns* bringe

こんせい 懇請 in earnstich fersyk（→懇願）；懇請する earnstich fersykje

こんせいの 混成の mingd；混成語

こんせき　*de* hybride, *de* mingfoarm
こんせき　痕跡　*de* groeden, *it* spoar
こんぜつ　根絶　*de* útroeging,（害虫など の）*de* ferdylging；根絶する útroegje,（害虫などを）ferdylgje：悪を根絶させる it kwea *útroegje*
こんせつの［に］　懇切な［に］　（親切な［に］）freonlik, goedhertich,（丁寧な［に］）foarsichtich, soarchsum,（詳しく）omstannich
コンセンサス　（意見の一致）*de* ienstimmigens［-stimmichheid］
こんせんする　混線する　inoar kruse：電話が混線している Us linen *kruse inoar*.
コンセント　*it* ljochtpunt, *de* stekkerdoaze
こんぜんと　渾然と　yn perfekte harmony
こんぜんの　婚前の　（交渉）(it geslachtsferkear) foar it houlik
コンソメ　helder sop
コンタクトレンズ　*de* kontaktlins
こんだて(ひょう)　献立(表)　*it* menu, *de* spiiskaart［-list］(→メニュー)
こんだん　懇談　in freonlik petear：（…と）懇談する *in freonlik petear* hawwe (mei)；懇談会 *de* rûne-tafelkonferinsje
こんちくしょう！　こん畜生！　Ferhip!, Ferrek!
こんちゅう　昆虫　*it* ynsekt：昆虫を採集する *ynsekten* garje；昆虫学 *de* ynsektekunde
こんてい　根底　（基礎）*de* basis, *de* grûn；根底から grûnich,（徹底的に）yn［ta］*de* grûn, troch en troch
コンディション　*de* kondysje：よいコンディションである yn goede *kondysje wêze*
コンテクスト　（文脈）*it* ferbân, *de* kontekst
コンテスト　*de* kriich, *de* striid
コンテナー　*de* kontener
こんどう　混同　*de* betizing；混同する betizje
こんとうする　昏倒する　flaufalle, swimelje (→卒倒する)

コンドーム　*it* kapotsje, *it* kondoom
こんど(は)　今度(は)　diskear；今度の earstkommend (→次の)：今度の日曜日に *de earstkommende* snein
ゴンドラ　*de* gondel
コントラスト　（対照）*it* kontrast：明確なコントラスト in skril *kontrast*
コントロール　*de* kontrôle；コントロールする kontrolearje
こんとん　混沌　*de* gaos；混沌とした gaostysk, roerich：混沌とした時代 *roerige* tiden
こんな　→この様な
こんなん　困難　*it* beswier, *de* dregens, *de* muoite, *de* slimmens, *it* ûngemak；困難な beswierlik, dreech, slim
こんにち　今日　（今日(こんにち)）hjoed,（この頃）langer, notiids；今日の hjoeddeisk, notiidsk：今日の状況［流行］*de hjoeddeiske* sitewaasje [moade], 今日［現代］の作家たち *de notiidske* striuwers；今日では hjoed oan 'e dei
こんにちは！　今日は！　Goemiddei!, Goedei!, Goeie!,（ちは！）Hoi!
こんにゅうする　混入する　（混ぜる）ferminge, minge
こんねん　今年　今年(ことし) fan dit jier：今年度の予算 *de* begrutting *fan dit jier*
コンパス　*it* kompas
こんばん　今晩　fannacht, jûn：今晩行きます Ik sil *jûn* [fan 'e *jûn*] komme.
こんばんは！　今晩は！　Jûn!, Goejûn!
コンビーフ　*it* / *de* kornetbyf
コンピューター　*de* kompjûter：データをコンピューターに入力する gegevens yn 'e *kompjûter* ynfiere
こんぶ　昆布　*it* seewier (→海草)
コンプレックス　（劣等感）*it* kompleks：あることについてコンプレックスがある in *kompleks* fan eat hawwe
こんぼう　根棒　*de* kneppel
こんぽう　梱包　→荷造り
こんぽん　根本　（基礎）*de* fûndearring, *it* fûnemint, *de* grûnslach；根本的な［に］fûneminteel, grûnich：根本的な問題 in *fûneminteel* probleem

コンマ （句読点）*it* skrapke 《,》
こんめい　混迷　（当惑・狼狽）*de* ferheardens [-heid]；混迷の feraltereare, ferbjustere（→当惑した）
こんもう　懇望　→切望
こんや　今夜　fannacht, de kommende nacht：今夜祖母は休んでいる *Fannacht is ús beppe rêst.*
こんやく　婚約　*de* ferloving；婚約する ferlovje：彼らは婚約の予定です *Sy sille (har) ferlovje.*,（…と）婚約して ferloofd (mei)：彼女はその医者と婚約している *Se is ferloofd mei de dokter.*；婚約者 *de* ferloofde, *de* oansteande
こんよく　混浴　mingd bad

こんらん　混乱　*de* betizing, *de* disoarder, *de* tizeboel, *de* trewyn, *it* ûnstjoer：その言葉を使えば混乱の恐れがある *Dat wurd kin betizing jaan.*, 混乱させる yn *trewyn* bringe, 混乱状態である yn *ûnstjoer* wêze；混乱させる ûntregelje；混乱した oarderleas, rûzich, tiz(er)ich, woelich：頭が混乱して mei de *rûzige* holle, 混乱した頭 in *tiz(er)ige* geast
こんりゅう　建立　（建設）*de* oprjochting；建立する oprjochtsje：（…の）銅像を建立する in brûnzen stânbyld *oprjochtsje* (foar)
こんれい　婚礼　*it* houlik, *it* houliksfeest（→結婚式）
こんわく　困惑　→当惑

さ　サ　sa

さ　差　（違い）*it* ferskil, *it* ûnderskie(d), *de* ûngelikens,（意見の）（隔たり）*de* kleau,（年齢の）*it* leeftydsferskil：5 と 3 の差は 2 である *It ferskil tusken 5 en 3 is 2.*
ざ　座　（座席）*de* setel, *de* sit,（地位）*de* posysje
さあ！　Kom!：さあ！おいで！ *Kom no, sis!*, さあどうぞ！ *Toe mar!*；さあ！アムステルダムに着いた *Hjir binne wy yn Amsterdam!*
さあさあ！　Heisa!（→そらそら！）
サーカス　*it* sirkus
サーキット　（車・オートバイなどの）*de* stroomkring
サークル　*it* fermidden：音楽サークル in muzikaal *fermidden*
サービス　（奉仕）*de* tsjinst；サービス（業）*de* tsjinstferliening, in tsjinstferlienende yndustry [baan]：郵便はサービス業です *It postkantoar is in tsjinstferliening.*；サービス料 *it* betsjinningsjild
サーロイン　（牛の腰肉）*de* harst(e)；サーロインステーキ in [de] *harst* steak
さい　才　→才能
さい　犀　*de* noashoarn
さい　際　（接）（…の時は）as：雨の際は, 来れません *As it reint, kin ik net komme.*；出火の際に yn gefal fan brân
さい　差異　*it* ferskil（→相違）
（一）さい　（一）歳　*it* jier：9 歳の少年 in jonge fan njoggen *jier*, 彼の父は 70 歳だ *Syn heit is santich jier.*, 80 歳代 de tachtiger *jierren*
さいあいの　最愛の　leafst：私の最愛の人 myn *leafste* skat；最愛の人 *de* leafste
ざいあく　罪悪　（宗教的な）*de* sûnde, *de* sûndigens；罪悪感 *it* skuldbesef [-gefoel]
さいあくの　最悪の　minst, slimst, uterst：私の最悪の日々 myn *minste* dagen, 最

悪の場合でも yn it *slimste* gefal；最悪の場合は as it nypt
さいえん 才媛 →才女
さいえん 菜園 *de* grientetún
サイエンス （科学）*de* wittenskip
さいか 裁可 *de* goedkarring, *de* ynstimming, *de* meistimming：裁可する goedfine [-karre], ynskikke
さいかい 再会 *it* weromsjen, *it* wersjen；再会する weromsjen, wersjen
さいかい 再開 *de* ferfetting；再開する ferfetsje, opfetsje：研究を再開する de bestudearring mar wer *opfetsje*
さいかい 最下位 de leechste rang
さいがい 災害 *de* ramp, *it* ûngelok, *it* ûnk, (大きい) *de* kalamiteit, *de* katastrofe, *it* ûnheil：災害に遭う in *ûngelok* hawwe [krije]；災害の rampsillich；大災害の katastrofaal
ざいかい 財界 （金融界）de finansjele wrâld, (実業界) *de* sakewrâld
ざいがいの 在外の （国外の）oerseesk
さいかいはつ 再開発 *de* sanearring；再開発する sanearje
さいかく 才覚 →機転
ざいがくする 在学する op skoalle [de universiteit] wêze
さいき 再起 *it* ferheljen, (病気からの) *de* betterskip；(病気から) 再起する betterje, (立ち直る) ferhelje；…は再起不能である Der is gjin hope dat…
さいぎ 猜疑 *it* erch；猜疑心 *it* erchtinken；猜疑心の強い erchtinkend
さいきのある 才気のある beret, geniaal, knap：才気ある女性 in *geniale* frou
さいきょういく 再教育 （職業上の）*de* weroplieding；再教育する weropliede
さいきょうの 最強の machtichst, sterkst
さいきん 細菌 *de* baksil, *de* baktearje (→バクテリア)
さいきん(は) 最近(は) koartby, koartlyn, langer, langlêsten, lêst, de lêste tiid, lêsten(deis), okkerdeis：最近人は多くの税金を払わなければならない Men moat *langer* gâns belesting betelje., 彼の妻はつい最近亡くなった Syn frou is *lêst* stoarn.；最近の lêst：私の最近の小説 myn *lêste* romans
さいく 細工 （作品）*it* (hân)wurk, (小細工) *de* keunst, (策略) *de* kneep
さいくつ 採掘 *de* mynbou, *de* winning；採掘する ûntginne, winne
サイクリング *de* fytstocht
サイクル →周期
さいぐんび 再軍備 *de* werbewapening；再軍備する werbewapenje
さいけいれいする 最敬礼する djip bôgje
さいけつ 採血 *it* ôffeien fan bloed；採血する bloed ôftaapje
さいけつ 採決 *de* meistimming, *de* stimming；採決する meistimme, stimme
さいけつ 裁決 *de* beslissing；裁決する beslisse
さいげつ 歳月 *de* tiid (→年月)：《諺》歳月人を待たず De *tiid* en it tij wachtsje op gjin minske.
さいけん 再建 *de* rekonstruksje, *de* weropbou：その建物の再建 de *rekonstruksje* fan dat gebou；再建する rekonstruearje
さいけん 債券 *de* obligaasje
さいけん 債権 *it* kredyt；債権者 *de* krediteur, *de* skuldeasker (↔債務者)
さいげん 再現 （再び現わすこと）*de* rekonstruksje, *de* werjefte, (再び現れること) *de* werferskining；再現する rekonstruearje, werjaan, werskeppe
ざいげん 財源 in boarne fan ynkomsten
さいけんとう 再検討 *it* ûndersyk；再検討する fannijs [opnij] ûndersykje, (再調査する) neirekkenje
さいげんのない 際限のない ûnbegrinzge, ûnbepaald, net te tellen；際限なく einleas, erflik, oerenlang
さいご 最後 *de* ein；最後に âlderlêst, einich, einlik, einlings, 《副》/《名》最

後（に）（foar）*it* lêst：彼は最後に到着した Hy kaam it *lêst*., 私が彼女に会ったのは昨日が最後でした Ik haw har juster *foar it lêst* sjoen.；最後の einich, finaal, lêst, uterst：最後の審判の日 de *einichste* dei, これが彼の最後の本だ Dit is syn *lêste* boek., 今日は月の最後の日です Wy hawwe [It is] hjoed de *lêste* fan 'e moanne.

さいご　最期　jins lêst momint, jins dea；壮烈な最期を遂げる de heldedea stjerre

さいこう　再考　nij berie(d), *it* werberie(d)；再考する jin beriede [betinke]

さいこういに　最高位に　boppe

さいこうきゅう　最高級　it heechste yn rang

さいこうしれいかん　最高司令官　de opperbefelhawwer

さいこうちょう　最高潮　*it* hichtepunt, de klimaks

さいこうの　最高の　bêst, earsterang, ideaal, patint, prima：今日は私の最高の日です Hjoed is myn *bêste* dei., 彼は私の最高の友人です Hy is myn *bêste* freon.；最高（の物）*it* bêst, *it* ideaal：それは最高（の物）だ It *bêste* is derôf.；最高速度 de maksimumfaasje

さいこうふ　再交付　in nije ûtjefte；再交付する opnij ûtjaan

さいこの　最古の　it âldst … / de âldste …：日本最古の木造建築 it *âldste* houten gebou yn Japan

ざいこ（ひん）　在庫（品）　de foarrie(d)：在庫がある op *foarrie*(d) wêze；在庫の [で] foarhannen

さいころ　骰子　de dobbelstien

さいこん　再婚　it twadde houlik；再婚する wertrouwe

さいさん　再三　aloan (en) wer；再三再四 hieltyd mar wer, weroan, al [altyd] weroan

さいさん　採算　（利益）*de* fertsjinst, *it* gewin, *it* profyt；採算がとれる fertsjinje：それでは採算がとれない Dêr is neat oan te *fertsjinjen*.

ざいさん　財産　de boel, *it* fermogen, *de* have, *it* kaptaal：私には大した財産はもう残ってない Ik haw net folle *fermogens* mear., 人の財産を相続する in *fermogen* erve, 個人の全ての財産 have en goed, それには一財産かかる Dat kostet in *kaptaal*.

さいし　妻子　jins frou en bern

さいしけん　再試験　*it* wereksamen：再試験を受ける in *wereksamen* dwaan

さいじつ　祭日　in nasjonale feestdei, *de* heechtiidsdei [-tijd(s)dei]

ざいしつ　材質　de kwaliteit fan de matearje

さいしゅう　採集　*de* samling；採集する sammelje

ざいじゅうする　在住する　（住む）wenje

さいしゅうの　最終の　lêst（→最後の）：最終（の）列車 de *lêste* trein

さいしゅする　採取する　gearbringe；血液を採取する jins bloed ôftaapje（→採血する）

さいしゅつ　歳出　jierlikse útjefte（↔歳入）

さいじょ　才女　in talintfole frou

さいしょうの　最小の　it lytst … / de lytste …；最小限（度）の minimaal；最小限（度）*it* minimum

さいしょうの　最少の　it lytst … / de lytste …, it minst … / de minste …

さいじょうの　最上の　alderbêst, bêst；最上（の物）*it* bêst；最上の状態 de tréwes；（文法の）最上級 de oertreffende trep, *de* superlatyf

さいしょくしゃ　菜食者　de fegetariër

さいしょくする　彩色する　kleurje

さいしょ（の）　最初（の）　（*it / de*）earste / foarst：最初の人から最後の人まで fan 'e *earste* oant de lêste；最初は [に] earst, yn 't earst, yn it earstoan, tenearsten

さいしんの　細心の　（周到な）krekt, sekuer,（慎重な）soarchsum, tipelsinnich

さいしんの　最新の　it nijst … / de nijste …

サイズ （周りの） *de* omfang, （大きさの） *de* grutte, *de* mjitte, *it* stik （→寸法）: 靴のサイズは幾らですか Wat is de *mjitte* fan jo skuon?, サイズが小さい lyts fan *stik*; サイズを測る mjitte

さいせい 再生 *de* reproduksje, （音声などの） *de* werjefte, （画像の） *de* herhelling, （復活） *de* werberte; 再生する reprodusjearje, werjaan; 再生紙→リサイクル紙

ざいせい 財政 《複》*de* finânsjes: わが家の財政 ús *finânsjes*; 財政上の [は] finansjeel: 人を財政的に援助する immen *finansjeel* stypje; 財政家 *de* finansier; 財政状態 *de* finânsjes

さいせいき 最盛期 *de* bloei, *de* fleur, de roerichste perioade, *de* útsjitter （→ピーク）

さいぜん 最善 *it* bêst: 最善を尽す jins *bêst* dwaan = jin sette [warre/weare], tasette

さいせんする 再選する op 'en nij kieze, werkieze

さいぜんせん 最前線 *it* front

さいせんたんの 最先端の （最も進んだ） it meast … / de measte …: 最先端の科学技術 de *measte* technyk

さいそく 催促 *de* oanmoanning; 催促する driuwe, moanje, oanstean, （借金の）催促をする oanmoanje: 人に返済を催促する immen *oanmoanje* om te beteljen

サイダー *de* limonade （→レモネード）

さいだい（げん）の 最大（限）の it grutst … / de grutste …, maksimaal; 最大限 [量] *it* maksimum; （…の）最大まで oant in maksimum （fan）, 最大限に達している op jins maksimum stean [wêze]

さいたく 採択 *de* oannimming; （動議を）採択する kieze, oannimme

さいだん 祭壇 *it* alter

さいだん 裁断 （洋服の） *de* knip, （決裁） *de* goedkarring; （洋服を）裁断する knippe, （決裁する） sanksjonearje

ざいだん 財団 *de* stichting

さいちゅう（に） 最中（に） oan 'e gong

さいてい 裁定 *de* beslissing; 裁定する beslisse

さいていの 最低の it uterst … / de uterste …: 最低の賃金 it *uterste* lean; 最低限 *it* minimum

さいてきの 最適の doelmjittichst, gaadlikst: 最適の気候 it *gaadlikste* klimaat

さいてん 祭典 *it* feest

さいてんする 採点する （答案を）beoardiel(j)e, korrizjearje: 答案を採点する opstellen *beoardiel(j)e*

さいど 再度 （2度）twaris, （再び）fannijs, nochris, wer

さいなむ 苛む 《受け身で》kwelle, （悩ませる）pleagje: 彼は恐怖にさいなまれていた Hy waard *kweld* troch eangsten., 彼は良心の呵責にさいなまれている Syn gewisse *pleaget* him.

さいなん 災難 *de* besiking, *de* ramp, *it* ûngelok, *it* ûngemak: 災難に遭う in *ûngemak* hâlde [hawwe]

さいにゅう 歳入 *de* opbringst （↔歳出）

ざいにん 罪人 *de* krimineel, *de* kweadogger, *de* misdiediger, *de* skuldige

さいのう 才能 *de* jefte, *de* oanlis, *it* talint: 彼女にはバイオリンを弾く才能がある Sy hat *oanlis* [*talint*] foar fioelespyljen.; 才能がある talintfol

さいばい 栽培 *de* kultuer, *de* kweek, *de* oanfok, *de* oanplant; 栽培する bouwe, kultivearje, kweke, opkweke, tylje: じゃがいもを栽培する ierappels *bouwe*, 栽培された植物 *kweekte* planten

さいはつ 再発 *de* tebekfal; 再発する tebekfalle, opnij ynsoarte

ざいばつ 財閥 in finansjele stichting

さいはての 最果ての it fierst … / de fierste …: 最果ての国 it *fierste* lân

さいはん 再犯 in twadde misdie(d); 再犯をする *in twadde misdie(d)* begean

さいはん 再版 *de* werprintinge; 再版する werprintsje

さいばん　裁判　*de* justysje；裁判する berjochtsje；裁判の［によって］rjocht(er)lik：裁判権 *de rjochterlike macht*；裁判官 *de* rjochter；裁判所 it gerjocht(shôf), *de* rjochtbank, *it* tribunaal

さいひ　歳費　→歳出

さいひょうか　再評価　in nije wurdearring；再評価する oerskatte, op 'e(n) nij wurdearje

さいふ　財布　*de* beurs, *de* portefúlje [-monee]：彼は財布からお金を出した Hy helle it jild út syn *portefúlje*.

さいぶ　細部　→詳細

さいぶそう　再武装　*de* werbewapening (→再軍備)；再武装する op 'e(n) nij bewapenje

さいへん(せい)　再編(成)　*de* reorganisaasje；再編(成)する reorganisearje

さいほう　裁縫　*it* naaien, *it* naaiwurk；裁縫をする naaie；(女性の)裁縫師 *de* naaister；裁縫道具 *it* naaiark；裁縫箱 *de* naaidoaze

さいぼう　細胞　*de* sel；細胞(状)の sellulêr

ざいほう　財宝　*de* skat：財宝を蓄える *skatten* fergearje

さいほうそう　再放送　*de* herhelling；再放送する herhelje

さいまつ　歳末　de útein fan it jier

さいみつな［に］　細密な［に］　minusjeus

さいみんじゅつ　催眠術　*it* hypnotisme；(人為的な)催眠状態 *de* hypnoaze；催眠の hypnoatysk；催眠をかける hypnotisearje；催眠術師 *de* hypnotiseur

さいむ　債務　*it* debet；債務者 *de* debiteur, *de* skuldner

ざいむ　財務　finansjele saken

ざいもく　材木　*it* timmerhout

さいよう　採用　*de* ynfiering：初等教育の課目としてフリジア語を採用すること *de ynfiering* fan it fak Frysk yn it basisûnderwiis；採用する ynfiere (→導入する), (雇う) pleatse

さいりょう　裁量　*de* beoardieling, *de* diskreesje：自分の裁量で nei jins *beoardieling* = nei eigen betinken

ざいりょう　材料　*de* matearje, *it* materiaal：鉄はいろいろな物を作る材料となる Izer is in *matearje* der 't in soad dingen fan makke wurde.

さいりようし　再利用紙　*it* recyrcle [risaikele] papier；再利用する recyclje

さいりょうの　最良の　(最上の) *it* bêst … / de bêste …：私の最良の日々 myn *bêste* dagen；最良の状態 *it* bêst

ざいりょく　財力　finansjele macht

さいるいガス　催涙ガス　*it* triengas

サイレン　*de* sirene

さいろくする　採録する　fêstlizze

さいわい　幸い　(幸運) *it* gelok, *de* lokkigens：それは不幸中の幸いだった Dat wie in *gelok* by in ûngelok.；幸いな［に］gelokkich, lokkich：幸いに間に合った *Gelokkich* kaam ik op 'e tiid.；幸いにも âldergeloks

サイン　(署名) *de* hantekening, *de* sinjatuer：サインをする jins *hantekening* sette；サインをする sinjearje, tekenje, ûndertekenje：契約書にサインをする in kontrakt *tekenje*

さえぎる　遮る　ynterrumpearje, (会話などを) ôfsnije, ûnderbrekke：話を遮る it praat *ôfsnije*

さえずり　囀り　*de* sang：鳥のさえずり *de sang* fan 'e fûgels：さえずる sjilpje, sjonge

(…) さえ (も)　sels：父でさえ怒っていた *Sels* heit wie lilk.；…さえも［すら］…ない net iens：彼女は私にキスをすることさえも望まなかった Sy woe my *net iens* in tút jaan.；(接)…さえすれば as：あなたの電話番号を知っていさえすれば，電話をしたのに *As* ik jo telefoannûmer witten hie, dan hie ik jo skilje wold.

さえる　冴える　(形) (空・声・色などが) helder, klear, (頭・目などが) skrander, snoad, (腕が) knap, tûk：教会のさえた鐘の響き *de kleare* klank fan in toer(s)klok；今夜は月がさえて

いる It is fannacht ljochtmoanne.;《動》（目・顔などが）さえる ljochtsje
さお　竿　*de* pols, *de* staak
さか　坂　*de* gloaiïng, *de* skeante：なだらかな坂（道）in flauwe *skeante*；坂になる ôfrinne
さかい　境　*de* skied(ing), *de* swette, （国・州などの）*de* grins：フリースラント州とフローニンゲン州の境をロウワース川が流れている Op 'e *skieding* fan Fryslân en Grinslân streamt de Lauwers., 海沿いの堤防は海と陸の境にある De seedyk is de *skieding* tusken wetter en lân.；（…と）境を接している swette（oan）
さかえ　栄え　（繁栄）*de* foarspoed, *de* tier, *de* wolfeart, *de* woltier；栄える dije, florearje, opbloeie
さがく　差額　*it* ferskil
さかさまの [に]　逆さまの [に]　dwersferkeard, omfier, omkeard：逆さに yn *omkearde* folchoarder；逆さまにする omkeare
さがしだす　捜し出す　opdjipje, opsykje, útfigelearje, útfine, útfiskje
さがしまわる　捜し回る　opsykje, oeral sykje [sjen]
さがす　捜す，探す　sykje, sjen：君は自分で妻（となる人）を探（し出）さなければならない Moatst in frou *sykje.*, 彼は財布を捜している Hy *siket* om syn beurs., あなたをくまなく捜しました Wy hawwe jo rûnom *socht.*, Wy hawwe rûnom nei jo *sjoen.*, くまなく探した Ik haw oeral *sjoen.*
さかずき　杯　*de* kop, （足付きの）*de* tsjelk(e)
さかだち　逆立ち　*de* hânstân：逆立ちをする in *hânstân* meitsje = op 'e kop stean
さかな　肴　（添え料理）*it* bygerjocht,《複》*de* omballingen
さかな　魚　*de* fisk；魚釣りをする fiskje：魚釣りに行く te *fiskjen* gean；魚釣り *de* fiskerij（←漁業）；魚釣りをする人 *de* fisker(man)（←漁師）

さかのぼる　遡る　（川を）boppe streame, （過去に）weromgean, （…に）（由来する）stamje（út）：古い時代にさかのぼる nei âlde tiden *weromgean*
さかば　酒場　*de* herberch, *de* kroech（→居酒屋）
さかや　酒屋　（店）*de* wynhannel, （人）*de* wynhandeler
さからう　逆らう　（風・流れに）rinne（tsjin）, （運命に）bestride, （親に）tsjinavensearje, net om（'t）lyk wolle（mei jins âlden）（→反抗する）；…に逆らって tsjin：法に逆って *tsjin* de wet
さかり　盛り　（最高潮）*de* hichte, *it* hichtepunt；夏の盛り *de* heechsimmer, 夏も盛りだ It is folop simmer., 私の人生の盛りに op it bêst fan myn libben, 桜の花が今盛りです Kersen binne no yn folle blossem.；盛りがつく djoeie, opbrekke（→発情する）：その馬は盛りがついている It hynder *brekt op.*；盛りのついた deunsk：盛りのついた牛 in *deunske* ko
さかりば　盛り場　*it* fermaakssintrum（→歓楽街）
さがる　下がる　（ぶら [垂れ] 下がっている）hingje, （熱・温度が）falle, ôfnimme, weromrinne, （価値・値段などが）dale, falle, ôfgean, weromgean [-rinne]：気温が下がっている De temperatuer *rint werom.*, 値段が下がっている De prizen *falle.*
さかん　左官　*de* stukadoar
さかんな　盛んな　（繁栄した）foarspoedich, （繁盛して）tierich, （活気のある）aktyf, bluisterich, drok, trinten, （人気のある）populêr, （熱烈な）hetsich, （頻繁に）frekwint, geregeldwei
さき　先　（先端）*it* / *de* punt, （未来）*de* takomst：先の尖った mei skerp(e) *punt*；これから先 fan no ôf [oan]；先に foaroan（→先方に）：先に立って歩く *foaroan* rinne；お先にどうぞ！Geane jo mar foar!；先を越す foarkomme
さぎ　鷺　*de* reager

さぎ　詐欺　（行為）it bedroch, de ferlakkerij, de fraude, de ôfsetterij, de swindel；詐欺を働く oplichtsje, swindelje；詐欺師 de bedrager, de swindeler
さきおととい　一昨々日　trije dagen lyn
さきおととし　一昨々年　trije jier lyn
さきがけ　先駆け　it inisjatyf, （先駆者）de pionier
さきごろ　先頃　de oare dei（→先日, この間）
サキソフォーン　de saksofoan
さきだつ　先立つ　（先に立って歩く）de foarstap hawwe；妻に先立たれる jins frou ferdoarje；《諺》先立つものはお金 Foarst hoechsto jild.
さきの　左記の　neifolgjend（→下記の）；左記の通り sa：結果は左記の通り De útslach is (sa)：…
さきのばしする　先延ばしする　（延期する）ferstelle
さきばらい　先払い　（前払い）it foarútbeteljen；先払いする foarsjitte, foarútbetelje
さきぶれ　先触れ　→前触れ
さきぼその　先細の　taps(k)：先細になる taps(k) tarinne, （落ち目になる・低下する）efterútbuorkje, ôftakelje
さきほど　先程　（ちょっと前に）justjes：先程帰ったところだ Ik kaam justjes thús.；先程から oan dizze tiid ta
さきゅう　砂丘　de sânbult, it (sân)dún
さきゆき　先行き　→将来
さぎょう　作業　de oanslach, it wurk；作業する wurkje；作業服 it wurkerspak
さきん　砂金　it stofgoud
さきんじる　先んじる　foargean, （先を越す）foarkomme；先んじて foarút：時代に先んじている jins tiid foarút wêze
さく　柵　de ôffreding, de ôfsluting, it sket, it stek；柵で囲う ôffreedzje：庭を柵で囲う de tún ôffreedzje
さく　策　（計画）it plan, de planning, （対策）de maatregel：策を講じる maatregels nimme

さく　咲く　（花が）bloeie；咲いている yn 'e bloei komme [stean]
さく　割く　（時間・お金を）sparje
さく　裂く　kleauwe, spjalte, splisse, split(s)e（→割る）：木 [板] を裂く hout [de planke] spjalte [splite]
さくいてきな [に]　作為的な [に]　（故意な [に]）opsetlik, mei opset
さくいん　索引　de yndeks, de klapper, it register：これらの本には索引がついている Dizze boeken binne op 'e yndeks set.；索引カード it fysje, de stamkaart
さくげん　削減　de ferleging；削減する ynkrimpe, redusearje, útklaaie：人員を削減する it personiel ynkrimpe
さくじつ　昨日　juster
さくしゃ　作者　de auteur（→作家）
さくしゅ　搾取　de eksploitaasje；搾取する eksploitearje
さくじょ　削除　de eliminaasje, de kûpuere；削除する eliminearje, skrasse, trochhelje [-krasse], útklaaie, weiwurkje, wiskje：名前 [語] を削除する in namme [wurd] skrasse [trochhelje]
さくせいする　作成する　（書類を）opmeitsje, （文を）redigearje, （計画を）opstelle（→立案する）：請求書 [遺言状] を作成する in rekken [testamint] opmeitsje
さくせん　作戦　（戦術）de taktyk, （戦略）de strategy；作戦上の strategysk
さくそう　錯綜　de komplikaasje, de tizeboel；錯綜した gearstald, kompleks, komplisearre；錯綜させる komplisearje
さくどう　策動　de manoeuvre；策動する manoeuvrearje
さくにゅう　搾乳　it melken；搾乳する melke；搾乳器 de melkmasine：搾乳器で乳を搾る mei de melkmasine melke；搾乳者 de melker
さくねん　昨年　ferline jier（→去年）
さくばん　昨晩　fannacht, justerjûn [-nacht]
さくひん　作品　it wurk：ギスバート・

さくふう　作風　*de* styl
さくぶん　作文　*it* opstel：作文を書く in *opstel* skriuwe
さくぼう　策謀　→陰謀，策略
さくもつ　作物　*it* gewaaks
さくや　昨夜　→昨晩
さくら　桜　（木）*de* kers(ebeam)，（花）*de* kerseblossem；桜らんぼ *de* kers
さくらそう　桜草　*de* primula
さくらんする　錯乱する　gek wurde；錯乱状態 mentale betizing, mentaal ûnstjoer
さぐりだす　探り出す　（聞き出す）kloarkje,（探りを入れる）tantsje
さくりゃく　策略　*de* keunst, *de* set：卑劣な策略 in glûpende *set*
さぐる　探る　（手探りする）taaste,（秘密・原因を）útplúzje,（偵察する）opsykje
ざくろ　柘榴　*de* granaatappel
さけ　酒　（酒精飲料）*de* alkohol, *de* drank（→アルコール），（ワイン）*de* wyn；（日本酒）'sake'（in Japanske alkohol）
さけ　鮭　*de* salm
さげすむ　蔑む　leechlizze（→軽蔑する）
さけび　叫び　*de* skreau：叫び声を上げる in *skreau* jaan；叫ぶ geie, skreauwe,（わめく）balte, bâlte,（大声で）útâlje
さけめ　裂け目　*de* kleau, *de* skuor, *de* splis,（岩の）*de* rotskleau
さける　裂ける　kleauwe, skuorre, splite（→裂く）
さける　避ける　mije, útwike：車を避ける *útwike* foar in auto
さげる　下げる　（ぶら下げる）hingje, ophingje,（カーテンなどを）deldwaan,（位置・値段を）ferleegje,（熱を）ferdriuwe：鈴を下げる in bel *ophingje*, 給料を下げる *de* leanen *ferleegje*, 熱を下げる *de* koarts *ferdriuwe*
さこく　鎖国　（nasjonale）isolaasje；鎖国する *de* steat tsjinst *de* bûtenwrâld
ヤーピックスの作品 *de wurken* fan Gysbert Japiks

opslute
さこつ　鎖骨　*de* skouderbonke
ざこつ　坐骨　*de* heupbonke
ささいな　些細な　nearzich, neatich, triviaal, ûnbetsjuttend（→取るに足りない）
ささえ　支え　*de* skoar, *de* steun, *de* stut：この少年は母親の心の大きな支えとなっている Dy jonge is in tige *steun* foar syn mem.；支える drage, skoarje, steune：梁(はり)が屋根を支えている De bynten *drage* it dak., 教会はその未亡人にとって心の支えになっている De tsjerke *steunt* de widdo.
ささげる　捧げる　（両手を）opheffe,（一身・生けにえを）offerje, tawije, wije：祖国のために身を捧げる jins libben *offerje* foar it heitelân
ささつ　査察　*de* ynspeksje, *de* skôging；査察する ynspektearje, skôgje
さざなみ　さざ波　*de* rimpel；さざ波が立つ rimpelje
ささやかな　細やかな　behindich [-hyndich], lyts,（乏しい）skeamel：細やかな年金 in *skeamel* pensjoen
ささやき　囁き　*it* flústerjen；ささやく flústerje, lústerje, mûskopje, reauntsje：あることを人の耳元でささやく immen wat yn it ear *lústerje*
ささる　刺さる　→（突き）刺す
さし　刺し　*de* stek：蜂の一刺し in stek fan in bij
さじ　匙　*de* leppel（→スプーン）；匙で食べる leppelje
さしあげる　差し上げる　（持ち上げる）opheffe, oplichtsje, opnimme, optille,（進呈する）jaan, presintearje
さしあたり　差し当たり　foarfêst, foarhâns, tenearsten = te'n earsten（→当分）
さしいれ　差し入れ　→挿入；差し入れる→挿入する；囚人に衣類を差し入れをする guon klean nei in finzene stjoere
さしえ　挿し絵　*de* yllustraasje：子供向きの本には大抵挿し絵がついている Yn in berneboek steane meastal *yl-*

さしおく　差し置く　(放置しておく) bliuwe litte, (無視する) fersomje, negearje

さしおさえ　差し押さえ　it beslach, de konfiskaasje：差し押さえる *beslach lizze* = konfiskearje

さしかえる　差し替える　waarnimme

さしかかる　差し掛かる　(ある場所・時期に) tichterby komme

さしき　挿し木　*de* stek：挿し木をする stekje

さしきず　刺し傷　*de* stek

さしこみ　差し込み　it ynfoegjen, (プラグ) *de* pluch, *de* stekker, (激痛) skerpe pine ; (物を) 差し込む ynfoegje, ynlizze, ynsette, ynstekke, (痛みが激しく) stekke, (光が) trochskimerje : プラグをソケットに差し込む *de* stekker yn it stopkontakt *stekke*, 両手をポケットに差し込む de hannen yn 'e bûse *stekke*, 月の光が窓から差し込んでいる It moanneljocht *skimeret troch út* 't rút. ; 差し込み口 *de* stekkerdoaze

さしころす　刺し殺す　deastekke, delstekke

さしさわり　差し障り　→差し支え，支障；差し障る hinderje

さししめす　指し示す　wize：羅針盤は北を指し示している It kompas *wiist nei* it noarden.

さしず　指図　*de* ynstruksje：指図に従う *ynstruksjes* opfolgje；指図する dirigearje, gebiede, (命令する) beskikke, bestelle

さしずめ　差し詰め　(差し当たり) foarfêst, foarhâns, (要するに) koartwei

さしせまった　差し迫った　driigjend, foarhannen, urgint：差し迫った危険 in *driigjend* gefaar, 差し迫っている *foarhannen* wêze, 差し迫った用事 op *urginte* saak

さしだす　差し出す　(人の前に) foarhâlde, (提出する) yntsjinje, (郵便などを送る) stjoere ; 差出人 *de* stjoerder

さしつかえ　差し支え　(支障) *de* behindering : 差し支えがある場合は by *ferhindering* ; 差し支える ferhindere wêze

さしでがましい　差し出がましい　frijpostich, ûnbeskamsum, ûnbeskoft

さしとおす　刺し通す　trochstekke

さしどめ　差し止め　(禁止) it ferbod；差し止める ferbiede

さしば　差し歯　(義歯) in falske tosk

さしはさむ　差し挟む　→差し入れる, (言葉を) ôfbrekke, ôfsnije, ûnderbrekke

さしひかえる　差し控える　ûntkeare (→控える)

さしひき　差し引き　(控除) *de* ynhâlding, *de* ôftrek；差し引く ynhâlde, ôflûke, ôftrekke；差し引き残高 it saldo

さしもどす　差し戻す　weromslaan, (送り返す) weromstjoere

さしょう　査証　it fisum (→ビザ)

ざしょうする　座礁する　fêstreitsje, fêstrinne, fêstsitte：船が浅瀬に座礁している It skip *sit fêst* oan 'e grûn. ; 座礁している op 'e klippen rinne (→破綻している)

さじん　砂塵　(ほこり) it stof, it túch

さす　砂州　*de* sânplaat

さす　刺す　stekke：私は蜂にちくりと刺された Ik bin *stutsen* troch in bij.

さす　指す　(指し示す) oanwize, wize, (目指す) neistribje

さす　差す　(傘を) opsette, opstekke (↔ deldwaan), (日が) skine

さす　挿す　(…に) sette (yn)：チューリップの花を花瓶に挿す in tulp yn 'e faas *sette*

さすがに　流石に　→如何にも，それでも

さずける　授ける　gunne, útrikke, weilizze：子供を授かる in bern *gund* wêze, 彼女には短い命しか授けられていなかった Der wie foar har mar in koart

libben *weilein*.
サスペンダー （ズボン吊り）《複》*de galgen(s)*
さすらい 流離 （放浪）*de omswerving*；さすらう dwale, swerve, waarje：荒野をさすらう troch de wyldernis *swerve*
さする 摩る strike：人の手をさする immen oer de hân *strike*
ざせき 座席 *de setel, de sit, it sitplak*：座席を取ってください Sykje mar in *sit.*, Nim in *sit.*
ざせつ 挫折 *de tebeksetter*：経済上の挫折 in finansjele *tebeksetter*；挫折する *ôfstuitsje*
させつする 左折する lofts ôfslaan (↔ 右折する)
させる litte, meitsje：私にそれをさせてください Lit my dat mar dwaan., 人を立腹させる immen gek *meitsje*
さそい 誘い （招待）*it fersyk*, （誘惑）*de bekoaring, de fersiking*；誘う *fersykje, freegje*（→招く）, （誘惑する）ferliede, ferlokje：人をお茶に誘う immen op 'e tee *freegje*
さそいこむ 誘い込む （悪事などに）ferliede
さそいだす 誘い出す lokje
さそり 蠍 *de skorpioen*；さそり座 *de Skorpioen*
さた 沙汰 （指図・命令）*de ynstruksje, de opdracht*, （知らせ・通告）*de advertinsje, it beskie(d)*
さだか 定か →確か, 明らか
さだまる 定まる （方針などが）beklinke, （天気が）fêstsitte
さだめ 定め （規則）*de regel*, （運命）*it lot*；（規則・原則などを）定める fêstlizze, fêstsette, （場所・日時を）fêststelle, stelle（→決める）：日を定める in datum *fêststelle*
ざだん 座談 *de konversaasje, it petear*
さち 幸 （幸福）*de lokkigens*, （山・海から取れる産物）*de produkten fan it lân en de see*
ざちょう 座長 （司会者）*de foarsitter*, （劇団などの）*de lieder*

さつ 札 （紙幣）*it papierjild*；札入れ *de portefúlje*：札束 in bondel *papierjild*, 彼は札入れからお金を出した Hy helle it jild út syn *portefúlje*.
さつ 冊 （部）*it eksimplaar*, （本の巻）*it* (boek)*diel, de bondel*
さつい 殺意 moarddiedige bedoelings
さつえいする 撮影する fotografearje, foto's nimme
ざつえき 雑役 *de korvee*：雑役に服する *korvee* hawwe
ざつおん 雑音 *it gerûs*, （心臓の）*de rûs*
さっか 作家 *de skriuwer*, （女性の）*de skriuwster*
ざっか 雑貨 alderhande [guod] saken；雑貨店 *it warehûs*
サッカー *de fuotbal*；サッカーをする fuotbalje；サッカー選手 *de fuotballer*
さつがい 殺害 *de moard*：王の殺害 de *moard* op de kening；殺害する *moardzje*
さっかく 錯覚 *de waan*：…と錯覚している yn 'e *waan* wêze dat …
さつき 皐月 *de maaie*（→五月）
さつき 皐 *de azalea*（→アザレア）
さっき 先刻 →先程
さっきだった 殺気立った wyld, woast
ざっきちょう 雑記帳 *it opskriuwboekje, it skrift*
さっきゅうに 早急に akút, dalik(s), fuort(daliks), opslach（→早急に）
さっきょく 作曲 *de komposysje*；作曲する komponearje；作曲家 *de komponist*
さっきん 殺菌 *de sterilisaasje, de ûntsmetting*（→消毒）；殺菌する sterilisearje, ûntsmette；殺菌した steryl：殺菌牛乳 *sterile* molke
ざっくばらんな [に] →率直な [に]
さっさと redsum：さっさとテーブルを片づける *redsum* de tafel ôfromje
ざっし 雑誌 *it tydskrift*
ざつじ 雑事 （身辺の）persoanlike saken, （家庭の）húslike saken

ざつしごと 雑仕事 de hântaast
ざっしゅ 雑種 (動・植物の) de krusing；雑種にする kruse
さっしん 刷新 de fernijing, de ynnovaasje；刷新する ynnovearje
さつじん 殺人 de deaslach, de moard；殺人者 de moardner；殺人的な deadlik, ôfgryslik：ラッシュ時の電車(の混雑)は殺人的だ De oerfolle treinen yn 'e spitsoere binne ôfgryslik.
さっする 察する (推測する) fermoedzje, riede, (想像する) jin ferbeeld(zj)e, neigean, (同情する) dielnimme；察するに nei alle gedachten (→恐らく)
ざつぜんと 雑然と oarderleas
ざっそう 雑草 it ûnrant, it ûntúch：庭には雑草がぼうぼうと生えていた De tún siet ûnder it ûnrant.
さっそく 早速 (al) gau, gauris, hast, ha(a)stich, ringen (→すぐに)
ざったな 雑多な mingd, ôfwikseljend
ざつだん 雑談 it praat；(くつろいで)雑談する keuvelje, teutsje
さっちする 察知する bespeure, ôfliede
さっちゅうざい 殺虫剤 de insektiside
さって 去って fuort, ôf, wei
さっと (急に) hommels, (素早く) feardich, flechtich, rêd
ざっと (凡そ) rûchwei, (簡単に) flechtich, koartwei：ざっと100人位の警官 rûchwei 100 plysjes, ある物にざっと目を通す eat flechtich trochlêze；ざっと目を通す trochrinne
さっとう 殺到 de oerstreaming；殺到する oerstreame, stowe, tastreame
ざっとう 雑踏 (群集) it espel, de minskekloft, (人込み) de fleet
ざつな 雑な rûch, sleau, sloard(er)ich：彼はその仕事を雑にした Hy hat dat wurk rûch dien., 雑な書き方をする sloard(er)ich skriuwe；雑な仕事 de griemerij
ざつねん 雑念 ôfliedende gedachten
ざっぱくな 雑駁な (雑然とした) systeemleas, (断片的な) fragmintarysk：ざっぱくな知識 fragmintaryske kennis
さつばつな 殺伐な ûnminsklik
さっぱりした (服装などが) himmel, keken, kreas, (部屋などが) oarderlik, sindlik, (気性・性格が) gol, iepenhertlik；さっぱりする opfrisse：それで彼はさっぱりするだろう Dêr sil er fan opfrisse.
さっぱり(…ない) →全く(…ない)
ざっぴ 雑費 de ferskate kosten, bykommende ûnkosten
さっぷうけいな 殺風景な keal, tryst(ich), (退屈な) droech：殺風景な部屋 in keale [tryste] keamer, とても殺風景な o sa keal
さつまいも 薩摩芋 in swiete ierappel
ざつむ 雑務 ferskate taken
ざつよう 雑用 de hantaast, de korvee：(家庭内の)雑用をする in hantaast dwaan, korvee hawwe
さつりく 殺戮 de moarderij, de slachtpartij (→虐殺)；殺戮する slachtsje
さて！ No!, Wolno!
さてい 査定 de berekkening, de oanslach, de taksaasje, de wurdearring：(税の)査定(額) in oanslach fan 'e belesting；査定する oanslaan, oersjen, taksearje, wurdearje
サディスト de sadist；サディズム it sadisme (→加虐性愛)
さておき (…は別として) bûten, útsein：日曜日はさておき útsein sneins；冗談はさておき alle gekheid op in stokje
さと 里 (田舎) it lân, (故郷) it berteplak
さとう 砂糖 de sûker：砂糖をコーヒーに入れる sûker yn 'e kofje dwaan；砂糖の入っていない sûkerfrij；砂糖の(ような) sûkerich；砂糖きび it sûkerreid
さどうする 作動する wurkje：コンピューターが再び作動している De kompjûter wurket wer.
さとおや 里親 de pleechâlden, (男性の) de pleechheit (女性形 -mem)
さとご 里子 it pleechbern (→養子,

養女）
さとす　諭す　fermoanje
さとり　悟り　（理解・飲み込み）it begryp,（精神的・宗教的な）spiritueel [religieus] besef；悟る beseffe, fernimme, ynsjen：自分が間違っていることをやっと悟った Ik sjoch no yn dat ik mis wie.
さなかに　最中に　midden：冬の最中に midden yn 'e winter
さながら　宛ら　→まるで
さなぎ　蛹　de pop：成虫はさなぎから成育する Ut in pop komt in folslein ynsekt.
サナトリウム　（療養所）it sanatoarium
さね　実, 核　（果物の）de kearn
さは　左派　de loftse partij；左派の lofts（↔ rjochts）
さば　鯖　de makriel
さばき　裁き　（裁判）de justysje；裁く berjochtsje
さばく　砂漠　de woastyn / woastine
さばく　捌く　（処理する）ferwurkje, fuortdwaan, ôfdwaan
さばける　捌ける　（売れる）ferkeapje,《形》（世慣れた）wrâldwiis
さばさばする　→清々する
さび　錆　de rust：その鉄には錆が一杯ついている Der sit in soad rust op it izer., 錆だらけの ûnder de rust；錆がつく rust(k)je；錆た［ついた］rust(er)ich
さびしい　寂しい, 淋しい　ferlitten, ienlik, iensum；寂しく思う misse：君がいなくてとても寂しい思いをしている Ik mis dy tige.；寂しさ de ienlikens［-heid］
ざひょう　座標　《複》de koördinaten
さびれた　寂れた　ferlitten：寂れた町 in ferlitten stêd, 寂れる ferlitten wurde
サファイア　it saffier
ざぶとん　座布団　it sitkessen
サフラン　de saffraan
さべつ　差別　de diskriminaasje, it ûnderskie(d)：差別なしに sûnder ûnderskie(d)；差別する diskrimineare
さへん　左辺　de lofterkant

さほう　作法　de sede,《複》de omgongsfoarmen（→行儀）
サポーター　（特に，スポーツの）it legioen, de sport-steun, de supporter,（関節などに用いる）de knibbelbân
サボタージュ　de sabotaazje；サボタージュする sabotearje（→妨害する）；サボタージュする人 de saboteur
さぼてん　仙人掌　de kaktus
サボる　skoaltsjeskûlje, skûltsjemeitsje [-sette],（仕事などを）fersomje（→怠る）：授業をサボる in les fersomje
さま, ざま　様　→様子
（一）さま　（一）様　（男性）Hear,（既婚の女性）Frou,（未婚の女性）Juffer：フークトラ様［氏］Hear Hoektra, ディクストラ様［夫人］Frou Dykstra, エルケ様［嬢／さん］Juffer Elke
さまざまな　様々な　ferskate, ferskillend, ûnderskaat：様々な人種 ûnderskaat skaai
さます　冷ます　（熱・温度を）ferkuolje, ôfkuolje,（感情を）stilbêdzje：熱い牛乳を冷ます de hite molke ôfkuolje
さます　覚ます, 醒ます　（目を）wekje,（酔いを）ûntnochterje,（迷いを）wekker meitsje（→解く）
さまたげ　妨げ　it belet, de ferhindering；妨げる belette, ferhinderje, hinderje（→妨害する）
さまよう　さ迷う, 彷徨う　dwale, swerve, sweve, waarje：森の中をさ迷い歩く yn 'e bosk om dwale
さむい　寒い　kâld, kjelderich,（うっすら）kil, koel：寒い天気 kâld waar, 今日は寒い It is hjoed kâld., 私は寒い Ik bin kâld., 身を切るように寒い ferhipte kâld, 今朝はうっすら寒い It is kil [koel] fan 'e moarn.；寒がり de kâldklom (mer)
さむけ　寒気　de kjeld, de koelte；寒気がする kâld oanfiele, skrousk wêze；《形》huverich
さむさ　寒さ　de kjeld：彼女は寒さにとても敏感だ Hja is tige gefoelich foar kjeld.；寒さで震える skrouskje

さむらい 侍 →武士
さめ 鮫 *de* haai
さめる 冷める ferkuolje, kuolje,（恋心・感情などが）ferflauje, ôfkuolje：彼の愛は冷めつつある Syn leafde *ferflauwet*.
さめる 覚める, 醒める （眠りから）wekker wurde,（迷いから）ta jins besleur komme（→正気に戻る）,（酔いが）醒める ta besinning komme, nochteren wurde；（迷いから）覚めさせる ûntgûchelje
さめる 褪める （色が）weisakje（→褪(あ)せる）
さもしい （卑しい）falsk, leech：さもしい性格 in *leech* karakter
さもないと oars：さもないと(君は)死んでしまう(だろう) *Oars* giest dea.
さや 莢 （豆の）*de* pûl(e)；豆のさやを取る pûlje
さや 鞘 （刀の）*de* skie：刀をさやに納めなさい Stek it swurd yn 'e *skie*.
さやいんげん 莢隠元 *de* tuseart
さやえんどう 莢豌豆 *de* dopeart(e), *de* dopper, *de* skokker
ざやく 座薬 *de* setpil
さゆう 左右 linker en rjochter；左右に oan beide kanten；左右する affektearje,（影響する）ynwurkje
さよう 作用 *de* ynwurking, *de* wurking：相互(の)作用 de *ynwurking* fan it iene op it oare；（…に）作用する ynwurkje (op)：相互に作用する opinoar *ynwurkje*
さようなら！ Oant sjen!, Farwol!（→御機嫌よう！）
さよくの 左翼の links, lofts（↔右翼の）：左翼（飛行機などの）de *loftse* wjuk,（思想上の）de *linkse* partijen, *de* linkerfleugel
さら 皿 *it* plato,（ディナー用の）*de* panne,（小皿）*it* pantsje,（深い）*de* skaal / skeal, *de* skûtel：料理を盛った皿 in *skaal* mei iten；皿洗いをする skûtelwaskje
さらいしゅう 再来週 *de* wike nei de oare wike
さらいねん 再来年 it jier nei it oare jier
さらう 浚う （川・海などを）drêgje, dregje（→浚渫(しゅんせつ)する）
さらう 攫う （持ち去る）weihelje,（連れ去る）weifiere,（誘拐する）gizelje, ûntfiere
さらう 復習う →復習(ふくしゅう)する
ざらざらした bot, grou, spliterich, wrimpen：表面がざらざらしている in *bot* gesicht hawwe, ざらざらした皮膚 spliterich [wrimpen] fel
さらしこ 晒し粉 *it* / *de* bleekpoeier, *de* gloarkalk
さらす 晒す （風雨・日光に）bleatstelle,（危険に身を）jin bleatjaan, weagje；さらされている bleatlizze [-stean]
サラダ *it* slaad, *it* slaadsje：サラダにドレッシングをかける it *slaad* oanmeitsje；サラダ油 *de* slaadoalje
さらに 更に （再び）fannijs, nochris, wer,（その上に）dêrby, noch,（遥かに・一層）fuort, neier, noch：更に冬がやってきた It is *wer* winter., そして更に彼は村一番賢い人である En *dêrby* is er de tûkste fan it doarp., 更に1時間待たねばならなかった Wy moasten *noch* in oere wachtsje., 更に遠くに fier *fuort*, 更に考える *neier* yntinke, あることを更に詳しく調べる *neier* op eat yngean, リッケラの方が更に大きい Likele is *noch* grutter.
サラブレッド *de* folbloed, *it* rashynder
サラリー *it* salaris, *it* trakteminт（→給料）：彼は1,000ユーロのサラリーを貰っている Hy kriget in *salaris* fan 1.000 euro.；サラリーマン *it* kantoarfolk, *de* (mei)wurker
さらりと →あっさりと
さりげない［く］ さり気ない［く］ achteleas（→何気ない［く］）
さる 猿 *de* aap
さる 去る fuortgean, fuortreitsje, hinnegean [-rinne], ôfsette：さっさと立ち去れ！ *Gean hinne!*

ざる　笊　in gatsjepanne fan bamboe
サルビア　de sealje
されこうべ　髑髏　de deadsholle, de skedel（→どくろ）
さわ　沢　（湿地）it moeras, de sompe
さわがしい　騒がしい　rûzich：今日は教室が騒がしかった It wie hjoed rûzich yn it lokaal.
さわぎ　騒ぎ　it lawaai, it libben, it misbaar；騒ぎを起こす dwerslizze；（あることを）騒ぎ立てる earne heisa om meitsje, misbaar meitsje；騒ぐ lawaaiskoppe
ざわめく　yn beweging wêze；（木の葉などが）risselje, rûzje：木の葉が風でざわめいている De blêden risselje fan 'e wyn.
さわやかな　爽やかな　fris, soel：爽やかなそよ風 in lekker soel wyntsje；爽やかにする ferfarskje, ferkwikke, opfleurje, opfrisse, opwikke：一杯のコーヒーは人の気持ちを爽やかにする In kopke kofje kin men aardich fan opwikke.；爽やかになる jin opfrisse
さわる　触る　oankomme, oanreitsje,（…に）reitsje（oan）：それに触ってはなりません Do meist der net oankomme., 他人の物に手を触れるな Kom oar mans guod net oan.
さわる　障る　（障害となる）hinderje,（害になる）knoeie,（気に）immen mishaagje [misledigje]：健康に障る jins lichem knoeie
さん　三　3（の）（de）trije；3番目（の）／（に）（it / de）tred / trêd；3倍 it trijefâld；3倍（の），3重（の）trijefâldich；3回 trijeris
さん　酸　it soer
さんい　賛意　→賛成
さんいつする　散逸する　ferspraat（en kwyt）wurde
さんか　参加　de dielnimming, de partisipaasje；参加する priissprekke,（…に）参加する dielnimme [meidwaan]（oan）, partisipearje：競技［デモ］に参加する oan in wedstryd [demonstraasje] meidwaan；参加者 de dielnimmer, de meidogger, de partisipant

さんか　産科　（学）de ferloskunde；産科医 de ferloskundige；産科病棟 de kreamôfdieling
さんか　惨禍　de ramp
さんか　酸化　（作用）de oksidaasje；酸化する oksidearje
さんかい　散会　de opheffing,（閉会）de sluting；散会する de gearkomste slute
さんがい　惨害　de ravaazje；惨害を被る skansearje
ざんがい　残骸　（車・建物などの）it wrak
さんかいしゃ　参会者　de opkomst（→出席者）
さんかく　三角　de triangel；三角形［定規］de trijehoek；（男女の）三角関係 it trio
ざんがく　残額　→残金
さんがつ　三月　de maart(moanne),（春の月）de foarjiersmoanne；三月 maartsk
さんかんする　参観する　（授業を）ynspektearje
さんぎいん　参議院　（議院）de Keamers＊オランダ議会は上院と下院（de Earste en de Twadde Keamer）の2院制である
さんきゃく　三脚　de trijepoat
ざんぎゃく　残虐　de grouweldie(d),（残酷）de wredens, de wreedheid；残虐な grousum, grouwélich, wreed
さんきゅう　産休　it kreamferlof
さんぎょう　産業　de yndustry：ドッカムよりはレーワルデンの方が産業が盛んだ Yn Ljouwert is mear yndustry as in Dokkum.；産業（上）の yndustrieel；産業化する yndustrialisearje
ざんぎょう　残業　de oeroeren, it oerwurk：残業をする oeroeren meitsje；残業する oerwurkje
ざんきん　残金　de balâns, it oerbleaune jild
サングラス　de sinnebril：サングラス

を掛ける de sinnebril opsette
さんけ　産気　(陣痛) de fleach, it wee：産気づいている yn 'e weeën lizze
ざんげ　懺悔　de boete, de boetfeardigens [-ichheid]：ざんげする boete dwaan；ざんげした[て] boetfeardich
さんけいする　参詣する　nei de timpel gean
さんけんする　散見する　hjir en dêr fûn wurde
さんご　珊瑚　it koraal；珊瑚 (製) の koralen；珊瑚礁 it atol
さんこう　参考　de referinsje；(…を) 参考にする ferwize (nei), referearje (oan)；参考までに foar kundskip；参考書 it hânboek；参考人 de getuge / tsjûge；参考文献 it neislachwurk
ざんごう　塹壕　de rinfuorge, de slûf / slûf：ざんごうを掘る sluven [slûven] grave
ざんこく　残酷　de wredens / wreedheid；残酷な [に] wreed；残酷な人 de wredert
さんさい　山菜　ytbere wylde planten
さんざいする　散在する　ferspraat wêze, rûnom lizze
さんざいする　散財する　(浪費する) ferbargje, ferbrasje, ferbrûke
さんさく　散策　de kuier；散策する kuierje (→散歩する)
さんざし　山査子　de hagebeam [-doarn]
ざんさつ　惨殺　→虐殺
さんさろ　三叉路　de trijesprong
さんざんに　散々に　(冷酷に) ûnbarmhertich, ûngenedich, (徹底的に) danich, duchtich
さんじ　惨事　de trageedzje, it ûnheil；大惨事 de katastrofe
さんじ　賛辞　it komplimint, de plom；賛辞を呈する loovje, oanpriiz(g)je (→称賛する)
ざんじ　暫時　→暫くの間
さんしきすみれ　三色菫　it trijekleurfioeltsje
さんじせいげん　産児制限　de bertebeheining
さんじゅう　三十　30(の) (de) tritich：彼女 (の年齢) は 30 代だ Sy is yn 'e tritich.；第 30(の), 30 番目(の) (it / de) tritichste；30 分過ぎ healwei
さんじゅういち　三十一　31(の) (de) ienentritich
さんしゅつ　産出　de produksje (→生産)；産出する produsearje：石油を産出する oalje produsearje
さんしゅつ　算出　de kalkulaasje；算出する kalkulearje
さんじゅつ　算術　→算数
ざんしょ　残暑　de hjittens yn 'e neisimmer
さんしょう　山椒　(香辛料) de (Japanske) piper；山椒魚 de salamander
さんしょう　参照　de ferwizing, de referinsje；(…を) 参照する ferwize (nei), referearje (oan)
さんじょう　惨状　freeslik [grousum / grouwélich / ôfgryslik] oansjoch
ざんしんな　斬新な　orizjineel：斬新なデザイン in orizjinele opset
さんすう　算数　de rekkenkunde
サンスクリット (語)　(古代インド語) it Sanskryt
さんする　産する　→生産する
さんせい　酸性　de soerens；酸性の soer：酸性雨 soere rein
さんせい　賛成　de oerienkomst；賛成する oerienkomme [-stimme]；賛成した[て] oerienkomstich
さんせいけん　参政権　it stimrjocht (→選挙権)
さんせんする　参戦する　yn 'e oarloch partisipearje
さんぜんと　燦然と　glânzich, skitterjend：さん然と輝く skitterjend skine
さんそ　酸素　de soerstof；酸素吸入器 it soerstofapparaat；酸素マスク it soerstofmasker
さんぞく　山賊　de bandyt
ざんぞんする　残存する　ferduorje, oerlibje
ざんだか　残高　de balâns

サンタクロース　Krystman（→シンテクラース）
サンダル　*de* sandaal
さんたんする　賛嘆する　→賞賛する
さんだんとび　三段跳び　*de* hink-stap-sprong
さんち　山地　*it* berchlân
さんち　産地　in sintrum fan produksje
さんちゅうに［で］　山中に［で］　yn 'e berch
さんちょう　山頂　*de* berchtop, *de* top fan 'e berch
さんていする　算定する　kalkulearje, oersjen, skatte（→見積もる）：その費用は算定できない Ik kin de kosten net *oersjen.*
ざんていてきな［に］　暫定的な［に］　foarriedich：暫定的な結論 in *foarriedich* beslút
さんど　三度　trije kear, trijeris
サンドイッチ　*de* sandwich, (間食の) *it* / *de* flaubyt
さんどうする　賛同する　→賛成する
さんにゅうする　算入する　meirekkenje
ざんにん　残忍　*de* wredens, *de* wreedheid；残忍な hert(e)leas, wreed；残忍な人 *de* boal / beul
ざんねんな　残念な　sneu, spitich：彼女が私の誕生日に来られないのは残念です It is *sneu*［*spitich*］dat se net op myn jierdei komme kin.；残念に思う spite：残念に思う It *spyt* my.；残念ながら ta jins spyt, spitich genôch（→生憎(あいにく)）；残念なことに ûnfortúnlik, ûngelokkich；残念賞 *de* pûdelpriis
さんば　産婆　*de* ferloskundige
ざんぱい　惨敗　→完敗
ざんばい　三倍　→三
さんぱいする　参拝する　(in timpel) besykje, nei in［de］timpel ta gean
さんばし　桟橋　*it* havenhaad, (埠頭) *de* pier
さんぱつ　散髪　*it* hierknippen；散髪する jins hier knippe litte
さんび　賛美　*de* lof, *de* lofprizing；賛美する loovje, romje；賛美歌 *de* hymne,

it lofliet, *de* lofsang；賛美歌集 *it* lieteboek
さんぴ　賛否　*it* foar en tsjin, *it* pro en kontra：提案の賛否 *it foar en tsjin* fan in útstel；賛否両論 *it* foar en tsjin
さんびょうし　三拍子　*de* trijekwartsmjitte；三拍子揃った yn alle dingen（→万能の）
さんぷ　産婦　(出産後の) *de* kreamfrou
さんぷ　散布　*de* sprieding；散布する spriede, sprinkelje
ざんぶ　残部　(残り) *it* oerbliuwsel, (在庫品) *de* foarrie(d), *de* ynventaris
さんぷく　山腹　*de* berchhelling
さんぶさく　三部作　(小説・劇・音楽などの) *de* trilogy
さんふじんか　産婦人科　ferloskunde en gynekology
さんぶつ　産物　*it* makkelei, *it* produkt, (成果) *de* frucht, *it* produkt：農産物 agraryske *produkten*
サンプル　(見本) *it* meunster, *it* priuwke, *it* staal：カーテンのサンプル stalen fan gerdinen
さんぶん　散文　*it* proaza；散文的［に］prozaysk；散文作家 *de* proaza-skriuwer
さんぽ　散歩　*de* kuier, *de* loop：彼は散歩に出掛けている Hy is oan［op］'e *kuier.*；散歩する kuierje：日曜日には父と母はよく散歩に出掛ける Sneins geane ús heit en mem faak te *kuierjen.*
さんまんな　散漫な　ferstruid, ôfwêzich, (文体が) diffús
さんみ　酸味　*it* soerbrânen；酸味のある soer, wrang：酸味のあるりんご *soere* appels
さんみいったい　三位一体　*de* trijefâldige God
さんみゃく　山脈　《複》 *de* bergen：アペニン山脈 *de* Appelskeaster *bergen*
ざんよ　残余　*it* oerskot, *de* rêst / rest
さんらんする　産卵する　in aai lizze, (魚・蛙などが) kútsjitte

さんらんする 散乱する ferspriede
ざんりゅうする 残留する bliuwe, neibliuwe, neisitte
さんりゅうの 三流の treddeklas [-rangs / -soart]

さんりん 山林 it wâld (op 'e berch)
さんりんしゃ 三輪車 de trijetsjiller
さんれつする 参列する（ミサ・葬式などに）bywenje
さんろく 山麓 de foet (fan in berch)

し シ shi / si

し 四 4(の) (de) fjouwer (→よん)
し 氏 de Hear, (一族) de famylje：フークストラ氏 Hear Hoekstra
し 市 de stêd：市の中心地 it sintrum fan 'e stêd；市の stedsk
し 死 de dea；死んだ dea：死んだ子供 in dea bern；→死ぬ；死んだ人 de deade (→死者)
し 詩 it fers, it (ge)dicht, de sang：ギスバート・ヤーピックスの詩 fersen fan Gysbert Japiks；詩の，詩的な [に] dichterlik；詩を書く dichtsje：彼女は詩を作るのがうまい Hja kin goed dichtsje.
じ 字 →文字；字が上手である in moai hân (fan skriuwen) hawwe
じ 地 →地面，生地
じ 痔 de aambeien
(一) じ (一) 時（時間・時刻）de oere：今9時です It is no njoggen oere.，彼は5時に来る Hy komt om fiif oere.
しあい 試合 de striid, de wedstriid：(…と) 試合をする in wedstriid spylje (mei)；(…と) 試合する útkomme (tsjin)：日本がオランダと試合をする Japan komt út tsjin Nederlân.
じあい 慈愛 de minsklikens [-likheid], (慈悲) de genede, de graasje；慈愛深い genedich
じあいする 自愛する（健康に気をつける）jin(sels) mije：ご自愛ください Do moatst dysels wat mije.

しあがり 仕上がり de bewurking
しあげ 仕上げ de ôfwurking；仕上げる bewurkje, foltôgje, ôfmeitsje：この箱は仕上げがよくできている Dy kast is moai ôfmakke.
しあさって 明々後日 oare moarn
しあわせ 幸せ it (ge)lok, de lokkigens；幸せな (ge)lokkich：幸せなカップル in (ge)lokkich pear；幸せに (ge)lokkigerwize
しあん 思案 it beried, it betinken, it oerlis；思案する jin betinke, oerlizze
しあん 試案 in foarriedich plan, (草案) it konsept, it ûntwerp
しい 恣意 de willekeur；恣意的な [に] arbitrêr, willekeurich
しい 思惟 →思考，思索
じい 自慰 de masturbaasje
じい 辞意 (辞職) it opsizzen
しいくする 飼育する hâlde, kweke；(動物の) 飼育係 de oppasser
じいしき 自意識 de selsbewustens；自意識のある selsbewust
シーズン it seizoen
しいたけ 椎茸 in (Japanske) poddestoel
しいたげる 虐げる ferhûddûkje
シーツ it lekken：シーツと枕カバー lekkens en slopen
しいてきな 示威的な demonstratyf；示威運動 de demonstraasje
シート（座席）de sit，(切手の) in feltsje postsegel；シートベルト de au-

しいる　強いる　gebiede, needsaakje, twinge
シール　de segel；シールを張る segelje
しいれ　仕入れ　de ynkeap；仕入れる ynkeapje；仕入れ価格 de ynkeapspriis：それを彼から仕入れ価格で手に入れることができた Ik koe it foar *ynkeapspriis* fan him krije.
しいん　子音　de konsonant（↔母音）：無声［有声］子音 in stimleaze [stimhawwende] *konsonant*
しいん　死因　de deadsoarsaak, de oarsaak fan de dea
しいん　試飲　de keuring；試飲する karre, priuwe：ワインを試飲する wyn *priuwe*
シーン　（芝居・映画などの）de sêne, it toaniel
じいん　寺院　de timpel
ジーンズ　de spikerbroek：ジーンズをはきたい Ik mei graach in *spikerbroek* oan hawwe.
しうち　仕打ち　in（wrede）behanneling；むごい仕打ちをする immen wreed *behannelje*
しうんてん　試運転　de proefrit：新車の試運転をする in *proefrit* mei de nije auto meitsje
シェア　（分け前）it diel, it oandiel
しえい　市営　de gemeentewurken；市営の gemeentlik, stedsk
じえい　自衛　de needwar, de selsferdigening：自衛のために út *needwar*
じえいの　自営の　selsstannich（→独立した）
しえき　使役　it emploai；使役的な kausatyf；使役動詞 in *kausatyf* tiidwurd
ジェスチャー　（身振り）it gebeart,（複）de meneuvels
ジェットき　ジェット機　it strielfleantúch；ジェットコースター de rûtsbaan
ジェネレーション　((一)世代) de generaasje；ジェネレーションギャップ it generaasjekonflikt（→世代間の断絶）
シェフ　（料理長）de sjef
しえん　支援　de byfal, it hâld(fêst), de steun, de stipe：人から支援を受ける hâld [*stipe*] hawwe oan immen, 経済的支援 finansjele *stipe*；支援する drage, steune, stypje：私たちのバンドは政府から（財政的な）支援を得ている Us muzykkorps wurdt *stipe* troch de gemeente.；支援者 de stiper
しお　塩　it sâlt：一つまみの塩 in mespuntsje *sâlt*, じゃがいもに塩を振る *sâlt* oer de ierappels dwaan；塩漬けの sâlt：塩漬けにしたにしん *sâlte* hjerring, 塩水 *sâlt* wetter；塩気のある, 塩辛い sâltich；塩気のない sâltleas：塩気のない食物 in *sâltleas* dieet
しお　潮　it tij：満［干］潮 heech [leech] *tij*, 潮が引いている It *tij* ebbet., 潮が満ちている It *tij* is heech.；潮の干満 eb en floed, 引き潮 de eb(be) / êb(e)
しおくり　仕送り　de talage；人に仕送りをする jild oan immen ferskaffe
しおどき　潮時　（潮流の）it tij,（好機）de gelegenheid：潮時を待つ in *gelegenheid* ferwachtsje
しおらしい　→大人しい
しおり　栞　de blêdwizer, de boekelizzer
しおれる　萎れる　ferdôvje, ferwyl(g)je, kwine；萎れた wilich：萎れた花 *wilige* blommen
しおん(の)　歯音(の)　(de) dentaal
しか　鹿　（雄の）it hart,（雌の）it / de ei
しか　市価　de merkpriis
しか　歯科　de toskhielkunde；歯医者 de tosk(e)dokter（→歯医者）
しか　賜暇　de permisje
(…)しか(…ない)　mar, inkel(d)：私には息子が一人しかいない Ik ha *mar* ien soan., 5分しかいられない Ik kin *mar* fiif minuten bliuwe., これは君だけにしか当てはまらない Dit jildt *inkel*(d) foar dy.
じか　自家　jins eigen hûs [famylje]；

自家（製）の eigenmakke, selsmakke, fan eigen fabrikaat [makkelij]；自家製のジャム eigenmakke jam；自家（用）の foar privee, persoanlik gebrûk

じか　時価　de priis fan dit stuit

じが　自我　it ego, jins sels

しかい　市会　it stedsbestjoer；市会議員 de riedshear

しかい　視界　it gesicht, it sicht：視界から消える út it sicht ferdwine；視界に入る sichtber wurde

しがい　市外　de bûtenwyk；市外に bûten de stêd；市外局番 it kengetal, it netnûmer

しがい　市街　de strjitte；市街図 de plattegrûn （→案内図）；市街地 it stedsk gebiet

しがい　死骸　it lyk（→死体）

じかい　次回　de oare kear；次回の ankom(me)：次回の会合 de ankom(me) gearkomst

じがい　自害　de selsmoard（→自殺）：自害する selsmoard dwaan

しかいする　司会する　（会議などの） foarsitte；司会者 de foarsitter,（テレビ・ラジオ番組の）de presintator；（番組・パーティーなどの）司会を務める presintearje

じかいする　自戒する　jin ferwite

しがいせん　紫外線　ultrafiolete strielen

しかえし　仕返し　de wraak：人に仕返しをする wraak nimme op immen = werombetelje

しかく　死角　deade hoeke

しかく　視覚　it gesicht, it sicht；視覚の, 視覚的な[に] fisueel

しかく　資格　it foech, de kwalifikaasje：十分に資格のあるパイロット in piloat mei folslein foech；資格を与える kwalifisearje

しがく　私学　（私立の大学）in private universiteit,（私立の学校）in bysûndere skoalle

しがく　詩学　de dichtkeunst, de poësy

じかく　自覚　de selskennis；自覚する beseffe（→悟る）

しかくけい　四角形　de fjouwerhoek, it fjouwerkant；四角（形）の fjouwerkant(ich)

しかけ　仕掛け　（機械の）it meganisme, it wurk；時計の仕掛け it oerwurk；仕掛ける begjinne（→着手する）,（挑む）daagje, útdaagje：仕事を仕掛ける in saak begjinne

しかざん　死火山　in útdôve fulkaan（↔活火山）

しかし　mar：彼女は息を深く吸ったが，しかし一言も言わなかった Hja sykhelle djip, mar sei gjin wurd.

しかじかの　sa en sa（→誰それの）；しかじかの時に dan en dan

しかしながら　lykwols：しかしながら彼女は来なかった Hja kaam lykwols net.

じかせいの　自家製の　→自家の

じがぞう　自画像　it selsportret

しかた　仕方　de wize；仕方がない hopeleas；仕方なく[しに] tsjin heuch en meuch, ûnwillich, tsjin jins wil；あることを仕方なくやる eat mei wjersin dwaan

じがためする　地固めする　（地面を）de grûn lykmeitsje [oersljochtsje / ôfgrave / sljochtsje],（基礎を）fersterkje

じかだんぱん　直談判　in direkte ûnderhandeling；（…について）直談判をする ûnderhandelje (oer)

（…）しがちである　（…）仕勝ちである plichtsje（→…（する）傾向がある）；《副》（しばしば…する）gauris：ぬれた道路では車はスリップしがちだ Auto's slippe gauris op 'e wiete wei.

しかつ　死活　libben en [of] dea

しがつ　四月　de april, de gersmoanne

じかつ　自活　de selsstannigens（→自立）；自活する jinsels bedrippe, jild fertsjinje foar jins eigen ûnderhâld

しかと　確と　→確かに

じかに　直に　streekrjocht

しかばね　屍　it lyk：生ける屍 in libben lyk

しがみつく　（…に）jin fêstklamme (oan), hingje (oan)：その赤ん坊は母親にし

がみついている De poppe *hinget* oan har mem.
しかめる　顰める　meneuvelje；しかめ面《複》*de* meneuvels：人にしかめ面をする *meneuvels* meitsje tsjin immen
しかも　然も　boppedat, bûtendat, dêrby (→その上に)：そしてしかも彼は村一番の賢い人です En *dêrby* is er de tûkste fan it doarp.
じかようの　自家用の　→自家の
しかりつける　叱り付ける　beskrobje, (…を) grauwe (op), útfûterje：こっぴどく叱り付ける *grauwe* en snauwe = op jins dak krije
しかる　叱る　bekibje：帰宅が遅すぎると（いって）母は私たちを叱った Mem *bekibbe* ús doe't wy te let thúskamen.
シガレット　*de* sigaret
しかん　士官　*de* offisier
しがん　志願　*de* oanfraach, *de* sollisitaasje；志願する oanfreegje, (…を) sollisitearje (nei)；志願者 *de* oanfreger, *de* sollisitant
じかん　時間（時）*de* tiid,（時刻）*de* oere：時間が経つ De *tiid* giet foarby., 寝る時間だ It wurdt myn *tiid*., 随分時間がかかる It nimt in soad *tiid*., 時間通りに op 'e *tiid* = omskik, 1時間は60分である In oere hat sechtich minuten., 1時間経って oer in *oere*, 何時間も *oeren* lang；時間のかかる dreech
じかんわり　時間割　（学校の）*it / de* (les)roaster；時間表 *de* tsjinstregeling
しき　式　（式典）*de* seremoanje (→儀式),（宗教的な）*it* ritueel,（数学の）*de* formule
しき　士気　（国民の）*it* moreel：士気が高い［低い］It *moreel* is goed [min].
しき　四季　de fjouwer seizoenen：四季の変化 de feroaring fan de *seizoenen*, 四季を通じて troch de *seizoenen*
しき　死期　*de* lêste oere
しき　指揮　*it* kommando；（楽団・集団を）指揮する dirigearje, regissearje,（命令する）kommandearje；指揮官 *de* kommandant；指揮者 *de* dirigint
しぎ　鴫　*de* snip
じき　時期　*de* perioade, *de* snuorje, *de* tiid：この時期にしては好天気だ It is goed waar foar de *tiid* fan it jier.；時期はずれの ûntidich
じき　時機　→機会
じき　磁気　*it* magnetisme；磁気を帯びた magnetysk
じき　磁器　*it* porslein
しきい　敷居　*de* drompel
しきいし　敷石　*de* stoeptegel,（舗装用の）*de* tegel
しぎかい　市議会　*de* gemeenteried
しききん　敷金　*it* staasjejild (→保証金)
しきさい　色彩　*de* kleur（配色）：鮮やかな色彩 in heldere *kleur*, 色彩感覚 gefoel foar *kleuren*；色彩に富んだ kleurich
しきしゃ　識者　*it* yntellekt
しきそ　色素　*it* pigmint
じきそする　直訴する　in direkte klacht yntsjinje
しきたり　仕来たり　（慣例）*it* gebrûk, *de* tradysje：古いしきたりに従って neffens in âld *gebrûk*
しきち　敷地　*de* bougrûn, *it* (bou)terrein
しきちょう　色調　*de* tinktuer, *de* tint
しきてん　式典　*de* seremoanje
じきに　直に　→直(ᵍ)ぐ, 直ちに
じきひつ　直筆　jins (eigen) hânskrift
しきふ　敷布　（ベッド用の）*it* lekken；敷布団 *it / de* matras (→マットレス)
しきべつ　識別　*de* ûnderskieding；識別する kenne, ûnderskiede (→判別する)：私の孫は色々な種類の魚を識別できる Us bernsbern kin ferskate soarten fisken *ûnderskiede*.；識別できる kenber
しきもう　色盲　*de* kleureblinens；色盲の kleureblyn
しきもの　敷物　（じゅうたん）*it* flierkleed, *it* kleed, *it* tapyt,（小さい）*it* kleedsje

しきゃく　刺客　*de* slûpmoardner
じぎゃく　自虐　*it* masogisme, *de* selskwelling；自虐的な [に] masogistysk；自虐者 *de* masogist
しきゅう　子宮　*de* limoer, *de* skoat，（牛・馬の）*it* liif；子宮（頸）がん *de* limoer-(hals)kanker
しきゅう　支給　*de* foarsjenning；支給する foarsjen
じきゅう　自給　*de* selstandichheid；自給の selsstannich；自給自足 *de* autarky, *de* selsfoarsjenning；自給自足の autarkysk
じきゅうで　時給で　（支払う）by *de* oere（útbetelje）
しきゅうの　至急の　urgint（→緊急の）
しきょ　死去　→死亡
しきょう　市況　*de* merkpriis
しきょう　司教　*de* biskop：オランダには 7 人の司教がいる Yn Nederlân binne sân *biskoppen*.；司教管区 *it* bisdom
しぎょう　始業　（開始）*de* iepening, *de* oanfang（fan wurk）；始業式 *de* iepeningsplechtichheid
じきょう　自供　*de* bekentenis, *de* belidenis；自供する bekenne, belide：犯行を自供する in misdied bekenne, skuld bekenne
じぎょう　事業　*it* bedriuw, *it* ûndernimmen, *de* ûndernimming：事業を始める in *bedriuw* begjinne；事業家 *de* ûndernimmer
しきょく　支局　*it* filiaal
じきょく　時局　（状況）*it* gefal, *de* situaasje, *de* tastân
しきり　仕切り　*de* dieling, *de* ôfsluting；仕切る ôfsûnderje；仕切り席 *de* lôzje（→ボックス）
しきりに　頻りに　（頻繁に）faak, frekwint, geregeldwei，（熱心に）happich, hongerich，（熱烈に）entûsjast, waarm
しきん　資金　*it* fûns，（資本）*it* kaptaal
しく　詩句　（詩の一節）*it* fers, *de* strofe

しく　敷く　lizze，（広げる）spriede：じゅうたんを床に敷く in kleed oer de flier *spriede*
じく　軸　*de* spil，（車軸）*de* as
じく　字句　wurden en wurdgroepen
しぐさ　仕草　*it* gebeart, *it* gedrach, hâlden en dragen, *it* optreden
ジグザグに　sigesaagjend, sigesagend；ジグザグに進む [流れる] sigesaagje
しくしくなく　しくしく泣く　snokje, snokke, gûle skrieme
しくじる　（失敗する）fale, misgean, mislearje；しくじり *de* misgryp, *de* mislearring, *de* misset, *de* mistaast
ジグソーパズル　*de* lispuz(z)el
シグナル　（信号）*it* sinjaal
しくはっくする　四苦八苦する　raar yn earmelytse wêze；四苦八苦して mei alle earmoed [muoite]
しくみ　仕組み　*it* meganisme；仕組む konstruearje（→組み立てる），（たくらむ）kûpje, konkelje
しけ　時化　*it* hûnewaar，（暴風雨）*de* stoarm, *it* stoarmwaar；（海は）しけている rûch：海はしけ模様だ De see is *rûch*.
しけい　死刑　*de* deastraf；人に死刑の宣告を下す immen ta de dea feroardielje
しげき　刺激　*de* oanfitering, *de* prikel, *de* stimulaasje；刺激する oanfjurje, opwekje, prikelje, stimulearje：五感を刺激する de sintugen *prikelje*；刺激的な opwinend, prikeljend；刺激剤 *de* stimulaasje
しげしげ　繁々　→しばしば，（じっと）strak：人の顔をしげしげと眺める immen *strak* yn 'e eagen sjen
じけつ　自決　*de* selsbeskikking，（自殺）*de* selsmoard；自決する→自害する, 自殺する
しけつする　止血する　stjelpe
しげみ　茂み　*it* bosk
しける　時化る　（海・天候が荒れている）hûnje, rou [stoarmich] wêze，（不景気である）traach wêze

しける　湿気る　(パン・クッキーなどが) dampich [dof] wurde
しげる　茂る　(草木が) oergroeie, oerwoekerje：うちの庭は雑草が一面に生い茂っている Us tún is *oergroeid* fan túch.
しけん　私見　jins (persoanlike) miening [opiny]：私見によれば nei myn (*persoanlike*) opiny
しけん　試験　it eksamen, (検査) it proefwurk, *de* test, (実験) it eksperimint：試験を受ける *eksamen* dwaan = jin ûnderwerpe, 試験に合格[失敗]する foar in *eksamen* slagje [sakje]；試験をする eksaminearje, (検査をする) karre, lotterje, teste, in proefwurk opjaan, (実験をする) eksperimintearje；試験官 *de* eksaminator 《女性形-trise》；試験管 *de* reagearbuis；試験問題 *de* eksamenopjefte
しげん　資源　*de* helpboarne, *it* helpmiddel：天然資源 natuerlike *helpboarnen*
じけん　事件　*it* barren, *it* foarfal, (小さな) *it* ynsidint
じげん　次元　*de* diminsje, (水準) *it* nivo, *it* peil
じげん　時限　*de* tiidsbepaling, (授業の) *de* lesoere；時限爆弾 *de* tiidbom
しご　死後　nei jins dea；死後の [に] postúm
しご　死語　in deade taal
しご　私語　praat ûnder mekoar；私語する flústerje, lústerje, mûskopje, ûnder mekoar prate, reauntsje (→ひそひそ話をする)
じこ　自己　sels, jins ik；自己の eigen, jins (→自分自身の)；自己紹介する jin foarstelle
じこ　事故　*it* ûngelok, *it* ûngemak, (交通) *it* ûnk：事故に遭う in *ûngelok* hâlde [hawwe / krije]；事故で死ぬ ferûngelokje：彼は自動車事故で死んだ Hy *ferûngelokke* yn [by] in auto-ûngemak.
しこう　志向　(意図) *it* doel, *it* foar-nimmen；志向する bedoele, doele (op)
しこう　思考　*it* tinken, *de* tins；思考する tinke；思考様式 *de* tinkwize
しこう　施行　(実施) *de* operaasje；施行する operearje
しこう　試行　(試み) *de* proef；試行期間 *de* proeftiid；試行錯誤で mei fallen en opstean
しこう　嗜好　(好み) *de* gading, *de* nocht, *de* pree, *it* sin, *de* smaak：食べ物の嗜好 jins *sin* oan iten；嗜好品 jins favoryte iten
じこう　事項　(事柄)《複》*de* saken, (項目)《複》*de* posten
じこう　時効　*de* ferjierring；時効になる ferfalle, ferjierje：この条例はもう時効になっている Dy bepaling is no *ferfallen.*
じこう　時候　→気候, 天候
じごう　次号　(雑誌などの) it earstkommend nûmer
じごうじとく　自業自得　it yn dubio wêzen
しごく　扱く　strippe, (厳しく鍛える) strang dressearje [oefenje / ôfrjochtsje]
しごく　至極　tige, op 'en utersten：至極残念です It is *tige* spitich.
じこく　自国　*it* bertelân, jins eigen lân；自国の ynlânsk；自国語 *de* memmetaal (→母国語)
じこく　時刻　(時・時間) *de* tiid：時刻通りに op 'e *tiid*；時刻表 *it* / *de* roaster, *it* tiidskema, *de* tsjinstregeling, (鉄道の) *it* spoarboekje
じごく　地獄　*de* hel, *it* ynferno；地獄の (ような) helsk；《諺》地獄の沙汰も金次第 Jild regeart de wrâld.
しごせん　子午線　*de* meridiaan
しごと　仕事　*de* arbeid, *de* bezichheid, *it* karwei, *it* wurk：仕事に行く oan 'e *arbeid* gean, 仕事中である oan 'e *arbeid* wêze, op 't *karwei* wêze, 骨の折れる仕事 in dreech *karwei*, 仕事を探しに行く op *karwei* gean, それは君に打ってつけの仕事だ Dat is krekt in *karweike* foar dy., そのような辞書の編集は大変

littやしし

な仕事です Sa'n wurdboek te meitsjen is in hiel *karwei*., 仕事にとりかかる oan it *wurk* gean；仕事をする arbeidzje, wurkje；仕事着 it wurk(ers)pak；（職人の）仕事場 *de* winkel；仕事日 *de* wurkdei

しこむ　仕込む　（人・動物を）beleare, beride, dressearje, ôfrjochtsje（→調教する）,（仕入れる）ynslaan, opdwaan

しこり　凝り　（筋肉の）*de* stivens,（肉塊の）it bultsje,（わだかまり）fieling fan antagonisme；しこりがある kerbintich, stiif, stram（→凝った）

しさ　示唆　*de* suggestje；示唆する suggerearje；示唆的な［に］suggestyf

じさ　時差　it tiidsferskil：東京とアムステルダムとでは7時間の時差がある Der is in *tiidsferskil* fan sân oeren tusken Tokio en Amsterdam.；時差ぼけ *de* jetlag ＊サマータイム以外, 時差8時間

しさい　子細　*de* bysûnderheid, *de* finesse（→詳細）；子細な［に］minusjeus, omstannich, wiidweidich：子細な記述 in *wiidweidige* beskriuwing

しさい　司祭　（カトリック教の）*de* pastoar, *de* preester；司祭の pastoraal；司祭館 *de* pastorij(e)

しざい　死罪　it deafonnis（→死刑）
しざい　私財　it priveebesit
しざい　資材　*de* boustof

しさく　思索　*de* bespegeling（→思考）；思索する bespegelje

しさく　試作　it proefwurk；試作品 it prototype：新車の試作品 in *prototype* fan in nije auto

じさく　自作　jins eigen wurk

しさくする　詩作する　dichtsje：彼女は詩作にたけている Hja kin goed *dichtsje*.

しさつ　刺殺　*de* stek；刺殺する stekke

しさつ　視察　*de* ynspeksje, *de* skôging, *de* skou：視察に出掛ける op *ynspeksje* gean；視察する ynspektearje, skôgje；視察官 *de* ynspekteur《女性形 –trise》

じさつ　自殺　*de* selsmoard：彼は自殺すると言って脅した Hy drige mei *selsmoard*.；自殺する jinsels ferdwaan [oantaaste], jinsels it libben benimme, jin(sels) te koart dwaan, de hân oan jinsels slaan；自殺者 *de* selsmoardner；自殺未遂 in besykjen ta selsmoard

しさん　資産　*de* boel, *de* have；資産と負債 *de* baten en *de* skulden；資産家 *de* rike（→金持ち）

しさん　試算　*de* proefberekkening：試算する in *proefberekkening* meitsje

じさんする　持参する　meibringe, meinimme：何を持参していますか Wat hast *meibrocht*?；持参金 *de* breidsskat

しざんの　死産の　deaberne：死産児 in *deaberne* bern

しし　獅子　→ライオン；獅子座 *de* Liuw

しじ　支持　*de* steun, it ûnderhâld；支持する foarstean, steune ûnderhâlde：提案を支持する in *útstel steune*；支持者 *de* drager, *de* foarstander

しじ　私事　persoanlike saken

しじ　指示　it bestel, *de* ynstruksje, *de* oantsjutting, *de* oanwizing：父の指示でそうした Ik die it op *bestel* fan ús heit., 指示に従う ynstruksjes [oanwizingen] opfolgje；指示する bestelle, foarskriuwe, ynstruearje, oanwize, oplizze；指示代名詞 in oanwizend foarnamwurd

ししつ　資質　it talint（→素質, 才能）；資質のある talintfol

じじつ　事実　it feit：…ということは事実だ It is in *feit* dat …；事実に関する［して］feilik

じじの　時事の　aktueel,（流通の）gongber：時事（の）問題 in *aktueel* ûnderwerp, 新聞には毎日時事問題が掲載される Yn in krante steane alle dagen de *aktuele* saken., 時事英語 gongber Ingelsk

ししゃ　支社　it filiaal

ししゃ　死者　*de* deade；死者の世界 it deaderyk（→黄泉(よみ)の国）

ししゃ　使者　*de* besteller
ししゃく　子爵　＊フリジア語にはこの階位はない《cf. オランダ語 burggraaf》
じしゃく　磁石　*de* magneet；磁石の magnetysk
ししゃごにゅう　四捨五入　*de* ôfrûning；四捨五入する ôfrûnje
ししゅう　刺繍　*it* borduer(j)en；刺しゅうする borduer(j)e
ししゅう　詩集　*de* fersebondel
しじゅう　四十　40（の）（*de*) fjirtich（→四十(しじゅう)）；第40（の），40番目（の）（*it* / *de*) fjirtichste
しじゅう　始終　（絶えず）aloan, jimmer, （始めから終りまで）fan it begjin oant de ein
じしゅう　次週　→来週
しじゅういち　四十一　41（の）（*de*) ienenfjirtich
じしゅく　自粛　（自制）*de* selsbehearsking, *de* selskontrôle：自粛する jins *selsbehearsking* bewarje
ししゅする　死守する　mei jins libben ferdigenje
ししゅつ　支出　*de* útjefte（↔収入）；支出する útjaan
じしゅてきな[に]　自主的な[に]　selsstannich
ししゅんき　思春期　*de* puberteit；思春期の puberaal
ししょ　司書　*de* bibliotekaris《女性形 –resse》
じしょ　地所　*it* lân
じしょ　辞書　*it* wurdboek（→辞典, 字引)：辞書を引く opsykje：辞書で単語を調べる wurden yn in wurdboek *opsykje*
じじょ　次女　jins twadde dochter
ししょう　支障　→差し支え；支障なく sûnder ferlet
しじょう　市場　（市場(いちば)）*de* merk, （証券市場）*de* oandielemerk：国内[外国]市場 in binnenlânske [útlânske] *merk*
しじょう　詩情　dichterlik sentimint

じじょう　自乗　*it* kwadraat（→二乗(にじょう)）：9は3の自乗である 9 is it *kwadraat* fan 3.
じじょう　事情　*it* gefal, *de* tadracht：どんな事情があっても…ない yn gjin *gefal*
ししょうじ　指小辞　*it* diminutyf, *it* ferlytsingswurd
ししょうしゃ　死傷者　*de* deaden en *de* ferwûnen；戦争の死傷者 *de* oarlochsdeade
じしょく　辞職　*de* berêsting, *it* betankje；辞職する betankje, jin dellizze
ししょくする　試食する　karre, priuwe；試食 *de* keuring
じじょでん　自叙伝　*de* autobiografy
ししょばこ　私書箱　（郵便の）*de* postbus
ししん　私心　（利己心）*de* eigenbaat, （我欲）*de* selssucht；私心のない ûnbaatsuchtich：それから彼は私心を捨てて私に援助の手を差し伸べてくれた Hy hat my doe *ûnbaatsuchtich* holpen.
ししん　指針　（方針）*de* rjochtline, （計器の）*de* wizer
しじん　詩人　*de* dichter, （女流の）*de* dichteresse
じしん　自身　sels（→自分自身）
じしん　自信　*it* selsbetrouwen, *de* wissens；自信のある selsbewust；自信がない beskromme；自信過剰 *de* oermoed；自信過剰の oermoedich
じしん　地震　*de* ierdbeving, *de* ierdskodding（→震度)：日本は地震が多い Yn Japan hawwe wy in soad *ierdbevingen*.；地震計 *de* seismograaf
じすいする　自炊する　jins eigen iten siede
しすう　指数　*de* yndeks
しずかな[に]　静かな[に]　（自然の）dimmen, gerêst, rêstich, stil, （落ち着いた）bedaard, rêstich, stadich；静けさ *de* bedaardens [-daardheid], *de* rêst, *de* stillens, *de* stilt(m)e：その祭の後，村は再び静けさを取り戻した Nei feest kaam der wer *rêst* yn it doarp., 夜

の静けさ de stilte fan 'e nacht
しずく　滴　 de drip；滴となって drippendewei；滴がしたたる delsipelje
システー　（修道女）de suster
システム　it systeem；システム化する systematisearje（→組織化する）
じすべり　地滑り　de ierdferskowing
しずまる　静まる　（静かになる）restich wurde, jin deljaan,（気持ちが）kalm [restich] wurde
しずまる　鎮まる　（痛み・天気などが）saksearje
しずむ　沈む　sakje, sinke,（太陽・月が）delgean, ûndergean,（気持が）deprimearje：体が水の底まで沈んだ It lichem sakke nei de boaiem., 太陽が西に沈んでいる De sinne sakket [giet ûnder] yn it westen.
しずめる　沈める　sinke litte,（水中に）ûnderdompelje
しずめる　静める　delbêdzje, kalmearje,（暴動などを）delslaan（→鎮圧する）
しする　資する　（貢献する）ynbringe
じする　辞する　（辞退する）net krije,（辞職する）betankje,（辞去する）ôfskie(d) nimme
しせい　姿勢　it bestek, de hâlding, it postuer：気をつけの姿勢で立つ yn 'e hâlding stean
じせい　自制　de selsbehearsking, de selskontrôle：自制する jins selsbehearsking bewarje, 自制心を失う jins selsbehearsking ferlieze
じせい　時制　de tiid：動詞の時制 de tiid fan in tiidwurd
じせい　時勢　（時流）de streaming,（傾向）de trend（fan de tiden）
じせい　辞世　de swannesang
じせい　磁性　it magnetisme
せいかつ　私生活　jins priveelibben
せいじ　私生児　de basterd, de oerwinneling, in ûnecht [ûnwettich] bern
せいする　自生する　yn it wyld groeie
しせき　史跡　in histoarysk plak
しせつ　使節　de kommittearre；使節団 de delegaasje, it gesantskip
しせつ　施設　de ynrjochting, it ynstitút：施設に入っている yn in ynrjochting sitte, 学校は物事を学ぶ［教える］施設である In skoalle is in ynstitút om wat te learen.
じせつ　自説　jins eigen opiny：自説を捨てる［変える］jins opiny [miening] jaan [wizigje]
じせつ　時節　（季節）it seizoen,（時期）de tiid,（機会）de gelegenheid
しせん　死線　tusken libben en dea, yn it lêste toevjen；死線をさまよう op stjerren lizze（→危篤状態である）
しせん　視線　de blik, it each：視線を上に向ける de eagen opslaan, 視線をそらす de eagen ôfkeare
しぜん　自然　de natuer：自然破壊 de destruksje fan de natuer, 自然の中で yn 'e frije natuer；自然（界）の natuerlik, 自然に fansels；自然科学 de natuerwittenskip；自然現象 it natuerferskynsel；自然主義 it naturalisme；自然崇拝 it naturisme；自然保護 it natuerbehâld
じぜん(しん)　慈善(心)　de goedens；慈善の barmhertich, goed；慈善家 de goeddogger
じぜんの　事前の　fan tefoaren；事前に tefoaren, yn 't foaren
しそ　紫蘇　（複）de lipblommigen
しそう　思想　de gedachte, it sin, it tinken：思想の自由 frijheid fan tinken；思想家 de tinker：偉大な思想家 in grutte tinker
(…)しそうになる　lykje：雨になりそうだ It liket as sil it reine., 彼は勝ちそうだ It liket as sil er winne.
しぞく　氏族　（親族）it geslacht, de stam
しぞく　士族　de stân [laach] fan in 'samurai'
じそく　時速　時速100キロで運転する 100 kilometer de oere ride
じぞくする　持続する　duorje, meigean；持続性の duorjend
しそこなう　仕損なう　fale, misbeteare（→仕損じる）

しそん 子孫 *it* neigeslacht, *de* neikommeling, *it* neiteam, *de* ôfstammeling；（…の）子孫である ôfstamje (fan)

しそんじ 仕損じ →しくじり

しそんじる 仕損じる fale, mislearje

じそんしん 自尊心 *de* grutskens, *it* selsfielen, *it* selsrespekt；自尊心の強い grutsk；自尊心を傷つける fernederje

した 下 （下部）（体の）*it* ûnderein,（物の）*de* ûnderein, *de* ûnderkant,（低い所）*de* delte,（階級・身分が）*de* legerein；下に del, omleech, ûnder, ûnderoan；下から ûnderút；下の方に ûnderen；《前》…の下に ûnder, ûnderoan：目の下にたるみがある pûden *ûnder* de eagen hawwe, 台所の下に *ûnder* de koken, ページの下に *ûnderoan* de side；《比較級で》《年齢が》下の jonger：彼女は私より7つ齢（とし）下です Hja is sân jier *jonger* as ik.

した 舌 （人・動物の）*de* tonge,（管楽器の）*de* tonge：苔（こけ）のついた舌 in besleine *tonge*, 二枚舌を使う mei in dûbele *tonge* prate, フルートの舌 de *tonge* yn in fluit

しだ 羊歯 *de* faren, *de* fear, *de* rintfear

じた 自他 iksels en oare lju

したあご 下顎 *de* ûnderkaak (↔上顎)

したい 死体 （人の）*it* lyk, *it* oerskot, *it* omskot (→遺骸),（動物の）*de* donder, *de* soademiter

したい 姿態 （姿）*it* / *de* figuer,（ポーズ）*it* postuer

(…)したい wolle：飛行機の予約を確認したい Ik *wol* graach myn flecht befêstigje.；(…を)したくなる útlokje [útnoadigje] (ta)

しだい 次第 （事情）*de* omstannichheid：このような次第で yn [ûnder] dy *omstannichheden*；《接》…次第 sadree('t)：彼が到着次第, 私が電話を入れます Ik belje dy *sadree*('t) er oankomt.；手当たり次第に aselekt；（…）次第である ôfhingje (fan)：な

るほどそんなことは天候次第だ Soks hinget och sa fan 't waar ôf.

じたい 字体 （書体）*de* letter, *it* lettertype

じたい 事態 *it* gefal, *de* situaasje, *de* tastân

じたい 辞退 （断り）*it* betankje, *de* ôfwizing, *de* wegering；（…を)辞退する betankje (foar), ôfwize, wegerje：私は指名を辞退した Ik haw foar de beneaming *betanke*.

じだい 次代 *it* neigeslacht

じだい 時代 *de* ieu, *de* tiid, *it* tiidrek：黄金時代 de Gouden *Ieu*, ローマ時代に yn de *tiid* fan de Romeinen, 私の時代は終わった Dat wie foar myn *tiid*., 時代遅れになる út 'e *tiid* reitsje, コンピューターの時代 de *tiid* [it *tiidrek*] fan 'e kompjûter；時代遅れの argaysk, ferâldere

しだいに 次第に allinken(wei), dwaandewei, geandewei, linkelytsen, neigeraden, njonkelytsen, stiloan, stilwei：彼は次第に理解し始めた *Linkelytsen* krige er it foar it ferstân., 彼の病気は次第に悪化している Hy wurdt *stiloan* siker.

したう 慕う （…を) langhalzje (nei), longerje (op),（敬慕する）oanbidde：祖国を慕う *langhalzje* nei jins heitelân

したうけぎょう 下請け業 *it* taleveringsbedriuw

したうちする 舌打ちする smachte：そんな舌打ちしてはいけません Net sa *smachte*.

したがう 従う folgje, neifolgje,（…に）jin ûnderwerpe (oan),（命令に）opfolgje,（要求・規則に）flije：キリスト(の教え)[忠告]に従う Jezus [in rie] *folgje* [*neifolgje*], 人の要求[あること]に従う jin nei immen [eat] *flije*

したがえる 従える （…を伴う）folge wurde (troch)

したがき 下書き *it* konsept, *it* ûntwerp；下書きする ûntwerpe

したがって 従って bygefolch, dus, fangefolgen,（dat）sadwaande；《前》…に従って neffens：規則に従って *neffens* it reglemint；《接》《比較級をしばしば伴う》neigeraden（dat）…, navenant, nei't：稼ぎが多くなれば，従って支払う税金も多くなる *Neigeraden*（dat）men mear fertsjinnet, betellet men ek mear belesting.
（…）したがる ferlangje, wolle；（…）したがらない ûngenegen [ûnwillich] wêze
したぎ 下着 it ûnderguod（→肌着），(女性の) *de* linzjery
したく 支度 *de* risselwaasje, it tarieden, *de* tarieding：(教会へ行く) 支度をする *risselwaasje* meitsje (om nei tsjerke)；支度をする risselwearje, (食事・会合などの) tariede (→準備をする)
じたく 自宅 jins hûs；自宅に：今日は終日自宅にいます Hjoed bin ik de hiele dei *thús*.；自宅に留まる thúsbliuwe [-sitte]：自宅にいたいと思います Ik wol *thúsbliuwe*.；自宅に連れて来る thúsbringe：その少年はその女の子を誕生パーティーに自宅に連れて来た De jonge *brocht* nei it jierdeisfeest it famke *thús*.
したくちびる 下唇 →唇
したごころ 下心 jins ferhoalen [geheim] doel
したごしらえ 下拵え（準備）*de* taris；下拵えをする preparearje, tarisse (→準備をする)
したじ 下地 (基礎) *de* grûn(slach), (素質) *it* talint, (絵などの) *de* grûnlaach
したしい 親しい amikaal, befreone, eigen, familiêr, freonlik, ynlik, yntym, kundich：互いに親しい間柄である *yntym* mei-inoar omgean, (人と) *freonlik* wêze tsjin immen
したじき 下敷き *de* ûnderlizzer
したしく 親しく (じかに) daliks, (個人的に) persoanlik, 親しくなる freonskip slute；人と親しくなる kennis meitsje mei immen
したしみ 親しみ *de* betroudens；(あることに) 親しむ jin fertroud meitsje (mei eat)
したしらべ 下調べ (予習) *de* tarieding, (予備調査) *it* foarûndersyk；(…の) 下調べをする jin preparearje (foar), tariede (op)
したたる 滴る delsipelje, drippe；滴り *de* drip（→滴(しずく)）
したづつみ 舌鼓 *de* smak；舌鼓を打つ smakke
したっぱ 下っ端 *de* ûnderhearrige
したて 仕立て (衣服の) *de* snjit；仕立てる snije
したどり 下取り (車の) 下取り *de* ynruilauto；(中古車などを) 下取りに出す ynruilje；下取り価格 *de* ynruilwearde
したば 下歯 de ûnderste tosken（↔上歯）
したばら 下腹 (腹部) *it* liif, *de* pânse
したび 下火 下火になる trochbaarne, weistjerre, (衰える) ferfalle
したまち 下町 *de* binnenstêd
したまわる 下回る（…より）leger [minder] wurde (as)
したみ 下見 *it* foarûndersyk（→予備調査), 下見する tefoaren ûndersykje
したむき 下向き (ヘッドライトを) 下向きにする (de koplampen) dimje [dimme]
じだらくな 自堕落な los, losbannich, ûnsedich：自堕落な女 in *los* frommes
しだれやなぎ 枝垂れ柳 *de* treurwylch
じだん 示談 *de* ôfkeap；示談金 *de* ôfkeapsom
しち 七 7(の)（*de*）sân（→七(なな)); 7番目(の)（*it* / *de*）sânde：7番目の家 *it sânde* hûs
しち 質 (抵当) it pân；質屋 *de* lienbank, *de* lommert
じち 自治 *it* selsbestjoer
しちがつ 七月 *de* july (moanne)
しちじゅう 七十 70(の)（*de*）san-

しちじゅういち

tich：70歳代の yn 'e santiger jierren；70番目（の）（it / de）sântichste
しちじゅういち　七十一　71（の）（de）ienensantich
しちめんちょう　七面鳥　de kalkoen
しちや　質屋　→質(しち)
しちゃくする　試着する　oanpasse, passe：新しいズボンを試着する in nije broek (oan)passe
しちゅう　支柱　de skoar, de stut
シチュー　it potiten, de stamppot
しちょう　市長　de boargemaster,（女性の）de froulike boargemaster
しちょう　思潮　de gedachtenstream
しちょうかくの　視聴覚の　audio-fisueel：視聴覚教材 audio-fisuele middels；視聴者 de kiker,（テレビなどの）de sjogger；視聴率 de sjochtichtens
しちょうそん　市町村　stêden en doarpen,（地方自治体）de gemeenten
しつ　質　（品質）it gehalte,（資質）de kwaliteit：低質の sûnder gehalte, 質のよい［悪い］fan goede [minne] kwaliteit；質の, 質的な［に］kwalitatyf：質的に大きな違いがある Kwalitatyf wie der gâns ferskil.
じつ　実　（実体）de substânsje,（真実）de werklikheid, de wierheid,（誠実）de oprjochtens；実のある oprjocht, substansjeel, wier；実のない nominaal（→名ばかりの）；実に foargoed, wrachtich, wrammels：彼は実に面白い Hy is foargoed gek.；実は, 実を言えば trouwens, om de wierheid te sizzen
しつい　失意　（失望）de ôfdijer, de teloarstelling,（絶望）de fertwiveling, de wanhope；失意の wanhopich
しつう　歯痛　de pinemûle（→歯）
じつえき　実益　netto winst,（実質収入）in reëel ynkommen；実益のある foardielich, rendabel
じつえん　実演　de demonstraasje；実演する foardwaan
しっか　失火　in tafallige brân（↔放火）
じっか　実家　it âlder(s)hûs（→親元）

じっかい　十戒　de tsien geboaden
じつがい　実害　feitlik [reëel] kwea
しっかく　失格　de diskwalifikaasje,（スポーツの）de útsluting；失格する diskwalifisearje, útslute
しっかりと　fêst：しっかりした手つきで mei fêste hân, その樹木は大地にしっかりと根を張っている De beam stiet fêst yn 'e grûn.；しっかりと縛る fêstbine [-lizze]；しっかりと固定する fêstsette,（…に）しっかりとつかむ jin fêstklamme (oan)；しっかりした stevich：しっかりした人物 in stevich karakter
しっかん　疾患　de kwaal（→病気）
じっかんする　実感する　ynfiele
しっき　湿気　it focht, de fochtigens [-tichheid]；湿気がある fochtich
しっき　漆器　it japanske lakwurk
しつぎ　質疑　（質問）de fraach, de kwestje, it ûnderfreegjen,（国会の）de ynterpellaasje；質疑応答 fragen en antwurden
じつぎ　実技　（技能）in praktyske tûkens,（実習）de trening,（体の運動）de lichemsbeweging
しっきゃく　失脚　de delslach, de fal
しつぎょう　失業　de wurkkrapte, de wurkleazens [-leasheid]；失業中の wurkleas：失業している wurkleas wêze, 失業する wurkleas wurde；失業者 de wurkleaze；失業手当 de steun：失業手当を受けている yn 'e steun sitte
じっきょう　実況　（実況放送）in rjochtstreekse útstjoering（→生放送）
じつぎょう　実業　（産業）de yndustry,（商業）de kommersy, it sakelibben；実業（上）の yndustrieel, kommersjeel；実業家 de yndustrieel, de keapman, de sakeman；実業界 it sakelibben
しっきんする　失禁する　jin bedwaan（→小便を漏らす）：笑い過ぎて失禁する jin bedwaan fan it laitsjen
しっくい　漆喰　de fizel, de mortel
シックな　sjyk

しっくり eksakt, krekt, lyk；しっくりする aardich [goed] passe：この服は彼女にしっくりしない Dizze klean passe har net goed.

じっくり （慎重に）betochtsum, foarsichtich, mijen；じっくり考える beriede, oertinke（→熟考する）

しつけ 躾 de dissipline, de opfieding, de tucht：厳しいしつけ in strange opfieding；しつける beleare, opfiede：子供をしつける de bern beleare

しっけ 湿気 it focht, de fochtigens [-tichheid], de wietens, de wietichheid；湿気のある damp, fochtich, wietich

じっけい 実刑 （有罪の宣告）it fonnis：実刑の判決を下す in fonnis útsprekke

しっけいする 失敬する eat yn 'e wacht slepe（→盗む）

しつげん 失言 de fersprekking；失言する jin fersprekke

しつげん 湿原 it moeras, de sompe

じっけん 実験 it eksperimint；実験する eksperimintearje；実験室 it laboratoarium

じつげん 実現 de realisaasje, de realisearring；実現する ferwêzentlikje, realisearje：理想を実現する in ideaal ferwêzentlikje

しつこい （病気・性格などが）ferfelend, koppich, lestich, lêstich,（味・においが）sterk,（話などが）wiidweidich：しつこい病気 in ferfelende [lestige] kwaal, しつこい味のするバター sterke bûter, 彼の話は幾分しつこ過ぎる Hy is wat te wiidweidich yn syn ferhalen.；しつこく koppich：しつこく主張する koppich folhâlde

しっこう 執行 （法律・判決などの）de eksekúsje, de terjochtstelling, de útfier, de útoefening：死刑執行の延期 útstel fan eksekúsje；執行する eksekutearje, útfiere, útoefenje；執行者 de útfierder

じっこう 実行 de praktyk, de útfier(ing)：実行次第で仕事の成り行きが決まる De praktyk moat mar útwize oft it wurket.；実行する ferrjochtsje, fiere, folbringe, útfiere, útoefenje：命令を実行する in opdracht útfiere；実行者 de útfierder

しっこうする 失効する （パスポートなどが）ferfalle, ferrinne

しっこうゆうよ 執行猶予 →執行の延期

じっさい 実際 （事実）it feit,（現実）de realiteit,（実践）de praktyk：理論と実際 teory en praktyk；実際のreëel, wurklik：実際にありうる可能性 in reële mooglikheid；実際に（は）eigentlik, eins, wrachtich：彼は実際に出向いてそれを実行した Hy hat it wrachtich noch dien ek.；実際的な［に］saaklik：実際的な解決 in saaklike oplossing

じつざい 実在 de realiteit,（存在）it bestean, it wêzen；実在する bestean, wêze；実在の reëel；実在しない ûnwerklik, ûnwêzen(t)lik

しっさく 失策 de dwaling, it gegriem, （失敗）de mistaast；失策する dwale（→誤る）

じっし 実施 de útoefening（→実行）；実施する útoefenje

じっしつ 実質 de substânsje；実質の substansjeel；（食べ物が）実質的な dreech, substansjeel（→食べでのある）

じっしゅう 実習 de praktyk, de rûtine, （試み）de proef；実習する beoefenje, oefenje；実習生 de aspirant, de learling；実習期間 de proeftiid

じっしょう 実証 in empiryske proef；実証する staavje, wiermeitsje；実証主義 it positivisme

じつじょう 実情 →現状

しっしん 失神 （気絶）de flaute, de swym；失神する flaufalle, swimelje

しっしん 湿疹 it ekseem

しっせき 叱責 it ferwyt, de korreksje, de ôfrekken(ing), it rabbelemint：叱責される in rabbelemint krije；叱責

じっせき

する bekibje, beskrobje, korrizjearje, ôfstraffe, terjochtwize

じっせき　実績　（成果）it resultaat, de útslach, （業績）de prestaasje

じっせん　実践　de beoefening, de praktyk：あることを実践に移す wat yn praktyk bringe；実践する beoefenje, praktisearje；実践的[に] praktysk；（学問・芸術などの）実践者 de beoefener

しっそ　質素　de ienfâld；質素な[に] behindich [-hyndich], ienfâldich：質素な生活を余儀なくされる it behindich oanlizze moatte, 質素な服装をして ienfâldich yn 'e klean

しっそう　失踪　it ferdwinen, de ferdwining；失踪する ferdwine, weiwurde

しっそくする　失速する　（飛行機が）ôfglydzje, faasje ferlieze [kwytreitsje]

しったい　失態　（失敗）de mislearring, （不面目・不名誉）de ûnear(e), de ûngenede：失態を演じる yn ûngenede falle（→面目を失う）

じったい　実体　de substânsje；実体のある substansjeel

じったい　実態　→現状

しったかぶりをする　知ったか振りをする　wiisprate；知ったか振りをする人 de wiisprater [-noas]

じつだん　実弾　it skerp：実弾を発射する mei skerp sjitte

しっち　湿地　it moeras, de sompe；湿地の moerassich, sompich

じっち　実地　（実際の場所）it (aktuele) plak, de praktyk：実地に yn 'e praktyk；彼女は実地試験に合格した Sy is slagge foar har praktykeksamen.

じっちょくな　実直な　→正直な

しっている　知っている　kenne, witte（→知る）

しっと　嫉妬　de jaloerskens [-heid], de niid, de ôfgeunst（→ねたみ）：嫉妬から út jaloerskens；嫉妬深い jaloersk, ôfgeunstich

しつど　湿度　it focht, de fochtigens：大気の湿度がずいぶん高い Der sit in soad focht yn 'e lucht.

じっと　じっとしている stilstean；じっと立っている stil stean；じっと見る oansjen；人をじっと見詰める immen strak yn 'e eagen sjen；じっと耳を傾ける oandachtich harkje；（痛さを）じっと我慢する jin bedimje

しっとりした　（湿気のある）damp(ich), fochtich, wiet(ich)

しつないの　室内の　binnen, binnenyn；室内に binnendoar(ren)

じつに　実に　rjocht, wrachtich, wrammels

しつねんする　失念する　→忘れる

ジッパー　de rits, de ritssluting：ジッパーを閉める de rits tichtdwaan

しっぱい　失敗　de mislearring, de mistaast, （ちょっとした）de misset：《諺》失敗は成功のもと Mislearring is in stapstien nei sukses.；失敗する fale, mislearje, （試験に）ôfwize, sakje：私の計画は失敗した Myn plantsje mislearre., その交渉は失敗に終わった De ûnderhannelings binne mislearre., 試験に失敗する sakje foar in eksamen, troch de koer sakje

じっぴ　実費　kontante útjefte

しっぴつする　執筆する　（書く）skriuwe；執筆者 de skriuwer

しっぷ　湿布　it kompres

しっぷう　疾風　de flaach, de pûst（→突風）

じつぶつ　実物　in reële saak；実物大の libbensgrut；実物大の写真 in libbensgrutte foto

しっぽ　尻尾　de sturt；尻尾を振る sturtgiselje

しつぼう　失望　de ôfdijer, de teloarstelling：大きな失望 in grutte ôfdijer, それにはすっかり失望した It wie in grutte teloarstelling.；失望した hopeleas, sneu；（…に）失望している teloarsteld wêze (yn)；失望させる teloarstelle；失望する ôffalle

じつむ　実務　it (praktysk) burowurk, de opjefte（→業務）

しつめい　失明　*it* gesichtsferlies；失明する jins gesicht ferlieze
しつもん　質問　*de* fraach, *de* kwestje：質問に答える *fragen* beäntwurdzje [stelle]；質問する freegje（→尋ねる）
じつよう　実用　praktysk nut；実用的な［に］praktysk
しつような［に］　執拗な［に］　eigensinnich, obsternaat
じつり　実利　→利益，（有用性）*it* nut
しつりょう　質量　kwaliteit en kwantiteit, *de* massa
じつりょく　実力　（能力・技量）*it* fermogen, *de* knappens, （暴力）*it* geweld：実力を発揮する *fermogen* útoefenje, 実力を行使する *geweld* brûke；実力のある bekwaam, betûft, kundich
しつれい　失礼　（無作法）*de* ûnfatsoenlikens［-heid］；失礼な ûnfatsoenlik：失礼な態度 *ûnfatsoenlike* manieren；失礼ですが，駅を教えていただけませんか *Nim* my net *kwea*(*ôf*), witte jo wêr't it stasjon is?
じつれい　実例　*it* foarbyld, *it* staal
しつれん　失恋　ûnbeäntwurde leafde；失恋する ûngelokkich meitsje
じつわ　実話　in wier ferhaal
してい　子弟　（子供）*de* bern, （年少者）*de* jonges
してい　指定　*de* oanwizing；指定する oanwize；指定された oanwizend, ôfsprutsen；指定席 in reservearre sitplak
してい　師弟　learmaster en learling
してき　指摘　*de* oanwizing；指摘する attindearje, oantsjutte, oanwize：そのことに対して…のことをあなたに指摘する Ik *attindearje* jo derop dat …, 間違いを指摘する in flater *oantsjutte* [*oanwize*]
してきな　史的な　histoarysk
してきな［に］　私的な［に］　besletten, privee（→内輪の）
してつ　私鉄　in privee spoarbaan
してん　支店　*it* filiaal：その百貨店は全国に支店を持っている It warehûs hat *filialen* yn it hiele lân.

しでん　市電　*de* tram（→路面電車）
じてん　自転　*de* draaiïng；自転する omdraaie
じてん　事典　（百科）*de* ensyklopedy
じてん　辞典　*it* wurdboek（→辞書）；辞典を引く opsykje
じでん　自伝　*de* autobiografy
じてんしゃ　自転車　*de* fyts；自転車に乗る op 'e *fyts* ride = fytse, 自転車で出掛ける op 'e *fyts* gean；自転車のタイヤ *de* fytsbân；自転車のチェーン *de* fytsketting；自転車（専用）道路 *it* fytspaad
しと　使徒　*de* apostel：12 使徒 *de* tolve *apostels*
しとう　死闘　in fertwivele wrakseling
しどう　始動　*de* start；始動する oanrinne, oanskave；始動する［させる］oansette, starte：エンジンを始動させる *de* motor *oansette*, エンジンが始動しない De motor wol net *starte*.
しどう　指導　*de* ynstruksje, *de* lieding, *it* ûnderrjocht, *it* ûnderwiis；指導する ynstruearje, ûnderrjochtsje, ûnderwize；指導者［員］*de* ynstrukteur, *de* lieder, *de* liedsman；指導権 *it* liederskip
じどう　児童　*it* bern；児童向きの本 *it* berneboek；児童福祉 *de* berneberskerming；児童手当 *de* bernebyslach；児童保育 *de* bernefersoarging
じどう（しき）の　自動（式）の　automatysk；自動的な［に］selswurkjend；自動装置 *de* automaat；自動販売機 *de* automatyk
じどうし（の）　自動詞（の）　（*it*／*de*）yntransityf：自動詞 *yntransitive* tiidwurden（↔他動詞）
じどうしゃ　自動車　*de* auto：自動車を運転する yn in *auto* ride；自動車事故 *it* auto-ûngelok[-ûngemak]；自動車のタイヤ *de* autobân；自動車ナンバー *it* autonûmer；自動車のナンバープレート *it* nûmerboerd；自動車道路 *de* autodyk（→高速道路）；（自動車の）道路地図 *de* autokaart
しとめる　仕留める　（獲物を）sjitte

しとやかに　淑やかに　beskieden, oanfallich, sedich；しとやかさ de sedigens [-dichheid]
しどろもどろに　（どもりながら）stjittelich
しな　品　（品質）de kwaliteit, （品物）it artikel, （部品）it ûnderdiel；品がよい［悪い］fan goede [minne] kwaliteit wêze
しないに［で］　市内に［で］　yn 'e stêd；市内通話 in lokaal petear
しなおす　し直す　oermeitsje (→遣り直す)
しなぎれの　品切れの　útferkocht：この絵本は今品切れだ It printeboek is no útferkocht.
しなびる　萎びる　ferwyl(g)je；しなびた dôf, toar：しなびた花 toarre blommen
しなもの　品物　it artikel, it guod, （在庫品）de foarrie(d)：その店にはいい品物が置いてある Der hinget moai guod yn de winkel.
シナモン　（肉桂）de kaniel
しなやかな　撓やかな　fearjend, fleksibel, soepel：彼女のしなやかな体 har soepele lea
シナリオ　（台本）it draaiboek, it senario
しなる　撓る　ynsakje：そのベッドは彼が掛けると真ん中がしないだ It bêd sakke yn 'e midden yn doe't er der op sitten gie.
じなん　次男　jins twadde soan
しにく　歯肉　it toskfleis
しにものぐるいの［に］　死に物狂いの［に］　（絶望して）fertwivele, wanhopich
しにん　死人　de deade (→死者)
じにん　自認　de (yn)skiklikens [-heid]；自認する ynskikke, tajaan：彼は間違いを自認した Hy joech ta dat er mis wie.
じにん　辞任　→辞職
じにんする　自任する　（うぬぼれる）jin ferbeelde, jinsels te heech oanslaan
しぬ　死ぬ　ferrekke, fuortgean, hinnegean, stjerre, úntfalle：風邪がもとで死ぬ ferrekke fan 'e kjeld, あることが原因で死ぬ earne mei fuortgean, その老人は今朝死んだ De âldman is fan 'e moarn hinnegien., 彼女の父は若くして死んだ Har heit is jong stoarn., がんで死ぬ stjerre oan kanker, 彼は妻に死なれた Syn frou is him ûntfallen.：人は死ぬべきもの De minske is fergonklik.
じぬし　地主　de húsbaas, de kostbaas, de lânhearre
しのぐ　凌ぐ　（勝る）oertreffe, oertroevje, （耐える）fele, ferneare, fertarre：スケートでは彼女の方が私を凌いでいる By it reedriden oertroevet se my., 寒さを凌ぐ de kjeld fele
しのばせる　忍ばせる　（隠す）bestopje, ferbergje, ferstopje；足を忍ばせて smûk
しのびあし　忍び足　忍び足で歩く teantsje
しのびこむ　忍び込む　ynslûpe
しのびよる　忍び寄る　oanglûpe
しのぶ　忍ぶ　（我慢する）fele, ferneare, fertarre
しのぶ　偲ぶ　betinke：戦死者をしのぶ de deaden út de oarloch betinke, 亡き母をしのぶ in ferstoarne mem betinke
しば　芝　it gers (→芝生)：芝（生）を刈る it gers meane；芝刈り機 de gersmeaner
しはい　支配　de behearsking, de oerhearsking, de regearing；支配する behearskje, hearskje, oerhearskje, regearje：ローマ人は広大な版図を支配した Romeinen behearsken in grut gebiet.；支配者 de hearsker, de regearder；支配人 de direkteur；支配権 de hearskippij：外国の支配下に（ある）ûnder frjemde hearskippij
しばい　芝居　it spul, it toaniel(stik)
じはく　自白　de bycht；自白する bychtsje
じばく　自爆　de selsferneatiging；自

爆する jinsels ferneatigje；自爆テロ de selsmoard
しばしば faak, faken, gauris（→度々, 頻繁に）：彼は（帰宅が）遅くなることがしばしばある Hy komt wol *gauris* te let.
しはつ 始発 （列車・バスなどの）de earste trein [bus]
じはつてきに 自発的に frijwillich, goedwillich：あることを自発的にする *frijwillich* eat dwaan wolle
しばふ 芝生 it gers, de plag(g)e, de sead(de)
じばら 自腹 自腹を切って op myn kosten
しはらい 支払い de betelling；支払う betelje：人に支払う immen de rekken *betelje*, 勘定を支払う de rekken *betelje*；支払期限 de betellingstermyn；支払人 de beteller
しばらく（のあいだ） 暫く（の間） *de* tiidlang, *de* tôch, *de* wile,（ちょっと）*it* momint：暫くの間レーワルテンに住んでいる Ik haw in *tiidlang* yn Ljouwert wenne., 暫く待ってください！ *Momint!*
しばる 縛る （しっかりと）bine, fêstbine [-dwaan]：手足を縛られている mei hannen en fuotten *bûn* wêze；(時間・規則などに）縛られる bepale；（固く）縛りつける fêstbine
しはん 師範 *de* learmaster,（スポーツなどの）*de* trener；師範学校 *de* kweekskoalle
じばん 地盤 （土台）it fûnemint, *de* grûn,（足場）*de* steiger,（選挙区の）it kiesdistrikt [stim-]
しはんき 四半期 in kwart jier, *it* fearnsjier；四半世紀 in kwart ieu, *de* fearnsieu
しはんの[で] 市販の[で] op 'e merk；市販されて op de frije merk
じひ 慈悲 *de* barmhertigens [-hertichheid], *de* genede；慈悲深い [く] barmhertich, genedich：神様、私にお慈悲を！ God mei my *genedich* wêze!
じび 耳鼻 （*de*）noas en（*de*）earen；

耳鼻科 it spesjalisme noas-earen；耳鼻咽喉科 it spesjalisme kiel-noas-earen
じびき 字引 →辞書, 生き字引
じひつの 自筆の eigenhannich：自筆の手紙 in *eigenhannich* brief
しひで 私費で op eigen kosten：私費で留学する om utens studearje
じひで 自費で op eigen kosten, persoanlik, privee：（本を）自費出版する *privee* sels (in boek) útjaan
しひょう 指標 *de* yndeks
じひょう 辞表 it / de betankbrief
じびょう 持病 in groanyske sykte
しびれ 痺れ *de* ferlamming；しびれた dôf, gefoelleas, lam, lamslein；（寒さなどで）しびれる ferklomje
しぶ 支部 it bykantoar（支所）
じふ 自負 it selsbetrouwen, it selsbewustens；自負心 *de* eigenwizens, *de* gruttens, it selsfielen；自負心のある selsbewust
しぶい 渋い （味が）bitter（→苦い），（色合いが）sober,（不機嫌な）soer,（支払いが）deun, krinterich：このお茶は渋い Dizze tee smakket *bitter*.；渋い顔をして mei in noartsk gesicht
しぶき 飛沫 *de* spat（→跳ね返り）
しふく 至福 *de* hearlikens [-likheid], *de* loksilligens；至福の loksillich
しふく 私腹 私腹を肥やす jin ferrykje
ジプシー *de* sigeun(d)er
しぶしぶ（の） 渋々（の） need, skytskoarjend, skoarjend, ûnwillich, mei tsjinsin：彼はそれをしぶしぶした Hy die dat mei *tsjinsin*.
しぶつ 私物 jins (eigen) besit [guod]
じぶつ 事物 it ding, *de* saak
ジフテリア *de* diftery
しぶとい （粘り強い）eigensinnich, fêsthâldend, obsternaat
しぶみ 渋味 *de* wrangheid,（酸味）it soerbrânen；渋味のある wrang（→酸味のある）
しぶる 渋る skytskoarje：あること

をするのに渋る，渋々する earne tsjin oan *skytskoarje*

じぶん　自分　自分（自身）は［が］iksels；自分（自身）の jins, 自分（自身）を［に］jin；自分たち自身を［に］jinsels；自分で sels；自分勝手な［に］baatsuchtich, selssuchtich（→利己的な）；自分一人で sûnder help fan oaren；自分だけで allinne, allinnich：自分だけの部屋を持っている Ik haw in keamer foar my *allinne*.

じぶんじしんの　自分自身の　（個人の）eigen, persoanlik

しへい　紙幣　 it biljet, it / de brief, it papierjild：100 ユーロ紙幣 in *biljet* fan 100 euro

じへいしょう　自閉症　 it autisme；自閉症の autistysk：自閉症の子供 in *autistysk* bern

しべつする　死別する　子供［夫・妻］と死別する jins bern［man / frou］ferlieze（→失う）

じべんする　自弁する　jins eigen kosten betelje

しほう　司法　de justysje, it rjocht；司法（上）の juridysk, rjocht(er)lik, rjochtskundich；司法権 de rjochtspraak

しぼう　死亡　de dea, it stjergefal；死亡する deagean（→死ぬ）；死亡記事 it deaberjocht；死亡者 de deade；死亡証明書 de dea-akte；死亡率［数］de stjerte；死亡通知→訃報

しぼう　志望　de sollisitaasje, de winsk；志望する sollisitearje, winskje（→志願する）；志望者 de sollisitant

しぼう　脂肪　it fet, it smoar：脂肪がたっぷりついた豚 in baarch mei in soad *smoar*

じほう　時報　 it tiidsein

じぼうじき　自暴自棄　de fertwiveling；自暴自棄の fertwivele

しほうに　四方に　yn alle rjochtings；四方八方から fan alle kanten；四方八方に yn it rûn

しぼむ　萎む, 凋む　ferwyl(g)je, kwine；しぼんだ wilich：しぼんだ花 wilige blommen

しぼりだす　絞り出す　útknipe, wringe

しぼりとる　搾り取る　（お金・税など を）ôfparsje

しぼる　絞る, 搾る　（布を）wringe,（乳を）melke,（液などを）útknipe：洗濯物を絞る de wask *wringe*, レモンを搾る in sitroen *útknipe*；脳みそを絞る immen de kop ynslaan

しほん　資本　 it kaptaal, 資本（金）it fermogen：寝かしてある資本 dea *kaptaal*, 彼の資本は6桁台だ Syn *fermogen* rint yn 'e hûnderttûzenen.；資本化する kapitalisearje；資本家, 資本主義者 de kapitalist；資本主義 it kapitalisme；資本主義の, 資本家の kapitalistysk

しま　島　 it eilân；（湖などの）小島 de pôle

しま　縞　de streep；しま（模様）の streekjes, streekt, streept；しま模様のズボン de streekjebroek

しまい　姉妹　de suster(s)：3人姉妹 trije *susters*；姉妹船 it / de susterskip；姉妹都市 de stersted

しまい　仕舞い　（終わり）de ein：お仕舞いだ！De *ein*!；仕舞う einigje（→終了する），（片づける）opbergje；仕舞には op 'en doer

しまいこむ　仕舞い込む　ferstopje, opbergje

しまうま　縞馬　de sebra

じまく　字幕　（映画・テレビなどの）de ûndertiteling

しまつ　始末　（結末・結果）de opromming, it resultaat, de útslach；始末する ferwiderje, kwytreitsje, opromje, weidwaan,（片づける）weibergje,（殺す）deadwaan

しまった！　Bliksems!, Ferdomd noch ta!（→畜生！，くそ！）

しまる　閉まる　（ドアなどが）slute, tagean, tichtgean：ドアが自然に閉まった De doar *sleat* fansels., 商店は6時に閉まる De winkels *gean(e)* om seis oere *ticht*.；閉まっている ticht:

ドアは閉まっている De doar is *ticht*.
しまる　締まる（体・気持が）flink wurde,（緊張する）jin ynspanne；締まっている fêst, stevich, strak,（文体が）koart en bûnich, saaklik（→簡潔な）：締まった口元 in *strakke* mûle, 締まった文体 in *koarte en bûnige* [*saaklike*] styl
じまん　自慢 *de* grutspraak, in grut wurd；自慢する opsnije, opsprekke, swetse,（…を）jin ferheffe (op), opjaan (fan), poche (oer), prealje (mei)：自慢するな Do moatst net sa *opsnije*., 彼はメダルを獲得したことをとても自慢している Hy *pocht* wakker oer de medalje dy't er wûn hat.；(…を)自慢して grutsk (op)：彼は新しい自転車を自慢している Hy is *grutsk* op syn nije fyts.；自慢屋 *de* grutsprekker, *de* opsnijer, *de* swetser
しみ　紙魚, 衣魚 *de* boekewjirm, *de* mot
しみ　染み（汚れ）*de* flek, *de* kladde, *it* plak, *de* smet：インクの染み in *flek* inket, 彼女のセーターに染みがついている Der sit in *plak* op har trui.；染みがつく smette；染みのついた plakkerich
じみ　地味 *de* sljochtens；地味な sljocht, stimmich：地味な服を着て *sljocht* yn 'e klean, 服装が地味である *stimmich* yn 'e klean wêze
じみ　滋味 *de* smaaklikens [-heid]；滋味のある hearlik（→美味な）：滋味のある料理 *hearlike* koken
しみこむ　染み込む ynlûke
じみちに　地道に　→着実に
しみったれ *de* nepert（→けち）
しみでる　染み出る trochsiperje [-slaan]：靴（の中）に水が染み出てきた Myn skoech *slacht* troch.
しみとおる　染み透る ynlûke, penetrearje,（…に）trochkringe (yn)（→浸透する）
しみる　染みる（液体・においが）penetrearje,（心・身に）reitsje（→心

を打つ）：彼の助言が私の心に染みた Syn advys *rekke* my.
しみん　市民 *de* steatsboarger, *de* stêd；市民の sivyl；市民権 it steatsboargerskip
じむ　事務 *it* burowurk, *it* kantoarwurk；事務的な[に] saaklik；事務員 *de* kantoarklerk, *de* klerk；事務所 *it* buro, *it* kantoar：事務所に勤めている op *kantoar* wurkje
しむける　仕向ける（促す）bewege, moanje：人に（あることを）するように仕向ける immen *bewege* (om eat) te dwaan
しめい　氏名（名前）*de* namme
しめい　使命 *de* missy：使命を果たす jins *missy* dwaan
しめい　指名 *de* beneaming, *de* oanstelling, *de* pleatsing：私はご指名に対して感謝しています Ik haw foar de *beneaming* betanke.；指名する beneame, oanstelle：人を長として指名する immen ta haad *beneame*
じめいの　自明の dúdlik, fanselssprekkend
しめきり　締め切り *de* termyn, *de* tiidsbepaling；（ドア・期限を）締め切る slute
しめくくり　締め括り（決着）*it* beslút, *de* ein；締め括る beklinke（→決着をつける）, fêstbine（→縛りつける）
しめころす　絞め殺す smoare, wjirgje, wurgje
じめじめした　→湿った
しめす　示す toane, útwize, wize：…ということを歴史が示している De skiednis *wiist út* dat …, 羅針盤は北の方位を示している It kompas *wiist* nei it noarden.
しめす　湿す wietmeitsje；湿った wiet；湿っぽい dof, slof, wietich
しめだす　締め出す bûtenslute
しめやかな（しんみりした）plechtich：しめやかな葬式 in *plechtige* útfeartstjinst
しめらせる　湿らせる befochtigje, wiet-

しめり　meitsje（→湿す）
しめり　湿り　it focht；湿り気 de fochtigens [-tichheid]
しめる　占める　besette, ynnimme：重要な地位を占める in wichtich plak ynnimme
しめる　湿る　wiet wurde
しめる　閉める　（ドア・店などを）slute：ドア［店］を閉める de doar [winkel] slute；閉めておく tahâlde
しめる　締める　（紐・ねじなどを）fêstdraaie, oandraaie, opspanne, （気持ち・心などを）spanne, （帳簿などを）ôfslute, （首などを）smoare：そのことで気持ちを引き締める jin derfoar spanne
じめん　地面　de grûn, de ierde：地面が乾燥している De grûn is droech., 地面に落ちる tsjin 'e grûn gean
しも　霜　de froast, de rym, de ryp：地面にはまだ霜が残っている De froast sit noch yn 'e grûn., 樹木の枝に降りた霜 rym op 'e tûken fan de beammen；霜が降りる rime, ripe：昨夜はいくらか霜が降りていた It hat fannacht wat rymd [rypt].；霜の降りた froastich：霜の降りる寒い天気 froastich waar
しもつき　霜月　de novimber（→十一月）
じもとの　地元の　lokaal, pleatslik：地元の新聞 in pleatslike krante
しもん　指紋　de fingerprint, de taast：人の指紋を採る fingerprinten nimme, ドアに指紋がついている Der sitte taasten op 'e doar.
しもん　諮問　it oerlis；諮問する ferstean, foarlizze, oerlizze, rieplachtsje：委員会に諮問する foarlizze oan in kommisje
しや　視野　de blik, it gesichtsfjild：広い視野 in romme blik
じゃ　蛇　→蛇（🐍）
じゃあく　邪悪　de goddeleazens [-leasheid]；邪悪な［にも］goddeleas, heilleas
ジャーナリスト　de kranteman, de sjoernalist；ジャーナリズム de sjoernalistyk
シャープペンシル　it folpoatlead
しゃい　謝意　（感謝）de tank, de tankberens [-heid]：謝意を表する tank sizze
しゃいん　社員　（職員）de krêft, de meiwurker, (従業員) de wurkkrêft
しゃかい　社会　de maatskippij；社会の［的な］maatskiplik, sosjaal：社会福祉事業 maatskiplik wurk, 社会的地位 maatskiplik oansjen, 社会階級の底辺 ûnderoan op 'e sosjale ljedder, 社会情勢 sosjale omstannichheden；社会学 de sosjology；社会主義 it sosjalisme；社会主義者 de sosjalist
じゃがいも　じゃが芋　de ierappel / ierpel；じゃがいもの皮をむく ierappelskile；じゃがいもを掘る ierappeldolle
しゃがむ　hûkearzje, yn 'e hoksen sitte
しゃがれた　嗄れた　（声が）heas, skoar, skor：しゃがれ声で話す heas prate, しゃがれた声（で）(mei) in skoar lûd
しゃく　癪　（いらだち）de yrritaasje, （怒り）de ergenis(se)；《形》しゃくに触る yrritant, 《動》yrritearje, lilk meitsje（→いらいらさせる）
しゃくざい　借財　→借金
しゃくし　杓子　de leppel, de opskepleppel, de sleef；杓子ですくう opskeppe；杓子定規 oerdreaune stânfêstens
じゃくしゃ　弱者　de sloppeling, de swakkeling
しゃくしょ　市役所　it gemeentehûs, it riedshûs, it stedshûs
じゃくしん　弱震　in minime ierdbeving
しゃくち　借地　in stik lân te hier
じゃぐち　蛇口　de kraan, de taap：蛇口を開く［閉める］de kraan iepensette [tichtdwaan]
じゃくてん　弱点　de swak(kens), de swakte：人には誰でも弱点があるものだ Elk minske hat syn swak.
しゃくど　尺度　de mjitte

しゃくねつ　灼熱　de gloed(e)；灼熱の gleie, gloeiend：灼熱の太陽 de gleie sinne
しゃくほう　釈放　de frijspraak, it ûntslach；釈放する frijlitte, frijmeitsje, loslitte, losmeitsje, ûntslaan：人を刑務所から釈放する immen út 'e finzenis ûntslaan
しゃくめい　釈明　（弁明）de rekkenskip, (弁解) de (fer)ûntskuldiging；釈明する belulle, (うまく) behimmelje, (弁解する) jin (fer)ûntskuldigje
しゃくや　借家　it hierhûs；借家人 de hierder
しゃくやく　芍薬　de pioen(roas)
しゃくよう　借用　de ûntliening；(…から) 借用する ûntliene (oan)：単語をフランス語から借用する wurden ûntliene oan it Frânsk；借用［入］語 it lienwurd, de ûntliening：フリジア語には他言語からの借用語がかなりある Der binne yn it Frysk gâns ûntlieningen oan oare talen.
しゃげき　射撃　de sjitterij；射撃する sjitte；射撃場 de sjittinte
しゃけつ　瀉血　de ierlitting；瀉血する ierlitte
ジャケット　it baitsje, de jas
じゃけんな　邪険な　(冷淡な) wreed
しゃこ　車庫　de garaazje (→ガレージ), (電車・汽車などの) de remise
しゃこう（せい）　社交(性)　de geselligens；社交的な[に] gesellich：社交家 in gesellich persoan
しゃざい　謝罪　de ferûntskuldiging, (詫び) it ekskús, (陳謝) de apology；(…を) 謝罪する jin ferûntskuldigje (foar)
しゃさつする　射殺する　deasjitte
しゃし　斜視　de skiligens；斜視の skilich：彼女は幾らか斜視だ Se sjocht wat skilich.；斜視である mikke
しゃじ　謝辞　de tankbetsjûging, in wurd fan tank；(…に対して) 謝辞を述べる jins tankbetsjûging útsprekke (foar)
しゃじつてきな　写実的な　realistysk；写実的な映画 in realistyske film；写実主義 it realisme
じゃじゃうま　じゃじゃ馬　in frommes as in hynder
しゃしょう　車掌　de konducteur, (女性の) de konduktrise
しゃしん　写真　de foto, de fotografy, (特に素敵な) it plaatsje：写真を写す［撮る］foto's nimme, 写真を撮ってもらう jin op 'e foto sette litte；…の写真を撮る fotografearje；写真家 de fotograaf；写真機 it fototastel, de kamera；写真帳 it foto-album (→アルバム)；写真屋 de fotohandel
ジャズ　de jazz
じゃすい　邪推　ferkeare ynterpretaasje；邪推する ferdraaie (→曲解する), 《形》 ûnbetrousum
ジャスミン　de jasmyn
しゃせい　写生　de skets (→スケッチ)；写生する sketse；写生画 de skets
しゃせい　射精　de ejakulaasje；射精する ejakulearje
しゃせつ　社説　it haadartikel
しゃぜつ　謝絶　(拒絶) de ôfwizing, de wegering；謝絶する ôfwize, ûntsizze, wegerje (→拒絶する)
しゃせん　車線　de baan, it baanfek
しゃせん　斜線　de diagonaal
しゃたく　社宅　de tsjinstwenning
しゃだん　遮断　de ôfsetting；(道路・ガスなどを) 遮断する ôfsette, ôfslute；遮断器 de ôfsluter, (踏切の) 遮断機 《複》 de spoarbomen
しゃち　鯱　de orka
しゃちょう　社長　de direkteur, (女性の) de direktrise
シャツ　(ワイシャツ) it himd, it oerhimd, (下着) it himd
しゃっかん　借款　(国家間の) it lien, de liening
じゃっかんの　若干の　guodden, guon, sommige, stikmannich, wat：若干の人たち guon minsken = sommigen, 彼女は若干酔っていた Sy wie wat dron-

ken.
ジャッキ （起重機）*de* krik
しゃっきん　借金　*de* skuld：借金をする jin yn *'e skuld* sette, *skulden* meitsje, 多額の借金がある ûnder de *skuld* sitte, 借金がない út *'e skuld*(*en*) wêze, 借金を返済する in *skuld* ôflosse
しゃっくり　*de* hik：しゃっくりをする de *hik* hawwe = hikje
シャッター　（カメラの）*de* sluter, （よろい戸）it finsterblyn：シャッターを切る in *sluter* ûntspanne, シャッターを降ろす in *finsterblyn* tichtdwaan
しゃてい（きょり）　射程（距離）　*it* skot：射程距離内［外］に binnen［bûten］*skot*, 射程内にとらえる ûnder *skot* krije
しゃとう　斜塔　in skeane toer：オルデホーフェは斜塔である De Aldehou is *in skeane toer*.
しゃどう　車道　*de* ryddyk ［-wei］
じゃどう　邪道　（望ましくない方法）ferkearde wei
しゃにくさい　謝肉祭　it karnaval （→カーニバル）
しゃにむに　遮二無二　（無謀に）dryst- (moedich), （夢中に）fûl, grimmitich, poer：遮二無二働く *grimmitich* arbeidzje
しゃふつする　煮沸する　siede；煮沸消毒する útkôkje, útsiede
しゃぶる　（…を）sobje (op), sûgje (→なめる)：あめをしゃぶる op in suertsje *sobje*, あめをしゃぶる in suertsje *sûgje*
しゃへいする　遮蔽する　beskutte, dekke
しゃべる　喋る　prate, sprekke (→話す)：そんなに早口でしゃべらないでください Do moatst net sa rêd *prate*., フリジア語をしゃべる絶好のチャンスです It is in gaadlike kâns om Frysk te *praten*.,《諺》多くをしゃべる人は多くを実行しなければならない Dy't folle *praat*, moat folle wiermeitsje.
シャベル　*de* skeppe
しゃほん　写本　*it* manuskript
シャボン　（シャボン玉）*it* bûltsje, *de* sjippebel：シャボン玉を吹く *bûltsjes* blaze
じゃま　邪魔　*de* steuring；邪魔する steure：お邪魔ではないでしょうか Steur ik?, 私を邪魔しないで Do moatst my net *steure*.；（…が）邪魔になる hinder hawwe (fan)；邪魔になる物 *de* steuring, （障害物）*de* hinder(nis)
ジャム　*de* jam：ジャムを塗ったパン bôle mei *jam*
しゃめん　斜面　*de* delling, （丘・土手などの）*de* gloaiïng, *de* skeante：堤防の斜面 de *skeante* fan 'e seedyk
しゃめん　赦免　（許し）*de* graasje, *it* pardon, （恩赦）*de* amnesty：赦免される *graasje* krije
しゃもじ　杓文字　in (houten) leppel
しゃり　舎利　→遺骨,《俗称》白米
じゃり　砂利　it grint；砂利道 *de* púndyk
しゃりょう　車両　（貨客用の）*it* fehikel, *de* wein
しゃりん　車輪　it rêd, it tsjil：後［前］車輪 it efterste [foarste] *tsjil*
しゃれ　洒落　*de* koartswyl；洒落た koartswilich, （素敵な）moai, （趣味のよい）smaakfol；洒落のうまい geastich；→お洒落
しゃれい　謝礼　（医者・弁護士などへの）*it* honorarium, （報酬）*it* lean, （感謝）*de* tank(berens)；謝礼する honorearje
しゃれる　洒落る　（着飾る）optuge, （洒落を言う）gekjeie (→冗談を言う)
じゃれる　戯れる　boartsje (→はしゃぎ回る)
シャワー　*de* dûs (←シャワールーム)：シャワーを浴びている ûnder de *dûs* stean；シャワーを浴びる (jin) dûse：今朝シャワーを浴びた Ik *dûste* (my) fan 'e moarn.
ジャングル　（密林）*de* oerbosk, *it* oerwâld, *de* rimboe：ジャングルに住む yn 'e *rimboe* wenje

シャンソン　*it* sjanson
シャンデリア　*de* kroanljochter
ジャンバー　*it* wynjek
シャンプー　*it* hierwaskersguod
ジャンボジェット　*de* jumbojet
しゅ　主　主なる神 God *de* Hear；我が主なる神 Us Leave(n) Heare
しゅ　朱　*it* fermiljoen；《諺》朱に交われば赤くなる Dy't mei pik omgiet, wurdt dermei besmet.
しゅ　種　(生物分類上の) *it* / *de* soarte, (種類) *it* slach：この種は絶滅した Dizze *soarten* binne útstoarn., この種の仕事 dit *soarte* (fan) wurk
しゅい　首位　it earste plak, *de* top
しゅい　趣意　(意味・大意) *de* ynhâld
しゆう　雌雄　mantsje en wyfke
しゅう　州　*de* provinsje：オランダは国家であり、フリースラントは州である Nederlân is in steat, Fryslân in *provinsje*.；州の provinsjaal：フリースラントの州議会は55人から成る Yn de *Provinsjale* Steaten fan Fryslân sitte 55 minsken.；州議員 *it* steatelid；州政府 *it* steatsbestjoer
しゅう　週　*de* wike；1週は7日ある In *wike* hat sân dagen., 1週間おきに om 'e oare *wike*；1週につき wyks：私たちは週に2回両親を訪ねる Wy geane *wyks* twa kear nei ús âldelju.
じゆう　自由　*de* frijdom, *de* frijheid, (出入・使用の) *de* frijichheid：個人の自由 persoanlike *frijheid*, 宗教 [出版] の自由 *frijheid* fan godstjinst [parse], 人を自由にする immen de *frijheid* jaan；自由な[に] frij, (考え方が) frijsinnich；自由にする frijlitte, frijmeitsje；…が自由である frijstean；自由貿易 *de* frijhannel
じゅう　十　10(の) (*de*) tsien：Xはローマ数字の10である X is de Romeinske *tsien*., 8月10日 *tsien* augustus 8, 私たち10人 mei ús *tsienen*；10番目(の) (*it* / *de*) tsiende：12月10日 de *tsiende* desimber, 10分の3 trije tsiende；10回 tsienris

じゅう　銃　(小銃) *it* gewear
しゅうあくな　醜悪な　lilk, ûnsjoch；醜悪な顔 *de* rotkop；醜悪な女 *it* spoek
じゅうあつ　重圧　*de* benearing, strang drang [druk / presje]；重圧を加える benear(j)e
しゅうい　周囲　*de* omjouwing；周囲の omlizzend；周囲に omhinne
じゅうい　獣医　*de* fee-arts, *de* feedokter
じゅういち　十一　11(の) (*de*) alve / âlve；11番目(の) (*it* / *de*) alfde / alfte
じゅういちがつ　十一月　*de* novimber；私の誕生日は11月28日です Myn jierdei is 28 *novimber*.
しゅうえき　収益　*de* fertsjinst, *it* gewin, *it* profyt, *de* winst：収益を上げる eat mei *winst* ferkeapje = profitearje；収益を得る winne：その商人は牛でかなりの収益を得た De keapman hat aardich op 'e ko wûn.
しゅうえん　周縁　*de* selskant (→縁(ふち))
しゅうえん　終焉　終焉の地 it plak fan jins dea
じゅうおうに　縦横に　oerlânsk en dwerslings (→四方に), (存分に) fol, wiidweidich
じゅうおく　十億　10億(の) (*it*) miljard
じゆうか　自由化　(貿易などの) *de* liberalisaasje；自由化する liberalisearje
しゅうかい　集会　*de* gearkomste, (会合) *de* moeting, (非公式の) *de* gearsit
しゅうかく　収穫　*de* plôk, *de* risping(e)：果物の収穫 *de* plôk fan fruchten, 悪天候のため、りんごの収穫が少なかった Troch it minne waar wie de *risping*(e) oan appels lyts.；収穫する ploaitsje, rispje；収穫物 *it* gewaaks, *de* risping(e), (成果) *de* frucht；収穫高 *it* gewier, *it* rindemint
しゅうがくりょこう　修学旅行　*it* skoalreiske
じゅうがつ　十月　*de* oktober：彼女の

しゅうかん

誕生日は 10 月 6 日です Har jierdei is 6 oktober.
しゅうかん　収監　*de* finzenskip, *de* gizeling ; 収監する fêstsette, gizelje ; 収監される fêstsitte
しゅうかん　週間　*de* wike : 2 週間 twa wiken = fjirtjin dagen ; 本 (回収) 週間 *de* boekewike
しゅうかん　習慣　*de* gewoante, *de* wenst, *de* wizânsje : いい習慣 in goede *gewoante*, 夕方早目に寝るのが私の習慣だ It is myn *wizânsje* om jûns betiid op bêd., 私は普段ワインを飲む習慣はない It is net myn *wizânsje* om wyn te drinken. ; 習慣的な [に] gebrûklik, gewoan
しゅうかんの　週刊の　wykliks ; 週刊誌 in *wykliks* tydskrift, in tydskrift dat ien kear yn 'e wike útkomt [ferskynt]
しゅうき　周忌　1 周忌 de earste tinkdei fan immens dea
しゅうき　周期　*de* perioade, *de* syklus (→サイクル) ; 周期的な [に] periodyk, syklysk
しゅうき　臭気　*de* stank, *de* walm (→悪臭)
しゅうぎいん　衆議員 (オランダの下院に相当) de Twadde Keamer (cf. 上院 de Earste Keamer)
しゅうきゅう　週給　it wykjild, *it* wyklean
じゅうきょ　住居　*de* behuzing / behûzing, *it* ûnderdak, *de* wenning, *de* went(e) ; 住居地 *it* wenplak
しゅうきょう　宗教　*de* godstsjinst, *de* religy ; 宗教 (上) の godstsjinstich, religieus
じゅうぎょういん　従業員　*de* krêft, *de* wurker, *de* wurkkrêft [-nimmer], (女性の) *de* wurkster
しゅうぎょうする　修業する　→勉強 [学習] する
しゅうぎょうする　終業する　ophâlde fan [mei] wurkjen
しゅうぎょうする　就業する　beginne te wurkjen

しゅうきょく　終局　*de* ein, (劇など の) *de* finale ; 終局の finaal, úteinlik
しゅうきんする　集金する　jild garje [ynsammelje / ophelje]
じゅうきんぞく　重金属　swiere metalen (↔軽金属)
じゅうく　十九　19 (の) (*de*) njoggentjin ; 19 番目 (の) (*it* / *de*) njoggentjinde
シュークリーム　*de* soes
しゅうけい　集計　(合計) *de* optelling, *de* som(ma), *it* totaal ; 集計する optelle (→合計する)
じゅうけい　重刑　in swiere straf
しゅうげき　襲撃　*de* oanfal, *de* oerfal : 泥棒たちがその郵便局を襲撃した De dieven diene in *oerfal* op it postkantoar. ; 襲撃する oanfalle, oantaaste, oerfalle ; 銀行を襲撃する in bank *oerfalle* ; 襲撃者 *de* oanfaller
じゅうげきする　銃撃する　sjitte ; 銃撃戦 it fjoergefjocht
しゅうけつ　終結　*it* einbeslút ; 終結する ein(d)igje
しゅうけつ　集結　*de* gearlûking ; (軍隊などを) 集結する gearlûke
じゅうけつ　充血　*de* kongestje, *de* opstiging ; 充血する in bloedútstoarting hawwe ; 充血した目 bloedtrochrûne eagen
じゅうご　十五　15 (の) (*de*) fyftjin ; 15 番目 (の) (*it* / *de*) fyft(s)jinde ; (時間の) 15 分 *it* kertier, *it* kwart : 15 分だけかかる It duorret mar in *kertier*. ; 8 時 15 分 It is *kertier* oer achten.
しゅうこう　周航　*it* omfarren ; 周航する omfarre, omsile : 世界を周航する de ierde *omfarre* (→巡航する)
しゅうごう　集合　*it* gearboskjen [-kommen] ; 集合する gearboskje, gearkomme
じゅうこうぎょう　重工業　in swiere metaalyndustry (↔軽工業)
ジューサー　*de* fruchtparse
しゅうさい　秀才　*de* knaap, *de* útblinker

じゅうさつする　銃殺する　deasjitte, fusil(l)earje；銃殺される de kûgel krije

じゅうさん　十三　13(の) (de) trett(s)jin；13番目(の) (it / de) trett(s)jinde

しゅうし　収支　ynkomsten en útjeften；収支を合わせる slute, oan jins ein komme

しゅうし　修士　de master；修士号 de master《略 mr.》：彼女は法学修士号を持っている Sy is master yn 'e rjochten.

しゅうし　終止　（終わり・終結）it einbeslút；終止符 it / de punt《.》

しゅうし　終始　fan it begjin oant de ein, jammer

しゅうじ　修辞　de retoarika；修辞的な，修辞学の retoarysk；修辞疑問 in retoaryske fraach；修辞学 de retoarika

しゅうじ　習字　de kalligrafy；習字の練習する kalligrafearje

じゅうし　十四　14(の) (de) fjirt(s)jin：14日(間) fjirt(s)jin dagen；14番目(の) (it / de) fjirt(s)jinde

じゅうじ　十字　it krús：赤十字 it Reade Krús, お祈の後に十字を切る in krús meitsje [slaan] nei it bidden；十字路 it krúspunt, de krusing, de krúswei；十字架 it krús；十字軍 de krústocht

じゅうしする　重視する　fan belang achtsje

じゅうじする　従事する　oannimme, wurkje：仕事に従事する it wurk oannimme, あることに従事する　oan eat wurkje

じゅうしち　十七　17(の) (de) sant(s)jin；17番目(の) (it / de) sant(s)jinde

しゅうじつ　週日　de wurkdei (→平日)

しゅうじつ　終日　de hiele [hele] dei, de dei troch

じゅうじつする　充実する　ferrykje；充実した fol, foldien：充実した生活 in fol libben, 充実感 in foldien gefoel

じゅうしゃ　従者　de oppasser, （家来） de ûnderdien

しゅうしゅう　収拾　→処理；収拾する opréde

しゅうしゅう　収集, 蒐集　de samling；収集する fandelje, garje, opfandelje, sammelje, sparje：切手を収集する postsegels garje [sammelje / sparje]；収集家 de garder, de samler；収集品 de kolleksje

じゆうしゅぎ　自由主義　it liberalisme；自由主義の liberaal；自由主義者 de liberaal

しゅうしゅく　収縮　it gearlûken, de gearlûking：筋肉の収縮 it gearlûken fan in spier；収縮する gearlûke

しゅうじゅくする　習熟する　jin ynwurkje

じゅうじゅん　従順, 柔順　de folchsumens, de sedigens / sedichheid；従順な [に] folchsum, gehoarsum, sedich, willich

じゅうしょ　住所　it adres：これが私の住所です Dit is myn adres.；住所録 it adresboek

じゅうしょう　重症　in earnstige sykte；重症患者 in earnstich sike pasjint

じゅうしょう　重傷　in earnstige wûne

しゅうしょうろうばい　周章狼狽　de ferheardens；周章狼狽して ferheard

しゅうしょく　修飾　de modifikaasje；修飾する modifisearje；修飾語 de adjunkt（付加語）

しゅうしょくする　就職する　wurk krije

しゅうしん　終身　it libben (→一生, 生涯)；終身刑 it libbenslang：終身刑の判決を受ける libbenslang krije

しゅうじん　囚人　de finzene

じゅうしん　重心　it swiertepunt

ジュース　it sop：りんごジュース sop út 'e appel

しゅうせい　修正　（法案などの）it amendemint, （誤り・間違いなどの）de ferbettering, de korreksje：修正する korreksjes oanbringe；修正する amendearje, behoffenje, ferbetterje, korrizjearje, （文章・絵などを）byhelpe；修正案 it amendemint

しゅうせい　終生　→一生
しゅうせい　習性　（行動様式）de hannelwize, (習慣) de gewoante, de wizânsje
じゅうぜい　重税　in swiere belesting：重税を課する in swiere belesting oplizze
しゅうせん　周旋　→斡旋(あっせん)
しゅうせん　終戦　de ein fan de oarloch
しゅうぜん　修繕　de reparaasje (→修理)：家の修繕 de reparaasje fan in hûs；修繕する opknappe, reparearje
しゅうそく　終息　（終わり）it einbeslút；終息する einigje (→終わる)
じゅうぞく　従属　de subordinaasje, de ûnderskikking；従属する ûnderwerpe, ûnderhearrich wêze；従属させる subordinearje；従属の [して] ûnderskikkend, ûnderskikt：従属接続詞 in ûnderskikkend bynwurd, 従属節 in ûnderskikte sin = de bysin
しゅうたい　醜態　（不面目・失態）de ûnear(e)
じゅうたい　重体, 重態　it libbensgefaar；重態である slim siik wêze；その病人は重体である It is [stiet] faai mei de sike.
じゅうたい　渋滞　de file, de opstopping：交通が渋滞する [している] yn 'e file reitsje [stean]
じゅうだい　十代　de teenager ＊本来のフリジア語にはない；10代のtsienjierrich
じゅうだいさ　重大さ　de belangrikens, it gewicht, de importânsje, de swierte, de wichtigens：重大な事柄 in ding fan grut gewicht；重大な belangryk, swierwichtich, wichtich：重大な問題 in wichtich fraachstik
しゅうたいせいする　集大成する　kompleet gearstalle
じゅうたく　住宅　it hûs, de wenningbou, de went(e)；住宅空間 de wenromte；住宅不足 de wenningneed
しゅうだん　集団　de groep, de keppel, de kloft, de ploech

じゅうたん　絨毯　it flierkleed, it kleed, it tapyt：魔法のじゅうたん in fleanend tapyt
じゅうだんする　縦断する　（日本を）（de eilannen fan Japan）trochkruse
しゅうち　羞恥　（はにかみ）de ferlegenens [-legenheid], de skamte, de skouwens；羞恥心のある ferlegen, skamsum (→はにかんだ)；羞恥心 de skamte, it skamtefoel：羞恥心のかけらもない de skamte de kop ôfbiten hawwe
しゅうちの　周知の　bekend, ferneamd, wolbekend：周知の事実 in wolbekend feit
しゅうちゃく　執着　（愛着）de tagedienens, (固執) it hoekhâlden；執着する jin hechtsje (→愛着を持つ)
しゅうちゃくえき　終着駅　it einstasjon
しゅうちゅう　集中　de konsintraasje；（心・光などを）集中する fêstigje, festigje, konsintrearje；（あることに）集中する jin konsintrearje (op)；集中した konsintrearre：仕事に集中する konsintrearre oan it wurk wêze；集中的な konsintrysk
しゅうてん　終点　（バス・鉄道などの）it einpunt
じゅうてん　重点　（ポイント）it swiertepunt, (力点) it aksint：(…に) 重点を置く it aksint lizze (op)
じゅうでん　充電　de lading；充電する lade
しゅうでんしゃ　終電車　de lêste trein
しゅうと　姑　→しゅうとめ
しゅうと　州都　de haadstêd (→首都)
しゅうと　舅　de skoanheit
じゅうどう　柔道　it judo
しゅうどういん　修道院　it kleaster；修道院長 de kleasteroerste；修道士 de kleasterbroer [-ling]；修道女 de kleasterlinge, de suster (→シスター)
じゅうとうする　充当する　tabediele, tapartsje, (あてがう) wije
しゅうとうな　周到な　（完全な）danich, duchtich

しゅうとくする　拾得する　oppakke, (見つける) fine；拾得物 de fynst

しゅうとくする　習得する　oanleare：子供たちは綴り方を十分に習得した De bern hawwe de stavering goed oanleard.

しゅうとめ　姑　de skoanmem

じゅうなんな　柔軟な　linich；柔軟性 de linigens [-ichheid], de rek

じゅうに　十二　12 (の) (de) tolf, tolve：12時です It is tolve oere., キリストの12使徒 de tolve fan Jezus；12番目 (の) (it / de) tolfde, tolfte：今月の12日 de tolfde fan dizze moanne

じゅうにがつ　十二月　de desimber

じゅうにきゅう　十二宮　de diereriem

じゅうにしちょう　十二指腸　de koarte term

しゅうにゅう　収入　it ynkommen, de ynkomsten：収入と支出 ynkomsten en útjeften, 固定収入 in fêst ynkommen

しゅうにん　就任　de ynauguraasje, de ynstallaasje；(公職に) 就任する jins yntree dwaan；就任させる befêstigje, ynaugurearje, ynhuldigje, ynstallearje：大統領に就任する as presidint ynstallearre wurde；就任の ynaugureel：就任演説 ynaugurele rede

じゅうにん　住人　de ynwenner [-wenster]

じゅうにん　重任　in swiere oansprakelikens

しゅうねん　執念　de wraaksucht；執念深い [く] fêsthâldend, wraaksuchtich

じゅうねん　十年　it desennium, tiidtrek fan tsien jier

しゅうの　私有の　partikulier：私有財産 partikulier eigendom = it priveebesit, 私有地 partikulier lân

しゅうのう　収納　(受領) de ûntfang, (家具などの) de opslach；収納する opbergje

しゅうは　周波　de syklus (→サイクル)；周波数 de frekwinsje

しゅうは　宗派　de konfesje, de sekte；宗派の konfesjoneel

じゅうはち　十八　18 (の) (de) achtt(s)jin：18歳以上 (→成人向き) の映画 in film foar boppe de achtt(s)jin；18番目 (の) (it / de) achtt(s)jinde

じゅうばつ　重罰　in swiere bestraffing [-straf] (↔軽罰)

じゅうはん　重犯　in swiere misdie(d)

じゅうはん　従犯　(共犯者) de handiedige

じゅうびょう　重病　in swiere sykte；重病患者 in swier sike

しゅうふく　修復　de restauraasje：古い教会の修復 de restauraasje fan 'e âlde tsjerke；修復する restaurearje

じゅうふく　重複　→重複 (ちょう)

しゅうぶん　秋分　de evennacht, it begjin fan 'e hjerst (↔春分) ＊9月23日頃

じゅうぶん　重文　in gearstalde sin (→複文)

じゅうぶんな [に]　十分な [に]　dik, fiks, fol, folop, genôch, goed, skoan：十分満足して dik tefreden, 十分な空間がある Dêr is fiks romte., 椅子は5脚もあれば十分です Fiif stuollen binne genôch.；十分な量 (数) genôch：お金 [部屋] は十分過ぎるほどある Der is jild [plak] genôch.

しゅうへん　周辺　de omtrek, de rite, it rûn, de selskant：(…の) 周辺に yn 'e rite (fan), yn it rûn；周辺の omlizzend

しゅうまく　終幕　de finale akte

しゅうまつ　週末　it wykein：楽しい週末を！ Goed wykein!

じゅうまん　十万　10万 (の) (it / de) hunderttûzen

じゅうまんして (いる)　充満して (いる)　fol (stean / wêze)：部屋には煙が充満していた De keamer stie fol reek.

じゅうみん　住民　de ynwenner

じゅうもんじ　十文字　it krús

しゅうや　終夜　de hiele nacht (→一晩中)

じゅうやく　重役　it bestjoer, de direkteur, it kaderlid, (女性の) de direk-

trise；重役会 *de* direksje
しゅうやくする　集約する　（寄せ集める）gearbringe [-stalle]，（要約する）gearfetsje, resumearje；集約的な yntinsyf
じゅうゆ　重油　swiere oalje（↔軽油）
しゅうゆう　周遊　*de* omreis；周遊する omreizgje [rûn-]；周遊券 *it* omreisbiljet
しゅうよう　収容　収容施設［設備］*de* akkommodaasje：20 人の客を収容できる施設がある Der is *akkommodaasje* foar tweintich persoanen.；収容する akkommodearje, herbergje, opnimme, ûnderbringe：彼女は病院に収容されている Sy is yn it sikehûs *opnommen.*, このホテルには 300 人収容できる In dit hotel kinne 300 minsken *ûnderbrocht* wurde.
しゅうよう　修養　（自己の）*de* selsdissipline, *de* selskontrôle；修養を積む jinsels kultivearje
じゅうよう　重要　*it* belang：重要でない net fan *belang* = ûnbelangryk；重要な belangryk：重要な人物 in *belangryk* persoan；重要性 *de* belangrikens [-rykheid]
しゅうらい　襲来　（侵入）*de* ynfal, *de* ynvaazje, （急襲）*de* oanfal, *de* oanslach；襲来する ynfalle, oanfalle
じゅうらい（は）　従来（は）　oant no ta （→これまで（は））；従来通り âldergewoante, nei [út] alderwenst
しゅうらく　集落　（共同体）*de* gemienskip, *de* mienskip, （村落）*it* doarp
しゅうり　修理　*de* reparaasje：うちのテレビの修理 de *reparaasje* fan ús t.v., ある物を修理してもらう eat yn *reparaasje* jaan = eat reparearje litte；修理する bemeitsje, bysmarre, flikke, meitsje, reparearje：靴を修理する skuon *meitsje*, その自動車はもう修理できない De auto kin net mear *makke* wurde.
しゅうりょう　修了　（学業の）*it* ôfstudearjen；修了する ôfrinne, ôfstudear-

je；修了証書 *it* eindiploma
しゅうりょう　終了　*de* ôfwurking；終了する beslikje, einigje, folbringe, foltôgje
じゅうりょう　重量　*it* gewicht, *it* wicht；重量挙げ *it* gewichtheffen
じゅうりょく　重力　*it* gewicht, *de* swiertekracht [-krêft]
しゅうれん　収斂　*de* gearlûking；収斂する gearlûke
じゅうろうどう　重労働　swier wurk
じゅうろく　十六　16(の)(*de*) sech(s)tjin；16 番目(の)(*it* / *de*) sech(s)tsjinde
しゅうろくする　収録する　opnimme
しゅうわい　収賄　oannimming fan in omkeaperij（→贈賄）；収賄する omkeapje, 収賄を受ける jin omkeapje litte
しゅえい　守衛　（門番）*de* baanwachter, （警備員）*de* garde
しゅえん　主演　（主役）*de* haadrol：主演する de *haadrol* spylje；主演俳優 *de* haadrolspiler；主演女優 *de* haadrolspylster
しゅかく(の)　主格(の)　(*de*) nominatyf
しゅかん　主観　*it* subjekt（↔客観）；主観の, 主観的な [に] subjektyf
しゅぎ　主義　*it* begjinsel, *it* prinsipe：主義として út *begjinsel* [*prinsipe*]
じゅきゅう　受給　（受領）*de* ûntfang(st)；受給する ûntfange；受給者 *de* ûntfanger
じゅきゅう　需給　oanfraach en oanfier
しゅぎょう　修行　（鍛練）*de* foarming, （苦行）*de* as(k)eze
じゅぎょう　授業　*de* learing, *de* les, *de* skoalle：今日は授業はない Der is hjoed gjin *les.*, フリジア語の授業を受ける op Fryske *les* wêze, 授業が始まる De *skoalle* is yn.；授業をする leare；授業時間 *de* skoaloeren [-tiid]：授業中に ûnder *skoaltiid*；授業料 *it* learjild
じゅく　塾　in private skoalle
しゅくい　祝意　（祝辞）*de* felisitaasje

祝意を表す felisitearje
しゅくえん 祝宴 *it* feest；祝宴のごちそう *it* feestmiel
しゅくが 祝賀 *it* feest, *de* lokwinsk；祝賀する→祝う；祝賀会 *it* feest
じゅくご 熟語 *it* idioom, *it* taaleigen；熟語的な idiomatysk
しゅくさいじつ 祝祭日 →祭日
しゅくじ 祝辞 *de* felisitaasje, *de* heilwinsk, *de* lokwinsk；祝辞を述べる felisitearje, lokwinskje
しゅくじつ 祝日 *de* feestdei, *de* heechtiid(s)dei：(国定の祝日) in nasjonale *feestdei*
しゅくしゃ 宿舎 (宿泊施設) *de* behuzing / behûzing, *it* ûnderdak, (下宿) *it* loazjemint, (軍隊の) *de* ynkertiering
しゅくじょ 淑女 *de* dame, *de* mefrou (↔紳士)
しゅくしょう 縮小 *de* beheining, *it* ferlytsjen；縮小する ferlytsje, redusearje, útklaaie：軍備を縮小する de bewapening *redusearje*
しゅくす 祝す →祝う
しゅくず 縮図 in ferlytse byld, (小宇宙) *de* mikrokosmos
じゅくすい 熟睡 in djippe sliep；熟睡する djip [goed] sliepe
じゅくする 熟する (果物・時)機などが) rypje：りんごとなしが熟している De appels en parren *rypje.*；熟した ryp：そのりんごは熟している De appels binne *ryp.*
しゅくせい 粛清 (政党などからの) *de* suvering；粛清する suverje
しゅくぜんと 粛然と plechtich
しゅくだい 宿題 *it* húswurk, *de* taak：宿題をする［出す］*húswurk* dwaan [opjaan], その生徒は宿題を課されるだろう De learling krijt in *taak.*
じゅくたつする 熟達する bedreaun [feardich / tûk] wurde
じゅくちする 熟知する kundich wêze, folle kenne [kinne / witte]；熟知 *de* kennis：あることを熟知する *kennis* meitsje mei eat

しゅくてん 祝典 *it* feest
しゅくでん 祝電 *it* lokstelegram：祝電を打つ in *lokstelegram* stjoere
じゅくどくする 熟読する soarchfâldich trochlêze
じゅくねん 熟年 ripe âldens
しゅくはい 祝杯 *de* heildronk (→乾杯)；祝杯を上げる toaste
しゅくはく 宿泊 *it* fernachtsjen；宿泊する ferbliuwe, fernachtsje, útfanhûzje：人を宿泊させる immen *útfanhûzje* = immen útfanhûs hawwe [krije], 私はアテマの家に宿泊している Ik *útfanhûzje* by Atema.；宿泊客 *de* akkommodaasje, *de* útfanhûzer；宿泊所 *it* ûnderdak；宿泊費《複》*de* ferbliuwskosten
しゅくふく 祝福 *de* segen(ing)；祝福する begenedigje, felisitearje, segenje, sein(i)gje
しゅくめい 宿命 *it* lot, *it* needlot；宿命的な [に] needlottich
しゅくやくする 縮約する gearlûke；縮約版 in útklaaide ferzje
じゅくりょ 熟慮 *it* doel, *it* oerlis；熟慮する oerlizze
じゅくれん 熟練 (職人の) *it* fakmanskip, *de* feardigens [-dichheid], *de* tûkens；熟練した bedreaun, fakkundich, magistraal, redsum, trochleard, tûk；熟練者 *de* fakman
しゅげい 手芸 *it* nifelwurk；手芸品 *it* hantwurk
しゅけん 主権 *de* soevereiniteit；主権の (ある) soeverein
じゅけんする 受験する eksamen dwaan, in eksamen ôflizze
しゅご 主語 *it* subjekt, *it* ûnderwerp；主語の subjektyf
しゅこう 趣向 (工夫) *it* úttinken, (思いつき) *it* idee, (意図) *de* bedoeling, *it* foarnimmen
しゅこうぎょう 手工業 *it* ambacht
しゅこうげい 手工芸 *it* nifelwurk；手工芸品 *it* hantwurk
しゅさいする 主催する sponsorje (→

後援する）；主催者 de sponsor
しゅざいする 取材する （資料・情報などを）ynwinne（→集める）
しゅし 種子 de sie(d)（→種(た)）：種子になる yn 't sie(d) sjitte
しゅし 趣旨 de strekking：その趣旨に合った言葉 wurden fan dy strekking
じゅし 樹脂 it hars；樹脂（質）の harsich
しゅじい 主治医 （jins）húsdokter
しゅしゃ 取捨 （選択）de ferkiezing, de kar, de útkarring,（選別）de sortearring；取捨選択する skiftsje, sortearje
しゅじゅつ 手術 de operaasje：胃の手術 in operaasje oan 'e mage, 手術を受ける in operaasje ûndergean；手術をする operearje：人に手術を施す immen operearje, 彼女の父は肺の手術を受けた Har heit is operearre oan 'e longen.
じゅじゅつ 呪術 de tsjoen；呪術を使う tsjoene；呪術師 de tsjoender
しゅじゅの 種々の ferskillend, ûnderskaat
しゅしょう 主将 （チームの）de oanfierder
しゅしょう 首相 de premier
じゅしょうする 受賞する in bekroaning [priis] krije [winne]
しゅしょうな 殊勝な （称賛に値する）loflik, pryslik
しゅしょく 主食 it foarnaamste iten
しゅじん 主人 de baas, de master,（夫）(jins) man,（旅館・下宿などの）hospes；主人公 de held,（女主人）de heldinne
じゅしん 受信 de ûntfang(st)（↔発信）：BBC の受信 de ûntfang(st) fan 'e BBC；受信する opfange, opheine, ûntfange：有線テレビはもう受信できない Wy kinne noch gjin kabeltelevyzje ûntfange.；受信機 de ûntfanger,（ラジオ・テレビの）it tastel
じゅしん 受診 it oerlis, in medysk konsult；受診する in dokter rieplachtsje
じゅず 数珠 de roazekrans

じゅすいする 入水する jinsels fersûpe（→入水(にゅう)する）
じゅせい 受精 de befruchting
じゅせい 授精 de ynseminaasje：人工授精 keunstmjittige ynseminaasje；授精させる befruchtsje,（人工的に）授精させる ynseminearje
しゅせいぶん 主成分 it wichtichste yngrediïnt
しゅせき 首席 de top（fan de klas(se)）：首席で（学校を）卒業する de heechste oplieding ôfmakke hawwe
しゅせつ 主節 de haadsin（→主文）（↔従属節）
しゅせんど 守銭奴 de gjirrigert, de nepert（→けち）
じゅそ 呪詛 （呪(のろ)い）de ferwinsking, de flok
じゅぞうき 受像機 it tastel
しゅぞく 種族 it folk, de (folks)stam, it ras
しゅだい 主題 it gegeven, de stof, it tema, it ûnderwerp（→テーマ）：その本の主題 it tema fan it boek
じゅたい 受胎 （妊娠）de konsepsje；受胎する drage, ympregnearje（→妊娠する）
じゅだく 受諾 de oannimming；受諾する oanfurdigje, oannimme；受諾できる oannimlik：この提案は受諾されていない Dy stelling wurdt net oannimlik makke.
しゅたる 主たる foarnaam, primêr（→主な）：主たる原因 de primêre oarsaak
しゅだん 手段 （救済の）it helpmiddel,（方法）it middel：それは目的達成の一つの手段である It is in middel nei in doel.
しゅちゅう 手中 （…を）手中に納める (eat) yn 'e hân hawwe
しゅちょ 主著 jins primêre wurk
しゅちょう 主張 de bewearing；主張する betingje, folhâlde, stean,（権利などを）opeaskje,（…を強く）beweare, fergje (op / ta)：彼女は何も知らない

と主張した Se hold fol dat se fan neat wist., 彼は何も見なかったと主張している Hy beweart dat er neat sjoen hat.

しゅつえん 出演　it optreden；出演する optrede：映画に出演する yn in film optrede

しゅっか 出火　de útbarsting fan in fjoer,（火事）it fjoer：出火した It fjoer brekt út. = Der is in brân útbrutsen., 出火の原因 de oarsaak fan it fjoer

しゅっか 出荷　it ferstjoeren（↔入荷）；出荷する ferstjoere, oerstjoere（→発送する）

じゅっかい 述懐　（追想）it weromsjoch；述懐する weromsjen,（…を）述懐する tebeksjen（op）

しゅっきんする 出勤する　nei it wurk gean

しゅっけつ 出欠　it meidwaan en / of de absinsje

しゅっけつ 出血　de blieding；出血する bliede

しゅつげん 出現　de advint, de ferskining, it foarkommen；出現する ferskine

じゅつご 述語　it stelde（cf. 主語）

じゅつご 術語　de fakterm, it fakwurd（→専門用語）

しゅっこう 出航　it fertrek, de ôfreis（↔入航）；出航する ôfreizgje

しゅっこう 出港　it útsilen fan in haven（↔入港）；出港する útsile

しゅっこう 熟考　it berie(d), de besinning, it betinken, it oerlis, de oertinking, de trochtocht；（…を）熟考する jin beriede [besinne / prakkesearje]（oer）, trochtinke（op / oer）：このことをもう一度熟考してください Besin dy der ris oer.

しゅっこく 出国　de útreis（↔入国）；出国する útreizgje, it lân ferlitte；出国許可（証）de útreisfergunning

しゅつごくする 出獄する　út 'e finzenis komme

しゅっさつがかり 出札係り　de lokettist；出札口 it loket

しゅっさん 出産　de befalling, de berte；出産する befalle, bernje,（動物が）jongje, smite：彼の妻は出産が近い Syn frou moat hast befalle.

しゅっし 出資　de belizzing, de ynvestearring, de jildbelizzing；出資する belizze, jildbelizze

しゅっしょ 出所　（起源）de oarsprong, de ôfkomst(e), de orizjine；（刑務所からの）（釈放）de ûntheffing, it ûntslach：刑務所からの出所 ûntslach út 'e finzenis；出所する út 'e finzenis ûntslein wurde

しゅっしょう 出生　（誕生）de berte：出生国 it lân fan jins berte；出生証明書 de berte-akte；出生地 it berteplak；出生登録簿 it berteregister；出生年月日 jins bertedatum

しゅつじょう 出場　de dielnimming；出場する meidwaan, partisipearje；（競技などの）出場者 de dielnimmer

しゅっしん 出身　it komôf：彼はフリースラントの出身だ Hy is fan Fryske komôf.；（…の）出身である komme（fan / út）, ôfskaaie（fan）：彼の先生は鹿児島の出身だ His learaar komt fan [út] Kagoshima.；出身地 it berteplak（→出生地）

しゅっせ 出世　it fertún,（経歴）de karriêre：出世する karriêre meitsje；出世する ferbetterje, foarútbuorkje；→立身出世

しゅっせき 出席　de oanwêzigens；出席する folgje, meidwaan：講義に出席する kolleezje folgje；出席している oanwêzich：みなさん出席していますか Is elkenien oanwêzich?；出席者 de oanwêzige；出席者数 de opkomst：会合の出席者数 de opkomst foar de gearkomste

しゅつだいする 出題する　opjaan：生徒たちに多くの試験問題を出す learlingen in soad fraachstikken foar eksamen opjaan

じゅったつする 熟達する　behearskje

(→マスターする)；(…に)熟達した saakkundich (yn)
しゅっちょう　出張　de sakereis；出張する foar saken reizgje
しゅってい　出廷　it ferskinen foar it gerjocht；出廷する foarkomme, foar it gerjocht ferskine
しゅってん　出典　de boarne
しゅっとう　出頭　(現れること) de ferskining, de oanwêzigens；出頭する ferskine, foarkomme
しゅつどうする　出動する　mobilisearje
しゅつにゅうする　出入する　yngean [-komme] en útgean [-komme]
しゅっぱつ　出発　it fertrek, de ôfreis：出発しようとしている op punt fan *fertrek* stean；出発する fuortgean [hinne-], ôfreizgje：彼は今朝出発した Hy is fan 'e moarn *ôfreizge.*；出発時刻 de fertrektiid；出発点 it útgongspunt；出発待合室［ロビー］de wachthal
しゅっぱん　出帆　(出航) it fertrek；出帆する ôffarre, (出港する) farre, útfarre
しゅっぱん　出版　de publikaasje, de útjefte；出版する publisearje, útjaan：本を出版する in boek *útjaan*；出版者［社］de útjouwer, 出版社 de útjouwerij；出版物 de publikaasje
しゅっぴ　出費　de útjefte, (経費)(複) de ûnkosten：それは大変な出費だった Dat wie in hiele *útjefte.*
しゅっぴん　出品　de eksposysje；出品する eksposearje
じゅつぶ　述部　it stelde (→述語)
しゅつぼつする　出没する　(泥棒・動物などが) ûnfeilich meitsje, (幽霊が) spoekje：その家には幽霊が出没する It *spoeket* yn dat hûs.
しゅつりょく　出力　(コンピューターの) de útfier (↔入力), (発電機の) it fermogen
しゅと　首都　de haadstêd
しゅとう　種痘　faksinaasje tsjin de pokken；種痘する tsjin de pokken faksinearje [ynintsje]
しゅどう　手動　de hânkrêft：手動の troch *hânkrêft* [mei de hân] oandreaun
しゅどうする　主導する　it inisjatyf nimme；主導権 it inisjatyf, (大国の) de hegemony
じゅどうてきな　受動的な　passyf：受動態 *passive* foarm (↔能動態)
しゅとく　取得　it krijen, it winnen；取得する krije, winne
しゅとして　主として　foaral, foarnaam, primêr (→主に)
じゅなん　受難　(キリストの) de passy, it lijen (fan Kristus) (→苦難)
じゅにゅうする　授乳する　(赤ん坊に) (in bern) oan it boarst hawwe
しゅにん　主任　(上司) it haad, de haadman
しゅのう　首脳　(幹部) it bestjoerslid
じゅひ　樹皮　de bast
しゅび　守備　(スポーツの) it definsyf, (攻撃などに備えての) de ferdigening：このチームは守備が弱い Dy ploech hat in swakke *ferdigening.*
しゅび　首尾　de begjin en de ein, (結末) de ein, it gefolch：あることを上首尾に終わらせる eat ta in goed *ein* bringe；首尾一貫した［て］konsekwint；首尾よい［く］foarspoedich, suksesfol, mei goed gefolch, mei sukses [súkses]；首尾よくやる jin behelpe
しゅひん　主賓　de earegast
しゅふ　主婦　de húsfrou
しゅぶ　主部　it subjekt (cf. 述部)
しゅぶん　主文　→主節
しゅぼうしゃ　主謀者　de opperteur, de rêddraaier
しゅみ　趣味　de hobby, de leafhawwerij, de meuch：私の最大の趣味は音楽です Muzyk is myn grutste *leafhawwerij.*
じゅみょう　寿命　de libbensdoer：テレビの寿命はせいぜい10年だ De libbensdoer fan in televyzje is uterlik tsien jier.
しゅもく　種目　(項目) de post, (種類)

じゅんけつ（の）

it / de soarte, （スポーツの）de takke [tûke]（fan sport）
じゅもく　樹木　de beam,《集合的に》it beamte
じゅもん　呪文　de toverformule [-spreuk]；呪文を掛ける betoverje
しゅやく　主役　（役者）de foaroanman, it / de haadfiguer [top-], de topper, （役）de haadrol：主役を演ずる de haadrol spylje
じゅよ　授与　de bekroaning, it ferlienen；授与する bekroanje, ferliene, jaan, omdiele, skinke, útrikke：賞を授与する de prizen omdiele
しゅよう　腫瘍　de swolm, de tumor：彼女は脚に腫瘍ができていた Sy hie swolmen [swolms] op 'e skonk., 良性[悪性]腫瘍 in goedaardige [kweaaardige] tumor
じゅよう　受容　de ûntfang(st), it ûnthaal；受容する ûntfange；受容力のある ûntfanklik
じゅよう　需要　de oanfraach：需要を満たす oan in oanfraach foldwaan
しゅような　主要な　foarnaam, primêr；主要な点 de haadsaak；主要課目 it haadfak；主要道路 de haadwei
しゅらん　酒乱　（in）dronken razernij
じゅりする　受理する　akseptearje, oanfurdigje, oannimme
じゅりつする　樹立する　fêstigje, stichtsje：新記録[国交]を樹立する in nij rekord [diplomatike relaasje] fêstigje, 和平を樹立する frede stichtsje
しゅりゅう　主流　de hearskjende streaming
しゅりゅうだん　手榴弾　de (hân)granaat：手榴弾を投げる in granaat smite
しゅりょう　狩猟　de jacht (→狩り)：狩猟が解禁になった De jacht is iepen.
じゅりょう　受領　de ûntfangst；受領する krije, ûntfange (→受け取る)
しゅりょく　主力　de wichtige krêft
シュリンプ　de grenaat
しゅるい　種類　it slach, it / de soarte,

あらゆる種類の人々がいた Der wienen lju fan allerhanne slach., あらゆる種類のペン allerhanne soarten（fan）pinnen
しゅろ　棕櫚　de palm
しゅわ　手話　de gebeartetaal
じゅわき　受話器　de hoarn：電話の受話器 de hoarn fan 'e telefoan
しゅわん　手腕　it fermogen, （腕前）de slach, （能力）de bekwamens, de knappens
じゅん　順　→順番
じゅんい　順位　it stee；優先の順位（表）de ranglist
じゅんえき　純益　netto winst
じゅんえん　順延　（延期）de ferskowing, it útstel；順延する ferskowe, útstelle：次の快晴日まで運動会は順延される Oant de earste moaie dei sil de sportdei útsteld wurde.
じゅんかい　巡回　de rûnte：巡回する de rûnte dwaan = rûngean
じゅんかつゆ　潤滑油　it glydmiddel, de smaroalje；（エンジンに）潤滑油をさす（de motor）smarre
しゅんかん　瞬間　it amerij, it momint, it stuit, de tel；瞬間の, 瞬間（的）に opslach
じゅんかん　循環　de rûntegong, de sirkulaasje；循環する sirkulearje
じゅんきょう　殉教　de lijenswei；殉教者 de martelder
じゅんぎょう　巡業　de toernee：巡業中である op toernee wêze
じゅんきょする　準拠する　（…に）berêste (op) (→（…に）基づく)
じゅんきん　純金　suver goud
じゅんぎん　純銀　suver sulver
じゅんぐりに　順繰りに　bar om bar
じゅんけつ　純潔　de reinens, de suverens [-heid]；純潔な rein, suver
じゅんけっしょう　準決勝　de heale finale
じゅんけつ（の）　純血（の）　(de) folbloed；純血種の犬 in hûn fan in suver ras

じゅんこう　巡航　*de* krústocht；巡航する kruse；巡航ミサイル *de* krúsraket

じゅんさ　巡査　*de* tsjinner（→警察官），（村の）*de* fjildwachter

しゅんじ　瞬時　→瞬間

じゅんし　巡視　*de* rûnte：巡視する *de rûnte* dwaan = patrûljearje, rûngean；巡視船［艇］*de* patrûljeboat

じゅんしする　殉死する　jins libben offerje（foar jins master）

じゅんしゅする　順守する，遵守する　→従う，守る

じゅんじゅんけっしょう　準々決勝　*de* kwartfinale

じゅんじょ　順序　*de* folchoarder, *it* stee（→順番，順位）：アルファベットの順序で op 'e alfabetyske *folchoarder*

じゅんじょう　純情　in suver［ûnbedoarn］hert(e)；純情な suver fan hert(e)

じゅんしょく　潤色　*it* opsiersel；潤色する opsiere

じゅんしょくする　殉職する　yn tsjinsttiid stjerre

じゅんしん　純真　*de* ienfâld；純真な nayf, ûnskuldich

じゅんすい　純粋　*de* suverens［-heid］；純粋な rein, suver

しゅんせつ　浚渫　*de* drêge；しゅんせつする drêgje, dregje

じゅんぜんたる　純然たる　（紛れもない）rein,（混じり気のない）klearebare, suver：純然たる失敗 in *klearebare* mislearring

じゅんたくな　潤沢な　oerfloedich, ryklik

じゅんちょうな［に］　順調な［に］　flot, glêd, gled, op ('e) gleed：私の仕事は今順調に進んでいる Myn wurk is no moai op ('e) gleed.

じゅんど　純度　*de* suverens；純度の高い［低い］fan in hege［lege］graad

じゅんどうしの　準動詞の　tiidwurdlik

じゅんのう　順応　*de* oanpassing；順応する jin oanpasse：人は新しい環境に順応しなければならない Men moat jin oan de nije omstannichheid *oanpasse.*

じゅんばん　順番　*de* bar, *de* beurt, *de* folchoarder：歴史の授業で（発表する）順番が回ってきた Ik krige in *beurt* by skiednis.；順番に ien foar ien（→順繰りに）

じゅんび　準備　*de* klearrichheid, *de* risselwaasje, *it* tarieden, *de* tarieding, *de* taris(sing)：準備中である yn *tarieding* wêze, 準備する *tarieding* [*taris(sing)*] meitsje；準備する klearmeitsje [-sette], risselwearje, (jin) tariede, (jin) tarisse：試験の準備をする (jin) *klearmeitsje* foar in eksamen, 生徒たちに試験の準備をさせる de learlingen *tariede* foar in eksamen；準備ができた klear, ree：お茶の準備ができている De tee is *ree.*

しゅんぶん　春分　*de* evennacht, *it* begjin fan 'e maitiid（↔秋分）＊3月21日頃

しゅんべつする　峻別する　dúdlik ûnderskiede

じゅんぼくな　純朴な　ûnbedoarn, ûnferdoarn

じゅんもう　純毛　suver wol；純毛の suver wollen

じゅんゆうしょう　準優勝　準優勝する twad(s) wêze [wurde]：彼はスケート競争で準優勝した Hy *wie twad(s)* [*twadde*] by it hurdriden.；準優勝者 nûmer twa

じゅんようかん　巡洋艦　*de* kruser

じゅんれい　巡礼　*de* beafeart, *de* pylgertocht, *de* pylgrimstocht；巡礼者 *de* pylger, *de* pilgrim

じゅんれつ　順列　*de* permutaasje

じゅんろ　順路　*de* rûte（→ルート）

じょ　序　（序文）*it* foarwurd

じょい　女医　*de* dokteres(se)

しょいん　所員　*it* lid, *de* meiwurker, *de* stêf,《集合的に》*it* peroniel：フリスク・アカデミーの所員 de *meiwurkers* fan 'e Fryske Akademy

しよう　仕様　→方法

しよう 使用 *it* gebrûk：薬の使用 it *gebrûk* fan medisinen, (ある物を) 使用する (eat) yn *gebrûk* hawwe, *gebrûk* meitsje (fan), 使用されている yn *gebrûk* wêze；使用する brûke；使用可能な，使用できる brûkber, brûksum：この車はまだ使用できる Dit is noch in *brûkbere* auto., 使用できる土地 *brûksum* lân；使用済みの brûkt；使用者 *de* brûker；使用人 *de* wurkkrêft (→雇用者)

しょう 性 性が合う[合わない] befalle [oanstean] (net) (→性格)

しょう 省 (内閣の) *it* ministearje：法務省 *ministearje* fan Justysje

しょう 章 (本・論文などの) *it* haadstik, *it* kapittel：第8章 *Haadstik* 8

しょう 賞 *de* priis：1等賞をもらう de earste *priis* krije；文学賞 *de* literatuerpriis

じよう 滋養 *de* fieding；滋養のある streksum：滋養食 *streksum* iten；滋養物 *de* fieding, *it* fiedsel

じょう 情 (感情) *de* fieling, (愛情) *de* leafde, (思い遣り) *de* konsideraasje

じょう 錠 *it* slot, *de* slûs / slús：ドアに錠を掛ける[外す] de doar op ('t) *slot* [fan it *slot*] dwaan, ドアに錠が掛かっている De doar is [sit] op ('t) *slot*.

じょう 嬢 *de* juffer, *de* juffrou：マイケお嬢さん！*Juffer* Meike!

(一)じょう (一)乗 *de* macht：3の2乗 de twadde *macht* fan 3

じょうい 上位 in hegere rang；上位の[に] boppe；(…の) 上位にある superieur wêze (oan)

しょういだん 焼夷弾 *de* brânbom

じょういん 上院 *it* hegerhûs, de Earste Keamer (↔下院)；上院議員 in Earste Keamerlid

しょううちゅう 小宇宙 *de* mikrokosmos

じょうえい 上映 (映画の) *it* ôfdraaien, *de* produksje；上映する ôfdraaie, produsearje

じょうえん 上演 (劇・芝居などの) *de* foarstelling, *de* opfiering, *it* optreden, *de* produksje, *de* útfiering；上演する opfiere, produsearje

しょうおう 照応 *de* korrespondinsje；照応する korrespondearje, (…と) (調和する) harmoniearje (mei)

しょうか 昇華 *de* sublimaasje；昇華させる sublimearje

しょうか 消化 (知識・食物などの) *de* fertarring, *de* ferwurking；消化する besinke, fertarre, ferwurkje：その食べ物は消化がよくない It iten is min te *fertarren*.；消化しやすい fertarber；消化不良 *de* yndigestje

しょうか 消火 *it* dwêsten (fan fjoer)；消火する (brân) dwêste, dwêstje；消火器 *de* brânwêster；消火栓 *de* brânkraan；消火用はしご *de* brânljedder

しょうが 生姜 *de* gimber

じょうか 浄化 *de* sublimaasje, *de* suvering；浄化する sublimearje, suverje：社会を浄化する de maatskippij *suverje*

しょうかい 紹介 *de* foarstelling, *de* yntroduksje；(…に) 紹介する foarstelle (oan), ynliede, yntrodusearje：(…に) 自分[人]を紹介する jin [immen] *foarstelle* (oan), 友達を紹介しましょうか Mei ik jo myn freon *foarstelle*?, 司会者は講演者を聴衆に紹介した De foarsitter *late* de sprekker yn by it publyk.

しょうかい 商会 *de* firma

しょうかい 照会 *de* ferwizing, *de* neifraach；(…に) 照会する *neifraach* dwaan (nei)；(…に) 照会する ferwize (nei), neifreegje, neirekkenje, referearje

しょうがい 生涯 *it* libben, *de* libbensrin：生涯 (において) by jins *libben*

しょうがい 傷害 *de* kniezing, *it* letsel；傷害を与える ferwûnje

しょうがい 障害 *de* behindering, *de* hinderpeal；障害 (物) *de* hinder, *de* hindernis, *it* obstakel：障害を切り抜

けるin *hindernis* nimme
しょうかいきょう 昇開橋 *de* hefbrêge [wip-]（→跳ね橋）
しょうがく 少額 in lyts bedrach
しょうがくきん 奨学金 *de* beurs, *it* lien, *de* stúdzjebeurs, *de* taslach：奨学金をもらって勉学する fan in *beurs* studearje；(…の) 奨学金を獲得する in *beurs* krije (foar)；奨学生 *de* beursstudint
しょうがつ 正月 （元旦）*it* nijjier, (一月) *de* jannewaarje [-waris]
しょうがっこう 小学校 *de* basisskoalle, in legere skoalle；小学生（男子）*de* skoaljonge,（女子）*it* skoalfamke
しょうかんする 召喚する （証人などを）(呼び出す) sommearje
しょうかんする 召還する oanskriuwe, (呼び戻す) weromroppe
しょうき 正気 *it* besef, *de* besinning, *it* besleur（↔狂気）：正気を失う *it besef* ferlieze, 正気に戻る ta jins *besleur* komme；正気の sûn；正気でない gek；それは正気の沙汰ではない Dat is je reinste waansin.
じょうき 蒸気 *de* stoom, (水) 蒸気 *de* wetterdamp；蒸気機関 *de* stoommasine；蒸気機関車 *de* stoomlokomotyf；蒸気船 *de* stoomboat
じょうぎ 定規 *de* liniaal, *de* rij
じょうきげん 上機嫌 in goed [heech] moed：上機嫌である jins moed wol hawwe
じょうきの 上記の foarneamd
じょうきゃく 乗客 *de* passazjier
しょうきゅう 昇級 *de* promoasje（→進級）：昇級する *promoasje* meitsje
じょうきゅう 上級 in hegere rang；上級の prima
しょうきょ 消去 *de* eliminaasje；消去する eliminearje, weiwurkje
しょうぎょう 商業 *de* kommersy, *it* sakelibben；商業（上）の kommersjeel
じょうきょう 状況 *de* omstannichheid, *de* situaasje, *de* stân：このような状況で yn [ûnder] dy *omstannichheid*,

(ある) 状況によって troch *omstannichheden*
しょうきょくてきな 消極的な passyf（↔積極的な）；消極性 *de* passivens
しょうきん 賞金 *de* bekroaning, *de* priis
じょうきんの 常勤の fol：常勤の仕事 in *folle* baan
じょうくう 上空 →空（そら）
しょうぐん 将軍 *de* generaal
じょうげ 上下 op en del, (高低) heech en leech：上下に揺れる *op en del* tyskje, 上下する op- en delgean
しょうけい 小計 *it* subtotaal
じょうけい 情景 *it* oansjoch（→光景）
しょうげき 衝撃 *de* sjok, *de* skok（→ショック）：それは彼女にとって大変な衝撃でした Dat wie in *skok* foar har.
しょうけん 証券 *it* steatspapier
しょうげん 証言 *de* getugenis, *de* tsjûgenis；証言する getuge, tsjûgje
じょうけん 条件 *de* bepaling, *it* / *de* betingst, *it* foarbehâld, *de* kondysje：…という条件で mei de *bepaling* dat …, op *kondysje* dat …, 条件付きで mei *betingst(en)*, 諸条件を満たす oan 'e *betingsten* foldwaan
じょうげん 上限 *it* maksimum（↔下限）
しょうこ 証拠 *it* bewiis, *it* blyk, *de* útwizing；証拠を示す *bliken* jaan；証拠資料 *de* dokumintaasje
しょうご 正午 *de* middei, (副) oerdei：正午前 [正午後 / 正午ごろ] に foar [nei / tsjin] de *middei*
じょうご 冗語 in oerboadich [oerstallich / ûnnedich] wurd
じょうご 漏斗 *de* trachter
しょうこう 小康 （病気・紛争などが）小康状態である wat better wêze
しょうこう 将校 *de* offisier
しょうこう 症候 *it* symptoom：病気の症候 *it symptoom* fan in sykte
しょうごう 称号 *de* titel, *de* titulatuer

(→肩書き)

しょうごう　照合　*de* neirekkening；照合する neirekkenje, oanstippe

じょうこう　条項　*it* artikel, *it* / *de* kêst：法律の条項 in *artikel* yn de wet

じょうこう　情交　(性交) seksueel ferkear

しょうこうねつ　猩紅熱　*de* reafonk

じょうこく　上告　*it* berop；上告する beroppe：最高裁に上告する jin beroppe op de Hege Rie

しょうこりもなく　性懲りもなく　ûnferbetterlik

しょうさ　少佐　(陸・空軍の) *de* majoar, (海軍の) *de* korvetkaptein

しょうさい　詳細　*de* finesse：あることを詳細に記述する eat yn 'e *finesses* beskriuwe = eat minusjeus beskriuwe；詳細な [に] minusjeus, omstannich, wiidweidich：詳細な説明 in *omstannige* [*wiidweidige*] útlis

じょうざい　錠剤　*de* pil, *it* tablet：錠剤を飲み込む *pillen* slokke

しょうさん　称賛　*de* bewûndering, *de* lof(prizing)：…を称賛して út *bewûndering* foar …, 称賛に値する *lof* fertsjinje, 多大の称賛を受ける in soad *lof* krije；称賛する priiz(g)je；《形》称賛に値する loflik

しょうさん　硝酸　*it* salpetersoer；硝酸カリウム *de* salpeter (硝石)

じょうし　上司　(上役) jins superieur

じょうじ　情事　*de* leafdesferhâlding

しょうじき　正直　*de* earlikens [-heid], *de* oprjochtens, *de* rûnens, *de* rûnutens：正直なところ yn alle *earlikens*, この人の正直さ de *rûnens* fan dy man；正直な [に] braaf, earlik, froed, ynteger, oprjocht：正直に言って *earlik* sein (→率直に言って), 正直でならなければならない Do moatst *earlik* wêze.

じょうしき　常識　*de* nochterens, it sûne ferstân；常識のある nochteren, mei sûn ferstân

しょうしつする　消失する　(消える) ferdwine, fergroeie

しょうしつする　焼失する　ôfbaarne

じょうしつの　上質の　heechweardich

しょうしゃ　商社　*de* firma

しょうしゃ　勝者　→勝利者

じょうしゃする　乗車する　ynstappe (↔下車する)；乗車券 *de* strippekaart

じょうじゅ　成就　*de* folbringing；成就する berikke, ferfolje (→達成する), (完遂する) folbringe；(あることを) 成就させる (eat) ta stân bringe

しょうしゅう　召集　*de* oprop；召集する belizze, gearboskje [-roppe], útskriuwe：会議を召集する in gearkomste belizze [útskriuwe]

しょうじゅう　小銃　*it* gewear

じょうしゅうてきな　常習的な　gewoan；常習犯 *de* residivist

じょうじゅつの　上述の　boppe neamd, foar neamd, boppesteand

しょうじゅん　照準　→狙(ねら)い

じょうじゅん　上旬　de earste tsien dagen fan in moanne

しょうしょ　証書　*de* akte, *it* dokumint

しょうじょ　少女　*de* faam, *de* jongfaam, (悪い意味での) *it* fanke

しょうしょう　少々　in bytsje, in snjit：私はいつも紅茶に少々の牛乳を入れる Ik doch altyd *in snjit* molke yn 'e tee.

しょうしょう　少将　(陸・海軍の) *de* generaal-majoar, (海軍の) *de* skout-by-nacht

しょうじょう　症状　(容態) *de* kondysje, (兆候) *it* symptoom, *it* skaaimerk：(病気の) 症状は良好である yn goede *kondysje* wêze

しょうじょう　賞状　(表彰状) in brief fan de lofprizing

じょうしょう　上昇　*de* opgong；(値段・温度が) 上昇する omheechgean, opgean, oprinne, stige：価格が上昇する De prizen *gean omheech*., 気温が上昇した De temperatuer *rint op*., 気球が上昇している De ballon *stiicht*.

じょうしょく　常食　deistich iten：米は日本人の常食だ Rys is it *deistich iten* foar Japanners.

しょうじる　生じる　foarfalle, foarkomme, gebeure,（事件などが）barre, boppekomme, jin foardwaan,（生産する）ôfleverje：困ったことが生じた Der die him in swierrichheid foar.
じょうじる　乗じる　→付け込む
しょうしん　昇進　de befoardering, de ferheging, de promoasje：彼の市長への昇進 syn befoardering ta boargemaster, 昇進する promoasje meitsje；（…に）昇進させる befoarderje [promovearje]（ta）, ferheegje：彼は船長（の位）に昇進した Hy waard ta kaptein befoardere.
しょうしん　傷心　（悲しみ）it fertriet, it leed
しょうじん　小人　in lytse persoan
じょうじん　常人　in gewoane man
しょうしんしょうめいの　正真正銘の　echt, suver
しょうしんな　小心な　skoftich,（臆病な）bangich, bedêst, ferlegen
じょうず　上手　（器用）de feardigens [-dichheid], de handigens [-ichheid], de tûkens；上手な[に] behindich, betûft, kundich, tûk：上手に書いてある kundich skreaun, 計算が上手である tûk rekkenje
しょうすう　少数　in lyts tal；少数の inkeld, min, minmachtich, in pear；少数（派）de minderheid：少数民族 etnyske minderheid
しょうすう（の）　小数（の）　（de）desimaal；小数点 de komma
しょうする　称する　→（…と）呼ぶ,（偽る）fingearje
じょうせい　情勢　de stân,（状況）de situaasje
しょうせつ　小説　（長編の）de roman,（短編の）de novelle；恋愛小説 de românse；小説家 de romanskriuwer
しょうせつ　詳説　in fine beskriuwing；詳説する yn 'e finesse beskriuwe
じょうせつの　常設の　permanint
しょうせん　商船　it keapfardijskip
じょうせん　乗船　it ynskippen；乗船する oan board gean
じょうそ　上訴　it appèl：上級裁判所へ上訴する it yn appèl goaie [smite]；上訴する it hegerop besykje, yn heger berop gean
しょうそう　焦燥　de yrritaasje；焦燥に駆られる yrritant [ûngeduldich] wurde
じょうそう　上層　（地層の）de heechste laach,（階層の）de heechste klas(se)；上層階級 de hegerein
じょうそう　情操　it gefoel, it sentimint
じょうぞう　醸造　（特にビールの）it brousel；醸造する brouwe；醸造酒 it brousel
しょうぞう（が）　肖像（画）　de ôfbylding, it portret；…の肖像を描く ôfbyldzje
しょうそく　消息　it beskie(d)（→便り, 事情）
しょうたい　招待　de ynvitaasje, 招待（状）de útnoadiging [-noeging]：招待に応じる [を断る] in útnoadiging oannimme [ôfslaan]；招待する bidde, ynvitearje, ynnoegje, noadigje, útnoadigje [-noegje]：結婚式に招待する op 'e brulloft bidde, 彼女は自分の誕生パーティーに友だちをみんな招待した Op har jierdeisfeest noege se al har freonen út.
じょうたい　状態　de kondysje, de steat, de tastân：よい状態である yn goede kondysje wêze, その家は今なお保存状態がよい Dat hûs is noch yn goede steat., 彼の精神状態 syn geastlike tastân
しょうたく　沼沢　it moeras, de sompe；沼沢の多い moerassich, sompich
しょうだく　承諾　it goedfinen, de meistimming, de tastimming：…の承諾を得て [ずに] mei [sûnder] goedfinen fan …；承諾する goedfine, meistimme,（…を）承諾する tastimme (yn / mei)；承諾書 in brief fan meistimming
じょうたつ　上達　de ferbettering, de

foarútgong；上達する ferbetterje, foarútgean；上達した trochleard

しょうだん　商談　in saaklike ûnderhanneling；(…と)商談をする ûnderhannelje (mei)

じょうだん　上段　(寝台などの) in boppeste koai

じょうだん　冗談　de bak, de gekheid, de grap, de koartswyl, de mop, (悪い) it / de fyt：下品な冗談 in goare bak, 冗談のつもりで út gekheid, 冗談はともかくとして alle gekheid op in stokje, ほんの冗談だよ It is mar gekheid., 冗談を言う grappen fertelle [meitsje], 冗談で om 'e grap, 冗談でしょう！Wat in mop!；冗談を言う gekjeie, grapjeie；冗談好きな geklik；冗談の koartswilich；冗談を言う人 de grapmaker；冗談半分に heal út de gek

しょうち　承知　(知っていること) it meiwitten, de wittenskip：これは私の承知の上で起ったことだ Dit is mei myn meiwitten dien., …を承知の上で yn 'e wittenskip dat …；承知する kenne, witte：そのことは新聞で承知している Dat wit [wyt] ik út 'e krante.

しょうちする　招致する　→招く

しょうちゅう　焼酎　'shochu' (Japansk distilleard)

じょうちょ　情緒　(感情) de emoasje, it gefoel；情緒的な [に] emosjoneel

しょうちょう　小腸　de fine [krúme / lange / tinne] terms (cf. 大腸, 盲腸)

しょうちょう　省庁　(政府官庁) de oerheidstsjinst

しょうちょう　象徴　it symbool, it sinnebyld；象徴の, 象徴的な [に] symboalysk, sinnebyldich；象徴主義 it symbolisme；象徴性 de symbolyk

じょうちょうの [に]　冗長の [に] langtriedd(er)ich, wiidweidich

じょうでき　上出来　de slach；上出来！Prima!, それは上出来だ！Dat hast treflik dien!

しょうてん　昇天　(キリストの) de Himelfeart；昇天祭 de Himelfeartsdei

しょうてん　商店　(店) de winkel, (ストアー) it magazyn；商店街 de promenade, de winkelstrjitte

しょうてん　焦点　(レンズ・話題の) it brânpunt

じょうと　譲渡　de oerdracht, de oerjefte：家屋の譲渡 de oerdracht fan in hûs；譲渡する oerdrage：(…に) 権利を譲渡する rjochten oerdrage (oan)

しょうとう　消灯　de fertsjustering；消灯する fertsjusterje, it ljocht útdraaie [útdwaan]

しょうどう　衝動　it boadskip, de ympuls, de lust, (強い) de driuw, de oanfjochting：衝動に駆られてあることをする yn in ympuls eat dwaan, 旅行への衝動 de driuw om te reizgjen；衝動的な [に] ympulsyf：あることを衝動的に行う eat ympulsyf dwaan

じょうどう　情動　it affekt

じょうとうの　上等の　pûk, treflik：上等のじゃがいも pûke ierappels

じょうとうの　常套の　konvinsjoneel (→ありきたりの)

しょうどく　消毒　de sterilisaasje, de ûntsmetting；消毒する sterilisearje, suverje, ûntsmette：傷口を消毒する in wûne suverje；消毒液 [薬] it ûntsmettingsmiddel

(…) しようとしている　gean, op it punt stean：閉まろうとしている It sil der om gean., ちょうど始めようとしているところだった Ik stie op it punt om te beginnen.

しょうとつ　衝突　(意見・車などの) de oanfarring, (意見・利害などの) it konflikt, (車の) de oanriding：(…に) 衝突する yn oanfarring [konflikt] komme (mei)；衝突する oanfarre, oanride, (…に) 衝突する botse [oanride] (tsjin)：他の車に衝突する in oare auto oanride, 彼はバスに衝突した Hy is tsjin in bus oanriden., 車どうしが衝突した De auto's botsten tsjin mekoar oan.

しょうに　小児　it bern：小児科 de

しょうにゅうせき　鍾乳石　*de* stalaktyt
しょうにん　昇任　→昇級
しょうにん　承認　*de* erkenning, *it* goedfinen, *de* goedkarring；承認する erkenne, goedfine, goedkarre：政府を承認する in regear erkenne, その案を承認する it plan goedkarre；承認された erkend
しょうにん　商人　*de* keapman
しょうにん　証人　*de* tsjûge：証人を召喚する in *tsjûge* oproppe；…の証人になる tsjûgje
じょうにんの　常任の　permanint：常任委員会 de *permaninte* kommisje
じょうねつ　情熱　*it* fjoer, *de* hertstocht, *de* lust；情熱的な[に] fjoerich, hertstochtlik：情熱的な女性 in *fjoerich* frommes
しょうねん　少年　*de* feint, *de* jonge；少年時代 *de* feintejierren [jonges-]
しようの　私用の　foar eigen gebrûk；私用で persoanlik
しょうのう　小脳　de lytse harsens (↔ 大脳)
しょうのう　樟脳　*de* kanfer
じょうば　乗馬　*de* hynstesport
しょうはい　勝敗　*de* fiktoarje of *de* nederlaach
しょうはい　賞杯　（トロフィー）*de* trofee
しょうばい　商売　*it* affear(en), *it* berop, *de* hannel, *de* negoasje, *de* saak, *de* ûndernimming：商売はどうですか Wat binne jo fan jo *affear*(en) [berop]?, 商売をする *hannel* driuwe, *saken* dwaan, 割りに合わない商売 in sinterske *negoasje*, 商売がうまくいっている Der wurde goede *saken* dien., 商売を始める yn *saken* gean；商売人 *de* hannelsman (→商人)
じょうはつ　蒸発　*de* ferdamping；蒸発する dampe, ferdampe, (人が姿を消す) ferdwine, weiwurde

じょうはんしん　上半身　*de* boppe-ein, *de* rânsel
しょうひ　消費　*it* ferbrûk, 消費（高・量）*de* konsumpsje：米の消費量 *de konsumpsje* fan rys；消費する ferbrûke, konsumearje, (電気などを) frette：私たちは毎週１キロの砂糖を消費している Wy *ferbrûke* elke wike in kilo sûker.；消費者 *de* ferbrûker, *de* konsumint；消費税 *de* ferbrûksbelesting
じょうびの　常備の　（持ち合わせの）foarhannen
しょうひょう　商標　*it* hannelsmerk
しょうひん　商品　*de* hannelswaar, *de* keapwaar, *de* negoasje
しょうひん　賞品　*de* priis (→賞)
じょうひんな　上品な　moai, raffinearre, sierlik, sinlik, tsjep：上品な人たち *tsjeppe* lju；上品 *de* elegânsje
しょうふ　娼婦　*de* prostituee (→売春婦)
しょうぶ　勝負　（勝敗）*de* fiktoarje [oerwinning] of *de* nederlaach, (試合) *de* kriich, *de* striid, *de* wedstriid；勝負する→試合する
しょうぶ　菖蒲　*de* earrebarreblom
しょうふ　情夫　*de* leafste, *de* minner
しょうふ　情婦　*de* leafste, *de* minneres
しょうふくする　承服する　→同意する
しょうふだ　正札　*de* priis, *it* priiskaartsje
じょうぶな　丈夫な　dreech, foars, gewant, sterk, taai：その子供は体が丈夫でない Dat bern is net *sterk*., 胃が丈夫である in *sterke* mage hawwe；丈夫でない swak；丈夫にする sterkje
しょうぶん　性分　jins aard [natuer], *it* karakter
しょうへいする　招聘する　fersykje, freegje, oannimme (→招く)
しょうへき　障壁　（障害）*de* behindering, *de* hinder(peal), *it* obstakel
じょうへき　城壁　*de* wâl
しょうべん　小便　*it* pisjen, *de* urine：小便を我慢する it *pisjen* ynhâlde；小

便をする pisje, urinearje, wetterje, in miel dwaan, (特に, 動物が) mige：(小便をもらして) パンツをぬらす yn 'e broek *pisje*
じょうほ 譲歩 *de* konsesje：(人に) 譲歩する *konsesjes* dwaan (oan immen), 譲歩する skewiele：われわれは少し譲歩しなければならない Wy moatte mar wat *skewiele*.
しょうほう 商法 *it* handelsrjocht
しょうほう 詳報 in wiidweidich berjocht
じょうほう 乗法 *de* fermannichfâldiging (→掛け算) (↔除法)
じょうほう 情報 *de* ynformaasje, *de* ynljochting：サマーハウスについての情報 *de ynformaasje* oer simmerhúskes, あることについて情報を与える *ynformaasje* jaan oer eat, さらに詳しい情報を求める om neiere *ynformaasje* freegje, 情報を与える[得る・求める] *ynljochtings* [-*ingen*] jaan [krije / freegje]；《形》情報を与える ynformatyf：有益な情報を与えてくれる記事 in *ynformatyf* artikel
しょうぼうし 消防士 *de* brânspuiter [-spuitman]；消防(自動)車 *de* (brân-)spuit；消防署 *de* kaserne；消防隊 *de* brânwacht
じょうほうに 上方に oer, nei boppen
しょうほん 抄本 (抜粋) *it* ekserpt, *it* ekstrakt, *it* úttreksel
じょうまえ 錠前 *it* slot, *de* slús / slûs, *de* sluting (→錠)；錠前師 *de* slotmakker
じょうまんな 冗漫な ▸冗長な
しょうみする 賞味する opplúzje；賞味期限 *de* ferfaldei
しょうみの 正味の netto
じょうみゃく 静脈 *de* ier (↔動脈)
じょうむいん 乗務員 *de* bemanning, 《複》 *de* manskippen
じょうむとりしまりやく 常務取締役 *de* direkteur
しょうめい 証明 *it* bewiis；証明する bewize, ferklearje, tsjûgje, wier-meitsje：…であることをここに証明する Hjirby *ferklearje* ik dat …；(人物の)証明書 *it* tsjûchskrift, (普通の) *it* bewiis, *de* ferklearing, *de* sertifikaat, (人物・身元の) *it* getúchskrift, *it* tsjûchskrift
しょうめい 照明 *de* lamp(e), (劇場などの) *de* beljochting, *de* ferljochting：照明で照らす mei in *lamp*(e) ferljochtsje
しょうめつ 消滅 *it* fergroeien, (絶滅) *it* útstjerren；消滅する fergroeie, ôfsakje, stjerre, weiwurde, (絶滅する) útstjerre
しょうめん 正面 (建物の) *de* foarkant, *it* front：あの家の正面 *it front* fan dat hûs；正面玄関 *de* bûtendoar
しょうもう 消耗 *de* útputting；(体力・精力を) 消耗する ferbrûke, útputte；消耗させる úttarre
じょうやく 条約 *it* ferbûn, *it* ferdrach, *it* pakt, *it* traktaat：(…と) 条約を結ぶ in *ferbûn* oangean [slute] (mei), 条約を廃棄する in *ferbûn* opsizze, 北大西洋条約 *it* Noard-Atlantysk *Pakt*
しょうゆ 醤油 *de* soaja
しょうよ 賞与 *de* gratifikaasje, *de* taslach (→ボーナス)
じょうようする 常用する gewoan brûke
じょうようで 商用で foar saken
しょうらい 将来 *it* ferfolch, *it* foarlân, *de* takomst (→未来)：それは将来君の身にも振りかかることだ Dat is dyn *foarlân* ek., その会社は将来性がない Dat bedriuw hat gjin *takomst*.；将来の oankommend, takomstich・将来の医者 in *oankommende* dokter；将来は ienris, yn 'e takomst；将来の夢 *de* takomstdream
しょうり 勝利 *de* fiktoarje, *de* oerwinning, *de* sege；勝利を得る[収める] oerwinne, winne, (…に) triomfearje (oer)；勝利者 *de* oerwinner
じょうり 条理 logyske rede
じょうりく 上陸 *de* lâning；上陸する lânje, oan lân gean [komme]

しょうりゃく　省略　de ôfkoarting, de omisje；省略する oerslaan, ôfkoartsje, weilitte：難しい言葉は省略した In slim wurd *sloech* ik oer.；省略形 de ôfkoarting（→短縮形）；省略符号 de apostrof（'）
じょうりゅう　上流　de bopperin（fan in rivier）（↔下流）
じょうりゅう　蒸留　de distillaasje；（酒などを）蒸留する distillearje, stoke
じょうりゅうかいきゅう　上流階級　de deftichheid, de hegerein, de hegere stân
しょうりょう　少量　de byt, it bytsje：少量の牛乳 in bytsje molke；少量の lyts
しょうりょう　精霊　de geast fan in deade（→精霊(せいれい)）
しょうれい　奨励　de oanmoediging；奨励する fuortsterkje, oanmoedigje
じょうれい　条例　de oardering：州条例 in provinsjale *oardering*
じょうれん　常連　de klant, de leafhawwer
しょうろう　鐘楼　de klokketoer
しょうろく　抄録　it ekserpt（→抜粋）
しょうわるの　性悪の　kwea-aardich
しょえん　初演　de premjêre
ショー　de sjo
じょおう　女王　de foarstinne, de keninginne：ベアトリックス女王は退位した *Keninginne* Beatrix hat ôfstân 'e troan(e) dien.；女王の keninklik
ショーウィンドー　de etalaazje：ショーウインドーに陳列してある yn 'e *etalaazje* lizze
じょおうばち　女王蜂　*de* moer
ジョーク　→冗談
ショート　（電気の）de koartsluting：（…に）ショートさせる *koartsluting* meitsje（yn）
ショートケーキ　it taartsje
ショートパンツ　koarte broek
ショール　（肩掛け）de omslachdoek, de sjaal
しょか　初夏　de foarsimmer, it earste part fan 'e simmer；初夏に ier yn 'e simmer

しょか　書架　it boekerak
じょがい　除外　de útsluting；除外する útslute
しょがくしゃ　初学者　de begjinner
じょがくせい　女学生　（女子生徒）it skoalfamke
しょかつ　所轄　（裁判の）it ressort, it rjochtsgebiet
じょがっこう　女学校　de famkesskoalle
しょかん　所管　→管轄
しょかん　書簡　de / it《文語》brief：パウロの書簡 de *brieven* fan Paulus
しょき　初期　de iere tiid；初期の ier：中世初期 de *iere* midsieuwen
しょき　書記　de klerk, de sekretaris,（女性の）de sekretaresse；（町・市の）書記官 de sekretaris；書記職 it sekretariaat
しょきゅう　初級　de junioareklas(se)
じょきゅう　女給　de betsjinster, de kelnerin, de tsjinster（→ウェートレス）
じょきょ　除去　de ferwidering, de útsluting（→排除）；除去する ferwiderje, útslute,（溝の雑草などを）útheakkelje,（臓物を）úthelje
じょきょうじゅ　助教授　in wittenskiplike assistint　*この地位はない
じょきょく　序曲　it foarspul, de ûvertuere（→前奏曲）,（前触れ）it foarspul
じょきん　除菌　de desynfeksje, de ûntsmetting（→殺菌）；除菌する ûntsmette（→消毒する）
ジョギング　it joggen；ジョギングする jogge
しょく　食　（食事・食物）it iten, de iterij,（食事）it miel
しょく　職　de baan, de betrekking, it plak, de put, it wurk；いい職につく in goed *plak* hawwe
しょくいん　職員　de meiwurker, it tsjinstfolk,《集合的な》it personiel：フリスク・アカデミーの職員 de *meiwurkers* fan 'e Fryske Akademy, 大学の職員 it *personiel* fan de universiteit；職

員室 *de* learaarskeamer
しょぐう　処遇　*de* behanneling [-handeling], *de* genêswize ; 処遇する behannelje [-handelje] (→待遇する)
しょくえん　食塩　*it* sâlt ; 食塩入れ *de* sâltsek
しょくぎょう　職業　*it* berop, *it* fak (→職), *de* karriêre：ご職業は？ Wat binne jo fan *berop*? ; 職業秘密 *it* beropsgeheim
しょくご (に)　食後 (に)　nei iten
しょくざい　贖罪　(償い) *de* fermoedsoening ; 贖罪する boete dwaan
しょくじ　食事　*it* iten, *de* iterij, *it* miel：手間をかけていない食事 maklik *iten*, 食事中に ûnder *iten*, 食事の支度ができている It *iten* stiet op 'e tafel., 食事をする oan it *miel* sitte ; 食事する ite, tafelje ; 食事を出す ite：ここはよい食事を出してくれる Men kin hjir lekker *ite*., 食事時間 *de* iterstiid ; 食事に招かれた人 *de* iter：人を食事に招いている Wy krije *iters*.
しょくじゅする　植樹する　beammen plantsje
しょくじりょうほう　食事療法　*it* dieet (→ダイエット)：食事療法をしている op *dieet* wêze
しょくしん　触診　*it* befielen ; 触診する befiele
しょくせいかつ　食生活　*de* itensgewoante
しょくせき　職責　*de* ferantwurdlikens [-likheid], *de* oanspraaklikens：(…に対する) 自分の職責を十分に負う *de* oanspraaklikens folslein jin nimme (op)
しょくぜん (に)　食前 (に)　foar iten
しょくだい　燭台　*de* kandler, *de* kersestander, (特に7本枝の) *de* ljochter
しょくたく　食卓　*de* tafel：食卓につている by (de) *tafel* sitte = tafelje, 食卓につく oan ('e) *tafel* gean
しょくちゅうどく　食中毒　*de* itensfergiftiging [fiedsel-]
しょくつう　食通　*de* lekkerbek (→美食家)
しょくどう　食堂　*de* ytkeamer, (汽車の) *de* restauraasjewein, (会社・学校などの) *de* kantine ; (駅などの) 軽食堂 *de* restauraasje：駅の食堂 *de restauraasje* op in stasjon
しょくどう　食道　*it* kielsgat, *de* slokterm
しょくにく　食肉　*it* fleis
しょくにん　職人　*de* fakman, *de* hantwurksman
しょくば　職場　*it* wurk, (仕事場) *it* atelier, (事務所) *it* kantoar：彼は職場にいなかった Hy wie net op it *wurk*.
しょくばい　触媒　*de* katalysator
しょくはつする　触発する　→誘発する
しょくパン　食パン　*it* brea
しょくひ　食費　kosten fan iten
しょくひん　食品　*de* iterij：あらゆる食品を扱っている店 in winkel mei allerhanne *iterij*
しょくふく　職服　*de* toga
しょくぶつ　植物　*de* plant：多年生植物 fêste *planten* ; 植物(性)の plantaardich ; 植物(学上)の botanysk：植物園 *botanysk*(*e*) tún ; 植物学 *de* botany, *de* plantkunde ; 植物学者 *de* botanikus, *de* plantkundige
しょくぼうする　嘱望する　→期待する ; 嘱望された hoopfol：嘱望された政治家 in *hoopfolle* politikus
しょくみん　植民　*de* kolonisaasje ; 植民(地の) koloniaal ; 植民地 *de* koloanje：スリナムはかつてオランダの植民地だった Suriname wie earder in *koloanje* fan Nederlân. ; 植民地化する koloniseaerje
しょくむ　職務　*it* amt, *de* funksje, *de* opjefte, *de* tsjinst：職務を遂行する in *amt* útoefenje, 職務を果たす *tsjinst* dwaan
しょくもつ　食物　*de* fieding, *it* iten, *de* spize ; 食物を与える fiede ; 食物繊維 rouwe rizel
しょくようの　食用の　ytber：すべてのきのこが食用に適している訳では

しょくよく　ない Net alle poddestuollen binne *ytber*.
しょくよく　食欲　*de* honger, *de* skroei, *de* skrok：食欲がある［ない］Ik haw (gjin) *honger*.
しょくりょう　食料　→食物, 食品；食料品 *de* iterij；食料品店 *de* krudenierswinkel；食料雑貨商人 *de* winkelman；食料雑貨類《複》 *de* libbensmiddels
しょくりょう　食糧　*de* ynslach, (貯蔵された) *it* / *de* proviand
しょくりん　植林　*de* bebossing；植林する beboskje
しょくれき　職歴　jins profesjonele libbensrin
じょくんする　叙勲する　in dekoraasje útrikke
しょけい　処刑　*de* eksekúsje, *de* terjochtstelling；処刑する eksekutearje, terjochtstelle；処刑台 *it* skafot (→絞首台, ギロチン)
じょけつ　女傑　*de* heldinne (↔英雄)
しょげる　悄気る　mismoedich wurde
しょけん　所見　*de* opmerking, (見解) *de* opiny：所見を述べる in *opmerking* meitsje
じょげん　助言　*it* advys, *de* rie(d)：人に助言を求める immen om *advys* [*rie(d)*] freegje, 君に助言する Ik sil dy in *rie(d)* jaan.；助言する advisearje, foarljochtsje, riede；助言者 *de* adviseur, *de* riejouwer
じょげん　序言　(序文) *it* foarwurd, *de* ynlieding
しょこ　書庫　*de* biblioteek, (図書館の) *it* (boeke)magazyn
しょこう　初校　de earste drukproef [kladde]
しょこう　曙光　*it* skimerljocht, (光明) *it* ljocht：希望の曙光 in *ljocht* fan hope
じょこうする　徐行する　ynhâlde, ôfremje：角を曲がるために徐行する *ôfremje* foar in bocht
しょこん　初婚　jins earste trouwerij
しょさ　所作　(演技) *it* spul, (振る舞い) *it* optreden, (身振り) *it* gebeart
しょさい　書斎　*de* studearkeamer, *de* wurkkeamer
しょざい　所在　jins adres, (位置・場所) *de* lokaasje：所在地 *de* lizzing
じょさい　助祭　*de* diaken
じょさいない　如才ない　behindich, taktysk (→気がつく)：彼女は如才ない Hja is *behindich*.
じょさんぷ　助産婦　*de* ferloskundige, *de* poppeheinster
しょし　庶子　in ûnwettich bern, in bern dat troch syn [har] heit erkend wie
しょじ　所持　*de* berêsting, *it* besit；所持する besitte, hâlde, hawwe；所持者 *de* hâlder；所持品 *it* hâlden [hawwen] (en dragen), 《複》*de* spullen：私のすべての所持品 myn hiele *hawwen en hâlden*
じょし　女子　→女性
じょし　序詩　*de* prolooch
しょしき　書式　*it* formulier
じょじし　叙事詩　*it* epos
じょしゅ　助手　*de* helper, (女性の) *de* helpster, *de* helpferliening, *de* assistint, (女性の) *de* assistinte
しょしゅう　初秋　it begjin fan 'e hjerst
じょじゅつ　叙述　*de* tekening；叙述する ôfskilderje, tekenje；叙述的な deskriptyf
しょしゅつの　庶出の　ûnwettich
しょしゅん　初春　it begjin fan 'e maitiid
しょじゅん　初旬　→上旬
しょじょ　処女　*de* faam (↔童貞)；処女らしい ûnskuldich (→初々しい)
じょじょうてきな　叙情的な　lyrysk：叙情詩 in *lyrysk* gedicht = *de* lyryk
じょじょに　徐々に　allinken(wei), neigeraden, njonkelytsen, swietsjes：徐々に仕上げに近づいている It sil *neigeraden* wol klear komme., 彼は徐々に理解し始めた *Njonkelytsen* krige er it foar it ferstân.
しょしん　初心　jins earste doel；初心者 *de* begjinner

しょしん　所信　jins miening [opiny], (政治上の) de rjochting：所信を述べる jins miening [opiny] útsprekke
じょすう(し)　序数(詞)　it rangtelwurd (↔ (基数(詞)) haadtelwurd)
じょせい　女性　de frou：多くの女性 in soad froulju；女性の froulik, fan it froulike geslacht：女性名詞 it froulike nomen；女性らしさ de froulikens [-likheid]
じょせいと　女生徒　it skoalfamke (↔ 男生徒)
しょせき　書籍　de boeken, (出版物) de publikaasje；書籍商 de boekhanneler
じょせきする　除籍する　(除名する) útkrasse, (追放する) útbanne, útsette
じょせつする　除雪する　snieromje；除雪車 de snieskower
しょせん　所詮　úteinlik (→結局(は))
しょそう　諸相　ferskillende aspekten
じょそう　助走　de skâns；助走スタート fleanende start；助走路 de startbaan (→滑走路)
しょぞうする　所蔵する　(boeken) hawwe：この図書館は膨大な本を所蔵している Dizze bibliotheek hat in protte boeken.
じょそうする　除草する　skoffelje, wjudzje；除草剤 it bestridingsmiddel
しょぞくする　所属する　tabehearre, tahearre, (…に) hearre (by / oan)：教会に所属する by in tsjerke hearre
しょたい　所帯　it húsgesin, de húshâlding：所帯を持つ in húshâlding opsette；所帯道具 de húsrie(d)；所帯主 it gesinshaad
しょたい　書体　de letter
じょたいする　除隊する　út militêre tsjinst komme；除隊させる ûntslaan
しょだいの　初代の　it / de earste…：初代の校長 de earste skoaldirekteur
しょたいめん　初対面　de earste moeting
しょだな　書棚　it boekerak
しょち　処置　de disposysje, de stap, (怪我の) de behanneling；処置する ferwurkje, ôfdwaan (→処理する), (処分する) ôfsette, (怪我などを) behannelje
じょちゅう　女中　de faam, de tsjinstfaam
じょちゅうざい　除虫剤　de ynsektiside
しょちょう　初潮　it begjin fan de menstruaasje
しょちょう　所長　de haadman
しょちょう　署長　it haad (fan in plysjeburo)
じょちょう　助長　de oanmoediging；助長する fuortsterkje, oanmoedigje
しょっかく　触角　de fielhoarn, de teister
しょっかく　触覚　de taastsin；触覚 de fielber；触覚器官 it taastorgaan
しょっき　食器　de itensboel, de itersboel；食器洗い機 de skûtelwasker；食器(戸)棚 it buffet
ジョッキ　de mok
ショック　de dûk, de sjok, de skok (→衝撃)：それは彼女にとって大変なショックでした Dat wie in skok foar har.；ショックを与える skokke；ショックを受ける skokte wurde；ショックを受けた aaklik：父の死にショックを受けている Ik bin aaklik fan de dea fan ús heit.
しょっけん　職権　jins (offisjele) autoriteit, jins funksje
しょっこう　職工　de fabryksarbeider
しょっちゅう　→いつも, 常に
しょっぱい　塩っぱい　sâltich
ショッピング　(買い物) it boadskip；ショッピングカート de karre, de winkelwein；ショッピングセンター it winkelsintrum
しょていの　所定の　oanjûn [-wiisd], reglemintêr (→指定された)：所定の駅 it oanwiisd stasjon, 所定の様式 de reglemintêre foarm
しょてん　書店　de boekwinkel
しょとう　初冬　de foarwinter, it begjin fan de winter

しょとう　諸島　*de* eilannen,《一般的には》西フリジア諸島 *de* eilannen
じょどうし　助動詞　*it* helptiidwurd
しょとうの　初等の　→初歩の；初等教育 *de* basisedukaasje, *it* basisûnderwiis
しょとく　所得　（収入）*it* ynkommen（↔支出),《複》*de* ynkomsten；所得税 *de* ynkomstebelesting
しょにち　初日　*de* earste dei,（演劇などの）*de* premjêre
じょのくち　序の口　（初め）*it* begjin, *de* iepening
しょばつ　処罰　*de* bestraffing, *de* straf；処罰する bestraffe：（…のために）人を処罰する immen *bestraffe*（foar）
しょはん　初版　de earste edysje
じょばん（せん）　序盤（戦）　de earste faze（fan de striid）
しょひょう　書評　*de* boekskôging, *de* resinsje, *de* skôging：新刊書の書評 in *skôging* oer it nije boek；書評する in boek besprekke [skôgje], resinsearje；書評家 *de* resinsint
しょぶん　処分　*de* disposysje,（処罰）*de* bestraffing；処分する dwaan, kwytreitsje, ôfsette, weidwaan,（罰する）bestraffe
じょぶん　序文　*it* foarwurd, *de* ynlieding,（短い）*de* oanrin (→前書き)
じょほう　除法　*de* dieling (→割り算)（↔乗法）
しょほう（せん）　処方（箋）　*it* foarskrift, *it* resept；処方する foarskriuwe
しょほの　初歩の　elemintêr；初歩 *it* abeecee (=ABC)
じょまく　序幕　de earste sêne, it earste part fan it toaniel
じょまくしき　除幕式　*de* ûntbleating；…の除幕式を行う ûntbleatsje：記念碑の除幕式を行う in tinkstien *ûntbleatsje*
しょみん　庶民　it legere folk
しょむ　庶務　algemiene saken
しょめい　署名　*it* ûndertekenjen (→サイン)；署名する ûnderskriuwe：この手紙に署名するのを忘れてしまった Ik haw fergetten dy brief te *ûndertekenjen*.
じょめい　除名　*de* útsluting；（会員として人を）除名する (immen) útskriuwe
しょめん　書面　（手紙）*de* / 《文語》*it* brief,（文書）*it* dokumint
しょもつ　書物　*it* boek (→本)
しょや　初夜　*de* houliksnacht
じょやく　助役　*de* loko-boargemaster
しょゆう　所有　*de* berêsting；所有する besitte；所有の besitlik, possessyf：所有代名詞 *besitlik* foarnamwurd；所有者 *de* besitter, *de* hâlder；所有物 *it* besit, *de* besittings, *it* hâlden
じょゆう　女優　*de* aktrise, *de* spylster,（舞台の）*de* toanielspylster
しょようの　所要の　nedich (→必要な)：所要時間 de *nedige* tiid
しょり　処理　（処置）*de* disposysje；処理する fuortdwaan,（うまく）oprêde, rêde：それには骨が折れたが，われわれはどうにかうまく処理した It wie dreech, mar wy hawwe it *oprêden.*, その事件を何とかうまく処理する it foarfal *rêde*
じょりょく　助力　*de* help, *it* helpmiddel；助力する helpe；助力者 *de* helper
しょるい　書類　*it* skrift, *de* skriuwerij,《複》*de* paperassen：あることを書類に記入する eat op *skrift* sette [stelle]
じょれつ　序列　*de* ljedder (→順番)：社会的序列 de maatskiplike *ljedder*
じょろう　女郎　*de* prostituee (→売春婦)
しら　白　白を切る→しらばくれる
じらい　地雷　*de* (lân)myn：地雷を撤去 [敷設] する minen feie [lizze]
じらい　爾来　→それ以来
しらが　白髪　griis hier
しらかば　白樺　*de* bjirke(n)beam
しらける　白ける　座を白けさせる spulbrekke；座を白けさせる人 *de* spulbrekker

じらす　焦らす　yrritearje, nitelje
しらずしらず　知らず知らず　ûnwillekeurich
しらせ　知らせ　it nijs, de tynge：よい知らせ goede *tynge*, (…を) 知らせる *tynge* dwaan (fan), 息子が誕生したことをここにお知らせします Hjirby doch ik jo *tynge* fan 'e berte fan ús soan.；知らせる berjochtsje, ferdútse, ferwitigje, ynformearje, melde, witte, (…であることを) meidiele, wikke：彼女は到着したことを私たちに知らせてくれた Hja *ynformearre* ús oer har komst., そのようなことをしたら, 結果はよくないことを君に知らせる Ik *wik* dy, dat it net goed komt ast dat dochtst., そのことは彼に知らせます Ik sil it him *witte* litte., …のことをここにお知らせします Hjirby *diel* ik jo *mei*, dat …
しらばくれる　(知らない) 振りをする fingearje, huchelje
しらふの　素面の　bekwaam, nochteren
シラブル　(音節) *de* syllabe, *it* wurdlid
しらべ　調べ　(調査) *it* ûndersiik [-syk], (調子) *de* melodij, *de* wize；調べる neirinne, neisjen, ûndersykje, (辞書などで) neislaan, neispoare：その会計士は帳簿を調べた De akkountant rûn de boeken *nei*., 警察はその二人の少女の死因を調べた De plysje *ûndersocht* de dea fan 'e beide jonge famkes., それを辞書で調べる der in wurdboek op *neislaan*
しらみ　虱　*de* lûs / lús
しられる　知られる　bekend [ruchtber] wurde：…はよく知られている It is *bekend* dat …；世に知られた ruchtber
しらんかお　知らん顔　知らん顔をする pretindearje net te witten
しり　尻　*it* efterwurk, *de* kont, *de* krint, *de* poepert, *de* reet：(ズボンの) 尻当て *de* kont；彼は女房の尻に敷かれている Syn wiif hat de broek oan., Hy fart mei in knip yn 'e fleugel., Hy sit ûnder de knip [de pantoffel].

しりあい　知り合い　*de* kennis：人と知り合いになる *kennis* meitsje mei immen
シリーズ　*de* rige, *de* searje (→続き物)
じりきで　自力で　→自分自身で
しりごみする　尻込みする　driigje, skrom(j)e, tebekskrilje, (…に対して) soargje (tsjinoan)：その馬は尻込みした It hynder *skrille tebek*.
シリコン　(珪素) *it* silisium
しりぞく　退く　(退却・引退する) jin tebeklûke, (辞職する) betankje
しりぞける　退ける　(押し返す) tebekkringe, (退却させる) weromlûke, (拒絶する) ôfwize, ûntsizze
じりつ　自立　*de* selsstannigens, *de* ûnôfhinklikens [-heid] (→独立)；自立した [て] selsstannich (→独立した [て])：自立する *selsstannich* wurde
じりつ　自律　*de* autonomy；自律的の autonoom：自律神経系統 it *autonome* senuwstelsel
しりつの　市立の　gemeentlik：市立 (の) 病院 in *gemeentlik* sikehûs
しりつの　私立の　bysûnder, partikulier：私立 (の) 学校 in *bysûndere* skoalle
しりめつれつな　支離滅裂な　(一貫性のない) ynkonsekwint, ynkonsistint
しりゅう　支流　*de* sydrivier
じりゅう　時流　*de* gong (fan de tiden)
しりょ　思慮　*de* prakkesaasje：思慮深い djip yn ('e) *prakkesaasje*(s)；思慮に豊んだ betochtsum
しりょう　史料　histoaryske materialen
しりょう　資料　*it* gegeven, *it* materiaal
しりょう　飼料　*it* foer, *de* jefte
しりょく　視力　*it* gesicht：視力を失う jins *gesicht* ferlieze (→失明する)
じりょく　磁力　magnetyske krêft
シリング　*de* skelling
しる　汁　*it* sop (→ジュース, スープ)
しる　知る　kenne, witte, (面識がある) kenne：その事実を知っている *de* feiten *kenne*, 怖さを知らない gjin eangt *kenne*, そのことは新聞で知っている

シルエット

Dat *wit* [*wyt*] ik út 'e krante., 彼はそのことをいろいろ知っている Hy *wit* der alles fan., 知るもんか Ik soe it net *witte*., 人と知り合いになる immen kennen leare；知られている bekend：…はよく知られている It is bekend dat …, (…で) 知られている bekend (foar)

シルエット （影絵）*it* silhûet
シルク （絹）*de* side
しるし 印 （証拠）*it* blyk, (目印) *it* merk(teken), *it* skaaimerk, (信号) *it* sein：感謝の印として as in *blyk* fan tank, 黒は喪の印である Swart is in *blyk* fan rouwe., 物に印をつける earne in *merk* op sette；印す [をつける] kenmerkje, merkbite, merke

しれい 司令 *it* kommando；司令する kommandearje；司令官 *de* kommandant
しれい 指令 *de* oarder：指令する *oarders* jaan (→命令する)
じれい 事例 *it* gefal, (実例) *it* foarbyld
じれい 辞令 de akte fan beneaming, *de* beneaming, *de* oanstellingsbrief
じれったい 焦れったい yrritant, ûngeduldich (→苛々する)
しれる 知れる （明らかになる）útdruklik wurde, （明白になる）heler wurde, （判明する）blike, bliken dwaan
じれる 焦れる （焦れったくなる）ûngeduldich wurde
しれわたる 知れ渡る iepenbier wurde；知れ渡ること *de* iepenbierens [-heid]
しれん 試練 *it* krús：人は誰でも耐えなければならない試練がある Elk hús(ke) hat syn *krús*(*ke*).
ジレンマ （窮地）*it* dilemma：人をジレンマに陥れる immen foar in *dilemma* sette
しろ 白 *it* wyt；白い wyt, (髪が) griis, wyt, (肌が) blank：白い馬 in *wyt* hynder (白馬), 白い髪 griis [*wyt*] hier (→白髪), 色白の肌 *blank* fel

しろ 城 *it* kastiel
しろうと 素人 *de* amateur；素人の [らしい] amateuristysk：アマチュアスポーツ *amateuristyske* sportbeoefening
しろくろの 白黒の swart en wyt；白黒のぶちの swartbûnt：白黒のぶちのある牛 in *swartbûnte* ko；(フィルムなどが) 白黒で swart-wyt；(物事の) 白黒 rjocht en ûnrjocht
じろじろみる じろじろ見る eagje, stoarje：彼女が私(の方)をじろじろ見ている Se *eaget* nei my.
シロップ *de* limonade, *de* sjerp：シロップをかけたパンケーキ in pankoek mei *sjerp*
しろぼし 白星 in wite stjer《☆》
しろみ 白身 （卵の）*it* aaiwyt (↔黄身)
しろもの 代物 《悪い意味で》（物）*it* ding, （品物）*it* artikel, (やつ) *de* pyt, *de* skevel
しわ 皺 （顔・皮膚の）*de* fâld(e), *de* ploai, *de* ronfel, （衣服の）*de* ploai, *de* tear：手のしわ de *fâlden* yn 'e hannen, その老婆の肌はしわだらけだ Dat âlde minske hat allegear *ronfels* yn har fel., アイロンをかけてしわを伸ばす de *ploaien* derút strike；しわだらけの [の寄った] protterich, ronfelich：しわの多い顔 in *ronfelich* gesicht；(額に) しわを寄せる fronselje
しわがれた 嗄れた heas, sko(a)r：しわがれ声で話す *heas* prate, しわがれ声 (で) (mei) in *sko*(*a*)*r* lûd
しわく(がい) 思惑(買い) *de* spekulaasje
しわけ 仕分け *de* sortearring, (選別) *de* skifting；仕分ける skiftsje, sortearje, útsykje, útskiftsje
しわざ 仕業 （振る舞い・行為）*it* dwaan, *it* gedrach, *it* optreden
しわす 師走 *de* desimber (→十二月)
しわよせする 皺寄せする → (…に) (悪い) 影響を与える in (ferkearde) ynfloed hawwe (op)
しん 心 →心 (ここ), 心情；心が強い

in grut hert hawwe
しん　芯　（果物の）*de* kearn, *de* pit,（ランプ・ろうそくの）*de* pit,（物の内部）*de* pit：りんごの芯 in pit yn in appel, 人参の芯 de *pit* fan de woartel
しん　真　（真理）*de* wierheid；真の[に] suver, wier, wurklik：真の理由 de *wiere* reden
ジン　*de* jenever
しんあいな　親愛な　bêst, leaf：私の親愛な友 myn *bêste* freon
しんい　真意　（意図）jins suvere bedoeling,（意味）de wiere betsjutting
じんいてきな[に]　人為的な[に]　keunstmjittich
じんいん　人員　（人数）it tal persoanen,（職員）*de* meiwurker
じんえい　陣営　*it* legerkamp [-plak]
しんえんな　深遠な　djipsinnich；深遠 de *djipte*
しんか　真価　de echte wearde；真価を認める appresjearje, wurdearje
しんか　進化　*de* evolúsje；進化する evoluearje；進化論 de evolúsjelear, *de* evolúsjeteory
シンガー　（歌手）*de* sjonger
しんかい　深海　de djippe see
しんがい　侵害　*de* ynbreuk：（人の権利を）侵害する ynbreuk meitsje（op immens rjochten）
しんがいな　心外な　ferbaasd, ûnfoarsjoen（→意外な）
しんがく　神学　*de* godgeleardens, *de* teology；神学（上）の, 神学的な [に] teologysk；神学者 *de* godgeleardens, *de* teolooch
じんかく　人格　*it* karakter, *de* persoanlikheid, *de* personifikaasje
しんがくする　進学する　nei de heger foarm fan ûnderwiis oergean
しんがた　新型　in nij type；新型コンピューター in nijmoadrige kompjûter
しんがっき　新学期　*it* nije semester（→学期）
しんかん　新刊　in nije útjefte
しんぎ　信義　*de* loyaliteit, *de* trou

しんぎ　真偽　*de* wierheid of *de* falskens：真偽を確かめる de *wierheid* ferifiearje
しんぎ　審議　*it* besprek, *de* diskusje：審議中である（it）ûnderwerp fan *diskusje* wêze；審議する diskusjearje,（…と）審議する oerlizze（mei）
じんぎ　仁義　*de* genede en *de* gerjochtichheid
しんきいってんする　心機一転する　oerskeakelje
しんきじく　新機軸　（革新）*de* ynnovaasje
しんきな　新奇な　orizjineel
しんきの　新規の　nij：新規に op 'e(n) *nij*（→改めて）
しんきゅう　進級　*de* promoasje：進級する *promoasje* meitsje；進級する ergean：第3学級から第4学級に進級する *oergean* fan de tredde nei de fjirde groep [klasse]
しんきゅうの　新旧の　âld en nij
しんきょう　心境　*de* geastestastân；心境の変化 in feroaring fan opfetting
しんきょうと（の）　新教徒（の）　（*de*）protestant
しんきろう　蜃気楼　*de* loftspegeling
しんきろく　新記録　in nij rekord：新記録を樹立する in nij *rekord* fêstigje
しんきん　心筋　*de* hertspier；心筋梗塞 it hertynfarkt
しんきんかん　親近感　it gefoel fan ynlikens [freonlikens]
しんぐ　寝具　*it* bêdguod
しんくう　真空　*it* fakuüm
シングルの　inkel(d)（→単一の）；シングルベッド *it* ienpersoansbêd
しんぐん　進軍　*de* opmars,（行軍）*de* mars；進軍する marsjearje
しんけい　神経　*de* senuw,《複》*de* sinnen：彼は神経が高ぶっている Hy hat it op 'e *senuwen*.；神経質な gefoelich, neininmmend, nerveus, senuwachtich：あることに神経をぴりぴりさせる jin earne *senuwachtich* oer meitsje；神経を集中する it ferstân opskerpje；神

経過敏な gefoelich；神経過敏《複》 de senuwen：ひどく神経過敏である（stiif）fol *senuwen* sitte；神経衰弱 *de* senuwynsinking；神経症 *de* senuwsykte；神経組織 *it* senuwstelsel；神経痛 *de* senuwpine
しんげつ 新月 *de* tsjustermoanne
しんけん 親権 âlderlik gesach
じんけん 人絹 keunstmjittige side
じんけん 人権 《複》*de* minskerjochten
しんげん（ち）震源（地）in seismyske oarsprong
しんけんな 真剣な earnstich, serieus；真剣さ *de* earnst：真剣になる *earnst* wurde
じんけんひ 人件費 《複》*de* leankosten
しんご 新語 in nij wurd
しんこう 信仰 *it* geloof, *it* leauwe：キリスト教の信仰 *it* Kristik *geloof*, 真の信仰 *it* wiere *geloof*；信仰する leauwe；信仰心の厚い from
しんこう 侵攻 *de* ynfal, *de* ynvaazje（→侵入）；侵攻する ynfalle
しんこう 振興 *de* promoasje；振興する beskermje（→増進させる）
しんこう 進行 *de* ave(n)saasje, *it* ferwin, (音楽の) *de* progresje；進行する ave(n)searje, eine, (進歩する) foarútgean；進行形 in progressive foarm
しんこう 親交 (友好) *de* freonlikens [-likheid], *de* freonskip；(…と) 親交を結ぶ freonen meitsje (mei)
しんごう 信号 *it* sein, *it* sinjaal：信号は青だ It *sein* stiet op feilich．(光などで) 信号を送る seine
じんこう 人口 *de* befolking, *de* populaasje；人口過剰 *it* befolkingsoerskot；人口増加 *de* befolkingsoanwaaks；人口密度 *de* befolkingstichtens [-tichtheid]
しんこうの 新興の nij：新興宗教 in *nije* religy；新興住宅地 *de* nijbou
じんこうの 人工の troch minsken makke；人工的な [に] keunstmjittich

人口の池 *de* fiver；人口衛星 *de* satellyt
しんこきゅうをする 深呼吸をする djip sykhelje
しんこく 申告 *de* oanjefte；申告する oanjaan；申告書 *de* oanjefte
しんこくな 深刻な earnstich, swier
しんこんの 新婚の jongtroud：新婚生活 *it* libben fan in *jongtroud* pear；新婚夫婦《複》*de* jongelju；新婚旅行 *de* houliksreis（→ハネムーン）：彼らは新婚旅行中だ Sy binne op *houliksreis*.
しんさ 審査 *it* oardiel, (検査) *de* ynspeksje, (判定・評価) *de* beoardieling；審査する karre, oardielje；審査員 *de* karmaster；審査員会 *de* karkommisje
しんさい 震災 *de* ramp troch in ierdbeving
じんざい 人材 in talintfol minske
しんさつ 診察 *it* konsult, *it* oerlis；診察する in medysk *konsult* jaan；診察を受ける op 'e sprekoere komme；診察時間 *de* sprekoere；診察室 *de* sprekkeamer；診察所 *de* klinyk
しんざんの 新参の nij：新参の秘書 in *nije* sekretaris；新参者 *de* ynkommeling, *de* nijkommeling
しんし 真摯 →真面目
しんし 紳士 *de* hear (↔淑女)
じんじ 人事 《複》personiele oangelegenheden；人事（課）*de* personielssaken
シンジケート（企業連合）*it* syndikaat
しんしつ 寝室 *de* sliepkeamer
しんじつ 真実 *de* wierheid；真実の suver, wier, wrachtich
しんしゃ 深謝 in oprjocht ekskús, in oprjochte ferûntskulding；深謝する djip ferûntskuldigje
しんじゃ 信者 *de* leauwige, *de* oanhinger
じんじゃ 神社 in Shinto hillichdom
しんしゃくする 斟酌する beriede, beskôgje：すべてを斟酌して goed *beskôge*

しんじゅ　真珠　*de* pearel
じんしゅ　人種　*it* ras, it minsklik ras：白色人種 it blanke *ras*, 黄色人種 it giele *ras* = *de* Mongoal, 黒色人種 it swarte *ras*；人種差別 *de* rassediskriminaasje；人種的偏見 *it* rasisme
しんじゅう　心中　dûbel(d)e selsmoard：心中する *dûbel(d)e selsmoard* begean
しんしゅく　伸縮　útwreiding en ferkoarting；伸縮する útweidzje en ferkoartsje；伸縮自在の elastysk
しんしゅつする　進出する　（政界に）de polityk yngean,（他国に）yn oare lannen begjinne
しんしゅん　新春　*it* nijier
しんじゅんする　浸潤する　→浸透する
しんしょ　信書　*de* brief, *de* (persoanlike) korrespondinsje
しんしょう　心証　*de* ympresje, *de* yndruk
しんじょう　心情　*it* gemoed, *it* hert：心情に訴える oan it *gemoed* komme
しんじょう　身上　→境遇
しんじょう　信条　（主義）*it* kredo, *it* prinsipe；信条的な [に] prinsipjeel
しんじょう　真情　jins echte gefoel
じんじょうな　尋常な　（普通の）gewoan；尋常でない ûngewoan
しんしょく　浸食　*de* eroazje；浸食する frette, útbite
しんしょく　寝食　（…と）寝食を共にする ûnder ien dak libje (mei)
しんじる　信じる　leauwe：そんなことを信じるな *Leau dat mar net!*；信じ難い ûnbegryplik, ûnbesteanber；信じ込む oannimme
しんしん　心身　lichem en geast
しんじん　信心　*de* devoasje, *it* leauwe；信心深い from, hillich, leauwich
しんじん　新人　*de* nijeling, *de* nijynkommeling
じんしんの　人身の　（人体の）lichaamlik,（個人の）persoanlik：人身攻撃 *persoanlike* oanfal；人身事故 it ûngemak mei de slachtoffers

しんすい　進水　*de* tewetterlitting；（船を）進水させる in skip te wetter litte
しんずい　真髄　*de* essinsje, *de* kearn
しんすいする　心酔する　（…に）心酔する jin oerjaan (oan)
しんすいする　浸水する　ûnderstrûpe,（船が）wetter ynkrije [meitsje]：その土地は浸水していた It lân wie ûnderstrûpt.；浸水家屋 driuwende huzen [hûzen]
しんせい　申請　*de* oanfraach；申請する oanfreegje：パスポートを申請する jins paspoart *oanfreegje*；申請者 *de* oanfreger
じんせい　人生　jins libben；人生観 *de* libbensskôging；人生行路 *de* libbenswize
しんせいじ　新生児　in nijberne lytse, *de* poppe
しんせいな　神聖な　hillich；神聖な場所 *it* hillichdom
しんせき　親戚　*de* besibbens, 親戚（関係）*de* sibbe；親戚の besibbe, sib：彼女は私と親戚関係にある Se is besibbe oan my.
しんせつ　親切　*de* goedgeunstigens [-ichheid], *de* tsjinstreeëns；親切な [に] aardich, freonlik, goed, moai, reewillich, tsjinstich, 親切な goedaardich [-hertich], leaf, moai, tsjinstree：人に親切である *freonlik* wêze tsjin immen, ご親切さま！ Dat is *moai* fan dy!, 親切な人 in *reewillich* minske
しんぜん　親善　*de* freonskip；親善の freonskiplik：親善試合 in *freonskiplike* wedstryd
じんせんする　人選する　in minske kieze
しんせんな　新鮮な　farsk, fris, nijsean：新鮮な野菜 *farske* griente, 新鮮な卵 *farske* aaien；新鮮さ *de* farskens, *de* frissens；新鮮な気持ちになる (jin) opfrisse（→さっぱりする）
しんそう　真相　（真実）*de* wierheid：その事件の真相 *de wierheid* oer it foarfal
しんそう　深層　*de* djipte；深層の djip；深層構造 *de* djiptestruktuer（↔

表層構造）
しんぞう　心臓　it hert(e)：心臓がどきどきする It *hert(e)* jaget my.；心臓麻痺 *de* hertferlamming（→心不全）；心臓の鼓動 *de* hertslach；心臓発作 *de* hertoanfal
じんぞう　腎臓　*de* nier；腎臓結石 *de* nierstien
しんぞうご　新造語　it neologisme
じんぞうの　人造の　falsk, keunstmjittich（→人工の）；人造 *de* keunst
じんそく　迅速　*de* gauwens；迅速な［に］direkt, flot, gau, pront
しんだ　死んだ　dea, deadsk（→死）：死んだ子供 in *dea* bern
しんたい　身体　*de* hûd, *de* lea, *it* lichem, *it* liif（→体）；身体上（の）lichaamlik；身体的に障害がある hendikept；身体障害者 *de* hendikepte, lichaamlik hendikepte
しんだい　寝台　*it* bêd,（汽車・船などの）*de* koai；寝台車 *de* slieptrein [-wein]
じんたい　人体　→身体
じんだいな　甚大な　（莫大な）enoarm, gigantysk：甚大な損害 *enoarm* kwea
しんたく　信託　*de* trust（→トラスト）
しんだん　診断　*de* diagnoaze：診断をする *de diagnoaze* stelle = fêststelle；健康診断 *de* keuring（→健康）
じんち　陣地　*de* stelling
しんちゅう　心中　jins gefoel
しんちゅう　真鍮　it gielkoper
しんちょう　身長　*de* lingte：この少年たちの身長は同じではない Dy jonges hawwe net deselde *lingte*.
しんちょう　伸張　（拡大）*de* útwreiding；伸張する útwreidzje（→拡大する）
しんちょう（さ）　慎重（さ）　*de* foarsichtigens [-sichtichheid], *de* hoedenens [-heid]；慎重な［に］betochtsum, diskreet, foarsichtich, hoeden, ôfhaldend, omsichtich, trou（→用心深い）：慎重な運転手 in *foarsichtige* rider
しんちんたいしゃ　新陳代謝　*de* stofwiksel(ing)
しんつう　心痛　mentaal lijen, mentale pine；心痛の pynlik
じんつう　陣痛　*de* fleach, 《複》*de* weeën
しんていする　進呈する　opdrave, presintaasje（→贈呈する）
しんてき　心的　geastlik, mentaal；心的傾向 *de* mentaliteit
じんてきしげん　人的資源　*de* mankrêft
シンテクラース　（聖ニコラス）Sinteklaas（cf. krystman）
しんてん　進展　（発展）*de* ûntwikkeling；進展する marsjearje, ûntwikkelje
しんでん　神殿　*de* timpel
しんでんず　心電図　it elektrokardiogram
しんと　信徒　→信者
しんど　震度　seismyske yntinsiteit（cf. 微震, 軽震, 弱震, 強震, 激震）
しんとう　浸透　*de* penetraasje；浸透する penetrearje
しんとう　親等　*de* graad：2親等の親類 famylje yn 'e twadde *graad*
しんどう　振動　*de* trilling,（激しい）*de* skok；振動する trilje：窓がそのために震動している De ruten *trilje* derfan.；振動数 it trillings(ge)tal
しんどう　震動　*de* trilling；震動する skodzje
じんどう　人道　（人間性）*de* minsklikens [-likheid]；人道的な［に］humanistysk, minsklik；人道主義 it humanisme；人道主義者 *de* humanist
シンドローム　（症候群）it syktebyld, it syndroom
シンナー　*de* fervefertinner
しんにゅう　侵入　*de* ynfal, *de* ynvaazje；侵入する ynfalle,（不法に）kreakje；侵入者 *de* ynkringer
しんにゅうしゃいん　新入社員　*de* nijeling (yn 't fak)
しんにゅうする　進入する　yngean；（自動車道路の）進入路 it tagongsstek
しんにゅうせい　新入生　in nij skoalbern [-famke], in nije skoaljonge,（大学の）*de* nijeling (op 'e universiteit)

しんにん　信任　*it* fertrouwen, *it* kredyt；信任する fertrouwe；信任状 *it* briefgeheim
しんにんの　新任の　nij：新任の先生 in *nije* learaar
しんねん　信念　*it* geloof, *it* leauwe
しんねん　新年　*it* nijjier：新年おめでとう！ Lokkich *nijjier*!
しんぱい　心配　*de* bangens, *de* noed；心配しないで！ Haw mar gjin *noed*!；心配する ynsitte, male, tobje（→くよくよする）；(…ではないかと)心配して bang (foar), benaud, nuodlik：戦争が起こるのではないかと心配している bang wêze foar oarloch, 彼女は…がとても心配だった Se wie o sa *benaud* dat …, 両親は子供たちのことをとても心配している De âlden binne tige *nuodlik* foar de [har] bern.；心配性な[の] bangich
しんぱく　心拍　*de* hertslach
シンバル　*it* bekken, *de* simbaal
しんぱん　新版　→新刊
しんぱん　審判　*it* oardiel, *de* sjuery：最後の審判 it lêste *oardiel*；審判を下す oardielje；審判員 *de* arbiter, *de* sjuery, *de* skiedsrjochter
しんぴ　神秘　*it* mystearje；神秘の, 神秘的な [に] mystyk；神秘主義 *de* mystyk；神秘主義者 *de* mystikus
しんびてきな[に]　審美的な[に]　estetysk
しんぴんの　新品の　nagelnij, splinternij（→真新しい）
しんぷ　神父　*de* preester, *de* pryster（→司祭）
しんぷ　新婦　*de* breid（↔新郎）
シンフォニー　(交響曲) *de* symfony
しんぷく　振幅　*de* amplitude
しんふぜん　心不全　*de* hertferlamming（→心臓麻痺）
じんぶつ　人物　*de* ferskining, *it* / *de* figuer, *it* karakter, *de* persoan：変わった人物 in nuvere *ferskining*, 伝説上の人物 in legindarysk *figuer*；人物画 *it* portret

しんぶん　新聞　*de* krante：それを新聞で見た[知った] Ik haw it út 'e *krante*., それは新聞に載っている It stiet yn 'e *krante*.；新聞を読む krant(e)lêze, krantsje；新聞記事 *it* krante-artikel；新聞記者 *de* kranteman（→ジャーナリスト）；新聞紙 *it* krantepapier；新聞社 *de* krante：新聞社に勤めている by de *krante* wurkje
じんぶん　人文　(文化) *de* beskaving, (文明) *de* sivilisaasje；人文科学《複》*de* geasteswittenskippen；人文主義 *it* humanisme；人文主義者 *de* humanist
じんぷん　人糞　minsklike ôfgong
しんぺい　新兵　*de* rekrût；(新兵などを) 募る rekrutearje
しんぽ　進歩　*de* ave(n)saasje, *de* foardering, *de* foarútgong, *de* fuortgong：(あることが) 進歩する ave(n)saasje [*fuortgong*] (mei eat) meitsje, foarderingen meitsje, それは大変な進歩だ It is in hiele *foarútgong*.；進歩する ave(n)searje, foarderje, opsjitte；進歩的な foarútstribjend, progressyf
しんぼう　辛抱　*it* geduld：辛抱強く mei *geduld*；辛抱強い [く] geduldich：辛抱強く待つ *geduldich* wachtsje
しんぼう　信望　*de* namme, (人望) *de* populariteit, (信用) *de* konfidinsje：信望の厚い人 in man fan *namme*；信望がある populêr
じんぼう　人望　*de* populariteit；人望がある populêr（→人気がある）
しんぽうする　信奉する　→信じる；信奉者 *de* leauwige
しんぼく　親睦　*de* freonskip；親睦会 *de* kontaktjûn
シンポジウム　*it* sympoasium
シンボル　(象徴) *it* symboal
しんまい　新米　nije rys, (初心者) *de* begjinner
じんましん　蕁麻疹　*de* nettelroas
しんみつな [に]　親密な [に]　fertroulik, gemiensum, ynlik, yntym, 親密な eigen, iens：祖国との親密な関係 in ynlike bân mei jins heitelân, 互いに親

密な間柄で（ある）eigen mei-inoar (wêze)；親密さ de ynlikens [-likheid], de yntimiteit
じんみゃく 人脈 de (persoanlike) relaasje (→コネ)：いい人脈 in goeie relaasje
しんみょうな 神妙な （従順な）mak, meigeand, (殊勝な) loflik
じんみん 人民 it folk, it publyk
しんめ 新芽 de sprút：じゃがいもの新芽 de spruten oan in ierappel
じんめい 人名 de namme (fan in persoan)
じんめい 人命 humaan libben；人命を救助する immen rêde
しんもつ 進物 →贈物
しんもん 審問 de ynkwisysje；審問する berjochtsje, útharkje
じんもん 尋問 it ferhear, de ynkwisysje, it ûnderfreegjen：尋問を受ける foar 't ferhear komme；尋問する ferhearre, ûnderfreegje [-stean], útfreegje：容疑者を尋問する in fertochte ûnderfreegje；尋問者 de ûnderfreger
しんや 深夜 de middernacht
しんやくせいしょ 新約聖書 it Nije Testamint (↔旧約聖書)
しんゆう 親友 in goede [bêste] freon
しんよう 信用 it betrouwen, it fertrouwen, it geloof；信用する betrouwe, (…を) fertrouwe (op)：人を信用する [しない] immen (net) betrouwe, 彼は信用できるような人ではない Hy is net te fertrouwen.；信用のある betrouber, betroud, degelik：信用のある労働者 in betroude arbeider
しんようじゅ 針葉樹 de nullebeam；針葉樹林 it / de nullebosk
しんらい 信頼 →信用；信頼のできる flink, streksum；信頼して betrouber：彼はあまり信頼されていない Hy is net botte betrouber.
しんらつな 辛辣な fûl, snibbich, stikelich：彼の辛辣な言葉 syn fûle wurden
しんらばんしょう 森羅万象 alles yn it universum, (神の創作物) it kreatuer
しんり 心理 （精神状態）in mentale tastân；心理的な [に] geastlik, psychysk：心理的な虐待 geastlike mishanneling；心理上の, 心理学的な psychologysk；心理学 de sielkunde, de psychology；心理学者 de psycholooch
しんり 真理 de wierheid：5 × 5=25, これは真理である 5×5=25, dat is de wierheid.
じんりき 人力 humane krêft
しんりゃく 侵略 de ynfal, de ynvaazje：侵略する in ynfal dwaan = ynfalle
しんりょう 診療 →診察；診療時間 →診察時間；診療所 de klinyk (→クリニック)
じんりょく 尽力 de krêftsynspanning (→努力)
しんりん 森林 it wâld
しんるい 親類 de besibbens, de sibbe (→親戚)：親類の besibbe, sib
じんるい 人類 it minskdom, de minskheid；人類の humaan；人類学 de antropology；人類学者 de antropolooch
しんれい 心霊 de siel(e) (→霊魂)
しんれき 新暦 de Gregorianske kalinder (cf. ローマ暦)
しんろ 針路 it paad, (飛行機・船などの) de koer(t)s, de rûte：針路が外れている it paad bjuster wêze；人生の針路 de libbenswize
しんろ 進路 de koer(t)s, (川の流れの方向) de rin
しんろう 心労 de soarch (→気苦労, 苦悩)
しんろう 新郎 de breugeman (↔新婦)；新郎新婦 it breidspear
しんわ 神話 （個別の）de myte,《総称的に》神話 (学) de mytology；神話の [的な] mytologysk

す ス su

す 州 *de* plaat, *de* sânbank (→浅瀬)
す 巣 （鳥・虫・小動物の）*it* nêst, （兎・狐などの）*it* leger, （蜜蜂の）*it* huningdopke, *de* huningskiif：鳥が巣からぱっと飛び出した Der spatte in fûgel fan it *nêst*.；巣を作る nestelje
す 酢 （食用の）*de* jittik
ず 図 （図形・図案）*it* diagram, *it* / *de* figuer, *de* tekening, （図面）*it* plan
すあし 素足 bleate fuotten：素足で op *bleate fuotten*
ずあん 図案 *it* / *de* figuer, *de* tekening
ずい 髄 （骨の）*it* moarch, *de* moarchbonke, （植物の）*it* / *de* piid / pit：人参の髄 it *piid [pit]* fan in woartel
すいあげ 吸い上げ *de* sûging；吸い上げる opsûg(j)e, （搾取する）eksploitearje, útrûpelje
すいあつ 水圧 *de* wetterdruk, hydrauelyske druk
すいい 水位 *de* wetterspegel［-stân］, it nivo fan it wetter
すいい 推移 *de* feroaring, *de* oergong：時代の推移 *feroaring* fan tiid；推移する feroarje (→変化する)
すいいき 水域 in kant fan it wetter, （水辺）*de* wâl
ずいいの 随意の fakultatyf, 随意の ［に］willekeurich：随意の選択 in *willekeurige* seleksje
ずいいちの 随一の it bêst … / de bêste …：当代随一の作家 de *bêste* skriuwer fan de dei
ずいいん 随員 →随行員
すいえい 水泳 *it* swimmen, *de* swimsport；水泳をする swimme (→泳ぐ)；水泳パンツ *de* swimbroek；水泳プール *it* swimbad

すいおん 水温 de temperatuer fan wetter
すいか 西瓜 *de* wettermeloen
すいがい 水害 *de* wetterskea
すいがら 吸い殻 *de* sigaret(te)peuk, in eintsje sigaret
すいきゅう 水球 *it* wetterpolo
すいぎゅう 水牛 *de* buffel
すいきょ 推挙 （推薦）*de* oanbefelling, *de* oanrikkemandaasje；推挙する oanbefelle, oanrikkemandearje
すいぎん 水銀 *it* kwik, *it* kwiksulver
すいぐち 吸口 （パイプ・楽器などの）*it* mûlestik
すいくん 垂訓 *de* bocctepreek (→説教)
すいけい 推計 *de* begrutting, *de* berekkening (→見積もり)；推計する→見積もる
すいげん 水源 *de* oarsprong (fan in rivier)
すいこう 推敲 *it* fyljen；推敲する fylje
すいこう 遂行 （完遂）*de* foltôging；遂行する folbringe, foltôgje, trochfiere, dien meitsje, （…を）foldwaan (oan)：その仕事を遂行する it wurk *dien meitsje*
ずいこうする 随行する begeliede, meigean (→同行する)；随行員 *de* begelieder
すいこむ 吸い込む sûgje
すいさいが 水彩画 *de* akwarel
すいさつ 推察 *it* fermoeden, *de* gis(sing) (→推測)；推察する fermoedzje, gisse, riede
すいさんぎょう 水産業 *de* fiskerij
すいし 水死 *de* drinkeldea (→溺死)；

すいじ

水死する jin ferdrinke（→溺死する）；水死体 *de* drinkeldeade, *de* drinkeling
すいじ　炊事　*it* kôkjen, *it* sieden；炊事する kôkje, siede（→料理する）
ずいじ　随時　→いつでも
すいしつ　水質　de kwaliteit fan wetter；水質汚染［汚濁］*de* wetterfersmoarging
すいしゃ　水車　*it* skeprêd；水車小屋 *de* (wetter)mole
すいじゃく　衰弱　de ferslopping, *de* tebeksetter；衰弱する［させる］ferslopje, 衰弱する ferswakje, omtoarkje, tebekfalle：父は肺結核で衰弱している Us heit *toarket* mei tarring *om.*；衰弱した ferfallich：衰弱した老人 in *ferfallich* âldman
すいじゅん　水準　*it* nivo, *it* peil：教育水準が高い It *nivo* fan it ûnderwiis is heech., 他と同じ水準に引き上げる op *peil* bringe, 水準を維持する op *peil* hâlde；同じ水準にする nivellearje
すいしょう　水晶　*it* kristal（→クリスタル）
すいしょう　推奨　de oanrikkemandaasje；推奨する oanpriiz(g)je, oanrikkemandearje
すいじょうき　水蒸気　*de* stoom, *de* wetterdamp,（大気中の）*de* fochtigens［-tichheid］：水蒸気を逃がす *stoom* ôfblaze
すいじょうの　水上の　《複合語として》wetter-：水上スポーツ *de* wettersport
すいしん　水深　de djipte fan it wetter
スイス　Switserlân；スイス人 *de* Switser；スイス（人）の Switsersk
すいせい　水星　*de* Merkurius
すいせい　彗星　*de* komeet, *de* sturtstjer：ハレー彗星 de komeet (fan) Halley
すいせいの　水生の　akwatysk；水生植物 *de* wetterplant
すいせいの　水性の　wetterich
すいせん　水仙　*de* narsis,《総称》*de* titelroas

すいせん　推薦　de oanrikkommandaasje［oanrikke-］；推薦する beneame, oanpriiz(g)je, oanriede, oanrikkommandearje［oanrikke-］；推薦状 *it* getúchskrift［tsjûch-］
すいせんトイレ　水洗トイレ　*it* spielhúske
すいそ　水素　*de* wetterstof；水素爆弾 *de* wetterstofbom
すいそう　水槽　*de* tank（→貯水槽）
すいぞう　膵臓　*de* pankreäs
ずいそう　随想　gedachte sûnder gearhing
すいそうする　吹奏する　blaze：フルートを吹奏する op 'e fluit *blaze*；吹奏楽器 *it* blaasynstrumint；吹奏曲 *de* blaasmuzyk
すいそく　推測　*it* fermoeden, *de* gissing：それは単なる推測にすぎない It binne mar *fermoedens.*；推測する befroedzje, fermoedzje, riede,（…を）in goai dwaan（nei）
すいぞくかん　水族館　*it* akwarium
すいたい　衰退　*de* delgong, *it* ferfal, *it* ferrin, *de* tebekfal：衰退する yn 'e *delgong* reitsje = fermôgelje, 経済上の衰退 in ekonomyske *tebekfal*
すいだす　吸い出す　útsûge
すいだん　推断　*de* deduksje；推断する dedusearje,（…であることを）ôfliede（dat …）
すいちゅうの　水中の　ûnder wetter；水中カメラ *de* ûnderwetterkamera；水中翼船 *de* fleugelboat
すいちょく　垂直　*de* rjochtstandichheid；垂直の［に］fertikaal, leadrjocht, rjochtstandich；垂直線 *de* leadline；垂直線を引く in *leadline* dellitte
すいつく　吸い付く　（…に）jin fêstsûge（oan）
スイッチ　（照明の）*it* ljochtknop(ke),（電灯などの）*de* knop：スイッチを切り替える de *knop* omdraaie
すいてい　水底　*de* boaiem (fan in rivier)：水底に op 'e *boaiem*
すいてい　推定　*it* fermoeden；推定する fermoedzje, oannimme

すいてき 水滴 *de* drip, (窓ガラスについた) *de* oanslach：窓ガラスに少し水滴がついている Der is wat *oanslach* op 't rút.
すいでん 水田 *it* rysfjild, *de* sawa
すいとう 水筒 *de* fjildflesse
すいとう 水稲 *de* rys (dy't boud wurdt yn 't wetter) (↔陸稲)
すいとう 出納 *de* opbringsten en *de* útjeften；(金銭) 出納係 *de* kassier
すいどう 水道 *de* wetterlieding
ずいどう 隧道 →トンネル
すいとりがみ 吸取紙 *it* floeipapier
すいとる 吸い取る ynlûke, opsûgje, sûgje：スポンジは水分を吸い取る De spûns *sûget* it wetter yn him *op*.
すいなん 水難 (溺死) *de* drinkeldead, (難破) *de* skipbrek；人を水難から救出する ien út it wetter rêde；水難事故 →海難事故
すいばく 水爆 →水素爆弾
すいび 衰微 (衰退) *it* ferfal；衰微する ferfalle
ずいひつ 随筆 *it* essay (→エッセイ)；随筆家 *de* essayist
すいふ 水夫 *de* seeman, *de* siler, (船員) *de* matroas
すいぶん 水分 (水) *it* wetter, (湿気) *it* focht, (液汁) *it* sop
ずいぶん 随分 nochal, omraak, ûnbidich：彼女はこのことを随分よく知っている Dit wit se *omraak* goed., 彼女は随分太っている Hja is *ûnbidich* grou.
すいへい 水平 *it* nivo；水平の horizontaal, wetterpas, 水平の [に] flak (↔垂直の)：水平にする *wetterpas* meitsje = nivellearje；水平線 *de* dielstreek, *de* horizon, *de* kym / kime
すいへい 水兵 *de* seeman
すいぼつする 水没する ûnder wetter sinke, yn 't wetter ferdwine
すいま 睡魔 →眠気
すいみん 睡眠 *de* sliep, *de* slieperij：睡眠を取る *sliep* hawwe [nimme], 十分に睡眠を取る genôch [goed] *sliep* hawwe, 睡眠が不足している Ik bin *sliep* brek.；睡眠中に sliependewei：睡眠中に死ぬ *sliependewei* derút gean；睡眠薬 *de* slieppil
すいめん 水面 *de* plasse, *de* wetterspegel；水面に浮かび出る omheechdriuwe；水面下に ûnder wetter
すいもの 吸い物 *it* sop
すいもん 水門 *de* slûs / slús：水門を通過する troch in *slûs* farre
すいようび 水曜日 *de* woansdei；水曜日に[は] woansdeis：私たちは水曜日に到着します Wy komme *woansdeis* oan.
すいよく 水浴 *it* bad：水浴する in *bad* nimme
すいよせる 吸い寄せる →吸い付く (注意・関心を引く) lûke, oanlûke
すいらい 水雷 *de* torpedo (→魚雷)
すいり 推理 (推論) *de* redenaasje, *de* redenearring；推理する ôfliede, redenearje (→推論する)；推理小説 *de* detektive
すいりゅう 水流 in stream(ing) (fan wetter)
すいりょう 水量 *de* kwantiteit (fan wetter)
すいりょう 推量 *de* konjektuer, (推測) *it* fermoeden, *de* gissing；推量する gisse, peile
すいりょく 水力 *de* wetterkrêft；水力発電 *de* hydro-elektrisiteit；水力発電所 in elektryske sintrale, *de* krêftsintrale
すいれん 睡蓮 *it* pompeblêd, *de* swanneblom, *de* wetterleelje
すいろ 水路 *it* farwetter, *de* slinke, *de* wetterloop, (船の通行可能な) *it* soal
すいろん 推論 *de* redenaasje, *de* redenearring；推論する ôfliede, redenearje
すう 数 *it* getal, *it* tal：5 桁の数 in *getal* fan fiif sifers
すう 吸う sûgje, (パイプ・煙草などを) kloarkje, (息を) ynazemje：蜜を吸う huning *sûgje*, (煙草の) パイプを吸う oan 'e tabakspiip *kloarkje*；深く息を吸う djip *ynazemje* (→深呼吸をする)

すう（一）　数（一）　数人の sommige：数回 sommige kear；数日 in stikmannich dagen；数年 ferskate jierren
スウェーデン　Sweden；スウェーデン人 de Sweed；スウェーデン（語・人）の Sweedsk；スウェーデン語 it Sweedsk
すうがく　数学　de matematyk, de wiskunde；数学（上）の matematysk, wiskundich；数学者 de matematikus, de wiskundige
すうきな　数奇な　（変化に富んだ）ôfwikseljend：数奇な人生 in ôfwikseljend libben
すうこう　崇高　de sublimaasje；崇高な sublym
すうし　数詞　it telwurd：序［基］数詞 bepaalde [ûnbepaalde] telwurden = it rangtelwurd [haadtel-]
すうじ　数字　it getal, it sifer：たくさんの数字を挙げる in soad getallen jaan, アラビア［ローマ］数字 Arabyske [Romeinske] sifers
すうしき　数式　in numerike formule
すうじつ　数日　in stikmannich dagen（→数）；数日中に binnen in pear dagen
すうじゅうの　数十の　（何十の）ytlike；数10年（間）tsientallen jierren；数10万円 hûndert tûzenen yen
ずうずうしい　図々しい　ûnbeskamsum,（横柄な）bretaal, mûnich；図々しく bretaalwei
すうせい　趨勢　（動向）de trend
すうせんの　数千の　→何千の
ずうたい　図体　（体）it lichem；図体の大きい dik：図体の大きい男 in dikke man
すうち　数値　in numerike wearde
スーツ　it kostúm,（一式の）de klean：三つ揃いのスーツ in trjiediedich kostúm, スーツ一式 in pak klean
スーツケース　de koffer（→（大型の）旅行かばん）
ずうっと　oanienwei
すうにんの　数人の　sommige；数人の sommigen
すうねん　数年　ferskate jierren, in jiermannich
スーパー（マーケット）　de supermerk
すうはい　崇拝　de oanbidding；崇拝する ferearje, oanbidde：神を崇拝する God ferearje [oanbidde]；崇拝者 de oanbidder
すうひゃくの　数百の　→何百の
スープ　it sop：濃い［薄い］スープ stevich [slop] sop, スープを作る［飲む］sop siede [ite]
すうまんの　数万の　→何万の
すうりてきな［に］　数理的な［に］　matematysk
すうりょう　数量　de grutheid, de kwantiteit；数量的な［に］kwantitatyf
すえ　末　de ein：月末に oan de ein fan 'e moanne
すえおき　据え置き　fêstset jild；（支払を）据え置きにする jild fêstsette
すえつけ　据え付け　de setting；据え付ける sette：電話機を据え付ける in telefoantastel sette
すえっこ　末っ子　in jongste bern
すえる　据える　sette；据え（付け）ること de setting
ずが　図画　it skema,（スケッチ）de skets, de tekening：図画を描く sketse, tekenje
スカート　de rok / rôk：ショート［ロング］スカート koarte [lange] rok
スカーフ　de das, de sjaal
ずかい　図解　de yllustraasje；図解する yllustrearje
ずがい　頭蓋　de plasse；頭蓋骨（複）de harsens
スカウト　de ferkenner；ボーイ［ガール］スカウト de paadfynder；（将来有望な選手や芸能人を）スカウトする ronselje（→引き抜く）
すがお　素顔　net opmakke gesicht
すかさず　→直ちに
すかし　透かし　（紙幣などの）it wettermerk
すかす　空かす　（腹を）hongerich wur-

すかす 透かす（透き間を置く）spasearje
すがすがしい 清々しい ferfrissend, fris：清々しくする (jin) *fris* meitsje
すかすかの （果物などが）droech
すがた 姿 *it* / *de* figuer, *it* stal, （姿勢）*it* bestek
スカッシュ *de* limonade；レモンスカッシュ *de* kwast
ずがら 図柄 （図案）*de* útfiering, （模様）*it* / *de* figuer, *it* patroan, *de* tekening
すがりつく 縋り付く （…に）hingje (oan)（→しがみつく）
すがる 縋る （…に）hingje (oan)（→（…に）しがみつく）,（好意に）ôf-hingje (fan)：赤ん坊が母親にすがりついている In poppe *hinget* oan har [syn] mem.
ずかん 図鑑 *it* plaatwurk, *it* plateboek
スカンク *it* stjonkdier
スカンジナビア （北欧）Skandinavië；スカンジナビア［語・人］（の）(*it*) Skandinavysk（→北欧語［人］）
すき 鋤，犂 （牛馬用の）*de* ploech / ploege,（人間用の）犂 *de* lep(pe)；鋤で耕す ploegje
すき 好き *de* nocht, （好み）*de* gading, *it* sin：彼は自分の好きなようにする Hy docht allinnich dêr't er *nocht* oan hat.；好きな favoryt：私の好きなスポーツ myn *favorite* sport；（…が）好きである hâlde (fan), meie, oansprekke：トランプをするのが好きである fan kaartspyljen *hâlde*, 私はじゃがいもが好きです Ik *mei* graach ierappels., この音楽はとても好きです Dy muzyk *sprekt* tige oan.；読書が大好きだ Lêzen sinniget my wol.
すき 透き, 隙き （透き間）*de* iepening, *it* kier, （油断）*de* sleauwens, （機会）*de* kâns
すぎ 杉 *de* (Japanske) seder(beam)
すぎ 過ぎ （時刻・年齢の）oer, （過ぎて）foarby, （過度の）te,《複合語で》oer-：8時15分過ぎです It is kertier *oer* achten., 彼は70を過ぎている Hy is *oer* de santich., 彼は40を過ぎている Hy is de fjirtich *foarby*., それは短か［長］過ぎる It is *te* koart [lang]., 難し過ぎる仕事 in *te* drege taak, 働き過ぎる *oer*arbeidzje, 食い過ぎる *oer*ite, 積み過ぎる *oer*slaan
スキー （道具）*de* sky, （スポーツとしての）*de* skysport；スキーをする skye；スキーヤー *de* skyer
すきかってに 好き勝手に dêr't immen nocht oan hat
すききらいがある 好き嫌いがある （好みがうるさい）keken, sinnich, tier：食べ物に好き嫌いがある *tier* yn it iten wêze
すぎさる 過ぎ去る （いつの間にか）ferfleane, ferglide, foarbygean：1年が瞬く間に過ぎ去ってしまった In jier is gau *ferflein*.；過ぎ去った foarby：夏が過ぎた De simmer is *foarby*.
ずきずきする sangerje, （ちくちくする）tûk(er)je：ずきずきするような痛み in *sangerjende* pine；《形》ずきずき痛む sear：ずきずきする指 in *seare* finger, 頭がずきずきする Ik haw in *seare* holle.
すきっぱら 空きっ腹 in holle mage
すきとおった 透き通った transparant, trochsichtich；透き通る trochslaan
すきま 透き間 *de* iepening, *it* kier, *de* skreef：ここから透き間風が入ってくる, 目詰めで透き間を全部ふさがなくちゃならない It siicht hjir, wy moatte alle kieren [skreven] mei trochtbân ticht-meitsje.；透き間風 *de* trochtocht
スキムミルク （脱脂乳）*de* dreagemolke
スキャナー （コンピュータの）（走査器）*de* scanner / skenner
スキャンダル *it* skandaal：スキャンダルのために foar *skandaal*
すぎる 過ぎる （通過する）trochgean, （時が）（経過する）ferglide, omgean, （期限が）ferfalle, ferrinne：その町を通り過ぎる de stêd *trochgean*, その時がゆっくりと過ぎていった De tiid

ずきん

gong stadich *om*.
ずきん 頭巾 *de* hoed
すく 好く （好む）foartrekke, （…を）（愛する）hâlde (fan)
すく 空く （腹が）hongerich wurde, （空(か)になる）hol wurde
すく 梳く （髪を）kjimme
すく 鋤く, 犂く ploegje （→(鋤で)耕す）
すぐ 直ぐ （直に・直ちに）dalik(s), fuort, (al) gau, gauris, mei gauwens, hast, ringen, (簡単に) maklik：ここに直ぐ来てくれ！ *Dalik(s) hjir komme!*, その赤ん坊は直ぐに眠ってしまった *De lytse wie samar fuort.*, 私たちにはそれが直ぐに分かった *Al gau wisten wy it.*, 直ぐにお手紙をください *Do moatst gauris skriuwe.*, 郵便局は直ぐに見つけられます *It is maklik om it postkantoar te finen.*
すくい 救い （救助）*de* berging, *de* rêding, *it* ûntset：神は救ってくれるだろう *God sil rêding bringe.*; 救う rêde, ûntsette, （救助する）bergje
すくう 掬う （スプーン・シャベルなどで）opleppelje, opskeppe, skeppe, útleppelje
スクーター *de* scooter, （片足でけって走る子供用の）*de* autopet
すぐそばに［を］ 直ぐ側に［を］ roerlings, tichteby
すくない 少ない （数・量が）lyts, in bytsje, （時間などが）（限られた）einich, （乏しい）earm：少ない時間 *einige* tiid
すくなからず 少なからず →甚だ, 大変
すくなくとも 少なくとも alteast, efkes, minimaal, minstens, teminsten, wol, op syn minst：彼はそこにはいない，少なくとも私は彼を見ていない *Hy is der net, alteast ik haw him net sjoen.*, それは少なくとも２万ユーロかかった *Dat hat mar efkes € 20.000 koste.*, 少なくとも3,000人の兵士がいた *Der wiene minimaal [op syn minst] 3.000 soldaten.*
すくむ 竦む （恐ろしくて）yninoar skromfelje （→尻込みする，ひるむ）
すくめる 竦める （肩を）lûke, oplûke：肩をすくめる oan 'e skouders *lûke*, *de* skouders *oplûke*
スクラップ （鉄・金属などの）*it* âldrust, （廃材の）*de* ôfbraak, （新聞の切り抜き）*it* knipsel, *de* snipel
スクランブルエッグ →炒り卵
スクリーン （映画・スライドの）*it* doek, *it* skerm
スクリュー *de* skroef：船［水車］のスクリュー *de* skroef fan in boat [wettermole]
すぐれた 優れた bêst, opperbêst, skoander, treflik：優れた本 in *treflik* boek；(…に)優れている útblinke (yn)
ずけい 図形 *it* / *de* figuer, *it* skema, （図面）*it* bestek
スケート *it* reedriden；スケート靴 *de* redens：スケート靴を履く *de redens* ûnderbine；スケートに行く reedride；スケート選手［をする人］ *de* reedrider；スケートリンク *de* iisbaan, *de* keunstiisbaan, （屋内の）*de* iisstadion
スケール *de* omfang, （規模）*de* skaal, （尺度）*de* mjitte
スケジュール *de* deiyndieling, *it* / *de* roaster, *it* skema, *it* tiidskema
スケッチ *de* krabbel, *de* skets；スケッチする sketse
すける 透ける transparant [trochsichtich] wêze
スコア （得点）*de* skoare；スコアボード *it* skoareboerd
すごい［く］ 凄い［く］ ferskriklik, freeslik, ôfgryslik （→物凄い［く］）
スコール *de* flapwyn, *de* reinfleach
すこし 少し in bytsje；少しばかり(の) minym；少しずつ swietsjes （→除々に）；少しも…でない gjin grevel [grissel], neat, hielendal net, yn it minst net：彼は父親には少しも似ていない *Hy liket yn neat op syn heit.*, 少しも妥協しない gjin tombree(d)

wike
すごす　過ごす　（時間を）ferdriuwe, ferspylje, slite, （暮らす）libje：毎日を無為に過ごす jins dagen *slite* yn liddigens

スコットランド　Skotlân；スコットランド人［語］（の）(*it*) Skotsk；スコットランド人 *de* Skot

スコップ　*de* skeppe, *de* skower（→シャベル）：スコップで雪を除去するつもりだ Ik sil de snie mei de *skower* opromje.

すこぶる　頗る　goed, ûnmeungend, wol（→非常に）：彼らはすこぶる元気だ Se binne *goed* sûn.

すごみのある　凄味のある　freeslik, ôfgryslik

すごむ　凄む　（脅す）bedriigje, driigje

すこやかな［に］　健やかな［に］　fiks, geef, halich, sûn

すさまじい　凄まじい　freeslik, glûpend, grouwélich, heislik, ôfgryslik, skriklik

ずさんな　杜撰な　（いい加減な）nonsjalant, rûch

すじ　筋　（筋肉）*de* spier, （腱(すじ)）*de* sine, （粗筋）*it* skema

ずし　図示　（図解）*de* yllustraasje；図示する yllustrearje；あることを図示する eat skematysk oanjaan

すじがき　筋書き　（概要）*de* line, *it* skema

ずしき　図式　*it* diagram, *it* skema；図式化する skematisearje；図式の［によって］skematysk

すじちがいの　筋違いの　ûnbillik, ûnridlik：筋違いの要求 in *ûnridlike* eask

すしづめの　鮨詰めの　grôtfol [still-]：すし詰めのバス in *grôtfole* bus；すし詰めになって as hjerrings yn 'e tonne

すじみち　筋道　（道理）*de* rede, （論理）*de* logika, （系統立て）*it* systeem；筋道の立った logysk, systematysk；筋道を立てて考える *logysk* tinke

すじむかいの［に］　筋向かいの［に］　diagonaal

すじょう　素性　（生まれ）*de* berte, *de* famylje：彼女は素性がよい Sy is fan goede *famylje*.

ずじょうで［に］　頭上で［に］　boppe 't haad：頭上を飛ぶ *boppe 't haad* fleane

すす　煤　*it* roet

すず　鈴　*de* bel：鈴を鳴らす in *bel* liede = belje

すず　錫　*it* tin；錫製の tinnen

すすぐ　濯ぐ　spiele, útspiele：ぬるま湯でシャツをすすぐ it himd yn waarm wetter *spiele*, 口をすすぐ de mûle *spiele* [*útspiele*]

すすける　煤ける　roetich wurde

すずしい　涼しい　koel：今朝は涼しい It is *koel* fan 'e moarn.；涼しさ *de* koelte

すすむ　進む　bejaan, （前進する）foarútgean, fuortkomme, （捗(はかど)る）ave(n)searje, （時計が）foargean, foarrinne, winne：研究が進んだ De stúdzje ave(n)*searre* goed., うちの時計はいつも進んでいる Us klok *giet* altyd *foar*., その時計はいつも進む De klok *wint* (*út*).

すずむ　涼む　fan it kuoltsje genietsje

すずむし　鈴虫　*it* imerke, *it* yntsje

すすめ　勧め　（助言）*it* advys, *de* rie(d), （示唆）*de* suggestje, （奨励）*de* oanmoediging；勧める riede（→助言する）, sommearje（→勧告する）

すずめ　雀　*de* mosk

すずめばち　雀蜂　*de* ealjebij, *de* meeps

すすめる　進める　（時計の針を）進める foar(út)sette, （促進させる）befoarderje, ferhast(ig)je：時計(の針)を15分進める de klok in kertier *foarsette*

すすめる　薦める　oanriede（→推薦する）

すずらん　鈴蘭　*it* maaieklokje

すすりなき　啜り泣き　*de* snok：すすり泣く de *snok* hawwe = snokje, snokke(rje)

すする　啜る　kloarkje, sûgje, （鼻水を）snotterje

すすんで　進んで　（自発的に）frijwillich, út frije wil：あることを自ら進んで

する *frijwillich* eat dwaan wolle；あることが進んで(いる) oermânsk (wêze)
すそ　裾　(衣服の) *de* seam(e), (山の) *de* foet (→麓)；裾野 *de* seam(e)
スター　(人気者) *de* fedette, *de* stjer
スタート　*de* oanset, *de* start；(競技で) スタートする[させる] starte
スタイル　(容姿) it / *de* figuer, (服装・様式などの) *de* moade, *de* styl
スタジアム　*it* stadion
スタジオ　*de* studio, (写真館などの) *it* atelier
ずたずたに　stikken：ずたずたに裂く *stikken* meitsje
スタッフ　《集合的な》*it* personiel, *de* stêf：大学のスタッフ it *personiel* fan de universiteit
スタミナ　*de* duorsumens [-sumheid], *de* úthâlding, *it* úthâldingsfermogen；スタミナのある duorsum
すたれる　廃れる　ferâlderje：廃れた ferâldere
スタンド　(自転車の) *de* stander, (観覧席) *de* tribune, (電灯) *de* burolamp(e)
スタンプ　(郵便の) *it* kasjet, (印章) *it* stimpel
スチーム　(蒸気) *de* steam / stoom
スチュワーデス　*de* stewardess；スチュワード *de* steward (→(男性の)乗客係)
ずつう　頭痛　*de* pineholle；頭痛がする pine yn 'e holle hawwe
スツール　(腰掛け) *de* kruk
すっからかん　すっからかんになる mei in platte bûse rinne
すっかり　alhiel, danich, folslein, glêd, hiel, knap, kompleet, poer, skandlik, skjin (→完全に)：そのことをすっかり忘れていた Ik haw dat *skandlik* fergetten., It wie my *skjin* fergetten.
すっきりする　(気持ちが) fris fiele, (頭が) helder fiele
すづけ　酢漬け　→漬け物
ずっと　al, fier (wei), yn lange tiid, (続けて) oan ien wei, sûnt dy tiid,《比較級と共に》folle, jit, noch：彼女には

ずっと会っていない Ik haw har *yn lange tiid* net sjoen., 彼はその時以来ずっと病気です Sûnt dy tiid hat er siik west., ずっとよい *folle* [*jit*] better, リッケラの方がずっと大きい Likele is *noch* grutter.；ずっと以前に lang lyn
すっぱい　酸っぱい　soer：酸っぱいりんご *soere* appels
すっぱぬく　素っ破抜く　(暴露する) ûntdekke, útbringe：彼の悪事をすっぱ抜く syn kwea *ûntdekke*
すっぽかす　(仕事などを) fersleaukje, fersloere, fersomje, ferwaarloaz(g)je, útrûpelje, (約束を) brekke, net hâlde (→破る)
すっぽり　(すっかり) alhiel, hielendal, poer, (すんなりと) gau
すっぽん　鼈　*de* skylpod (mei in sêft skyld)
すで　素手　bleate hannen；素手で mei lege hannen
ステーキ　(特に)(ビーフステーキ) *de* byfstik
ステージ　(舞台) *it* poadium, *de* stellaazje, *it* toaniel：ステージに姿を現わす op it *toaniel* ferskine
すてきな　素敵な　knap, machtich, moai, noflik, prachtich, prûs；素敵な景色 in *moai* gesicht, 素敵な娘 in *prûs* famke
すてご　捨て子　*de* fûnling
ステッカー　*it* etiket, *it* label, *de* oanhâlder, *de* plakker, *de* stikker
ステッキ　*de* gongelstôk, *de* kuierstôk
ステップ　(踏み段) *de* opstap, *de* tree(d), *de* treeplanke, (ダンスの) *de* pas
すでに　既に　al：彼女は既にそこにいる Dêr is se *al*.
すてばちな　捨て鉢な　fertwivele, wanhopich (→絶望的な)；捨て鉢 *de* fertwiveling
すてる　捨てる　fuortgoaie, (投げ捨てる) fuortsmite
ステレオ　(装置) *de* stereo：ステレオの stereo (→立体音響の)
ステンドグラス　(窓) *it* glês-yn-leadrút

スト →ストライキ；スト破りをする in staking brekke；スト破り de stakingbrekker
ストーカー de efterfolger, de neirinner, dejinge dy't ien lestich falt；ストーカーする neiride, neirinne
ストーブ de kachel
すどおり 素通り 素通りする foarbygean [-komme / -rinne], trochgean [-komme / -rinne]
ストーリー（物語）it teltsje,（物語の粗筋）it skema
ストッキング de hoas,《複》de hoazzen
ストップ de stop；ストップする stopje；ストップウオッチ de groanometer
ストライキ de staking：ストライキを（決行）する in staking útskriuwe = stake
ストレス de druk, de ûnderdrukking：ストレスを解消する de druk kwytreitsje [ôfrearje]
ストロー de strie
すな 砂 it sân；砂時計 it oerglês；砂粒 de sânkerl；（子供の遊ぶ）砂場 de sânbak
すなおな [に] 素直な [に] mak, nuet,（穏やかな [に]）myld, smout,（従順な）gehoarsum, willich,（大人しい）sêft：彼女は素直でない Sy is net mak.
スナック（バー） it kafetaria, de snekbar
スナップ（写真）it kykje：（…の）スナップ写真を撮る in kykje nimme (fan)
すなわち 即ち nammentlik, dat wol sizze, wol te ferstean
すね 脛 de skrinkel,（向こう脛）de skine
すねる 拗ねる protsje, stúmje；すねた lilk, prulerich
ずのう 頭脳 de holle,《複》de harsens；頭脳労働 it holwurk
スパイ de spion,（女性の）de spionne；スパイする spionearje；スパイ（行為）de spionaazje
スパイス（薬味）it krûd, de speserij

スパゲッティ de spaghetty
すばこ 巣箱（蜜蜂の）de (bije)koer,（野鳥の）it nêstkastje：蜜蜂は巣箱に住む De bijen sykje de koer op.
すばしこい feardich, fluch（→敏捷(びんしょう)な）
すはだ 素肌 neaken fel
スパナ de sleutel,（自在）de moerkaai, in Ingelske sleutel
ずばぬけて ずば抜けて fierwei：ずば抜けてよい fierwei de bêste
すばやい [く] 素早い [く] flechtich, fluch, gau, rap, rêd；素早く立ち去る op 'e haal gean
すばらしい [く] 素晴らしい [く] bêst, fyn, geweldich, hearlik, kostlik, machtich, opperbêst, skitterjend, swiid, treflik：素晴らしいひととき in hearlike tiid, 素晴らしい天気 kostlik waar, ひとときを素晴らしく過ごす jin kostlik fermeitsje, 素晴らしい樹木 machtige beam, 彼の作品は素晴らしい Syn wurk is swiid.；素晴らしい！Prima!
ずばりと plan-út：自分の意見をずばりと述べる jins miening plan-út sizze
ずはん 図版 →図解, イラスト
スピーカー de lûdsprekker
スピーチ de speech, de spraak：スピーチをする in spraak hâlde [ôfstekke]
スピード（速度）de faasje, de gong,（船の）de feart：スピードを増す de gong deryn sette, スピードを上げる feart sette；スピードを落とす ôfremje；スピード違反をする hurder ride as tastien
ずひょう 図表 it diagram, de grafyk
スプーン de leppel；スプーン一杯 it lepfol：スプーン一杯の蜂蜜 in lepfol hunich；スプーンで食べる leppelje
ずぶぬれの ずぶ濡れの dweil(trochwiet), (stront)trochwiet：ずぶ濡れになった Ik bin dweil (en dweil).，ずぶ濡れになる trochwiet wurde；全身ずぶ濡れになった Ik bin trochhinne wiet.；ずぶ濡れにする trochweakje：ずぶ濡れになってしまった Ik wie

スプリンクラー

trochweakke.
スプリンクラー （散水装置）*de* bereinerij, *de* sproeier
スペイン　Spanje；スペイン人 *de* Spanjert；スペイン（語・人）（の）（*it*）Spaansk：スペイン語を学ぶ *Spaansk leare*
スペース　（字間）*de* spaasje,（空間）*de* romte
（…）すべきである　moatte：君は当然恥ずべきだ Do *moatst* dy skamje.
スペクタクル　（大掛かりな見せ物）*it* spektakel
スペクトル　*it* spektrum
スペシャリスト　（専門家）*de* spesjalist
すべすべした　glêd, gled, smeu(dich)：すべすべした肌 *glêd* fel
すべて　総て, 全て　（全部）alles：彼はすべてを失った Hy hat *alles* ferlern., すべてが彼の物 *Alles* is sines.；すべての al, alle, hiel：すべての生き物は死ぬ運命にある *Alle* libben is fataal., すべての点で yn *alle* opsichten
すべりこむ　滑り込む　（…に）glydzje（yn）
すべりだい　滑り台　*de* glydbaan
スペリング　（綴り）*de* stavering
すべる　滑る　glide, glydzje, slippe, útsjitte, （不合格になる）sakje：氷上を滑る op it iis *glydzje*, 足が滑った Myn foet *skeat út.*, 試験に滑る foar in eksamen *sakje*（→落ちる）；滑り落ちる（del)glide, ôfglydzje, skampe：彼は屋根から滑り落ちた Hy *glide* by it dak del.
スポイト　（注射器）*de* spuit
スポークスマン　（代弁者）*de* wurdfierder：大学のスポークスマン *de wurdfierder* fan 'e universiteit
スポーツ　*de* sport：スポーツをする in *sport* dwaan = sporte, スポーツが得意である［ない］goed［min］yn *sport* wêze；スポーツ（好き）の sportyf；スポーツ競技［種目］in *sportyf* evenemint；スポーツマン *de* sportman；スポーツマンシップ *de* sportiviteit

すぼむ　窄む　→縮む；（肩を）すぼめる skokskouderje,（傘を）deldwaan, slute,（口を）gearlûke
ずぼらな　slof；ずぼら（な人）*de* griemer, *de* knoeier
ズボン　*de* broek；ズボンのポケット *de* broeksbûse；ズボン下 *de* ûnderbroek；ズボン吊り《複》*de* galgen(s)（→サスペンダー）
スポンサー　（後援者）*de* drager, *de* sponsor
スポンジ　*de* spûns：スポンジを搾る in *spûns* útknipe
スマートな　rank, slank：スマートな体つき in *ranke* lea
すまい　住まい　*de* behuzing［-hûzing］, *it* ûnderdak（→住居）
すます　済ます　（終わらせる）einigje,（片づける）beklinke：用事を済ます *de* saak *beklinke*；（…なしで）済ます dwaan（bûten / sûnder）：彼の援助なしで済ます *dwaan sûnder* syn help,《本動詞なしで》私は音楽なしでは済まされない Ik kin net sûnder muzyk.
すます　澄ます　（濁りを取り除く）klear meitsje,（耳を）foarsichtich tahearre；顔を澄まして mei in ûnferskillich gesicht
すまないとおもう　済まないと思う《非》（…を）jin begrutsje（om）：（寝ているのを）起こして済まん It *begruttet* my om jo wekker te meitsjen.
すみ　炭　*de* houtskoal
すみ　隅　*de* herne, *de* hoeke：部屋の隅 *de hoeke* fan de keamer, 隅々をくまなく in alle *hoeken* en *hernen*
すみ　墨　Sineeske inket
すみきった　澄み切った　klear：澄み切った空 in *kleare* loft
すみなれる　住み慣れる　gewoan wurde om earne te libjen；私たちはそこに住み慣れている Wy reitsje wend om dêr te wenjen［libjen］.
すみません！　済みません！　（謝罪）Pardon!,（感謝）Tankje wol!；済みま

せんが，駅を教えていただけませんか Nim my net kwea(ôf), witte jo wer't it stasjon is?
すみやかに 速やかに gauris (→直ぐ(に))：速やかにお手紙をください Do moatst *gauris* skriuwe.
すみれ 菫 it fioeltsje；菫色（の）(it) fiolet
すむ 住む húsmanje, húzje, hûzje, wenje：ここは住むに素敵な場所だ It *wennet* hjir moai., 町[村]に住む yn 'e stêd [op in doarp] *wenje*
すむ 済む （終わる）einigje：会合は無事に済んだ De gearkomste is goed *einige*.；(…なしで)済む→(…なしで)済ます
すむ 澄む klear wurde；→澄んだ
すむ 棲む （動物が）wenje (→棲息する)
スムーズな[に] glêd, gled (→円滑な[に])
ずめん 図面 it bestek, it plan：図面を引く in *bestek* meitsje, in *plan* lûke
すもう 相撲 'sumo' (Japansk (nasjonale) wrakseling)
スモークサーモン rikke salm
すもも 李 in (Japanske) prom
すやき 素焼き it diggelguod
(…)すら （…)すら…ない net iens (→(…)さえ…ない)：彼女は私にキスをすることすら望まなかった Sy woe my *net iens* in tút jaan.
スライス （薄切り）it plak, de skiif, de skyl：スライスしたチーズ in *plakje* tsiis
スライド （幻灯）de dia, it ljochtbyld
ずらかる →逃走する
ずらす ferskowe, omsette,（位置を）omlûke (→移動させる),（日時を）ferstelle, opskowe, útstelle (→延期する)：テーブル（の位置）をずらす de tafel *ferskowe*, 祭りを１週間ずらす it feest in wike *ferstelle*
すらすらと gau, licht, maklik：質問にすらすらと答える *maklik* antwurdzje op in fraach

スラックス （女性用の）（ズボン）lange broek
すらっとした rank, skoatich：その少女はすらっとした体つきをしている Dat famke hat in *ranke* lea.
スラムがい スラム街 de efterbuert
スラング it slang,（隠語）it jargon,（泥棒などの）（隠語）it Bargoensk
スランプ （不況・不調）de ynsinking
すり 掏摸 de bûsehifker, de gaudief, de pongeleger；すりを働く ûntfytmanje (→(人から物を)かすめる)
すり 刷り it printsel；校正刷り de printkladde
スリーブ （袖）de mouwe
ずりおちる ずり落ちる lossjitte, ôfsakje, ûntglûpe：君のズボンがずり落ちている Dyn broek *sakket ôf*.
すりおろす 摺り下ろす fylje, raspje (→下ろす)
すりガラス 磨りガラス it matglês；磨りガラス（製）の matglêzen
すりきず 擦り傷 de skaafwûne, de smertlape
すりきれる 擦り切れる slite：その靴はすぐ擦り切れる De skuon *slite* gau.；擦り切れ de slyt
すりこむ 擦り込む （クリーム・軟膏などを）ynrosse, ynsmarre, ynwriuwe：ハンドクリームを手に擦り込む jin de hannen *ynsmarre* mei hânkrêm
スリッパ de slof
スリップ de slip,（女性の下着）it himd：車がスリップして，溝に落ちてしまった Troch in *slip* rekke de auto yn 'e sleat.；スリップする slippe
すりぬける 擦り抜ける ûntglûpe,（言い繕う）ferblomje
すりへる 磨り減る útslite (→磨滅する)：階段が磨り減っている De treppen binne *útsliten*.
すりむく 擦り剥く skave：手を擦りむく jin de hân *skave*
すりよる 擦り寄る （犬・猫が）by jin lâns strike
スリル it plezier

する　為る　dwaan：することが山とある Der stiet ús hiel wat te *dwaan*.
する　擦る　→擦(す)る
ずるい　狡い　betûft, liep, slim, tûk：彼はずるいやつだ Hy is in *tûk* man.；ずるさ *de* liepens
ずるがしこい　狡賢い　ynlein：ずる賢いやつ in fyn *ynleine* knaap = *de* liepert
(…)するつもりである　(…)する積もりである　→積もりである
すると　(その時) dan, (それから) (en) doe
するどい　鋭い　(刃物などが) skerp, (感覚・知性が) skerp(sinnich), (声が) skerp
(…)するやいなや　(…)するや否や　《接》mei't, sadree't, sa gau as, sa gau't：私がそこに入るや否や，彼らは黙ってしまった *Mei't* ik deryn kaam, hâlden se har stil.
ずるやすみする　ずる休みする　skûltsjesette (→サボる)
ずれ　(隔たり) *de* kleau, (食い違い) *de* diskrepânsje, *it* ferskil：見解のずれ *ferskil* fan miening
スレート　*it* laai：スレートぶきの教会の屋根 in *laaien* tsjerkedak
すれちがう　擦れ違う　inoar foarbygean [-komme]
すれっからしの　擦れっ枯らしの　wrâldwiis：すれっからし in *wrâldwize* persoan
すれる　擦れる　oanrinne, (絹・木の葉などが) risselje, russelje, (擦り切れる) slite, (悪賢くなる) ynlein wurde

ずれる　(それる) ôfwike
スローガン　*de* leus / leuze, *de* slachsin, *de* slogan, *it* wachtwurd
スロープ　*de* delling, *de* gloaiïng, *de* lichte, *de* oprit, *de* skeante
スロットマシン　*de* gokautomaat
すわりこみ　座り込み　(ストライキの) *de* bedriuwsbesetting；座り込む besette
すわる　座る　sitten gean；座っている sitte
すんか　寸暇　net folle frije tiid；寸暇を惜しむ jins momint brûke
ずんぐりした　dik, tsjok：ずんぐりした男の人 in *dikke* man
すんぜんに　寸前に　krektsa, pal；《接》(…する)寸前に pal foar('t) …：私が出掛ける寸前に *pal foar('t)* ik gean
すんだ　澄んだ　(声・光・水・空などが) helder, klear：澄んだ声 in *helder* lûd, 澄んだ空 in *heldere* loft
すんたらず　寸足らず　te koart：この紐は寸足らずだ Dit tou is *te koart*.
すんづまり　寸詰まり　te lyts
すんでのところで　すんでの所で　omtrint, (もう少しで) benei, foech, hast：彼女はすんでのとこで卒倒しそうになった Sy foel *omtrint* flau.
すんなりした　rank, slank：すんなりした指 *ranke* fingers
すんぽう　寸法　*it* formaat, *de* grutte, *de* mjitte, *de* ôfmjitting (→サイズ), (周りの) *de* omfang：この靴の寸法は幾らですか Hokker skuon *mjitte* hawwe jo?, ある物の寸法を測る *de mjitte* earne fan nimme；寸法を測る mjitte

せ　セ　se

せ　背　(背中・尾根・背面) *de* rêch, (背丈) *de* lingte：人[馬]の背 *de* rêch fan in minske [hynder], 山[本]の背 *de* rêch fan in berch [boek]

せ　瀬　（早瀬）de streamfersnelling,（浅瀬）de plaat（→州（ナ））
せい　正　（正しいこと）it rjocht,（「副」に対して）it orizjineel,（「負」に対して）de plus（→プラス）,（正数）it posityf（↔負数）
せい　性　（性別の）it geslacht,（文法の）it geslacht：女［男］性 it froulik［manlik］geslacht, 女［男／中］性 it froulik［manlik／ûnsidich］geslacht；性の, 性的な geslachtlik；性器 it geslachtsorgaan；性教育 seksuele foarljochting
せい　姓　（名字）de efternamme, de famyljenamme, de fan, de skaainamme, de tanamme
せい　背　→背（せ）；彼は背がひどく高い［低い］ Hy is tige lang［koart／lyts］.
せい　精　（精霊）de geast,（精力）de enerzjy, de libbenskrêft
せい　所為　（…の）所為にする oanrekkenje, taskriuwe (oan)：あることを人の所為にする immen eat oanrekkenje, すべてを戦争の所為にはできない Wy kinne net alles oan 'e oarloch taskriuwe.；《前》…の所為で fanwege (n), troch（→…のために）
せい（一）　聖（一）　Sint(e)《略 St.》：聖ニコラス St. Nicholas (cf. Sinteklaas)
（一）せい　（一）製　鉄製の izeren, 絹製の siden, 自家製の eigenmakke, selsmakke；日本［外国］製の fan Japansk［bûtenlansk］makkelij
ぜい　税　de belesting（→税金）：税込みの［で］belesting ynbegrepen
せいあつする　制圧する　kontrolearje：空を制圧する de loft kontrolearje
せいい　誠意　de hertlikens［-likheid］；誠意のある hertlik：誠意のこもった手紙 in hertlik brief
せいいっぱい　精一杯　（可能な限り）foar safier mooglik, yn jins fermogen：精一杯のことをしましょう Ik sil alles dwaan wat yn myn fermogen leit.

せいいん　成員　it lid：（…の）成員である lid wêze (fan)
せいう　晴雨　晴雨にかかわらず waar of gjin waar
せいうん　星雲　de nevel
せいえき　精液　it sperma
せいえん　声援　it jûchhei,（激励）de oanmoediging；声援する bejubelje, jûchje, oanfjurje,（激励する）oanmoedigje
せいおう　西欧　West-Europa；西欧（人）の West-Europeesk
せいか　生家　it bertehûs（→親元, 実家）
せいか　成果　de frucht, it gefolch, it resultaat, de útslach：彼の研究成果 de frucht fan syn stúdzje；成果なく sûnder gefolch（→無駄に）
せいか　声価　→評判
せいか　青果　de frucht en de griente
せいか　盛夏　de midsimmer
せいか　聖歌　de hymne, it lofliet, de lofsang；（教会の）聖歌隊 it tsjerkekoar
せいかい　正解　it korrekt antwurd；正解する korrekt antwurdzje
せいかい　政界　it polityk fermidden, de politike wrâld
せいかく　性格　it karakter：彼は性格が強い Hy hat in sterk karakter.
せいがく　声楽　de fokale muzyk；声楽家 de sjonger,（女性の）de sjongeres
せいかくさ　正確さ　de presizy：極めて正確に mei grutte presizy；正確な［に］eksakt, krekt, presiis, presys, stipt：その言葉の正確な意味 de krekte betsjutting fan it wurd, あることを正確に記述する eat krekt beskriuwe, 正確に言えば om presiis te wêzen
せいかつ　生活　it libben：公的生活 it maatskiplik libben, 多忙な生活を送る in drok libben hawwe；生活する libje：引退生活をする op jinsels libje；生活水準 de libbensstandert；生活費 de kosten fan it libbensûnderhâld；生活様式 de libbenswize

せいかん　性感　seksueel gefoel
せいがん　請願　*de* petysje, *it* rekest, *de* smeekbea；請願する adressearje；請願書 *it* adres, *it* fersykskrift, *de* petysje, *it* rekest, *it* smeekskrift：大臣に請願書を出す in *petysje* [*rekest*] by de minister yntsjinje；請願者 *de* oanfreger
ぜいかん　税関　*de* dûane：税関を通過する troch de *dûane* gean
せいかんする　生還する　libben weromkomme
せいかんする　静観する　oansjen
せいき　生気　*de* fitalens, *it* libben, *de* libbenskrêft；生気のある fitaal, libben
せいき　世紀　*de* ieu：20 世紀 de tweintichste *ieu*
せいき　性器　*it* geslacht, *it* geslachtsorgaan
せいぎ　正義　*de* gerjochtichheid, *it* rjocht；正義の rjocht (→公正な)
せいきする　生起する　→起きる, 生ずる
せいきの　正規の　(通常の) regulier, (正常な) normaal, (合法的な) legaal
せいきゅう　性急　*de* lichtfeardigens [-ichheid]；性急な lichtfeardich, ûngeduldich
せいきゅう　請求　*de* eask, *de* foardering：被害の請求 in *eask* ta skeafergoeding；請求する easkje, fereaskje, foarderje, freegje：彼はその本の代金として 50 ユーロを請求した Hy *frege* 50 euro foar it boek.；請求書 *de* nota, *de* rekken：歯医者(から)の請求書 in *nota* fan de toskedokter
せいきょ　逝去　*it* ferskieden, *it* hinnegean (→死去)；逝去する→死ぬ
せいぎょ　制御　*de* behearsking, *de* kontrôle；制御する behearskje, kontrolearje
せいぎょう　盛業　in treftich wurk
せいぎょうである　盛況である　tierich [treftich] wêze
せいきょうと　清教徒　*de* puriten (→ピューリタン)
せいきょく　政局　de politike situaasje

ぜいきん　税金　*de* belesting / belêsting：税金を払う *belesting* betelje；税金の滞納 *de* belestingefterstân
せいく　成句　in (idiomatyske) wurdgroep
せいくうけん　制空権　de soevereiniteit yn de loft
せいけい　生計　*de* kost, (生計の手段) *it* libbensûnderhâld：(歌で)生計を立てる (mei sjongen) oan 'e *kost* komme
せいけいの　整形の　plastysk：整形手術 *plastyske* sjirurgy
せいけつ(さ)　清潔(さ)　*de* skjinnens, *de* suverens [-heid]；清潔な[に] skjin, suver；清潔にする skjinmeitsje, suverje：傷口を清潔にする in wûne *suverje*
せいけん　政見　jins politike opiny：政見を発表する jins *politike opiny* konstatearje
せいけん　政権　(politike) macht：政権を握(ってい)る oan 'e *macht* komme [wêze]
せいげん　制限　*de* beheining, *it* foarbehâld, *de* limyt, *de* omfieming, *it* perk, *de* restriksje：無制限に sûnder *omfieming*, 制限内に binnen de *perken*, 制限を設ける *restriksjes* meitsje；制限する beheine, jin bepale, limitearje；制限された beheind；(…に)制限されている *beheind* bliuwe (ta)；制限速度→速度制限
せいご　正誤　(*it*) rjocht en (*de*) fout；正誤表 *it* erratum, list mei (print)flaters
せいこう　成功　*de* boppeslach, *it* sukses / súkses, *it* wolslagjen；成功する slagje；成功した foarspoedich, suksesfol
せいこう　性交　*it* geslachtsferkear, *de* koïtus, seksueel ferkear；性交する kopulearje；(人と)性交する mienskip (mei immen) hawwe
せいこう　性向　(気質) *de* disposysje
せいこうな　生硬な　(洗練されていない) ûnbeskaafd, (仕上がっていない) net ôfwurke

せいこうな　**精巧な**　gefoelich：精巧な機械 in *gefoelige* masine
せいざ　**星座**　*de* konstellaasje
せいさい　**正妻**　jins echt wiif（→本妻）
せいさい　**生彩**　（活気）*de* fleur, *it* libben；生彩のある libben：生彩のある描写 in *libbene* beskriuwing；生彩を欠く dea
せいさい　**制裁**　*de* sanksje：（…に）制裁を加える *sanksjes* sette（op）
せいさい　**精彩**　（活気）*de* fleur；精彩のある fleurich, kleurich；精彩を欠いた kleurleas,（文体など）stylleas
せいさく　**政策**　*it* belied,（政府などの）*de* polityk；政策上（の），政策的な［に］polityk
せいさく　**製作**　*de* makkelij / makkelei, *de* produksje；製作する fabrisearje, meitsje, produsearje；製作者 *de* makker, *de* produsint：この絵の製作者 de makker fan dit skilderij
せいさん　**生産**　*de* produksje；生産する ôfleverje, produsearje；生産的な produktyf；生産者 *de* produsint；生産物 *it* produkt；生産高 *it* gewier, *de* produksje：この工場の生産高は今年ははるかに良好だ De *produksje* fan dizze pleats is dit jier folle heger.
せいさん　**正餐**　in foarmlike iterij,（晩餐）*it* jûnsmiel
せいさん　**成算**　de wierskynlikens fan sukses
せいさん　**清算**　（借金などの）*de* ferrekkening, *it* lykmeitsjen（→弁済）：借金の清算 it *lykmeitsjen* fan skuld；清算する fernoegje, ferrekkenje, foldwaan, lykmeitsje, ôfdwaan
せいさん　**精算**　（料金などの）*de* ôfrekken(ing)；精算する ôfrekkenje, rekkenje；（駅の）精算所 *it* loket
せいさんカリ　**青酸カリ**　*de* syaankaly
せいさん(しき)　**聖餐(式)**　*it* nachtmiel
せいさんな　**凄惨な**　（ぞっとするような）ôfgryslik；凄惨な交通事故 in *ôfgryslik* ûngelok
せいし　**生死**　libben en dea：生死の境をさ迷う tusken *libben en dea* sweve；生死の瀬戸際に op 'e râne fan 'e dea
せいし　**制止**　（阻止）*it* wjerhâlden；制止する wjerhâlde
せいし　**精子**　*it* sperma（→精液）
せいし　**静止**　*de* stillens, *de* stilte；静止する stil stean；静止させる stilhâlde；静止している stillizze［-stean］；静止した stil
せいじ　**政治**　*de* polityk, *de* steatkunde；政治上（の）polityk, steatkundich；政治家 *de* politikus, *de* steatsman；政治学 *de* steatkunde；政治学（上）の steatkundich
せいしきの［に］**正式の［に］**　foarmlik, formeel
せいしつ　**性質**　（性格・気質）*it / de* aard, *de* disposysje, *it* karakter, *it* wêzen / wezen,（特性）*it* eigene, *de* eigenskip：水の性質 in *eigenskip* fan wetter
せいじつ(さ)　**誠実(さ)**　*de* earlikens［-likheid］, *de* iepenens, *de* oprjochtens；誠実な［に］earlik, froed, oprjocht：誠実な人々 *froede* lju, 彼は誠実な人だ Hy is in *oprjocht* man.
せいじゃ　**聖者**　→聖人
せいじゃく　**静寂**　*de* stillens, *de* stilte：森の静寂 de *stilte* fan it wâld；静寂な stil
せいしゅく　**静粛**　*de* stilte；静粛に！（Wês）stil!, Koest!
せいじゅく　**成熟**　*de* ripens；成熟した ryp；成熟する［させる］rypje
せいしゅん　**青春**　*de* jeugd；青春時代 *de* jonkheid；青春時代の jong：私の青春時代に yn myn *jonge* jierren
せいじゅんさ　**清純さ**　*de* ienfâld；清純 ienfâldich, ûnskuldich
せいしょ　**清書**　*it* ôfskriuwen；清書する ôfskriuwe
せいしょ　**聖書**　*de* Bibel, *it* Testamint：旧約聖書と新約聖書 it Alde en（it）Nije *Testamint*；聖書の［にある］bibelsk
せいじょう　**正常**　*de* normalens；正常な normaal（↔ abnormaal）：彼は

正常じゃない Hy is net *normaal*.；正常化 *de* normalisaasje；正常化する normalisearje
せいじょうな 清浄な rein, suver
せいしょうねん 青少年 *de* jongelju, *de* jongfeint
せいしょく 生殖 *de* fuortplanting；生殖する fuortplantsje；生殖器→性器
せいしょく 聖職 (神聖な職業) hillich berop, (天職) *de* ropping；聖職者 *de* dominy；聖職者たち *de* geastlikheid
せいしん 精神 *de* geast, *de* psyche, *de* siel(e)；精神の, 精神的な[に] geastlik, psyckysk：精神労働 *geastlike* arbeid, 精神的に障害のある *geastlik* hendikept, 精神的に病がある *geastlik* siik；精神病医 *de* psychiater；《諺》精神一到何事か成らざらん Wa't wol, dy kin.
せいじん 成人 *it* grutminske；成人の folwoeksen
せいじん 聖人 *de* hillige
せいず 製図 *de* tekening；製図する tekenje；製図家 *de* tekener
せいすい 盛衰 opgong en delgong (→浮き沈み)
せいずい 精髄 →真髄
せいすう 正数 *it* posityf (↔負数)
せいすう 整数 in hiel [natuerlik] getal
せいする 制する (抑制する) bedimje, kontrolearje, ûnderdrukke
せいせい 精製 *it* raffinemint；精製する raffinearje, suverje；原油を精製する petroalje *suverje*；精製した raffinearre；精製所 *de* raffinaderij
せいぜい 精々 uterlik, op syn meast：精々1週間はここに滞在します Ik bliuw hjir *uterlik* in wike.
せいせいする 清々する opfleurje, (ほっとする[させる]) ferlichtsje, opluchtsje, ûntlade
せいせいどうどうと 正々堂々と earlik en steatlik；正々堂々と戦う *earlik en steatlik* spylje
せいせき 成績 *it* resultaat, (成果) *de* frucht, *it* produkt, (記録) *it* rekord

せいせんされた 精選された útsocht；精選 *de* skifting；精選する skiftje
せいせんな 生鮮な fris；生鮮食(料)品 farsk iten
せいぜんとした 整然とした oersichtlik
せいぜんの[に] 生前の[に] wylst immen libbet
せいそう 正装 *it* gala, *de* galaklean, *it* pontifikaal：正装している yn *pontifikaal* wêze；正装する jin optuge
せいそう 清掃 *it* himmeljen；清掃する behimmelje, himmelje, útmjoksje, (掃除する) skjinmeitsje；(男性の) 清掃員 *de* skjinmakker, (女性の) *de* himmelster, *de* skjinmakster
せいぞう 製造 *de* produksje；製造する fabrisearje, (oan)meitsje, produsearje：その工場は冷蔵庫を製造している Dat fabryk *produsearret* kuolkasten.；製造業者 *de* fabrikant, *de* produsint；製造所 *it* fabryk
せいそうけん 成層圏 *de* stratosfear
せいそうする 盛装する (めかす) jin (oan)klaaie
せいそくする 棲息する bewenje, wenje
せいそな 清楚な (さっぱりした) eptich, himmel, keken, sindlik
せいぞろいする 勢揃いする gearkomme
せいぞん 生存 *it* bestean, *de* stân, *it* wêzen：生存権 it rjocht fan *bestean* = *it* besteansrjocht；生存する bestean, wêze
せいたい 生体 *it* organisme, (生物) *de* kreatuer
せいたい 生態 *de* libbensfoarm；生態学の ekologysk；生態学 *de* ekology；生態学者 *de* ekolooch
せいたい 声帯 《複》*de* stimbannen
せいたい 政体 (政治形態) *de* oerheidsfoarm
せいだいな 盛大な manjefyk：盛大な祝宴 in *manjefyk* feest
ぜいたく 贅沢 *de* lúkse, *de* wielde：この人たちは贅沢な生活をしている

Dy minsken libje yn *lúkse* [*wielde*].; 贅沢な[に] lúks, wielderich : 贅沢(三昧(まい))に暮らす *lúks* [*wielderich*] libje

せいたんち　生誕地　it berteplak（→出生地）

せいち　聖地　（聖書の）it Hillige Lân

せいちゅう　成虫　it / de imago

せいちょう　成長　de groei, de opgong; 成長する dije, groeie, opgroeie, waakse;（十分に）成長した folwoeksen

せいちょう　政庁　it ryksamt [-buro], it steatsamt

せいつうして　精通して　eigen, trochkrûpt : あることに精通する jin wat *eigen* meitsje, 聖書に精通している *trochkrûpt* wêze yn de bibel;《動》精通している ferstean,（…に）op 'e hichte wêze（mei）

せいてい　制定　de útfeardiging, de útfurdiging; 制定する útfeardigje, útfurdigje

せいてきな　静的な　statysk（↔動的な）

せいてきな[に]　性的な[に]　seksueel : 性的虐待 *seksueel* misbrûk, 性(的)犯罪 *seksuele* misdie(d) = it sedemisdriuw, 性的倒錯 *seksuele* perversiteit; 性的魅力のある seksy

せいてつ　製鉄　製鉄所 de izersmelterij; 製鉄の izeren

せいてん　青天　晴天の霹靂(へきれき) in tongerslach út in kleare loft

せいてん　晴天　moai waar

せいてん　聖典　in hillich boek

せいでんき　静電気　statyske elektrisiteit

せいと　生徒　de learder, de learling

せいど　制度　it ynstitút, it systeem : 結婚制度 it *ynstitút* fan it houlik

せいとう　政党　politike partijen

せいどう　青銅　it brûns; 青銅（色）の brûnzen

せいとうの　正当の　rjocht(lik), rjochtmjittich : あることを正当化する eat *rjocht* prate, 正当な要求 in *rjocht-mjittige* eask; 正当に rjochtens; 正当化する rjochtfeardigje; 正当(性) de rjochtfeardigens; 正当防衛 de selsferdigening : 正当防衛で út *needwar*, de needwar

せいとうはの　正統派の　（特に宗教上の）rjochtsinnich

せいどく　精読　soarchfâldige lêzing; 精読する soarchfâldich lêze

せいとくの　生得の　ynberne

せいとん　整頓　de opromming; 整頓する opknappe, oprêde, opromje, rjochtsette, stalle : 部屋を整頓する de keamer *oprêde*

せいなん　西南　it súdwesten; 西南の[に] súdwest

せいねん　生年　it jier fan jins berte; 生年月日 de bertedei, de jierdei（→誕生日）

せいねん　成年　it grutminske, boppe de jierren（→成人）（↔ûnder de jierren）; 成年の mûnich : オランダでは18歳で成年になる Yn Nederlân binne de lju mei achttsjin jier *mûnich*.

せいねん　青年　it jong, de jongfeint, de jongkeardel

せいのう　性能　de bekwaamheid [-wamens]; 性能のある bekwaam, knap

せいは　制覇　de oerwinning; 制覇する oerwinne（→征服する）, (競技で) winne

せいはつ　整髪　it hierknippen; 整髪する hierknippe

せいばつ　征伐　de ûnderwerping; 征伐する ûnderwerpe

せいはんたいの　正反対の　tsjinoersteld : それは正反対だ Dat is krekt it *tsjinoerstelde*. *当該語は名詞的用法

せいひ　正否　(it) rjocht of (de) fout

せいび　整備　it ûnderhâld, (調整) de skikking : 車は手遅れにならないうちにちゃんと整備しなければならない In auto moat op 'e tiid *ûnderhâld* hawwe.; 整備する opmeitsje, ûnderhâlde, (調整) skikke : 車を整備

する jins auto *ûnderhâlde*；整備工 *de* (ûnderehâlds)monteur
せいびょう 性病 *de* geslachtssykte, seksueel oerdraachbere oandwaning
せいひん 製品 *it* fabrikaat, *it* produkt
せいふ 政府 *it* behear, *it* bestjoer, *de* oerheid, *it* regear：オランダ政府の統治の下に *ûnder Nederlânsk behear*；政府官庁［機関］*de* oerheidstsjinst
せいぶ 西部 *it* westen：フリースラントの西部（地方）*it westen fan Fryslân*；西部の *westlik*
せいふく 制服 *it* unioarm：制服を着ている *yn uniform wêze*
せいふく 征服 *de* oerwinning；征服する oerweldigje, oerwinne：国を征服する *in lân oerweldigje*；征服者 *de* oerweldiger, *de* oerwinner
せいぶつ 生物 *it* kreatuer, *it* wêzen；生物界 *de* libbene natuer；生物学 *de* biology；生物学者 *de* biolooch；生物学（上）の，生物学的に biologysk
せいぶつが 静物画 *it* stillibben
せいふん 製粉 *de* mealderij；製粉する meal(1)e；製粉所 *de* mealderij
せいぶん 成分 *it* bestândiel, *de* grûnstof, *it* yngrediïnt
せいへき 性癖 *de* oanlis, (癖) *de* gewoante, (気質・性向) *de* disposysje, *de* oanstriid：彼にはいくらか奇妙な性癖がある Hy hat wat nuvere gewoantes.
せいべつ 性別 *it* geslacht, *de* sekse
せいべつ 聖別 *de* wijing(e)；聖別する wije
せいぼ 聖母 Us Leaffrou
せいほう 西方 *it* west, *it* westen：レーワルデンの西方に *yn it west fan Ljouwert*；西方の［へ／から／に］west：風は西方から吹いている De wyn is west.
せいほう 製法 in produktive metoade
せいほうけい（の） 正方形（の） (*it*) fjouwerkant；正方形 *it* kwadraat
せいほく 西北 *it* noardwesten；西北の noardwest (→北西の)

せいぼつねん 生没年 jins berte en dea
せいほん 製本 *de* boekbinerij；製本する in boek bine
せいみつな 精密な eksakt, presiis：精密な機械 in *presiis* ynstrumint
ぜいむしょ 税務署 *it* belestingkantoar；税務署員 *de* belestingamtner
せいめい 生命 *it* hachje, *it* libben；生命のある libben；生命保険 *de* libbensfersekering
せいめい 声明 *de* ferklearring, *de* meidieling：声明する in *ferklearring ôflizze*, in *meidieling* dwaan
せいめい 姓名 →氏名
せいもん 正門 *de* haadyngong
せいもん 声門 *de* glottis
せいやく 制約 *de* befieming, *de* beheining, *de* restriksje (→ 制限)：これらの制約の下で mei [ûnder] dizze *restriksjes*；制約する beheine, jin bepale；制約された beheind
せいやく 誓約 *de* belofte, *de* eed, *de* gelofte；誓約する beloovje, belove
せいやく 製薬 farmaseutyske fabrikaazje；製薬会社 in farmaseutyske maatskippij
せいよう 正用 korrekt gebrûk
せいよう 西洋 *it* westen；西洋（風）の westersk：西洋文明 *de westerske* beskaving；西洋人 *de* westerling
せいよう 静養 *de* rêst；静養する rêste, útrêste
せいよく 性欲 *de* geslachtsdrift, (性的衝動) *de* libido, *de* natuer
せいらいの 生来の ynberne, natuerlik
せいり 生理 *de* fysiology, (月経) *de* menstruaasje；生理的な fysiologysk；生理がある ûngesteld wêze；生理学 *de* fysiology；生理用ナプキン *it* ferbân, *it* frouljusferbân [dames-]
せいり 整理 *de* oarder(ing)：整理する op *oarder* bringe, 身辺を整理する *oarder* op saken stelle；整理する beheisterje, berêde, oarderje
ぜいりし 税理士 *de* belestingkonsulint
せいりつ 成立 *it* ta stân kommen；成

立する ta stân komme
ぜいりつ 税率 it belestingtaryf
せいりょう 声量 it folume fan jins lûd；声量がある in krêftich lûd hawwe
せいりょういんりょうすい 清涼飲料水 it fris：一杯の清涼飲料水 in gleske fris
せいりょく 勢力 de krêft, de macht；勢力のある krêftich, machtich
せいりょく 精力 de enerzjy, de fut, de kriich；精力的な [に] enerzjyk, fûleindich, krigel：精力的な人 in fûleindich persoan
せいれい 聖霊 de Hillige Geast
せいれい 精霊 de skim / skym
せいれき 西暦 de jiertelling, it tsjerkejier：西暦紀元元年に yn it begjin fan 'e jiertelling
せいれつする 整列する op 'e rige stean；整列させる opstelle, jin rjochtsje
せいれんする 精錬する raffinearje；精錬した raffinearre；精錬所 de raffinaderij
せいれんな 清廉な ynteger；清廉潔白な earlik, ynteger, oprjocht
セーター （頭からかぶる）de pullover, （羽織る）de trui
セール （特売）de útferkeap
セールスマン de ferkeaper, de hannelsreizger
せおう 背負う op it skouder drage, （責任・借金を）stean
せおよぎ 背泳ぎ de rêchslach；背泳ぎする rêchswimme, op 'e rêch swimme
せかい 世界 de wrâld：世界で一番高い山 de heechste berch fan 'e wrâld, 世界の隅々から út alle hoeken fan 'e wrâld, 世界中で de hiele wrâld oer, 彼女の前途には新しい世界が開かれている Der gie in wrâld foar har iepen., 子供の世界 de wrâld fan it bern；世界の，世界的な [に] ynternasjonaal （→国際的な [に]）；世界中の [に] mondiaal；世界遺産 it wrâlderfskip；

世界大戦 de Wrâldkriich [-oarloch]；世界記録 it wrâldrekôr [-rekord]；世界地図 de wrâldkaart
せかす 急かす opjeie（→急き立てる）：そんなに急かさないでくれ！Moatst my net sa opjeie！
せかせかした rêstleas
ぜがひでも 是が非でも yn alle gefallen, bepaald（→断じて，必ず）
せがむ （…を）smeke（om）
せき 咳 de hoast, de kich：彼女は（注意を促すために）咳払いをしてスピーチを始めた Sy begûn har taspraak mei in kich(je).；咳をする hoastje, kochelje, rochelje；咳払いをする kiche, kochelje
せき 席 de setel, de sit, it sitplak（→座席）：席を譲る in setel oerjaan = plak meitsje；席に着く sitten gean, in sit nimme；席に着いている sitte
せき 堰 （ダム）de daam, de wetterkearing
せき 積 （掛け算の）it produkt：2 と 5 の積は 10 である It produkt fan twa en fiif is tsien.
せき 籍 →戸籍, 本籍；大学に籍をおく ynskriuwe op 'e universiteit；彼はフリジア語研究所に籍をおいている Hy is lid fan de Fryske Akademy.
せきうん 積雲 de steapelwolk
せきえい 石英 de kwarts
せきがいせん 赤外線 ynfrareade ljochtstriel [straal]
せきこむ 咳き込む in hoastbui krije
せきざい 石材 de stien
せきさいする 積載する belade, belêste, ynlade, lade
せきじ 席次 （成績の）jins posysje yn de klasse；クラスでの彼の席次は 2 番だ Hy is de twadde yn de klasse.
せきじゅうじ 赤十字 it Reade Krús
せきじゅん 席順 （テーブルの）de tafelskikking
せきじょうで 席上で （会議・会合などの）op 'e gearkomste
せきしょく 赤色 →赤（色）

せきずい　脊髄　it rêchmoarch [-piid]
せきせつ　積雪　snie lizzend op 'e grûn；汽車は積雪で立ち往生した De trein siet fêst yn 'e snie.
せきぞう　石像　in stiennen byld
せきぞうの　石造の　stiennen：石造の家 in stiennen hûs
せきたてる　急き立てる　driuwe, fergje, jeie, opjeie
せきたん　石炭　de (stien)koal
せきちゅう　脊柱　de rêchbonke（→背骨）
せきつい　脊椎　→脊柱：脊椎骨 de wringe；脊椎動物 de wringedieren
せきどう　赤道　de ekwator, de evener, de liny：赤道を横切る oer de evener gean
せきとめる　堰き止める　damje, ôfdamje
せきにん　責任　de ferantwurdlikens [-likheid], de noed, de oanspraaklikens, (過失の) it debet, de skuld：あることに対して責任をとる de ferantwurdlikens foar eat (op jin) nimme., あることに(対して)責任がある earne de noed fan hawwe, …の自分の責任を十分に果たす de oanspraaklikens folslein op jin nimme, それは私の責任(→手落ち)です It is myn skûld.；責任がある ferantwurdlik, oanspraaklik, (過失の) debet：人はそれぞれ自分のやったことに責任がある Elk minske is oanspraaklik foar syn dwaan., ぼくにもその責任がある Ik bin dêr mei debet oan.
せきねんの　積年の　jierrenlang：積年の恨み jins jierrenlange rankune
せきばん(が)　石版(画)　de litografy
せきひ　石碑　de tinkstien（→記念碑）
せきぶん　積分　de yntegraal；積分する yntegrearje；積分の yntegraal
せきめんする　赤面する　flamje, in kaam [kleur] krije
せきゆ　石油　de oalje, de petroalje（→ガソリン、ベンジン）
せきららな　赤裸々な　→率直な
せきらんうん　積乱雲　de tongerloft [-wolk]（→入道雲）
せきり　赤痢　de dysentery
せく　急く　(急(せ)ぐ) ave(n)searje, jin haastje, hastigje；《諺》急いては事を仕損じる Hurdrinners binne dearinners.
セクシーな　seksy
セク(シュアル)ハラ(スメント)　de netwinske yntimiteiten
せけん　世間　de wrâld：世間は狭いですね Wat is de wrâld dochs lyts!；世間知らずの wrâldfrjemd；世間擦れした wrâldwiis
(…)せざるをえない　moatte, jin ferplicht(e) fiele (om …)：この計画を断念せざるをえない Ik moat dit plan opjaan.；彼女を招待せざるをえない Kinst der net foarwei om har ek te freegjen.
セシウム　it sesium
せしめる　(手に入れる) bedije, behelje, winne
せしゅう　世襲　de erflikens [-heid]；世襲の erflik：世襲財産 erflik besit
せすじ　背筋　背筋を伸ばす rêchrjochtsje
ぜせい　是正　(修正・調整) de korreksje；是正する korrizjearje
せせこましい　→狭い
せせらわらう　せせら笑う　(嘲笑する) gnize, skamperje
せそう　世相　sosjale omstannichheden（→社会情勢）
ぜぞくの　世俗の　wrâldsk：世俗の生活 it wrâldske libben, 世俗の生活をする wrâldsk libje
せたい　世帯　it húsgesin；世帯主 it haad fan 'e húshâlding
せだい　世代　de generaasje, it laach：古い[新しい]世代 it âlde [nije] laach；世間のギャップ[断絶] it generaasjekonflikt
せたけ　背丈　it bestek, de lingte（→身長）：彼は背丈がない Hy is mar in koart bestek.
せつ　節　→時節, 節度, (文章の) de

alinea, *it* lid
せつ 説 （意見）*de* opiny, （学説）*de* teory
せつえいする 設営する opsette, （用意する）reemeitsje
ぜつえん 絶縁 （電気の）*de* isolaasje, *de* isolearring：絶縁する isolearje, （人と）ôfbrekke, útmeitsje
せっかい 石灰 *de* kalk(stien)（←石灰岩）
せっかいする 切開する ynsnije, snije, （手術する）operearje
せっかく 折角 （骨折って・わざわざ）(al)hielendal, （苦心して）mei muoite, （親切に）freonlik, （精々）mei omtinken
せっかち *it* ûngeduld；せっかちな［の］oerhastich, ûngeduldich （→性急な）
せっかん 折檻 *de* ôfrekken(ing), *de* pit；折檻する tuchtigje
せつがんする 接岸する oan lân komme；接岸させる oanstjoere：船を埠頭に接岸させる in skip *oanstjoere*
せっき 石器 in stiennen ark；石器時代 *de* stientiid
せっきゃくする 接客する betsjinje
せっきょう 説教 *de* preek（←お説教）：説教する in *preek* hâlde；説教する preekje：ソンダッハは時々フリジア語で説教をする Som(s)tiden *preket* Zondag yn 't Frysk.；説教師 *de* preker；説教壇 *de* preekstoel [sprek-]
せっきょくてきな［に］ 積極的な［に］posityf, （進んで）goedskiks
せっきん 接近 *de* taneiering；接近する bykomme, benei komme, opsetten komme；接近させる neier bringe；接近して benei, neiby, tichteby
セックス （性行為）*de* seks
せっけい 設計 *de* ynrjochting, *it* ûntwerp；設計する ûntwerpe；設計者 *de* ûntwerper；設計図 *de* blaudruk
ぜっけい 絶景 in poerbêst gesicht
せっけっきゅう 赤血球 *it* bloedplaatsje
せっけん 石鹸 *de* sjippe：（家庭用の）液状石けん griene *sjippe*；石けん水［の泡］*it* sjipsop；粉石けん *de* sjippepoeier

せっけん 接見 *it* fraachpetear, *it* ynterview：（…に）接見する in *fraachpetear* hawwe (mei), 接見する in *ynterview* ôfnimme = ynterviewe

せつげん 節減 *de* ferleging, *de* ferlytsing, *de* ynkrimping；節減する ferlytsje, ynkrimpe, redusearje

せっこう 斥候 （行為）*de* ferkenning, （人）*de* ferkenner（←斥候兵）；斥候する ferkenne （→偵察する）

せっこう 石膏 *it* gips

ぜっこうする 絶交する ferbrekke, ôfbrekke, útmeitsje

せつごうする 接合する ynfoegje

ぜっこうの 絶好の bêst, folslein, gaadlik, prachtich：絶好のチャンス *de bêste* kâns, 絶好調である yn 'e *bêste* kondysje wêze

せっこつ 接骨 *it* setten fan in earm [skonk] (bonke)；接骨する bonken sette；接骨医 *de* bonkedokter, *de* ortopeed

ぜっさんする 絶賛する （激賞する）opstrike, （称賛する）tige bewûnderje [ferheegje / priiz(g)je]

せっし 摂氏 *de* Celsius《略 C》

せつじ 接辞 *it* affiks （→接頭辞, 接尾辞）

せつじつな 切実な （切なる）earnstich, hertstochtlik, （本気の）serieus, （緊急の）urgint；切実に hertlik, oprjocht

せっしゅ 接種 （予防の）*de* faksinaasje, *de* yninting；（予防）接種をする yníntsje

せっしゅ 摂取 *de* absorpsje（→吸収）；摂取する absorbearje

せっしゅう 接収 *de* foardering, （没収）*de* konfiskaasje, （押収）*it* arrest；接収する arrestaasje, foarderje, （没収する）konfiskearje

せつじょ 切除 *de* útsnijing；切除する útsnije, úthelje, útnim-

me
せっしょう 折衝 *de* ûnderhandeling [-hanneling]：そのことはただ今折衝中である De saak is no yn *ûnderhandeling*.；折衝する ûnderhandelje [-hannelje]
せっしょく 接触 *it* kontakt：人と接触する *kontakt* opnimme mei immen；接触する→触れる
せつじょく 雪辱 雪辱を果たす rehabilitearje (→名誉を回復する)
ぜっしょくする 絶食する fêstje (→断食する)
せっする 接する （人・物に）kontakt opnimme (mei), （…に）（隣接する）grinz(g)je (oan), （接待する）begroetsje, ûntfange：海に接している *grinz(g)je* oan 'e see
ぜっする 絶する （言語に）sprakeleas wêze, （想像を）boppe jins foarstellingsfermogen wêze
せっせい 節制 *de* moderaasje；節制する jin ynbine
せっせと →（一生）懸命に，頻繁に
せっせん 接戦 hjitte striid
せっそう 節操 （誠実）*de* earlikens, *de* oprjochtens, （貞操）*de* reinens [-heid]；節操のない nonsjalant (→いい加減な)
せつぞく 接続 *de* ferbining, *de* oansluting, *de* skeakeling；接続する ferbine, keppelje, oanslute, skeakelje：その汽車の機関車には8両の客車が接続されている Oan de lokomotyf fan de trein wiene acht weinen *keppele*.，この道路は高速道路に接続している Dizze dyk *slút* oan op 'e autodyk.；接続詞 *it* bynwurd
せったい 接待 *de* resepsje, *de* ûntfang(st), *it* ûnthaal；接待する ûntfange, ûnthelje
ぜつだいな 絶大な enoarm：絶大な影響 *enoarme* ynfloed
ぜったいの [に] 絶対の [に] absolút, bepaald, beslist, poer, wrachtich (←絶対的な [に])：それは不可能です Dat kin *absolút* net., それには絶対反対だ Ik bin der *poer* op tsjin., 絶対の真理 *de* wrachtige wierheid；絶対に…ない nea, hielendal [uterstee] net；絶対主義 *it* absolutisme
せつだん 切断 *de* knip；切断する knippe, ôfsette：彼は足を切断している De foet is him *ôfset*.
ぜったん 舌端 de punt fan de tonge
せっち 設置 *de* ynrjochting, *de* ynstelling；設置する ynstelle, opstelle：委員会を設置する in kommisje *ynstelle*
せっちゃく 接着 *it* lymjen, *it* plakken；接着する plakke；接着剤 *it* lym, *it* plakkersguod：接着剤でしっかりと固定する mei *lym* fêstmeitsje；接着テープ *de* leukoplast
せっちゅう 折衷 （妥協（案））*it* kompromis, （和解）*de* tuskenoplossing；折衷する kompromittearje
ぜっちょう 絶頂 （山の）*de* top (→山頂), *de* pyk, (頂点) *it* toppunt：好景気 [人気] の絶頂にある op 't *toppunt* [hichte-] fan de heechkonjunktuer [populariteit] wêze
せってい 設定 *de* opstelling；設定する fêstlizze, opstelle
せってん 接点 *it* reitspunt
せつど 節度 *de* moderaasje；節度のない banneleas, ûnbehearske
せっとう（ざい） 窃盗（罪） *de* dieverij, *de* stellerij；窃盗を働く stelle；窃盗 *de* dief (→泥棒)
せっとうじ 接頭辞 *it* foarheaksel, *it* prefiks (↔接尾辞)
せっとく 説得 *de* oerreding；説得する bejeuzelje, beprate, ferswarre, ferswetse, meikrije, oerreedzje, oertsjûgje, omprate；説得力 *de* oertsjûging
せつな 刹那 →瞬間
せつに 切に hongerich, (心から) ynlik, oprjocht
せっぱく 切迫 *de* urginsje；切迫した urgint
せっぱつまって 切羽詰まって yn lêste ynstânsje

せっぱんする　折半する　troch de helt(e) dwaan,（勘定を）de helt(e) betelje, omslaan（→割り勘にする）
ぜっぱんの　絶版の　útferkocht：私の本の初版は絶版である　De earste printinge fan myn boek is *útferkocht*.
せつび　設備　*de* foarsjenning, *de* ynstallaasje
せつびじ　接尾辞　it efterheaksel, it suffiks（↔接頭辞）
せっぷん　接吻　（キス）*de* tút（→口付け）：私に接吻をしてください　Jou my in *tút(sje)*.；接吻をする　tútsje：人に接吻をする　immen *tútsje*
せっぺん　雪片　de snieflok
せつぼう　切望　*de* begearlikens [-likheid], it / de ferlangst, it / de langst(me)；切望する　begeare, ferlangje, smachtsje, (…を) snakke (nei)；切望される　begeard wurde
ぜつぼう（かん）絶望（感）*de* fertwiveling, *de* wanhope；(…に)絶望する　wanhoopje (oan)；絶望的な[に] fertwivele, wanhopich：絶望する　*wanhopich* wurde, 人を絶望に追い込む　immen *wanhopich* meitsje
ぜつみょうな　絶妙な　poerbêst, prachtich
せつめい　説明　*de* ferdúdliking, *de* ferklearring, *de* klearrichheid, *de* opheldering, *de* taljochting, *de* útiensetting, *de* útlis：あることを説明する　earne *klearrichheid* fan [oer] jaan, 詳しく説明する　tekst en *útlis* dwaan [jaan]；説明する　ferdúdlikje, ferdútse, ferklearje, ophelderje, taljochtsje, útiensette, útlizze, (詳しく) presisearje：それをもう一度説明してくれたまえ　Do moatst it my mar ris *ferdútse*., 彼はひどく遅くなった理由を説明した　Hy *ferklearre* wêrom't er sa let wie., そのことをあなたに説明しましょう　Ik sil jo de saak *útiensette*., もっと詳しく説明してくれませんか　Kinne jo dat *presisearje*?；説明可能な　ferklearber；使用説明書　*de* gebrûksoanwizing

ぜつめつ　絶滅　it útstjerren；絶滅する　útstjerre：その鳥は日本では絶滅している　Dy fûgels binne yn Japan *útstoarn*.
せつやく　節約　*de* besuniging, *de* ekonomy, *de* sunigens [-ichheid]；節約する　besunigje；《形》節約する［して］sunich
せつり　摂理　（神の）*de* foarsjennichheid
せつりつ　設立　*de* fêstiging / festiging, *de* ynstelling, *de* oprjochting, *de* stichting：フリスク・アカデミーの設立　*de stichting* fan 'e Fryske Akademy；設立する　fêstigje, festigje, ynstelle, oprjochtsje
せとぎわ　瀬戸際　*de* râne：生きるか死ぬかの瀬戸際に　op 'e *râne* fan 'e dea
せともの　瀬戸物　it porslein, it stienguod
せなか　背中　*de* rêch：背中が痛む　it oan 'e *rêch* hawwe
ぜにん　是認　*de* goedkarring, *de* ynstimming, *de* meistimming；是認する　goedkarre, ynstimme, meistimme
ゼネスト　in algemiene staking
せのびする　背伸びする　rekhalzje, (爪先で立つ) teantsje：どんなに背伸びしてもあの柵には手が届かない　Sels at ik *teantsje*, kin ik dat rim net rekke.
せばまる　狭まる　jin fernauje, fersmelje；狭める　fernauje, fersmelje
ぜひ　是非　（善悪）rjocht en ferkeard；(必ず・きっと) foarfêst, steefêst, sûnder mis, ta [tsjin] elke priis；是非…する moatte：この計画を是非実現しなければならない　Ik *moat* dit plan dwaan [útfiere].
せひょう　世評　*de* reputaasje, (世論) publike opiny
せびる　→せがむ
せびろ　背広　it (deisk)kostúm, it pak
せぼね　背骨　*de* rêchbonke（→脊柱（せきちゅう））
せまい　狭い　（狭苦しい）benaud, (幅・範囲・心が) benypt, ing, smel：

彼は狭い部屋に住んでいる Hy wennet yn 'e benaude keamer., 狭い通路 in ing steechje, 狭い意味で yn ingere sin, 物の見方が狭すぎる eat te ing opfetsje
せまる　迫る　（差し）wanke；危険が（差し）迫っている Der wankt gefaar.
せみ　蝉　de sikade
セミコロン　de puntkomma《；》
セミナー　it seminaarje
せめ　責め　（非難）de beskuldiging, it ferwyt；責める beskuldigje, feroardielje, ferwite, kweanimme, （ひどく苦しめる）folterje, martelje, pinigje
セメント　it semint；セメント（製）の seminten
ゼラチン　de sjelatine
ゼラニウム　it geranium
セラピスト　（治療士）de terapeut；セラピー de terapy　＊通例，薬を用いない治療法
セラミックス　（陶磁器）de keramyk
せり　芹　《総称》it ielkrûd
ゼリー　de sjelatinepudding
せりふ　台詞　de tekst：台詞を忘れている de tekst kwyt wêze
セルフサービス　de selsbetsjinning；セルフサービス店 de selsbetsjinningswinkel
セルロイド　it selluloid；セルロイド製の selluloid
ゼロックス　（複写）de fotokopy, （複写機）it fotokopiearapparaat：ゼロックスである物を複写する in fotokopy fan eat meitsje
セロテープ　it sellofaanplakbân（→セロハンテープ）
ゼロ（の）　（数字・無）（de）nul, （記号の）it sifer：2対0で負ける mei twa – nul ferlieze
セロハン［ファン］　it sellofaan；セロハンテープ it plakbân
セロリ　de selderij
せろん　世論　→世(よ)論；世論調査 de enkête

せわ　世話　de fersoarging, de hoed(e), de oppas；世話をする behertigje, behoffenje, fersoargje, hoedzje, opfange, opheine, （…の）passe (op), soargje (foar)：親は自分たちの子供の世話をちゃんとしなければならない Alden moatte harren bern goed fersoargje., 病人の世話をする in sike oppasse, 子供（たち）の世話をする foar de bern soargje；色々とお世話になりました Tige tank foar al jo muoite.；世話好きな reewillich, tsjinstich, tsjinstree；世話好き de tsjinstreeëns
せわしい　忙しい　→忙(いそ)しい；忙しない rêstleas（→落ち着かない）
せん　千　1,000（の）（it / de）tûzen：何千となく by tûzenen, 千人の中の1人 ien út tûzen；何千もの tûzenfâldich
せん　先　（未来）de takomst；先の ferline（→以前）
せん　栓　de pluch, de stoppe；栓をする stopje：穴に栓をする in gat stopje；栓抜き de (flesse)iepener
せん　腺　de klier
せん　線　de line, de streek, （鉄道・航路などの）it spoar：線を一本引く ien line lûke, 直線 in rjochte line, 語に下線を引く in streek ûnder in wurd sette, 曲線 in kromme streek, 単線［複線］in inkeld［dûbeld］spoar；点線 de puntstreek, de stippelline
ぜん　善　it goed：善と悪 goed en kwea
ぜん　膳　it taffeltsje
ぜん（―）　全（―）　（すべての）al, alle, hiel：全人類［世界］de hiele wrâld
ぜん（―）　前（―）　foarich, （以前の）《複合語の第一要素として》eks-：前大統領 de eks-presidint, 前夫 de eks-man
ぜんあく　善悪　goed en kwea
せんい　繊維　de rizel, de trie(d)；繊維（質）の rizelich, triedderich
ぜんい　善意　de goedens, de goedgeunstigens［-ichheid］：私は善意を持ってそれをした Dat haw ik út goedens dien.；善意の wolmiend：善意から

出た忠告 in *wolmiend* advys；善意から út goederbêst
せんいん　船員　*de* matroas, *de* seeman, *it* skipsfolk
ぜんいん　全員　alle leden；全員一致の ienriedich, ienstimmich, unanym（→満場一致の）；全員出席の foltallich
ぜんえい　前衛　（部隊・スポーツの）*de* foarhoede；前衛（の）（*de*）avantgarde
せんえいの　先鋭の　radikaal（→急進的な）
せんえつな　僭越な　arrogant, mûnich, ûnbeskoft
せんおうな　専横な　→横暴な
せんか　戦禍　de kalamiteit troch oarloch, it ûnheil troch krigen
ぜんか　前科　in foarôfgeand fergryp, in eardere feroardiling [straf]
せんかい　旋回　*de* omrin；旋回する rûndraaie（→ぐるぐる回る）
せんかい　全快　*de* genêzing；全快する kompleet genêze
ぜんかい　前回　de lêste kear [tiid]
ぜんかいする　全壊する　kompleet kapotmeitsje；全壊した kompleet kapot
せんがいに　船外に　bûtenboard, oerboard；船外エンジン *de* bûtenboardmotor [oanhing-]
ぜんがく　全額　*it* totaal：全額で yn totaal
せんかくしゃ　先覚者　*de* pionier（→先駆者）
せんかん　戦艦　*it* slachskip
せんぎ　詮議　→審議
ぜんき　前期　（2期制の前半）de foarste heale termyn
ぜんぎ　前戯　（性交の）*it* foarspul
せんきょ　占拠　*de* besetting；占拠する besette, ynnimme
せんきょ　選挙　*de* ferkiezing：総選挙 algemiene *ferkiezings*；選挙する ferkieze, útferkarre, útferkieze；選挙権 *it* kiesrjocht：選挙権を行使する gebrûk meitsje fan jins *kiesrjocht*
せんきょう　戦況　de stân fan 'e wedstriid
せんきょうし　宣教師　*de* sindeling；宣教 *de* sinding
せんぎょうの　専業の　fulltime（↔パートタイムの）：専業主婦 in *fulltime* húsfrou
せんくしゃ　先駆者　*de* baanbrekker, *de* foarrinner, *de* paadsjochter, *de* pionier；先駆的な baanbrekkend：先駆的な仕事をする *baanbrekkend* wurk dwaan
ぜんけい　全景　*de* fiergesicht, *it* panorama：京都の素晴らしい全景 in moai *panorama* oer Kioto
ぜんけい　前景　*it* foaroansjoch,（絵画の）*de* foargrûn
ぜんけいの　前掲の　boppeneamd [-steand]
せんけつ　鮮血　（farsk）bloed
せんげつ　先月　foarige moanne
せんけつする　先決する　op 'e foarhân eat beklinke
せんけん　先見　（先の見通し）*it* foarútsjoch [-útsicht]：先見の明がある eat yn it *foarútsjoch* hawwe；先見の明のある *foarútsjend*；先見の明を欠いた koartsichtich
せんげん　宣言　*de* ferklearring, *de* útspraak：宣言する *útspraak* dwaan；宣言する ferklearje, útsprekke；宣言書 *it* manifest
せんけん　全権　*de* machtiging；全権を与える machtigje；全権を有する folmachtich：全権大使 in *folmachtige* ambassadeur
ぜんげん　前言　jins foarôfgeande wurden；前言を取り消す jins wurden weromlûke
せんけんてきな　先験的な　boppesinlik, transendint(aal)
ぜんご　前後　（前と後）foar en efter,（時間の）foar en efter,（凡そ）sawat；前後関係 *de* kontekst（→文脈）
せんこう　専攻　*de* spesjalisaasje；（…を）専攻する jin spesjalisearje（yn）；法律を専攻する rjochten studearje

せんこう　閃光　*de* flits (←閃光電球), *de* fonk
せんこう　潜行　→潜航, 潜伏；潜行する→潜航する, (潜伏する) ûnderdûke
せんこう　線香　*it* wijreekstokje
せんこう　潜航　in ûnderseeske navigaasje；潜航する ûnder wetter navigearje；潜航艇 *de* ûnderseeboat
せんこう　選考　(選択) *de* kar, *de* seleksje；選考する kieze, selektearje
ぜんこう　善行　goed dwaan
せんこうの　先行の　foar(ôf)geand；先行する foar(oan)gean
せんこく　先刻　justjes (→先程)
せんこく　宣告　(罪の) *de* feroardieling, *it* fonnis, (病名などの) *de* útspraak：宣告する *útspraak* dwaan；宣告する feroardielje, útsprekke：人に死刑の宣告を下す immen ta de dea *feroardielje*
ぜんこく　全国　*it* hiele lân；全国的な[に] lanlik
ぜんごさく　善後策　善後策を講じる helpmiddels ynsette, maatregels nimme
せんごの　戦後の　nei-oarlochsk, fan nei de oarloch (↔戦前の)
センサー　*de* sensor
せんさい　先妻　jins foarige frou
せんさい　戦災　*de* oarlochsskea；戦災孤児 *de* oarlochswees
ぜんざい　洗剤　*it* waskmiddel；粉末洗剤 *de* waskpoeier
ぜんさい　前菜　*it* foargerjocht [-gesetsje]
せんざいする　潜在する　latint wêze；潜在的な[に] latint, potinsjeel：潜在的可能性 *latinte* mooglikheden；潜在意識 *it* ûnbewuste
せんさいな　繊細な　delikaat, fyn：繊細な感情 *delikate* fielingen
せんさく　詮索　*de* ynkwisysje；詮索する ferkenne；詮索好きの nijsgjirrich：詮索好きな人 in *nijsgjirrige* persoan；詮索好き *de* njisgjirrigens
せんし　先史　*de* foartiid；先史時代 *de* oertiid, *de* prehistoarje
せんし　戦士　*de* kriger, *de* strider
せんし　戦死　dea yn 't fjild；戦死する falle, sneuvelje；戦死者 in fallene soldaat
せんじ　戦時　*de* oarlochstiid：戦時中に yn 'e *oarlochstiid*
ぜんじ　漸次　→次第に
せんしつ　船室　*de* kabine
せんじつ　先日　koartlyn, koarts, lêsten (-deis), lêstlyn, okkerlêsten
ぜんじつ　前日　de foarige dei(s)
せんしゃ　戦車　*de* tank
せんしゃ　前者　*de* foarneamde (↔後者)
せんしゅ　船首　*de* steven (↔船尾)
せんしゅ　選手　*de* spylder / spiler；選手権 *it* kampioenskip；選手権保持者 *de* kampioen
せんしゅう　選集　*de* seleksje
ぜんしゅう　全集　*it* sammelwurk
せんじゅうみん(の)　先住民(の)　(*de*) autochtoan；先住民 *de* ynboarling
せんしゅつ　選出　*de* ferkiezing；選出する (fer)kieze, útferkarre
せんじゅつ　戦術　*de* taktyk；戦術家 *de* taktikus
ぜんじゅつの　前述の　foarneamd (→上記の)
せんじょう　洗浄　*it* ôfspielen, *it* (út)-spielen；洗浄する ôfspiele, (út)spiele
せんじょう　戦場　*it* fjild, *it* slachfjild
ぜんしょう　前哨　*de* foarpost
ぜんしょうする　全勝する　triomfearje, oppermachtich wêze
ぜんしょうす[させ]る　全焼す[させ]る ôfbaarne, útbaarne
せんじょうで[に]　船上で[に]　oan board
ぜんしょうとう　前照灯　*it* foarljocht, *de* koplampe (→ヘッドライト)
せんしょく　染色　*de* ferverij；染色体 *it* gromosoom
せんじる　煎じる　ôftrekke：薬草を煎じる *krûden* ôftrekke；煎じ薬 *it* ôftreksel
せんしん　専心　→専念

ぜんしん　全身　it hiele lichem
ぜんしん　前進　de foardering, de fuortgong；前進する fuortkomme
ぜんじんみとうの　前人未踏の　(比類のない) sûnder wjergea
せんす　扇子　de (optearbere) waaier
せんすい　潜水　de dûk；潜水する dûke；潜水艦 de dûkboat；潜水夫 de dûker (→ダイバー)
ぜんせ　前世　jins foarige libben (↔来世)
せんせい　占星　(星占い) de horoskoop；占星術 de astrology；占星術師 de astrolooch
せんせい　先生　de learaar, de learkrêft [-master], de ûnderwizer, (女性の) de learares, de ûnderwizeres, (大学の) de heechlearaar, de professor (→教授), (幼稚園の) de liedster, (保育園の) de pjutteliedster
せんせい　宣誓　de eed：宣誓する in eed ôflizze [swarre]；宣誓書 de ferklearring
せんせい　専制　it despoatisme；専制的な despoatysk；専制君主 de despoat；専制政治 it despoatisme
ぜんせいき　全盛期　de florissantste tiid, (最高潮) it hichtepunt, (絶頂) it senit, it toppunt
センセーション　de sensaasje；センセーショナルな sensasjoneel
ぜんせかい　全世界　→世界中
せんせん　宣戦　宣戦を布告する de oarloch ferklearje；宣戦布告 de oarlochsferklearring
せんせん　戦線　it front
ぜんせん　全線　(交通路線) de hiele line, alle linen
ぜんせん　前線　→戦線，(気象の) it front；寒冷 [温暖] 前線 it kjeldfront [waarm-]
せんせんきょうきょう　戦々恐々　戦々恐々として yn grutte eangst (me)
せんせんしゅう　先々週　de foarlêste wike
ぜんぜん…ない　全然…ない　nea (net),

nea gjin, gjin sprút, hielendal net：彼には全然会ったことがない Ik haw him nea sjoen., 彼はそれについて全然講義をしていない Hy hat der nea gjin lêzing oer holden., Hy hat der hielendal net in lêzing oer holden.
ぜんぜんの　戦前の　foaroarlochsk, fan foar de oarloch (↔戦後の)
せんぞ　先祖　de âldfaar, de foarâlder, de foarfaar [stam-], (複) de foarâlden：先祖の相続財産 it âldfaars erf
せんそう　戦争　de oarloch：第2次世界大戦 de Twadde Wrâldoarloch, 戦争中に yn de oarloch；戦争の死傷者 de oarlochsdeade；戦争記念碑 it oarlochsmonumint
ぜんそうきょく　前奏曲　de prelude
ぜんそく　喘息　de astma, de nearens：喘息に苦しむ astma hawwe；喘息の near；喘息性の nearboarstich：喘息にかかっている nearboarstich wêze；喘息患者 de astmapasjint；喘息の発作 de astmaoanfal
センター　it sintrum (→中心地)；ショッピングセンター it winkelsintrum
ぜんたい　全体　it gehiel (→全般)；全体の gâns, gânsk, hiel：フリースラント全体 [全般] hiel(e) Fryslân；全体として oer it algemien (→概して)
ぜんだいみもんの　前代未聞の　net earder (sa) meimakke, net earder heard (→前例のない)
せんたく　洗濯　de wask：ある物を洗濯に出す eat yn 'e wask dwaan；洗濯する behoffenje, waskje：彼女は洗濯している Se is oan it waskjen., 洗濯のきく [ができる] waskecht；(自動) 洗濯機 de waskmasine, (全自動) de waskautomaat；洗濯ばさみ de waskkniper；洗濯物 de wask, it waskguod：洗濯物が紐に干してある De wask hinget oan 'e line.；洗濯屋 de waskerij (→クリーニング店)
せんたく　選択　de ferkiezing, de foarkar, de kar：新刊書の選択 in kar fan nije boeken, その選択は君次第だ Oan

jo de *kar*., 選択の余地がなかった Ik hie gjin oare *kar*. = Ik koe net kieze.；選択する ferkieze, kieze；(…から) 選択する kieze (út)：君はこの3冊の本の中から選択できる Do kinst kieze út dy trije boeken.

せんたん　先端　*it* oerd, *it* / *de* punt, *de* tip, *de* top：ナイフの先端 *it oerd* fan in mês, 塔の先端 *de punt* fan de toer

ぜんち　全治　(全快) *de* genêzing；全治する kompleet genêze

せんち　戦地　(戦場) *it* slachfjild

ぜんちし　前置詞　*it* ferhâldingswurd, *it* foarsetsel

ぜんちぜんのうの　全知全能の　almachtich：全知全能の神 de *Almachtige* God

センチ(メートル)　*de* sintimeter

センチメンタルな　sentiminteel

せんちゃくじゅんに　先着順に　op in folchoarder fan oankomst

せんちょう　船長　*de* kaptein

ぜんちょう　全長　de totale lingte

ぜんちょう　前兆　*it* foarspul, *it* foarteken, *it* symptoom：地震の前兆 *it symptoom* fan in ierdbeving [ierdskodding]

せんて　先手　*it* foarkommen；先手を打つ foarkomme

せんてい　選定　*de* útkarring；選定する útkarre

せんてい　前庭　*it* foarút (→前 (庭))

せんてい　前提　*de* foarûnderstelling；前提とする foarûnderstelle；前提条件 de earste eask [betingst]

せんていする　剪定する　besnije, ôfsnije, snoeie

せんでん　宣伝　*de* advertinsje, *de* reklame：宣伝する *reklame* meitsje = advertearje

せんてんてきな　先天的な　ynberne, natuerlik (→生まれつきの)；先天的に fan nature

セント　*de* sint：10セント tsien *sinten*

せんど　鮮度　de graad fan frissens

ぜんと　前途　(将来) jins takomst, (展望) jins foarútsjoch [perspektyf]

せんとう　尖塔　*de* toer, *de* toerspits, in toer mei in spits

せんとう　先頭　(行進などの) *de* lieding, *de* spits：先頭に立つ *de lieding* nimme, 彼は先頭を歩いていた Hy rûn oan 'e *spits*.

せんとう　戦闘　*de* fjildtocht, *de* kamp, *de* striid：戦闘状態にある yn 'e *striid* bliuwe；戦闘機 *it* jachtfleantúch, *de* jager

せんとう　銭湯　→公衆浴場

せんどう　先導　*de* lieding；先導する fiere, liede：《形》先導する liedend

せんどう　扇動　*de* opstoke(le)rij；扇動する opfiere, opstoke(lje), provosearje；扇動者 *de* opstokeler

せんどう　船頭　*de* boatsjeman, *de* fearman, *de* oersetter

セントラルヒーティング　(集中暖房 (装置)) de sintrale ferwaarming

せんにゅう　潜入　*de* ynfiltraasje；潜入する ynfiltrearje；潜入者 *de* ynfiltrant

せんにゅうかん　先入観　*it* foaroardiel：(…に関して) 先入観を持つ in *foaroardiel* hawwe (oer)

せんにん　選任　(選出) *de* ferkiezing；選任する ferkieze

ぜんにん　善人　*de* lobbes, in goed minske

ぜんにんしゃ　前任者　*de* foargonger

せんにんの　専任の　foar de folle wurktiid

せんねん　専念　*de* bepaling, *de* konsintraasje；専念する bepale, (…に) ynsette (foar), jin konsintrearje (op), tinke (oan), jin útlizze (op)：フリジア語に専念する jin *ynsette* foar it Frysk

ぜんねん　前年　it foargeande jier

せんのう　洗脳　*it* breinwaskjen；洗脳する breinwaskje

ぜんのうの　全能の　almachtich：全能の神 de *Almachtige* God

せんばい　専売　*it* monopoalje (←専売権)；専売する monopolisearje；専売特許 (権) *it* oktroai, *it* patint

せんぱい 先輩 it haad, jins senior
せんぱく 船舶 it fartúch, it skip
せんぱくな 浅薄な flechtich, oerflakkich：浅薄な知識 oerflakkige kennis
せんばつ 選抜 de kar；選抜する kieze
せんばん 旋盤 de draaibank；旋盤工 de draaier
せんぱん 戦犯 de oarlochsmisdie(d), (人) de oarlochsmisdiediger
ぜんはん 前半 de earste helt(e)（↔後半）
ぜんぱん 全般 it gehiel；全般の gâns, gânsk, hiel；全般的に oer it gehiel
せんび 船尾 it hek, de steven（↔船首）
せんぷ 先夫 jins foarige man
せんぶ 全部 alles, it gehiel；全部の al, alle, gâns；（副）全部 al mei al, allegear(re)
ぜんぶ 前部 de foarein,（馬体の）de foarhân；前部の foarst；前部に foare,（自動車の）foaryn：自動車の前部に foaryn yn 'e auto
せんぷう 旋風 de hoas, de twirre, de wynhoas
せんぷうき 扇風機 in elektryske fentilator
せんぷく 潜伏 it skûljen, it ûnderdûken,（病気などの）de ynkubaasje；潜伏する jin ferskûlje, skûlje, ûnderdûke,（病気などが）latint wêze；潜伏性の latint；潜伏期間 de ynkubaasjetiid；潜伏場所 it skûlplak
ぜんぷくの 全幅の （心から）hertlik, oprjocht：全幅の信頼 oprjochte konfidinsje
ぜんぶん 全文 （条約などの）de hiele tekst
せんべつ 選別 de skifting, de sortearring；選別する skiftsje, sortearje：りんごを選別する appels skiftsje
せんべつ 餞別 it ôfskiedspresint
せんべん 先鞭 it inisjatyf：先鞭をつける it inisjatyf nimme
せんぼう 羨望 de jaloerskens [-heid],

de niid, de oergeunst [wan-], de ôfgeunst；羨望する fergunne（→妬(た)む）
せんぽう 先方 （試合などの）（相手方）de opponent；先方に foaroan
ぜんぼう 全貌 de folsleinens, de totaliteit
ぜんぽう 前方 foaren（↔後方）；前方に foare, foarop, foarút；前方の fan foaren
せんぼうきょう 潜望鏡 de periskoop
せんぼつしゃ 戦没者 →戦死者
ぜんまい 発条 （螺旋の）de spiraalfear
せんむ 専務 （取締役）de direkteur
せんめい 鮮明 de dúdlikens [-likheid], de helderens [-heid]；鮮明な dúdlik, fel, libben：その写真は鮮明に写っている De foto is dúdlik.,（…を）鮮明に記憶している in libben oantinken hawwe（oan）
ぜんめつ 全滅 komplete [folsleine] destruksje, folslein ferdjer, folsleine ferneatiging；全滅させる ferneatigje；全滅する folslein ûndergean
ぜんめん 全面 （全部の面）in hiele pagina；全面にわたって fan alle kanten；全面的に gâns, totaal
ぜんめん 前面 （最前面）de foargrûn,（正面）de foarkant；前面に foare(n)：前面に現れてくる nei foaren komme；前面に立っている foaroansteand
せんめんする 洗面する jins antlit waskje；洗面器 it bekken, de kom, de waskbak [-kom]；洗面所 it wasklokaal,（トイレ）it toilet；洗面台 de waskbak [-tafel]；洗面道具 it toiletartikel [-guod]
ぜんもうの 全盲の stokblyn
せんもん 専門 de spesjalisaasje, de spesjaliteit；専門の，専門的な [に] fakkundich, spesjalistysk：専門知識 spesjalistyske kennis = de fakkennis；専門化する spesjalisearje；専門家 de fakman, de spesjalist, de technikus；専門用語 de fakterm, de nomenklatuer, de terminology

ぜんや　前夜　fannacht, de foarige nacht (→昨夜), (ある特定の日の前の晩) foarjûn：…の前夜に oan 'e foarjûn fan …
せんやく　先約　in foarige ôfspraak
ぜんやく　全訳　in komplete oersetting；全訳する kompleet oersette
せんゆう　占有　(時間・場所の) it beslach：ある物を占有する beslach lizze op eat；占有する bemachtigje, besette；占有された beset；占有者 de besetter；占有権 de besetting
せんゆう　専有　eksklusyf besit
ぜんよう　全容　it hiele stik
せんようの　専用の　foar eigen [eksklusyf] gebrûk
ぜんらの　全裸の　poerneaken, spierneaken
せんりがん　千里眼　de heldersjendens；千里眼の heldersjend：千里眼の人 de heldersjende ＊名詞的用法
せんりつ　旋律　de meldij / melody, de wize；旋律の美しい melodieus
せんりつ　戦慄　(身震い) de huvering, de ridel；戦慄する ridelje (→身震いする)
ぜんりつせん　前立腺　de prostaat；前立腺がん de prostaatkanker；前立腺肥大症 de prostaatfergrutting
せんりひん　戦利品　de rôf
せんりゃく　戦略　de kriichslist, de strategy；戦略(上)の strategysk
せんりょう　占領　de besetting：ドイツ軍の占領は5年間続いた De Dútske besetting duorre fiif jier.；占領する besette, ynnimme：敵がその国を占領した De fijân beset it lân.；占領軍 de besetting
せんりょう　染料　de ferve
ぜんりょう(さ)　善良(さ)　de goedens；善良な goed(aardich)：善良な人たち goed folk
せんりょく　戦力　de krêft [potinsje] foar kriich, de slachkrêft
ぜんりょく　全力　(最善の努力) it bêst：全力を尽くす jins (uterste) bêst dwaan；全力を注ぐ jin sette；全力を振り絞って mei [út] alle macht
ぜんりん　前輪　it foartsjil, it foarste tsjil (↔後輪)
せんれい　先例　(慣例) de gewoante, (前例) it presedint；先例のない sûnder wjergea
せんれい　洗礼　it doopsel；洗礼を施す dope；洗礼式 de doop；洗礼者 de doper
ぜんれい　全霊　al geast en hert
ぜんれい　前例　it presedint：前例のない sûnder presedint, それは前例となった Dat soarge foar in presedint., それには前例がない Dêr is gjin presedint fan.
ぜんれき　前歴　(経歴) de karriêre
ぜんれつ　前列　de foarein [it earste part] fan in rige [rist]
せんれん　洗練　de beskaving, it raffinemint；洗練する raffinearje；洗練された raffinearre
せんろ　線路　de spoarbaan, de spoarwei (→軌道)
ぜんろうの　全聾の　stokdôf

そ　ソ　so

そあく　粗悪　de grouwens；粗悪な grou, rudich, striemin：粗悪なたばこ strieminne tabak；粗悪品 it túch：それは粗悪品だから, 買ってはなりま

せん Dat moatst net keapje, want it is túch.
そう 相 （様相）it aspekt, it faset, （人相）it antlit, it uterlik, it útsicht
そう 僧 in boeddhistysk pryster
そう 沿う 《前》…に沿って by … lâns, （…に従って）neffens, nei：家並みに沿って歩く by de hûzen lâns rinne, その方針に沿って neffens it belied
そう 添う （同行する）begeliede, meigean, （適う）beäntwurdzje, jin flije, foegje, foldwaan：人の期待に添う oan it doel beäntwurdzje, jin nei immen flije, oan de ferwachtingen foldwaan
そう ja（→はい）
ぞう 象 de oaljefant
ぞう 像 （映像・心象）it imaazje, （鏡・水面などに映った）it spegelbyld, （彫像）it stânbyld [stan-]；像を映し出す spegelje
そうあん 草案 it konsept, it ûntwerp：草案を練る in konsept meitsje = ûntwerpe
そうい 相違 it ferskil, de ôfwiking, it ûnderskie(d), de ûngelikens：見解の相違 ferskil fan miening, 相違を生じる ferskil meitsje；（…と）相違する ferskille (fan / mei)；…は相違ない It is wis dat …
そうい 創意 in oarspronklik idee
そうい 総意 de kollektive opiny
そううつびょうの 躁鬱病の manyskdepressyf
ぞうえん 造園 de túnarsjitektuer；造園家 de túnarsjitekt
ぞうお 憎悪 de haat；憎悪する haatsje；憎悪すべき haatlik
そうおうする 相応する （適する）foegje, passe, （似合う）passe；（形）（似合う）passend
そうおん 騒音 it geroft, it lawaai, it leven, it spektakel：騒音を立てる geroft meitsje
ぞうか 造化 （創造主）de skepper, （創造物）it kreatuer, de natuer

ぞうか 造花 de keunstblom
ぞうか 増加 de ferheging, de oanwaaks, de opfiering, de stiging；増加する fermearderje, oanwaakse
そうかい 総会 de ledegearkomste：総会を開く in ledegearkomste hâlde
そうかいな 爽快な farsk；爽快にする ferfarskje, ferkwikke, opkwikke
そうがく 総額 it totaal：総額で yn totaal
そうかつ 総括 de gearfetting, （一般化）de generalisaasje；総括する gearfetsje, generalisearje（→一括する）；総括して言えば yn it generaal（→概して言えば）
そうかん 送還 de deportaasje, de útwizing；送還する deportearje, útwize
そうがんきょう 双眼鏡 de fierrekiker
そうかんする 創刊する in tydskrift oprjochtsje；創刊号 it earste nûmer
そうかんする 増刊する in ekstra edysje útjaan；増刊号 in ekstra nûmer
そうかんてきな 相関的な korrelatyf
そうかんな 壮観な grandioas, spektakulêr
そうき 早期 in betiid stadium；早期に yn it earste stadium
そうぎ 争議 （労働者の）it ardeidskonflikt, it dispút, it ferskil, it pleit, it striidpetear
そうぎ 葬儀 de begraffenis, de útfeart, de útfearttsjinst（→葬式）：葬儀に行く op begraffenis gean, 葬儀を行う in útfeart hâlde；葬儀屋 de begraffenisûndernimmer
ぞうき 臓器 it orgaan；臓器の organysk
ぞうきばやし 雑木林 it strewel, mingd(e) bosk
そうきゅうに 早急に （直ぐに）dalik(s), fuort, fuortdalik(s), fuortynienen
そうぎょう 創業 de oprjochting；創業する oprjochtsje
そうぎょう 操業 de operaasje, it wurk；操業する operearje, wurkje
ぞうきょう 増強 de fersterking；増強

そうきん

する　fersterkje, ferstevigje
そうきん　送金　de oerskriuwing；送金する jild ferstjoere［oermeitsje / oerskriuwe］：郵便振替で送金する jild op 'e giro oermeitsje
ぞうきん　雑巾　de poetsfodde, de stofdoek：ぞうきんで床をふく de flier feie［wiskje］mei in stofdoek
そうぐう　遭遇　it treffen；遭遇する meimeitsje, oantreffe, treffe, tsjinkomme,（事故などに）moetsje,（…に）stuitsje（op）
ぞうげ　象牙　it elpenbien
そうけい　総計　it totaal（→合計）；総計の［で］smoarch：総計500ユーロ in smoarge fiifhûndert euro
ぞうけい　造詣　（あることに）造詣が深い kennis meitsje（mei eat）
ぞうけいげいじゅつ　造形芸術　de plastyk；造形的な［に］plastysk
そうけっさん　総決算　de finale ôfrekken（ing）
そうけん　双肩　jins skouders
そうけん　創見　in orizjineel betinken
そうげん　草原　it gerslân, de greide
そうけんする　送検する　（人・書類を）（…に）（minsken of materialen）ferwize（nei）
ぞうげんする　増減する　fergrutsje en minderje
そうけんな　壮健な　fiks, sûn：壮健である fiks wêze
そうこ　倉庫　it magazyn, de opslach, it pakhûs
ぞうご　造語　de wurdfoarming
そうこう　草稿　de kladde, it ûntwerp；草稿する ûntwerpe
そうごう　総合　de synteze；総合する gearfoegje, lâns syntetyske wei meitsje（→統合する）,（合計する）optelle；総合の, 総合的な［に］syntetysk；総合大学 de universiteit
そうこうしゃ　装甲車　de pantserwein
そうこうする　走行する　→走る；走行距離 de kilometerstân
そうこうかい　壮行会　→送別会

そうこうげき　総攻撃　in fûle oanfal；総攻撃する fûl oanfalle
そうごの［に］　相互の［に］　mienskiplik, ûnderling, wjersidich,《代》相互に elkoar, inoar：相互の援助 ûnderlinge help, 相互の合意 in wjersidige oerienkomt, その青年とその少女は相互に愛し合っている De feint en de faam leavje elkoar［inoar］.
そうごんな［に］　荘厳な［に］　plechtich, steatlik
そうさ　捜査　it ûndersiik［-syk］：（…を）捜査する ûndersiik dwaan（nei）；捜査する ûndersykje；捜査官 de ûndersiker
そうさ　操作　de operaasje；操作する betsjinje, hanteare, opereare：機械を操作する in masine betsjinje；操作者 de operateur
そうさいする　相殺する　goedmeitsje, kompensearje
そうさく　捜索　de neispoaring, it speurwurk；捜索する neispoare, ûndersykje；家宅捜索 de hússiking
そうさく　創作　de kreaasje；創作する kreëarje；創作品 de kreaasje
そうざん　早産　iere befalling；早産する te ier befalle
ぞうさん　増産　de mearopbringst；増産する mear opbringe
そうじ　相似　de gelikenis；相似のlykfoarmich：相似三角形 lykfoarmige trijehoeken
そうじ　掃除　it himmeljen；掃除する behimmelje, himmelje, hoffenje, reagje, skjinfeie, skjinmeitsje, útmjoksje：牛小屋を掃除する it bûthús himmelje, 煙突の掃除をする de skoarstien reagje, 部屋を掃除する de keamer skjinmeitsje；掃除機 de stofsûger；掃除婦 de himmelster
そうしき　葬式　de begraffenis, de útfeart
そうじしょく　総辞職　massale berêsting；総辞職する jin massaal dellizze
そうしつ　喪失　it ferlies：記憶の喪

失 *ferlies* fan ûnthâld；喪失する *fer-spylje*, (失う) *ferlieze, kwytreitsje*
そうじて　総じて　→概して
そうしはいにん　総支配人　in algemien direkteur
そうしゃ　走者　*de hurdrinner*
そうしゃ　奏者　*de spylder*, (女性の) *de spylster*
そうじゅう　操縦　*de operaasje*；(飛行機・船などを)操縦する *bestjoere, operearje*, (車・船などを) *stjoere*；操縦して *bestjoerber*；操縦士 *de piloat* (→パイロット)；操縦桿 *it stjoer*：手で操縦できない Ik haw gjin *stjoer* mear oer myn hannen.；操縦席 *de stjoerhutte* (→コックピット)
そうしゅうへん　総集編　*de omnibus*
ぞうしゅうわい　贈収賄　*de omkeaperij*
そうじゅく　早熟　*de foarlikens*；早熟の *foarlik, ierryp*
そうしゅん　早春　yn 't begin fan de maitiid, de iere maitiid, *de foarmaitiid*
ぞうしょ　蔵書　*de biblioteek*：彼は自分の部屋に膨大な蔵書を持っている Hy hat in grutte *biblioteek* op syn keamer.
そうしょう　総称　*de sammelnamme*
そうしょく　装飾　*it ornamint, de sier, it sieraad, de toai*；装飾する *siere, toaie* (→飾る)；装飾品 *de fersiering, it ornamint*
そうしょくの　草食の　plante-itend；草食動物 *de* plante-iter
そうしん　送信　*it* oerbringen [*de* oerdracht / *de* transmisje] (fan in berjocht)；送信する oerdrage, oerseine；送信機 *de* seinynstallaasje；送信者 *de* stjoerder (↔受信者)
ぞうしん　増進　*de* befoardering, *de* fergrutting, *de* ferheging, *de* stiging：健康増進のために ta *befoardering* fan sûnens；増進する befoarderje, fuortsterkje；増進させる beskermje
そうしんぐ　装身具　*it* garnituer, *it* helpstik (→アクセサリー)
ぞうすい　増水　*de* oerstreaming；増水

する oerstreame, opsette：増水する It wetter *set op*.
そうすう　総数　→総計
そうすると　dan (→すると)：その写真をもう一度見てみよう，そうすると思い出すかも知れない Lit de foto mar sjen, *dan* kin it ús yn 't sin komme.
そうすれば　dan, as man dat docht, as dat sa is：鍵をください，そうすれば私がドアを開けましょう Jou my de kaai, *dan* sil ik de doar iependwaan.
そうせい　早世　jins iere dea；早世する jong deagean [stjerre]
そうぜい　総勢　→総計
そうせいき　創世記　*de* ûntsteansskiednis
そうせいじ　双生児　*de* twilling, (兄弟の) *de* twillingbroer, (姉妹の) *de* twillingsuster
そうせつ　創設　*de* fûndearring, *de* oprjochting；創設する fûndearje, oprjochtsje：天野博士は獨協大学を創設した Dr. Amano *rjochte de* universiteit fan Dokkio *op*.
そうぜつな　壮絶な　heroyk, heroysk；壮絶な死(を遂げる) *de* heldedea (stjerre)
ぞうせん　造船　*de* skipsbou；造船業者 *de* (skips)bouwer；造船所 *de* werf, *de* skipswerf
そうせんきょ　総選挙　algemiene ferkiezings
そうぜんとした　騒然とした　rûzerich
そうそう　早々　→急いで，直ぐに
そうそう　早々　《手紙の結び》Oant sjen! (さようなら!), Mei freonlike groetenis (cf. 敬具)
そうぞう　創造　*de* kreaasje, *de* skepping, *it* skepsel：(神の)天地創造 *de* skepping fan de wrâld, 神の創造物 *de* skepsels fan God；創造する kreëarje, meitsje, skeppe：神は天と地を創造した God *skoep* himel en ierde.；創造的な〔に〕kreatyf, skeppend：創造的な仕事をする *kreatyf* dwaande wêze, 創造力 *skeppend* fermogen；創造者 [主]

そうぞう

de skepper：万物の創造主 *de Skepper* fan it hielal；創造性 *de* kreativiteit；(神の) 創造物 *it* kreatuer

そうぞう　想像　*de* fantasy, *de* ferbeelding, *de* ferbylding；想像する jin ferbeeld(zj)e [foarstelle], jin yntinke, neigean,wane；想像上の tinkbyldich：想像上の円形物体 in *tinkbyldige* sirkel (→ユーフォー)

そうぞうしい　騒々しい　lûdroftich, roerich：騒々しい子供たち *lûdroftige* bern

そうぞく　相続　→遺産相続；相続する erve, oanstjerre, oererve, oergean；相続財産 *de* erfenis；相続人 *de* erfgenaam [-genamt], 《複》 *de* erven；相続分 *it* erfdiel

そうそふ　曽祖父　*de* oarrepake

そうそぼ　曽祖母　*de* oarrebeppe

そうだ　操舵　*de* stjoerynrjochting；操舵する bestjoere, stjoere；操舵室 *de* stjoerhutte；操舵手 *de* stjoerman

そうたい　総体　*it* gehiel：総体で yn 't *gehiel*；総体的に yn it algemien

ぞうだい　増大　*de* fergrutting, *de* oanwaaks, (数量の) *de* stiging；増大する oanwaakse, stige；増大させる fergrutsje

そうたいてきな[に]　相対的な[に]　betreklik, relatyf：豊かさというものは相対的なものにすぎない Rykdom is mar *betreklik*., 相対的に言えば *relatyf* sjoen

そうだいな　壮大な　grandioas

そうだつ　争奪　*it* grabbeljen, (奪い合い) *de* fjochterij；争奪する grabbelje, (奪い合いをする) fjochtsje

そうだん　相談　*it* konsult, *it* oerlis：(…に) 相談する *oerlis* hawwe (mei), …と相談して yn *oerlis* mei …；相談する ferstean, rieplachtsje；相談役 *de* konsulint

そうち　装置　*it* apparaat, *it* tastel：電気装置 elektryske *apparaten*

ぞうちく　増築　*de* útbou, (建て増し) *de* oanbou；増築する útbouwe；増築部分 *it* útbousel

そうちゃく　装着　(取り付け) *de* ynstallaasje, (付設) *de* pleatsing；装着する ynstallearje, pleatse

そうちょう　早朝　*de* foarmoarn, moarnier betiid：早朝に yn 'e *foarmoarn* = ier yn 'e moarn (→朝早く)

そうちょう　荘重　*de* plechtichheid：荘重な plechtich

そうちょう　総長　(大学の) *de* presidint

ぞうちょうする　増長する　arrogant [eigenwiis] wurde

そうてい　装丁　(本の) *de* bining；装丁する bine

そうてい　想定　*de* ûnderstelling；想定する ûnderstelle

ぞうてい　贈呈　*de* presintaasje, *it* útrikken：メダルの贈呈 it *útrikken* fan de medalje；贈呈する presintearje, oerlange：彼らは彼に文学賞を贈呈した Sy *lange* him de literatuerpriis oer.；贈呈本 *it* presinteksimplaar

そうです　ja (→そう)

そうてん　装填　(銃の) *de* lading；装填する lade

そうでん　送電　transmisje fan elektrysk；送電する elektrysk oerbringe

そうどう　騒動　*it* ferweech, *de* opskuor, *it* rumoer, *it* trelit：騒動を起こす *opskuor* jaan

ぞうとう　贈答　útwikseling fan presintsjes；贈答品 *it* geskink, *it* presint

そうどういん　総動員　algemiene mobilisaasje

そうとうする　相当する　(匹敵・該当する) belykje, (…と) (対応する) korrespondearje (mei), (ふさわしい) berekkene wêze, jin eigenje

そうとうする　掃討する　(追い払う) ferjeie, reagje, suverje

そうとうな[に]　相当な[に]　behoarlik, belangryk, fiks, omraak：相当な収入 in hiel *behoarlik* ynkommen, 相当な数 in *belangryk* tal

そうなん　遭難　(災難) *it* ûngelok, *it* ûngemak, (船の) *de* skipbrek：遭難す

る in ûngemak hâlde [hawwe]；遭難者 it offer, (犠牲者) de deade
そうにゅう 挿入 de ynfoeging；挿入する ynfoegje, ynlaskje, opnimme
そうば 相場 de merkpriis, (投機) de spekulaasje；相場師 de spekulant
そうはくな 蒼白な blau, feal, geizen(ich), wyt：彼は怒りのあまり蒼白になっていた Hy seach wyt fan lilkens.
ぞうはん 造反 (反抗) it oproer, de opstân
そうび 装備 de rissing, de taris(sing)：装備する tarissing meitsje = tarisse
そうふ 送付 it stjoeren, (金銭の) de oerskriuwing；送付する stjoere, oerskriuwe；送付先 it adres, (受取人) de adressearde
ぞうふ 臓腑 (複) de yngewanten (→内臓)
そうふう 送風 de fentilaasje；送風する fentilearje；送風機 de fentilator
ぞうふく 増幅 de fersterking；(電圧などを) 増幅する fersterkje；増幅器 de fersterker
そうべつ 送別 it farwol；送別する (→見送る)；送別会 it ôfskiedsfeest
ぞうほ 増補 (補充) de oanfolling, (追加) it supplemint；増補する oanfolje, supplearje
そうほう(の) 双方(の) beide：双方の子供 beide bern
そうむ 総務 algemiene saken, (管理・経営) de lieding
そうめいな 聡明な ferstannich, yntelligint, skrander；聡明 de skranderens
そうめん 素麺 de (Japanske) fermiselje
ぞうもつ 臓物 (複) de yngewanten, (魚の) it grom, (家畜の) it ôfeart
ぞうよ(ぶつ) 贈与(物) de skinking；贈与者 de skinker；贈与税 it skinkingsjocht
そうりだいじん 総理大臣 de premier
そうりつ 創立 de stichting, de stifting：フリスク・アカデミーの創立 de stichting fan 'e Fryske Akademy；創立する stichtsje, stiftsje；創立者 de grûnlizzer, de stifter
そうりょ 僧侶 →僧
そうりょう 送料 de port, it posttaryf, 《複》de portokosten (→郵便料金), (運送料) de fracht
そうりょう 総量 it totale gewicht
そうりょうじ 総領事 de konsul-generaal；総領事館 it konsulaat-generaal
そうるい 藻類 《複》de wieren；→藻(も)
そうれい 壮麗 de glâns, de pracht, de staasje；壮麗 manjefyk, prachtich
そうれつ 葬列 de begraffenisstaasje, de lykstaasje [rou-], de roustoet
そうれつな 壮烈な (勇ましい) heldhaftich, heroy(s)k；壮烈な死 de heldedea：壮烈な死を遂げる de heldedea stjerre
そうわ 挿話 de episoade
そうわ 総和 →総計
ぞうわい 贈賄 de omkeaperij (↔収賄) (→賄賂(わい))；贈賄する omkeapje, (買収する) bekeapje
そえる 添える (加える) tafoegje, talizze, (添付する) taheakje, (おまけを付ける) tajaan；添え物 de begelieding
そえん 疎遠 de ferwidering；疎遠になる ferfrjemdzje, ferwiderje：私たちの家族は互いに疎遠になっている Us famylje ferfrjemdet fan elkoar.
ソース de saus
ソーセージ de woarst, (小さな) it sausyske：薫製のソーセージ in droege woarst
ソーダすい ソーダ水 it polkewetter
そかい 疎開 de evakuaasje, de ûntromming；疎開する romje；疎開させる evakuearje, ûntromje
そがい 阻害 (妨害) de ferhindering；阻害する ferhinderje
そがい 疎外 de ferfrjemding；疎外する ferfrjemdzje
そかく 組閣 de foarming fan in kabi-

net；組閣する in kabinet foarmje
そきゅうする　遡及する　(形) weromwurkjend：遡及して mei *weromwurkjende* krêft
そく　即　(つまり) koartom, (直ぐに・即座に) daliks
ぞく　族　(部族・一族) *it* ras, *it* skaai, *de* stam
ぞく　属　(生物分類上の) *it* geslacht；属の geslachtlik
ぞく　賊　(強盗) *de* ynbrekker, *de* kreaker, *de* rôver / rover, (暴徒) *de* opstanneling
ぞくあくな　俗悪な　fulgêr, ordinêr, triviaal
そくい　即位　*de* troansbestiging, *de* troansôfstân；即位する troanje
そくおう　即応　(適合) *de* oerienkomst；即応する oerienkomme (→対応する)
そくおん　促音　dûbel(d)e konsonanten
そくおんき　足温器　*de* stove
ぞくけ　俗気　俗気のある wrâdsk
ぞくご　俗語　rûge taal, in fulgêr [rûch] wurd
そくざの [に]　即座の [に]　direkt, pront, op steande foet：即座の返答 in *direkt* antwurd (→即答)
そくし　即死　direkt dea；即死する fuortendalik(s) stjerre
そくじつ　即日　op 'e selde dei
ぞくしゅつする　続出する　efterinoar ferskine [útkomme]
ぞくしょう　俗称　in populêre namme
そくしん　促進　*de* foardering, *de* promoasje；促進する foarderje, fuortsterkje；促進させる beskermje, fuorthelpe
そくする　即する　→合致する, 基づく
ぞくする　属する　(…に) hearre (by / oan), taheakje (→所属する)：教会に属する by in tsjerke *hearre*
ぞくせい　属性　*it* attribút
そくせき　足跡　*de* fuotleast [-print / -stap], (貢献) *it* oandiel
そくせきの [に]　即席の [に]　paraat；即席に作る [で行う] ymprovisearje

ぞくぞくする　(寒くて) riboskje, rydboskje, skrouskje
ぞくぞく (と)　続々 (と)　efterinoar [-mekoar] (→次々と)：続々と死ぬ *efterinoar* stjerre
そくたつ　速達　*de* ekspresbestelling；速達で mei de ekspres；速達郵便 *it* / *de* ekspresbrief；速達小包 in hastich postpakket；速達料金 *it* taryf foar de (ekstra) ekspresbestelling
そくだん　即断　→即決
そくだん　速断　in hastich beslút；速断する hastich beslute
ぞくっと　→ぞっとする
ぞくっぽい　俗っぽい　fulgêr
そくてい　測定　*de* opmjitting；測定する mjitte, opmjitte, opnimme
そくど　速度　*de* faasje, *de* feart, *de* gong (→スピード)：速度を上げる *feart* sette, 速度を増す *de gong* deryn sette；速度を落とす ôfremje；速度違反→スピード違反；速度制限 *de* maksimumfaasje
そくとう　即答　in pront antwurd；即答する pront antwurdzje
そくどく　速読　hastige lêzing；速読する hastich lêze
ぞくな　俗な　(通俗な) fulgêr, gewoan, (下品な) goar, ordinêr, triviaal
そくばい　即売　ferkeap op 't stee；即売する op 't stee ferkeapje；即売会 in útstalling en ferkeap
そくばく　束縛　*de* bân, *de* bining, *de* restriksje；束縛する bine
ぞくはつする　続発する　oanhâldend barre
ぞくぶつ　俗物　in snobistyske minske；俗物根性 *it* snobisme
そくぶつてきな　即物的な　saaklik；即物性 *de* saakkundigens [-ichheid]
そくぶんする　側聞する　(聞き知る) hearre
ぞくへん　続編　*it* ferfolch
そくほ　速歩　(馬の) *de* draaf (→ (人の) 急ぎ足)：速歩で yn 'e *draaf*；(人が) 速歩する hurd rinne；(馬が) 速

歩で駆ける drafkje, drave
そくほう　速報　in fluch berjocht；速報する daliks berjochtsje
ぞくほう　続報　in opfolgjend berjocht
ぞくめい　属名　de skaainamme [soart-]
そくめん　側面　(物の) de side, (物事の) de kant：同一物には二つの側面がある Dat binne twa *kanten* fan deselde saak.
そくりょう　測量　de lânmjitte, de opmjitting；測量する mjitte, opmjitte：土地を測量する lân *mjitte*；測量技師 de lânmjitter
ぞくりょう　属領　(領土) it grûngebiet, it territoarium, (属国) de ûnderhearrigens
そくりょく　速力　→速度
そげき　狙撃　de sjitterij út 'e hinderlaach；狙撃する út 'e hinderlaach sjitte；狙撃者 [兵] de skerpkutter [slûps-]
ソケット　de fitting
そこ　底　(川・海などの) de boaiem, (靴(下)などの) it soal：海 [プール] の底 de *boaiem* fan de see [it swimbad]
そご　祖語　de grûntaal
そこう　素行　it dwaan, it optreden：彼は素行がよくない Syn *optreden* is net goed.
そこく　祖国　jins heitelân, (母国) it memmelân
そこしれない　底知れない　sûnder boaiem, ûnpeilber：底知れぬ淵 de *ûnpeilbere* djipte (→地獄)
そこぢから　底力　potinsjele krêft
そこつ　粗忽　→不注意, 軽率
そこで　(従って) dus, fangefolgen, (その場で) dêr
そこなう　損なう　fergalje, knoeie, (健康を) jin(sels) ferniele, (やり損なう) fergrieme, ferknoeie (→仕損じる, 失敗する)：働き過ぎて健康を損なう jinsels *ferniele* [*ferknoeie*], 仕事をやり損なう it wurk *ferknoeie*
そこなしの　底無しの　→底知れない
そこ(に)　der, dêr 《強調形 dêre》, derhinne：私はドラハテンは知りません,

これまで(そこに)行ったことがありませんから Ik ken Drachten net, ik haw *der* noch noait west., そこにいるのは誰だい！ Wa is *dêr*？；そこから(離れて) derwei [*dêr*-]
そこねる　損ねる　→(健康を) 損なう, (感情・機嫌を) krinke：人の感情をひどく損ねる immen djip *krinke*
そこまで　(その程度に) safier
そこら(あたり)　そこら(辺り)　dêrby, dêromhinne, (大体) (of) sokssawat：20かそこら tweintich (of) sokssawat；そこら辺りに om
そざい　素材　it (grûn) materiaal, de grûnstof, de matearje
そざつな　粗雑な　laks, slof(fich)
そし　阻止　de steuring；阻止する steure
そしき　組織　it systeem, it stelsel；組織化する systematisearje；組織的な [に] systematysk, stelselmjittich：あることを組織的に研究する eat *stelselmjittich* ûndersykje
そしつ　素質　de kwaliteit, de oanlis, it talint：俳優としての彼の素質 syn *kwaliteit* as toanielspiler, 彼女にはバイオリンを弾く素質がある Sy hat *talint* foar fioelespyljen.
そして　en, (今や) en no (→および)
そしな　粗品　in lytse attinsje, in (lyts) presintsje
そしゃく　咀嚼　it kôgjen, (十分な理解) de ferstânhâlding；そしゃくする kôgje, meal(l)e, wjerkôgje, (かむ) bekôgje, gnauwe, haffelje, (十分に理解する・真価を認める) ferstean, ynskikke：牛は干し草をそしゃくする De kij *meal(l)e* [*wjerkôgje*] it hea.
そしょう　訴訟　(手続き) de proseduere, it proses, (民事) it pleit：訴訟に勝つ it *pleit* winne, それは訴訟中だ It sit yn 'e pleit.；(…の) 訴訟を起こす prosedearje (oer)
そじょう　訴状　(訴訟のための) it fersykskrift, it rekest
そしょく　粗食　in sober dieet [miel]

そしらぬふりをする　素知らぬ振りをする（…の振りをする）beare, fingearje, foarjaan, pretindearje, simulearje

そしり　謗り　it lasterpraat, de rabberij；そしる　beskuldigje, kwea(ôf)nimme, lasterje, rabbelje

そせい　蘇生　de oplibbing；蘇生する bykomme, oplibje；蘇生させる opwekje：人を死から蘇生させる immen reanimearje

そぜい　租税　((課)税) de belesting

そせいの　粗製の　grou：粗製品 in grou artikel

そせん　祖先　de âldfaar, de foarâlder [-faar], it foarteam, de stamfaar,《複》de foarâlden：祖先の相続財産 it âldfaars erf

そそう　粗相　(へま) de bok, de mistaast：粗相する in bok sjitte；粗相する mistaaste, (小便などを漏らす) bêdpisje

そぞう　塑像　de plastyk

そそぐ　注ぐ　(注(つ)ぐ) ynjitte, jitte, (川が) streame, (注意・全力を) oppasse：コーヒーを注ぐ kofje ynjitte, 鉄を鋳型(いがた)に注ぐ izer jitte, 川が海に注いでいる De rivier streamt yn de see.

そそっかしい　(不注意な [に]) ûnachtsum, (軽率な [に]) foarbarich

そそのかす　唆す　bekoare, ferliede, ferlokje, oanhysje, ophise, (扇動する) opfiere：人を唆してあることをさせる immen ferlokje ta eat；唆しde opstoke(le)rij

そそりたつ　聳り立つ　omheech stean (→聳え立つ)

そそる　(興味・好奇心などを) oanwakkerje, oproppe, wekje (→呼び起こす，あおり立てる)：人の興味をそそる immens belangstelling wekje

そだいごみ　粗大ごみ　groffe smoargens

そだち　育ち　de opfieding, (成長) de groei, (発育) de ûntjouwing

そだつ　育つ　groeie；育てる fuort-

sette, kweke, opbringe, opfiede：子供を育てる bern opbringe；育て方 de opfieding

そち　措置　de maatregel (→処置)：効果的な措置 effektive maatregels

そちら　dêr, (相手) jo / dy, do, (もう一方の物) de oare：そちらはお元気ですか Hoe is it mei dy [jo]?, そちらを見せてください Kinne jo my it [de] oare sjen litte?

そつう　疎通　(意思の) mienskiplik ferstânhâlding, de kommunikaasje；(…と) 意思の疎通を図る kommunisearje (mei)

ぞっか　俗化　de ferleging；俗化する ferleegje, fulgarisearje, (通俗化する) popularisearje；《形》俗化している ferlege

ぞっかい　俗界　de wrâld, it profaan libben；俗界の profaan, wrâldlik, wrâldsk

ぞっかんする　続刊する　de publikaasje fuortsette

そっかんせいの　速乾性の　flechtich [rêd] droech

そっき　速記　it koartskrift

そっきょう　即興　de ymprovisaasje；即興で演奏する ymprovisearje；即興の loswei；即興的に foar de fûst (wei / op)

そつぎょう　卒業　it ôfstudearjen；卒業する ôfrinne, ôfstudearje, in diploma helje, (小・中等学校を) foltôgje, ôfmeitsje：大学を卒業する de universiteit ôfrinne；卒業式 it ôfstudearfeest, in ôfstudear seremoanje；卒業試験 it eineksamen：卒業試験に失敗 [合格] する foar jins eineksamen sakje [slagje]；(大学の) 卒業証書 it diploma, (中等教育の) it eindiploma；(大学の) 卒業生 de akademikus；卒業論文 it ôfstudear projekt

そっきん　即金　kontant jild：即金で払う kontant jild betelje

そっきん　側近　in neie adviseur

ソックス　de sok：ソックスを履く de sokken oandwaan

そっくり（よく似ている）folle lykje,（全部）al, allegear(re)：彼女は母親にそっくりだ Se liket folle op har mem., お金をそっくり盗まれた Al myn jild is stellen.
そっけつ 即決 in hastich [pront]beslút；即決する hastich beslute
そっけない[く] 素っ気ない[く] droechwei, koart, koartôf [-wei], koart fan stof (wêze)：あることを素っ気なく言う eat sa droechwei sizze
そっこう 即効 in direkt effekt [útwurking]；即効性がある effektyf wurkje
ぞっこう 続行 de ferfetting, de fuortsetting；続行する ferfetsje, ferfolgje, fuortfarre, fuortsette：彼は話を続行した Hy ferfette syn ferhaal.
そっこうじょ 測候所 it waarstasjon, in meteorologysk stasjon
そっこく 即刻 opslach (→すぐに)：即刻ここに来てくれ！Opslach hjir komme!
ぞっこん →すっかり
そっせん 率先 it inisjatyf：率先して行う it inisjatyf nimme
そっち dêr, dernei, jinsen (→そちら)：そっちに視線を向ける dernei sjen
そっちゅう 卒中（脳の）de beroerte：卒中を起こす in beroerte krije
そっちょく（さ）率直（さ）it frij, de frijichheid, de iepenens, de rûnutens：率直に yn alle iepenens；率直な[に] frijmoedich, frijút, gol, iepenhertich, rûn, rûnút：率直に話す iepenhertich prate, 率直な少年 in rûne [rûnúte] jonge；率直に言って earlik sein
そっと（静かに）bedaard, sêft, stil,（そのままにしておく）(litte)… allinnich：彼は妻を起こさないようにそっとベッドの所へ歩いて行った Hy rûn sêft nei it bêd om syn frou net wekker te meitsjen., 私をそっとしておいてください Lit my mar allinnich.
そっとう 卒倒 de flaute, de swym (→気絶)：卒倒する yn swym falle；卒倒する flaufalle：痛みのあまり卒倒

する flaufalle fan 'e pine
ぞっとする（寒さ・恐怖などで）grize, rilje：寒さのあまりぞっと［ぞくっと］した Ik rille fan 'e kjeld.；ぞっとする（ような）(→身の毛のよだつ（ような）) grizelich：ぞっとするような光景 in grizelich gesicht；ぞっとする感じ de grize：私は全身がぞっとした De grize giet [rint] my oer de grouwe.
そっぽをむく そっぽを向く →横を向く,（顔を背ける）jin ôfkeare
そで 袖 de mouwe：部屋着の袖 de mouwe fan 'e keamerjas, 短い［長い］袖 koarte [lange] mouwen, 袖無しの sûnder mouwen
ソテー de satee
そと 外（外側）de bûtenkant,（屋外）in iepen loft：外（側）の oan 'e bûtenkant = uterlik；外で bûten, yn 'e iepen loft；(前)…の外に bûten, út：家の外に bûten it hûs (→戸外に [で]), 窓の外に út it rút
そとがわ 外側 →外
そなえ 備え de foarsjenning；備える foarsjen, preparearje
そなえつけ 備え付け（備品）de ynventaris,《集合的に》it meubilêr；(家具を)備え付ける ynbouwe, ynrjochtsje, meubilearje, oanklaaie：家具を備え付けた部屋 meubilearre keamers
そなえもの 供え物 it offer；(…に)供える offerje (oan)
ソナタ de sonate
そなわる 備わる →備え付ける；(形)(本来)備わっている ynherint, yntrinsyk,(生得の) ynberne, oanberne
そねみ 嫉み →妬(た)み, 嫉妬；嫉む→妬む
その（定冠詞）(中性) it,（通性）de；《所有形容詞》(3人称・単) syn
そのあいだに その間に ûnderwilen(s), wile(n)s, wylst
そのうえ（に）その上（に）（さらに）boppedat, derby, dernjonken, op 'e keap ta；その上にまた opinoar

そのうちに　その内に　binnenkoart
そのかぎりで（は）　その限りで（は）　ynsafier：時間の許す限り，お手伝いします　Ynsafier ik der tiid foar fine kin, sil ik helpe.
そのけっか　その結果　bygefolch, fangefolgen
そのご　その後　dêrnei：その後間もなく母は亡くなりました Net lang dêrnei is ús mem stoarn.
そのこと　その事　《指示》dat：すぐにそのことが分かるでしょう Dat sjochst sa.
そのために　その為に　（その目的で）dêrfoar, dêrtroch
そのとうじ　その当時　destiids, doe, doedestiids [-tiden], yndertiid：その当時，私は学生でした Doe wie ik studint.
そのとおり！　その通り！　Just!, Krekt!, Presiis!, Dat is sa!
そのとき　その時　destiids, doe（→その当時）
そのなかに　その中に　deryn：その中に入れる deryn litte
そのばかぎりの　その場限りの　foarriedich（→一時的な）
そのほか　その他　ensafuorthinne《略 ensfh.》
そのような　その様な　sok；その様な種類 soksoarte；その様なこと[物] soks；その様な人[物] sok, sokke, sa'nen(t)
そのように　その様に　sa：その様にすべきです Moatst it sa dwaan.
そのわりには　その割りには　yn oanmerking dat（…）, lykas men tocht,《前》foar：彼の父は年の割には元気だ Syn heit is fiks foar syn jierren.
そば　側　de kant；側に nei, neist：彼らは側に住んでいる Se wenje nei.；《前》…の側に by：学校の側に by skoalle
そば　蕎麦　de boekweet[-weit]
そばかす　雀斑　de sinnesprút[skein-]
そばだてる　欹てる　耳をそばだてる de earen opstekke

そびえる　聳える　（聳え立つ）ferrize, omheech stean
そびょう　素描　→デッサン
そふ　祖父　de pake
ソファー　de rêstbank, de sitbank, de sofa
ソフトクリーム　it sêfte iis, it sêfte rjemmeiis
そふぼ　祖父母　pake en beppe
ソプラノ　de sopraan
そぶり　素振り　it gedrach, it hâlden en dragen,（様子・態度）de alluere
そぼ　祖母　de beppe
そぼうな　粗暴な　hurdhandich,（乱暴な）grou, rûch, woast
そぼく　素朴　de ienfâld, de sljochtens；素朴な behindich, ienfâldich, sljocht
そまつ　粗末　de grouwens, de soberens [-heid]；粗末な grou, min, sjofel, sober,（貧弱な）meager：粗末な食事 in sober miel；粗末にする fersleaukje, fersloere, útsloere
そまる　染まる　（赤く）read kleurje：空が赤く染まった De himel kleure read.；染める fervje, kleurje：髪を染める hier fervje
そむく　背く　（…に）sûndigje (tsjin),（逆らう）tsjinavensearje
そむける　背ける　ôfkeare：（顔を）jin ôfkeare,（目を）de eagen ôfkeare, 人[物]から顔を背ける jin fan immen [eat] ôfkeare
そめもの　染物　（染めること）it fervjen,（染められた物）ferve guod；染物師 de ferver
そもそも　（第一に）foarearst,（一体全体）hoe yn 'e wrâld
そや　粗野　de grouwens；粗野な bot, grou, ordinêr, plat, ûnbehouwen, ûnbeleefd
そよう　素養　（知識）de kennis；素養がある ûnderlein：彼女は音楽の素養がある Se is ûnderlein yn muzyk. = Se hat in muzikaal gehoar.
そよかぜ　そよ風　de koelte, it koeltsje, it sigen(tsje), it siichje, de striker：快いそよ風が吹いている Der waait in

lekker *sigentsje*.
そよぐ　戦ぐ　（木の葉などが）rûzje
そら　空　*de* himel, *de* loft：青い空 in blauwe *himel*, 空に星が出ている De stjerren steane oan 'e himel., 空が曇って［晴れて］きた De *loft* berint [klearret op]., 鳥が空を飛んでいる De fûgels fleane yn 'e *loft*.
そら！　Dêr!, Hark!；そらそら！ Heisa!
そらいろ（の）　空色（の）　（*it*）himelsblau
そらす　反らす　fersette, （曲げる）ferbûg(j)e
そらす　逸らす　（注意・視線などを）ôfkeare, ôfliede
そらぞらしい　空々しい　→見え透いた
そらなみだ　空涙　《複》*de* bargetriennen
そらまめ　空豆　*de* slofferbean
そらもよう　空模様　de skôging fan waar；空模様をうかがう de loft skôgje
そり　橇　*de* slide；そりに乗る slydjeie
そる　反る　（曲がる）ombûge（→たわむ）
そる　剃る　skeare, útskeare：ひげを剃る jin *skeare*, 人の襟足の毛を剃る immen de nekke *útskeare*
それ　《3人称単・複》it,《中性・単》dat：それは何ですか Wat is *dat?*
それいご［いらい］　それ以後［以来］sûnt, sûnttiid：彼にはそれ以来1度も会っていない Ik haw him *sûnt* net wer sjoen.；それ以来ずっと fan dy tiid ôf
それから　dan, doe, dus：彼が最初に来て, それから私が来た Earst kaam hy, en doe kaam ik., それから彼は私心を捨てて私に援助の手を差し伸べてくれた Hy hat my *doe* ûnbaatsuchtich holpen.
それぞれ（の）　elk（→各自の, 銘々の）
それで　dan, der（…）mei, dêr（…）fan,《接》(sa)dat（→…だから）：それで私はどうなるの？ En ik *dan?*, それで十分だ Dat giet *dermei*., それで彼はさばさばするだろう Dêr sil er fan opfrisse., 彼はいつも正直だとは限らない, それで彼には用心しなければならない Hy is net altyd earlik, (sa)dat men moat wat mei him oppasse.
それでも　doch, dochs, likegoed, lykwols；それでも矢張り doch, jit
それでもって　dêr（…）mei：私はペンを持っていて, それで（もって）字を書く Ik haw in pinne en ik skriuw dêrmei［… en dêr skriuw ik *mei*］.
それとなく　yndirekt, sydlings：人にあることをそれとなく知らせる immen *sydlings* wat meidiele
それについて　dêr（…）fan：それについて私は知っている Ik wit *dêrfan.*, それについては確かに知っている Ik wit dêr klear *fan.*
それにもかかわらず　それにも拘わらず《副》evensagoed；《前》…にも拘わらず nettsjinsteande
それほど　sasear：それほどうまくいっていない It giet net *sasear* om my.
それまで　oant dan：それまでさようなら Oant dan!, Oant sjen!
それゆえに　それ故に　dêrwei, dêrfan
それる　逸れる　（針路・方向が）giere, swinke, （目標・標準が）ôfwike, （弾丸が）misse（→（的を）外れる）
そろい　揃い　*it* set, *it* stel（→一揃い）
そろう　揃う　（完全になる）kompleet [perfekt] wurde, （集まる）gearkomme
そろえる　揃える　（整える）beheisterje, berêde, oarderje, （一様にする）even litte, （まとめる）ferien(ig)je, gearfetsje
そろそろ　（静かに・ゆっくり）sêft(sjes), sleau, stadichoan, （やがて）gau(ris), hast：そろそろ歩く *sêft*(*sjes*) rinne, そろそろおいとましなくちゃ Wy moatte (sa) *stadichoan* fuort., そろそろ父が帰って来る Us heit komt werom *gau*(*ris*).
そろばん　算盤　*it* telramt
そわそわする　bibberje, rêstleas wurde, skeuvelje
そん　損　（損失）*it* ferlies, （不利）*it*

そんがい

neidiel, (欠点) *it* tsjin：損益 winst en *ferlies*, 損をして物を売る mei *ferlies* ferkeapje, 人の損になるようなことを言う eat yn immens *neidiel* sizze；損をする ferlieze：損をして物を売る oan [op] eat *ferlieze*

そんがい 損害 *de* beskeadiging, *it* kwea, *de* ôfbrek, *de* skea：損害を被る *beskeadiging* lije, 損害を与える *skea* dwaan [tabringe] = skeadzje, 衝突で私の車はバンパーに幾らかの損害を受けた By de botsing hie myn auto wat *skea* oan 'e bumper.；損害賠償 *de* skeafergoeding：(…の) 損害賠償を請求する *skeafergoeding* easkje [freegje] (foar)

そんけい 尊敬 *de* achtberens, *de* achting(e), *it* earbetoan [-bewiis], *de* earbied, *it* fatsoen, *it* respekt, *it* ûntsach：私は兄を心から尊敬しています Ik haw in soad *earbied* [*respekt*] foar myn broer.；尊敬する achtenearje, achtsje, earbiedigje, ferearje, respektearje：両親を尊敬しなければならない Do moatst dyn âlden *achtsje*.；尊敬できる [すべき] achtber, earbiedweardich, respektabel；尊敬語 *de* hoflikheidstaal

そんげん 尊厳 *de* majesteit, (威厳) *de* weardichheid：尊厳を重んじる [傷つける] de *majesteit* respektearje [beledigje]；尊厳のある majestueus

そんざい 存在 *it* bestean, *de* oanwêzigens, *de* stân, *it* wêzen；存在する bestean, wêze：そんな物は存在しない Dat *bestiet* net.；(形) 存在する oanwêzich

ぞんざいな rau, (いい加減な) nonsjalant, (不注意な) rûch；ぞんざいな仕事 *de* griemerij

そんしつ 損失 *it* ferlies, *de* skea (→損害)：10万ユーロの損失が出た Ik hie in *skea* fan 100.000 euro.；損失を被る→損害を被る

そんしょう 尊称 *de* earetitel

そんしょう 損傷 *de* knieziing；損傷を与える knieze

そんしょくがある 遜色がある → (…より) 劣る

そんじる 損じる (傷める) beskeadigje, skeine, tamtearje, (体面・機嫌などを) skansearje

そんする 存する →存在する

そんぞく 存続 (持続) *de* fuortsetting；存続する libje, (持続する) oanhâlde, trochduorje [-dwaan]

そんぞく 尊属 (血縁者) *de* sibbe；尊属殺人 *de* heitemoard (父親殺し), *de* memmemoard (母親殺し)

そんだい 尊大 *de* heechhertigens [-hertichheid], *de* arrogânsje；尊大な arrogant, heechhertich：尊大な態度 in *heechhertige* hâlding

そんちょう 尊重 *de* heechachting(e), *it* respekt；尊重する heechachtsje, respektearje

そんとく 損得 ferlies en winst

そんな →そのような：そんなこと [人／物] sa'nen, sa'nien, sok, soks, soksoarte, sokssawat：そんな人たちを信用するな Fertrou *sokke* lju net!, そんな物は見たことがない *Soks* (*sawat*) haw ik noch nea sjoen.

そんなに safolle, sok

そんなわけで そんな訳で dêrfandinne, dêrom, dêrwei, sadwaande

ぞんぶんに 存分に →十分に

そんぼう 存亡 libben of dea

そんみん 村民 *de* doarpsman, (集合的に) *it* doarp(sfolk)：村民と町民とはそれでも違う In *doarpsman* is dochs oars as in stedman., 村民全体がそのことに関して同じように考えた It hiele *doarp* tocht der gelyk oer.

ぞんめいちゅうに 存命中に wylst in minske libben is [wie], yn jins libben

そんらく 村落 →村

そんりつ 存立 *it* bestean, *de* oanwêzigens, *de* stân；存立する bestean

た　タ　ta

た　田　(水田・田圃) *it* rysfjild
ターゲット　(的(まと)・標的) *it* doel, *de* skiif, (目標) *it* doel：ターゲットを絞る *it* doel fersmelje
ダース　*it* dozyn：1ダースの鉛筆 in *dozyn* potleaden, 半ダース in heal *dozyn*
ターミナル　(終着駅) *it* einstasjon
たい　体　(体(からだ)) *it* lichem, *it* liif, (形・姿) *it* bestek, *de* foarm
たい　隊　(軍隊の) *de* partij, (楽隊などの) *it* korps
たい　態　(文法の) *de* foarm：能動 [受動] 態 aktive [passive] *foarm*
たい　鯛　*de* brazem
(一) たい　(一) 対　tsjin：A 対 B B *tsjin* A, そのチャンスは 1 対 3 の可能性がある De kânsen binne trije *tsjin* ien.
だい　大　(大きな) grut：大家族 in grutte húshâlding, 人口の大部分 it grutste part fan de befolking；大なり小なり min ofte mear
だい　代　(時代) *de* tiid, (世代) *de* generaasje；80 年代 de tachtiger jierren
だい　代　(代金) *de* priis, (料金) *it* taryf, (費用)(複) *de* kosten, (報酬) *it* honorarium：お代はいくらですか Wat binne de *kosten*?
だい　台　(物を置く) *de* stander, (胸像・花瓶などを置く) *it* fuotstik, (演壇) *de* ferheging, *it* platfoarm, *de* sprekstoel, (物の単位) ＊この語の意味に相当する表現はない：車 [テレビ] 2 台 twa auto's [televyzjes]
だい　題　(表題・テーマ) *it* gegeven, *it* tema, *de* titel
だい (一)　第 (一)　*it* artikel, *it* nûmer：第 31 条 *artikel* 31, 第 5 *nûmer* fiif

たいあたり　体当たり　(…に) 体当たりする jin alhiel jaan (op)
タイアップ　(提携) *de* assosjaasje, *de* ferbining；(…と) タイアップする (jin) assosjearje (mei), ferbine (mei) (→ (…と) 提携する)
たいい　大尉　(陸・空軍の) *de* kaptein, (海軍の) *de* luitenant
たいい　大意　(要旨・概要) *de* line, *it* resumee；大意を述べる resumearje
たいい　体位　(姿勢) *it* postuer, (体力) fysike krêft
たいい　退位　*de* troansôfstân, (…から の) ôfstân (fan) (↔即位)：退位する ôfstân fan 'e troan(e) dwaan；人を退位させる immen fan 'e troan(e) stjitte
たいいく　体育　*de* gymnastyk, lichaamlike opfieding：3 時に体育 (の授業) がある Wy hawwe om trije oere *gymnastyk*.；体育館 *it* gymnastyklokaal
だいいち (の)　第一 (の)　(*it* / *de*) earste (…), (*it* / *de*) foarst (…)：この本の第一ページ *de* earste (bled) side fan dit boek, 第一世界大戦 *de* Earste Wrâldoarloch；第一に yn 't earste plak, foarst：まず第一に彼女はいつも遅刻がひどい Foarst, komt se altyd te let.
たいいん　退院　*it* ûntslach；退院する út it sikehûs komme；(患者を) 退院させる (in pasjint) ûntslaan út it sikehûs
たいえき　体液　*it* lichemfocht, floestof fan it lichem
たいえき　退役　(除隊) *it* ûntslach；退役する tebeklûke, (除隊する) ûntslaan
ダイエット　*it* dieet, *it* rezjym：ダイエッ

トをしている op *dieet* wêze（→食事療法をする）；ダイエット食品 kaloryearm iten
たいおう　対応　*de* korrespondinsje；対応する korrespondearje, (…と) 対応する oerienkomme (mei)
ダイオキシン　*it* dioksine
たいおん　体温　*de* lichemstemperatuer：体温が高い [低い] De *lichemstemperatuer* is heech [leech].；体温計 *de* koartstermometer
たいか　大家　in (grutte) master, (専門家) *de* kenner：彼は近代文学の大家だ Hy is in *kenner* fan de moderne literatuer.
たいか　退化　*de* degeneraasje；退化する degenerearje
たいが　胎芽　*it* embrio
だいか　代価　→値段，代金
たいかい　大会　in massale gearkomste, (総会) *de* ledegearkomste
たいがい　大概　gewoanwei, meastentiids, ornaris, yn it algemien：私は大概10時には寝ます *Ornaris* gean ik om 10 oere op bêd.
たいがいてきな　対外的な　bûtenlânsk；対外援助 *de* helpferliening
たいかく　体格　*it* gestel, *de* lichemsbou, *it* postuer, *it* stal：がっしりした体格 in stoer *postuer* [*stal*]
だいがく　大学　*de* universiteit：大学へ進学する nei de *universiteit* gean, 彼はケンブリッジ大学で古期英語を研究した Hy studearre Aldingelsk oan 'e *Universiteit* fan Cambridge.；大学を卒業する ôfstudearje；大学生 *de* studint；大学院 de master opliedung；大学院生 in postdoktoraal studint；大学教授 *de* heechlearaar, *de* professor
たいがくする　退学する　ferlitte；退学させる ferwiderje, fan skoalle ôfstjoere；退学させられる fan skoalle ôftrape wêze
だいかぞく　大家族　in grutte famylje
たいかの　耐火の　brânfrij, fjoerfêst；耐火壁 *de* brânmuorre

たいかんしき　戴冠式　*de* kroaning；戴冠式を行う it kroanjen fiere
たいかんする　退官する　jin weromlûke (út tsjinst)
たいかんせいの　耐寒性の　bestindich tsjin kjeld
たいき　大気　*de* atmosfear, (地球を取り巻く) *de* dampkring；大気(中) の atmosfearysk；大気汚染 *de* loftfersmoarging
だいぎし　代議士　→国会議員
たいきする　待機する　jin klearhâlde, klearstean, wachtsje：救急車は (いつも) 出動できるように待機している De sike-auto *stiet klear*.
だいきぼな [に]　大規模な [に]　op grutte skaal
たいきゃく　退却　*de* ôftocht, *de* weromtocht；退却する tebeklûke, weromlûke, wike, (軍が) tebekwike：敵は退却を余儀なくされた De fijân moast *wike*.；退却させる weromlûke
たいきゅうせい　耐久性　*de* bestindigens [-dichheid], *de* duorsumens [-sumheid]；耐久性のある duorsum
たいきょく　大局　→大勢(たいせい)；大局的に rom：物事を大局的に見る de dingen *rom* sjen
たいきょして　大挙して　as in man (→挙(そ)って), withoefolle
たいきょする　退去する　ôfsakje, tebeklûke, weromlûke
たいきん　大金　it grutte jild
だいきん　代金　*de* keappriis, *de* priis：(…の) 代金を払う de *priis* betelje (foar)；代金後払い op kredyt (→掛けで)；代金前払い op foarskot (→立て替えで)；代金引き換え払い *it* remboers, betelling by ôflevering
たいく　体躯　→体(から)，体格
だいく　大工　*de* timmerman；大工道具 *it* timmerark
たいぐう　待遇　(処遇) *de* behanneling [-handeling], *de* traktaasje, (接待) *de* resepsje, (サラリー) *de* betelling：私は専門家として待遇されている Ik

stean ûnder *behanneling* fan in spesjalist.；待遇する behannelje
たいくうほう　対空砲　*it* loftôfwarkanon；対空ミサイル *de* loftôfwarraket
たいくつ　退屈　*de* ferfeelsumens, *de* taaiens；退屈させる ferfele；退屈する jin ferfele：ほとほと退屈している jin blau [dea] *ferfele*；退屈な ferfeelsum, ferfelend, ientoanich, saai, taai：退屈な男 in *ferfelende* keardel, 退屈な仕事 *ientoanich* wurk, 退屈な演説 in *saaie* taspraak
たいぐん　大群　in grutte keppel [kloft / swaarm]：昆虫の大群 *in (grutte) swaarm* ynsekten, 鳥の大群 *in grutte kloft* fûgels
たいけい　体刑　→体罰
たいけい　体系　*it* systeem, *it* stelsel；体系的な［に］systematysk, stelselmjittich：あることを体系的に研究する eat *stelselmjittich* ûndersykje；体系化する systematisearje
たいけい　体型　jins lichemsbou [postuer]（→体格）
たいけい　体形　(スタイル) *de* foarm, (姿・恰好) *it / de* figuer
たいけつ　対決　*de* konfrontaasje；(…に) 対決する konfrontearje (mei)
たいけん　体験　*de* ûnderfining (→経験)：体験に基づいて話す *út ûnderfining* sprekke；体験する ûnderfine
たいこ　太古　→大昔
たいこ　太鼓　*de* drum (→ドラム)：太鼓を打つ in *drum* bespylje = drumme
たいこうする　対抗する　opponearje；対抗 *de* kriich；対抗者 *de* opponint, *de* rivaal (→ライバル)
だいこうする　代行する　(一時的に) waarnimme；代行 *de* waarnimming；代行者 *de* waarnimmer；学長代行 in waarnimmend presidint
たいこく　大国　in lân mei macht；経済大国 ekonomyske oermacht
だいこくばしら　大黒柱　(柱) de sintrale pylder, (一家の) *de* breawinner,

de steunpylder
だいこん　大根　*de* radys
たいさ　大佐　*de* kolonel
たいさ　大差　in grut ferskil：さほど大差がない net sa'n *grut ferskil*
だいざ　台座　(彫像・胸像などを置く) *it* fuotstik, *de* sokkel
たいざい　滞在　*it* ferbliuw, (短期の) *it* opûnthâld；滞在期間 [地] *it* ferbliuw：そのホテルでの私の滞在期間は延べ20日間だった Myn *ferbliuw* yn dat hotel duorre tweintich dagen.；滞在する ferbliuwe, fertoevje, jin ophâlde, tahâlde, toevje：彼らが休暇中どこに滞在しているか私には分かっている Ik wit wêr't se har yn 'e fakânsje *ophâlde.*, 彼はアメリカに１年滞在している Hy hat in jier yn Amearika *tahâlden.*
だいざい　題材　*de* matearje, *de* stof
たいさく　対策　*it* belied, *de* maatregel, *de* oanpak：対策を講じる *maatregels* nimme
だいさん(の)　第三(の)　(*it / de*) tredde (…)：第三世界 *de tredde* wrâld；第三に trêd, tred：第三(番目)にこのことを言いたい *Trêd* wol ik dit noch sizze.
たいし　大志　*de* ambysje (→大望)；大志を持った ambisjeus
たいし　大使　*de* ambassadeur；女性の大使, 大使夫人 *de* ambassadrise；大使館 *de* ambassade
たいじ　胎児　in ûnberne bern, in bern yn 'e skurte, (妊娠初期の) *it* embrio (→胎芽), (妊娠後半期の) *de* foetus
たいじ　退治　(撲滅) *de* eliminaasje；退治する weidwaan, (駆除する) ferdylgje, (根絶する) útroegje
だいじ　題字　*it* opskrift, *de* titel (fan in boek)
ダイジェスト　(縮約) *de* ferkoarting；ダイジェスト版 in ferkoarte ferzje
だいしきょう　大司教　*de* aartsbiskop
たいじする　対峙する　(…と) konfrontearje (mei) (→向き合う)

たいした　大した　（多くの）folle, mannich, in protte, in soad,（偉大な）grut,（非常に）tige：大した人出 in protte minsken, 彼は大した学者だ Hy is in grut gelearde.

たいしつ　体質　it gestel：特異体質 in allergy gestel

たいして　大して　（…でない）(net) sa 'n：彼女は大して有名な女優ではない Se is net sa'n ferneamd spylster.

たいして　対して　《前》（…に向かって）foar, tsjin,（…に関して）oangeande, tsjin,（…に比例して）per, tsjin：君の忠告に対してお礼を申し上げます Tige tank foar dyn ried., 彼らは私に対していつも友好的です Hja binne altyd freonlik tsjin my., この課題に対して oangeande dizze saak；そのりんごは１キロに対して１ユーロです De appels kostje in euro de kilo.

だいじな　大事な　belangryk,（重要な）foarnaam, swierwichtich, wichtich,（大切な）kostber：大事な仕事 in belangryk wurk；大事にする koesterje

たいしぼう　体脂肪　liiflik fet

たいしゃく　貸借　it lien,（帳簿上の）debet en kredit；貸借対照表 de balâns（→バランスシート）

たいしゅう　大衆　it folk, it publyk：一般大衆 it gewoane folk, it grutte publyk；大衆の publyk；大衆化する populariseare

たいしゅう　体臭　de switlucht

たいじゅう　体重　it lichemsgewicht；体重を量る weage：ぼくの体重は60キロです Ik weach 60 kilo., それほどの体重はない net folle weage；体重計 de persoaneskealjes

たいしょう　大将　（陸軍の）de generaal,（海軍の）de admiraal

たいしょう　対称　（左右の）de symmetry；対称的な［に］symmetrysk

たいしょう　対象　（研究・調査などの）de stúdzjerjochting, it objekt,（的（まと））de (sjit)skiif：研究の対象 it objekt fan jins stúdzje；《前》…を対象として foar：学生を対象とした辞書 in wurdboek foar studinten；対象物 it foarwerp, it objekt

たいしょう　対照　it kontrast, de tsjinstelling：この二つの色は明らかに対照をなしている Dy twa kleuren foarmje dúdlike kontrasten., …と対照をなして yn tsjinstelling mei [ta]…；（…と）対照する fergelykje (mei)；（…と）対照をなす kontrastearje (mei)

だいしょう　代償　（償い）de fergoeding, de kompensaasje：…の代償として as kompensaasje foar…

たいじょうする　退場する　→立ち去る

だいじょうぶ　大丈夫　（無事）de feilichheid, it heil, de wissichheid；大丈夫な feilich；大丈夫！Bêst!, Goed!, Okee!

だいしょうべん　大小便　ôfgong en urine

だいじょうみゃく　大静脈　de grutte ier

たいしょく　大食　de fretsek, de fretter；大食漢 de fretter

たいしょく　退職　it úntslach,（辞職）de berêsting, it betankje；退職する ferlitte, ôfgean, jin tebeklûke,（辞職する）betankje

たいしょする　対処する　oanpakke

だいしん　代診　de waarnimming；代診する waarnimme：かかりつけの医者が休んだら, 彼の同僚が代診しなければならない As ús dokter fakânsje hat, moat syn kollega waarnimme.

だいじん　大尽　（大金持ち）de miljonêr（→百万長者）

だいじん　大臣　de minister：大蔵大臣 minister fan Finânsjes, 内[外]務大臣 minister fan Ynlânske [Utlânske] Saken, 厚生・文化大臣 minister fan Wolwêzen, Folkssûnens en Kultuer

たいしんせいの　耐震性の　tsjin ierdbevings

だいず　大豆　de soaja(bean)

たいすう　対数　de logaritme

だいすう(がく)　代数(学)　de algebra；代数の, 代数学的な［に］algebraysk

だいすき　大好き　(…が) 大好きである　tige hâlde (fan), tige nocht hawwe (oan)：映画が大好きだ Ik *hâld tige fan films*., Ik *haw tige nocht* oan films.
たいする　対する　(面する) útsjen：その部屋は南に対(→面)している De keamer *sjocht* op it suden *út*.；《前》…に対して tsjin：彼女は私に対して友好的である Se docht freonlik *tsjin my*.
だいする　題する　*de* titele：「フリジア語文法」と題する本 in boek *titele* 'Fryske Grammatika'
たいせい　大勢　de algemiene tendins [trend]
たいせい　体制　*de* organisaasje, *it* systeem
たいせい　体勢　*it* postuer, (バランス) *de* balâns：体勢をとる jin yn *postuer* sette, 体勢を崩す jins *balâns* ferlieze
たいせい　耐性　(抵抗力) *de* tolerânsje；耐性の [がある] tolerant
たいせい　態勢　*de* hâlding, *de* stelling, (心構え) *de* ynstelling, (準備) *de* tarieding：態勢を整える *tarieding meitsje*
だいせいどう　大聖堂　*de* katedraal
たいせいの　胎生の　libben bernjend
たいせいよう　大西洋　de Atlantyske Oseaan
たいせき　体積　*it* folume
たいせき　堆積　*de* bom；堆積する opheapje
たいせきする　退席する　jins plak ôfstean
たいせつな　大切な　kostber, (大事な) belangryk, (重要な) wichtich, (貴重な) weardefol：大切な時間 *kostbere tiid*, 大切な物《複》*weardefolle dingen* (→貴重品)；大切である meitelle
たいせつにする　大切にする　koesterje, (…を) weirinne (mei), (健康などを) mije (→気をつける)：お体を大切に！ Do moatst dysels wat *mije*!
たいせん　対戦　*it* treffen；対戦する opponearje；対戦相手 *de* opponint

たいそう　大層　slim, tige, wakker (→非常に，大変)
たいそう　体操　*de* gymnastyk；体操をする gymnastykje, (器械) 体操をする turnje；体操選手 *de* gymnast
だいそれた　大それた　→途方もない，とんでもない
たいだ　怠惰　*de* loaiens；怠惰な beroerd, loai：極めて怠惰な *loai* as in baarch
だいたい　大体　(おおよそ) fierhinne, likenôch, sokssawat, in stik hinne：彼はその仕事を大体終えた Hy is *fierhinne* klear mei dat wurk.
だいだい　橙　in bittere [soere] sineappel；だいだい色 (の)(*it*) oranje
だいだい　代々　fan geslacht op geslacht；(先祖) 代々の墓 *de* famyljetomben
だいだいてきに　大々的に　op grutte skaal
だいたすう　大多数　*de* mearderheid, *it* meartal：投票者の大多数 in *mearderheid* fan stimmen；大多数の meast：大多数の人たち *de measte* minsken
たいだん　対談　*it* fraachpetear, *it* ynterview, *de* twaspraak (→インタビュー)
たいたん　大胆　*de* drystens [-heid], *de* oerdwealskens；大胆 [に] bretaal, dryst, oerdwealsk：大胆な企て in *bretaal* stik；大胆に drystwei
だいち　大地　*de* ierde
たいちょう　体調　*de* foarm, *de* kondysje：体調がよい yn goede *kondysje* wêze, 体調がよくない gjin *kondysje* hawwe
たいちょう　隊長　in militêre kommandant
だいちょう　大腸　de grutte [grouwe / rjochte] terms
だいちょう　台帳　*it* grutboek
タイツ　*de* maillot, *it* triko
たいてい（は）　大抵（は）　almeast, meast(al), meastentiids：彼女は火曜日には大抵ここに来る Sy komt hjir *almeast* [*meast*] tiisdeis.；大抵の meast：大抵の人たち *de measte* min-

sken
たいど　態度　*de* hâlding, *de* ynstelling, *it* optreden：態度を決める jins *hâlding* bepale, 態度を変える jins *hâlding* feroarje, 否定的な態度をとる in negative *ynstelling* hawwe
たいとう　対等　*de* gelikens, *de* likens：人を対等に扱う immen as jins *gelikens* behannelje；対等の gelikens, likens, lykweardich：みんなを対等に扱う elkenien in *likense* behanneling jaan；対等の [に] lyk
たいどう　胎動　（胎児の）de beweging fan de foetus,（徴候）*it* teken
だいどう　大同　大同小異の [で] hast [skraach] itselde
だいどう　大道　*de* haadwei
だいどうみゃく　大動脈　*de* aorta, *de* grutte slachier
だいとうりょう　大統領　*de* presidint；大統領職 *it* presidintskip；大統領選挙 *de* presidintsferkiezing；副大統領 *de* vice-presidint
たいとくする　体得する　oanleare（→学ぶ，習得する），（体験する）meimeitsje
だいどくする　代読する　大統領の祝辞は副大統領に（よって）代読された De heilwinsk fan de presidint waard troch de vice-presidint lêzen.
だいどころ　台所　*de* keuken /《文》koken；台所仕事 *it* keukenwurk；台所道具 [用品] *it* itensiedersark
タイトル　（表題）*de* titel,（肩書き）*de* titel,（選手権）*de* titel：本のタイトル de *titel* fan in boek, 彼は水泳の三つのタイトルを持っている（人だ）Hy is in man mei trije *titels* by it swimmen.
たいないの [に]　体内の [に]　yn 't lichem
たいないの [に]　胎内の [に]　yn 'e skurte：胎内の児 in bern yn 'e skurte（→胎児）
だいなしにする　台無しにする　bedjerre, ferknoeie（→駄目にする）：私たちの将来は台無しになった Us takomst is bedoarn.
ダイナマイト　*it* dynamyt
ダイナミックな [に]　dynamysk,（活気に満ちた）enerzjyk
だいに (の)　第二 (の)　（*it* / *de*）twadde （…）：第二（次）世界大戦 *de* Twadde Wrâldoarloch；第二に twad(s)
たいにんする　退任する　ôfgean（→退職する）
たいねつの　耐熱の　bestân tsjin hjitte
だいの　大の　grut,（熱狂的な）entûsjast,（絶望的な）hopeleas,（大変な）geweldich：大の仲良し in grutte freon, 人と大の仲良しである grut mei immen wêze, 彼は大のサッカーファンだ Hy is in *entûsjaste* bewûnder(d)er fan fuotbal., 大の怠け者 in hopeleaze loaikert, あなたは私にとって大の恩人だ Do helpst my *geweldich*.
たいのう　滞納　*de* efterstân：（税金・家賃などを）滞納する in *efterstân* oprinne；滞納者 immen mei in belêstingskuld
だいのう　大脳　*de* grutte harsens（↔小脳）；大脳 serebraal
だいのじ　大の字　大の字に寝る jin strekke；（…に）大の字に寝そべる hingje（op）
ダイバー　*de* dûker（→潜水夫）
たいはい　大敗　in grutte nederlaach；大敗する totaal ferslein wurde
たいはい　退廃　*de* dekadinsje；退廃した dekadint
たいはする　大破する　slim skansearre wurde
たいばつ　体罰　*de* liifstraf：体罰を受ける *liifstraf* krije,（…に）体罰を加える *liifstraf* tabringe（oan）
たいはん　大半　*de* mearderheid；…の大半 *it* grutst diel fan …；大半は foar it grutste part, foar in grut part
たいばん　胎盤　*de* plasinta
たいひ　対比　*it* kontrast,（比較）*de* fergeliking；（…と）対比する fergelykje (mei)（→比較する）
たいひ　堆肥　*de* dwinger, *de* kompost；

（土地に）堆肥を施す komposteaje
タイピスト *de* typist,（女性の）*de* typiste
だいひつする 代筆する （…の）skriuwe út namme (fan)
たいびょう 大病 in slimme sykte；大病で（ある）slim siik (wêze)
だいひょう 代表 *de* represintaasje；代表する fertsjin(t)wurdigje, represintearje；《形》代表する，代表的な represintatyf；代表者 *de* fertsjin(t)wurdiger, *de* represintant
ダイビング （水上競技の）（飛び込み）*it* dûken,（飛行機の）（急降下）*de* dûkflecht
タイプ （型）*it* type：彼女は私の好みのタイプではない Se is myn *type* net.
タイプ （タイプライター）*de* typmasine [skriuw-]；タイプする type：手紙をタイプする in brief *type*
だいぶ 大分 →随分
たいふう 台風 *de* tyfoan：台風に襲われる troch in *tyfoan* troffen wurde, 台風警報 in warskôging foar in *tyfoan*
だいぶつ 大仏 in monumintaal byld fan Boeddha
だいぶぶん 大部分 *it* gros, *de* measten, *it / de* meastepart：大部分の人たち *it gros* fan de minsken；大部分の meast；大部分は foar it grutste part, stikhinne
たいへいよう 太平洋 de Grutte Oseaan
たいべつする 大別する rûchwei ferdiele
たいへん（な）大変（な）earnstich, grut, hiel, ivich, kreas, ôfgryslik, swier, tige, tsjep：大変な事態 *earnstige* needtastân, 大変な数 in *grut* oantal, 大変な数量 *de grutte* massa, 大変な仕事 in *hiel* wurk, 彼は大変上手にやった Dat hat er *kreas* dien., 大変な事故 in *ôfgryslik* ûngemak, 毎朝早く起きるのは大変だ It is *swier* dat ik elk moanne betiid fan 't bêd kom., 大変お気の毒です It spyt my *tige*.；（とても・非常に）

ivich, omraak, withoe, witwat；大変美しい *ivige* moai, 大変嬉しい *omrake* bliid, 大変長い *withoe* lang；（ひどく）blau, dea, earnstich, gâns, groulik, liderlik, raar, slim, tige, wakker, woast：大変うんざりする jin *blau [dea / stikken]* ferfele, 大変な病気 *earnstige [slimme]* sykte, 大変心配している jin *earnstich* soargen meitsje, 大変汚れた *rare* lilk, 大変暑い *tige* hjit, 大変寒い *wakker* kâld；大変だ！, まあ大変！Myn God!
だいべん 大便 （排泄物）*de* poep, *de* ôfgong（→うんこ）,（糞（ $\frac{1}{2}$ ））*de* drol, *de* kak（↔小便）；大便をする skite, útskiede,（用便を済ます）jin ûntlêstgje
だいべんする 代弁する （…に代わって）（話す・支払う）sprekke [betelje] (foar [út] namme fan …)；代弁者 *de* wurdfierder：大学の代弁者 *de* *wurdfierder* fan 'e universiteit
たいほ 退歩 *de* tebekfal,（後退）*de* efterútgong；退歩する fertoarkje,（後退する）efterútgean,（堕落する）ferwurde
たいほ 逮捕 *it* arrest, *de* arrestaasje：人を逮捕する immen yn *arrest* hâlde [nimme], 逮捕されている ûnder *arrest* stean, 逮捕する in *arrestaasje* dwaan；逮捕する arrestearje, ynrekkenje, oanhâlde；逮捕状 it befel ta arrestaasje；逮捕者 *de* arrestant
だいぼいんすいい 大母音推移 de grutte lûdferskowing
たいほう 大砲 *it* geskut, *it* kanon；大砲の弾 *de* kanonskûgel
たいぼう 大望 →大望（たい もう）
たいぼうする 待望する ferwachtsje, hoopje, wachtsje（→期待する）；待望の langferwachte
だいほん 台本 （映画の）*it* draaiboek, *it* senario（→シナリオ）,（劇の）*de* tekst
たいま 大麻 *de* marihuana（→マリファナ）
タイマー *de* wekker：タイマーを5時に

たいまつ

セットする de wekker sette op fiif oere
たいまつ　松明　de fakkel, de toartse
たいまん　怠慢　it fersom, de loaiens, de neilittigens [-ichheid], de sleauwens；怠慢な beroerd, loai, neilittich, sleau：極めて怠慢な sa loai as in baarch
タイミング　de timing；タイミングのいい tidich：彼はタイミングよく到着した Hy kaam tidich oan.
タイム　（時間）de tiid：タイムアップです De tiid is om.；タイムを計る klokke；タイムスイッチ de skeakel-klok；タイムリミット de tiid(s)limyt
だいめい　題名　de titel（→タイトル）：辞書の題名 de titel fan in wurdboek
だいめいし　代名詞　it foarnamwurd, it omnamwurd, it pronomen
たいめん　体面　（外観）it uterlik,（名誉・面子(めんつ)）de eare：体面を繕うために foar it uterlik, 体面を保つ jins eare ophâlde；体面を汚す jin fergoaie
たいめん　対面　→インタビュー
たいもう　大望　de ambysje, de earsucht（→大志）；大望のある earsuchtich
だいもく　題目　de titel
タイヤ　（自転車・自動車の）de（bûten)-bân
ダイヤ　（列車の）（時刻表）de tsjinst-regeling；ダイヤ通りに op tiid
ダイヤ　（宝石・トランプの）de dia-mant（→ダイヤモンド）
だいやく　代役　de reserve,（映画の）de ramplesant；代役を立てる immen ferfange
ダイヤモンド　de diamant；ダイヤモンドでできた［をちりばめた］dia-manten：ダイヤモンド婚式 diamanten brulloft《結婚60／75周年記念》
ダイヤル　（電話・ラジオの）de kies-skiif；電話のダイヤルを回す it nûmer draaie
たいよう　大洋　de oseaan, de wrâldsee
たいよう　大要　→概要
たいよう　太陽　de sinne：灼(しゃく)熱の太陽 de gleie sinne, 太陽が沈む De sinne giet ûnder., 太陽が昇る De sinne

komt op [skynt].；太陽の《複合語の第一要素として》sinne-, fan de sin-ne：太陽系 it sinnestelsel, 太陽光線 de sinnestriel,（雲間から射す）de sin-neblink；太陽熱 de waarmte fan 'e sin-ne
だいよう　代用　de substitúsje；代用する substituearje；代用品［物］it sub-stitút
たいようの　耐用の　duorsum（→耐久性のある）
たいらげる　平らげる　（食べ物を）opite, opkrije,（平定する）ûnderdrukke（→鎮圧する）
たいらな　平らな　flak, plat, sljocht：平らな土地 flak [plat / sljocht] lân（→平地), 土地を平らにする it lân sljocht meitsje = it lân sljochtsje
だいり　代理　de ôffeardige；代理（人）de pleatsferfanger；代理人 de agint, de folmacht, it substitút；代理（人）を送る ôffurdigje；代理権 de folmacht；代理店 it agintskip
たいりく　大陸　it fêstelân, it kontinint, it wrâlddiel：オランダはヨーロッパ大陸にある Nederlân leit op it Europees-ke kontinint.；大陸の kontinintaal
だいりせき　大理石　it moarmer：（大理石のように）冷酷無情な sa kâld as moarmer
たいりつ　対立　（軍事的・政治的な）de konfrontaasje,（矛盾）de tsjinstriid；対立する opponearje,《形》tsjinstri-dich；対立して tsjinyn
たいりゃく　大略　→概略
たいりょう　大量　de massa：物を大量に売る［生産する］eat yn massa fer-keapje [produsearje]；大量の［に］massaal, in protte
たいりょく　体力　de lichemskrêft,（活力）de enerzjy
タイル　de estrik, de tegel / tichel：タイル張りの壁 in muorre mei tegel(tsje)s
だいろっかん　第六感　in sechsde sin-túch
たいわ　対話　de dialooch, de gear-

spraak, *it* petear, *de* twaspraak, *it* ûnderhâld;(…と)対話する in petear hawwe (mei)
たうえをする　田植えをする　rys plantsje
たえがたい　耐え難い　ûndraachlik (→我慢できない)
だえき　唾液　*de* flibe, *it* spui (→つば)：唾液は食べ物の消化を助ける *Flibe* helpt by it fertarren fan iten.
たえしのぶ　耐え忍ぶ　→耐える
たえず　絶えず　allegeduer(ig)en, aloan, geduerich, jimmerwei, oanienwei, trochrinnend, ûnophâldlik, aloan en (al)wei, oan ien wei
たえぬく　耐え抜く　stânhâlde, trochmeitsje, úthâlde：危機を耐え抜く in krisis *trochmeitsje*
たえる　耐える，堪える　(我慢する) fele, ferantwurdzje, ferdrage, ferneare, fertarre, (抵抗する) tsjinakselje, tsjinavensearje, tsjinstean, tsjinstribje：痛み[寒さ]に耐える de pine [kjeld] *fele*, 寒さに耐えられない de kjeld net *ferdrage* [*ferneare*] kinne, 彼の屈辱には耐えられない Ik kin syn beledigingnet *fertarre*.
たえる　絶える　(絶滅する) útstjerre, (枯渇する) útbrûke, útputte
だえん　楕円　*de* ellips：卵は楕円形をしている In aai hat de foarm fan in *ellips*.
たおす　倒す　kantelje, (政府などを) wippe, (打ち負かす) ferslaan, oerwinne, (打ち·殴り) 倒す omslaan, (引き) delhelje, omlûke, (ぶつけて·ひっかけて) omfleane, (切り) kapje
タオル　*de* handoek (→手拭い)：タオルで顔をふく jin om 'e holle feie [wiskje] mei in *handoek*
たおれる　倒れる　(地面に) delfalle, (転ぶ) falle, kippe, (卒倒する) flaufalle, omfalle：石につまずいて倒れる oer in stien *falle*, 空腹で倒れる *omfalle* fan 'e honger
たか　鷹　*de* hauk
たが　箍　(桶·たるなどの) *de* hoep

(…) だが　(しかし) mar, (矢張り) doch, dôch, (それでも) yntusken, jit, lykwols;《接》(…であるけれども) alhoewol('t), hoewol('t)：よく質問をしてみたが，それでもよく分からない *Hoewol*('t) ik gauris frege haw, wit ik it noch net.
たかい　高い　(物·場所が) heech, (背が) grut, heechop(pich), lang, (声が) heech, (値段·程度が) djoer, heech：高い木[山] in hege beam [berch], エベレストは世界で一番高い De Everest is de *heechste* berch fan 'e wrâld., 背の高い婦人 in heechoppige [*lange*] frou, 彼女の高い鼻 har *lange* noas, かん高い声 in heech lûd, あの時計は(値段が)高過ぎる Dat horloarzje is te *djoer*., 高い値段 in hege priis, 私の血糖値は少し高い Myn (bloed)sûker is in bytsje heech.；高く heech：高く飛ぶ *heech* fleane, 高く跳ねる *heech* ljeppe
たかいする　他界する　ferskiede (→死ぬ)
だかいする　打開する　trochbrekke
たがいちがいに　互い違いに　ôfwikseljend；互い違いにする ôfwikselje
たがいの　互いの　mienskiplik, (相互の) ûnderling, wjersidich；互いに elkoar, inoar, mei-inoar；互いの間で útinoar
たかいびきをかく　高鼾をかく　slim snoarkje
たがう　違う　→違(ちが)う, 違反する
たかが　高が　(単に) allinne, allinnich, mar：彼はたかが5分遅れて来ただけだ Hy kaam *mar* fiif minuten te let.
たかくてきな　多角的な　mearsidich；(事業などを) 多角化する útwreidzje (→拡張する)
たがくの　多額の　grou, in protte, hiel wat fan：多額のお金 *grou* jild, *in protte* jild
たかさ　高さ　(物の) *de* hichte, (高度の) *de* hichte, (音(量)の) *it* folume, (調子の) *de* toan, (値段の) in hege

たかしお

priis：タワーの高さ de hichte fan de toer, その飛行機の高さ（→高度）は 2,500メートルです De hichte fan it fleantúch is 2.500 meter., そのスピーカーの音の高さ（→音量）it folume fan de lûdsprekker
たかしお 高潮 de stoarmfloed
たかだい 高台 de hichte：高台にある家 in hûs op in hichte
たかだか 高々 →精々
だがっき 打楽器 it slachynstrumint
たかとび 高跳び in hege sprong；高跳びをする heech springe
たかとびする 高跳びする →逃走する
たかなみ 高波 hege weagen
たかなり 高鳴り （胸の）fluch slach（fan it hert）；胸が高鳴る It slacht fluch.（（→胸が）どきどきする）
たかね 高値 in hege priis：ある物を高値で売る eat ferkeapje foar in hege priis
たかぶる 高ぶる jin opwine（→興奮する）；（気持ちが）高ぶって oerémis, spannend；（胸の）高ぶり de spanning：昨夜は気持が高ぶって眠れませんでした Justerjûn koe ik net sliepe fan 'e spanning.
たかまる 高まる jin ferhefte,（増す）ferheegje, fermearderje,（興奮する）oerémis wurde,（感情・音声の）stige：人気が高まる De populariteit stiicht., 緊張が高まる De spanning stiicht.；（感情の）高まり de weach
たかめる 高める （程度・値段などを）ferheegje,（改善する）jin ferbetterje,（品位を）feredelje（→高尚にする）
たがやす 耕す kultivearje,（すきで）ploegje
たから 宝 de skat（→宝物），（最愛の人）de skat
だから （それ故に）dêrom, dêrtroch, ek：だから私は現代小説は読まないんです Ik lês dan ek gjin moderne romans.；（接）…だから meidat, omdat, om't, trochdat：天気が悪かったから、戻っ

て来ました Ik gong werom, om't it minne waar wie., 病気だったから、家にいました Trochdat ik siik wie, wie ik thús.
たからくじ 宝籤 it lot, de lotterij；宝くじを引く lotsje
たからもの 宝物 →宝
たかる （群がる）krioel(j)e, swa(a)rmje,（ゆする）ôfparsje：多くのありが砂糖にたかっている In protte eamel-(d)ers swa(a)rmje om de sûker., 人にお金をたかる immen jild ôfparsje
たかんな 多感な （感じやすい）gefoelich,（感傷的な）sentiminteel
たき 滝 de wetterfal：ナイヤガラの滝 de Niagara Wetterfallen
たき 多岐 多岐にわたる in protte saken beslute
だきあう 抱き合う oankrûpe, omearmje
だきあげる 抱き上げる （赤ん坊を）(in poppe) yn 'e earms nimme
だきかかえる 抱き抱える omfiemje
たきぎ 薪 de kachelhoutsjes
だきしめる 抱き締める krûpe, oankrûpe oanlizze, omearmje, slute, triuwe,（赤ん坊などを）knobje, nodzje：ツリンカは父親に抱き締めてもらうのが好きだ Trynke mei mei har heit graach krûpe., 人を抱き締める immen yn 'e earms slute, その母親は赤ん坊をぎゅっと抱き締めている De mem noddet har berntsje in soad.
だきすくめる 抱き竦める ticht yn 'e earms slute
だきつく 抱き付く （…に）（しがみつく）jin fêstklamme（oan）
たぎてきな 多義的な twaslachtich 多義語 in wurd mei gâns betsjuttings；多義性 de twaslachtigens
たきび 焚き火 it freugdefjoer, it kampfjoer（→キャンプファイア）
だきょう 妥協 it kompromis, de tuskenoplossing：妥協する in kompromis slute；（…と）妥協する jin earne kompromittearje（mei）
たぎる 滾る （煮え立つ）siede,（感情

が)(高ぶる) oerémis wurde
たく 卓 (食卓) de tafel：卓につく oan ('e) tafel gean
たく 炊く kôkje, siede：ご飯を炊く rys kôkje [siede]
たく 焚く →燃やす
だく 抱く (抱擁する) omearmje, omstringelje, (卵を) briede：めんどりが8個の卵を抱いている De hin sit op acht aaien te brieden.
たぐい 類い (種類) it slach, it / de soarte；類(い)まれな bysûnder, seldsum：類(い)まれな鳥 seldsume fûgels
たくえつ 卓越 de superieurens, de treflikens [-heid]；(…に)卓越する útblinke (yn), útmuntsje；卓越した poerbêst, tige, treflik；卓越して by útstek
だくおん 濁音 in stimhawwende konsonant (→有声子音)
たくさん(の) 沢山(の) folle, gâns, plenty, in protte, in slompe, in soad, in steal (→多数の)：沢山の鶏 gâns hinnen, 食べ物が沢山ある Wy hawwe plenty te iten., この人は沢山のお金を持っている Dy man hat in protte jild., 沢山の本 in soad boeken；あまりにも沢山(の) tefolle,《副》folop
たくしあげる たくし上げる opstrûpe：ズボンをたくし上げる de boksen opstrûpe
タクシー de taksy：タクシーで行く mei de taksy gean, タクシーを呼んでくれませんか Kinne jo in taksy foar my roppe?；タクシー運転手 de taksysjauffeur；タクシー運賃[料金] it taksytaryf；タクシーの乗客 de passazjie；タクシー乗り場 it taksysteanplak；タクシーメーター de taksymeter [-mjitter]
たくじしょ 託児所 de kres (→保育所)
たくじょうの 卓上の op 'e lessener [skriuwtafel]
たくす 託す →任せる, 預ける
たくぜつした 卓絶した (卓越した) treflik, (無比の) ûnferbetterlik, ûnnei-folchber

たくち 宅地 grûn [lân] foar húsfesting, (建築用地) de bougrûn, it bouplak
たくはいする 宅配する hûs oan hûs besoargje
たくばつな 卓抜な →卓絶した
タグボート de sleepboat
たくましい 逞しい dreech, fiks, flink, foars, geweard, stoer：(体の)たくましい男 in stoere keardel
たくみな [に] 巧みな [に] keunstich, kundich, redsum, tûk；巧みにかわす ôfpoeierje, úntdûke
たくらみ 企み de yntrige, it komplot (→陰謀)；ひそかにたくらむ kûpje
だくりゅう 濁流 in modderige stream
たぐりよせる 手繰り寄せる ynpalmje, oanhelje
たくわえ 蓄え (品物などの) de foarrie(d), (お金の) it sparjild, de sparpot [-pôt]：蓄えがある yn foarrie(d) wêze, (お金を)蓄える opgarje, sparje, weilizze：お金を蓄える jild sparje, 老後に備えて蓄える foar de âlde dei sparje, 子供のために蓄える foar de bern sparje
たけ 丈 (身長) de hichte, (de) (lichems)lingte, (長さ) it lang, de lingte
たけ 竹 it / de bamboe(s)；竹(製)の bamboezen
(…)だけ allinne, allinnich, mar：ただ一目見たいと思っただけだ Ik woe allinne mar efkes sjen., 人は野菜やパンだけでなく，肉も食べる Minsken ite net allinne griente en bôle, mar ek fleis. * net allinne …, mar (ek) の成句で，それをちょっとだけやってくれ Doch it no mar.
たけうま 竹馬 de stelt：竹馬に乗って歩く op stelten rinne；竹馬に乗る steltrinne
だげき 打撃 (経済的・精神的な) de dûk, de klap, de opdonder, de slach (→ショック)：経済的な打撃 in finansjele klap, (経済的・財政的な)打撃

を受ける in *klap* krije, 父の死は私にとってひどい打撃であった De dea fan ús heit wie in hiele *slach* foar my.

だけつ 妥結　it kompromis, de skikking, de tuskenoplossing, (協定) it fergelyk, (決着) de ôfwikkeling：妥結する in *kompromis* slute, (協定を結ぶ) ta in *fergelyk* komme；(…と) 妥結する akseptearje (mei) (→受諾する)

たけつしつの 多血質の　waarmbloedich, (熱血の) hetsich

たけなわ 酣　*it* hichtepunt：秋まさにたけなわである De hjerst is no op it *hichtepunt*.

たけのこ 竹の子, 筍　de bamboesprút

たける 長ける　→熟達する

たげんご 多言語　de meartalichheid；多言語の meartalich

たげんする 他言する　ferkletse (→他言(ﾞ)する)

たげんな 多言な　praatsk (→多弁な)

たこ 凧　de draak；たこ揚げをする draak(je)fleane

たこ 蛸　*de* inketfisk (→いか)

たこ 胼胝　(皮膚(ﾞ)にできる) *it* yl

たこう 多幸　ご多幸を祈ります Ik winskje dy lok ta., Ik lokwinskje dy., ご多幸を祈って！Alles wat winsklik is!

だこうする 蛇行する　kronkelje, (jin) slingerje：その川は牧草地を蛇行している De rivier *slingeret* him troch it lân.

たこく 他国　(外国) de frjemdte；他国の frjemd (→外国の)

たこくかんの 多国間の　multinasjonaal

たこくせきの 多国籍の　multinasjonaal：多国籍企業 in *multinasjonale* ûndernimming, 多国籍軍 in *multinasjonale* macht

たごんする 他言する　fertelle oan oaren, (秘密を) (漏らす) ferriede

たさい 多才　*de* mearsidichheid；多才な mearsidich

たさいな 多彩な　kleurich, (多様な) ôfwikseljend

ださく 駄作　in tredderangs [-soarte] wurk

たさつ 他殺　*de* moard (↔自殺)

ださんてきな 打算的な　→計算高い, (抜け目のない) listich

たさんの 多産の　fruchtber, produktyf；多産 de fruchtberens [-berheid]

だしいれ 出し入れ　(預金などの) *it* deposito en *it* opfreegjen

たしかな [に] 確かな [に] beslist, grif, wis, (確かに) sawier, sikerwier, steefêst：確かな証拠 grif [pertinint] bewiis, 彼は確かに悪い Hy is *grif* mis., それは確かだと思う Ik leau it *grif*., それは確かだ It is *wis*., 確かである [ない] earne (net) *wis* fan wêze, 確かに！ *Wis!*, Ja *wis!*, あなたは確かに傘を持って行きました Jo hawwe *sawier* de paraplu meinaam., 確かに君たちにそう言いましたよ Sikerwier, ik sei it jimme.

たしかめる 確かめる　jin fersekerje [ferwissigje], (確認する) konstatearje：…であることを前もって自分で確かめておきたい Ik wol my der earst fan *fersekerje* dat …, 医者は腕(の骨)が砕けていることを確かめた Dokter *konstatearre* dat de earm stikken wie.

たしざん 足し算　*de* optelling (→加算) (↔引き算)；足し算をする optelle

たしつ 多湿　hege fochtigens [-tichheid]；多湿の tige fochtich：日本の夏は高温多湿です De simmers yn Japan binne *tige* hjit en *fochtich*.

たじつ 他日　(かつて) ea, ienris, oait, ris, (いつか) ienkear, ienris, in oare dei [kear] (→今度, いつか別の日に), hjoed of moarn (→遅かれ早かれ)：他日君は後悔するだろう It sil dy *ienris* spite.

たしなみ 嗜み　(趣味・好み) *de* gading, *de* meuch, *de* nocht, *it* sin, *de* smaak, (慎み) *de* ynbannigens [-ichheid], *de* sedigens / sedichheid：それは私のたしなみ [→好み] には合わない It is myn *smaak* net.；(…を) たしなむ hâlde (fan)：トランプをたしな

む fan kaartspyljen *hâlde*
たしなめる　窘める　fermoanje（→警告する）；たしなめ *de* fermoanning
だしぬく　出し抜く　ferrifelje；人を出し抜く immen（op）in pyk sette
だしぬけの［に］　出し抜けの［に］　→突然の［に］，不意の［に］
だしもの　出し物　*it* program(ma)，（公演などの）*de* demonstraasje
たしゃ　他者　oar：彼は他者（→世の人）のために尽すことが好きです Hy docht graach wat foar in *oar*.
たしゃ　多謝　hertlik tank
だじゃれ　駄洒落　*de* wurdboarterij, in stomme grap：だじゃれを言う in *wurdboarterij* meitsje
だしゅ　舵手　*de* roergonger
たじゅうの　多重の　mannichfâldich（→多数の）：多重人格 in *mannichfâldige* persoanlikheid, 多重放送 *mannichfâldige* útstjoering
たしゅたようの　多種多様の　ferskillend, mannichfâldich
たしょう　多少　（数）*it* tal, （量）*de* kwantiteit, （額）*it* bedrach：申し込みの多少によって neffens it *tal fan oanfregers*, 量の多少はちっとも問題でない De *kwantiteit* hinderet neat., 多少にかかわらず ûnôfhinklik fan *kwantiteit*；(副)（幾らか・少し）in bytsje, in lyts, wat：フリジア語を多少話せます Ik kin *in bytsje* Frysk prate., 多少の金額 *in lyts* bedrach, 彼女は多少酔っていた Sy wie *wat* dronken.；多少（なり）とも mear of minder
たじょうな　多情な　（移り気の）grillich, ritich；多情な人 *de* flinter
たじろぐ　krimpe, tebekskrilje, tebekskrute
だしんする　打診する　beklopje,（聞き出す）kloarkje
たす　足す　（加算する）optelle,（加える）dwaan, tafoegje, taheakje,（補う）goedmeitsje：二つの数（字）を足す twa getallen byinoar *optelle*
だす　出す　（外へ）取り出す úthelje, útpakke,（中から）引き出す útlûke,（手紙・招待状などを）fuortstjoere（→発送する）,（報告・書類などを）ynleverje, ôfjaan（→提出する）,（本・手形などを）útjaan（→発行する）,（命令・布告などを）útfurdigje,（飲食物を）betsjinje,（お金を）útjaan,（店を）iepenje,（勇気・元気を）sammelje,（手・頭を）útstekke,（声・音を）útstjitte,（光・電波を）útstjoere,（口を）útbringe（→言う）,（スピードを）sette（→上げる）,（製品・作品などを）útstalle（→出品する）,（肌を）bleatstelle（→さらす）
たすう　多数　*de* bult(e), *de* mannichte, *de* massa, *de* slompe（→大多数）：多数の人々 *bulten* minsken, in *slompe* folk, 多数の支持者 in *mannichte* supporters；多数の manmachtich, mannichfâldich, mannichste, massaal（→大勢の, 沢山の）；多数を占める yn 'e mearderheid wêze；絶対多数 in absolute mearderheid；圧倒的多数 in ferpletterjende mearderheid；多数決で決める beslute mei mearderheid fan stimmen
たすかる　助かる　（命が）jin rêde, rêden wurde（→救助される）,（手間・費用が）（省ける）besparje
たすけ　助け　*de* help, *it* helpmiddel,（援助）*de* help, *de* helpferliening,（支援・後援）*de* byfal, *de* steun,（救助）*de* rêding：あなたの心温まる手助けを感謝しています Ik tankje jo foar jo hertlike *help*., それは私にとって大助かりです Dat is in grutte *steun* foar my.
たすける　助ける　helpe,（援助・後援する）begeunstigje, drage, helpe,（特に財政的に）steune, stypje,（救助する）rêde,（協力する）meihelpe [-wurkje]：おかげで随分助かりました Hast my goed *holpen*., 人を水難から助ける ien út it wetter *rêde*
たずさえる　携える　drage, meifiere, meihawwe, meinimme（→携帯する）；《前》…を携えて mei：大袋を（手に）

携えて *mei* in grutte sek yn 'e hân
たずさわる　携わる　（…に）（関与する）partisipearje（yn）,（関係する）meipartsje,（…に）（参加する）dielnimme（oan）
たずねびと　尋ね人　in fermist persoan
たずねる　訪ねる　（訪問する）besykje, besytsje, opsykje,（ちょっと）delkomme, ôfreizgje（→立ち寄る）：人を訪ねる in persoan *besykje* = by immen op besite gean, 時には訪ねてください Moatst my ris *opsykje*., じきにまた私どもを訪ねてください Do moatst yn koarten wer ris by ús *delkomme*., 彼らは素敵なコートを探すためにあちこちの店を訪ねた Se *reizgen* alle winkels *ôf* om in moaie jas te finen.
たずねる　尋ねる　（質問する）freegje,（…に）freegje（nei）,（捜す）opsykje, sykje,（人の安否を）freegje（nei）：お尋ねしてもよろしいですか Mei ik jo wat *freegje*?, 時間を尋ねる *freegje* hoe let it is, 人に尋ねる nei immen *freegje*, さらに詳しく尋ねる earne op yn *freegje* = mei klam ynformearje
だせい　惰性　*de* tragens；惰性で út wenst
たそがれ　黄昏　*de* skimer(jûn), *it* skimerljocht（→夕暮れ）
だそく　蛇足　（余分）*de* oer(s)talligens [-lichheid]；蛇足の oerboardich, oerstallich, ûnnedich（→余分な）
た　多々　（諺）多々ますます弁ず Wat mear, wat better.
ただ　只　（無料の）frij,（普通の）gewoan：入場はただです De tagong is *frij*., ただの人 in gewoane man
ただ　唯　ただ（単に）allinne, allinnich, inkel(d), mar：ただ一目見たいと思っただけだ Ik woe *allinnich* mar efkes sjen., 青春はただ一度しかない Do bist *mar* ienkear jong.；ただ（一つ）の ien(n)ich, ien(n)ichst：ただ一つの手段 it *ien(n)ichste* middel；ただ…という理由で allinnich om't …
だだ　駄々　駄々をこねる jeuzelje,

piizje；駄々っ子 *de* twinger, in bedoarn bern
だたい　堕胎　*de* abortus（→中絶）
ただいな［の］　多大な［の］　earnstich, grut, swier：多大な損害 *grut* kwea, 多大な恩恵を受けている ûnder de *swiere* skulden sitte
ただいま　只今　（今・現在）no,（すぐに）no dalik, gau(ris), hast,（当分）fêst, foarearst, foarfêst, foarhâns：彼女は病気でしたが, ただ今はまた元気になっています Hja hat siik west, mar is *no* wer presint., 彼はただ今参ります Hy komt hjir *gauris*., 私はただ今フリースラントで子供たちと暮らしています Mei ús bern húsmanje ik *no* yn Fryslân.
たたえる　称える　loovje,（褒める）oanpriiz(g)je, priiz(g)je, romje（→称賛する）：主をたたえる de Heare *loovje*
たたかい　戦い　（戦闘）*de* fjochterij, *it* gefjocht, *de* kriich, *de* striid,（闘争）*de* kamp, *de* striid,（試合）*de* kamp, *de* kriich, *de* striid, *de* wedstriid：今戦っている yn 'e *striid* bliuwe（→戦闘状態にある）；戦う bestride,（…と）fjochtsje [stride] (tsjin), kampe (mei)：敵と戦う de fijân *bestride*, *fjochtsje* tsjin de fijân
たたかい　闘い　（奮闘）*de* wrakseling,（格闘）*de* striid：水との闘い de *striid* tsjin it wetter；闘う bestride：エイズと闘う AIDS *bestride*；（…と）闘う kampe (mei),（…のために）stride (foar)：困難と闘わなければならない te *kampen* hawwe mei swierrichheden, フリジア語のために闘う *stride* foar de Fryske taal
たたきおこす　叩き起こす　（体などを揺すって）immen wekker skodzje, wekje
たたきおとす　叩き落とす　eat delslaan,（打ち落とす）weislaan,（振って落とす）útslaan
たたききる　叩き切る　hakje, houwe
たたきころす　叩き殺す　（人を）immen dea slaan（→殴り殺す）

たたきこわす　叩き壊す　feravensearje, stikken meitsje
たたきだす　叩き出す　（追い出す）knikkerje, (追放する) útstjitte
たたきわる　叩き割る　stikkenslaan [-smite]：茶わんをたたき割る in teekopke *stikkenslaan*
たたく　叩く　huffe, klopje, (軽く) beklopje, tikje, (打つ・殴る) fege, slaan, turvje：カーペットをたたく it kleed *klopje*, 彼の肩をぽんとたたいた Ik *tikke* him op 'e skouder., 彼は私をたたいた Hy hat my *slein*.
ただし　但し　（しかし）mar, （しかしながら）dêrom, lykwols
ただしい　正しい　korrekt, rjocht：あなたの答えは正しい Jo antwurd is *korrekt*., 常に正しいことをやれ Doch altyd wat *rjocht* is.；正しく korrekt, rjochtens；正しいこと it rjocht, de rjochtens：正しい行いをする *rjocht* dwaan
ただす　正す　（間違いを）ferbetterje, korrizjearje (→訂正する), （姿勢・考えなどを）rjochtsje：間違いを正す flaters *ferbetterje*, 誤りを正す fouten *korrizjearje*, 姿勢を正す jins postuer *rjochtsje*
ただす　質す　→尋ねる
たたずまい　佇まい　（外観・様子）it foarkommen, it oansjen, （雰囲気）de atmosfear, de sfear
たたずむ　佇む　stil stean
ただただ　唯々　→実に, 全く
ただちに　直ちに　aansen(s), aansent, aanstons, dalik(s), fuort, fuortdalik(s), ynienen：ぼくたちはそのことが分かると, 直ちにそれを君に伝えた Doe't wy it wisten, hawwe we it dy dalik trochjûn.
だだっこ　駄々っ子　it skoatpopke
たたみ　畳　in 'tatami' matte
たたむ　畳む　（折り）yn fâlden lizze, teare, （閉じる）slute：ハンカチをたたむ de handoeken *teare*, 傘［店］をたたむ de parasol [winkel] *slute*
ただよう　漂う　（水上・空中に）driftkje, driuwe, swerve, sweve：雲が空に漂う Wolkens *driftkje* yn 'e loft., 船が海上に漂っている It skip bliuwt *driuwen*., 海上を漂う op see *swerve*
たたり　崇り　（呪い）de ferwinsking, de flok, (災難) it ûnheil, it ûnk；たたる (fer)flokt wurde (→呪われる), (be)straft wurde (→天罰を受ける), （悪い結果を引き起こす）bewurkje, oanrjochtsje, (呪う) ferflokke：彼は悪霊にたたられている In kweade geast *ferflokt* him.；父は過労がたたって病気になった Us heit waard siik troch oerwurkjen.
ただれ　爛れ　de swolderij, (腫瘍(しゅよう)) de swolm, (炎症) de ûntstekking：親指がただれている *swolderij* oan 'e tomme hawwe；ただれる swolle：傷口がただれている De wûne *swolt*.
たち　質　（性質）it / de aard, it karakter, (気質) it temperamint, (特性) de eigenskip；たちがよい goedaardich, (病気など) goedaardich (→良性の), たちが悪い kwea-aardich, (病気が) kwea-aardich (→悪性の), min：たちの悪い風邪 in *kwea-aardige* [*minne*] kjeld
たち　太刀　it swurd (→刀(かたな))
たちあい　立ち会い　→出席：立ち会う→出席する
たちあがる　立ち上がる　jin ferheffe, oprize, opstean
たちい　立ち居　立ち居振る舞い de omgongsfoarmen, de sede
たちいる　立ち入る　yngean, （干渉する）yngripe, ynferearje：立ち入り禁止 De tagong is ferbean.
たちうちする　太刀打ちする　（…に）（対抗する）kriigje (mei), konkurrearje (mei / tsjin)
たちおうじょうする　立ち往生する　fêstreitsje, fêstsitte, stilhâlde, (行き詰まる) stilstean
たちおくれる　立ち遅［後］れる　efteropkomme, (劣る) ynferieur wêze
たちぎきする　立ち聞きする　belúster-

たちきる

je, ôflústerje (→盗み聞きする)
たちきる　断ち切る　(切断する) ôfsnije, (縁・関係などを) brekke, ferbrekke, (鎖などを) ferbrekke：(…との)関係を断ち切る in relaasje *(fer)brekke* (mei)
たちこめる　立ち込める　bedekke, dampe：霧が野原一面に立ち込めていた In wale fan mist *bediek* de fjilden.；霧が立ち込めた dampich, mistich：霧がひどく立ち込めていて塔が見えない It is sa *dampich* dat wy de toer net sjen kinne.
たちさる　立ち去る　ferlitte, fuortgean, fuortsette [-stekke], (急に) fuortrinne
たちすくむ　立ち竦む　(…で) skrokken wêze (fan / foar)
たちどまる　立ち止まる　stilstean, stopje：急に立ち止まる hommels *stopje*
たちなおる　立ち直る　(…から) jin ferhelje (út), (打ち勝つ) te boppe komme
たちのく　立ち退く　→立ち去る, (転居する) ferhúzje
たちば　立場　*de* posysje, *de* stân, (地位・境遇) *it* gefal, *de* post, (視点) *it* stânpunt, (状況) *de* situaasje：君の立場であればそんなことはできない Dat kinst yn dyn *posysje* net dwaan., 立派な立場 [地位] にある in goede *posysje* hawwe
たちはだかる　立ちはだかる　yn de wei stean (→行く手を遮る), (障害が) strjemje
たちふさがる　立ち塞がる　→立ちはだかる
たちまち　忽ち　fuort, fuortdalik(s), ynienen, opslach, ridlik gau, sadalik(s), strak(s)
たちむかう　立ち向かう　(対抗する) opponearje, temjitte gean；エイズに立ち向かう fersette tsjin AIDS, konfrontearje mei AIDS
だちょう　駝鳥　*de* strûsfûgel [strús-]
たちよる　立ち寄る　delkomme, ynrinne, oanhâlde：じきにまた私どもの所に立ち寄ってください Do moatst yn koarten wer ris by ús *delkomme*., 人の家に立ち寄る by immen *ynrinne*
たつ　立つ　stean, (立ち上がる) ferrize, oprize, opstean, rize, (波・風が) opstean, opstekke, (うわさが) ferspriede, (腹が) jin ergerje, (出発する) oanfange, starte
たつ　建つ　oprjochte wurde
たつ　経つ　(時が) ferstrike, (素早く) oanrinne, (経過する) fergean, ferrinne：時の経つのがとても速い [遅い] De tiid *ferstrykt* hurd [stadich]., 時間が経った De tiid is *ferrûn*.
たつ　断つ　(切断する) ôfseagje, (手足などを) ôfsette, (関係を) ferbrekke, ôfbrekke, útmeitsje, (止める) opjaan, (人・自分の命を) benimme：板をのこぎりで断つ [切断する] in planke *ôfseagje*, 彼は彼女との関係を断った Hy *ferbruts* de relaasje mei har., 煙草を断つ it smoken *opjaan*, 自分 [人] の命を断つ jinsels [immen] it libben *benimme*
だついする　脱衣する　(衣服を)(脱ぐ) foarweidwaan, losdwaan, ôfdwaan, ôflizze, útdwaan：脱衣する de klean *útdwaan*；脱衣室 *de* klaaikeamer (→更衣室)
だっかいする　脱会する　(…を) betankje (foar), opsizze
たっかんする　達観する　in rom [breed] sjen
だっかんする　奪還する　(取り戻す) werkrije, weromnimme
だっきゃくする　脱却する　(…から) jin losmeitsje (fan)
たっきゅう　卓球　*it* pingpong (→ピンポン)；卓球をする pingpongje
だっきゅう　脱臼　*de* ferstûking (→捻挫)；脱臼する ferkloffe, ferknoffelje, ferstûkje (→捻挫する)
たくけい　磔刑　*de* krusiging (→はりつけ)；磔刑にする krusigje
だつごく　脱獄　*it* útbrekken；脱獄する útbrekke út 'e finzenis；脱獄囚 *de*

útbrekker
だっこくする 脱穀する stampe, terskje：稲を脱穀する rys *stampe*；脱穀機 *de* terskmasine
だっこする 抱っこする （赤ん坊を）in lytske yn 'e earms hâlde
だつじ 脱字 in ûntbrekkende letter
だっしする 脱脂する fetfrij meitsje；脱脂乳 dreage [meagere] molke；脱脂綿 *de* watten
たっしゃな 達者な →健康な，上手な
だっしゅうする 脱臭する de ferkearde lucht ferdriuwe, luchtsje；脱臭剤 *it* deodorant
だっしゅする 奪取する （強奪する）ûntskuorre, usurpearje, （剥奪する）ûntsette
だっしゅつ 脱出 *de* ûntsnapping；脱出する losbrekke, ûntsnappe, jin loswringe；脱出口 *de* needútgong（→非常口）
たつじん 達人 *de* ekspert
だっすい 脱水 *it* útdroegjen；脱水する droegje；脱水状態になる útdroegje；脱水機 *de* droeger（→乾燥機）
たっする 達する （至る・到達する）oankomme, （及ぶ）fiem(j)e, rikke, （達成する）(be)rikke：目的を達（成）する in doel *berikke*
だっする 脱する （免れる）ûntdûke, ûntkomme, ûntrinne, ûntsnappe：危機を脱する oan in gefaar *ûntsnappe*
たっせい 達成 *de* ferwurvenheid；達成する bedije, berikke, ferwêzentlikje, rikke；達成しやすい berikber
だつぜい 脱税 de ûntdûking fan 'e belesting；脱税する belesting ûntdûke
だっせん 脱線 *de* ûntspoaring, （話の）*de* ôfwiking；脱線する ûntspoare, （話が）ôfwike：脱線させる *ûntspoare* litte
だっそう 脱走 *de* ûntsnapping；脱走する ûntsnappe, （兵隊が）desertearje, oerrinne：その囚人はうまく脱走した De finzene koe ûntsnappe.；脱走兵 *de* deserteur
たった inkel(d), mar；たった今 just, justjes, justsa, krekt(lyn), krektsa, niiskrekt(sa), pas：たった今帰ったとこ ろだ Ik kaam *krekt(lyn)* thús.
だったい 脱退 *de* ôffal, *de* ôfskieding；脱退する ferlitte, ôffalle, ôfskiede, （辞退する）betankje (foar), ôfkitse
だっちょう 脱腸 *de* hernia, *de* ljiskbreuk
だって omdoch, （だが）mar, 《接》（なぜなら）meidat：「どうしてそんなことをするのか」「だって」Wêrom dochst dat? *Omdoch!*, だってぼくはやっていないよ！ Ja *mar*, ik haw it net dien!
たづな 手綱 *de* team：馬の手綱を諦める it hynder by de *team* krije
たつのおとしご 竜の落とし子 *it* seehynderke
だっぴする 脱皮する ferfelje, （脱却する）losmeitsje：幼虫が脱皮する De rûp *ferfellet*.
たっぴつ 達筆 彼女は達筆だ Se skriuwt moai.
タップダンス *de* tapdûns；タップダンサー *de* tapdûnser
たっぷり fol, folle, goed, ryk, ryklik：たっぷり食べる te *folle* ite
だつぼうする 脱帽する de hoed ôfnimme
たつまき 竜巻 *de* hoas（→旋風）
だつもう 脱毛 *it* ûnthierjen, *de* ûnthierring；脱毛する ûnthierje, útfalle；脱毛剤 *it* ûnthierringsmiddel
だつらくする 脱落する ôffalle, útfalle：4人のスケート選手が脱落した Der binne fjouwer riders *útfallen*.
たて 盾 *it* skyld；（騎士の）盾持ち *de* skyldfeint
たて 縦 （長さ）*it* lang, *de* lingte（↔横）：縦に yn it *lang*；縦の［に］fertikaal
たで 蓼 *de* readskonk；《諺》蓼食う虫も好き好き Elk syn meuch.

(一)だて (一)建て *de* ferdjipping：10／11階建てのビル in gebou mei tsien *ferdjippings* ＊10階はアメリカ式
たていと 縦糸 （織物の）*de* skearing（↔横糸）
たてうりの 建て売りの pasklear：（一軒の）建て売り住宅 in *paskleare* wenning, （数軒の）*paskleare* wenningbou
たてかえる 立て替える foarsjitte, útsjitte：お金を立て替えてやります Ik *sjit* it wol efkes *foar*.；立て替え it foarskot：立て替えで op *foarskot*
たてかえる 建て替える ferbouwe, ombouwe
たてがき 縦書き 縦書きにする fertikaal skriuwe
たてかける 立て掛ける （…に）（傘などを）oanleune（tsjin）
たてがみ 鬣 （複）*de* moanjes
たてぐ 建具 it beslach
たてごと 竪琴 *de* harp(e)（→ハープ）
たてこもる 立て籠もる jin ferskânzje, （部屋などに）jin opslute
たてこんだ 立て込んだ grôtfol, smoarfol
たてつく 盾突く →反抗する
たてつづけに 立て続けに efterelkoar, efterinoar
たてふだ 立て札 （掲示板）*it* (oan)-plakboerd
たてまし 建て増し *de* oanbou, *de* útbou；建て増しする útbouwe
たてもの 建物 *de* bou, *it* gebou, *de* konstruksje：建物を建てる in *gebou* konstruearje, れんが造りの建物 in stiennen *konstruksje*
たてよこ 縦横 *de* lingte en *de* breedte
たてる 立てる oprjochtsje, （真っすぐに）opsette, opstuolkje, rjochtsje, （音を）lawaaiskoppe, （うわさを）ferspriede, （計画・企画を）opstelle, （腹を）jin lilk meitsje
たてる 建てる bouwe, opsette, （教会・学校などを）stichtsje：家を建てる huzen *bouwe*
たてわり 縦割り fertikale ferdieling；縦割りにする fertikaal ferdiele
たどうし（の） 他動詞（の） （*de*) transityf：他動詞 *transitive* tiidwurden = oerbringende［oergonglike］tiidwurden（↔自動詞）
だとうする 打倒する omrame, omsmite
だとうな 妥当な doelmjittich, foechsum, gaadlik, passend, reedlik, skap(pe)lik, tapaslik；妥当でない ûnearber
たとえ 例え, 譬え, 喩え （直喩）*de* fer(ge)liking, （隠喩）*de* metafoar, （寓話）*de* fabel, *de* gelikenis：例えて言えば om in *metafoar* te brûken
たとえ （たとえ…でも）al, alhoewol('t)：たとえそれが1日中続いたとしても ek *al* duorret it de hiele dei, たとえお金がなくても、彼は幸せだ Hy hat gelok, *alhoewol*('t) er gjin jild hat.
たとえば 例えば bygelyks
たとえる 例える, 譬える （…に）fergelykje（mei）
たどく 多読 in wiidwreidige lêzing；多読する wiidweidich lêze
たどたどしい stjittelich, strampelich
たどりつく 辿り着く oankomme（→到着する）
たどる 辿る （道を）folgje,（足跡を）opspoare：道をたどる de dyk *folgje*, 犯人の足跡をたどる in misdiediger *opspoare*
たな 棚 it boerd, it rim：あの書棚には5つの棚がある Der sitte fiif *rimmen* yn dy boekekast.；整理棚 *it* fak：（店の）棚を一杯にする de *fakken* byfolje
たなあげする 棚上げする →先延ばしする
たなおろし 棚卸し *de* ynventarisaasje；棚卸し表 *de* ynventaris：棚卸しをする de *ynventaris* opmeitsje
たなごころ 掌 *de* palm（→手の平）
たなぼた 棚牡丹 it ferfal, it tafal
たなんな 多難な （困難な）dreech, fertrietlik, lêstich, lestich, moedsum, slim, swier：多難な時代 *swiere* tiden

たに 谷 *de* delling, 谷（間）*de* delte, （峡谷）*it* ravyn
だに 蝨 *de* tyk
たにがわ 谷川 *de* berchstream
たにま 谷間 *de* delte
たにん 他人 *de* frjemd, 《代》oar, oarman：彼は他人のために尽くすことが好きです Hy docht graach wat foar in *oar*.；他人の frjemd, oar, oarmans：他人の支援 *frjemde* help, 他人の事柄 *oarmans* saken
たにんずう 多人数 hiel wat minsken
たぬき 狸 *it* bearke, (穴熊) *de* das；《諺》取らぬ狸の皮算用 Priizgje de dei net foar't it jûn is.
たね 種 *it* sie(d), (果物の) *de* pit, (話などの) ûnderwerp fan petear (→ 話題)：種を採集する *sie*(d) heine [winne], 種を蒔く yn it *sie*(d) sette, りんごの種 *pitten* yn in appel
たねうま 種馬 *de* hynst
たねつけ 種付け *de* pearing
たねなしの 種無しの sûnder pit
たねまき 種蒔き *it* siedzjen；種蒔きをする siedzje；《諺》刈り入れを望む者は時期を逸しないように種を蒔かねばならない Dy 't rispje wol, moat op 'e tiid *siedzje*.
たねん 多年 lange jierren；多年の jierrenlang
たのしい 楽しい aardich, behaachlik, gesellich, noflik, ûnderhâldend；(…を) 楽しむ genietsje (fan), (…で) jin fermeitsje (mei / yn), (…と) jin ûnderhâlde (mei)：音楽を楽しむ *genietsje* fan muzyk, とても楽しかった Ik haw my tige *fermakke*.；楽しみに待つ ferwachtsje, hoopje, (…を) útsjen (nei)：明日会えるのを楽しみにしています Ik *ferwachtsje* jo moarn., どうぞここでの滞在を楽しんでください Ik *hoopje* dat jo it hjir nei it sin hawwe sille.；楽しみ *de* aardichheid, *it* geniet, *de* lust, *it* skik：見ていて楽しい It is in *lust* om oan te sjen.
たのみ 頼み (依頼) *it* fersyk, (依存)

de ôfhinklikens；頼む freegje, (せがむ) skoaie, smeke
たのもしい 頼もしい →頼りになる
たば 束 *it* bosk, (書類・手紙などの) *it* pak：花束 in *bosk* blommen
だば 駄馬 *it* wurkhynder, (老いぼれ馬) *de* stinder
たばこ 煙草 (巻き) *de* sigaret, (葉巻きたばこ) *de* tabak：軽い [強い] たばこ lichte [swiere] *tabak*；たばこを吸う rikje, smoke；たばこを止める piipstopje
だはする 打破する (打ち負かす) ferslaan, oerwinne, slaan
たはつする 多発する faak barre [foarkomme / foarfalle]
たばねる 束ねる bine, (髪などを) opbine
たび 旅 *de* reis, *de* tocht, *de* toer：旅に出る [ている] op *reis* gean [wêze], (長) 旅をする in *tocht* meitsje, 旅をする in *toer* begjinne = bereizgje, reizgje；旅慣れた bereizge：旅慣れた人 in *bereizge* man；旅先 *it* reisdoel；旅人 *de* reizger (→旅行者)
たびかさなる 度重なる oanhâldend, oanienwei：度重なる失敗 *oanhâldende* mislearrings
たびたび 度々 faak, faken(tiden), (al wol)gauris, iderkear(en), meastentiids (→しばしば)：彼は（帰宅が）遅くなることが度々ある Hy komt wol *gauris* te let.
(…) たびに (…) 度に (…する度に) hieltyd at, wannear 't：彼女は電話が鳴る度に，跳び起きて受話器を取る *Hieltyd at* de telefoan giet springt se op om op te nimmen.；…の度毎に alle kearen dat…
タブー (の) (禁忌 (の)) (*it*) taboe：それはタブーになっている Der leit in *taboe* op., タブーを破る in *taboe* trochbrekke
だぶだぶの bobbelich, flanterich, flodderich, sekkerich：この洋服はだぶだぶだ Dy klean binne *flanterich*., だぶ

たぶらかす

だぶのズボン in *sekkerige* broek = *de* slobbroek；《動》（服が）だぶだぶである flodderje：その服は彼女（の体）にはだぶだぶだ De klean *flodderje* har om 'e lea.；だぶだぶの衣服 *de* flodder；だぶだぶのセーター *de* slobbertrui
たぶらかす　誑かす　→騙す
ダブる　（重なる）oerlaapje
ダブルの　mei twa rigen knopen
たぶん　多分　faaks, miskien, wierskynlik, nei alle wierskynlikheid：それが事実だということは多分ご存知でしょう Jo witte *faaks* dat it wier is., 多分明日お会いできるでしょう Ik sjoch dy *miskien* moarn., 多分…だろう It is *wierskynlik* dat …
たべあきる　食べ飽きる　jins nocht hawwe fan it iten
たべすぎる　食べ過ぎる　te folle ite
タペストリー　*it* muorrekleed
たべつくす　食べ尽くす　jin ferfrette, opite
たべでのある　食べでのある　substansjeel
たべのこし　食べ残し　*it* oerbliuwsel, *it* restje；食べ残す wat iten oerbliuwe litte
たべもの　食べ物　*it* iten, (食料品) *de* iterij, (食糧) *de* provisy：冷たい［暖かい］食べ物 kâld [waarm] *iten*, 食べ物も飲み物も何も残っていない gjin *iten* en drinken mear hawwe
たべる　食べる　ite, (音を立てて) slurp(j)e：私たちは朝はパンを食べる Wy *ite* moarns bôle., それは食べられない It is net te *iten*.；食べられる ytber：すべてのきのこが食べられるとは限らない Net alle poddestuollen binne *ytber*.
だべる　駄弁る　babbelje, keakelje, keuvelje, kletse, lulle, teutsje
たべんな　多弁な　praatsk (→おしゃべりな)
たほう　他方　de oare kant；他方は *de* oar, oan 'e iene [oare] kant (→その一方で)

たぼうな　多忙な　bannich, beuzich：多忙な1日 in *bannige* dei, 彼は多忙な生活を送っている Hy hat it altyd like *bannich*.
たほうめんの　多方面の　ferskillend [-skillich], ûnderskaat：多方面で op mannich gebiet [mêd]
だぼく　打撲　*de* kniezing；打撲傷を与える knieze, knoeie
だほする　拿捕する　→（船を）捕える
たま　玉, 球　*de* bol, (球) *de* bal (→ボール), (電球) *de* gloeilamp, (宝石) *it* juwiel；玉に瑕(⁂) jins iennichste fout
たま　弾　（弾丸）*de* kûgel
たまご　卵　（鶏などの）*it* aai, (かえる・魚などの) *de* broei, *de* kût / kút：卵を産む [孵(⁂)す] in *aai* lizze [útbriede], 産みたての卵 in farsk *aai*, 固くゆでた[半熟の]卵 in hurdsean [sêft-] *aai*, ゆで卵 in sean *aai*；卵焼き *de* omelet (→オムレツ)；卵の殻 *de* aaidop [-skyl]；卵の黄身 *de* aaidjerre；卵の白身 *it* aaiwyt；卵立て *it* aailokje
たましい　魂　*de* geast, *de* siel(e)；魂の geastlik (→霊的な)；魂の救い *it* sieleheil
だます　騙す　bedrage, ferrifelje, misliede；(…を) だまし取る oplichtsje (foar)：彼は彼女から200ユーロをだまし取った Hy hat har foar twahûndert euro *oplichte*.；だまされやすい lichtleauwich；だますこと *de* bedragerij, *de* mislieding (→詐欺(⁂))
たまたま　偶々（偶然）by tafal, tafallich, sa't it tafallich giet：たまたまそこに居合わせました Ik wie dêr *tafallich*.
たまつき　玉突き　*it* biljert (→ビリヤード)；玉突きをする biljerte；玉突き事故 *de* keatlingbotsing [ketting-]
たまに　→稀に
たまねぎ　玉葱　*de* sipel
たまむし　玉虫　*de* prachtkrobbe [-tuorre]；玉虫色の reinbôgekleurich

たまもの　賜物　(贈り物) it presint, it geskink, de skinking, (神からの) de segen, (努力の) de frucht
だまらせる　黙らせる　stilhâlde, stilje, swije litte, gjin lûd jaan
たまらない　堪らない　(我慢できない) ûndraachlik, ûnduldber, ûnferdraachlik, ûnhâldber
たまりば　溜り場　(控え室) de wachtkeamer, (集る場) de lôzje, in plak foar gearkomste
たまりみず　溜り水　stilsteand wetter
たまる　溜まる　(雨水が) opheine, (お金が) jin opheapje, (水が) stilstean, (停滞する) stagnearje ; 仕事が溜まる Der komt stagnaasje yn it wurk.
だまる　黙る　jin stilhâlde : あなたは黙りなさい Hâld jo stil! ; 黙っている stilswije, swije : 人を黙らせる immen swije litte, 彼は黙っていられない性分だ Hy kin net swije. ; 黙って sûnder fergunning [permisje] stil, yn stilte (→無断で)
たまわる　賜わる　útrikt wurde
ダミー　(替え玉) de strieman
たみんぞくこっか　多民族国家　in multyrasjale steat
ダム　de (sto)daam
たむし　田虫　de ringwjirm (→白癬 (はくせん))
ため　為　(ある目的・利益) (…のための [に]) foar, ta [yn it] foardiel fan …, (原因・理由) fanwege(n), troch : それを私たちのためにしてくれませんか Soenen jo dat foar ús dwaan wolle?, 家を新築するため foar in nij hûs, 悪天候のために来られませんでした Fanwege(n) it minne waar koe ik net komme. ; ためになる foardielich ; …のためになる goed wêze foar … : それはあなたの健康のためになる Dat is goed foar jo sûnens.
ためいき　溜め息　de sucht : ため息をつく in sucht litte [lûke] ; ため息をする suchtsje
ダメージ　(損害・被害) de beskeadiging, it kwea, de skea : ダメージを与える skea dwaan = skeadzje
ためし　試し　de proef : 試しに op proef [probearjen] ; 試す besykje, stelle (→試みる), (品質などを) lotterje, probearje : もう１週間試してみます Ik sil it ris in wike besykje., 人を試しに使ってみる it mei immen besykje, 《成句として》人を試す immen op 'e proef stelle
だめな　駄目な　(役に立たない) net goed wêze, ûnbrûkber wêze ; 駄目にする ferknoeie ; (計画などが) 駄目になる oergean, ôfspringe
ためらい　躊躇い　it bestân, de twifel (→躊躇 (ちゅう ちょ)) : ためらう yn bestân stean ; ためらう skytskoarje, skrome, wifelje : 苦労することを少しもためらわない gjin muoite skrome
ためる　貯める　(お金を) garje, opgarje, sparje : 新しい自転車を買うためにお金をためる garje foar in nije fyts, 老後に備えてお金をためる jild sparje foar de âlde dei
ためる　溜める　(雨水などを) opheine, (蓄積する) garje, opheapje, opsteapelje, (収集する) sammelje, sparje : 雨水を溜める reinwetter opheine, コインを溜める munten garje [sammelje]
ためん　他面　de oare kant : 他面では oan 'e oare kant (→他方では)
ためんてきな [に]　多面的な [に]　multylateraal
たもつ　保つ　behâlde, bewarje, hâlde, (地位・名誉などを) ophâlde, (良い状態に) ûnderhâlde : 自分の名誉を保つ jins eare ophâlde
たもと　袂　(袖) de mouwe ; 袂を分 (わ) かつ skiede, (人と) (mei immen) brekke
たやす　絶やす　(根絶する) ferdylgje, útroegje, (切らす) útputte
たやすい [く]　容易い [く]　maklik, simpel, mei gemak (→容易に) : それはたやすいことだ Dat kin maklik. ; たやすくする simplifisearje
たような　多様な　ferskate, ferskillend

[-skillich］；多様化する fariearje；多様性 de farïeteit, it ferskaat：言語の多様性 in ferskaat fan talen

たより　便り　（消息・知らせ）it nijs, de tynge,（手紙）de brief,（通信）de briefkerij, de korrespondinsje：よい便り goed nijs, goede tynge（→吉報），人に便りを書く immen in brief skriuwe,《諺》便りのないのはよい便り Gjin nijs, goed nijs.；悪い便り de jobsboade［-tiding］；（…から）便りがある berjocht krije（fan）, hearre（fan）

たより　頼り　（信頼）de betrouberens [-berheid], de betroudens；頼りになる betrouber, degelik, fertroulik, solide；頼りない ûnbetrouber：頼りない人 in ûnbetrouber persoan

たよる　頼る　（…に）betrouwe（op）, bouwe, jin ferlitte（op）, fertrouwe, rekkenje（op）,（依存する）ôfhingje（fan）：神に頼る jin op God ferlitte, 私は息子に頼っ（→当てにし）ていない Ik fertrou myn soan net.

たら　鱈　de kabbeljau

たらい　盥　it waskfet, de (wask)tobbe

だらく　堕落　de degeneraasje, de dekadinsje；堕落する degenerearje, ûntaardzje；堕落した ûntaarde

だらける　loai wurde, loaikje；だらけた loai：だらけた生活 in loai libben

だらしない　los, ûnfersoarge,（部屋が）rommelich, ûnoarderlik,（服装などが）flodderich, los, suterich：だらしない服装をしている suterich yn 'e klean wêze

たらす　垂らす　drippe

タラップ　（飛行機・フェリーボートなどの）de klep

たらふく　鱈腹　（十分に）mei grutte foldwaning

だらり（と）　slop；だらりと（垂れ）下がる hingelje en bingelje

ダリア　de daalje

たりきほんがんで　他力本願で　op 't fertrouwen fan oaren

たりない　足りない　net genôch wêze, ûntbrekke：お金が足りない Der ûntbrekt jild.；…するに足りない ûnwurdich wêze（→…に値しない）

たりょう　多量　de bult(e), de massa；多量の［に］massaal, in protte, slim：多量の出血 slim bloedferlies

たりる　足りる　（間に合う）folstean,（十分である）genôch [tarikkend] wêze：助成金が足りない De subsydzje is net tarikkend.

たる　樽　it fet, de kûp(e),（大樽）de tonne,（小樽）it fetsje

だるい　怠い　（体・気分が）heal(gear), loom, lusteleas：体がいくらかだるい Ik bin wat heal.,（体が）だるくなる jin bejaan

たるみ　弛み　de ferslopping, de sloppens；弛む ferslopje, ûntspanne；弛んだ laks, los,（筋肉などが）slop：弛んだ筋肉 sloppe spieren

だれ　誰　誰が［に］wa：誰がそこにいますか Wa is [binne] dêr?, 誰に会いましたか Wa hasto sjoen?；誰の wa syn [har], waans：あれは誰の自転車ですか Wa syn [har] fyts is dat?；誰の物 waans；誰か ien, immen：ドアのところに誰かいる Der is immen oan 'e doar.；誰も…ない gjin, nimmen (net), gjinien, gjinnen(t), gjint：私は誰も知らない Ik wit gjinien., 手助けできる人は誰もいませんか Is der no gjint dy 't helpe kin?；誰それ sa en sa

たれこむ　垂れ込む　ferkletse；垂れ込み屋 de ferklikker

たれる　垂れる　hingje,（液体が）drippe,（垂れ下がる）trochsakje；垂れ幕 it spandoek

だれる　→疲れる

タレント　in (jonge) stjer

（…）だろう　sille,（推量する）ferûnderstelle, tinke：彼は多分病気だろう Hy sil siik wêze., 多分そうだろう Ik ferûnderstel fan al.

タワー　de toer（→塔）

たわい（も）ない　他愛（も）ない　（詰まない・ばかかしい）sleau, ûnnoazel,

（容易な）maklik
たわごと　戯言　*de* nonsens, *de* ûnsin：たわごとを言う *ûnsin* sizze = yn 't wyld prate
たわむ　撓む　knikke, ombûge, trochsakje：雪の重みで屋根がたわんでいた It dak *sakke* troch ûnder it gewicht fan 'e snie.
たわむれ　戯れ　（ふざけ）*de* lol；戯れる spylje
たん　痰　it flegma, *de* kwalster, *de* rachel, *it* slym：たんを（吐き）出す *rachels* útspuie, *slimen* opjaan
たん　端　端を発する ynsette, oanfange, ûntspringe [-stean]
だん　段　（階段）*de* traap,（段ベット）*de* koai
だん　暖　暖を取る jin waarmje（→体を温める）
だん　壇　it platfoarm,（演壇）*de* ferheging,（説教壇）*de* sprekstoel：壇上に立つ op it *platfoarm* stean
だんあつ　弾圧　（制圧）*de* oerhearsking,（鎮圧）*de* ûnderdrukking；弾圧する ferdrukke, ferkringe
たんい　単位　*de* ienheid,（履修の）*it* stúdzjepunt
たんいつの　単一の　ienich, inkel(d)；単一化する simplifisearje；単一化 *de* ienwurding；単一性 *de* ienheid
たんおん　短音　in koarte fokaal, in koard lûd（↔長音）
たんおんせつの　単音節の　ien(wurd)liddich：単音節語 in ien(wurd)liddich wurd
たんか　担架　*de* draachberje：担架で人を運ぶ immen drage mei de *draachberje*
たんか　短歌　'tanka'（in Japansk gedicht mei 31 syllaben）
タンカー　*de* tanker, *it* tankskip
だんかい　段階　（等級）*de* graad, *de* rang,（歩み・区切り）*de* stap：段階を踏んで *stap*(ke) foar *stap*(ke)（→一歩一歩）
だんがい　断崖　*it* klif, *de* klip(pe), *de* steilte
だんがいする　弾劾する　（責める・告訴する）beskuldigje
たんかだいがく　単科大学　*de* hegeskoalle
たんがん　嘆願　*de* smeekbea；嘆願する skoaie, smeke；嘆願書 *it* smeekskrift
だんがん　弾丸　*de* kûgel
たんき　短気　*de* opljeppenens；短気 hjitbloedich, koart, neinimmend, opljeppen(d), stringkidelich, wrimpen：私たちの先生は短気だ Us learaar is *koart* foar de kop., 短気な性格 in *wrimpen* aard；短気な人 *de* hjitholle
たんき　短期　in koart tiid；短期の koart rinnend；短期間 in koart skoftsje tiid
たんきゅう　探求　*it* sykjen；探求する sykje,（追求する）neistribje：真理を探求する de wierheid *sykje* [*neistribje*]
たんきゅう　探究　（調査）*de* ferkenning, *de* neispoaring, *it* ûndersiik [-syk],（研究）*de* stúdzje；探究する ferkenne, yndûke, neispoare, ûndersykje, studearje
だんきゅう　段丘　*it* terras
たんきょり　短距離　in koarte distânsje,（競走の）*de* koartebaan
タンク　（戦車・貯水槽）*de* tank
だんけつ　団結　*de* ferbûnens, *de* iendracht, *de* ienriedigens [-ichheid]：《諺》団結は力なり *Iendracht* makket macht.；団結する[させる] ferien(ig)je；団結した iendrachtich, ienriedich
たんけん　探検　*de* ekspedysje：探検に行く op *ekspedysje* gean；探検する eksplorearje；探検家[者] *de* ûntdekkingsreizger
たんけん　短剣　*de* dagge, *de* dolk
たんげん　単元　→単位
だんげん　断言　*de* befêstiging, *de* bewearing, *de* ferklearring；断言する beweare, ferklearje：彼は何も見なかったと断言している Hy *beweart* dat er neat sjoen hat.

たんご　単語　it wurd：この文は六つの単語から成る Dy sin bestiet út seis wurden.；単語集 de wurdlist
たんこう　炭鉱　de koalemyn；炭鉱労働者 de mynwurker
だんごう　談合　it besprek, it oerlis；談合する besprekke, rieplachtsje
たんこぶ　たん瘤　→瘤(こぶ)
だんこん　男根　→陰茎
たんさ　探査　it ûndersiik [-syk]；探査する ûndersykje
ダンサー　(男性の) de dûnser, (女性の) de dûnseres(se)
だんざい　断罪　de feroardieling, it fonnis；断罪する feroardielje
たんさいぼうの　単細胞の　iensellich
たんさく　探索　de speurtocht；探索する speure
たんさん　炭酸　it koalsoer；炭酸ガス it koalsoergas；炭酸水 de polke, it polkewetter
だんし　男子　(男の子) de feint, de jonge, (男の人) de man：私には男の子と女の子が一人ずついる Ik haw in jonge en in famke.
たんじかん　短時間　in koart skoftsje tiid
だんじき　断食　(特に宗教上の) de fêste(n)；断食する fêstje, festje；断食期間 de fêsteltiid [festel-]；断食日 de fêsteldei
だんじて　断じて　(絶対に) absolút, perfoarst, poer：彼には断じて反対です Ik bin it perfoarst net mei him iens. * iens は特に，強調語として用いられる，それには断じて反対だ Ik bin der poer op tsjin.；断じて…ない nea, hielendal [uterstee] net：そんなことは断じてありえない Dat kin nea., 断じて不可能な uterstee net mooglik
だんしゃく　男爵　de baron；男爵夫人 de barones(se)
たんじゅう　胆汁　de galle：(胆汁のように) 非常に苦い sa bitter as galle
たんじゅう　短銃　it pistoal, (回転式の) it / de revolver (→拳銃)
たんしゅく　短縮　de ferkoarting, de ôfkoarting；(物・時間を) 短縮する ferkoart(s)je, koartsje：時間を短縮する de tiid ferkoart(s)je [koartsje]；短縮(形) de ferkoarting
たんじゅん　単純　de ienfâld, de simpelens, de soberheid；単純な ienfâldich, simpel, sober：単純な性格 in ienfâldich [sober] bestean；単純化する simplifiearje；単純化した [された] simplistysk；単純化 de simplifikaasje
たんしょ　短所　it gebrek, it tsjin：長所と短所 it foar en it tsjin
たんしょ　端緒　(初め) it begjin, (スタート) de start
だんじょ　男女　man en frou；男女の差別 it seksisme (性差別)
たんじょう　誕生　de berte, (物・事物の) it ûntstean；誕生日 de bertedei, de jierdei：来週は彼の誕生日だ Hy hat nije wike syn jierdei., 誕生日おめでとう(ございます)！ Tige lokwinske mei dyn [jo] jierdei!；誕生日の贈り物 it jierdeispresint；誕生パーティー it jierdei(s)feest：人を誕生パーティーに招く immen foar [op] in jierdei(s)feest útnoegje
たんしょうとう　探照灯　it sykljocht
だんじる　断じる　→断定する
たんしん　短針　(時計の) de oerewizer, de lytse wizer (↔長針)
たんしんで　単身で　allinne, allinnich, op jinsels
たんす　箪笥　de kommoade, de ladekast；洋服だんす de (klean)kast
ダンス　de dûns；ダンスをする dûnsje；ダンスホール it / de dûnsseal
たんすい　淡水　swiet wetter；淡水魚 de swietwetterfisk
だんすい　断水　it ôfsluten fan de wetterlieding；断水する de wetterlieding ôfslute
たんすいかぶつ　炭水化物　it koalhydraat
たんすう　単数　it iental, it inkelfâld, de singularis (↔複数)：この動詞は単数(形)だ Dit tiidwurd stiet yn it in-

kelfâld.；単数の inkelfâldich
たんせい　丹精　（骨折り）*de* ynset, *de* ynspanning, *de* krêftsynspanning, （苦労）*de* pine：丹精して mei *pine*；丹精こめて soarchfâldich
だんせい　男性　*de* man, *it* manfolk, 《複》*de* manlju：男性向きのスポーツ *de* sporten foar *manlju*；男性の manlike (↔女性の)
だんせい　弾性　*de* fearkrêft
たんせいな　端正な　earber, fatsoenlik, ordintlik, (ハンサムな) moai, tsjep
たんせき　胆石　*de* galstien
だんぜつ　断絶　*de* kleau：世代の断絶 *de kleau* tusken de generaasjes；断絶する ûtroegje, ûtstjerre, （断たれる）ôfbrekke, ûtmeitsje
だんぜん　断然　absolút, definityf, jawis-(se)（→断じて）, (はるかに) fierwei
たんそ　炭素　*de* koal, *de* koalstof
だんそう　断層　*de* dislokaasje；断層写真 *it* tomogram
だんそうする　男装する　jin fermomje in man
たんそく　嘆息　*de* fersuchting, *de* sucht (→ため息)；嘆息する fersuchtsje, suchtsje：彼女はその激務を終えると，疲労のあまり嘆息した Se *suchte* fan wurgens doe't se it swiere wurk dien hie.
だんぞくてきな[に]　断続的な[に]　(一時的な[に]) tydlik, mei tuskenskoften, sa no en dan：今もなお雨が断続的に降っている It reint noch hieltyd mei *tuskenskoften*.
たんだい　短大　(短期大学) in junior kolleezje
だんたい　団体　*it* korps
だんだん　段々　stees（→次第に，徐々に）：彼女の体は段々衰弱している Har sûnens giet *stees* mear achterút.
たんち　探知　*de* opspoaring, *de* ûntdekking；探知する opspoare, ûntdekke；電波探知機 *de* radar (→レーダー)
だんち　団地　*de* folkshúsfesting
たんちょう　丹頂　in Japanske kraan

たんちょう　単調　*de* ienfoarmigens, *de* ientoanigens；単調な ientoanich, monotoan, nuet, (音が) ienlûdich：単調な調べ *ientoanich* sjongen
たんちょう　短調　*de* mineur
たんてい　探偵　*de* detektive, (人) *de* resjersjeur, *de* speurder；探偵小説 *de* detektive
だんてい　断定　*de* konklúzje：断定する in *konklúzje* lûke = konkludearje；断定的な[に] ôfdwaand
たんてきな[に]　端的な[に]　iepenhertich (→率直な[に])：端的に言うと *iepenhertich* sein
たんとう　短刀　in koart swurd
たんとう　暖冬　in ûngewoan waarme winter
だんどう　弾道　*de* kûgelbaan；弾道弾 [ミサイル] in ballistyske raket
たんとうする　担当する　（あることを）(eat) op jin nimme, (世話をする) hoedzje en noedzje；担当の tsjinstdwaand
だんとうだい　断頭台　*de* guillotine (→ギロチン)
たんとうちょくにゅう　単刀直入　単刀直入に言う koart om 'e hoeke gean, sûnder in soad omhaal sizze
たんどくする　耽読する　yn 'e lêzing opgean
たんどくの[に]　単独の[に]　allinne, allinnich
だんどり　段取り　(進行の計画) *it* plan, (手順) *it* arranzjement；段取りを決める arranzjearje, útwurkje
だんな　旦那　(主人) *de* master, (夫) *de* man,《敬称で》*de* hear
たんなる　単なる　(ただの) gewoan, mar, (全くの) klearebare：単なる冗談 *klearebare* [*mar*] gekheid
たんに　単に　allinne, allinnich, inkel(d), krekt, mar：単に見たいと思っただけである Ik wol *allinne* mar eefkes sjen., これは単に君にだけ当てはまる Dit jildt *inkel*(*d*) en *allinne* foar dy.
たんにんする　担任する　(世話をする) hoedzje en noedzje；担任教師 *de* klas-

selearaar
だんねつ 断熱 *de* isolaasje, *de* isolearring；断熱する isolearje；断熱材 *it* isolaasjemateriaal
だんねんする 断念する oerjaan, ôfsjen, opjaan（→あきらめる）：彼は病気になって，その仕事を断念せざるをえない Doe't er siik waard, moat er it wurk *opjaan*.
たんねんな［に］ 丹念な［に］（慎重な［に］）opmerksum, soarchsum：丹念な調査 *soarchsum* ûndersyk
たんのう 胆嚢 *de* galblaas, *de* galpûde
たんのうである 堪能である bedreaun [bekwaan / feardich] wêze：彼はフリジア語が堪能である Hy is tige *bedreaun* yn it Frysk.；(…を) 堪能する jins bekomst hawwe（fan）
たんぱ 短波 *de* koarteweach（↔長波）
たんぱく（しつ） 蛋白（質）*de* proteïne
たんぱくな 淡白な（性格が）（あっさりした）iepenhertich, (味・色が) ljocht
だんぱつ 断髪 *it* paazjehier
タンバリン *de* tamboeryn
だんぱん 談判 *de* ûnderhandeling [-hanneling]；談判する ûnderhandelje [-hannelje]
たんびてきな 耽美的な estetysk（→審美的な）
ダンピング *de* dumping；ダンピングする dumpe
ダンプカー *de* kypauto, *de* lorry
たんぷく 単複 singularis en meartal
たんぶん 単文 in inkelfâldige sin（↔複文）
たんぶん 短文 in koarte sin（↔長文）
たんぺん 短編（小説）*de* novelle, in koart ferhaal（短編小説）, (映画) in koarte film
だんぺん 断片 *it* brok, *de* flarde, *it* fragmint, *de* snipel；断片的な［に］fragmintarysk
たんぼ 田圃 *it* rysfjild（→水田）
たんぽ 担保 *de* boarch(som), *it* ûnderpân：担保に入れる［を取る］yn ûnderpân jaan [nimme]
たんぼいん 単母音 in ientoanich lûd
たんぼいん 短母音 in koart lûd（↔長母音）
だんぼう 暖房 *de* ferwaarming；暖房する ferwaarmje, stoke：暖房がしてある部屋 in *ferwaarme* keamer, この部屋は暖房をしていない Wy *stoke de keamer waarm net.*；暖房器具 *de* ferwaarming
だんボール 段ボール *it* ribbelkarton
たんぽぽ 蒲公英 *de* hynderblom, *de* hynsteblom, *it* knineblêd
タンポン *de* tampon：タンポンを詰める in *tampon* ynbringe
たんまつ 端末 (コンピューターの) *de* terminal
だんまつま 断末魔 jins lêste momint
たんめい 短命 in koart libben（↔長命）
だんめん(ず) 断面(図) *de* trochsnee(d)
たんもの 反物 *it* lapkeguod,《複》*de* manufaktueren
だんやく 弾薬 *de* ammunysje, *de* munysje
だんゆう 男優 *de* akteur（↔女優）
たんらく 短絡（電気の）*de* koartsluting（→ショート）, (飛躍) in ûnlogyske sprong；短絡的な推論 in ferkearde konklúzje
だんらく 段落 (文の) *de* paragraaf
だんりゅう 暖流 in waarme streaming
だんりょく(せい) 弾力(性) *de* fearkrêft, *de* linichheid, *de* rek：それは弾力性がなくなっている De rek is der út.；弾力(性)のある fearjend, fearkrêftich, linich, rekber
たんれいな 端麗な moai, tsjep
たんれん 鍛練 *de* timpering；鍛練する hurdzje
だんろ 暖炉 *de* hurd, *de* skou
だんろん 談論 (in) libbene [roerige] diskusje
だんわ 談話 *it* petear, *it* praat(sje)；談話室 *it* deiferbliuw

ち チ chi / ti

ち 血 （血液）it bloed,（血縁・血筋）it bloed,（血統）de stam(beam)：血を吐く bloed opjaan, 血を止める bloed stjelpe,《諺》血は水よりも濃い It bloed krûpt dêr't it net gean kin.；血を流す bliede：指から血が出ている Myn finger bliedt.；血の，血なまぐさい bloedich：血なまぐさい争い in bloedich konflikt；血まみれの bluodderich：血まみれの手 bluodderige hannen

ち 地 （大地）de ierde,（陸地）de ierde, it lân,（地面）de grûn,（土（壌））de ierde

ちあん 治安 de feilichheid, de feiligens,（無事）it heil, de wissichheid；治安がよい feilich (wêze),（安全な）behâlden, betroud, fertroud；治安が悪い ûnfeilich (→安全でない)

ちい 地位 de betrekking,（社会的な）de posysje, de stân, de status, de steat：立派な地位にある in goede posysje hawwe, フリジア語の法的・社会的な地位 de wetlike en sosjale status fan it Frysk, 地位の高い人たち lju fan steat

ちいき 地域 it gea, it grûngebiet, de krite, it mêd, de regio,（行政単位の）it gewest, de stedswyk：オランダの北部地域 de noardlike regio fan Nederlân；地域の，地域的な[に] regionaal

ちいさい[く] 小さい[く] （形が）behindich [-hyndich], lyts,（道が）（狭い）smel,（声が）（低い）fyn,（些細な）ûnbelangryk,（規模が）lyts：小さい部屋 in lytse keamer,（字を）小さく書く lyts skriuwe, 小さい道 in smelle dyk (→細道), 小さい声 in fyn lûd, 小さな農家 in lytse boer；小さい目の lytsich；小さい物 it lyts, it lytske

チーズ de tsiis：熟成したチーズ belegere tsiis, 熟成していないチーズ farske [jonge / nije] tsiis；チーズの外皮 de tsiiskoarste；チーズ製造業者 de tsiismakker；チーズスライサー de tsiisskaaf；チーズを製造する tsiizje；チーズのような，チーズ質の tsizich

チーター it jachtloaihoars
チーフ （上役）it haad, de sjef
チーム de ploech, it team

ちえ 知恵 it ferstân, de wiisheid, de wysdom [-heid]；知恵のある yntelligint, wyslik；知恵のない ûnwiis；知恵遅れの efterlik

チェーン （鎖）it keatling, de oanienskeakeling：私の自転車はチェーンが外れている Ik haw it keatling derôf.；チェーンソー de kettingseage

チェス it skaak(spul)；チェスをする skake；チェス盤 it skaakboerd；チェスをする人 de skaker

チェック （点検）de kontrôle；チェックする kontrolearje, neirekkenje, neiride, neisjen：彼が宿題をやったかどうか常にチェックしなければならない Wat syn húswurk oanbelanget, moat ik him altyd neiride.

チェックアウト チェックアウトする fuortgean, útboeke；チェックインする ynboeke, jin ynskriuwe

チェロ de sello；チェロ奏者 de sellist
ちえん 遅延 de fertraging, it opûnthâld, it útstel：遅延する opûnthâld hawwe, 支払いの遅延 útstel fan betaljen；する útstelle

チェンバロ it klavesimbel
ちか 地下 de ûndergrûn；地下の

[で] ûndergrûnsk；地下室 de kelderskeamer；地下鉄 de metro, de ûndergrûnske；地下抵抗運動 de yllegaliteit
ちか　地価　de priis fan lân
ちかい　近い　（時間・距離が）benei, hein, tichtby,（関係が）nei（→近親の）：5時近い It is benei fiif oere., 近い将来 yn 'e heine takomst
ちかい　誓い　de eed（→誓約）；誓う swarre, ûnthjitte：聖書に手を置いて誓う op 'e bibel swarre, 人に誓う op immen swarre；誓って op myn wurd
ちがい　違い　it ferskil, it ûnderskie(d), de ûngelikens：違いを生じる ferskil meitsje, このような違いで mei dit ûnderskie(d)；違う ferskille：（…と）違う ferskille（fan / mei）, この兄弟はずいぶん違う Dy twa bruorren ferskille gâns.；違った ferskate, ferskillend [-skillich], ûnderskaat, ûngelyk, ûngelikens：違った色 ûnderskate kleuren, サイズ違いの靴 in pear ûngelikense skuon
ちがいない　違いない　（違いない（と思う））moatte, 《副》（きっと）grif：彼女はきっとお金を必要としているに違いない Hja moat bepaald jild hawwe., 彼はその道をきっと行ったに違いない Hy is grif dy kant útgien., 君はそれをもう聞いたに違いない Do hast it grif al heard.
ちがえる　違える　（変更する）feroarje,（間違う）misse
ちかく　地殻　de ierdkoarste
ちかく　知覚　de gewaarwurding；知覚する bekenne, fernimme, gewaarwurde；知覚できる waarnimber
ちがく　地学　de geowittenskip, de ierdwittenskip
ちかくに　近くに　（距離が）by, deun, flakby, koartby, nei, neiby, ticht, tichtteby, tichtoan：学校のすぐ近くに（ticht）by de skoalle, 彼の家は教会のすぐ近くにある Syn hûs stiet deun by de tsjerke., 彼らは近くに住んでいる Se wenje nei., 彼はこの近くに住んで

いる Hy wennet hjir tichteby.
ちかごろ　近頃　hjoeddeis, hokkerdeis, koartby, koartlyn, lêst, lêsten (dei), de lêste tiid（→この頃）
ちかしい　近しい　（親しい）freonlik：（人と）近しい仲である freonlik wêze（tsjin immen）
ちかづく　近付く　benei komme, bykomme（→接近する）；徐々に近づく neigeraden komme：徐々に仕上げに近づいている It sil neigeraden wol klear komme.；近づける neier bringe
ちかてつ　地下鉄　de metro, de ûndergrûnske
ちかみち　近道　de slûprûte, in koarte wei：近道をする in koartere wei nimme
ちかよる　近寄る　bykomme, neier gean [komme]；近寄らせない ôfwarre：近寄るな！War it ôf!
ちから　力　de krêft, de sterkens,（権力）de macht, de mogenheid,（能力）it fermogen, de meuch：風の力が衰えてきた De wyn nimt yn krêft ôf., 最後の力を絞って mei jins lêste krêften, 腕の力がすっかり抜けている gjin krêft mear yn 'e earms hawwe, それは私の力の限界だ Dêr leit myn krêft（yn）., 力ずくで［いっぱいに］mei（alle）macht；力がある krêftich, sterk；力がない hingerich, krêfteleas, ûnmachtich；力を合わせて mei mannemacht
ちかん　痴漢　（行為）de molestaasje, de ûntucht,（人）in seksuele oertrêder
ちかん　置換　de ferwikseling；置換する ferwikselje
ちき　知己　→知人
ちきゅう　地球　de globe, de ierdbol, de ierde；地球上の→世界的な；地球儀 de ierdbol
ちぎょ　稚魚　it briedsel, jonge fisk
ちきょう　地峡　de lâningte
ちぎる　千切る　stikkenmeitsje, stikkenskuorre
ちぎる　契る　→誓う
チキン　（鶏肉）it hinnefleis

ちく　地区　*it* gea, *de* hoeke, (行政単位) *de* wyk：彼はどこの地区の出身ですか Ut wat *hoeke* komt er?
ちくいち　逐一　→詳しく
ちぐう　知遇　(人から) 知遇を得る (by immen) yn 'e geunst komme
ちくおんき　蓄音機　*de* grammofoan
ちくごてきな [に]　逐語的な [に]　letterlik, wurdlik, wurd foar wurd：逐語訳 in *letterlike* oersetting, 逐語的に訳す *wurd foar wurd* oersette
ちくさん　畜産　*de* fetweiderij；畜産業者 *de* fetweider (→牧畜業者)
ちくしょう　畜生　*it* ûndier, *it* / *de* ûnminske；畜生！Bliksem(s)!, Deksel!, Divel!, Duvel!
ちくせき　蓄積　*de* akkumulaasje, *de* opheapping；蓄積する kumulearje, (jin) opheapje (→累積する)；《形》蓄積する kumulatyf
ちくちくする　pimperje, prikelje, prykje, stikelje：親指が腫れてちくちくする Ik haw in swolm oan 'e tomme, hy *pimperet* my.
ちくでん　蓄電　*it* opladen (fan elektrisiteit)；蓄電池 *de* batterij (→バッテリー)
ちくのうしょう　蓄膿症　*de* (nasale) empyeem
ちぐはぐ　(不釣り合いな) ûnevenredich, (頭が) (混乱して) rûzich, tiz(er)ich, (一貫性のない) sûnder ferbân [gearhing]
ちくび　乳首　(女性・哺乳動物の) *it* spien, *de* tit, (動物の) *it* oer (→おっぱい), (哺乳瓶の) *de* styk (→おしゃぶり)：牛には乳首が四つある In ko hat fjouwer *oeren*.
ちけい　地形　*de* topografy
チケット　(切符・入場券) *it* biljet, *it* kaartsje, *it* plakbewiis, (交通違反の) *de* bon
ちこくする　遅刻する　jin ferletsje [ferlette], te let komme：私は遅刻した Ik haw my *ferlet*.
ちし　地誌　*de* topografy；地誌学者 *de* topograaf
ちじ　知事　*de* lânfâd, (行政・州の) *de* gûverneur
ちしき　知識　*de* kennis, *de* kunde, *de* weet, *de* witnis, *it* witten, *de* wittenskip；知識のある kundich；知識人 *it* yntellekt, *de* yntellektueel
ちしつ　地質　*de* geology, *de* grûnaard；地質の，地質学 (上) の geologysk：地質調査 *geologyske* opmjitting；地質学 *de* geology；地質学者 *de* geolooch
ちじょう　地上　*de* ierde：地上に op ierde；地上の ierdsk：地上の楽園 in *ierdsk* paradys
ちじょく　恥辱　*de* skamte, (屈辱) *de* ûnear(e)；恥辱を与える ûntearje
ちじん　知人　*de* bekende, *de* kunde：友人と知人 freonen en *kunde*
ちず　地図　*de* kaart, *de* lânkaart, (地図帳) *de* atlas, (市街図) *de* plattegrûn：フリースラントの地図 in *kaart* fan Fryslân
ちすじ　血筋　(血統・血縁) *it* bloed, *de* ôfstamming, (家系) *it* laach, *de* ôfkomst(e)：血筋は争えないものだ It *bloed* krûpt dêr 't it net gean kin.
ちせい　地勢　*de* grûnaard, *de* topografy：フリースラントの地勢 *de topografy* fan Fryslân
ちせい　知性　*it* yntellekt；知性の，知性的な [に] yntellektueel；知性を高める jin opskerpje
ちそう　地層　*it* laach
ちぞめの　血染めの　bloedread
ちたい　地帯　*de* hoeke, *de* sône：赤線地帯 in reade *hoeke*, コーヒー (の木) が成育する地帯 de *sône* dêr't de kofje groeit
ちたい　遅滞　*it* opûnthâld：遅滞する *opûnthâld* hawwe
ちたいくうミサイル　地対空ミサイル　*it* grûn-luchtwapen
ちたいちミサイル　地対地ミサイル　*it* grûn-grûnwapen
ちだらけの　血だらけの　bluodderich：血だらけの衣類 *bluodderige* klean

ちち　父　*de* heit（→父親）：父から息子へ fan *heit* op soan；父（親）の faderlik；父方の faderlik, fan heitekant；父の日 *de* heitedei《7月第2日曜日》

ちち　乳　*de* molke（→牛乳）；乳を搾る melke：牛の乳を搾る in ko *melke*；乳が出る melke：その牛は乳の出がよくない Dy ko *melkt* taai., 手［搾乳器］で乳を搾る mei de hân [masine] *melke*

ちちおや　父親　*de* heit；父親の愛 *de* heiteleafde；父親の(い)ない heiteleas, sûnder heit

ちちのみご　乳飲み子　*it* tatebern

ちちはは　父母　→父母（⚮）

ちぢまる　縮まる　（短くなる）koartsje（→縮む）

ちぢむ　縮む　krimpe, slinke,（しなびる）yndroegje：洗濯をしたら私のセーターは縮んでしまった Nei it waskjen is myn trui *krompen*.

ちぢめる　縮める　（短くする）ferkoartsje, ynkoartsje, ôfkoartsje

ちちゅうかい　地中海　de Middellânske See

ちちゅうの　地中の　ûndergrûnsk；地中に yn 'e grûn

ちぢれげ　縮れ毛　*it* krolhier；縮れ毛の kroes, krol

ちぢれる　縮れる　krolje；髪が縮れている krollen yn it hier hawwe；髪が縮れて mei krolhier

ちつ　膣　*de* fagina, *de* skie

ちつじょ　秩序　*de* oarder；秩序がある oarderlik（→整然とした）

ちっそ　窒素　*de* stikstof

ちっそく　窒息　*de* sjook；窒息する smoare；窒息させる fersmoare, smoare, stikke：その赤ん坊は毛布の下で窒息した De lytse poppe is *smoard* ûnder in tekken.

ちっとも　（ちっとも…ない）neat, gjin sprút：彼は父親にはちっとも似ていない Hy liket neat op syn heit.

チップ　*de* foai, *de* tip：ウェイターにチップをやる de ober in *tip* jaan

ちっぽけな　slim lyts, nearzich：ちっぽけな橋 in *slim lytse* brêge

ちてきな［に］　知的な［に］　ferstanlik, geastlik, yntellektueel, yntelligint：知的な発達 *yntellektuele* ûntjouwing

ちてん　地点　*it* punt,（出発地点）*de* start

ちどうせつ　地動説　*de* heliosintryske teory

ちどり　千鳥　千鳥足で歩く dronken rinne；千鳥足の oansketten

ちなみに　因みに　yn 't foarbygean（→ついでに言うと）

ちねつ　地熱　*de* ierdwaarmte

ちのう　知能　*de* yntelliginsje, ferstanlike fermogens；知能のある yntelligint；知能検査 *de* yntelliginsjetest；知能指数 *it* yntelliginsjekosjint

ちのみご　乳飲み子　*de* pop：母親はひざ（の上）に乳飲み子を抱いている Mem hat de lytse *poppe* op skoat.

ちはい　遅配　útstelde distribúsje；郵便物の遅配 fertraging [opûnthâld] fan postbestelling

ちばなれ　乳離れ　→離乳

ちび　（幼児）*de* beuker, *de* hummel, *it* ukje

ちびっこ　ちびっ子　*de* krob(be), *it* pjut, *de* strobbe

ちひょう　地表　*de* ierdboaiem, *de* ierde

ちぶ　恥部　（複）*de* skamdielen（→性器）

ちぶさ　乳房　*it* boarst,（動物の）*it* jaar（→おっぱい）

チフス　（腸チフス）*de* tyfus

ちへいせん　地平線　*de* horizon, *de* kym / kime：太陽が地平線の下に沈んでいる De sinne sakket nei de *kimen*.；地平線の horizontaal

ちほう　地方　*de* krite, *de* regio, *de* sektor, *de* streek,（田舎）*it* plattelân：フリースラントはオランダの北部地方にある Fryslân leit yn de noardlike *regio* fan Nederlân.；地方の plattelânsk, pleatslik, regionaal：地方政府 *de pleatslike* autoriteiten；地方議会 *de* gemeente-

ried；地方新聞 *it* streekblêd；地方自治体 *de* gemeente
ちほう（しょう） 痴呆（症） *de* demintens
ちまた 巷 →街路
ちまめ 血豆 *de* bloedblier, *de* knypblier
ちみつな 緻密な eksakt, minusjeus, sinnich,（慎重な） foarsichtich, mijen；緻密に hierfyn
ちめい 地名 *de* plaknamme；地名辞書 in geografysk wurdboek
ちめいてきな 致命的な deadlik, faai, fataal, heilleas, kritysk：致命的な傷を受けて *deadlik* troffen
ちめいの 知名の ferneamd, wolbekend：知名度の高い人物 in *ferneamd* man
ちもう 恥毛 *it* skamhier（→陰毛）
ちゃ 茶 *de* tee：一杯のお茶 in kopke tee, 薄い［濃い］お茶 sloppe［sterke］tee, お茶を飲む tee drinke = teedrinke, お茶を入れる tee meitsje［sette］；茶こし *it* teetsjemske；茶さじ *it* teeleppeltsje；茶の葉 *it* teeblêd；茶盆 *it* teeblêd［-blik］；茶碗 *it* teekopke,（紅茶・コーヒー用の）*it* kopke（→カップ）,（碗）*de* kom / kûm
チャーターする ôfhiere, sjarterje：船をチャーターする in skip *ôfhiere*；チャーター便 *de* sjarterflecht
チャーミングな tsjep：チャーミングな女の子 in *tsjep* famke
チャイム *de* klok；チャイムを鳴らす klokliede
ちゃいろ（の） 茶色（の）（*it*）brún：茶色の服装をしている yn it *brún* wêze
ちゃくがんする 着岸する op 'e side bringe［komme］（→接岸する）
ちゃくがんする 着眼する →狙(ねら)う
ちゃくし 嫡子 →嫡出子
ちゃくじつな［に］ 着実な［に］ stabyl, stap foar stap
ちゃくしゅする 着手する begjinne, oanfange, ûndernimme
ちゃくしゅつし 嫡出子 in wettich bern；嫡出子として認知する wettigje

ちゃくしょくする 着色する kleurje
ちゃくすいする 着水する lânje（op it wetter）
ちゃくせきする 着席する pleats nimme
ちゃくそう 着想 *it* idee：着想がよい in goed *idee* hawwe
ちゃくちする 着地する lânje
ちゃくちゃく 着々 →徐々に
ちゃくにん 着任 it oangean fan jins［in］amt；着任する jins［in］amt oanfurdzje［-gean］, jins yntree dwaan
ちゃくばらい 着払い *it* remboers：小包を着払いで送る in pakje ûnder *remboers* ferstjoere
ちゃくふくする 着服する eigenje, fertsjusterje, fertsjustermoanje, taeigenje（→横領する）：その会計係はかなりのお金を着服した De boekhâlder hat in soad jild *fertsjustere.*
ちゃくよう 着用する drage, foarhawwe, ophawwe：彼はヘルメットを着用していなかった Hy *hie* gjin helm *op.*
ちゃくりく 着陸 *de* lâning；着陸する lânje：スキポール（空港）に着陸する op Skiphol *lânje*
ちゃっかりした behindich, gewikst, gewykst, goochem
チャック *de* rits, *de* ritssluting：チャックを閉める［外す］de *rits* tichtdwaan［iepenje / iependwaan / losdwaan / losmeitsje］
ちゃのま 茶の間 →居間
ちゃばんげき 茶番劇 *de* klucht
チャペル *de* kapel（→礼拝堂）
ちやほやする （甘やかす）bedjerre, ferpopkje, ompopkje, popkje
ちゃめな 茶目な ûndogens；お茶目な子 *de* boarter, *de* ychel, in ûndogense jonge
チャレンジ （挑戦）*de* útdaging；チャレンジする útdaagje
ちゃわん 茶碗 →茶
チャンス *de* gelegenheid, *de* kâns：(…に）チャンスを与える yn 'e *gelegenheid* stelle（om），チャンスをつかむ［逃す］de *kâns* gripe［misse］

ちゃんと　telâne（→きちんと）
チャンネル　（テレビの）it net：チャンネル 1 it earste net
チャンピオン　de kampioen
ちゅう　中　（真ん中）de midden；最中（に）oan 'e gong；《前》（…）中に tidens, ûnder：ストライキ中に tidens de staking, 食事中に ûnder iten
ちゅう　注　it kommentaar, de oantekening,（脚注）de noat
ちゅうい　中尉　（陸軍の）de luitenant,（海軍の）de luitenant by de marine,（空軍の）de luitenant by de loftfeart
ちゅうい　注意　de foarsichheid, de oandacht, it omtinken：（…に）注意を引く de oandacht festigje（op）,（…に）注意を払う omtinken jaan（oan）, 注意深く［して］mei omtinken；（…に）注意する acht jaan［slaan］（op）, oppasse（foar）, soargje,（よく）注意して…する útsjen：病気にならないように注意する oppasse foar besmetting, 遅れないように注意しなさい Soargje datst net let komst., 注意して道路を渡る útsjen mei oerstekken；注意深い［く］foarsichtich, hoeden, omsichtich, opmerksum：注意しろ！ Wês foarsichtich!, 注意深い読者 in opmerksume lêzer
ちゅういの　中位の　middelgrut
チューインガム　de kaugom：チューインガムをかむ kaugom kôgje
ちゅうおう　中央　de midden, it sintrum：テーブルが部屋の中央にある De tafel stiet yn it midden fan de keamer.；市の中心（地）it stedssintrum, it stedshert；中央の［に］sintraal：中央駅 it sintrale stasjon, 中央機関 in sintrale ynstânsje；中央に middenyn, mids, yn 'e midden：床の中央に midden oer 'e flier；《前》…の中央に midden；中央集権（化）de sintralisaasje；中央集権化する sintralisearje；中央集権（主義）的な sintralistysk
ちゅうかい　仲介　de bemiddeling, de foarspraak, de tuskenkomst：…の仲介によって troch tuskenkomst fan …；仲介する bemiddelje, foarsprekke；仲介者 de bemiddeler, de tuskenman
ちゅうがえり　宙返り　de koprol, de salto：宙返りをする in koprol［salto］meitsje
ちゅうがた　中型　de middenklas(se)；中型の middelgrut, medium
ちゅうがっこう　中学校　de middelskoalle
ちゅうかん　中間　（真ん中）de midden,（中途）de midden；中間の middelber；中間に tuskenbeide(n)；中間（点）で healwei：アックルムとレーワルデンの中間で healwei Akkrum en Ljouwert
ちゅうかん　昼間　→昼(ひる)間
ちゅうき　中気　→中風
ちゅうき　中期　de middelste perioade
ちゅうぎ　忠義　de loyaliteit, de trou：忠義を誓う trou swarre
ちゅうきゅう　中級　it / de middelsoarte, de middenklas(se)；中級の middelgrut
ちゅうきんとう　中近東　it Midden en Heine Easten
ちゅうけい　中継　it wer útstjoeren；中継する wer útstjoere
ちゅうこうねん(そう)　中高年（層）　lju fan middelbere en âlde leeftyd
ちゅうこく　忠告　it advys, de rie(d)；忠告する advisearje, riede：人にあることを忠告する immen wat riede；忠告者 de adviseur
ちゅうごく　中国　Sina；中国人 de Sinees；中国人［語］（の）(it) Sineesk
ちゅうこの　中古の　âld, twaddehâns(k)：物を中古で買う eat twaddehâns(k) keapje, 中古車 twaddehânske auto's
ちゅうさい　仲裁　de arbitraazje, de bemiddeling, de foarspraak：彼女の仲裁で troch har foarspraak；仲裁する bemiddelje, foarsprekke, ôfdwaan sljochtsje；仲裁させる ôfmeitsje；仲裁の arbitraal, arbitrêr；仲裁人［者］de arbiter, de foarspraak

ちゅうさんかいきゅう 中産階級 *de* middengroep [-stân]
ちゅうし 中止 *de* opheffing；中止する annulearje, opheffe, (止める) loslitte, ôfstelle, ophâlde：この悪天候では, その祭りは中止せざるをえない Troch it minne waar moat it feest *ôfsteld* wurde.
ちゅうし 注視 *de* strakkens；注視する eagje, kuere, stoarje；注視して yn 'e kuer；人の顔を注視する immen strak yn 'e eagen sjen
ちゅうじ 中耳 *it* middenear；中耳炎 *de* middenearûntstekking
ちゅうじつ 忠実 *de* trou, *de* trouwens；忠実な [に] trou, trouhertich
ちゅうしゃ 注射 *de* ynjeksje, *de* ynspuiting, *de* prip, *de* spuit：人に注射をする immen in *spuitsje* jaan；注射（を）する ynspuitsje, prippe, spuitsje；注射器 *de* ynjeksjespuit；注射針 *de* ynjeksjenulle
ちゅうしゃ 駐車 *it* parkearjen：駐車違反 yllegaal *parkearjen*；駐車する [させる] parkearje；駐車禁止 *it* parkearferbod, ferbod te parkearjen；駐車場 *it* parkearplak [-terrein]；駐車料金 *it* parkearjild
ちゅうしゃく 注釈 *de* annotaasje, *de* oantekening；注釈する annotearje, oantekenje
ちゅうしゅつ 抽出 *it* ûntlûken, *it* winnen；抽出する ekstrahearje；抽出物 *it* ekstrakt
ちゅうじゅん 中旬 *de* middelste tsien dagen fan in moanne；9月の中旬に mids september
ちゅうしょう 中傷 *de* kwealaster, *it* lasterpraat；中傷する belekje, berabje, hikkelje, lasterje, (…を) kweasprekke (fan)：他人を中傷する oare minsken *lasterje*；中傷的な [に] lasterlik
ちゅうしょう 抽象 *de* abstraksje；抽象的な [に] abstrakt；抽象画 in *abstrakt* skilderij；抽象概念 [作用] *de* abstraksje

ちゅうじょう 中将 (陸・空軍の) *de* luitenant-generaal, (海軍の) *de* vice-admiraal
ちゅうしょうきぎょう 中小企業 in lytsere yndustry [ûndernimming]
ちゅうしょく 昼食 *it* middeisiten [-miel]；昼食時間 *it* middeisskoft
ちゅうしん 中心 *it* sintrum (→センター), (興味・話題などの) *brânpunt, kearn*；中心の sintraal；中心街 [地] *it* stedssintrum；市の中心地 *it* stedshert；中心部 *de* kearn：地球の中心部 *de* kearn fan 'e ierde
ちゅうしん 衷心 衷心から hertlik, út it djipst ['e grûn] fan myn hert(e)：衷心からの歓迎 in *hertlike* ûntfangst, …に対して衷心からお礼申し上げます *Hertlik* tank foar …
ちゅうすい 虫垂 *de* appendiks
ちゅうすう 中枢 (中心) *it* sintrum, (中心的な存在) *de* spil, (屋台骨) *de* rêchbonke；中枢神経系 *it* sintraal senuwstelsel
ちゅうせい 中世 (複)*de* Midsieuwen；中世(風)の midsieusk
ちゅうせい 中性 (文法の) *it* neutrum；中性の ûnsidich；中性子 *it* neutron
ちゅうせい 忠誠 *de* loyaliteit, 忠誠 (心) *de* trou：忠誠を誓う *trou* swarre
ちゅうせきせい 沖積世 *it* alluvium；沖積世 [層] の alluviaal
ちゅうぜつ 中絶 *de* abortus；中絶する abortearje, fersmite
ちゅうせん 抽選 *it* lot, *it* lotsjen；抽選する lotsje
ちゅうぞう 鋳造 *it* jitsel, *de* jitterij；鋳造する jitte；鋳造者 *de* jitter
ちゅうたい 中隊 *de* kompanjy
ちゅうだん 中断 *de* ynterrupsje, *de* ûnderbrekking；中断する ynterrumpearje, ôfbrekke, ôfsnije, stake, ûnderbrekke：仕事を中断する *it* wurk *stake*
ちゅうちょ 躊躇 *it* bestân, *de* wifel；ちゅうちょする driigje, skytskoarje, skromje, wifelje：そんなにちゅうちょしないで, 最後までやり遂げなさい Net

ちゅうとう

sa *wifelje*, do moatst trochpakke., ちゅうちょしない net *wifelje*；ちゅうちょしないで samar；ちゅうちょした［て］skytskoarjend
ちゅうとう　中東　it Midden-Easten
ちゅうとうの　中等の　middelber：中等学校 de *middelbere* skoalle, 中等教育 *middelber* ûnderwiis
ちゅうどく　中毒　(毒物・ガスなどの) de fergiftiging, (麻薬・酒などの) de ferslaving；…の中毒になって ferslave oan …：アルコール中毒になっている oan 'e drank *ferslave* wêze
ちゅうとに［で］中途に［で］（途中で）ûnderweis (→中途半端で)
ちゅうとはんぱ　中途半端　中途半端な［に／で］heal：最善を尽くして，仕事を中途半端にしないでくれ Doch no dyn bêst en leverje gjin *heal* wurk.
ちゅうとんする　駐屯する　stasjonearre wêze；駐屯させる stasjonearje；駐屯地［軍］it garnizoen
ちゅうにゅう　注入　de ynjeksje；（液体を）注入する ynjitte, jitte,（薬液を）ynspuitsje,（思想を）ynjaan
ちゅうねん(の)　中年(の)　(fan) middelbere leeftyd
ちゅうぶ　中部　it sintrale part
チューブ　(タイヤの) de binnenbân, (絵の具・練り歯磨きの) de tube
ちゅうふう　中風　(体の) 麻痺 (状態) de ferlamming, de lammens
ちゅうぶらりんの　宙ぶらりんの　yn 'e loft hingjend, (未解決の) net oplost
ちゅうぼう　厨房　→台所
ちゅうみつな　稠密な　(人口が) tichtbefolke
ちゅうもく　注目　de acht, de attinsje, de oandacht, it omtinken：（人に）注目する (immen) *oandacht* jaan, *oandacht* jaan (oan immen), 注目の的 it middelpunt；注目すべき notabel；注目に値する opmerklik
ちゅうもん　注文　it bestel, de bestelling, de oarder：書籍の注文 de *oarders* fan boeken；（…に）注文する bestelle［freegje］(by)：彼は店に本を注文した Hy hat by de winkel in boek *besteld*., 彼はパブに入ると，一杯のコーヒーを注文した Hy kaam yn 'e herberch en *frege* in kop kofje.；注文品 it bestel, de bestelling
ちゅうや　昼夜　dei en nacht
ちゅうよう　中庸　de midsmjitte
ちゅうようとっき　虫様突起　→虫垂
ちゅうりつの　中立の　neutraal, ûnsidich：中立国 de *neutrale* lannen, 中立を保持する *neutraal* bliuwe, 中立を保つ jin *ûnsidich* hâlde；中立化［状態］de neutralisaasje
チューリップ　de tulp
ちゅうりゃく　中略　omisje fan it middelste part
ちゅうりゅう　中流　（流れの）it midden fan de rivier［stream］, (階級の) de middengroep［-klas(se)］
ちゅうりゅうする　駐留する　→駐屯する
ちゅうりんする　駐輪する　jins fyts stalle；駐輪場 de fytsestalling
ちゅうわ　中和　de neutralisaasje；中和する neutralisearje；中和剤 in neutralisearjende stof
ちょう　兆　1兆(の) (it) biljoen
ちょう　長　(組織の) it haad, (…) 長 de sjef
ちょう　腸　de term (→小［大］腸，盲腸)；腸炎 de termûntstekking；腸カタル de katarre fan de terms
ちょう　蝶　→蝶々；ちょうネクタイ it dwersstrikje［flinter-］
ちょうあい　寵愛　(愛) de leafde, (愛情) de affeksje；寵愛する leafhawwe；（人から）寵愛を受けている (by immen) yn 'e geunst wêze
ちょうい　弔意　de kondoleânsjes (→弔辞) (↔祝意), (哀悼) de rouklacht
ちょういする　弔慰する　（…に）kondolearje (mei)
ちょういん　調印　de hantekening, it ûnderskrift：調印する jins *hantekening* sette；調印する tekenje, ûnderskriuwe

[-tekenje], (署名する) sinjearje
ちょうえき　懲役　*de* twangarbeid, (長期の) *it* libbenslang (→終身刑)
ちょうえつ　超越　*de* transendinsje; 超越する transendearje; 超越的な transendint
ちょうおん　長音　in lange fokaal, in lang lûd (↔短音)
ちょうおん　調音　*de* artikulaasje
ちょうおんそくの　超音速の　supersoanysk
ちょうおんぱの　超音波の　ultrasoan
ちょうか　超過　*it* ekses, *de* oerdied; 超過する oerdiedich wurde
ちょうかいの　懲戒の　dissiplinêr (→懲罰の): 懲戒免職 dissiplinêre ôfsetting
ちょうかく　聴覚　*it* gehoar; 聴覚器官 *it* gehoarorgaan
ちょうかん　朝刊　*it* moarnsblêd, *de* moarnskrante
ちょうかんず　鳥瞰図　*de* fûgelflecht: レーワルデンの鳥瞰図 Ljouwert yn *fûgelflecht*
ちょうきの　長期の　langduerich, mearjierrich: 長期にわたる病気 in *langduerige* sykte (→長患い); 長期にわたって al lang
ちょうきょうする　調教する　beleare, beride, dressearje: 馬を調教する in hynder *beleare*; 調教師 *de* dresseur
ちょうきょり　長距離　in lange distânsje; (電話が) 長距離の ynterlokaal: 長距離電話 in *ynterlokaal* telefoanpetear
ちょうけし　帳消し　*de* ôfskriuwing; 帳消しにする ôfskriuwe
ちょうこう　兆候, 徴候　(病気の) *it* ferskynsel, *it* symptoom, *it* skaaimerk, (物事の) *it* kenmerk, *it* teken: 病気の兆候 *de skaaimerken* fan in sykte
ちょうこう　聴講　*it* harkjen; 聴講する (in kolleezje) folgje; 聴講生 *de* harker
ちょうごうする　調合する　(薬を) (in medisyn) klearmeitsje [oanmeitsje]

ちょうこうそうビル　超高層ビル　*de* wolkekliuwer
ちょうこく　彫刻　*de* byldhoukeunst, (作品) *it* byldhouwurk; 彫刻する byldhouwe; 彫刻家 *de* byldhouwer
ちょうさ　調査　*de* ferkenning, *it* ûndersyk; 調査する befreegje, ferkenne, neigean, neispoare, ûndersykje: 警察はその二人の少女の死因を調査した De plysje *ûndersocht* de dea fan 'e beide jonge famkes.; 調査員 *de* ûndersiker
ちょうざいする　調剤する　→調合する
ちょうし　調子　(体調) *de* foarm, *de* kondysje, (音の) *de* toan, *de* wize: そのサッカー選手は体の調子がよい Dy fuotballer is yn goede *foarm* [*kondysje*]., 高い [低い] 調子 in hege [lege] *toan*; 調子に合わせて演奏する [歌う] *wize* hâlde; (体の) 調子がよい sûn, (音調が) melodieus; 調子が悪い min; 体の調子はどうだい Hoe is it mei dy?; 調子づく mâl [optein] wêze
ちょうじ　弔辞　*de* lykrede; 弔辞を読む jins rede by in kondoleânsje hâlde
ちょうしぜんの　超自然の　boppenatuerlik
ちょうしゃ　庁舎　*it* regearingsgebou, (地方自治体) *it* gemeentehûs, (州) *it* provinsjehûs
ちょうじゃ　長者　(百万) *de* miljonêr
ちょうじゅ　長寿　(in) lang libben
ちょうしゅう　徴収　*it* ynfoarderjen; 徴収する heffe, ynbarre, ynkassearje: 税金を徴収する belesting *heffe*
ちょうしゅう　徴集　*de* lichting; 徴集する heffe (→課する)
ちょうしゅう　聴衆　*de* audiïnsje, *de* taharker, *de* tahearder
ちょうしゅする　聴取する　(尋ねる) freegje, (尋問する) ûnderfreegje, (…を) (聴く) harkje [lústerje] (nei); 聴取者 *de* harker
ちょうしょ　長所　*it* foar, *it* foardiel: 長所と短所 it *foar* en it tsjin
ちょうしょ　調書　*it* proses-ferbaal:

（…の）調書を作成する in *proses-ferbaal* opmeitsje（fan）
ちょうじょ　長女　jins earstberne dochter, jins earsteling
ちょうしょう　嘲笑　*de* bespotting, *de* spot, *de* spotslach, *de* spotternij；嘲笑する bespotte, ferhúnje, spotte：裁判官を嘲笑する spotte mei de rjochter；嘲笑的な［に］spotsk
ちょうじょう　頂上　（山の）*de* berchtop, *de* pyk, *de* top（fan 'e berch）
ちょうしょく　朝食　*de* breatafel, *it* breaiten, *it* moarnsbrea［-iten］；朝食をとる brea-ite
ちょうしん　長針　（時計の）*de* grutte wizer（↔短針）
ちょうしん　聴診　聴診する in stetoskoop brûke；聴診器 *de* stetoskoop
ちょうじん　超人　*de* geweldner
ちょうせい　調整　*de* ynstelling, *de* koördinaasje；調整する koördinearje, passe, regelje, regulearje：眼鏡を調整する in bril *passe*
ちょうせつ　調節　*de* ynstelling；調節する ferstelle, regelje, regulearje：犂（すき）を調節する de ploeg *ferstelle*
ちょうせん　挑戦　*de* útdaging：挑戦に応じる in *útdaging* oannimme；挑戦する (út)daagje；挑戦者 *de* útdager
ちょうせん　朝鮮　Korea；朝鮮人［語］（の）（*it*）Koreaans
ちょうぞう　彫像　*it* / *de* figuer, *it* stânbyld［stan-］
ちょうそん　町村　stêden en doarpen
ちょうだいする　頂戴する　（貰う）krije, presintearre wurde,（飲食する）ite, drinke, nimme
ちょうたつ　調達　*de* foarried, *de* ynkeap；調達する ynsammelje, losmeitsje, oantuge：お金を調達する jild *ynsammelje*［*losmeitsje*］
ちょうたん　長短　（長さの）*de* lingte en *de* koartens,（長所と短所）*it* foar en *it* tsjin
ちょうちょう　町長　*de* boargemaster（→市長）

ちょうちょう　蝶々　*de* flinter
ちょうちん　提灯　*de* lantearne
ちょうつがい　蝶番　*de* hinge, *de* knier：ドアのちょうつがい *de knieren* fan 'e doar
ちょうてい　朝廷　it keizerlik hôf
ちょうてい　調停　*de* bemiddeling, *de* foarspraak：…の調停によって troch *bemiddeling* fan …；調停する bemiddelje, foarsprekke,（…と）調停する jin fersoen(j)e (mei), oersljochtsje；調停者 *de* foarspraak
ちょうてん　頂点　（三角形などの）*it* toppunt,（山の）*de* krún, *de* top,（絶頂）*de* top
ちょうでん　弔電　in roubetoan per telegram
ちょうど　丁度　just, krekt(sa), pal, presiis, presys：その時計はちょうど30分遅れている De klok rint *just* in healoere achter., ちょうど家にいるところだ Ik bin *krekt* thús., 彼は私のちょうど前に座っていた Hy stie *pal* foar my., ちょうど真ん中に *presiis* yn 'e midden, ちょうど間に合って *presiis* op 'e tiid；ちょうどの passend：コートにちょうど似合ったズボン in broek mei in dêrby *passende* jas；ちょうど今 justjes；ちょうどよい（時に）tidich：彼はちょうどよい時刻に到着した Hy kaam *tidich* oan.
ちょうど　調度　*it* húsrie(d),（家具）*it* meubel,《集合的に》*it* meubilêr
ちょうとっきゅう　超特急　*de* hegesnelheidstrein, in ultrasnelle trein
ちょうなん　長男　jins earstberne soan, jins earsteling
ちょうのうりょく　超能力　boppenatuerlike krêft
ちょうは　長波　*de* lange weach（↔短波）
ちょうば　跳馬　（体操の）*de* bok
ちょうはつ　挑発　*de* provokaasje, *de* útdaging；挑発する provosearje, stikelje；挑発的な［に］provosearjend
ちょうばつ　懲罰　*de* kastijing,（罰）*de* bestraffing, *de* straf；懲罰する kastije,

ôfstraffe, straffe
ちょうはつの 長髪の langhierrich
ちょうふく 重複 it duplikaat, de werhelling；重複する jin ferdûbelje, oerlaapje；重複させる ferdûbelje；重複した oerlapte
ちょうぶん 長文 in lange sin
ちょうへい 徴兵 de lichting, de lotteling, de tsjinstplicht
ちょうへん 長編 in lang stik；長編小説 de roman
ちょうぼ 帳簿 it boek, de rekken：帳簿をつける de boeken byhâlde = boekhâlde
ちょうぼ 徴募 de rekrutearing；徴募する rekrutearje
ちょうぼいん 長母音 in lange fokaal (↔短母音)
ちょうほう 諜報 in geheim berjocht；諜報員 de spion (→スパイ)
ちょうぼう 眺望 it perspektyf, it útsicht
ちょうほうけい 長方形 de fjouwerhoek, de rjochthoek；長方形の rjochthoekich
ちょうほうする 重宝する（役に立つ）brûkber[handich] wêze,（便利である）gelegen komme
ちょうほんにん 張本人 de bedriuwer
ちょうまんいんの 超満員の oerfol
ちょうみりょう 調味料 de smaakstof；調味する krûdzje
ちょうめい 長命（長寿）(in) lang libben
ちょうめん 帳面（ノート）it skrift,（講義ノート）it diktaat,（銀行通帳）it bankboekje：あることを帳面に書き留めておく eat yn it skrift skriuwe
ちょうもんする 弔問する immen jins roubeklach dwaan
ちょうやく 跳躍 de sprong；跳躍する ljeppe；跳躍台 de springplanke
ちょうらく 凋落（零落）de fal, de ûndergong；凋落する ferwol(g)je en falle, ûndergean
ちょうり 調理（料理）de koken；調理する kôkje, siede；調理師 de kok
ちょうりつ 調律 de ynstelling, de yntonaasje, it stimmen：ピアノの調律 it stimmen fan de piano；調律する stimme：バイオリンを調律する in fioele stimme；調律師 de stimmer
ちょうりゅう 潮流 de streaming, it tij, de tijstream,（情勢）it tij：潮流［情勢］が変わる It tij keart.
ちょうりょく 聴力 it gehoar
ちょうるい 鳥類 de fûgelsoart, de fûgels
ちょうれい 朝礼 de moarnsgearkomste
ちょうろう 長老 de âlderling
ちょうろう 嘲弄 de bespotting, de spotternij；嘲弄する bespotte, spotte
ちょうわ 調和 de harmony, de oerienstimming：(…と)調和している[ない] al [net] yn harmony wêze (mei), …と調和して yn oerienstimming mei …；(…と)調和する harmoniearje [stimme] (mei), oerienstimme：(…と)調和しない net stimme (mei)；調和させる harmonisearje, oerienbringe；調和した[て] harmoanysk, oerienstimmend
チョーク it kryt：黒板にあることをチョークで書く eat mei in krytsje op it boerd skriuwe
ちょきん 貯金 de besparring, it sparjild；貯金する besparje, potsje, sparje：老後に備えて貯金する foar de âlde dei sparje；貯金通帳 it sparbankboekje；貯金箱 de sparpot [-pôt],（豚型の）de baarch
ちょくげき 直撃 in direkte treffer；直撃する treffe；直撃弾 de foltreffer
(…の)ちょくごに (…の)直後に fuort-(dalik(s)) efter (…)
ちょくしする 直視する eat ûnder (de) eagen sjen
ちょくしゃ 直射（日光の）in streekrjochte ljochtstriel [sinnestriel]：直射日光にさらされる foar [oan] streekrjochte sinnestriel bleatslean

ちょくしんする　直進する　rjochtút gean [rinne]
ちょくせつな　直截な　direkt,（率直な）iepenhertich, rjochtút
ちょくせつの[に]　直接の[に]　direkt, rjochtstreeks：直接の原因 de direkte oarsaak, 直接税 direkte belesting；直接に dalik(s)：理事会に直接手紙を書く dalik(s) nei it bestjoer skriuwe
ちょくせつほう(の)　直説法(の)　(de) yndikatyf：直説法である yn 'e yndikatyf stean
ちょくぜんに　直前に　op it punt
ちょくせんの　直線の　rjochtlinich, rjochtstreeks；直線で yn in rjochte line
ちょくぞくの　直属の　ûnder jins direkte direkteur
ちょくちょう　直腸　de earsterm；直腸がん de earstermkanker
ちょくつうする　直通する　（乗り物が）trochgean；直通の trochgeand：直通の列車 in trochgeande trein
ちょくばい　直売　direkte ferkeap；直売する direkt ferkeapje
ちょくめんする　直面する　（あることに）eat ûnder (de) eagen sjen
ちょくやく　直訳　in letterlike [streekrjochte] oersetting（→逐語訳）；直訳する wurdlik [wurd foar wurd] oersette
ちょくりつしている　直立している　rjochtop stean
ちょくりゅう　直流　direkte stream
ちょこちょこ　（幼児・老人が）ちょこちょこ歩く waggelje, wjukkelje；ちょこちょこ走り回る bokselje
チョコレート　de sûkelade, de sûkelarje
ちょさく　著作　it skrift；著作権 it auteursrjocht [skriuwers-]
ちょしゃ　著者　de auteur, de skriuwer
ちょしょ　著書　it boek
ちょすい　貯水　opslach fan wetter；貯水池 de boezem, it reservoir；貯水槽 de tank
ちょぞう　貯蔵　（収穫物・物資などの）de opslach；貯蔵する bergje；（地下の食料）貯蔵室 de kelder；貯蔵庫 it lisplak
ちょちく　貯蓄　it sparjild；貯蓄する opgarje, opsparje, útsparje
ちょっかく　直角　rjochte hoeke：直角に yn in rjochte hoeke；直角の rjochthoekich：直角三角形 in rjochthoekige trijehoek
ちょっかつ　直轄　direkte kontrôle；直轄する direkt kontrolearje
ちょっかん　直感　de yntuysje：あることが直感で分かる eat by yntuysje witte；直感の，直感的な[に] yntuïtyf：直感的に分かる yntuïtyf oanfiele
チョッキ　it fest
ちょっけい　直系　in rjochte line：ある人の直系である yn rjochte line fan immen ôfstamme
ちょっけい　直径　de diameter, de middelline：直径10センチ in diameter fan tsien sintimeter
ちょっけつ　直結　direkt ferbân, direkte link；直結する direkt ferbine
ちょっこうする　直行する　rjocht [direkt] gean, trochgean：このバスはアムステルダムに直行します Dizze bus giet troch nei Amsterdam.；直行列車 in trochgeande trein
ちょっと　一寸　efkes, even, mar, ris：それをちょっと私にやらせてください Lit my dat mar efkes dwaan., ちょっとそれをやってくれ Doch it no mar., 今度はぼくがちょっとやってみようか Sil ik no mar?, ちょっとここに来て Kom hjir ris. * mar efkes [ris], no mar は連句でしばしば用いられる；ちょっと前に niis, pas, strak：彼はちょっと前までここにいました Hy wie hjir niis [pas / strak] noch.：(卑下して)ちょっとした skiterich：ちょっとしたプレゼント in skiterich kadootsje；ちょっと！Pardon!
ちょっぴり　（少しばかり）in bytsje
ちょめい　著名　de bekendheid, de ferneamdens [-heid]；著名な eminint, ferneamd, opfallend：著名な人 in fer-

neamd man = *de* kanjer, 著名な選手 in *opfallende* spiler

ちょろまかす （くすねる） pikke, （盗む） ôfstelle, stele：お金をちょろまかす jild *pikke*

ちらかす　散らかす　omslingerje litte：玩具を部屋に散らかす boartersguod *omslingerje litte* op de keamer

ちらかる　散らかる　oeral lizze：部屋中が散らかっている Alles *lei oeral* yn 'e keamer.；散らかって oeral

ちらし　散らし　（広告などの）*it* biljet, *it* struibriefke [-biljet]（→ビラ）

ちらす　散らす　ferstruie, （気を）ôfliede

ちらちらする　（光が）（輝く） glimme, gluor(k)je

ちらちらゆらぐ　ちらちら揺ぐ　flikkerje：ちらちら揺らいでいるろうそくの光 in *flikkerjende* kears

ちらっとみる　ちらっと見る　in blink sjen：彼は彼女の帽子をちらっと見た Hy *seach in blink* fan har hoed.

ちらばる　散らばる　ferspriede, fertoarkje；（あちこちに）散らばっている omslingerje, 《形》 ferspraat

ちらりとみる　ちらりと見る　（人を）in glim fan immen sjen, oankypje

ちり　塵　*it* stof, *it* túch；ちり紙→ティッシュペーパー；ちり取り *it* túchblik(je), ちり箱 *de* túchbak, （紙くずかご）*de* papierkoer

ちり　地理　（地形・地質） geologyske kenmerken；地理学（上）の, 地理（学）的な[に] geografysk, ierdrykskundich；地理学 *de* geografy, *de* ierdrykskunde；地理学者 *de* geograaf

ちりぢりに　散り散りに　（ばらばらに） faninoar, （別々に） ôfsûnderlik

ちりばめる　散りばめる　ynlizze：この指輪にはダイヤモンドが散りばめられている Dizze ring is mei diamanten *ynlein*.

ちりょう　治療　*de* behanneling [-handeling], *it* middel, *de* remeedzje：病気の治療 in *remeedzje* foar de kwaal；治療する behannelje [-handeling], genê-ze；治療薬 *it* genêsmiddel

ちる　散る　（花・葉などが） falle, （群集が）（散らばる） ferspriede, fertoarkje, （雲などが）（切れる） brekke

ちんあげ　賃上げ　*de* leansferheging；賃上げを要求する mear lean easkje

ちんあつ　鎮圧　*de* ûnderdrukking；鎮圧する delslaan, ûnderdrukke：反乱を鎮圧する in opstân *delslaan*, 民衆は鎮圧された It folk waard *ûnderdrukt*.

ちんか　沈下　*de* fersakking；沈下する fersakje：地盤が沈下している De grûn *fersakket*.

ちんか　鎮火　*it* útdôvjen；鎮火する dôvje, útdôvje, útgean litte

ちんがし　賃貸し　*de* pacht；賃貸しする pachtsje

ちんがり　賃借り　*de* pacht；賃借りする hiere, pachtsje：家［土地］を賃借りする in hûs [lân] *hiere*；賃借りしている yn [op] 'e hier hawwe, hiere；賃借りする人 *de* hierder

ちんぎん　賃金　*de* fertsjinst, *it* lean, *it* salaris

ちんしゃ　陳謝　*de* (fer)ûntskuldiging；陳謝する jin (fer)ûntskuldigje

ちんしゃく　賃借　→賃借り；賃借料 *de* pacht

ちんじゅつ　陳述　*de* ferklearring, *de* meidieling, *de* útlitting：陳述する in *ferklearring* ôflizze, in *meidieling* dwaan；陳述する ferklearje, jin útlitte

ちんじょう　陳情　*it* adres, *de* petysje, *it* rekest, *de* smeekbea；陳情する adressearje；陳情書 *it* adres, *de* petysje（→請願書）：大臣に陳情書を出す in *petysje* by de minister yntsjinje

ちんせいする　沈静する　bedarje, bekomme

ちんせいする　鎮静する　（痛み・気持が）（落ち着く） bedarje, bekuolje, delbêdzje, kalmearje, ôfsakje；鎮静剤 kalmearjende middels

ちんたい　沈滞　*de* stagnaasje；沈滞する stagnearje

ちんたい　賃貸　→賃貸し；賃貸料 *de*

ちんちゃく

hier, *de* pacht
ちんちゃく 沈着 *de* dimmenens [-heid], *de* kalmte (→冷静)：沈着な dimmen, evenredich, kalm, koelbloedich, rêstich
ちんでん 沈殿 *de* delslach；沈殿する [させる] besinke, ôfsette：コーヒーの出がらしを沈殿させる it kofjetsjok *besinke* litte；沈殿物 *it* besinksel, *de* delslach, *de* ôfsetting, *it* sinksel
チンパンジー *de* sjimpansee
ちんぷな 陳腐な banaal, gewoan：陳腐な決まり文句 in *banaal* klisjee
ちんぷんかんぷん *it* bargedútsk, *it* koeterwaalsk, *de* wartaal
ちんぼつ 沈没 *de* skipbrek, *it* ûndergean；沈没する sinke, ûndergean：その船は沈没している It skip is *sonken.*, 沈没船 in *sonken* skip
ちんぽん 珍本 in nuver boek

ちんみ 珍味 *de* lekkerij, *de* tearens [-heid]；珍味な delikaat
ちんみょうな 珍妙な gek, grappich, raar
ちんもく 沈黙 *de* stillens, *it* stilswijen, *de* stilte, *it* swijen：沈黙を破る *de stilte* [*it stilswijen*] ferbrekke, 沈黙を守る *it swijen* [*stilswijen*] bewarje,《諺》沈黙は金なり *Swijen* is goud.；沈黙する swije；沈黙させる stilhâlde, stilje；沈黙した stilswijend, stom, swijsum
ちんれつ 陳列 *de* fertoaning, *de* tentoanstelling, *de* útstalling；絵画の陳列 in *útstalling* fan skilderijen；陳列する eksposearje, fertoane, tentoanstelle, útstalle；陳列ケース［窓］*de* etalaazje, *de* fitrine：陳列窓に陳列してある yn 'e *etalaazje* lizze；陳列して te pronk

つ ツ tsu / tu

ツアー（旅行）*de* reis
つい 対 （一対・一組）*it* pear, *it* setsje, *it* span, *it* twatal, (セット) *it* stel：一対の靴 in *pear* skuon, 一対［一つがい］のカナリア in *span*(*tsje*) kanaarjes
つい （軽率に）achteleas, slof, （思わず）sûnder erch, （ちょっと）krekt, niis, pas：彼はその仕事をついやってしまった Hy die it wurk *achteleas.*, 私はつい笑ってしまった Ik lake *sûnder erch.*, つい最近リッチェから手紙をもらった Ik haw *krekt* noch in brief fan Richtsje krigen., つい昨日 *pas* juster, 彼はついさっきまでここにいた Hy wie hjir *pas* noch.；ついさっき krektlyn, krektsa
ついか 追加 *de* oanfolling, *it* supplemint, *de* tafoeging；追加する bylizze, oanfolje, tafoegje, taheakje：お金が足りない、追加してもらえませんか Ik haw

net genôch jild. Wolsto wol *bylizze*?；追加的な bykommend, supplemintêr：追加費 *bykommende* ûnkosten (→雑費)；追加料金 ekstra kosten
ついき 追記 *it* neiskrift, *de* taheakke (→追伸)
ついきゅうする 追及する （責任などを）ûndersykje
ついきゅうする 追求する （幸福・名声などを）(nei)stribje：幸福を追求する gelok *neistribje*；(…への)追求 *it* stribjen（nei…）
ついきゅうする 追究する （真理などを）sykje：真理を追究する de wierheid *sykje*
ついし(けん) 追試(験) *it* wereksamen
ついしん 追伸 *it* neiskrift（略 ns.）, *de* taheakke（略 tah.）
ついずいする 追随する folgje, nei-

folgje；追随者 *de* folgeling，(信奉者) *de* oanhing (er)

ついせき　追跡　*de* efterfolging, *de* opspoaring；追跡する bejeie, efterfolgje, ferfolgje, neiprintsje, neisette, neisykje, neisitte, opspoare, (犯人を) jacht meitsje (op)：敵を追跡する de fijân *ferfolgje*

ついそ　追訴　in supplemintêre oanklacht

ついぞ (…ない)　→決して…ない

ついそう　追想　*it* oantinken：亡くなった母への追想 *oantinken* oan in ferstoarne mem；(…を) 追想する jin betinke (oer)

ついたち　一日　de earste dei (fan de moanne)

ついちょう　追徴　(税の) *de* neifoardering, *de* neiheffing；追徴する neifoarderje, neiheffe：税金を追徴する belesting *neifoarderje*；追徴金 ekstra betelle jild

(…に)ついて　(…に)就いて　fan, oangeande, oer (→(…に)関して)：そのことについては色々と知っている Ik wit der alles *fan.*, それについては何も分かっていない Ik begryp der neat *fan.*, 献金については大臣は何も言わなかった *Oangeande* de donaasje sei de minister neat., 私たちはこのことについてもっと知りたい Wy wolle *oer* dy saak mear witte.

ついで　序で　(ついでの折りに) op jins gemak；ついでに (言うと) yn 't foarbygean, tusken heakjes

ついていく　付いて行く　folgje, (後ろに) efterneikomme

ついている　 gelok hawwe, 《動》(幸福である) treffe, 《形》fortúnlik, (ge)-lokkich：君はついている Do *trefst* it., 何んてついているのだろう！Hoe koe it sa *treffe*！

ついてくる　付いて来る　meigean [-komme]：駅までついて来てもいいですか Sil ik eefkes *meigean* nei it stasjon?

ついとう　追悼　*de* rouwe；(…を) 追悼する rouje (om)；追悼式 *de* routsjinst

ついとつ　追突　it botsen fan efteren；追突される fan efteren oandriden wurde

ついに　遂に　einlik, einlings, úteinlik：彼らは遂に結婚した *Uteinlik* trouden sy.

ついばむ　啄む　pikke, oppikke

ついほう　追放　*de* ballingskip, *de* ban, (国外への) *de* útwizing, (公職から) *de* suvering：不法労働者の国外追放 de *útwizing* fan yllegale arbeiders；追放する banne, ferbalje, ferbanne, útbanne, útwize, (公職から) suverje：人を国外に追放する immen ta it lân út *banne*, 彼は日本から追放された Hy waard út Japan *ferballe*.：国外追放者 *de* balling

ついぼする　追慕する　immen mei leafde betinke

ついやす　費やす　(…に)(時間・お金を) besteegje [spansearje / útjaan] (oan), trochbringe：多額のお金を道楽に費やす in soad jild oan hobbys *spansearje*, 彼はお金を無駄に費やした Hy hat syn jild der *trochbrocht*.

ついらく　墜落　*de* fal；墜落する delstoarte；(飛行機の) 墜落事故 *it* fleanmasine-ûngelok

ツイン　(ツインベッド付きの部屋) *de* twapersoanskeamer

つう　通　(あることに精通していること・人) *de* ekspert, (大家) *de* kenner, (鑑定家) *de* fynpriuwer；(…に) 通じている in brede ûntwikkeling hawwe (oangeande)；彼はイギリス通だ Hy wit alles fan Ingelân.

つういんする　通院する　regelmjittich medysk behannele wurde

つういんする　痛飲する　flink drinke

つうか　通貨　*de* faluta, *it* jild：外 (国) の通) 貨 frjemde *faluta*, bûtenlânsk *jild*

つうか　通過　*de* trochgong, *de* trochtocht [-feart]；通過する passearje, trochgean：その船はスエズ運河を通

過した It skip *passearre* it Suezkanaal., その町を通過する de stêd *trochgean*; 通過させる trochkrije [-litte]
つうかいな　痛快な　tige hearlik [spannend], tige prachtich; 痛快 *it* plezier
つうがくする　通学する　nei [op] skoalle gean
つうかんする　通関する　troch de dûane gean;（輸入の際に）通関手続きをする ynklearje,（輸出の際に）útklearje
つうかんする　痛感する　djip [sterk] fiele
つうきんする　通勤する　pindelje, hinne en wer reizgje：彼は毎日レーワルデンからアムステルダムまで通勤している Hy *reizget* alle dagen *hinne en wer* tusken Ljouwert en Amsterdam.;（定期券による）通勤者 *de* forins, *de* opreizger en delreizger
つうこう　通行　*it* ferkear；通行できる begeanber, begongber：この道は冬は通行できない Dizze dyk is by 't winter net *begeanber*.；通行人 *de* foarbygonger
つうこく　通告　*de* meidieling, *de* oansizzing：通告する [を受ける] *oansizzing* dwaan [krije]；通告する meidiele, oansizze
つうさんする　通算する　（合計する）optelle
つうじ　通じ　（便通）*de* trochgong；通じがきちんとある goed efterút kinne；通じがない min efterút kinne（→便秘の）
（…を）つうじて　（…を）通じて　fia, troch：本屋を通じて注文する *fia* de boekhannel bestelle, 冬を通じて *troch* de winter (→冬中)
つうしょう　通称　*de* ropnamme, （別名）*de* bynamme
つうしょう　通商　（貿易）*de* ferhanneling, *de* hannel, *de* kommersy；（…と）通商する hannelje (op)：日本と通商する op Japan *hannelje*
つうじょう（の）　通常（の）　algemien, gewoan, normaal；通常（は）gewoanlik(en), gewoanwei, ornaris, as regel,

yn 'e regel：私は通常(は)10時に寝ます *Ornaris* gean ik om 10 oere op bêd.
つうじる　通じる　（道が…へ）liede, (言葉・意志が) ferstean (→理解する), (電話が) berikke：この道は隣の村に通じている Dizze dyk *liedt* [*laat*] nei it neistlizzend doarp., 私のフリジア語はその少女に通じなかった It famke *ferstie* myn Frysk net., リッヒチェに電話をかけたが通じなかった Ik koe Richtsje net *berikke* oer de telefoan.
つうしん　通信　*de* korrespondinsje；（…と）通信する korrespondearje (mei)；通信者［員］*de* korrespondint；通信社 *it* parseburo；通信簿 *it* rapport
つうせい　通性　（共通の性質）in mien-(skiplik)skaaimerk (fan Japanners), (文法上の) it mien geslacht
つうせつ　通説　in algemiene teory
つうせつな　痛切な　earnstich, fûl(eindich),（深刻な）swier：痛切な問題 in *earnstich* probleem
つうぞくてきな　通俗的な　populêr, （平凡な）triviaal；通俗性 *de* populariteit
つうち　通知　*de* kundskip, *de* meidieling, *de* oansizzing；通知する meidiele, oansizze, (…に) rapportearje (oan)；通知表→通信簿
つうちょう　通帳　（預金）*it* bankboekje, *it* sparbankboekje
つうどくする　通読する　neilêze, trochlêze[-sneupe], útlêze
つうねん　通念　in algemien idee
つうふう　通風　*de* jicht
つうやく　通訳　*de* fertaling, *de* ynterpretaasje,（人）*de* tolk：通訳を務める as *tolk* optrede；通訳する fertale, fertolkje, ynterpretearje
つうようする　通用する　（有効な）gongber, jildich,（受け入れられている）oannimlik,（有用な）brûkber：その切符はまだ通用する Dat kaartsje is noch *jildich*.
つうらん　通覧　*it* oersicht；通覧する oersjen,（通読する）neilêze

ツーリスト （旅行者）de reizger, de toerist
つうれい 通例 gewoanlik(en), gewoanwei, meastal, meastentiids, ornaris, yn it algemien
つうれつな 痛烈な bitter, fûl, skerp, strang：彼の痛烈な批判 syn skerpe beoardieling
つうろ 通路 de gong, de pas, （劇場・旅客機・汽車などの）it gongpaad, it paad
つうわ 通話 de telefoan, it telefoanpetear：通話料 de kosten fan in telefoanpetear
つえ 杖 de stêf, de stôk / stok：シンテクラスの杖 de stêf fan Sinteklaas, その魔術師は魔法の杖を持っている De magiër hat in (magyske) stêf., 私の妻は杖をついて歩く My frou rint mei de stôk.
つか 柄 （刀の）it hânfet, it hêft / heft
つか 塚 de grêfheuvel
つかい 使い （用事）it boadskip, （人）de besteller：使いに行く in boadskip dwaan = boadskipje, （人を）使いにやる（immen）om in boadskip stjoere
つがい 番い →対(⁇)
つかいかた 使い方 hoe te brûken, （使用法）de gebrûksoanwizing
つかいきる 使い切る opmeitsje：彼は稼いだ金を一夜にして使い切った [→果たした] Hy makke yn ien nacht alle jild op dat er fertsjinne hie.
つかいこなす 使いこなす eat effisjint brûke [manoeuvrearje], （言語を）(in taal) yn 'e macht hawwe, (in taal) folslein master wêze
つかいこみ 使い込み de fertsjustering, de malversaasje；使い込む fertsjusterje, fertsjustermoanje（→横領する）：彼は公金を使い込んで，免職になった Hy hat mienskipsjild fertsjustermoanne en no is er ûntslein.
つかいすぎる 使い過ぎる （お金などを）te folle brûke, （人・体を）te hurd wurkje, （→働き過ぎる）, （気を）ompakke [omtize] (mei)
つかいすての 使い捨ての 《複合語の第一要素として》weismyt-, weismiters-：使い捨てのおむつ it weismytruft (→紙おむつ)
つかいならす 使い慣らす （コンピューターを）(oan in kompjûter) wenne；使い慣れる jin ynwurkje
つかいにくい 使い難い ûnhandich, net maklik te brûken
つかいのこす 使い残す net benutte, net brûkt lizze litte
つかいはたす 使い果たす fersjitte, opbrûke：蓄えをすっかり使い果たした De foarrie is opbrûkt.
つかいふるす 使い古す ferslite, ôfdrage；使い古された fersliten, ynein, ôfdroegen
つかいもの 遣い物 →贈り物
つかいやすい 使い易い hannelber, maklik te brûken
つかう 使う brûke, （有効に）benutte, （時間・お金を）brûke, spansearje, trochbringe, útjaan, （言葉を）brûke, sprekke：自転車を使う in fyts brûke, 多額のお金を本に使う in soad jild oan boeken spansearje, 私たちの学校では公用語としてフリジア語とオランダ語を使う Wy brûke op ús skoalle it Frysk en it Hollânsk as fiertaal.
つがう 番う （動物が）joetse, pearje（→交尾する）
つかえる 支える （ふさがる）ferstopje, （引っ掛ける）heakje, stean, （言葉が）hakkelje, haperje, stykje, stûkje（→言葉に詰まる）：パイプが支えて[→詰って]いる De piip is ferstoppe., 魚の骨がのどに支えている In fiskbonke heakket yn myn kiel., 彼は言葉に支えた Hy stie te hakkeljen., 言葉に支えてしまった De wurden bleaunen my yn 'e kiel stûkjen.
つかえる 仕える betsjinje, tsjinje：医者に仕える by dokter tsjinje
つかえる 使える 《形》brûkber [-sum], handich：この車はまだ使える Dit is

noch in *brûkbere* auto.

つかのま　束の間　*it* eagenblik, *it* stuit, in koart skoftsje tiid：束の間に yn in *eagenblik*；束の間の ferganklik, fergonklik, koart：彼の喜びは束の間だった Syn nocht wie *koart*.

つかまえる　捕まえる　arrestearje, fange, fetsje, gripe, hâlde, oanhâlde, ta pakken krije（→逮捕する）: 泥棒を捕まえる in dief *fange*；捕まる fongen wurde,（しっかりと）fêsthâlde

つかみあい　掴み合い　（…と）つかみ合いをする op de fûst gean (mei)；つかみ合いのけんか *it* fûstgefjocht

つかみかかる　掴み掛かる　（…に）gripe (nei)

つかみどころのない　掴み所のない　glêd, gled

つかむ　掴む　fange, gripe, nimme, oanfetsje, oanpakke,（心などを）pakke,（機会を）gripe, oanfetsje, pakke,（理解する）begripe, ferstean：人の襟首をつかむ immen yn 'e kraach *pakke*, それは人々の心をつかんだ Dat *pakt* de lju., 機会をつかむ jins kâns *gripe*

つかる　漬かる　（水などに）浸(ひた)す opsloarpe,（浸水する）oerstreame,（漬け物に）pikelje

つかれ　疲れ　*de* wurgens；疲れた wurch,（へとへとに）deaynein [-wurch], gear, ynein：ひどく疲れた sa wurch as in hûn, 仕事に疲れている wurch wêze fan it wurk, 彼はくたくたに疲れていた Hy wie *deaynein*.；疲れさせる ôfmêdzje：へとへとに疲れる *ôfmêde* wêze

つかれる　疲れる　wurch wurde；疲れ果てる fersuterje：彼は旅で疲れ果ててしまった Hy is *fersutere* fan it reizgjen.

つかれる　憑かれる　→取りつかれる

つき　月　（天体・暦の）*de* moanne：満［新］月 folle [nije] *moanne*, 半月 in heale *moanne*, 月は欠けて[満ちて]いる De *moanne* is yn it ôfgean [oankommen]., 二月(ふた)間 twa *moanne* lang, 4月の月に yn 'e *moanne* (fan)

april,（生れて）三月の赤ん坊 in poppe fan trije *moanne*

（…に）つき　（…に）付き[就き]　（…毎に）1キロにつき *de* kilo, 1時間につき oers, yn 'e oere, 1日につき deis, op in dei, 1週につき wyks, yn 'e wike, 一月につき yn 'e moanne, 1年につき jiers, yn it jier, 一人につき *de* man；（前）（…のために）fanwege(n), troch：悪天候につき *fanwege(n)* it minne waar,（…に関して）oanbelangjend(e), oangeande：地震について *oanbelangjend(e) de* ierdbeving；（接）trochdat, troch't：雨天につき *trochdat* it reinde

つぎ　継ぎ　（当て布）*de* lape；継ぎを当てる bysmarre, laapje；継ぎ合わせる laskje

つきあい　付き合い　（交際）*it* ferkear, *de* ferkearing, *it* / *de* gedoente, *de* gemienskip, *de* omgong：家族ぐるみの付き合い it *ferkear* mei de famylje, 人と付き合う *ferkearing* hawwe mei immen = omgean mei immen, この二人はもう1年も付き合っている Dy twa hawwe al in jier *ferkearing*., この女の子とは付き合いたくない Ik wol gjin *gemienskip* mei dy fint hawwe., アメリカ人との付き合いはない Ik haw gjin *omgong* mei Amerikanen.；付き合う ferkeare,（人と）jin ôfjaan (mei), omgean [omslaan] (mei)：人とうまく付き合う goed mei minsken *omgean*

つきあかり　月明かり　*it* moanneljocht （→月光）: 月明かりで by *moanneljocht*

つきあたり　突き当たり　（末端）*it* ein：街路の突き当たり *de ein* fan 'e strjitte

つきあたる　突き当たる　（…に）（衝突する）oanfarre (yn), oanride (tsjin,（意見・問題などに）yn konflikt komme (mei)

つきおとす　突き落とす　delslaan, fuortskowe, fuorttriuwe, ôftriuwe, stjitte：人を崖［汽車］から突き落とす immen fan in klif [trein] *ôftriuwe*

つきがけ 月掛け →月賦
つぎき 接ぎ木 *de* int；接ぎ木をする intsje
つきぎめの 月極めの yn 'e moanne, (月払いの) om 'e moanne；月極めの予約[購読(料)] *it* moanne-abonnemint
つきごと 月毎 elke moanne, alle moannen
つぎこむ 注ぎ込む (液体を) ynjitte, opjitte, (資金を) belizze, ynvestearje
つきさす 突き刺す stekke, (ちくりと) pjukke, prikelje：地面に棒を突き刺す in stôk yn 'e grûn *stekke*
つきずえ(に) 月末(に) (oan) de ein fan 'e moanne
つきすすむ 突き進む opkringe
つきそい 付き添い (女性・子供などの) *de* neisleep, (病人の) *de* ferpleging (→看護人)；付き添う begeliede, beselskipje
つきたおす 突き倒す omkeile, omrammeie
つきだす 突き出す útstekke, (引き渡す) oerleverje, ôfjaan：足を突き出す de skonken *útstekke*, 泥棒を警察に突き出す in dief oan 'e plysje *oerleverje*
つぎたす 継ぎ足す →付け足す
つきづき 月々 elke moanne
つぎつぎと 次々と efterinoar：次々と死ぬ *efterinoar* stjerre
つきつける 突き付ける (ピストルを) (胸に) immen it pistoal op it boarst sette, (証拠を) immen mei ûnwjerlisber bewiis konfrontearje
つきつめる 突き詰める ûndersykje (→究明する)
つきでる 突き出る foarútspringe [-stekke], útprûste, útspringe, útstekke：その家は少し突き出ている Dat hûs *springt* wat *út*.；突き出た foarútspringend
つきとめる 突き止める (真相・原因を) opspoare
つきなかば 月半ば healweis de moanne, yn 'e midden fan de moanne
つきなみな[の] 月並みな[の] alledeisk,

konvinsjoneel
(…)つきの (…)付きの (…を伴った) mei, (…込みの) ynbegrepen, ynklusyf：チーズ付き[入り]のロールパン in broadsje *mei* tiis, 庭付きの１戸建ての家 in hûs *mei* in tún, サービス付きで betsjinning *ynbegrepen*, 値段は付加価値税付きです De priis is *ynklusyf*.
つぎの 次の ankom(me), kommend, neifolgjend, oankommend, oansteande：次の金曜日 ankom(me) [oankommende] freed；次の日 de dei dêrop (→翌日)
つきはじめに 月初めに yn it begjin fan de moanne
つきはなす 突き放す ôfstjitte, (見捨てる) ferlitte, (見放す) opjaan：医者はその患者を突き放した De dokter *joech* de pasjint *op*.
つきばらい 月払い →月賦
つきひ 月日 *de* tiid, *de* dagen：月日の経つのは何と早いんだろう De tiid hâldt gjin skoft.
つきまとう 付き纏う efterneikomme, (追い回す) neirinne, (好ましくない感情が) spoekje：不安がつきまとう De ûnrêst *spoeket* my yn 'e holle.
つきみそう 月見草 *it* nachtlampke
つきみをする 月見をする fan de (folle) moanne genietsje
つぎめ 継ぎ目 *de* foech, *de* lask
つきよ 月夜 de nacht ferljochte troch de moanne
つきる 尽きる (行き止まる) útrinne, (無くなる) ferbrûke, yntarre, opbrûke, opmeitsje, útputte
つきわり 月割り →月賦
つく 付く (付着する) plakke, sitte, (付き添う) begeliede, (…に) (付属する) (be)hearre (oan)：彼女のセーターにはしみがついている Der *sit* in plak[smet] op har trui.
つく 突く pikke, pjukke, pompe：針で指を突いた Ik *pikte* my yn 'e finger mei de nulle., 子羊が親の乳首を突いている De lamkes *pompe* yn it jaar fan

it skiep.
つく 点く （火が）yn 'e brân fleane, （明かり・電灯が）(it) ljocht oandien wurde
つく 就く （仕事・職に）wurkje, （従事する）oannimme, （部署に）pleatse
つく 着く （到着する）arrivearje, ynkomme, oankomme, （テーブルに）(oan ('e) tafel) gean, （席に）sitten gean, in sit nimme：船は（港に）着いている It skip is *oankaam.*, 汽車は何時に着きますか Hoe let *komt* de trein *oan*?
つぐ 次ぐ nei, （次に）twads, （…の後に）efter
つぐ 注ぐ ynjitte, ynskinke, jitte, pompe：コーヒー［お茶］を注ぐ kofje [tee] *ynjitte*, 人に一杯のコーヒーを注ぐ immen in kopke kofje *ynjitte*, 彼女は彼に茶碗一杯にコーヒーを注いでやった Sy *pompte* him fol kofje.
つぐ 継ぐ （財産などを）erve, oanstjerre, oererve, oergean, （仕事・職務などを）oernimme, （…の跡を）継ぐ opfolgje, 王位を継ぐ troanje：仕事を引き継ぐ in saak *oernimme*
つくえ 机 （大机）it buro, （勉強）de lessener, it skriuwburo
つくす 尽くす （一身を捧げる）tawije, wije, （手・手段を）muoite [writen] dwaan (om), （最善を）jins bêst dwaan, tasette：子供たちのために尽くす jin *wije* oan jins [de] bern
つくづく （全く）alhiel, danich, duchtich, （じっくり）mijen, （ひどく）earnstich；（あることが）つくづく嫌になる (earne) genôch fan hawwe, （…を）つくづく考える goed neitinke (oer)
つぐない 償い （補償）de fergoeding, de kompensaasje, （賠償）de skeafergoeding, （贖罪）de fermoedsoening：…の償いとして as *kompensaasje* foar …；償う dekke, fergoedzje, fermoedsoene, goedmeitsje, kompensearje：彼は自分の行った悪事の償いをする Hy *fermoedsoent* it kwea dat er dien hat.
つぐみ 鶇 de (k)lyster
つぐむ 噤む （口を）jins mûle [jin de mûle] tichthâlde
つくり 作り, 造り （構造）de bou, de struktuer, （出来栄え）in deeglik wurk：この家の造り de *bou* fan dy huzen, この家具は素晴らしい作りだ Dit meubel is *in deeglik wurk.*；作［造］り上げる opmeitsje (→作成する), （築き上げる）opbouwe, （完成する）folbringe, foltôgje
つくりかた 作り方, 造り方 （方法）hoe [manierom] te meitsjen, （計画案）it bestek, （調理法）it resept
つくりだす 作り出す, 造り出す （生産する）produsearje, （創造する）kreëarje, meitsje, skeppe：神は海を造り，フリジア人は陸を造った God *skoep* de see, en de Fries it lân.
つくりばなし 作り話 de fabel (→寓話), de fiksje, it optinksel, it úttinksel
つくる 作る （材料・原料を使って）meitsje, （詩・文などを）skriuwe, （曲を）komponearje, （花・野菜などを）bouwe, ferbouwe, kultivearje, kweke, （料理・食事などを）kôkje, siede, reemeitsje, （パンケーキなどを）bakke, （形成・組織する）foarmje, ynstelle：腰掛けを作る in bank *meitsje*, 曲を作る muzyk *komponearje* (→作曲する), チューリップ［じゃがいも］を作る tulpen [ierappels] *kultivearje* (→栽培する), パンケーキを作る pankoek *bakke*, 夕食を作る it jûnsmiel *reemeitsje* (→支度する), 委員会を作る de kommisje *ynstelle*
つくる 造る （建物・橋など）bouwe, konstruearje, （製造する）fabrisearje, （酒を）brouwe：堤防を造る diken *bouwe*, 橋を造る in brêge *konstruearje*, ビールを造る bier *brouwe* (→醸造する)
つくろい 繕い （修理）it la(a)pwurk, de reparaasje；（ほころびを）繕う (be)laapje, bestopje, fersette, meitsje, （身

なりを整える) opknappe, (修繕する) repearje: 服 (のほころび) を繕う klean *belaapje*, 靴下を繕う sokken *bestopje*

つけ　付け (勘定(かんじょう)) *de* rekken, (勘定書) *de* rekkening

つけあわせ　付け合わせ *de* garnearring; 付け合わせにする garnearje

つけかえる　付け替える (新しくする) fernije

つけぐすり　付け薬 in medisyn foar útwindich gebrûk, (軟膏(なんこう)) *de* salve, *it* smarsel

つげぐちする　告げ口する klikke, tippe, (密告する) ferklikke, ferriede, iepenbierje, oanbringe: 告げ口をするな Do meist net *klikke*.; 告げ口をする人 *de* oanbringer

つけくわえる　付け加える tadwaan, (追加する) tafoegje, taheakje, talizze, (補足する) oanfolje

つけこむ　付け込む eksploiteaje

つけたす　付け足す tadwaan, taheakje, talizze: それにお金を幾らか付け足さなければならない Wy moatte der noch wat jild op *talizze*.

つけね　付け根 *de* woartel: 手のつけ根 de *woartel* fan 'e hân

つけもの　漬け物 (小さいきゅうりの) augurken yn it soer (ピックルス)

つける　付ける (ボタン・バッジなどを) (be)naaie, (のりで) lymje, (バター・油・軟膏を) besmarre, ferpartsje, ynrosse, ynsmarre, (味を) krûdzje, (電話などを) fêstsette, ynsette, oanslute, opstelle, (値段を) stelle, (利息を) talizze, (おまけを) tajaan, (日記を) meitsje, (後を) folgje, ferfolgje: 上衣にボタンを (縫い) 付ける in knoop oan 'e jas *naaie*, パンにバターを付ける brea *besmarre* mei buter, 軟膏を付ける mei salve *ynrosse* [*ynsmarre*], 料理に味を付ける it iten *krûdzje*, 電話機を (取り) 付ける de telefoan *oanslute*, 値段を付ける eat op priis *stelle*, 日記を付ける in deiboekoantekening

meitsje, 泥棒の後を付ける in dief *ferfolgje* (→尾行する)

つける　点ける (火を) oandwaan, oanstekke, opstekke (→点火する), (ラジオ・電灯を) oansette: たばこ [ストーブ] に火をつける in sigaar [de kachel] *oanstekke*, ラジオをつける de radio *oansette*

つける　着ける (着用する) drage, foarhawwe: 眼鏡を着ける in bril *drage*, その女性は (前に) エプロンを着けていた (→掛けていた) De frou *hie* de skelk *foar*.

つける　漬ける (ひたす) dippe, (yn)weakje, (漬け物を) ynlizze

つげる　告げる fertelle, 《dat 節を伴って》fernije: このことは誰にも告げないでくれ Net fierder *fertelle* hear., 医者は彼に癌を告げた De dokter *fernijde* him dat er kanker hie.

つごう　都合 *de* gelegenheid, *it* gemak: 都合がついたら by *gelegenheid*, 都合のよい時に op jins *gemak*; 都合がよい gaadlik, gelegen, geunstich: 都合のよい場所 in *gaadlik* plakje, 都合のよい時間 in *gaadlike* tiid, 都合がよければ as it dy *gelegen* komt; 都合する omgean, oprêde, (お金を) (調達する) losmeitsje, (対処する) oanpakke, útkomme: それはちょうど私には都合がよい Dat *komt* my wol goed *út*.; 都合が悪い ûngelegen: 私は都合が悪い It komt my *ûngelegen*.

つじ　辻 (十字路) *de* krusing, *it* krúspunt, (路上) *de* strjitte

つじつま　辻褄 (一貫性) *de* konsekwinsje; つじつまの合った konsekwint, konsistint (→一貫性のある); つじつまの合わない ynkonsekwint (→一貫性のない, 矛盾した)

つた　蔦 *de* klimmer, *de* klimop: つたに覆われた mei *klimop* begroeid

つたえる　伝える ferdútse, fertelle, (伝言・ニュースなどを) oerbringe, oerdrage, trochjaan, (知らせる) sizze, trochdwaan, (伝統などを) oerleverje,

つたない

（音・熱などを）oerbringe：誰が君にそれを伝えたのか Wa hat dy dat ferdútst?, あることを他の人に伝える eat fierder fertelle oan oaren, ニュースを伝える nijs fertelle, よろしく伝える immens groetnis oerbringe, 伝言を伝える in berjocht trochdwaan, 人に伝言を伝える in boadskip oan immen trochjaan, エンジンの動力を車輪に伝える de krêft fan 'e motor oerbringe nei de tsjillen
つたない　拙い　→下手な
つたわる　伝わる　（情報が）ferteld wurde, （音・熱が）oerbrocht wurde, （伝統などが）oerlevere wurde, （導入される）ynfierd [yntrodusearre] wurde
つち　土　de grûn, de ierde, （粘土）de klaai, （泥）de drek, de modder
つち　槌　（金づち）de hammer, （木づち）in houtene hammer
つちかう　培う　（草木を）bouwe, kweke, oankweke; （精神・能力などを）kultivearje, （増進させる）beskermje
つつ　筒　de koker, de piip
つつがなく　恙無く　→無事に
つづき　続き　de ferfetting, de fuortsetting, （小説・映画などの）it ferfolch, it ferlingstik（→続編）：その話の続きは明日する It ferfolch fan it ferhaal fertel ik moarn.; 続き物 de searje
つづきがら　続き柄　de besibbens, de betrekking, de ferhâlding
つきだす　突き出す　（くちばしなどで）útpikke
つっきる　突っ切る　（道路などを）hastich oerstekke
つつく　突く　（くちばしで）pikke：鳥が突く De fûgel pikt.; 突くこと de pik：おんどりがめんどりを突いている De hoanne jout de hin in pik.
つづく　続く　neigean, （天気などが）oanhâlde, （時間が）duorje, trochduorje [-dwaan], （継続する）oanhâlde, （後続する）opfolgje, （道が）（…に）（通じる）liede (nei)：雨が1日中降り続いている It reinen hâldt de hiele dei

oan., 人との交際が続く mei immen oanhâlde, この道は駅まで続いている Dit paad liedt nei it stasjon.
つづけざまに　続け様に　efterelkoar, efterinoar, opinoar, searje（→打ち続く）：彼らは続け様に子供をもうけた Sy krigen de bern koart opinoar., 続け様の不幸 in searje ûngelokken
つづける　続ける　bestindigje, ferfetsje, ferfolgje, folhâlde, fuortsette：彼は話を続けた Hy ferfette syn ferhaal., 仕事を続ける it wurk ferfolgje, 最後まで続ける folhâlde oant it lêste ta; 続けて oan ien wei
つっこむ　突っ込む　dompelje, ynpakke, stekke, stowe, strûze, （押し込む）twinge, （…に首を）jin bemuoie (mei)：（…に）突っ込む jin dompelje (yn), 荷物を突っ込む in pakje ynpakke, 両手をポケットに突っ込む de hannen yn 'e bûse stekke, 車が水路に突っ込んだ De auto strûsde troch de syl., 彼はそのことに首を突っ込んでいる Hy bemuoit [bemoeit] him wol mei de saak.
つつじ　躑躅　de asalea, de rododendron
つつしみ　慎み　de dimmenens [-heid], de ynbanningens, （控え目）de diskreesje, （慎重さ）de foarsichtichheid; 慎み深い dimmen, ynbannich, （控え目な）diskreet, （慎重な）foarsichtich
つつしむ　慎む　…に（気をつける）passe (op), （差し控える）ûnthâlde：言葉を慎みなさい Pas op dyn spraak [taal]!, たばこを慎む roken ûnthâlde; 慎んであなたのご成功をお祝い申し上げます Wolle jo myn oprjochte lokwinsk mei jo sukses akseptearje [oannimme]?
つつぬける　筒抜ける　（話し声が外に漏れる）dúdlik heard wurde, （秘密が外に漏れる）útlekke：その計画は筒抜けだ It plan is útlekt.
つっぱねる　突っぱねる　→拒否する
つっぱる　突っ張る　（物を支える）skoarje, skraagje, útstekke, （意地を張る）oantwinge, úthâlde

つつましい　慎ましい　beskieden, dimmen, ynbannich, sedich：慎ましい生活をする beskieden [sedich] libje, 慎ましい性格 in ynbannich aard

つつみ　堤　→堤防

つつみ　包み　it pak, it pakje；包む ynpakke, wuolje：荷物を包む in pakje ynpakke, 毛布に身を包む jin yn 'e tekkens wuolje

つづり　綴り　（便箋(びん)などの一綴り）it blok, (語の) de stavering；(文字を)綴る staverje：その語の綴りが分からない Ik wit net hoe't ik dat wurd staverje moat.

つて　伝　→縁故, コネ

つどい　集い　de gearkomste；つどう gearkomme (→集まる)

つとに　夙に　（ずっと前から）sûnt lange jierren

つとめ　務め　(任務) de plicht, de taak, (義務) de ferplichting：それは私の務めです Dat is myn plicht., 務めを果たす jins plicht dwaan, jins ferplichting neikomme

つとめ　勤め　(仕事) de affêre, de baan, it karwei, de tsjinst, it wurk, (職業) it berop, it fak

つとめぐち　勤め口　de post, de tsjinst, it wurk：勤め口を探す wurk sykje

つとめさき　勤め先　(職場) it wurk, it wurkplak：彼は勤め先にいなかった Hy wie net op it wurk(plak).

つとめて　努めて　(可能な限り) foar safier mooglik, 努めて…する jins bêst dwaan, tasette (→最善を尽くす)

つとめにん　勤め人　(公務員) de amtner, (事務員) de klerk, (労働者) de wurker

つとめる　努める　(努力する) besykje, stribje, (全力を注ぐ) tasette

つとめる　務める　(…の役を) aktearje, optrede, spylje：通訳を務める as tolk optrede, ハムレット役を務める Hamlet spylje

つとめる　勤める　→勤務する

つな　綱　it snoer, it tou, (物干し綱) de line (→ロープ, 縄(なわ))：洗濯物が物干し綱につるしてある De wask hinget oan 'e line.；命の綱 it (lêste) rêdmiddel；綱引き it toulûken, de toulûkerij

つながり　繋り　(連結) it ferbân, de ferbining, de oansluting, (関係) de betrekking, it ferbân, de ferbining, (脈略) de gearhing, (人的な) de konneksje, de relaasje (→コネ)

つながる　繋がる　ferbûn [skeakele] wêze, (…に) oanslute (op), (血縁で) besibbe wêze：このボートは二つの鎖でつながっている Dy boaten binne mei twa keatlings oaninoar ferbûn., この道路は高速道路につながっている Dizze dyk slút oan op 'e autodyk., 彼らは互いに血(縁)でつながっている Hja binne mei-inoar besibbe.

つなぎ　繋ぎ　(連結) it ferbân, de ferbining, (埋め合わせ) de blêdfolling, it opfolsel

つなぎあわせる　繋ぎ合わせる　ferbine, gearfoegje [-hingje], laskje, skeakelje：2枚の板を木舞(こまい)で互いにつなぎ合わせる twa planken mei in latte oaninoar ferbine

つなぎめ　繋ぎ目　de foech, de lask, de naad：板のつなぎ目 de naden tusken de planken

つなぐ　繋ぐ　(連結する) bine, oanslute, skeakelje, (電話を) ferbine, ynskeakelje, oanslute, trochferbine：電話をつなぐ de telefoan oanslute, 電話をつなぎます Ik ferbyn jo troch.

つなみ　津波　de floedweach, de tsunami

つなわたり　綱渡り　it koarddûnsjen；綱渡りをする koarddûnsje；綱渡り師 de koarddûnser

つねに　常に　(いつも) altyd, altiten, hieltyd [-titen], jimmer, stees, ivich en altyd, (通例) gewoan, sljochthinne：彼女は常に旅行をしている Hja is hieltyd op reis.

つねる　抓る　knipe：人をつねる im-

men *knipe*, 人のほお［顔］をつねる immen yn 'e wangen *knipe*
つの 角 *de* hoarn：牛の角 de *hoarnen fan in ko*；角のある，角状の *hoarnen*；鹿の角［枝角］《複》*de* hoarnen, *de* geweien
つのぶえ 角笛 *de* sinjaalhoarn
つのる 募る （寄付・新兵などを）（集める） oanwerve, rekrutearje, ronselje, （不安などが）高まる earnstich［(fer)-heftich / hongerich］wurde, tanimme
つば 唾 *de* flibe, *de* kwalster, *it* spui （→唾液）；つばを吐く flybkje, spuie：人につばを吐く op immen *spuie*
つば 鍔 （刀の）part fan in swurd om de hân te beskermjen,（帽子の）*de* râne：帽子のつば de *râne* fan in hoed
つばき 椿 *de* kamelia
つばさ 翼 （鳥・飛行機などの）*de* flerk, *de* fleugel, *de* wjuk；（風車・タービンの）*de* wjuk：鳥［飛行機］の翼 de *wjukken* fan in fûgel［fleantúch］, 翼を広げる de *wjukken* strekke
つばめ 燕 *de* swel；若いつばめ in nije frijer（→恋人）
つぶ 粒 *de* kerl,（しずく）*de* drip：一粒の塩 in *kerl* sâlt, 大粒の雨 grutte *drippen*；小粒 *it* grús；粒状の kerlich
つぶさに 具に →詳しく
つぶす 潰す （食べ物を）（すりつぶす）prúze,（押しつぶす）fermoarzelje, ferpletterje, fynstampe,（時間を）tabringe,（計画などを）ferknoeie,（面目を）ferlieze：じゃがいもを（押し）つぶす de ierappels *fynstampe*, 面目をつぶす jins gesicht *ferlieze*
つぶやき 呟き *it* preuvelemint；つぶやく eamelje, mompelje, preuvelje,（不平を言う） fûterje, grommelje
つぶらな 円らな つぶらな瞳 lytse eagen
つぶる 瞑る （目を）jins eagen slute
つぶれる 潰れる （家屋・物などが） ynfalle, ynstoarte,（会社などが） fallyt gean［reitsje］（→倒産する）,（視力・声が） ferlieze,（体面・顔が） fer-lieze：その古い家はつぶれた It âlde hûs is *ynfallen*., その壁はつぶれている De wâl *stoart yn*., 彼の会社はつぶれた Syn kompanjy *gong fallyt*., 面目がつぶれる jins gesicht *ferlieze*
ツベルクリン *it* tuberkuline
つぼ 壺 *de* pot / pôt
つぼみ 蕾 *de* knop：花がつぼみになっている De blommen komme yn 'e *knop*.；つぼみを持つ knopje
つぼむ 窄む （縮む）krimpe, slinke
つぼめる 窄める →すぼめる
つま 妻 *de* frou,（悪妻）*it* wiif
つまさき 爪先 *de* tean,（靴・靴下などの）*de* tean：頭のてっぺんからつま先まで fan kop ta *tean*, 靴のつま先 de *tean* fan in skoech；つま先で立つ［歩く］teantsje：彼は妻を起こさないようにつま先でベッドの所へ歩いて行った Hy *teante* nei it bêd om syn frou net wekker te meitsjen.
つましい 倹しい sparsum, sunich：つましく暮らす sparsum［sunich］libje
つまずき 躓き *de* misstap；つまずく knoffelje, strampelje, stroffelje,（失敗する）stroffelje：石につまずいて転んだ Ik *stroffele* oer in stien., 彼は歴史の試験でつまずいた Hy *stroffele* oer skiednis by it eksamen.
つまびらかにする 詳らかにする útiensette（→明らかにする）
つまみ 摘み （一つまみ） *it* mespuntsje, *it* snufke / snúfke,（ラジオなどの）*de* knop；一つまみの塩 in *mespuntsje*［*snufke*］sâlt
つまみぐいする 摘み食いする eat mei de hannen ite, út 'e fûst ite,（横領する）ynkassearje
つまみだす 摘み出す útnimme,（追い出す）útdriuwe
つまむ 摘む （指先で）yn 'e fingers krije,（鼻を）de noas tichtknipe
つまようじ 爪楊枝 *de* tosk(e)pluzer
つまらない 詰まらない （退屈で）droech, ferfeelsum, ferfelend,（面白くない）sleau, ûngesellich,（取るに足りな

い) nearzich, triviaal, ûnbelangryk, ûnbetsjuttend：つまらないものごと in *nearzich* spultsje；つまらないこと［物］ *de* neatigens ［-ichheid］, （取るに足りないこと［考え］） *de* trivialiteit

つまり　詰まり　（結局） afijn, koartom, koartsein, om koart te gean （→要するに）, （すなわち） nammentlik, dat wol sizze

つまる　詰まる　（一杯に入っている） ferfolje, folje, （ぎっしり） opfolle, （道路が） fêstreitsje ［-sitte］, opstopje （→立ち往生する）, （パイプ・下水が） ferstopje, （鼻が） ferstopje, tichtsitte, （息が） smoare, （言葉に） stykje, stûkje, （お金に） deaferlegen sitte om jild, loege （→窮する）, （布が） ynkrimpe, krimpe, slinke, （筋肉が） gearlûke （→縮む）：（…が）詰まっている （*fer*）-*folle* wêze （mei）, パイプが詰まっている De piip is *ferstoppe.*, 鼻が詰まっている De noas is ［sit］ my *ferstoppe.*, ここは（暑くて）息が詰まりそうだ It is hjir om te *smoaren.*, 言葉に詰まってしまった De wurden bleaunen my yn 'e kiel stykjen ［stûkjen］., お金に詰まっている Ik sit deaferlegen om jild., 洗濯をしたら私のセーターは詰まってしまった Nei it waskjen is myn trui *krompen.*；（…で）詰まって（いる） opfolle （mei）；ぎっしり詰まった oerfol

つまるところ　詰まる所　→詰まり

つみ　罪　（法上の） *de* misdie(d), （道徳・宗教上の） *it* kweade, *de* sûnde, （過失の責任） *de* skuld, （刑罰） *de* bestraffing：罪を犯す in *misdie(d)* dwaan, in *misdie(d)* ［*sûnde*］ begean, 罪を許すこと ferjouwing fan *sûnde*, キリストはわれわれ人類が犯した罪ゆえに死んだ Kristus stoar foar ús *sûnden.*, （人の物を）盗むことは罪だ Stellen is *sûnde.*；罪を犯す begean, sûndigje；（…の）罪がある jin besûndigje （oan）；罪深い，罪のある sûndich；罪を犯した skuldich；罪のない ûnskuldich （→無

罪の）；罪の告白 *de* skuldbelidenis

つみあげる　積み上げる　opheapje, oplade, oploegje, (op)steapelje：干し草を積み上げる hea *oploegje*, 木材を積み上げる hout *steapelje*

つみかさなる　積み重なる　gearheapje, opsteapelje, （繰り返される） herhelje

つみかさねる　積み重ねる　→積み上げる

つみき　積み木　*it* blok, *de* boudoaze

つみこみ　積み込み　*it* ynskypjen；積み込む ynlade, lade, loegje：船に荷を積み込む in skip *lade*

つみたて　積み立て　（貯金） *de* besuniging, *de* reserve；積み立てる besunigje, garje；積み立て金 *it* reservefûns

つみとる　摘み取る　ôfpikke

つみに　積み荷　*de* lading, （貨物） *de* fracht

つみほろぼし　罪滅ぼし　（贖罪(しょくざい)） *de* boetedwaning, *de* penitinsje

つむ　摘む　ploaitsje, plôkje, teppe：花を摘む blommen *plôkje*

つむ　積む　→積み上げる［込む］, （あることに）（経験を） earne rûtine yn krije

つむぐ　紡ぐ　spinne：糸を紡ぐ jern *spinne*

つむじかぜ　旋風　*de* hoas, *de* twirre, *de* wynhoas （→旋風(せんぷう)）

つめ　爪　（手・足の） *de* neil, （猫・猛禽類の） *de* klau：指のつめ *de neilen* fan 'e fingers, つめを切る *de neilen* knippe, つめをかむ op 'e *neilen* bite, 猫が鋭いつめでひっかいている De kat klaut mei syn skerpe *klauwen.*；つめ切り鋏 *it* neilskjirke；つめブラシ *de* neilboarstel；つめやすり *it* neilfyltsje

つめ　詰め　（詰めること） *de* folling, （詰め物） *it* folsel, *it* opfolsel, （終局・結論） *de* ein

つめあと　爪跡　*de* neil

つめあわせ　詰め合わせ　*it* assortimint；詰め合わせる gearpakke, byinoar pakke；詰め合わせの alderlei ［-hande］：詰め合わせのビスケット *de alderlei*

koekjes
つめかえる　詰め替える　oanfolje
つめかける　詰め掛ける　krioel(j)e, oerstreame, tastreame (→押し寄せる)
つめこむ　詰め込む　(荷を)ferpakke, oantwinge, (op)stopje, tropje, (知識を)ynpompe：箱にりんごを一杯詰め込む de bûsen fol appels tropje, パイプにたばこを詰め込む de piip opstopje, 人に詰め込み主義の教育をする immen syn leske ynpompe
つめたい　冷たい　(気温が低い)kâld, kjelderich, (心が)kâld, (無愛想な)ûnfreonlik：氷のように冷たい sa kâld as iis, 冷たい水 kâld wetter, 冷たい手 kjelderige hannen, 人に(対して)冷たい ûnfreonlik tsjin immen dwaan [dwaan tsjin immen]
つめたくなる　冷たくなる　ferkuolje (→冷(ひ)える)
つめもの　詰め物　de folling, it folsel, it opfolsel
つめよる　詰め寄る　bykomme, triuwe, (強要する)fergje, oanstean, (返事を)immen op in antwurd fergje
つめる　詰める　(物を)opfolje, stopje, (荷物を)ynpakke, pakke, (ぎっしり)tichtsje, tichtstopje, (服などを)ynnimme, (席を)opskowe, (議論・対策などを)trochprate, (…を)(節約する)besunigje [útsunigje] (op)：荷物を詰める in pakje (yn)pakke, スーツケースに詰める de koffer ynpakke, スカートを詰める in rôk ynnimme, ちょっと席を詰めてください Sko in bytsje op!, 食費を(切り)詰める útsunigje op iten
つもり　積もり　(意図・予定)de bedoeling, it doel, it foarnimmen, de yntinsje, (願望)de wille：…する積もりだ It leit yn 'e bedoeling om …, fan doel wêze [hawwe] om …, de yntinsje hawwe om …, yn 'e wille wêze om …, 来週旅に出掛ける積もりです It is myn foarnimmen om nije wike ôf te reizgjen.
つもる　積もる　(物・資本・困難などが)jin opheapje [opsteapelje]；雪が

50センチほど積もっている Der leit in heale meter snie.
つや　艶　de glâns；つやのある glânzich；つやを出す glânz(g)je
つや　通夜　de deadewacht
つやけしの　艶消しの　dof
つやっぽい　艶っぽい　eroatysk, seksy
つやつやした　艶々した　glânzgjend：つやつやした顔 in glânzgjend gesicht, つやつやした髪の毛 glânzgjend hier
つゆ　汁　(スープ)it sop, (肉汁)de stip, (果物の)it sop (→汁(しる))
つゆ　露　de dau(we)：草は露でまだぬれている It gers is noch wiet fan 'e dau(we).；…を露知らず net wittende dat …, gjin doel hawwe oer …；露の玉 de daudrip
つゆ　梅雨　de reintiid
つよい　強い　(体・精神などが)sterk, (味・色・度合いなど)heech, kras, krêftich, sterk, (風などが)sterk：強い信念 sterk geloof, 強い酒 sterke drank, 強い風 in krêftige [sterke] wyn (→強風), 加熱が強い De ferwaarming stiet heech.
つよきの　強気の　(強情な)agressyf, skerp, strang
つよさ　強さ　(光・音・熱などの)de sterkens, de sterkte, (におい・味などの)de sterkens：光の強さ de sterkte fan it ljocht, 音[声]の強さ de sterkte fan it lûd
つよび　強火　in grutte flam (↔とろ火)
つよまる　強まる　krêftich [sterk] wurde, (痛み・風などが)trochsette, hurd waaie：風が強くなってきた It begjint hurder te waaien.
つよみ　強み　it foardiel (→利点), sterk punt
つよめる　強める　(強化する)fersterkje, yntinsivearje, (強調する)aksintuearje, ûnderstreekje
つら　面　(顔)jins antlit, (表面)it flak, de oerflakte
つらあて　面当て　de ynsinuaasje (→

当て擦り); 面当てを言う ynsinuearje
つらい 辛い （骨の折れる）ôfmêdzjend, moedsum, wurksum, （冷酷な）hertleas, wreed, （困難な）ûngemaklik：辛い仕事 moedsum wurk, 人に辛く当たる immen wreed behannelje；辛さ it lijen, de need, de smert(e)
つらなる 連なる 山々が連なっている De bergen lizze útstrutsen [op in rige].
つらぬく 貫く （貫通する）trochboarje, （貫流する）trochrinne, （貫徹する）trochfiere, trochsette：弾が彼の頭を貫いた De kûgel trochboarre syn holle., この川は町を貫いて流れている Dizze rivier rint troch de stêd., 自分の主張を貫く jins sin trochsette
つらねる 連ねる （一列に並べる）rigelje, op in rychje wêze；自動車を連ねて op in autopark, 通りの両側には一杯の店が軒を連ねている Op beide kanten fan de strjitte binne in soad winkels op in rychje.
つらら 氷柱 de iisjûkel [-pylk], de jûkel
つり 釣り it fiskjen；釣（りをす）る fiskje, 魚釣りをする angelje：魚釣りに行く te fiskjen gean, 釣りざおで魚を釣る mei de angel fiskje；釣り糸 it angelsnoer, it angeltou；釣り針 de (angel)hoek；釣りざお de angel(stôk)；(小さい) 釣り舟 de skokker, （大きな）de fiskersboat, it fiskersskip (→漁船)；釣りをする人 de fisker(man) (→漁師)
つり 釣り （釣り銭）it wikseljild
つりあい 釣り合い de balâns, it lykwicht (→バランス)：釣り合いが取れて [取れないで] yn [út] 'e balâns；釣り合う (いを取る) balansearje；釣り合いの取れた lykwichtich
つりあげる 吊り上げる omheechhelje, （価格などを）opdriuwe, opfiere, （引き上げる）opwine, takelje：物価を吊り上げる de prizen opdriuwe
つりあげる 釣り上げる （魚を）in fisk út it wetter helje

つりがね 釣鐘 de timpelklok
つりがねそう 釣鐘草 it klokje
つりかわ 吊り革 de draachbân, （銃などの）de draachriem
つりばし 吊り橋 de hingelbrêge
つる 弦 （弓・楽器の）de koarde (→弦(げん))
つる 蔓 （植物の）de rank, （ぶどうなどの）de wynrank：つたのつる de ranken fan in klimmerbeam
つる 鶴 de kraan(fûgel)
つる 釣る （魚を）fiskje, 魚釣りをする angelje, （人の心を）（そそる）angelje, lokje
つるぎ 剣 →剣(けん)
つるしあげる 吊るし上げる omheechhelje, optuge, （大勢で非難する）beskuldigje, kweanimme
つるす 吊るす hingje, ophingje：洗濯物を物干し綱につるす de wask oan 'e line hingje, 天井からつるす oan it plafond ophingje
つるつるの glêd, gled, sjippeglêd, （滑りやすい）glysterich；氷面は鏡のようにつるつるしていた It iis wie as in spegel.
つるはし 鶴嘴 it houwiel, de pyk, it pykhouwiel
つれ 連れ （仲間・同伴者）de begelieder, de kammeraat
つれあい 連れ合い de partner, 《ふざけて》it sydsulver, (夫) de man, oare helte, （妻）de frou, it wiif, oare helte
つれこ 連れ子 it healbern, it styfbern (→継子(ままこ))
つれこむ 連れ込む meibringe
つれさる 連れ去る fuortbringe, weifiere
つれそう 連れ添う （…に）gearlibje (mei) (→（…と）生活を共にする)
つれだす 連れ出す útliede, útlitte：犬を（散歩に）連れ出す de hûn útlitte
（…に）つれて 《接》neffens [neigeraden] dat …：人は年を取るにつれて, 心も穏やかになる Neffens [Neigeraden] dat men âlder wurdt, wurdt men mylder.

つれてくる 連れて来る[行く] bringe, ôfhelje, werbringe：明日子供たちを連れて帰ります Ik *bring* de bern moarn *wer*.
つれない （不親切な）raar, ûnfreonlik, （無情な）hert(e)leas
つれまわす 連れ回す rûnliede
つれもどす 連れ戻す werombringe：妻を連れ戻す jins frou *werombringe*
つれる 連れる （連れて行く）meikomme, meinimme：子供たちを連れる ús bern *meinimme*
つれる 攣れる （足などが）kramp hawwe [krije]；つれ *de* kramp（→痙攣（けいれん））
つわり 悪阻 *de* swierensmislikens
つんざくような 劈くような （耳を）ferskuorrend
つんのめる foaroar falle, knoffelje, stroffelje：石につまずいてつんのめる oer in stien *stroffelje*
つんぼ 聾 （耳の聞こえないこと）*de* dôvens / dovens,（聾者（ろうしゃ））in dôf minske

て テ te

て 手 *de* hân,（腕）*de* earm,（筆跡）*de* hân, *it* hânskrift,（手段・方法）*de* wei,（従事）*de* hân,（腕前）*de* hân：素手 bleate hannen, 左手ではなくて右手 net de lofter, mar de rjochter *hân*, 手（腕を含めて）が痛い pine yn 'e hân [*earm*], 手ぶらで（ある）mei lege hannen（wêze）, あらゆる物を手元に置いておく ien by de hân hâlde, 手が器用である in goede hân hawwe；手が届く reitsje；手に余る ûnbrûksum wêze；手に入れる behelje, ynwinne, slagje；手に負えない dôfhûndich；手を貸す helpe；手を借りる help freegje；手を尽くす alle mooglike middels besykje；手を引く sjitte litte；手を振る weauwe, wiuwe；手を触れる reitsje：他人の物に手を触れるな *Reitsje* net oan oarmans guod.
（…）で （場所）yn, op, te, by：家で yn 't ['e] hûs, 駅で op 't stasjon, フラーネケルで te Frjentsjer, フリースラントで yn Fryslân, フリスク・アカデミーで働く by de Fryske Akademy wurkje；（時間）om：店は6時で閉まる De winkels slute *om* seis oere.；（手段）mei：タクシーで *mei* de taksy；《原因・理由》fanwegen, oan, op：悪天候で *fanwegen* it minne waar, 病気で死ぬ stjerre *oan* sykte, 老齢で *op* jierren
であい 出会い *de* moeting,（偶然の）*it* treffen；出会う moetsje,（偶然に）meimeitsje, oantreffe, treffe, tsjinkomme：会合でソンダッハ夫妻にばったり出会った Ik *trof* Zondag en de Frou op 'e gearkomste.
てあし 手足 jins hannen en fuotten, *it* lichemsdiel,（人・動物の）*it* lid
であし 出足 出足が早い[遅い] kwyk [sleau] starte
てあたりしだいに 手当たり次第に aselekt, yn it wylde wei,（任意に）willekeurich；手当たり次第に選ぶ in greep dwaan
てあつい 手厚い gol, hertlik, hoflik, tagedien, waarm：手厚い看護 *tagediene* ferpleging
てあて 手当 （報酬）*de* fergoeding, *it* lean,（給料）*it* salaris,（傷の）手当 *de* behanneling, *de* genêzing, *de* remeedzje：手当をもらう *salaris* krije, 疾患の手当 in *remeedzje* foar de kwaal；手

当をする behannelje：患者の手当をする in pasjint *behannelje*
てあらい 手洗い →トイレ(ット)
てあらな 手荒な hurdhandich, (乱暴な) geweldich, woast
てい 体, 態 →体裁, 様子
ていあつ 低圧 lege druk, (電気の) leech foltaazje
ていあん 提案 *de* foarslach, *it* foarstel, *de* oanbieding, *de* suggestje, *it* útstel：人に提案する immen in *foarslach* [-*stel*] dwaan, …の提案で op *foarstel* [*útstel*] fan …；提案する foarslaan, jin foarstelle, oanbiede, opperje, suggerearje, útstelle：あることを人に提案する immen eat *foarslaan*, 今日はそれを提案しようと思っていた Ik hie my *foarsteld* it hjoed te sizzen.
ティー (紅茶) *de* tee：ティーカップ *it* teekopke；ティースプーン *it* teeleppeltsje；ティーセット *it* teereau；ティータイム *de* teetiid；ティーパーティー *de* teebesite；ティーバック *it* teepûdsje；ティーポット *de* teepôt；ティールーム *de* lunchroom
ティーシャツ *it* T-shirt
ディーゼルエンジン *de* disel (←ディーゼル車)
ていいん 定員 (定員数) *de* kiesdieler, (収容能力) *de* kapasiteit：このアカデミーの定員は45人です De *kiesdieler* fan dizze akademy is fiifenfjirtich., そのホテルの定員 de *kapasiteit* fan it hotel
ていえん 庭園 *it* hôf, *it* park, *de* tún
ていおう 帝王 *de* keizer；帝王の keizerlik；帝王切開 *de* keizersneed
ていおん 低音 in lege toan (↔高音)
ていおん 低温 in lege temperatuer
ていおん 定温 in fêste temperatuer
ていか 低下 *de* delgong, *it* sakjen；低下する delgean, falle, ôftakelje, (品質が) sakje：能力が低下する geastlik ôftakelje, 気温が低下する De temperatuer *sakket*.；低下させる deprimearje
ていか 定価 *de* (fêste) priis：ある物の定価を定める eat op *priis* stelle
ていかいはつの 低開発の ûnderûntwikkele：低開発国 in *ûnderûntwikkele* lân
ていがく 低額 de lege priis
ていがく 定額 in fêst bedrach
ていがく 停学 tydlik ferwidering (fan skoalle [universiteit])；停学にする tydlik ophâlde
ていがくねん 低学年 de legere klassen
ていかん 定款 (法人の) *it* statút
ていかん 諦観 (諦め) *de* berêsting；諦観する oerjaan
ていかんし 定冠詞 bepaalde lidwurden (↔不定冠詞)
ていぎ 定義 *de* definysje, *de* omskriuwing；定義する definiearje, omskriuwe
ていぎ 提議 *de* foarslach, *de* preposysje, *it* útstel；提議する foarslaan, útstelle
ていきあつ 低気圧 *de* depresje, *de* steuring
ていきする 提起する nei foar bringe, foarslaan, opperje, útstelle
ていきてきな [に] 定期的な [に] geregeld(wei), (規則的な [に]) regelmjittich：彼女はそこを定期的に訪れている Hja komt dêr *geregeld*.；定期市 *de* merke；定期券 *de* knipkaart [seizoen-]；定期試験 in offisjeel eksamen；定期預金 *it* termyndeposito
ていきゅう 庭球 →テニス
ていきゅうな 低級な gemien, leech, triviaal, (俗悪な) fûlgêr, ordinêr
ていきゅうび 定休日 in offisjele feestdei
ていきょう 提供 *it* oanbod, *de* offerte：商社の (特価) 提供 de *offertes* fan de firma's；提供する oanbiede
ていきんりで 低金利で tsjin lege rinte
ていくう 低空 低空で飛ぶ leech fleane
ていけい 提携 (協力) *de* gearwurking, *de* meiwurking；(…と) 提携する gearwurkje [oparbeidzje] (mei), meiwurkje

ていけつ　締結　de ôfsluting；締結する ôfslute
ていけつあつ　低血圧　lege bloeddruk
ていけっとう　低血糖　lege bloedsûkerspegel
ていげん　低減　→低下，減退
ていこう　抵抗　it ferset, de opposysje, de tsjinstân, de tsjinwar, de wjerstân：(…に) 抵抗する yn *ferset* komme (tsjin), 抵抗に遭う *tsjinstân* krije [treffe], 抵抗する *tsjinwar* dwaan；抵抗する jin fersette, kantsje, tsjinstean, wjerstean：人に抵抗する jin *kantsje* tsjin immen, 敵に抵抗する de fijân *wjerstean*；(病気に対する) 抵抗力 de wjerstân：インフルエンザに対する抵抗力がある *wjerstân* hawwe tsjin 'e gryp
ていこく　定刻　de ôfsprutsen tiid；定刻に omskik, pront, tidich, (時間通りに) punktueel：汽車は定刻に到着した De trein kaam *tidich* oan.
ていこく　帝国　it ympearium, it keizerryk, it ryk：ローマ帝国 it Romeinske *ympearium*, 大英帝国 it Ingelske *ryk*；帝国の ymperiaal；帝国主義 it ymperialisme；帝国主義者 de ymperialist；帝国主義的な [に] ymperialistysk
ていさい　体裁　(形式) de foarm, (見せかけ) de skyn, (外見) it foarkommen, de skôging, it uterlik, (体面) de eare, de skyn：体裁をつくろうために foar it *uterlik*；体裁が悪い beskamme
ていさつ　偵察　de ferkenning, de terreinferkenning：偵察に行く op *ferkenning* útgean；偵察する ferkenne, opsykje
ていし　停止　it halt, de stilstân, de stop；停止する stilhâlde, stillizze, stopje：モーターを停止させる de motor *stopje*；停止している stillizze, stilstean：その工場は操業を停止している It fabriek leit stil.
ていじ　定時　→定刻
ていじ　提示　de fertoaning；提示する fertoane, foarlizze, oerlizze (→示す)：人に計画を提示する immen in plan *foarlizze*
ていじげん　低次元　in ynferieur idee
ていじする　呈示する　(定期券・証明書などを)(見せる) foarhâlde, sjen litte
ていしせい　低姿勢　低姿勢を取る in nederige hâlding oannimme
ていしぼうの　低脂肪の　fetearm：低脂肪乳 *fetearme* molke
ていしゃ　停車　de stop；停車する [させる] stopje：バスはここでは停車しない De bus *stoppet* hjir net.；次の停車駅 it folgjende stasjon, de folgjende halte
ていしゅ　亭主　jins man
ていじゅう　定住　de fêstiging；定住する jin fêstigje
ていしゅうは　低周波　in lege frekwinsje
ていしゅく　貞淑　de deugd, de reinens；貞淑な deugdlik, rein
ていしゅつ　提出　de ynstjoering, de presintaasje；提出する ynleverje, ynstjoere, oerlizze, presintearje：報告書を提出する in ferslach *ynstjoere*
ていしょうする　提唱する　foarlizze, foarslaan, útstelle：彼は新しい学説を提唱した Hy *lei* in nije teory *foar*.
ていしょく　定食　it deimenu, it deimiel
ていしょく　抵触　(違反) it fergryp, (衝突) it konflikt, (車などの) de oanfarring, de oanriding；抵触する oertrêdzje (→違反する), (衝突する) oanride
ていしょく　定職　in fatsoenlik [gewoan] berop
ていしょく　停職　(処分) de suspensie；停職処分にする suspendearje
でいすいする　泥酔する　jin dea sûpe；泥酔した smoardronken [stom-]
ていすう　定数　(一定の数) in fêst tal, (定足数) it kwoarum
ディスカウント　(割引) it diskonto, de koarting
ディスク　(フロッピーディスク) de disk
ディスプレー　(コンピューターの) it skerm, (陳列) de útstalling

ていする　呈する　→示す，表す
ていせい　訂正　de ferbettering, de korreksje：訂正する korreksje oanbringe；訂正する ferbetterje, ferhelpe, korrizjearje, opmeitsje：間違いを訂正する flaters *ferbetterje*, それは簡単に訂正できない Dat is net te *ferhelpen*.
ていせつ　定説　in fêste teory, in gongbere opiny（↔異説）：定説をくつがえす *in fêste teory* ferneatigje [wjerlizze]
ていせつ　貞節　de keinens, de trou,（貞操）de deugd；貞節な kein, trou,（貞淑な）deugdlik
ていせん　停戦　de wapenstilstân；停戦する de striid stake；停戦協定 de wapenstilstân；停戦命令 it sjitferbod
ていそ　提訴　（告訴）de beskuldiging；提訴する beskuldigje, prosedearje（→告訴する）
ていそう　貞操　de deugd, de earberens [-heid], de keinens：貞操を失う［守る］jins *deugd* ferlieze [hâlde]
ていそく　低速　in leech tempo：低速で yn *in leech tempo*
ていそくすう　定足数　it kwoarum：定足数に達する it *kwoarum* foarmje [útmeitsje]
ていたい　停滞　de stagnaasje：労働者がストライキをすれば，仕事(の流れ)が停滞してしまう As de arbeiders stake, komt der *stagnaasje* yn it wurk.；停滞する stagnearje；停滞している fêstsitte：仕事が停滞している It wurk *sit fêst*.
ていたい　手痛い　→厳しい，手ひどい
ていたく　邸宅　it hûs, de went(e),（大邸宅）it hearehûs
でいたん　泥炭　it fean, de turf（→ピート）；泥炭を掘る turfgrave；泥炭採掘 de feanterij；泥炭採掘者 de feanarbeider, de turfgraver；泥炭地 de feangrûn
ていち　低地　de leechflakte, it leechlân　＊「オランダ」の国名 Nederlân は nederlân（低地）に由来
ていちゃく　定着　it fiksearjen,（定住）de fêstiging；定着させる fiksearje；

定着する fêstigje（→落ち着く）
ていちょうな　低調な　net aktyf, traach,（単調な）feal, ientoanich
ていちょうな [に]　丁重な [に]　hoflik,（礼儀正しい [く]）fatsoenlik；丁重 de hoflikens [-likheid]
ティッシュペーパー　papieren bûsdoekje　＊英語の tissue に相当するフリジア語は floeipapier で，「吸い取り紙，(たばこの) 手巻き紙」を意味する
ていてつ　蹄鉄　it hoefizer, it izer
ていでん　停電　（消灯）de fertsjustering；停電する fertsjusterje（→消灯する）
ていど　程度　de graad, de omfang,（標準）de standert,（限度）de limyt；どの程度 hoefier：フリジア語はフリースラント（州）ではどの程度用いられていますか Yn *hoefier* kin it Frysk yn Fryslân brûkt wurde?
ていとう　抵当　de boarchtocht, de hypoteek / hypteek：その家は抵当に入っている Der sit [rêst] in *hypoteek* op it hûs.；抵当権 de hypoteek：（…に）抵当権を設定する in *hypoteek* nimme (op)
ていとく　提督　de admiraal
ていとん　停頓　de stilstân；停頓している stilstean：その仕事は停頓している It wurk *stiet stil*.
ディナー　it iten, it jûnsmiel
ていねいな　丁寧な　（人が）fatsoenlik, foarkommend, hoflik,（仕事が）krekt, presiis（→正確な）；丁寧 de hoflikens [-likheid]
ていねん　定年，停年　de pensjoengerjochtige leeftyd
ていのうの　低能の　efterlik
ていはく　停泊　de ferankering；停泊させる mearje；停泊する ferankerje, foar [te 'n] anker gean；停泊している foar anker lizze, oan 'e wâl lizze；停泊地 it lisplak
ていひょう　定評　in goede reputaasje [namme]：この市長は定評がある Dy boargemaster hat *in goede reputaasje*.

ていへん 底辺 *de* basis, (最下層) ûnderste laach fan 'e befolking

ていぼう 堤防 *de* dyk, *de* wâl：フリースラントの周りにある堅固な堤防 in mânske *dyk* om Fryslân；堤防を築く dykje；堤防監査官 *de* dykgraaf

ていぼく 低木 *it* strewel, *de* strûk / strúk

ていめいする 低迷する hingje, (頓挫する) stykje：暗雲が (空に) 低迷している Swarte wolkens *hingje* foar it swurk lâns.；市場が低迷している De hannel is flau.

ていめん 底面 *it* grûnflak

ていやく 定訳 in standert oersetting

ていよう 提要 →概要

ていらく 低落 *de* fal, (価値の) *de* delgong；低落する delgean, falle

ていり 定理 *de* stelling, *de* proposysje：幾何学の定理 in *stelling* yn 'e mjitkunde

ていりつ 低率 in leech gehalte, in lege proporsje

ていりで 低利で tsjin lege rinte

ていりゅうじょ 停留所 (バスの) *de* bushalte, *de* halte：次の停留所で下車する by de folgjende *halte* útstappe

ていりょう 定量 *it* kwantum

ていれ 手入れ (修繕) *it* laapwurk, *de* reparaasje, (車などの) *it* ûnderhâld；(庭・植木などの) 手入れをする besnije, knippe (→刈り込む), (車・機械などの) poetse, reparearje, goed ûnderhâlde：垣根の手入れをする de hage *knippe*, 車の手入れをする jins auto *ûnderhâlde*；手入れの行き届いた fersoarge

ていれいの 定例の geregeld, wenstich：定例の会議 in *geregelde* moeting

ディレクター *de* direkteur

ティンパニー *de* pauk

てうすの 手薄の in bytsje, net folle, (人出不足の) ûnderbeset

テーゼ (命題) *de* stelling

データ *it* gegeven, *it* materiaal；データバンク *de* databank

テープ *it* lint：テープを切る it *lint* trochknippe；テープレコーダー *de* bânopnimmer

テーブル *de* tafel (→食卓)：テーブルに着く oan ('e) *tafel* gean；テーブルクロス it taffelskleed [-lekken]

テーマ (研究の) *it* gegeven, *it* tema：その論文のテーマ it *tema* fan de dissertaasje

テールランプ (自動車の) *it* efterljocht

ておくれ 手遅れ, 手後れ te let：手遅れに(なる) hopeleas (→絶望的な)：彼のがんは手遅れだ Syn kanker is *hopeleas.*

ておけ 手桶 *it* akerke, (桶) *de* amer：水の入っている桶 in *amer* mei wetter；桶一杯 it amerfol

ておしぐるま 手押し車 *de* (hân)karre

ておち 手落ち *it* fersom, *de* skuld, (誤り) *it* fersin, *de* flater：それは私の手落ちです It is myn *skuld.*

ておの 手斧 *de* bile, *de* hânbile

ておりの 手織りの mei de hân weve

てかがみ 手鏡 *de* hânspegel

てかがり 手掛かり *de* fingerwizing, *it* oanknopingspunt

てがき 手書き *it* hânskrift, *it* skrift；手書きの mei de hân skreaun

てがける 手掛ける (取り扱う) hannelje, (育てる) opbringe

でかける 出掛ける útgean, (旅に) ôfstekke, (訪問する) besykje, (立ち寄る) delkomme：彼は今朝旅に出掛けた Hy is fan 'e moarn *ôfstutsen.*, じきにまた私どもの所へお出掛けください Do moatst yn koarten wer ris by ús *delkomme.*

てかげん 手加減 →手心

てかず 手数 (面倒) *de* muoite (→手数(すう))：色々とお手数をお掛けしました Tige tank foar al jo *muoite.*

てかせ 手枷 *de* hânboeien：人に手かせをはめる immen yn 'e *hânboeien* slaan

でかせぎする 出稼ぎする bûten jins wenplak wurkje

てがた 手形 (為替手形) *de* wiksel,

（約束手形）it oarderbriefke：手形を振り出す in wiksel lûke
てがたい　手堅い　（堅実な）stadich,（安定した）bestindich, lykwichtich,（信頼できる）fertroud
でかでかと　mei grutte letters,（目立つように）opfallend
てがみ　手紙　de brief：君の手紙を受け取った Ik krige dyn brief., 人に手紙を書く［出す］immen in brief skriuwe [stjoere], 手紙を投函する in brief op de post dwaan
てがら　手柄　de fertsjinst(e),（武勲）it wapenfeit,（偉業）it keunststik；手柄を立てる jin fertsjinstlik meitsje [prestearje]
てがるな　手軽な　hannelber, 手軽な［に］hânsum, maklik,（安価な）goedkeap：手軽な道具 in hânsum stik ark, それは手軽にできる Dat kin maklik.
てき　敵　de fijân；敵の，敵対して fijannich
できあい　溺愛　→盲愛
できあいの　出来合いの　panklear [pas-]：出来合いの服 paskleare klean
できあがり　出来上がり　→完成
できあがる　出来上がる　（完成する）klearkomme, ôfwurkje；出来上がった dien, ôfwurke
てきい　敵意　de fijân, de fijânskip, de willemoed,（悪意）de moedwil：人に対して敵意を抱いている immens fijân wêze；敵意のある fijannich
てきおう　適応　de oanpassing；適応する jin oanpasse（→順応する）：人は新しい環境に適応しなければならない Men moat jin oan de nije omstannichheden oanpasse.
てきがいしん　敵愾心　→敵意
てきかくな　適格な　befoege, berjochtige, ferkiesber
てきかくな［に］　的確な［に］akkuraat, krekt, nau, presiis：あることを的確に記述する eat krekt beskriuwe；的確さ de akkuratens
てきぎな［に］　適宜な［に］doelmjittich,

gaadlik, tapaslik
てきご　適語　in wier wurd
てきごう　適合　de oerienkomst；(…と)適合する oerienkomme (mei), jin konformearje (mei), oanslute (by), passe, treffe
できごころ　出来心　（衝動）de ympuls, de opstiging,（気紛れ）de lúm, de rite
できごと　出来事　it barren, it foarfal,（小さな）it ynsidint, it stik：いたましい出来事 in drôf stik
てきざいてきしょ　適材適所　de goede man op it goede plak
できし　溺死　de drinkeldea；溺死する jin ferdrinke, fersûpe：彼女は湖で溺死した Hja is yn 'e mar ferdronken.；（人を）溺死させる ferdrinke；溺死体 de drinkeldeade
てきしする　敵視する　（人を）(immen) fijannich wêze, immen as in fijân sjen
てきしゃせいぞん　適者生存　natuerlike seleksje
てきしゅつ　摘出　de ferwidering；摘出する ferwiderje, úthelje, útnimme, weinimme：子宮を摘出する de limoer weinimme
テキスト　（本文）de tekst,（教科書）it learboek, it stúdzjeboek
てきする　適する　（うまく合う）foegje, passe,（体に）（ぴったり合う）bedrage, bekomme：この食べ物は体に適する It iten is my goed bekommen.；（形）（ふさわしい）doelmjittich, gaadlik, tapaslik：この仕事は彼に適している Dit wurk is gaadlik foar him.
てきせい　適性　de gaadlikens [-likheid]：適性試験 de testen foar gaadlikens
てきせいな　適正な　rjocht（→適当な）
てきせつ　適切　de foech, it pas, it skik；適切な［に］foechsum, gaadlik, passend, raak, tapaslik：(…を)適切に使用する (in) passend gebrûk meitsje (fan)
できそこない　出来損ない　（失敗）de mislearring, de misser, de ôfgong,（不細工な仕事）heal wurk, de griemerij,（人）

de neatnut(ter), (役立たず) *de* slampamper；出来損ないの min makke, fan minne kwaliteit
てきたいする　敵対する　meistride
できだか　出来高　it gemaak, it gewier, *de* opbringst, *de* produksje (→生産高)
できたての　出来立ての　(新鮮な) farsk, fris：出来立てのオムレツ in *farske* aaipankoek
できたら　出来たら　as it efkes [heal] kin, at it mooglik is
てきちゅうする　的中する　(的(まと)に) stjitte, (予想が) útkomme
てきど　適度　*de* mjitte：適度に mei mjitte；適度の [に] matich
てきとうな　適当な　→適切な
てきにん　適任　(…に) 適任である ferkiesber [gaadlik / geskikt] wêze (foar)；適任者 in geskikt [kwalifiseare] persoan
できばえ　出来栄え　*de* bewurking；出来栄えの品 in moai makke artikel
てきぱきした　kwik, kwyk, trinten
てきはつ　摘発　(暴露) *de* iepenbiering；摘発する iepenbierje
てきひ　適否　(適性) *de* gaadlikens [-likheid], *de* geskiktens [-heid]
てきびしい　手厳しい　fûl, hurd, strang (↔手緩い)：彼の手厳しい言葉 syn *fûle* wurden, 手厳しい批評 in *strange* krityk (→酷評)
てきふてき　適不適　→適性, 適否
てきほうの　適法の　legaal, rjochtlik
てきめん　覿面　てきめんに効く al gau wurkje：その飲み薬はてきめんに効き始めた It drankje begûn *al gau* te *wurkjen*.
できもの　出来物　(おでき) *de* stienpûst, (吹き出物) *de* pûst：頭の出来物 in *stienpûst* op 'e holle
てきやく　適役　in gaadlike rol
てきやく　適訳　in goede [moaie] oersetting
てきよう　適用　*de* applikaasje, *de* tapassing：規則の適用 *de* tapassing fan in regel, …に適用する fan *tapassing* wêze op …；適用する tapasse
てきよう　摘要　→概要
てきりょう　適量　in behoarlike [passende] kwantiteit
できる　出来る　kinne：ここでは食事ができない Jo *kinne* hjir net ite., どこで両替ができますか Wêr *kin* ik it jild wikselje?, それは一体どんな風にできますか Hoe *koest* no sa?；それは食べることはできない It is net te iten.
できるだけ　出来るだけ　at it kin, at it mooglik is, foar safier mooglik；できるだけのことはしましょう Ik sil alles dwaan wat yn myn fermogen is.
てぎわ　手際　*de* feardigens [-dichheid], *de* handigens [-ichheid], *de* tûkens；手際がよい behindich, handich, kundich, linich, redsum, tsjep, tûk：彼はそれを手際よくやった Dat hat er *handich* [*tûk*] dien.
てきん　手金　→手付け金
てぐすね　手ぐすね　手ぐすねを引いて待つ ûngeduldich wachtsje
てくせ　手癖　手癖が悪い hantsjegau wêze, lange fingers hawwe：彼は盗みはしないが, 幾分手癖が悪い Hy stelt net, mar *is* wat *hantsjegau*.
てくだ　手管　*de* keunst, (策略) *de* kneep, *de* list, *de* trúk
てぐち　手口　(やり方) *de* manier, *de* wei：これが彼のいつもの手口です Dit is syn gewoane *manier*.
でぐち　出口　*de* útgong (↔入口)
テクニック　*de* technyk
てくび　手首　*de* pols
てぐるま　手車　→手押し車
でくわす　出くわす　oantreffe, tsjinkomme：通りで人に出くわす immen op strjitte *tsjinkomme* (→遭遇する)
てこ　梃子　*de* hefboom, *de* weachbalke
てごころ　手心　(裁量) it oerlis, (酌量) *de* oanmerking；あることに手心を加える eat diskreet behannelje, rekkening hâlde mei eat
てこずる　梃摺る　(どうしてよいか分からない) earne mei oantangele wêze；

私はすっかりてこずっている Ik wit my gjin rie(d).
てごたえ　手応え　(反応) it ferhaal；(…の) 手応えがある [ない] (net) reageare (op)
でこぼこの　凸凹の　bulterich, hulterich, robbelich, stroef, ûngelyk, ûnegaal：でこぼこした道 in robbelige wei, in ûngelyk paad
デコレーション　de dekoraasje；デコレーションケーキ de taart, it taartsje
てごろな　手頃な　handich, reedlik, ridlik, skap(pe)lik, skiklik：手ごろな大きさ in handich formaat, 手ごろな値段 in reedlike priis, それを手ごろな値段で買った Ik haw it foar in skap(pe)lik pryske kocht.
てごわい　手強い　formidabel, stoer, taai：手ごわい相手 in formidabele tsjinstanner, 手ごわい仕事 stoer wurk
デザート　it dessert, it neigesetsje
てざいく　手細工　it hânwurk
デザイナー　(ファッションの) de moade-ûntwerper, (立案者) de ûntwerper
デザイン　de ynrjochting, de opset, it ûntwerp, de útfiering；デザインする ûntwerpe
てさき　手先　(指)《複》de fingers, (悪党などの) de hânlanger：手先の器用な handich
でさき　出先　it plak der't immen bliuwt；出先で op wei nei；出先機関 in lokaal agintskip
てさぐり　手探り　de taast：手探りで op 'e taast；手探りをする taaste：暗闇の中を手探りする yn it tsjuster taaste, ポケットの中の鍵を手探りする yn 'e bûse taaste om in kaai
てさげ　手提げ　(ハンドバッグ) de hântas, (買い物袋) de boadskiptas
てさばき　手捌き　de manipulaasje, de manoeuvre
てざわり　手触り　de taast：すべすべした手触り smeudige taast
でし　弟子　(門下生) de learling, (使徒) de apostel, de dissipel, de folge-ling：カントの弟子 in learling fan Kant, ペテロは 12 人の弟子の一人であった Petrus wie ien fan de tolve dissipels.
てしお　手塩　手塩に掛けて mei in soad soargen
てしごと　手仕事　it hannewurk, it hantwurk；手仕事をする mei de [jins] hannen wurkje
てした　手下　(部下) de ûnderhearrige
デジタルの　digitaal：デジタル時計 in digitaal horloazje
てじな　手品　it hokus-pokus, de tsjoenderij；手品を使う gûchelje；手品師 de gûchelder, de yllúzjonist (→奇術師)
でしゃばり　出しゃばり　(自己主張) de jildingsdriuw, (お節介) de bemuoienis, de bemuoisucht, (人) de ferklikker；出しゃばりな bemuoisiik；出しゃばる jin bemuoie mei (→お節介をする)
てじゅん　手順　de metoade, it prosedee, de proseduere；手順よく metoadysk
てじょう　手錠　(複) de boeien(s), de hânboeien：その警官はその泥棒に手錠をかけた De plysje hat de dief de boeien(s) om dien., 人に手錠をかける immen yn 'e hânboeien slaan
てすう　手数　(骨折り) it gedonder, de muoite, (面倒なこと) it beswier, it geseur：色々とお手数をお掛けしました Tige tank foar al jo muoite., お手数ですが… It spyt my foar jo muoite, mar…；手数料《複》de leezjes, de provisy：運転免許証を取得するためには，手数料を払わなければならない Om in rydbewiis te krijen, moatst leezjes betelje., 彼は収益の3％を手数料として受け取った Hy krige 3% provisy fan wat er ferkocht.
てすき　手隙　手すきである frij wêze, net bannich [drok] wêze
ですぎる　出過ぎる　te brutaal [mûnich / ûnbeskamsum] wêze
デスク　(机) it boerd, de lessener, (大机) it buro

てすじ 手筋 de linen yn 'e palm,（素質）de kwaliteit, it talint；手筋がよい in grut talint hawwe, in natuerlike oanlis hawwe

テスト （検査）de proef, de test,（試験）it eksamen：（試験的に）テストする in proef nimme, テストする in test dwaan, テストを受ける in test ôfnimme, eksamen dwaan

てすり 手摺り de leuning

てせいの 手製の mei de hân makke,（自家製の）eigenmakke（→手作りの）

てぜまな 手狭な smel（↔手広い）

てそう 手相 (de linen yn) jins palm；手相を見る hân lêze；手相師 de hânlêzer

でそろった 出揃った （全部）foltallich, kompleet, al oanwêzich：全員出揃っていた It selskip wie foltallich [kompleet].

でだし 出だし it begjin

てだしする 手出しする →干渉する

てだすけ 手助け de help, it helpmiddel,（援助）de assistinsje；手助けする helpe

てだて 手立て →手段, 方策

てだまにとる 手玉に取る （immen）yn 'e macht hawwe（→（人を）思い通りにする）

でたらめ 出鱈目 de kolder, de nonsens, de ûnsin；でたらめの[に] aselekt, nonsjalant,（任意の[に]）willekeurich,（当てずっぽうの）lokraak,（根拠のない）ûnsin：でたらめな返事をする lokraak antwurdzje

てちがい 手違い it gegriem,（間違い）it fersin, de flater, de fout

てぢかな[に] 手近な[に] deunby, flakby,（ticht）by de hân,（身近な）familiaar, familiêr

てちょう 手帳 de aginda, it bûsboekje, it opskriuwboekje

てつ 鉄 it izer：鉄を鍛える izer smeie,（諺）鉄は熱いうちに打て Men moat it izer smeie as it hjit is.；鉄（製）の izeren：鉄(の)橋 in izeren brêge；鉄のような izerich

てっかい 撤回 it ynlûken, it weromnimmen；撤回する ynlûke, yntrekke, ôfsizze, tebeklûke, weromlûke, weromnimme：前言を撤回する jins wurden weromlûke [−nimme]

でっかい →大きい

てつがく 哲学 de filosofy, de wiisbegearte；哲学的な[に] wiisbegearich；哲学者 de filosoof, de wiisgear

てつかずの 手付かずの net oanrekke

てつかぶと 鉄兜 in stielen helm

てづかみにする 手掴みにする mei de hannen gripe；手づかみで食べる mei de fingers ite

てっき 鉄器 it izerguod,《複》de izerwaren；鉄器時代 de izertiid

てっき 敵機 in fijannich fleantúch

デッキ （船の）it skipsdek,（汽車の）it dek,（空港の）送迎デッキ it platfoarm, it observaasjedek

てつきで 手付きで 危なっかしい手つきで mei ûnfêste hannen

てっきょ 撤去 de ferwidering, de opheffing；撤去する ferwiderje, opheffe, ûtnimme, weinimme

てっきょう 鉄橋 （列車の通る橋）de spoarbrêge

てっきり (fer)fêst, foarfêst, grif, jawis(se)（→きっと，絶対に，間違いなく）：てっきり彼女は来ると思った Ik leaude fêst [grif] dat se kaam.

てっきん 鉄筋 in fersterke stang(e)；鉄筋コンクリート wapene beton

てづくりの 手作りの mei de hân makke（→自家製の）

てつけきん 手付け金 it hânjild：人に手付け金を払う immen it hânjild betelje

てっこう 鉄鋼 （it izer en）it stiel（→鋼鉄）

てつごうし 鉄格子 izeren traaljes：刑務所の窓の外には鉄格子がある Yn in finzenis sitte izeren traaljes foar de ruten.

てつこうじょ 鉄工所 de izerjitterij

てっこつ 鉄骨 →鉄材
てつざい 鉄材 izeren materiaal
てっさく 鉄柵 izeren stek
デッサン it ûntwerp
てっしゅう 撤収 de ferwidering；(軍隊を)撤収する jin ferwiderje, weromlûke：軍隊を撤収する it leger weromlûke
てつじょうもう 鉄条網 it stikeltrie(d)
てつじん 哲人 →哲学者,（賢人）in wiis man
てっする 徹する 夜を徹して勉強をする de nacht troch studearje；信仰に徹する jin oerjaan oan it geloof [leauwe]
てっせん 鉄線 it izertrie(d) (→針金)
てっそく 鉄則 in fêste [ûnferwrikbere] regel
てったい 撤退 de ferwidering；撤退する jin ferwiderje
てつだい 手伝い （行為）de help,（人）de helper；手伝う hantlangje, helpe
でっち 丁稚 de learling
でっちあげ でっち上げ it betinksel, it optinksel, it útfynsel；でっち上げる smeie (→捏造(なっ)する)
てつづき 手続き de hannelwize, de proseduere：合法的な手続き de legale proseduere, 手続きをする de proseduere folgje
てっていした [てきに] 徹底した [的に] danich, duchtich, yngeand：徹底的に調査する yngeand ûndersykje
てっとう 鉄塔 in stielen toer,（放送アンテナ・高圧線用の）de mêst
てつどう 鉄道 it spoar, de spoarbaan；《集合的な》鉄道員 it treinpersoniel, 鉄道（従業）員 de spoar(wei)arbeider；鉄道業務 de spoartsjinst；鉄道事故 it spoarûngelok；鉄道切符 it spoarkaartsje；鉄道線路 de spoarwei (→レール)；鉄道の乗り継ぎ de spoarferbining；鉄道踏切 de spoarweioergong；鉄道網 it spoarweinet,（人の）鉄道料金 [運賃] it treintaryf, (貨物の) de frachttariven
てっとうてつび 徹頭徹尾 →徹底的に
デッドヒート （大接戦）in fûle striid

てっとりばやい [く] 手っ取り早い [く] direkt, flink, fluch, pront (→迅速な)
でっぱ 出っ歯 《複》de hynstetosken, útstekkende tosken：出っ歯の男 in man mei hynstetosken
てっぱい 撤廃 de ôfskaffing, de opheffing；撤廃する ôfskaffe, opheffe
でっぱり 出っ張り （突出部）útstekkend diel, it útstyksel；出っ張る útspringe, útstean, útstekke；出っ張った útsteand, útstekkend
てっぱん 鉄板 it plaatizer, in izeren plaat
てつびん 鉄瓶 in izeren (wetter) tsjettel
でっぷりした dik, fet：でっぷりした社長 in dikke direkteur
てつぶん 鉄分 it izergehalte
てっぺい 撤兵 de ferwidering fan de troep；撤兵する de troep ferwiderje
てっぺん 天辺 de pyk, de spits
てつぼう 鉄棒 （鉄の棒）in izeren stok [stôk],（鉄棒のバー）de rekstôk,（体操の）it rekstôkturnjen
てっぽう 鉄砲 （小銃）it gewear
てづまる 手詰まる →行き詰まる
てつめんぴな 鉄面皮な ûnbeskamme, ûnbeskamsum
てつやする 徹夜する opbliuwe；徹夜して働く de hiele nacht wurkje
てづる 手蔓 （コネ）de konneksje：手づるがある konneksje hawwe
ててなしご 父無し子 in heiteleas bern,（私生児）de oerwinneling
でどころ 出所 de boarne,（源）de oarsprong：うわさの出所 de boarne fan it kletspraat
てどりの 手取りの netto (→正味の)：手取りの給料 netto lean,（実収入）netto winst, 手取りで 2,000 ユーロを稼ぐ netto 2.000 euro fertsjinje
てないしょく 手内職 it stikwurk：手内職をする thús stikwurk dwaan
てなおし 手直し （改良）it ferwin,（調整）de ynstelling；手直しをする ferstelle, ombûge, regelje (→調整する)

てながざる　手長猿　in langliddige aap
でなければ　oars：でなければ死んでしまうだろう Oars giest dea.
てなずける　手懐ける　（動物を）nuet meitsje,（人を）meikrije（→ 説得して）味方にする）
てなみ　手並み　（技量）de tûkens,（能力）de bekwamens [-kwaamheid],（技能）de feardigens [-dichheid]
てならい　手習い　oefening op de stavering,（学習）de learing
てなれる　手慣れる　（うまく出来る）fakkundich wêze,（あることに）（使い慣れる）（earne oan [ta]）wenne
テナント　（賃借人）de hierder
テニス　it tennis, it tennisjen；テニスをする tennisje；テニス選手 de tennisser；テニスコート de tennisbaan；テニスボール de tennisbal；テニスラケット it / de tennisracket
てにもつ　手荷物　de bagaazje；手荷物一時預かり所 it bagaazjedepot
てぬかり　手抜かり　it fersom；手抜かりをする fersomje
てぬき　手抜き　de ferwaarleaz(g)ing；手抜きをする fersleaukje, ferwaarleaz(g)je
てぬぐい　手拭い　de handoek（→タオル）
てぬるい　手緩い　myld, tajouwend,（緩慢な）langsum, traach（↔手厳しい）
てのうち　手の内　（腕前）it fermogen, de knappens,（意図）it doel, it sin
てのひら　掌, 手の平　de (hân)palm
では　→ それでは
デパート　it warehús [-hûs]
てはい　手配　it arranzjemint,（警察の）maatregels foar it arrest fan misdiedigers；手配する arranzjearje,（…を）soargje (foar),（準備する）preparearje,（警察が）sykje：彼は警察に手配されている Hy wurdt troch de plysje socht.
ではいりする　出入りする　yn en út gean,（頻繁に出入りする）frekwintearje
てはじめに　手始めに　by it begjin, foarst, ynearsten
てはず　手筈　→手配,（計画）it plan,（手順）de proseduere；手筈を整える tariede, tarisse
てばた　手旗　it flachje,（信号・合図用の）de seinpeal；手旗で合図する flagje, seine mei flachjes
でばな　出鼻　→出だし；出鼻をくじく jins oanfang [start] bedjerre [beheine]
てばなす　手放す　ynleverje, ôfskaffe, ôfstean, opleverje：古い車を手放した Ik skaf myn âlde auto ôf.
でばぼうちょう　出刃包丁　it hakmes
てばやい [く]　手早い [く]　feardich, flechtich, gau, rap, rêd
でばん　出番　（当番）de tsjinst,（順番）de bar：今度は彼の出番だ No is hy oan bar.
てびかえ　手控え　（覚え書き）de noat, de notysje：手控える notysje meitsje
てびき　手引き　it hânboek [hant-], de lieding,（旅行案内書）de reisgids；手引きする liede
てひどい [く]　手酷い [く]　fûl, hurd, strang
デビュー　（初登場）it debút：デビューする jins debút meitsje
てびょうしする　手拍子する　mei de hannen de mjitte slaan
てびろい [く]　手広い [く]　（部屋などが）rom（↔手狭な）,（商売・規模などが）op grutte skaal：商売を手広く営む hannelje op grutte skaal
てふき　手拭き　（タオル）de handoek,（ハンカチ）de bûsdoek
てぶくろ　手袋　de fingerwant,（指なし・二またの）de (fûst)want, de mof：手袋をはめる jins fingerwanten oandwaan
でぶしょう　出不精　（人）de húshin
てぶそく　手不足　de personielskrapte；手不足である krap yn it personiel sitte
でぶの　fet, grou：でぶの人 in fet [grou] minske,（特に女性の）でぶ de skommel

てぶらで　手ぶらで　mei lege hannen
てぶり　手振り　it gebeart,《複》de meneuvels（→身振り，ジェスチャー）：手振りで合図する meneuvelje
デフレ（ーション）　de deflaasje
てべんとう　手弁当　jins eigen lunch；手弁当で働く fergees wurkje
でほうだいに　出放題に　（無制限に）ûnbeheind
デポジット　（保証金）it staasjejild
てほどき　手解き　de ynwijing；手ほどきをする ynwije：君にその秘伝の手ほどきをしよう Ik sil dy yn de geheimen ynwije.
てほん　手本　it eksimpel, it foarbyld, it model, it staal：よい手本を示す in goed foarbyld jaan, (…を) 手本にする in foarbyld nimme (oan), …の手本となる model stean foar …
てま　手間　（時間）de tiid, （労力）de arbeid, de muoite：随分手間が掛かる It nimt in soad tiid., 手間が省ける jin de muoite besparje
デマ　in falsk geroft, （流言）de fûgel
てまえ　手前　（こちら側）dizze kant, （自分の方へ）ta, （…の前[ため]に）foar, （謙遜して）（私(の／に)）ik, myn, my：その店は銀行の手前にあります De winkel stiet oan dizze kant fan de bank., ドアを手前に引っ張ってください Lûk de doar nei dy ta., 警察署の手前に車を止めた Wy stoppen ús auto foar it plysjeburo.
てまえがってな　手前勝手な　→身勝手な
てまえども　手前共　《謙遜して》wy；手前どもの[に] ús：手前どもは在宅しています Wy bliuwe thús., これは手前どもの家です Dit hûs is fan ús.
てまえみそ　手前味噌　手前味噌を言う op jins eigen trompet blaze；《諺》手前味噌を並べる Elk hâld syn protter foar in lyster.
でまかせの[に]　出任せの[に]　aselekt：出まかせの返事 in aselekt antwurd, 出まかせに返事をする aselekt antwurdzje

でまど　出窓　de erker
てまどる　手間取る　tiid nimme, omdreutelje, slofkje：随分手間取る It nimt in soad tiid.
てまね　手真似　it gebeart：手まねをする gebeart meitsje = meneuvelje
てまねきする　手招きする　weauwe, winke：彼女は彼に近くに来るように手招きした Se wonk him om tichtby te kommen.
てまわし　手回し　（手はず）it arranzjemint；手回す mei de hannen omdraaie；手回しオルガン it draaioargel
てまわりひん　手回り品　《複》de spullen（→所持品），（手荷物）de bagaazje
てまわる　出回る　（市場に）op 'e merk ferskine [komme]
てみじかな[に]　手短な[に]　koart：手短に言えば om koart te gean = koartom [-wei]（→簡潔に言えば，要するに）
でみせ　出店　（支店）de festiging [fêst-], it filiaal：その百貨店は全国に出店を持っている It warehûs hat filialen yn it hiele lân.
てみやげ　手土産　it kado(otsje), it presint(sje), it sûvenir
てむかう　手向かう　→刃向かう
でむかえ　出迎え　de moeting；出迎える moetsje：駅まで出迎えに行きます Ik sil nei it stasjon ta gean om dy te moetsjen.
でめ　出目　《複》de pûdeagen：出目金 in goudfisk mei pûdeagen；出目の pûdeagich
デメリット　（欠点）it brek, de fout, it swak
(…)ても　（それでも）dêrom, lykwols,《接》hoewol't：私が出掛けるのを母が許してくれても，父は駄目だと言った Fan mem mocht ik gean, heit lykwols sei nee., しばしば質問をしても，それでも分からない Hoewol't ik gauris frege haw, wit ik it noch net.
でも　（しかし）mar ＊この語は文頭に頻繁に用いられる：でも大嵐だと知っていますか Mar witst wol dat it

デモ

stoarmet?
デモ　*de* demonstraasje, *de* manifestaasje；デモをする manifestearje；デモ参加者 *de* demonstrant
(…)でも　(…ですら[さえ]) ek, sels,《否定語を伴って》(…ですら…ない) net iens：学生でも権利がある *Ek de* studinten hawwe har rjochten., 父でも怒るだろう *Sels* heit sil lilk wêze., 彼女でも私にキスすることを望まないだろう *Sels* sy wol my in tút jaan.
デモクラシー　(民主主義) *de* demokrasy
てもちぶさたである　手持ち無沙汰である　jin ferfele (→退屈する)
てもとに　手元に　foarhannen；手元金《複》*de* kontanten
デモンストレーション　(実演) *de* demonstraasje
デュエット　(二重奏) *it* duet
てら　寺　*de* timpel
てらう　衒う　(…を) opskeppe (oer), opsnije, swetse (→誇示する,自慢する)
てらしあわせる　照らし合わせる　oanstippe (→照合する)
てらす　照らす　beljochtsje, ferljochtsje：道路を照らす *it* paad *beljochtsje*
テラス　*it* plat
デラックスな　(豪華な) lúks：デラックスなホテル in *lúks* hotel
てりかえし　照り返し　(反射) *de* refleksje, *de* wjerskyn；照り返す reflektearje, spegelje, weromkeatse
デリケートな　(敏感な) delikaat, gefoelich, (微妙な) fyn, subtyl
てりつける　照り付ける　glimme, (fel)- skine, skitterje
テリトリー　(縄張り) *it* territoarium
てりはえる　照り映える　lôgje, moai [sierlik] skine [glimme]
てりゅうだん　手榴弾　*de* hângranaat
てりょうり　手料理　jins eigenmakke iten
てる　照る　glânz(g)je；こうこうと照っている月 *de* ljochtmoanne
でる　出る　(外出する) fuortgean, weigean, (出席・参加する) meidwaan

partisipearje, (テレビ・舞台に)(op)-komme, (学校を) ôfstudearje (→卒業する), (鼻血などが) bliede
てれくさい　照れ臭い　《動》beskamje, jin skamje,《形》beskamsum, ferlegen
テレックス　(加入電信) *de* teleks：テレックスで oer *de teleks*
テレパシー　(精神感応) *de* telepaty
テレビ (ジョン)　(映像) *de* televyzje《略 t.v.》：テレビを見る (nei de) *televyzje* sjen, テレビに出る op ('e) *televyzje* komme；テレビの受像機 *de* televyzje, *it* televyzjetastel；テレビのチャンネル *de* televyzjestjoerder；テレビ番組［放送］*de* televyzjeútstjoering
テレホン　(電話) *de* telefoan；テレホンカード *de* telefoankaart
てれる　照れる　→照れ臭い；照れ屋 in ferlegen minske
テロ　(暴力行為) *it* terrorisme；テロリスト *de* terrorist
てわたす　手渡す　oanrikke, oerjaan, oerlangje, oerleverje, rikke, tarikke：彼は彼女にその本を手渡した Hy *lange* har it boek *oer*.
てん　天　(空) *de* himel, (天国) *it* paradys：天に在します神 God yn de *himel*：天(国)の himelsk
てん　点　(小さな点) *it* punt(sje), (成績) *it* punt (→点数), (得点) *de* goal, *de* skoare, (見地) *it* opsicht, *it* stânpunt, (斑(は)点) *de* stip：i の点 *it* puntsje op 'e i, 合格するには 60 点取らなければならない Ik moat santich *punten* hawwe om te slagjen., 今何点ですか Wat is de *skoare*?, (フットボールで) 1 点を取る in goal meitsje, この点で yn dit opsicht [gesicht]；点を打つ stippelje
でんあつ　電圧　*it* foltaazje
てんい　転移　(がんなどの) *de* útsiedding；転移する jin útsiedzje：がんが転移している De kanker hat him *útsiedde*.
てんいん　店員　(女性の) *de* winkeljuffer, (男性の) *de* winkelman
でんえん　田園　(田舎) *it* lân, (田園

地帯）it plattelân；田園都市 de plattelânssêd；田園風景 plattelânske natuer
てんおうせい 天王星 de Uranus
てんか 天下 （全国）it hiele lân, （全世界）de hiele wrâld, （世間・一般大衆）it grutte publyk, （政権・権力）de macht, it regear, de regearing：天下を支配する it hiele lân regearje, 天下に de hiele wrâld oer, 天下を握る oan 'e macht komme；天下に恥をさらす jin skamje yn it iepenbier；天下に名高い wrâldferneamd
てんか 点火 de ûntstekking；点火する［させる］oansette, oanstekke, opstekke, ûntstekke：ダイナマイトに点火する dynamyt ûntstekke
てんか 転化 de ferfoarming, de omfoarming, de omsetting；転化させる omsette, transformearje
てんか 添加 it tadwaan, de taheakke；添加する tadwaan, tafoegje, talizze；添加物 de taheakke
でんか 殿下 Har [Syn] heechheid
でんか 電化 de elektrifikaasje；電化する elektrifisearje；電化製品 in elektrysk apparaat
てんかい 展開 de ûntwikkeling；展開する jin ûntwikkelje (→進展する, 繰り広げる)
てんかい 転回 （方向転換）de swaai, （回転）de rotaasje；転回させる swaaie
てんかする 転嫁する （責任を）（他人に）eat op immen ferhelje, immen [in oar] de skuld (fan wat) jaan
てんがな 典雅な deftich, elegant, foarnaam：典雅な文体 in eleganten styl
てんかん 転換 （気分の）de divedaasje, de fariaasje, （方向・進路）de fariaasje, de draai；転換する fersette, （方向を）draaie, （気分を）oerskeakelje；転換期 it draaipunt [kear-]
てんかん 癲癇 de epilepsy；てんかん患者 de epileptikus；てんかん（性）の epileptysk；てんかんの発作 de tafal：てんかんの発作を起こす in tafal

krije
てんがんする 点眼する eachdrippen brûke；点眼薬《複》de eachdrippen
てんき 天気 it waar：いい［悪い］天気 moai [min] waar, 変わりやすい天気 feroarlik waar, 天気がよければ als it waar it talit, 天気に拘わらず waar of gjin waar；明日は好天気に恵まれるだろう Wy krije moarn sinneskynwaar.；天気予報 it waarberjocht, de waarsferwachting；天気予報官 de waarman [-profeet]
てんき 転機 it kearpunt
てんぎ 転義 oerdrachtlike betsjutting
でんき 伝記 de biografy；伝記（風）の biografysk；伝記作家 de biograaf
でんき 電気 de elektrisiteit, （電流（の））(it) elektrysk：電気に接続されている op it elektrysk oansletten wêze, 電気器具［製品］in elektrysk apparaat, 電気冷蔵庫 in elektryske kuolkast；電気洗濯機 de waskmasine；電気掃除機 de stofsûger
てんきする 転記する oerskriuwe
でんきゅう 電球 de lamp(e), （白熱）de gloeilampe, de par, de pit
てんきょ 典拠 de boarne：信頼のおける典拠 betroubere boarne
てんきょ 転居 de ferhuzing；転居する ferhúzje, oergean：新しい住所に転居する nei jins nije adres ferhúzje, いつ転居しますか Wannear geane jim oer?
てんぎょうする 転業する fan baan wikselje
てんきん 転勤 de transfer；転勤させる detasjearje, ferpleatse；転勤する detasjearre wurde
てんぐ 天狗 in gedrocht mei in lange noas en (mei) in read antlit
でんぐりがえし でんぐり返し de koprol, de salto (→宙返り)：でんぐり返る in koprol meitsje = kopketûmelje
てんけい 天恵 god(de)like genede
てんけい 天啓 de iepenbiering
てんけい 典型 it model, it type；典

てんけん

型的な [に] typysk, (代表的な) re-presintatyf：典型的なフリジア人 in *typyske* Fries, 典型的な事例 in *typysk gefal*

てんけん　点検　de ynspeksje, de skôging：運河の点検 de *skôging* fan 'e fearten；点検する ferifiearje, meunsterje, neirinne, neisjen, skôgje：機械を点検する in masine *meunsterje*, エンジンの点検がちょうど終わったところだ De motor is krekt *neisjoen*., 運河を点検する fearten *skôgje*

でんげん　電源　de boarne fan elektryske stroom；…の電源を入れる ynskeakelje

てんこ　点呼　it appèl：点呼をとる *appèl* hâlde

てんこう　天候　de natuer, (天気) it waar：穏やかな天候 in mylde *natuer*, myld *waar*, 悪天候 min *waar*, 温暖な天候 waarm *waar*, 好天に恵まれる moai *waar* krije

てんこう　転向　(仕事・思想などの) de bekearing；転向する oergean, (ある思想などを) (放棄する) ferlitte

でんこう　電光　de wjerljochtslach (→稲光)

てんこうする　転校する　fan skoalle feroarje [wikselje]

てんごく　天国　de himel, it paradys；天国の himelsk, paradyslik

でんごん　伝言　it berjocht, de boade, it boadskip：伝言をする *berjocht* dwaan = berjochtsje, …から [の] 伝言を受け取る *berjocht* krije fan [oer] …, 人に伝言する immen it *boadskip* dwaan

てんさい　天才　de heechfljogger, it sjeny：モーツァルトは音楽の天才であった Mozart wie in *sjeny* op muzykgebiet.；天才児 it wûnderbern

てんさい　天災　de natuerramp

てんさい　甜菜　de sûkerbyt

てんさい　転載　de ôfdruk, de reproduksje；転載する ôfdrukke, ôfprintsje, reprodusearje

てんさく　添削　de ferbettering, de korreksje；添削する byhelpe, bywurkje, ferbetterje, korrizjearje

でんさんき　電算機　de rekkenmasine

てんし　天使　de ingel, (智天使) de kearûb-ingel：あなたは天使のようなお方だ！Bist in *ingel*!

てんじ　点字　(ブライユ式) it brailleskrift

てんじ　展示　de eksposysje, de fertoaning, de tentoanstelling, de útstalling：近代絵画の展示 in *eksposysje* fan moderne skilderijen；展示する eksposearje, fertoane, útstalle；展示して te pronk；展示会 de eksposysje, de tentoanstelling

でんし　電子　it elektroan；電子(工学)の elektroanysk：電子辞書 in *elektroanysk* wurdboek；電子メール in *elektroanyske* mail (略 e-mail), *elektroanyske* post；電子工学 de elektroanika；電子メールアドレス it e-mailadres；電子顕微鏡 de elektroanemikroskoop；電子レンジ de magnetron

でんじき　電磁気　it elektromagnetisme；電磁石 de elektromagneet；電磁波 elektromagnetyske weach

てんしゃ　転写　de kopy, de transkripsje；転写する kopiearje, oerskriuwe, transkribearje

でんしゃ　電車　in elektryske trein, (市街) de tram, de trein (→汽車)：電車に乗る de *tram* nimme [pakke], 君たちの電車は何時に到着しますか Hoe let komt jim *trein*?

てんしゅ　店主　de winkelman

てんじゅ　天寿　in natuerlike libbensdoer；天寿を全うする in natuerlike dea stjerre

でんじゅ　伝授　de oplieding, (教授) it ûnderrjocht, it ûnderwiis；伝授する ynwije, opliede, ûnderrjochtsje, ûnderwize：君にその秘伝を伝授しよう Ik sil dy yn de geheimen *ynwije*.

てんしゅつ　転出　(移転) de ferhuzing, (転任) de transfer；転出する ferhúzje；転出先 jins nije adres

てんじょう 天井 *it* plafon(d), *de* souder(ing)：私の部屋の天井は白い It *plafon*(d) fan myn keamer is wyt., ランプが天井からぶら下がっている De lampe hinget oan 'e *souder*.
でんしょう 伝承 in (mûnlinge) oerlevering
てんしょく 天職 *de* ropping
てんしょく 転職 feroaring fan berop；転職する fan berop feroarje
でんしょばと 伝書鳩 *de* postdo
てんじる 転じる ôfliede (→変える)
でんしん 電信 *de* telegraaf (→電報)：電信で oer de *telegraaf*；電信の telegrafysk；電信機 *de* telegraaf；電信局 *it* telegraafkantoor
てんしんする 転身する in nije libbenswize oannimme
てんしんする 転進する （移動する）omsette, （進む方向を変える）jins libbenswei feroarje；軍隊は北へ転進した It leger sette om 'e noard.
てんしんらんまん 天真爛漫 （無邪気）*de* ienfâld, *de* ûnnoazelens；てんしんらんまんな ienfâldich, ûnnoazel, ûnskuldich (→無邪気な)
てんすう 点数 *it* punt, *it* sifer, （得点）*de* goal, *de* skoare (→点)
てんせい 天性 *de* natuer：人の天性 de minsklike *natuer*；天性の natuerlik
でんせつ 伝説 *de* leginde；伝説（上）の, 伝説的な legindarysk
てんせん 点線 *de* stippelline；点線の入った stippelich
でんせん 伝染 *de* besmetting, *de* ynfeksje；伝染する omgean；伝染させる besmette, oanstekke, oerdrage；伝染性の besmetlik, epidemysk, oansteklik：伝染病 in *besmetlike* [*epidemyske*] sykte；伝染病 *de* epidemy, *de* goarre, *de* ynfeksjesykte
でんせん 電線 *de* stroomtrie(d)
でんそう 電送 elektryske transmisje；電送する telegrafearje；電送写真 *De* telefoto
てんそうする 転送する neistjoere：人の郵便を転送する immens post neistjoere
テンダーロイン （牛の）（腰肉の柔らかい部分）*de* (okse)hazze, （豚の）*de* bargehazze：テンダーロインステーキ byfstik fan 'e *hazze*
てんたい 天体 *it* himellichem；天体望遠鏡 in astronomyske teleskoop
でんたく 電卓 *de* bûsrekkenmasine
でんたつ 伝達 *de* kommunikaasje；伝達する kommunisearje, oerbringe, oerdrage (→伝える)；伝達手段 *de* fiertaal, *it* kommunikaasjemiddel
てんち 天地 himel en ierde, （宇宙）*it* hielal, *it* universum；天地創造 de skepping fan de wrâld
てんち 転地 in feroaring fan wenplak；転地療養 (de kuer troch) de feroaring fan lucht
でんち 電池 *de* batterij (→バッテリー)：このカセットは電池で動く Dy kassettespiler wurket op *batterijen*.
でんちゅう 電柱 *de* ljochtmêst
てんで（…ない）（全く…ない）alhiel [hielendal] net：彼の話はてんで面白くない Syn petear is *alhiel* net ynteressant.
てんてき 天敵 in natuerlike fijân
てんてき 点滴 （水滴）*de* drip, *de* wetterdrip, （雨滴）*de* reindrip：《諺》点滴石をもうがつ Oanhâldend drippen holt de stien út.；点滴をする in ynfús jaan；点滴薬［剤］《複》*de* drippen
てんてこまい てんてこ舞い *de* drokdwaanderij；てんてこ舞いである it allemachtich drok hawwe
てんてつ 転轍 *it* wikseljen；転轍機 *de* wiksel；転轍手 *de* wikselwachter
てんでに （各自）elk, yndivideel, ôfsûnderlik
てんてんと 転々と →次々と
てんでんばらばら ôfsûnderlik (→ばらばらに)
でんでんむし 蝸牛 *de* slak (→かたつむり)
テント *de* tint(e)：テントを張る in

てんとう

tint(*e*) opsette
てんとう 店頭 *de* winkel, (陳列窓) *de* fitrine；店頭に yn de etalaazje
てんとう 転倒 *de* tommeling；転倒する falle, kippe, tommelje, trûdelje, trûzelje：石につまずいて転倒する oer in stien *falle*
でんとう 伝統 *de* oerlevering, *de* tradysje：伝統を維持する in *tradysje* yn eare [stân] hâlde, 伝統に縛られて neffens (de) *tradysje*；伝統の (ある)．伝統的な [に] tradisjoneel：伝統のある大学 in *tradisjonele* universiteit
でんとう 電灯 *it* ljocht：電灯をつける [消す] it *ljocht* oandwaan [út-]
でんどう 伝道 *de* missy, *it* missywurk, *de* sinding：伝道に従事する yn 'e *missy* [*sinding*] wurkje；伝道師 *de* sindeling；福音伝道師 *de* evangelist
でんどう 伝導 (光・熱などの) *de* lieding, *de* transmisje；伝導する liede, oerbringe；伝導性の liedend；伝導体 *de* lieder
てんとうする 点灯する ferljochtsje, ljocht meitsje
てんどうせつ 天動説 de geosintryske teory
でんどうの 電動の elektrysk；電動機 *de* elektromotor
てんとうむし 天道虫 *it* leavehearsbistke
てんとりむし 点取り虫 *de* blokker
てんにゅう 転入 it betrekken；(…に) 転入する yntrekke (by)
てんにん 転任 *de* oerpleatsing, *de* transfer；転任させる oerpleatse
でんねつ 電熱 elektryske hjitte；電熱器 *de* straalkachel
てんねん 天然 *de* natuer；天然の fysyk, fysysk, natuerlik：天然ガス *natuerlik* gas, 天然資源 *natuerlike* helpboarnen
てんねんとう 天然痘 *de* pok / pôk (→ほうそう)
てんのう 天皇 *de* keizer
てんのうせい 天王星 →天王星(てんおう せい)
でんぱ 伝播 *it* ferspriede, *de* ferspriedding；伝播する ferbreedzje；伝播させる ferspriede
でんぱ 電波 *de* radioweach
てんばつ 天罰 *de* gisel, de wraak fan God：天罰を受ける *de gisel* krije
てんぴ 天火 →オーブン
てんびき 天引き *de* ynhâlding, *de* ôftrek (→控除)；天引きする ynhâlde, ôflûke, ôftrekke
てんびやく 点鼻薬 《複》 *de* noasdrippen
てんびょう 点描 (スケッチ) *de* skets；点描する sketse
でんぴょう 伝票 (領収書) *de* bon, *it* resu, (勘定書) *de* rekken(ing)
てんびん 天秤 *de* skeal, 《複》 *de* skealjes：天秤で計る op 'e *skealjes* weage；天秤棒 *de* balâns；天秤座 *de* Skealje
でんぶ 臀部 《複》 *de* billen, *de* heupen (→尻)
てんぷく 転覆 *it* omslaan；転覆する kantelje, oerslaan, omslaan, omteare：船が転覆している It skip is *omslein*.；転覆させる kantelje
てんぷする 添付する tafoegje, taheakje：彼はその報告書に短い説明を添付している Hy *heakket* in koarte útlis oan it rapport *ta*.
てんぷする 貼付する opplakke, stiselje
てんぷの 天賦の ynberne, natuerlik, oanberne；天賦の才 *de* jefte
てんぶん 天分 jins jefte
でんぶん 伝聞 (うわさ) it geroft, it praat(sje)
でんぶん 電文 in telegrafysk berjocht
でんぷん 澱粉 *it* setmoal, *de* stisel, *de* stiselmoal；澱粉質の stiselich
てんぺんちい 天変地異 (大災害) *de* katastrofe
てんぽ 店舗 →店
テンポ (速さ・歩調) *it* tempo, (音楽の) *it* tempo：ゆったりしたテンポで yn in kalm *tempo*, テンポを速める *it tempo* opfiere
てんぼう 展望 (眺め) *it* aspekt, *it* eachweid, *it* gesicht, *it* útsicht, (将来の

見通し) it foarútsjoch, it perspektyf；
展望する foarútsjen, oersjen
でんぽう 電報 de telegraaf, it telegram：電報で oer de telegraaf, 人に電報を打つ immen in telegram stjoere；電報を打つ seine, telegrafearje
デンマーク Denemarken；デンマーク人 de Deen；デンマーク（語・人）(の)(it) Deensk
てんまく 天幕 →テント
てんまつ 顛末 (詳細) de bysûnderheid, de finesse, (一部始終) alles oeral
てんまど 天窓 it ljochtfinster [souders-]
てんめい 天命 (神の摂理) de foarsjennichheid
てんめつする 点滅する oan en út flitse
てんもんがく 天文学 de astronomy, de stjerrekunde；天文学者 de astronoom；天文(学上)の, 天文学的な[に] astronomysk；天文台 de stjerrewacht
てんやく 点薬 (目薬の)(複) de eachdrippen
てんやくする 点訳する oersette yn braille(skrift)
てんようする 転用する eat oars brûke
てんよの 天与の →天賦の

でんらい 伝来 de oerlevering；伝来する oererve, oerleverje；伝来の oerlevere (→昔からの), (外国からの) frjemd
てんらく 転落 de delslach, de fal；転落する falle, stoarte：崖から転落するfan it klif falle, その登山家は峡谷に転落した De berchbeklimmer stoarte yn it ravyn.
てんらん 展覧 →展示；展覧会 de eksposysje
でんりゅう 電流 elektryske stream
でんりょく 電力 (elektryske) enerzjy
でんれい 伝令 (人) de ordonnâns
でんわ 電話 de telefoan：電話が鳴っている De telefoan giet., お電話です Der is telefoan foar jo., 君に電話です Ik haw immen foar dy oan 'e telefoan., 電話を切る de telefoan ophingje；電話を掛ける opbelje, opskilje, skilje, telefonearje；電話の[による] telefoanysk：電話の呼び出し in telefoanysk petear, 電話で連絡が取れますか Kin ik jo telefoanysk berikke?；電話機 de telefoantastel；電話局 de telefoansintrale；電話帳 it telefoanboek, de telefoangids；電話番号 it telefoannûmer；電話ボックス de telefoansel

と ト to

と 戸 (扉) de doar (→ドア)
と 徒 (仲間) de kompanjon, (一団) de partij, de ploech
と 都 (首都) de metropoal, (都市) de stêd
(…) と (そして) en, (共に) tegearre, 《前》(…と共に) mei：彼は父親と一緒に来た Hy kaam mei syn heit.
ど 度 (程度) de graad, (限度) de limyt, (回数) de kear,《接尾辞》-ris：ここは摂氏10度ある It is hjir 10 graden Celsius., 5度 fiif kear, 2度 twaris；度を越す trochdriuwe；度が過ぎる Dat giet [rint] te fier.
ドア de doar, (自動車の) it portier：ドアが二つ付いている部屋 in keamer mei twa doarren, ドアが開いている De doar stiet iepen., ドアが閉まっている De doar is ticht [ta].
どあい 度合 (程度) de graad
とい 樋 de dak(s)goate, de goate
とい 問い de fraach (→質問)

といあわせ　問い合わせ　de neifraach：…の問い合わせをする neifraach dwaan nei …；問い合わせる neifreegje
(…)という　(…)と言う　(…と呼ばれている) hjit：ベアトリックスと言う(名の)わが女王 ús Keninginne hjit Beatrix
(…)といえば　(…)と言えば　oangeande, wat … oanbelanget：彼の腕前と言えば oangeande syn bekwamens, 私と言えば wat my oanbelanget
といかえす　問い返す　noch ris freegje
といかける　問い掛ける　→問う
といし　砥石　de hotte
といただす　問い質す　(尋問する) ferhearre, ûnderfreegje, (聞き出す) útfreegje, útharkje
どいつ　(誰) wa
ドイツ　Dútslân；ドイツ人 de Dútser；ドイツ(語・人)(の)(it) Dútsk
といつめる　問い詰める　→尋問する
トイレ　it húske, it toilet：トイレに入っている op it húske sitte, トイレへ行く nei it toilet gean；トイレットペーパー it húskepapier
とう　当　当を得た rjocht(lik), rjochtmjittich, (適切な) gaadlik
とう　党　(政党) de partij：政党 in politike partij
とう　塔　de toer, (仏塔) de pagoade：オルデホーフェは高い塔である De Aldehou is in hege toer., バベルの塔 de toer fan Babel
とう　棟　it gebou (→建物)
とう　糖　de sûker (→砂糖), (ぶどう糖) de glukoaze；血液中の糖 de bloedsûker (→血糖)
とう　籐　it rotan；籐の椅子 de rotanstoel
とう　問う　(尋ねる) freegje, neifreegje, (責任・罪を) beleste (mei), (人の)安否を問う freegje (nei)
(一)とう　(一)等　《序数と共に》(it / de) earste [twadde], (など) ensafuorthinne《略 ensfh.》：1等の切符 it earste klaskaartsje, 1等級のじゃがいも earste soarte ierappels, 私はいつも2等車で旅行する Ik reizgje altyd twadde klas(se).
どう　胴　de bûk, (胴体) it lichem, de mul, de romp
どう　銅　it koper；銅(製)の, 銅色の koperen：銅貨 in koperen munt；銅線 de kopertrie(d)
どう　(どのように) wat, hoe：ここはどう変わりましたか Wat is hjir feroare?, 博物館へはどうやって行けますか Hoe kom ik by it museum?
とうあつせん　等圧線　de isobaar
とうあん　答案　it antwurd, (用紙) it formulier, (試験問題) de eksamenopjefte：答案を採点する eksamenopjeften neisjen
とうい　等位　de koördinaasje, (同等) it ekwivalent；等位の lykskikkend, njonkenskikt, (同等の) lykweardich [-wurdich]：等位接続詞 lykskikkende bywurden (↔従属接続詞)
どうい　同意　de oerienkomst, de oerienstimming；同意する oerienstimme, ûnderskriuwe, (…に) oerienkomme (mei)：君の意見に同意する Ik ûnderskriuw dyn miening.；同意した[て] oerienkomstich
どういう　(どんな) wat, watfoar (-ien), hoe'n, hokfoar [-soarte], hokker：どういう色ですか Watfoar kleur is it?, どういう本を読んでいますか Watfoar boek lêsto dêr?, それはどういう人ですか Hokfoar in man is it?, どういう書類が必要ですか Hokker papieren haw ik nedich?
どういご(の)　同義語(の)　(it) synonym (→類義語(の))
とういそくみょうの　当意即妙の　beret, snedich：当意即妙な返答 in snedich antwurd
どういたしまして！　Graach dien!, Neat te tankjen!
とういつ　統一　de ferien(ig)ing, de iendracht, de ienheid, de ienwurding, de

yntegraasje；統一する ferienigje, yntegrearje；統一した feriene
どういつ 同一 *de* identifikaasje；同一の itselde, selde；同一物 itselde：それは全く同一物だ Dat is krekt *itselde*.；同一化 *de* identifikaasje；同一性 *de* identiteit；(…と)同一視する lykslaan（mei）
とういん 党員 *it* partijlid, *de* partijman
とういん 頭韻 *de* alliteraasje；頭韻を踏む alliterearje
どういん 動員 *de* mobilisaasje；動員する mobilisearje
とうえい 投影 *de* projeksje；投影する projektearje
とうおう 東欧 East-Europa；東欧の Easteuropeesk
どうおんいぎご 同音異義語 *it* homonym
とうおんせん 等温線 *de* isoterm
とうか 灯火 →明かり
とうか 透過（浸透）*de* penetraasje；透過する trochhelje [-bringe], trochslaan
とうか 等価 *de* lykweardichheid；等価の lykweardich
どうか 同化 *de* assimilaasje（←同化作用）；同化させる assimilearje；(…に)同化する jin assimilearje (oan)；同化作用の anaboal
どうか 銅貨 in koperen munt
どうか beliven, (どうぞ) asjeblyft [-bleaft], at jo wolle, (後生だから) yn ('e) godsnamme, doch, dôch, (何とか) op 'e iene of oare manier：どうかフリジア語で書いてください Skriuw *beliven* Frysk., どうかドアを閉めてください！ Doch *asjeblyft* de doar ticht!, どうか急いでください Sjit dochs *yn* ('e) godsnamme!, どうかお静かに！ Wês *doch* stil!；《接》（…かどうか）as, oft,《口》at：それが本当かどうか彼は尋ねた Hy frege *as* it wier wie., 私は彼がその知らせをすでに聞いていたかどうか尋ねた Ik frege *oft* er it nijs al heard hie.；どうか領収書をい

ただけませんか Soene jo sa freonlik wêze wolle om myn kassabon te krijen?
とうかい 倒壊 *de* fal, *de* ynstoarting；倒壊する falle, ynstoarte：数多くの家屋が倒壊している In kloft huzen binne *ynstoart*., その家は倒壊した It hûs *stoart yn*.
とうがいしょう 等外賞（残念賞）*de* pûdelpriis
とうがいの 当該の bewust, oanbelanjend(e), relevant：該当者 de *bewuste* persoan, 当該の法律 de *oanbelangjende* wet
とうかく 頭角 頭角を現す jin ûnderskiede
どうかく 同格 deselde graad, （文法の）*de* apposysje；同格の, 同格的な [に] apposysjoneel
どうがく 同額 itselde bedrach
とうかする 投下する delfalle litte
どうかせん 導火線 *de* lont(e), (きっかけ) *de* oanlieding, *de* oarsaak
とうかつ 統括 *de* ienwurding, *de* yntegraasje；統括する yntegrearje
とうかつ 統轄 *de* kontrôle, *it* opsicht；統轄する oerkoepelje, (管理する) kontrolearje, opsichterje
どうかつ 恫喝 →恐喝, 脅迫
とうがらし 唐辛子 *de* piper, (香辛料) reade piper
とうかん 等閑 等閑に付する oersjen, oersljochtsje
どうかん 同感 *de* dielnimming, *it* meilibjen, *de* sympaty；同感する meilibje, sympatisearje, (同意する) betingje, meistimme
とうかんかくに 等間隔に mei regelmjittige ynterfal
とうかんする 投函する （手紙を）(in brief) op 'e post [bus] dwaan；投函箱 *de* bus
とうき 冬季 *de* winter, *it* winterskoft：冬季に by it *winter*, yn 'e *winter*
とうき 冬期 *de* winter, *de* wintertiid；冬期に winters
とうき 投機 *de* spekulaasje：戦争へ

とうき

の投機 spekulaasjes oer de oarloch；投機する spekulearje；投機の，投機的な［に］spekulatyf；投機家 de spekulant（→相場師）
とうき 陶器 it diggelguod, it ierdewurk
とうき 登記 de ynskriuwing, de oanjefte, de registraasje；登記する ynskriuwe, oanjaan, registrearje：出生を登記する in berte oanjaan；（戸籍）登記所 de befolking, it befolkingsburo；登記簿 it register；登記料 it ynskriuwjild,《複》de leezjes
とうき 騰貴 de ferheging, de stiging；騰貴する ferheegje, stige
とうぎ 討議 it besprek, de besprekking, de diskusje；討議する beprate, besprekke, diskusjearje
どうき 動悸 de slach；動悸がする slaan
どうき 動機 it motyf, de motivaasje, de oanlieding, de oantrún, de reden：動機のない犯罪はない gjin misdie sûnder motyf；動機づけ de motivaasje, de motivearring
どうぎ 動議 de moasje：動議を採択する in moasje oannimme
どうぎご 同義語 →同意語
どうぎ（せい） 道義（性） de moraliteit, de seedlikens；道義的な［に］moreel, seedlik：道義的義務［責任］in morele ferplichting
とうきゅう 等級 de graad, de rang；1等級の de earste［heechste］…
とうぎゅう 闘牛 （牛）in bolle foar de bollefjochterij,（競技）de bollefjochterij；闘牛士 de bollefjochter；闘牛場 de arena, it striidperk
どうきゅう 同級 deselde klas(se)；同級生 de klasgenoat（→級友）
とうきょう 東京 Tokio：東京都 de metropoal Tokio
どうきょう 同郷 deselde bertegrûn
どうぎょう 同業 itselde fak
とうきょく 当局 de autoriteit, it gesach, de ynstânsje：関係当局 de ynstânsjes dy't der oer gean

どうきょする 同居する gearlibje［-wenje］, by inoar yn wenje；同居者 de húsgenoat
どうきんする 同衾する （ベッドを共にする）mei ien op bêd gean
どうぐ 道具 it ark, it ynstrumint, it reau, it ridskip,（工具）it wurktúch,（補助）it helpmiddel：一式の道具 in stik ark, 大工道具 it ark［reau / ridskip］fan in timmerman
どうくつ 洞窟 de grot, it hoal, de hoale
とうけ 当家 dit hûs, dizze famylje
とうげ 峠 de berchpas, de kol,（重大局面）de krisis, in kritike situaasje
どうけ 道化 （芝居）de klucht；道化師 de harlekyn, de komediant, de pias
とうけい 東経 de easterlingte（↔西経）
とうけい 統計 de statystyk（←統計学）：出生率統計 in statystyk fan berten；統計の，統計的な［に］statystysk
とうけい 闘鶏 （にわとり）de fjochtershoanne,（遊び）it hoannegefjocht
とうげい 陶芸 de pottebakkerskeunst, keramyske keunst；陶芸家 de keramyske keunstner
どうけいの 同形の fan［mei］deselde foarm
どうけいの 同系の fan itselde ras, fan deselde stam
どうけつ 洞穴 de grot, it hoal, de hoale
とうけつする 凍結する befrieze, opfrieze,（資金・計画などを）blokkearje：地面が凍結している De grûn is befernzen., 銀行預金を凍結する in bankrekken blokkearje；凍結した ferferzen
とうけん 刀剣 it swurd
とうけん 闘犬 （犬）de fjochtershûn,（遊び）it hûnegefjocht
どうご 同語 同語反復 de tautology
とうこう 投降 →降伏, 降参
とうこう 投稿 de ynstjoering；投稿する ynstjoere；投稿者 de ynstjoerder
とうこう 陶工 de pottebakker

とうごう　統合　*de* yntegraasje；統合する yntegrearje；統合された yntegraal

どうこう　動向　*de* tendins, *de* trend：景気の動向を探る *de trend* fan de konjunktuer ûndersykje

どうこう　瞳孔　*de* eachappel（→瞳）

どうこうかい　同好会　it bûn, *de* ferien-(ig)ing, *de* klup

とうこうする　登校する　op skoalle gean

どうこうする　同行する　begeliede, beselskipje, meigean（→付き添う）：母は病院まで息子に同行した Mem *begeliede* har soan nei it sikehûs., 駅まで同行してもよいですか Sil ik eefkes *meigean* nei it stasjon?

とうこうせん　等高線　*de* hichteline

とうごく　投獄　*de* finzenis, *de* finzenskip：投獄される *de finzenis* yngean；投獄する finzensette

どうこく　同国　deselde steat, itselde lân

どうこく　慟哭　→号泣(ごうきゅう)

とうこつ　頭骨　→頭蓋骨

とうこん　闘魂　(闘争心) *de* fjochtlust

どうこんしき　銅婚式　in brûnzen brulloft《結婚7周年記念》

とうさ　踏査　*de* neispoaring, *de* skôging, it ûndersiik [-syk],（検分）*de* skou（→探査）；踏査する neispoare,（点検する）skôgje

どうさ　動作　（体・手足などの動き）*de* ave(n)saasje, it ferweech；彼の動作はのろい Hy beweech him sleau.

とうざい　東西　east en west,（東洋と西洋）it Easten en it Westen

どうざい　同罪　同罪である hândiedich wêze, mei skuldich wêze

とうさいする　搭載する　ynlade, lade

とうさく　倒錯　*de* perversiteit；倒錯した pervers：倒錯者 in pervers persoan

とうさく　盗作　it plagiaat；盗作する oernimme, plagiearje

どうさつ　洞察　*it* ynsicht, *it* ynsjoch, *it* sicht,（洞察力）*de* ynkyk, *it* trochsjoch：洞察を欠く gjin *ynsjoch* hawwe；洞察する trochkringe, trochsjen

とうさつする　盗撮する　immen filmje sûnder syn [har] goedfinen

とうざは　当座は　→当分は

とうさん　倒産　it fallissemint, it fallyt（→破産）：倒産する yn it *fallissemint* reitsje, 倒産の申し立てをする yn 't *fallissemint* gean；倒産した fallyt

とうさん　父さん　《呼称》父さん[ちゃん]！Heity!

どうさん　動産　replik goed（↔不動産）

どうざん　銅山　*de* kopermyn

とうし　投資　*de* ynvestearring, *de* jildbelizzing；投資する ynlizze, ynvestearje, jild belizze；投資家 *de* ynvestearder

とうし　闘士　*de* strider

とうし　闘志　（闘争心）*de* fjochtlust

とうじ　冬至　*it* wintersinnekearpunt（↔夏至）＊12月22日頃

とうじ　当時　doedestiids, yndertiid：（その）当時は多くの人たちがひどく貧しかった *Doedestiids* wiene in hiele soad minsken o sa earm.；当時の doetiidsk：（その）当時の大統領 *de doetiidske* presidint

どうし　同士　（連れ・仲間）*de* kompanjon, *de* maat；兄弟同士のけんか *de* rûzje tusken bruorren；学生同士で mei studinten

どうし　同志　（共産国などでの）*de* kammeraat

どうし　動詞　*it* tiidwurd：他［自］動詞 oergonklike [net-oergonklike] tiidwurden, 動詞を活用させる in *tiidwurd* bûge

とうしき　等式　*de* fergeliking

とうじき　陶磁器　*de* keramyk

とうじしゃ　当事者　*de* bewuste persoan

とうしする　凍死する　deafrieze,（植物が）útfrieze

とうしする　透視する　trochsjen,（エックス線で）*de* lichemsdielen ûndersykje

(mei röntgenstrielen);透視のできる heldersjend；透視力 de heldersjendens；透視力のある heldersjende
どうした　どうした(のですか) Wat is der (oan)?；君どうした Wat is der mei dy?, Wat skeelt dy?, Wat skeelt deroan?；一体どうしたの Wat is der eigentlik mei dy?
どうじだいの　同時代の　hjoeddeisk [-deistich]；同時代人 de tiidgenoat
とうしつ　糖質　de sûker (→糖)
どうしつ　同質　de homogeniteit；同質の homogeen
とうじつ　当日　op de [dy] dei, op de bewuste dei
どうしつ　同室　deselde keamer；同室者 de keamergenoat
どうじつ　同日　deselde dei [datum]
どうして　(なぜ) hoe, hoedat(sa), wêrom, (どのようにして) hoe：どうしてですか Hoe sa?, どうしてそう思うの Wêrom tinkst dat?, 博物館へはどうして行けますか Hoe kom ik by it museum?
どうしても　(とても) sa, (どうしても…しなければならない) needsaaklik, (ぜひ…したい) moatte, wolle, (どうしても…ない) wolle net, (いやでもおうでも) ast wolst of net, tsjin wil en tank：私にはどうしてもそれが必要だ Ik haw it sa nedich., どうしても帰らなければならない It is needsaaklik om werom te gean., どうしてもニンケに会いたい Ik moat Nynke hawwe., どうしても帰りたい Ik wol nei hûs ta., Ik wol der graach hinne., エンジンがどうしてもかからない De motor wol net starte.
どうじに　同時に　tagelyk(s), teffens：われわれは一緒に歌うことができるが，同時に話すことはできない Wy kinne wol tagelyk(s) sjonge, mar net tagelyk(s) prate.；同時の [に] simultaan：同時通訳をする simultaan oersette, 同時通訳 simultane oersetting, 同時通訳(者) in simultane oersetter；同時に起こる gearfalle
とうしゃ　投射　de projeksje；投射する projektearje；投射器 de projektor (→映写機)
とうしゃ　謄写　(印刷) it stinsel；謄写する stinselje；謄写版 de stinselmasine；(謄写版用の) 原紙 it stinsel
とうしゅ　投手　de goaier
とうしゅ　党主　de lieder fan in politike partij
とうしゅうする　踏襲する　folgje
とうしゅくする　投宿する　(ホテルなどに) útfanhûzje (by)；投宿する予定である útfanhûs gean [komme]
どうしゅの　同種の　lyksoartich
とうしょ　投書　de ynbring, de ynstjoering；投書する ynbringe, ynstjoere, (密告する) oandrage；投書家 de ynstjoerder；投書箱 de ideeëbus；投書欄 de lêzersrubryk
とうしょう　凍傷　de befriezing；凍傷にかかった beferzen：凍傷にかかった指 beferzen fingers
とうじょう　登場　(俳優・役者の) it opkommen；登場する opkomme, optrede：彼は第2幕で登場することになっている Hy sil yn it twadde bedriuw opkomme.；登場人物 it personaazje
どうじょう　同情　de dielnimming, it meifielen, it meilibben [-lijen], de sympaty：同情して mei dielnimming, 同情と反感 sympatyen en antypatyen, 人に (対して) 同情する sympaty foar immen hawwe；(…に) 同情する dielnimme (yn), meifiele, meilibje, sympatisearje (mei), jin ûntfermje (oer)：隣の人たちは彼女の夫の死に同情した De buorlju namen diel yn it ferlies fan har man.
とうじょうする　搭乗する　(船・飛行機に) ynterje, oan board gean；搭乗員 de bemanning, (複) de manskippen (→乗組員, 乗務員)；搭乗券 de ynstapkaart；搭乗者 de passazjier；搭乗橋 de slurf；搭乗待合室 de wachthal ＊「搭乗口 [ゲート]」に当(た)る語はない
どうしょくぶつ　動植物　dieren en planten

とうじる　投じる　(投げる) werpe, (投げ入れる) yngoaie, (投げ込む) ynsmite, (大金・私財などを) belizze；海中に身を投じる jinsels yn de see dompelje
とうしん　投身　→身投げ；投身自殺 (de) selsmoard troch ferdrinking
とうしん　答申　in ferslach yntsjinje；答申案 it konsept fan in ferslach
とうしん　等親　de graad (fan besibbens) (→親等)
とうしんだいの　等身大の　libbensgrut (→実物大の), op natuerlike grutte [skaal]：等身大の銅像 in libbensgrut brûnzen stânbyld
とうすい　陶酔　de dronkenens [-heid], de rûs：彼は陶酔している Hy is yn in rûs.；陶酔する→うっとりする；陶酔させる bedwelmje, dronken meitsje；陶酔した dronken
どうすうの　同数の　likefolle：君とぼくは同数のビー玉を持っている Do en ik hawwe likefolle knikkerts.
どうせ　(いずれにせよ) afijn, yn elk gefal, yn alle gefallen (→とにかく), (精々) uterlik, (結局) úteinlik
とうせい　当世　→現代；当世風の mondên
とうせい　統制　de behearsking；統制する behearskje, regelje, regulearje
どうせい　動静　(動き) de ave(n)saasje, it ferweech, (動向) de trend
どうせいする　同棲する　byinoar wenje, (…と) gearlibje [-wenjes] (mei)；同棲 it byinoar wenjen
とうせいの　陶製の　keramysk
どうせいの　同性の　fan itselde geslacht；同性愛 de homofily；同性愛の homofyl
とうせき　透析　de dialyze：人工透析 keunstmjittige dialyze, 透析を受ける dialyze ûndergean
とうせきする　投石する　in stien goaie [smite / werpe]
どうせきする　同席する　bywenje；(…と) 同席している bywêzich wêze (by)；同席者 it selskip
とうせつの　当節の　→最近の
とうぜん　当然　natuerlik, uteraard (→勿論)：12歳の少年が車を運転できないのは当然だ Uteraard mei in jonge fan tolve jier net autoride.；当然のことながら fansels：当然のことながら, 彼女の夫は死んだ Har man is ferstoarn fansels.
どうぜん　同然　→同様
とうせんする　当選する　in setel behelje, ferkeazen wurde
どうぞ！　Asjeblyft!
とうそう　逃走　de ûntsnapping；逃走する losbrekke, ûntgean, ûntkomme：銀行泥棒は車で逃走した De oerfallers fan de bank binne yn in auto ûntkommen.
とうそう　闘争　de kamp, de kriich, de striid；闘争する fjochtsje, kampe, stride
どうそう　同窓　同窓である ôfstudearre op deselde skoalle；同窓会 de reuny；同窓生 de skoalmaat
どうぞう　銅像　in brûnzen stânbyld
とうぞく　盗賊　de rôver / rover, (一味) de dievebinde
どうぞく　同族　(同種族) itselde ras, (同部族) deselde stam, (同家族) deselde famylje；同族の besibbe：同族言語 besibbe talen
とうそつ　統率　it kommando, it liederskip, de oanfiering：…の統率のもと ûnder oanfiering fan …；統率する kommandearje, liede；統率者 de kommandant, de lieder
とうた　淘汰　de seleksje：自然淘汰 natuerlike seleksje；淘汰する selektearje, skiftsje
とうだい　灯台　de ljochttoer
とうだい　当代　→現代
どうたい　胴体　de bealch, de bûk, it lichem, de romp (→胴)：船の胴体 de bealch [bûk] fan in skip；胴体着陸 de bûklâning；胴体で着陸する lânje op 'e romp
どうたい　導体　de lieder (→伝導体)；

導体性の liedend
とうたつ 到達 (到着) de komst, it oankommen, (達成) de ferwurvenheid; 到達する oankomme, (達成する) berikke
とうち 当地 (ここ) hjir 《強調形 hjirre》, hjir op it plak
とうち 倒置 (語順の) de ynverzje, de omkearing: 主語と述語の倒置 omkearing fan ûnderwerp en stelde
とうち 統治 de behearsking; 統治する behearskje, bestjoere, hearskje; 統治権 de hearskippij: 外国の統治 (権) 下に ûnder frjemde hearskippij
とうちゃく 到着 it kommen, de komst(e), it oankommen, de oankomst: 到着次第 by oankomst; 到着する berikke, oankomme: われわれは2時間後にその村に到着した Nei twa oeren hiene wy it doarp berikt., 汽車は何時に到着しますか Hoe let komt de trein oan?
どうちゅうに [で] 道中に [で] tidens jins reis
とうちょう 盗聴 it ôflústerjen; 盗聴する ôflústerje, ôfharkje, ôfhearre, (通話を) ôftaapje; 盗聴器 it ôflústerapparaat
とうちょうする 登頂する de top fan 'e berch berikke
どうちょうする 同調する (…に) sympatisearje (mei) (→共鳴する)
とうちょく 当直 (当番) de tsjinst; 当直の tsjinstdwaand, yn tsjinsttiid: 当直の看護婦 de tsjinstdwaande ferpleechster
とうてい 到底 (とてもありえない) net mooglik, yn gjin gefal, (全く…ない) nea, neat: そんなことは到底ありそうもないことだ It is net mooglik., そんなことは到底ありえない Dat kin nea.
どうてい 道程 →道程(みちのり)
どうてい 童貞 (男性の) (純潔) de keinens (↔処女)
どうてきな 動的な dynamysk

とうてつした 透徹した klear, (鋭敏な) skerpsinnich
どうでも (ともかく) afijn, doch, dôch, evensagoed, (どうしても…したい) wolle, (どうでもよい) neat skele, 《形》 even, ûnferskillich: そんなのはどうでもよい Dat kin neat skele., それは私にとってはどうでもよいことです Dat is my om it even., Dat is my ûnferskillich.
とうてん 読点 de komma (→コンマ)
どうてん 同点 (勝負で) it lykspul, de remise (→引き分け)
どうてんして 動転して breinroer, ferset, oerstjoer, ûntheistere; 動転させる ûntheisterje: この人たちは焼失した自分たちの家を見てすっかり動転してしまった Doe't dy minsken harren ôfbarnde hûs seagen, wiene se hielendal ûntheistere.
とうとい 貴い (身分・地位が) adellik, eal, edelmoedich, (貴重な) kostber, weardefol
とうとい 尊い (神聖な) hillich: 尊い神 hillige God
とうとう 到頭 einlik, einlings, (ついに) alderlêst, úteinlik: とうとう彼らがやって来た Dêr binne se einlings., 彼らはとうとう結婚した Uteinlik trouden sy.
(…) とうとう (…)等々 ensafuorthinne 《略 ensfh.》, en sa mear
どうとう 同等 de gelikens, de lykweardigens; 同等の[に] gelyk, gelikens, lyk, lykskikkend, lykweardich: 同等の権利 gelikense rjochten; 同等にする lykmeitsje, (…と) 同等とする lykslaan (mei) (→同一視する); 同等に扱う lykskeakelje; 同等の物[人] de likens
とうとうと 滔々と (流れが) by streamen, (流暢に) floeiend: とうとうとしゃべる floeiend prate
どうどうとした [て] 堂々とした [て] manjefyk, prachtich, steatlik: 堂々とした邸宅 in steatlik hearehûs
どうどうめぐりをする 堂々巡りをする yn sirkels draaie

どうとく 道徳 *de* moraal, 道徳心［性］ *de* moraliteit：彼は道徳心に欠ける Hy hat gjin *moraal* [*moraliteit*].；道徳的な［に］moreel；道徳哲学 *de* sedelear (→倫理学)
とうとつな［に］ 唐突な［に］ abrupt, sprongsgewize, (突然の［に］) hommels, ûnferwacht(e)
とうとぶ 尊ぶ achtsje, earbiedigje (→尊敬する)
とうなん 東南 *it* súdeasten；東南の súdeast；東南アジア Súdeast-Azië
とうなん 盗難 *de* ynbraak, *de* stellerij；盗難にあう stellen wurde (→盗まれる)
どうにか (なんとかして) hoe dan ek (mar), op 'e iene of oare manier, (辛うじて・やっと) amper, (noch) mar krekt [skraach(wurk)]：どうにかそれを終えなければなりません It moat *hoe dan ek* dien wurde., 彼女はどうにか一人で歩ける Hja kin *noch mar krekt* sels rinne., 彼はどうにか(時間に)間に合った Hy wie *mar skraach* op 'e tiid.；どうにかこうにか切り抜ける modderje
どうにも (こうにも) (…ない) alhiel net [gjin], uterstee net；暑くてどうにもやりきれない Dizze hjitte is net te ferdragen [fernearen].
どうにゅう 導入 *de* ynfiering, *de* yntroduksje；導入する ynfiere, yntrodusearje
とうにゅうする 投入する yngoaie, ynsmite, (資本を) jildbelizze
とうにょうびょう 糖尿病 *de* sûkersykte：糖尿病である *sûkersykte* hawwe；糖尿病患者 *de* sûkerpasjint；糖尿病患者用の sûkerfrij
どうねんぱい 同年輩 彼らは同年輩だ Sy binne like âld.
とうは 党派 *de* partij；党派的な partidich
どうはい 同輩 (同僚) *de* kollega
とうはする 踏破する trochkruse [-lûke]
とうはつ 頭髪 *de* hier

とうばん 当番 *de* tsjinst (↔非番)；当番の tsjinstdwaand, yn tsjinsttiid：当番である tsjinstdwaand wêze
どうばん 銅板 *de* kopergravuere
どうはんする 同伴する meigean [-komme]；同伴の selskipswiet；同伴者 *de* partner, *it* selskip；妻を同伴して mei jins frou
とうひ 当否 goed of fout [ferkeard], (適否) *de* krektens：われわれは彼の提案の当否を判断する Wy oardielje oft syn foarslach *goed of fout* is.
とうひ 逃避 *de* ûntsnapping；逃避する flechtsje, losbrekke, ûntkomme, ûntrinne, ûntsnappe：現実から逃避する foar de werklikheid *flechtsje*
とうひょう 投票 *de* ballotaazje, *de* stim(ming)；投票する meistimme, stimme；投票者 *de* stimmer；投票所 *it* stimburo
とうびょう 闘病 jins striid tsjin de sykte；闘病生活をする stride tsjin de sykte
どうひょう 道標 *de* hânwizer, *de* paadwizer, *it* rjochtingboerd, *de* weiwizer
とうびょうする 投錨する ankerje, it anker útsmite [falle litte]
とうひん 盗品 it stellen guod [foarwerp]
とうぶ 東部 *it* easten：町の東部 it east(en) fan 'e stêd
とうぶ 頭部 *de* kop
どうふうする 同封する ynslute：お金を同封する it jild *ynslute*；同封された bygeand, ynsletten：数葉の写真を同封の上, お送りします Bygeand stjoer ik dy wat foto's., 同封された手紙 in *ynsletten* brief；同封物 *de* bylage (→封入物)
どうぶつ 動物 *it* dier, (獣) *it* ûndier, *it* / *de* ûnminske；動物の, 動物性の dierlik；動物園 *de* dieretún；動物学 *de* dierkunde；動物学者 *de* dierkundige；動物保護 *de* dierebeskerming
とうぶん 当分 fêst, foarearst, foarfêst, foarhâns(k), foarriedich, salang,

tenearsten
とうぶん　糖分　de sûker（→砂糖）
とうぶんする　等分する　gelyk diele,（分ける）partsje：二等分にする eat yn twaen partsje
とうへき　盗癖　de kleptomany；(病的な) 盗癖者 de kleptomaan
とうべん　答弁　it antwurd, it beskie(d)；答弁する antwurdzje
とうほう　当方　wy；当方の myn, ús
とうほう　東方　it east(en)；東方の [へ] east, eastlik
とうぼう　逃亡　de ûntsnapping；逃亡する losbrekke, ûntflechtsje, ûntkomme, ûntsnappe；逃亡者 de flecht(e)ling
どうほう　同胞　de evenminske, de lânsman
とうほく　東北　it noardeasten；東北の [に] noardeast
とうほん　謄本　it ôfskrift（→戸籍）
どうまわり　胴回り　de middel, de mul, de taille（→ウエスト）
どうみゃく　動脈　de slachier（↔静脈）：大[小]動脈 grutte [lytse] slachier；動脈硬化(症) de ierferkalking
とうみん　冬眠　de wintersliep：冬眠する in wintersliep hâlde
とうみん(の)　島民(の)　(de) eilanner
どうめい　同名　deselde namme
どうめい　同盟　it ferbûn, de uny：両国間の同盟 it ferbûn tusken de beide lannen
とうめいな[の]　透明な[の]　transparant, trochsichtich：透明(な)ガラス trochsichtich glês；半透明の trochskinend
とうめん　当面　foarearst, ynearsten（→差し当たり，当分）；当面の aktueel
どうも　(とても・誠に) tige：どうも有難う！ Tige (tige) tank!, どうもすみません！ Dat muoit my tige!；《動》(どうも…らしい) lykje, skine：どうも雨になりそうだ It liket as sil it reine., 彼はどうも怒っているらしい Hy liket lilk te wêzen., どうも本当らしい

It skynt wier te wêzen. ＊今日(こんにち)では，どうも(どうも)！は，「有難う！，すみません！，こんにちは！」などの意味で用いられる
どうもうな　獰猛な　heftich, woast, woest：どうもうな犬 in woaste [woeste] hûn
とうもろこし　玉蜀黍　de mais, stynske weet
とうやくする　投薬する　in doasis medisinen jaan（oan in pasjint）
どうやら　→どうも；どうやら天気になりそうだ It waar jout him goed oan.
とうゆ　灯油　de petroalje
とうよう　東洋　de East, de Oriïnt；東洋の eastlik；東洋人 de easterling；東洋(人)の，東洋風の eastlik, oriïntaal：東洋風の窓 it eastlike finster
とうよう　盗用　→盗作
とうよう　登用　(昇格) de befoardering, de promoasje, (任命) de beneaming, de oanstelling；登用する befoarderje, (任命する) beneame, oanstelle
どうよう　動揺　de alteraasje, de beweging, de fersteuring, de opstiging, de spanning：少しの動揺もない Der is gjin beweging yn te krijen.；動揺する ûnrêstich wêze（落ち着きがない）；動揺させる fersteure
どうよう　童謡　it bernelietsje
どうようの[に]　同様の[に]　allyk(sa), gelyk, lyk, likegoed, lyksoartich, teffens, 《副》ek：同様な話 in allyk ferhaal, 同様に大きい like grut, みんな同様に扱われる Elkenien wurdt lyk behannele., 女性と同様に男性も manlju, likegoed as de froulju, 彼は間抜けだ！お前も同様に！ Hy is dom! Do ek!；(接)(…と)同様に as, likefolle [sawol] … as, like as：私は水泳と同様にサイクリングも好きだ Ik hâld likefolle fan fytsen as fan swimmen.；同様に…でない likemin：彼も来ないし，同様に子供たちも来ない Hy komt net en syn bern likemin.；同様にする lykmeitsje
とうらい　到来　→到着

とおのく

とうらく 当落 fiktoarje of esjek, it gefolch fan in ferkiezing
どうらく 道楽 de hobby, de leafhawwerij,（気晴らし）de ferdivedaasje：私の最大の道楽は音楽です Muzyk is myn grutste leafhawwerij., 道楽のためにあることをする eat út leafhawwerij dwaan；道楽息子 in ferlerne soan（→放蕩(ほうとう)息子）
どうらん 動乱 （騒動）de fersteuring, de rel,（暴動）de oprin, it oproer, de reboelje
どうり 道理 de rede,（理由）de reden,（正義）it rjocht,（真理）de wierheid；道理で yndie(d)
とうりゅう 逗留 →滞在
とうりょう 棟梁 （大工の）de bouwer, in baas[haad]（fan in timmerman）
どうりょう 同僚 de fakgenoat, de kollega, de kompanjon
とうりょうの 等量の likefolle
どうりょく 動力 de krêft,（原動力）de driuwkrêft
どうるいの 同類の lyksoartich
どうれつ 同列 deselde line,（同程度）deselde graad
どうろ 道路 de wei,（街路）de strjitte,（高速・幹線）de autodyk, de grutte wei；道路交通 it weiferkear；道路地図 de autokaart［wege-］；道路標識 it ferkearsboerd, it nammebuordsje
とうろう 灯籠 de lantearne：石灯籠 in stiennen lantearne
とうろう 蟷螂 →かまきり
とうろく 登録 de ynskriuwing, it register, de registraasje：登録は3時に締め切れられる De ynskriuwing slút om trije oere.；登録する ynskriuwe, registrearje：学生として登録する jin ynskriuwe as studint, 登録させる registrearje litte；登録料 de ynlis, it ynskriuwjild；（自動車の）登録番号 it kenteken；登録カード de stamkaart
とうろん 討論 it besprek, de besprekking, it debat, de diskusje：その問題が討論された It punt waard yn besprek

nommen.；討論する besprekke, debattearje, diskusjearje：校長先生は授業のことについて先生たちと討論した De skoaldirekteur hat de lessen besprutsen mei de leararen.；（学生の）討論クラブ it dispút
どうわ 童話 it mearke, it teltsje
とうわく 当惑 de ferheardens [-heid], de ferlegenens [-legenheid]：当惑している yn ferlegenheid bringe；当惑する ferbouwerearre wêze；当惑させる ferbjusterje, ferbouwerearje, 当惑した［て］feraltererarre, ferbjustere, ferbouwerearre, ferheard, ferlegen：あることに当惑している earne mei ferlegen wêze
とお 十 十(の)(de) tsien
とおい 遠い （距離が）fier, ôfhandich,（時間が）fier,（関係が）fier：遠い国々 fiere lannen, 彼らは駅から遠くない所に住んでいる Hja wenje net fier fan it stasjon ôf., 遠い将来 de fiere takomst, 遠い親戚 fiere famylje；耳が遠い hurdhearrich；彼は耳が遠い Hy heart min.
とおか 十日 10日 tsien dagen；10日目 de tsiende dei
とおからず 遠からず →直(すぐ)ぐに, 直(じき)に
とおく 遠く →遠い
とおざかる 遠ざかる ôfgean,（視界から）(消える) ferdwine,（疎遠になる）ferfrjemdzje
とおざける 遠ざける mije, ûntwike：君は最近どうしてぼくを遠ざけるのか Wêrom ûntwykst my de lêste tiid?
とおす 通す （通過させる）trochkrije [-litte],（糸などを）trochhelje, trochlûke,（ざっと目を）trochsjen,（浸透する）trochkringe,（貫通する）trochkringe；《前》…を通して troch：窓を通して見る troch it rút sjen
トースター it / de brearoaster
トーナメント （勝ち抜き試合）it toernoai
とおのく 遠退く ôfgean（→遠ざかる）

とおぼえ　遠吠え　it geâl；遠ぼえする bylje, gûle：おおかみが遠ぼえしている In wolf *bilet*.
とおまわしの[に]　遠回しの[に]　yndirekt, sydlings：人にあることを遠回しに知らせる immen *sydlings* wat meidiele
とおまわり　遠回り　*de* ombocht, *de* omlieding, *de* omreis, *de* omwei；遠回りする omfytse, omgean, omreizgje, omride（→迂回（うかい）する）；遠回りさせる omlizze
とおり　通り　（街路）*de* strjitte,（道路）*de* baan, *de* wei,（往来）*it* ferkear：隣の通りに住んでいる Ik wenje yn 'e folgjende *strjitte*., 通り[路上]で遊ぶ op 'e *strjitte* boartsje, にぎやかな通り it drokke *ferkear*
(ー)どおり　(ー)通り　*de* strjitte：フリスク・アカデミーはヅアラ通りにある De Fryske Akademy stiet oan de Doele*strjitte*.
とおりあめ　通り雨　（にわか雨）*de* bui, *de* snjitter
とおりいっぺんの　通り一遍の　tafallich
とおりかかる　通り掛かる　tafallich foarbykomme
とおりな　通り名　*de* skelnamme, *de* spotnamme
とおりま　通り魔　in aselekte [maniakale] moardner
とおりみち　通り道　（通路）*de* pas, *it* paske, *it* trochpaad,（動物の）*it* spoar
とおる　通る　（通過する）foarbykomme, passearje, trochlitte,（通り抜ける）trochgean, trochkomme, trochlûke, trochrinne,（試験に）slagje, trochkomme（→合格する）,（議案などが）akseptearre [oannaam] wurde,（適用する）trochgean：その船はスエズ運河を通った It skip *passearre* it Suezkanaal., 試験に通る in eksamen *trochkomme*, 彼は学識のある人物として通っている Hy *giet troch* foar in kundich man.
とが　科　（違反）*de* ynbreuk, *de* oertrêding

とが　咎　（過失）*de* bok, *de* fout, *de* mistaast,（誤り）*de* flater
とかい　都会　*de* stêd：都会に住む yn 'e *stêd* wenje；都会の，都会風の[に] stedsk：都会生活 it *stedske* libben；都会人 *de* sted(s)man
どがいしする　度外視する　→無視する
とかく　兎角　（とかくしているうちに）alfêst, fêst, yntiid, tuskentiid(s), ûndertusken, ûnderwilens [-wiles], yn 'e tuskentiid（→とにかく）,（ともすれば…しがちな）oerhingje (nei), oanstriid hawwe (om)：私はとかく彼の意見に傾きがちである Ik *hingje* nei syn miening *oer*.
とかげ　蜥蜴　*de* gerskrûper, *de* hagedis
とかす　梳かす　（髪を）kjimme
とかす　溶かす　（液体の中で）oplosse,（バターなどを）rane,（金属を）smelte,（分解する）ûntbine：塩を水に溶かす sâlt *oplosse* yn wetter, 鉱石を溶かす erts *smelte*
とかす　解かす　（氷・雪などを）rane：日光で雪が解ける De sinne *raant* de snie.
どかす　退かす　fuortsette：本をどかす boeken *fuortsette*
どかた　土方　*de* arbeider,（建築労働者）*de* boufakarbeider
とがめ　咎め　*de* blaam,（非難）*it* ferwyt；とがめる ferwite, kwea(ôf) nimme（→責める）；気がとがめる skuldich fiele：母はそのことで私たちをとがめることをしなかった Us mem *naam* it ús net *kwea(ôf)*.
とがらす　尖らす　puntsje, skerpje,（神経・感覚などを）skerpje：尖った puntich, skerp：尖った塔 in skerpe toer（→尖塔）
とがる　尖る　（先が）puntich wurde,（神経が）nerveus wurde（→過敏になる）
どかん！　Batsje!, Plof!, Pof!
とき　時　（時間）*de* tiid,（時刻）*de* oere,（瞬間）*it* momint,（時期・機会）*de* gelegenheid：時が経つ De *tiid* giet

foarby., 時が経つのは何んて早いのだろう！ Wêr bliuwt de *tiid!*,《諺》時は金なり *Tiid* is jild., その郭公時計は 15 分ごとに時を告げる De koekoeksklok slacht elk kertier fan in *oere*., 今が絶好の時だ It is no op it goede *momint*. ; 時には by tiden ; その時までに tsjin dy tiid ; その時以来 sûnt dy tiid ; 時折 fan tiid ta tiid ;《接》(…する) 時に［は］doe't, wannear't ; 彼は病気の時は, 仕事を断念しなければならなかった *Doe't* er siik waard, moast er it wurk oerjaan., 眠い時にはいつでも寝たらよいですよ *Wannear't* men slûch is, moat men sliepe. ;《接》(…の) 時から fandat : 彼は帰って来てから, 出掛けるまで一言もしゃべらなかった Hy sei gjin wurd, *fandat* er kaam oant er fuortgong.

どき 土器 it diggelguod, it ierdewurk

ときおり 時折 ynsidinteel, tuskenbeiden (→時々)

ときたま 時偶 tuskenbeiden, wolris (→時々)

どきつい (けばけばしい) opsichtich, pronkerich

どきっとする opskrilje, skrikke, skrilje ; どきっとした kjel, ûntsteld

ときどき 時々 inkel(d), inkeldris, soms, som(s)tiden, somtiids, tydliks, wolris, no en dan, út en troch : 時々彼に会う *Inkel(d)* tref ik him wol ris., 彼は時々訪ねて来る Hy komt *soms* op besite.

どきどき (動悸) de rikketik ; (心臓が) どきどきする rikketikje

ときならぬ 時ならぬ ûntidich (→時期はずれの) : 時ならぬ雪 *ûntidige* snie

ときには 時には by tiden (→時々)

ときふせる 説き伏せる beprate, ferswarre, omprate (→説得する)

ときほぐす 解きほぐす (もつれを) úthelje, útplúzje, (緊張を) ûntspanne (→リラックスする) : 編物を解きほぐす in breidzjen *úthelje*

どぎまぎする ferbûke wurde (→狼狽(ろうばい)する)

ときめき (胸の) de klop ; ときめく klopje : 期待に胸がときめく It hert *kloppet* fan ôfwachting.

ときめく 時めく (栄える) dije, foarspoedich wêze ; 今を時めくスポーツ選手 in sportman yn 'e fleur fan syn libben

どぎも 度肝 度肝を抜く ferwûnderje

ドキュメンタリー (記録映画) *de* dokumintêre

どきょう 度胸 de drystens, de drystmoedigens, de moed (→大胆さ, 勇敢さ) ; 度胸のある dryst(moedich), moedich

とぎれとぎれの［に］ 途切れ途切れの［に］ brutsen : 途切れ途切れの声で mei *brutsen* lûd (→断続的な［に］)

とぎれる 途切れる ôfbrekke, stykje : 話が途切れる It petear *stiket*.

とく 得 (利益) it gewin, de winst, (利益・有利) it profyt : 人から何らの得［利益］も受けない neat gjin *profyt* fan immen hawwe, それは自分の得になる It giet om eigen *profyt*. ; 得をする profitearje : 彼の有益な忠告で得をすることになった Ik *profitearre* fan syn goede rie.

とく 徳 *de* deugd, (高潔) *de* earberens［-heid］; 徳のある deugdlik

とく 解く (結びなどを) losdwaan, losknoopje, losmeitsje, ôfbine, (解決する) ophelderje, oplosse : 靴紐を解く de fiters *losmeitsje*, 誤解を解く in misbegryp *ophelderje*, 問題を解く in probleem *oplosse*, なぞを解く in puzel *oplosse* = puzelje, (任を) ûntslaan (→解任する)

とく 説く (説明する) ferklearje, útlizze, wiismeitsje, (説教する) preekje

とぐ 研ぐ skerpje, slypje : 大鎌を研ぐ de seine *skerpje*, 包丁を研ぐ it mês *slypje*

どく 毒 it fenyn, it fergif, it gif ; 毒を持った feninich, fergiftich, giftich (→有毒な) ; 毒を盛る fergiftigje (→毒

殺する)；毒液 it gif；毒ガス it gifgas；毒蛇 de gifslang, feninige slangen
どく　退く　(脇へ)(避(よ)ける) útwike, romte meitsje；退け！ Fuort do!
とくい　得意　(自負) de grutskens, de gruttens, (達成感) de ferfolling, (充足感) de befrediging, (得手) jins sterk punt, (顧客)→お得意；得意気な [に] opskepperich, (…が) 得意である bekwaam [betûft / knap] wêze (yn)：彼は数学が得意だ Hy is betûft yn wiskunde.；得意満面である yn 'e wolken wêze；彼は得意満面である Hy glimt deroer.
とくいの [な]　特異の [な]　sûnderling, (特有の) eigen(aardich), nuver (aardich), (並外れた) singelier：彼女は特異な才能を持っている Sy is in sûnderling [singelier] talint.；特異性 de frjemdens
どくがく　独学　de selsstúdzje, it selsûnderrjocht：独学する selsstúdzje dwaan = jinsels leare；独学生 de autodidakt
とくぎ　特技　jins eigen(aardich) fermogen [talint]
とくぎ　徳義　it begjinsel
どくけし　毒消し　(解毒剤) it tsjingif
どくご　独語　(独り言) de monolooch, (ドイツ語) it Dútsk；独語する→独り言を言う
どくさい　独裁　de diktatuer；独裁者 de diktator；独裁者の，独裁的な diktatoriaal
とくさく　得策　in goed belied；得策な sinfol, (有利な) foardielich
どくさつする　毒殺する　fergiftigje, ferjaan；毒殺者 de gifminger
とくさんひん [ぶつ]　特産品 [物] de spesjaliteit, in spesjaal produkt
とくし　特使　in spesjaal gesant
とくし　篤志　de barmhertigens [-hertichheid]；篤志家 in barmhertich minske
とくしつ　特質　it eigene, de eigenens [-heid], de eigenskip, (特色) it kenmerk, de kwaliteit, it skaaimerk：フリジア人の特質 it eigene fan it Fryske folk

とくしつ　得失　foardiel en neidiel
どくじの　独自の　oarspronklik, orizjineel, selsstannich, (独特の) eigen, (個人的な) persoanlik：独自の判断 in selsstannich oardiel, 私の独自の見解 myn eigen [persoanlik] opfetting
とくしゃ　特赦　de amnesty：(…に) 特赦を行う amnesty ferliene (oan)
どくしゃ　読者　de lêzer, (新聞・雑誌などの) (購読者) de abonnee, de yntekener：彼の小説は幅広い読者層を持っている Syn romans hawwe in soad lêzers.
どくじゃ　毒蛇　→毒蛇(どくじゃ)
どくしゅう　独習　→独学
とくしゅうごう　特集号　in spesjaal nûmer
とくしゅな　特殊な　spesjaal, (特別の) bysûnder；特殊化 de spesjalisaasje；特殊化する spesjalisearje
どくしょ　読書　de lêzing；読書する lêze：読書は私の趣味です Lêzen is myn hobby.
どくしょう　独唱　de solo：独唱する solo sjonge
とくじょうの　特上の　poerbêst, prima：特上の牛肉 poerbêst kowefleis
とくしょく　特色　it karakter, it skaaimerk：田舎の特色 it karakter fan it plattelân, フリジア語の特色 in skaaimerk fan 'e Fryske taal；特色のある karakteristyk；特色づける karakterisearje
どくしんの　独身の　lask, ûngetroud：独身の女性 in laske faam (→未婚の女性)；独身者 de frijgesel, (男性の) de feint, de frijfeint, (女性の) de frijfaam
どくする　毒する　fergiftigje, ferjaan (→害する, 駄目にする)
とくせい　特性　it eigene, de eigenskip, it karakter, spesjale kwaliteit
どくせい　毒性　de fergiftigens [-tichheid]
とくせいの　特製の　spesjaal makke
どくぜつ　毒舌　in kwea-aardige ton-

ge；毒舌家 in feninich [soer] minske，(女性の) it bekstik
とくせつする　特設する　spesjaal ynstallearje [oprjochtsje]；特設会場 in romte foar spesjale gelegenheden
とくせん　特選　spesjale seleksje；特選の útsocht：特選品 útsocht guod
どくせんけん　独占権　it monopoalje；独占する monopolisearje；独占的な [に] eksklusyf
どくそ　毒素　it / de toksine；毒素を含んだ giftich (→有毒な)
どくそう　毒草　in giftich krûd
どくそう　独奏　de solo：独奏する solo spylje；独奏曲 de solo；独奏者 de solosjonger
どくそう　独創　de oarspronklikens, de orizjinaliteit, de orizjinelens；独創的な oarspronklik, orizjineel；独創的な考え oarspronklike ideeën
とくそくする　督促する　oanmoanje, (せき立てる) oanstean, (駆り立てる) trûnje：人に返済を督促する immen oanmoanje om te beteljen, あることを人に督促する by immen oanstean op eat
ドクター　(医者) de dokter, (博士) de doktor：ドクターを呼ぶ dokter komme litte
とくだいの　特大の　ekstra grut
どくだん　独断　it dogmatisme；独断的な [に] dogmatysk；独断的な考え it dogma
とぐち　戸口　de doar, de yngong, (出入口) de poarte：戸口に誰かいる Der is ien by de doar.
とくちょう　特長　it foardiel
とくちょう　特徴　it karakter, it kasjet, it kenmerk, it skaaimerk：あることに個性的な特徴を醸し出す earne in persoanlik kasjet oan jaan, 目立った特徴もなく sûnder bysûnder kenmerk, フリジア語の特徴 skaaimerken fan 'e Fryske taal；特徴づける karakterisearje, kenmerkje, skaaimerkje；特徴のある karakteristyk

とくてい　特定　de identifikaasje；特定する identifisearje；特定の beskaat
とくてん　特典　it privileezje；特典を与える befoarrjochtsje
とくてん　得点　it (doel)punt, de goal, de skoare；(試合などで) 得点する skoare, (試験で) skoare
とくとう　特等　in spesjale graad：(くじで) 特等が当たる in spesjale graad helje；特等席 in spesjale setel
とくとくと　得々と　(得意に) heechmoedich
どくとくな [の]　独特な [の]　eigen, spesjaal, typysk, unyk, (特有の) bysûnder, eigenaardich：独特な味 bysûndere bysmaak
とくに　特に　bysûnder, foaral, spesjaal (→殊のほか, とりわけ)：特に何か探している物がありますか Sykje jo wat spesjaals?
とくばい　特売　de útferkeap (→大売り出し)；特売する útferkeapje；特売品 artikels foar legere prizen, artikels foar sliter
とくはいん　特派員　de korrespondint
どくはく　独白　de monolooch
どくはする　読破する　neilêze, útlêze
とくひつする　特筆する　spesjaal fermelde
とくひょうする　得票する　stimmen krije；得票数 tal ferkrige stimmen
どくぶつ　毒物　in giftige stof
とくべつの [に]　特別の [に]　bysûnder, bûtengewoan, spesjaal：特別な許可 bysûnder ferlof, 何か特別なこと eat bysûnders, 特別経費 bûtengewoane lêsten, 特別な場合 in spesjaal gefal；(…を) 特別扱いをする in útûndering meitsje (foar)；特別会員 in spesjaal lid；特別急行 in (spesjale) sneltrein；特別号 ekstra nûmer；特別席 it eareplak；特別手当 de taslach：幼児特別手当 in taslach foar lytse bern；特別番組 in spesjaal program(ma)；特別料金 ekstra kosten, de taslach (→追加料金)

どくへび 毒蛇 *de* gifslang, feninige slagen (→毒蛇(どくじゃ))
とくほう 特報 in koart nijsberjocht；特報する it nijs flitse
どくぼう 独房 *de* (ienmans)sel
とくほん 読本 *it* lêsboek
ドグマ (教義) *it* dogma
どくみをする 毒味をする foarpriuwe, foarôf priuwe
どくむし 毒虫 in (fer)giftich ynsekt
とくめい 匿名 *de* anomiteit；匿名の anomyn；匿名者 *de* anonymus
とくやく 特約 in spesjaal kontrakt：特約する *in spesjaal kontrakt* slute；(…と) 特約する spesjaal kontraktearje (foar)
どくやく 毒薬 *it* fenyn
とくゆうの 特有の bysûnder, eigen, eigenaardich, spesifyk, typearjend, typysk：それは特有の事例です Dat is in *typysk* gefal.；特有 *de* bysûnderheid
とくようの 徳用の (経済的に) ekonomysk
どくりつ 独立 *de* selsstannigens；独立する selsstannich wurde；独立した [て] selsstannich：独立国 (家) in *selsstannich* lân
どくりょくで 独力で allinne, allinnich, lykme-allinne, mei eigen ynset [ynspanning], op eigen krêft, sûnder help
とくれい 特例 in bysûnder [spesjaal] gefal
とぐろ (蛇が) とぐろを巻く oprôlje
どくろ 髑髏 →髑髏(されく)
とげ 刺 *de* stikel, *de* toarne：指に刺がささる in *toarne* yn 'e finger krije，ばらには刺がある Oan in roas sitte *toarnen*.；刺のある stikelich, toarnich，(言葉に) stikelich：刺のある言葉 *stikelich* praat (→辛辣な言葉)；刺抜き *it* pinset
とけあう 溶け合う gearrane, terane：彼女のコートの緑色は草 (の色) と溶け合って一色に見えた It grien fan har jas *teraande* yn it gers.
とけあう 解け合う (和解する) jin fer-

moedsoene
とけい 時計 *it* horloazje, (腕時計) *it* polshorloazje, (置き時計) *de* tafelsklok, (柱時計) *de* klok, (フリジアの柱時計) *de* stuoltsjeklok：時計を見る op it *horloazje* sjen, 時計が 10 分遅れている De *klok* rint tsien minuten efter., その時計は進んでいる De *klok* wint., 時計が止まっている De *klok* stiet.
とけこむ 溶け込む terane
とけこむ 融け込む (慣れる) jin oanpasse：新しい環境に溶け込むことは容易ではない It is net maklik om jin oan de nije omstannichheid *oan te passen*.
どげざ 土下座 土下座する op 'e grûn knibbelje
とけつ 吐血 *de* koarre (fan stjurre bloed)；吐血する bloed opjaan (→血を吐く)
とげとげしい 刺々しい (言葉・態度が) fûl, hurd, skerp：彼の刺々しい言葉 syn *fûle* wurden
とける 溶ける oplosse, rane：バターは暖められた (フライ) パンの中で溶ける Bûter *raant* yn in waarme panne.；《形》溶ける oplosber
とける 解ける (氷・雪などが) teie, ûntteie, (なぞが) oplosse, puzelje, (問題などが) oplosse, (巻いた物が) ôfrôlje, útrôlje：雪が解け始めた It begûn te *teien*.；《形》解ける oplosber
とげる 遂げる bedije, behelje, ferwêzentlikje, prestearje：目的を遂げる it doel *behelje*, 立派にやり遂げる goed *prestearje*
どける 退ける →退かす
とこ 床 *it* bêd, (床(ゆか)) *de* flier, (川・海の底) *it* bêd, *de* flier：床につく op *bêd* gean, タイル張りの床 in stiennen *flier*, 床を張る in *flier* lizze., 彼らは床に寝ていた Se leine oer [op] 'e *flier*.
どこ 何処 どこ (に／へ), どこから wêr：お父さんはどこ Wêr is heit?, どこにお住まいですか Wêr wenje jo?, 小包はどこからきたのですか Wêr

komt it pakje wei?；どこかに［で］ earne：友だちはドッカムのどこかに住んでいる My freon wennet *earne* by Dokkum., それをどこかで読んだことがある Ik haw dat *earne* lêzen., どこか他の所に *earne* oars；どこでも oeral, rûnom, witwêr (→至る所に)：善良な人はどこでもいるものだ *Oeral* wenje goede minsken.；どこにも…ない nearne (net)：彼女はどこにも見当たらない Hja is *nearne* te finen.；どこそこの（人）dy en dy,（場所）dêr en dêr；どこまで→どの程度；どこまでも→果てしなく，執拗に

とこう 渡航 *de* oertocht, *de* seefeart [-reis]（→船旅）；（船・飛行機で）渡航する oerstekke：アメリカへ渡航する *oerstekke* nei Amearika ta；渡航者 *de* passazjier,（旅行者）*de* reizger

どごう 怒号 （激怒）*de* galle, *de* grime；怒号する galmje, tongerje, grimmitich raze

とことん →徹底的に

とこや 床屋 *de* barbier, *de* kapper (→理髪店［師］)

ところ 所, 処 （場所）*it* plak, *it* stee,（土地・地域）*de* grûn, *de* krite,（部分・箇所）*it* diel, *it* part：目立つ所 in daaldersk *plak*, 彼の家は素晴らしい所にある Syn hûs stiet op in moai *plak*., 住むに快適な所 in moai *stee* om te wenjen, ここの所は危険だ Dit *part* is gefarlik.

ところが mar,《前》(…にもかかわらず) nettsjinsteande

ところで(!) trouwens,《間》Wolno!

ところどころ 所々 hjir en dêr,（あちこちに）hinne en wer

どこんじょう 土根性 *de* moed

とさか 鶏冠 *de* kúf：とさかのある鳥 fûgels mei in *kúf*

どさくさ （混乱）*de* betizing, *de* trewyn, *it* ûnstjoer,（大騒ぎ）*de* reboelje：どさくさに紛れて yn de *betizing* = yn 'e tiis

とざす 閉ざす slute：他人に心を閉ざす it hert foar immen *slute*

とさつ 屠殺 *de* slachterij, *de* slachting；屠殺する slachtsje；屠殺者［人］*de* slachter

どさっと！ Kwak!, Plof!

とざん 登山 *de* berchsport, *it* klimmen；登山家 *de* alpinist, *de*（berchbe）-klimmer；登山する op in berch klimme

とし 年 *it* jier,（年齢）*it* jier：半年 in heal *jier*, 毎年 alle *jierren*, elk *jier*, 今年 fan 't *jier*, 年を取った op *jierren*, あの女の子は年の割りには大きい Sy is grut foar har *jierren*.；年を取った âld, jierrich：彼はすっかり年老いた Hy is al hiel *âld*.；年を取る ferâlderje

とし 都市 *de* stêd；都市の stedsk：都市生活 it *stedske* libben；都市化 *de* urbanisaasje；都市化する urbanisearje；都市居住者 *de* stedsjer

どじ →へま

としあけ 年明け 年明け早々 betiid yn it nije jier

としうえの 年上の âlder, senior：彼女は私より年上だ Sy is *âlder* as ik.；年上の息子 *de* âldste soan (→長男)；年上の人たち *âlderen*；年上の者 *de* senior

としおいる 年老いる âld wurde, ferâlderje, fergriizje

としこし 年越し （大みそか）*it* âldjier, *de* âldjiersdei [-nacht]：年越しをする *âldjier* útsitte

としごと 年毎 →毎年

とじこめる 閉じ込める ynslute, opslute

とじこもる 閉じ籠もる jin opslute：書斎に閉じこもる jin yn 'e studearkeamer *opslute*

としごろ 年頃 （年齢）*de* âldens, *de* leeftyd,（思春期）*de* puberteit,（結婚適齢期）*de* trouberheid：同じ年頃の fan deselde *âldens* [jierren]；年頃の puberaal (→思春期の),（結婚適齢期の）trouber

としした の 年下 jonger, junior；年

下の者 *de* junior
としつき　年月　*de* jierren, *de* tiid：長い年月を経て nei ferrin fan *jierren*
(…)として　as, by：教師として働く wurkje *as* learaar, ディクストラは辞書編集者としてフリスク・アカデミーで働いている Dykstra is wurksum *as* wurdboekskriuwer by de Fryske Akademy., 亡くなった母の思い出として *as* oantinken oan in ferstoarne mem, 公務員として働く *by* it Ryk wurkje
(…) としては　oangeande (→…について は)
どしどし　→どんどん
としのくれ (に)　年の暮れ (に)　(oan) de ein fan it [in] jier
としのはじめ(に)　年の初め(に)　(oan) it begjin fan it [in] jier
とじまり　戸締り　戸締りをする ôfslute
どしゃ　土砂　ierde en sân；土砂崩れ *de* ierdferskowing
どしゃぶり　土砂降り　stjalperige rein；どしゃぶりの雨が降っている It reint balstiennen [jonge katten]., It reint dat is east[eazet].
としょ　図書　*de* boeken；図書室 *de* biblioteek
とじょう　途上　→途中；発展途上国 *it* ûntwikkelingsgebiet
どじょう　土壌　*de* grûnaard, *de* ierde：肥沃な土壌 rike *ierde*
どじょう　泥鰌　*de* grûnkrûper
としょかん　図書館　*de* biblioteek：公立図書館 in iepenbiere *bibliteek*；図書館員（男性の）*de* bibliotekaris,（女性の）*de* bibliotekaresse
としより　年寄り　*de* âldman (→老人)：年寄りは終日働くことはできない In *âldman* kin net de hiele dei arbeidzje.；年寄りになる âld wurde, ferâlderje；年寄りじみた âldsk：年寄りじみた身なりをしている *âldsk* yn 'e klean wêze
とじる　閉じる　slute, tichtdwaan [-hâlde],（ばたんと）tichtslaan：目を閉

じる *de* eagen slute, 会議を閉じる *de* gearkomste *slute*, 本をばたんと閉じる in boek *tichtslaan*；閉じて ticht：彼は目を閉じて座っていた Hy siet mei *de* eagen *ticht*.
とじる　綴じる　bine,（ある物をファイルに）(eat yn in map) dwaan
としん　都心　in hert(e) [sintrum] fan 'e stêd
どしん！　Bûns!
どす　(短刀) *de* dagge, *de* dolk；どすのきいた声 in driigjende toan
どすう　度数　*de* frekwinsje (回数),（温度などの) *de* graad
とする　賭する　→賭(か)ける
どせい　土星　*de* Saturnus
とそう　塗装　*de* beskildering；塗装する beskilderje, fervje, skilderje；塗装業者 *de* ferver (→ペンキ屋)
どそう　土葬　(埋葬) *de* begraffenis, *de* beïerdiging, *de* útfeart；土葬する begrave, beïerdigje, opdrage (→埋葬する)
どそくで　土足で　mei jins skuon oan
どだい　土台　it fûnemint, *de* ûnderbou, *de* ûndergrûn (→基礎)
とだえる　途絶える　ôfbrekke, stopje；車の流れが一時的に途絶えた It ferkear kaam tydlik stil te stean.
とだな　戸棚　*de* kast
とたんに　途端に　《接》meidat, sadree('t) (→…するや否や)：私が部屋に入った途端に、彼らは話を止めた Meidat ik de keamer ynstapte, hâlden se har stil.
どたんばで　土壇場で　op it lêste momint
とち　土地　*de* grûn, it lân,（土壌）*de* ierde,（地所）*de* pleats,（地方）*de* regio：1区画の土地 in hoekje grûn, やせた土地 ûnfruchtbere grûn, min lân；土地の lokaal (→地元の),（地方の) regionaal
どちゃくの　土着の　autochtoan, ynlânsk；土着民 *de* autochtoan, *de* ynboarling, *de* ynlanner：アメリカのインディアンは土着民だ De Yndianen

yn Amearika binne de *ynboarlingen*.
とちゅうで [に] 途中で [に] ûnderweis：帰宅の途中で *ûnderweis* nei hûs ta；途中である yn oantocht wêze；途中下車 it opûnthâld；途中下車する de reis ûnderbrekke
どちら wat, watfoar：コーヒーとお茶のどちらにしますか *Wat* sil it wêze? Kofje of tee?,「この2冊の本のどちらが欲しいですか」「どちらでもよいです」*Watfoar* boek fan dizze beide (boeken) wolst hawwe? It makket my neat út.；どちらの hok(foar)：どちらの道が（君には）最も都合がいいでしょうか *Hok* paad liket dy it bêste ta?, どちらの自転車ですか *Hokfoar* fyts?；どちらへ [に] wêr：どちらにお住まいですか *Wêr* wenje jo?；どちらも…ない noch … noch：彼の妻も娘も（どちらも）そのことを知らなかった *Noch* syn frou *noch* syn dochter wist(en) it.；どちらかと言えば leaf(st), leaver：どちらかと言えばその土地には行きたくない Ik gean *leafst* [*leaver*] net nei it lân ta.
とっか 特価 *de* spotpriis：ある物を特価で売る eat foar in *spotpriis* ferkeapje
どっかいりょく 読解力 *de* lêsfeardigens[-dichheid]
とっかんこうじ 突貫工事 *it* haastkerwei
とっき 突起 *it* útstyksel；突起する útstekke (→突き出る)
とっきゅう 特急 →特別急行
とっきょ 特許 *it* oktroai, *it* patint：特許を申請する *oktroai* [*patint*] oanfreegje；特許権 *it* patint：この薬の特許権 *it patint* op dit medisyn
とつぐ 嫁ぐ boaskje, houlikje, trouwe；(嫁がせる) úthoulikje：娘を人に嫁がせる jins dochter oan immen *úthoulikje*
ドック *it* dok, *de* werf
とっくに（ずっと以前に）lang ferlyn, gâns in set lyn,（既に）al

とっくん 特訓 yntinsive trening
とつげき 突撃 *de* útfal, *de* stoarmoanfal [-rin], *de* útfal；突撃する bestoarmje, stoarmje, útfalle
とっけん 特権 *it* foarrjocht, *it* privileezje：(…の) 特権がある *it foarrjocht* hawwe (om)
とっこう 特効 opfallend [treffend] effekt；特効薬 in spesifike remeedzje
とっこう 徳行 *de* deugd, deugdlik [-sum] gedrach
とっさの 咄嗟の gau, pront：とっさの反応 *pronte* reaksje；とっさに fuort, fuortdalik(s), fuortynienen, al gau：それが私たちにはとっさに分かった *Al gau* wisten wy it.
どっさり →たくさん
ドッジボール *de* trefbal
とっしゅつ 突出 *it* útstek；突出する útpûlje, útspringe, útstean, útstekke,（目立つ）útspringe
とつじょとして 突如として →突然
どっしりした massyf,（威厳のある）steatlik, weardich
とっしん 突進 *de* stoarmrin,（殺到）*de* tarin；突進する stoarmje, stowe, strûze,（殺到する）tarinne：子供たちは突進した De bern *stoarmen* nei foaren.
とつぜんの [に] 突然の [に] hommels, hookstrooks, ûnferhoeds, ûnferwachte：突然死 in *hommelse* dea, 彼女の夫は突然死んだ Har man is *hommels* stoarn., 突然 [不意] の来客 in *ûnferwachte* gast；突然 ynienen：突然変化が起きた *Ynienen* kaam der feroaring.；突然変異 *de* mutaasje
とったん 突端 *it* / *de* punt：島の突端 *de punt* fan it eilân
どっち →どちら；(どっちつかずの) neutraal（→中立の）；どっちみち afijn, doch, dôch（→とにかく）
とって 取っ手（ドアの）*de* (doars)-kruk,（柄）*it* hânfet, *de* hângreep,（茶碗・水差しの）*it* ear：取っ手のついた茶碗 in kopke mei in *ear*

（…に）とって 《前》foar：私にとってはfoar myn dwaan, それは彼にとってショックでした Dat wie in slach foar him.
とっておく 取って置く bewarje, efterútlizze, hâlde, oerhâlde, reservearje, útlûke：新車を購入するためにお金を取って置きたい Ik wol jild reservearje om in nije auto te keapjen.；取って置きの reservearre
とってかわる 取って代わる ferfange
とってくる 取って来る helje：新聞を取って来てくれませんか Wolle jo de krante foar my helje?
とっとっと 訥々と stjittelich（→口ごもりながら）：とっとっと語る stjittelich prate
とっとと →さっさと
とつにゅう 突入 it ynkringen；突入する ynkringe：警官隊はその建物に突入した De plysje krong it gebou yn.
とっぱ 突破 （難関などの）de trochbraak；突破する trochbrekke, (入試を) trochkomme, (上回る) oertreffe
とっぱつ 突発 it losbarsten, de útbarsting；突発する losbarste, útbrekke；突発的な[に] hommels：突発事故 in hommels barren
とっぴな 突飛な ûngewoan, ûngemien, wûnder, (奇抜な) oarspronklik
とっぴょうしもない 突拍子もない →とんでもない
トップ（新聞の）（見出し）it haad, (大見出し) de kop：新聞のトップ it haad [de kop] fan in krante；トップの it / de earste …：彼女はクラスのトップにいる Hja sit al yn de earste klasse.
とっぷう 突風 de skuor(wyn), de wynfleach, de wynpûst；突風の（多い）skuorderich：突風が吹いている It waait skuorderich.
とっぷり →すっかり
とつべん 訥弁 訥弁である in minne sprekker wêze
とつめんの 凸面の bol, konveks：凸レンズ in bolle lins（↔凹レンズ）

どて 土手 de bank, de wâl（→堤防）
とてい 徒弟 de learling；徒弟期間 de leartiid
とてつもない 途轍もない ûnnut（→途方もない）
とても 迚も （全く）hiel, (非常に・相当に) geweldich, omraak, prachtich, tige, wol, o sa：とても嬉しい omraak [tige] bliid, とても素晴らしい天気 prachtich moai waar, 彼女はピアノを弾くのがとても上手です Sy kin omraak pianospylje., とても残念です It is tige spitich., それはとても好きだ Ik mei dat wol., コーヒーがとても飲みたいです Ik wol wol kofje hawwe., とても感謝しています Ik bin jo o sa tankber.；とてもありえない［不可能な］ûnmooglik：そんなことはとてもありえない Soks is ûnmooglik.
ととう 徒党 de kliber, (一味) de binde
とどく 届く oanlânje, oerkomme, (手が) berikke, oanreitsje：その手紙はすぐ届きますか Soe dat brief sa wol oerkomme?, 天井に届く de souder oanreitsje；…の手の届く所に binnen [yn] it berik fan …
とどけ 届け de oanjefte：自動車を盗まれたことを警察に届け出た Ik die oanjefte by de plysje fan it stellen fan myn auto.；届け先 it adres, in adressearre persoan（→送り先）；届け物 de leverânsje, (贈り物) de jefte
とどけでる 届け出る oanjaan, (申し出る) yntsjinje：出生を届け出る in berte oanjaan
とどける 届ける (申し出る) jin melde, (配達する) besoargje, dwaan, leverje, ôfleverje, rûnbringe, taskikke：病気であることを届ける jin siik melde, 手紙を届ける de brieven besoargje, 時間通りに届ける op 'e tiid leverje, 新聞を届ける de krante rûnbringe
とどこおり 滞り（停滞）de stagnaasje, de stilstân,（遅滞）de hierskuld, it opûnthâld, de tragens, it útstel：仕事（の流れ）が滞る Der komt stagnaasje

yn it wurk., 滞る *opûnthâld* hawwe, 支払いの滞り *hierskuld* [*útstel*] fan beteljen, 滞りなく sûnder *ûtstel*；滞る stagnearje

ととのう　調う　（準備が）ree wurde；（準備が）調っている yn oarder wêze

ととのう　整う　oarderlik wurde

ととのえる　調える　（準備などを）arranzjearje：費用を調える kosten *arranzjearje*

ととのえる　整える　（乱れなどを）berêde, oarderje, opknappe, opmeitsje：部屋を整える de keamer *oarderje*, ベッドを整える it bêd *opmeitsje*

とどのつまりは　（結局）úteinlik：とどのつまりは彼は医者になった *Uteinlik* waard er dokter.

とどまる　止まる　stopje（→止(と)まる）

とどまる　留まる　（後に残る）bliuwe, ferbliuwe, neibliuwe, oerbliuwe, jin ophâlde：私はここに留まりたい Ik wol hjir *oerbliuwe*.

とどめ　止め　*de* deastek：とどめを刺す immen de *deastek* dwaan [jaan]

とどめる　止める　ophâlde（→止(と)める）

とどめる　留める　ophâlde：あなたをこれ以上引き留めない Ik wol jo net langer *ophâlde*.

とどろく　轟く　rommelje, tongerje：大砲の音が轟いている De kanonnen *tongerje*.

となえる　称える　hjitte（→（…と）呼ぶ）

となえる　唱える　（声を出して読む・言う）foardrage, opsizze, resitearje, roppe, （主張する）oanfiere, （主唱する）opstelle：万歳を唱える hoera *roppe*, 新説を唱える in nije teory *opstelle*；異議を唱える abbelearje, tsjinsprekke

トナカイ　it rendier

どなた　wa（→誰）：どなたですか *Wa* is dêr?, どなたに会いましたか *Wa* hasto sjoen?；どなたの waans：あれはどなたの自転車ですか *Waans* fyts is dat?

となり　隣　（隣家）it hûs fan hjirneist, （隣人）de neiste；隣の oanswettend：隣の建物 de *oanswettend* gebouwen；隣り合った neistlizzend；隣の人 *de* neiste （→隣人）；《前》…の隣に neist, njonken：学校の隣の家 it hûs *neist* de skoalle, 教会の隣に住んでいる Ik wenje *njonken* de tsjerke.

となりあう　隣り合う　隣り合って座る neistinoar [njonken-] sitte；隣り合わせに住む neistinoar wenje

どなりたてる　怒鳴り立てる　galmje；怒鳴り散らす rache, raze；怒鳴りつける ôfgrauwe, skreauwe, tongerje：人を怒鳴りつける tsjin immen *skreauwe*

どなる　怒鳴る　skreauwe, toetsje, （大声で叫ぶ）beroppe, roppe, （…に）怒鳴る grauwe (tsjin)：人の耳元で怒鳴る immen wat yn 'e earen *toetsje*；怒鳴り声 *de* grau

とにかく　兎に角　（ともかく）afijn, doch, dôch, yn alle gefallen, teminsten：とにかくお入りなさい！Kom der *doch* yn!, とにかくそれはしたくない Ik doch it net *teminsten*.

どの　何の　wa, hok, hokker, hokfoar, wat：どの人がそう言っているのですか *Wa* seit dat?, どの家のことですか *Hok* hûs bedoelsto?, どのりんごが一番大きいですか *Hokker* appels binne (it) grutst?, どの自転車ですか *Hokfoar* [*Hokker*] fyts?

(―)どの　(―)殿　hear；フークストラ殿 *Hear* Hoekstra

どのくらい　何の位　《期間》hoe lang, hoelang：どの位滞在しますか *Hoe lang* bliuwe jo?, ここでどの位働いていますか *Hoelang* wurkest hjir al?,《距離》hoe fier：駅からどの位ありますか *Hoe fier* is it fan it stasjon?,《数・量》hoefolle：ここにどの位の人たちがいますか *Hoefolle* minsken bliuwe hjir?, 今どの位お金を持っていますか *Hoefolle* jild hasto no?,《程度》hoe (grut / djip / heech / …), hoefier：その木はどの位の大きさ[高さ]ですか

トパーズ

Hoe grut [heech] is dy beam?, フリジア語は教会でどの位用いられますか In *hoefier* kin it Frysk yn tsjerke brûkt wurde?；《接》hoelang't：どの位滞在するか自分でもよく分かりません *Hoelang't* ik bliuw, wit ik net krekt.

トパーズ *de* topaas

とはいうものの　とは言うものの　dêrom, lykwols, mar

(…)とはいえ　(…)とは言え　《接》alhoewol't, hoewol't：彼は金はないとは言え，幸せだ Hy hat gelok, *alhoewol't* er gjin jild hat.

とばく　賭博　*de* gok：賭博をする in *gok* dwaan = gokke

とばす　飛ばす　fleane litte, (気球などを) oplitte, (水・泥水などを) spatte (→跳ねる), (省略する) oerslaan：ページを飛ばす in side *oerslaan*

どはずれの　度外れの　ûngemien, wûnder

とび　鳶　*de* glee (→とんび)；とび色 *it* donkerbrún

とびあがる　飛び上がる　opfleane, opspringe, springe

とびあがる　跳び上がる　opspringe

とびいし　飛び石　*de* stapstien (→踏み石)

とびいた　飛び板　*de* springplanke

とびいる　飛び入る　→参加する

とびうお　飛び魚　in fleanende fisk

とびおきる　飛び起きる, 跳び起きる　opspringe, (ベッドから) fan 't bêd springe

とびおりる　飛び下りる　(…から) ôfspringe (fan)：崖から飛び下りる fan it klif *ôfspringe*

とびかう　飛び交う　omfleane, flitterje：小鳥が木から木へ飛び交っている Fûgels *flitterje* fan beam ta beam.

とびかかる　飛び掛かる, 跳び掛かる　(…に) oanfleane (op), ôfspringe (op), jin smite (op), taspringe：人に飛びかかる op immen *ôfspringe*, 猫がねずみに飛びかかった De kat *sprong* op 'e mûs *ta*.

とびきり　飛び切り　bûtenwenstich；飛び切り上等の poerbêst, fan de spesjale kwaliteit：飛び切り上等の肉 *poerbêst* fleis

とびこえる　飛び越える, 跳び越える　ljeppe, oerspringe, oerrinne：溝を跳び越える oer in sleat *ljeppe*, 学年を飛び越えて進級する in klasse *oerspringe*

とびこみ　飛び込み　汽車[水]に飛び込み自殺をする selsmoard dwaan troch foar de trein te springen [troch jin te fersûpen]

とびこむ　飛び込む, 跳び込む　spatte, (突っ込む) dompelje, stûze, (水中に) dûke, yndûke：彼は家の中へ飛び込んで来た Hy *spatte* yn 'e hûs.

とびさる　飛び去る　fuortfleane [-stowe], útfleane

とびだす　飛び出す　fuortstowe, útfleane：若い鳥がいっせいに飛び出した De jonge fûgels *fleagen út.*, 彼は部屋から飛び出して行った Hy *fleach* de keamer *út*.

とびたつ　飛び立つ　(鳥などが) útfleane, (飛行機などが) opstige (→離陸する)

とびちる　飛び散る　fertoarkje

とびつく　飛び付く, 跳び付く　taspringe (→飛びかかる)

トピック　(話題) *it* ûnderwerp

とびぬけて　飛び抜けて　→ずば抜けて

とびのく　飛び退く, 跳び退く　tebek springe

とびのる　飛び乗る, 跳び乗る　springe：自動車に飛び乗る yn 'e auto *springe*, 馬に飛び乗る op it hynder *springe*

とびはねる　飛びはねる, 跳びはねる　hippelje

とびひ　飛び火　fleanende [spattende] sprankels

とびまわる　飛び回る　flodderje, omfleane, omspringe, (奔走する) heisterje, wrotte：小鳥が空高く飛び回っている In fûgel *flodderet* omheech.

とびまわる　跳び回る　(跳(は)ね回る) djoeie, wyldjeie

とびら　扉　（ドア）de doar, (本の) it haadblêd
とぶ　飛ぶ　（雲・飛行船などが）farre, fleane,（ちょうなどが）ひらひら飛ぶ fladderje,（国外に）ûntkomme, ûntsnappe（→逃亡する）：気球が町の上空を飛んでいる In loftballon *fart* oer de stêd., 鳥［飛行機］が飛ぶ［んでいる］Fûgels [Fleanmasines] *fleane*.
とぶ　跳ぶ　ferspringe, ljeppe, springe：跳んだり踊ったりする *springe* en dûnsje
どぶ　溝　（水路）de greppel, de moddersleat, de sleat,（下水）de dreksleat：溝を浚（さら）う in *dreksleat* leikje［slatte］
とほうにくれる　途方に暮れる　feraltrearre［ferbjustere / ferheard］wêze, deaferlegen wêze；当方に暮れて（いる）ferlegen（wêze）
とほうもない　途方もない　ûnfoech, ûngewoan, ûnsillich, wûnder；途方もない値段 *de* woekerpriis
どぼくぎし　土木技師　in sivile yngenieur；土木工事 *it* masinefabryk
とぼける　惚ける，恍ける　jin dom hâlde,（知らない振りをする）ûnkundich［ûntwittend］huchelje
とぼしい　乏しい　（…に）earm (oan), krap, meager,《動》（欠けて（いる））ûnbrekke：フリジア語は専門用語に乏しい It Frysk is *earm* oan technyske wurden., 乏しい成果 in *meager* resultaat.
とほで　徒歩で　geandefoet(s)：徒歩で行く *geandefoet(s) gean*
とぼとぼとあるく　とぼとぼと歩く　sjokke, sjouwe, sukkelje：とぼとぼと歩いて家に帰る nei hûs ta *sukkelje*
とます　富ます　ferrykje
トマト　*de* tomaat；トマトケチャップ *de* tometeketsjup；トマトジュース *it* tomatesop
とまどい　戸惑い　de ferlegenens；戸惑う ferbjusterje, ferbouwerearje；（…に）戸惑って ferlegen (mei), ferbjustere, ferbouwerearre

とまり　泊まり　*it* fernachtsjen；泊まる ferbliuwe, oernachtsje,（宿泊する）fernachtsje
とまりぎ　止まり木　*de* sitstôk
とまる　止まる，留まる　ophâlde, stopje,（時計などが）stûkje, stilhâlde,（エンジンが）ôfslaan,（供給が）weifalle：バスはここには止まらない De bus *stoppet* hjir net., 時計が止まった De klok *stûke*., エンジンが止まっている De motor *slacht ôf*.
とみ　富　*it* fermogen, *it* kaptaal, *de* rykdom
とみに　頓に　→急に
とむ　富む　《形》ryk, skatryk,（豊富な）ryklik；《動》（…に）富む ryk wêze (oan), oerfloed hawwe (fan)；彼は経験に富む Hy hat in protte ûnderfining.
とむらい　弔い　（悔やみ）*de* kondoleânse,（葬式）*de* begraffenis, *de* útfeart：死者の弔い *de útfeart* fan de deade；弔う berouwe, betreurje,（…を）rouje [treur(j)e] (om)（→哀悼する）
とめおく　留め置く　（郵便物を局に）post op 't postkantoar hâlde,（容疑者を拘置所に）in fertochte yn 'e finzenis sette,（心・記憶に）ûnthâlde
とめがね　留め金　*de* klamp(e)：留め金を外す in *klamp(e)* losmeitsje
とめどなく　止めどなく　einleas, oanhâldend, sûnder ophâlden
とめばり　留め針　*de* pin, *de* spjelde,（安全ピン）*de* feilichheidsspjelde；留め針で留める spjeldzje
とめる　止める　（停止させる）ophâlde, stopje,（ガス・電気・水道などを）ôfslute：車を止める in auto *stopje* litte, 電気を止める de stroom *ôfslute*
とめる　留める　（固定する）sette,（ボタンを）fêstknoopje,（車を）delsette, parkear(j)e（→駐車する）,（気に）steure,（記憶に）ûnthâlde（→留（と）める）：釘で板を留める planken yninoar *sette* mei pinnen, 君のことをいつも気に留めておくよ Ik sil dy altyd

とめる

ûnthâlde.

とめる　泊める ynhelje, ynnimme, ûnderbringe：外国人は誰も泊めたくない Ik wol gjin frjemd folk *ynhelje*.

とも　友 *de* freon (→友人, 友だち)：《諺》困った時の友は真の友 In *freon* yn need, in wiere *freon*.

とも　供 (同伴者) *de* kompanjon, (随行員) *it* gefolch

とも　艫 *it* efterskip, *it* hek, *de* steven (↔舳(へ)先)

ともあれ →ともかく(も)

ともかく(も)　兎も角(も) alderleafst, yn alle gefallen, yn elk gefal, teminsten：ともかく在宅します *Alderleafst* bliuw ik thús., ともかくそれはしたくない Ik doch it *teminsten* net.

ともかせぎ　共稼ぎ →共働き

ともしび　灯し火 *it* ljocht, *it* lampeljocht

ともす　灯す oanstekke (→点火する)：ろうそくをともす de kears *oanstekke*

ともすれば[すると] 妊婦はともすれば多食しがちだ Swiere frouwen hawwe de oanstriid om folle te iten.

ともだおれ　共倒れ 共倒れになる tegearre falle

ともだち　友達 *de* freon, (女性の) *de* freondinne (→ガールフレンド)：親しい友達 sibbe *freonen*, 友達ができる *freonen* meitsje；友達仲間 *de* freonerûnte

ともなう　伴う (…を) mank gean [wêze] (mei), meibringe, (同行する) beselskipje, meigean [-komme]：それにはかなりの費用を伴う Dêr *binne* in soad kosten mei *mank*., それに伴う諸問題 de problemen dy't dat *meibrocht*；《前》…を伴って mei：嵐を伴った悪天候だった It wie swier waar *mei* stoarm.

ともに　共に (一緒に) tegearre, 《前》 mei：私たちは共に平和に暮らしている Wy libje *tegearre* yn frede., 神はわれわれと共にあり God is *mei* ús.

ともにする　共にする (共有する) diele, meipartsje, (食事を) mei-ite, (…と) (運命を) jins lot ferbine (oan)：(…と)部屋を共にする in keamer diele (mei)；(…と)生活を共にする gearlibje (mei)

ともばたらき　共働き　共働きをする Wy wurkje beide (tegearre).；共働き家庭 *de* twafertsjinner

どもり　吃り *it* stammerjen, (人) *de* stammerder；どもる hakkelje, hikkerje, stammerje, stjitterje：彼の子供は少しどもる Syn bern *stammeret* in bytsje.

とやかくいう　兎や角言う dit en dat sizze, (批判する) kritysk foar eat oer stean (→難癖を付ける), (小言を言う) prottelje

どやす (殴る) klopje, (怒鳴りつける) tongerje, (叱りつける) útfûterje

どやどや (群をなして) どやどややって来る gearkloftsje, どやどやと入る ynkringe

どよう　土用 *de* hûnsdagen 《盛夏の時期》

どようび　土曜日 *de* sneon, 《方》 *de* saterdei

どよめき *de* heisa, *it* misbaar；どよめく klinke, wjergalmje, (騒ぎ立てる) earne heisa om meitsje, misbaar meitsje

とら　虎 *de* tiger, (雌の) *de* tigerin

どら　銅鑼 *de* gong

トライアングル (楽器の) *de* triangel

ドライクリーニング *it* gemysk skjinmeitsjen；ドライクリーニングをする stome；ドライクリーニング店 *de* stomer, *de* stomerij

ドライな (事務的な) saaklik

ドライバー (運転者) *de* bestjoerder, *de* fuorman, (お抱えの) *de* sjauffeur

ドライバー (ねじ回し) *de* skroevedraaier

ドライブ (車の運転) *de* (auto) rit；ドライブに行く autoride, in autoritsje meitsje；ドライブする opride；ドライブイン *it* weirestaurant

ドライヤー *de* droeger

とらえる　捕える (犯人・泥棒を) gripe, snippe, (機会を) gripe, oanfet-

sje, pakke,（人の心を）(oan)gripe：泥棒を捕える in dief *snippe*, 機会を捕える in gelegenheid *oanfetsje*
トラクター　*de* trekker
トラック　*de* frachtauto, *de* frachtwein, *de* lorry, *de* trúk
トラック　（競走路）*de*（hurddravers）-baan,（レコードの）*it* spoar；トラック競技 *de* baansport
とらのまき　虎の巻　*it* spykbriefke
トラブル　*it* beswier, *it* gedonder
トラベラーズチェック　（旅行者用小切手）*de* reissjek, *de* travellersjek
ドラマ　（劇）*it* drama：あることをドラマ化する in *drama* fan eat meitsje；ドラマチックな dramatysk
ドラム　（太鼓）*de* drum, *de* tromme；ドラム缶 *de* bus
どらむすこ　どら息子　*de* ferlerne soan（→放蕩（ほうとう）息子）
とらわれのみ　囚われの身　（囚（じゅう）人）*de* finzene, *de* gefangene
とらわれる　捕らわれる　→捕（か）まる
とらわれる　囚われる　bûn wurde（→拘束される）
トランク　（自動車の）*de* kofferbak [-romte],（旅行用の）（大型）in grutte koffer,（小型の）*de* koffer（→スーツケース）
トランジスター　（ラジオ）*de* transistor
トランプ　*de* kaart；トランプをする kaarte, kaartspylje
トランペット　*de* trompet：トランペットを吹く op 'e *trompet* blaze [spylje]；トランペット奏者 *de* trompetter
トランポリン　*de* trampoline
とり　鳥　*de* fûgel,（鶏）*de* hin（→めんどり）/ hoanne（→おんどり）；鳥籠 *de*（fûgel)kouwe；鳥小屋 *de* fûgelflecht；鳥肉 *it* fûgelguod,（鶏（とり）肉）*it* hinnefleis；鳥の卵 *it* fûgelaai
とりあい　取り合い　*it* grabbeljen；（…を）取り合う grabbelje (nei)（→奪い合う）
とりあえず　取り敢えず　（直に）aansen(s), aanstons, dalik(s), fuortdalik(s),

gauris,（差し当って）(al)fêst, foarearst, foarfêst：取りあえずそれをお伝えします Ik fertel it dy *dalik*(s) wol., 取りあえず病院に行かなければならない Ik moat *fuortdalik*(s) nei it sikehûs.
とりあげる　取り上げる　（手に）opkrije, oppakke,（奪い取る）benimme, ôfnimme, ûntkrije, ûntnimme,（話題などを）oansnije：電話器を取り上げる it telefoantastel opkrije [oppakke], その子供からナイフを取り上げなさい！ *Untkrij* dat bern it mês!
とりあつかい　取り扱い　*de* behanneling；取り扱う behannelje, hantearje
とりあわせ　取り合わせ　*it* assortimint,（配合）*de* kombinaasje；取り合わせる kombinearje, minge
とりいそぎ　取り急ぎ　彼が急死したことを取り急ぎご通知申し上げます Ik haastje my om syn ûnferwachte dea te fertellen.
とりいる　取り入る　（人に）(by immen) yn 'e geunst komme
とりいれ　取り入れ　*it* ynnimmen；（作物・干し草などを）取り入れる ynride, rispje,（考え・意見などを）oernimme,（採用・摂取する）oannimme
とりえ　取り柄　（真価）*de* fertsjinst(e),（長所）*it* foardiel；取り柄のない weardeleas
とりおこなう　執り行う　（式を）fiere, ynsegenje, ynseinigje（→挙行する）：結婚式を執り行う in brulloft *fiere*
とりおさえる　取り押さえる　fange,（捕らえる）heine
とりかえ　取り替え　*de* ferfanging, *de* ferwikseling；取り替える ferfange, ferwikselje, ynruilje, omroalje,（衣類などを）ferstrûpe：これを何か他の物に取り替えてもらえますか Kin ik dit foar wat oars *omroalje*?, 赤ん坊の着物を取り替える de poppe *ferstrûpe*
とりかえす　取り返す　→取り戻す
とりかかる　取り掛かる　（交渉・仕事などに）begjinne, oanknoopje（→着手する）：仕事に取り掛かる in saak

とりかこむ

begjinne
とりかこむ　取り囲む　besingelje, ynslute：わが国土は海に取り囲まれている Us lân is *ynsletten* troch de see.
とりかわす　取り交わす　(út)wikselje：親書を取り交わす persoanlike brieven *útwikselje*
とりきめ　取り決め　*de* ôfspraak,（協定）*it* fer(ge)lyk, *de* oerienkomst,（決定）*de* bepaling, *de* beslissing, *it* beslút；取り決める ôfprate,（決定する）bepale, fêststelle：われわれはそのように取り決めた Wy hiene it sa *ôfpraat.*, 日を取り決める in datum *fêststelle*
とりくむ　取り組む　(…と) wrakselje (mei),（問題・仕事などに）oanpakke
とりけし　取り消し　*it* ôfstel；取り消す annulearje, ynlûke, ôfsizze, ôfskriuwe：免許［注文］を取り消す in fergunning［opdracht］*ynlûke*
とりこ　虜（捕虜）*de* kriichsfinzene；とりこになる fongen［ynpakt］wurde,（魅了される）ferovere wurde
とりこしぐろうする　取り越し苦労する　jin ûnnedich soargjen meitsje,（やきもきする）jin(sels) opfrette
とりこむ　取り込む　ynnimme（→取り入れる）
とりこわし　取り壊し　*de* ôfbraak, *de* sloop（→解体）；取り壊す delsmite, ôfbrekke, slope, ûntmantelje：その焼け落ちた家は取り壊された It ôfbrânde hûs waard *sloopt.*
とりさげる　取り下げる　(意見・提案などを) tebeklûke, weromlûke,（撤回する）ynlûke：前言を取り下げる jins wurden *weromlûke*
とりさる　取り去る　ôfnimme, ûntnimme, weinimme（→取り除く）
とりしきる　取り仕切る　(うまく…する) jin behelpe, ôfkinne, omgean,（運営する）liede
とりしまり　取り締まり　*de* kontrôle,（管理）*de* lieding, *it* opsicht；取り締まる opsichterje, regelje：交通を取り締まる it ferkear *regelje*

とりしらべ　取り調べ　*it* ferhear, *it* ûndersyk［-siik］：人を取り調べる immen yn［ûnder 't］*ferhear* nimme；取り調べる neispoare, ûndersykje
とりそこなう　取り損なう　mislearje, misse
とりそろえる　取り揃える　foarsjen：(品を) 色々と取り揃えた店 in goed *foarsjoene* winkel
とりだす　取り出す　úthelje, útnimme：彼はポケットからハンカチ［時計］を取り出した Hy helle de bûsdoek［it horloazje］*út* syn beurs.
とりたて　取り立て　(集金) *de* ynsammeling,（徴収）*de* ynkasso；取り立てる ynkassearje,（徴収する）ynbarre, ynfoarderje；取り立ての→新鮮な
とりたてて　取り立てて　(特に) apart, benammen, spesjaal：何か取り立てて探している物がありますか Sykje jo wat *spesjaals*?
とりちがえる　取り違える　ferwikselje,（混同する）jin betiizje：彼女は靴と長靴とを取り違えた Se *ferwiksele* har skuon foar learzens.
とりちらかして　取り散らかして　その部屋はいつも取り散らかしてある De keamer is altyd oarderleas.
とりつかれて (いる)　取り付かれて (いる)　(病気に) te pakken hawwe（→かかる）,（妄想・悪霊などに）(de duvel) yn jin hawwe,（…に）(夢中になっている) gek wêze (mei / om / op), gleon wêze (om / op)
とりつぎ　取り次ぎ　(仲介・斡旋(あっせん)) *it* agintskip, *de* tuskenkomst,（仲介人）*de* makel(d)er, *de* tuskenman；取り次ぐ→仲介する
トリック　*de* kneep, *de* trúk
とりつくろう　取り繕う　(だます) by-meitsje, fersette, laapje, meitsje, opknappe, reparearje
とりつけ　取り付け　*de* ynstallaasje；取り付ける ynsette, ynstallearje, oanbringe：電話器を取り付ける in telefoan *ynstallearje*

とりで 砦 it bolwurk, de sitadel
とりとめのない 取り留めのない sûnder ferbân [gearhing]
とりとめる 取り留める （一命を）de dea ûntkomme, oan 'e dea ûntsnappe
とりなおす 撮り直す （写真を）wer fotografearje
とりなす 取り成す，執り成す →仲立ちをする，取り繕う
とりにがす 取り逃がす misse：機会を取り逃がす de gelegenheid misse
とりのける 取り除ける →取り除く
とりのこす 取り残す efterútlizze, neilitte
とりのぞく 取り除く benimme, ferwiderje, ôfhelje, opnimme, weiwurkje, （障害などを）opheffe：豆の筋を取り除く beannen ôfhelje, じゅうたんを取り除く it flierkleed opnimme
とりはからう 取り計らう soargje：遅くならないように取り計らってください Soargje (derfoar) datst net te let komst.
とりはずし 取り外し de ferwidering；取り外す ôfsette
とりはだ 鳥肌 it einefel：腕に鳥肌ができている Ik haw it einefel op 'e earms.
とりはらう 取り払う →取り除く
とりひき 取引 it affear(en), de ferhanneling, de saak：その取引はうまくいっている De affearen rinne goed., 取引をする saken dwaan；取引する hannelje
とりぶん 取り分 jins diel [oandiel / part / poarsje] (→分け前)：それぞれの取り分 elk syn part [poarsje]
とりまぎれる 取り紛れる （…に）anneks wurde (mei)；仕事に取り紛れている drok mei wurken dwaande wêze
とりまく 取り巻く omfetsje, omfiemje, (囲む) omsingelje
とりまぜる 取り混ぜる trochinoar minge：みかんを大小取り混ぜて届けてください Wolle jo grutte en lytse sinesappels trochinoar mongen bringe?

とりまとめる 取り纏める （集める）garje, sammelje, (荷物を) pakke
とりみだす 取り乱す （部屋を）bebargje, (気が) (動転する) ûntheistere wurde；取り乱した oerémis, oerstjoer：彼はすっかり取り乱していた Hy wie alhiel oerstjoer. = Hy rekke fan [oer] it hynder.
とりむすぶ 取り結ぶ （条約・協定などを）beslute, ôfslute, slute
とりめの 鳥目の nachtblyn (→夜盲症の)
とりもつ 取り持つ （仲立ちをする）bemiddelje (→仲裁する)
とりもどす 取り戻す efterhelje, ynhelje, opdwaan, werkrije, weromkrije [-nimme]：失われた時間を取り戻す de ferlerne tiid ynhelje, 元気を取り戻す nije enerzjy opdwaan, 健康を取り戻す jins sûnens weromkrije；遅れを取り戻す in efterstân weiwurkje；取り戻し de ôfskriuwer
とりもなおさず 取りも直さず →すなわち
とりやめ 取り止め （中止）it ôfstel；取り止める ôfstelle：この悪天候では祭りも取り止めざるをえない Troch it minne waar moat it feest ôfsteld wurde.
とりょう 塗料 de ferve
どりょう 度量 de grutmoedigens, (寛容) de gollens, de royalens；度量の広い grutmoedich, (寛大な) gol, rynsk；度量の狭い bekrompen, benypt, lytsgeastich
どりょうこう 度量衡 mjitten en gewichten
どりょく 努力 de ynset, de ynspanning, it stribjen：自分自身の努力で mei eigen ynset, 大変な努力を要する in soad ynspanning freegje；努力する krewearje, jin warre, (…を求めて) stribje (nei)：よりよき世界を求めて努力する stribje nei in bettere wrâld；最善の努力をする jins bêst dwaan, jin ta it uterste ynspanne
とりよせる 取り寄せる （手に入れ

ドリル

る) behelje, winne, (注文する) bestelle, easkje
ドリル　de drilboar, (訓練) de eksersysje；ドリルで(穴を)開ける (in gat) drille
とりわけ　取り分け　(特に) foaral, just, krekt, teminsten, tenearsten：われわれは取り分けこのカードを使わなければならない Krekt dy kaartsjes moasten wy brûke., 父も母も老けてきた，取り分け母は！Us heit en mem wurde âld, teminsten ús mem!
とりわける　取り分ける　→配分する
とる　取る　(手に) nimme, (得る) bedije, behelje, helje, opdwaan, winne, (取得する) krije, (要する) nimme, (確保する) opfange, (盗む) stelle, ûntnaderje, (取り除く) ôfnimme, ôfsette, ûntnimme, weinimme：人の手を取る immen by de hân nimme, 賞を取る in priis behelje, 運転免許を取る it rydbewiis helje [krije], 学位を取る in graad helje, 休息を取る rêst nimme, 大変な時間[手間]を取る in soad tiid nimme, 砂糖きびから砂糖を取る sûker winne út sûkerbiten, 人の物を取るな Stêl oarmans guod net!, 人からの物を強引に取る immen eat ûntnaderje, 帽子を取る de hoed ôfnimme [-sette], 子宮を取る de limoer weinimme；取るに足りない neatich, ûnbelangryk, ûnnoazel
とる　捕る　(魚を) fange, fiskje, (ボールを) opfange：魚を捕る fisken fange, ボールを捕る in bal opfange
とる　採る　→採集[採取]する
とる　撮る　(写真を) fotografearje, nimme：写真を撮る in foto nimme
とる　執る　(事務を) oannimme, (指揮を) dirigearje, gebiede, kommandearje, (態度を) oannimme
ドル　de dollar
トルコ　Turkije；トルコ人 de Turk；トルコ語[人](の) (it) Turksk
どれ　何れ　(どちら) wat, watfoar：どれにしますか Wat wolle jo hawwe?；

どれが hokker：この2冊の本でどれが欲しいですか Hokker fan dizze beide boeken wolst hawwe?；どれだけの hoefolle (→どの位の)
どれい　奴隷　(男の) de slaaf, (女の) de slavinne；奴隷の(ような) slaafsk
トレードマーク　→マーク
トレーニング　(訓練) de opliding, de trening；トレーニングする (jin) trene
トレーナー　de trener；トレーニングウェア it treningspak
トレーラー　de treler, (トレーラーハウス) de wenwein
どれか　何れか　eat, wat, (いずれか) it ien of it oar, óf … óf
どれくらい　何れ位　→どの位
ドレス　de jûpe, de jurk：ロングドレス in lange jûpe
とれたての　取れ立ての　→新鮮な
ドレッシング　de dressing, saus foar slaad, stip op slaad；サラダにドレッシングをかける it slaad oanmeitsje
どれでも　何れでも　wat：食べたい物はどれでも食べられる Ik kin ite wat ik wol.
どれほど　何れ程　→どの位
どれも　何れも　elk, (すべて) alle；どれもこれも elk(enien)
とれる　取れる　(ボタンなどが) losgean, losreitsje, lossjitte, ôfgean (→外れる), (しみ・汚れなどが) ôfkrije, (ペンキ・張り紙などが) loslitte, losweakje (→はがれる), (痛み・苦痛などが) ôfsakje (→和らぐ), (こすれて) ôfskjirje, (理解される) fertale, fertolkje, ynterpretearje, útlizze：ボタンが一つ取れている Ien knoop is losrekke., そのしみは取れない Ik krij it plak der net ôf., 壁紙が取れてきた It behang lit los., 痛みが取れた De pine sakket ôf., この文章はいろいろな意味に取れる Dizze sin kin op ferskillende wizen fertolke wurde.
とれる　捕れる　(魚などが) fongen [pakt] wurde
とれる　採れる　(食べ物などが) rispe

wurde
とれる　撮れる　よく撮れた写真 in moaie foto
どろ　泥　*de* blabber, *de* blabze, *de* drek, *de* modder；泥だらけの blabzich, drekkich, dridzich, modderich
とろい　→（動作・頭の働きが）鈍い
とろう　徒労　fergese ynspanning；それは徒労に終わるだろう Dêr is neat fan op 'e hispel kommen.
どろくさい　泥臭い　（野暮な）boerich,（洗練されていない）ûnbeskaafd
とろける　蕩ける　→溶ける，うっとりする
どろじあい　泥仕合　it nei inoar mei drek goaien [smiten]；泥仕合を演じる nei inoar mei drek goaie [smite]
とろする　吐露する　jins opfetting útsprekke
トロッコ　（保線用の）*de* lorry
ドロップ　（菓子）*de* drop
どろどろの　（濃い）tsjok,（泥だらけの）modderich：どろどろに煮込んだかゆ *tsjokke* brij
どろぬま　泥沼　*de* drek, *de* dridze（→ぬかるみ),（沼地）it moeras：悪の泥沼 in *moeras* [poel] fan ferdjer
とろび　弱火　in flauwe flam（↔強火）
トロフィー　*de* trofee（→優勝杯）
どろぼう　泥棒　*de* dief, *de* steller,（窃盗・盗み）*de* dieverij, *de* stellerij；泥棒する stelle
どろよけ　泥除け　（自転車の）it spatboerd
トロリーバス　*de* trolleybus
とろろいも　とろろ芋　*de* jamswoarst
トロンボーン　*de* tromboane [-bône]
どわすれする　度忘れする　（foar）efkes ferjitte
トン　（容量の）*de* tonne
どんかく　鈍角　in stompe hoeke（↔鋭角）
とんがった　尖った　（先が）skerp：（先の）尖った鉛筆 in *skerp* potlead
どんかんな　鈍感な　dôf, stomp, ûngefoelich；鈍感 *de* sleauwens

どんぐり　団栗　*de* ikel
どんこう　鈍行　it lokaaltsje（→普通列車）
とんこつ　豚骨　《複》*de* bargepoatsjes
とんざ　頓挫　→挫折
とんし　頓死　→急死
どんじゅうな　鈍重な　sleau, staf, ûnbegryplik；鈍重な人 *de* sleaukert, *de* slûge（→間抜け）
とんそう　遁走　（逃走）ûntsnapping；遁走する ûntsnappe（→逃げる）
どんぞこ　どん底　it djiptepunt：どん底に達する op in *djiptepunt* komme
とんだ　（意外な）ûnferhoeds, ûnferwacht(e),（大変な）bedroefd, freeslik
とんちのある　頓知のある　beret, slachfeardich
とんちゃくする　頓着する　（留意する）jin steure：彼は妻に頓着しない Hy steurt him net oan syn frou．＊この語は通例，否定語を伴う
どんちゃんさわぎする　どんちゃん騒ぎする　rinkelroaie
とんちんかんな　頓珍漢な　sûnder ferbân [gearhing]
どんつう　鈍痛　in doffe pine：鈍痛がする in *doffe pine* hawwe
とんでもない　（意外な）ûnferhoeds, ûnferwacht(e),（恐ろしい）freeslik,（とても・法外な）ôfgryslik：とんでもない事件 in *ûnferhoeds* foarfal, とんでもない費用 *ôfgryslik* hege kosten；とんでもない！Gjin kwestje fan!
どんてん　曇天　*de* wolkeloft
どんでんがえし　どんでん返し　in folsleine omkear
とんと（…ない）　nea,（全く）alhiel,（全く…ない）gjin：とんと覚えていない Ik haw der *gjin* aan fan.
とんとん　*de* klop, *de* tik：窓をとんとんと（軽く）たたく音 in *klop* op it rút
とんとん　（同程度に）even（redich）, yn it lyk：収支はとんとんだ Ynkomsten en útjeften binne *even*．；とんとんになる lykspylje
どんどん　どんどんドアをたたく hurd

op 'e doar klopje；太鼓をどんどんたたく op 'e tromme slaan
とんとんびょうし に　とんとん拍子に 彼はとんとん拍子に出世した Hy behelle it iene sukses nei it oare.；今日は仕事がとんとん拍子にはかどった It wurk flotte hjoed.
どんな （種類の）hoe'n, hokfoar, watfoar：それはどんな物ですか Hoe'n ding is dat?, 彼はどんな人ですか Hoe'n man is hy?, Hokfoar in man is it?, どんな本を読んでいますか Watfoar boek lêsto dêr?；どんな物 elk；どんなことでも alderhanne；どんなことがあっても…ない yn gjin gefal；どんな人でも elk, elkenien；どんな時でも wannear；どんな程度に hoesa
どんなに（どんな風に）hoe, →いかに
トンネル　de tunnel
とんび　鳶　de glee (→とび)

どんぴしゃり　eksakt, krekt, sprekkend
どんぶり　丼　in Sineeske kom [skaal]
とんぼ　蜻蛉　de juffer, de libel, de wartebiter
とんぼがえり　蜻蛉返り　de koprol, de salto (→宙返り)：とんぼ返りをする in koprol [salto] meitsje
とんま　頓馬　de stommeling；とんま！Hisp!, Hysp!；とんまな dom, gek, stom
とんや　問屋　（卸売業者）de grossier, de gruthanneler, (問屋業) de grossierderij, de gruthannel
どんよく　貪欲　de begearigens, de begearlikens, de ynklauwerichheid；貪欲な begearich, fretterich, ynklauwerich, skrokkerich
どんよりした（空が）ferstoppe, wolkich, (物憂い) loom：空はどんよりとしている De loft is ferstoppe., どんよりした天気 loom waar

な　ナ　na

な　名　(氏名) de namme, (名称・肩書き) de namme, de titel, de titulatuer, (名声) de ferneamdens [-neamdheid], de rop：私の名はリッケラです Likele is de namme., 名ばかりの yn namme (→名目上), フリースラント州の州都の名を言ってください Neam de namme fan de haadstêd fan Fryslân., 彼の名 (声) は国中に広がっている Syn rop gyng troch it hiele lân.；名をつける ferneame, neame (→命名する)：彼の祖父にちなんで子供に名 (前) をつける in bern nei syn pake neame
な　菜　(青物野菜) de bledsjegriente, de (blêd)griente
ない　無い　(存在しない) net [gjin …] wêze, (実在しない) ûnwêzen(t)lik, 《否定詞として》nea, nearne, neat, net：冷蔵庫には食べ物は何もない Der sit gjin iten yn 'e kuolkast., 彼には一度も会ったことはない Ik haw him nea sjoen., 彼女はどこにも見当たらない Hja is nearne te finen., 申告する物は何もない Ik haw neat om oan te jaan., 誰も…ない nimmen net, どこにも…ない nearne net, 少しも…ない hielendal net
ないえんの　内縁の　net-legaal troud：内縁の妻 in net-legaal troude frou
ないか　内科　(病院の) de ôfdieling fan ynwindige genêskunde；内科医 de ynternist
ないがい　内外　de binnenkant en de bûtenkant：国内外の ynlânsk en útlânsk：国内外のニュース ynlânsk en útlânsk nijs

ないかく　内閣　*it* kabinet, *it* ministearje：この内閣はそう長くは（政権が）続かないだろう Dit *kabinet* bliuwt net lang oan.；内閣総理大臣 *de* premier
ないがしろにする　蔑ろにする　ferachtsje, fersmaadzje, ferwaarleaz(g)je
ないかん　内観　*de* yntrospeksje：内観する oan *yntrospeksje* dwaan；内観的な yntrospektyf（→内省的な）
ないき　内規　（複）*de* statuten
ないきん　内勤　*it* burowurk, *it* kantoarwurk；内勤である op it kantoar wurkje；内勤社員 *de* amtner, （《集合的に》）*it* kantoarfolk, *it* kantoarpersoniel
ないこう　内向　*de* ienselvigens [-ichheid]；内向的な ienselvich：内向的な人 in *ienselvich* persoan = *de* binnenfetter
ないさい　内妻　→内縁の妻
ないざい　内在　*it* ynherint wêzen；内在的な，内在する ymmanint, ynherint
ないし　乃至　（…から…まで）fan … oant, （あるいは）óf … óf：9時ないし10時 *fan* 9 oere *oant* 10 oere, 父ないし母 *óf* ús heit *óf* ús mem
ないじ　内耳　*it* ynwindich ear
ないしきょう　内視鏡　*de* endoskoop
ないじつは　内実は　→実は
ないじゅ　内需　ynlânske fraach
ないしゅっけつ　内出血　ynwindich bloed；内出血する ynwindich bliede
ないしょ　内緒　*it* geheim；内緒の [に] geheim, heimlik, stikem, temûk：あることを内緒にしておく eat *geheim* hâlde
ないじょう　内情　yntime oangelegenheden
ないしょく　内職　（副業）*de* njonkenfunksje
ないしん　内心　jins fieling [hert]；内心 (で) は ynwindich
ないしん (しょ)　内申 (書)　in fertroulik rapport
ないせい　内政　ynlânske administraasje
ないせい　内省　→内観；内省する jin besinne, （…について）neitinke (oer)
ないせん　内戦　*de* boargeroarloch, ynlânske oarloch
ないせん　内線　（電線の）*it* ferlingsnoer, （内線番号）*it* (ekstra) tastel(nûmer)：内線の450番です Ik sit op *tastel* 450.
ないそう　内装　*it* ynterieur
ないぞう　内臓　*it* binnenst(e)；内臓破裂 in skoar yn de yngewanten
ないだく　内諾　in ynformele meistimming
ないち　内地　*it* binnenlân（↔外地）
ナイチンゲール　*de* geal, *de* nachtegaal [-geal]
ないてい　内定　in ynformeel beslút；内定する ynformeel beslute
ナイト　（騎士）*de* ridder
ナイト　（夜）*de* nacht；（男性用の）ナイトガウン *it* nachthimd, *de* nachtklean, （女性・子供用の）*it* nachtjak；ナイトクラブ *de* nachtklup
ナイフ　*it* mes / mês：ナイフとフォークで mei *mes* en foarke
ないぶ　内部　*de* binnenkant, *it* binnenst(e)；内部の binnenst(e)；内部に [で] binnen, binnenyn, 内部へ [に] nei binnen ta；（前）…の内部に binnen：家の内部に *binnen* it hûs
ないふくようの　内服用の　ynwindich；内服薬 *it* drankje：医者の内服薬 in *drank*(je) fan dokter
ないふん　内紛　yntern ferskil
ないぶんぴ　内分泌　ynwindige ôfskieding
ないほう　内包　*de* gefoelswearde, *de* konnotaasje（→含意）（↔外延（がいえん））；内包する ymplisearje, ynhâlde
ないむ　内務　（国内の政務）*de* steatssaak
ないめん　内面　（物事の）*de* binnenkant, （心の）*it* binnenst(e)；内面的な [に] ynwindich
ないよう　内容　*de* ynhâld：手紙の内容 *de ynhâld* fan in brief
ないらん　内乱　→内戦
ないりく　内陸　*it* binnenlân

ナイロン（の）　(it) nijlon；ナイロン（製）の靴下 de nijlon
なえ　苗　in jonge plant；苗木 de siedling
なえる　萎える　（体力・気力を失う）ferslopje, ferswakje
なお　尚　（今でもなお）noch,（なおかつ・その上に）dêrby, dêrneist,《比較級・最上級を強めて》（一層・さらに・ずっと）noch, fierwei,（まだ）noch,（でさえも）sels：そこでは今もなお戦争が続いている Dêr is dêr noch altyd oarloch., そしてなお彼は村一番賢い人です En dêrby is er de tûkste fan it doarp., フークストラの方がなお親切だ Hoekstra is noch freonliker., 彼女はなお若い Sy is noch jong.
なおさら　尚更　（それだけ一層）nammerste …, nammerste …, lit stean, noch minder：年をとればなおさら理解も深まる Nammerste âlder men wurdt, nammerste better men it begrypt., 私はフランス語はしゃべれない，フリジア語はなおさらだめだ Ik kin net Frânsk prate, lit stean (fan) Frysk.
なおざりにする　等閑にする　→軽視する, 等閑（とう かん）に付す
なおし　直し　（訂正）de korreksje,（修理）de reparaasje
なおす　治す　（病気などを）genêze, hielje, ôfhelpe, opklearje, opknappe：口の中の痛みを治す fan pine yn 'e mûle ôfhelpe
なおす　直す　（修理する）belaapje, bestopje, bymeitsje, fersette, opknappe,（矯正する）ôfleare, ôfwenne,（訂正する）ferbetterje, ferhelpe, korrizjearje,（変更する）feroarje, omstalje, wizigje：服（のほころび）を直す klean belaapje, オルガンを直す in oargel opknappe, つめをかむ癖を直した Neiltsjebiten haw ik my ôfleard., 間違いを直す flaters ferbetterje, 誤植は全部直っている De flaters wiene allegearre ferbettere., それは簡単に直せない Dat is net te ferhelpen., 計画を直す it plan wizigje

なおまた　尚又　→なお
なおる　治る　genêze, hielje, opklearje：傷が治りつつある De wûne genêst., 傷がなかなか治らない De wûne wol net hielje.
なおる　直る　（修理される）belape [ferset(ten)] wurde,（矯正・訂正される）ôfwend [rektifisearre] wêze,（元の状態に戻る）opdwaan, opklearje
なか　中　de binnenkant；《副》中に[へ] deryn, yn,《前》…の中に[へ] yn：（家の）中へ入れる deryn litte, 干し草は（納屋の）中にある It hea is yn., 中にお入りください Kom der mar yn., 汽車の中で yn 'e trein
なか　仲　（関係）de relaasje；人と仲がいい goed omgean mei immen；人と仲が悪い rûzje hawwe mei immen
ながい　長居　in lange besite
ながい　長い　lang：長い棒 in lange peal, 長い歳月 lange jierren, アムステルダムまでの長い道程 de lange wei nei Amsterdam, 長ければ長いほどよい Wat langer wat mear., 長い al lang（→久しい）；長さ de lingte：長さ 20 キロの道程 in dyk fan 20 km lingte
ながいき　長生き　in lang libben；長生きする lang libje：母は父より長生きした Us mem libbe langer as ús heit.
ながいす　長椅子　（背もたれのない）de divan,（背つきの）de (sit)bank
なかおれぼう　中折れ帽　in sêfte hoed
なかがい　仲買　de makel(d)erij；仲買人 de makel(d)er：株式仲買人 in makel(d)er yn effekten
ながぐつ　長靴　de lears
ながくつした　長靴下　de hoas
なかごろ　中頃　6月の中頃 yn 'e midden fan juny, mids juny
ながし　流し　（台所の）de goatstien
ながしめ　流し目　流し目に見る gleon [sydlings] sjen；流し目を使う loere, lonkje
なかす　中州　de sânbank, de sânplaat（→砂洲）
ながす　流す　（洗い流す）ôfspiele,（涙

を) ferjitte, (血を) bliede, ferjitte：手の汚れを洗い流[落と]す it stof fan 'e hannen *ôfspiele*, 指から血が流れ[出]ている De finger *bliedt* my., 血を流す bloed *ferjitte*
ながズボン 長ズボン in lange broek
なかせる 泣かせる oan it gûlen bringe, krite litte, (感動させる) frappearje, oandwaan, treffe
ながそで 長袖 lange mouwen
なかたがい 仲違い *de* ferwidering, *de* muoite, it spul：仲違いをしている *muoite* mei-inoar hawwe
なかだち 仲立ち *de* foarspraak, *de* tuskenkomst, (人) *de* tuskenman, (仲介) *de* tuskenpersoan；仲立ちをする bemiddelje
ながたび 長旅 in lange reis
ながたらしい 長たらしい langtriedd(er)ich, wiidweidich (→冗長の)
なかだるみ 仲弛み *de* ynsinking
ながつき 長月 *de* september (→九月)
ながつづきする 長続きする lang duorje
なかなおり 仲直り *de* fermoedsoening；仲直りをする fermoedsoene
なかなか 中々 (かなり) moai, nochal, (大変) aaklik, fiks, gâns, hiel, (悪い意味で) slim：なかなか面白い *nochal* ynteressant, なかなか過激な *fiks* radikaal, なかなか難しい *hiel* dreech
ながながと 長々と (手・足を) langút, (冗長に) langtriedd(er)ich：ベッドの上で(手・足を)長々と伸ばす *langút* op dat bêd útspanne [lizze], 長々と話をする *langtriedd(er)ich* sprekke
なかにわ 中庭 it hiem
ながねん(の) 長年(の) in lange tiid, jierrenlang：長年の友だち in *jierrenlange* freon
なかば 半ば (半分) heal, (ある程度は) foar in diel：4月の半ば *heal* april；…の半ばに yn 'e [it] midden fan…
ながばなし 長話 in lang petear；長話
をする lang prate
ながびく 長引く oanhâlde, prolongearje, slepe, (長引かせる) rekke, útrinne：交渉が幾らか長引いた De ûnderhandeling *rûn* wat *út*.；長引いた langduorjend：長引いた病気 in *langduorjende* [slepende] sykte (→長患い)
なかほど 中程 《副》healwei, (中程度) *de* midsmjitte：アムステルダムとフローニンゲンの中程に *healwei* Amsterdam en Grins；中程の midsmjittich：彼はクラスの中程にいる Hy is in *midsmjittige* learling.
なかま 仲間 *de* kammeraat, *de* maat：私は仲間たちと広場で遊んだ Op it plein boarte ik mei myn *kammeraten*.；仲間になる jin foegje
なかみ 中身, 中味 (内容) *de* ynhâld：缶の中身 *de ynhâld* fan in bus
ながめ 眺め *it* eachweid, *it* gesicht, *it* oansjoch, *it* útsicht：ホテルの部屋から見る湖の眺めは素晴らしい Ut ús hotelkeamer wei hawwe wy in moai *eachweid* oer de mar.；眺める oanskôgje, sjen：外を眺める bûtendoar *sjen*
ながもち 長持ち *de* duorsumens [-sumheid]；長持ちする duorje, meigean：料理した食べ物は長持ちしない Sean iten kin net *duorje*.；《形》長持ちする duorsum
なかやすみ 中休み *de* rêst, (休憩) *it* skoft, (授業・会議などの) *it* reses
なかゆび 中指 de grutte [middelste] finger, *de* middelfinger
なかよし 仲良し in goede [dikke / sibbe] freon：この二人の少年は大の仲良しだ Dy twa jonges binne grutte *freonen*.；(…と) 仲良くする freonlik wêze (tsjin) (→ (…に) 親切である)；仲良く暮らす lokkich gearlibje
ながらえる 長らえる (長生きする) lang libje, oerlibje：彼は妻より (生き) 長らえた Hy *oerlibbe* syn frou.
ながらく 長らく lang, lange tiid；長ら

ながれ　くご無沙汰いたしました Sorry [Pardon] dat ik sa lang neat fan my hearre litten haw.
ながれ　流れ　（水の）de floed, （川・液体・気体などの）de drift, de stream, de streaming, de trek：流れに逆らってこぐ tsjin de *stream* yn roeie；流れる floeie, streame, （時が）ferstrike, foarbygean, omgean：水が流れている It wetter *streamt.*, その川は町を流れている De rivier *streamt* troch de stêd.；《諺》静かな流れは底が深い Stille wetters hawwe djippe grûnen.
ながれだす　流れ出す　útfloeie
ながれぼし　流れ星　*de* meteoar（→流星）
ながわずらい　長患い　in langduorjende sykte
なかんずく　就中　→取り分け
なき　亡き　（死んだ）dea, ferstoarn, （亡くなった）silger：今は亡き祖父 ús pake *silger* ＊ slinger は常に後置される
なぎ　凪　*de* stilte, *de* wynstilte：海のなぎ *de stilte* fan 'e see；なぎの wyn-stil
なきがら　亡骸　it oerskot, it omskot：人の亡骸 it (stoflik) *oerskot* [*om*-] fan in minske
なきごえ　泣き声　in gûlerich [skriemerich] lûd
なきごえ　鳴き声　（猫の）《間》miau, （犬の）it geblaf, *de* gnau, （牛の）it âljen, （羊・山羊の）it bletterjen, （鳥の）it gûlen, （小鳥の）*de* sang （→さえずり）, （猛獣の）*de* gnau, *de* snau
なきごと　泣き言　（愚痴）*it* earmoedzjen, *it* geseur；泣き言を言う kjirmje, piiz(g)je, tsjirmje, （愚痴を言う）earmoedzje, grine, kleie, lêbje；泣き言を言う人 *de* tsjirmer, （愚痴っぽい人）*de* kleier, *de* lêber, *de* skriemer
なぎさ　渚　*it* strân, （岸）*de* igge, *de* wâl
なきさけぶ　泣き叫ぶ　gûle, lipe, skreauwe, jammerje
なきじゃくる　泣きじゃくる　snokje, snokke
なきだす　泣き出す　begjinne te gûlen [skriemen], （わっと）yn triennen útbarste
なきどころ　泣き所　→弱み
なきにしもあらず　無きにしも非ず　（極くわずかな見込み）in minime kâns
なきねいりする　泣き寝入りする　→（屈辱などを）耐え忍ぶ
なきべそをかく　泣きべそをかく　hast gûle
なきむし　泣き虫　*de* baltbek, *de* gûlbek
なきわめく　泣き喚く　âlje, balte, lipe
なきわらいをする　泣き笑いをする　tagelyk laitsje en skrieme
なく　泣く　grine, krite, skrieme, （大声で）(lûd) gûle：そのことで泣く必要はないのにね Dêr hoechst dochs net om te *gûlen.*, その子供は泣いている It bern *skriemt.*；泣いている skrieme-rich：泣いている子供 in *skriemerich* bern
なく　鳴く　（鳥が）sjonge, （小鳥が）tsjirpe（→さえずる）, （牛がもーと）âlje, （犬などが）bylje, raze （→吠える）, （猫がにゃーと）miaukje, （牛・羊・山羊が）balte, bâlte, （羊・山羊がめーと）mêkje, （かえるががーがーと）krôkje, （あひるが）kweakje：牛がもーと鳴く It fee *âlet.*, 犬が鳴いている In hûn *bilet.*, かえるとひきがえるががーがー鳴いている De frosk en de pod *krôkje.*
なぐ　凪ぐ　（海が）stil wurde, （風が）befalle, bekomme（→収まる）：風がなぐ De wyn *befalt* [*bekomt*].
なぐさみ　慰み　（娯楽）*it* amusemint, *de* (fer)divedaasje, *it* fermaak, *it* fermeits, *it* fertier
なぐさめ　慰め　*de* bemoediging, *de* fertreasting, *de* treast：慰める *treast* jaan；慰める bemoedigje, fertreast(g)je, treast(g)je：人を慰める immen *treast(g)je*；慰めの言葉 it treastwurd
なくす　亡くす　ferlieze：彼は息子を若くして亡くした Hy hat syn soan

jong *ferlern.*
なくす　無くす　（失う）weibringe, weireitsje,（意識を）ferlieze：ハンカチをなくす jins bûsdoek *weibringe*, 財布をなくした Myn beurs is *weirekke.*, 意識がなくなる it besit *ferlieze*
（…が）なくて　sûnder（→…無しで）
なくてはならない　無くてはならない（絶対必要な）ûnmisber,（必要な）nedich, needsaaklik, kinne neat sûnder …：米は日本人にはなくてはならない食糧です Rys is *ûnmisber* iten foar de Japanners., 日光は植物にはなくてはならないものだ Ljocht is *needsaaklik* foar planten., 新聞は彼にとってなくてはならないものです Hy kin neat *sûnder* de kranten.
なくなる　亡くなる　（死ぬ）ferskiede, ferstjerre, hinnegean, ynsliepe, rêste, ûntfalle, weireitsje：その老人は今朝亡くなった De âldman is fan 'e moarn *hinnegien.*
なくなる　無くなる　（失う）weibringe, weireitsje,（紛失する）weireitsje,（尽きる）ferbrûke, opbrûke,（消える）ferdwine, weiwurde,（痛み・風などが）（和らぐ）fersêftsje, ôfnimme
なぐりあい　殴り合い　de fjochterij, de knokpartij, de slaggerij；殴り合いになる（mei-inoar）slaande deilis reitsje
なぐりかえす　殴り返す　weromslaan
なぐりかかる　殴り掛かる　deryn slaan
なぐりころす　殴り殺す　deaslaan, slaan,（棍棒で）deakneppelje：人を殴り殺す immen *deaslaan*
なぐりたおす　殴り倒す　delslaan, flappe；人を殴り倒す immen tsjin 'e flakte slaan
なぐる　殴る　huffe, slaan,（激しく）oanstrike：彼は私を殴った Hy hat my *slein.*, 殴られる *slaan* krije；殴ると *de* slach（殴打）：びんたを殴られる in *slach* foar [tsjin] 'e kop krije, 人を殴る immen in *slach* jaan
なげうりする　投げ売りする　mei ferlies ferkeapje（→損して売る）

なげかわしい　嘆かわしい　（遺憾な）bedroefd, spitich（→残念な）
なげき　嘆き　de weeklacht,（悲嘆）de drôfenis, it fertriet, it leed；（…を）嘆く treur(j)e（om）, weekleie（oer）
なげすてる　投げ捨てる　delsmite [-stoarte], stoarte
なげだす　投げ出す　útsmite,（放棄・断念する）ferlitte, opjaan
なげつける　投げ付ける　smite：人に石を投げつける immen mei stiennen *smite*
なけなし　無けなし　彼はなけなしのお金をはたいて新車を買った Hy brûkte al syn jild om in nije auto te keapjen.
なげやり　投げ遣り　de nonsjalânse；投げやりな nonsjalant（→いい加減な）
なげる　投げる　goaie, smite, werpe,（断念する）→投げ出す
（…が）なければ　《接》as, of：強制しなければ彼は医者にかからないだろう Hy wol net dokterje, as [of] hy moat twongen wurde.
なこうど　仲人　de keppelder, de tuskenpersoan；仲人をする keppelje：彼はその二人の仲人をした Hy hat dat pear *keppele.*
なごやかな　和やかな　freonlik, gesellich, minlik, smout：和やかな雰囲気 de *smoute* sfear
なごり　名残　（痕跡）it spoar,（別離）it ôfskie(d)：彼女と別れるのは名残惜しい Ik haatsje it *ôfskied* fan har te nimmen.；名残を惜しむ net graach fan immen skieden wêze
なさけ　情け　de barmhertigens, de genede, de graasje, de kleminsje：情けを請う om *genede* freegje；情け深い barmhertich, genedich, klemint, meilydsum；情け知らず ûnbarmhertich, ûngenedich
なさけない　情けない　begrutlik, jammer(dear)lik,（哀れな）earm
なざす　名指す　beneame, neame
なし　梨　de par

なしくずし　済し崩し　済し崩しに支払う ôfbetelje
(…)なしで　(…)無しで　sûnder：私の援助なしで sûnder myn help, 考えなしで sûnder nei te tinken, 許可なしで sûnder ferlof (→無断で)；なしで済ます misse：私は眼鏡なしでは済まされない Ik kin myn bril net misse.
なしとげる　成し遂げる　ferfolje, foldwaan, foltôgje, ôfmeitsje
なじみ　馴染み　de ynlikens [-likheid], de yntimiteit, (知人) de bekende, de kennis, de kunde；馴染む familiêr wurde, (慣れる) wenne：外国の習慣に馴染む oan [ta] frjemde wizânsjes wenne
ナショナリズム　(国家・民族主義) it nasjonalisme
なじる　詰る　beskuldigje, kweanimme, kwea(ôf) nimme
なす　茄子　de auberzjine
なす　為す　dwaan, ferrjochtsje, meitsje (→する)
なすりあい　擦り合い　(責任の) de tsjinbeskuldiging；(互いに) 擦り合いをする (oer en wer) ferwiten meitsje
なすりつける　擦り付ける　(塗料・泥などを) bekladderje, bekladzje, (オイル・クリームなどを) ynsmarre, smarre (→擦り込む), (責任を) ferhelje
なする　擦る　(擦り込む) ynsmarre, (責任などを) (転嫁する) oanwriuwe
なぜ　何故　wêrom, 《接》wêrom't：なぜそう思うのか Wêrom tinkst dat?, 彼がなぜそうしたのか私には分かりません Ik wit net wêrom't er it die.
なぜなら(ば)　何故なら(ば)　《等接》want：彼女は来れない，なぜなら病気だから Se kin net komme, want se is siik. ＊want 節内は普通の語順
なぞ　謎　it fraachteken, it mystearje, it riedling, it riedsel, (暗示) de fingerwizing：なぞを解く in mystearje [riedling / riedsel] oplosse, 生命のなぞ de riedsels fan it libben；(なぞを) 解く riede：私はそのなぞを解いた Ik haw it riedsel ret.；なぞの mysterieus, riedselachtich：なぞめいた事件 in mysterieuze saak
なぞとき　謎解き　oplossing fan riedsels
なぞらえる　擬える　→例(たと)える
なぞる　擦る　neitekenje, oerlûke
なた　鉈　de hânbile (→手おの)
なだかい　名高い　→有名な
なたね　菜種　it koalsied, it raapsied；菜種油 de raapoalje
なだめすかす　宥め賺す　flieme, stilbêdzje, troaie, (おだてる) flaaie
なだめる　宥める　delbêdzje, kalmearje, paaie, stilbêdzje, suskje, troaie：坊やをなだめる it lytse jonkje troaie
なだらかな　傾らかな　flau：なだらかな坂 in flauwe delling [gloaïng / skeante]
なだれ　雪崩　de lawine
なつ　夏　de simmer：夏には by 't simmer, 去年 [今年] の夏 (には) fan 't ['e] simmer；夏の simmersk：夏の服装をしている simmersk yn 'e klean wêze；夏になる simmerje；夏には simmerdei(s), simmers；夏時間 it simmerskoft, de simmertiid (→サマータイム)：夏時間になる De simmertiid giet yn.；夏休み de simmerfakânsje
なついんする　捺印する　segelje (→押印する)
なつかしい　懐かしい　dierber, familiaar, nostalgysk, sentiminteel：彼は昔のことをとても懐かしく話す Hy kin sa dierber prate oer de âlde tiid.
なつかしむ　懐かしむ　misse, (…を) longerje (op)：昔の友人を懐かしく思う âlde freonen misse
なつく　懐く　jin hechtsje：犬は飼い主に懐く In hûn hechtet him oan syn baas.
なづけおや　名付け親　(男の) de peetheit, de peter, (女の) de peetmem, de meter
なづける　名付ける　dope, neame

ナッツ（食用の堅い木の実）*de* nút
なつっこい 懐っこい oanhelderich, oanhinklik, tadien
ナット *de* moer
なっとく 納得（承諾・同意）*de* goedkarring, *de* ynstimming, *de* oerienkomst, *de* tastimming, *it* tawurd；納得する goedkarre, ynstimme, tastimme；納得させる oertsjûgje：あることを人に納得させる immen fan eat *oertsjûgje*
なつめ 棗 *de* jujube
ナツメグ *de* muskaat(nút), *de* nutemuskaat, nútmuskaat
なでしこ 撫子 *de* anje(lie)r（→カーネーション）
なでつける 撫で付ける（髪などを）delstrike
なでる 撫でる aaie, streakje, strike,（優しく）aaikje,（髪などを）delstrike：彼女は子猫を撫でている Se *aait* de poes., 女の子のほおを撫でる it famke oer it wang *streakje*, 髪を撫でる it hier *delstrike*
（…）など （…）等 ensafuorthinne《略 ensfh.》, en sawathinne（→（一）等（とう））
ナトリウム *it* natrium
ななしの 名無しの nam(me)leas, anonym
ななじゅう（の）七十（の） → 70（の）
ななつ 七つ 七つ（の）(*de*) sân
なな（の）七（の） → 7（の）
ななめの 斜めの gearend, 斜めの [に] diagonaal, oerhoeks, skean, skeef
なに 何 wat：名前は何ですか *Wat* is jo namme?, 何と言いましたか *Wat* seist?；何か wat：何か見えますか Sjochsto *wat*?, 何か食べたい Ik wol *wat* ite., それから何か悲しいことが起きました En doe barde der *wat* aakliks.；何から何まで，何もかも alles, de hiele santekream [-petyk]：そのことなら何もかも知っている Ik wit der *alles* fan.；何が何でも yn gjin gefal, uterstee net（→どんなことがあっても…ない）；何も…ない nearne (net), neat：悪気は何もなかったが… *Near-*

ne net om, mar…, 彼は何も言いませんでした Hy hat *neat* sein.,《諺》無から何も生じない *Neat* komt fansels.
なにがし 某 himkes, *de* himkoalle, *de* manje, *de* mukkes * himkes は不定代名詞
なにかと 何かと op 'e iene of oare manier
なにがなしに 何が無しに →何となく
なにがなんでも 何が何でも doch, dôch,（とりわけ）foaral（→何）
なにげない 何気ない achteleas, ûnopsetlik（→さり気ない）,（頓着しない）ûnbekommere, ûnbesoarge；何気なしに ûnwillekeurich
なにしろ 何しろ doch, dôch,（とにかく）nammers
なにとぞ 何卒 →どうぞ,（どうか…してください）beleaven, beliven：何とぞ子供さんをお大事に *Beleaven*, tink goed om 'e bern.
なにはさておき 何はさて措き alderearst：何はさて措きお前がしなければならないことは卒業することだ Do moatst *alderearst* dyn diploma helje.
なにはともあれ 何はともあれ alderleafst（→何はさて措き）
なにぶん 何分 afijn, doch, dôch（→ともかく）
なにゆえ 何故 →なぜ
なによりも 何よりも（foaral en）beleaven, doch, dôch（→とりわけ）
なのはな 菜の花 *de* raapsiedblossem
なのる 名乗る jin foarstelle
なびく 靡く（風に）wapperje,（権力に）bûge (nei)（→屈服する）：旗が（風に）なびく De flaggen *wapperje*.
ナプキン *it* fingerdoekje, *it* servet
なふだ 名札（表札）*it* nammeplaatsje
ナフタリン *it* naftaleen
なべ 鍋（浅い）*de* panne,（深い）*de* pot / pôt：鉄製のなべ in izeren *pot*
なまあくび 生欠伸 生あくびをかみ殺す in gapke [geau] ûnderdrukke

なまあたたかい　生暖かい　lij：生暖かい風 *lije* wyn
なまいきな　生意気な　bretaal, dryst-(moedich), ûnbeskoft,（子供が）pystich；生意気に bretaalwei；生意気な子供 it pyst；生意気 *de* drystens [-heid]
なまえ　名前　*de* namme：あなたのお名前は Hoe is jo *namme*? = Hoe hjite jo?, 人を名前で知っている immen by *namme* kinne, …という名前の少女 in famke mei de *namme* fan …；名前をつける neame：彼の祖父にちなんで子供に名前をつける in bern nei syn pake *neame*
なまかじりの　生齧りの　（浅薄な）oerflakkich：生かじりの知識 *oerflakkige* kennis
なまがわきの　生乾きの　heal droech
なまぐさい　生臭い　fiskich：生臭いにおいがする *fiskich* rûke
なまくび　生首　in ôfsniene kop mei farsk bloed
なまクリーム　生クリーム　farske rjemme
なまけぐせ　怠け癖　(de gewoante fan) loaiens；怠け癖のある loai fan aard
なまけもの　怠け者　*de* loaikert, *de* loaiwammes（→不精者）
なまけもの　樹懶　（動物の）*de* loaikert
なまける　怠ける　loaikje；怠けた［て］loai；怠け *de* loaiens（→怠け癖）
なまこ　海鼠　*de* seekomkommer
なまごみ　生ごみ　it ôffal
なまず　鯰　*de* mearfal
なまたまご　生卵　in (rau) aai
なまちゅうけいの　生中継の　rjochtstreeks：生中継の放送 in *rjochtstreekse* útstjoering
なまつば　生唾　→つば
なまなましい　生々しい　libben：生々しい記憶 in *libben* oantinken
なまにえの　生煮えの　healgear：このじゃがいもは生煮えだった De ierappels wiene *healgear*.
なまぬるい　生温い　lau(waarm), lij-(waarm),（手ぬるい）laks,（あいまいな）faach, healslachtich：生ぬるいコーヒー *lije* kofje, 生ぬるい態度 in *healslachtige* hâlding
なまの　生の　rau, raukost：生の魚を食べる *rauwe* fisk ite
なまハム　生ハム　*de* skinke
なまはんかな　生半可な　（皮相的な）flechtich, oerflakkich,（中途半端な）heal：生半可な知識 *oerflakkige* kennis
なまばんぐみ　生番組　rjochtstreekse útstjoering
なまビール　生ビール　bier út it fet
なまへんじ　生返事　in healslachtich [lau] antwurd
なまほうそう　生放送　in rjochtstreekse útstjoering；生放送する rjochtstreeks útstjoere
なまみ　生身　libbene lea
なまみず　生水　farsk wetter
なまめかしい　艶めかしい　leidich,（色っぽい）seksy
なまもの　生物　net sean iten
なまやけの　生焼けの　kliemsk：生焼けのパン *kliemske* bôle
なまやさい　生野菜　*de* raukost
なまやさしい　生易しい　maklik（→容易な）*通例, 否定語と共に用いる
なまり　鉛　it lead：鉛は灰色をしていて, とても重い Lead is griis fan kleur en tige swier.；鉛（製）の leaden：鉛（製）の）管 in *leaden* piip
なまり　訛り　it aksint, it plat, *de* tongfal [-slach]：訛りのないフリジア語を話す Frysk prate sûnder *aksint*, 彼には南部地方の訛りがある Hy hat in Súdhoekster *tongslach*.
なまる　訛る　ferbasterje, prate mei in lokaal aksint
なまる　鈍る　→鈍(にぶ)る
なまワクチン　生ワクチン　libben faksin
なみ　波　*de* weach；波打つ weagje：波打っている海 de [in] *weagjende* see
なみき　並木　in rige beammen；並木道 *de* beamsingel,（土手などに沿った）*de* beamwâl

なみしぶき　波しぶき　opspattend seewetter
なみだ　涙　 *de* trien：彼女は涙ぐんでいた Hja wie yn *triennen*., 母は目に涙を浮かべていた De *triennen* stiene ús mem yn de eagen., 涙をこらえる jins *triennen* hâlde（→目頭を押さえる）；涙が出る trieneagje：たまねぎ（の刺激）で涙が出る Fan sipels moat ik *trieneagje*.；涙を出して泣く trienje；涙もろい gûlderich, skriemerich；涙ぐましい oandwaanlik, oangripend；涙ながらの skriemerich
なみだつ　波立つ　海は波立っている De see is ûnrêstich.；波立った barich
なみなみならぬ　並々ならぬ　ûngemien, ûngewoan：並々ならぬ努力 *ûngemiene* ynspanning
なみの　並みの　deagewoan, gewoan, midsmjittich, sljocht(hinne)：並みの人々 *sljochthinne* lju
なみはずれた　並外れた　oeribel, ûngewoan：並外れて大きい *oeribele* grut
なめくじ　蛞蝓　 *de* slak
なめす　鞣す　（皮を）なめす taanje；なめし皮 tane hûd
なめらかな[に]　滑らかな[に]　（すべすべした）gled, glêd, smeu(dich),（よどみない[く]）floeiend, flot,（平らな）flak, plat：滑らかな肌 *gled* fel, 日本語を滑らかにしゃべる *floeiend* Japansk prate
なめる　舐める　beslikje, slikje,（人を）（馬鹿にする）de gek (mei immen) hawwe：犬が皿(ひら)をなめている De hûn *beslikket* de panne., 口の周りをなめる jin om 'e mûle *slikje*, アイスクリームコーンをなめる fan［oan］in iisko *slikje*
なや　納屋　 *de* skuorre
なやましい　悩ましい　→なまめかしい
なやます　悩ます　behinderje, ergerje, hinderje, lette, pleagje：彼女は頭痛に悩まされている Sy wurdt *pleage* troch pineholle., 彼は良心の呵責(かしゃく)に悩んでいる Syn gewisse *pleaget* him.；

悩ませる fertrietsje
なやみ　悩み　it fertriet, *de* hinder, *de* kwelling（←悩みの種）
なやむ　悩む　jin bekommerje［kwelle］, 思い悩む omtize, pikerje：私はそのことでもう悩むことはないでしょう Ik wol my der net langer mei *kwelle*.
ならい　習い　→習慣
ならう　倣う　（まねる）imitearje, neibauwe, neidwaan（→手本にする）：人の文体にならう immens styl *neidwaan*
ならう　習う　leare：読み方を習う lêzen *leare*,《諺》習うより慣れよ Al dwaande *leart* men., Men *leart* al dwaande.
ならく　奈落　→地獄
ならす　均す　（平らにする）lykmeitsje, oersljochtsje, ôfgrave, sljochtsje,（平均する）middelje
ならす　馴らす　（動物を）nuet meitsje, wenne：ライオンを飼い馴らす in liuw *nuet meitsje*, 犬を飼い馴らす in hûn *wenne* litte
ならす　鳴らす　（ベル・鐘を）belje, liede, skilje,（クラクション・警笛を）toetsje：弔いの鐘を鳴らす de klok *liede*
ならす　慣らす　（…に）jin wenne：早起きの習慣に慣らす（→慣れる）jin *wenne* om betiid fan 't bêd
ならずもの　ならず者　 *de* doerak, *de* skobbert, *de* skoelje, *de* smycht, *de* smjunt
（…）ならない　（…しなければならない）moatte,（…してはならない）net moatte：10時には帰宅しなければならない Ik *moat* om tsien oere thús wêze.,《諺》夫婦喧嘩の仲裁に入ってはならない Men *moat* de hân *net* tusken bast en beam stekke.
（…）ならば　→もし…ならば
ならび　並び　 *de* streek,（列）*de* line,（側）*de* kant：家の並び in *streek* huzen（家並み）
ならびに　並びに　（及び）en ek, sawol … as,（…の他に）neist：数学並びに物理も sawol *fysika* as matematyk, 彼

は英語並びにフリジア語も研究している Neist Ingelsk, hat er ek Frysk studearre.
ならぶ　並ぶ　yn 'e rige stean；…と並んで neist inoar mei …
ならべかえる　並べ替える　opnij skikke, (家具などを)（meubels) oars opstelle
ならべたてる　並べ立てる　→列挙する
ならべる　並べる　（一列に）rigelje, (整列させる) opstelle, (整頓する) skikke；先生は子供たちを全員一列に並べさせた Master sette alle bern op in rige.
ならわし　習わし　it gebrûk, de gewoante, de sede, de wenst, de wizânsje（→習慣）
なりあがる　成り上がる　omheech komme, opklimme；成り上がり者 de nije riken
なりきん　成金　→成り上がり者
なりさがる　成り下がる　nei ûnderen falle
なりすます　成り済ます　（振りをする）fingearje, jin foardwaan；他人に成り済ます jin foar immen oars útjaan
なりそこなう　成り損なう　eat misrinne, eat net wurde
なりたち　成り立ち　（起源・由来）it komôf, de oarsprong, de ôfkomst(e), （経過）it berin, it ferrin, (組織) de organisaasje, de struktuer
なりたつ　成り立つ　（…から）（構成される) bestean (út), （…で）（維持されている) bestean (fan)：水は水素と酸素から成り立っている Wetter bestiet út soerstof en wetterstof., この家族の生計は農業で成り立っている Dy famylje bestiet fan 'e buorkerij.
なりひびく　鳴り響く　（鐘などが）galmje, klinke, klippe, wjergalmje：塔の鐘が鳴り響いている De klokken fan de toer galmje., トランペットの音が遠くの方まで鳴り響いている De trompet klinkt fier.
なりゆき　成り行き　it berin, de rin：ことを成り行きに任せる de dingen op har berin litte

なりわい　生業　（生計）jins kost, （職業）it berop
なる　生る　（実・果物が）hingje, opleverje：なしが木になっている De parren hingje oan 'e beam., 今年はこのりんごの木に実がよくなっている Dy appelbeam levert fan 't jier gâns op.
なる　成る　→成り立つ
(…に) なる　wurde：寒くなる It wurdt kâld., 彼は金持ちになった Hy waard ryk., それで病気になってしまうよ Dêr wurdst siik fan., 明日で1週間になる It wurdt moarn in wike.
なる　鳴る　klinke, liede, (ゆるやかな調子で) klippe：鐘が鳴っている De klok let [liedt].
なるべく　成るべく　leaver（→できるなら）：なるべくなら事務所に電話を掛けてもらいたくない Ik wol leaver net datst my op kantoar bellest.
なるほど　成る程　yndie(d)；なるほど！ Wrachtich!, Wrammels!
なれ　慣れ　it gebrûk, （経験）de rûtine, de ûnderfining
なれあい　馴れ合い　de gearspanning, it komplot；(…と) 馴れ合う gearspanne (mei)
ナレーション　（語り）de fertelling；ナレーター de farteller（→語り手）
なれっこになる　慣れっこになる　wenne
なれなれしい　馴れ馴れしい　al te familiêr
なれる　馴れる　mak [nuet] wurde；馴れた mak, nuet（→（飼い）馴らす）
なれる　慣れる　jin ynwurkje, wenne：あることに慣れる earne oan [ta] wenne., 君はそれに慣れるだろう Silst der wol oan wenne.；慣れた wend：…に慣れる wend reitsje oan …, あることに慣れている earne oan wend wêze, 私たちは2, 3日もしたらすぐに新居に慣れた Nei in pear dagen wiene wy al aardich wend yn it nije hûs.
なわ　縄　de koarde, it tou, （縄跳用の）it toudûnserstou；縄の, 縄で作った

touwen：縄ばしご in *touwen* ljedder = *de* touljedder
なわとびをする 縄跳びをする toudûnsje [-springe]
なわばり 縄張り *it* territoarium
なん 難 (困難) *de* dregens, *de* muoite, (災難・災害) *de* besiking, *it* ûngemak, (欠陥) *it* defekt, *de* fout
なんい 南緯 *de* suderbreedte (↔北緯)
なんいど 難易度 *de* graad fan dregens [slimmens]
なんか 軟化 *de* fersêfting, *de* ferweaking, *de* weakens；軟化する weak wurde；軟化させる ferweakje, weak meitsje
なんかいな 難解な (困難な) dreech, fertrietlik, lestich, swier：難解な問題 *drege* problemen
なんかん 難関 (困難) *de* dregens, (難局) *de* ympasse, (障害) *de* barrière, *de* hindernis；難関にぶつかる fêstsitte
なんぎ 難儀 (困難・苦労) *de* muoite, *it* ûngemak：難儀をしている yn it *ûngemak* sitte, yn *ûngemak* wêze
なんきょく 難局 *de* swierrichheid：難局を切り抜ける oer in *swierrichheid* hinne komme
なんきょく(てん) 南極(点) *de* súdpoal (↔北極(点))
なんきんする 軟禁する 彼女は自宅に軟禁されている Sy stiet ûnder húsarrest.
なんきんまめ 南京豆 *de* apenút (→ピーナッツ)
なんきんむし 南京虫 *de* wânlús [-lûs]
なんくせをつける 難癖を付ける (…に)けちをつける lekskoaie (op)
なんご 喃語 (乳児の) *it* gebrabbel
なんこう 軟膏 *de* salve, *it* smarsel：軟膏を擦り込む mei *salve* ynsmarre, 肌に軟膏を擦り込む *salve* op 'e hûd smarre
なんこうがい 軟口蓋 *it* sêfte ferwulf(t) (↔硬口蓋)
なんこうする 難航する stadich foarút-

gean (→はかどらない)
なんこつ 軟骨 *it* knarsbien [kreak-]
なんさい 何歳 何歳ですか Hoe âld binne jo?
なんざん 難産 in drege [swiere] befalling：難産する dreech befalle
なんじ 何時 何時ですか Hoe let is it?；何時に hoenear：バスは何時にまたやって来ますか *Hoenear* komt hjir wer in bus lâns?
なんじ 難事 →困難
なんじかん 何時間 Hoefolle oeren …?, Hoelang …? (→どの位)：何時間ここにいますか *Hoefolle oeren* bliuwe jo hjir?；何時間も oeren lang
なんじゃくな 軟弱な (地盤・意思が)(柔らかでもろい) weak：彼はリーダーになるには意思が軟弱すぎる Hy is te *weak* om in lieder te wêzen.
なんじゅうする 難渋する →難航する
なんじゅうの 何十の ytlike
なんじゅうまんの 何十万の hûnderttûzenen
なんしょ 難所 in gefaarlik plak
なんしょく 難色 →不賛成, 不承知
なんすい 軟水 sêft wetter (↔硬水)
なんせい 南西 *it* súdwesten；南西の[に]súdwest：南西の風が吹いている De wyn is *súdwest*.
なんせん 難船 →難破船
ナンセンス (無意味) *de* larikoek, *de* ûnsin；ナンセンスな sinleas
なんぜんの 何千の tûzenen：何千人もの暴徒 *tûzenen* oproerkraaiers
なんだ！ 何だ！ Wat!, Watsei!
なんだい 難題 →難問(題)
なんたいどうぶつ 軟体動物 *it* weakdier
なんだか 何だか (何となく) wat, (少し) in bytsje：何だか仕事に疲れた Ik bin *wat* wurch fan it wurk., 彼女は何だか酔っていた Sy wie *in bytsje* dronken.
なんちょうで 難聴で hurdhearrich (→耳が遠い)；父は難聴である Us heit heart min.

なんて　何て　Wat …!, Hoe …！：何て可愛らしい赤ん坊でしょう！ *Wat* in leaf popke!, 君は何て嘘つきなんだろう！ *Wat* kinsto lige!, わが国の牧草地は何て素晴らしいんだろう！ *Hoe moai binne ús greiden!*
なんで　何で　→なぜ、どうして
なんでも　何でも　（全て）alles, （どれでも）wat：そのことなら何でも知っている Ik wit der *alles* fan., 食べたい物は何でも食べられる Ik kin ite *wat ik wol*.
なんでもや　何でも屋　*de* tûzenpoat
なんてん　難点　*it* beswier, *de* ellinde, *it* ûnrie(d), (欠点) *de* skaadkant：それは新しい法律の難点だ Dat is in *skaadkant* fan de nije wet.
なんと　何と　Wat …?：何と言いましたか *Wat* seist?
なんど　何度　→何回, （温度について）Hoefolle graden …?：温度は何度ありますか *Hoefolle graden* is it?；部屋の温度は何度ですか Wat is de temperatuer fan de keamer?；何度も iderkear(en)
なんといっても　何と言っても　doch, dôch
なんとう　南東　*it* súdeasten；南東の [に] súdeast
なんとか　何とか　（何とかして）mei (alle) macht, op 'e iene of oare manier (→やっと, 辛うじて)；なんとか切り抜ける modderje
なんとなく　何となく　wat：今日は何となくけだるい Hjoed bin ik *wat* wurch.
なんとなれば　何となれば　《等接》 want：彼女は来れない, 何となれば病気だから Se kin net komme, *want* se is siik.
なんなく　難なく　sûnder muoite, （容易に）maklik
なんにち　何日　ここに何日滞在しますか Hoefolle dagen bliuwe jo hjir？；今日は何日ですか De hoefol(le)ste is 't hjoed?, Hokker mannichste binne [hawwe] wy hjoed?；何日も dagen-lang

なんにん　何人　Hoefolle minsken …?：そこに何人いましたか *Hoefolle minsken* wienen dêr?
なんねん　何年　Hoefolle jierren …?：日本に何年滞在していますか *Hoefolle jierren* bisto yn Japan bleaun?；何年も al jierren, jierrenlang
なんの　何の　Watfoar …?：それは何の本ですか *Watfoar* boek is it?；それは何の役にも立たない Dat is in ding fan neat.；彼女は彼とは何の関係もないだろう Sy moat neat fan him hawwe.；何の役にも立たない人 *de* neatnut(ter)；何の役にも立たない物 in ding fan neat
なんぱ　難破　*de* skipbrek：難破する *skipbrek* lije；難破船 *it* wrak
ナンバー　*it* nûmer；（車の）ナンバープレート *it* nûmerboerd
なんばん　何番　Hokker nûmer …?：何番に（電話を）かけるんですか *Hokker nûmer* skilje jo?
なんびゃくの　何百の　hûnderten：何百回も *hûnderten* kearen
なんびゃくまんの　何百万の　miljoenen
なんびょう　難病　in ûngenêslike sykte
なんぶ　南部　*it* suden：ド・レマルはフリースラントの南部に位置する De Lemmer leit yn 't *suden* fan Fryslân.
なんぶつ　難物　in lestige saak [man]
なんべい　南米　Súd-Amearika；南米の Súdameariaksk
なんぽう　南方　*it* suden；南方の [へ] súd：町の南方に *súd* (fan) de stêd
なんぼく　南北　noard en súd
なんまんの　何万の　tsientûzenen：何万人もの難民 *tsientûzenen* flechtlingen
なんみん　難民　*de* flechtling；難民キャンプ *it* flechtlingekamp
なんもん(だい)　難問(題)　in (beswierlik) probleem：難問を解決する in *probleem* oplosse
なんよう　南洋　*de* Súdsee（→南太平洋）

なんようび 何曜日 今日は何曜日ですか Wat dei is it hjoed?
なんら 何等 何ら…ない gjin (→少しも…ない)：そのことには何ら触れない方がよい Der mei *gjin* wurd fan rept wurde.
なんらか（の） 何等か（の） →何か, ある程度

に 二 ni

に 二 2（の）(*de*) twa；2 番目（の／に）(*it / de*) twad(de)；2 度[回] twaris
に 荷 （荷物）*de* fracht, （重荷）*it* beswier
にあいの 似合いの passend；彼らは似合いの夫婦になるだろう Hja sille in goed pear wurde.
にあう 似合う foegje, kraaie, passe：その服は彼女に似合っている Dy jurk *klaait* har goed., この眼鏡はあなたによく似合っている De bril *past* moai by jo.；《形》似合った passend：コートによく似合ったズボン in broek mei in dêrby *passende* jas
ニアミス hast in botsing
にいさん 兄さん （兄）jins âldere broer
ニーズ （要求）*de* behoefte, （需要）*de* oanfraach
にえかえる 煮え返る kôkje, siede, （激怒する）jin kôkje：血が煮え（く）返る思いだった It bloed *kôke* my.
にえきらない 煮え切らない （決断力のない）twivelich, net út 'e rie komme kinne, （気乗りのしない）healslachtich：煮え切らない返事 in *healslachtich* antwurd
にえこぼれる 煮え零れる （牛乳などが）opkomme：牛乳が煮えこぼれそうだ De molke *komt op*.
にえたつ 煮え立つ お湯が煮え立っている It wetter is oan 'e kôk.
にえる 煮える kôkje, siede
におい 匂い （香り）*de* geur, *de* lucht,

de rook：花の匂い de *rook* fan in blom；匂いを嗅ぐ *rûke*：ワインの匂いを嗅ぐ Ik *rûk* wyn.
におい 臭い （悪臭）*de* lucht, *de* stank：その肉は嫌な臭いがする Der sit in ferkearde *lucht* oan dat fleis.
におう 匂う rûke：その食べ物はいい匂いがする It iten *rûkt* lekker.
におわす 匂わす （香りを放つ）parfumearje, rûke, （ほのめかす）oantsjutte（→暗示する）：部屋に花の香りを匂わす in keamer *parfumearje* mei de rook fan blommen, 彼はその問題点をそれとなく匂わせた Hy *tsjutte* koart it probleem *oan*.
にかい 二回 twaris, twa kear：週に 2 回 *twa kear* wyks
にかい 二階 de earste etaazje [ferdjipping]：2 階に op *de earste etaazje*；2 階に[へ] boppe(n)；2 階建てバス *de* dûbeldekker
にがい 苦い bitter, （つらい）ûndraachlik：この薬は苦い Dit medisyn smakket *bitter*., その食べ物は苦い味がする Dat iten hat in *bittere* smaak., 苦い経験をする in *bittere* [*ûndraachlike*] ûnderfining hawwe, 《諺》良薬は口に苦し→良薬
にがおえ 似顔絵 *it* portret（→肖像（画））
にかこくごほうそう 二か国語放送 twatalige útstjoering；二か国語併用の twatalich
にがす 逃がす frijlitte, （好機を）misse

にがつ 二月 *de* febrewaris [-waarje], *de* selle (moanne), *de* skrikkelmoanne
にがて 苦手 (不快な人) *de* aakliksma, (弱点・不得意) *it* gebrek, *it* swak, *de* swakkens [-heid]; (…は)苦手である swak wêze (yn): 私は数学が苦手だ Ik bin swak yn wiskunde.
にがにがしい 苦々しい (不愉快な) aaklik, hinderlik, raar (→苦い)
にがみ 苦味 *de* bitterens [-heid]
にがむし 苦虫 彼は苦虫をかみつぶしたような顔をしている Hy hat in soer gesicht.
にがりきった 苦り切った skean, soer: 苦り切った表情 in *soer* gesicht
にかわ 膠 *de* lym: にかわでしっかりと固定する mei *lym* fêstmeitsje
にがわらい 苦笑い in bittere laits; 苦笑いをする bitter laitsje, soerswiet glimkje
にきび 面皰 *de* mei-iter, *de* pûkel, *de* pûst: 顔のにきび in *pûkel* op it wang
にぎやかな 賑やかな (場所が) bluisterich, drok, (人が) drok, roerich: にぎやかな通り de *drokke* strjitte (→繁華街), にぎやかな子供たち *drokke* bern
にぎり 握り (取っ手) *it* hâldfêst, *it* hânfet, *de* hângreep, (ドアの) *de* knop, (傘の) *de* knop
にぎりしめる 握り締める fêstgripe [-pakke]
にぎりつぶす 握り潰す fynknipe, (押し隠す) eat yn 'e dôfpot stopje
にぎる 握る fetsje, gripe, pakke: 彼女は私の手をぎゅっと握った Hja fettet my by de hân.
にぎわい 賑わい *it* beweech, (繁栄) *de* foarspoed, *de* wolfeart, *de* woltier: 町にシンテクラースがやって来ると大変なにぎわいになった Der wie gâns *beweech* doe't Sinteklaas yn 'e stêd kaam.
にぎわう 賑わう (人で) grôtfol mei minsken wêze, (繁栄する) dije
にく 肉 (人・動物の) *it* fleis, *it* flêsk,

(食肉) *it* fleis; 肉汁 *de* stip; 肉だんご *de* gehakbal; 肉屋 *de* slachter, (店) *de* slachterij, *de* slachterswinkel
にくい 憎い haatlik; 憎む haatsje; 憎しみ *de* haat: 人を憎む *haat* foar ien fiele
にくがん 肉眼 it bleate each: 肉眼で見る mei *bleate eagen* sjen
にくしつの 肉質の fleislik, (果実が) (多肉質の) fleislik
にくしょく 肉食 (人・動物が) *de* fleisfretter, *de* fleisiter; (人が) 肉食する fleis ite; 肉食性の fleisitend: 肉食動物 *fleisitende* dieren (肉食獣)
にくしん 肉親 jins âlder(s), jins eigen fleis en bloed, (親族) *de* sibbe
にくせい 肉声 jins natuerlike stim
にくたい 肉体 *it* fleis, *de* lea (→体): (精神に対して) 肉体はもろい It *fleis* is swak., 肉体的な [に] fysyk; 肉体関係 seksuele relaasje; 肉体重労働 *it* leabrekken
にくにくしい 憎々しい yrritant
にくばなれ 肉離れ in ferrutsen spier
にくひつ 肉筆 jins eigen skriuwerij
にくぶとの 肉太の (活字の) fet: 肉太の活字で yn *fette* letters
にくぼその 肉細の spjochtich: 肉細の活字 *spjochtige* typen
にくまれぐち 憎まれ口 haatlike opmerkings
にくまれっこ 憎まれっ子 *de* ychel, *de* kweajonge (→いたずらっ子); 《諺》 憎まれっ子世にはばかる Unkrûd fergiet net.
にくよくてきな 肉欲的な fleislik, puntich
にくらしい 憎らしい haatlik (→憎い)
にぐるま 荷車 (二輪の) *de* karre, (荷馬車) *de* wein
にげきる 逃げ切る ûntwike, (…から) ûntsnappe (oan)
にげこうじょう 逃げ口上 *it* útfynsel (→言い逃れ [訳])
にげごしになる 逃げ腰になる bang wêze [wurde] (→おじけづく)

にげこむ 逃げ込む （部屋などに）ynstowe
にげだす 逃げ出す ûntflechtsje, ûntkomme, ûntsnappe (→逃亡する), （…から) losbrekke (út)
にげまわる 逃げ回る ûntflechtsje, ûntrinne
にげみち 逃げ道 de flechtwei
にげる 逃げる fuortdrave, fuortflechtsje, fuortrinne, ûntkomme, ûntrinne, （こっそり) útnaaie, (馬が) útfleane, （回避する) ûntdûke
にこげ 和毛, 柔毛 it poddehier
にごす 濁す (水を) (wetter) grûnich meitsje, (言葉を) draaie (→言い抜ける)
ニコチン de nikotine；低ニコチンの nikotine-earm；ニコチン中毒 de nikotinefergiftiging
にこにこ（して) glimlaitsjend, mei in glimlaits；にこにこする glimkje, laitsje (→ほほえむ)
にこやかな [に] mild, minlik (→にこにこ（して))
にごる 濁る grûnje；濁らせる→濁す；濁った grûnich, tsjok：濁った水 tsjok wetter
にさんかたんそ 二酸化炭素 it koalsoer(gas)
に, さんの 二, 三の twa of trije, inkel(d), in pear, in stikmannich：2, 3人 [年] inkel(d)e lju [jierren], 2, 3回 in pear kear；2, 3人 de inkeling：それが分かるのはほんの 2, 3人だ Der is mar in inkeling dy't it begrypt.；2, 3日 it deimannich (一両日)
にし 西 it west(en) (↔東)：レーワルデンの西に yn it westen fan Ljouwert；西の [へ／から] west, westlik：風は西から吹いている De wyn is west [komt út it westen].，西に向けて航行する west farre；西風 de westewyn, in westlike wyn；西ヨーロッパ West-Europa；西ヨーロッパ（人）の West-Europeesk
にじ 虹 de reinbôge

にしき 錦 it brokaat；故郷に錦を飾る mei rom oerladen nei hûs weromgean
にしきごい 錦鯉 in bûnte karper
にしきへび 錦蛇 de python
にじの 二次の 2番目の twadde：第2次世界大戦 de Twadde Wrâldoarloch；2次的な bysaak
にじます 虹鱒 de reinbôgeforel
にじみでる 滲み出る trochrinne, trochslaan
にじむ 滲む floeie；血の滲むような moedsum, ôfmêdzjend (→骨の折れる)：血の滲むような仕事 moedsum wurk
にしゃたくいつ（の) 二者択一 (の) (it) alternatyf：二者択一の選択 in kar út twa alternativen
にじゅう 二十 20 (の) (de) tweintich：彼女は 20歳代だ Se is yn 'e tweintich.；20番目 (の) (it / de) tweintichste；20 (歳) の (人) (de) tweintiger
にじゅういち 二十一 21 (の) (de) ienentweintich
にじゅうの 二重の dûbel(d)：二重人格 dûbele persoanlikheid；(同語源の) 二重語 de dûbelfoarm；二重母音 it dûbellûd
にじゅうよじかん 二十四時間 it etmel / etmiel, fjouwerentweintich oeren：24時間以内に binnen in etmel
にじょう 二乗 it kwadraat
にしん 鰊 de hjerring：塩 [酢] 漬けにしん sâlte [soere] hjerring
ニス it fernis, it / de lak
にせい 二世 (二代目) it twadde, (日系米人) in Japansk-Amerikaan
にせの 偽の, 贋の falsk, loas, ûnecht, ûnwier：偽 [贋] 金 falsk jild；偽物 de falsifikaasje, (模造品) de imitaasje；偽者 de húchelder, de skynhillige
にせる 似せる imitearje, neidwaan, neimeitsje
にそう 尼僧 de kleasterlinge, de non, de suster (→修道女)

にそくさんもん 二束三文 二束三文で売る eat foar in spotpriis ferkeapje
にそくのわらじ 二束の草鞋 《比喩的に》私はここでは二束の草鞋をはいている Ik sit hjir mei twa petten（op）.
にだす 煮出す útkôkje
にたてる 煮立てる siede litte
にたにたわらう にたにた笑う gnyskje, gnize（→にやにや笑う）
にたもの 似た者 似た者夫婦 in pear mei lyksoartich aard
にたりよったり 似たり寄ったり 似たり寄ったりである frijwol itselde wêze
にちじ 日時 de datearring [datum] en tiid,（日取り）de datum：日時を決める in datum ôfprate
にちじょう（の）日常（の） daagliks, 日常の deistich（→普段の）：私の日常の仕事 myn deistich wurk；日常語 de omgongstaal
にちぼつ 日没 de sinneûndergong（↔日の出）：日没に by sinneûndergong
にちや 日夜 dei en nacht,（昼も夜も）by nacht en（by）dei
にちようの 日用の foar deistich gebrûk；日用品 it handelsartikel, de handelswaar [hannels-]
にちようび 日曜日 de snein：次の日曜日に de sneins dêrop, いつも日曜日には op snein；日曜日の [毎に] sneins；日曜学校 de sneinsskoalle；日曜紙 de sneinskrante；日曜礼拝 de sneinstsjinst；日曜大工 de doch-it-sels
にっか 日課（授業）in deiske les, de rûtine,（普段の決まった仕事）de deitaak [-wurk], de korvee；日課表 de deiyndieling, it roaster, it tiidskema（→予定表，時間表，スケジュール）
につかわしい 似つかわしい →似合った
にっかん 日刊 deistige útjefte；日刊紙 [新聞] it deiblêd
にっかんてきな 肉感的な seksueel, sinlik；肉感 seksueel gefoel（→性感）
にっき 日記 it deiboek, it sjoernaal：日記をつける in deiboek oantekenje；日記帳 de aginda, it deiboek
にっきゅう 日給 de deihier
にっきん 日勤（毎日の仕事）deistich wurk
ニックネーム（あだ名）de skelnamme, de spotnamme
にづくり 荷造り de ferpakking, de pakking；荷造りをする ferpakke, pakke：家財道具は何もかも荷造りされなければならなかった De hiele boel moast ferpakt wurde.
にっけい 肉桂 de kaniel（→シナモン）
ニッケル it nikkel
にっこう 日光 de sinne, it sinnejocht, de sinneskyn；日光浴 it sinnebad；日光浴をする sinnebaaie, yn de sinne stean
にっし 日誌 →日記
にっしゃびょう 日射病 de sinnestek：日射病にかかる in sinnestek krije
にっしょう 日照 de sinneskyn；日照権 it rjocht op deiljocht；日照時間 oeren op deiljocht
にっしょく 日食 de sinnefertsjustering
にっしんげっぽの 日進月歩の duorjend(e) [oanhâldend(e)] groeiend(e)
にっすう 日数 it tal dagen
にっちもさっちも 二進も三進も にっちもさっちも行かなくなっている yn 'e klim sitte
にっちゅう 日中 by dei, troch 'en dei；日中に deis, oerdei
にってい 日程 de deiyndieling（→スケジュール）
にっとう 日当 →日給,（出席者への）it presinsjejild
にっぽん 日本 →日本
につめる 煮詰める útkôkje, útsiede
にてんさんてんする 二転三転する 状況が二転三転した De situaasje feroare weroan.
にと 二兎 《諺》二兎を追う者は一兎をも得ず In boer mei ferstân hâldt syn dammen boppe it lân.

にど 二度 twaris, twa kear：週に2度 twa kear wyks；2, 3度 kearmannich

にとう 二等 twadde klas(se)：私はいつも2等車で旅行している Ik reizgje altyd twadde klas(se).

にとうぶんする 二等分する heal om heal diele

ニトログリセリン de nitroglyserine

になう 担う (肩に) skouderje, (引き受ける) oannimme

にのつぎの[に] 二の次の[に] sekondêr：質なんか二の次だ Kwaliteit is fan sekondêr belang.

にのまい 二の舞い 二の舞いを演じる jins mistaast herhelje

にばいの[に] 二倍の[に] dûbel(d), twadûbel(d), twafâldich；2倍 it twafâld

にばしゃ 荷馬車 de hynder-en-wein

にばんせんじ 二番煎じ (お茶の) it twadde treksel (fan tee), 彼女の言い草は二番煎じだ Der is neat nijs yn har opmerkings.

にばんめ(の) 二番目(の) (it / de) twadde：私の2番目の子供 myn twadde bern；2番(目)に twad(s)：彼は2番目に到着した Hy is twad(s) oankommen.

ニヒルな (虚無的な) nihilistysk；ニヒリズム it nihilisme

にぶい 鈍い (刃先が) bot, (光・色・音などが) dof, sleau, stom, stomp：鈍い光沢 in doffe glâns, 頭の回転が鈍い sleau fan begryp

にふだ 荷札 (張り付ける) it etiket, it label

にぶる 鈍る (刃物が) bot wurde, (決意・勘が) ûngefoelich wurde, (腕が) ûnhandich wurde

にぶんする 二分する yn twaen diele

にべもなく 膠もなく にべもなく断わる ferdomme, ferpoffe (→素っ気なく)

にほん 日本 Japan；日本人 de Japanner；日本(語)(の)(it) Japansk

にまいじた 二枚舌 二枚舌を使う falsk [ûnearlik] wêze

(…)にもかかわらず (…)にも拘らず 《前》nettsjinsteande,《接》hoewol, hoewol't：…という事実にもかかわらず Nettsjinsteande it feit dat …, よく質問をしたにもかかわらず, それでもなお分からない Hoewol't ik gauris frege haw, wit ik it noch net.

にもつ 荷物 (手荷物) de bagaazje, (貨物) de lading, de lest / lêst；(荷物を) 積み込む lade：船に貨物を積み込む in skip lade

にゃーおー!《猫の鳴き声》Miau!；にゃーおーと鳴く miauke

にやけた oanstellerich, opdwanerich

にやにやする gnyskje, gnize (←にやにや笑う)

ニュアンス de nuânse：その違いは極くわずかで, ほんのニュアンスの違いである It ferskil is hiel lyts；'t is mar in nuânse.；ニュアンスの違い it nuânseferskil

にゅういん 入院 de opnamesikehûs；入院する opnimme yn it sikehûs, 入院している yn it hospitaal [sikehûs] lizze [wêze]；入院患者 ferpleegde pasjint yn in sikehûs, 入院費《複》de ferpleechkosten

にゅうかい 入会 de talitting；入会する talitten wurde, jin ferkeapje；入会金 it ynskriuwjild

にゅうがく 入学 de ynskriuwing；入学する ynskriuwe (→登録する), (大学へ) talitten wurde；入学願書 de sollisitaasjebrief；入学者 in nije studint；入学金 it ynskriuwjild；入学志願者 in kandidaat foar ynskriuwing；入学試験 it talittingseksamen

にゅうかくする 入閣する yn it kabinet komme

にゅうかする 入荷する (荷物などが) (到着する) oankomme

にゅうがん 乳癌 de boarstkanker：乳がんになる boarstkanker hawwe

にゅうかんする 入館する (図書館・美術館などに)(入る) yngean, yn-

stappe
にゅうぎゅう 乳牛 *de* melkko / molkko,《集合的に》*it* melkfee
にゅうぎょう 乳業 *it* suvelbedriuw, *de* suvelyndustry
にゅうきょする 入居する betrekke：新しいアパートに入居する in nij appartemint *betrekke*；入居者 *de* hierder
にゅうきん 入金 *de* stoarting；入金する stoarte
にゅうこう 入港 de oankomst yn (in) haven（↔出港）；入港する ynfalle, (de haven) ynrinne [ynsile]：その艦隊は入港している De float *rint yn*.
にゅうこく 入国 （外国からの）*de* ymmigraasje（↔出国）；入国する ymmigrearje；入国管理局［事務所］*de* frjemdlingetsjinst；入国ビザ［査証］*it* fisum
にゅうごく 入獄 *de* finzenisstraf, *de* finzenskip；入獄する de finzenis yngean
にゅうさつ 入札 *de* oanbesteging：一般［指名］の入札 in iepenbiere [ûnderhânske] *oanbesteging*；…の入札を募る besteegje, oanbesteegje：その家は入札に付された It hûs wurdt *oanbestege*.；入札者 *de* ynskriuwer（↔落札者）
にゅうさん 乳酸 *it* molksoer；乳酸菌 *de* molksoerbaktearje
にゅうし 入試 →入学試験
にゅうし 乳歯 *de* molktosk
にゅうじ 乳児 *it* tatebern（→乳飲み子）
ニュージーランド Nij-Seelân
にゅうしゃする 入社する ynhierd [wûn] wurde, in posysje yn de maatskippij krije
にゅうしゅ 入手 *de* oanwinst；入手する behelje, bekomme, bemachtigje, ynwinne, (jin) oanskaffe, oantuge：新しい情報を入手する nije ynljochtings *ynwinne*
にゅうじょう 入場 *de* yntree, *de* tagong：入場は自由である De *yntree* is

frij., 入場は禁止されている De *tagong* is ferbean.；入場する yngean, talitte；入場券 *it* plakbewiis, *it* tagongsbewiis, *de* tagongskaart；入場料 *de* yntree, *it* yntreejild, *de* tagong：入場料を払う *yntree* betelje, 入場料は無料である De *tagong* is fergees.
にゅうしょうする 入賞する （賞を獲得する）in priis helje
ニュース *it* berjocht, *it* nijs, *it* nijtsje, (テレビ・ラジオなどの) *it* sjoernaal：最新のニュース it lêste *nijs*, ニュースを聞く［見る］nei it *nijs* harkje [sjen], 8時のニュース it *sjoernaal* fan 8 oere；ニュースキャスター *de* nijslêzer；ニュース速報 *de* nijsflits
にゅうすいする 入水する jinsels ferdrinke [fersûpe]（→入水(じゅ)する）
にゅうせいひん 乳製品 *it* molkprodukt, *de* suvel；乳製品工場 *it* molkfabryk, *it* suvelbedriuw
にゅうせきする 入籍する yn it trouboekje registearje [sette]
にゅうせん 乳腺 *de* boarstklier
にゅうせんする 入選する →入賞する
にゅうたい 入隊 *de* registraasje；入隊する ûnder tsjinst gean；入隊させる oanwerve
にゅうていする 入廷する foarkomme
にゅうとう 乳頭 *it* spien, *de* tit（→乳首）
にゅうどうぐも 入道雲 *de* tongerloft [-wolk]（→積乱雲）
にゅうねんに 入念に （注意深く）foarsichtich, soarchsum
ニューフェース （新人）*de* debutant
にゅうぼう 乳房 →乳房(ちぶ)
にゅうもん 入門 （…の）弟子として入門する in learling wurde (fan)；入門書 *de* ynlieding：フリジア文学の入門書 in *ynlieding* yn 'e Fryske literatuer
にゅうよう 入用 （必要）*de* behoefte, *it* ferlet；入用な nedich
にゅうようじ 乳幼児 （乳児と幼児）tatebern en bern

ニューヨーク　New York ＊かつては，New Amsterdam
にゅうよく　入浴　it bad：入浴する in bad nimme，赤ん坊を入浴させる de poppe yn bad dwaan
にゅうりょく　入力　de ynfier（↔出力）；（データを）入力する ynfiere
にゅうわな　柔和な　guodlik, sêft, sêftsedich, sêftsinnich：柔和な婦人 in sêfte frou
にょう　尿　de urine（→小便）；尿をする urinearje
にょうぼう　女房　（妻）de frou；（女房の）尻に敷かれている ûnder de kwint sitte；彼は女房の尻に敷かれている Syn wiif hat de broek oan.
にょじつに　如実に　（生き生きと）libben，（忠実に）rjocht, sljocht
にら　韮　de prei（→ねぎ）
にらみ　睨み　driigjende eachopslach；にらみ合う inoar strak oanstoarje, mei-inoar stoarje；にらみ返す werom stoarje；にらみつける skerp sjen
にらむ　睨む　eagje, stoarje，（見当をつける）fermoedzje；人をにらむ immen strak yn 'e eagen sjen
にらめっこ　睨めっこ　in Japansk spultsje dat twa bern nei elkoar stoarje oant ien laket
にりつはいはん　二律背反　de antinomy
にりゅうの　二流の　twaddeklas, twadderangs：彼は二流の作家だ Hy is in twadderangs skriuwer.
にる　似る　（性格が）（…に）aardzje (nei),（顔が）lykje (op), weihawwe (fan)：この少年は母親に似ている Dy jonge aardet nei syn mem.，彼女は母親にあまり似ていない Se liket net folle op har mem.，娘は私によく似ている Myn dochter hat in soad wei fan my.；似た oerienkomstich（→類似した）
にる　煮る　kôkje, siede（→料理する）：魚を煮る fisken kôkje
にれ　楡　de yp, it iperen, de ipe(ren)-beam

にわ　庭　it hôf, de tún：樹木の生えている庭 in tún mei beammen；庭仕事をする túnkje；庭師 de túnker, de túnman
にわかの［に］　俄の［に］　（突然（の））hommels, hookstrooks,（直に）daliks, fuort；にわか雨 de bui, it reinbuike, de snjitter：にわか雨を避ける in bui ôfskûlje
にわとこ　接骨木　de flear；にわとこの木 de flear(e)beam
にわとり　鶏　（雌）de hin（→めんどり），（雄）de hoanne（→おんどり），（ひな）de pyk（→ひよこ）；鶏小屋 it hinnehok
にん　任　（務め・職務）de opjefte, de taak,（責任）de oanspraaklikens：自分に課された任を十分に果たす de taak folslein op jin nimme
(一)にん　(一)人　《人を表す単位》 persoan：5人分の仕事 wurk foar fiif persoanen
にんい　任意　de willekeur；任意の fakulatyf, 任意の［に］arbitrêr, willekeurich（→随意の［に］）：任意の選択 in willekeurige seleksje
にんか　認可　de goedkarring, de ynstimming, de meistimming：認可する goedkarre, ynstimme, meistimme（→許可［承認］する）；認可証 de fergunning
にんき　人気　de populariteit；人気のある populêr,（商品が）gongber：この歌手はこの頃とても人気が高い Dizze sjonger is op 't heden o sa populêr.；人気がない ympopulêr；人気スター［者］de fedette
にんき　任期　de tsjinsttiid：任期満了 it ôfnimmen fan jins tsjinsttiid；任期が切れる ferfalle, ferrinne（→満了する）
にんぎょ　人魚　de mearmin, de seemearmin
にんぎょう　人形　de pop：女の子たちは人形で遊んでいる De famkes boartsje mei poppen.；人形劇 it janklasenspul, de poppekast, it poppespul；人形

にんげん

の家 it poppehûs
にんげん 人間 *de* man, *de* minske, in minsklik wêzen；人間の，人間的な humaan, minsklik：人を人間らしく扱う immen humaan behannelje；人間性 *de* minskheid [-likens / -likheid]；人間のくず *it* túch：そこに住んでいるような人は人間のくずだ *Túch* is it wat dêr wennet.
にんしき 認識 *it* wer(om)kennen；認識する ûnderkenne, wer(om)kenne：危険を認識する it gefaar *ûnderkenne*, 認識の欠如 in gebrek oan *werkennen*；認識できる kenber, werkenber
にんじゅう 忍従 *de* ûnderdienigens；忍従する swicht(sj)e
にんしょう 人称 （文法の）*de* persoan：1[2／3]人称 earste [twadde / tredde] *persoan*；人称代名詞 persoanlike foarnamwurden
にんしょう 認証 *de* bekrêftiging, *de* legalisaasje；認証する bekrêftigje
にんじょう 人情 *de* barmhertigens, *de* genede, *de* minsklikens；人情（味）のある barmhertich, genedich, klemint
にんじる 任じる →任命[自任]する
にんしん 妊娠 *de* dracht, *de* swierens；妊娠する drage, swier wurde；妊娠して（いる）swier,（特に，家畜が）drachtich：彼女は妊娠している Hja is *swier* [yn 'e bloei]；妊娠中絶 *de* abortus；…の妊娠を中絶する abor-

tear(j)e
にんじん 人参 *de* woartel；人参の葉 *it* woartelkrûd
にんずう 人数 it oantal fan folken：人数を数える it *oantal fan folken* telle；人数の多い家庭 in grutte hûshâlding
にんそう 人相 （顔つき）*it* antlit, *it* gesicht, *de* gesichtkunde, *it* útsicht
にんたい 忍耐 *it* geduld, *de* lankmoedigens；忍耐強い geduldich, lankmoedich（→辛抱強い）：忍耐強く待つ *geduldich* wachtsje
にんち 認知 *de* erkenning；認知する erkenne, ûnderkenne, werkenne；認知された erkend；認知症 *de* demintens（→痴呆(ちほう)（症））
にんてい 認定 *de* erkenning,（認知・承認）*de* goedkarring；認定する erkenne
にんにく 大蒜 *it* knyflok
にんぴ 認否 goedfinen en ôfkarring
にんぴにん 人非人 →人で無し
にんぷ 人夫 →労働者
にんぷ 妊婦 in swiere frou, in frou yn ferwachting
にんむ 任務 *de* funksje, *de* missy：任務についている yn *funksje* wêze
にんめい 任命 *de* beneaming, *de* oanstelling；任命する beneame, oanstelle
にんよう 任用 →採用, 任命
にんよう 認容 *de* erkenning, *de* konsesje；認容する erkenne, tastean

ぬ ヌ nu

ぬい 縫い （裁縫）*it* naaien, *it* naaiwurk（→針仕事）
ぬいあわせる 縫い合わせる naaie,（傷口を）hechtsje：傷口を縫い合わせる in wûne *hechtsje*
ぬいいと 縫い糸 *it* naaijern

ぬいぐるみ 縫いぐるみ *de* lapkepop；縫いぐるみの熊 *de* teddybear
ぬいつける 縫い付ける （…に）benaaie (op), naaie (oan)：仕事着に文字を縫い付ける letters op 'e kile benaaie, 上衣にボタンを縫い付ける

in knoop oan 'e jas *naaie*
ぬいばり　縫い針　*de* nulle：新しく（縫い針で）縫い付けた nij fan 'e *nulle*
ぬいめ　縫い目　*de* naad：（着物の）縫い目がほつれている De *naad* is los.
ぬう　縫う　benaaie, naaie, stikje：洋服を縫う in jurk *naaie*, ズボンを手［ミシン］で縫う in broek mei de hân ［in masine］*naaie*
ヌードの　（裸の）neaken；ヌード写真 *de* neakenfoto
ぬか　糠　《複》*de* simmels
ぬかす　抜かす　*út*litte, weilitte（→省く）
ぬがせる　脱がせる　ôfstrûpe, útklaaie：ズボンを脱がせる de broek *ôfstrûpe*, 着物を脱がせる immen *útklaaie*
ぬかり　抜かり　→手落ち
ぬかるみ　泥濘　*de* blabber, *de* drek, *de* dridze, *de* modder, *it* slyk；ぬかるみの drekkich, dridzich, modderich；（泥で）ぬかる drekkich wurde；ぬかるんだ道 it modderpaad
ぬきあしさしあしで　抜き足差し足で（ひそかに）temûk；抜き足差し足で行く teantsje（→つま先で歩く）
ぬきうちてきに　抜き打ち的に　sûnder warskôging
ぬきがき　抜き書き　*it* ekserpt, *it* ekstrakt（→抜粋）
ぬきさる　抜き去る　（取り除く）útnimme, weinimme
ぬぎすてる　脱ぎ捨てる　ôfsmite, útsmite,（靴などを）útgoaie：コートを脱ぎ捨てる de jas *útsmite*, 靴を脱ぎ捨てる de skuon *útgoaie*
ぬきずり　抜き刷り　*it* ôfprintsel
ぬきとる　抜き取る　（引き抜く）útlûke,（盗む）stelle：雑草を抜き取る túch *útlûke*
ぬきんでる　抜きん出る　útmuntsje
ぬく　抜く　（引き抜く）úthelje, útlûke,（省略する）oerslaan, ôfkoartsje,（追い抜く）ynhelje, ynride,（取り除く）útnimme
ぬぐ　脱ぐ　ôfdwaan, ôfnimme, ôfsette,

útdwaan, útlûke,（着物を）jin útklaaie,（外す）loskrije：帽子を脱ぐ de hoed *ôfnimme*, 手袋を脱ぐ de mûtse *ôfsette*, 服［靴］を脱ぐ de klean [skuon] *útdwaan [útlûke]*, コートが脱げない Ik kin de jas net *loskrije*.
ぬぐう　拭う　feie, ôffeie, wiskje（→拭($\overset{ふ}{}$)く, 拭き取る）；ぬぐい去る weifeie
ぬくめる　温める　waarmje（→温($\overset{あた}{}$)める）
ぬくもり　温もり　*de* waarmens,（暖かさ）*de* waarmte：家庭のぬくもり de *waarmte* fan in húshâlding
ぬけあな　抜け穴　in geheime trochgong,（逃げ道）*de* útwei,（法律などの）*de* mesk / mêsk
ぬけおちる　抜け落ちる　→抜ける
ぬけがけをする　抜け駆けをする　ferrifelje,（人を）（出し抜く）immen de loef ôfstekke
ぬけがら　抜け殻　de pûle skyl
ぬけかわる　抜け替わる　ferfearje, ferhierje, hierje, rúdzje
ぬけげ　抜け毛　*de* hierútfal
ぬけだす　抜け出す　losbrekke, slûpe, útnaaie
ぬけぬけと　bretaalwei, mûnich, ûnbeskamsum：ぬけぬけとうそをつく *mûnich* lige
ぬけみち　抜け道　*de* binnenwei,（わき道・近道）*de* slûprûte
ぬけめのない　抜け目のない　gewikst, listich, skrander, tûk：彼は抜け目のないやつだ Hy is in *tûke* foks.
ぬける　抜ける　（通りを）trochgean, trochkomme, trochlûke, trochrinne,（会議などを）ûntflechtsje,（抜け落ちる）útfalle,（脱落する）losjitte, útfalle：森を（通り）抜ける it bosk *trochrinne*, 会議を抜ける de konferinsje *ûntflechtsje*, 彼の歯が抜け落ちそうになっている De tosken *falle* him *út*.
ぬげる　脱げる　losjitte
ぬし　主　（主人）*de* master,（所有者）*de* besitter, *de* eigener

ぬすっと　盗人　→泥棒
ぬすみ　盗み　de dieverij, de stellerij；盗む berôvje, dievje, stelle：自動車を盗まれた Myn auto is stellen.；盗みを働いて生活の糧を得る stellendewize oan 'e kost komme
ぬすみぎぎする　盗み聞きする　geheim lústerje；盗み聞きする人 de lústerfink
ぬすみぐいをする　盗み食いをする　genip(er)ich [stikem] ite
ぬすみだす　盗み出す　（重要な物を）（…から）eat stelle (út)
ぬすみどりする　盗み撮りする　in foto yn 't geheim nimme (→盗撮する)
ぬすみみる　盗み見る　（人をちらっと）immen temûk oansjen
ぬすむ　盗む　→盗み
ぬの　布　it doek, de stof
ぬま（ち）　沼（地）　it moeras, de sompe；沼（地）の多い moerassich, sompich
ぬめる　滑る　→滑(なめ)る
ぬらす　濡らす　wietmeitsje, (ちょっと) befochtigje (→湿らせる)
ぬり　塗り　（ペンキなどの）de laach；（ペンキを）塗る fervje, (ラッカー・マニキュアを) lakke, (しっくいを) plasterje, (軟膏を) salvje：つめにマニキュアを塗る de neilen lakke；ペンキを塗った yn 'e ferve；ペンキ塗り立て（に注意）! Tink om 'e ferve!
ぬるい　温い　hânwaarm, lau(waaarm), lij, (手ぬるい) laks：ぬるい湯 lij wetter, 手ぬるい処罰 lakse bestraffing
ぬるめる　温める　ferkuolje, hjit wetter ôfkuolje
ぬるぬるした　slimerich：ぬるぬるしたなめくじ in slimerige slak
ぬれぎぬ　濡れ衣　in falske beskuldiging；ぬれぎぬを着せる immen falsk betichtsje
ぬれごと　濡れ事　de leafdesferhâlding
ぬれて　濡れ手　in wiete hân；ぬれ手に粟(あわ)をつかむ it grutte jild maklik meitsje
ぬれねずみ　濡れ鼠　ぬれねずみになる→ずぶぬれになる
ぬれる　濡れる　（雨に）wietreine, wiet wurde；ぬれた wiet

ね　ネ　ne

ね　音　de klank (→音(おと))：鐘の音 klank fan klokken
ね　根　（植物の）de woartel, (つけ根) de woartel, (原因・根源) de oarsaak, de woartel：根のついた樹木 beammen mei woartels, 毛髪の根 de woartel fan in hier, (諸悪の根（元）) de woartel fan alle kwea；根づく woartelsjitte
ね　値　（値段）de priis；値が張る djoer, kostber；（物価の）値上げ de opslach；値上がり de ferheging fan 'e prizen (↔値下がり)；値上げをする opslaan：政府はガソリンの値上げをするだろう It regear wol de benzine opslaan.
(…です) ね　doch(s), dôch(s), hè, hin, oars, ommers, wier：病気じゃないね Bist dochs net siik wol?, それは残念ですね Spitich is dat, hè?, いい天気ですね Moai waar, oars [wier]?
ねあせ　寝汗　it nachtswit：寝汗をかく it nachtswit hawwe
ねいす　寝椅子　de divan, (ソファー) de rêstbank
ねいる　寝入る　ynsliepe, ynslomje, yn 'e sliep falle

ねいろ　音色　*de* klankkleur, *de* lûdkleur
ねうち　値打ち　（価値・評価）*de* wearde：その絵画の値打ち *de wearde* fan it skilderij；値打ちのある weardich
ねえさん　姉さん　（姉）jins âldere suster
ネーム　（名前）jins namme；ネームプレート *it* nammebuordsje（→表札）
ねおきする　寝起きする　（…と）gearlibje (mei)（→同居する）
ネオン　*it* neon；ネオンサイン［広告］*de* neonreklame
ネガ　（写真の）*it* negatyf
ねがい　願い　（願望）*de* winsk,（切望）*it* / *de* ferlangst,（懇願）*de* bea,（依頼）*it* fersyk：願いごとをする in *winsk* dwaan, 彼女の願いがかなった Har winsk is útkaam., 願いを受ける in *fersyk* krije
ねがう　願う　winskje, wolle,（依頼する）fersykje,（期待する）ferwachtsje,（祈願する）bidde：神に願う God bidde
ねがえり　寝返り　寝返りを打つ omwine, woele, wrotte,（裏切る）ferriede：ベッドで寝返りを打つ op bêd lizze te woelen, yn it bêd *wrotte*
ねかしつける　寝かし付ける　→寝かせる
ねかせる　寝かせる　lizze：子供を寝かせる in bern op bêd *lizze*
ねかぶ　根株　*it* haad
ねぎ　葱　*de* prei
ねぎらう　労う　appresjearje, wurdearje（→真価を認める）
ねぎる　値切る　marsjandearje, ôftingje, pingelje, skipperje, tingje：もう少し値切るつもりである Ik sil besykje om noch wat ôf te *tingjen*.
ネクタイ　*de* strik / stryk：ネクタイを締める in *stryk* bine
ねぐら　塒　（鳥の）*de* sitstôk（→止まり木）
ネグリジェ　*it* neglizjee
ねこ　猫　*de* kat；雄猫 *de* boarre；雌猫 *de* poes；子猫 *de* jongkat, *it* katsje；

it poeke；猫の首に鈴をつける *de kat de bel oanbine*,《諺》猫には命が九つある In *kat* komt altyd op 'e poaten telâne.；《諺》猫に小判 Pearels foar de bargen [swinen] smite.
ねこいらず　猫いらず　*it* rottekrûd
ねこかぶり　猫被り　（偽善者）*de* hypokryt,（偽善）*de* hypokrisy
ねこぜ(の)　猫背(の)　(mei) in kromme [krûme] rêch
ねこそぎにする　根刮ぎにする　ûntwoartelje,（根絶する）útroegje：悪を根こそぎにする it kwea *útroegje*
ねこっけ　猫っけ　→にこ毛
ねごと　寝言　slûch praat,（たわごと）*de* nonsens：寝言を言う *slûch* prate
ねこむ　寝込む　ynsliepe（→寝入る）：病気で寝込む bêdlegerich wurde
ねころぶ　寝転ぶ　jin dellizze
ねさがり　値下がり　（物価の下落）*de* fal fan 'e prizen（↔値上がり）；値下がりをしている De prizen sakje.
ねさげ　値下げ　*de* ferleging, *de* reduksje（↔値下げ）；値下げする redusearje
ねじ　螺子　*de* skroef；ねじで留める skroeve；ねじ回し *de* skroevedraaier
ねじまげる　捩じ曲げる　ferdraaie, fersette, ferwringe, krinkelje, kronkelje
ねしょうべん　寝小便　*it* bêdpisjen；寝小便をする bêdpisje
ねじる　捩じる　ferdraaie, fersette, ferwringe, krôlje, kronkelje
ねすごす　寝過ごす　jin fersliepe
ねずみ　鼠　*de* mûs, *it* rôt / rot：ねずみを捕える *mûzen* fange
ねそびれる　寝そびれる　net ynsliepe kinne
ねそべる　寝そべる　jin útrekke
ねた　（小説などの）（資料・材料）*it* materiaal,（新聞などの）*de* ynformaasje
ねたきりの　寝たきりの　bêdlegerich, lizzerich：寝たきり老人 *de bêdlegerige* âlde(re)n；寝たきりになる op bêd [fan 'e baan] reitsje
ねたみ　妬み　*de* jaloerskens [-heid], *de*

niid, *de* oergeunst, *de* ofgeunst, *de* wangeund（→嫉妬（と））：ねたみから út jaloerskens [*oergeunst*]；ねたんで［だ］jaloersk, oergeunstich；ねたむ jin fergunne, misgunne

ねだる （…を）（強要する）oandringe（op）

ねだん　値段　*de* priis（→価格）：手ごろな値段 in reedlike *priis*, それは（値段が）高い Dat is goed oan 'e *priis*.；値段をつける priiz(g)je；値段表 *de* priiskrante（→価格表）

ねちがえる　寝違える　jin de nekke ferdraaie

ねちねちした　kleverich,（しつこく）koppich

ねつ　熱　（病気による）*de* ferheging, *de* koarts, *de* tsjinst,（温度の）waarmte：少し熱がある in bytsje *ferheging* hawwe, 熱があって寝ている mei *koarts* op bêd lizze；熱のある, 熱っぽい hetsich, koartsich；熱気球 *de* hjitteluchtballon, *de* loftballon

ねつあい　熱愛　in hertstochtlike leafde；熱愛する hertstochtlik leavje, oanbidde

ねつい　熱意　*it* entûsjasme, *de* iver, *de* reeëns；熱意のある entûsjast

ねつえん　熱演　in hertstochtlik spul；熱演する hertstochtlik spylje

ネッカチーフ　*de* halsdoek

ねっきょう　熱狂　*it* entûsjasme, *de* koarts,（興奮）*de* opwining；熱狂した［て］gek, poer；熱狂的な［に］dweperich, entûsjast, koartsich, waarm；熱狂する gek wurde；熱狂者 *de* dweper

ねつく　寝付く　ynsliepe（→寝入る）：寝つかれない It wol net mear mei de slieperij.

ねづく　根付く　woartel sjitte

ネックレス （首飾り）*de* halsbân, *it* keatling / ketting

ねっけつかん　熱血漢　in waarmbloedige man

ねっしゃびょう　熱射病　*de* sinnestek（→日射病）

ねつじょう　熱情　*de* gloed(e), *de* ynlikens [-likheid],（愛情）*de* leafde,（熱愛）*de* hertstocht；熱情のこもった gloeiend, hertstochtlik：彼女の熱情をこめた手紙 har *hertstochtlike* brief

ねっしん　熱心　*de* gloed(e), *de* iver：熱心に mei *gloed*(e)；熱心な［に］iverich,（…に）熱心な hjit（op）：熱心な学生 in *iverige* studint；（…に）熱心である iverje（foar）

ねっする　熱する　ferwaarmje, hjit meitsje,（興奮する）oerémis wurde

ねっせん　熱戦　（競技の）in heftige striid

ねつぞう　捏造　*it* betinksel, *it* optinksel, *it* útfynsel；ねつぞうする optinke

ねったい　熱帯　《複》*de* tropen；熱帯（地方）の tropysk：熱帯地方 *de* tropyske lannen, 熱帯性の気候 in tropysk klimaat

ねっちゅう　熱中　*it* entûsjasme, *de* koarts；（…に）熱中する dwepe（mei）, iverje（foar）, waarmrinne（foar）；（…に）熱中して dol（op）, hjit（op）, opsljocht nei［om / op］：スポーツに熱中している *hjit* op sport wêze

ねっぽい　熱っぽい　hetsich, koartsich

ネット　*it* net：ネット越しにボールを打つ *de* bal oer it *net* slaan；ネットワーク *it* netwurk

ねっとう　熱湯　hjit wetter

ねっとりした　kliemsk

ねつびょう　熱病　*de* koarts, *de* koartsoanfal, in oanfal fan koarts：熱病にかかる (de) *koarts* krije

ねつべんをふるう　熱弁を振るう　fjoerich [flamjend] sprekke

ねつぼう　熱望　*it* / *de* langst(me),（切望）*de* begearigens；熱望する begeare,（…を）flamje（nei / op）

ねづよい　根強い　ynfretten；根強くなる ynfrette

ねつりょう　熱量　kwantiteit fan hjittens

ねつれつ　熱烈　*de* fûlens, *de* ynlikens [-likheid]；熱烈な［に］flamjend, gloeiend, hetsich, ynlik：熱烈なキス

ynlike tút

ねどこ　寝床　*it* bêd：寝床につく op bêd gean

ねとまりする　寝泊まりする　ferbliuwe；アテマの家に寝泊まりしている Ik bin by Atema útfanhûs.

ねなしぐさ　根無し草　*it* einefla(a)ch, *it*（eine)kroas

ねばっこい　粘っこい　→ねばねばした

(…)ねばならない　moatte, jin ferplicht(e) fiele om …（→（…）せざるをえない）：10 時には帰宅していなければならない Ik *moat* om tsien oere thús wêze.

ねばねばした　kleverich, kliemsk, slimerich

ねばり　粘り　(粘着性) *de* kliemskens, *de* taaiens,（粘り強さ）*de* taaiens；粘り強い dreech, fêsthâldend：粘り強いテニス選手 in *drege* tenniser

ねばりつく　粘り付く　kleve, oanhingje, plakke

ねばる　粘る　kleverich [kliemsk] wêze, klibje,（頑張り抜く）trochsette

ねびえする　寝冷えする　slûch ferkâlden wurde

ねびき　値引き　*de* koarting, *de* reduksje；値引きする redusearje, tingje

ねぶかい　根深い　ynfretten：根深い嫉妬心 *ynfrettene* jaloerskens；根深くなる ynfrette

ねぶくろ　寝袋　*de* sliepsek

ねぶそく　寝不足　gebrek [tekoart] oan sliep

ねふだ　値札　*de* priis, *it* priiskaartsje

ねぼう　寝坊　(人) *de* langslieper；寝坊する jin ferdraaie [fersliepe]

ねぼけている　寝惚けている　sliepdronken wêze

ねまき　寝巻き　*it* jak, *it* nachtjak

ねみみにみず　寝耳に水　*de* wjerljochtslach

ねむい　眠い　slieperich [slûch] wurde [wêze]

ねむけ　眠気　*de* sliep：眠気を覚ます

ねむらせる　眠らせる　yn 'e sliep sjonge,（殺す）deadwaan：歌を歌って赤ん坊を眠らせる in lytse poppe *yn 'e sliep sjonge*

ねむり　眠り　*de* sliep, *de* slieperij：深い[浅い]眠り in djippe [lichte] *sliep*

ねむる　眠る　sliepe,（横になって）koese,（寝入る）ynsliepe, yn 'e sliep falle,（死ぬ・眠る）ynsliepe, rêste：ぐっすり眠る *sliepe* as in baarch [roas], 彼はまだ眠っている Hy leit noch te *sliepen.*, 母はこの教会の墓地に眠っている Us mem *rêst* op dit tsjerkhôf.

ねもと　根元, 根本　（草木の）*de* woartel,（根本(ほん)）*de* woartel

ねらい　狙い　（標的）*it* doel, *de* (sjit)-skiif,（目標）*it* doel；（…を）ねらう doele (op), mikke (op), neistribje, oanstjoere (op), roaie (op)（→目指す), ねらいを定める oanlizze：われわれはより高いレベルをねらっている Wy *stjoere oan* op in heger nivo., 彼はボールを私にねらって投げたが, 隣の人に当たった Hy *roaide* de bal op my, mar rekke myn buorman.

ねらいうつ　狙い撃つ　sjitte, snippe：鳥をねらい撃つ in fûgel *sjitte*, 猟師は野兎をねらい撃った De jager *snipt* in hazze.

ねりあげる　練り上げる　oppoetse

ねりあるく　練り歩く　paradearje

ねる　寝る　sliepe,（寝入る）yn 'e sliep falle：私たちはベットに寝る Wy *sliepe* op bêd., 《諺》寝ている犬を起こすな Men moat gjin *sliepende* hûnen wekker meitsje.；大の字に寝る jin strekke

ねる　練る　（粉を）klieme, knetsje (→こねる),（身体を）trene,（文体・文章を）byhelpe, oppoetse；ねり歯磨き *it* toskpoetsersguod

ねん　年　*it* jier,（学年）*de* klas(se)：彼は日本に 10 年住んでいる Hy sit tsien *jier* yn Japan., 彼女はもう 5 年生だ Se sit al yn de fjirde *klas*(se).；年

(に)1度 (ien kear) jiers, 年1回 (の) jierliks

ねん　念　(気持ち) *it* gefoel：感謝 [尊敬] の念 in *gefoel* fan tank [respekt]；…に対して感謝の念を表すために as tank foar …；念のために út [foar de] foarsichtichheid；念を入れて soarchfâldich；(…の) 念を押す jin ferwis(sig)je (fan)

ねんいりな　念入りな　soarchfâldich

ねんえき　粘液　slym；粘液性の slimerich

ねんが　年賀　*de* nijjierswinsk；年賀の挨拶をする nijjierswinskje；年賀状 *de* nijjierskaart

ねんがく　年額　in jierliks bedrach

ねんがっぴ　年月日　(日付) *de* datearring；年月日を入れる datearje

ねんかん　年間　10年間 tsien jier：10年間に yn in perioade fan *tsien jier*；年間の [に] jierliks

ねんかん　年鑑　*it* jierboek

ねんがん　念願　jins hertewinsk

ねんかんの　年刊の　jierliks：年刊の雑誌 in *jierliks* tydskrift = in tydskrift dat ien kear yn it jier útkomt

ねんき　年忌　(de tinkdei fan) immens stjerdei (→命日)

ねんき　年季　*de* leartiid, *de* tsjinsttiid；人を年季奉公に出す by immen yn 'e lear gean；人の所で年季奉公をする by immen yn 'e lear wêze；年季を勤め上げる jins tiid útsitte

ねんきん　年金　*it* pensjoen：年金を受け取る *pensjoen* krije, 年金生活をする mei *pensjoen* wêze；年金受給者 *de* pensjonearde

ねんげつ　年月　jierren en moannen, *de* tiid

ねんげん　年限　*de* perioade, *de* termyn：在職年限 jins wurksume *perioade* [libben]

ねんこう　年功　(長年の功績) lange tsjinst, (長年の熟練) lange ûnderfining；年功序列 *de* ansjenniteit：年功序列により nei *ansjenniteit*

ねんごう　年号　(歴史上の) *it* jiertal, *de* (namme fan in) jiertelling：日本では新しく天皇が即位すると年号が1年 (→元年) から始まる As der yn Japan in nije keizer komt, begjint de (namme fan in) *jiertelling* wer by I.

ねんごろな [に]　懇ろな [に]　→丁重な [に]

ねんざ　捻挫　*de* ferstûking；ねん挫る ferkloffe, ferknoffelje, ferstûkje (→挫(ざ)く)：手 [足首] をねん挫する de hân [it ankel] *ferkloffe*

ねんし　年始　→年の初め

ねんじの　年次の　jierliks；年次総会 *de* jiergearkomste

ねんしゅう　年収　in jierliks ynkommen

ねんじゅう　年中　(1年中) it hiele jier, (常に) altyd, altiten

ねんしゅつする　捻出する　útwurkje, (資金・費用を) byinoar bringe, gearbringe (→工面する，調達する)

ねんしょうする　燃焼する　baarne (→燃える)；燃焼している baarnd

ねんしょうの　年少の　jong

ねんじる　念じる　→唱(とな)える，祈る

ねんすう　年数　(多年) lange jierren；勤続年数 (複) *de* tsjinstjierren

ねんだい　年代　(世代) *de* generaasje, (時代) *de* jiertelling, (時期) *de* perioade；年代順の [に] gronologysk：年代順に yn *gronologyske* folchoarder；年代記 *de* kronyk

ねんちゃく　粘着　*de* adheezje；粘着する hechtsje, kleve, klibje；粘着性の kleverich；粘着テープ *it* plakbân

ねんちゅうぎょうじ　年中行事　in jierliks evenemint

ねんちょうの　年長の　senior；年長者 *de* senior

ねんど　年度　(会計年度) *it* begruttingsjier, *it* boekjier, (学年度) *it* skoaljier；年度末に oan de ein fan it boekjier [skoaljier]

ねんど　粘土　*de* klaai；粘土質の klaaiïch

ねんとう　念頭　jins geast；…を念頭において betocht [fertocht] op [om]

…
ねんとうに 年頭に oan it begjin fan it jier
ねんない 年内 binnen it jier
ねんねん 年々 jier op jier, alle jierren, elk jier
ねんぱい 年配, 年輩 (年齢) de âldens, it jier, (年上) de senior；年配の jierrich, op jierren；年配者 in man op leeftyd
ねんぴ 燃費 it brânstofferbrûk [benzine-]：低燃費 leech benzineferbrûk
ねんぴょう 年表 in gronologyske tafel
ねんぷ 年譜 in gronologysk dokumint
ねんぶつ 念仏 de oanropping fan Amida
ねんぽう 年俸 it jierlean

ねんぽう 年報 it jierboek, it jierferslach
ねんまく 粘膜 it slymflues
ねんまつ 年末 de ein fan it jier
ねんり 年利 jierlikse rinte
ねんりき 念力 (意思の強さ) de kriich, de psychokineze
ねんりょう 燃料 de branje / brânje, de brânstof：燃料は十分にありますか Hast wol genôch branje?；燃料不足 de brânjekrapte；燃料油 de stookoalje
ねんりん 年輪 de jierring：樹木の年輪 jierringen yn in beamstam
ねんれい 年齢 de âldens, it jier, de leeftyd；年齢制限 de leeftydsgrins (→ 定年)

の ノ no

の 野 (野原) it fjild：野の花々 blommen yn it fjild
(…)の 《代名詞の属格で》私の時計 myn horloazje, 父の自転車 ús heit syn fyts,《前置詞で》《所属》fan：村の教会 de tsjerke fan it doarp, 車のキー it kaike fan 'e auto,《関係・関連》fan, mei：歴史の分野 it mêd fan 'e skiednis, 私の友だちの一人 ien fan myn freonen, 金持ちの男 in man mei jild,《日・時》fan, yn, op：10時発の汽車 de trein fan tsien oere, 1931年の11月に novimber yn 1931,《場所・方向》yn, nei, op：東京のホテル de hotels yn Tokio, アメリカ行きの飛行機 it fleantúch nei Amearika, テーブルの(上の)本 in boek op 'e tafel, (…に対して) foar, tsjin：洪水と言語との苦闘 hurde striid tsjin it wetter en foar de taal, (…による) fan, troch：レンブラントの「夜警」de 'Nachtwacht' fan Rembrandt,

ディクストラの辞典 it wurk troch Dykstra, (…からの) fan：母からの手紙 in brief fan ús mem；《この他, 複合語, 形容詞(句)等に由来する表現に多く見られる》：鳥の巣 fûgelnêst, はしばみの実 hazze(l)nút, サッカーの試合 de fuotbalkompetysje, 他人の支援 frjemde help, 木造の家 in houten hûs, 石造りの橋 in stiennen brêge
ノイローゼ de neuroaze (→ 神経症)
のう 能 (能力) it fermogen, de knappens, (能楽) in 'Noh' spul [dûns]；能がない ûnnut (→ 役に立たない)
のう 脳 it brein,《複》de harsens：大脳と小脳 de grutte en de lytse harsens, 脳軟化症 it fersêftsjen fan de harsens；(…で) 脳味噌を絞る harsensskra(a)bje (oer)；脳溢血 [出血] de harsenblieding；脳血栓 serebrale tromboaze；脳梗塞 (ﾞ) it harsenynfarkt；脳卒中の発作 de beroerte：祖父は脳卒中の発

作後あまりよくしゃべれなかった Pake koe nei syn *beroerte* net mear goed prate.
のう 膿 →膿(う)
のうえん 農園 *de* pleats：立派な農園 in steatlike *pleats*
のうか 農家 （家）*de* (boere)pleats, （人）*de* boer：その農家は昨夜全焼した De *pleats* is fannacht ôfbaarnd., この農家は大きな農場を持っている Dy *boer* hat in grut spul.
のうがく 農学 *de* lânboukunde
のうかんき 農閑期 de komkommertiid foar boeren (↔農繁期)
のうかんする 納棺する kistje, yn in deakist(e) lizze
のうき 納期 （金銭の）*de* betellingstermyn, （物品の）*de* levertiid
のうきぐ 農機具 *de* lânboumasine
のうぎょう 農業 *de* lânbou, *it* lânboubedriuw；農業の agrarysk, lânboukundich：農学校 in *agraryske skoalle*
のうきん 納金 *de* betelling (→支払い)
のうぐ 農具 *it* boerereau, *it* reau
のうげい 農芸 (*de*) lânbou (en túnbou)
のうこう 農耕 *de* lânbou；農耕の lânboukundich；農耕適地 *it* boulân
のうこうな 濃厚な sterk, tsjok
のうこつする 納骨する jins jiske yn it grêf of de pôt bysette
のうさぎ 野兎 *de* hazze
のうさくぶつ 農作物 《複》*de* lânbouprodukten
のうさつする 悩殺する bekoare, betoverje, betsjoene, ynpakke
のうさんぶつ 農産物 →農作物
のうし 脳死 *de* harsendea：人を脳死と宣告する immen *harsendea* ferklearje
のうしゅく 濃縮 *de* konsintraasje；濃縮する konsintrearje；濃縮ウラン konsintrearre uranium
のうじょう 農場 *de* bougrûn, *de* pleats：農場経営者 *de* bouboer；農場労働者 *de* boere-arbeider

のうずい 脳髄 《複》*de* harsens
のうぜい 納税 it beteljen fan belesting；納税する belesting betelje；納税者 *de* belestingplichtige
のうせいまひ 脳性麻痺 spastyske ferlamming
のうそん 農村 *it* boeredoarp
のうたん 濃淡 ljocht en skaad
のうち 農地 *de* lânbougrûn
のうど 農奴 *de* liifeigene
のうど 濃度 *de* sterkens, *de* sterkte, *de* tichtens, *de* tsjokte：このアルコールの濃度 *de sterkens* fan dy alkohol, 空気の濃度 *de tichtens* fan 'e lucht
のうどうてきな 能動的な aktyf (↔受動的な)：（文法の）能動態 aktive foarm
のうなし 能無し *de* neatnut(ter), *de* slampamper
のうにゅう 納入 *de* betelling, （物品の）*de* leveransje；納入する betelje, （物品を）leverje, ôfleverje
のうはんき 農繁期 siedderstiid en risptiid (↔農閑期)
のうひん 納品 *de* leveransje (→納入)
のうふ 農夫 *de* boer (→農民)
のうべん 能弁 *de* sizzenskrêft；能弁な bebekke, bespraakt, redenryk, wolbespraakt
のうまく 脳膜 *it* breinflues [harsen-]；脳膜炎 *de* harsenfluesûntstekking
のうみそ 脳味噌 *it* brein, （頭脳）*it* brein；脳味噌を絞る harsensskra(a)bje
のうみつな 濃密な sterk, ticht：濃密なコーヒー *sterke* kofje, 濃密な霧 濃霧
のうみん 農民 *de* agrariër, *de* bouboer, *de* lânarbeider
のうむ 濃霧 tichte damp [mist]
のうやく 農薬 *it* lânbougif
のうり 脳裏 （思い）*it* sin：脳裏をかすめる yn it *sin* komme [sjitte]
のうりつ 能率 *it* rendemint；能率的な [に] effisjint
のうりょく 能力 *de* bekwamens, *it* fermogen, *de* knappens, *de* krêft, *de*

macht, *de* meuch：超能力 boppenatuerlike *krêft*；能力のある bekwaam, kundich

のうりん　農林　lânbou en boskbou

ノー　nee（→いいえ）

ノーコメント！　Gjin kommentaar!

ノート　*it* skrift,（講義用の）*it* diktaat,（メモ）*de* notysje：あることをノートに書き留めて置く eat yn in *skrift skriuwe*

のがす　逃がす　（機会を）fersitte, fersomje, misrinne, misse, oerslaan（→逃（に）がす）：機会を逃がす in kâns *misse*

のがれる　逃れる　flechtsje, ûntkomme, ûntrinne, ûntsnappe：危険を逃れる oan in gefaar *ûntsnappe*

のき　軒　*de* daksrâne, de ûnderste daklist

のぎく　野菊　in wylde krysant

のきなみに　軒並に　hûs-oan-hûs

のけもの　除け者　（社会の）*de* ferskoppeling, *de* skoveling（→追放者）

のける　退ける　→どける

のける　除ける　→除く

のこ（ぎり）　鋸　*de* seage,（横引きのこぎり）*de* trekseage；のこぎりで引く seagje：板をのこぎりで切る planken *seagje*

のこくず　鋸屑　*it* seagemoal（→おがくず）

のこす　残す　（痕跡・財産などを）neilitte,（残して置く）oerhâlde, oerlitte：彼は痕跡を残した Hy hat spoaren *neilitten.*，その家を娘に遺産として残す Ik *lit* it hûs *nei* oan myn dochter.

のこらず　残らず　（すべて・全部）al, alles,（一人残らず）allegearre sûnder útsluting,（例外なしに）sûnder útsûnderingen

のこり　残り　*it* oerbliuwsel, *de* rêst / rest；（食後の）残り物 *it* oerskot, *it* restje（→食べ残し）

のこる　残る　（留まる）bliuwe, oerbliuwe,（生き残る）ferduorje, oerlibje；残っている oanwêzich：りんごは なお5個だけ残っている Der binne noch mar fiif appels *oanwêzich.*

のさばる　（出しゃばる）opkringe,（威張る）gewichtich dwaan, sweeslaan

のしあがる　伸し上がる　foarútkomme

のじゅくする　野宿する　kampearje, sliepe yn 'e iepen loft

のせる　乗せる　（自動車に）immen ynstappe litte,（途中で）（人を車に）oppikke

のせる　載せる　（荷物などを）ynhawwe, ynlade, lade, loegje（→積む）,（新聞などに）opnimme, pleatse（yn 'e krante）：その新聞は彼の記事を載せた De krante hat syn artikel *opnommen.*

のぞき　覗き　*de* blik, ûnbeskieden blikken（→一目（ひと め））；のぞき穴 it kykgat；のぞきの常習者 *de* strúnder

のぞきこむ　覗き込む　kypje（→覗く）；店をのぞきこむ in blik yn de winkel slaan

のぞく　除く　（取り除く）benimme, ôfhelpe, opheffe, útnimme, weinimme, weiwurkje,（取り去る）ûntnimme,（除外する）útslute；…を除いて（は）útsein, mei útsûndering fan ...

のぞく　覗く　loere：彼女は鍵の穴からのぞいて見た Sy *loerde* troch it kaaisgat.

のそのそ（と）　loch, sleau, súntsjes：のそのそと歩く *loch* rinne

のぞましい　望ましい　begearich, begearlik, ferkieslik, winsklik,（的を得た）sinful

のぞみ　望み　*de* ferhoop, *de* hope, *de* winsk：私の最大の望みはこの仕事を完成することです Myn grutste *winsk* is om dit wurk klear te krijen.

のぞむ　望む　hoopje, winskje, wolle（→希望する，期待する）,（強く）begeare,（眺望する）oersjen

のぞむ　臨む　（面する）útsjen,（直面する）eat ûnder（de）eagen sjen

のたうつ　wimelje, wrimelje

（…）のために　（…）の為に　→ため

のち　後　→後(のち)；…の後に nei：食事の後に *nei* iten；後ほど dêrnei, efternei, letter：また後ほど！ Ik sjoch jo [dy] *letter!*, Oant sjen! (→さようなら！)；後の letter, (将来の) oankommend, takomstich：後の世代 *lettere [takomstige]* generaasjes (→次世代)

のちのち　後々　(将来に) foar [yn] it ferfolch, (やがて) skiel(i)k

ノック　*de* klop：ドアのノック in *klop op 'e doar*；ノックする klopje：ドアをノックする op 'e doar *klopje*, ノックせずにお入りなさい Kom der mar yn sûnder *klopjen*., ドアをノックする音が聞こえる Der wurdt *kloppe*.

のっとり　乗っ取り　*de* kaping；(飛行機などを) 乗っ取る kape (→ハイジャックする), (占有する) besette；乗っ取り犯人 *de* kaper

のっぴきならない　退っ引きならない　(避け難い) ûnûntkomber (→やむを得ず)

のっぺりした　flak：のっぺりした顔 in *flak* antlit [gesicht]

のっぽ　(人) in lange [rizige / skoatige] persoan

(…) ので　fanwege(n), om, troch：悪天候なので, 来られませんでした *Fanwege*(n) it minne waar koe ik net komme.

のど　喉　*de* hals, *de* kiel, *de* strôt：のどの痛み pine yn 'e *kiel*, のどが痛い it yn 'e *kiel* hawwe, 人ののど元に飛びかかる immen nei de *kiel* fleane；(形) のどが渇く hetsich, toarstich：今日はのどが渇く Ik bin hjoed *toarstich*.；のどの渇き *de* toarst：ひどくのどが渇く in soad *toarst* hawwe, のどの渇きをいやす de *toarst* dwêste [ferslaan]

のどかな　長閑な　(海・天候が) fredich, gerêst, rêstich, sêft

(…) のに　《前》nettsjinsteande,《接》alhoewol't, hoewol, hoewol't：…という事実があるのに *nettsjinsteande* it feit dat …, 彼はお金がないのに幸せだ Hy hat gelok, *alhoewol't* er gjin jild hat., 私はバスの中で彼女を見たのに, 彼女には何も言わなかった *Hoewol't* ik har yn 'e bus seach, sei ik neat tsjin har.

ののしり　罵り　(悪態) it skelwurd；(…を) ののしる flokke (op / tsjin), skelle：その父親は息子をののしった De heit *flokt* op [tsjin] syn soan.

のばす　伸ばす　(背を) rjochtsje, (手・足を) rekke, strekke, útstrekke, (物を) spanne, (能力を) ûntploaie：背を伸ばす de rêch *rjochtsje*, 筋肉を伸ばす de spieren *rekke*；(体・知能が) 伸びる groeie, jin ûntjaan, jin útstrekke：髪を伸ばす jins hier *groeie* litte

のばす　延ばす　→延期する, 延長する；(塗料などが) 延びる fol spriede

のばなしにする　野放しにする　(家畜を) yn 'e weide driuwe, (放牧する) weidzje, (犬を) in hûn frijlitte, (放任する) ôfbliuwe, (放任される) oan jinsels oerlitte

のはら　野原　it fjild：広々とした野原で yn it frije *fjild*

のばら　野薔薇　in wylde roas

のびちぢみする　伸び縮みする　(弾力性のある) fearjend, ilastiken, rekber：輪ゴムはかなり伸び縮みする Ilastyk sit in soad rek yn.

のびなやむ　伸び悩む　net foarderje

のびる　伸びる　oanslaan：ばらが伸び始めた De roazen *slacht* [*slane*] oan.

ノブ　(ドアの取っ手) *de* knop

のぶどう　野葡萄　in wylde drúf

のべ　延べ　(総数) it totale oantal

のべがね　延べ金　*it* plaatizer

のべつまくなしに　のべつ幕無しに　oanhâldend, ûnophâldlik (→切れ目のない)

のべぼう　延べ棒　in (metalen) stang(e)：金の延べ棒 in gouden *stang*(e)

のべる　述べる　konstatearje, útdrukke, útsprekke：自分の考えを述べる jins gedachten *útdrukke*, ご支援に対してお礼の言葉を述べます Ik wol myn tank *útsprekke* foar dyn help.；簡潔に述べる koart om 'e hoeke gean

のほうずな　野放図な　arrogant, eigenwiis

のぼせる　逆上せる　（逆上(ぎゃくじょう)する）poerrazend wurde,（夢中になる）gek [poer / sljocht] wurde,（うぬぼれる）eigenwiis wêze

のぼり　幟　（旗）de banier, it findel：のぼりを立てる in banier heffe

のぼり　上り　de stiging；上りの汽車 in trein nei it haadstasjon（↔下りの汽車）cf.「下り」参照

のぼり　登り　登り坂 oprinnende skante

のぼる　登る　klimme,（よじ登る）opklimme：木に登る yn in beam klimme., 山に登る in berch opklimme, 壁によじ登る oer in muorre klimme, by [tsjin] in muorre opklimme

のぼる　昇る　（太陽・月が）opkomme, rize：太陽［月］が昇る De sinne [moanne] komt op., 太陽が昇った De sinne riist.

のませる　飲ませる　immen drinke litte

のみ　蚤　de flie；のみの食った跡 it flieplak

のみ　鑿　de beitel；のみで彫る［刻む］beitelje

のみぐすり　飲み薬　in medisyn om te drinken

のみくだす　飲み下す　trochslokke（→飲み込む）

のみぐち　飲み口　（水道の）de kraan, de taap（→蛇口）

のみこむ　飲む込む　（薬などを）ynnimme, slokke：錠剤を飲み込む pillen slokke

のみこむ　呑み込む　（つばなどを）swolgje,（理解する）ferstean

のみすぎる　飲み過ぎる　te folle drinke

(…)のみならず　（また）net allinnich … (mar ek)：彼らは野菜やパンのみならず，肉も食べる Se ite net allinnich griente en bôle, mar ek fleis.

ノミネートする　（指名する）foardrage, nominearje

のみほす　飲み干す　opdrinke, trochslokke：一気に飲み干す hiel trochslokke

のみみず　飲み水　it drinkwetter, kâld wetter

のみもの　飲み物　it drinken,（酒精飲料）de alkohol

のみや　飲み屋　de bar, de herberch, de kroech（→居酒屋）

のむ　飲む　（液体を）drinke,（がぶがぶ）swolgje,（音を立てて）slurp(j)e：コーヒー［水］を飲む kofje [wetter] drinke, 君何を飲む Wat drinksto?

のむ　呑む　（涙を）jins triennen ynhâlde（→涙をこらえる）,（要求などを）(in oanbod) aksepteare [oannimme]（→受諾する）

のめりこむ　のめり込む　（仕事・音楽などに）gek wêze：音楽にのめり込む gek mei [op] muzyk wêze

のめる　knoffelje, stroffelje（→つんのめる）

のらいぬ　野良犬　in ûnbehearde hûn

のらりくらりすごす　のらりくらり過ごす　ferloaikje, loaikje：この人は仕事もせずのらりくらり過ごしている Dy man ferloaiket syn tiid.

のり　糊　de lym, it plakkersguod, de stisel；のりをつける stiselje

のり　海苔　（海藻）it seewier, it wier

のりあげる　乗り上げる　（座礁する）strânje, op in droechte reitsje,（挫折する）strânje：船が浅瀬に乗り上げている It skip is op in droechte strâne.

のりおくれる　乗り遅れる　fersitte, misrinne, misse：バスに乗り遅れる in bus fersitte

のりかえ　乗り換え　it ferbân, de ferbining, de oerstap；乗り換える oerstappe；乗り換え駅 it oerstapstasjon, stasjon om oer te stappen

のりきになる　乗り気になる　ynteresse hawwe

のりきる　乗り切る　（切り抜ける）trochkomme, trochmeitsje, trochstean

のりくみいん　乗組員　de bemanning, 《複》de manskippen

のりこす　乗り越す　jins halte [stasjon] foarbyride
のりこむ　乗り込む　ynstappe
のりそこなう　乗り損なう　misse
のりつぎ　乗り継ぎ　→乗り換え
のりば　乗り場　it stânplak, (バスの) de bushalte：(タクシーの) in stânplak foar taksys = it taksysteanplak
のりもの　乗り物　it fehikel, it reau, it rydtúch
のる　乗る　(バス・列車などに) ynstappe, (車・馬などに) ride：馬に乗る in hynder ride, 自転車に乗る op 'e fyts ride = fytse
のる　載る　(新聞などに) (yn 'e krante) stean
ノルウェー　Noarwegen；(男性の) ノルウェー人 de Noar, (女性の) de Noarske；ノルウェー(語・人)(の)(it) Noarsk
のるかそるか　伸るか反るか　derop of derûnder, derûnder of derboppe, stront of kening

ノルマ　(割り当て) de kwota, it kwotum
ノルマンじん　ノルマン人　de Noarman
のろい　呪い　de flok, de knoop：それにはのろいがかかっている Der leit in flok op., のろう in knoop lizze = flokke；のろわれる (fer)flokt wurde
のろい　鈍い　longerich, loom, sleau, stadich, traach：食べるのがのろい longerich fan it iten
のろし　烽火, 狼煙　it seinfjoer：のろしを上げる in seinfjoer oanstekke
のろのろ　sleau, stadich：のろのろ歩く sleau [stadich] rinne
のろま　鈍間　de sleaukert, de stommeling；のろまの dom, gek, stom, traach, ûlich
のんきな [に]　呑気な [に], 暢気な [に]　rêstich, tajouwend：のんきにやる it rêstich oan dwaan
のんびりする　(くつろぐ) jin thús fiele；のんびりした rêstich, traach
ノンフィクション　de non-fiksje
のんべえ　de sûper, in slimme sûper

は　ハ　ha

は　刃　(刃物の) it skerp, de snee(d)：ナイフ [剣] の刃 it skerp fan in mês [swurd]
は　派　(グループ) de groep, de kloft, (党派) de partij, (学派) de skoalle, (宗派) de sekte
は　葉　(植物の) it blêd：枯れ葉 deade blêden, 木の葉 blêden oan 'e beam；葉が出る blêdzje
は　歯　de tosk, (歯車・くしなどの) de tosk：入れ歯 falske tosken, 目には目, 歯には歯 Each om each, tosk om tosk., 歯ぎしりする op 'e tosken knarse, 歯をむいて敵意を示す de tosken sjen litte, くしの歯 de tosken fan in kamrêd, (歯ブラシで) 歯を磨く de tosken poetse = tosk(e)boarstelje；歯の dentaal；(赤ん坊の) 歯が生える toskje；歯が痛む pine yn 'e mûle hawwe；歯を食いしばる jin ferbite；犬歯 de hoektosk；奥歯 de kies [→臼歯]
ば　場　(場所) it plak, it stee, (場合) it gefal, (状況) de situaasje, (劇などの)(場面) de sêne：公の場 in publyk plak, その場で op it plak sels, 第5場 de fyfte sêne
バー　de kroech, (ホテルなどの) de taap, (金属の) de stang(e)(→棒)
ばあい　場合　it gefal, (時) de tiid, (機

会) *de* gelegenheid, (状況) *de* omstannichheid, *de* situaasje：こんな場合には yn dit *gefal*, どんな場合でも yn alle *gefallen*, 最悪の場合でも yn it geunstichste [slimste] *gefal*, ⋯の場合には yn *gefal* fan ⋯, 他の場合だったら by in oare *gelegenheid*, 場合によって yn dizze *omstannichheden*
はあくする　把握する　begripe, fetsje（→理解する）：それは私には把握できない Dat kin ik mei myn ferstân net *fetsje*.
パーク　(公園) *it* park
バーゲン　(特売) *de* útferkeap
バーコード　*de* streekjekoade
パーセンテージ　*it* persintaazje
パーセント　*it* gehalte, *it* persint / prosint：その土地の 20 パーセント tweintich *persint* fan it lân, 100 パーセント hûndert *prosint*
パーソナリティー　(人柄) *de* persoan-(likheid)
ばあたり　場当たり　ad hoc；場当たり的に op 'e dolle rûs, mei de dolle dryste kop (→思いつきで)
パーティー　*it* feest
パート　(部分) *it* diel, *it* part；パートタイムの part-time, tydlik：パートで働く *tydlik* wurkje
ハードカバー　(本の) *it* omkaft
パートナー　(伴侶・仲間) *de* partner
ハードル　(障害物) *de* hinder(nis), (競技) in wedstriid mei hindernissen：ハードルを飛び越える in *hindernis* nimme
ハーフ　(半分) *de* helt(e), *it* twadde, (混血児) *de* healbloed
ハーブ　*it* krûd (→薬草)
ハープ　*de* harp(e)：ハープを演奏する op de *harp*(e) spylje；ハープ演奏者 *de* harpist
バーベキュー　*de* barbecue / barbekjû；バーベキューをする barbecueë, barbekjûwe
ハーモニカ　*de* harmoanika
はい　灰　*de* jiske：たばこの灰 *jiske* fan in sigaret；灰皿 *de* jiskebak, *it* jis-

kepantsje
はい　肺　*de* long；肺炎 *de* longûntstekking：肺炎になる in *longûntstekking* krije [hawwe]；肺がん *de* longkanker：肺がんで死ぬ oan *longkanker* stjerre；肺結核 *de* longsykte, *de* tarring, *de* tuberkuloaze：肺結核になる yn 'e *tarring* reitsje
はい！　Ja! (↔いいえ)
ばい　倍　*de* kear：2 倍の数 [量] twa *kear* safolle, 4 の 2 倍は 8 になる Fjouwer *kear* twa is acht.；2 倍の [に] twadûbel(d) [-fâldich]
パイ　*de* pastei
はいあがる　這い上がる　krûpe, opklimme
はいいろ(の)　灰色(の)　(*it*) grau, (*it*) griis：灰色の目 *grize* eagen；灰色になる griizje
ばいう　梅雨　→梅雨 (つゆ)
ハイウェー　*de* autodyk, *de* autosnelwei (→高速道路)
はいえい　背泳　*de* rêchslach；背泳 (ぎ) で泳ぐ rêchswimme
ハイエナ　*de* hyena
ばいえん　煤煙　*it* roet：煙突から煤煙がもうもうと出ている Ut in skoarstien komt in soad *roet*.
バイオリズム　(生体リズム) *it* bioritme
バイオリン　*de* fioele；バイオリンを弾く op 'e *fioele* spylje = fioel(e)spylje；バイオリン奏者 *de* fioelist
ばいおん　倍音　*de* boppetoan
ハイカー　*de* trekker
ばいかい　媒介　*de* bemiddeling；媒介する oerbringe, oerdrage
はいかいする　徘徊する　doarmje, omdoarmje, omdwale (→さまよい歩く)
ばいかする　倍加する　(2倍に) ferdûbelje, (何倍かに) fermannichfâldigje, fuortplantsje
はいかつりょう　肺活量　*de* longynhâld
ハイカラな　sjyk
はいき　排気　(エンジンの) *de* útlit；排気ガス (複) *de* útlitgassen；(車の) 排気管 *de* útlit, (ガス・水蒸気の) *de*

ôffierpiip

はいき 廃棄 *de* ôfskaffing, *de* opheffing；廃棄する ôfskaffe, opheffe, (法律・制度などを) ôfskaffe, opheffe；廃棄物 *it* eart, *it* fûlens, *it* ôffal

ばいきゃくする 売却する →売る

はいきゅう 配給 *de* distribúsje, *de* ferdieling, *de* oanfier：食べ物の配給 *de* distribúsje fan iten；配給する distribuearje, ferdiele, rantsoenearje；配給量 *it* rantsoen：戦時中は配給量が常時少なかった Yn de oarloch waarden de *rantsoenen* hieltyd lytser.

はいきょ 廃墟 *de* púnfal, *de* ruïne, *de* stienbult；廃墟化した boufallich, yn ferfal

はいぎょうする 廃業する jins saak slute [opjaan]

ばいきん 黴菌 (細菌) *de* ba(k)sil, *de* baktearje (→バクテリア)

ハイキング *it* útstapke (→遠足)：ハイキングに行く in *útstapke* meitsje

バイキング *de* Wytsing, (バイキング料理) in Skandinavysk buffet

はいく 俳句 'haiku' (in Japansk gedicht mei 17 syllaben)

はいぐうしゃ 配偶者 jins partner

はいけい 拝啓 《手紙の冒頭》(男性に対して) Achte hear …, (女性に対して) Achte frou …, (親しい相手に) Bêste …, Leave …, Leafste …

はいけい 背景 (景色などの) *de* eftergrûn, *de* ûndergrûn, (事件などの) *de* eftergrûn：政治的背景 politike *eftergrûn*

はいげきする 排撃する ferketterje, ôfkitse, ôfstjitte

はいけつしょう 敗血症 *it* bloedfergif, *de* bloedfergiftiging

はいけんする 拝見する sjen：ちょっと拝見！ Lit ris *sjen*!

はいご 背後 *de* efterkant；背後に efteryn, efterôf；背後関係 *de* eftergrûn

はいご 廃語 in feâldere wurd

はいごう 配合 *de* kombinaasje, *it* mingsel；配合する kombinearje, minge：色

を配合する kleuren minge

はいざら 灰皿 →灰

はいし 廃止 *de* ôfskaffing；廃止する ôfskaffe, ôfstelle：死刑はわが国ではずっと以前に廃止されている De deastraf is yn ús lân al lang *ôfskaft*.

はいしゃ 敗者 (競技の) *de* ferliezer (↔勝者)

はいしゃ 歯医者 *de* toskedokter (→歯科医)

ばいしゃく 媒酌 *de* keppeling；媒酌する keppelje；媒酌人 *de* keppelder (→仲人)

はいしゃくする 拝借する (借りる) liene, oernimme

ハイジャック *de* gizeling；ハイジャックする gizelje, kape；ハイジャック犯 *de* kaper

ばいしゅう 買収 *de* oankeap；買収する ynkeapje, oankeapje, oanskaffe, (わいろを使って) bekeapje, omkeapje

はいしゅつ 排出 (液体などの) *de* ôffier；排出する losse, ôffiere, (排泄する) útskiede

ばいしゅん 売春 *de* prostitúsje；売春する prostituearje；売春婦 *de* hoer, *de* prostituee；売春宿 *it* bordeel

はいじょ 排除 *de* eliminaasje, *de* likwidaasje, *de* útsluting；排除する eliminearje, likwidearje, romje, útskeakelje, útslute：人を排除する immen út 'e wei *romje*, 相互に排除する inoar *útslute*

ばいしょう 賠償 *de* fergoeding, *de* kompensaasje；賠償する fergoedzje, kompensearje；賠償金 *de* skeafergoeding

はいしん 背信 *de* troubrek, *de* trouweleazens [-leasheid] (←背信行為)

ばいしんいん 陪審員 *de* sjuery；陪審(員団) *de* karkommisje

はいすい 排水 *de* bemealling, *de* drainaazje；排水する bemealle, drainearje, ôffiere；排水管 *de* drainearbuis, *de* ôffierpiip

はいすいかん 配水管 *de* lieding, *de* ôffier

ばいすう　倍数　*it* mearfâld：15 は 5 の倍数である Fyftjin is in *mearfâld* fan fiif.
はいする　配する　→配置する
はいする　排する　ôfkitse, ôfsjitte：互いに排する inoar *ôfstjitte*
はいせき　排斥　*de* boykot, *de* ferdriuwing, *de* útsluting（→ボイコット）；排斥する boykotsje, ferbalje, ferbanne, ferdriuwe, útdriuwe, útsette（→追放する）
はいせつ　排泄　*de* ôfgong；排泄する útpoepe, útskiede；排泄物 *de* ôfgong, *de* poep
はいぜつ　廃絶　*de* ôfskaffing, *de* opheffing：核兵器の廃絶 de *ôfskaffing* fan kearnwapens；廃絶する ôfskaffe, opheffe
はいせん　配線　in fersleine naasje；配線する liedingen lizze
はいせん　敗戦　in ferlerne oarloch
はいぜんする　配膳する　de tafel klearmeitsje；配膳係→ウエーター；配膳口 *it* trochjoulûk
はいそ　敗訴　it ferlies fan it proses；敗訴する it proses ferlieze
はいそう　配送　*de* oanfier；配送する oanfiere：野菜を市場に配送する griente op 'e merk *oanfiere*
はいそう　敗走　*de* flecht, *de* wyk；敗走する flechtsje, fuortrinne；敗走者 *de* flecht(e)ling
はいぞう　肺臓　→肺
ばいぞうする　倍増する　ferdûbelje（→倍加する）
はいぞくする　配属する　opstelle（→配置する）；配属させる detasjearje
ハイソックス　《複》*de* hoazzen（→ストッキング）
はいた　歯痛　*de* pinemûle, pine yn 'e mûle
はいたい　敗退　（退却）*de* ôftocht, *de* retrête；敗退する weromlûke,（負ける）ferlieze
はいたい　媒体　*it* medium
はいだす　這い出す　trochkrûpe

はいたつ　配達　*de* leverânsje；配達する besoargje, leverje, ombringe, opbringe, rûnbringe：手紙を配達する de brieven *besoargje*, 新聞を配達する de kranten *rûnbringe*；（新聞などの）配達人 *de* besoarger,（商品などの）*de* leveransier；配達料《複》*de* ferstjoerskosten
はいたてきな　排他的な　eksklusyf
バイタリティー　（活力）*de* fitalens / fitaliteit, *de* groeikrêft
はいち　配置　*it* arranzjemint；配置する arranzjearje, opstelle：兵隊は戦闘隊形に配置された De soldaten waarden *opsteld*.
はいちょうする　拝聴する　earbiedich lústerje
ハイテク　（先端技術）avensearre technyk
はいでん　配電　*de* stroomfoarsjenning；配電盤 *it* skeakelboerd
ばいてん　売店　*it* diske, *de* kream,（駅・広場などの）*de* kiosk
はいとう　配当　*de* ferkaveling；配当する ferkavelje, tabediele, tapartsje；配当金 *it* dieltal, *it* dividind；配当率 *it* dividindpersintaazje
はいとく　背徳　*de* sedeleazens；背徳的な［に］sedeleas, trouweleas
ばいどく　梅毒　*de* syfilis
パイナップル　*de* ananas
はいにょう　排尿　*it* pisjen, *it* urinearjen；排尿する pimelje, pisje, urinearje, wetterje
はいにん　背任　*de* troubrek, *it* ferrie(d)；背任の ferried(er)lik
ばいにん　売人　*de* ferkeaper（→売り手）
ばいばい　売買　*de* ferkeap, keap en ferkeap：競売による売買 *ferkeap* by opbod；売買する keapje en ferkeapje
バイパス　*de* omwei, *de* rûnwei
はいび　配備　→配置
ハイヒール　skuon mei hege hakken
ハイビジョン　televisie mei tige skep byldskerm

はいびょう　肺病　*de* longsykte（→肺結核）
はいひん　廃品　in ûnbrûkber artikel
はいふ　配布　*de* distribúsje, *de* útdieling；配布する útdiele, útpartsje
パイプ　*de* buis, *de* piip：オルガンのパイプ *de pipen* fan in oargel；パイプオルガン *it* oargel；（ガス・石油などの）パイプライン *de* piiplieding；ガスパイプ *de* gasbuis
はいぶつ　廃物　→廃品
ハイフン　*it* ferbiningsteken
はいぶん　配分　*de* dieling, *de* distribúsje, *de* útdieling；配分する distribuearje, ompartsje, útdiele, útpartsje
はいべん　排便　*de* evakuaasje；排便する evakuearje, skite
はいぼく　敗北　*it* ferlies, *de* nederlaach；敗北する ferlieze
ばいめい　売名　*de* selsoanbefelling：売名行為 in died fan *selsoanbefelling*
バイヤー　（買い手）*de* keaper, *de* keapman（↔売り手）
はいやく　配役　*de* besetting, *de* rolbesetting
はいゆう　俳優　（男性の）*de* akteur, *de* spylder（→男優），（女性の）*de* aktrise, *de* spylster（→女優）
ばいよう　培養　*de* kultuer, *de* kweek；培養する kultivearje, kweke, opkweke
はいらん　排卵　*de* aaisprong, *de* ovulaasje；排卵する ovulearje；排卵期 *de* fruchtberheidsperioade
ばいりつ　倍率　*de* fergrutting,（比率・割合）*de* ferhâlding
はいりょ　配慮　*de* attinsje, *de* soarch,（心配）*de* noed；配慮する soargje
バイリンガルの　twatalich（→二か国語併用の）
はいる　入る　（中に）yngean, ynrinne, ynstappe：町に入る *de* stêd *yngean*, 家に入る *it* hûs *ynrinne*；（…に）（加入する）jin foegje [oanslute] (by)
はいれつ　配列　*de* yndieling, *de* skikking；配列する arranzjearje, yndiele, skikke

パイロット　（航空機の）（操縦士）*de* fleander, *de* piloat,（船の）（水先案内人）*de* loads, *de* piloat
はう　這う　krûpe,（はって歩く）tigerje
ハウス　（家）*it* hûs；ハウスキーパー *de* húshâldster（→家政婦）；ハウスボート *de* wenskip
はえ　蝿　*de* húsmich, *de* mich；はえ叩き *de* miggeflap(per)；はえ取り紙 *de* miggeplakker
はえる　生える　groeie,（芽が出る）útsprute：毛が生える De hierren *groeie*.
はえる　映える　glimme,（見栄がする）attraktyf wêze, der oantreklik útsjen
はか　墓　*it* grêf（←墓場）, *de* grêfkelder, *de* grêftombe,（教会墓地）*it*（tsjerk)hôf：墓参りをする *it grêf* besykje；墓石 *de* grêfstien
ばか　馬鹿　*de* dwaas, *de* kwast, *de* stommeling；馬鹿な［げた］dwaas, mâl, stom：そんな馬鹿げたことをするな！Doch net sa *mâl!*, 馬鹿げた誤り in *stomme* flater [streek]；馬鹿にする beskimpe, ferrifelje
はかい　破壊　*de* destruksje, *de* ferneatiging, *de* ravaazje；破壊する ferneatigje, ferniele；破壊的な［に］destruktyf；破壊性 *de* fernielsucht
はがき　葉書　*de* kaart,（絵葉書）*de* aansicht(kaart), *de* printkaart,（郵便葉書）*de* brievekaart：人に葉書を送る immen in *kaart* stjoere
はかくの　破格の　（例外的な）bûtenwenstich, seldsum, útsûnderlik
はがす　剥がす　（取り除く）ferwiderje,（はぎ取る）losbrekke
ばかす　化かす　betoverje, betsjoene
はかせ　博士　（物知り）*de* ekspert, in learde persoan（→博士(はくし)）
はかどる　捗る　eine, flotsje, opsjitte, trochgean：仕事がどうしてもはかどらない It wurk wol net *eine.*, 仕事がはかどる *trochgean* mei it wurk；はかどらない stadich foarútgean
はかない　果敢ない　idel,（短命の）

koart, (心細い) helpleas, (絶望した) hopeleas：はかない望み idele hoop, はかない生涯 it koarte libben
ばかに 馬鹿に （ひどく）freeslik, glûpend, hartstikke(ne), (法外に) ûnbillik, ûnridlik
はがね 鋼 it stiel (→鋼鉄 (こう)); 鋼の (ような) stielen
はかばかしい 捗々しい 《通例, 否定語を伴う》はかばかしく (進展し) ない net foarderje, 《形》(十分に満足できない) ûnbefredigjend
ばかばかしい 馬鹿馬鹿しい bespotlik, dol, dom, gek, geklik, lullich, mâl：ばかばかしい質問 in domme fraach
ばかもの 馬鹿者 →馬鹿
はがゆい 歯痒い jin ûnferduldich [ûngeduldich] fiele
はからい 計らい （裁量）de diskreesje, (処置) de disposysje；計らう soargje (→取り計らう)
はからずも 図らずも （思いがけなく）ynienen, tafallich, ûnferwacht(e)；図らずも…する oerkomme
はかり 秤 de skaal
(…)ばかり (…)許り （およそ）sawat (→約), (…だけ) mar, (ちょうど) just, krekt(sa), presiis, (ほとんど) foech, hast, (…するばかりだ) ree (wêze foar …), 《接》(まるで…のように)(as) oft, (…ばかりでなく…も) net allinnich … mar (ek)：100ユーロばかりの費用がかかる It kostet sawat hûndert euro., 5分ばかりいられる Ik kin mar fiif minuten bliuwe., 学校から帰宅したばかりです Ik kaam krekt fan skoalle., 15分ばかり in foech kertier, スケートの選手たちはスタートするばかりだ De reedriders binne ree foar de start., 彼はそれを知っていると言わんばかりに (as) oft er it wist, 人は野菜やパンばかりでなく, 肉も食べる Minsken ite net allinnich griente en bôle, mar ek fleis.
はかりごと 謀 （たくらみ）de list, de trúk, (計画) it plan, de planning

はかりしれない 計り知れない ûnmjitber, ûnmjitlik, (不可解な) mysterieus
はかる 計る （数・数値などを）mjitte：時間を計る tiid mjitte, 体温を計る lichemstemperatuer mjitte
はかる 量る （重さ・量などを）ôfweage, weage：量りで体重を量った Ik woech my mei de skaaljes.
はかる 測る （長さ・広さ・高さなどを）mjitte, opmjitte：距離を測る ôfstân mjitte, 寸法を測る de grutte mjitte, 土地を測る lân mjitte
はかる 図る （便宜・解決などを）besykje, stribje：自殺を図る selsmoard besykje, 友情を図る nei freonskip stribje
はかる 謀る （悪事などを）belizze, yntrigearje, kûpje：彼の暗殺を謀る syn slûpmoard belizze
はかる 諮る （会議などに）foarlizze, konferearje, oerlizze (mei), rieplachtsje：その議案を特別委員に諮った Wy hawwe it wetsûntwerp foarlein oan de spesjale kommisje.
はがれる 剥がれる loslitte, ôfgean：壁紙がはがれてきている It behang lit los.
はき 破棄 （無効）de ferneatiging；破棄する ferneatigje, ûntbine (→無効にする, 解消する)：契約を破棄する in kontrakt ûntbine
はき 覇気 it ferhef, de galle, de geast, de pit (→根性)：彼には覇気がない Der sit gjin ferhef yn him.
はきけ 吐き気 de ûnpaslikens；吐き気がする ûnpaslik (→むかつく)
はぎしり 歯軋り it knars(el)toskjen；歯ぎしりする knars(el)toskje, op 'e tosken knarse
はきすてる 吐き捨てる útspuie
はきそうで 吐きそうで mislik：彼はバスに乗って吐きそうになった Hy wie mislik fan it busriden.
はきだす 吐き出す bekoarje, koarje, opjaan, spuie, (息・言葉を) útazemje, (ガス・煙などを) útstjitte

はきちがえる　履き違える　（靴を）oarmans skuon oandwaan,（誤解する）misferstean, miskenne

はぎとる　剥ぎ取る　bleatmeitsje, ûntdwaan（→剥ぐ）：本のカバーをはぎ取る it boek fan it kaft ûntdwaan

はきはき(と)　（きびきびと）kwik, kwyk,（元気よく）fris

はきもの　履き物　it fuotark [-wurk],（靴）de skuon,（下駄）(Japanske) houten klompen

はきゅうする　波及する　ferspriede,（影響する）beynfloedzje, útoefenje

はきょく　破局　de katastrofe,（破滅）de ûndergong；破局を迎える tragysk ôfrinne

はぎれ　歯切れ　歯切れがよい [悪い] dúdlik [krom] prate

はく　箔　it sulverpapier（→アルミ箔, 銀紙),（威信）it prestiizje：箔がつく prestiizje krije

はく　吐く　jin bekoarje, koarje, opjaan, spije, spuie,（煙・ガスなどを）útsjitte（→吐き出す）：へど [血] を吐く galle [bloed] spuie；吐きそうである mislik wêze：彼はバスに乗って吐きそうになった Hy wie mislik fan it busriden.；吐き気 de mislikens

はく　掃く　feie, oanfeie, reagje（→掃除する）：床を掃く de flier feie

はく　履く　（履き物を）oandwaan, oankrije（↔脱ぐ）：靴を履く skuon oankrije

はぐ　剥ぐ　（皮などを）ôfskile, strûpe, ûntdwaan

ばく　漠　de tapir

ばぐ　馬具　de sylbeage, it túch

はくあい　博愛　de filantropy, de minsklikens [-likheid]；博愛の filantropysk；博愛主義者 de filantroop

はくい　白衣　in wyt kleed；白衣の yn 't wyt：白衣の天使 in ingel yn 't wyt；彼女は白衣を着ていた Sy wie yn 't wyt.

ばくおん　爆音　（爆発の）de eksploazje, de ûntploffing, de útfal,（飛行機・機械などの）in ferskuorrend leven

ばくが　麦芽　it mout

はくがい　迫害　de ferdrukking, de twang；迫害する ferdrukke, ferhûddûkje；迫害者 de efterfolger

はくがく　博学　brede kennis；博学の leard；博学の人 in man mei in bulte kennis, in geleard persoan

はくがんし　白眼視　白眼視する ûnferskillich tasjen

はぐき　歯茎　it toskfleis；歯茎の dentaal：歯茎音 it dentale bylûd = it tosklûd

はぐくむ　育む　→育てる

ばくげき　爆撃　it bombardemint；爆撃する bombardearje；爆撃機 de bommewerper

はくし　白紙　in blanko feltsje papier,《比喩的な》in feltsje papier fan neat

はくし　博士　de doktor《略 dr.》：文学博士 doktor yn de letteren；博士号 it doktoraat；博士論文 it proefskrift

はくしき　博識　→博学

はくしゃ　拍車　de spoar：馬に拍車をかける it hynder de spoaren jaan

はくしゃ　薄謝　in blyk fan jins tankberens

はくしゃく　伯爵　de greve：ウィレム4世伯爵 Greve Willem Ⅳ

はくじゃくな　薄弱な　（意志が）flauhertich [-moedich]

はくしゅ　拍手　de klap；拍手をする klappe（yn 'e hannen）, 拍手喝采する applaudisearje；拍手喝采 it applaus：ボウケに盛大な拍手を送ろう！Applaus foar Bouke!

はくしょ　白書　in wyt papier；経済白書 in blanko [wyt] papier

はくじょう　白状　de bekentenis, de belidenis：白状する in bekentenis ôflizze = bekenne, belide

ばくしょうする　爆笑する　skatterje, yn laitsjen útbarste

はくじょうな　薄情な　hert(e)leas

はくしょくの　白色の　（肌が）blank, 白色（の）(it) wyt（→白 (½)）：白色

人種 it blanke ras

はくじん　白人　de blanke, 《複》de blanken（→白色人種）

ばくしん　驀進　it strûzen；ばく進する stowe, strûze

ばくしんち　爆心地　it sintrum fan de ûntploffing

はくする　博する　→得る

はくせいにする　剥製にする　opfolje, opsette；剥製の opfolle

はくせん　白癬　→田虫

ばくぜんと（した）　漠然と（した）　faach, ûnbestimd,（ぼんやりした）dizich, nevelich, skimerich

ばくだいな　莫大な　gigantysk, oergrut

はくだつ　剥奪　de ûntheffing；剥奪する ûntheffe：人から父親としての権利を剥奪する immen fan 'e âlderlike macht ûntheffe

ばくだん　爆弾　de bom：爆弾を投下する in bom ôfsmite = bombardearje

はくち　白痴　（愚鈍）de stommens, de idioatens,（能なし）de idioat, de omkoal, de sul

ばくち　博奕　de gok（→賭博（とば））：博奕をする in gok dwaan = gokke

ばくちく　爆竹　it rotsje,（花火）it fjoerwurk

はくちょう　白鳥　de swan

バクテリア　（細菌）de baktearje

はくないしょう　白内障　de staar

はくねつ　白熱　de gloed(e)；白熱している gleon；白熱する gloeie；白熱電球 de gloeilampe

ばくはする　爆破する　springe：橋を爆破させる in brêge springe litte

ばくはつ　爆発　（火山などの）de erupsje,（爆弾などの）de ûntploffing,（怒り・笑いなどの）de útfal：爆弾を爆発させる in bom ta ûntploffing bringe, 怒りの爆発 in lilke útfal；（火山などが）爆発する eksplodearje, ûntploffe：ある物を爆発させる eat ûntploffe litte；爆発（性）の ûntplofber：爆発物 ûntplofbere stoffen

はくはつの　白髪の　griis, wyt：白髪 griis [wyt] hier；白髪の老人 de wytkop

はくひょう　白票　in blanko stimbiljet [-briefke]

ばくふ　瀑布　de wetterfal（→滝）

ばくふう　爆風　de luchtstream fan in ûntploffing

はくぶつ（がく）　博物（学）　natuerlike histoarje

はくぶつかん　博物館　it museum：フリジア博物館 it Frysk Museum

はくぼく　白墨　→チョーク

はくまい　白米　wite rys（↔玄米）

はくめい　薄命　（不幸）it ûngelok,（短命）in koart libben；薄命の ûngelokkich；《諺》美人薄命 De moaisten stjerre jong.

ばくやく　爆薬　lading eksplosiven

はくようきゅう　白羊宮　de Raam（→牡羊座）

はくらいの　舶来の　（外国産の・輸入された）frjemd

はぐらかす　ôfkonfoaie, ôfpoeierje, ûntdûke（→巧みにかわす）

はくらくする　剥落する　útrinne（→剥げ落ちる）

はくらんかい　博覧会　de jierbeurs, de tentoanstelling

ばくりょう　幕僚　de stêfoffisier（参謀将校）

はくりょく　迫力　de krêft,（活気）it libben,（緊迫感）de spanning；迫力のある krêftich, libben：この写真はとても迫力がある De foto's binne tige krêftich [ekspressyf / sprekkend].；迫力に欠ける gebrek hawwe oan prikkels, futleas wêze

はぐるま　歯車　it kamrêd

ばくろ　暴露　de iepenbiering, de ûntdekking；彼についての暴露記事が（新聞に）出た Der kamen yn 'e parse dingen oer him oan 't ljocht.；暴露する iepenbierje, loslitte, ûntdekke, ûntmaskerje,（あることを）（eat）foar it rjocht helje

はけ　刷毛　de feger, de kwast, de stof-

はげ

fer（→ブラシ）
はげ　禿　de kealens；はげた keal：頭がはげている in *keale* holle hawwe, 私の後頭部にはげた所がある Ik haw in *keal* plak achter op 'e holle.；頭のはげた kealhollich
はげおちる　剥げ落ちる　（ペンキなどが）útrinne
はけぐち　捌け口　（水・ガスなどの）de útwei,（ストレス・感情などの）de ferdivedaasje, de tiidkoarting
はげしい［く］　激しい［く］　fel, freeslik, fûl, heftich, hurd：激しい痛み in *felle* pine（→激痛）, 激しい抵抗 *fûl* ferset, 激しく戦う *fûl* fjochtsje, 激しく抵抗する *heftich* protestearje, 激しい風 in *hurde* wyn
はげたか　禿鷹　de gier,（コンドル）de kondor
バケツ　de aker, de amer, de skepamer；バケツ一杯 it amerfol
はげます　励ます　bemoedigje, oanmoedigje, opswypkje, stimulearje；励まし de bemoediging, de oanmoediging, de treast
はげむ　励む　neistribje,（…を求めて）stribje (nei),（仕事・勉強に）hurd wurkje
ばけもの　化け物　it gedrocht, it meunster：幽霊と化け物 spoeken en *meunsters*
はける　捌ける　（水が）ôffloeie,（品物が）（売れる）der sit sleet（yn dat guod）
はげる　禿げる　（頭が）keal wurde
はげる　剥げる　（ペンキなどが）loslitte,（色が）ferblikke, ferflauje, fersjitte, ferskine（→あせる）
ばける　化ける　→変身する
はげわし　禿鷲　de gier（→禿鷹（たか））
はけん　派遣　it fuortstjoeren；派遣する detasjearje, fuortstjoere, stjoere,（代表として）派遣する delegearje, ôffurdigje；派遣団 de delegaasje, de ôffurdiging（→使節団）
はけん　覇権　de hegemony, de supre-

masy：覇権を握る *hegemony* berikke
はこ　箱　de doas, de doaze,（ふた付きの）de kist(e),（パンなどを入れるブリキ）箱［缶］de bôletromp
はごいた　羽子板　it badmiton racket
はごたえのある　歯応えのある　→硬い, 手応えのある
はこび　運び　（足の）運び de pas, de stap, de trêd,（筆の）運び de (pinne)-haal, de (pinne)streek（→筆遣い）,（手筈）de tarieding
はこぶ　運ぶ　bringe, drage, oandrage, oerdrage, tôgje,（ことが）（捗る）eine, trochgean：その荷馬車は干し草をやっと運ぶことができた De wein koe al it hea amper *tôgje*.；運び入れる ynhelje；運び込む tille：彼女はスーツケースを部屋に運び込んだ Sy *tilde* de koffer de keamer yn.
バザー　（慈善市）de baza(a)r
はざま　狭間　de ynterfal, de kleau,（合間）it skoft,（銃眼）it sjitgat
はさまる　挟まる　beknypt wurde：彼女の指がドアにはさまった Har fingers *waarden* tusken de doar *beknypt*.
はさみ　鋏　de skjirre,（甲殻類の）de skjirre：はさみで布地を裁断する mei de *skjirre* guod ôfknippe
はさむ　挟む　（ドアなどに）beknipe, klamme,（つまむ）hâlde,（口を）挟む meiprate（→口出しをする）,（小耳に）挟む ôflústerje, opheine：彼女は指をドアにはさんでしまった Sy hie de fingers tusken de doar *beknypt*.
はさん　破産　it bank(e)rot, it fallissemint, it fallyt：破産の申し立てをする yn 't *fallissemint* gean, 破産する yn it *fallissemint* reitsje, *fallyt* gean［reitsje］；破産する springe, strûpe：その銀行は破産寸前だ De bank stiet op *springen*.；破産した bank(e)rot, it fallyt *gean*；破産者 it fallyt
はし　端　it ein, de kant, it útein：テーブルの端 de kant fan 'e tafel
はし　箸　it itenstikje［-stokje］, it ytstokje

はし　橋　*de* brêge：その橋は開いて[閉って]いる De *brêge* is [stiet] iepen [ticht].；橋番人 *de* brêgeman

はじ　恥　*de* skamte, *de* skande；恥じる jin skamje：君の行動を恥ずかしく思っている Ik *skamje* my foar dyn gedach., 恥を知れ！ Do moatst dy *skamje!*；(…を)恥じる jin skamje (oer)：貧しいことを恥ずかしいと思うな Beskamje dy net oer dyn earmoed.；恥ずべき beskamsum, skamsum, skandlik：フリジア人が自分たちの言葉をそんなにないがしろにするのは恥ずべきことです It is *skandlik* dat de Friezen har taal sa ferwaarloazgje.；恥をかかせる skamje；恥知らずの skamteleas；恥じて beskamme：恥ずかしくて黙っている *beskamme* swije, 恥じている *beskamme* wêze

はしか　麻疹　(複) *de* mûzels：はしかにかかると，皮膚に小さな赤い斑点ができる Ast de *mûzels* haste, krigest lytse reade plakjes op dyn hûd.

はしがき　端書き　*it* foarwurd (→序文)：ファイツマ博士は私の辞書の端書きに寄稿をしてくれた Dr. Feitsma skreau in *foarwurd* foar myn wurdboek.

はじく　弾く　(指で) tikje, (弦などを) tsjingelje, (水などを) ôfstjitte：ギター(の弦)を弾く op 'e gitaar *tsjingelje*

はしけ　艀　*de* aak, *de* bok, *it* skûtsje

はじける　弾ける　poffe, springe, (笑いが)útfalle：栗が火の中で弾けた De kastanjes *poften* yn it fjoer., 水道管が弾けている De wetterlieding is *sprongen*.

はしご　梯子　*de* ljedder：屋根に登るとなれば，はしごを用いなければならない Ast op it dak wolste, moatst de *ljedder* brûke.；はしご車 *de* ljedderwein

はじさらし　恥曝し　(不名誉) *de* skande, *de* ûnear(e), *de* ûngenede

はしたない　端たない　→下品な, 不作法な

はしばみ　榛　*de* hazze(l)nút (←その実)

はじまり　始まり　(初め) *it* begjin, *de* iepening, *de* oanfang, (原因) *de* oarsaak, (起源) *de* oarsprong；始まる begjinne, losreitsje, oangean, útbrekke, út ('e) ein gean [sette]：学校が始まる De skoalle *giet oan*., 戦争が始まった De oarloch is *útbrutsen*.

はじめ　初め, 始め　*it* begjin (→始まり)：物事はすべて初めが大変だ Alle *begjin* is swier., 初めに by it *begjin*, 11月の初めに *begjin* novimber, 初めは yn it *begjin*；初めのうちは yn it earstoan

はじめまして！　初めまして！　Hoe giet it mei jo [dy]!, Tige nei 't sin!

はじめる　始める　begjinne, oanfange, (演奏・話などを) ynsette, oanheffe, (研究・調査を) ynstelle：暗くなり始めた It *begjint* tsjuster te wurden., ばらが(そろそろ)咲き始めるだろう De roazen sille *begjinne*., 新しい生活を始める in nij libben *oanfange*, 歌を歌い始める in liet *ynsette*, 調査を始める in ûndersyk *ynstelle*

はしゃ　覇者　*de* oerwinner

ばしゃ　馬車　*it* reau, *de* riderij, *it* rydtúch, (4頭立ての) *de* koets, (荷馬車) *de* wein：馬車で旅に出掛ける mei in *reau* op reis gean

はしゃぐ　djoeie, mâljeie, mâltjirgje, derten omspringe, jin úttjir(g)je；はしゃぎ回る boartsje；(形)はしゃぐ ocrdwealsk

パジャマ　*de* pyama

ばじゅつ　馬術　*de* hynstesport

はしゅつする　派出する　útstjoere；派出所 *de* plysjepost

ばしょ　場所　*de* lizzing, *it* plak, *it* punt, *it* stee, (空間) *de* romte：その教会のある場所は素晴らしい(所だ) De *lizzing* [It *plak*] fan de tsjerke is prachtich., 目立つ場所 in daaldersk *plak*, 同じ場所で二つの事故が起きた Der

ばしょう

wienen twa ûngemakken op it selde plak., 住むに快適な場所 in moai stee om te wenjen, 場所を空ける romte meitsje

ばしょう　芭蕉　*de* bananebeam, *de* pisang

ばじょうで[の]　馬上で[の]　op it [in] hynder

はじょうの　波状の　barich；波状攻撃 oanfallen op weagen(s)

はしょうふう　破傷風　*de* tetanus

はしら　柱　*de* kolom, *de* pilaar, *de* pylder, *de* post；柱時計 *de* hingklok

はじらい　恥じらい　*de* ferlegenens [-legenheid]，(はにかみ) *de* skrutelens；恥じらう ferlegen fiele

はしらせる　走らせる　(人を) rinne litte, (車・馬などを) stjoere, (使いを呼びにやる) stjoere

はしり　走り　(初物) *de* earsteling

はしりがき　走り書き　*de* krabbel；走り書きをする krabbelje

はしりたかとび　走り高跳び　*de* heechsprong；走り高跳びをする heechspringe

はしりはばとび　走り幅跳び　*de* fiersprong；走り幅跳びをする fierspringe

はしりまわる　走り回る　omrinne, (馬・車で) omride, (逃げる) flechtsje

はしる　走る　(人・動物が) rinne, (乗り物が) ride, (走り去る) fuortdrave, ôfride, (走り続ける) trochrinne

はじる　恥じる　(…を) jin skamje (oer) (→恥)

はす　斜　→斜(なな)めの

はす　蓮　*de* lotus (→睡蓮)

はず　筈　(当然…する) はずである moatte, (多分…の) はずである moatte；彼女は当然お金を必要としているはずだ Hja moat bepaald jild hawwe., 彼は今日来るはずだ Hy moat hjoed komme.；(…の)はずはない kinne net；そんなはずはない It is ûnmooglik.；君ならそれが出来るはずだ Ik bin derfan oertsjûge datsto it kinst.

バス　*de* bus：バスで行く mei de bus gean；バスの時刻表 it busboekje；バスの停留所 *de* bushalte

バス　(風呂) it bad：バストイレ付きの部屋 in keamer mei bad en toilet；バスタオル *de* baddoek；バスルーム *de* badkeamer

バス　(音楽の) *de* bas；バス歌手 *de* bas

はすう　端数　*de* fraksje, in lyts diel

ばすえ　場末　*de* bûtenkant (fan in stêd)

はずかしい　恥ずかしい　(恥ずべき) beskamsum, sjeant, skandalich, skandlik

はずかしめ　辱め　*de* belediging, *de* ferneding, *de* misleiding, *de* skamte；辱める fernederje, misleidigje

バスケット　*de* koer

バスケットボール　(バスケット用のボール) *de* basketbal, (競技) it basketbal

はずす　外す　(取り外す) loskrije, ôfdwaan, ôfsette, (ボタンなどを) losdwaan, losknoopje, losmeitsje, (的を) misse, (席を) ferlitte, (取り除く) ôfhelje, útslute：眼鏡 [手袋] を外す de bril [mûtse] ôfsette, コートのボタンを外す de knopen fan 'e jas losmeitsje, 的を外す it doel misse, 席を外す jins sitplak ferlitte, ベットカバーを外す it bêd ôfhelje

パスタ　*de* pasta

パステル　it pastel

バスト　(胸回り) *de* boppewiidte, *de* búste

はずべき　恥ずべき　skandalich (→恥ずかしい)：恥ずべき行為 in skandalige die(d)

パスポート　*de* pas, it paspoart, *de* reispas：パスポートを申請する in paspoart oanfreegje

はずみ　弾み　*de* stuit, (勢い) *de* krêft：このボールはよく弾む Dy bal hat in hege stuit.；弾みがつく faasje krije；弾む fearje, stuiterje, stuitsje, (話などが) animearre wurde, (チップを) rynske tip jaan：このボールはよく弾む Dy bal wol tige stuitsje.

はすむかい　斜向かい　→斜めに

パズル　*de* puz(z)el（→なぞ）
はずれ　外れ　（端）*it* ein,（町の）*de* bûtenkant,（縁(ｶ)）*de* râne：彼は町の外れ［郊外］に住んでいる Hy wennet oan 'e *bûtenkant* fan de stêd., 村の外れに oan 'e *râne* fan it doarp
はずれる　外れる　losgean, losreitsje, lossjitte, ôfgean,（軌道を）ôfdwale（→それる）,（的を）misse
パスワード　*it* konsynje, *it* wachtwurd
はぜ　沙魚　*de* grint, *it* grintfiskje
はせい　派生　（語の）*de* ôfstamming；（…から）派生する ôfliede (fan)；派生的な bykomstich：それは派生的な問題にすぎない Dat is mar *bykomstich*.；派生語 *de* ôflieding
ばせい　罵声　*it* skelwurd（→罵(のの)り）
バセドー（し）びょう　バセドー（氏）病　de sykte fan Basedow
パセリ　*de* piterseelje
パソコン　*de* (t)húskompûter
はそん　破損　*de* beskeadiging, *de* skansearring；破損する beskeadigje, skansearje（→壊れる）
はた　旗　*de* flag(g)e,（軍旗）*it* findel, *de* standert：旗を揚げる de *flag(g)e* útstekke, 旗を降ろす de *flag(g)e* strike；旗で合図する flagje
はた　機　*de* weefstoel, *it* weeftou；機を織る weevje；機織り *de* weverij
はだ　肌　（皮膚）*it* fel, *de* hûd,（物の表面）*it* flak, *it* oerflak,（気質）*it* temperamint：私の肌は日光浴でこんがりと焼けている Myn *fel* is aardich brún wurden troch de sinne., 冬になると肌がよくかさかさになる Yn de winter is de *hûd* faak spliterich., 彼女と私は肌合いが違う Sy en ik binne ferskillend fan *temperamint*.；肌着 *it* ûnderguod,（女性用の）*de* linzjery
バター　*de* bûter；パンにバターを塗る bôle smarre；バター入れ *de* bûterfloat；バターナイフ *it* bûtermes［-mês］；バターミルク *de* sûpe
パターン　*it* patroan

はだか　裸　*de* neakenens；裸の［で］bleat, neaken：裸で歩き回る *neaken* om rinne；裸にする bleatmeitsje
はたく　叩く　（ほこりを）ôfstofje：本のほこりをはたく de boeken *ôfstofje*
はたけ　畑　*it* fjild, *it* lân,（農園）*de* pleats：畑仕事をする op *it fjild* wurkje, 私たちは畑に堆肥を運んだ Wy hawwe de dong oer it *lân* karke.
はださむい　肌寒い　klomsk, skrousk（→冷え冷えする）：肌寒い天気 *klomsk* waar
はだざわり　肌触り　*it* tikje
はだし　裸足　bleate fuotten：裸足で歩く op *bleate fuotten* rinne；裸足で bleatfoets（→素足で）
はたして　果たして　（思った通りに）sa't te ferwachtsjen is,（本当に）eigentlik：果たして本当だろうか Is it *eigentlik* wier?
はたす　果たす　（義務・約束を）ferfolje,（役目を）spylje：役割を果たす in rol *spylje*
はたち　二十　（20歳）tweintich：彼は二十だ Hy is *tweintich* jier.
はたと　→急に
ばたばた　（翼などを）ばたばたさせる flappe, wjukkelje；ばたばたもがく wjerakselje；ばたばた死ぬ efter mekoar stjerre（→次々と死ぬ）
バタフライ　*de* flinterslach
はためく　（旗などが）fladderje, wapperje：旗がはためく De flaggen *wapperje*.
はたらかせる　働かせる　（人を）(immen) oan it wurk sette,（頭・常識を）jins brein［ferstân］brûke
はたらき　働き　（仕事）*de* arbeid, *it* wurk, *it* wurkjen,（効用）*it* effekt, *de* wurking：彼らは私の働きで生活している Sy libje fan myn *wurkjen*., 頭［心］の働き *de wurking* fan it brein［de geast］, 薬の働き *de wurking* fan medisinen
はたらく　働く　arbeidzje, wurkje,（あくせく）働く ploeterje,（機能する）

funksjonearje, wurkje, （悪事を）（in misdie(d)）begean：せっせと働く *arbeidzje* as in hynder, 一生懸命に働く hurd *wurkje*, 働き過ぎる te hurd *wurkje*, 教師として働く *wurkje* as learaar

ぱたりと →突然

はたん 破綻 （失敗）*de* mislearring, *de* ôfgong, （破産）*it* bank(e)rot, （行き詰まり）*de* stilstân；破綻する mislearje （→失敗する）,（行き詰まる）stilstean：その交渉は破綻をきたした De ûnderhannelings binne *mislearre*.；破綻している op 'e klippen rinne

ばたん（と） （*de*) bûns：彼はドアをばたんと閉めた Hy jout in *bûns* op 'e doar.

はち 八 8(の)（*de*）acht：8人の学生 *acht* studinten；第8目（の）（*it* / *de*）achtste：8番目の駅 it *achtste* stasjon

はち 鉢 （碗（わん））*de* kom, （盛り鉢）*de* skaal, （植木鉢）*de* blompot, （水鉢）*de* kom；鉢植え *de* potplant

はち 蜂 （蜜蜂）*de* bij, *de* huningbij：蜜蜂のように忙しい sa iverich as in *bij*,《諺》蜜蜂のいる所には，蜂蜜がある Dêr't *bijen* binne, dêr is ek hunich.；蜂蜜 *de* huning

ばち 罰 （処罰）*de* bestraffing, （天罰）*de* ferdommenis；罰が当たる *bestraffing* ûndergean, そのようなことをすれば罰が当たる Ast soks dochst, silst straft wurde.；罰当たりの ferdomd：この罰当たりめ！ *Ferdomd* noch（oan）ta!

ばちがいの 場違いの mispleatst, （ふさわしくない）misstean

はちがつ 八月 *de* augustus：今日は8月26日です It is hjoed de seisentweintichste *augustus*.

はちきれる はち切れる barste：おなかがはち切れそうになるまで食べる jin te *barsten* frette

はちくのいきおいで 破竹の勢いで mei ûnwjersteanber geweld

ぱちくり 目をぱちくりする knip(p)erje mei de eagen

はちじゅう 八十 80(の)（*de*）tachtich；80番目(の)（*it* / *de*）tachtichste

はちじゅういち 八十一 81(の)（*de*）ienentachtich

はちのす 蜂の巣 *de* huningraat [-skiif], *de* raat

はちゅうるい 爬虫類 *it* reptyl

はちょう 波長 *de* weachlingte

ぱちんと mei in knap；ぱちんと割れる knikke

ばつ 罰 *de* bestraffing, *de* straf：罰を受ける *straf* krije；罰する bestraffe, straffe, （厳しく）kastije：…のために人を罰する immen *bestraffe* foar …, 彼は罰される（だろう）Hy wurdt straft.；罰しうる, 罰に値する strafber；罰を受けない straffeleas （→無罪の）

ばつ 閥 （派閥）*de* kliber

ばつ ばつが悪い oanklaud sitte, sukkelich [ûnbeholpen]（→決まりが悪い）

ばつ （ばつ印）*it* krús《×》：書類に（署名代わりに）×印を書く in stik tekenje mei in *krús*(*ke*)

はつあん 発案 *de* foarslach, *it* foarstel；発案する foarslaan, foarstelle（→提案する）

はついく 発育 *de* groed(e), *de* waaksdom：その子犬は発育が止まっている Der sit gjin *waaksdom* yn dat hûntsje.；発育する groeie, oanwinne, útgroeie, waakse

はつえんとう 発煙筒 *de* reekbom （←発煙弾）

はつおん 発音 *de* útspraak：彼女の英語の発音は申し分ない Har *útspraak* fan it Ingelsk is goed.；発音する útsprekke：彼はR（音）を発音できない Hy kin de R net *útsprekke*.；発音記号 fonetyske tekens；発音辞典 in fonetysk wurdboek

はつか 二十日 20日 tweintich dagen, （20日目）de tweintichste dei

はっか 発火 *de* ûntbaarning, *de* ûntstekking；発火する ûntbaarne, ûntstekke；

発火させる ûntstekke；発火装置 de ûntstekking；発火点 it ûntbaarningspunt
はっか 薄荷 de munt, de pipermunt
はつが 発芽 de kym, de ûntkiming；発芽する kymje, sprute, útsprute
ハッカー （コンピューターの）de kreaker
はっかい 発会 de iepening fan in moeting；発会する iepenje
はっかく 発覚 de iepenbiering（→暴露）；発覚する foar it ljocht komme
はつかねずみ 二十日鼠 de mûs, it rotsje：（二十日）ねずみを捕える mûzen fange
はっかん 発刊 de publikaasje, de útjefte；発刊する publisearje, útjaan
はっかん 発汗 it swit, de transpiraasje；発汗する switte, transpirearje
はつがんせいの 発癌性の kankerich；発癌物質 in kanker ferwekkende stof；発癌性の腫瘍 de kankerswolm
はつぎ 発議 （提案）de foarslach, it útstel；発議する foarslaan, oanbiede, útstelle
はづき 葉月 de augustus（→八月）
はっきする 発揮する （力・能力を）útoefenje, wiermeitsje：実力［真価］を発揮する jin wiermeitsje
はっきょうする 発狂する kranksinnich wurde
はっきり（と） dúdlik, helder, klear：自分の考えていることをはっきりさせる jin dúdlik meitsje, はっきり物を言う dúdlik prate, そのことは私にははっきり分からない It is my net helder., 私はそれをはっきりと覚えている Ik wit it noch klear.；はっきりさせる ferdúdlikje, ophelderje；はっきりしない dizich, faach, nevelich
はっきん 白金 it platina
ばっきん 罰金 de boete, de jildboete, it soenjild：人に罰金を科する immen in boete jaan, 1,000 ユーロの罰金を取られる in boete krije fan 1.000 euro；罰金を科する boetsje

バック （後ろ）de efterkant,（背景）de eftergrûn, de ûndergrûn
バッグ →鞄
はっくつ 発掘 de opgraving, de útgraving；発掘する opgrave, útgrave
ばつぐんの 抜群の prachtich, treflik：抜群の記録 in prachtich rekord；抜群に by útstek
はっけっきゅう 白血球 in wyt bloedlichemke；白血病 de leukemy
はっけん 発見 de ûntdekking：発見する in ûntdekking dwaan；発見する ûntdekke：新大陸を発見する in nij lân ûntdekke；発見者 de ûntdekker
はつげん 発言 de utering, de útlitting；発言する sprekke, uterje, útlitte；発言者 de sprekker
はつこい 初恋 jins earste leafde
はっこう 発行 de publikaasje, de útjefte：新書の発行 de publikaasje fan in nij boek；発行する publisearje, útjaan：本を発行する in boek publisearje［útjaan］, 紙幣［切手］を発行する bankbiljetten［postsegels］útjaan；発行者［所］de útjouwer；発行所 de útjouwerij（→出版社）；発行部数 de oplaach
はっこう 発光 de útstjit fan ljocht；発光する ljocht útstjitte
はっこう 発効 de útfiering；発効する útfiere
はっこう 発酵 de gêsting / gesting；発酵する gêstje
はっこうの 薄幸の →不幸な，薄命の
はっこつ 白骨 in ferblikke bonke
ばっさい 伐採 it kapjen；（木を）伐採する （beammen）kapje（→切り倒す）
はっさん 発散 de ôfskieding, it útdampen, de útwazeming；発散する ôfskiede, útdampe, útgean, útstjitte
バッジ it spjeldsje
はっしゃ 発車 （出発）it fertrek；発車する fertsjen；発車時刻 de fertrektiid
はっしゃ 発射 de lansearring；（ロ

はっしょう　ケット・ミサイルなどを）発射する lansearje, losse, ôffjurje；発射台 de lansearbasis

はっしょう　発症　→発病

はつじょう　発情　seksuele opwining, de jacht(er)ichheid；発情する djoeie, opbrekke；発情した (d)joeisk；発情期 de peartiid

はっしょうち　発祥地　de widze

はっしん　発信　de útstjoering（↔受信）；発信する fuortstjoere, oerstjoere, útstjoere

はっしん　発疹　de útslach（→吹き出物）；（発疹が）出る útbrekke；発疹チフス de bargesykte

はっしん　発進　（車などの）de start,（飛行機の）de opstiging；発進する starte,（飛行機の）opstige

バッシング　（こき下し）it ôfkreakjen；バッシングする ôfkreakje

ばっすい　抜粋　it ekstrakt, it úttreksel：本からの抜粋 in úttreksel fan in boek；抜粋する úttrekke：本から抜粋する in boek úttrekke

はっする　発する　（熱・においなどを）ôfjaan,（感情を）útstrielje,（ガス・煙・音声を）útstjitte,（…に）（由来する）fuortkomme (út),（光・音・蒸気・源を）útgean, útstjoere,（命令・布告などを）útfurdigje：太陽から光が発せられる De strielen geane fan de sinne út.

ばっする　罰する　bestraffe, straffe,（厳しく）kastije：（…のために）人を罰する immen bestraffe (foar), 彼は罰される（だろう）Hy wurdt straft.

ハッスルする　→張り切る

はっせい　発生　it foarkommen,（病気などの）de útbarsting；発生する foarkomme, ûntstean, útbrekke（→起こる, 生じる）

はっせい　発声　de fokalisaasje；発声する fokalisearje

はっそう　発想　it idee,（考え方）de tinkwize：斬新な発想 in orizjineel idee

はっそうする　発送する　fuortstjoere, ôfstjoere

ばっそく　罰則　de strafmaatregels：罰則に照らして人を罰する immen bestraffe mei strafmaatregels

ばった　飛蝗　de sprinkhoanne

はつたいけん　初体験　jins earste seksuele ûnderfining

はったつ　発達　de ûntjouwing, de ûntwikkeling；発達する jin ûntjaan [ûntwikkelje]；発達させる ûntwikkelje；発達した ûntwikkele

はったり　de bluf；はったりをかける bluffe, oerbluffe, opsnije, opsprekke；はったり屋 de ophakker

ばったり　kwak, mei in plof：彼は床にばったりと倒れた Hy foel mei in plof oer de flier.

ばったり　→突然

はっちゃく　発着　oankomst en fuortgean；発着時刻表 de tsjinstregeling

はっちゅうする　発注する　bestelle, easkje（→注文する）

ばってき　抜擢　in útsûnderlike útferkiezing；ばってきする útkarre, útkieze

バッテリー　de batterij：バッテリーが上がっている De batterij is leech., バッテリーを充電する in batterij lade

はってん　発展　de ûntjouwing, de ûntwikkeling；発展する jin ûntjaan；発展させる ûntwikkelje；発展した ûntwikkele；発展途上国 it ûntwikkelingsgebiet, it ûntwikkelingslân

はつでん　発電　(elektryske) opwekking；発電する generearje, elektrisiteit opwekje [opwekke]；発電機 de generator；発電所 de krêftsintrale, de sintrale

はっと　→突然, 不意に

バット　（野球などの）it slachhout

ぱっと　（突然）hommels,（間）wip：ぱっと思い出す opkomme；ぱっと燃え上がる opflikkerje, oplôgje；ぱっと飛び立つ opspatte；ぱっと立ち上がる opfleane

はっとうしん　八頭身　八頭身の美人 in goed proporsjonearre famke

はつどうする　発動する　(動かす) bewege, (行使する) brûke, fiere

はつねつ　発熱　(病気による) de koarts；発熱する koartsich wurde

はつの　初の　(最初の) earste, (初めに) by it begjin：初飛行 de earste flecht

はっぱ　発破　発破を掛ける it dynamyt ûntpoffe litte, (気合いを掛ける) oanfiterje：その女房は夫にいつも発破を掛けている Dat wiif fitert har man altyd oan.

はつばいする　発売する　(ある物を) (eat) op 'e merk bringe；発売になる yn 'e hannel komme, nei de merk gean；発売禁止 Ferkeap ferban.；発売を禁止する ferkeap ferbiede；発売元 de hannelsagint

ハッピーエンド　in goede ôfrin, in gelokkich slot

はっぴょう　発表　de meidieling, de oankundiging；発表する meidiele, oankundigje

はつびょうする　発病する　siik wurde (→病気になる)；発病 de oanfal：リューマチの発病 in oanfal fan rimmetyk

はっぷ　発布　(憲法の) de útfeardiging, de útfurdiging；発布する útfeardigje, útfurdigje

はっぷんする　発憤する, 発奮する　jin fermanje

はっぽう　発泡　it skom；発泡酒 alkoholearm bier；発泡スチロール it polystyreen

はっぽうする　発砲する　fjurje, ôfsjitte：銃を発砲する in gewear ôfsjitte

はっぽうに　八方に　alle kanten út；その声は四方八方から聞こえてきた It lûd kaam fan alle kanten.

ばっぽんてきな[に]　抜本的な[に]　yngeand, yngripend, kras, radikaal：政府はインフレ(対策)に抜本的に取り組んだ It regear pakte de ynflaasje radikaal oan.

はつまご　初孫　jins earste bernsbern [pakesizzer]

はつめい　発明　de útfining：発明する in útfining dwaan；発明する útfigelearje, útfine：ベルは電話機を発明した Bell hat de telefoan útfûn.；発明者 de útfiner

はつらつとした　潑剌とした　(元気な・活発な) beweechlik, bluisterich, fiks, fleurich, libben, moedich, roerich：はつらつとした少年 in beweechlike jonge

はつれい　発令　in offisjele meidieling；発令する offisjeel meidiele

はつわ　発話　de utering

はて　果て　(終わり・結末) it / de ein

ばてい　馬蹄　de hoef (→ひづめ)

はてしない　果てしない　einleas：果てしない大空 de einleaze himel

はでな　派手な　bluisterich, opsichtich, pronksiik, útwrydsk：派手な服装をしている opsichtich yn 'e klean wêze, 派手な帽子 útwrydske huodden；派手好き de pronkskens

はては　果ては　úteinlik, ta slot (→最後には, 結局)

はてる　果てる　(終わる) einigje, (死ぬ) ferskiede, fuortgean, ûntfalle

パテント　(特許) it patint

はと　鳩　(雌) de do, (雄) de doffert；はと小屋 de dowematte；《間》はとの鳴き声 roekoe(koe) 《くうくう》

はどう　波動　de golf, de weach；波動説 de golfteory

ばとう　罵倒　de belediging, de misledigjng；罵倒する belekje, beskimpe, útskelle, (…を) ôfsizze (op)

パトカー　→パトロールカー

はとば　波止場　de pier (→埠頭)

バドミントン　it badminton：バドミントンをする badminton spylje = badmintonje

はどめ　歯止め　de fang, de rem：歯止めをかける op 'e rem stean gean

パトロール　de patrûlje：パトロールをする de patrûlje dwaan, パトロールに出掛ける op patrûlje gean；パトロールカー de plysjeauto

パトロン *de* beskermer,（男性）*de* patroan,（女性）*de* patrones
バトン （リレーの）*it* estafettestokje
バトンガール *de* majorette
はな 花 （通例，草の）*de* blom, *de* fleur,（通例，樹木の）*de* bloei,（果樹の）*de* blossem,《総称的な》*de* blossem：花が咲き始める yn 'e *bloei* rinne, 花が咲いている yn 'e *bloei* stean；花（柄）の blommich；花が咲く bloeie, blomkje；花束 in bosk blommen, *de* rûker；花びら *it* blomblêd, *it* kroanblêd；花屋（人）*de* blomker,（店）*de* blommewinkel
はな 洟 →鼻水
はな 鼻 *de* noas,（豚などの）*de* bek,（象の）*de* slurf,（豚・象の）*de* snút,（嗅覚）*de* rook：高い［長い］鼻 in lange *noas*, 詰まった鼻 in ferstoppe *noas*（→鼻詰まり）, 鼻であしらう op 'e *noas* sjen（→軽蔑する）, 鼻をかむ *de noas* snute = noassnute, 鼻をほじくる yn 'e *noas* klauwe [plúzje], 鼻がつまっている De *noas* sit my ticht., 鼻血が出ている My *noas* bliedt.；鼻穴 *it* noastergat
はないき 鼻息 鼻息が荒い snuve as in brúnfisk；鼻息の荒い人 *de* snuver
はなかぜ 鼻風邪 鼻風邪をひいている noasferkâlden wêze
はながた 花形 *de* fedette（→人気スター）；花形の blomje
はながみ 鼻紙 *it* papieren bûsdoekje
はなくそ 鼻糞 droege snot(te)；鼻くそをほじくる yn jins noas plúzje
はなごえ 鼻声 *de* noasstim；鼻声でしゃべる troch de noas prate
はなざかり 花盛り 花盛りである yn 'e fleur wêze；人生の花盛り（に）(op) it bêst fan jins libben
はなし 話 （談話）*de* rede,（対話）*de* reden,（会話）*it* petear, *it* ûnderhâld,（話題）*it* praat,（物語）*it* ferhaal,（噂・評判）*it* geroft, *de* namme, *it* praat,（道理）*de* rede：その講演者は1時間にわたってフリジア語について話をした De sprekker hold in *rede* fan ien oere oer it Frysk., 人に話をする immen yn 'e *reden* falle, 人の話を聞く immen te *reden* stean, 内緒話 in smûk *petear*, 私たちはその話題について長時間話をした Oer dat ûnderwerp hawwe wy lang yn *petear* west., 君と話がしたい Ik wol graach in *ûnderhâld* mei dy hawwe., そのことが話［噂］になっている Der is [giet] *praat* fan [oer]., 話をする in *ferhaal* dwaan, この話は面白くない Dat *ferhaal* is net ynteressant., …という話だ It *praat* giet dat …, その人は話の分かる人だ De minske is bejeftige mei *rede*.
はなぢ 鼻血 *de* noasblieding, *it* noasblieden；鼻血が出る noasbliede
はなしあい 話し合い *de* konferinsje, *de* reden,（交渉）*de* ûnderhâneling [-hanneling]：そのことは今話し合っている De saak is yn *ûnderhâneling*.；話し合う beprate, bespprekke, útsprate, mei-inoar rieplachtsje
はなしあいて 話し相手 *de* petearpartner
はなしがいする 放し飼いする （放牧する）weidzje
はなしかける 話し掛ける oansprekke, tasprekke：人に親しく話し掛ける immen freonlik oansprekke
はなしかた 話し方 *de* foardracht, *de* spraak
はなしごえ 話し声 *de* stim
はなしことば 話し言葉 *de* spraak, *de* sprektaal（→口語）（↔書き言葉）
はなしこむ 話し込む （…と）in lang petear hawwe (mei)
はなしじょうず 話し上手 in goede sprekker；話し下手 in minne sprekker
はなしずきな 話し好きな praatsk, spraaksum（→お喋りな）
はなしちゅう 話し中 （電話で）yn petear
はなして 話し手 *de* sprekker（↔聞き手）
はなじる 鼻汁 *de* snot(te)（→鼻水）

はなす　放す　loslitte,（解放する）befrije, ferlosse, frijlitte, loskrije, ûntslaan：私を放してくれ！ Lit my los！
はなす　話す　fertelle, prate, sizze, sprekke：このことは他の人には誰にも話さないでくれ！ Net fierder *fertelle hear*!, そのことは後で話すよ！ Ik *praat* der noch wol mei dy oer!, 私はフリジア語は話せません Ik *praat* gjin Frysk., そのことは何も話してはいない Ik haw dêr neat te *sizzen*., どちらかと言えばあなたに直接話したいのですが Ik woe jo leaver allinnich *sprekke*., 外国語を話す in frjemde taal *sprekke*
はなす　離す　（切り離す）ôflûke, ôfskiede, skiede,（引き離す）ôflûke, ôfskuorre,（手放す）ôfskaffe：親牛から子牛を（引き）離す it keal fan 'e ko *ôflûke*, 政治と宗教は切り離すべきだ Men moat polityk en religy *skiede*.
はなたかだかと　鼻高々と　grutsk, heechmoedich
はなたれこぞう　洟垂れ小僧　in snotterige jonge
はなつ　放つ　（自由にする）frijlitte, frijmeitsje,（矢・弾丸などを）sjitte,（光・音・においなどを）ôfjaan, útstjoere
はなっぱしらのつよい　鼻っ柱の強い　eigenwiis, grutsk, oermoedich
はなつまみ　鼻摘まみ　de loebes, de misliksma
はなづまり　鼻詰まり　in ferstoppe noas；鼻詰まりになった De noas is [sit] my ferstoppe.
バナナ　de banaan：一房のバナナ in tros *bananen*, バナナの皮をむく in *banaan* skile
はなはだ　甚だ　bar, bûtenwenstich, liderlik, omraak, tige, ûnbidich（→非常に，大層，ひどく）；甚だしい［く］ekstreem, swier, uterst
はなばなしい［く］華々しい［く］manjefyk, prachtich, swiid
はなび　花火　it fjoerwurk（←花火大会）：花火を（打ち）上げる *fjoerwurk* ôfstekke [ûntbrâne litte]
はなびら　花弁　it blomblêd, it kroanblêd
はなみ　花見　（桜の）it besjen（fan kerseblossem）
はなみず　鼻水　de snot(te)；鼻水を垂らしている snotterich
はなむけ　餞　it ôfskiedspresint（→銭別）
はなむこ　花婿　de brêgeman [breuge-]（↔花嫁）
はなめがね　鼻眼鏡　de knypbril
はなもち　鼻持ち　鼻持ちならない→不愉快な
はなやかな　華やかな　briljant, prachtich, swierich
はなよめ　花嫁　de breid（↔花婿）
はならび　歯並び　歯並びがいい［悪い］regelmjittige [ûnregel-] tosken hawwe
はなれる　離れる　fuortsette, hinnegean, weigean, weikomme；離れている ôfbliuwe；（…から）離れている jin ôfsidich hâlde（fan）, jin op in ôfstân hâlde（fan）, ôfstean（fan）；離れの［た／て］apart, fuort, hinne, ôf, ôfhandich, ôfsidich, ôfsûnderlik：離れの部屋 in keamer *apart*, 私たちの家はいくらか人里離れた所にある Us hûs stiet wat *apart*., われわれはなお遠く離れている Wy binne der noch fier *ôf*.；遠く離れて fieren(s)：家［本国］を離れて om *fierren*(s)；ずっと離れた所に *fierôf*
はなれわざ　離れ業　de stunt
はなわ　花輪　de krâns(e)：花輪を供える in *krâns*(e) lizze
はなわ　鼻輪　de noasring
はにかむ　jin bleu [skrutel] fiele；はにかんだ bleu, ferlegen, skou：彼の妹はいくらかはにかみ屋だ Syn suster is wat *ferlegen*.；はにかみ de ferlegenens [-heid]
ばにく　馬肉　it hynstefleis；薫製馬肉 de hynsteljirre
パニック　（狼狽（ろうばい））de panyk：その大地震で私たちはパニック状態に

バニラ　（植物の）de fanylje
はね　羽　（羽毛）de fear, de plom, de toai, (鳥・飛行機などの)（翼(つばさ)）de flerk, de fleugel, de wjuk, (昆虫の)（翅(はね)）de wjuk；羽の生えた fearren, plommich；羽をむしる ploaitsje, poene

陥った Troch de grutte ierdbeving rekken wy yn panyk.

はね　羽根　（バドミントンの）de fearkebal, de plombal
はね　跳ね　（水・泥などの）de spat；跳ねる plonzgje, plunz(g)je, spatte
ばね　発条　（時計などの）de fear, de fearing, （弾力性）de fearkrêft
はねかえり　跳ね返り　de weromslach；跳ね返る weromspringe；跳ね返す weromstuitsje
はねばし　跳ね橋　de wipbrêge
はねまわる　跳ね回る　djoeie, hoallefoalje, omdideldeine, omspringe, wylderje
ハネムーン　（新婚旅行）de houliksreis, （蜜月）de bolêmoanne,《複》de wiggewiken：彼らはハネムーン中だ Sy binne op houliksreis.
はねる　撥ねる　（除く）ôfkarre, （車が）oerride：その車が犬をはねた De auto hat in hûn oerriden.
パノラマ　（全景）it fiergesicht, it fiersicht, it panorama
はは　母　de mem (→母親)：私(たち)の母 ús mem；母の愛 de memmeleafde；母(親)を慕った memeftich, memmich；母方 de memmekant：母方の fan memmekant；母の日 de memmedei《5月第2日曜日》
はば　幅　de breedte, de widens, de wiidte：家の幅 de breedte fan it hûs；幅の広い breed, breedskouderich, wiid：幅の広い道 de brede wei, 幅を広げる, 幅が広くなる breder meitsje [wurde]；…の幅がある breed：幅が2メートルもない net breder as twa meter；幅広い水路 it wiid, de wiidte
パパ　（お父さん）de heity

パパイヤ　de papaja
はは おや　母親　de mem, de moer (→母)：この子供は母親がいない It bern hat gjin mem mear., 母親のいない sûnder mem
はばかり　憚り　（ためらい）de wifel, （慎み）de ienselvingens, de ynbannigens, （便所）it toilet；はばかる driigje, wifelje, wifkje (→ためらう)
はばたく　羽撃く　（鳥が）flappe, →雄飛する
はばつ　派閥　de kliber, de partij；派閥的な partidich (→党派的な)
はばとび　幅跳び　it fiersprongen；幅跳びをする fierspringe
はばひろい　幅広い　→幅
はばむ　阻む　behinderje, ferhoedzje, opkeare, steure (→阻止する)
はばよせする　幅寄せする　oerlûke
はびこる　蔓延る　（茂って広がる）ferwylderje, oergroeie, tiere, （病気・悪などが）dije, wreidzje：雑草がはびこっている庭 in ferwyldere [oergroeide] tún, 悪習が社会に広くはびこっている De gewoanten wreidzje oer de hiele maatskippije.
はふ　破風　→切妻
パブ　（居酒屋）de kroech
はぶく　省く　oerslaan, weilitte, （無駄を）省く sparje：難しい言葉は省いた In slim wurd sloech ik oer., 時間の無駄を省く tiid sparje
ハプニング　it barren
はブラシ　歯ブラシ　de tosk(e)boarstel：歯ブラシで磨く tosk(e)boarstelje
パプリカ　de paprika
はぶりがよい　羽振りがよい　foarspoedich, （影響力のある）ynfloedryk
はへいする　派兵する　（…へ）troepen útstjoere（nei）
はへん　破片　it brok, it (brok)stik, de flarde, it fragmint
はま　浜　de igge, de kust, it seestrân, （海岸）it strân, de wâl, （砂州）de sânbank
はまき　葉巻き　de sigaar：葉巻きに

火をつける in *sigaar* oanstekke [op-]

はまぐり　蛤　in grutte aad, *de* piipmoksel

はまちどり　浜千鳥　*de* wilster / wylster

はまべ　浜辺　→浜

はまる　嵌まる, 填まる　（適合させる）ynpasse,（泥・池などに）fêstreitsje, yn 'e blabber [fiver] falle,（わなに）yn 'e fûke rinne,（…の）（とりこになっている）ferslave wêze (oan), gek wêze (op)

はみがき　歯磨き　（歯を磨くこと）it poetsen fan de tosken,（練り歯磨き）*it* poetsersguod, *it* toskeguod,（歯磨き粉）*de* toskepoeier

はみだす　食み出す　（突き出る）útspringe, útstean, útstekke,（予算などが）（超過する）boppe it budzjet gean

ハム　*de* ham,（生ハム）*de* skinke：（生[薫製]ハム）rauwe [rikke] *ham*

はむ　食む　（家畜が）ite, weidzje：牛が草原で草をはんでいる De kij *weidzje* yn it lân.

はむかう　歯向かう, 刃向かう　（反抗する）tsjinstean, tsjinstribje

ハムスター　*de* hamster

はめ　羽目　（羽目板）*de* betimmering,（困ったこと）*de* ellinde；羽目をはずす jin losmeitsje；羽目をはずしたbluisterich

はめこむ　嵌め込む　ynlizze, ynpasse, sette：ダイヤモンドをはめ込んだペンダント in hinger mei diamanten *ynlein*, 物をうまくはめ込む eat handich *ynpasse*

はめつ　破滅　*it* ferdjer, *de* ferneatiging, *de* fernieling, *de* ûndergong；破滅する ûndergean；破滅させる ferdjerre, ferneatigje

はめる　嵌める　（装身具などを）omdwaan, sette,（だます）bedrage, ferrifelje, misliede：腕輪をはめる in earmbân *omdwaan*, 君はまんまとはめられたね Do hast dy *ferrifelje* litten.

ばめん　場面　（芝居・事件などの）*de* sêne, *it* toaniel,（情景）*de* oansjoch

はもの　刃物　in ark mei in snijflak,（ナイフ）*it* knyft, *it* mes / mês

はもん　波紋　（波の）*de* rimpel,（影響）*de* ynwurking

はもん　破門　*de* ban：人を破門する immen yn 'e *ban* dwaan

はやあし　早足, 速足　in kwike stap,（人・馬の）*de* draaf：速足で yn 'e *draaf*,（人が）早足で歩く yn 'e *draaf* rinne = tippelje；（馬が）速足で駆ける drafkje

はやい [く]　早い [く]　（時間・時期が）betiid, ier, skrap：朝早く moarns *betiid*, *ier* yn 'e moarn, 朝早くから夜遅くまで fan moarns *ier* ta [oant] jûns let, バスを待つには早すぎる Ik bin te *betiid* foar de bus.；早い話が om koart te gean（→手短に言えば）；《諺》早い者勝ち Dy't earst yn 'e roef komt, hat kâns fan plak.；早くとも op 'en gausten, op syn gaust(en)

はやい [く]　速い [く]　fluch, gau, hurd：理解が速い in *fluch* ferstân hawwe, 水の流れのように速い sa *gau* as wetter；速さ *de* faasje, *de* feart, *de* gong（→速度）

はやおき　早起き　it betiid fan 't bêd kommen；早起きする betiid fan 't bêd komme, der betiid ôf komme；《諺》早起きは三文の徳 Moarns let, de hiele dei let.

はやがってん　早合点　in oerhastich beslút；早合点する in oerhastige konklúzje lûke；《諺》早合点は禁物 Ien swel makket noch gjin simmer.

はやがわり　早変わり　in flugge feroaring；早変わりする fluch feroarje

はやし　林　*it* / *de* bosk

はやじに　早死に　in iere dea；早死にする jong stjerre

はやす　生やす　groeie litte；口ひげを生やす *de* snor stean litte

はやせ　早瀬　*de* streamfersnelling

はやとちりする　早とちりする　→早合点する

はやねする　早寝する　betiid op bêd

gean
はやぶさ 隼 *de* (sljocht)falk
はやまる 早まる foarbarich [oerhastich] wêze, jin oerhastigje；早まった [て] foarbarich, oerhastich (→性急な)
はやみち 早道 *de* slûprûte (→近道)
はやみみの 早耳の skerp fan gehoar：彼女は早耳だ Se is *skerp fan gehoar.* = Se heart skerp.
はやめに 早目に bytiids, yntiids：《諺》遅すぎるより早目の方がよい Better *bytiids* as te let., 早目に帰宅する *yntiids* thúskomme
はやめる 早める →（日・時を）繰り上げる
はやめる 速める （スピード・歩を）ferhastigje；歩を速める de stap deryn [derûnder] sette
はやり 流行り →流行；はやる yn 'e moade wêze, (病気が) gean, omgean, (繁盛する) dije, fleurich wêze：ショートスカートがはやっている Koarte rokken *binne yn 'e moade.*, インフルエンザがはやっている De gryp *giet.*, この地方にコレラがはやっている Der *giet* goalera *om* yn dit lân.
はやる 逸る （心が）ûngeduldich wurde；はやる心を抑える jins ûnferduldigens behearskje
はやわざ 早業 flot [tûk] wurk
はら 原 →野原, 平野
はら 腹 (腹部) *de* bûk / búk, *it* liif, *de* pânse, (胃) *de* mage：腹[胃]が痛む pine yn 't liif ['e *mage*] hawwe, 腹ばいになる (plat) op 't liif lizze, でっかい腹をした女 in frou mei in grouwe *pânse*, 腹をこわす de *mage* oerstjoer hawwe；(…に)腹が立つ jin ergerje (oan)；腹を立てる jin lilk meitsje；腹がへる honger hawwe
ばら 薔薇 *de* roas；ばら色の roaskleurich, roazich；ばら色のほお *roazige* wangen；ばらの花冠 *de* roazekrâns
バラード *de* ballade
はらい 払い →支払い

はらいおとす 払い落す （ほこりなどを）ôfboarstelje, weifeie
はらいこむ 払い込む berekkenje：税金を払い込む jins belesting *berekkenje*
はらいさげ 払い下げ （処分）*de* disposysje；払い下げる kwytreitsje, ôfsette (→処分する)
はらいせに 腹癒せに mei wraaknimming；(…に)腹いせをする wraak nimme (op)
はらいのける 払い除ける （ブラシで）weifeie, （追い払う）ferbalje, ferdriuwe, ferjeie
はらいもどし 払い戻し *de* ferjilding, *de* werombetelling, *de* weromjefte；払い戻す ferjilde, werombetelje, weromjaan
はらう 払う （ごみ・ほこりを）weifeie, (取り除く) benimme, (支払う) betelje：小切手で払う mei in sjek *betelje*, 人に[勘定を]払う immen [de rekken] *betelje*；敬意を払う earbiedigje；注意を払う achtsje, (…に) oppasse (foar)
はらう 祓う （清める）reinigje, suverje
はらくだし 腹下し *de* diarree (→下痢；腹下しする→下痢する
パラグラフ （文章の）（段落）*it* lid, *de* paragraaf
はらぐろい 腹黒い ferwrongen：腹黒いやつ in *ferwrongen* keardel
パラシュート *it* falskerm, *de* parasjute
はらす 晴らす （うっぷんを）ôfreagearje, （疑いを）suverje；(…の)疑いを晴らす jin *suverje* (fan)；容疑を晴らす frijprate
ばらす （秘密などを）bleatlizze, bleatstelle (→暴露する), （ばらばらにする) stikken meitsje
パラソル *de* parasol, *it* sinneskerm
パラダイス （楽園）*it* paradys
はらだたしい 腹立たしい ergerlik, yrritant, nidich；腹立たしいことには ta syn grutte ergernis
はらだち 腹立ち *de* ergernis, （いらだち）*de* yrritaasje, （怒り）*de* lilkens,

de nidigens；腹立ちまぎれに gau lilk wurdend, opljeppend（→かっとなって）

はらちがいの　腹違いの　腹違いの兄弟［姉妹］jins healbroer［-suster］（→異母兄弟［姉妹］）

ばらつきがある　net lykmjittich wêze（→一様でない）

はらっぱ　原っぱ　in iepen fjild

パラドックス　（逆説）*de* paradoks；パラドックスの paradoksaal（→逆説の）

はらばいになる　腹這いになる　op 'e búk lizze（→うつぶせになる）

はらはらする　jin nerveus fiele；はらはらさせるような oerémis, spannend（→興奮した）

ばらばらになる　stikken gean；ばらばらにする stikken meitsje；ばらばらの［になって］rampoai, yn stikken

パラフィン　*de* paraffine

ばらまく　ばら撒く　ferstruie, struie, útstruie

はらむ　孕む　（妊娠する）swier wurde；はらんでいる drage,《形》swier（→身ごもっている）,（動物が）drachtich；はらませる impregnearje

はらむ　膨らむ　（風を）bolje：帆が風をはらむ De seilen *bolje*.

はらわた　腸　（内臓）*it* binnenst(e),（腸(ちょう)）*de* term,《複》*de* yngewanten,（魚などの）*it* grom

はらん　波乱　（紛争）*de* fersteuring, *de* rel；波乱（万丈）に富んだ ôfwikseljend：彼の波乱に富んだ生涯 syn *ôfwikseljend* libben

バランス　*de* balâns, *it* evenwicht：バランスを保つ yn ('e) balâns hâlde = balansearje；バランスのとれた evenwichtich；バランスシート *de* balâns

はり　針　（縫い針）*de* nulle,（注射針）*de* ynjeksjenulle,（釣り針）*de* hoek,（動植物の）*de* stikel（→刺）,（昆虫などの）*de* angel,（はかりの）*de* evener,（時計の）*de* wizer：長［短］針 *de* grutte［lytse］*wizer*

はり　梁　*de* balke, *it* bynt：屋根を支える梁 *balken* ûnder it dak

はり　鍼　（治療法）*de* akupunktuer

はり　張り　*de* spankrêft, *de* spanning：弦の張りの具合 *de* spanning fan in snaar

ばり　罵詈　→悪口

はりあい　張り合い　*de* konkurrinsje：人と張り合う immen konkurrinsje oandwaan；（…と）張り合う konkurrearje［rivalisearje］(mei)

はりあげる　張り上げる　（声を）ferheffe；声を張り上げて（話す）mei in útset lûd (prate)

バリウム　*it* barium

はりかえる　張り替える　（椅子・ソファーなどを）op 'e nij beklaaie, oerklaaie, oerlûke,（取り替える）ferfange, ferwikselje

はりがね　針金　*it* izertrie(d), *it* kramtrie(d)

はりがみ　張り紙　*it* plakkaat, *it* oanplakbiljet,（ビラ・ポスター）*it* affysje, *it* biljet

ばりき　馬力　*de* hynstekrêft：そのエンジンの馬力はどの位か Hoefolle *hynstekrêft* hat［is］dy motor?

はりきる　張り切る　jins bêst dwaan, jin goed hâlde（→頑張る）；張り切って働く enerzjyk［iverich］wurkje

バリケード　*de* barrikade, *de* ferskânsing：バリケードを築く *barrikaden* oprjochtsje［opmeitsje］= barrikadearje, ferskânzje

ハリケーン　*de* orkaan

はりこむ　張り込む　wachthâlde（→見張る）

はりさける　張り裂ける　splisse, splite；胸も張り裂けるような hertferskuorrend

はりしごと　針仕事　*it* hantwurkje, *it* naaien,（学校での）（裁縫）《複》*de* nullefakken；針仕事をする hantwurkje

はりたおす　張り倒す　delslaan,（ぴしゃと殴る）slaan

はりだしまど　張り出し窓　*de* erker（→出窓）

はりだす　張り出す　oerhingje,（壁などに）（掲示する）meidiele：張り出している枝 in *oerhingjende* tûke

はりつく　張り付く　oanhâlde, oanhingje, plakke：肌着が（汗などで）体にぴったりと張りついた It himd *plakt* my oan 'e lea.
はりつけ　磔　*de* krusiging；はりつけにする krusigje
はりつける　張り付ける　（のりで）oerplakke, stiselje
はりつける　貼り付ける　plakke：手紙に切手を貼り付ける in postsegel op in brief *plakke*
はりつめる　張り詰める　（神経などを）spanne（→緊張する）
バリトン　*de* bariton（←バリトン歌手）
はりねずみ　針鼠　*de* stikelbaarch
はりばこ　針箱　*de* naaidoaze（→裁縫箱）
はりふだ　張り札　→ビラ，ポスター
はりめぐらす　張り巡らす　（網などを）ombine
はる　春　（季節）*it* foarjier, *de* maitiid [-tyd]（←最盛期）：春の気配が漂っている De *maitiid* hinget yn 'e loft., 春に yn 'e *maitiid* = foarjiers, maitiids, 春先に ier yn 'e *maitiid*, 人生の春 de *maitiid* fan it libben
はる　張る　（綱・弦などを）opspanne, spanne, útrekke, útsette,（テントを）opsette：綱を張る in tou *spanne*, 帆を張る de seilen *útsette*, テントを張る in tinte *opsette*
はる　貼る　plakke：手紙に切手を貼る in postsegel op in brief *plakke*
はるか（に）　遥か（に）　（遠くに）fier,（はるか遠くに）fierôf,（はるか昔に）lange jierren lyn,（ずっと）fier(wei), folle, noch：はるかによい *folle* better
バルコニー　*it* balkon
はるさめ　春雨　rein yn 'e maitiid
はるばる　遥々　hielendal, fier fuort：彼ははるばる日本からやって来た Hy kaam *hielendal* fan Japan.
バルブ　（弁）*it* fentyl, *de* klep
パルプ　*de* houtpulp
はれ　晴れ　（晴天）moai waar, *de* opklearing；（空が）晴れる ôfskjinje, ophelderje：空が晴れている De loft skjinnet ôf.；晴れの glorieus, strieljend：彼女の晴れの結婚式 har *glorieuse* houliksfeest, 美しく晴れた日 in *strieljende* dei
はれ　腫れ　*de* tsjokte：彼女は首に腫れがある Hja hat in *tsjokte* yn 'e hals.；腫れる opsette, tine：ひざを捻挫したためにすっかり腫れてしまった Ik swikte troch it ankel en doe *sette* dat hielendal *op*.；腫れ上がる opswolle：腫れ上がった opset, pofferich, tsjok：腫れ上がったほお in *tsjok* wang
ばれいしょ　馬鈴薯　→じゃがいも
バレエ　*it* ballet：バレエを習う op *ballet* sitte
ハレーすいせい　ハレー彗星　*de* komeet (fan) Halley
パレード　*it* defilee, *de* optocht, *de* parade：パレードをする in *optocht* hâlde
バレー（ボール）　*de* follybal：バレー（ボール）をする *follybal* spylje = follybalje
はれぎ　晴れ着　*de* gala(klean), *de* pronk, nije klean, it bêste pak：晴れ着を着ている yn *gala* wêze
パレスチナ　Palestyn
はれつ　破裂　*de* eksploazje, *de* ûntploffing；破裂する eksplodearje, losbarste, springe, ûntploffe：水道管が破裂している De wetterlieding is *sprongen*.；ぱん［ばん］と破裂する ploffe；破裂音 *de* ploffer
パレット　*it* palet
はれて　晴れて　(yn it) iepenbier, iepenlik：晴れて結婚をする *iepenlik* houlikje
はればれする　晴れ晴れする　ophelderje
はれぼったい　腫れぼったい　opblazen, opset, opswold, tsjok：顔が腫れぼったい *opset* om 'e holle, mei in *opsette* holle
はれま　晴れ間　in gat yn de wolken
はれもの　腫れ物　*de* stienpûst, *de* swolderij：彼の体には腫れ物ができていた Hy siet ûnder de *swolderij*.

はれやかな［に］　晴れやかな［に］　blank, helder, klear
バレリーナ　*de* ballerina
ばれる　ôftekenje, foar it ljocht komme (→ 明るみに出る)
はれんちな　破廉恥な　skamteleas, ûnbeskamsum
バロックようしき（の）　バロック様式（の）（*de*）barok
バロメーター　（晴雨計）*de* barometer, *it* waarglês
パワー　（力）*de* krêft, *de* macht；パワーがある　krêftich, machtich
はん　半　（半分）*de* helt(e), （時間の）（30分）healwei：8時半 It is *healwei* njoggenen. ＊フジリア語では「半」の時は次の時刻で表す
はん　判　（判こ）*de* segel, *it* stimpel
はん　版　（印刷）*de* druk, *de* edysje, *de* print, *de* printinge：第3版 *de* tredde *druk*, 豪華版 *de* lúkse *edysje*, moaie printen, 私の初版本 *de* earste *printinge* fan myn boek
はん　煩　（面倒・苦労）*it* gedonder, *it* geseur, *it* lêst / lest
はん　範　→手本，模範
ばん　晩　*de* nacht, （夕方）*de* jûn, *de* jûntiid (→夜)：一晩中 *de* hiele *nacht*, その晩 dy *nachts*, 毎晩 alle *jûnen*, *jûn* op *jûn*, ある晩 op in *jûntiid*；一晩に *jûns*：晩の10時頃 ûngefear om tsien oere *jûns*；晩に jûntiids, de jûntiids
ばん　番　（順番）*de* bar, *de* beurt, （番号）*it* nûmer,《序数詞で表す》1［2］番目 *it* / *de* earste [twad(d)e] …, (見張り) *de* wacht：今度は彼の番だ No is hy oan bar., No is it syn *beurt*., 何番にかけるのですか Hokker nûmer skilje jo?, 2番目のバス停留所 *de* twad(d)e bushalte, 番に立つ op *wacht* stean；ぼくは5番目だった Ik wie fyft.
パン　*de* bôle, *it* brea：黒［白］パン brune [wite] *bôle*, 一切れのパン in stik(je) *bôle*；パンを焼く *bôle* bakke；パン粉 *it* panearmoal；パン屋 *de* bakkerij；パン焼き（職人）*de* bakker；パ

ンかご *de* bôlekoer, (ふた付きの) パン入れ *de* bôletromp；パンくず *de* breakrom
はんい　範囲　（届く・及ぶ）*it* berik, *it* ramt, (広い) *it* / *de* skala：(…から) 呼べば聞こえる範囲に binnen [yn / ûnder] it *berik* fan …, …の範囲で yn it *ramt* fan …, あらゆる（範囲の）可能性 in hiel *skala* oan mooglikheden
はんいご　反意語　*it* antonym (↔同意語)；反意の antonym, tsjinstellend
はんえい　反映　*de* ôfspegeling, *it* spegelbyld；反映する ôfspegelje, spegelje, werjaan, wjerspegelje
はんえい　繁栄　*de* foarspoed, *de* wolfeart, *de* woltier：物質的な繁栄 de materiële *wolfeart*；繁栄する bloeie, yn 'e bloei rinne；繁栄する［して］foarspoedich
はんえいきゅうてきに　半永久的に　hast foar ivich
はんえん　半円　in heale rûnte [sirkel]；半円形の healrûn
はんおん　半音　in heale toan
はんが　版画　（木板の）*de* houtfyk, (銅板の) *de* kopergravuere, (石版の) *de* litografy；版画家 *de* graveur
ばんか　挽歌　*it* treurdicht, *de* treursang
ばんか　晩夏　*de* neisimmer
ハンガー　*de* hinger
ハンガーストライキ　*de* hongerstaking
ばんかい　挽回　*it* ynheljen, *it* ynwinnen；挽回する ynhelje, ynwinne, (取り戻す) weromkrije, weromnimme：病気のために中断していた仕事を挽回しなくちゃならない Troch myn sykte moast ik it wurk dat net dien wie ynhelje.
はんかいする　半壊する　foar in diel [part] teropt wurde [wêze]
はんかいの　半開の　heal iepen
ばんがいの　番外の　ekstra, seldsum, útsûnderlik
はんかがい　繁華街　drokke strjitte
はんがく　半額　heale priis：半額の［で］foar de *heale priis*

はんかくの　反核の　anty nukleêr
ハンカチ（一フ）　de bûsdoek
バンガロー　de bungalow
はんかん　反感　de antipaty, de tsjinnichheid：同情と反感 sympatyen en *antipatyen*,（…に）反感を抱く *antipaty* fiele (tsjint), 反感を買う *antipaty* oproppe
はんき　反旗　de flagge fan ferset：反旗を翻（ひるがえ）す *de flagge fan ferset* útstekke
はんき　半旗　半旗を揚げる in flagge healstôk hingje；旗を半旗の位置に揚げてあった De flaggen hongen healstôk.
はんぎご　反義語　→反意語
はんぎゃく　反逆　（謀反）*de* reboelje；反逆する ferriede；反逆の ferriederlik, rebelsk；反逆者 *de* ferrieder, *de* rebel
はんきゅう　半球　*it* healrûn：北［南］半球 it noardlik [súdlik] healrûn；半球（状）の healrûn
はんきょう　反響　*de* echo, *de* galm, *de* wjerklang, *it* wjerlûd（→こだま）：反響する galmje, wjergalmje, wjerkeatse, wjerklinke
バンク　（銀行）*de* bank；→データバンク
パンク　（タイヤの）lek：タイヤがパンクしている Ik haw in *lekke* bân.
ばんぐみ　番組　*it* program(ma)：テレビ番組 in *program(ma)* op televyzje
はんけい　半径　*de* radius, *de* straal：半径 50 キロ以内 binnen in *straal* fan 50 km.
パンケーキ　*de* pankoek；パンケーキを焼く pankoekbakke
はんげき　反撃　*de* tsjinoanfal：反撃する in *tsjinoanfal* dwaan, yn 'e *tsjinoanfal* gean
はんけつ　判決　*it* arrest, *it* fonnis / fûnis, *it* oardiel, *de* útspraak：判決を下す［申し渡す］in *fonnis* útsprekke；判決を下す oardielje：裁判官は…の判決を下した De rjochter *oardiele* dat …
はんげつ　半月　*de* healmoanne（←半月状の物）
はんけん　版権　*it* auteursrjocht（←著作権）：版権を所有する de *auteursrjochten* hâlde
はんげん　半減　in ferleging [reduksje] fan 50 persint；半減にする de helte derôf dwaan；半減する ta de helte redusearre wurde
ばんけん　番犬　*de* hiemhûn [-dogge]
はんこ　判子　*it* stimpel（→判）
はんご　反語　in retoaryske fraach（→修辞疑問),《皮肉を含んだ表現》in iroanyske útdrukking
はんこう　反抗　*it* ferset, *de* tsjinaksel, *de* tsjinstân, *de* wjerstân：（…に）反抗する yn *ferset* komme (tsjin), 反抗に遭う *tsjinstân* krije；反抗する jin fersette, tsjinakselje, tsjinavensearje, tsjiniggewearje, tsjinstean, tsjinstribje, wjerstean：彼は反抗もせず私の言った通りにした Sûnder tsjinakseljen die er wat ik frege.；反抗的な oproerich, opstannich, rebelsk；反抗者 *de* rebel
はんこう　犯行　（犯罪）*de* misdie(d), *it* misdriuw,（不法行為）*it* delikt, *it* fergryp：犯行声明 it bekennen meitsjen fan de skuld oan in *misdied*, 犯行を否認する it *misdriuw* ûntstride, 犯行を認める it *misdriuw* bekenne, 犯行現場 de setting fan it *misdriuw*
ばんごう　番号　*it* nûmer；番号をつける nûmerje；番号札 *it* nûmerke
はんこく　万国　de hiele wrâld；万国旗 de flag(g)en fan alle naasjes；万国博（覧会）*de* wrâldútstalling
はんごろしの　半殺しの　healdea：人を半殺しにする immen *healdea* slaan
ばんこん　晩婚　in let houlik
はんざい　犯罪　*de* misdie(d), *it* misdriuw：犯罪を犯す in *misdie(d)* begean；犯罪の［的な］krimineel 犯罪（上）の misdiedich：犯罪行為 *misdiedich* hâlden en dragen；犯罪（行為）*de* kriminaliteit：軽［重］犯罪 de lichte [swiere] *kriminaliteit*；犯罪者 *de* krimineel

ばんざい！　万歳！　Hoera!；万歳！
彼が勝ったぞ！　*Hoera! Hy hat it wûn!*
はんざつな　煩雑な　gearstald, kompleks, tiz(er)ich,（厄介な）beswierlik
はんさな　煩瑣な　→面倒な，煩雑な
ハンサムな　knap, kreas, tsjep：ハンサムな（男の）子 in *knappe* feint
はんさよう　反作用　de reaksje
ばんさん　晩餐　it jûnsmiel
はんじ　判事　de beoardieler, de rjochter
はんじ　万事　alles：万事好都合だ *Alles is goed.*, 万事休す *Alles is ferlern.* = *Do bist derby !*
パンジー　in trijekleurich fioeltsje
はんじかん　半時間　it healoere（→ 30分）
はんじもの　判じ物　it riedsel,（なぞ）de puzel, it riedling
はんしゃ　反射　de refleksje, de wjerskyn, de wjerspegeling；反射する reflektearje, spegelje, weromkeatse：鏡は光を反射する De spegel *keatst* it ljocht *werom.*；反射性の，反射的な refleksyf
はんしゃかいてきな　反社会的な　asosjaal, ûnmaatskiplik：反社会的な行動 *asosjaal* gedrach
ばんしゅう　晩秋　de neidagen fan 'e hjerst, lette hjerst, let neijier
はんじゅくの　半熟の　healryp, healripich, sêftsean, twiryp：半熟の卵 in *sêftsean* aai
はんしゅつする　搬出する　útdrage（→運び出す）
ばんしゅん　晩春　lette maitiid
はんしょう　反証　it tsjinbewiis
はんしょう　半鐘　it brânalarm
はんじょう　繁盛　de foarspoed, de tier；繁盛する bloeie, florearje, opbloeie, tiere：彼の商売は繁盛している Syn saak *bloeit.*；繁盛した florissant, tierich：繁盛している商売 in *florissante* saak
ばんしょう　万障　万障お繰り合わせご出席ください Wy soene jo oanwêzigens tige op priis stelle.
ばんしょう　晩鐘　de jûnsklok

バンジョー　*de* banjo
はんしょく　繁殖　de fuortplanting；繁殖する jin fuortplantsje；繁殖期 *de* briedtiid；(魚の) 繁殖池 de kweekfiver
ばんしょする　板書する　op it skoalboerd skriuwe
はんしん　半身　oan ien kant fan it liif：半身不随 de ferlamming *oan ien kant fan it liif*, 半身不随になる *oan ien kant fan it liif* ferlamme wurde
はんしんはんぎで　半信半疑で　twivelich
はんすう　反芻　de wjerkôging；反芻する wjerkôgje：牧草地で牛は横になって反芻している De kij lizze te *wjerkôgjen* yn it lân.；反芻する動物 de wjerkôger
はんすう　半数　heal（fan de liden）
ハンスト　→ハンガーストライキ
はんズボン　半ズボン　in koarte broek, de knibbelbroek
はんする　反する　(…に)（反対である) tsjinfalle,（違反する) misbrûke：法に反する de wet *misbrûke*；(前)…に反して tsjin：法に反して *tsjin* de wet
はんせい　反省　（後悔) de ynkear, de spyt,（内省) it selsûndersyk：反省する ta *ynkear* komme（→内省する）
はんせい　半生　jins heale libben
はんせん　反戦　（戦争反対) it ferset yn 'e oarloch；反戦デモ in demonstraasje tsjin in [de] oarloch
はんせん　帆船　de sylboat
はんぜんと　判然と　dúdlik, helder, klear（→明らかに，はっきりと）；判然としない tsjuster
ばんぜんの　万全の　absolút feilich：万全の策を講じる de meast feilige maatregels nimme
ハンセンびょう　ハンセン病　*de* lepra；ハンセン病患者 de lepproas
はんそう　帆走　de silerij；帆走する sile
はんそう　搬送　→運送，輸送
ばんそう　伴奏　de begelieding；伴奏

ばんそうこう 450

する begeliede；伴奏者 de begelieder
ばんそうこう 絆創膏 de leukoplast, de plaster / pleister：ばんそうこうをはる in plaster brûke = plasterje
ばんそうする 伴走する begeliede, neigean
はんそく 反則 de oertrêding；反則する oertrêdzje
はんそで 半袖 koarte mouwen
パンダ de panda
ハンター （猟師）de jager
はんたい 反対 it ferset, it geäksel, de opposysje, de tsjinaksel, de tsjinkanting：私の見解に対してかなりの反対があった Der wie in soad opposysje tsjin myn miening.；反対する tsjinakselje, tsjinavensearje, tsjinprate；反対の oarsom, tsjin(oer)steld：反対側 de tsjin(oer)stelde kant, 反対の方向から út 'e tsjinstelde rjochting；反対して tsjinyn, (…に) wêrs, wers：あることに反対する earne tsjinyn gean；時計と反対回りに tsjin 'e klok yn；反対派 de tsjinpartij；反対者 de tsjinstanner
はんたいせいの 反体制の tsjin de fêstige oarder
バンタムきゅう バンタム級 it bantamgewicht, （バンタム級の選手）de bantamgewicht
パンタロン de (lange) broek （→長ズボン）
はんだん 判断 de beoardieling, it oardiel；判断する beoardielje, oardielje, （夢を）tsjutte：それについては判断ができない Dêr kin ik net oer oardielje., …によって判断すると te oardieljen neffens …, 夢を判断する in dream tsjutte
ばんち 番地 it húsnûmer：この手紙は番地が違う Dizze brief hat it ferkearde húsnûmer. = Dizze brief is ferkeard adressearre.
パンチ （穴開け器）de drevel, it stimpel, （こぶしによる）de fûstslach, de opdonder, de stomp：人にパンチをくらわせる immen in stomp jaan

はんちゅう 範疇 de kategory：文法範疇 grammatikale kategoryen；範疇の [に属する] kategoarysk
ハンチング de mûtse
パンツ de broek, it slipke, de ûnderbroek （→ズボン下），（スポーツ用の）de sportbroek
はんつき 半月 in heale moanne
はんてい 判定 de beslissing, it oardiel；判定する beslisse, oardielje
パンティー it slipke；パンティストッキング de panty
ハンデ（ィキャップ） （身体障害）de handicap / hendikep
はんてん 斑点 de flek, it plak, de spat, de stip；斑点のある flekkerich, plakkerich：斑点のあるりんご plakkerige appels
はんてんする 反転する omkeare
バンド （ベルト）de bân, de gurdle, de mulbân, de riem, （ブックバンド）de bân, （楽団）de band, de kapel, it muzykkorps, （周波数）de bân：馬にベルト（→革紐）を締める in hynder de bân om dwaan, ベルトでズボンを留める mei in riem de broek ophâlde
はんとう 半島 it skiereilân
はんどう 反動 （はね返り）de weromslach, （社会上の）de weromslach （→反発）；反動の，反動的な [に] reaksjonêr；反動主義者 de reaksjonêr
ばんとう 晩冬 de neiwinter
ばんとう 番頭 （支配人・マネージャー）de bedriuwslieder, de setbaas
はんどうたい 半導体 de heallieder
はんとうめいの 半透明の trochskinend （→透明の）
はんどくする 判読する ûntsiferje, （解読する）dekodearje：彼の筆跡はほとんど判読できない Syn hânskrift is hast net te ûntsiferjen.；判読しにくい ûnlêsber
ハンドバッグ de hântas
ハンドブック （手引き）it hânboek
ハンドボール de hânbal
パントマイム de pantomime

はんめん

ハンドル （車の）it stjoer, （取っ手）it hânfet, de hângreep, （茶わん・水差しなどの）it ear：私の自転車のハンドル it stjoer fan myn fyts

はんにえの 半煮えの healgear（→生煮えの）

はんにち 半日 in heale dei

はんにゅうする 搬入する ynbringe

はんにん 犯人 de dieder, de krimineel

ばんにん 万人 alle lju, alleman；万人共通の universeel

ばんにん 番人 de wachter

はんにんまえ 半人前 （未熟な）grien, ûnfolslein；半人前の healwoeksen

はんねで 半値で foar de helt(e) fan 'e priis（→半額で）

ばんねん 晩年 de libbensjûn；晩年に op lettere leeftyd

はんのう 反応 it ferhaal, de reaksje, de respons：民衆の反応 de reaksje fan it publyk；（…に）反応する reagearje (op)：難聴の人はドアを閉める音に反応しない Ien dy't slim dôf is, reagearret net op it tichtslaan fan in doar.

ばんのうの 万能の alsidich：万能選手 in alsidige spiler；万能薬 de panasee

はんぱ 半端 （小部分）de fraksje, （断片）it fragmint；半端の oerstallich；半端物 de kûpon, 《複》de snypsnaren；中途半端な[に] heal

バンパー （車の）it stjitblok

ハンバーガー de hamburger

ハンバーグ（ステーキ）in Dútske byfstik

はんばい 販売 de ferkeap；販売する ferkeapje, slite（→売る）；販売価格 de ferkeapspriis

はんばく 反駁 de tsjinspraak, de wjerlizzing；反駁する tsjinsprekke, wjerlizze, wjersprekke（→反論する）；反駁できる wjerlisber

はんぱつ 反発 （発言・態度に対する）de weromslach, （跳ね返ること）de weromslach, （辞退）de wegering；反発する weromstuitsje（→跳ね返す）, （口答えする）tsjinsprekke, （反抗する）tsjinstean, tsjinstribje, （辞退する）wegerje；反発力 de fearkrêft [span-] troch de helt(e)

はんはんに 半々に heal en [om] heal：物を半々に分割する eat heal en heal [midstwa] diele；（真二つに）分ける op 'e helt(e) troch dwaan

はんびょうにん 半病人 in syklik minske：半病人になる syklik wurde

はんびらきの 半開きの heal iepen：半開きの窓 in heal iepen finster, ドアが半開きになっている De doar is heal iepen.

はんぴれい 反比例 omkearde evenredigens；反比例の omkeard evenredich

はんぷく 反復 de herhelling, de werhelling；反復する herhelje, neisizze, werhelje, weromsizze

はんぷする 頒布する →配布する

ばんぶつ 万物 alles, it skepsel；万物は流転する Neat bliuwt itselde.

パンフレット de brosjuere, it pamflet

はんぶん 半分 de helt(e)：その半分はうそだ De helt(e) is net wier., さらに半分だけ de helt(e) mear；半分の heal；半分に healtroch, midstwa

ばんぺい 番兵 de garde, de skyldwacht, de wachter

はんべつ 判別 it ûnderskie(d), de ûnderskieding；判別する ûnderskiede（→識別する, 見分ける）

はんぼいん 半母音 de healfokaal, it heallûd

ハンマー de hammer；ハンマーで打つ hammerje；ハンマー投げ it kûgelslingerjen

はんめいする 判明する blike, bliken dwaan, klear wurde, útkomme：ヨンがそれをしたことが判明した It blykt dat Jan it dien hat.

ばんめし 晩飯 →夕食

(…) ばんめ (の) (…) 番目 (の) →それぞれの「序数詞」を参照

はんめん 反面 de oare kant [side]

はんめん 半面 （顔の）heal antlit, （事

物の）ien kant：問題の半面 *ien kant fan it probleem*

はんもする　繁茂する　（草木が）florearje, tiere：その花は夏に最も繁茂する *De blommen tiere bêst fan 't simmer.*；繁茂した florissant, tierich, wielderich：草が繁茂した牧草地 *tierige greiden*

はんもく　反目　*de* fete,（敵意）*de* fijân, *de* fijannigens, *de* fijânskip,（不和）*it* spul, *de* ûnienichheid：反目する *spul hawwe*；反目して（いる）*deilis*（*wêze*）

ハンモック　*de* hingelmatte

はんもと　版元　→出版社

はんもん　煩悶　*it* lijen, *it* sieleleed,（苦悩）*de* kwelling

はんやけの　半焼けの　heal trochbakt（fleis）

ばんゆういんりょく　万有引力　*de* universele swiertekracht [-krêft]

はんらの　半裸の　healneaken：半裸体 in *healneaken* lichem

はんらん　反乱　*de* opstân, *de* reboelje（→暴動）：反乱を起こす yn *opstân* komme = rebellearje；反乱を起こした opstannich；反乱軍 *it* rebelleleger；反乱者 *de* opstanneling；反乱主謀者 *de* rebellelieder

はんらん　氾濫　（水・物の）*de* floed, *de* oerstreaming（←殺到）：氾濫する oerstreame；氾濫させる oerstreame

はんりょ　伴侶　*de* partner,（人生の）jins oare helt(e)

はんれい　凡例　ferklearjende opmerkingen

はんれい　判例　*it* presedint

はんろ　販路　*it* ôfsetgebiet：販路を拡張する *it* *ôfsetgebiet* útwreidzje

はんろん　反論　*it* tsjinargumint,（反駁）*de* tsjinspraak；反論する tsjinsprekke, wjerlizze, wjersprekke

はんろん　汎論　algemiene opmerkingen,（書物の）（概要）*de* line

ひ　ヒ　hi

ひ　日　（太陽）*de* sinne,（日光）*it* sinneljocht,（日差し）*de* sinneskyn,（昼間）*de* dei,（日日(ひに)）*de* dei：日の出前に fóar *de sinne*（→日の出), 日が出る *De sinne komt op* [skynt].，日が沈む *De sinne giet ûnder.*，日に当たる yn *de sinne* [*it sinneljocht*] stean，日が部屋に差し込む *De sinne komt yn de keamer.*，日が暮れる→日が沈む，日毎に *dei* oan [op] *dei*，その日はちょうど私の誕生日に当たる *Dy dei falt krekt op myn jierdei.*

ひ　火　*it* fjoer,（炎）*de* flam,（火災）*it* fjoer：ちょっと火を貸してくれませんか Hast ek efkes *fjoer* foar my?，火が燃えている yn *flam* stean，火がつく *flam* slaan，火は寝室から出た It *fjoer* kaam út de sliepkeamer.；（たばこなどに）火をつける oanstekke；家に火をつける in hûs yn 'e brân stekke, ランプに火をつける in lampe oandwaan

ひ　比　（割合）*de* ferhâlding, *de* reden,（比較）*de* fergeliking,（比類(る)）*it* / *de* soarte：10対5の比 *de ferhâlding* tusken 10 en 5, …に比すれば in *fergeliking* mei …；彼の比ではない syn gelikens net hawwe；その比を見ない sûnder wjergea, jins [syn] wjergea net hawwe（→比類のない）

ひ　灯　*it* ljocht（→明かり）：道路にたくさんの（街）灯がついている Der binne in soad ljochten [ljochtsjes] op 'e dyk.

ひ　否　*it* nee（→反対）（↔可）

ひ 妃 （王女）*de* prinses(se)
ひ 非 （過ち）*it* fersin, （失敗）*de* mistaast, *de* mislearring；非の打ちどころがない loepsuver, perfekt（→申し分のない）：彼の演技は非の打ちどころがなかった Syn spul wie *loepsuver* [*perfekt*].
ひ 緋 *it* heechread
び 美 *de* moaiens, *de* skientme：自然の美 *de skientme* fan de natuer
ひあい 悲哀 *de* drôfenis, *de* trystens, *de* weemoed；悲哀に満ちた fertrietlik, tryst
ひあがる 干上がる opdroegje
ヒアシンス *de* hyasint
ひあたり 日当たり 日当たりのよい sinnich, 日当たりの悪い somber：日当たりのよい[悪い]部屋 in *sinnige* [*sombere*] keamer
ピアニスト （男性の）*de* pianist, （女性の）*de* pianiste
ピアノ *de* piano：ピアノを弾く op 'e *piano* spylje = pianospylje；ピアノ協奏曲 *it* pianokonsert；ピアノ独奏会 [リサイタル] *it* pianokonsert
ピーアール →広報, 宣伝
ひいおじいさん *de* oarrepakke（→曽祖父）
ひいおばあさん *de* oarrebeppe（→曽祖母）
ビーカー *de* beker
ひいき 晶屓 （愛顧）*de* begeunstiging, *de* proteksje, （偏愛）*de* foarleafde, *de* geunst, *de* graasje；ひいきにする befoarrjochtsje, begeunstigje, （偏愛する）foarlûke；ひいき客 *de* beskermer, *de* patroan（→パトロン）, （店の）*de* besteller, *de* klant, *de* kliïnt, *de* leafhawwer（→常連）；いくらひいき目に見ても…ない mei gjin mooglikheid
ピーク （最高点）*de* útsjitter：電気消費量のピーク in *útsjitter* yn it stroomferbrûk, ピークに達する in *útsjitter* meitsje
びいしき 美意識 （in）estetyske sin
ビーズ *de* kraal：一連のビーズ in string kralen
ビーだま ビー玉 *de* knikkert, （大きな）*de* bakkert；ビー玉遊び *it* knikkertspul；ビー玉遊びをする knikke
ビーチ （海岸）*it* strân
ひいでる 秀でる （…に）útblinke（yn）, útmuntsje（→抜きん出る）：彼女は外国語に秀でている Se *blinkt* yn frjemde talen *út*.
ピート （泥炭）*it* fean, *de* turf
ビーナス （美と愛の女神）*de* Fenus（←金星）
ピーナッツ *de* apenút（→落花生）；ピーナッツバター *it* nútsjesmoar
ビーバー *de* bever
ビーフ *it* kowefleis；ビーフステーキ *de* kowebyfstik
ピーマン *de* paprika
ビール *it* bier：黒ビール donker *bier*, コップ一杯のビールを飲む in fleske *bier* drinke
ヒーロー →英雄
ひうちいし 火打ち石 *de* fjoerstien
ひうん 非運 （不運）*de* tsjinslach, *de* tsjinspoed, *it* ûngelok, *it* ûnk：非運に遭う *tsjinslach* hawwe
ひえこむ 冷え込む kil [koel / skrousk] wurde
ひえしょう 冷え症 gefoeligens foar kjeld；冷え性である gefoelich foar kjeld wêze
ひえびえした 冷え冷えした kil, koel, lûkerich, skrousk：夕方になると冷え冷えする It wurdt jûns *lûkerich*., 冷え冷えするような天気 *skrousk* waar
ひえる 冷える kuolje（→冷たくなる）, （熱意などが）bekuolje, ôfkuolje：その恋は冷え[め]てしまった De leafde is *bekuolle* [*ôfkuolle*].
ピエロ （道化役者）*de* harlekyn
びえん 鼻炎 ferkâldheid [yrritaasje] fan 'e slymfluezen yn 'e noas
ビオラ *de* altfioele
びおん 鼻音 *it* noaslûd
びおんてきな 微温的な →生暖かい
ひか 悲歌 in tryste sang, *it* deadeliet

ひがい 被害 *it* kwea, *de* ôfbrek, *de* skea：人に被害を与える immen *kwea* [*ôfbrek / skea*] dwaan, その被害をすでに受けていた It *kwea* wie al dien., 被害を受ける *skea* hawwe [lije], (…に) 多くの被害をもたらす gâns *skea* oanrjochtsje (oan)；被害を与える skeadzje；(事故・犯罪などの) 被害者 *de* deade (→犠牲者), *it* slachtoffer, (負傷者) in ferwûne minske；被害地 →被災地；被害妄想 *de* efterfolgingswaan

ひかえ 控え (控えの間) *de* wachtkeamer, (予備の部屋) *de* reserve, (メモ) *de* memoarje

ひかえめな 控え目な beskieden, diskreet, ôfhâldend, stimmich：控え目な人 in *beskieden* minske, 彼女は幾らか控え目にした Hja die wat *ôfhâldend*.

ひがえり 日帰り 日帰り旅行 *de* deireis；日帰りの行楽客《複》*de* deitoeristen [-rekreanten]；日帰り往復割引切符 *it* deiretoer

ひかえる 控える (待機する) jin klearhâlde, wachtsje, (節制・抑制する) jin bedimje [ynbine], neilitte, ôfbliuwe, (書き留める) fêstlizze, opskriuwe：たばこを控える fan it smoken *ôfbliuwe*, 彼女の住所を控える har adres *opskriuwe*

ひかき(ぼう) 火かき(棒) *de* pook

ひかく 比較 *de* fergeliking：比較する in *fergeliking* meitsje, …と比較すると[すれば] yn *fergeliking* mei …；(…と) 比較する fergelykje (mei)；比較(級)の fergelykjend：比較級 *de* fergelykjende trep：比較的に betreklik, navenant：比較的に安い *betreklik* goedkeap, 比較的高価な *navenant* djoer

ひかく 皮革 *it* lear

びがく 美学 *de* estetika；美学の estetysk (→審美的な)

ひかくの 非核の net nukleêr

ひかげ 日陰 *it* skaad, (日の当らない側) *de* skaadkant (↔ *de* sinnige kant)：日陰を歩く yn 't *skaad* rinne, 家の日陰になっている側 oan de *skaadkant* fan it hûs；日陰の skadich；日陰者 *de* ferskoppeling, *de* skoveling (→除け者), (目立たぬ者) in obskuer minske

ひがさ 日傘 *de* parasol, *it* sinneskerm (→パラソル)

ひがし 東 *it* east(en) (↔西)：太陽は東に昇る De sinne komt yn it *east* [*easten*] op.；東の[へ], 東の方の[へ] east, eastlik：東に航行する *east* farre, 村の東の方に *east* (fan) it doarp, 風が東から吹いている De wyn is *east*.；東風 *de* eastewyn；東ヨーロッパ East-Europa (→東欧)

ひかぜいの 非課税の belestingfrij (→免税の)

ひがた 干潟 *it* waad

ぴかぴかの glêd：ぴかぴかの靴 *glêde* skuon；ぴかぴか光る glânz(g)je, glimme, skitterje, strielje

ひがみ 僻 (偏見) *it* foaroardiel, (ねたみ) *de* jaloerskens [-heid], *de* oergeunst；ひがんだ jaloersk, oergeunstich：ひがむ *oergeunstich* wurde

ひからす 光らす (ぴかぴかに磨く) glêd poetse, (目を) behoedzje (→見張る)

ひからびる 干からびる opdroegje

ひかり 光 *it* ljocht, (陽光) *de* balke, (光線) *de* striel, (閃光) *de* flits：光と影 *ljocht* en skaad, 日中の光 it *ljocht* fan 'e dei, 太陽の光 in *striel* fan 'e sinne；光る glânz(g)je, skine, (かすかに) glimme, gluor(k)je (→輝く)；《形》光る glânsryk

ひかれる 引かれる, 惹かれる bekoare, ynpakke, oanlokje

ひかん 悲観 *it* pessimisme, (失望) *de* teloarstelling；悲観的な[に] pessimistysk, swartgallich：悲観する *pessimistysk* wêze；悲観主義 *it* pessimisme；悲観論者 *de* pessimist

ひがん 彼岸 it begjin fan de hjerst [maityd]

ひがん 悲願 jins ynlike winsk

びかん 美観 in moai gesicht

ひき　引き　→引くこと，引き立て，愛顧
ひき　悲喜　blydskip [freugde] en drôfenis [fertriet]：人生は悲喜交々(こもごも)だ Libben is fol fan *blydskip en fertriet*.
ひきあい　引き合い　(参照) *de* ferwizing, *de* referinsje；引き合いにする trochferwize (→参照する)
ひきあう　引き合う　(綱を) (oan in tou) lûke, (もうかる) rendearje, foardielich [rendabel] wêze
ひきあげる　引き上げる　opdraaie, oplûke, (幕・カーテンなどを) iependwaan, (船などを) lichte, omheechhelje, (賃金・値段などを) opslaan：カーテンを引き上げる de gerdinen *iependwaan*, 沈没した船を引き上げる in sonken skip *lichte*, ガソリンの値段を引き上げる de priis fan de benzine *opslaan*
ひきあげる　引き揚げる　jin tebeklûke [weromlûke] (→撤退する)
ひきあてる　引き当てる　(賞品・くじなどを) lûke
ひきあわせる　引き合わせる　(人を) (…に) 紹介する (immen) foarstelle (oan), ynfiere, ynliede, yntrodusearje, (照合する) neirekkenje, oanstippe
ひきいる　率いる　liede, (統率する) kommandearje
ひきいれる　引き入れる　(味方に) ynpakke, (誘い込む) ferliede, ynpakke, (連れ込む) meibringe：人を引き入れる immen *ynpakke*
ひきうけ　引き受け　*de* oannimming；(仕事・責任などを) 引き受ける nimme, oannimme, ûndernimme, (面倒なことなどを) oanpiele, opnimme
ひきうす　挽き臼，碾き臼　*de* mealstien
ひきうつす　引き写す　kopiearje, neitekenje, oerlûke
ひきおこす　引き起こす　bewurkje, feroarsaakje, oanrjochtsje, opleverje, stichtsje：困難を引き起こす swierrichheden *opleverje*

ひきおとす　引き落とす　ôfskriuwe：お金を口座から引き落とす jild fan in rekken *ôfskriuwe*
ひきおろす　引き下ろす　(旗などを) delhelje, (カーテン・シャッターなどを) deldwaan：旗を引き下ろす de flagge *delhelje*, シャッターを引き下ろす in finsterblyn *deldwaan*
ひきかえ　引き換え　*de* ferwikseling, (交換) *de* útwikseling；引き換える ferwikselje, útwikselje；引換券 *de* bon
ひきかえす　引き返す　werkomme, weromkeare [-komme]
ひきがえる　蟇蛙　*de* pod(de)
ひきがね　引き金　(銃の) *de* trekker：引き金を引く de *trekker* oerhelje；引き金になる teweechbringe [tewei-] (→誘発する)
ひきこむ　引き込む　→引き入れる
ひきこもる　引き籠る　binnendoar(ren) bliuwe, thúsbliuwe；病気で引きこもる jin op bêd hâlde, op bêd bliuwe
ひきころす　轢き殺す　(車が) deajeie [-ride]：彼女は車にひき殺された Hja waard troch in auto *deariden*.
ひきさく　引き裂く　rite, útskuorre, (ずたずたに) skuorre
ひきさげ　引き下げ　(賃金・料金などの) *de* ferleging, *de* reduksje；引き下げる ferleegje, ôflitte：値段を引き下げる de priis *ferleegje*
ひきざん　引き算　*de* ôftrekking (→減算) (↔足し算)：引き算する ôflûke, ôftrekke
ひきしお　引き潮　*de* eb(be) / êb(e), *it* leechwetter, leech tij (↔ heech tij)：引き潮時に by *eb(be)*
ひきしまる　引き締まる　(気持が) jin spanne, spannend wurde (→緊張する), (物が) oanspand wurde
ひきしめる　引き締める　(引っ張る) helje, lûke, (強く) skuorre, (緊張させる) spanne：そのことで気持ちを引き締める jin derfoar *spanne*
ひぎしゃ　被疑者　*de* fertochte (→容疑者)

ひきずりおろす　引き摺り下ろす　delhelje

ひきずりこむ　引き摺り込む　(人を悪い道に)(immen op it ferkearde paad) lokje

ひきずりだす　引き摺り出す　slepe

ひきずる　引き摺る　meiskuorre, slepe, 引きずって運ぶ meisjouwe, sjouwe, tôgje：床を引きずったドレス de jurk *sleept* oer de flier, 彼女はかばんを引きずって行った Sy *sleepte* de tas achter har oan., 重い旅行かばんを引きずって運ぶ in swiere koffer *meisjouwe*, ある物を階段の上に引きずって運ぶ eat de treppen op tôgje；足を引きずって歩く kreupel rinne, sjouwe, (mei de skonk) slepe

ひきたおす　引き倒す　delhelje, slope, teslope

ひきだし　引き出し　*it* laad：引き出しを開ける[閉める] in *laad* iepenlûke [tichtskowe]；引き出す útlûke, (預金を) ôfskriuwe, opfreegje

ひきたつ　引き立つ　(目立つ) op 'e foargrûn komme, (よく見える) better sjen, (活気づく) oplibje

ひきたて　引き立て　(愛顧) de geunst, (支援) de byfal, *de* proteksje：お引き立てどうも有難うございます Tige tank foar dyn *geunst!*

ひきたてる　引き立てる　(気を) opfleurje, (ひいきにする) begeunstigje, (無理に) opbringe (→連行する)：犯人を引き立てる in krimineel *opbringe*

ひきちぎる　引き千切る　losbrekke

ひきつぎ　引き継ぎ　*it* oernimmen；(仕事・職務を) 引き継ぐ oernimme：仕事を引き継ぐ in saak *oernimme*

ひきつけ　引き付け　(てんかん) *de* epilepsy, (発作・けいれん) *de* fleach, *de* set

ひきつける　引き付ける　(おびき寄せる) oanlokje, (興味・注意などを) oanlûke, oantrekke, (人を) lûke

ひきつづいて　引き続いて　efterelkoar, efterinoar, 《前》(…の後に) efter

ひきつづき　引き続き　aloan, geduerich, kontinu, oanhâldend, oanienwei, trochrinnend, ûnophâldlik

ひきつり　引き攣り　*de* trekking, (やけどの跡の) *de* groed(e), *it* wapen；引きつる kramp hawwe [krije] (→けいれんを起す)

ひきつれる　引き連れる　meinimme

ひきて　引き手　(ドアの) *it* hânfet, *de* hângreep, *de* knop (→取っ手, ノブ)

ひきて　弾き手　(ピアノなどの) *de* spylder / spiler (→演奏者)

ひきど　引き戸　*de* roldoar, *de* skodoar

ひきとめる　引き留[止]める　tebekhâlde, weromhâlde

ひきとる　引き取る　(立ち去る) fuortgean, fuortrinne, (世話をする) besoargje, lette, opfange, ûntfange, (引き受ける) oanimme, oernimme, (息を) stjerre (→死ぬ)

ひきにく　挽き肉　*it* gehak

ひきにげ　轢き逃げ　人をひき逃げする útnaaie nei immen oanriden te hawwen；ひき逃げ運転手 in automobilist dy't útnaait nei in oanriding

ひきぬき　引き抜き　(他社員などの) *it* ronseljen；引き抜く lûke, úthelje, útskourre, (羽・毛などを) ploaitsje, (コルク・栓などを) ôftaapje, (雑草などを) útlûke, (人を) ronselje (→スカウトする)：その歯医者は私の臼歯を 1 本引き抜いた De toskedokter hat my in kies *lutsen.*

ひきのばし　引き伸ばし　*de* fergrutting；(写真などを) 引き伸ばす fergrutsje, (金属などを) rekke：写真を引き伸ばす foto's *fergrutsje*

ひきのばし　引き延ばし　(長さ・期間の) *de* ferlinging；引き延ばす ferlangje, ferlingje, rekke (→延長する), (延期する) opstelle：時間を幾らか引き延ばす de tiid wat *rekke*

ひきはがす　引き剝がす　ôfroppe

ひきはなす　引き離す　ôflûke, ôfskiede, weilûke：親牛から子牛を引き離す it keal fan 'e ko *ôflûke*

ひきはらう　引き払う　ynromje, romje：家を引き払う it hûs *romje*
ひきぶね　曳[引]き船　*de* sleepboat, *de* sleper（→タグボート）
ひきまわす　引き回す　rûnliede（→連れ回す）
ひきもきらずに　引きも切らずに　→引っ切り無しに
ひきもどす　引き戻す　tebeklûke, werombringe
ひぎゃくせいあい　被虐性愛　*it* masogisme（→マゾヒズム）
ひきょう　卑怯　*de* leffens；卑怯な lef；卑怯者 *de* leffert
ひきょう　秘境　in net oantaaste krite [regio]
ひきよせる　引き寄せる　byskowe, oerlûke, omlûke
ひきわけ　引き分け　（試合などの）*de* kampreed [-rit], *it* lykspul, *de* remise；引き分ける ôfskiede（→引き離す）；引き分けになる stake,（…と）lykspylje (mei)：その提案は投票の結果引き分けとなる De stimmen *stake oer de moasje.*, 5対5で引き分けになる mei 5-5 *lykspylje*；引き分けの kamp：それは引き分けだ It is *kamp.*
ひきわたし　引き渡し　（権限・財産などの）*de* oerdracht, *de* oerjefte（→譲渡），（人・物の）*de* oerlevering；引き渡す oerleverje,（譲渡する）oerdrage：人を警察に引き渡す immen oan 'e plysje *oerleverje*
ひきんぞく　非金属　net fan metaal
ひきんぞく　卑金属　ûnedele metalen
ひく　引く　（物を）helje, lûke,（興味・注意を）lûke, oanlûke, oantrekke,（潮が）ebje,（線を）lûke,（電気・ガス・水道・鉄道を）oanlizze,（引き金を）ôflûke,（辞書を）引く neislaan,（数を）ôflûke, ôftrekke：荷馬車を引く in wein *lûke*, 注意を引く de oandacht *lûke*, 水が引く It wetter *ebbet.*, 線を引く in streek *lûke*, 100から50を引く 50 fan 100 *ôflûke*；引くこと *de* lûk
ひく　挽く　（のこぎりで）seagje：板

をのこぎりで引く planken *seagje*
ひく　弾く　（楽器を）spylje：ピアノ[バイオリン]を弾く op 'e piano [fioele] *spylje*
ひく　碾く　（うすなどで）fermeal(l)e, fynmealle, meal(l)e：コーヒー豆をひく kofje *meal(l)e*
ひく　轢く　（車が）oerride, ûnderride（→ひき殺す）：その自動車が犬をひいた De auto hat in hûn *oerriden.*
びく　魚籠　*de* fiskbun
ひくい　低い　（高さが）leech,（背が）koart,（地位・程度・価値などが）leech,（身分・階級などが）ordinêr,（声・音が）leech,（腰が）deemoedich, nederich（→謙虚な）：低い丘 in *lege* heuvel, 天井の低い部屋 in *lege* keamer, 彼はひどく背が低い Hy is tige *koart.*, この男は身分が低い De man hat in *leech* maatskiplik oansjen., 今日は気温が低い De temperatuer is hjoed *leech.*, 低い声 in *leech* lûd；低くする deldwaan,（音を）sêft sette：ラジオの音を低くする de radio *sêfter sette*；（声・音が）低くなる falle
ひくつな　卑屈な　slaafsk
びくともしない　gjin tombree(d) wike（→少しも妥協し[動じ]ない）, ûnferfeard wêze（→恐れを知らない）
ピクニック　*de* piknik：ピクニックへ行く piknikke, te piknikken gean
びくびくする　skrikke, skrilje, skrille；びくびくした senuwachtich, skichtich, skoftich, skrikfallich, skrutel；びくびくすること *it* skrik：それでひどくびくびくしている De *skrik* sit der goed yn.
ひぐま　羆　in brune bear
ピクルス　*de* augurk
ひぐれ　日暮れ　→日没
ひげ　髭, 鬚, 髯　（口ひげ）*de* knevel, *de* snor,（あごひげ）*it* burd,（ほおひげ）*it* bakkeburd,（やぎの）*it* geiteburd, *de* geitesik,（魚の）*de* teister；ひげをそる jin skeare
ひげき　悲劇　（劇の）*de* trageedzje,（出来事の）*de* tragyk；悲劇的な tra-

gysk：悲劇に終わる *tragysk* ôfrinne
ひげする 卑下する jin fernederje
ひけつ 否決 *de* ôfkarring, *de* ôfwizing；否決する ôfkarre, ôfwize
ひけつ 秘訣 *it* geheim：君にその秘訣を教えてあげよう Ik sil dy yn de *geheimen* ynwije.
ひけめ 引け目 *de* lytsens, gefoel fan minderweardichheid（→劣等感）；引け目を感じる jin inferieur fiele
ひけらかす koketearje, pronkje（→自慢する）
ひける 引ける →終わる
ひげんじつてきな 非現実的な net realistysk [reëel]
ひけんしゃ 被験者 in persoan dy't test wurdt
ひけんする 比肩する →匹敵する
ひご 庇護 （保護）*de* proteksje；（…から）庇護する befeiligje (tsjin), beskermje（→保護する）
ひご 卑語 in fulgêr [ordinêr] wurd, *de* fulgariteit
ひごい 緋鯉 in reade karper (cf. 真鯉)
ひこう 非行 *de* jeugdkriminaliteit；非行者 *de* delinkwint
ひこう 飛行 *de* flecht, *de* loftfeart：鳥の飛行 *de* flecht fan in fûgel；飛行する fleane；飛行士 *de* fleander（→パイロット）；飛行場 *it* fleanfjild；飛行船 *it* loftskip
びこう 備考 *de* nota, *de* notysje（←備考欄）（→覚え書き）
びこう 鼻孔 *it* noastergat
びこう 鼻腔 *de* noasholte
ひこうかいの 非公開の net iepenbier, （私的な）privaat, privee, （秘密の）geheim, temûk
ひこうき 飛行機 *de* fleanmasine, *it* fleantúch：飛行機で行く mei it *fleantúch* gean；（飛行機から）降りる útstappe；（飛行機に）乗り込む ynstappe；（飛行機が）着陸する lânje, 離陸する opstige
ひこうしきの 非公式の net offisjeel, offisjeus

びこうする 尾行する skaadzje：人を尾行する [させる] immen *skaadzje* (litte)
ひこうにんの 非公認の offisjeus, wyld：非公認スト in *wylde* staking
ひごうの 非業の ûnnatuerlik：非業の死 in *ûnnatuerlike* dea
ひごうほう 非合法 *de* yllegaliteit；非合法的な [に] yllegaal：非合法的な行為 *yllegale* praktiken
ひごうり 非合理 *de* ûnredlikens [-likheid]；非合理的な [に] yrrasjoneel, ûnreedlik
ひこく 被告 *de* foarroppene（→原告），（刑法の）*de* fertochte（→容疑者），被告（人）*de* ferklage；被告席 *de* skandebank：被告席にいる yn 'e *skandebank* sitte
びこつ 鼻骨 *de* noasbonke
ひごとに 日毎に dei oan [by / op] dei（→1日1日と）；《比較級と共に》その患者は日毎に悪化している De pasjint wurdt mei de dei minder.
ひこまご 曾孫 →ひまご
ひこようしゃ 被雇用者 *de* krêft, meiwurker, *de* wurkkrêft（↔雇用者）
ひごろ 日頃 altyd, gewoan（→平生），普段）
ひざ 膝 *de* knibbel, *de* skerte / skoat：ひざの上 [下] まで boppe [ûnder] de *knibbels*, ひざをぶるぶる震わせて mei knikkende *knibbels*, 赤ん坊をひざ（の上）にのせる in pop oer de *knibbels* lizze, 子供をひざにのせている in bern op 'e *skerte* [*skoat*] hawwe
ビザ （査証）*it* fisum
ピザ *de* pizza；ピザ店 *de* pizzeria
ひさい 非才 *de* tekoartkommings：非才を顧みず ûnferskillich myn *tekoartkommings*
ひさいする 被災する （災害・損害などを）（受ける）lije；被災者 *de* lijer；被災地 in regio dy't lijt
びさいな 微細な fyn, subtyl；微細に minusjeus, subtyl（→詳細に）
ひざかり 日盛り *de* middei

ひさく　秘策　in geheim plan
ひさし　庇　de oes,（帽子の）de klep：帽子のひさし de klep fan in pet
ひざし　日差し　it sinneljocht, de sinneskin
ひさしい　久しい　(al) lang,（ずっと以前に）lang lyn；久しく yn lange tiid：彼女には久しく会っていない Ik haw har *yn lange tiid* net sjoen.
ひさしぶりに[で]　久し振りに[で]　nei langere tiid；久し振りだね Ik haw jo yn lange tiid net sjoen.
ひざまずく　跪く　knibbelje：…の前にひざまずく *knibbelje* foar …
ひさん　悲惨　*de* ellinde, *de* jammer, *de* misêre；悲惨な ellindich, ferskriklik, jammerdearlik, miserabel
ひさんする　飛散する　fertoarkje (→飛び散る)
ひじ　肘　*de* earmtakke：ひじ（の所）で腕を曲げることができる Mei de *earmtakke* kinne wy de earm bûge.
びじ　美辞　blomrike wurden：美辞麗句 *blomrike wurden* en elegante wurdgroepen
びしいん　鼻子音　nasale konsonanten (↔鼻母音)
ひじかけ　肘掛け　*de* leuning；肘掛椅子 *de* fauteuil, *de* leunstoel
ひしがた　菱形　*de* rút, *it* sûchtablet；ひし形の diamanten
ひしぐ　拉ぐ　fermoarzelje, ferpletterje, pompe (→押しつぶす)
ひしつ　皮質　*it* flues；大脳皮質 *it* breinflues [harsen-]
びしてきな[に]　微視的な[に]　mikroskopysk (↔巨視的な[に])
ひじてっぽう　肘鉄砲　ひじ鉄砲を食らう[くわせる] blau krije [jaan]
ビジネス　*de* hannel, *de* saak；ビジネスマン *de* keapman, *de* sakeman
ひしめく　犇めく　dringe
ひしゃく　柄杓　*de* leppel,（台所用の）*de* sleef
びじゃくな　微弱な　meager, swak：微弱な余震 in *swakke* neiskok

ひしゃこうてきな　非社交的な　ûngesellich
ひしゃたい　被写体　in ûnderwerp fan in foto
ぴしゃりと　ドアをぴしゃりと閉める de doar tichtklappe [-slaan], de doar mei in flap tichtslaan；彼の要求をぴしゃりと断る syn eask ferpoffe
ひじゅう　比重　spesifike swiertekracht [-krêft]：比重を計る de *spesifike swiertekracht* mjitte
ひじゅつ　秘術　（秘伝）it geheim
びじゅつ　美術　*de* keunst (←美術品)；美術的な[に] artistyk (→芸術的な[に])；美術家 *de* artyst, *de* keunstner；美術館 *de* keunstgalerij；美術史 *de* keunstskiednis
ひじゅん　批准　（条約などの）*de* bekrêftiging, *de* ratifikaasje；批准する bekrêftigje, ratifisearje
ひしょ　秘書　（女性の）*de* sekretaresse,（男性の）*de* sekretaris；秘書課 *it* sekretariaat
ひじょう　非常　*it* needgefal；非常の場合に by need, yn gefal fan need；非常に備える jin tariede op in needgefal；非常口 *de* needútgong；非常事態 *de* needtastân：非常事態を宣言する de *needtastân* ôfkundigje [útroppe]；非常手段 *de* needmaatregel：非常手段を取る *needmaatregels* nimme；非常ブレーキ *de* needrem；非常ベル *de* needklok：非常ベルを鳴らす de *needklok* liede
びしょう　微笑　*de* glim, *de* glimp；微笑する glimkje, laitsje
ひじょうきんの　非常勤の　part-time：彼は非常勤の教師だ Hy is *part-time* learaar.
ひじょうしき　非常識　it gebrek oan nochterens；非常識な ûnsinnich
ひじょうせん　非常線　（警察の）*it* kordon：非常線を突破する in *kordon* trochbrekke, …に非常線を張る in *kordon* lizze om …
ひじょうな[に]　非常な[に]　aaklik,

ひじょうの　bjuster, hiel, gâns, machtich, mâl, oeribel, ôfgryslik, rju, slim, tige, wakker, wol（→とても，大変）：非常に大きな *machtich* grut, 非常に寒い *oeribele* kâld, 非常におびえて *slim* bang, 非常に残念です It is *tige* spitich.
ひじょうの　非情の　koelbloedich, ûnminskilik, ûnskiklik
びしょうの　微小の　minuskúl, tige lyts,（極微の）mikroskopysk
びしょうの　微少の　tige lyts
びしょく　美食　(oer)hearlik iten；美食家 *de* lekkerbek
びしょぬれの　びしょ濡れの　dweil（trochwiet）, trochwiet：びしょぬれになった Ik bin *dweil*（en *dweil*）.
ビジョン　（未来の展望）*it* foarútsjoch
びしん　微震　in tige lytse ierdbeving
びじん　美人　in knappe faam [frou]；彼女はとても美人だ Hja is tige kreas.；彼女は絶世の美人だ Se is in seldsum moaie faam.；《諺》美人薄命 De moaisten stjerre jong.
ひすい　翡翠　*it* / *de* jade
ビスケット　*it* biskwy, *it* koekje, *it* moalkoekje（→クッキー）
ヒステリー　*de* hystearikus（←ヒステリー性の人）, *de* hystery；ヒステリー（性）の hystearysk
ピストル　*it* pistoal（→拳銃）
ピストン　（金管楽器の）*de* piston,（内燃機関の）*de* sûger
ひずみ　歪み　*de* ferdraaiïng, *de* ferfoarming（→ゆがみ）
ひずむ　歪む　ferfoarmje, misfoarmje
ひする　比する　→比(ひ)べる
ひせいさんてきな　非生産的な　ymproduktyf, ûnproduktyf
びせいぶつ　微生物　*de* mikrobe
ひせき　秘跡, 秘蹟　*it* sakramint；（臨終の人に）秘跡を授ける betsjinje
びせきぶん（がく）　微積分（学）　differinsjale en yntegrale berekkening
ひせんの　卑賤の　deemoedich, dimmen, nederich
ひせんろん　非戦論　*it* pasifisme；非戦

論者 *de* pasifist（→平和主義者）
ひそ　砒素　*it* arsenikum
ひそう　皮相　（表面）*it* flak, *it* oerflak, *de* oerflakte,（見掛け）*it* uterlik；皮相の oerflakkich, uterlik
ひぞう　脾臓　*de* milt
ひぞうする　秘蔵する　（大事にする）koesterje,（真価を認める）wurdearje；ある物を秘蔵する in soad wearde hechtsje oan eat
ひそうぞくにん　被相続人　（遺言者）*de* erflitter,（故人）*de* ferstoarne（↔相続人）
ひそうな　悲壮な　tragysk；悲壮な最期を遂げる de heldedea stjerre
ひそかな [に]　密かな [に]　ferhoalen, heim(e)lik, stikem, stil, yn stilte：あることをひそかに隠しておく eat *ferhoalen* hâlde
ひぞく　卑俗　*de* trivialiteit；卑俗な fulgêr, triviaal
ひぞく　匪賊　*de* bandyt（→山賊）
ひぞっこ　秘蔵っ子　*de* skat
ひそひそと　→こっそりと, 小声で；ひそひそ話をする lústerje, múskopje
ひそむ　潜む　jin skûlhâlde, skûlje（→隠れる）,（潜在する）latint wêze
ひそめる　顰める　（まゆを）fronselje：まゆをひそめる de eachbrau *fronselje*
ひだ　襞　*de* ploai：ひだのついたスカート in rok mei *ploaien*
ひたい　額　*de* foarholle：額を軽くたたく op jins *foarholle* wize
ひだい　肥大　*de* korpulinsje, *it* korpulint-wêzen；肥大した fleizich, grou, korpulint；肥大する grou [korpulint] wurde
ひたす　浸す　dippe, ynstipje, sopje, stippe：ペンをインクにちょっと浸す de pinne yn 'e inket *dippe*
ひたすら　只管　（心から）ynlik, oprjocht,（真剣に）earnstich,（ただ）allinnich, inkel(d), mar,（もっぱら）útslutend：彼は彼女をひたすら愛していた Hy hie har *ynlik* leaf.
ひだち　肥立ち　彼女は産後の肥立ち

が悪い Nei de kream knapt se stadich op.
ひだまりに 日溜まりに op in sinnich plak
ビタミン *de* fitamine：新鮮な果物にはビタミンCが含まれている Yn farsk fruit sit *fitamine* C.
ひたむきに 直向きに →ひたすら
ひだり 左 （左側）*de* lofterkant（↔右）；左（側）の lofter；左（側）の［に］lofts；左へ［の方向に］loftsôf [-som]；左回りに loftsom
ぴたり （突然に）hommels,（接して）ticht,（完全に）folslein, perfekt：ぴたり止まる *hommels* stopje, ぴたりくっついて座る *ticht* byinoar sitte, 彼らの意見はぴたりと一致した Hja wiene *folslein* ienriedich.
ひだりがわ 左側 *de* lofterkant（→左）
ひだりきの 左利きの lofts：左利きの投手 in *loftse* goaier
ひだりて 左手 *de* lofterhân（↔右手）；左手に loftsôf（→左の方(向)に）
ひだりまえで 左前で （着付けで）mei de lofterkant ûnder de rjochterkant,（生活に困って）earm；彼の家業は左前だ Syn ambacht smyt net folle op.
ひだりまきの [に] 左巻きの [に] tsjin de wizers fan de klok yn
ひたる 浸る （水に）oerstreame（→つかる）,（…に）（熱中する）gek wurde (yn), opgean (yn)
ひたん 悲嘆 *de* drôfenis / drôvenis, *it* fertriet, *it* leed：悲嘆に暮れる *fertriet* hawwe
びだん 美談 in heldhaftige fertelling
びちくする 備蓄する opgarje, sparje, weilizze
ひちゃくしゅつし 非嫡出子 *de* oerwinneling（→私生児）
ぴちゃぴちゃ ぴちゃぴちゃ音を立てる skolperje,（食べながら）sloarp(j)e, slurp(j)e
ひつう 悲痛 *it* fertriet；悲痛な drôvich, fertrietlik, smertlik
ひっかかり 引っ掛かり （関係）*it* ferbân,（コネ）*de* konneksje：（…と）引っ掛かりがある *konneksjes* hawwe（mei）
ひっかかる 引っ掛かる （物に）hingje,（検問などに）tebekholden wurde,（計略・詐欺などに）bedondere wurde,（…に）（こだわる）tier wêze (yn)；小骨がのどに引っ掛かる in graatsje yn 'e kiel hawwe
ひっかきまわす 引っ掻き回す （引き出しなどを）rommelje, skarrelje：引き出しの中を引っかき回す yn it laad *rommelje*
ひっかく 引っ掻く beklauwe, klauwe,（かゆくて）rosse：その猫がドアを引っかいた De kat hat de doar *beklaud*.,（かゆくて）背中を引っかく (jin) de rêch *rosse*
ひっかける 引っ掛ける heakje：釘に引っ掛ける efter in spiker *heakje*
ひっき 筆記 *de* skrift,（文書）*it* skrift, *de* skriuwerij；筆記の skriftlik：筆記試験 in *skriftlik* eksamen；筆記する opskriuwe；筆記体 *it* kursyf（→イタリック体）（↔活字体）；筆記用具 *it* skriuwark；筆記用紙 *it* skriuwpapier
ひつぎ 柩 *de* deakiste, *de* kist(e), *de* lykkist（→棺）；ひつぎに収める kistje
ひっきょう 畢竟 →結局, つまり
ひっきりなしの 引っ切り無しの oanhâldend；引っ切り無しに sûnder ophâlden
ひっくりかえす 引っ繰り返す omgoaie, omkeare, omlizze, omrame, omskaaie, omslaan,（逆転する）omdraaie, omkeare：花瓶を引っ繰り返す in faas *omgoaie* [*omskaaie*], トランプのカードを引っ繰り返す in kaart *omkeare*, 干し草を引っ繰り返す it hea *omkeare*
ひっくりかえる 引っ繰り返る （転倒する）omfalle,（転覆する）oerslaan, omgean,（跳び回転する）omspringe,（逆転する）→引っ繰り返す：帆が引っ繰り返った It seil *slacht oer*.
びっくりする 吃驚する jin ferbaze, opsjen,（…に）びっくりする kjel

wurde (fan), (…に)びっくりしている jin besauwe (fan / oer)：私は彼の突然の死にびっくりした Ik besaude my oer syn hommelse dea.；びっくりするほど bjusterbaarlik；びっくりして ferbazend, ferheard, kjel；びっくりしたことには ta myn ûntsetting

ひっくるめる 引っ括める gearfetsje, oer ien kaam helje；引っくるめて by de rûs (→一活して)

ひづけ 日付 de datearring, de datum；日付を入れる datearje：手紙に日付をつける in brief datearje, 11月28日付の手紙 in brief datearre op 28 novimber

ひっけい 必携 (手引き) it hânboek, de hantlieding

ピッケル de iisbûtser, it / de pikhouwiel

ひっこし 引っ越し de ferhuzing；引っ越す betrekke, ferhúzje, oergean：新しい家に引っ越す in nij hûs betrekke, いつ引っ越しますか Wannear geane jim oer?；引っ越し先 jins nij adres；引っ越しトラック de ferhúswein

ひっこむ 引っ込む (後ろへ引く) jin weromlûke, (引きこもる) binnendoar-(ren) [thús] bliuwe, (へこむ) yndûkt wurde

ひっこめる 引っ込める tebeklûke, weromlûke (→撤回する)：腕を引っ込める de earm tebeklûke, 前言を引っ込める jins wurden tebeklûke [werom-]

ピッコロ de pikolo

ひっさつ 必殺 in deadlike slach

ひっし 必死 needsaaklike [ûnûntkombere] dea；必死の fertwivele, wanhopich (→絶望的な), (猛烈な) ferwoast：必死の努力 ferwoast besykjen

ひつじ 羊 it skiep, (雄) de raam, (雌) it / de ei, (子) it laam, de harder；羊飼い de skiepehoeder；羊の番犬 de hardershûn；羊の囲い de skieppeskuorre；羊の毛皮 it skieppeflues；羊の肉 it skieppefleis；羊の群れ in keppel skiep；子羊の肉 it lammefleis；羊の

毛を刈る skieppeknippe；羊を追い立てる skieppedriuwe

ひっしゃ 筆写 it ôfskrift, de ôfskriuwing；筆写する kopiearje, oerskriuwe, ôfskriuwe

ひっしゃ 筆者 de skriuwer (→作者)

ひっしゅうの 必修の ferplicht(e), obligaat：必修(の)課目 ferplichte fakken

ひつじゅひん 必需品 de behoefte, de rêding：日用必需品 de deistige behoeften, 家庭内の必需品 de rêding fan in húshâlding

ひっしょう 必勝 必勝を期して mei dúdlike oerwinning

びっしょりぬれた びっしょり濡れた → ぐっしょり濡れた

びっしり kompakt, ticht：びっしり詰まった kompakt ynpakt

ひっすの 必須の ferplicht(e), ûnmisber, (不可欠の) essinsjeel；必須(の)課目→必修(の)科目

ひっせいの 畢生の ivich (→一生の)

ひっせき 筆跡 it hânskrift, it skrift：彼の筆跡はとても読みやすい[づらい] Syn hânskrift is tige dúdlik [ûnlêsber].

ひつぜつ 筆舌 筆舌しがたい ûnútspreklik；それは筆舌に尽くしがたい Dat falt [is] net te beskriuwen.

ひつぜんの 必然の needsaaklik, ûnûntkomber (←必然的に)；必然性 de needsaak

ひっそり(と) stil：ひっそりと静まり返っている sa stil as it grêf wêze, ひっそり暮す stil libje

ひったくり 引ったくり (人) de taskedief (→すり), (行為) de taske-rôverij；引ったくる ôfpakke, skuorre, snaaie, stelle, weipakke：人から物を引ったくる wat fan immen ôfpakke, 人の手から物を引ったくる immen wat út 'e hân skuorre, 彼らは彼の自転車を引ったくった Sy hawwe syn fyts snaaid [stellen].

ぴったりと ta, ticht, (的確に) krekt：ドアはぴったりと閉まっている De doar

is ta [ticht]., その言葉のぴったりした意味 de krekte bedoeling fan it wurd；(…に)ぴったり合う passe (by)：その眼鏡はあなたにぴったりです De bril past moai by jo.
ひっち 筆致 de haal, de streek, (文体) in literêre styl
ピッチ (音・声の)(調子) de toan, (ペース) de pas, de stap, it tempo
ヒッチハイク de lift：ヒッチハイクをさせてもらう in lift krije；ヒッチハイクする liftsje；ヒッチハイカー de lifter
ピッチャー (水差し) de krûk / krúk, (投手) de goaier
ひっつかまえる 引っ捕まえる (人の襟首を)(immen by de kraach) krije
ひっつかむ 引っ掴む gripe, rame, weipakke
ひっつく 引っ付く oanhâlde, plakke
ひってきする 匹敵する belykje, (…に) lykslaan (mei), oansjen (foar),《形》(…に) lyk (oan), lykweardich
ひっとう 筆頭 筆頭である boppe oan 'e list,《動》oan 'e top stean；…の筆頭に oan 'e top fan …
ひつどくしょ 必読書 (…の) in ferplicht boek (foar)
ひっぱく 逼迫 →切迫，窮乏
ひっぱたく slaan：人の顔をひっぱたく immen yn 't gesicht slaan
ひっぱりあげる 引っ張り上げる lûke：人を水から引っ張り上げる ien út it wetter lûke
ひっぱりこむ 引っ張り込む deryn lûke
ひっぱりだこ 引っ張り凧 引っ張りだこである→切望される，(人気がある) tige populêr wêze
ひっぱりだす 引っ張り出す →引き出す
ひっぱりまわす 引っ張り回す rûnliede
ひっぱる 引っ張る lûke，skeare，skuorre，spanne，trekke，(車・船などを) weislepe，(連行する) opbringe，slepe：船[荷馬車]を引っ張る in skip [wein] lûke，タグボートが船を引っ張ってい

る De sleepboat sleept it skip.
ヒップ (腰) de heup, de mul：ヒップが大きい breed yn 'e heupen wêze
ひづめ 蹄 de hoef
ひつめい 筆名 de skûlnamme (→ペンネーム)
ひつよう 必要 de behoefte, it ferlet, de need：…を必要とする behoefte hawwe oan …, ferlet hawwe fan …, 必要に迫られて út need (→万一の場合), 必要なら，ぼくの車を使ってもいいよ By need meist myn auto wol brûke.；必要な nedich, needsaaklik：私にはあなたが必要だ Ik haw jo nedich., ある物を必要とする eat nedich hawwe, それをするには男の人が必要です Dêr is in man foar nedich.；必要な物 de behoefte (→必需品)；必要性 de needsaak：テレビは私には必要はない Televyzje is foar my gjin needsaak., 彼女は必要に迫られて働いている Sy wurket út needsaak.；《動》(…を) 必要とする, (…する必要がある) hoege：気遣う必要はない Do hoechst gjin noed te hawwen., 今日は(特に必要な物は)何もありません Ik hoech hjoed neat.＊通例，否定語を伴う
ビデ it bidet
ひてい 否定 de ferleagening, de kontramine, de negaasje, de ûntkenning：否定の副詞 bywurd fan ûntkenning；否定する ferleagenje, ûntkenne；否定的な negatyf, ûntkennend：返事は否定的だった It antwurd wie negatyf., 否定的な返答 in ûntkennend antwurd
ビデオ (機器・映像) de fideo；ビデオテープ de fideobân
ひでり 日照り droech waar；日照り続きの天気 droechsum waar
ひでん 秘伝 it geheim：君にその秘伝を教えてあげよう Ik sil dy yn de geheimen ynwije.
びてん 美点 (長所) de deugd, it foardiel, jins sterke punt, jins goede eigenskip

ひと　人　*de* man [minske / persoan]，（人類・人間）*it* minskdom, *de* minskheid, (人柄・個性) *de* persoan, *de* persoanlikheid：普通の人 de gewoane man, 彼はその仕事にうってつけの人だ Dêr is hy krekt de *man* foar., 感じのよい人 in aardich *minske*, 一人に付き5ギルダー fiif gûne de *persoan*, どんな人ですか Watfoar *persoan*(*likheid*) is it？；世間の人(々) *it* folk：ケーアッはいつも多くの人々（→観衆）を引きつける Keatsen lûkt altyd in soad *folk*.

ひとあじ　一味（…とは）一味違う in bytsje ferskillend wêze (fan)

ひとあんしん　一安心　一安心する foarriedich [tydlik] opluchte wêze

ひどい　酷い（激しい）bar, bot, ferheftich, fûl, (厳しい) heftich, strang, swier, (重大な・深刻な) earnstich, groulik, swier, wakker, (残酷な) wreed, (ひどく) aaklik, earnstich, freeslik, grousum, ôfgryslik：私はひどく寒い Ik bin *bar* [*bot / wakker*] ferkâlden., 警察官はその泥棒を捕まえようとした時，彼はひどく抵抗した De dief fersette him *ferheftich* doe't de plysje him meinimme woe., ひどい批評 in *strange* krityk, ひどい寒さ *strange* kjeld (→厳冬), ひどい病気 in *earnstige* [*groulike*] sykte, ひどい天気 *swier* waar, ひどい病気で *swier* siik, ひどい人 in *wreed* man (→冷酷な人間), ひどく心配している jin *earnstich* soargen meitsje, 君のせいでひどく腹が立ってきた Do begjinst my *grousum* te ferfelen., ひどく汚れた *ôfgryslike* smoarch

ひといき　一息（呼吸）*de* azem, *de* sike, *de* smûch：一息に yn ien *sike*；深く一息つく in kear djip sykhelje

ひといちばい　人一倍　人一倍働く hurder as oaren wurkje

びとう　尾灯　*it* efterljocht (↔ foarljocht)

びどう　微動　in minime beweging；微動だにしない stokstiif stean bliuwe

ひどうの　非道の　grouwélich, wreed；非道な行為 *de* grouweldie(d)

ひどうめい　非同盟　*it* net-bûn-wêzen；非同盟国 de net-bûne lannen

ひとえに　偏に（全く）alhiel, hiel wat, tige：偏に君の助言のたまものです Ik tankje jo *tige* foar jo advys.

ひとえの　一重の　inkelfâldich：一重の花 in blom mei in *inkelfâldich* blêd

ひとおし　一押し　*de* set, *de* stomp：一押しする in *stomp* jaan

ひとおもいに　一思いに　koart om 'e hoeke, sûnder in soad drokte

ひとがき　人垣（人の群れ）*it* espel, *de* keppel, *de* kliber, *de* kloft, (人込み) *de* fleet

ひとかげ　人影（姿）*it* / *de* figuer, *it* skaad, (シルエット) *it* skaadbyld：人影 *it* skaad fan in minske

ひとかたならず　一方ならず　→大いに，大変

ひとかたまり　一塊　*de* hoeke, *de* klobbe, *de* klompe：一塊のチーズ in *hoeke* tiis, 一塊のバター [粘土] in *klobbe* bûter [*klaai*], 一塊の肉 in *klompe* fleis；になる klútsje

ひとかどの　一廉の（一人前の）folleard [troch- / út-]

ひとがら　人柄　*de* persoan, (性格) *de* persoanlikheid

ひときらい　人嫌い（人）*de* minskehater, *de* misantroop, (行為) *de* minskehaat, *de* misantropy

ひときれ　一切れ（ソーセージなどの薄い）*de* daalder, *de* hoeke, (スライスした) *it* plak, *de* skiif：一切れのソーセージ in *daalderke* woarst, スライスした一切れのチーズ *plak* [*skiif*] tsiis

ひときわ　一際（一層・はるかに）fierwei, noch, (目立った) frapant, markant, opfallend, opmerklik

ひどく　酷く　ferheftich, freeslik, groulik, oeribel, ôfgryslik：ひどく怒って *ferheftige* lilk, ひどく痛い *freeslik* sear, ひどく寒い *oeribel* kâld, ひどく汚れた *ôfgryslike* smoarch；ひどく忙しい

smoardrok；ひどくなる oanboazje
びとく　美徳　*de* deugd：美徳と悪徳 *deugden* en ûndeugden
ひとくい　人食い　*de* kannibaal, *de* minske-iter；人食いの kannibaalsk
ひとくせ　一癖　*de* sûnderling；一癖ある apart, sûnderling：一癖ある男 in *apart* [*sûnderling*] man
ひとくち　一口　*de* hap,（言葉）*it* wurd：一口で yn ien *hap*, 一口で言えば yn [*mei*] ien *wurd*
ひどけい　日時計　*de* sinnewizer
ひとけた　一桁　ien sifer
ひとけのない　人気のない　ferlitten：人気のない通り in *ferlitten* strjitte
ひとごえ　人声　*it* lûd：遠くで大きな人声がした In protte lûden wiene yn 'e fierte heard.
ひとこと　一言　in [ien] wurd：一言で言えば yn [*mei*] ien *wurd*（→要するに）,彼から一言も聞いていない Ik haw noch net *in wurd* fan him hân.
ひとごと　人事　oarmans saken
ひとごみ　人込み　*it* gekring（→群衆）
ひところ　一頃　alear(en), ea, eartiids, ienris（→かって）
ひとごろし　人殺し　（殺人）*de* moard,（殺人者）*de* moardner；人殺しをする moardzje
ひとさし　一刺し　*de* stek, *de* stjit：蜂の一刺し in *stek* fan in bij
ひとさしゆび　人差し指　*de* foarste finger, *de* wiisfinger
ひとざとはなれた　人里離れた　beskûle, ienlik, iensum：人里離れた家 in *ienlik* hûs
ひとさらい　人攫い　（行為）*de* gizeling, *de* ûntfiering,（人）*de* gizel(d)er, *de* ûntfierder（→誘拐(ゆうかい)）
ひとしい[く]　等しい[く]　（…に）gelyk, gelikens, lyk (oan)；等しく likefolle：すべての物が等しく役立つとは限らない Net alles hat *likefolle* wearde.；等しいこと *de* gelikens（→同等）
ひとしお　一入　→一層, 一際
ひとじち　人質　*de* gizel(d)er；人質を

取る gizelje（→誘拐する）
ひとしれず　人知れず　temûk, ûngemurken（→ひそかに）：彼は人知れず死んだ Hy is *ûngemurken* stoarn.
ひとずきになる　人好きになる　freonlik, goedhertich, minlik
ひとすじ　一筋　*de* line；一筋の rjochtlinich,（一途(ず)に）rjochtlinich：一筋に思い込む *rjochtlinich* tinke
ひとずれした　人擦れした　beslipe, fynbeslipe, slûchslim（→抜け目のない, 世間擦れした）
ひとそろい　一揃い　*it* set, *it* stel,（衣服の）*it* pak：一揃いのスーツ in *pak* klean
ひとだかり　人集り　in klobbe folk
ひとだすけ　人助け　人助けをする immen helpe, wat foar in oar dwaan
ひとたび　一度　一度…した以上は no (dat) …（→一旦…したからには）
ひとちがい　人違い　in gefal fan persoansferwikseling；人違いをする immens identiteit ferwikselje, immen foar in oar oansjen
ひとつ　一つ　一つ（の）(*de*) ien：一つずつ by *ienen*, ien [*stikje*]foar *ien* [*stikje*]（→順番に）；一つも…ない gjin
ひとつおきの　一つ置きの　fan de iene nei de oare
ひとつかみ　一掴み　*it* hânfol：一つかみの砂 in *hânfol* sân
ひとつき　一突き　*de* set
ひづきあい　人付き合い　*de* gesellichens（→社交性）；人付き合いがいい [悪い] gesellich [ûngesellich] wêze
ひとっこひとり　人っ子一人　gjin libbene siel：通りには人っ子一人いなかった *Gjin libbene siel* wie op 'e strjitte.
ひとづて　人伝　（うわさ）*it* geroft, *it* praat(sje)（→伝聞）；それを人づてに聞いている Ik haw it fan hearren en sizzen.
ひとつぶ　一粒　*de* kerl：一粒の塩［砂糖］in *kerl* sâlt [*sûker*]；一粒種 *it* ie-

ひとづま

nich bern
ひとづま 人妻 in troude frou, in frou fan immen oars；人妻となる houlikje
ひとつも 一つも （何も…ない）neat,（少しも…ない）neat：申告する物は一つもない Ik haw neat om oan te jaan., 彼は父親には一つも似ていない Hy liket yn neat op syn heit.
ひとで 人手 （他人の手）oarmans hannen,（他人の助力）oarmans help,（働き手）de wurker；人手不足 gebrek oan wurk
ひとで 海星 de seestjer
ひとでなし 人で無し it / de ûnminske（→人非人（にんぴにん））
ひとどおり 人通り it ferkear；人通りの多い［ない］通り in drokke [iensume] strjitte
ひととおり(の) 一通り(の) （普通の）algemien, generaal, gewoan,（ざっと）koartwei：一通りの教育を受ける algemien ûnderwiis krije；一通り目を通す flechtich trochlêze, trochrinne
ひととき 一時 in koart skoftsje tiid,（ちょっとの間）efkes
ひととなり 人となり （人柄）jins natuer [dispoysje / persoanlikheid]
ひとなつっこい 人懐っこい freonlik, gesellich
ひとなみの 人並みの midsmjittich, sljochthinne, tuskenbeide(n)：人並みの人々 sljochthinne lju
ひとにぎり 一握り it hânfol：一握りの人々 in hânfol minsken
ひとねむり 一眠り it knipperke, de tuk, it tukje（→うたたね，居眠り）：一眠りする in knipperke [tukje] dwaan = slûgje
ひとのみ 一飲み de swolch（→一気に）：ビールを一飲みする bier yn ien swolch opdrinke
ひとばしら 人柱 in minske-offer
ひとばん 一晩 ien nacht：一晩中 de hiele nacht；一晩に nachts；一晩泊まる fernachtsje, foar ien nacht oerbliuwe
ひとびと 人々 it folk,《複》de lju, de minsken：ケーアッはいつも多くの人々（の関心）を引きつける Keatsen lûkt altyld in soad folk., 金持ちの人々 rike lju, 並の人々 gewoane minsken；一般の人々 it publyk（→大衆）
ひとふでで 一筆で mei ien streek（fan in pinne of stoffer）
ひとふろ 一風呂 一風呂浴びる in bad nimme
ひとまえで 人前で publyk, yn it iepenbier
ひとまず 一先ず op it [dit] stuit
ひとまとめにする 一纏めにする gearbine,（束ねる）bine
ひとまね 人真似 de mimyk：彼は人まねがとてもうまい Hy hat in protte mimyk.；人まねの mimysk；人まねをする neidwaan, nei-aapje（→まねる）
ひとまわり 一回り （一周）de omloop, de rûnte（→一巡）；一回りする rûngean（→一巡する）；（体が）一回り大きくなる in stik groeie；彼は（人間的に）一回り大きくなった Hy is riper wurden.
ひとみ 瞳 de eachappel；つぶらな瞳 lytse eagen
ひとみしりする 人見知りする 《形》minskeskou, 《動》ferlegen [skou] wêze
ひとむかしまえに 一昔前に in desennium lyn
ひとめ 一目 de eachopslach, de opslach：一目で yn [mei] in [ien] eachopslach, yn 'e earste opslach, 一目惚れする immen yn 'e (each)opslach leafhawwe
ひとめ 人目 人目を引く publike oandacht lûke；人目につく opfalle, opfallend wêze（→目立つ）；人目を避ける publike oandacht mije
ひとめぐり 一巡り in rûnte（→一回り）
ひともうけする 一儲けする winst meitsje
ひとやすみする 一休みする wat rêst nimme

ひとやま 一山 *de* heap, *it* steal ＊共に in heap [steal]の成句で：一山のじゃがいも in heap ierappels
ひとり 一人 ien minske [persoan]；一人の学生 ien studint；私の一人っ子 myn ienich(st) bern
ひどり 日取り *de* datum：日取りを決める in *datum* ôfprate
ひとりあるきする 独り歩きする allinne [sûnder help] rinne：この子供はもう独り歩きします Dit bern *rint al sûnder help.*
ひとりがってん 独り合点 in oerhastich beslút（→早合点）：独り合点する in *oerhastich beslút* nimme = oerhastich beslute
ひとりごと 独り言 *de* monolooch；独り言を言う jinsels sprekke
ひとりっこ 一人っ子 in ienichst bern
ひとりで 独りで（単独で）allinne, allinnich, op jinsels, lykme-allinne：彼女は独り暮らしをしている Se wennet *allinne* [*op harsels*].；独りでに fansels（→自然に）：このドアは独りでに閉まる Dizze doar slút *fansels.*
ひとりぼっちの 独りぼっちの allinne, allinnich, ienlik, iensum：独りぼっちの子供 in *iensum* bern
ひとりもの 独り者 →独身者
ひとりよがり 独り善がり *de* selsfoldienens [-foldwaning]；独りよがりの selsfoldien
ひな 雛 *de* hinnepyk, *de* kyp
ひながた 雛型 *de* miniatuer（→ミニチュア, 模型）, *it* meunster, *it* staal（→サンプル, 見本）
ひなぎく 雛菊 *de* koweblom
ひなた 日向 *de* sinne：日なたで yn de *sinne*；日なたぼっこ *it* sinnebad（→日光浴）；日なたぼっこをする sinnebaaie, sintsje：座って[横になって]日なたぼっこをする sitte [lizze] te *sintsjen*
ひなどり 雛鳥 *de* kyp, *de* pyk
ひなびた 鄙びた boersk, lanlik, rustyk
ひなまつり 雛祭り it feest foar ffammen（op 3 maaie yn Japan）
ひなん 非難 *de* beskuldiging, *it* ferwyt：人を非難する immen in *ferwyt* meitsje；非難する beskuldigje, ferwite, hikkelje, wite：そのことでぼくを非難しないでくれ Dat moatte jo my net *wite.*
ひなん 避難 *it* ûntwyk；避難する bergje, skûlje, ûntwike：避難しろ！ *Bergje* dy!；避難させる evakuearje：人を…から避難させる minsken *evakuearje* út …；避難所 *it* beskûl, *it* ferskûl, *it* skûlplak, *de* taflecht；避難民 *de* flecht(e)ling
びなん（し） 美男（子）in moai [tsjep] minske
ビニール *it* finyl
ひにく 皮肉 *de* irony, *it* sarkasme, *de* satire；皮肉な[にも] iroanysk, sarkastysk, satirysk：ちょっと皮肉って licht *iroanysk*；皮肉くる→非難する；皮肉屋 in sarkastysk persoan
ひにひに 日に日に dei by [oan / op] dei
ひにょうき 泌尿器《複》*de* urinewegen
ひにん 否認 *de* ferleagening, *de* ûntkenning；否認する ferleagenje, leagenje, tsjinprate, tsjinsprekke, ûntkenne, ûntsizze, wjersprekke
ひにん 避妊 *de* antykonsepsje,（産児制限）*de* bertebeheining；避妊する berte beheine；避妊薬[具] *it* antykonsepsjemiddel；経口避妊薬 *de* pil；避妊リング *it* spiraaltsje
ひにんじょう 非人情 *de* wredens / wreedheid；非人情の hert(e)leas, hurd(hertich), wreed：非人情な人間 in *wreed* man
ひにんしょうの 非人称の ûnpersoanlik：非人称構文 in *ûnpersoanlike* konstruksje, 非人称動詞 in *ûnpersoanlik* tiidwurd
ひねくる 捻くる fersette, ferwringe, kronkelje,（理屈を言う）eamelje, útflechten sykje

ひねくれる　捻くれる　ûndogens [ûngehoarsum] wurde；ひねくれた性格 in ferknipte persoanlikheid

びねつ　微熱　lichte koarts：微熱がある lichte koarts hawwe

ひねる　捻る　ferdraaie,（頭を）úttinke（→考え出す), ひねって閉める ôfdraaie：ひざをひねる de knibbel ferdraaie（→ねん挫する), 栓をひねる in pluch ôfdraaie；体をひねる jin omdraaie

ひのいり　日の入り　de sinneûndergong, de ûndergong（↔日の出）

ひのうりつ　非能率　de ûndoelmjittigens [-ichheid]；非能率の [的な] ûndoelmjittich

ひのきぶたい　檜舞台　in earsterangs poadium

ひのくるま　火の車　de jildkrapte；火の車である krap yn 't jild sitte

ひので　日の出　de sinne-opgong [-komst], it sinne-opkommen（↔日没）

ひのまる（のはた）　日の丸（の旗）　de nasjonale flag(g)e fan Japan

ひばいひん　非売品　it meunster, it priuwke（→見本）

ひばくする　被曝する　bleatsteld wurde oan de strielingswaarmte

ひばくする　被爆する　bombardearre wurde

ひばし　火箸　de koaletange, de tange

ひばち　火鉢　'hibachi'（in tastel om jins fingers te waarmjen）

ひばな　火花　de fonk, de sprank(el)：火花が飛んだ De spranken spatte.；火花を出す [発する] sprankelje

ひばり　雲雀　de ljurk

ひはん　批判　de beoardieling；批判する beoardiel(j)e, hikkelje, kritisearje, oanmerke；人を批判する immen oanmerke；批判的な [に] kritysk；批判者 de skôger

ひばん　非番　非番である gjin tsjinst hawwe（↔当番である）

ひひ　狒々　de baviaan

ひび　日々　dei op dei；日々の deis, deistich：日々の糧 jins deistich brea, 私の日々の仕事 myn deistich wurk；日々の仕事 it deiwurk

ひび　皹　（皮ふの）de barst

ひび　罅　de barst, de skreef, de skuor, de spleet；ひびが入る barste：お茶碗にひびが入っている It teekopke is barst., コップのひび（割れ）in skuor yn in kopke

ひびき　響き　de klank：鐘の響き de klank fan klokken, そのサイレンの響き de klank fan de sirene；（鳴り）響く galmje, klinke, wjergalmje：トランペットの音が遠くの方まで鳴り響いている De trompet klinkt fier.

ひひょう　批評　it besprek, de besprekking, de krityk, de resinsje, de skôging：批評を書く in krityk skriuwe；批評する besprekke, resinsearje, skôgje；批評的な [に] kritysk；批評（家）の, 批評の krityk, kritysk；批評家 de kritikus, de resinsint, de skôger

ひびわれ　罅割れ　de skreef, de skuor（→罅（ひ）））；ひび割れる barste, skuorre；コップのひび割れ in skuor yn in kopke

びひん　備品　de ynventaris,（必需品）de rêding：家庭内の備品 de ynventaris fan in húshâlding

ひふ　皮膚　it fel, de hûd（→肌）：冬になると皮ふがよくかさかさになる Yn de winter is de hûd faak spliterich., 皮ふの fan de hûd；皮ふの色 de hûdskleur；皮ふがん de hûdkanker；皮ふ病 de hûdsykte

びふう　微風　it koeltsje, de striker（→そよ風）

ひぶくれ　火脹れ　de brânblier

ひぶそう　非武装　de demilitisearring；非武装の ûnbewapene：非武装地帯 in ûnbewapene sône；非武装化する demilitisearje

ひぶた　火蓋　火ぶたを切る begjinne te besjitten；論争の火ぶたを切る in dispút begjinne [oangean]

ビフテキ　de kowebyfstik

ひふようしゃ　被扶養者　私の被扶養者 dyjinge, dêr't ik foar soargje moat
ひふん　悲憤　de lilkens, de wrok（→憤慨）
ひぶん　碑文　it grêfskrift, it ynskrift
びぶん　微分　de differinsjaasje
びぼいん　鼻母音　nasale lûden（↔鼻子音）
ひほう　秘宝　in ferburgen skat
ひほう　悲報　tryst nijs（↔吉報）
ひぼう　誹謗　de kwealster, it lasterpraat, de rabberij（→中傷）；ひぼうする lasterje, rabje
びぼう　美貌　in moai gesicht；美ぼうの女性 in skytskjinne frou
ひぼうりょく　非暴力　de geweldleazens；非暴力の geweldleas
びぼうろく　備忘録　de memoarje, it memorandum, de nota（→覚え書き）
ひほごしゃ　被保護者　de beskermeling（↔保護者）
ひぼし　日干し　日干しにする eat yn de sinne droegje litte
ひぼんな　非凡な　bûtengewoan, ûngemien, wûnder：非凡なピアニスト in bûtengewoan pianist
ひま　暇　it ferlof（→余暇）, de permisje（→賜暇）：暇を取る ferlof nimme；暇な frij, liddich：今日は暇です Ik bin hjoed frij., 暇な時（間）liddige tiid；暇な時に op jins gemak
ひまご　曾孫　it bernsbernsbern, it efterbernsbern
ひましに　日増しに　dei op dei
ひまつ　飛沫　de spat（→しぶき）；飛沫を上げる spatte；飛沫を浴びる spatten wurde
ひまわり　向日葵　de sinneblom
ひまん　肥満　de korpulinsje；肥満の grou, groulivich, korpulint
ひみつ　秘密　it geheim：秘密にしておく in geheim bewarje = stilhâlde；秘密にする ferswije：あることを人に秘密にしておく eat foar immen ferswije；秘密の［に］geheim, stil, temûk：あることを秘密にしておく eat ge-

heim hâlde, 秘密警察 in stille plysje
びみな　美味な　delikaat, hearlik, lekker, smaaklik（→おいしい）
びみょう　微妙　de finens, de subtilens, de tearens；微妙な［に］fyn, subtyl：微妙な違い in subtyl ferskil
ひめ　姫　in jong famke fan adellik komôf
ひめい　悲鳴　de gier, de skreau：悲鳴を上げる in skreau jaan；悲鳴を上げる giere, moartsje, skreauwe
ひめい　碑銘　it ynskrift, de ynskripsje, it opskrift
ひめる　秘める　geheim hâlde；あることを胸に秘める eat foar jinsels hâlde, eat ferswije
ひめん　罷免　de ôfsetting, it ûntslach（→解雇）；罷免する ôfsette, ûntslaan
ひも　紐　de koarde, it snoer,（革ひも）de riem,（売春婦の）de sûteneur：腰ひも in koarde om 'e mul（→帯）
ひもじい　hongerich wurde
ひもと　火元　（火事の）de boarne fan in brân
ひもの　干物　droege fisk
ひや　冷や　koel wetter,（冷や酒）kâld［koel］'sake'
ビヤ　→ビール；ビヤホール it bierhûs
ひやあせ　冷や汗　it kâlde swit
ひやかし　冷やかし　de gekheid,（店でただ見るだけ）mar sjen；冷やかす badinearje, gekjeie, yn 'e etalaazjes sjen（→ウィンドーショッピングをする）
ひやく　飛躍　de sprong：大きな飛躍 in fiere［grutte］sprong, 飛躍する in sprong meitsje
ひゃく　百　100（の）（it / de）hûndert：100パーセント hûndert persint, 費用は合計して100ギルダーになる De kosten rinne yn 'e hûnderten gûne.；…を百も承知で mei bewust wêze fan …；100番目（の）（it / de）hûndertste：詩編第100篇 de hûndertste psalm
ひゃくおく　百億　tsien miljard
ひゃくがい　百害　alderhande kweaden：喫煙は百害あって一利なしだ Smoken docht alderhande kweaden en gjin goed.

ひゃくじゅう　百獣　alderhande bisten；ライオンは百獣の王である De liuw wurdt de kening fan 'e bisten neamd.
ひゃくしゅうねん（きねん）　百周年（記念）　it ieufeest
ひゃくしょう　百姓　de agrariër, de boer,（農場主）de bouwer,（小作人）de hierboer（→農夫）
ひゃくちょう　百兆　ien hûndert triljoen
ひゃくてん　百点　hûndert punten；百点満点 in perfekte skoare
ひゃくにちぜき　百日咳　de kinkhoast
ひゃくにちそう　百日草　de sinia
ひゃくねん　百年　hûndert jier, de ieu（→世紀）
ひゃくばい　百倍　hûndert kear
ひゃくはちじゅうど　百八十度　百八十度の転換をする hûndert en tachtich graden omkeare
ひゃくぶん　百聞　《諺》百聞は一見にしかず Sjen is leauwen.
ひゃくぶんりつ　百分率　it persintaazje
ひゃくまん　百万　ien miljoen；百万長者 de miljonêr
びゃくや　白夜　wite nachten
ひゃくやく　百薬　alderhande medisinen
ひやけ　日焼け　de sinnebrân,（ひどい）de brân；日焼けする ferbaarnd wurde；日焼けした ferbaarnd troch de sinne；日焼けした顔 in troch de sinne ferbaarnd gesicht
ヒヤシンス　de hyasint
ひやす　冷やす　kuolje, ôfkuolje：（冷蔵庫などで）物［ビール］を冷やす eat［bier］ôfkuolje litte
ひゃっかじてん　百科事典　de ensyklopedy
ひゃっかてん　百貨店　it warehûs［-hús］（→デパート）
ひやとい　日雇い　it deihierwurk；日雇い労働者 de deihiersarbeider［-hiersman］, in losse arbeider；日雇い賃金 de deihier（→日給）
ひやみず　冷や水　it kuolwetter（→冷水）

ひややかに　冷ややかに　kil, koel, skrousk
ひやりとする　冷やりとする　koel fiele,（恐怖を感じて）skrikke
ひゆ　比喩　→例え；比喩的な［に］oerdrachtlik：比喩的に言えば yn oerdrachtlike sin
ヒューズ　de sekering, de stop：ヒューズが飛んだ De stop is trochslein.
ヒューマニズム　（人道主義）it humanisme；ヒューマニスト de humanist（→人道主義者）
ピューリタン　（清教徒）de puritein
ビュッフェ　（汽車・駅などの）it buffet（→軽食堂）
ひょいと　（軽く）licht,（ちょっと）justjes,（急に・突然）hommels, hookstrooks, ynienen：ひょいと身をかわす justjes útwike, ひょいと立つ ynienen opstean
ひよう　費用　《複》de kosten, de ûnkosten：かなりの費用 in soad kosten, 費用がかかる kosten meitsje, 人に費用を負担させる immen op kosten jeie, …の費用で op kosten fan …, 費用を請求する ûnkosten deklarearje；費用がかかる jilde, kostje
ひょう　表　de list, de tafel：掛け算の表を覚える de tafels leare
ひょう　豹　de panter
ひょう　票　de stim, de stimming：票が真二つに割れる De stimmen stake., 最大多数の票を得る de measte stimmen krije；…に賛成［反対］の票を入れる stimme foar［tsjin］…
ひょう　雹　de hagel, de heil；ひょうが降る hagelje, heilje；ひょうが降る（てい）た It hagele.
びよう　美容　de skientme；美容院 de skientmesalon；美容師 de skientmespesjaliste；美容の kosmetysk：美容整形 kosmetyske operaasje
びょう　秒　de sekonde
びょう　鋲　（リベット）de klinkneil,（画鋲）de punêze（→押しピン）：絵はびょうで留められる Mei in punêze kinst plaatsjes fêstprikke.
ひょういもじ　表意文字　it ideogram：

中国語の文字は表意文字から成る It Sineeske skrift bestiet út *ideogrammen*.
びょういん 病院 *it* gasthûs, *it* hospitaal, *it* sikehûs：病院に入る opnimme yn it *sikehûs* (→入院する), 彼女は病院で働いている Hja wurket yn it *sikehûs*.
ひょうおんもじ 表音文字 in fonetysk skrift (→音標文字)
ひょうか 評価 de beoardieling, de kwalifikaasje；評価する beoardiel(j)e, hifkje, kwalifisearje, oanslaan：成績を評価する de resultaten *hifkje*, ある物を高く［低く］評価する eat heech [leech] *oanslaan*
ひょうが 氷河 de gletsjer；氷河期［時代］de iistiid
ひょうかいする 氷解する (疑問・誤解などが) ferdreaun [ferstruid] wêze
ひょうき 表記 *it* opskrift；表記する opskriuwe, skriuwe；表記法 de ortografy
ひょうき 標記 (目印) *it* kenmerk, (表題) *de* titel
ひょうぎ 評議 de diskusje, de konferinsje；評議する konferearje, oerlizze, rieplachtsje；評議員 de rie(d), de riedshear；評議会 it bestjoer, de rie(d)
びょうき 病気 de sikens, de sykt(m)e：瀕死の病気 in deadlike *sykt(m)e*, 病気のために fanwegen *sykt(m)e*；病気の siik：病気になる *siik* wurde；病気がちの kwakkelich, syklik：この婦人は年中病気がちである Dy frou is al jierren *kwakkelich*.
びょうきん 病菌 →病原菌
ひょうきんな 剽軽な grappich, kluchtich；ひょうきん者 *de* klucht
びょうく 病苦 it lijen fan sykte；病苦に悩む oan in sykte lije
ひょうけつ 氷結 de froast；氷結する frieze (→凍る)
ひょうけつ 表決 de meistimming；表決する meistimme (→採決する)
ひょうけつ 票決 *de* stimming：市議会の票決 de *stimming* foar de gemeenterie；票決する stimme
ひょうけつ 評決 (陪審の) *it* fonnis：評決する in *fonnis* útsprekke
びょうけつ 病欠 de ôfwêzigens troch sykte；彼は病欠した Hy wie troch sykte ôfwêzich.
ひょうげん 氷原 (陸の) *de* iisflakte, in flakte iis, (海上の) *de* iisskosse
ひょうげん 表現 de ekspresje, de represintaasje, de útdrukking, de utering：表現する ta *útdrukking* bringe；表現する represintearje, útdrukke, jin uterje, útsprekke：自分の考えを表現する jins gedachten uterje [*útsprekke*]；表現主義 *it* ekspresjonisme；表現手段 *it* uteringsmiddel
ひょうげん 評言 *it* kommentaar, de krityk
びょうげん 病原 de oarsaak fan sykte；病原菌 *de* syktekym
ひょうご 標語 de leus / leuze, de slachsin, de slogan, *it* wachtwurd
びょうご 病後 nei jins sykte
ひょうこう 標高 de hichte, de hichteline：標高3,000メートルの山 in 3.000 meter hege berch
びょうこん 病根 →病原
ひょうさつ 表札 *it* nammeplaatsje
ひょうざん 氷山 de iisberch：氷山の一角 it topke fan 'e *iisberch*
ひょうし 拍子 *de* mjitte, (リズム) *it* ritme, (弾み) *it* momint
ひょうし 表紙 *it* kaft：硬い表紙の本 in boek mei in hurd *kaft*
ひょうじ 表示 de yndikaasje, de oantsjutting, de oanwizing；表示する oantsjutte, oanwize；表示価格 in fêste priis
ひょうじ 標示 →標識
びょうし 病死 dea troch in sykte；病死する stjerre oan in sykte
ひょうしき 標識 (識別の) (印) *it* kenteken, (目印) *it* kenmerk, *it* peil, (道路標識) *it* ferkearsboerd, (水路・交通の) *it* beaken
ひょうしつ 氷室 *de* iiskelder

びょうしつ　病室　*de* sikekeamer
ひょうしぬけ　拍子抜け　拍子抜けする teloarsteld wurde（→がっかりする）
ひょうしゃ　評者　→批評家
びょうしゃ　描写　*de* beskriuwing, *de* tekening；描写する beskriuwe, karakterisearje, tekenje
びょうじゃく　病弱　*it* gebrek, *de* oandwaning；病弱な［の］gebrekkich, swak, swakjes, wanich
ひょうじゅん　標準　*it* kritearium, *de* midsmjitte, *de* noarm, *it* peil, *de* standert；標準の noarmatyf；標準化する standerdisearje；標準化 *de* standerdisaasje；標準語 *de* standerttaal
ひょうしょう　表象　*it* embleem, *it* symboal,（心像）*it* imaazje；表象主義 *it* symbolisme
ひょうしょう　表彰　*de* eare, *de* ûnderskieding：人を表彰する immen *eare* bewize, 表彰を受ける in *ûnderskieding* krije；表彰する earje, ûnderskiede
ひょうじょう　表情　*de* blik, *it* gesicht, *it* oansicht, *de* troanje, *de* útdrukking：かわいい表情 in leaf *gesichtsje*, 生き生きした表情 in frisse *troanje*, 幸せそうな表情をして mei in gelokkige *útdrukking*（yn 'e eagen）
びょうしょう　病床　*it* siikbêd；病床にある siik op bêd lizze
びょうじょう　病状　*de* steat fan in sykte；病状が悪化［好転］する better［minder］wurde
ひょうじょうの　氷上の　op it iis；氷上競技 *de* iissport
びょうしん　秒針　（時計の）*de* sekondewizer
びょうしん　病身　minne sûnens；病身の→病弱の
ひょうする　表する　betsjûgje, útsprekke（→述べる）：感謝の意を表する tank *betsjûgje*
ひょうせつ　氷雪　snie en iis
ひょうせつ　剽窃　*it* plagiaat（→盗作）；ひょうせつする plagiearje；ひょうせつ者 *de* plagiaat-bedriuwer
ひょうそ　瘭疽　*de* hûnemizel
ひょうそう　表装　*de* ynbining；表装する ynbine；表装された ynbûn
ひょうそう　表層　*de* oerflakte；表層の oerflakkich；表層構造 *de* oerflaktestruktuer（↔深層構造）
びょうそう　病巣　*de*（tuberkuleuze）boarne
ひょうだい　表題　*it* opskrift, *de* titel：本の表題 *it opskrift* fan in boek
ひょうたん　瓢箪　*de* klabats
ひょうちゃくする　漂着する　driuwe：われわれの船は嵐で無人島に漂着した Us skip waard troch de stoarm nei in ûnbewenne eilân *dreaun*.
びょうちゅう　病中　wylst immen siik is
びょうちゅうがい　病虫害　skea troch kwalen en ûnrant
ひょうてい　評定　*de* wurdearring；評定する wurdearje
ひょうてき　標的　*it* doel, *de* sjitskiif, *de* skiif：標的を外す *it doel* misse
びょうてきな［に］　病的な［に］　syklik：彼女は病的なほど神経過敏だ Se is *syklike* gefoelich.
ひょうてん　氷点　*it* friespunt《0℃》：氷点で［以上で／下で］op［boppe/ûnder］*it friespunt*
ひょうてん　評点　*it* punt
ひょうでん　評伝　in krityske biografy
びょうとう　病棟　*de* sikeseal
びょうどう　平等　*de* gelikens；平等の［に］gelyk, lyk, lykweardich；人はすべからず平等である Alle minsken binne *gelyk*.
びょうどく　病毒　*it* firus
びょうにん　病人　*de* sike, in sike persoan,（患者）*de* pasjint
ひょうのう　氷嚢　*de* iissek
ひょうはく　漂泊　→放浪
ひょうはく（ざい）　漂白（剤）　*de* bleek, *de* bleekpoeier, *de* gloar, *de* gloarkalk；漂白する blikke

ひょうばん　評判　*de* bekendheid, *de* namme, *de* populariteit, *de* reputaasje, *de* rop：評判の高い人 in man fan *namme*, 評判がよい［悪い］in goede［minne］namme［reputaasje］hawwe, op in goede［minne］*namme* lizze；(形)評判のいい populêr：評判のいい店 in *populêre* winkel；(動)評判がよい oanslaan：この映画はとても評判がよい Dy film slacht tige oan.；評判が悪い ympopulêr (→不評の)

ひょうひ　表皮　(動植物の) *de* oerhûd, *de* opperhûd, (薄膜) *de* hûd

びょうぶ　屏風　it keamerskerm, *de* klapwand

びょうへい　病弊　(弊害) it kwea, *de* misstân

ひょうへき　氷壁　*de* iiswâl

びょうへき　病癖　in minne wenst, gewoante

ひょうへん　豹変　in hommelske feroaring［oergong］；豹変する hommels feroarje (→急変する)

ひょうぼうする　標榜する　yn it iepenbier sizze, (公言する) betsjûgje

びょうぼつ　病没　→病死

ひょうほん　標本　it eksimplaar, it meunster：昆虫の標本 it *eksimplaar* fan ynsekten

びょうま　病魔　→病気

ひょうめい　表明　*de* utering：愛の表明 in *utering* fan leafde；表明する fertolkje, útsprekke：あることに賛成［反対］だと自分の立場を表明する jin iepentlik earne foar［tsjin］*útsprekke*

びょうめい　病名　de namme fan in sykte

ひょうめん　表面　it flak, it oerflak, *de* oerflakte：水の表面 it *oerflak* fan it wetter, 表面に出てくる oan 'e *oerflakte* komme；表面化する oppenearje, sichtber wurde；表面の［に］oerflakkich；表面上 rûchwei

ひょうり　表裏　*de* foarkant en *de* efterkant, (同一物の) beide kanten (fan deselde saak)

びょうりがく　病理学　*de* patology；病理学的な patologysk；病理学者 *de* patolooch-anatoom

ひょうりゅう　漂流　*de* drift；漂流する driuwe, swalkje：海上を漂流する op see *swalkje*；漂流して driftich；漂流物 driuwend wrakguod

びょうれき　病歴　jins sykteskiednis

ひょうろん　評論　it besprek, *de* krityk, *de* oanmerking, *de* resinsje；評論する besprekke, kritisearje, oanmerke, resinsearje；評論の krityk；評論家 *de* kritikus, *de* resisint

ひよく　肥沃　*de* fruchtberens［-berheid］；肥沃な fruchtber：肥沃な土地 in *fruchtber* lân

びよく　尾翼　(飛行機の) (水平尾翼) it sturtstik, (垂直安定板) *de* fin, *de* sturtfin

ひよけ　日除け　(店などの) it sinneskerm；(つばの広い)日除け帽 *de* sinnehoed

ひよこ　*de* (hinne)pyk

ひょっこり　(突然) ynienen, (不意に) hookstrooks：ひょっこり現れる *hookstrooks* ferskine

ひょっとして［たら］eventueel, faaks, miskien, soms, temets (→ことによったら, もしかして)：ひょっとして町にお出掛けでは？ Geane jo *faaks* nei stêd？, ひょっとしたら明日お会いできるでしょう Ik sjoch dy *miskien* moarn., ひょっとしたらグレーチェさんでは？ Hjitsto *soms* fan Greetsje？

ひより　日和　→天気, 天候；(諺)待てば海路の日和あり Wa't geduld hat wurdt beleanne.

ひよりみする　日和見する　oansjen, de kat［ko］út 'e kersebeam fallen sjen；日和見主義 it opportunisme；日和見主義者 *de* opportunist

ひょろながい　ひょろ長い　spjochtich

ひょろひょろ　ひょろひょろ歩く wankelje；ひょろひょろ伸びる lang en tin groeie

ビラ　it biljet, it struibriefke

ひらいしん　避雷針　*de* tongerlieder

ひらおよぎ　平泳ぎ　*de* skoalslach
ひらき　開き　*de* iepening,（差）*it* ferskil,（相違）*de* ôfwiking, *it* ûnderskie(d)：大きな開き in grut *ferskil*, A と B の開き *it ûnderskie(d)* tusken A en B
ひらきど　開き戸　*de* doar mei knieren
ひらきなおる　開き直る（…に対して）útdaagjend wurde (tsjin)；開き直り in útdaagjende hâlding
ひらく　開く（ドア・本などを）iependwaan, iepenje,（会議などを）iepenje（→開催する）,（口座を）iepenje,（原野を）oanmeitsje, ûntginne（→開拓する）,（花などが）blomkje（→咲く）,（…とは）（差が）ferskille (fan)（→…とは相違する）：ドアを開く in doar *iepenje*, 本を開く in boek *iependwaan*, 会議を開く in gearkomste *iepenje*, 口座を開く in rekken *iepenje*
ひらける　開ける（眺望が）ferwiidzje,（文化・国などが）ferljochtsje, ûntwikkelje（→開化[発展]する）；開けた iepen
ひらざら　平皿　in platte panne, *de* panne
ひらぞこの　平底の　platboaiem：平底船 in *platboaiem* boat = *de* platboaiem
ひらたい　平たい　effen, flak, plat：平たい土地 *flak* [*plat*] lân（→平地）
ひらて　平手　→手の平；平手打ち *de* flap, *de* flits, *de* slach：頭に平手打ちをくらわせる in *slach* oan [om] 'e kop jaan
ひらに　平に　deemoedich, dimmen, nederich, plat：平に謝る *nederich* ferûntskuldigje
ピラニア　*de* piranja
ひらひら　ひらひら飛び回る flodderje,（ちょうなどが）ひらひら飛ぶ fladderje,（雪・葉・紙吹きなどが）ひらひら舞う falle：ちょうがひらひら飛んでいる In flinter *fladderet*., 雪が空からひらひらと舞っている De snie *falt* út 'e loft.
ピラフ　*de* pilav (gerjocht fan rys mei skieppefleis)

ひらべったい　平べったい　plat（→平たい）：平べったい顔 in *plat* antlit
ピラミッド　*de* piramide
ひらめ　平目　*de* platfisk
ひらめき　閃き（きらめき）*de* flits, *de* fonk,（才知などの）*de* fonk, *de* ynjouwing：素晴らしいひらめき in godlike *ynjouwing*；（光・考えが）ひらめく flitse：ある考えが彼女の心にひらめいた In gedachte *flitste* troch har hinne.
ひらりと　feardich, flechtich, fluch, gau, licht, rap, rêd：崖からひらりと飛び下りる *fluch* [*gau*] fan it klif ôfspringe
びらん　糜爛→ただれ
びり　*it* lêst：彼はびりで到着した Hy kaam it *lêst*.
ピリオド（終止符）*it* / *de* punt (.)；（…に）ピリオドを打つ in ein meitsje (oan)（→…で終わる）
ひりつ　比率　*de* ferhâlding, *de* proporsje：10 対 5 の比率 *de ferhâlding* tusken 10 en 5
ぴりっとする（味が）pikant, skerp：ぴりっとする味 in *pikante* smaak
ひりひり　skrinich：ひりひり痛む skrine；ひりひりさせる prykje：寒さで手がひりひりする De hannen *prykje* my fan 'e kjeld.
ビリヤード（玉突き）*it* biljert；ビリヤードをする biljerte
びりゅうしの　微粒子の　fynkerlich
ひりょう　肥料　*de* dong,（化学）*de* keunstdong；土地に肥料をやる it lân dongje
びりょうの　微量の　in bytsje
びりょく　微力　微力を尽くす net min [swak] byspylje
ひる　昼　*de* dei,（正午）*de* middei；昼間 *de* middei,《副》oerdeis, by dei, troch 'en dei；昼休み *it* skoft；昼寝 *it* knipperke, *it* middeissliepke
ひる　蛭　*de* bloedsûger
ビル　*de* bou, *it* gebou, *de* konstruksje（→建物）
ビル（勘定書）*de* rekken, *de* rekkening
ピル　*de* pil

ひるいのない　比類のない　seldsum, unyk, sûnder wjergea：比類のない惨事 in seldsume ravaazje
ひるがえす　翻す　(裏返す) omlizze, (撤回する) weromlûke [-nimme]：前言を翻す jins wurden weromlûke
ひるがえって　翻って　翻って考えると by neier ynsjen [yntinken] (→更に考えると)
ひるがえる　翻る　(旗などが) flappe, wapperje (→はためく)：旗が翻る De flaggen wapperje.
ひるがお　昼顔　de foarnblei
ひるさがり　昼下がり　ier op 'e middei (→午後早々)
ひるすぎ　昼過ぎ　yn 'e middei
ビルディング　→ビル
ひるまえ　昼前　foar de middei
ひるむ　怯む　krimpe, tebekskrilje：痛くてひるむ krimpe fan 'e pine
ひるめし　昼飯　it middeisiten, it middeismiel (→昼食)
ひれ　鰭　(魚の) de fin
ヒレ　de hazze, de moat；ヒレステーキ byfstik fan 'e hazze
ひれい　比例　de evenredigens；…に比例して evenredich oan …, yn ferhâlding ta …
ひれい　非礼　de ûnfatsoenlikens；非礼な ûnfatsoenlik (→無作法な)
ひれきする　披歴する　bleatlizze, tafertrouwe
ひれつ　卑劣　de ferachtlikheid；卑劣な ferachtlik, ferachtsum, genip(er)ich, glûperich
ひれん　悲恋　tragyske leafde
ひろい　広い　(幅が) breed, (面積・範囲・規模が) langút, rom, wiid：幅広い道 in brede [wide] wei, 広い部屋 in romme keamer, 広い視野 in romme blik
ひろいあげる　拾い上げる　fandelje, opkrije, oppakke, opsykje：卵を拾い上げる aaien opkrije
ひろいあつめる　拾い集める　garje, gearbringe (→集める)

ひろいぬし　拾い主　de fynder：この財布の拾い主 de fynder fan dizze beurs
ひろいもの　拾い物　de fynst；拾い物をする fine
ひろいよみする　拾い読みする　omblêdzje, trochnoaskje：彼女はその本をあちこち拾い読みした Sy noaske it boek troch.
ヒロイン　de heroïne
ひろう　披露　(紹介) de foarstelling；披露する oankundigje；披露宴 it banket, de resepsje；結婚披露宴 de trouresepsje
ひろう　疲労　de yneinens, de wurchte, de wurgens；疲労した[て] wurch (→疲れた)
ひろう　拾う　oppakke, (車で) oppikke, →拾い上げる：この財布を拾ってくれ Pak dy beurs op., 駅で人を拾う immen op 't stasjon oppikke
ビロード　it fluwiel
ひろがり　広がり　de omfang；広がる ferspriede, ferwiidzje, jin útstrekke, úttine：森は A (地点) から B (地点) まで広がっている It bosk strekt him út fan A oant B.
ひろく　広く　wiid：広く知られている wiid en siid bekend；広く知られた wiidferneamd；広く開いた wiidút
ひろげる　広げる　ferwiidzje, spriede, strekke, útlizze, útspanne：じゅうたんを床に広げる in kleed oer de flier spriede [útlizze]
ひろさ　広さ　de wiidte, (大きさ) de grutte, de mjitte：公園の広さ de grutte fan it park
ひろば　広場　it plein：広場に[で] oan [op] it plein
ひろびろとした　広々とした　rom, romt(e)lik：広々とした海 de romme see
ひろま　広間　de seal
ひろまる　広まる　(病気・うわさなどが) jin ferspriede [útwreidzje]：うわさが広まる It geroft ferspriedt him., 病気が広まっている De sykte wreidet

him *út*.
ひろめる　広める　（うわさ・思想などを）ferspriede, rûnstruie, útstruie：うわさを広める praatsjes *útstruie*
ひろんりてきな　非論理的な　ûnlogysk
びわ　枇杷　in Japanske mispel
ひわいな　卑猥な　ûnfatsoenlik, ûnhuerich, ûnnearber：ひわいな写真 *ûnfatsoenlike* foto's, ひわいな言葉 *ûnhuerich* praat
ひん　品　（品物）*it* artikel,（品格）*de* graasje, *de* swier；品のよい grasjeus, oanfallich；品のない foarmleas, ordinêr, triviaal, ûnhuerich
びん　便　（郵便）*de* post：次の便で mei de earstkommende *post*, 折り返し便で mei kearende *post*；次の鉄道[船・飛行機]便で mei de trein [it skip / it fleantúch]
びん　瓶　*de* flesse：一瓶の牛乳 in *flesse* molke；一瓶の量 fles(se)fol：一瓶のワイン in *fles(se)fol* wyn
ピン　*de* pin, *de* spjeld (e),（押し）ピン *de* punêze：ピンを指に刺す mei in *spjeld(e)* yn 'e finger prippe；ピンセット *it* pinset
ひんい　品位　*de* alluere, *de* weardichheid（→品格）：彼女は品位がある Sy hat *alluere*.；品位のある weardich：品位のある人 in *weardich* persoan
ひんかく　品格　*de* graasje, *de* swier：日本人の品格 *de graasje* fan Japanners
びんかん（さ）　敏感（さ）　*de* gefoeligens；敏感な delikaat, gefoelich：花粉に敏感な *gefoelich* foar stomoal
ひんきゃく　賓客　*de* earegast
ピンクいろの　ピンク色の　rôze；ピンクがかった roazich
ひんけつ（しょう）　貧血（症）　*de* bloedearmoed(e)：彼女は貧血症だ Hja hat *bloedearmoed(e)*.；貧血の bloedleas
ひんこう　品行　morele die(d), moreel gedrach；品行のよい oppassend；品行の悪い min
ひんこん　貧困　→貧乏

ひんし　品詞　*de* wurdsoarte
ひんじ　賓辞　（目的語）*it* foarwerp, *it* objekt
ひんしつ　品質　*it* gehalte, *de* kwaliteit：品質の悪い sûnder *gehalte*, 品質のよい［悪い］fan goede [minne] *kwaliteit*
ひんしの　瀕死の　deadlik, fataal：瀕死の病人 in *deadlike* sike
ひんじゃ　貧者　in earm minske,《総称》*de* earmen, *de* earmelju
ひんじゃくな　貧弱な　meager,（食事などが）skraal：貧弱な体 in *meagere* lea, 貧弱な食物 *meager* [*skraal*] iten
ひんしゅ　品種　*it* ras, *it* skaai：新しい品種 nije *rassen*
ひんしゅく　顰蹙　ひんしゅくを買う jin oangrize, oanstjit jaan, tagrize
ひんしゅつ　頻出　frekwint ferskynsel
びんしょう　敏捷　*de* fluggens, *de* gauwens,（迅速）*de* rappens；びんしょうな［に］feardich, fluch, rap, rêd,（機敏な［に］）kwik, redsum
びんじょうする　便乗する　（車などに）in lift krije,（…を）（利用する）profitearje (fan)
ひんする　瀕する　（危機に）瀕する op 'e râne (fan 'e dea) wêze
びんせい　品性　*de* swier (→品格)
びんせん　便箋　*it* postpapier,（はぎ取り式の）*it* skriuwblok
ひんそうな　貧相な　earmoedich,（みずぼらしい）sjofel, skurf, suterich：貧相な服装をして *skurf* yn 'e klean
びんそく　敏速　*de* fluggens；敏速に［な］fluch, pront
ピンチ　（苦境）*de* klim,（危機）*de* krisis,（緊急事態）*de* needtastân：ピンチを切り抜ける oan in *krisis* ûntsnappe
びんづめにする　瓶詰めにする　botteije；瓶詰めの bottele
ヒント　（暗示）*de* bedoeling, *de* fingerwizing, *de* suggestje
ひんど　頻度　*de* frekwinsje；使用頻度が高い frekwint brûkt wêze

ピント （焦点） *it* brânpunt；ピントを合わせる ynstelle
ひんにょう　頻尿　frekwinte urine
ひんぱつ　頻発　frekwint foarkommen；頻発する frekwint barre [foarkomme]
ひんぱんな [に]　頻繁な [に]　faak, frekwint, tefolle,（かなり）withoefaak：そう頻繁ではない net sa *faak*, 彼はここへ頻繁に来る Hy komt hjir *tefolle*.
ひんぴょうする　品評する　evaluearje, taksearje；品評会 *de* eksposysje（→展示会）
ひんぴんと　頻々と　→頻繁に
ひんぷ　貧富　rykdom en earmoed
びんぼう　貧乏　*de* earmoed；貧乏な earm, earmoedich：貧乏暮しをする in *earmoedich* libben hawwe；貧乏人 *de* earmelju

ピンぼけした　dizich：ピンぼけした写真 in *dizige* foto
ピンポン　（卓球）*it* pingpong；ピンポンをする pingpongje
ひんみん　貧民　*de* earmelju（→貧乏人）
ひんめい　品名　→品目
ひんもく　品目　in list mei artikels
ひんやりする　koel fiele；ひんやりした koel
びんらん　便覧　*it* hânboek（→便覧(べんらん)）：学生便覧 in *hânboek* foar studinten
びんらん　紊乱　*de* disoarder, *it* ûnstjoer（→乱れ）
びんわんな　敏腕な　bekwaam, betûft, kompetint, kundich：敏腕なジャーナリスト in *betûfte* sjoernalist

ふ　フ　fu / hu

ふ　府　（物事の中心）*it* sintrum：学問の府 in *sintrum* fan wittenskip
ふ　負　（「正」に対して）*de* min（→マイナス）,（負数）*it* negatyf（↔正数）；負の negatyf
ふ　腑　（臓腑）(複)*de* yngewanten；腑に落ちない net ferstean kinne
ふ　譜　（譜面）*it* noateskrift（→音譜, 楽譜）
ぶ　分　2分の利子 2 prosint rinte；分がいい foardiel hawwe；分が悪い net foardielich wêze；私の平熱は 35 度 5 分です Myn gewoane temperatuer is fiifentritich punt fiif（graden）.
ぶ　歩　→歩合
ぶ　部　（部分）*it* diel, *it* part,（区分）*de* dieling, *de* ôfdieling,（会社・役所などの）*it* departemint, *de* divyzje, *de* ôfdieling,（部門）*de* kategory,（学部）*de* ôfdieling,（部数）*it* eksimplaar

ぶあい　歩合　((比)率) *de* ferhâlding,（百分率）*it* persintaazje,（手数料）*de* kommisje, *de* provisy
ぶあいそうな　無愛想な　batsk, brukel, grimmitich, kiezzich, noartsk, stoef, stoersk, ûnferskillich, ûnfreonlik, ûngesellich：無愛想な顔をして mei in *noartsk* gesicht, 人に無愛想である *ûnfreonlik* tsjin immen dwaan
ファイル　*it* bestân / bestand, *de* klapper, *de* map
ファシスト　（国粋主義者）*de* faksist；ファシズム　*it* faksisme
ファスナー　*de* rits, *de* ritssluting（→チャック）
ぶあつい　分厚い　dik：分厚い札束 in *dik* bosk fan papierjild
ファックス　*de* faks, *it* faksimilee
ファッション　*de* moade
ふあん　不安　（社会的・精神的な）

ファン

de benaudens, *de* ûnrêst：社会の不安 sosjale *unrêst*；不安な ûngemaklik, ûngerêst, ûnlijich
ファン　（愛好者）*de* entûsjastelling, *de* fan
ふあんてい　不安定　*de* ynstabiliteit, *de* labilens；不安定な ynstabyl, labyl, ritich, ûnbestindich, ûnstabyl：不安定な天気 ritich [*ûnstabyl*] waar
ファンファーレ　*de* fanfare
ブイ　（浮標）*de* boei, *de* tonne,（救命具）*de* boei, *de* rêdingsboei
フィアンセ　*de* oansteande,（男性の）*de* ferloofde,（女性の）*de* faam
フィギュアスケート　*de* keunstredens；フィギュアスケートをする keunstride；フィギュアスケートの選手 *de* keunstrider
フィクション　*de* fiksje
ふいご　鞴　*de* balge
ふいちょうする　吹聴する　rûnkrantsje（→言い触らす）
ふいっち　不一致　*it* skeel, *de* twaspjalt, *de* ûnienichheid
フィナーレ　（終曲）*de* finale
ふいの［に］　不意の［に］　hommels, hookstrooks（→突然（の））
フィルター　（カメラ・濾（ろ）過器）*it* filter,（たばこの）*de* filtersigaret
フィルム　*de* film：カメラにフィルムを入れる in *film(ke)* yn it tastel sette, カメラからフィルムを取り出す in *film(ke)* út it tastel helje, フィルムを現像する in *film(ke)* ûntwikkelje
ふう　風　（風習）*it* gebrûk, *de* sede, *de* wenst,（様式）*it* optreden, *de* styl, *de* trant,（傾向）*de* tendins,（流儀・方法）*de* moade, *de* trant, *de* wize：昔風の人 in man nei âlde *trant*, 日本風の料理 it iten yn de Japanske *trant*, こんな風にop dizze *wize*
ふう　封　封をした封筒 in fersegele kefert；封を切った［ていない］封筒 in iepen [ticht] kefert；封をする fersegelje
ふういん　封印　*it* segel；封印する→

封をする
ふうう　風雨　rein en wyn；暴風雨 *de* stoarm
ふうが　風雅　*de* elegânsje；風雅な elegant
ふうがい　風害　*de* stoarmskea, *de* wynskea
ふうかく　風格　→品格
ふうかする　風化する　ferwaarje,（褪（あ）せる）weisakje
ふうがわりな　風変わりな　eksintryk, nuver, raar, tipelsinnich：風変わりな人 in *nuvere* man = *de* nuverling, 風変わりな名前 in *tipelsinnige* namme；風変わり（なこと）*de* nuver(ich)heid
ふうき　風紀　*de* dissipline, *de* moraal, *de* sede：社会の風紀が乱れている Sosjale *seden* binne bedoarn.
ふうきり　封切り　*de* premjêre
ブーケ　（花束）*it* blomstik, *de* rûker
ふうけい　風景　*it* gea, *de* lânsdou(we), *it* lânskip（→景色）：フリースラントの風景 it Fryske *gea*, 素晴らしい風景 in moai *lânskip*；風景画 *it* lânskip
ふうさ　封鎖　（道路の）*de* blokkade, *de* ferstopping；封鎖する blokkearje, strjemje,（資金・預金などを）（凍結する）blokkearje：道路を封鎖する it paad *strjemje*
ふうさい　風采　jins antlit [gesicht]
ふうし　風刺　*de* satire：彼はその政治家を風刺した Hy joech in *satire* op de politikus.；風刺する hikkelje；風刺的な［に］satirysk；風刺家 *de* satirikus；風刺（漫）画 *de* spotprint；風刺詩 *it* hikkeldicht, *it* stikeldicht
ふうじこめる　封じ込める　ynslute, opslute（→閉じ込める）
ふうしゃ　風車　*de* mole, *it* mooltsje, *de* wynmole（←風車小屋）
ふうしゅう　風習　*de* sede, lokale gewoanten
ふうしょ　封書　in fersegele brief
ふうじる　封じる　（手紙などを）fersegelje,（閉じ込める）ynslute, opslute,（禁止する）ferbiede

ふうしん　風疹　*de* reahûn
ふうすいがい　風水害　stoarmskea en oerstreamingskea
ふうせつ　風雪　wyn en snie,（人生の困難）*it* ûngemak：風雪に耐える *ûngemak* ferdrage = brekme wjerstean
ふうせん　風船　*de* ballon, *de* loftballon, *de* luchtballon
ふうそく　風速　*de* wynfaasje
ふうぞく　風俗　（風習）*de* sede,（風紀）*de* tucht, iepenbiere seedlikens：風俗を乱す *iepenbiere seedlikens* bedjerre [korrumpearje]；風俗習慣 seden en gewoante
ふうちょう　風潮　*de* streaming,（動向）*de* trend,（傾向）*de* tendins：社会の風潮 in sosjale *streaming*
ブーツ　*de* lears（→長靴）：一足のブーツ in pear *learzen*(s)，ブーツをはいている *learzen*(s) drage
ふうてい　風体　→風采
ふうど　風土　*it* klimaat：精神的・文化的風土 *it* geastlik en kultureel *klimaat*；風土病 in lânseigen sykte
フード　（食べ物）*it* iten,（頭巾）*de* hoed
ふうとう　封筒　*it* kefert, *de* slúf / slûf：封をしていない［した］封筒 in iepen [tichte] *slûf*
ふうにゅうする　封入する　ynslute；封入された *ynsletten*：封入された小切手 in *ynsletten* sjek；封入物 *de* bylage, *de* taheakke（→同封物）
ふうは　風波　wyn en weach
ふうびする　風靡する　dominearje, oerhearskje；一世を風靡した学説 de oerhearskjende teory doetiids
ふうひょう　風評　*it* geroft, *it* praat（→うわさ）
ふうふ　夫婦　man en frou：夫婦愛 leafde tusken *man en frou*；夫婦の絆（きずな）*de* houliksbân；夫婦生活 *it* houlikslibben
ふうぶつ　風物　（自然の風景）*it* gea, *it* lânskip,（土地にかかわる風景・事物）natuer en tradysjes
ふうぼう　風貌　*de* uterlik, *it* útsicht,（容姿）*it* / *de* figuer
ふうみ　風味　*it* aroma, *de* bysmaak, *de* smaak（→味）：風味の強い紅茶 tee mei in sterk *aroma*；風味のあるピッチ, smaaklik：風味のあるワイン *pittige* wyn
ブーム　（好景気）in goede konjunktuer
ブーメラン　*de* boemerang
ふうらいぼう　風来坊　*de* swalker, *de* swerver, *de* swever
ふうりゅうな　風流な　smaakfol,（上品な）elegant, sierlik, sjyk
ふうりょく　風力　*de* wynenerzjy, *de* wynkrêft；風力計 *de* wynmeter；風力発電 it opwekken fan wynenerzjy
ふうりん　風鈴　*it* wyn-klokkespul
プール　*it* swimbad,（室内）*it* binnenswimbad
ふうん　不運　*it* ûngelok；不運な ûngelokkich：不運にも troch in *ûngelokkich* fatal；不運な人［出来事］*it* ûngelok
ふえ　笛　（横笛）*de* fluit(e)（→フルート）：笛を吹く fluitsje
ふえいせいな　不衛生な　ûngesûn（→不健康な）
フェザーきゅう　フェザー級　gewichtsklasse by it boksen
フェスティバル　（祭り）*it* feest,（祭典）*de* festiviteit
フェミニスト　（男女同権論者）*de* feministe；フェミニズム *it* feminisme
ふえて　不得手　物理が不得手である Ik bin net sa sterk yn natuerkunde.
フェリー（ボート）　*de* fearboat, *it* fear(skip)
ふえる　増える　fermearderje, oanwinne, stige, tanimme（→増す）
フェルト　（ペン）*de* filtstift, *de* stift,（フェルト製品）*it* filt；フェルト帽子 in filten hoed
フェンシング　*it* skermjen；フェンシングをする skermje；フェンシング用のマスク *it* skermmasker
フェンス　（垣根）*de* freding, *de* hage
ふえんする　敷衍する　oanfolje
ぶえんりょな　無遠慮な　→無作法な

フォーク （食用・農耕用の）*de* foarke, （フォーク型の物）*de* foarke：フォークとスプーン *foarken en leppels*, 自転車のフォーク *de foarke fan in fyts* [*beam*]；フォーク一杯（分）*it* foarkfol

フォーク （ダンス（曲））*de* folksdûns, （ソング）*it* folksliet

フォーム jins styl

フォーラム （公開討論会）*it* foarum

ふおんとうな 不穏当な ûnearber, ûneigentlik, (不当な) ûnbillik, ûnridlik；不穏 *de* ûnrêst

ふおんな 不穏な striemin, ûnrêstich；不穏 *de* ûnrêst (→不安)；不穏分子 *de* dissidint

ふか 不可 （成績の）*de* ûnfoldwaande

ふか 付加 *de* oanfolling, *de* tafoeging；付加する oanfolje, tafoegje, taheakje；付加的な bykommend；付加された anneks；付加価値税 in belesting op 'e tafoege wearde 《略 btw》；付加支払い *de* suppleesje

ふか 鱶 *de* haai (→鮫〈さめ〉)

ぶか 部下 jins subordinaasje

ふかい 不快 *de* argewaasje, *it* ûngemak, *it* ûnnocht：不快にする *argewaasje jaan*；不快な ferfelende, ûnnoflik：不快な手紙を受け取る in *ferfelende* brief krije

ふかい 深い （底・奥が）djip, djipgeand, (考え・知識などが) djip, (関係が) dik, yntym, (量・程度が) djip, ticht：川はこの辺りが一番深い De rivier is hjir it *djipst*., 深さ10メートル tsien meter *djip*, 奥行きの深い部屋 in *djippe* keamer, 深い知識 in *djippe* [*djipgeande*] kennis, 男女の深い仲 in *yntime* relaasje, 彼女は深い悲しみに沈んでいた Hja wie yn *djippe* drôfenis., 深い霧 in *tichte* damp (→濃霧)

ぶがいしゃ 部外者 *de* bûtenwacht, immen [《複》lju] sûnder foech

ふがいない 不甲斐ない （役に立たない）nutteleas, （頼りにならない）ûnbetrouber

ふかいりする 深入りする te fier gean, (深く係わる) djip reitsje, (te djip) meisleept wurde

ふかかいな 不可解な geheimsinnich, mysterieus, riedselachtich；不可解なこと [人・物] *it* mystearje, *it* riedsel

ふかく 深く djip, (徹底的に) danich, duchtich, (心から) hertlik：穴を深く掘る in *djip* gat grave, 深く沈む *djip* sinke, 自己を深く見詰めることはいいことだ Om *djip* yn jinsels te sjen is goed., あなたの協力に深く感謝します Ik tankje jo *hertlik* foar jo meiwurking.

ふかく 不覚 （油断・軽率）*de* achteleazens, *de* sleauwens, *de* ûnfoarsichtigens, (敗北) *it* esjek, *de* nederlaach, (失策・失敗) *de* bok, *de* mislearring, *de* misset, *de* mistaast, *de* ôfgong；不覚にも ta jins spyt：私は不覚にも負けた Ta myn *spyt* wie ik ferslein.

ふかくていの 不確定の twivelachtich, twivelich, ûnwis：会議の日程は今なお不確定である De yndieling fan de gearkomste is noch *ûnwis*.

ふかけつの 不可欠の essinsjeel, ûnmisber, ûnûntkomber：睡眠は私たちの健康にとって不可欠である De sliep is *essinsjeel* foar ús sûnens.

ふかこうりょく 不可抗力 *de* ûnferbidlikheid；不可抗力の needsaaklik, ûnûntkomber

ふかさ 深さ *de* djipte：1,000メートルの深さの所で op in *djipte* fan 1.000 meter

ふかさんめいし 不可算名詞 net-telbere haadwurden (↔可算名詞)

ふかしぎ 不可思議 →不思議

ふかしんの 不可侵の ûnoantaastber：不可侵の権利 *ûnoantaastbere* rjochten；不可侵条約 *it* net-oanfalsferdrach

ふかす 吹かす （たばこを）paffe：たばこを吹かす in sigaretsje *paffe*

ふかす 蒸かす stome：じゃがいもをふかす ierappels *stome*

ふかちの 不可知の ûnkenber

ぶかっこうな　不格好な　misfoarme, mismakke, wanstaltich

ふかっぱつ　不活発　de tragens；不活発な têd（→元気のない）, traach（→不況な）

ふかのう　不可能　de ûnmooglikens；不可能な ûnmooglik：ほぼ不可能な frijwol ûnmooglik, 実行不可能な計画 in ûnmooglik plan

ふかひな　不可避な　needsaaklik, ûnûntkomber

ふかぶんの　不可分の　ûndielber, ûnôfskiedlik, ûnskiedber

ふかまる　深まる　djipper [yntinser] wurde：秋が深まった De hjerst waard yntinser.

ふかみ　深み　（深い所）in djip plak,（学問などの）de djipte：彼の学問の深み de djipte fan syn learing

ふかめる　深める　（研究・理解などを）jin ferdjipje, útdjipje, útdolle：フリジア文化の理解を深める jin yn 'e Fryske kultuer ferdjipje

ふかんしょう　不干渉　it net tuskenbeiden kommen

ふかんしょう　不感症　de frigiditeit,（鈍感）de ûngefoeligens；（性的な）不感症の（seksueel）ûngefoelich,（特に女性の性的）不感症の frigide,（無関心の）ûnferskillich

ふかんする　俯瞰する　delsjen；俯瞰図 de fûgelflecht（→鳥瞰図）

ふかんぜん　不完全　de ûnfolsleinens；不完全な ynkompleet, ûnfolslein, ûnfoltôge, ûnfolweardich

ふかんよう　不寛容　de ûnferdraachsumens；不寛容な yntolerant, ûnferdraachsum

ふき　付記　in oanfoljende opmerking；付記する tafoegje, taheakje

ふき　蕗　it hoefblêd

ふぎ　不義　de sedeleazens,（不貞）de troubrek；不義の ymmoreel, sedeleas,（不倫の）oerhoerich（→浮気の）

ぶき　武器　it wapen, it wapenreau [-túch]（→兵器）：武器を捨てる de wapens dellizze, 武器を取る nei de wapens gripe

ふきあげる　吹き上げる　（風が）opwaaie,（水・潮などを）spuitsje

ふきあれる　吹き荒れる　rûzje

ふきおろす　吹き下ろす　（風が）omwaaie

ふきけす　吹き消す　（ろうそくなどを）útblaze：ろうそくを吹き消す in kears útblaze

ふきけす　拭き消す　útflakke, útwiskje

ふきげん　不機嫌　de spitichheid, de wrantelichheid；不機嫌な brukel, lilk, misnoege, prot, prottelich, stymsk, stûmsk, ûntefreden, wrang

ふきこむ　吹き込む　（風が）ynwaaie,（生命などを）ynblaze：ある物に新しい命を吹き込む eat nij libben ynblaze

ふきさらしの　吹き曝しの　bleatsteld oan de wyn

ふきそ　不起訴　gjin oanklacht（↔ oanklacht）；不起訴にする net prosedearje

ふきそうじをする　拭き掃除をする　（モップ・雑巾（ぞうきん）で）oandweilje, swabberje

ふきそく　不規則　de ûnregelmjittigens；不規則な [に] ûngeregeld, ûnregelmjittich：不規則動詞 ûnregelmjittige tiidwurden

ふきだす　吹き出す　（風が）begjinne te waaien,（芽が）sprute：草の芽がもう吹き出し始めている It gers begjint al te spruten.

ふきだす　噴き出す　（笑い出す）yn laitsjen útbarsten, útspatte,（液体が）gjalp(j)e, stjalpe,（火・炎が）útslaan：炎が噴き出た De flammen sloegen út.

ふきだまり　吹き溜まり　（雪の）it dún, de sniebank [-bult], it sniedún；吹き溜まりができる dúnje

ふきつけ　吹き付け　（塗装の）it spuitsjen；吹き付け塗装をする spuitsje；吹き付け器 de spuit；吹き付け塗装をする人 [店] de spuiter

ぶきっちょ　不器用　→不器用（ぶきよう）

ふきつな　不吉な　faai, raar, ûngelokkich：不吉な前兆 in faai teken
ふきでもの　吹き出物　de pûst, de útslach：私の腕の吹き出物 de útslach op myn earm
ふきとばす　吹き飛ばす　ôfwaaie（→吹き飛ぶ）,（恐怖・疑念などを）ferdriuwe
ふきとる　拭き取る　ôffeie, ôfwiskje, weimeitsje
ふきぬけ　吹き抜け　it treppehûs, it trepsgat
ふきぬける　吹き抜ける　trochblaze,（びゅうと鳴って）fluitsje：風が街路をひゅーひゅーと吹き抜けている De wyn fluitet troch de strjitten.
ぶきみな　不気味な　bjuster, frjemd, spoekeftich：不気味な笑い in spoekeftige laits
ふきや　吹き矢　（筒）de blaaspiip,（矢）de pyl(k)
ふきゅう　不朽　de ûnfergonklikens；不朽の ûnfergonklik
ふきゅう　普及　de sprieding；普及する jin ferspriede；普及させる ferspriede, útdrage：福音を普及させる it Evangeelje ferspriede；普及している populêr：普及版 in populêre edysje
ふきょう　不況　de resesje（→不景気）；不況な traach
ふきょう　布教　de missy：布教に従事する yn 'e missy wurkje；布教する propagearje
ぶきような　不器用な　lomp, sukkelich, ûnbehelplik, ûnbeholpen, ûnhandich；不器用 de lompens, de ûnhandigens；不器用な人 de lompert；彼は不器用だ Hy hat twa lofter hannen.
ぶきょく　部局　it buro, it departemint
ぶきょく　舞曲　de dûnsmuzyk
ふぎり　不義理　it fersomjen fan jins sosjale ferplichting,（忘恩）de ûntank, de ûntankberens；不義理な trouweleas, ûntankber
ぶきりょうな　不器量な　ûnkreas, ûnoantreklik, ûnsjoch；不器量な女性 it

spoek
ふきん　布巾　de ôfdroegersdoek, de poetsdoek [-fodde], de skûteldoek
ふきん　付近　de buert, de omjouwing,《複》de omkriten：この付近にアイススケート場がありますか Is hjir in iisbaan yn 'e omkriten?；付近の oanswettend（→隣り合った）；付近に yn 'e omjouwing；この付近に hjir yn de buert
ふきんこう　不均衡　de wanferhâlding,（不釣り合い）de ûngelikens：富める国と貧しい国との不均衡 de wanferhâlding tusken rike en earme lannen；不均衡な ûngelyk
ふきんしん　不謹慎　de ûnbeskamsumens；不謹慎な brutaal, ûnbeskamsum, ûnsedich,（軽率な）achteleas
ふく　服　（服装）it klaad, de klaaiïng, de klean, it kleed,（制服）it unioarm,（衣装・スーツ）it kostúm：服を着る [脱ぐ] de klean oanlûke [útlûke]；服を着る jin klaaie；（人に）服を着せる（immen）klaaie：君の服はなかなか立派だね Do bist sa moai klaaid., 子供たちに温かそうな服を着せる de bern waarm klaaie
ふく　福　→幸運
ふく　吹く　（風が）waaie,（笛・ホイッスルを）floitsje, fluitsje：ひどく風が吹いている It waait hurd., 指笛を吹く op jins fingers fluitsje
ふく　拭く　（涙・汗などを）feie, wiskje,（食器などを）ôffeie, poetse,（黒板などを）útwiskje, útwriuwe：顔を拭く jin om 'e holle feie, 涙を拭く jin de eagen útwriuwe, 窓を拭く de ruten wiskje, テーブルを拭く de tafel ôffeie, 黒板（の字）を拭く it skriuwen op it boerd útwiskje
ふく　葺く　屋根を草でふく reiddekke
ふく　噴く　opwâlje
ふく（-）副（-）　（補佐）de assistint《女性形 -e》,（代行）de waarnimmer；副学[校]長 de konrektor；副議長 de ûnderfoarsitter；副大統領 de vice

-presidint；副題 de ûndertitel；副読本 in supplemintêr lêsboek（→副次的な）；副操縦士 de twadde piloat

ふく(-) 複(-) 複写 de kopy,（控え）it duplikaat

ふぐ 河豚 de kûgelfisk

ぶぐ 武具 it pânser,（甲冑(かっちゅう)）de rissing,（よろい）it harnas

ふくあん 腹案（案・計画）it plan, it skema：腹案を練る it plan útwurkje

ふくいん 復員 de demobilisaasje；復員する demobilisearre wurde；復員軍人 in demobilisearre soldaat

ふくいん 福音 it evangeelje（←福音書）,（吉報）goed nijs：ルカによる福音書 it evangeelje fan Lukas；福音（書）の evangelysk；福音伝道者 de evangelist

ふぐうの 不遇の（不幸せな）ûngelokkich

ふくえき 服役 de twangarbeid,（長期の）it libbenslang（→懲役）；服役する jins straf útsitte；服役中である yn 'e finzenis sitte

ふくえん 復縁 reparaasje fan de houlikssteat

ふくがくする 復学する weromkomme op skoalle, wer talitte op de universiteit

ふくぎょう 副業 it bybaantsje,（内職）it bywurk

ふくげん 復元 de restauraasje；復元する restaurearje

ふくごうの 複合の gearset, gearstald：複（合）文 in gearsette [-stalde] sin：複合語 de gearsetting（→合成語）；複合体 it kompleks

ふくざつな 複雑な djipsinnich, gearstald, yngewikkeld, kompleks, komplisearre：複雑な事柄 in djipsinnige saak, 複雑骨折 in komplisearre breuk；複雑にする komplisearje, 複雑化 de komplikaasje

ふくさよう 副作用（薬の）de bywurking

ふくさんぶつ 副産物 it byprodukt, it ôffalprodukt

ふくし 副詞 it adverbium, it bywurd；副詞の, 副詞的な [に] adverbiaal, bywurdlik：副詞的に用いられた bywurdlik brûkt

ふくし 福祉 de bystân, it heil, it wolwêzen；福祉事業 it wolwêzenswurk

ふくじてきな(な) 副次的(な) sekondêr, supplemintêr

ふくしゃ 複写 de kopy, de reproduksje（←複写物）；複写する kopiearje, reprodusearje；複写機→コピー機

ふくしゃ 輻射 de strieling, de útstrieling；輻射する strielje, útstrielje（→放射する）；輻射熱 de strielingswaarmte

ふくしゅう 復習 de herhelling, de repetysje；復習する de les herhelje [repetearje]

ふくしゅう 復讐 de ferjilding, de revâns, de wraak（→報復, 仕返し）：人に復讐する wraak nimme op immen；復讐する ferjilde, wreke；復讐心に燃えた [て] wraaksuchtich；復讐者 de wreker

ふくじゅう 服従 de hear(r)igens；(…に)服従する jin deljaan (ûnder), swicht(sj)e；服従して gehoarsum, hear(r)ich, ûnderdienich

ふくしょく 復職 it ferheljen；復職する ferhelje

ふくしょく(ぶつ) 副食(物) de tafoeging（→付け合わせ, 添え物）

ふくしん 腹心 de fertrouling《女性形 -e》；腹心の fertroud, fertroulik, tadien, tagedien：腹心の友 jins tagediene freon

ふくじん 副腎 de bynier

ふくすい 覆水《諺》覆水盆に返らず Diene saken nimme gjin kear.

ふくすう 複数 it mearfâld, it meartal（↔単数）：複数形で yn it mearfâld；複数の mearfâldich

ふくする 服する（服従する）jin deljaan,（務める）tsjinje：軍務に服する as soldaat tsjinje

ふくする 復する（元の状態に戻る）weromfalle, weromkomme

ふくせい　複製　de kopy, de reprodukje (←複製品)；複製する kopiearje, reprodusearje
ふくせん　伏線　（ほのめかし）de bedoeling, de fingerwizing (→暗示)
ふくそう　服装　it klaad, de klaaiïng, de klean (→服)
ふくそうひん　副葬品　begroeven guod
ふくぞうのない　腹蔵のない　earlik, frijmoedich, frijút, gol, iepenhertich, rûnút (→率直な)；腹蔵なく言えば earlik [iepenhertich] sein (→正直に言って)
ふくそうり　副総理　de vice-premier
ふくだい　副題　de ûndertitel
ふぐたいてん　不倶戴天　不倶戴天の敵 de aartsfijân (大敵)
ふくつ　不屈　de ûnfersetlikens；不屈の ûnfersetlik；不屈の精神 de berettens
ふくつう　腹痛　（腹の）de pinebûk, (胃の) de pinemage, pine yn 't liif (→腹)
ふくどくする　服毒する　fergif nimme；服毒自殺する jin deadlik fergiftigje mei fergif
ふくびき　福引き　de ferlotting, de lotterij；福引きを引く lotsje
ふくぶ　腹部　de bûk, it liif, de mage, (下腹部) it ûnderliif, (動物・昆虫などの) it efterliif
ふくぶん　複文　gearstalde sin (→重文)
ふくへい　伏兵　de hinderlaach, de leage (待ち伏せ)
ふくまく　腹膜　it bûkflues；腹膜炎 de bûkfluesûntstekking
ふくませる　含ませる　赤ん坊に乳房を含ませる in lytse poppe oan it boarst hawwe；スポンジに水を含ませる in spûns drin(j)ze litte
ふくみ　含み　（含意(がんい)）de ymplikaasje；含みのある言葉 suggestiven wurden
ふくむ　服務　de tsjinst；服務する tsjinje；服務時間 de tsjinsttiid
ふくむ　含む　befetsje, beslute, ynhâlde, ynhawwe, omfetsje, omfiemje：この

ぶどう酒には 20 パーセントのアルコールが含まれている Dizze wyn befettet 20 persint alkohol.；…を含んで ynbegrepen, ynklusyf：それは代金に含まれている Dat is by de priis ynbegrepen., 値段は付加価値税を含んでいる De priis is ynklusyf btw.
ふくめる　含める　→含む
ふくめん　覆面　it masker；覆面をする maskearje
ふくようする　服用する　（薬を）ynnimme：薬を服用する medisinen ynnimme；（1 回分の）服用量 de doasis：多過ぎる服用量 in te grutte doasis
ふくよかな　fol, mûtel, swier：ふくよかな胸 folle [swiere] boarsten
ふくらしこ　膨らし粉　de bakpoeier
ふくらはぎ　脹ら脛　it kût：ふくらはぎがちくちくする De kûten piipje my.
ふくらます　膨らます　opblaze, oppompe：ほおを膨らませる de wangen opblaze, タイヤを膨らませる in bân oppompe
ふくらみ　膨らみ　de bult(e), it tinen：つぼみの膨らみ it tinen fan knoppen, 胸の膨らみ it tinen fan jins boarst
ふくらむ　膨らむ　opswolle, tine, útdije, útweakje：膨らんだつぼみ tinende knoppen
ふくり　福利　→福祉
ふくり　複利　gearstalde rinte
ふくれっつら　膨れっ面　opblaasde wangen；膨れっ面をする protsje, wrokje：娘は部屋で膨れっ面をしている Myn dochter sit op har keamer te wrokjen.
ふくれる　膨れる　útpûlje, (怒って) protsje, wrokje, (物が) tine
ふくろ　袋　de sek, de tas：じゃがいもを入れる袋 in sek om ierappels yn te dwaan = de ierappelsek, ビニール袋 plestyk tas；袋一杯分 it sekfol
ふくろう　梟　de ûle
ふくろこうじ　袋小路　de gloppe, de ympasse
ふくわじゅつ　腹話術　it bûksprekken；腹話術で話す bûksprekke；腹話術師

de bûksprekker
ふけ　頭垢　it dúst, *de* roas, *de* skulfer；ふけだらけの skulferich
ふけい　父兄　heiten en âldste soannen；父兄会→保護者会
ふけい　父系　*de* heitekant（↔母系）：父系の fan *heitekant*（→父方の）
ふけい　不敬　*de* ûnearbiedigens；不敬な[にも] ûnearbiedich（→不遜な）
ぶげい　武芸　easterske kriichsporten
ふけいき　不景気　*de* depresje, *de* resesje, in delgeande tiid（↔景気）
ふけいざい　不経済　minne ekonomy；不経済な ûnrendabel,（もったいない）oerdiedich
ふけこむ　老け込む　âld wurde：彼の父はすっかり老け込んだ Syn heit is al hiel *âld.*；老けている âldsk
ふけつ　不潔　*de* smoargens；不潔な fiis, smoarch, suterich, ûnrein：キャンプ場のトイレは幾らか不潔だった It húske op 'e kamping wie wat *suterich.*
ふけつだん　不決断　*de* twivelriedigens；不決断な twivelich, twivelriedich
ふける　老ける　âld wurde；老けている âldsk：彼は年の割には老けて見える Hy liket *âldsk* foar syn jierren.
ふける　更ける　夜が更ける De nacht is hast om.；秋が更ける De hjerst is hast om.；夜更けに let yn de nacht
ふける　耽る　（…に）jin oerjaan（oan）
ふけん　父権　it heiterjocht, de rjochten fan 'e heit
ふけんこう　不健康　minne sûnens；不健康な ûngesûn
ふけんぜんな　不健全な　ferdjerlik,（不健康な）ûngesûn
ふこう　不孝　→親不孝
ふこう　不幸　it ûngelok；不幸な[にも] ûngelokkich, 不幸にも ûngelokkigerwize：不幸な恋愛（関係）in *ûngelokkige* leafde, 不幸な人たち *ûngelokkige* lju；不幸な出来事 it *ûngelok, it* ûngemak：不幸中の幸いだった Dat is in gelok by in *ûngelok.*
ふごう　符号　*it* symbool,（印）*it* merk；符号化する kodearje
ふごう　符合　*de* oerienkomst；(…と) 符合する oerienkomme (mei), stimme (mei)
ふごう　富豪　in smoarryk minske
ぶこう　武功　*it* wapenfeit
ふごうかく　不合格　*de* mislearring, (失格) *de* diskwalifikaasje, (兵役の) *de* ôfkarring；不合格者 in mislearre kandidaat；不合格品 ôfkarde produkten；(試験に) 不合格になる sakje (foar), (検査に) ôfkard wurde (foar)
ふごうへい　不公平　*de* partidigens, *de* ûnbillikens, *de* ûngelikens；不公平な[に] partidich, ûnbillik, ûnearlik, ûngelyk, ûnrjochtfeardich：この世の中には不公平なことが一杯ある It is *ûngelyk* yn 't libben., 人に不公平である immen *ûnrjochtfeardich* behannelje
ふごうりな　不合理な　yrrasjoneel, ûnberekkenber, ûnlogysk, ûnreedlik, ûnridlik, ûnrjochtmjittich
ふこく　布告　*de* ôfkundiging, *de* proklamaasje；布告する ôfkundigje, proklamearje
ぶこく　誣告　in falske beskuldiging (←誣告罪)；誣告する belige
ふこころえ　不心得　→無分別；不心得な ûnberet, ûnbetocht(sum)（→無分別の）：不心得者 in *ûnberette* keardel
ぶこつな　無骨な　ûnbeskaafd, ûnfatsoenlik (→無作法な)；無骨者 *de* boffert, *de* rûchhouwer
ふさ　房　(果物の) *de* strûs / strús, (飾りの) *de* kwast, (帽子の) *de* plom, (羽・髪などの) *de* toppe, *de* tufe / tûfe：一房のバナナ in *strûs* bananen, カーテンについている飾り房 in *kwast* oan in gerdyn, 帽子の房 in *plom* op 'e hoed, 髪の房 in *tufe* hier
ブザー　*de* gûnzer
ふさい　夫妻　man en frou：ディクストラ夫妻 De *hear en frou* Dykstra
ふさい　負債　*de* skuld (→借金)：多額の負債がある ûnder de *skulden* sitte, 負債を弁済する in *skuld* ôflosse；

負債者→債務者

ふざい 不在 de ferhindering, de ôfwêzigens；不在の ôfwêzich；不在で fuort；不在である fuort [ôfwêzich] wêze：医者は今日は不在です Dokter is hjoed *fuort*.

ぶさいくな 不細工な ûnfakkundich,（不器量な）ûnkreas, ûnoantreklik, ûnsjoch：不細工な顔 in *ûnkreas* [*ûnsjoch*] *antlit*

ふさいよう 不採用 de ôfwizing fan in kandidaat；不採用になる ôfwiisd wurde

ふさがる 塞がる （家・部屋・席が）beset [ynnaam] wêze,（道・パイプが）ferstoppe wêze,（傷口が）slute, optille (fan)：この席［電話］はふさがっている Dy stoel [De telefoan] *is beset.*, パイプがふさがっている De piip *is ferstoppe*.

ふさく 不作 →凶作(きょうさく)（↔豊作）

ふさぐ 塞ぐ （穴などを）demje, demme, stopje,（通路などを）strjemje：穴をふさぐ in gat *stopje*, 人の口をふさぐ immen de mûle *stopje*, 道をふさぐ it paad *strjemje*

ふさぐ 鬱ぐ depressyf wêze

ふざける （冗談を言う）gekjeie, mâljeie,（はしゃぎ回る）djoeie, hoallefoalje；ふざけた［て］geklik

ぶさほう 無作法 de ûnfatsoenlikens；無作法な lomp, ûnbehouwen, ûnbeleefd, ûnfatsoenlik, ûnhoflik, ûnskiklik：無作法な食べ方をする *ûnfatsoenlik* ite；無作法に振舞う misdrage

ぶざまな 無様な （不体裁な）fersutere, ûneachlik, ûnsjoch

ふさわしい 相応しい foegje, misstean, passe,（…に）takomme (oan)：その仕事は私にはふさわしくない Ik kom net oan dat wurk *ta*.；《形》ふさわしい berekkene, doelmjittich, foechsum, gaadlik, geskikt, tapaslik：彼はその仕事にふさわしくない Hy is net foar dat wurk *berekkene*., その本は子供たちにふさわしくない Dat boek is net *gaadlik* foar bern.

ふさんか 不参加 （…への）it net dielnimmen (oan)

ふさんせい 不賛成 de ôfkarring (→反対)；不賛成である tsjin wêze (→反対する)：私はその提案には不賛成だ Ik *bin tsjin* dat útstel.

ふし 父子 heit en bern (↔母子)

ふし 不死 de ûnfergonklikens, de ûnstjerlikens；不死の ûnstjerlik

ふし 節 （竹の）de knoop,（木・茎の）de knoop, de oast,（木の）de kwast,（指の）de knokkel,（文章の）it lid,（関節）de knier, it lid,（旋律）de melody, de wize

ふじ 藤 de wisteria, in blauwe rein

ぶし 武士 in (Japanske) 'samurai',（戦士）de kriger, de strider

ぶじ 無事 de feilichheid, it heil, de wissichheid；無事な［に］behâlden, feilich,（平穏に）rêstich：無事に着く *behâlden* oankomme, 彼女が無事かどうか知りません Ik wit net oft se *feilich* is., 無事に暮らす *rêstich* libje

ふしあな 節穴 it knoopsgat

ふしぎ 不思議 （不思議（なこと））it merakel, it wûnder：不思議なことに *wûnder* boppe *wûnder*, それは不思議ではない Dat is gjin *wûnder*.；不思議な wûnder, wûnderbaarlik, wûnderlik；不思議な力 de wûnderkracht [-krêft]；世界の七不思議 de sân wrâldwûnders

ふしぜんな［に］ 不自然な［に］ ûnnatuerlik

ふしだらな （服装などが）slobberich, slof, slonzich (→だらしがない)：その女はふしだらだ Dat wiif is *slof*.；ふしだらな女［人］it slodske, de slons

ふじちゃく 不時着 de needlâning：不時着する in *needlâning* meitsje

ふしちょう 不死鳥 de feniks

ぶしつけ 不躾 lomp, ûnbehouwen, ûnbeleefd, ûnfatsoenlik (→無作法な)：ぶしつけな言葉 *ûnbehouwen* taal

ふじの 不治の ûngenêslik（→不治（ち）の）
ふしまつ 不始末 de mistaast, it wanbehear,（不注意）de achteleazens, de sleauwens,（非行）it wangedrach：火の不始末 de sleauwens mei fjoer, 息子の不始末 it oanhâldent wangedrach fan ús soan
ふじみの 不死身の （不死の）ûnstjerlik,（傷つかない）ûnkwetsber：神は不死身である God is ûnstjerlik.
ふしめ 伏し目 delsleine eagen：伏し目がちに mei delsleine eagen；伏し目になる jins eagen delslaan
ふしめ 節目 （木・茎などの）de knoop,（人生の変わり目）it kearpunt
ふじゆう 不自由 it ûngemak, it ûngeriif（→不便）；不自由な ûngemaklik, ûngeryflik,（体の）beheind, ûnfolweardich：彼は足が不自由だ Hy hat in beheinde skonk.；（…に）不自由している te koart wêze（oan）
ふじゅうじゅん 不従順 de dôfhûdigens；不従順な dôfhûdich [dou-], ûngehoarsum
ふじゅうぶん 不十分, 不充分 de ûnfolweardichheid [-weardigens], de ûngerjochtichheid；不十分な slop, ûnfoldwaand, ûnfolslein, ûnfolweardich, net genôch
ふしゅび 不首尾 →失敗
ふじゅん 不純 de ûnsuverens [-heid]；不純な ûnsuver
ふじゅんな 不順な sober, ûnlijich：不順な天気 ûnlijich waar；不順な生理 ûngeregelde menstruaasje
ふじょ 扶助 →扶養, 助力；相互扶助 ûnderlinge help
ふじょ 婦女 de froulju, de frou(wen)：婦女に対する性的虐待 ûntucht mei frou(wen)（→強姦）；婦女暴行 de ferkrêfting [oantaasting] fan in frou
ぶしょ 部署 jins post：部署につく jins post oannimme, 部署についてい[とどま]る op jins post wêze [bliuwe]
ふしょう 不肖 不肖の子 in soan dy't syn heit ûnweardich is
ふしょう 負傷 de blessuer(e), de ferwûning, de wûne；負傷した ferwûne：負傷者 [兵] in ferwûne minske [soldaat], 負傷する ferwûne reitsje = ferwûnje
ぶしょう 武将 （将軍）de fjildhear, de generaal
ぶしょう 不精, 無精 de loaiens, de rûgens；不精な loai（→怠惰な）；不精者 de loaikert, de loaiwammes
ふしょうか 不消化 de yndigestje；不消化な ûnfertarber
ふしょうじ 不祥事 it skandaal：不祥事を引き起こす immen foar skandaal sette
ふしょうじき 不正直 de ûnearlikens；不正直な malafide, ûnearlik, ûnwierhaftich
ふじょうする 浮上する opdûke,（話題などが）opkomme：潜水艦が（海面に）浮上した De dûkboat dûkte op.
ふしょうち 不承知 de ôfkarring；不承知である→反対である
ふしょうにん 不承認 de ôfkarring,（提案などの）it feto（→拒否権）
ふしょうの 不詳の ûnbekend
ふしょうぶしょう 不承不承 tsjin heuch en meuch, kweaskiks, ûnwillich（→不本意ながら）
ふじょうり 不条理 de absurditeit；不条理な absurd, ûnsinnich（→不合理な）
ふしょく 腐食 de fertarring, de rustfoarming；腐食する ynfrette, útbite, útfrette
ぶじょく 侮辱 de belediging, de mislediging：ひどい侮辱 in swiere misledigjing；侮辱する beledigje, lasterje, misledigje：他人を侮辱する oare minsken lasterje
ふしん 不振 de tragens, de traachheid；不振である traach wêze
ふしん 不審 （疑い）de fertinking, de twivel,（嫌疑）it betinken, it erchtinken；不審な betinklik, twivelachtich,

ふじん

twivelich；不審に思う fertinke, twivelje（→疑う）
ふじん　夫人　（妻）de frou, de mefrou：ディクストラ夫人 Frou [Mefrou] Dykstra
ふじん　婦人　（女性）de dame, de frou；婦人の froulik：婦人医 in *froulike* dokter；婦人会 de frouljusferiening；婦人科医 de frouljusdokter；婦人解放 de emansipaasje；婦人雑誌 it frouljusblêd；婦人参政権 it frouljuskiesrjocht；婦人病 de frouljuskwaal [-sykte]；婦人服 de frouljusklean
ふじん　布陣　de slachoarder；布陣する opstelle
ぶじん　武人　→武士
ふしんじん　不信心　it ûnleauwe；不信心な ûnleauwich
ふしんせつ　不親切　de ûnfreonlikens [-likheid]；不親切な ûnfreonlik, ûnskiklik
ふしんにん　不信任　it wantrouwen：不信任の動議 in moasje fan *wantrouwen*
ふしん(の)　不信(の)　(*de*) ûntrou；不信感 it wantrouwen
ふしんばん　不寝番　de nachtwacht
ふしんよう　不信用　it wantrouwen
ふずい　不随　de ferlamming：全身［半身］不随 *ferlamming* fan it hiele [heale] liif
ふずいいきん　不随意筋　in ûnwillekeurige spier
ふずいする　付随する　（…に）hearre (by)；付随的な bykomstich：それは付随的な問題にすぎない Dat is mar *bykomstich*.
ぶすいな　無粋な　lomp, plomp, ûnbeskaafd（→無骨な）：無粋なやつ in *plompe* fint
ふすう　負数　it negatyf（↔正数）
ふすう　部数　it oantal kopyen；（新聞・雑誌などの）発行部数 de sirkulaasje
ぶすっと　（顔が）sinnich, stoersk：ぶすっとした顔 in *stoersk* gesicht
ぶすっと　→ぶすりと
ふすま　麬，麩　《複》de simmels

ふすま　襖　in（Japanske）skodoar
ぶすりと　彼は彼女の胸を短刀でぶすりと刺した Hy stiek in dolk yn har boarst.
ふせ　布施　it offer
ふせい　不正　it ûnrjocht（←不正な行為），（不当）de ûnbillikens；不正な［に］smoarch, ûnrjochtmjittich,（不公平な）ûnrjochtfeardich
ふぜい　風情　（優雅さ）de elegânsje, de kwierens, de kwierichheid,（有様・様子）it oansjoch；風情のある elegant, kwierich, smaakfol；風情がない smaakleas
ふせいかく　不正確　de ûnkrekt(ich)heid；不正確な ûnkrekt：不正確な情報 *ûnkrekte* ynformaasje
ふせいこう　不成功　de misgryp, de mislearring, de mistaast（→失敗）：不成功に終わる útrinne op in *mislearring*
ふせいじつ　不誠実　de ûntrou；不誠実な ôffallich, ûntrou：不誠実な夫 in *ûntrouwe* man
ふせいせき　不成績　in ûnbefredigjend resultaat
ふせいみゃく　不整脈　in ûngeregelde [ûnregelmjittige] pols
ふせき　布石　tariedende stappen：布石を打つ *tariedende stappen* nimme = de grûnslach lizze
ふせぐ　防ぐ　（災害・事故を）ferhoedzje, opkeare, tefoaren komme, tsjinhâlde（→予防・防止する），（敵を）dekke, ferdigenje（→防御する），（寒さを）befeiligje, beskermje（→保護する）：この災害を防ぐ dy ramp *ferhoedzje*, 堤防によって海水の浸入を防ぐ De seedyk *keart* it wetter *op*., それは防ぎようがない Dat kinst dochs net *tsjinhâlde*., 敵の侵入を防ぐ in fijannige ynfal [ynvaazje] *beskermje*, 寒さを防ぐ *befeiligje* tsjin kjeld
ふせじ　伏せ字　in iepen plak
ふせっせい　不摂生　ferwaarleazing fan jins sûnens；不摂生をする jins sûnens ferwaarleaz(g)je

ふせる　伏せる　(裏返す) keare, om-keare, omslaan, (身を) jin beskûlje [ferskûlje] (→隠す), (目を) delslaan, (コップを) op 'e kop sette, (名前を) jins echte namme geheim hâlde (→本名を隠す)

ふせる　臥せる　jin deljaan [delkomme]; (病気で)ふせている platlizze

ふせん　不戦　it ôfsjen fan striid; 不戦勝する sûnder striid winne

ふせん　付箋　it etiket, it label

ぶぜんとして　憮然として　sneu, sunich: ぶぜんとして立去る sneu fuortgean

ふせんめいな　不鮮明な　binnenmûls(k), obskuer, ûndúdlik, ûnoersichtlik

ふそ　父祖　de stamfaar [-fader] (→祖先)

ぶそう　武装　de bewapening; (…に備えて)武装する jin wapenje (tsjin), (…で) jin wapenje (mei) (→装備する); 武装させる bewapenje, wapenje; 武装解除 de ûntwapening; 武装を解除をする ûntwapenje: テロリストの武装を解除する terroristen ûntwapenje

ふそうおうな　不相応な　ûngaadlik, ûngeskikt

ふそく　不足　it brek, it gebrek, it gemis, de krapte, it tekoart: …の不足 gebrek oan …, 労働不足 de krapte op 'e arbeidsmerk, ビタミンの不足 in tekoart oan fitaminen; 不足する krap wurde; ひどく不足する oan 'e krapperein komme; 不足して[た] krap

ぶぞく　部族　de folksstam, de stam (→種族)

ふぞくする　付属する　(…に)(所属する) behearre (oan), hearre (by), tabehearre; (形)(…に)付属する ferbûn [ûnderhearrich] (oan): その小学校は教会に付属している De basisskoalle is ferbûn oan de tsjerke.; 付属品 de omslach, it tabehear / 《通例，複数》de tabehearren, it ûnderdiel: 付属品付きの mei tabehearren

ふそくの　不測の　ûnferwacht(e), ûnfoarsjoen: 不測の事態に備えて foar in ûnferwachte situaasje

ふぞろいの　不揃いの　ûngelyk, ûngelikens

ふそんな　不遜な　ûnearbiedich: 人に対して不遜な態度をとる immen ûnearbiedich behannelje

ふた　蓋　(容器などの) it lid, (瓶・万年筆などの) de dop, (跳ね・上げぶた) de flap

ふだ　札　(トランプの) de kaart, (下げ)札 it etiket, (はり・付け)札 it label; 札付きの→悪名高い

ぶた　豚　de baarch, it swyn; (去勢しない)雄豚 de bear, (成熟した)雄 de mot, de sûch, (子豚) de bigge: 豚みたいにわめく gûle as in meagere baarch, 《諺》汚い豚ほど最もよく育つ Smoarge bargen groeie bêst.; 豚小屋 it bargehok; 豚肉 it bargeguod (→ポーク); 豚鼻 de bargesnút

ぶたい　部隊　it korps, (陸軍の) it wapen: 部隊長 de kommandant

ぶたい　舞台　it poadium, it toaniel (→ステージ): 舞台から退場する fan it toaniel ferdwine, 舞台に登場する op it toaniel komme; (男性の)舞台俳優 de toanielspiler, (女性の) de toanielspylster

ふたいの　付帯の　bykomstich, ynsidinteel, (追加的な) supplimintêr

ふたえの　二重の　→二重(じゅう)の

ふたおや　二親　jins âlden (→両親)

ふたご　双子　de twilling: 彼は双子の一人だ Hy is ien fan in twilling.; 双子の兄[弟] de twillingbroer, 双子の姉[妹] de twillingsuster; 双子座 de Twillingen

ふたしかな　不確かな　twivelachtich, twivelich, ûnwis: 不確かな未来 ûnwisse takomst

ふたたび　再び　fannijs, nochris, wer: 再び冬がやってきた It is wer winter.

ふたつ　二つ　二つ(の) (de) twa: りんごを二つに分ける in appel yn

twaen diele
ふたとおり　二通り　twa soarten；二通りに op twa manieren
ぶたばこ　豚箱　*de* arrestantekeamer, *it* arrestantelokaal, *it* kasjot（→留置所）
ふたまたこうやく　二股膏薬　→二枚舌
ふたまたの　二叉の　gaffelfoarmich：二またに分かれた道 in *gaffelfoarmige wei*
ふたり　二人　twa persoans, *it* span；二人（組）（の）twaresom；私たち二人wy twaen；彼らは二人共ここにいるSe binne hjir alle twa., 彼らの二人がいた Se wiene mei har twaen.；二人部屋 *de* twapersoanskeamer
ふたん　負担　（心・費用の）*de* belêsting, *it* beswier；（経済的に）負担をかける beswierje；負担が重い beswierlik
ふだん　不断　（常に）altyd, altiten, hieltyd：彼女は不断家にいる Se bliuwt *altiten* thús.；不断の duorjend, ivich (duorjend), konstant：不断の努力 *konstante* ynset
ふだんそう　不断草　*de* snijbyt
ふだん（の）　普段（の）　gebrûklik, gewoan, normaal：普段の生活 it *gewoane* libben, バスは普段10時にここに来る *Normaal* is de bus hjir om tsien oere.；普段着 *de* pels
ふち　淵　*de* râne：崖のふち *de* râne fan it klif；絶望のふち *de* djipte fan fertwiveling
ふち　縁　*de* igge, *de* kant, *de* selskant,（眼鏡・額などの）*it* ramt,（帽子の）*de* râne：溝の縁 de *igge* fan 'e sleat
ぶち　斑　*de* spikkel（→まだら，斑点）：ぶちのある spikkelich, swartbûnt
ふちかざり　縁飾り　*it* râne-fersiersel；縁飾りをつける omseamje
ぶちこわし　ぶち壊し　*it* fergaljen；ぶち壊す fergalje, fergrieme, ferknoeie（→台無しにする）
ふちどり　縁取り　*de* franje；縁取る omseamje,（…を）in râne lizze (om)

ぶちぬく　撃ち抜く　boarje（→貫通する）
ふちの　不治の　ûngenêslik：不治の病 in *ûngenêslike* sykte
ぶちまける　打ちまける　tafertrouwe（→打ち明ける）
ふちゃく　付着　*de* adheezje；付着する kleve, klibje（→張りつく）：彼の手には血痕が付着していた Der *klibbe* him bloed oan 'e hannen.
ふちゅう　不忠　*de* trouweleazens, *de* ûntrou；不忠の trouweleas, ûntrou
ふちゅうい　不注意　*de* achteleazens, *de* rûgens, *de* sleauwens；不注意な achteleas, rûch, sleau, slof：それは私の不注意でした Dat wie *sleau* fan my.
ふちょう　不調　*de* ynsynking, *de* steuring,（失敗）*de* mislearring；（話が）不調に終わる ôfbrekke；私は不調です Ik bin (sa) min (as strie).
ぶちょう　部長　（会社などの）*de* direkteur, *de* ôfdielingssjef,（学部長）*de* dekaan,（警察）部長 *de* brigadier
ぶちょうほうな　不調法な　（ぎこちない）lomp,（不器用な）sukkelich,（無礼な）grou
ふちょうわ　不調和　*de* wanklank, *it* wanlûd；不調和な ûnharmoanysk
ふちん　浮沈　→浮き沈み，盛衰
ぶつ　打つ　→打（')つ
ふつう　不通　*de* ynterrupsje, *de* ûnderbrekking；不通である ûnderbrutsen wêze；電話が不通である Der is gjin telefoan ferbining.；汽車は不通である De trein kin net fierder.
ふつう（の）　普通（の）　algemien, gewoan, normaal, sljocht(hinne),（極く）deagewoan, 普通の trochsnee(d)：普通の人 in *gewoane* man, その語の普通の意味 de *gewoane* betsjutting fan it wurd, タクシーは普通2時にここに来ます *Normaal* is de taksy hjir om twa oere., 普通の読者 in trochsnee(d) lêzer；普通でない ûngewoan；普通教育 algemiene opplieding；普通選挙 algemiene ferkiezing（→総選挙）；

普通名詞 *de* soartnamme；普通郵便 gewoane post；普通預金 in gewoan deposito；普通列車 *de* stoptrein, in stadige trein

ふつか 二日 twa dagen；二日目（の）(*it / de*) twadde：4月2日 *de twadde dei fan april*；二日酔い *de* kater

ぶっか 物価 *de* koer(t)s, *de* priis：物価が上[下]がってきている De *koersen* gean omheech [sakje].

ふっかつ 復活 *de* oplibbing, *it* reveil；復活する oplibje；キリストの復活 de ferrizenis fan Jezus Kritus；復活祭 *de* Peaske

ぶつかる botse, kwakke, stjitte（→衝突する）：車同士がぶつかった De auto's *botsten* inoar oan.；ぶつける bûnzje：ドアにどんとぶつけて開ける de doar iepen *bûnzje*

ふっき 復帰 *it* weromkommen；復帰する weromkomme

ぶつぎ 物議 物議を醸(かも)す krityk oproppe, opskuor feroarsaakje

ふっきゅう 復旧 *de* restauraasje；復旧する restaurearje

ぶっきょう 仏教 *it* boeddisme；仏教徒 *de* boeddhist

ぶっきらぼうな ぶっきら棒な bot(wei), koartôf, koartwei：ぶっきら棒な口をきく *koartôf* prate

ふっきん 腹筋 *de* bûkspier

ふっくらした bol, mûtel：ふっくらしたほお *bolle* wangen

ぶつける（投げる）goaie, smite, werpe,（…に）（衝突させる）botse [oanride] (tsjin)

ふっけん 復権 *de* rehabilitaasje；復権させる rehabilitearje

ぶっけん 物件 *it* artikel, *it* ding, *it* objekt

ふっこ 復古 →復活

ぶっこ 物故（死）*de* dea；物故する →死亡する；物故者 *de* deade

ふっこう 復興（再建）*de* weropbou,（復活）*de* oplibbing, *it* reveil,（文芸）*de* renêssânse：戦後の日本の復興 de *weropbou* fan Japan nei de oarloch；復興する oplibje

ふつごう 不都合（困ったこと）*de* oerlêst,（不便）*de* ûngelegenheid；不都合な ûngelegen, ûngeunstich,（不面目な）beskamsum；不都合な場合には as it dy net gelegen komt

ふっこく 復刻（再版）*de* werprintinge；復刻する werprintsje

ぶっさん 物産 *it* fabrikaat, *de* makkelij, *it* produkt：物産展 in útstalling fan *produkten*

ぶっし 物資 *de* matearje, *de* waar,（品物）*it* artikel,（日用品）*de* hannelswaar

ぶっしつ 物質 *de* stof, *de* substânsje：有毒物質 fergiftige *stoffen*；物質の, 物質的な[に] stoflik：物質形容詞 *stoflike* eigenskipswurden；物質名（詞）*de* stofnamme

ぶっしょう 物証 →物的証拠

ぶっしょくする 払拭する weifeie（→ぬぐい去る）

ぶっしょくする 物色する opsykje, útfine, útfiskje（→捜し出す）

ぶっしん 物心 stoflikens en geastlikheid；物心両面で sawol fysyk as geastlik

ふっそ 弗素 *it* fluor

ぶつぞう 仏像 it stânbyld fan Boeddha, *de* boeddha

ぶっそうな 物騒な（不安な）ûnlijich,（落ち着かない）ferfelend, ûnbehaachlik, ûnrêstich,（危険な）gefaarlik, nuodlik

ぶったい 物体 *it* foarwerp, *it* objekt：未確認の物体 net identifisearre *objekt*

ぶっちょうづら 仏頂面 in stûmske blik：仏頂面をした mei *in stûmske blik*；仏頂面をする taai sjen

ふつつかな 不束な →未熟な

ぶっつけに sûnder taris,（即興的に）foar de fûst (wei / op)

ぶっつづけに ぶっ続けに →ぶっ通しに

ぷっつり 紐がぷっつり切れた Der is in snaar sprongen.；人との縁をぷっ

つり切る folslein mei immen brekke
ぶってきな　物的な　essinsjeel, materiëel, stoflik：物的資源 essinsjeel helpmiddel, 物的証拠 essinsjeel bewiis
ふってん　沸点　it kôkpunt, it siedpunt
ふっとう　沸騰　de kôk；沸騰する［させる］kôkje, siede,（議論が）沸騰する opwûn wêze；沸騰点→沸点
ぶっとおしの［で／に］　ぶっ通しの［で／に］ allegeduer(ig)en, aloan, geduerich
ふっとばす　吹っ飛ばす　（風が）ôfblaze, ôfwaaie
フットボール　de fuotbal；フットボールをする fuotbalje
フットライト　it fuotljocht
ぶっぴん　物品　→品物
ぶつぶつ　ぶつぶつつぶやく fûterje, grommelje, mompelje
ぶつぶつこうかん　物々交換　de ruilhandel；物々交換する kwânselje
ぶつめつ　仏滅　de dea fan Boeddha
ぶつよく　物欲　wrâldske begearigens（→煩悩）
ぶつり　物理　de fysyk；物理（学）の fysysk, natuerkundich；物理的な［に］fysyk；物理学 de fysika, de natuerkunde；物理学者 de fysikus, de natuerkundige
ぶつりあい　不釣り合い　de wanferhâlding；不釣り合いの ûnevenredich
ぶつりゅう　物流　de distribúsje
ぶつりょう　物量　de kwantiteit fan material, de hoemanniche materiaal
ふで　筆　de pinsiel（om wei te skriuwen）；筆遣い it lûk
ふてい　不貞　de ûntrou；不貞の ûntrou：不貞の夫 in ûntrowe man
ふていきの　不定期の　ûngeregeld, ûnregelmjittich
ふていさいな　不体裁な　fersutere, ûneachlik, ûnsjoch
ふていの　不定の　ûnbepaald：不定冠詞 in ûnbepaald lidwurd
プディング　de pudding
ふでき　不出来　（失敗）de mislear-ring（→出来損ない）；不出来な min makke
ふてきおう　不適応　it net oanpast-wêzen；不適応の net oanpast
ふてきかく　不適格　de diskwalifikaasje, de ûnfolsleinens,（失格）de útsluting；不適格な ûngeskikt, fan ûnfermogen：不適格証明書 in brevet fan ûnfermogen；彼は教師として不適格である Foar learaar doocht er net.（→不向きな）
ふてきせつな　不適切な　ûngaadlik, ûngelokkich, ûnmooglik：不適切な言葉 in ûngelokkige opmerking
ふてきとうな　不適当な　ûnbehoarlik, ûnearber, ûngeskikt
ふてきにんな　不適任な　→不適格な
ふてぎわ　不手際　（しくじり）de mislearring, de mistaast；不手際な kloaterich, knoffelich, lomp
ふてくされる　不貞腐れる　protsje, wrokje
ふてっていな　不徹底な　net duchtich［krêftich］,（中途半端な）heal
ふてぶてしい　bretaal, skamteleas, ûnbeskamsum
ふと　（突然）ynienen,（偶然に）by tafal, by［troch］ûngelok：ふとそのことが思い浮かんだ Ynienen foel it my by.；ふと思い浮かぶ byfalle, opkomme
ふとい　太い　（回り・幅が大きい）dik, tsjok,（声が）djip：太い腕 in dikke earm, 太い声 in djip lûd；太った dik, fet, grou, tsjok：太った男の人 in dikke［grouwe］man,（豚のように）丸々太った sa fet as in baarch, 太る tsjok wurde
ふとう　不当　de ûnbillikens；不当な［に］smoarch, ûnbehoarlik, ûnbillik, ûnfatsoenlik, ûnfertsjinne, ûnreedlik, ûnridlik, ûnrjochtfeardich, ûnrjochtmjittich：人を不当に扱う immen smoarch behannelje, 不当な提案 in ûnbillik foarstel, 不当な要求 in ûnridlike eask；不当な行為 it ûnrjocht：人を不当に扱う immen ûnrjocht（oan）-

dwaan
ふとう　不等　*de* ûngelikens：不等号 in teken fan *ûngelikens*
ふとう　埠頭　*de* kaai：船が埠頭に停泊している It skip leit oan de *kaai*.
ぶとう　舞踏　*de* dûns；舞踏会 *it* bal；舞踏劇 *it* ballet
ぶどう　武道　*de* kriichskeunst
ぶどう　葡萄　*de* drúf；ぶどうの木［つる］*de* druvebeam；ぶどう園 *de* druvetún；ぶどう酒 *de* wyn（→ワイン）；ぶどう糖 *de* druversûker
ふどうい　不同意　→不賛成
ふとういつ　不統一　gebrek oan iendracht,（意見の不一致）*de* ûnienichheid
ふとうえき　不凍液　*it* / *de* antyfries
ふとうこう　不登校　*it* skoal(tsje)skûljen；不登校生 *de* skoal(tsje)skûler
ふどうさん　不動産　*it* lânbesit, ûnreplik goed（↔動産）
ふどうとく　不道徳　*de* sedeleazens；不道徳な ymmoreel, sedeleas
ふとうふくつの　不撓不屈の　dreech, steech, ûnfersetlik：フリジア人は不撓不屈の精神の持ち主だと言われている Se sizze Friezen binne *steech* en *dreech*.
ふとうめい　不透明　*it* ûntrochskinend wêzen；不透明な ûntrochskinend, net trochskinend
ふとくい　不得意　→不得（え）手；不得意な net sterk
ふとくさく　不得策　in min belied；不得策な ûnferstannich
ふとくていの　不特定の　ûnbepaald；不特定多数 *it* grutte publyk（→一般大衆）
ふところ　懐　（胸）*it* boarst,（中心部）*it* hert(e),（金銭）*it* jild：赤ん坊は母親の懐に抱かれている De poppe is oan syn［har］memme *boarst*., 山の懐 *it* hert(e) fan in berch, 懐が暖か［寒］い in protte［in bytsje］*jild* hawwe
ふとさ　太さ　*de* tsjokte
ふとじ　太字　（活字の）in fette letter

（→ボールド）：見出し語は太字で印刷されている De stekwurden wurde yn *in fette letter* printe.
ふとした　→ふと, 偶然に
ふとどきな　不届きな　（不注意な）achteleas, rûch,（無礼な）dryst, grou, misdiedich, skandalich, skandlik, ûnbeskoft：不届き者 in *dryste* keardel, 不届きな行為 in *skandlike* gedachte
ふともも　太腿　*it* bil, grouwe billen
ふとる　太る　（体が）fet wurde,（成長する）groeie：彼は太った Hy is *groeid*.；（家畜などを）太らせる fetmeste, fetsje：太った子牛 *it fetmeste* keal
ふとん　布団　（寝具）*it* bêdguod,（敷き布団）*it* / *de* matras,（掛け布団）*it* dekbêd
ふな　鮒　*de* (stien)karper
ぶな　橅　*de* boek；ぶなの木 *de* boekebeam
ふなか　不仲　（仲たがい）*de* ûnmin, *it* ûnnocht；(…とは)不仲である spul hawwe（mei）
ふながいしゃ　船会社　*de* rederij（→海運会社）
ふなだいく　船大工　*de* skipstimmerman, *de* skûtmakker
ふなたび　船旅　*de* seefeart［-reis］
ふなちん　船賃　（荷物の）*de* fracht,（客の）*it* reisjild
ふなつきば　船着き場　（渡し場）*it* fear,（停泊所・港）*de* (see)haven
ふなづみ　船積み　*de* fracht, *it* befrachtsjen fan in skip；船積みする lade
ふなで　船出　*it* fertrek, *de* ôfreis（→出港）；船出する ôfreizgje
ふなに　船荷　*de* fracht, *de* lêst / lest（→貨物）
ふなのり　船乗り　*de* seeman, *it* skipsfolk（→船員, 水夫）
ふなびん　船便　*de* seepost；船便で mei it skip
ふなよい　船酔い　*de* seesykte；船酔いした seesiik：すぐに船酔いする gau *seesiik* wurde

ふなれ　不慣れ　*de* ûnbekendens [-heid]；不慣れな frjemd, ûnbeleard, ûnbewend,（経験のない）ûnbedreaun：私はその仕事には不慣れです Ik bin noch *ûnbedreaun* yn dat wurk., It wurk is my *frjemd*.；不慣れな人 *de* frjemd

ぶなんな　無難な　（安全な）behâlden, betroud, feilich

ふにあいな　不似合いな　ûngaadlik, ûngelokkich, ûngeskikt（→不適当な）；それは不似合いだ Dat jout gjin skik.

ふにん　不妊　*de* steriliteit；不妊にする sterilisearje；不妊の steryl

ふにんき　不人気　*de* ûngenede；不人気の ympopulêr, ûnbemind

ふにんじょう　不人情　*de* herteleazens [-leasheid]；不人情の ûnbarmhertich, ûngenedich, ûnskiklik

ふにんする　赴任する　foar jins nije betrekking ôfreizgje

ふぬけ　腑抜け　*de* janhin（→腰抜け）

ふね　船, 舟　（船）*it* skip,（舟）*de* boat（→ボート）,（連絡船）*de* pont, *de* skou（→平底船, フェリー（ボート））,（帆船）*it* fartúch：3万トンの船 in *skip* fan 30.000 ton, 船で行く mei in *skip* farre, 舟を漕ぐ in *boat* roeie；船に乗る interje；船で運ぶ skypje

ふねっしんな　不熱心な　healslachtich, lau（→気乗りがしない）

ふねん（せい）の　不燃（性）の　ûnbrânber, ûnûntflamber：不燃ごみ *ûnbrânber* ôffal

ふのう　不能　*it* ûnfermogen, *de* ûnmacht,（不可能）*de* ûnmooglikens [-heid],（性的な）*de* ympotinsje：支払い不能 it *ûnfermogen* om te beteljen；不能な ûnmachtich,（不可能）ûnmooglik,（性的に）ympotint

ふはい　腐敗　*it* bedjer；腐敗する bedjerre, fergean, fermôgelje, ferrotsje, terotsje；腐敗した bedoarn, fermôgele, ferrotte, rottich：腐敗した肉 *bedoarn* fleis, 腐敗した社会 in *ferrotte* maatskippij, この腐敗した世の中 dizze *rottige* wrâld

ふばいうんどう　不買運動　*de* boykot（→ボイコット）；…の不買運動をする boykotsje, boykotte

ふはいの　不敗の　ûnferslein

ふはつ　不発　*it* ketsen / kitsen；不発に終わる ketse, kitse（→不成功に終わる）；不発弾 in net ûntplofte bom

ふばらい　不払い　*it* wanbeteljen, *de* wanbetelling

ふび　不備　*de* ûnfolsleinens；不備の ûnfoldwaand, ûnfolslein

ふひつような　不必要な　ûnnedich,（余分な）oerstallich

ふひょう　不評　*de* ympopulariteit；不評の ympopulêr

ふひょう　浮氷　*de* iisskosse,（流氷）*de* iisgong

ふびょうどう　不平等　*de* ûngelikens,（不公平）*de* ûnbillikens；不平等の ûngelyk,（不公平な）ûnbillik, ûnearlik

ぶひん　部品　*it* ûnderdiel：機械の部品 *de ûnderdielen* fan in masine

ふひんこう　不品行　*it* wangedrach；不品行な sedeleas

ふびんな　不憫な　begrutlik, earm, earmhertich [-moedich]（→可哀想な）：ふびんな子供たち *earme* bern；ふびんに思う bekleie, jin ûntfarmje

ふぶき　吹雪　*de* sniestoarm,（大吹雪）*de* sniejacht

ふふく　不服　（不満）*de* ûnfoldienens, *de* ûntefredenens [-denheid]；（異議）*it* beswier, *de* tsjinspraak；不服を唱える abbelearje, tsjinsprekke；あることに不服はない oer eat foldien wêze（→…に満足である）

ぶぶん　部分　*it* diel, *it* part, *it* ûnderdiel（→一部）：部分的に foar in *part*

ふぶんの　不文の　stilswijende, ûnbeskreaun：不文律 in *stilswijende* [*ûnbeskreaune*] wet = *it* gewoanterjocht

ふへい　不平　*it* beklach：人に不平を言う jins *beklach* dwaan；不平を言う jin bekleie, fûterje, grine, kleie, krimmenearje, mompelje：君は不平を言え

る立場にない Do hast neat te *kleien*., 彼はいつもぶつぶつ不平を言っている Hy *krimmenearret* altyd.

ぶべつ **侮蔑** →軽蔑

ふべん **不便** *it* ûngemak, *it* ûngeriif; 不便な ûngelegen, ûngemaklik, ûngeryflik, ûnhandich：この家は住むには不便だ Dit hûs is *ûngeryflik* om yn te wenjen., It is *ûngeryflik* om yn dit hûs te wenjen., 不便な道具 *ûnhandich* ark

ふへんてきな **普遍的な** alsidich, universeel；普遍性 *de* algemienens, *de* universaliteit

ふへんの **不変の** ûnferoare, ûnferoarlik；不変性 *de* ûnferoarlikens [-heid]

ふぼ **父母** heit en mem,《複》*de* âlden (→両親)；父母の会 *de* âlderjûn

ふほう **不法** *de* yllegaliteit, *it* ûnrjocht；不法の [に] yllegaal, ûnrjochtmjittich：不法行為 *yllegale* praktiken, in *ûnrjochtmjittige* die

ふほう **訃報** *it* deaberjocht, *it* / *de* leedbrief (死亡通知)：訃報に接する immens *deaberjocht* krije

ふほんいの **不本意の** ûnwillich；不本意ながら kweaskiks, mei tsjinsin (→嫌々ながら)；不本意（なこと）*de* ûnwil

ふまえて **踏まえて** (…を) berêste (op)：事実を踏まえて *berêste* op feiten

ふまじめな **不真面目な** net ynmoedich [serieus]

ふまん **不満** *it* beklach, *de* ûnfrede, *de* ûntefredenens；不満（そう）な ûnfoldien, ûntefreden：不満げな顔をして mei in *ûntefreden* gesicht, その結果に不満がない訳ではない Ik bin net *ûntefreden* oer it resultaat.

ふまんぞく **不満足** →不満

ふみいし **踏み石** *de* stapstien (→飛び石)

ふみかためる **踏み固める** fertraapje

ふみきり **踏(み)切(り)** *de* oerwei：無人踏切 in iepen *oerwei*

ふみこむ **踏み込む** ynrinne, (不意打ちをかける) oerfalle

ふみだい **踏み台** （台所などの)《複》*de* kokenstreppen (→脚立)

ふみだん **踏み段** (階段などの) *de* opstap, *de* traap, *de* tree(d), (乗降用の) *de* treeplanke：踏み段（→足元）に気をつけてください Tink om it *opstapke* ['e opstap].

ふみづき **文月** *de* july(moanne) (→七月)

ふみつける **踏み付ける** fertraapje, fertrêdzje, traapje, trêdzje：（うっかり）釘を踏みつけてしまった Ik bin yn in spiker *trape*.

ふみつぶす **踏み潰す** platwâdzje

ふみにじる **踏み躙る** (感情・権利などを) fertraapje：権利を踏みにじる rjochten *fertraapje*

ふみはずす **踏み外す** jin ferstappe, (常道を) ôfdwale

ふみん **不眠** *de* sliepeleazens [-leasheid] (←不眠症)：不眠に苦しむ lêst fan *sliepeleazens* hawwe；不眠の sliepeleas；不眠不休で働く by nacht en (by) dei wurkje

ふむ **踏む** (足・ペダルなどを) traapje, (初舞台などを) jins debút meitsje (→経験する), (値を) begrutsje, berekkenje (→評価する), (韻を) rime (→押韻する)；人の足を踏む immen op 'e foet *traapje*

ふむきな **不向きな** ûnbekwaam, ûngaadlik, ûngeskikt (→不適格な)：（あることに）不向きである earne *ûngeskikt* foar wêze；《動》（否定語を伴う）doge：彼は教師として不向きである Foar learaar *doocht* er net.

ふめい **不明** *de* ûnbekendens, *de* ûndúdlikens；不明な [の] ûnbekend, ûndúdlik (→不明瞭な)

ふめいよ **不名誉** *de* ûnear(e)；不名誉な earleas

ふめいりょうな **不明瞭な** obskuer, ûndúdlik, ûnoersichtlik, (言葉・発音が) binnenmûls(k)：不明瞭なしゃべり方をする *binnenmûlsk* prate

ふめいろうな　不明朗な（不正の）efterbaks, ûnearlik,（不正直な）ûnwierhaftich：不明朗な選挙 in ûnearlike ferkiezing

ふめつ　不滅　de ûnfergonklikens［-heid］；不滅の ûnfergonklik, ûnstjerlik

ふめんぼく　不面目　de ûnear(e),（不名誉）de ûngenede；不面目な［にも］earleas,（be)skamsum

ふもうな　不毛な　bar, earmoedich, meager, steryl, toar, woast：不毛の荒地 de toare heide；不毛 de sterilitéit

ふもと　麓　（山の）de foet：山の麓 de foet fan in berch

ふもん　不問　（人の欠陥・責任などを）不問に付する immens (fout / skuld) oersljochtsje

ぶもん　部門　de kategory（→部類）：部門に分ける yn kategoryen yndiele

ふやける　weak wurde, weakje

ふやす　増やす　（数を）fergrutsje, fermearderje,（給料・収入などを）opslaan

ふやす　殖やす　（財産などを）oan jins fortún taheakje

ふゆ　冬　de winter：厳寒の冬 in strange winter, 今年の冬に fan 'e [fan 't] winter, 冬中 troch de winter；冬に by 't winterdei, winterdei(s), 冬には winters；冬景色 it wintergesicht；冬の娯楽 de winternocht, de winterwille；冬のスポーツ de wintersport（→ウィンタースポーツ）；冬服 de winterklean；冬休み de krystfakânsje（→クリスマス休暇）

ふゆうする　浮遊する　→浮ぶ

ふゆかいな　不愉快な　aaklik, hinderlik, raar, ûnaardich, ûnoangenaam：彼女にそんな不愉快な思いをさせるな Do moatst net sa raar tsjin har dwaan.

ふゆきとどき　不行き届き　de achteleazens（→不注意）

ふよ　賦与　（天からの）de skinking；賦与する bediele, skinke（→授ける）

ぶよ　蚋　de neef

ふよう　不用　it ûnbrûk（→無用）；不用の ûnnut（→役に立たない）

ふよう　不要　→不必要；不要な ûnnedich

ふよう　扶養　it ûnderhâld,（支援）de steun；扶養する grutbringe, ûnderhâlde（→養う）：妻子を扶養する jins frou en bern ûnderhâlde；私の扶養家族 dejingen dy't ik ûnderhâlde moat；扶養義務 de ûnderhâldsplicht；扶養控除 de berne-ôftrek；扶養費《複》de ûnderhâldskosten；扶養手当 de berne-byslach

ぶよう　舞踊　→ダンス

ふよういな　不用意な　（不注意な）achteleas,（準備がしていない）niet klear [ree]

ふようじょう　不養生　fersom [ferwaarleazing] fan jins sûnens

ぶようじんな　不用心な　achteleas,（危険な）ûnfeilich

ふよする　付与する　jaan（→与える）：権限を付与する machtiging jaan = machtigje

フライ　de frituer（←フライ用油）, frituerd iten；フライにする frituere

ぶらいかん　無頼漢　de bandyt（→ごろつき, 無法者, ならず者）

フライきゅう　フライ級　gewichtsklasse by fjochtsporters

フライト　de flecht：次のフライトでパリに行く mei de folgjende flecht nei Parys gean；フライトレコーダー de swarte doas

プライド　（自尊心）de grutskens, de kriich；プライドの高い grutsk

プライバシー　（私事）de privacy：プライバシーを尊重する jins privacy heechachtsje, 人のプライバシーを侵害する ynbreuk meitsje op immmens privacy

フライパン　de fetpanne, de frituerpanne, de koekpanne

プライベートな　（個人的な）eigen, privaat, privee：プライベートな時間 jins eigen [privee] tiid

ブラインド　（日除け）it blyn

ブラウス　*de* blûze
プラカード　*it* plakkaat
プラグ　*de* pluch, *de* stekker：プラグを引き抜く *de stekker* derút lûke
ぶらさがる　ぶら下がる　hingje, ôfhingje；ぶら下げる　hingje
ブラシ　*de* boarstel,（ほこりを取る）*de* feger, *de* kwast；ブラシをかける boarstelje, feie：コートにブラシをかける in jas *boarstelje*
ブラジャー　*de* beha, *de* bústehâlder
ふらす　降らす　（雨などを）delfalle litte；人工的に雨を降らす bereine
プラス　（記号）*de* plus《＋》（↔マイナス）：10 プラス 5 は 15 Tsien *plus* fiif is fyftjin.
プラスチック（の）（*it*）plestik：プラスチック（製）のコップ in *plestik* bekerke
フラストレーション　（欲求不満）*de* frustraasje；フラストレーションを起こさせる frustrearje
ブラスバンド　*it* blaasorkest, *de* fanfare
プラズマ　*it* plasma
プラタナス　*de* plataan
ふらちな　不埒な　misdiedich, skandalich, skandlik（→無礼な，怪(⁽ᵏ⁾)しからん）
プラチナ　（白金）*it* platina
ふらつく　（頭が）draaierich fiele, dûzelje, dwyl(derich), omrinne,（足元が）wankelje：頭がふらつく De holle [kop] rint my om.
ぶらつく　（ぶらぶら歩き回る）kuierje, omrinne, slingerje, stoartelje
ブラック　《形》swart：コーヒーはブラックが好きだ Ik hâld fan *swarte* kofje [kofje sûnder molke（en sûker)]．；ブラックリスト de swarte list：ブラックリストに載っている op 'e *swarte list* stean
フラッシュ　*de* flitser：フラッシュをたく in *flitser* brûke = flitsljocht brûke
プラットホーム　*it* perron：汽車は何番線（プラット）ホームから出ますか Fan hokker *perron* giet de trein?
プラネタリウム　*it* planetarium

フラフープ　*de* hoelahoep；フラフープで遊ぶ hoelahoepje
ぶらぶら　ぶらぶらしている slingerje (→のらりくらり過ごす)；ぶらぶらする dreutelje；（足を）ぶらぶらさせる de skonken slingerje litte
フラミンゴ　*de* flamingo
プラム　*de* prom
フラメンコ　*de* flamenko
プラモデル　plastyk boarters guod foar bern
ふらりと　（不意に）ûnferwacht(e),（なにげなく）tafallich,（目当てのない）sinleas
ぶらりと　ぶらりと垂れ下がる trochsakje
ふられる　振られる　（拒絶される）ôfwiisd wurde
ふらん　腐乱　*de* fertarring；腐乱する fertarre
プラン　（計画）*it* plan, *de* planning
ブランク　（空白）*de* lakune,（しばらくの間）*it* skoft,（中断）*de* brek
プランクトン　*it* plankton
ぶらんこ　*de* skommel, *de* touter；ぶらんこで遊ぶ touterje：子供たちはぶらんこで遊んでいる De bern binne oan it *touterjen*.
フランス　Frankryk；フランス（人・語）（の）（*it*）Frânsk；フランス人 *de* Frâns(k)man
ブランデー　*de* brandewyn
ブランド　（商品の）*it* merk（→銘柄）
ふり　不利　*it* neidiel：不利な立場にある yn it *neidiel* wêze = op 'e kweade njoggen stean, …の不利になるように yn it *neidiel* fan …；不利な [に] kwea, neidielich, skealik；不利にする beneidielje
ふり　振り　（身なり）→服装，（様子）*it* foarkommen, *it* oansjen, *de* skyn, *it* útsicht；（…の）振りをする beare (dat …), fingearje, jin foardwaan
ぶり　鰤　*de* gielsturt
フリースラント（州）　Fryslân；フリー

スラントの Frysk；フリースラント語→フリジア語
プリーツ　de fâld(e), de ploai（→ひだ）；プリーツスカート de plisseerok
フリーの　（自由の）frij, los
ブリーフ　（短いパンツ）it slipke
ふりえき　不利益　it neidiel,（損失）it ferlies, de skea
ふりおとす　振り落とす　losse, ôfskodzje
ふりかえ　振替　（代理）de plakferfanger,（郵便の）de giro：振替で支払う oer de giro betelje；振替の giraal；振替口座 de girorekken；振替口座番号 it gironûmer
ぶりかえす　ぶり返す　（病気が）weromkomme,（寒さなどが）weromfalle：痛みがぶり返してきた De pine komt werom.；寒さがぶり返してきた Der komt wer kâld waar.
ふりかえる　振り返る　（後ろを）efteromsjen, omsjen,（…を）（追想する）tebeksjen [werom-]（op）
ふりかえる　振り替える　（他の口座に）oerboeke, oerskriuwe,（切り替える）omskeakelje
ブリキ　it blik / blyk；ブリキ缶 de bus；ブリキ製品 it tin；ブリキ製の tinnen
ふりきる　振り切る　（引き離す）ôflûke,（振りかわす）ôfskodzje
ふりこ　振り子　de slinger
ふりこう　不履行　契約の不履行 it net neikommen fan in kontrakt
ふりこむ　振り込む　oermeitsje, oerskriuwe：お金をジャイロに振り込む jild oerskriuwe oer de giro
フリジアご　フリジア語　it Frysk；フリジア語の Frysk：de Fryske taal
フリジアじん　フリジア人　（男性の）de Fries,（女性の）de Friezinne；フリジア人の Frysk；フリジア人の気質 de Fryskeigen；フリジア人気質の Frysksinnich
ふりしぼる　振り絞る　声を振り絞って mei in útset lûd；力を振り絞って út alle macht
プリズム　it prisma
ふりはらう　振り払う　losse（→振り落とす）
ふりまく　振り撒く　（まき散らす）ferstruie, struie, útstruie；（殺虫剤・香水などを）besproeie, sprinkelje
プリマドンナ　de prima-donna
ふりまわす　振り回す　(rûn)swaaie
ふりむく　振り向く　jin omdraaie
プリムローズ　de peaskeblom [april-]
ふりょう　不良　ynferieure [minne] kwaliteit；不良の ynferieur, min, slim,（品行の悪い）misdiedich：不良品 in min artikel, 不良少年 in misdiedige knaap = in goar jonge
ふりょく　浮力　de driuwkapasiteit
ぶりょく　武力　de kriichsmacht
ふりょの　不慮の　ûnferwacht(e), ûnfoarsjoen（→不測の）
ふりわける　振り分ける　（時間・仕事などを）ferdiele：仕事を振り分ける de taken ferdiele；仕事の振り分け de taakferdieling
ふりん　不倫　de sedeleazens；不倫の sedeleas
プリンス　（王子）de prins；プリンセス de prinsesse（→王女）
プリンター　de printer
プリント　（印刷物）de print
ふる　降る　（雨が）reine,（雪などが）falle：雨が降る [っている] It reint., 雪が降っ [てい] る De snie falt.
ふる　振る　（旗などを）swaaie (mei),（首・手を）skodzje,（挨拶に）（手を）weauwe：旗を振る mei de flagge swaaie, 帽子を振る mei de hoed swaaie, 首を振る de holle skodzje, 人に手を振る immen de hân skodzje,（挨拶に）nei immen weauwe；尾を振る wifelje；首を振って拒否する skodholje
ふるい　篩　de seef, it sou；ふるいに掛ける silje,（振り落とす）losse, ôfskodzje
ふるい　古い　âld（←古くなった）：

古いパン *âld brea*；古くさい *âldsk*；古い世代(の人々) *de âlderein*
ぶるい　部類　*de* kategory, (種類) *it / de* soarte
ふるいおこす　奮い起こす　(勇気を) jin fermanje, sammelje
ふるう　振るう　(力・能力などを) útoefenje (→発揮する)
ふるう　奮う　→奮い起こす
ブルー　(青色) *it* blau：ブルーの服を着ている yn 't *blau* wêze
フルーツ　(果物) *de* frucht；フルーツジュース *it* fruchtesop
フルート　*de* fluit(e)：フルートを吹く op 'e *fluit*(e) spylje；フルート奏者 *de* fluitist
ブルーベリー　in blauwe blebberbei
プルーン　*de* prom (→プラム)
ふるえ　震え　*de* huvering, *de* trilling：私は体中が震えた Der gong my in *huvering* oer de lea.；(寒さ・恐怖で)震える bibberje, huverje, sidderje, skodzje, trilje：寒さでがたがた震える *bibberje* [*trilje*] fan 'e kjeld；《形》震える huverich, skrousk；震えながら trilderich：震えながら字を書く *trilderich* skriuwe
プルオーバー　*de* pullover
ふるきず　古傷　*it* âldsear
フルコース　(メニュー) *it* menu
ふるさと　故郷　→故郷(こきょう)
ブルジョアの　(中産階級の) boargerlik；ブルジョア階級 *de* boargerstân
フルスピードで　yn 'e fûle faasje, mei feart en faasje
ふるった　振るった　(突飛な) ûngemien, (奇抜な) orizjineel
ふるって　奮って　(進んで) frijwillich (→積極的に)
ふるどうぐ　古道具　in twaddehâns(k) guod [artikel]；古道具屋 *de* útdragerij
ブルドーザー　*de* buldoazer
ブルドッグ　*de* buldog
プルトニウム　*it* plutoanium
ぶるぶる　ぶるぶる震える ridelje, sidderje, skodzje, trilje：寒さでぶるぶる震える *skodzje* fan 'e kjeld, 彼は両手がぶるぶる震えてる De hannen *ridelje* him., Syn hannen *trilje*.
ふるぼける　古惚ける　ferâlderje
ふるほん　古本　in antikwarysk [twaddehâns(k)] boek；古本屋 *it* antikwariaat
ふるまい　振る舞い　*it* dwaan, *it* gedrach, jins hâlden en dragen, *it* optreden, *de* trek；振る舞う dwaan, jin gedrage, optrede
ふるめかしい　古めかしい　âlderwetsk, âldsk, (流行後れの) âldfrinzich, antyk：古めかしい着物 (de) âldfrinzige klean
ふるわせる　震わせる　trilje litte；声を震わせて mei in trilderich lûd
ふれあい　触れ合い　*it* kontakt, *de* mienskip
ぶれい　無礼　*it* fergryp, *de* ûnbeleefdens；無礼な grou, lomp, ûnbehouwen, ûnbeskoft：この無礼なやつ dy lompe fint, 無礼な言葉 ûnbehouwen taal；無礼な男 *de* lompert
ブレーカー　(電流の遮断器) *de* ôfsluter
ブレーキ　*de* rem：急ブレーキをかける op 'e *rem* stean gean；ブレーキをかける remme
プレーボーイ　*de* playboy, *de* rokkejager (→色男, 女好き)
ブレーン　(政府の) (諮問委員会) *de* riedskommisje
ふれこみ　触れ込み　(お知らせ) *de* advertinsje, *de* meidieling, *de* oankundiging；触れ込む meidiele, oankundigje, (偽って言う) pretindearje
ブレザー　(コート) *de* blazer
プレス　(押すこと) *de* druk；プレス機 *de* parse；プレスする parsje (→アイロンをかける)
ブレスレット　(腕輪) *de* earmbân
プレゼント　*it* geskink, *it* kado, *it* presint：人に物をプレゼントする immen eat *kado* [*presint*] jaan, プレゼントを受け取る *it kado* oannimme, ある物をプ

レゼントとしてもらう eat *presint* krije
ぶれた （写真が）ûnskerp（→ぼやけた）
プレッシャー （精神的な圧力）*de* presje, *de* spanning：人にプレッシャーをかける *presje* op ien útoefenje
プレハブ （住宅）in prefab(risearre) wenning
プレミア(ム) （奨励金）*de* preemje（→景品）,（おまけ）*de* tajefte
ふれる　振れる　slingerje（→揺れる）
ふれる　触れる　oanreitsje, oansitte, reitsje, roere,（言及する）oanriere：彼女の指が私の肩にほんのちょっと触れた Har finger hat myn skouder mar krekt *roerd*., 主題に軽く触れる in ûnderwerp oanroere
ふろ　風呂　*it* bad（←風呂桶）, *it* lisbad：風呂に入る in *bad* nimme = baaie（→入浴する）, 赤ん坊を風呂に入れる de poppe yn *bad* dwaan
ブロイラー　*de* briedhin [pan-]
ふろう(しゃ)　浮浪(者)　*de* jiskepûster, *de* skoaier；浮浪する waarje
ふろうの　不老の　ivich jong
ブローカー　（仲買人）*de* makel(d)er
ブローチ　*de* brosj(e), *de* doekspjelde, *de* spjeld(e)
ふろく　付録　*de* appendiks, *it* oanhingsel, *de* taheakke
プログラマー　*de* programmeur
プログラム　*it* program(ma)；（…の）プログラムを作成する programmearje (foar)
プロジェクター　（投射器）*de* projektor
プロジェクト　（企業・事業）*it* projekt
プロセス　（経過）*it* proses
フロックコート　in klaaide jas
ブロッコリー　*de* brokkoly
プロット　（筋書き）*de* line, *it* skema
フロッピーディスク　*de* floppydisk
プロテスタント(の)　(*de*) protestant；プロテスタントの→新教徒の
プロの　profesjoneel；プロのサッカー選手 *de* beropsfuotballer, *de* proffuotballer

プロバイダー　*de* provider
プロパン　*it* propaan
プロフィール　（横顔）*it* profyl
プロフェッサー　（大学教授）*de* professor（→ heechlearaar）
プロペラ　*de* propeller
プロポーション　*de* proporsje
プロポーズ　*de* leafdesferklearring；（…に）プロポーズする（immen）in houliksoansiik dwaan
プロムナード　*de* promenade
プロレス　profesjonele wrakselsport
プロレタリア　（階級）*it* proletariaat
プロローグ　（序言）*de* prolooch
フロント　（ホテルの）*de* resepsje
ブロンドの　blûn, ljochthierrich（→金髪の）
ふわ　不和　*it* ferskil, *it* spul, *de* tsierderij, *de* wriuwing
ふわたりにする　不渡りにする　net honorearje：不渡り手形 in net ûntfanklike oanklacht
ふわふわして　（軽やかに）licht,（ふわふわした）sêft（→柔らかい）
ふん　分　（時間・角度の）*de* minút：9時10分前 It is tsien *minuten* foar njoggenen., 北緯20度15分 20 graden 15 *minuten* noarderbreedte
ふん　糞　*de* drol, *de* stront（→糞（$\frac{く}{そ}$）），（動物の）*de* dong,（馬の）*de* fiich,（鳥の）*de* fûgelstront, *de* poep,（小さくて丸い）*de* loarte；糞をする dongje
ぶん　文　（文章）*de* sin：短［長］文 in koarte [lange] *sin*, 単文［重文／複文］in inkelfâldige [gearstalde] *sin*；文構造 *de* sin(s)bou；文要素 *it* sin(s)diel
ぶん　分　（分け前・取り分）*it* diel, *it* oandiel, *it* part,（状態）*de* situaasje,（身分）*de* status
ぶんあん　文案　→下書き
ぶんい　文意　de betsjutting fan in sin
ふんいき　雰囲気　*de* sfear：パーティーの雰囲気 *de sfear* op in feest
ふんえん　噴煙　de reek út 'e fulkaan
ふんか　噴火　*de* erupsje, *de* útbarsting；噴火する útbarste

ぶんか 文化 de beskaving, de kultuer：日本［西洋］文化 de Japanske [westerske] kultuer；文化的な［に］kultureel：文化活動 kultureel wurk, 文化センター kultueel sintrum

ふんがい 憤慨 de galle, de lilkens；憤慨する jin lilk meitsje；憤慨して lilk

ぶんかい 分解 de fertarring, de ûntbining；分解する fertarre, ûntbine

ぶんがく 文学 de letterkunde, de literatuer；文学の，文学的な［に］letterkundich, literêr；文学者 de letterkundige

ぶんかつ 分割 de ferdieling；分割する ferdiele, partsje, spjalte, splisse, splite：農地を分割する in boerepleats spjalte；分割払いで op ôfbeteljen [ôfbetelling]

ふんきする 奮起する jin fermanje

ぶんき（てん）分岐（点）de foarke, de ôfslach；分岐する divergearje, útinoar rinne

ふんきゅう 紛糾 de komplikaasje, de tizeboel；紛糾する tiz(er)ich wurde；紛糾させる komplisearje

ぶんぎょう 分業 ferdieling fan wurk；分業する de taken ferdiele

ぶんぐ 文具 →文房具

ぶんけ 分家 de staach (↔本家)

ぶんげい 文芸 de literatuer；文芸の literêr：文芸作品 in literêr wurk, 文芸雑誌 in literêr tydskrift

ふんげき 憤激 →憤慨

ぶんけん 文献 de literatuer；文献学 de filology；文献学者 de filolooch；参考文献 de bibliografy

ぶんこ 文庫 de biblioteek；文庫本 de paperback

ぶんご 文語 de skriuwtaal (↔口語)

ぶんごう 文豪 in grutte skriuwer

ぶんこつ 分骨 in part fan jins jiske

ぶんさい 文才 文才に恵まれる literêr talint hawwe

ぶんざい 文際 jins sosjale posysje

ふんさいする 粉砕する ynslaan

ぶんさん 分散 de sprieding：公共事業の地方分散 de sprieding fan rykstsjinsten；分散させる ferspriede, útstruie；分散する fertoarkje

ぶんし 分子 （物理・化学の）de molekule, (数学の) de teller (↔分母)

ぶんし 文士 de skriuwer

ぶんし 分詞 it mulwurd：現在［過去］分詞 fuortsettend [ôfslutend] mulwurd

ふんしする 憤死する jin dea ergerje

ふんしつ 紛失 it ferlies；紛失する ferlieze, weimeitsje, weireitsje, weislepe：財布を紛失する jins beurs weislepe；紛失物 in ferlern artikel

ふんしゃ 噴射 （ガス・液体などの）de straal；噴射する spuitsje

ぶんしゅう 文集 in sammeling fan opstellen, de bondel

ふんしゅつ 噴出 （液体などの）de gjalp, de straal, de striel：水の噴出 in gjalp [striel] wetter；噴出する gjalp(j)e, opwâlje, wâlje, welje

ぶんしょ 文書 it dokumint,《複》de paperassen, it stik, de skriuwerij：文書を作成する in dokumint opmeitsje, 公文書 in offisjeel stik, 文書を提出する in stik ynstjoere；文書の dokumintêr

ぶんしょう 文章 de sin, (作文) it opstel：文章を書く in opstel skriuwe (→作文をする)；彼女は文章がうまい［下手だ］Se is in goede [minne] skriuwer.

ぶんじょうする 分乗する apart ride

ぶんじょうする 分譲する （土地を）(lân) yn parten ferkeapje

ふんしょくする 粉飾する fersiere, opsiere, siere (→飾る)；粉飾決算 flattearre berekkeningen

ふんじん 粉塵 (ほこり) it stof

ぶんしん 分身 （自分の子供）jins bern, （別の自分）jins oare ik

ぶんじん 文人 →文士

ふんすい 噴水 de fontein

ぶんすいれい 分水嶺 de wetterskieding

ぶんすう 分数 de breuk

ふんする 扮する →扮装する

ぶんせき　分析　*de* analyze, *de* ûntleding：(精神)分析を受ける yn *analyze gean*, 言語分析 taalkundige *ûntleding*；分析する analysearje, ûntleedzje：文を分析する in sin *ûntleedzje*；分析の, 分析的の [に] analytysk

ぶんせつ　文節　*de* fraze, (成句) *de* wurdgroep

ふんせん　奮戦　in heftich striid；奮戦する heftich fjochtsje, stride

ふんぜんとして　憤然として　driftich

ふんぜんとして　奮然として　dryst- (moedich), moedich

ふんそう　扮装　(メーキャップ) *de* opmaak, (変装) *it* ferklaaien, (偽装) *de* kamûflaazje；扮装する jin opmeitsje (→化粧する), (変装する) jin ferklaaie [fermomje], (偽装する) kamûflearje

ふんそう　紛争　*it* ferskil, *it* skeel：紛争を解決する in *skeel* bylizze

ふんぞりかえる　踏ん反り返る　in arrogante hâlding hawwe, (威張る) opsnije, sweeslaan

ぶんたい　文体　*de* styl, *de* trant：優れた文体 in goede *styl*

ぶんたい　分隊　(陸軍の) *de* kearnploech, (海軍の) *de* divyzje；分隊長 *de* groepskommandant

ふんだくる　(お金などを) útklaaie, (巻き上げる) ploaitsje, útskodzje

ぶんたん　分担　(責任の) dielde ferantwurdlikheid；分担する meipartsje

ぶんだん　文壇　(文学界) de wrâld fan 'e skriuwers

ぶんだんする　分断する　(遮断する) ôfsette

ふんだんに　(十分に) folop；お金をふんだんに使う jild fergrieme

ぶんちょう　文鳥　*de* rysfûgel

ぶんつう　文通　*de* briefkerij, *de* brievewiksel(ing), *de* korrespondinsje；(…と) 文通する briefkje (mei), korrespondearje (mei)

ぶんてん　文典　→文法

ふんど　憤怒　*de* woede, (激怒) *de* galle, *de* nidigens, (激情) *de* drift

ふんとう　奮闘　*de* wrakseling；奮闘する moardzje, wrakselje

ぶんどき　分度器　*de* graadbôge

ふんどし　褌　*it* muldoek

ぶんどる　分捕る　(奪う) berove, (取り上げる) ûntkrije

ぶんなぐる　ぶん殴る　ôfrosse

ぶんぱ　分派　*de* splintergroep, (党派) *de* partij, (宗派・学派) *de* sekte

ぶんぱい　分配　*de* dieling, *de* distribúsje, *de* ferdieling, *de* omdieling, *de* útdieling：食べ物の分配 de *distribúsje* fan iten；分配する diele, distribuearje, ferdiele, ferstrekke, omdiele, ompartsje, útdiele, útpartsje, útrikke：人に利益を分配する immen yn 'e winst *diele* litte

ふんぱつ　奮発　(努力) *de* ynspanning；奮発する jin ynspanne (→努力する), (頑張る) jins bêst dwaan

ふんばる　踏ん張る　(足を) jin skrep sette, (持ちこたえる) stânhâlde

ぶんぴ(つ)　分泌　*de* ôfskieding；分泌する ôfskiede：私たちの(体内にある)腺から様々な種類の物質が分泌される Us klieren *skiede* in grut ferskaat fan stoffen *ôf*.

ぶんぷ　分布　*de* distribúsje, *de* sprieding；分布する distribuearre wêze

ぶんぶつ　文物　de produkten fan beskaving (→文明)；日本の文物 alles wat Japansk is

ふんべつ　分別　*it* ferstân：分別がある in goed *ferstân* hawwe；(形) 分別のある ferstannich, reedlik：分別のある婦人 in *ferstannige* frou

ぶんべつ　分別　*de* klassearring；分別する klassearje (→分類する)

ぶんべん　分娩　*de* befalling；分娩する befalle；(病院の) 分娩室 *de* ferloskeamer, *de* kreamkeamer；分娩させる ferlosse：妊婦の分娩を助ける in frou *ferlosse*

ふんぼ　墳墓　*it* grêf, *de* grêfkelder

ぶんぼ　分母　*de* neamer (↔分子)

ぶんぽう　文法　*de* grammatika, *de* spraakkeunst, *de* spraaklear (←文法

書）：フリジア語文法 Fryske *grammatika*, 文法の規則 de regels fan 'e *grammatika*；文法の，文法的な［に］grammatikaal：文法的に正しい *grammatikaal* yn oarder；文法家［学者］ *de grammatikus*

ぶんぼうぐ　文房具　*it* skriuwark, *de* skriuwerij；文房具店 *de* papierwinkel

ふんまつ　粉末　*de* poeier：粉末にする oan *poeier* mealle

ふんまん　憤懣　*de* grime, *de* lilkens

ぶんみゃく　文脈　*it* ferbân, *de* kontekst, *it* sinsferbân（→脈略，コンテクスト）：その前後の文脈から út it *ferbân*

ふんむき　噴霧器　*de* sproeier

ぶんめい　文明　*de* beskaving, *de* kultuer, *de* sivilisaasje（→文化）：古代［西洋］文明 in âlde［de westerske］*beskaving*

ぶんめん　文面　de ynhâld fan in brief

ぶんや　分野　（研究の）*de* dissipline, *it* fjild, *it* terrein：言語学の分野 it *terrein* fan 'e taalkunde

ぶんよ　分与　*de* distribúsje, *de* tawizing；分与する tawize

ぶんり　分離　*de* isolaasje, *de* ôfskieding, *de* skied(ing), *de* spjalting, *de* splitsing；分離する ôfskiede, skiede；分離できる skiedber：分離動詞 in *skiedber* tiidwurd；分離した separaat

ぶんりつ　分立　→分離，（独立）*de* selsstannigens；分立する separearje

ふんりゅう　噴流　*de* striel

ぶんりょう　分量　*de* kwantiteit, *de* mjitte：分量が増える［減る］De *kwantiteit* giet omheech［minderet］.

ぶんるい　分類　*de* yndieling, *de* klassearring；分類する yndiele, klassearje, klassifisearje, rubrisearje：四つのグループに分類する *yndiele* yn fjouweren

ぶんれい　文例　in eksimpel fan in sin

ぶんれつ　分裂　（政党・教会・核などの）*de* splitsing：政党の分裂 in *splitsing* yn 'e partij；分裂する splite；分裂させる splisse

ぶんれつこうしん　分列行進　*it* defilee；分列行進をする yn optocht foarby gean

へ　へ　he

へ　屁　*de* poep, *de* skeet（→おなら）：へをする in *poepke*［*skeet*］litte = poepe；へとも思わない it net belangryk fine, it net telle

へ　へ短調 *it* mineur, へ長調 *de* majeur（…）へ　《場所・方向》（…の方へ）nei：学校へ行く *nei* skoalle gean, レーワルデンへ来る *nei* Ljouwert ta komme ＊しばしば ta を伴う

ヘア　（頭の）*it* / *de* hier,（陰毛）*it* skamhier；ヘアスプレー *de* hierlak；ヘアドライヤー *de* hierdroeger；ヘアネット *it* hiernetsje；ヘアピン *de* hierspjeld(e)；ヘアブラシ *de* hierboarstel

ペア　（対(?)）*it* pear,（カップル）*it* span, *it* stel

へい　兵　→兵隊

へい　塀　*de* muorre,（垣根）*de* freding,（柵）*de* ôffreding, *de* ôfsluting, *it* sket, *de* skutting

へいあん　平安　（平和）*de* frede,（平穏）*de* rêst,（安楽）*it* gemak

へいい　平易　*it* gemak, *de* simpelens；平易な maklik, simpel；平易にする simplifisearje；平易化 *de* simplifikaasje

へいいん　兵員　it tal militêren,（兵力）de kriichsmacht

へいえい　兵営　de kaserne（→兵舎）

へいえき　兵役　de tsjinst；兵役義務のある tsjinstplichtich；（良心的）兵役忌避者 de tsjinstwegerder

へいおん　平穏　de frede, de rêst：平穏に暮らす yn frede libje, 平穏に yn frede en rêst；平穏な［に］fredich, kalm, rêstich, stil：平穏に暮らす stil libje

へいか　陛下　de heechheid, de majesteit：国王陛下！ Syn Majesteit!, 女王陛下！ Har Majesteit!

へいかい　閉会　de sluting；閉会する de gearkomste slute；閉会の辞 it slútwurd

へいがい　弊害　it kwea, de misstân, de oantaasting；弊害を及ぼす oantaaste：喫煙は健康に弊害を及ぼす Smoken taast ús sûnens oan.

へいかんする　閉館する　（図書館・博物館などを）slute

へいき　平気　（無頓着）de nonsjalânse, de ûnferskilligens,（冷静）de dimmenens［-heid］；平気な roerleas,（無頓着な）nonsjalant, ûnferkillich；平気な顔をしている neat skele

へいき　兵器　de bewapening, it wapen, it wapenreau［-túch］（→武器）：兵器を捨てる［取る］de wapens dellizze［gripe］

へいきん　平均　de midsmjitte, de trochsnee(d)：平均して yn trochsnee(d)；平均の［して］midsmjittich；平均的な modaal, trochhinne：平均収入 in modaal ynkommen = it modaal；平均して trochinoar：このりんごは１個平均20セントだ De appels kostsje trochinoar tweintich sinten it stik.；平均する middelje

へいけい（き）閉経（期）de menopause（→更年期）；閉経期を迎えた女性 it âldwiif

へいげん　平原　it fjild

へいこう　平衡　de balâns, it lykwicht（→バランス，釣り合い）：平衡を保つ yn 'e balâns hâlde, it lykwicht hâlde kinne, 平衡感覚 jins gefoel foar lykwicht

へいごう　併合　de anneksaasje（←併合地［物］）,（合併）de fúzje；併合する anneksearje

へいこうせん　平行線　de parallel

へいこうする　平行する　（…に）parallel rinne（oan）；平行の［して］lykop, lykrinnend, parallel：幹線道路には平行して，自動車や歩行者用の道がある Nêst de autowei is in parallel dyk oanlein foar fytsers en trekkers.

へいこうする　並行する　neistinoar［njonken-］gean；並行して neistinoar［njonken-］

へいこうする　閉口する　jin sjenearje, jin skamje,（当惑する）ferbouwerearre wêze；閉口して deaferlegen

へいこうぼう　並行棒　（体操の）de brêge

べいこく　米国　Amearika（→アメリカ）

べいこく　米穀　de rys（→米）

へいさ　閉鎖　de sluting；閉鎖する slute（→閉じる）；閉鎖的な sletten；閉鎖音 de eksplosyf,（破裂音）de ploffer, de plofklank

へいし　兵士　de militêr, de soldaat

へいじつ　平日　de dei, de wurkdei：平日ではなく日曜日に net op wurkdagen mar op snein；平日の gebrûklik（→普段の）

へいしゃ　兵舎　de kaserne（→兵営）,（仮の）it kertier

べいじゅ　米寿　jins achtentachtichste jierdei《88歳の祝い》

へいしゅう　弊習　→悪習

へいじょう（の）平常（の）gewoan：平常の生活 it gewoane libben；平常通りに âldergewoante,（nei / út）âlderwenst

べいしょく　米食　it iten fan rys；米食する rys ite, fan rys libje

へいじょぶん　平叙文　in meidielende sin

へいしんていとう　平身低頭　平身低頭する jin fernederje（→卑下する）；平

身低頭して謝る op 'e knibbels om pardon freegje
へいせい 平静 de dimmenens [-heid]；平静な kalm, rêstich, stadich：平静を保つ jin rêstich hâlde
へいぜい 平生 →普段
へいぜん 平然 →平気；平然と(した) roerleas
へいそく 閉塞 de blokkade；閉塞する blokkearje, opstopje
へいぞくな 平俗な alledeisk (→平凡な)
へいそつ 兵卒 de gewoane soldaten (→兵士)
へいたい 兵隊 de soldaat；兵隊ごっこをする soldaatsjeboartsje
へいだん 兵団 it legerkorps
へいたんな 平坦な effen, flak, lyk, plat：平坦な道 in flakke wei
へいたん(の) 兵站(の) (de) logistyk；兵站基地 de etappe；(軍の)兵站部 it depot
へいち 平地 de flakte, in flak [plat / sljocht] lân：私は山より平地が好きだ Ik haw de flakte leaver as de bergen.
へいてい 平定 (鎮圧) de ûnderdrukking；平定する ûnderdrukke, (征服する) feroverje, oerweldigje
へいていする 閉廷する de rjochtsitting útstelle
へいてんする 閉店する (in winkel) slute；閉店 de sluting
へいねつ 平熱 de normale temperatuer
へいねん 平年 gewoan jier (↔閏年(うるう))
へいはつ 併発 (病気の) de komplikaasjes (by in sykte)；併発する gearfalle (→同時に起こる)
へいばんな 平板な (単調な) ientoanich, monotoan：平板なリズム ientoanich ritme
へいふく 平服 (普段着) de pels, gewoane klean, (略服) de frijetiidsklean
へいほう 平方 it kwadraat (→正方形) (→自乗, 二乗)；平方形(の) (it) fjouwerkant：4 平方メートル in fjouwerkante meter；平方根 de fjouwerkantswoartel
へいほう 兵法 de strategy, (戦術) de taktyk
へいぼんな [に] 平凡な [に] alledeisk, mien：平凡な人 in alledeisk minske
へいまく 閉幕 de fallen fan it gerdyn, (物事の) it ein fan in saak
へいみん 平民 de boarger, (庶民) it legere folk
へいめいな 平明な dúdlik, klear, simpel
へいめん 平面 it flak；平面の flak；平面図 de situaasjetekening
へいや 平野 de flakte, in flak lân
へいようする 併用する (…と)(一緒に用いる) tagelyk brûke (mei)
へいりつする 並立する neistinoar [njonken-] stean
へいりょく 兵力 de troepesterkte, (武力) de kriichsmacht
へいれつする 並列する yn in line stean, op 'e rige stean, (一列に並べる) rigelje
へいわ 平和 de frede：地上の平和 frede op ierde；平和な [に] fredich, freedsum：平和条約 de frede；平和主義者 de pacifist
ペイント de ferve (→ペンキ)
へえ！ no!：へえ！そんなことがあるのかな Hoe kin dat no?
ベーコン it spek：薫製(くんせい)にしたベーコン droech spek
ページ de bledside, de pagina, de side：この辞書は何ページありますか Hoefolle siden hat dit wurdboek?；本のページをめくる yn in boek blêdzje
ベージュいろ(の) ベージュ色(の) (it) bêzje
ベース (基準) it kritearium, (基地) it honk
ペース (歩調・速度) de pas, de stap, it tempo (→テンポ)：ペースを上げる it tempo opfiere
ペースト de pasta
ペースメーカー (スポーツの) de

gongmakker, *de* hazze,（心臓の）*de* pacemaker
ペーパー　（紙）*it* papier,（小論文）*it* essee；ペーパーバック *de* papierbak [-koer]
ベール　*de* wale,（修道女などの被る）*de* kape
(…)べからず　(…)可からず　net moatte：《諺》夫婦喧嘩の仲裁に入るべからず Men *moat* de hân *net* tusken bast en beam stekke.
へきえきする　辟易する　（うんざりする）jin ferfele
へきが　壁画　*de* muorreskildering
へきぎょく　碧玉　*de* jaspis
へきち　僻地　*it* fuottenein
(…)べきである　moatte：子供は10時には帰宅すべきだ Bern *moatte* om tsien oere thús wêze., 前もってそれをすべきだったのに Hiest it earder dwaan *moatten*., 君は煙草を止めるべきだ Do *moatst* it smoken oerjaan.
ヘクタール　*de* hektare
ヘクトパスカル　*de* hektopaskal
へこたれる　→へたばる
ベゴニア　*de* begoania
へこます　凹ます　（物を）eat yndûkje,（人を）(屈服させる) beprate, immen lytsman meitsje,（沈黙させる）immen swije litte；へこむ yndûkt wurde（→くぼむ）；へこみ *de* dûk：へこませる in *dûk* meitsje, 自動車にへこみがある Der sit in *dûk* yn 'e auto.；へこんだ hol
へさき　舳先　*de* boech
へしおる　圧し折る　brekke, ferbrekke,（鼻っ柱を折る）fernederje（→自尊心を傷つける）
ペシミスト　（悲観論者）*de* pessimist
ベスト　ベストを尽くす→最善を尽くす；ベストセラー *de* bestseller
ベスト　（チョッキ）*it* fest
ペスト　*de* pest
へそ　臍　*de* nâle, へそ曲がり→ひねくれた
べそ　べそをかく hast yn triennen wêze

へそくり　臍繰り　it geheime sparjild（fan in frou）
へた　蔕　de oanset fan in stale, *de* stronk(el)
へだたり　隔たり　de distânsje, *de* fierte, de ôfstân, *it* trajekt,（相違・差）*it* ferskil；…から隔たった fier fan…：彼らの家は駅から遠く隔たった所にある Har hús stiet [is] *fier fan* it stasjon.
へだてる　隔てる　ôfskiede, skiede
へたな　下手な　behelperich, behelplik, min, ûnbedreaun：私は字を書くのが下手だ Ik bin in *minne* skriuwer., 下手なスケーター in *ûnbedreaun* rider
へたばる　deaynein reitsje（→へとへとに疲れる）
ペダル　（自転車・オルガンなどの）*it* pedaal, *de* traper：オルガンのペダル de *trapers* fan in oargel
ペチコート　*de* pettikoat
ぺちゃくちゃ　ぺちゃくちゃしゃべる kweakje, rabbelje, taterje, tsjantelje, tsjetterje, tsjotterje, wauwelje
ペチュニア　*de* petunia
べつ　別　（区別）*it* ûnderskie(d),（相違）*it* ferskil；別の oars：それは別問題だ Dat is wat *oars*., どこか別の所に earne *oars*；別の人［物］oar；別（々）に apart, ôfsûnderlik,（余分に）ekstra, njonken,（特に）bysûnder：ある物を別（々）にして置く eat *apart* hâlde, 別に20ユーロ払わなければならない Ik moat 20 euro *ekstra* betelje., 今日は別にすることはありません Ik haw hjoed neat *bysûnders* te dwaan.
べっかくの　別格の　bûtenwenstich（→例外的な）
べっかんじょう　別勘定　aparte kosten [rekkens]
べっきする　別記する　oantekenings skriuwe
べっきょ　別居　*de* skieding；別居する apart wenje
べっこう　鼈甲　*de* skyldpod
べっこに　別個に　ôfsûnderlik,（独立して）selsstannich, ûnôfhinklik

ペッサリー （避妊具）it pessarium
べっしする　蔑視する　ferachtsje, fersmaadzje, ferspuie（→軽蔑する）
べっしゅの　別種の　fan ferskillende soarten
べつじょう　別状　それには別状ない Dêr is gjin probleem mei.
べつじん　別人　in oaren ien（→別の人）
べつせかい　別世界　in ferskillende wrâld
べっそう　別荘　de filla,（避暑地の）it simmerhúske
べっそうする　別送する　separaat stjoere
べったり（と）　ticht：彼女は私の後ろにべったり座っていた Sy stiet tige ticht achter my.
べつだん　別段　別段…ない foaral [spesjaal] net
ペッティングする　frije
ヘッド　（頭部）de kop；ヘッドライト de koplampe
ベッド　it bêd：ベッドを整える it bêd opmeitsje；ベッドカバー de sprei
ペット　it húsdier
ペットボトル　in plestik flesse
べつに　別に　別に…ない foaral [spesjaal] net：その映画は別に面白くもない De film is net spesjaal ynteressant.
べつびんで　別便で　mei（de）separate post
べつべつの[に]　別々の[に]　apart, separaat：ある物を別々にして置く eat apart hâlde
べつむね　別棟　in oar gebou
べつめい　別名　de bynamme；別名（は）（de）alias（別称）
べつもの　別物　oar, in oar ding
べつもんだい　別問題　それは別問題だ Dat is wat oars., Dat is in oare fraach [saak].
へつらう　諂う　（お世辞を言う）flaaie, streakje,（人に取り入る）immen op 'e lije side oankomme；へつらい de flaaierije；へつらう人 de flaaier

べつり　別離　in lang（en tryst）ôfskie(d)（→離別）
ベテラン　de feteraan
ぺてん　de ferlakkerij,（詐欺（さぎ））de bedragerij, de ôfsetterij, de swindel；ぺてんにかける bedrage, oplichtsje, swindelje；ぺてん師 de bedrager, de swindeler（→詐欺師）
へど　反吐　de koarre；へどを吐く jin bekoarje, koarje, spuie：へどを吐く galle spuie
べとつく　kleve, klibje：手にべとつく De hannen kleve my.；《形》kliemsk
べとべとする　汗でべとべとしている klam wêze fan it swit
へとへとになる　（へとへとに疲れた）ynein；へとへとに疲れて deawurch：へとへとに疲れる deawurch wurde
へどろ　（下水から流れ出る汚物）de slatmodder,（川・海などの底にたまった泥）de modder, it slib, it slik
ペナルティー　（競技の罰）de straf；ペナルティーキック de strafbal
べに　紅　（ほお紅）it / de rûzje,（口紅）de lippestift, de lipstik
ペニシリン　de penisilline
ペニス　de penis,（幼児の）de pimel, it slankje（→おちんちん）,（特に動物の）de pyst
べにます　紅鱒　in reade forel
ベニヤいた　ベニヤ板　it hechthout, it tripleks（→合板）
ペパーミント　it muntsje, de pipermunt（→薄荷（はっか））
へび　蛇　de slang,（蝮（まむし））de njirre：毒蛇 giftige slangen
ベビー　de baby, de lytse, de pop（→赤ん坊）；ベビーカー it kuierweintsje,（乳母車）de bernewein；ベビーサークル it stek；ベビーシッター de berne-oppas, de oppas
ヘビーきゅう　ヘビー級　（ボクサー）in swiergewicht（bokser）
へぼな　→下手な，不器用な
へま　de bok, it fiasko, de flater, de stommiteit：へまをやる broddelje in bok

sjitte = klongelje；へまなやつ *de* gek, *de* idioat, *de* stommeling, *de* sul（→間抜け）

ヘモグロビン　*de* hemoglobine

へや　部屋　*de* keamer：私の部屋に op myn *keamer*, この家には10部屋ある Dit hûs hat tsien *keamers*.；部屋着 *de* keamerjas

へらす　減らす　beheine, ferlytsje, ferminderje, ynkrimpe；腹を減らす hongerich wurde

へらへら　へらへら笑う healwiis ［ûnnoazel］laitsje

ぺらぺら　ぺらぺらしゃべる klikke, jin de mûle foarby prate,（流暢に）floeiend：彼女はフリジア語をぺらぺらしゃべる Se praat *floeiend* Frysk.

べらぼうな［に］　箆棒な［に］　freeslik, ôfgryslik, ûntsettend：べらぼうな費用 *ôfgryslik* hege kosten

ベランダ　*de* feranda, *de* warande

へり　縁　*de* igge, *de* kant, *de* râne, *de* sydkant：帽子［鏡］のへり *de* râne fan in hoed ［spegel］

ペリカン　*de* pelikaan

へりくだる　遜る　beskieden［deemoedich / dimmen / nederich］wêze, jin fernederje, feroatmoedigje（→卑下する）

へりくつ　屁理屈　in ferdraaid argumint；《形》へりくつをこねる fernimstich,《動》jins fernimstigens brûke；へりくつを言う人 *de* skerpslipper

ヘリコプター　*de* helikopter

へる　経る　（経過する）fergean, ferrinne, ferstrike, hinnegean,（経由する）passearje, trochgean, trochrinne,（経験する）meimeitsje, ûnderfine：その時以来10年を経ている Tsien jierren binne sûnt doe *ferrûn*., そのタンカーはスエズ運河を経て日本に向かった De tanker *passearre* it Suezkanaal nei Japan ta., 彼は数々の困難を経てきた Hy hat gâns muoite *ûnderfûn*.；《前》…を経て fia, oer：アムステルダムを経てロンドンへ *fia* Amsterdam nei Londen ta

へる　減る　belytsje, ferminderje, ynkrimpe, lúnje, minderje, ôfnimme：たばこの量が減る *minderje* mei smoken, 私の元本が減っている Myn kapitaal nimt ôf.

ベル　*de* bel, *de* belle, *de* skille；ベルを鳴らす belje, skilje：ベルが鳴った Der wurdt *belle*.

ベルギー　België；ベルギー人 *de* Belch,（男性の）*de* Bels,（女性の）Belgyske；ベルギー（人）の Belgysk

ヘルツ　*de* hertz《略 Hz.》

ベルト　*de* bân, *de* mulbân, *de* riem（→バンド）：ベルトでズボンを留める mei in *riem* de broek ophâlde

ヘルニア　*de* hernia, *de* ljiskbreuk（→脱腸）

ヘルメット　*de* helm

ベレー（帽）　*de* alpinopet, *de* baret

べろ（舌）*de* tonge：人にべろを出す de *tonge* tsjin immen útstekke

ヘロイン　*de* heroïne；ヘロイン中毒 *de* heroïneferslaving；ヘロイン中毒者 *de* heroïneferslaafde

ぺろぺろなめる　ぺろぺろ舐める　slikje（→舐める）：アイスクリームをぺろぺろなめる fan［oan］in iisko *slikje*

へん　辺　（多角形の）*de* side,（付近）*de* buert,（この程度で）sasear：三角形の三辺 de trije *siden* fan in trijehoek, この辺にポストがありますか Is hjir in brievebus yn 'e *buert*?；この辺で終わりましょう Sa folle foar hjoed!

へん　変　（事件）it insident,（動乱）*de* fersteuring, *de* reboelje；変な bjuster, bryk, frjemd, nuver, útwrydsk, wûnder(lik),（風変わりな）tipelsinnich,（怪しい）erchtinkend, fertocht：それは変だ Dat liket *bryk*., それは変な味がする It smakket *nuver*., 変な服装をしている *útwrydsk* yn 'e klean wêze, とても変な感じがしている It is my sa *wûnder* yn 'e holle., 変な名前 in *tipelsinnige* namme；変（な）人 *de* aparteling, *de* nuverling：彼は変人だ Hy is in *aparteling*［in aparte man］.

へん 篇 (本の) de bondel, it diel；詩篇 [編] it psalmboek
へん 編 大学書林編の辞典 in wurdboek troch Daigakusyorin (Utjouwerij)
べん 弁 (弁舌) de speech, de spraak, de taspraak, (方言) it dialekt：私の両親は普段鹿児島弁を話している Us âlden sprekke gewoan it *dialekt* fan Kagoshima.；弁が立つ redenryk：弁の立つ人 in *redenryk* man；彼は弁が立つ Hy is goed bebekke.
べん 弁 (花弁) it kroanblêd, (機械などの) it fentyl, (ポンプ・心臓などの) de klep, (弁膜) de hertklep, (安全弁) de útlitklep
べん 便 (便利さ) it gemak, it geriif, de geryflikens [-likheid], (大便) de trochgong, de ûntlêsting, (小便) de urine；便がよい→便利な
ペン de pin, de pinne：ペンとインク で mei *pinne* en inket；ペン軸 de pinnehâlder；ペンフレンド de korrespondinsjefreon(din)；ペンネーム it pseudonym (→偽名), de skûlnamme (→筆名)
へんあい 偏愛 de foarleafde；偏愛する befoarrjochtsje, begeunstigje, foarlûke, foartrekke
へんあつき 変圧器 de transformator
へんい 変異 in ûngewoan foarfal, (生物の) de fariaasje, de modifikaasje
べんい 便意 (急に) 便意を催す nedich (nei it húske) moatte
べんえき 便益 →便宜
へんか 変化 de feroaring, de oergong, de wikseling：天候の変化 *feroaring* fan waar；変化する feroarje, oergean, omslaan, wikselje (→変わる)：水が氷に変化する Wetter *feroaret* yn iis.
べんかい 弁解 it ekskús, de ferûntskuldiging：弁解をする jins *ekskús* meitsje [oanbiede]；(…を) 弁解する jin ekskusearje (foar), jin ferûntskuldigje (foar)
へんかく 変革 de fernijing, de feroaring

べんがく 勉学 →勉強
へんかん 返還 de weromjefte；返還する weromjaan
へんかん 変換 de omfoarming, de omsetting；変換する omfoarmje, omsette
べんき 便器 de klosetpot [toilet-], (便座) de bril, de húskebril [kloset-], (病人用の) de ûnderstekker, (幼児用の) de kakstoel (→おまる)
べんぎ 便宜 de fasiliteit, de geryflikens [-likheid], it geriif；便宜を図る geriivje, gerive, skewiele；便宜的な gelegen；便宜上 foar it gemak
ペンキ de ferve：ペンキを塗った yn 'e *ferve*, ペンキがはげた út 'e *ferve*, ペンキ塗り立て！ Tink om 'e *ferve!*；ペンキを塗る fervje；ペンキ屋 de ferver
へんきゃく 返却 de weromjefte；返却する wer(om)bringe, wer(om)jaan, (返済する) werombetelje：借りた本を図書館に返却する in liend boek *werombringe* nei de bibliteek；返却を求める weromfreegje
へんきょう 辺境 in ôfgelegen regio
べんきょう 勉強 de learing；勉強する leare, studearje：医者になるために勉強する foar dokter *leare*, 息子は大学で医学を勉強している Us soan *studearret* medisinen op de universiteit.；彼女は勉強熱心だ Se is in echte learder.
へんきょうな 偏狭な →偏屈な
へんきょく 編曲 it arranzjemint, de setting；編曲する arranzjearje
へんきん 返金 de ferjilding, de ôflossing, de werombetelling；返金する ferjilde, ôflosse, werombetelje (→返済する)
ペンギン de pinguin
へんくつな 偏屈な bekrompen, benepen, benypt, lytsgeastich (→狭量な)
へんけい 変形 de misfoarming, de omsetting, de transformaasje；変形させる misfoarmje, transformearje；変形した misfoarme；変形文法 tranfor-

へんけん

masjonele grammatika
へんけん 偏見 *it* foaroardiel：…に対して偏見を持っている in *foaroardiel hawwe oer* …, …に対する偏見 in *foaroardiel tsjin* …
べんご 弁護 *de* ferdigening；弁護する ferdigenje, foarstean, (…のために) pleitsje (foar)：人を弁護する immen *foarstean*；弁護士 *de* pleiter；弁護人 *de* advokaat
へんこう 変更 *de* feroaring, *de* wiziging：住所の変更 *feroaring fan wenplak*；変更する feroarje, omstalje, wizigje：新設学校の計画が変更された It plan foar in nije skoalle is *wizige*.
へんこう 偏向 *de* dwaling, *de* ôfwiking；偏向した partidich, tendinsjeus
へんさ 偏差 (統計で) *de* ôfwiking, (計器の針の) (振れ) *de* útslach：偏差値 de skatte *ôfwiking*
べんざ 便座 *de* bril, *de* húskebril [kloset-] (→便器)：トイレの便座 *de bril fan 't húske*
へんさい 返済 *de* ôflossing, *de* restitúsje：1万ギルダーの返済 in *restitúsje fan 10.000 gûne*；返済する ôflosse, werombetelje：借金を返済する in skuld *ôflosse*
へんざい 偏在 únegale [úngelike] sprieding；《形》偏在する rûnom bywêzich
べんさい 弁才 in talint foar sprekken
べんさい 弁済 *de* foldwaning, *de* ôflossing；弁済する foldwaan, (債務を) 弁済する (in skuld) ôflosse
へんさん 編纂 *de* gearstalling, *de* samling (→編集)；編纂する gearstalle：フリジア語の辞書を編纂する in Frysk wurdboek *gearstalle*
へんし 変死 in ûnnatuerlike dea：変死する in *ûnnatuerlike dea* stjerre；変死体 it lichem fan in minske dy't ûnnatuerlik stoarn wie
へんじ 返事 *it* andert, *it* antwurd, *it* beskie(d), *it* werwurd：返事をする in *antwurd* jaan, 彼に幾ら尋ねてみ

たが, 全然返事がなかった Ik frege him wat, mar hy joech gjin *antwurd*., 私の言ったことに対して, 彼はすぐには返事をしなかった Op wat ik sei, hie er sa gau gjin *werwurd*.；返事をする anderje, antwurdzje：あいまいな返事をする ûntwikend *antwurdzje*
べんし 弁士 *de* sprekker, (無声映画の) *de* ferteller
へんしつ 変質 *de* metamorfoaze；変質する yn kwaliteit ôfnimme；変質的な pervers；変質者 *de* fiislak (→変態)
へんじゃ 編者 *de* besoarger (→編集者)
へんしゅ 変種 *de* fariant, (動植物分類上の) *de* fariëteit
へんしゅう 編集 *de* gearstalling, *de* redaksje：雑誌を編集する de *redaksje* fan in tydskrift fersoargje, …の編集による ûnder *redaksje* fan …；編集する besoargje, bewurkje, kompilearje, redigearje, sammelje, útjaan；編集者 *de* besoarger, *de* gearstaller, *de* samler, (新聞の) 編集者 *de* redakteur《女性形 -trise》；編集部 *de* redaksje
へんしゅうきょう 偏執狂 (行動) *de* monomany, (人) *de* monomaan
へんしょ 返書 in antwurd op in brief
べんじょ 便所 →トイレ
べんしょう 弁償 *de* fergoeding (→補償)；弁償する fergoedzje
へんじょうする 返上する (送り返す) weromstjoere
べんしょうほう 弁証法 *de* dialektyk；弁証法的に dialektysk
へんしょく 変色 in feroaring fan kleur；変色する ferkleurje, ferskine, (色あせる) ferblikke；変色した bleek (→色あせた)
へんしょく 偏食 in ûnevenredich [-wichtich] dieet
ペンション (宿泊施設) *it* pensjon
へんじる 変じる →変わる
べんじる 弁じる (述べる) útsprekke, (…を) (弁解する) jin ekskusearje (foar)

へんしん 返信 *it* werwurd；返信する weromskriuwe
へんしん 変心 in feroaring fan tinkwize；変心する fan gedachten feroarje
へんしん 変身 *de* metamorfoaze；変身する jinsels transformearje
へんじん 変人 *de* nuverling
ベンジン *de* benzine（←ガソリン）
へんすう 変数 *de* fariabele（↔定数）
へんずつう 偏頭痛 *de* migrêne, skeane pineholle：偏頭痛がする *migrêne* hawwe
へんする 編する 一方に編する in foaroardiel hawwe
へんせい 編成 *de* organisaasje；編成する koördinearje, organisearje
べんぜつ 弁舌 *de* sizzenskrêft（→雄弁）；弁舌さわやか bebekke, bespraakt, flot, redenryk, wolbespraakt
へんせん 変遷 (変化) *de* feroaring, (推移) *de* oergong；変遷する feroarje, oergean
ベンゼン *it* benzeen
へんそうする 変装する （…に）変装する jin ferklaaie［fermomje］(as)；変装させる fermomje：…に変装して fermomme as …
へんそうする 返送する weromstjoere：彼女に手紙を返送する Ik sil har in brief *weromstjoere*.
へんそく 変則 *de* ûnregelmjittigens；変則（的）な［に］ûnregelmjittich
へんそくする 変速する skeakelje（→ギアを入れ替える）；変速ギア *de* fersnelling, *de* pook
へんたい 変態 （生物の）*de* metamorfoaze, (精神的な) *de* abnormalens［-maalheid］, *de* ôfwiking, (精神異常者) *de* fiislak；変態の，変態的な abnormaal, pervers；変態性欲 (seksule) perversiteit（→性的倒錯）
へんたい 編隊 *de* foarming
べんたつ 鞭撻 *de* bemoediging, *de* oanmoediging（→激励）；鞭撻する bemoedigje, oanmoedigje
ペンダント *de* hinger

ベンチ *de* bank
ペンチ *de* knyptange
へんちょう 変調 (体の) abnormale kondysje, (異常) *de* abnormalens, (楽曲の) in feroaring fan toan, (変奏曲) *de* fariaasje
へんちょうする 偏重する (過大評価する) oerskatte, (大げさに強調する) oerdriuwe
べんつう 便通 *de* trochgong：便通がある in *trochgong* hawwe
へんてこな →変な
へんてつな 変哲な alledeisk, gewoan
へんてん 変転 *de* feroaring (→変化)
へんでんしょ 変電所 *de* transformator
へんとう 返答 *it* antwurd, *it* tsjinwurd
へんどう 変動 (変化) *de* feroaring, (相場の) *de* skommeling；変動する skommelje
べんとう 弁当 (ランチ) *it* brea, *de* lunch（→昼食）；(弁当箱) *de* breatromp, *it* itenstrompke
へんとうせん 扁桃腺 *de* mangel：扁桃腺が炎症を起こしている De *mangels* binne ûntstutsen.；扁桃腺炎 *de* angina, *de* mangelûntstekking
へんに［な］ 変に［な］ frjemd, nuver, raar：それは変だ Dat is dochs *frjemd*., それは変な味がする It smakket *nuver*., 変なやつ in *rare* keardel
へんにゅう 編入 →転入
へんのう 返納 *de* werombetelling, *de* weromjefte（←返納金）；返納する werombetelje, werombringe, weromjaan
べんぱつ 弁髪 *de* sturt（→お下げ）
べんぴ 便秘 *de* ferstopping, *de* konstipaasje；便秘する ferstoppe reitsje；便秘がちな［の］hurdlivich
へんぴな 辺鄙な ienlik, ôfhandich：この場所は幾らか辺ぴな所にある Dy pleats leit wat *ôfhandich*.
へんぴん 返品 weromstjoerd guod；返品する guod weromstjoere
へんぺいの 扁平の plat；偏平足 *de* platfoet［-poat］

べんべつする　弁別する　ûnderskiede；弁別できる　kenber
へんぼう　変貌　in feroaring fan oansjoch, de metamorfoaze；変貌を遂げる in komplete feroaring ûndergean
へんぼう　返報　de tsjinprestaasje, (仕返し) de ferjilding, de revâns, de wraak：(人に) 返報する revâns [wraak] nimme (op immen)；返報する ferjilde, werombetelje
べんほう　便法　it helpmiddel
へんぽん　返本　in weromstjoerd boek；返本する in boek weromstjoere
へんぽんと　翩翻と　国旗がへんぽんと風にひるがえっていた De nasjonale flag(g)e wappere yn de wyn.
べんまく　弁幕　(心臓の) de klep
へんめい　変名　in falske namme：変名を使う in falske namme brûke
へんめい　弁明　de rekkenskip, (弁解) de (fer)ûntskuldiging；弁明する jin (fer)ûntskuldigje
べんもう　鞭毛　de giseltrie(d)

へんよう　変容　→変貌(へんぼう)
べんらん　便覧　it hânboek, (手引き) de lieding
べんり（さ）　便利（さ）　it gemak, de geryflikens, it geriif：便利のために foar it gemak；便利な hannelber, hânsum, nuttich：便利な道具 in hânsum stik ark
へんりん　片鱗　(一部分) it part, (ほんの少し) de skyn
へんれい　返礼　de attinsje：人に返礼する immen in attinsje bewize, …の返礼に as attinsje foar …
へんれき　遍歴　de omswerwing, (巡礼) de pylgergong [-tocht]；遍歴する doarmje, omdwale, omswalkje (→放浪する)
べんろん　弁論　(演説) de rede, de taspraak, (法廷での) de pleitrede：弁論する in taspraak hâlde；弁論する tasprekke, (法廷で) bepleitsje；弁論術 de dialektyk

ほ　ホ　ho

ほ　帆　it seil：船の帆 it seil fan in skip, 帆を揚げる seil bysette [meitsje], 帆を全部揚げる alle seilen derby bysette [sette] (→全力を出す), 帆を下ろす de seilen strike, 帆が風を一杯はらんでいる It seil stiet fol.；帆布 it seil(doek)
ほ　歩　(歩み) de pas, de stap (→歩調)：歩一歩 stap(ke) foar stap(ke)；歩を進める stappe
ほ　穂　(穀物の) de ier, de nôtier；(話の) 穂を継ぐ opfetsje
ほあん　保安　it hanthavenjen [hân-] fan de iepenbiere oarder [feilichheid / feiligens]

ほい　補遺　it supplemint：その辞書の補遺 in supplemint fan it wurdboek
ほいく　保育　de opfieding；保育する opfiede；保育所[園] de berne-opfang, de beukerskoalle, de kres (→託児所)；保育児 de beuker；保育器 de kûveuze
ボイコット　de boykot；ボイコットする boykotsje
ボイス　(声) it lûd；(航空機の) ボイスレコーダ it bânapparaat
ホイッスル　it fluitsje：ホイッスルを吹く op in fluitsje blaze = fluitsje
ボイラー　de tsjettel：ボイラーをたく in tsjettel stoke；ボイラーマン de

stoker
ホイル （車輪） *it* rêd, *it* tsjil
ぼいん　母音　*it* lûd（↔子音）：短［長］母音 in koart [lang] *lûd*；母音交替 *de* lûdwiksel（→アプラウト）
ぼいん　拇印　*de* tommeprint
ぼいん　grutte boarsten, grutte titten；ぽいんの女 in frou mei kanjers
ポインセチア　*de* krystroas
ポインター　*de* pointer
ポイント　（点数）*it* punt,（要点・核心）*it* punt：ポイントを獲得する in *punt* winne, それが問題のポイントだ Dat is no krekt it *punt*.
ほう　方　（方角・方位）*de* rjochting,（方面・方向）*de* kant：…の方に yn 'e *rjochting* fan …, バスは反対の方から来た De bus kaam fan 'e oare *kant*., その声は四方八方から聞こえてきた It lûd kaam fan alle *kanten*.；《前》（…の）方へ［に］ nei（… ta）：彼女は私の方を見た Sy seach *nei* my., 彼は彼女の方へ歩いて行った Hy rûn *nei* har ta.
ほう　法　（法律）*de* wet,（法則）*it* foarskrift, *de* regel,（方法）*de* metoade, *de* wei,（道理）*de* rede,（文法の）*de* wize：法を制定する in *wet* ynfiere, 法を犯す *de wet* oertrêdzje, 人は法の前では平等である Foar de *wet* is elkenien gelyk., 命令法 de hitende *wize*；道路法 *de* ferkearsregel（→交通法（規））；教授法 *de* ûnderwiismetoade；法的な［に］rjochtlik
ぼう　棒　*de* staak, *de* stok / stôk：人を棒で殴る immen mei de *stok* slaan
ぼう　（一）某（一）（ある…）in sekere …；→某氏, 某日
ほうあん　法案　*it* wetsûntwerp：法案を通す in *wetsûntwerp* oannimme
ぼうあんきする　棒暗記する　út 'e holle leare（→丸暗記する）
ほうい　方位　（方角）*de* rjochting,（羅針盤の）*de* wynrjochting,（複）*de* wynrjochtings (fan it kompas)
ほうい　包囲　*de* omsingeling；包囲する belegerje, besingelje, ynslute, omsingelje
ほうい　法衣　in liturgysk gewaad
ほうい　暴威　→猛威
ほういがく　法医学　rjochtlike genêskûnde
ぼういん　暴飲　te folle drinken；暴飲する te folle drinke；暴飲暴食 oerdiedich iten en drinken；暴飲暴食する te folle [oerdiedich] ite en drinke
ほうえい　放映　*de* televyzjeútstjoering；（映画を）放映する (in film) op de televyzje útstjoere
ほうえい　防衛　*de* ferdigening, *it* ferwar；防衛する ferdigenje,（自己を）jin ferwarre（→弁護する）
ぼうえき　貿易　*de* ferhanneling, *de* hannel：自由貿易 frije *hannel*；貿易する hannelje：日本と貿易をする op Japan *hannelje*；貿易赤字 it tekoart op 'e hannelsbâlâns；貿易協定 *it* handelsakkoart, *de* hanneloerienkomst；貿易黒字 *it* handelsoerskot；貿易風 *de* passaat(wyn)
ぼうえんきょう　望遠鏡　*de* fierrekiker, *de* kiker, *de* teleskoop：望遠鏡で星を見る de stjerren mei in *teleskoop* sjen
ぼうえんレンズ　望遠レンズ　*de* telelins
ほうおう　法王　*de* paus（→教皇）
ほうおう　訪欧　in besyk oan Europa；訪欧する Europa besykje
ほうおん　報恩　it ynlossen fan in skuld
ほうおん　防音　*de* lûdsisolaasje（←防音装置）；防音の lûdkearend, lûdticht
ほうおん　忘恩　*de* ûntank：《諺》忘恩は世の習い Untank is it lean fan de wrâld.；忘恩の ûntankber（→恩知らずの）
ほうか　放火　*de* brânstichting（←放火罪）；放火する brânstichtsje；（ある物に）放火する (eat) yn 'e brân stekke；放火犯人 *de* brânstichter；放火魔 *de* pyromaan
ほうか　砲火　*it* kanonskot
ほうが　萌芽　*it* ûntkymjen；萌芽する (ûnt)kymje, útsprute

ぼうか 防火　*de* brânbefeiliging；防火の brânfrij；防火訓練 *de* brânoefening；防火壁 *de* brânmuorre
ぼうが 忘我　net op jinsels passen
ほうかい 崩壊　*de* fal, (倒壊) yninoar sakjen；崩壊する (stikken) falle, ynfalle, ynstoarte
ぼうがい 妨害　*it* belet, *de* hinder, *de* steuring, (電波の) *de* steuring；妨害する belette, benimme, deare, ferhinderje, hinderje, sabotearje, steure：人の意見を妨害する immen it útsicht benimme
ほうかいせき 方解石　*it* kalkspaat
ほうがいな 法外な　oerdreaun, oeribel, ûnfatsoenlik, ûnnut：法外な値段 *oerdreaun* presys
ほうがいの 望外の　ûnfertocht, ûnferwacht(e)
ほうがく 方角　*de* rjochting：…の方角に yn 'e *rjochting* fan …
ほうがく 法学　*de* jurisprudinsje, *de* rjochts(ge)leardens；法学者 *de* jurist, *de* wetgelearde
ほうかご 放課後　nei skoaltiid
ほうかつ 包括　(総括) *de* gearfetting；包括する gearfetsje (→総括する, 一括する)；包括的な ynbegrepen
ほうかん 砲艦　*de* kanonnearboat
ほうがん 包含　*de* ymplikaasje, *it* ynsluten, *de* ynsluting；包含する ymplisearje, ynhâlde, omfetsje, omfiemje (→含む)
ほうがん 砲丸　*de* kûgel
ぼうかん 防寒　beskerming tsjin 'e kjeld；防寒具 in útmeunstering foar in kâlde winter；防寒服 *de* winterklean
ぼうかん 暴漢　*de* skarlún, *de* skobbert, *de* smjunt
ほうがんし 方眼紙　*it* milimeterpapier
ぼうかんする 傍観する　oanskôgje, tasjen；傍観者 *de* kiker, *de* omstanner, *de* oanskôger
ほうき 法規　wetten en regelingen
ほうき 放棄　*de* ferlittenens, *de* ôfstân；あることを放棄する earne ôfstân fan dwaan, それを放棄する Dêr doch ik ôfstân fan.；放棄する ferlitte, oerjaan, ôfskaffe, (…を) ôfsjen (fan)
ほうき 蜂起　*de* folksopstân, *de* opstân；(…に反抗して) 蜂起する opstean (tsjin)
ほうき 箒　*de* biezem
ぼうぎ 謀議　*de* yntrige；謀議する yntrigearje, kûpje
ぼうきゃく 忘却　*it* ferjit；忘却する ferjitte (→忘れる)
ぼうぎゃく 暴虐　*de* grouweldie(d), *de* tiranny
ほうきゅう 俸給　*it* salaris, *it* traktemint (→サラリー, 給料)
ぼうきょ 暴挙　*de* oprin, *it* oproer (→暴動)
ぼうぎょ 防御　*it* ferwar, (防衛) *de* ferdigening；防御する ferdigenje, ferwarre, (…を) beskermje (tsjin)
ほうきょう 豊胸　grutte boarsten
ぼうきょう 望郷　*de* nostalgy, *de* ûnwennigens [-ichheid]
ぼうぐ 防具　beskermjende klean
ぼうくう 防空　*de* loftferdigening；防空壕 *de* skûlkelder；防空 (態勢) *de* loftbeskerming
ぼうくん 暴君　*de* tiran
ほうけい 包茎　*de* foarhûd
ぼうけい 傍系　*de* sydliny；傍系の sydlings；傍系会社 *de* dochterûnderniming
ほうげき 砲撃　*it* geskutfjoer
ほうけん 奉献　*de* ynwijing；奉献する ynwije (→奉納する)
ほうげん 方言　*it* dialekt, *it* plat, *de* tongfal [-slach] (→訛り)：フリジア語の諸方言 Fryske *dialekten*；方言学 *de* dialektology；方言学者 *de* dialektolooch；方言地図 *de* dialektkaart
ほうげん 放言　in ûnferantwurdlike opmerking
ぼうけん 冒険　*it* aventoer；冒険する aventoerje；冒険好き [的] な aventoerlik；冒険家 *de* aventurier
ぼうげん 暴言　rûge taal, (悪態) *it*

skelwurd；(…に)暴言を吐く fûterje (op)
ほうけんてきな　封建的な　feodaal；封建制(度) it lienstelsel
ほうこ　宝庫　(資源・知識などの) de skatkeamer
ほうご　防護　de beskerming；防護する beskermje；防護マスク in beskermjend masker
ほうこう　方向　(方角) de rjochting, (針路) de koer(t)s, (方針・計画) it plan；右［左］の方向に rjochtsôf [lofts-]；(自動車の)方向指示器 de rjochtingoanwizer, (飛行機の)方向舵 it roer
ほうこう　芳香　it aroma, de balsem, de geur, it parfum, de swietrook；芳香のある swietrokich
ほうこう　奉公　de tsjinst；奉公する tsjinje：家政婦として奉公する as húshâldster tsjinje；奉公期間 de leartiid (→徒弟期間)
ほうこう　放校　de útsetting [it stjoeren] (fan skoalle)；(学生を)放校にする (in studint) fan skoalle (ôf)stjoere
ほうこう　膀胱　de (urine)blaas；膀胱炎 de blaasûnstekking
ほうこう　暴行　it geweld, it skeinen, (婦女への) de ferkrêfting：暴行する geweld brûke；(婦女に) ferkrêftsje, skeine (→レイプする)；婦女暴行 de ferkrêfting
ほうこうする　彷徨する　→さ迷う
ほうこうする　咆哮する　→吠える
ほうごうする　縫合する　(傷口を) hechtsje, naaie
ほうこく　報告　it berjocht, it rapport：最近の報告によれば neffens de lêste berjochten；報告する berjochtsje, oanbringe, rapportearje
ほうこく　亡国　in nasjonale ûndergong
ほうさい　防災　it foarkommen
ほうさく　方策　(手段) it behelp, it middel, it rêdmiddel, (計画) it plan, it skema：方策を練る in plan [skema]

útwurkje
ほうさく　豊作　de fruchtberens [-berheid], oerfloedige [rike] risping(e)
ほうさつ　謀殺　in moard mei opsetsin；謀殺する moedwillich [willemoeds] moardzje
ほうさつされる　忙殺される　(…で) oerstjalpe wurde (mei)
ほうさん　硼酸　it boarsoer
ほうし　奉仕　de tsjinst (→奉公)；奉仕する tsjinje
ほうし　胞子　(植物の) it spoar
ほうじ　法事　in boeddhistyske tsjinst
ほうし　防止　de ferhindering, de previnsje；防止する ferhinderje, ferhoedzje
ほうし　某氏　in bepaalde persoan
ほうし　帽子　(縁のある) de hoed, (つば・ひさしのある) de pet：帽子をかぶる[脱ぐ] in hoed drage [ôfnimme], 帽子をかぶって mei in hoed op
ほうしき　方式　(公式) de formule, (方法) de metoade, it systeem, (手順) it prosedee, de proseduere
ほうしつ　防湿　it kearen fan focht
ほうじつ　某日　in bepaalde dei
ほうしゃ　放射　de strieling, de útstrieling；放射する bestrielje, útstrielje；放射状に yn in radikaal patroan
ほうじゃくぶじんな　傍若無人な　frijpostich en oermoedich
ほうしゃせいの　放射性の　radio-aktyf：放射性物質 radio-aktive stoffen
ほうしゃせん　放射線　de strieling：放射線を浴びる bleatsteld wurde oan strieling；放射線で治療する bestrielje
ほうしゃのう　放射能　de radio-aktiviteit；放射能汚染 radio-aktive fersmoarging；放射能漏れ nukleêre lekkaazje
ほうしゅ　砲手　de kanonnier
ほうじゅ　傍受　(盗聴) it ôflústerjen；傍受する ôfharkje, ôflústerje, (盗聴する) ôftaapje
ほうしゅう　報酬　de beleaning, de fergoeding, it lean：相応の報酬を得る

ぼうしゅうざい

lean nei wurk(jen) krije
ぼうしゅうざい 防臭剤 *de* deodorant
ほうじゅうな 放縦な frijfochten, lossinnich
ほうしゅつ 放出 (気体・液体の) *de* fluts, *de* gjalp, (物資などの) op 'e merk brocht guod；放出する gjalp(j)e, stjalpe, (熱を) hjitsje, (電気を) ûntlade；放出物資 frijfûn guod
ほうじゅんな 芳醇な ryp en swietrokich
ほうじゅんな 豊潤な oerfloedich (→ 豊かな)
ほうじょ 幇助 *de* begeunstiging, *de* handichheid (→ 手助け, 従犯)；ほう助する begeunstigje, helpe, (人に救いの手を差し伸べる) immen hantlangje
ぼうしょ 某所 in ûnwis plak
ほうしょう 報奨 *de* oanmoediging, *de* prikel
ほうしょう 傍証 *it* bewiismateriaal
ほうじょう 豊穣 *de* fruchtberens [-berheid], *de* risping(e)；豊穣な fruchtber (→ 豊作の)
ほうじょう 豊饒 *de* fruchtberens；豊饒な fruchtber (→ 肥沃な)
ぼうしょく 防食 *it* tsjingean fan fertarring
ぼうしょく 紡織 spinnerij en weverij
ほうしょくする 奉職する tsjinst oanfange, wurkje as skoalmaster
ぼうしょくする 暴食する te folle ite
ほうじる 奉じる (主義・教えなどを) folgje, (職に) oannimme：キリスト教を奉ずる Jesus *folgje*, 職に奉じる *it* wurk *oannimme*
ほうじる 報じる oanbringe, (恩に) (報(ﾞ)いる) beleanje
ほうしん 方針 *it* belied, *de* rjochtline：将来の方針 *rjochtlinen* foar de takomst
ほうしん 放心 *de* ôfwêzigens (← 放心状態)；放心した gedachteleas, ôfwêzich
ほうしん 疱疹 *de* herpes
ほうじん 法人 *de* stichting (← 社会法人)

ぼうず 坊主 in boeddhistyske preester
ほうすい 放水 (排水) *de* útwettering；放水する útwetterje
ぼうすい 紡錘 *de* spoel
ぼうすいの 防水の wetterticht：防水(の)時計 in *wetterticht* horloazje, 防水服 in *wettertichte* jas, 防水する *wetterticht* meitsje
ほうせい 法制 *de* wetjouwing
ほうせい 砲声 *it* bolderjen fan 'e kanonnen
ほうせい 縫製 *it* naaien, *it* naaiwurk；縫製する naaie
ぼうせい 暴政 *de* tiranny
ほうせき 宝石 *it* juwiel, *it* sieraad；宝石で飾られた juwielen：宝石入りのブローチ in *juwielen* doekspjelde；宝石商人 *de* juwelier；宝石箱 *it* juwieledoaske
ぼうせき 紡績 *de* spinnerij；紡績する spinne；紡績糸 *it* spinsel；紡績工場 *de* spinnerij
ぼうせん 防戦 in ferdigenjende fjildslach
ほうせんか 鳳仙花 *de* balsem(yn)
ぼうぜんと 茫然と gedachteleas, ôfwêzich, wêzenleas
ほうそう 包装 *it* ynpakken [fer-]；包装する bepakke, ynpakke, pakke：荷物を包装する in pakje *ynpakke*；包装紙 *it* pakpapier
ほうそう 放送 *de* útstjoering：生放送 in rjochtstreekse *útstjoering*, 放送中である yn 'e *útstjoering* sitte；放送する omroppe, útstjoere：その試合はテレビで放送されるだろう De tillevyzje *stjoert* de wedstryd *út*., フリースラント放送局は毎日番組を放送している Omrop Fryslân *stjoert* alle dagen programma's *út*.；放送局 *de* omrop, *de* stjoerder
ほうそう 疱瘡 *de* pok / pôk, *de* poksykte
ぼうそうする 暴走する op 'e kletter gean [slaan]；暴走族 *de* motorbinde
ほうそく 法則 *de* wet：ボイルの法

則 de *wet* fan Boyle
ほうたい　包帯　*de* bân, *de* swachtel, *it wynsel*：包帯をする in *swachtel omlizze*, 腕に包帯をしている de earm yn 'e *wynsels* hawwe
ほうだい　砲台　*de* batterij
ぼうだいな　膨大な　enoarm, gigantysk, reuseftich
ぼうたかとび　棒高跳び　*it* polsstôkspringen；棒高跳びをする polsstôkspringe
ほうだん　放談　ynformele ûnderhannelings [diskusjes]
ほうだん　砲弾　*de* kanonskûgel
ぼうだんの　防弾の　kûgelfrij：防弾チョッキ in *kûgelfrij* fest, 防弾ヘルメット in *kûgelfrije* helm；防弾ガラス *it* pantserglês
ほうちく　放逐　（追放）*de* ferdriuwing；放逐する útdriuwe (→追放する)
ほうちこっか　法治国家　*de* rjochtssteat
ほうちする　放置する　ferlitte, (人を) immen allinnich litte, (自転車を) fytsen ferweesd efterlitte
ぼうちゅうざい　防虫剤　*it* ynsektiside
ぼうちょう　包丁　*it* kokenmes, *it* mes / mês
ぼうちょう　傍聴　*it* lústerjen；(…を) 傍聴する harkje [lústerje] (nei), taharkje；傍聴席 sitplakken foar it publyk；傍聴人 *it* publyk (→公衆)
ぼうちょう　膨張　*de* ekspânsje, *de* útsetting；膨張する útdije, útsette, úttine, útweakje：暑さのためにほとんどの物が膨張する De measte dingen *sette út* troch de waarmte.
ほうっておく　放って置く　fersleaukje, útsloere (→放置する), (怠る) fersloere, fersomje, ferwaarleaz(g)je
ぼうっと　dizich, gedachteleas, ôfwêzich, wêzenleas [wezen-]：頭がぼうっとして mei de *dizige* holle
ほうてい　法廷　*it* hôf / hof, *it* rjocht, *de* rjochtbank
ほうていしき　方程式　*de* fergeliking
ほうていの　法定の　legaal；法定休日 in erkende feestdei (→(国定)祝祭日)
ほうてき　放擲　→放棄
ほうてきな [に]　法的な [に]　rjochtlik, (合法の) rjochtmjittich, wetlik, wettich：フリジア語の法的・社会的地位 de *wetlike* en sosjale status fan it Frysk, あらゆる法的手段によって mei alle *wettige* middels
ほうてん　法典　*de* koade, *de* kodearring, *it* wetboek；法典化する kodifisearje
ほうでん　放電　*de* ûntlading
ぼうと　暴徒　*de* oproerkraaier, *de* opstanneling；(…に対して)暴徒化する yn opstân komme (tsjin)
ほうとう　放蕩　（浪費）*it* fergriemen；放蕩な losbannich, lossinnich：放蕩な生活 in *lossinnich* libben, 放蕩にふける *lossinnich* libje；放蕩息子 in ferlerne soan (→道楽息子)
ほうどう　報道　*de* ferslachjouwing, *de* reportaazje (←報道記事)：月曜日にはいつも新聞にスポーツの試合記事が載っている Moandeis steane der altyd *reportaazjes* fan sportwedstriden yn 'e krante.；報道する rapportearje, ferslach útbringe；報道記者 *de* ferslachjouwer
ぼうとう　冒頭　（見出し）*de* iepening, (初め) *it* begjin：新聞の冒頭 de *iepening* fan 'e krante
ぼうとう　暴騰　in hommelse ferheging；暴騰する sterk oprinne
ぼうどう　暴動　*de* oprin, *it* oproer, *de* reboelje：労働者たちはしばしば暴動を起こす De arbeiders jouwe faak *reboelje*.
ぼうとく　冒瀆　*de* blasfemy, *de* godslastering；冒瀆する lasterje, ûnthilligje：神を冒瀆する God *lasterje*
ぼうどくの　防毒の　frij fan gas；防毒マスク *it* gasmasker
ほうにょう　放尿　*it* urinearjen；放尿する urinearje (→排尿する)
ほうにんの　放任の　sûnder tuskenkomst [bemiddeling]；放任する net

ほうねん　bekroadzje, net fanwegenkomme [yngripe / ynterferearje], litte
ほうねん　放念　ご放念ください！Lit my allinnich：
ほうねん　豊年　in fruchtber jier
ぼうねんかい　忘年会　it âldjiersfeest
ほうのう　奉納　de ynwijing, de oerjefte, de tawijing；奉納する ynwije, tawije：教会を奉納する in tsjerke ynwije
ぼうばくとした　茫漠とした　oergrut, ûnúteagber,（ぼんやりした）obskuer, ûnoersichtlik
ぼうはつ　暴発　in spontane ûntploffing；暴発する spontaan ûntploffe
ぼうはてい　防波堤　it havenhaad, de seewarring
ぼうはん　防犯　it tefoaren kommen fan misdie(d)；防犯カメラ de bewekkingskamera；防犯ベル de alarmynstallaasje
ほうひ　放屁　→おなら；放屁する in poepke litte, in wyn gean litte
ほうび　褒美　de beleanning, de priis；褒美を与える beleanje
ぼうび　防備　de ferdigening, it ferwar；防備する ferdigenje；無防備の warleas
ほうふ　抱負　de hope,（大望）de ambysje,（期待）de ferwachting, de fêstberettens：大きな抱負を持つ grutte ambysjes hawwe
ほうふ　豊富　de oerfloed, de rykdom：牧草が豊富にある Der is in rykdom oan gers.；豊富な[に]oerfloedich, ryk：物を豊富に所有している eat ryk wêze
ぼうふ　亡父　myn ferstoarne heit
ぼうふ　亡夫　myn ferstoarne man
ぼうふ　防腐　de konservearring；防腐剤 it konserfearingsmiddel
ぼうふう　暴風　de stoarmwyn,（暴風雨）de stoarm（→嵐）；暴風雨の stoarmich；暴風雨警報 it stoarmsein
ぼうふうりん　防風林　de wynsingel
ほうふく　法服　（牧師・裁判官などの）de tabbert, de toga（→法衣）
ほうふく　報復　de ferjilding, de revâns, de wraak（→復讐）：人に報復する wraak nimme op immen；報復する ferjilde；報復手段 de ferjildingsmaatregel
ほうふつ　彷彿　彷彿とする tebinnenbringe,（…を）weromtinke（oan）（→思い出させる）：その写真は私たちの楽しい旅を彷彿させる De foto bringt my ús moaie reis tebinnen.
ほうぶつせん　放物線　de paraboal；放物線（状）の paraboalysk
ほうぶん　法文　de tekst fan de wet
ほうへい　砲兵　de artillerist；砲兵隊 de artillery
ほうへき　防壁　de ferdigeningswâl
ほうべん　方便　（手段）it helpmiddel, it middel：《諺》嘘も方便 It doel hillicht de middels（net）.
ぼうぼ　亡母　myn ferstoarne mem
ほうほう　方法　de manier, de wei, de wize,（組織立った）de metoade：支払方法 wize fan beteljen；方法論 de metodyk
ほうぼう　方々　（あらゆる方向に）alle rjochtings,（四方に）yn it rûnom,（至る所に）oeral, rûnom,（至る所から）witwêr：方々から人々がやって来た De lju kamen witwêr wei.
ほうぼく　放牧　it weidzjen；放牧する weidzje；放牧地[場] it gerslân, de weide, it weidlân
ほうまつ　泡沫　（泡（あわ））it skom；泡まつの skommich
ほうまんな　放漫な　（いい加減な）laks, slof,（無責任な）ûnferantwurdlik,（軽率な）ûnfoarsichtich：放漫経営 in laks management
ほうまんな　豊満な　wielderich：豊満な女性 in wielderige frou
ほうむ　法務　（司法上の）rjochterlike oangelegenheden,（宗教上の）religieuze oangelegenheden
ほうむる　葬る　（埋葬（まいそう）する）begrave, beïerdigje, bysette,（覆いかぶせ

る）bedobje,（もみ消す）smoare：遺体を葬る in lyk *bysette*
ほうめい 芳名 （名声）*de* bekendheid, *de* reputaasje, *de* rop,（あなたのお名前）jins namme
ぼうめい 亡命 *de* útwiking；亡命する oerrinne, útwike：ドイツにいた数多くのユダヤ人はオランダに亡命した In soad Dútske Joaden *wykten út* nei Nederlân.；亡命者 *de* flecht(e)ling, *de* oerrinder, *de* útwikeling：政治亡命者 in politike *flecht(e)ling*
ほうめん 方面 （方向）*de* rjochting,（地域）it gea, it gewest, *de* krite, it mêd, *de* oarde, *de* regio,（分野）it gebiet：フリースラント方面 de *regio* Fryslân, あらゆる方面で op alle *gebieten*
ほうめん 放免 *de* frijspraak, *it* ûntslach（→釈放）：監獄からの放免 *ûntslach* út 'e finzenis；放免する frijlitte, frijmeitsje（→釈放する）
ほうもつ 宝物 *de* skat,（宝）*de* fynst, *it* relikwy；宝物殿 *de* skatkeamer
ほうもん 砲門 *de* tromp (fan in geskut)
ほうもん 訪問 *it* besyk, *de* besite：人を訪問する in *besyk* bringe oan immen, by immen op *besite* gean；訪問する besykje, besytsje（→訪ねる）：人を訪問する in persoan *besykje*；訪問者 [客] *de* besiker, *de* gast, *de* prater；訪問時間 *de* besykoere
ぼうや 坊や （男の子供）*de* jonge, *it* maatsje（→坊ちゃん）
ほうゆう 朋友 →友だち，友人
ほうよう 包容 （寛容）*de* ferdraachsumens, *de* royalens, *de* tolerânsje；包容する tolerearje；包容力のある ferdraachsum, royaal
ほうよう 法要 in boeddhistyske routsjinst（→法事）
ほうよう 抱擁 *de* omearming；抱擁する oankrûpe, omearmje, omklamme, omstringelje：人を抱擁する immen mei de earms *omklamme*

ほうよくな 豊沃な →肥沃な
ぼうよみする 棒読みする ientoanich lêze
ほうらく 崩落 *de* fal, *it* ynstoarten (→倒壊)；崩落する bejaan, delfalle, delsakje, falle, ynsakje, ynsjitte, ynstoarte, omtruzelje
ぼうらく 暴落 （物価の）*de* ynsinking,（相場の）*de* klap (↔暴騰)；暴落する sterk dale [sakje]：物価が暴落する De prizen *sakje sterk*.
ほうらつな 放埓な ferlern, los, losbannich
ほうり 法理 in legaal prinsipe
ぼうり 暴利 in ûnearber gewin
ほうりこむ 放り込む yngoaie, ynsmite
ほうりだす 放り出す donderje, útsmite,（放置する）ferlitte,（断念する）opjaan：私は彼を玄関から放り出した Ik haw him ta de doar út *dondere.*, 人をドアから放り出す immen (ta) de doar *útsmite*
ほうりつ 法律 *it* rjocht, *de* wet：法律を専攻する *rjochten* studearje, 法律を制定する in *wet* ynfiere, 法律を犯す de *wet* oertrêdzje, オランダの法律に従って neffens de Nederlânske *wet*；法律 (上) の echt, rjochtens, rjochtskundich, wetlik；法律家 [学者] *de* rjochtskundige；法律専門家 *de* wetgelearde
ほうりなげる 放り投げる bruie, saaie, útsmite：彼は私の木靴を運河に放り投げた Hy *bruide* myn klomp yn 'e feart., コートを放り投げる de jas *útsmite*
ぼうりゃく 謀略 *de* yntrige, *it* komplot (→陰謀, 策略)
ほうりゅう 放流 *de* útwettering；放流する útwetterje litte
ぼうりょく 暴力 *it* geweld：暴力を振る [に訴える] *geweld* brûke；暴力団 in krimineel syndikaat；非暴力の geweldleas
ボウリング *it* kegelspul；ボウリング

ほうる　をする kegelje；ボウリング場 de kegelbaan（←ボウリングレーン）；ボウリングのピン de kegel
ほうる　放る　goaie, klappe, mikke, saaie, smite, werpe：彼女は鞄をテーブルの上に放った Se goaide [smiet] har tas op 'e tafel.
ボウル　（鉢）de kom, de skaal：料理を盛ったボウル in skaal mei iten
ほうるい　堡塁　de fersterking, de fêsting, it fort
ほうれい　法令　de wet；法令全書 it wetboek（→法典）
ほうれい　法例　de tapassing fan wetten
ぼうれい　亡霊　de geast, de skim / skym, it skynsel, it spoek（→幽霊）
ほうれんそう　菠薐草　de spinaazje
ほうろう　放浪　it omswalkjen；放浪する dwale, omswalkje, swerve, sweve, toarkje, waarje：国中を放浪する troch it lân swerve；放浪者 de omstipper, de omswalker, de swerver, de swever
ほうろう　琺瑯　it emalje（→エナメル），（上薬）it glazuer,（歯の）ほうろう質 it emalje
ぼうろん　暴論　in geweldich argumint（→暴言）
ほうわ　飽和　de sêding；飽和させる fersêdzje；飽和した fersêde, sêd（→満腹の）；飽和点 it sêdingspunt
ほえごえ　吠え声　（犬の）it (hûne)-geblaf
ほえる　吠える　（犬が）blaffe, gûle, oanslaan,（狼・犬が）jank(j)e,（猛獣が）wrinskje, wrinzgje；《諺》吠える犬はめったに噛まない Hûnen dy't blaffe, bite net., 吠えている犬 in gûlende hûn, 狼が吠えている In wolf gûlt.
ほお　頬　de koan, it wang：彼女はほおが赤くなった De koanen begûnen har te gloeien., 腫れ上がったほおpoffige wangen, ほおを赤くして mei reade wangen；ほおひげ it bakkeburd；ほお骨 de wangbonke
ボーイ　（少年）de jonge,（レストランなどの）de kelner,（ホテルの）de pikolo：ボーイが私の部屋にスーツケースを運んでくれた De pikolo brocht de koffer nei myn keamer.；ボーイフレンド de freon, de frijer, de jonge
ポーカー　（トランプ遊びの）it poker：ポーカー遊び in spultsje poker；ポーカー（遊び）をする pokerje；ポーカーフェイス in strak gesicht
ほおかぶりする　頬被りする　（覆いで）jins gesicht bedekke (mei de wale),（知らない振りをする）beare dat men neat wit,（聞こえない振りをする）Ingelsk wêze
ボーキサイト　it bauksyt
ポーク　（豚肉）it bargeguod；ポークソテー satee fan bargefleis
ホース　（管）de slang, de slurf
ポーズ　de hâlding, de mallichheid, de poaze；ポーズを取る poseaje
ポーズ　（休止）de rêst；ポーズを置く skoft nimme
ほおずき　酸漿，鬼灯　in Sineeske lantearneplant
ほおずりする　頬擦りする　私はその赤ん坊に頬擦りした Ik krûpte mei myn wang tsjin it popke.
ポーター　（赤帽）de kroader, de wytkile
ボーダーライン　（境界（線））de grinsline,（限界）de grins
ポータブルの　（携帯の）draachber：ポータブルテレビ[ラジオ] in draachbere televyzje [radio]
ポーチ　（玄関口）it portaal / porteal,（小物入れ）de pong(e)
ほおづえをつく　頬杖をつく　（両手[片手]で）mei de holle op beide hannen [ien hân] leune
ボート　de boat：ボートを漕ぐ in boat roeie = roeikje；ボートの漕ぎ手 de roeier；ボートレース de roeiwedstryd
ポートレート　it portret
ポートワイン　de port
ボーナス　de preemje, de taslach
ほおばる　頬張る　jins mûle fol dwaan mei iten

ほおひげ　頬鬚　*it* bakkeburd
ホープ　（希望）*de* hoop / hope
ほおべに　頬紅　*de* rûzje
ほおぼね　頬骨　*de* wangbonke
ホーム　（駅の）*it* perron,（家庭）*it* hûs,（家族）*de* famylje：汽車は何番ホームから出ますか Fan hokker *perron* giet de trein?；老人ホーム *it* hûs
ホームシック　*de* nostalgy, *de* ûnwennigens [-ichheid]；ホームシックになった ûnwennich
ホームタウン　（出生地）*it* berteplak
ホームドクター　（家庭医）*de* húsdokter
ホームページ　*de* website, *it* webstee
ホームヘルパー　*de* gesinshelp
ホームラン　*de* homerun
ホームルーム　*it* klasselokaal；ホームルームの先生 *de* klaselearaar
ホームレス　（宿無し）in dakleas minske,《形》dakleas：ホームレスになる *dakleas* reitsje
ポーランド　Poalen；ポーランド人［語］（の）(*it*) Poalsk
ボーリング　→ボウリング
ホール　（大広間）*it* / *de* seal,（コンサート）ホール *de* gehoarseal：玄関ホール *de* festibule
ボール　（球技の）*de* bal,（器の）*de* kom, *de* skaal：ボールを打つ in *baltsje* slaan, ボールを打ち損なう *de bal* misslaan；ボールで遊ぶ balje
ポール　（棒高跳びの）*de* pols：ポールを用いて（溝を）跳び越える mei de *pols* ljeppe
ボールがみ　ボール紙　*it* karton
ボールド　（活字の）in fette letter
ボールペン　*de* balpin(ne)
ほおん　保温　behâld fan waarmte；保温する waarmte behâlde；保温のいい waarm
ほかく　捕獲　*de* fangst（←捕獲物）；捕獲する fange, krije, snippe：猟師は野兎を捕獲した De jager *snipt* in hazze.
ぼかし　暈し　*it* feal wurden；（言葉などを）ぼかす ûndúdlik prate

ほかならない　他ならない　gjinien oars as, neat [net] oars as：それは他ならぬ妻だった It wie *gjinien oars as* myn frou., われわれは待つより他ならない Wy kinne *net oars as* wachtsje.
ほかの　外の, 他の　oars, 他の（人・物）oar：他の（→もう）一杯コーヒーを飲みたい Ik wol *oare* kofje drinke., どこか他の所で earne *oars*；(…の) 他に neist, njonken：彼は英語の他に, フリジア語も研究している *Neist* Ingelsk, hat er ek Frysk studearre.
ぽかぽかする　lekker waarm fiele
ほかほかの　waarm；ほかほかのパン krekt bakte bôle [brea]
ほがらかな　朗らかな　fleurich, lustich：朗らかな女性 in *fleurige* frou
ほかん　保管　*it* bewa(a)r；保管する bewarje,（倉庫などに）opbergje；保管人 *de* bewa(a)rder, *de* bewa(a)rnimmer；保管（手数）料 *it* bewa(a)rlean；保管所 *it* berchplak
ぼかん　母艦　*it* memmeskip
ほかんする　補完する　komplimintearje；補完物 *it* komplemint；補完 *de* suppleesje
ぽかんと　（ぼんやりと）gedachteleas, ôfwêzich：彼女はぽかんと眺めていた Se sjocht sa *ôfwêzich*.；口をぽかんと開いて mei jins mûle iepen
ほき　補記　*it* supplemint（→補遺）
ぼき　簿記　*de* boekhâlding；簿記をつける boekhâlde
ボキャブラリー　（語彙("))*de* wurdskat
ほきゅう　補給　*de* oanfier, *de* oanfolling, *de* tafier；補給する oanfiere, oanfolje, tafiere：援軍を補給する in leger *oanfiere*, 人にある物を補給する immen wat *tafiere*
ほきょう　補強　*de* fersterking；補強する fersterkje, fersteviigje：壁を補強する in muorre *ferstevigje*
ぼきん　募金　*it* fûns, *de* kollekte, *it* kollektejild；募金する kollektearje,（献金する）ynbringe；募金箱 *de* kollekte-

ほきんしゃ

bus
ほきんしゃ 保菌者 *de* oerbringer：コレラの保菌者 in *oerbringer* fan goalera
ぼく 僕 僕が［は］ik（→私）；僕の myn；僕を［に］my；僕の物 mines, minen
ほくい 北緯 *de* noarderbreedte（↔南緯）：北緯40度 op 40 graden *noarderbreedte*
ほくおう 北欧 Skandinavië（→スカンジナビア）；北欧の Skandinavysk；北欧語［人］*it* Skandinavysk
ぼくぎゅう 牧牛 gerskjend fee
ほくげん 北限 it meast noardlike punt
ボクサー *de* bokser
ぼくさつする 撲殺する deaslaan（→殴り殺す）
ぼくし 牧師 （特に新教の）*de* dominy（cf. 司祭，神父）
ぼくじょう 牧場 *de* greide, *de* weide
ボクシング *it* boksen；ボクシングのグローブ *de* bokswant；ボクシングリング *de* boksring
ほぐす 解す （肩凝りを）ûntspanne,（緊張を）ferslopje,（もつれ・糸を）losmeitsje, úthelje, útplúzje
ほくせい 北西 *it* noardwesten；北西の［に］noardwest
ぼくそう 牧草 *it* gers；牧草地 *it* gersfjild［-lân］, *de* greide, *it* haailân
ほくそえむ ほくそ笑む stikem laitsje, jin yn 'e hannen wriuwe,（くすくす笑う）nokkerje
ぼくたち 僕達 （→私たち）僕たちが［は］wy；僕たちの ús；僕たちを［に］ús；僕たちの物 uzes, uzen
ほくたん 北端 it noardik ein
ぼくちく 牧畜 *de* feefokkerij, *de* feehâlderij, *de* greidhoeke；牧畜業者 *de* feehâlder；牧畜場 *de* greidpleats
ほくとう 北東 *it* noadeasten；北東の［に］, 北東部の［に］noardeast
ぼくとう 木刀 in houten swurd
ぼくどう 牧童 （特に羊の）*de* harder, *de* hoeder,（牧夫）*de* feehoeder
ほくとしちせい 北斗七星 （大熊座）

de Grutte Bear
ぼくとつな 朴訥な earlik en oprjocht：朴訥な人柄 in *ienfâldich* karakter
ほくぶ 北部 it noarden
ほくべい 北米 Noard-Amearika
ほくほくする （…に）fergulde［fernoege］wêze（mei）
ほくほくせいの 北北西の noardnoardwest；北北西 *it* noardnoardwesten
ほくほくとうの 北北東の noardnoardeast；北北東 *it* noardnoardeasten
ぼくめつ 撲滅 *de* ferdylging, *de* útroeging；撲滅させる ferdylgje, útroegje：害虫を撲滅する it ûnrant *ferdylgje*, 悪を撲滅させる it kwea *útroegje*
ぼくよう 北洋 *de* noardsee（→北海）
ぼくよう 牧羊 *de* skieppebuorkerij；牧羊犬 *de* harder, *de* hardershûn；牧羊者 *de* skieppehoeder；牧羊地 *de* skieppeweide
ほぐれる 解れる los wurde,（気分が）loskomme, ûntteie
ほくろ 黒子 *it* deaplak, *de* spoeketaast
ぼけ 惚け, 呆け （もうろく）*de* bernskens, *de* seniliteit：ぼけ防止 tsjingean fan *seniliteit*；ぼけた bernsk, senyl：ぼけ老人 in *senile* persoan
ほげい 捕鯨 *de* walfiskfangst, *de* walfiskfeart；捕鯨船［者］*de* walfiskfarder
ぼけい 母系 *de* memmekant（↔父系）：母系の fan *memmekant*（→母方の）
ぼけい 母型 *de* matriks
ほけつ 補欠 *de* oanfolling；補欠の tuskentiidsk（→臨時の）：補欠選挙 *tuskentiidske* ferkiezings；補欠選手 *de* ynfaller
ぼけつ 墓穴 墓穴を掘る jins eigen grêf dolle
ポケット *de* bûse,（特にズボンの）*de* broeksbûse,（ビリヤードの）*de* sek；両手をポケットに入れて mei de hannen yn 'e bûse
ぼける 惚ける, 呆ける senyl wurde
ぼける 暈ける （色あせる）ferblikke, ferflauje, fersjitte, ferskine；（光・色・

音などが) ぼけた dôf, (色が) feal, (論点などが) ûndúdlik (→不明瞭な)

ほけん　保険　de fersekering; 保険をかける assurearje, fersekerje; 火災保険をかける tsjin brân *fersekerje*; 保険 (会社) de assurânsje, de fersekeringsmaatskippij; →生命保険

ほけん　保健　de deugd, de sûnens (→健康); 保健衛生 de hygiëne; 保健所 in (iepenbier) konsultaasjeburo

ぼけん　母権　it memmerjocht, it bewâld [gesach] fan 'e mem

ほこ　矛　it helleburd

ほご　反故, 反古　it skuorpapier (→紙くず)

ほご　保護　de befeiliging, de beskerming, de beskutting, de fâdij, de foudij; 保護する *beskutting* jaan, 保護の元にある ûnder *fâdij* stean; 保護する bewarje, (…から)保護する befeiligje, beskermje (foar / tsjin); 保護者 de beskermer, de fâd, de foud; 保護者会 de âlderkommisje; 保護色 de skutkleur; 保護鳥 beskerme fûgels

ほご　補語　it komplemint

ほこう　歩行　de rin; 歩行する rinne; 歩行者 de rinner

ほこう　補講　in oanfoljend kolleezje, in supplemintêre les

ぼこう　母校　jins âlde skoalle [universiteit]

ぼこう　母港　in thúshaven

ぼこく　母国　jins thúslân; 母国語 de memmetaal: 私の母国語は日本語です Myn *memmetaal* is Japansk.

ほこさき　矛先　(槍 (やり) の) de spearpunt, (熊手の) de pyk: (…に) 矛先を向ける in *spearpunt* rjochtsje (op)

ほこら　祠　it timpeltsje

ほこらしい　誇らしい　grutsk, heechmoedich, (勝ち誇ったように) triomfant(e)lik

ほこり　埃　de fizens, it stof, it túch: ほこりが目に入る in *stofke* yn it each krije, ほこりを払う *stof* ôfnimme, ほこりを立てる *stof* opjeie, ほこりを吸い取る it *túch* opsûgje

ほこり　誇り　de grutskens, de grutspraak, de heechmoed: 誇りを持つ *grutskens* hawwe

ほころび　綻び　縫い目がほころびている De naad is los.; ほころびる toarne; (蕾が) ほころぶ yn 'e knop komme

ほさ　補佐　(男性の) de assistint, (女性の) de assistinte; 補佐する assistinsje

ほさき　穂先　(穀物の) de nôtier, (槍の) de spearpunt

ぼさっと　→ぼんやりと

ぼさぼさ　ぼさぼさの髪　ûnfersoarge hier

ぼさん　墓参　in besyk oan immens grêf; 墓参する immens grêf besykje

ほし　星　de stjer (←星印), (《集合的に》) it stjerte, (白斑) de kol: 夜空に多くの星を見ることができる By in heldere nacht kinne wy in protte *stjerren* sjen., 三つの星のついているレストラン in restaurant mei trije *stjerren*; 星占い→占星術; 星印 de asteriks, it stjerkje (*); 星空 de stjerreloft; 星回り de stjer

ほじ　保持　it hanthavenjen, it ûnderhâld; 保持する hâlde, (維持する) ûnderhâlde; 保持者 de hâlder

ぼし　母子　mem en bern; 母子家庭 in heiteleaze famylje

ぼし　墓誌　it grêfskrift (→墓碑銘)

ほしい　欲しい　begeare, wolle, (望む) tawinskje, winskje: 何か暖かい飲み物が欲しい Ik *wol* graach wat waarms te drinken [hawwen].

ほしいままに　縦に　(勝手気ままに) nei eigen goedachtsjen [tinken]

ほしくさ　干し草　it hea; 干し草日和 (びより) it heawaar; 干し草の山 de heaberch; 干し草用の熊手 de heafoarke

ほじくる　穿る　(土を) hakje, spitte, (鼻を) klauwe, plúzje, (欠点・問題などを) fitte [lekskoaie] (op): 鼻をほじくる yn 'e noas *plúzje*

ほしぶどう　干し葡萄　de rezyn: 干しぶどう入りパン brea mei *rezinen*

ほしもの　干し物　(洗濯物) *de* wask, *it* waskguod, (魚の) *de* stokfisk；干し物を取り込む bewaskje

ほしゃく　保釈　*de* frijspraak (→釈放)；保釈する frijlitte；保釈金 *de* boarchtocht：保釈金を払って保釈される op *boarchtocht* frijlitten wurde

ほしゅ　保守　*it* konservatisme；保守的な behâldend, konservatyf：保守(政)党 in *behâldende politike partij*；保守的な人 *de* konservatyf

ほしゅう　補修　*de* reparaasje (→修理)；補修する byfoegje, bymeitsje, reparearje

ほしゅう　補習　in supplemintêre les：補習をする immen *in supplemintêre les* jaan

ほじゅう　補充　*de* oanfolling, *it* supplemint；補充する ferfolgje, oanfolje

ぼしゅう　募集　*de* rekrutearring；募集する freegje, ynsammelje, rekrutearje：寄付を募集する donaasjes *freegje*, 新しい会員を募集する in *nij lid rekrutearje*

ほじょ　補助　(支援・援助) *de* byfal, *de* help, *de* steun, *de* stipe：経済的な補助を受ける finansjele *help* krije；補助する helpe, steune, stypje；補助金 *de* oanfolling

ほしょう　歩哨　*de* skyldwacht, *de* wacht, *de* wachtpost：歩哨に立つ op *wacht* stean, 歩哨を交替する de *wacht* ôflosse

ほしょう　保証　*de* fersekering, *de* garânsje：(…であることを) あなたに保証する Ik kin jo de *fersekering* jaan dat …, 保証付きである ûnder de *garânsje* falle, このテレビには1年間の保証が付いている Ik haw in jier *garânsje* op dy t.v.；保証する fersekerje, garândearje；保証金 *it* staasjejild；保証書 *it* garânsjebewiis；保証人 de persoan dy 't *garant stiet*；…の保証人になる [である] garant stean [wêze] foar …

ほしょう　保障　(立場・権利などの) *de* beffeiliging, *de* wissichheid：社会保障 sosjale *wissichheid*；保障する fersekerje

ほしょう　補償　*de* fergoeding, *de* kompensaasje：…の補償として as *kompensaasje* foar …；補償する beffeilige, fergoedzje, kompensearje；補償金 *de* skeafergoeding (→賠償金)

ぼじょう　慕情　*it* / *de* langst(me)：(…に) 慕情を抱く *langst(me)* hawwe (nei)

ほしょく　補色　in komplimintêre kleur

ぼしょく　暮色　(夕闇(ゆうやみ)) *it* skimertsjuster

ほす　干す　(乾かす) droegje, droechmeitsje, (排水する) ôffiere, (飲み干す) útnimme；洗濯物が紐に干してある De wask hinget oan 'e line.

ボス　(上司) *de* baas, *de* patroan

ポスター　*it* affysje, *it* oanplakbiljet：選挙があると, 各政党はポスターを貼る As der ferkiezings binne, hinget elke partij *affysjes* op.；ポスターを貼る oanplakke

ホステス　(来客をもてなす女主人) *de* gastfrou

ホスト　(来客をもてなす主人) *de* gasthear

ポスト　(郵便ポスト) *de* brievebus

ポスト　(仕事上の地位) *de* posysje, *de* status, (役目) *de* funksje

ホスピス　in ferpleechhûs foar terminale pasjinten

ほせい　補正　(修正) *de* korreksje, *de* revysje；補正する behoffenje：その原稿を補正する it manuskript *behoffenje*

ぼせい　母性　*it* memwêzen；母性愛 *de* memmeleafde

ぼせき　墓石　*de* grêfstien

ほせん　保線　it behâld fan spoaren

ほぜん　保全　*de* beskerming；保全する beskermje

ぼせん　母船　*it* memmeskip

ぼぜんに　墓前に　by in tombe：墓前に花を供える blommen lizze *by in tombe*

ほぞ　臍　→へそ；ほぞを噛む bitter

berouwe

ほそい　細い　（巾・太さが）fyn, klien, smel, tin：細い糸 in *fine* trie, 細い声 in *fyn* lûd, この女性は腰が細い Dy faam hat in *smelle* mul., 細い道 in *smelle* dyk；細くなる slankje

ほそう　舗装　*de* (strjit)fluorring, *it* strjitwurk；舗装する asfaltearje, fluorje, strjitsje：舗装道路 *it fluorre* paad

ほそく　捕捉　*de* gripe；捕捉する fange, fetsje, gripe

ほそく　補足　*it* supplemint, *de* oanfolling（→補充）；補足する ferfolgje, oanfolje；補足の supplemintêr

ほそくする　歩測する　ôfpasse, ôftrêdzje, trêdzje

ほそながい　細長い　lang en nau

ほそぼそと　細々と　（貧しく）sparsum：ほそぼそと暮らす *sparsum* libje

ほそめの［に］　細目の［に］　justjes [licht(sjes)], nau；細めのズボン in nauwe broek；窓を細めに開ける it finster in bytsje iepenje

ほそめる　細める　fernauje, nauwer meitsje：目を細める jins eagen *nauwer meitsje*

ほそる　細る　fernauje, nauwer wurde

ほぞん　保存　*it* behâld；保存する behâlde, bewarje, ynmeitsje, konsvearje：われわれの言葉を保存する *ús taal behâlde*, 野菜を保存する *griente ynmeitsje*；保存ができる hâldber

ポタージュ　tsjok sop

ぼたい　母体　*de* memmeskurte,（基礎となる物）*de* basis

ぼたい　母胎　（子宮）*de* limoer, *de* skoat

ぼだいじゅ　菩提樹　*de* linebeam

ほだされる　絆される　人の情にほだされる oandien wêze troch oarmans situaasje

ほたてがい　帆立て貝　*de* kaammoksel

ほたる　蛍　*de* glimwjirm

ぼたん　牡丹　（花の）*de* pioenroas

ボタン　（服の）*de* knoop,（押し）*de* knop：コートのボタンを外す［掛ける］*de knopen* fan 'e jas losmeitsje [fêstmeitsje], ボタンを押す op 'e *knop* drukke；ボタンを掛ける knoopje：彼はコートのボタンを外し［掛け］た Hy *knope* de jas los [ticht].

ぼち　墓地　*it* begraafplak,（教会の）*it* hôf, *it* tsjerkhôf

ホチキス　*de* nytmasine；ホチキスで留める nytsje；（ホチキスの）針 *it* nytsje

ぽちゃぽちゃとした　mûtel：ぽちゃぽちゃしたほお *mûtele* wangen

ぽちゃんと　mei in plomp

ほちょう　歩調　*de* pas, *de* stap, *it* tempo：歩調を合わせる yn 'e *pas* rinne [bliuwe], 歩調を合わせて歩く op 'e *stap* rinne, ゆっくりした歩調で yn in kalm *tempo*

ほちょうき　補聴器　*it* gehoarapparaat

ぼっか　牧歌　*de* idylle, *de* pastorale；牧歌的な idyllysk, pastoraal：牧歌的な風景 in *pastoraal* gesicht

ぼつが　没我　（控え目）*de* beskiedenens [-heid]；没我的な ûnselssuchtich, net selssuchtich,（控え目な）beskieden

ほっかい　北海　*de* Noardsee,（北の海）in noarden see

ぽっかり（と）　地面がぽっかりと開いている Der binne holle plakken yn it lân.

ほっき　発起　（企画）*it* projekt；発起する projektearje,（促進する）fuortsterkje；発起人 *de* promotor

ぼっき　勃起　*de* ereksje：勃起する in *ereksje* hawwe [krije]

ほっきょく　北極　*de* noardpoal；北極圏 *de* noardpoalsirkel；北極光 *it* noarderljocht；北極星 *de* poalstjer；北極探検家 *de* poalreizger；北極（点）*de* noardpoal（↔南極（点））

ホック　*de* heak；ホックで留める heakje

ボックス　（箱）*de* doaze,（仕切り）*it* fak / fek,（仕切り席）*de* lôzje,（電話ボックス）*de* telefoansel

ぽっくり（と）　（突然）hookstrooks, ynienen：ぽっくり死ぬ *ynienen* stjerre

ホッケー　*it* hokky

ぼっけん 木剣 →木刀
ぼつご 没後 nei jins dea (→死後)
ぼっこう 勃興 in net ferwachte tanimming；勃興する hommels tanimme
ぼっこうしょう 没交渉 わが国はその国とは没交渉である Us lân hat gjin konneksje mei it lân.
ほっさ 発作 （脳卒中の）de beroerte, （病気の）de fleach, de oerhaal, de set：祖父は脳卒中の発作後あまりよくしゃべれなかった Pake koe nei syn beroerte net mear goed prate., 心臓の発作 in fleach fan hert(e) = de hertoanfal, 発作を起こす in oerhaal krije
ぼっしゅう 没収 （財産などの）de konfiskaasje；没収する konfiskearje
ほっしん 発心 →改心，決意
ほっする 欲する wolle (→欲しい，切望する)；《諺》己の欲せざるところを人に施すなかれ Behannelje in oar lyk as josels.
ぼっする 没する （水中に）（沈む）sinke, （死ぬ）ferstjerre, stjerre
ほっそく 発足 de start；発足する starte
ほっそりした himpen, rank, slank：あのほっそりした男の子 dat himpene jonkje
ほったてごや 掘っ建て小屋 （あばら屋）de hut, de klinte
ほったらかす 放ったらかす 仕事を放ったらかしにする jins wurk lizze litte
ほったん 発端 （初め・最初）it begjin, (起こり・発生) it ûntstean：内乱の発端 it ûntstean fan de boargeroarloch
ぼっちゃん 坊ちゃん it maatsje (→坊や)
ほっつきあるく ほっつき歩く doarmje, omdoarmje, omdwale, omswalkje
ぽってりした ぽってりしたほお mûtele wangen
ホット （熱い）hjit, （最新の）lêst：ホットコーヒー hjitte kofje, ホットなニュース it lêste njis
ポット de kanne, de pot / pôt；コーヒーポット de kofjekanne [-pot]

ぼっとう 没頭 de absorpsje；（…に）没頭する jin begrave (yn)：読書に没頭する jin yn 'e boeken begrave；あることに没頭している troch eat absorbearre wêze
ほっとする ferlichtsje, opluchtsje, romje, rêstich fiele：それでほっとした Dat luchte op.；ほっとさせる ferlichtsje
ぼつねん 没年 it stjerjier
ぽつねんと （独りで）ienich, ienlik, iensum, solitêr
ぼっぱつ 勃発 （戦争などの）de útbarsting；勃発する útbrekke：戦争が勃発した De oarloch is útbrutsen.
ポップコーン it pofkoarn, it / de popcorn
ポップス →ポップミュージック
ポップミュージック de popmuzyk
ほっぺた 頬っぺた it wankje (→ほお)
ほっぽう 北方 de noard；北方の [に] noarden：町の北方に te'n noarden fan de stêd；北方の [から] noardlik
ぽつぽつ （吹き出物）de pûkel, de pûst；（少しずつ・徐々に）langsum, stadichoan, （そろそろ）gau(ris), ynkoarten：ぼつぼつおいとましなくちゃ Wy moatte (sa) stadichoan fuort.
ぼつらく 没落 de fal, de ûndergong；没落する falle
ぽつりぽつり（と）（少しずつ）by bytsjes, stikje foar stikje
ほつれ 解れ de ljedder, de raffel：私の古いセーターはほつれている Der sitte raffels oan myn âlde trui.；ほつれる ôfraffelje, raffelje：この靴下はひどくほつれている Dizze hoazzen raffelje slim.
ぽつんと →孤立して
ボディー （身体）de lea, it lichem, it liif, （車の）de bak；ボディーガード de liifwacht；ボディーチェック de fûllearing, it fûllearjen
ポテト de ierappel (→じゃがいも), ポテトチップス de patat；フライポテト bakte ierappels；マッシュポテ

ほてり　火照り　it gloeien；ほてる gloeie, koesterje：日に当たって彼女の顔はほてってきた De sinne koestere har gesicht.

ホテル　it hotel：ホテルに滞在している Ik bin yn in hotel., ホテルを予約する in hotel reservearje, ホテルにチェックインする oankomme yn in hotel, ホテルをチェックアウトする fuortgean út in hotel

ほてん　補填　de oanfolling, it supplemint；補填する ferfolgje, oanfolje（→補充する）

ほど　程　（約・凡そ）likernôch, neistenby, sa'n, sawat, teneistenby, ûngefear：500 ユーロほどの費用がかかる sawat 500 euro kostsje

ほどう　歩道　it fuotpaad, de stoepe, it trottoir；歩道橋 de fuotgongersbrêge

ほどう　補導　de lieding；補導する liede

ほどう　舗道　（アスファルトで舗装した）de asfaltdyk [-wei], （タールで舗装した）de taredyk [-wei]

ほどく　解く　losdwaan, losknoopje, loskrije, losmeitsje, ôfbine, úthelje

ほとけ　仏　（仏陀(だ)）Boeddha, （仏像）it Boeddhabyld, （故人）de deade

ほどける　解ける　losbrekke, losgean

ほどこし　施し　de bedieling；施しをする bediele；施す ferjaan, （与える）jaan, （行う）dwaan：人に恩恵を施す immen graasje jaan, 策を施す in plan dwaan；手の施しようがない Der is gjin krûd foar woeksen. * woeksen は waakse の過去分詞；施し物 de ielmis(se)

ほどちかい　程近い　earlik [moai] nei(by)

ほどとおい　程遠い　（…から）nochal fier (fan …)：彼らは駅から程遠い所に住んでいる Hja wenje nochal fier fan it stasjon.

ほととぎす　時鳥　de koekoek * 「不如帰」,「子規」とも書く

ほどなく　程無く　ynkoarten（→間もなく, やがて）

ほとばしる　迸る　spuitsje；ほとばしり de spuit

ほとほと　→つくづく, 本当に, 全く

ほどほどの　程々の　matich, tuskenbeide(n)（→まあまあの）：ほどほどの運動 matige oefening

ほとぼり　熱り　（興奮）de opwining：ほとぼりがやがて冷める De opwining sil gau dien wêze.

ほどよい [く]　程良い [く]　draachlik, fertsjinstlik, ridlik

ほとり　辺　（近辺）de buert, de omjouwing, 《複》de omkriten；…のほとりに njonken：川のほとりの家 in hûs njonken de rivier

ボトル　（瓶(びん)）de flesse

ほとんど　殆ど　benei, hast, meast(al), omtrint, suver：ほとんど同じの hast deselde, 宿題はほとんど終わった Ik haw myn húswurk hast ôf., ほとんど毎週 meast alle wiken；ほとんど…ない amper(oan), net earlik, foech, hast [suver] net, kweal(i)k：彼はほとんど字が書けない Hy kin amperoan skriuwe., 彼女はほとんど私に視線を向けようとしなかった Se doarde my hast net oan te sjen., 彼はほとんど歩けない Hy kin kweal(i)k [suver net] rinne.

ほにゅう　哺乳　it sûgjen；哺乳動物 it sûchdier；哺乳瓶 de sûchflesse

ぼにゅう　母乳　de memmetate, de tate

ほね　骨　it bien, de bonke, （魚の）de graat：ナイフの柄は骨でできている It mesheft is makke fan bien.；足(の骨)を折る de foet brekke；骨の(多い) 骨ばった bien(n)en；(魚が)骨が多い, 骨太の bonkich, groubonkich：その魚は骨が多い De fisk is bonkich.；骨と皮だけの ribskjin；彼は骨と皮ばかりだ Hy is sa meager as in bonkerak.

ほねおり　骨折り　（苦労）de muoite；それは骨折り損だ It lak is [wurdt] djoerder as de brief.；骨を折る krewearje, muoite dwaan, útsloove（→

ほねぐみ　骨組み　（人・動物の）*it* bonkerak, （建築物の）*it* kader, *it* ramt, （構造）*de* struktuer, （概要）*de* line, *it* skema

ほねつぎ　骨接ぎ　→接骨；骨接ぎをする bonken sette （→接骨する）

ほねみ　骨身　fleis en bonke；寒さが骨身にこたえる De wyn giet my troch de bonken.；骨身を惜しまず働く sûnder jinsels te sparjen wurkje

ほねやすみ　骨休み　（息抜き）*de* ûntspanning, （休養）*de* rekreaasje, *de* rêst

ほのお　炎　*de* flam, *de* lôge, （恋の）*de* flam；炎を出す flamje, lôgje

ほのかな　仄かな　dof, flau：ほのかな香り in *doffe* wijreek, ほのかな期待 in *flauwe* hoop；ほのかに→ぼんやりと

ほのめかす　仄めかす　oantsjutte, suggerearje （→暗示する）；ほのめかし *de* oantsjutting

ホバークラフト　*de* luchtkjessenboat

ほばしら　帆柱　*de* mêst （→マスト）

ぼひ　墓碑　*de* grêfstien, *de* sark, *de* stien：墓碑を立てる in *grêfstien* pleatse；墓碑銘 *it* grêfskrift

ホビー　→趣味

ポピュラーな　populêr：ポピュラー音楽 *populêre* muzyk

ぼひょう　墓標　*de* grêfstien （→墓石）

ほふ　保父　*de* ferpleger （↔保母）

ほふくする　匍匐する　→腹這いになる

ポプラ　*de* peppel, *de* popelier

ほへい　歩兵　*de* ynfanterist, 《集合的に》歩兵隊 *de* ynfantery

ぼへい　募兵　*de* rekrutearring；募兵する rekrutearje （→新兵を募る）

ほほ　頬　→頰

ほぼ　略　frijwol, hast, neiernôch （→凡そ，約）：ほぼ70歳 hast [neiernôch] sântich jier

ほぼ　保母　*de* ferpleechster （↔保父），（保育所の）in pjutteliedster fan in berne-opfang

（苦労する）；骨の折れる bewurklik, moedsum

ほほえみ　微笑み　*de* glim；ほほえむ glimkje, laitsje, talaitsje：運命の女神がわれわれにほほえみかける It gelok *laket ús ta*.；ほほえんだ laitsjend：ほほえみを浮かべた顔 in *laitsjend gesicht*, 人にほほえむ immen *laitsjend oansjen*

ポマード　*de* pommade

ほまれ　誉れ　*de* eare, *de* gloaria, *de* gloarje, *de* rom （→名誉）

ほめそやす　褒めそやす　（人を）（immen) de loft ynstekke

ほめる　褒める　beare, looyje, priiz(g)je：その素晴らしい音楽は褒めたたえられた De moaie muzyk wurdt oer *beard*., 彼は子供たちを褒めた Hy *prize* de bern., 人を褒める *priiz(g)jend* oer immen prate

ホモ　（男性の同性愛者）*de* flikker, *de* homo(fyl) （↔レスビアン）

ぼやく　eamelje, kleie （→愚痴る）

ぼやける　dizich [dof / wazich] wurde, ぼやけた dizich, ûnskerp （→ピンぼけした）：ぼやけた写真 in *dizige* foto

ほやほやの　ほやほやのパン krekt (farsk) bakte bôle；ほやほやの若夫婦 in krekt troud stel

ほゆう　保有　*de* berêsting, *it* besit；保有する besitte：核兵器を保有する nukleêre wapens *besitte*

ほよう　保養　*de* rêst, *de* rekreaasje, *de* ûntspanning （→静養）；保養する rêste, útrêste；保養所 *it* sanatoarium

ほら　法螺　*de* bluf；ほらを吹く bluffe, swetse；ほら [大ぼら] 吹き *de* praatsjemakker, *de* swetser

ほら！　Hark!；ほらごらん！Sjoch dêr!；（失神した人に）ほらほら！Ho!

ほらあな　洞穴　*de* grot, *it* hoal, *de* hoale

ほらがい　法螺貝　in trompet skulp

ボランティア　*de* frijwilliger：ボランティアを申し出る jin as *frijwilliger* melde

ほり　堀　（都市・城を囲む）*de* grêft, *de* singel, （溝）*de* greppel, *de* sleat；堀を掘る greppelje

ポリープ *de* polyp：鼻腔にできたポリープ *polipen* yn 'e noas
ポリエステル *it* / *de* polyester
ポリエチレン *it* polystyreen
ほりおこす 掘り起こす hakje, omspitte, opbrekke, opgrave, spitte：道路を掘り起こす in strjitte *opbrekke*
ほりかえす 掘り返す omkeare, omlizze, omspitte, (om)wrotte：土を掘り返す it lân *omkeare*, もぐらが庭を掘り返してしまった De mollen hawwe de tún (om)wrotten.
ほりさげる 掘り下げる djip dolle, (問題を) ûndersykje
ほりだしもの 掘り出し物 (発見物) *de* fynst
ほりだす 掘り出す dolle, opgrave：じゃがいもを掘り出す ierappels *dolle*
ほりぬく 掘り抜く trochgrave：トンネルを掘り抜く in tunnel *trochgrave*
ポリバケツ in polyesteren amer；ポリ袋 in plastyk tas；ポリ容器 in plastyk skaal
ほりもの 彫り物 *it* snijwurk, (彫刻作品) *it* byldhouwurk；彫り物をする beitelje, byldhouwe (→彫刻をする)；彫り物師→彫刻家
ほりゅう 保留 *it* útstel；保留する útstelle (→延期する), (取って置く) reservearje, útlûke
ボリューム (音量) *it* folume；ボリュームのある dreech, substansjeel：ボリュームのある食物 in *dreech* iten
ほりょ 捕虜 *de* gefangene, *de* kriichsfinzene；捕虜になった kriichsfinzen：人を捕虜にする immen *kriichsfinzen* nimme
ほりわり 掘(り)割(り) *it* kanaal, (水路) *de* sleat
ほる 彫る beitelje, byldhouwe (→彫刻する)
ほる 掘る dolle, grave：穴を掘る in gat [put] *grave*, 自らの墓穴を掘る→墓穴
ボルテージ (電圧(量)) *it* foltaazje
ボルト *de* folt, (ねじ) *de* skroef；ボルトを締める skroeve

ポルトガル Portugal；ポルトガル(人・語)の Portugeesk；ポルトガル人 *de* Portugees；ポルトガル語 *it* Portugeesk
ポルノ(グラフィー) *de* pornografy；ポルノ映画 in pornografyske film
ホルマリン *it* ûntsmettingsmiddel
ホルモン *de* hormoan
ホルン *de* hoarn；ホルンを吹く hoarnblaze；ホルン奏者 *de* hoarnist
ほれこむ 惚れ込む →ほれる
ほれっぽい 惚れっぽい (惚れやすい) grien wurde
ほれ(てい)る 惚れ(てい)る (…に) grien wurde [wêze] (op)
ほれぼれする 惚れ惚れする bekoard wurde
ほろ 幌 (馬車の) *it* / *de* kap；幌馬車 in oerdutsen wein
ぼろ(きれ) 襤褸(布) *de* bongel, *de* fod(de)：ぼろをまとって yn [oan] *fodden*；ぼろ服《複》*de* fodden：ぼろ服を着ている yn *fodden* en flarden rinne；ぼろぼろの fodd(er)ich：ぼろ服 *fodd(er)ich* klaaid
ほろにがい ほろ苦い bitter swiet：ほろ苦い人生 *bitter swiet* libben
ほろびる 滅びる fergean, stjerre, útstjerre；滅ぼす ferneatigje, teroppe
ぼろもうけ ぼろ儲け maklike fertsjinst
ほろよいの ほろ酔いの oansketten：彼はほろ酔い機嫌だった Hy wie justjes *oansketten*.
ほろりとする oandien wêze；ほろりとさせる話 in oandwaanlik ferhaal
ホワイト *it* wyt
ほん 本 *it* boek, (作品) *it* wurk：本を読む in *boek* lêze；本棚 *it* boekerak；本屋 *de* boekwinkel
ぼん 盆 *it* blêd, *it* plato
ぼん 盆 (仏教の祭り) it Bon feest, *de* festiviteit
ほんあん 翻案 *de* bewurking；翻案する bewurkje
ほんい 本位 (判断の基準) *de* stan-

dert, (根拠) de grûn；自分本位の人 in egosintryske persoan
ほんい 本意 jins echte bedoeling [motyf]
ほんいする 翻意する jins beslút [betinken] feroarje
ほんかいぎ 本会議 in foltallige sitting：本会議を開く in foltallige sitting hâlde
ほんかくてきな[に] 本格的な[に] （真の）reëel, （正規の）regulier, （真剣に）yn earnst (→本気で)：彼は本格的に勉強を始めた Hy begûn yn earnst te studearjen.；本格的に仕事をする jins wurk mei ynmoed dwaan
ほんかん 本館 it haadgebou
ほんき 本気 ynmoed；本気の ynmoedich, mienens, serieus；本気で mei [út] ynmoed, serieus
ほんぎ 本義 de wiere betsjutting
ほんぎまり 本決まり it úteinlike beslút
ほんきゅう 本給 it basislean
ほんぎょう 本業 jins gewoane [reguliere] wurk
ほんきょく 本局 it haadkantoar, in sintraal kantoar (↔支局)
ほんきょち 本拠地 it haadkertier
ほんぐもりの 本曇りの ferstoppe, wolkich：空は本曇りだ De loft is ferstoppe.
ぼんくら de gek, de idioat；ぼんくらの dom, gek, stom
ほんけ 本家 de haadfamylje (↔分家)
ほんけん 本件 de saak yn kwestje
ほんげん 本源 it komôf, de oarsprong, de orizjine
ぼんご 梵語 →サンスクリット語
ほんこう 本校 it haadgebou fan de skoalle [universiteit], de kampus, ús skoalle
ほんこく 翻刻 de werprintinge；翻刻する werprintsje：写本を翻刻する in manuskript werprintsje
ほんごく 本国 jins bertelân [heite-]
ほんごし 本腰 本腰を入れる jin ta it uterste ynspanne (→最善の努力をする)

ぽんこつの rammelich；ぽんこつ車 de rammelkas(t), de rattelkast
ほんさい 本妻 jins wettige frou (→正妻)
ぼんさい 盆栽 de bonsai
ほんしきの 本式の （正式の）foarmlik
ほんしつ 本質 de essinsje, it wêzen；本質的な essinsjeel, wêzen(t)lik：本質的な違い in essinsjeel ferskil
ほんじつ 本日 （今日）hjoed：本日は休業 Hjoed sletten.
ほんしゃ 本社 it haadkantoar, (会社・官庁などの) de sintrale
ほんしょう 本性 jins wiere karakter [wêzen]
ほんしょく 本職 jins reguliere berop [fak] (→本業)
ほんしん 本心 de bedoeling, de bestimming, it doel, (心) it hert(e)：本心から út it djipst ['e grûn] fan jins hert(e)
ほんすじ 本筋 （正当）de rjochtfeardigens, （本題）de haadsaak, de trie(d) （fan in ferhaal）
ほんせき(ち) 本籍(地) jins offisjele wenplak
ほんそう 本葬 in foarmlike útfearttsjinst
ほんそうする 奔走する omdrave (→駆け回る), （努力をする）jins bêst dwaan
ほんたい 本体 de substânsje, it wêzen, （機械類の主要部）it lichem (→ボディー)
ほんだい 本題 de saak, （主題）de stof, it ûnderwerp：本題に入る ta de saak komme
ほんたて 本立て de boekestander, （ブックエンド）de boekesteun
ほんだな 本棚 it boekerak [-rek]
ぼんち 盆地 de kom, de lichte：その村は盆地にあった It doarp lei yn 'e lichte.
ほんてん 本店 it haadkantoar
ほんど 本土 it fêstelân, de fêstewâl
ボンド （接着剤）it hechtmiddel, de kleef-

stof

ポンド （重量の）it pûn, （貨幣の）it pûn：1 ポンドの砂糖 in pûn sûker, イギリスのポンド it Ingelske pûn

ほんとう　本当　de wierheid；本当の［に］echt, eigentlik, reëel, werklik, wier, wrachtich：確かに本当でしょうね Is it werklik wier?, 私は本当に知らない Ik wit it wrachtich net.；本当に sawier, sikerwier

ほんにん　本人　de persoan sels, de persoan yn kwestje（→当人）；本人（自身）が libbensliif：母親本人がそこにいた Us mem wie libbensliif oanwêzich.

ほんね　本音　→本心；本音を吐く jins wiere bedoeling bekenne

ボンネット　（自動車の）de motorkap, （帽子の）de mûtse

ほんねん　本年　→今年（ことし）

ほんの　mar, （少しの）in bytsje：彼女はほんの子供だ Se is mar in bern., 汽車はほんの 2,3 分遅れて到着した De trein kaam mar in pear minuten letter oan., ほんの少量の砂糖をください Jou my in bytsje sûker.；ほんの今 krekt, pas；ほんのたまに inkeldris：彼はほんのたまにしか、年に1度か2度しか家には帰らない Hy komt mar inkeldris thús, ien of twa kear yn 't jier.；ほんの僅かな in hoart(sje)

ほんのう　本能　it ynstinkt：本能的に by［op］ynstinkt ＝ ynstinktyf, 動物はそれぞれ危険が迫ると本能的に分かる Elk bist wit by ynstinkt wannear't der gefaar is.

ぼんのう　煩悩　wrâldsk begearte（→物欲）

ほんのりと　in bytsje, licht(sjes), wat：ほんのりと匂う licht rûke, 空がほんのりと明るい De loft is wat licht.

ほんば　本場　（…の）（中心地）it Mekka［sintrum］（fan…）

ほんばん　本番　本番中です ûnder optreden wêze

ぽんひき　ぽん引き　de sûteneur

ほんぶ　本部　it haadkantoar

ポンプ　de pomp：ポンプで水をくみ出す wetter út 'e pomp helje

ほんぶり　本降り　de stjalprein（→どしゃ降り）

ほんぶん　本文　（原典）de tekst

ほんぶん　本分　jins plicht：本分を怠る jins plicht fersomje, 本分を全うする jins plicht dwaan

ボンベ　de gasflesse

ほんぽう　本棒　it basislean（→本給）

ほんぽうな　奔放な　wyld, （手に負えない）banneleas, （無鉄砲な）domdryst

ボンボン　de bonbon

ほんまつ　本末　middels en einen：本末転倒する middels en einen betiizje

ほんみょう　本名　jins echte namme：本名を隠す jins echte namme geheim hâlde

ほんむ　本務　→本業

ほんめい　本命　（競馬の）de kânshawwer（→有力候補者）

ほんもう　本望　jins angst(me)

ほんものの　本物の　echt：本物 in echt［net-falsk］ding

ほんや　本屋　（店）de boekwinkel（→書店）, （人）de boekhanneler

ほんやく　翻訳　de oersetting；翻訳する fertale, oersette：フリジア語を日本語に翻訳する fan it Frysk yn it Japansk fertale［oersette］, フリジア語から翻訳する út it Frysk oersette；翻訳者 de oersetter

ぼんやりと（して）　net helder, （考え・頭などが）dizich, ôfwêzich, （形・姿・言葉などが）faach, （光などが）skimerich：彼女はただぼんやりと眺めていた Se sjocht sa ôfwêzich.；ぼんやりと（記憶に）残っている skimerje：そのことを幾らかぼんやりと覚えている Der skimert my wat.

ほんらい（の）　本来（の）　eigentlik, oarspronklik, orizjineel：その語の本来の意味 de eigentlike betsjutting fan it wurd

ほんりゅう　本流　de haadstream

ほんりゅう　奔流　*de* streamfersnelling（→急流）
ほんりょう　本領　jins talint
ほんろうする　翻弄する　（おもちゃを）(もてあそぶ) spylje (mei), 運命にほんろうされる oan de genede fan jins lot oerlevere wêze
ほんろん　本論　→本題

ま　マ　ma

ま　間　《時間の》（間(あい)・合間）*de* tiid, *it* skoft, （間隔）*it* ynterfal, （幕間）*it* skoft, （休止）*it* tuskenskoft, 《空間の》*de* romte, （間隔）*de* distânsje, *de* fierte, *it* ynterfal, *de* ôfstân, *de* romte, （部屋）*de* keamer：本を読む間がない Ik haw gjin tiid om boeken te lêzen., 間に合って op 'e *tiid*, あっという間に yn minder as gjin tiid, 間を空ける *romte* meitsje, 2メートルの間をおいて mei twa ynterfallen fan meters, このホテルには幾間ありますか Hoe folle *kearmers* hat dit hotel?, 隣の間でお待ちください Wolle jo yn 'e *keamer* hjirnjonken wachtsje?；その後間もなく fuort dêrnei [-op], koartby；その間に alfêst；こうしている間に ûnderwilen(s)；《接》（…の間に）wile(n)s, wyls(t)：母が食事の支度をしている間に，私は皿をテーブルに置いた Us mem makke it iten klear, *wile*(*n*)*s* sette ik de boarden op 'e tafel.；間が抜けた人 in stom minske（→愚かな）；間がいい！Hoe gelokkich is it!（→運[タイミング]がよい）；間が悪い！Hoe ûngelokkich!（→運が悪い）

まあ　（ちょっと）mar,《驚いて》まあ！O!：まあちょっと Mar ris!, まあそれをやってごらん Doch it no *mar*., まあ素晴らしい！O! wat moai!

マーガリン　*de* margarine

マーク　（印）*it* merk（←トレードマーク）

マーケット　（市）*de* merk（→市場）：マーケットで買物をする op 'e *merk* keapje；マーケットリサーチ *it* merkûndersyk

マージン　（利幅・利鞘(ざや)）*de* winstmarzje

まあたらしい　真新しい　gloednij, nagelnij, splinternij（→新品の）

まあまあ　《驚きを表して》Wel, wel!,《副》sa-sa：「お母さんはどうかね」「まあまあです」Hoe is dyn mem?, Mar *sa-sa*.；まあまあの beskieden, matich, skiklik, tuskenbeide(n)（→手頃な）：まあまあの天気 *tuskenbeide*(*n*) waar

マーマレード　*de* marmelade

まい　枚　《紙の単位》*it* fel：紙一枚 in *feltsje* papier（cf. シーツ一枚 in lekken）

まい　（毎）　alle, elk：毎朝 *elke* moanne, *alle* moanne, 毎日 *alle* dagen, 毎週 *alle* wiken, *elke* wike, 毎月 *alle* moannen, 毎年 *alle* jierren, *elk* jier；毎日の deis(tich)；毎年（の）jierliks

まいあがる　舞い上がる　omheechfleane, opfleane

まいおりる　舞い降りる　delstrike（→降り立つ）：鳥たちが牧草地に舞い降りている De fûgels *strike* op 'e finne *del*.

まいきょ　枚挙　枚挙にいとまがない te folle om op te neamen

マイクロ　マイクロコンピュータ *de* mikrokompjûter；マイクロバス *de* minibus；マイクロフィッシュ *it* / *de* mikrofysje；マイクロフィルム *de* mikrofilm；マイク

ロプロセッサー *de* mikroprosessor

マイク（ロフォン） *de* mikrofoan

まいごの　迷子の　op 'e doele；迷子 in bern *op 'e doele*, うちの息子が迷子になっている Myn soan is *op 'e doele*.

まいこむ　舞い込む　flodderjend ynkomme

まいじ　毎時　elke oere,（1 時間に付き）de [per] oere

まいしんする　邁進する　neistribje,（…に向けて）stribje（nei）

まいせつする　埋設する　ûndergrûnsk lizze；海底ケーブルを埋設する in ûnderseeske kabel lizze

まいそう　埋葬　*de* begraffenis, *de* beïerdiging, *de* bysetting（←埋葬式）；埋葬する begrave, beïerdigje, bysette, opdrage：今日は母を埋葬した Hjoed hawwe wy ús mem te hôf *begroeven [brocht].*, 遺体を埋葬する in lyk *bysette*

まいぞうする　埋蔵する　bedobje；埋蔵品 bedobbe dingen；埋蔵金 bedobbe jild

まいど　毎度　elke tiid,（常に）altyd, altiten,（しばしば）faak：毎度間抜けなことをして申し訳ありません It spyt my om *faak* mis te wêzen.

マイナス　*de* min《-》(↔プラス),（損失）*it* ferlies, *de* skea,（不利）*it* neidiel：マイナス10度 *min* tsien graden

マイノリティー（少数派）*de* minderheid：マイノリティーである yn 'e *minderheid* wêze

マイペース　jins eigen manier：マイペースで仕事をする jins wurk dwaan op jins *eigene manier*

マイホーム（自分所有の家）jins eigen hûs

まいぼつする　埋没する　ûnder de grûn bedobbe wurde,（世に忘れられる）net bekend wurde

まいもどる　舞い戻る　weromkomme,（手紙などが）（送り返される）weromstjoerd wurde

まいる　参る（行く・来る）gean, komme,（降参する）loslitte,（耐えられない）net sitte kinne,（へこたれる）wurch wurde：すぐ参ります Ik kom al., 子供たちは寒さに参った De bern *koene(n)* net yn 'e kjeld *sitte.*, 精神的に参る mentaal wurch wurde

マイル　*de* mile：時速100マイル 100 milen per oere

マイルドな　myld：マイルドな石けん mylde sjippe

まう　舞う（踊る）dûnsje：太鼓に合わせて舞う op de drum *dûnsje*

まうえの　真上の　krekt boppe

まうしろの[に]　真後ろの[に]　krekt efter

マウス（ねずみ）*de* mûs,（コンピューターの）*de* mûs

まえ　前（正面）*de* foarkant, *it* front：その建物の前 *de foarkant* fan it gebou；《位置》（前の[に]）foarop,（前の）foargeand,（前方に）foaren, foaroan, foaroer, foarút,（先に）foaroan,《時間》（先の）foar(ôf)geand,（以前の）foarich,（以前に）tefoaren,（前もって）foarôf, foarút,（fan）tefoaren, by foarrie(d), yn 't foar(en)：前の馬 it *foaroppe* hynder, 前のページ de *foargeande* side, 前（の席）に座る *foaroan* sitte, 彼は（われわれの）前に立って歩いた Hy rûn in hiel ein *foarút.*, 前の日 de *foarige* dei(s)（→前日）, 彼は今は運転手だが，前は警官だった No is er bestjoerder, *tefoaren* wie er plysjeman., 前もって質問しておいてくれ Do moatst *foarôf* wol freegje., 前もって君に話しておけばよかったんだが Dat hie 'k dy *foarút* sizze kind.；《前》…の前に foar：私たちの学校の前 *foar* ús skoalle；《接》（…する）前に ear't, foardat, foar't：私が出掛ける前 *foar't* ik gean, 父が出掛ける前に私は戻って来られない Ik kin net weromkomme, *foar't* heit fuort is.

まえあし　前足　*de* foarpoat, de foarste poat

まえいわい　前祝い　it foarôfgeande

まえうり

feest；前祝いをする tefoaren feestje
まえうり　前売り　de ferkeap fan tefoaren；（切符を）前売りする（kaartsjes） foarôf ferkeapje
まえおき　前置き　de yntroduksje；前置きをする yntrodusearje
まえかがみ　前屈み　in rûne rêch：彼女は前かがみで歩く Se rint mei *in rûne rêch.*
まえがき　前書き　it foar(op)wurd, de ynlieding（→序文）
まえかけ　前掛け　de skelk, it sloof（→エプロン）：前掛けを掛ける in *skelk* foardwaan
まえがし　前貸し　it foarsjitten；前貸しする foarsjitte, útsjitte：その金を前貸しにしてやろう Ik *sjit* it wol efkes *foar.*
まえがみ　前髪　de kúf
まえがり　前借り　給料の前借りをする salaris yn 't foar(en) krije
まえきんで　前金で　yn 't foar(en) betelle jild：前金で払う *yn 't foar(en) jild* betelje
まえだおし　前倒し　foarútgeande beweging；前倒しする foarútgeand bewege
まえにわ　前庭　de foartún：ここには広い前庭がある Hjir is in grutte *foartún.*
まえば　前歯　de foartosk, de sijtosk
まえばらい　前払い　de foarútbetelling；前払いする foarútbetelje, útsjitte；前払いの foarútbetelle：代金は前払いです De priis is *foarútbetelle.*；2か月の前払いで op nei de tiidlimyt fan twa moanne
まえぶれ　前触れ　it foarteken, de prelude（→前兆）
まえむきの　前向きの　frontaal besjoen,（積極的な）posityf
まがう　紛う　（間違えられる）ferwikselje wurde
まがお　真顔　in earnstich gesicht；真顔になる earnstich lykje
まがしする　間貸しする　in keamer hiere
マガジン　（雑誌）it blêd, it tydskrift

まかす　負かす　ferslaan, ynpakke, oerweldigje, oerwinne：日本はイギリスを2対0で負かした Japan *pakte* Ingelân mei 2-0 *yn.*
まかせる　任せる　jin betrouwe, fertrouwe, oerlitte, tabetrouwe：これは私に任せなさい *Betrou* dy mar oan my., その仕事は私に任せられている Dat wurk is my wol *tabetroud.*
まかない　賄い　de kost：賄い付きの下宿 *kost* en ynwenning
まがも　真鴨　in wylde ein
まがり　曲がり　（川・道路などの）de draai（→カーブ）
まがりかど　曲がり角　de hoeke：その通りの曲がり角 de *hoeke* fan de strjitte
まがりくねる　曲がりくねる　wine：小道が野原を曲がりくねっている It dykje *wynt* troch it lân.
まがりする　間借りする　in keamer hiere
まかりとおる　罷り通る　jins wei bewrotte
まがる　曲がる　（カーブなどが）draaie,（線が）bûge；曲げる ferbûg(j)e：棒を曲げる de staak *ferbûg(j)e*；曲がった krom, krûm, rûngear, skean：曲がった背中 in *kromme* [*krûme*] rêch
マカロニ　de makaroany
まき　薪　de kachelhoutsjes
まきあげる　巻き上げる　haspelje, opdraaie, opwine, opwuolje,（金銭を）ropje
まきおこす　巻き起こす　センセーションを巻き起こす in sensaasje teweibringe
まきおこる　巻き起こる　losbarste：盛大な拍手が巻き起こった In ferskuorrend applaus *barste los.*
まきがい　巻き貝　it slakkehûs
まきかえし　巻き返し　（挽回）*it* ynheljen,（反撃）de tsjinoanfal,（反動）de weromslach；巻き返しをする ynhelje（→挽回する）,（反撃する）in tsjinoanfal dwaan
まきげ　巻き毛　de krol,（複）de lokken（→カール）；巻き毛の krol：髪が巻

き毛になって mei *krol* hier；巻き毛にする *krolje*

まきこまれる　巻き込まれる　（…に）jin minge (yn)：争いに巻き込まれる jin yn it konflikt *minge*；巻き込む *belûke, betrekke, gripe*：彼もまたその陰謀に巻き込まれた Hy wie ek yn it komplot *betrutsen*., 彼は車輪に巻き込まれた Hy wie troch in tsjil *grepen*.

まきじゃく　巻き尺　*de* mjitbân, *it* mjitlint

まきちらす　撒き散らす　*ferspriede, siedzje, sprinkelje, struie*：悪臭を撒き散らす stank *ferspriede*

まきつく　巻き付く　*omstringelje, wine*；（たがなどを）巻き付ける *omlizze*, (包帯などを) *wuolje*

まきば　牧場　→牧場(ぼくじょう)

まきもどし　巻き戻し　*it* weromwinen；巻き戻す weromwine

まぎらす　紛らす　*ferdrinke, jin fersette*：悲しみを紛らす jins fertriet *ferdrinke*

まぎらわしい　紛らわしい　*ferrifeljend, misliedend*, (はっきりしない) *ûndúdlik*, (あいまいな) *faach*

まぎれこむ　紛れ込む　群集の中に紛れ込む jin ûnder it folk minge

まぎれもない　紛れもない　*ûnmiskenber*, (明白な) *dúdlik, evident*：それは紛れもない事実だ It is *dúdlik* dat it wier is.

まぎれる　紛れる　気が紛れる jin fersette, (見分けがつかない) net ûnderskiede kinne

まぎわに　間際に　（あることをする）（直前に）op it punt (om eat te dwaan)；…の間際まで just oant 'e igge fan …

まく　幕　(劇場の) *it* gerdyn, *it* skerm, (演劇の) *it* bedriuw, *de* hanneling：幕が下りる［開く］It *gerdyn* falt [giet iepen].、3 幕物の芝居 in stik yn trije *bedriuwen*, 幕を構成する場面 it plak fan *hanneling*

まく　膜　*it* flues (←薄膜)

まく　巻く　（リールを）haspelje, (ねじなどを) opwine, (毛糸などを) op-wuolje, rolje：時計のねじを巻く de klok *opwine*, たばこを巻く in sigaret *rolje*

まく　蒔く　（種を）siedzje

まく　撒く　（水・粉などを）bestruie, útstruie：凍った道路に砂［塩］をまく glêde diken mei sân [sâlt] *bestruie*, (畑に) 肥料をまく keunstdong *útstruie*

まくあい　幕間　*it* skoft

まくあけ　幕開け　（演劇の）it iepenjen fan it gerdyn, (物ごとの始まり) *de* oanset, *de* start

まくぎれ　幕切れ　（演劇の）it fallen fan it gerdyn, (物ごとの終わり) *de* ein

まぐさ　秣　*it* foer, *de* foeraazje, *it* fretten (→かいば)

まくしたてる　捲し立てる　*rattelje* (しゃべりまくる)

まぐち　間口　（建物の）（正面）*it* front, *de* gevel

マグニチュード　（地震の規模）*de* krêft (fan in ierdbeving)

マグネシウム　*it* magnesium

マグネット　（磁石）*de* magneet

マグマ　*it* magma

まくら　枕　*it* holkessen, *it* kessen；枕カバー *it* (kessen)sloop

まくらぎ　枕木　*de* dwerslizzer, *de* spoarbyls

まくらことば　枕詞　*it* opsierjend bywurd (dat yn Japansk dicht 'waka' brûkt is)

まくりあげる　捲り上げる　*oprôlje, opstrûpe* (→たくし上げる)：袖をまくり上げる de mouwen *oprôlje*

まくる　捲る　*oprôlje, opstrûpe*；まくれる opstrûpt wurde

まぐれ（あたり）　紛れ（当たり）*de* mazzel, *de* tafal, (偶然) *it* tafal

まぐろ　鮪　*de* tonyn

まけ　負け　*it* ferlies (→敗北)：(トランプなどで) 負けてぶつぶつ言う net oer *ferlies* kinne

まけおしみ　負け惜しみ　彼は負け惜

しみが強い Hy is in minne ferliezer.
まけずおとらず　負けず劣らず　(等しく) lyk, lykop, lyksa：彼女は妹に負けず劣らずの美人だ Se is krekt *like* moai as har suster.
まけずぎらい　負けず嫌い　彼は負けず嫌いの子供だ Hy is in bern mei in ûnfersetlike geast.
まける　負ける　(敗負する) ferlieze, slein wurde, (屈する) belies jaan, beswike, meijaan, swicht(sj)e, tajaan, (値引きする) tingje, (劣る) inferieur [minder] wurde：誘惑に負ける *beswike* foar de ferlieding = de ferlieding net wjerstean kinne
まげる　曲げる　ferbûg(j)e, fersette, (体を) jin bûge, (事実・真意を) ferdraaie, ferwringe：(鉄の) 棒を曲げる de stange *ferbûg(j)e*, 自転車のペダルが曲がっている De traper fan myn fyts is *ferset.*, 事実を曲げる de wierheid *ferdraaie*
まご　孫　de beppesizzer, it bernsbern, de pakesizzer
まごい　真鯉　in swarte karper (cf. 緋鯉)
まごころ　真心　de iepenens, de oprjochtens, de rûnutens；真心の (こもった) oprjocht, rjocht, rûnút
まごつく　(戸惑う) tiz(er)ich wurde；まごつかせる ferbjusterje, ferbouwerearje；まごついた [て] feraltererarje, ferbûke, ferstuivere
まこと　誠　de iepenens, de trou, (事実) it feit, (真実) de wierheid；誠の earlik, oprjocht
まことしやかな　真 [実] しやかな oannimlik (→もっともらしい)：まことしやかな話 in *oannimlik* ferhaal
まことに　誠に　eigentlik, rjocht, werklik, wrachtich, wrachtsjes, (実に・非常に) yndie(d), slim, tige, ûnbidich
まごまごする　→戸惑う，ぐずぐずする
まさか　(驚き・感嘆を表して) まさか! No nee!, Wel!；まさかの時 (に) yn gefal fan need, út need

まさぐる　弄る　taaste：ドアの端をまさぐる lâns de doar *taaste*；数珠をまさぐる jins seinings telle
まさしく　正しく　flak, samar, terjocht(e), (確かに) grif, sawier, sikerwier, steefêst, te lâne, (間違いなく) sûnder mis, (明らかに) dúdlik, klear：彼は正しく…と言っている Hy seit *terjocht(e)* dat …
まさつ　摩擦　de wriuwing (→軋轢(あつれき))：彼らの間の摩擦 de *wriuwing* tusken harren；摩擦する wriuwe (→こする)；摩擦音 de frikatyf, de rûzer, de spirant
まさに　正に　(確かに) jawis(se), sawier, sikerwier, wis (→正しく), (ちょうど・今にも) eksakt, flak, just, krekt, lyk, pal, (是非とも) steefêst, sûnder mis：金1万円正に受理いたしました Wis krige ik 10.000 yen., それは正に問題の核心だ Dat is no *krekt* it punt., それは正に驚異だ Dat is *sûnder mis* wûnderlik.
まさに　将に　まさに…しようとしている driigje, op it punt stean om (～) te …：彼はまさに出掛けようとしている Hy *driget* om fuort., まさに始めようとしていた Ik *stie op it punt om te* begjinnen.；飛行機はまさに飛び立とうとしていた It fleantúch gong krekt omheech.
まざまざと　(ありありと) klear, libben：私はその津波の恐ろしさをまざまざと覚えている Ik wit noch *klear* de eangst foar de tsunami.
まさる　勝る　oertreffe, oertroevje：スケートでは彼女の方が私より勝っている By it reedriden *oertroevet* se my.；勝った better, oermânsk, superieur
まざる　交ざる，混ざる　→交じる，混じる
まし　増し　de fergrutting, de ferheging, de stiging；割り増しの ekstra
まじえる　交える　(言葉などを) (交(か)わす) wikselje, (…を加える) taheakje
ましたに　真下に　krekt ûnder [ûn-

dertroch]：ボールは（ネットの）真下を抜けた De bal gong der *krekt ûndertroch*.

マジック →魔術；マジシャン *de magiër*

まして　況して　（なおさら）*nammerste*,（とんでもない）*lit stean*：秋も深まれば，まして日も一層短くなる Hoe djipper yn 'e hjerst, *nammerste* koarter de dagen., 私はその手紙を見ていない，まして読んでもいない Ik haw de brief net sjoen, *lit stean* dat ik it lêzen haw.

まじない　呪い　*de betovering*；まじないをかける *betoverje*

まじまじ　まじまじと見る *digerje, eagje, stoarje* (→じろじろ見る)

まじめ　真面目　*de earnst, it tinken*：まじめに yn *earnst*, まじめになる *earnst wurde*, 私はその計画をまじめに考えている It is my *tinken* mei dat plan.；まじめな［に］*earnstich* (→真剣な［に］)

まじゅつ　魔術　*de magy, de toverkeunst, de tsjoen* (→魔法)；魔術師 *de magiër, de tovener*《女性形 *-es*》, *de tsjoender*

マシュマロ　*it spekje*

まじょ　魔女　*de tsjoenster*

ましょうめんに　真正面に　*krekt foar*(e), (真向かいに) *foaroer*

まじりあう　交じり合う，混じり合う *trochinoar minge, terane*

まじりもの　交じり物，混じり物　*de ûnsuverheid*,（混合物）*it mingsel*

まじる　交じる，混じる　*bemongen [fermongen] wurde*,（血が）*fan mingd bloed wêze*

まじわり　交わり　（交際）*it ferkear, de ferkearing, de* (ge)*mienskip, de omgong*,（親交）*de freonskip*,（性交）*sekueel ferkear*：人と交わる *ferkearing hawwe mei immen*

まじわる　交わる　（…と）（付き合う）*jin ôfjaan* (mei), *omgean* (mei),（決まった異性と）*ferkeare* (mei),（道路などが）（交差する）*kruse*：人と親しく交わる *goed mei minsken omgean*, 2本の道路がそこで交わっている Dêr *kruse* twa diken inoar.

ましん　麻疹　*de mûzels* (→はしか)

マシン　（機械）*de masine*

ます　升　'masu', *houten bakje om ynhâld te mjitten*

ます　鱒　*de forel*

ます　増す　（増える）*oanwinne, stige, tanimme*,（大きくなる）*groeie*

まず　先ず　（第一に）*alderearst*,（恐らく）*miskien, tink*,（多分）*faaks, wol*：お前がまずしなければならないことは卒業することだ Do moatst *alderearst* dyn diploma helje., まずアネカも来ないだろう *Miskien* komt Anneke ek net.；《依頼状の結びで》まずはお願いまで *by foarrie*(d)

ますい　麻酔　*de anestesy, de ferdôving, de narkoaze*：人に麻酔をかける *immen ûnder narkoaze bringe*, まだ麻酔が切れていない De *narkoaze* is noch net útwurke.；麻酔をかける *ferdôvje, narkotisearje*：私は全身［局部］麻酔をかけられた Ik waard hielendal [pleatslik] *ferdôve*.；麻酔科医 *de anestesist, de narkotiseur*

まずい　（食べ物が）*smaakleas, sober, ûnsmaaklik*,（下手な）*min, ûnhandich*,（都合の悪い）*ûngaadlik, ûngeunstich*：このりんごはまずい Dizze appel is *smaakleas*., 君が人にうそをついたのはまずかった It wie *ûngeunstich* datsto immen tefoaren liigdest., 彼は字がまずい Hy skriuwt *min*.

マスク　*it masker*

マスコット　*de maskotte*

マスコミ（ュニケーション）　*de massakommunikaasje*

まずしい［く］　貧しい［く］　*earm, earmoedich, earmtlik, min*：貧しい暮らしをする in *earmoedich* libben hawwe；貧しさ *de earmoed*：貧しい生活をする yn *earmoed libje*；貧しい人々 *de earmen*,《複》*de earmelju*

マスター　（管理者）*de behearder, it*

bestjoer, (支配人) de direkteur；(あることを) マスターする (eat) ûnder de knibbel krije；ある言語を完全にマスターしている in taal folslein master wêze, in taal yn 'e macht hawwe；マスターキー de loper

マスタード　de moster (→からし)

まずだいいちに　先ず第一に　foaral, foareast, ynearsten

マスト　de mêst：船のマストを下ろす de mêst fan in skip deldwaan

マスプロ (ダクション)　de massaproduksje

ますます　益々　hieltyd [-titen], mear en mear, stees

まずまずの　先ず先ずの　matich, ridlik, skap(pe)lik, tuskenbeide(n)：まずまずの天気 tuskenbeide(n) waar

マスメディア　it massamedium：ラジオ，テレビ，新聞はマスメディアに属する Radio, t.v. en kranten hearre by de massamedia.

まぜあわせる　混ぜ合わせる　haspelje, mikse, terane, (混合する) minge, (かき混ぜる) beriere

ませた　foarlik, ierryp (→早熟の)：ませた子供 in foarlik bern

まぜもの　混ぜ物　it mingsel (→混合物)

まぜる　交ぜる, 混ぜる　mikse, minge, terane：粉に牛乳を混ぜる poeier mei molke terane

マゾヒズム　(被虐性愛) it masogisme；マゾヒスト de masogist (→被虐性愛者)

また　(同じく) ek, teffens, (再び) fannijs, nochris, wer, (もまた・その上に) dêrby, dêrneist, mar, noch：彼は間抜けだ！お前もまたそうだ Hy is dom! Do ek!, またやってごらん Besykje it nochris., 彼女はまた病気だ Hja is wer siik., 時には天気のいい日もあれば，また時には悪い日もある Soms is it moai waar, dan mar striemin.

また　又　(道・木などの分かれている) de foarke, (フォークなどの) de tine

また　股　(人体の) it krús (←(ズボンの) また下)；またを広げる jins skonken spriede

まだ　jit(te), noch：彼女はまだ若い Sy is noch jong., そこではまだ戦争が続いている Der is dêr noch altyd oarloch.；まだ…ない jit [noch] net：まだ食べていない Ik haw jit net iten., まだです Noch net., まだ彼女には会っていない Ik haw har noch net sjoen.

またいとこ　又従兄弟, 又従姉妹　in neef [nicht] yn deselde graad

またがし　又貸し　de ûnderhier；又貸しする ûnder(fer)hiere

またがみ　股上　股上の浅いズボン de heupbroek

またがり　又借り　de ûnderhier；又借りする ûnder(fer)hiere

またがる　跨る　(馬に) beride (→乗る)：馬にまたがる in hynder beride

またぎき　又聞き　(風評) it geroft

またぐ　跨ぐ　springe：溝を跨ぐ oer 'e sleat springe

またした　股下　股下60センチのズボン in broek der't de binnenmaat fan de piipen 60 sintimeter fan is

まだしも　未だしも　→むしろ

またせる　待たせる　人を待たせる immen wachtsje litte

またたき　瞬き　(星の) de glim (→瞬(まじろ)き)；瞬く glimme, glinsterje：夜空に星が瞬く Yn 'e nachtloft glinsterje de stjerren.；瞬く間に yn in eachwink [flits / omsjoch] (→あっという間に)

またとない　又と無い　又と無いチャンス de unike kâns

マタニティードレス [ウェア]　(妊婦服) de jongwivejûpe, de posysjejurk [-klean]

またの　又の　oar, oars (→別の)

または　又は　of, oftewol：これかまたはあれか dit of dat, 鉛筆またはボールペンで書く mei in potlead of in balpin skriuwe

またもや　又もや　→再び

まだら　斑　(斑点(はんてん)) *de* spikkel, *de* stip；まだらの spikkelich, stippelich

まだるっこい　間怠っこい　sleau,（うんざりするような）ferfeelsum, saai, （いらいらさせる）irritant：彼女の話し方はまだるっこい Se praat sa *sleau*.

まち　町　*de* stêd：町と村 *stêden* en doarpen, 町に住む yn 'e *stêd* wenje, 町に行く nei *stêd* ta gean；町の stedsk：町（→都会）の生活 it *stedske* libben；町外れ de bûtenkant fan in stêd；町役場 it stedshûs

まち　街　（街路）*de* strjitte, (市街地) *de* binnenstêd

まちあいしつ　待合室　*de* wachtkeamer

まちあわせる　待ち合わせる　moetsje：ソンダッハと2時に駅で待ち合わせることにした Ik haw mei Zondag ôfpraat om him twa oere te *moetsjen*.

まちうける　待ち受ける　ôfwachtsje, （楽しみに待つ）ferwachtsje, rekkenje, （期待する）tidigje

まちがい　間違い　it fersin, *de* flater, *de* fout：間違える in *fersin* meitsje, 間違って by [troch] *fersin*, 間違いをする in *flater* slaan；間違った ferkeard, fout, mis：君は間違っている Do bist *mis*.；間違いなく foarfêst, steefêst, sûnder mankearjen [mis]：それは間違いなく当てにできます Dêr kinne jo *steefêst* op oan.

まちがう　間違う　jin fersinne：時間を間違えてしまった Ik haw my yn 'e tiid *fersind*.

まちがえる　間違える　fersinne, jin fersjen, （…と）ferwikselje (mei)：距離の判断を間違った Ik haw my *fersjoen* op 'e ôfstân., あなたを兄さんと間違えてしまった Ik hie jo *ferwiksele* mei jo broer.

まちかどで　街角で　op 'e hoeke fan de strjitte

まぢか(に)　間近(に)　（時間・時期が）flakby, fuortby, koartby, ticht(e)by, (距離が) nei, neist, net fier：正月も間近だ It nijjier is *koartby*., 東京駅はもう間近です It stasjon fan Tokio is *net fier ôf*.

まちかまえる　待ち構える　ferwachtsje, wachtsje

まちきれない　待ち切れない　ûnferduldich [ûngeduldich] wachtsje

まちくたびれる　待ちくたびれる　jins nocht hawwe fan it wachtsjen

まちこがれる　待ち焦がれる　benaud [ûngeduldich] wachtsje；(…を) 待ち焦がれて longerich (op)

まちどおしい　待ち遠しい　longerjend wachtsje

まちにまった　待ちに待った　lang ferwachte：待ちに待った夏休みが始まった De *lang ferwachte* simmerfakânsje is der einlings en te 'n lêsten.

まちのぞむ　待ち望む　ôfwachtsje, (…を) ûtsjen (nei)：クリスマスを待ち望む nei de krystdagen *útsjen*

まちぶせする　待ち伏せする　opheine, opwachtsje：ドアのところで人を待ち伏せする immen by de doar *opheine*, 警察は彼を待ち伏せした De plysje *wachte* him *op*.

まちぼうけ　待ちぼうけ　彼女に待ちぼうけを食わされた Ik wachte har, mar se ferskynde nea.

まちまちな　（異なった）ferskate, ferskillend, ûnderskate

まつ　松　*de* pynbeam

まつ　待つ　opwachtsje, wachtsje：ちょっと待ってくださいませんか Wolle jo efkes *wachtsje*?, 人を待たせる immen *wachtsje* litte, 人を待つ op immen *wachtsje*, 順番を待つ op jins bar *wachtsje*；楽しく待つ→楽しく

まつえい　末裔　*de* neikommeling, *de* ôfstammeling (→子孫)

まっか　真っ赤　*it* hel(der)read；真っ赤な hel(der)read；(怒り・当惑で顔が) 真っ赤になった fjoerread, (明白な) baarlik：真っ赤な顔 in *fjoerread* antlit, 真っ赤なうそ in *baarlike* leagen

まっき　末期　de lêste jierren, （病気・状況などの）de lêste faze, it lêste stadium；末期がん it terminale stadium fan kanker

まっくらな 真っ暗な ierdetsjuster, pikkenacht [-tsjuster], poertsjuster：真っ暗な夜 in *pikketsjustere* nacht；真っ暗闇(や) it ierdetsjuster, it poertsjuster

まっくろな 真っ黒な donker, gitswart, ynswart, koalswart；真っ黒に焦げる ferkoale wêze

まつげ 睫(毛) de eachhier, de eachteister, de teister

まっこうから 真っ向から frontaal；真っ向からの風だった Wy hiene pal yn 'e wyn op.；真っ向からの抵抗に対して tsjin in heftich ferset

まっこうくじら 抹香鯨 de potfisk

マッサージ de massaazje；マッサージをする massearje；マッサージ師 de masseur

まっさいちゅうに 真っ最中に medio, midden；パーティーは真っ最中である It feest is yn folle gong.

まっさおな 真っ青な djip blau, (顔色が) deableek [-wyt], ynwyt, sa bleek as de dea：顔が真っ青になる *deableek* wurde

まっさかさまに 真っ逆様に foaroer, holderdebolder

まっさかり 真っ盛り 桜の花は今が真っ盛りである De kerseblossems binne no op har moaist.

まっさきに 真っ先に yn 't earste begjin, (第一に) alderearst, foarst, yn 't earste plak

まっさつ 抹殺 (削除) de kûpuere, de eliminaasje；抹殺する útskriuwe (→削除する), (人を) eliminearje, útskeakelje：自分に反対する者を抹殺する jins tsjinstanner *útskeakelje*

まっしぐらに oerhastich, yn [mei] alle haast；まっしぐらに走る stowe, strûze, wiskje

マッシュポテト de ierappelpuree [-smots], de pomp, de puree

マッシュルーム de sjampinjon, (きのこ) de poddestoel

まっしょう 末梢 de eliminaasje, it útskrassen；末梢する útskrasse, (削除する) útskriuwe

まっしょうじきな 真っ正直な goudearlik, (率直な) iepenhertich

まっしょうてきな 末梢的な triviaal, ûnbetsjuttend：末梢的な諸問題 *ûnbetsjuttende* problemen；末梢神経 de perifeare senuw

まっしろな 真っ白な ynwyt, sniewyt, sa wyt as snie

まっすぐな [に] 真っ直ぐな [に] regelrjocht, rjocht, rjochtstreeks [-troch / -út], (髪などが) slûk, (従順な) gehoarsum：真っすぐな道 in *rjochte* wei, この道を真っすぐに行ってください Hâld *rjocht* dizz wei oan., 真っすぐに歩く *rjochtút* rinne

まつだい 末代 alle generaasjes；末代まで ivich (→永遠に)

まったく 全く absolút, alhiel, danich, duchtich, faaljekant, fol, folslein, gâns, glêd, hielendal, kompleet, poer, poerlik：全く間違っている *faaljekant* ferkeard wêze, それは全く不可能だ It is *folslein* ûnmooglik., それには全く反対だ Ik bin der *poer* op tsjin.；全く…ない alhiel [hielendal] (…) net [gjin]：それは全く間違っていない Dat is *alhiel net* ferkeard., ぼくは全くお金がない Ik haw *hielendal gjin* jild mear. (→すっからかんになった)

まったん 末端 it / de ein, (先) de tip；末端価格 it einbedrach, (小売り価格) de lytshannelpriis, de winkelpriis

マッチ de lúsjefers (←マッチ棒)；マッチ箱 it lúsjefersdoaske

マッチ (試合) de kriich, de striid, de wedstriid

マット (玄関・椅子の) de matte, (下敷の) de ûnderlizzer (←テーブルマット), (コップの下に敷く) de ûndersetter

まっとうする 全うする folbringe, foltôgje

マットレス it / de matras

まっぱだかの[で] 真っ裸の[で] poerneaken [spier-]（→丸裸の[で]）
まつばづえ 松葉杖 de kruk：松葉杖をついて歩く mei *krukken* rinne = krukke
まつび 末尾 *de* ein：（手紙の）末尾に oan de *ein*（fan in brief）
まっぴつ 末筆 末筆ながら皆様によろしく Mei bêste [herlike] groet(e)nis foar jo famylje.
まっぴら 真っ平 彼女の愚痴はもう真っ平だ！ Ik haw genôch fan har beklach!
まっぴるま（に） 真っ昼間（に） op (klear) ljochtskyndei
マップ（地図）de lânkaart
まっぷたつに 真っ二つに midstwa：母はすいかを真っ二つに割った Us mem snie in wettermeloen *midstwa* [presiis].
まつゆきそう 松雪草 it liderke, it snieklokje
まつよいぐさ 待宵草 it nachtlampke
まつり 祭り it feest；祭りの夜 *de* feestjûn；お祭り気分で feestlik
まつりあげる 祭り上げる fuortpromovearje
まつる 祭る（神として）fergoadzje,（神・祖先の霊を敬う）ferearje, oanbidde
まつろ 末路 （英雄の）de finale [lêste] dagen（fan in held）
まつわりつく 纏わり付く（…に）hingje（oan）,（つきまとう）neirinne（→絡み付く）
まつわる 纏わる omstringelje,（…に）（係わる）betrekking hawwe（op）
まで 迄 《時間》（ある時点までの継続）oant, ta,《場所》（ある地点まで）oan, oant, ta,《及ぶ限度・範囲》oant, ta：9時から12時まで fan 9 *oant* 12, 1939年から1945年まで fan 1939 ôf *oant* 1945 ta, 今まで *oant* no ta, 4月［土曜日］まで *oant* april [sneon] ta＊oan … ta の相関句で, 朝早くから夜遅くまで fan moarns ier *oant* jûns let, 私たちは3番目の横町まで歩いて行った Wy rûnen *oan* 'e tredde sydstrijtte ta., レーワルデンからフローニンゲンまで fan Ljouwert *oant* Grins, 199頁まで *oant* side 200 ＊200頁を含まず, 200頁まで *oant* en mei side 200, 首のところまで水につかる oan 'e hals *ta* yn it wetter sitte；《接》（…までは）ear't, foardat, foar't,（…するまで）oant,（…する前に）ear't：その人は80才ごろまでは, 足はなお丈夫でしょう De man rint noch goed, *foar't* er hast tachtich is., 私たちは暗くなるまで歩き続ける Wy geane troch *oant* it tsjuster is., にわか雨が止むまでここで待ってください Wachtsje hjir *oant* de bui oer is., 君の手紙を受け取るまでは, そのことについては何も知らなかった *Ear't* ik dyn brief krige, wist ik der neat fan.；…までには tsjin [by] dat：彼が帰宅するまでには, 私はその仕事を終えているでしょう *Tsjin dat* er thús komt, sil ik dit wurk dien hawwe.
まてんろう 摩天楼 de wolkekliuwer [-klauwer]
まと 的（標的）it doel, de sjitskiif, de skiif,（対象）it foarwerp, it objekt,（焦点）it brânpunt：的を外す it *doel* misse, 的に当たる de *skiif* slaan；的外れの yrrelevant；それは的外れです Dat is net fan belang.
まど 窓 it finster,（自動車の）it portierrútsje：窓際で nei it *finster*；窓枠 it kezyn；窓格子 it foarrút
まどう 惑う ferbjustere [ferheard] wêze,（心を奪われる）rekke (<reitsje) wêze
まどぐち 窓口 （銀行・郵便局などの）it loket
まとまり 纏まり（統一）de ienheid, de ienwurding,（問題・話し合いなどの）（解決）it beklinken, de oplossing, de skikking,（一貫性）de gearhing；まとまる gearbrocht wêze,（意見・交渉などが）gearfalle,（解決する）beklinke, oplosse；まとまった iendrachtich,

まとめ　纏め　de gearfetting（→要約）
まとめる　纏める　（一か所に）gearbringe, sammelje,（要約する）gearfetsje,（統合する）gearfoegje
まともな　真面な　earber, earlik, fatsoenlik, ynteger, ordintlik；まともに rjocht, streekrjocht：人の顔をまともに見る immen yn it gesicht rjocht oansjen
まどり　間取り　it plan fan in hûs；この家の間取りはよくできている Dit hûs is moai pland. ＊ pland は planne の過去分詞
まどろむ　微睡む　slomje, sûzje；まどろみ de slom
まどわす　惑わす　ferbouwerearje,（誘惑する）ferliede, ferlokje, oanlokje
マトン　（羊肉）it skieppefleis
マナー　（行儀）de manier,《複》de omgongsfoarmen, de sede：マナーがない［よい］gjin [goede] manieren hawwe；マナーのよい fatsoenlik；マナーの悪い sedeleas, ûnfatsoenlik
まないた　俎　de snijplanke
まなざし　眼差し　de útdrukking：幸せそうな眼差しをして mei in gelokkige útdrukking yn 'e eagen
まなつ（に）　真夏（に）　(de) midsimmer
まなぶ　学ぶ　leare, oanleare,（研究する）studearje：大学で言語学を学ぶ taalkunde oan 'e universiteit studearje
マニア　（熱狂的なファン）de maniak
まにあう　間に合う　（時間に）op 'e tiid wêze,（用が足りる）genôch wêze：彼はちょうど間に合った Hy kaam krekt op 'e tiid., 椅子は5脚もあれば間に合う Fiif stuollen binne genôch.；間に合って yntiids
まにあわせ　間に合わせ　de needhelp（→一時しのぎ）；（…で）間に合わせる jin behelpe (mei), rûnkomme：1週間に100ユーロでは間に合わない Fan 100 euro yn 'e wike kinst net rûnkomme.

マニキュア　it manikueren, de manikuere
マニュアル　（手引き）de hantlieding, de lieding；マニュアルの mei de hân oandreaun（→手動の）
まぬがれる　免れる　ûntkomme, ûntrinne,（避ける）mije, ûntwike
まぬけ　間抜け　de domkop, de gek, de idioat, de kloat, de stommeling, de ûnbenul, it / de ûnferstân；間抜けな dom, gek, ûlich, ûnbenullich：私って、何て間抜けなんでしょう！ Wat dom fan my!
まね　真似　de imitaasje, de neifolging（→模倣）：人のまねをする in imitaasje fan immen jaan；まねる imitearje, nei-aapje, neibauwe, neidwaan, neimeitsje：彼は先生のまねをした Hy die syn learaar nei., 人の文体をまねる immens styl neidwaan
マネージャー　（管理者）de behearder, de bestjoerder,（支配人）de direkteur, de lieder
まねかれざるきゃく　招かれざる客　de net noade gasten
まねきよせる　招き寄せる　winke：彼女は私に手を振って招き寄せた Se wonk my om tichterby te kommen.
マネキン　de mannekên
まねく　招く　（招待する）bidde, biede, fersykje, freegje, útnoadigje, útnoegje,（迎える）ynhiere, oannimme（→招聘する）,（手招く）winke,（災難を）引き起こす）bewurkje, opleverje：結婚式に招く op 'e brulloft freegje, 人をお茶に招く immen op 'e tee freegje, 彼女は自分の誕生パーティーに友だちをみんな招いた Op har jierdeisfeest noege se al har freonen út., フークストラ氏は教授として招かれた Hear Hoekstra wie as heechlearaar oannommen.
まのあたりに　目の当たりに　（目の前で）yn jins bywêzen [oanwêzigens],（じかに）direkt
まばたき　瞬き　（目の）de eachwink,（星の）it skynsel；まばたきをする

knypeagje, knippe, knipperje：彼女は光を浴びてまばたきした Hja knipperet tsjin it ljocht.

まばゆい　眩い　skril：まばゆいばかりの色 *skrille* kleuren

まばらな　疎らな　ferspraat, tin

まひ　麻痺　*de* ferlamming, *de* lammens；麻痺する[させる] ferlamje；麻痺した gefoelleas (→しびれた), lam

まびく　間引く　fertinje, tinje, úttinje：人参を間引く de woartels *tinje*

まひる　真昼　*de* middei；真昼間に midden op 'e dei

マフィア　*de* maffia

まぶしい　眩しい　《形》skril (→まばゆい)；《動》ferblynje：太陽（の光）がまぶしかった Ik wie troch de sinne *ferbline*.

まぶた　瞼　*it* eachlid：まぶたが重い Ik kin de *eachlidden* net mear tille.

まふゆ(に)　真冬(に)　*(de)* midwinter

マフラー　（襟巻き）*de* das, *de* halsdoek,（車の）（消音器）*de* knalpot

まほう　魔法　*de* magy, *de* toverkeunst, *de* tsjoen：魔法を使う oan swarte *magy* dwaan = toverje, tsjoene；魔法の magysk：魔法使い *de* magiër, *de* tsjoender,（女性の）*de* tsjoenster；魔法の杖 *de* toverstêf

マホガニー　*it* mahoanje；マホガニー材（の）（*it*) mahoanje

まぼろし　幻　*it* fizioen, *it* spoek：幻を見る in *fizioen* hawwe

まま　間々　→時々

ママ　（お母さん）*de* memmy

ままおや　継親　《複》*de* styfâlden

ままこ　継子　*it* styfbern,（男の子）*de* styfsoan,（女の子）*de* styfdochter

ままごと　飯事　ままごとをする heit en memke boartsje

ままちち　継父　*de* styfheit [-faar]

ままはは　継母　*de* styfmem [-moer]

まみず　真水　swiet wetter (→淡水)

まみれる　塗れる　(…で) bemoddere wurde (mei)

まむかいに　真向かいに　foaroer：彼は通りのちょうど真向かいに住んでいる Hy wennet hjir *foaroer*.

まむし　蝮　*de* njirre

まめ　豆　*de* bean,（青えんどう）*de* dopeart(e),（いんげん豆）*de* brune beane

まめ　肉刺　（手・足にできる）*de* (brân)blier,（血豆）*de* bloedblier

まめつ　磨滅　*de* slyt, *de* slitaazje；磨滅する bedrage, ferslite, ôfslite, útslite

まめな[に]　忠実な[に]　まめに働く flitich arbeidzje, sa iverich as in bij wêze [wurkje]

まもう　摩耗　*de* slyt, *de* slitaazje；摩耗する slite, útrinne, útslite；摩耗した fersliten

まもなく　間も無く　daliks, moai gau, mei gauwens, hast, ynkoarten, skiel(i)k (→早速, 直に)

まもの　魔物　*de* bok, *de* deale, *de* demon, *de* duvel

まもり　守り　（防衛）*de* definsje, *de* ferdigening, *it* ferwar, *de* ôfwar,（守備）*it* definyf,（お守り）*it* amulet；守る ferdigenje,（規則などを）neilibje

まやかし　*de* keunst, *de* trúk

まやく　麻薬　*de* drug：麻薬を使用する oan 'e *drugs* wêze；麻薬使用者 *de* drugbrûker；麻薬常用者 *de* drugsferslaafde；麻薬中毒者 *de* ferslaafde

まゆ　眉　*de* eachbrau；まゆ毛 *de* wynbrau [wink-]；まゆをしかめる[ひそめる] de foarholle [wynbrau] fronselje

まゆ　繭　*de* kokon, *it* spinsel

まゆつばもの　眉唾物　（偽り）*de* falsifikaasje：彼女の話はまゆつば物だ Do moatst har ferhaal net al te letterlik [mei in kerl(tsje) sâlt] nimme.

まよい　迷い　（ためらい）*de* wifel (→ちゅうちょ),（疑い）*de* twivel：迷いもなく sûnder *twivel*；（道に）迷う ferdwale, ôfdwale,（ためらう）wifelje,（当惑する）ferbouwerearre wêze

まよけ　魔除け　*de* talisman

まよなか　真夜中　*de* middernacht：真夜中に om *middernacht*

マヨネーズ　*de* mayonêze

まよわす　迷わす　ferbjusterje, ferbouwerearje,（魅惑する）fassinearje, yntrigearje

マラソン　de maraton：マラソンをする in maraton rinne；マラソン選手 de maratonrinner

マラリア　de malaria：マラリアにかかる malaria krije；マラリア蚊 de malariamich

まり　毬　de bal（→ボール）：まりを投げる in bal werpe

マリア　（聖母マリア）Marije

マリオネット　（操り人形）de marionet

マリファナ　de marihuana：マリファナを吸う marihuana brûke

まりょく　魔力　magyske krêften

マリンバ　de marimba

まる　丸，円　de rûnte, de sirkel,（丸い物）it rûn；丸い rûn：ボールのように丸い sa rûn as in bal, 丸テーブル in rûne tafel

まる（一）　丸（一）　fol, folslein, folút, hiel：まる1時間［1日］in folle oere ［dei］, まる1か月 folút in moanne, in hiele moanne, まる1年 in hiel jier：この辞書を完成するのにまる10年かかった It naam folslein tsien jierren om dit wurdboek te folbringen.

まるあんき　丸暗記　it út 'e holle learen；丸暗記する automatysk út 'e holle leare

まるかじり　丸齧り　りんごを丸かじりする in appel mei skyl en al ite

まるかっこ　丸括弧　rûne heakjes《（），（））

まるき　丸木　it rûnhout

マルクスしゅぎ　マルクス主義　it marksisme；マルクス主義者 de marksist

まるくする　丸くする　rûnje, rûn meitsje

まるくびの　丸首の　mei in rûne hals：丸首のセーター in trui mei in rûne hals

まるごと　丸ごと　hiel：丸ごと魚を食べる in fisk hiel ［mei graten en al］ ite

まるた　丸太　it rûnhout；丸太小屋 de blokhutte

まる（っ）きり　丸（っ）切り　glêd, gled（→さっぱり…（ない））：それはまるっきり違っている Dat is glêd ferkeard.

まるっこい　丸っこい　丸っこい顔 in rûn antlit

まるで（…のように）　krekt as …, lykas, 《接》as, oft：彼はまるで子供みたいに走り回っている Hy rint om, lykas in bern.

まるてんじょう　丸天井　it ferwulf(t), de koepel：教会の中の素晴らしい丸天井 moaie ferwulften yn 'e tsjerke

まるのみ　丸呑み　de slok,（一飲み）de swolch：彼は錠剤を丸飲みした Hy naam de tabletten yn ien swolch.；（人の話などを）（うのみにする）opslokke, wiismeitsje litte

まるはだかの［に］　丸裸の［に］　poerneaken, spierneaken

まるぼうずの　丸坊主の　（丸刈りの）koartknipt,（頭のはげた）kealhollich,（樹木のない）neaken

まるぼちゃの　丸ぼちゃの　mûtel：丸ぼちゃのほお mûtele wangen

まるまる　丸々　→丸（一）,（丸々太った）mûtel

まるみ　丸み　（丸いこと）de rûnens；（人柄が）丸みのある rêstich

まるみえ　丸見え　丸見えである folop yn 't sicht；この部屋は外から丸見えである Fanút dizze keamer kinst alles op strjitte sjen.

まるめこむ　丸め込む　（言いくるめる）ôftroggelje,（口説き落とす）ynpalmje, omprate

まるめる　丸める　oprôlje,（体を）jin dûke,（丸くする）rûnje

まるやね　丸屋根　in rûn dak

まれな［に］　稀な［に］　bysûnder, seldsum：まれな野鳥 in seldsume wylde fûgel；まれにしか…ない komselden, selden：…はまれにしか起きない It bart selden dat …

まろやかな　円やかな　（声・旋律が）swietlûdich,（味・香りが）swiet

まわしもの　回し者　→スパイ

まわす　回す　draaie, omdraaie,（塩など を）oerjaan, trochjaan（→手渡す）：電 話のダイヤルを回す it nûmer *draaie*, （ドアの）取っ手を回す oan 'e knop- pen *draaie*, 鍵を回す de kaai *omdraaie*, 塩を回してくれませんか Kinst it sâlt eefkes *trochjaan*?

まわた　真綿　de flosside

まわり　回り　（回転）de rûntegong

まわり　周り　（周辺）it rûn；周りの omlizzend；周りに om, (yn it) rûnom

まわりくどい　回りくどい　omslach- tich；回りくどいこと de omhaal

まわりみち　回り道　de ombocht, de omlieding, de omwei：ずっと回り道 をして mei in lange *omwei*；回り道を する omfytse, omreizgje, omride

まわる　回る　omrinne,（ぐるぐる） draaie, rolje, rôlje, rûndraaie：くるくる 回る yn 'e rûnte *draaie*, 地球は太陽の 周りを回る De ierde *draait* om de sinne hinne.

まわれみぎ!　回れ右!　Kear rjochtsom!

まん　万　10,000（の）it / de tsientûzen

まん（一）　満（一）　fol：満10年 tsien *folle* jierren

まんいち　万一　→もし…（ならば）； 万一の場合 út need

まんいんの　満員の　fol, grôtfol；満員 である ôfladen (fol) wêze：列車は満 員だった De trein *wie ôfladen (fol)*.

まんえつ　満悦　jins grutte tefredenens

まんえん　蔓延　de útwreiding：伝染 病のまんえん de *útwreiding* fan 'e epi- demy；まんえんする jin útwreidzje

まんが　漫画　（続きの）it stripferhaal； 漫画映画 de animaasjefilm, de teken- film（→アニメ（ーション））；風刺漫 画 de spotprint

まんかいの　満開の　yn 'e folle bloei： 桜は今が満開です De kersen binne no yn 'e folle *bloei*.

マンガン　it mangaan

まんき　満期　de ôfrin,（手形などの） de beteldei；満期になる ferjierje, fer- rinne

まんきつする　満喫する　（…を）folop genietsje（fan）

マングローブ　de mangrove

まんげきょう　万華鏡　de kaleidoskoop

まんげつ　満月　de follemoanne (cf. 半 月 de healmoanne)

マンゴー　de mango；マンゴーの木 de mangobeam

まんざい　漫才　it komyske optreden fan twa akteurs

まんさいする　満載する　（人・荷物な どを）te swier belade, oerlade,（記事 などを）grôtfol [smoarfol] wêze

まんざら　満更　まんざら…ない→全 く…ない

まんじょう　満場　満場一致で ienstim- mich：これは満場一致で可決された Hjir waard *ienstimmich* ta besluten.； 満場一致の unanym

マンション　（大邸宅）it hearehûs,（共 同住宅）it appartemint

まんせいの　慢性の　（病気の）groa- nysk,（長引く）ivich, lang：慢性病の 患者 in pasjint mei *groanyske* sykte, 慢 性的な不景気 in *lange* resesje

まんぜんと　漫然と　sinleas,（仕事を しないで）liddich, wurkleas

まんぞく　満足　de foldwaning, de tefredenens：満足して mei *tefrede- nens*；満足させる befalle, fernoegje, foldwaan, paaie；満足して fernoege, foldien, tefreden, wiis：満足感 in *fol- dien* gefoel, あることに満足してい る oer [mei] eat *foldien* wêze, jin mei eat *tefreden* stelle, 彼女は十分満足す るだろう Se sil wol *foldien* wêze., 満 足させる *tefreden* stelle, 新しい自転 車にとても満足している Ik bin sa *wiis* mei myn nije fyts.；満足できる behoarlik；それには満足である Dat is my nei 't sin.；満足な befredigjend

まんちょう　満潮　it heechwetter（↔干 潮）：満潮時に mei *heechwetter*

まんてん　満点　hege sifers

マント　de mantel

マンドリン　de mandoline：マンドリン

マントルピース

を弾く mandoline spylje
マントルピース　de skoarstienmantel
まんなか　真ん中　de midden；真ん中の middelber, middelste：真ん中の家 it middelste hûs；真ん中に midden, middenyn, yn 'e midden；その真ん中に dêrtusken
マンネリ（ズム）　it maniërisme
まんねん　万年　tsientûzenen；万年雪 ivichduorjende snie
まんねんひつ　万年筆　de folpinne
まんぱい　満杯　(…で) 満杯である fol wêze (mei)：冷蔵庫は食料品で満杯である De kuolkast is fol mei iterij.
まんびき　万引（行為）de winkeldieverij [-stelderij], (人) de pongeleger, de winkeldief
まんぷくの　満腹の　fol, sêd：私は満腹だ Ik bin sêd.；満腹にする sêdzje
まんべんなく　満遍なく（等しく）even, (公平に) evenwichtich, (例外なく) sûnder útsûnderingen
まんぽ　漫歩　de kuier；漫歩する doarmje, kuierje, omdoarmje
マンホール　de put；マンホールのふた it putlid
まんぽけい　万歩計　de stappeteller
まんまと　foarspoedich, kundich（→うまく）
まんまる　真ん丸　in folsleine [perfekte] sirkel；真ん丸い月 de folle moanne（→満月）
まんめん　満面　満面の笑みを浮かべて mei in ynlokkich gesicht；彼はそれで得意満面である Hy glimt der oer.
マンモス　de mammoet
まんゆう　漫遊　de plezierreis：漫遊する in plezierreis meitsje
まんりょう　満了　de ôfrin（→満期）；満了する ferfalle, ferrinne（→期限が切れる）

み　ミ　mi

み　身　(身体) it lichem, it liif, (自分自身) jin(sels), (その人の)（立場）de posysje, de stân,（皮・骨に対して）（肉の部分）it fleis,（中身）de ynhâld：身も心も lichem en geast, 身を医学に捧げる jin tawije [wije] oan de genêskunde, 私の身にもなってくれ Do moatst dy yn myn posysje ferpleatse., 魚の身 it fleis fan in fisk = it fiskfleis, 容器の（中）身 de ynhâld fan de huls；身に余る snobistysk wêze, mear lykje, wolle as men is；身に覚えがある [ない] Dêr haw ik wat [neat] mei te meitsjen.；(習慣・知識・言語などを) 身につける oanleare, (着物を) drage；(…に) 身につまされる sympatisearje (mei)；(…が) 身にしみる djip tankje (foar)；身から出た錆となる jins trekken thús krije；身を誤る it ferkearde paad opgean；(…に) 身を入れる jin tawije (oan)；身を売る as prostituee wurkje；身をかがめる jin bûge；身を粉にして働く jin deabealgje [-skreppe]；身を固める in húshâlding opsette（→所帯を持つ）；身を切るような fûleindich；(作家として) 身を立てる jin fêstigje as skriuwer；(…に) 身を投じる mei hert en siel wije (oan)；(…に) 身を寄せる bliuwe (mei)；《諺》悪銭身につかず Sa wûn, sa rûn.

み　実　(果実) de frucht, it fruit, (植物の) de frucht, (木の) de nút, (実質) de substânsje：禁断の木の実 ferbeane

fruchten, くるみの実 grutte *nút*, 実がなる [を結ぶ] *frucht* drage; (話などが) 実のある substansjeel
(一) み (一) 味 *de* bysmaak, *de* smaak, (気味) *it* snúfke, *it* tikje; その食べ物は甘[苦]味がある Dat iten smakket swiet [bitter].; 赤味がかった readich
みあい 見合い it petear foar in mooglik arranzjeare houlik; 見合いをする elkoar moetsje om te houlikjen
みあう 見合う inoar sjen, (釣り合う) balansearje
みあきる 見飽きる wurch wêze [wurde] fan it sjen; それは見飽きた Ik haw der genôch fan.
みあげる 見上げる opsjen, (感心する) bewûnderje
みあたる 見当たる fine, ûntdekke: それはどこにも見当たらない It is nearne te *finen*.; 見当たらない poater, wei: 私の時計が見当たらない Myn horloazje is poater [wei]. ＊前者はやや俗っぽい
みあやまる 見誤る (判断を誤る) miskenne
みあわせる 見合わせる (互いの顔を) inoar sjen, (延期する) ferskowe, fersette, ferstelle, útstelle: 出発を見合わせる jins fertrek *fersette* [*útstelle*]
みいだす 見出す fine, gewaarwurde, útfigelearje, útfine
ミーティング (会合) de gearkomste
ミイラ *de* mummy
みいり 実入り (収穫) *de* frucht, (収益) *de* fertsjinst, *it* gewin, *it* profyt, *de* winst, (収入) *it* ynkommen
みうけする 身請する ynlosse
みうける 見受ける sjen, (...のように見える) lykje: 彼女は怒っているように見受けられる Se *liket* lilk te wêzen.
みうごきする 身動きする ferwege; 身動きしない roerleas, ûnferweechlik
みうしなう 見失う út it each ferlieze
みうち 身内 (家族) jins famylje, (親類) jins besibbens

みうりする 身売りする jinsels ferkeapje
みえ 見栄 *de* pronk(skens), (虚栄心) *de* idelens; 見栄っ張りの idel: 見栄っ張りの強い人 in *idel* keardeltsje; 見栄を張る pronkje, skermje; 見栄っ張り *de* opskepper
みえすいた 見え透いた trochsichtich: 見え透いた言い訳 in *trochsichtich* ferlechje
みえる 見える sjen: 明かりは何も見えなかった Ik haw gjin ljocht *sjoen*., よく見えますか Kinst it wol sjen?, よく見える [ない] goed [min] sjen, 二重に見える dûbeld *sjen*; (... のように) 見える lykje, toane: 実際以上に見える It *liket* mear as dat it is., この方がずっとよく見える Sa *toant* it folle better.; (《形》（目に）見える sichtber: 目に見えてくる *sichtber* wurde; 見えなくなる ferdwine (→消える); それがよく見えない Dêr haw ik sa gjin sicht op., 見える [ない] 所に yn [út] (it) sicht
みおくり 見送り it ôfskie(d); 見送る ôfskie(d) nimme, (握手をして・手を振って) ôffûstkje, (送り出す) útswaaie
みおとし 見落とし *it* fersom; 見落とす foarbygean, oersjen, eat oer 'e kop sjen [rinne] (気づかない), (見過ごす) fersomje
みおとりがする 見劣りがする (... よりは) net sa goed wêze (as ...): 全体として見れば, その写しは原本よりも見劣りがする Al mei al, de kopy *is sa goed net* as it orizjneel.
みおぼえ 見覚え (記憶) *de* gedachtenis, *de* memoarje, *it* oantinken, *it* tinken; 見覚えのある foarstean, heuge, tebinnenbringe; 見覚えのない frjemd
みおもの 身重の swier (→妊娠して)
みおろす 見下ろす delsjen, (通りなどを) úteagje
みかいけつの 未解決の kamp, ûnbeslist, net oplost; 未解決の諸問題 *net*

oploste problemen
みかいの 未開の primityf,（野蛮な）barbaarsk；未開人 de barbaar
みかいはつの 未開発の primityf, ûnûntwikkele
みかえし 見返し （本の）it skutblêd
みかえす 見返す （…を）（振り向く）omsjen（nei）,（振り返る）efteromsjen,（点検する）kontrolearje
みかえり 見返り （担保）de boarch-(som), it ûnderpân,（保証）de kompensaasje
みがき 磨き it poetsen；磨く glânz(g)je, poetse, wriuwe,（自分を）jin betterje；磨きをかける byskave,（…に）skave（oan）：フリジア語に磨きをかける jins Frysk byskave；磨き粉 it / de skjirpoeier
みかぎる 見限る （諦める）oerjaan, opjaan（→断念する）
みかく 味覚 de smaak：繊細な味覚を持っている in fine smaak hawwe, 私の味覚は麻痺している Myn smaak is fuort.；それは私の味覚をそそる It wetter rint my derfan om 'e tosken.
みかくにんの 未確認の net befêstige, net identifisearre；未確認飛行物体 de ufo（→ユーフォー）
みかけ 見掛け it uterlik,（様子）it each, it foarkommen,（容貌）it útsicht；見掛けは uterlik：彼女は見掛けは穏やかそうだ Sy liket uterlik kalm.
みかげいし 御影石 it granyt（→花崗岩）
みかこうの 未加工の rau, ûnbeärbeide, ûnbewurke
みかた 見方 it stânpunt,（見地）it eachpunt
みかた 味方 de freon：味方と敵 freon en fijân；味方する byfalle, stypje；人に味方する immen byfalle =foar immen opkomme；説得して味方にする meikrije
みかづき 三日月 in nije [skyl(tsje)] moanne
みがってな 身勝手な （わがままな）eigensinnich, selssuchtich,（自分本位の）baatsuchtich
みかねる 見兼ねる net langer oansjen kinne
みがまえ 身構え it postuer（→ポーズ）：身構える jin yn postuer sette
みがら 身柄 jins persoan；人の身柄を拘束する immen finzen sette
みがるな [に] 身軽な [に] licht,（機敏に）kwik, redsum：身軽な服装 lichte klean, 彼はその水路を身軽に飛び越えた Redsum ljepte hy oer de sleat.
みがわり 身代わり （代用品）it substitút, de reserve, de waarnimmer,（代役）de plakferfanger,（代理人）de ramplesant
みかん 蜜柑 de sinesappel（→オレンジ）,（マンダリン）de mandaryn：みかんの皮をむく in sinesappel skile
みかんせいの 未完成の ynkompleet,（不完全な）ûnfolslein, wan
みかんの 未刊の net útjûn
みき 幹 （木の）de beamstam, de stam,（根幹）de grûnslach
みぎ 右 （右側）de rjochterkant；右の rjochter, rjochts（↔左の）；右に rjocht(som), oan 'e rjochterkant；右へ, 右の方向に rjochtsôf：右に曲がる rjochtsôf slaan
みぎうで 右腕 de rjochterhân（←腹心）
みぎがわ 右側 de rjochterkant：右側 [手] に oan 'e rjochterkant；右側の rjochter, rjochts；右側を rjochts：右側を運転する rjochts ride
みぎききの 右利きの rjochts, rjochts-(om)handich：私は右利きです Ik bin rjochts.
ミキサー （台所用の）de mikser,（コンクリートミキサー）de betonmole
みぎて 右手 de rjochterhân
みぎまきに 右巻きに （つる・巻き貝など）rjochtsom winend
みぎまわりに 右回りに rjochtsom（↔左回りに）,（時計回りの [に]）mei de klok mei

みきり　見切り　見切りをつける oerjaan, opjaan（→断念する）
みきわめる　見極める　（探究する）trochsjen,（確認する）konstatearje
みくだす　見下す　（…を）delsjen (op),（軽蔑する）lytsachtsje, oan 'e noas lûke
みくびる　見縊る　→見下す
みくらべる　見比べる　（…と）fergelykje (mei), in fergeliking meitsje
みぐるしい　見苦しい　fersutere, ûneachlik, ûnsjoch；見苦しくなる fersuterje
ミクロン　it mikron《0.001 ミリメーター》
みけいけんの　未経験の　grien, ûnbewend, ûnerfaren
みけっさいの　未決済の　ûnfoldien
みけっていの　未決定の　ûnbeslist
みけつの　未決の　ûnbeslist,（試合など）kamp,（刑法の）previntyf：未決囚 in net feroardiele finzene
みけねこ　三毛猫　de lapkekat
みけん　眉間　de midden fan de foarholle
みこうかいの　未公開の　noch net iepenbier
みこうにんの　未公認の　net offisjeel
みこす　見越す　（予想する）ferwachtsje；将来を見越して mei it each op de takomst
みごとな［に］　見事な［に］　bêst, moai, opperbêst, prachtich, prima, skitterjend, skjin, treflik：お見事！ Moai!, Prima!, 見事なれんが造りの建物 skjin mitselwurk, それは見事な出来栄えだ Dat hast treflik dien.；見事さ de treflikens
みこみ　見込み　（可能な）de kâns, it útsicht,（望み）de hoop / hope：成功の見込みがある kâns fan slagjen hawwe, 彼は勝つ見込みが十分にある Hy hat in goede kâns om te winnen.；見込みのない hopeleas（→絶望的な）
みごろし　見殺し　人を見殺しにする immen yn 'e steek litte；彼は両親を見殺しにした Hy liet syn âlden oan har lot oer.

みこんの　未婚の　lask, net-troud（↔ 既婚の）
ミサ　de mis：ミサに参列する nei de mis gean
ミサイル　it projektyl, de raket：ミサイルを発射する in raket ôfsjitte
みさお　操　→貞操, 貞節
みさき　岬　it foarlân
みさげる　見下げる　（…を）delsjen (op),（軽蔑する）lytsachtsje
みさだめる　見定める　konstatearje（→確認する）
みじかい　短い　（時・時間が）koart, lyts：短い生涯 it koarte libben, 短い期間 in koart skoftsje tiid,（寸法・長さが）koart, lyts：短い足 koarte skonken, この紐は短すぎる Dit tou is te koart, 短い距離 in koarte ôfstân, in lytse distânsje, 短い（→簡潔な）スピーチ in koarte speech；短く→簡潔に；（長い物・時間を）短くする koartsje：時間を短くする de tiid koartsje（→短縮する）；短くなる koartsje：日が再び短くなっている De dagen koartsje al wer.
みじたくする　身支度する　jinsels klaaie
みじめな　惨めな　beroerd, earmhertich, jammerdearlik, jammerlik, miserabel：惨めな失敗をする jammerlik mislearje, 惨めな思いをする jin miserabel fiele；惨めさ de jammer, de misère
みじゅくな　未熟な　grien, ûnryp,（発育不全の）net folgroeid（円熟していない）；未熟児 it kûveuzebern,（早産児）in betiid berne bern
みしょうの　未詳の　ûnbekend
みしょちの　未処置の　net behannele
みしょりの　未処理の　ûnfersoarge
みしらぬ　見知らぬ　frjemd, poerfrjemd；見知らぬ人 de frjemd（→よそ者, 他人）；全く見知らぬ人 de poerfrjemd（→赤の他人）
みじろぐ　身じろぐ　net tebekskrilje
ミシン　de naaimasine
みじん　微塵　（細かい破片）it stofdieltsje,（ちり）it stofke, it túchje

ミス （誤り） it fersin, de flater, de fout；ミスプリント de printflater [set-]
ミス （未婚の女性） in net-troude [ûngetroude] frou
みず 水 （液体の） it wetter, （湯に対して） it kuolwetter （→冷水）：真水 farsk wetter, 飲み水 kâld wetter, 海水 it wetter fan 'e see, 花に水をやる de blommen wetter jaan, ワインを水割りにする wetter by wyn dwaan, 水浸しにする ûnder wetter sette, 鼻水が出る It wetter rint my ta de noas út.；水っぽい wetterich
みずあか 水垢 de oanslach
みずあげ 水揚げ （捕獲量）de fangst, （収益）de opbringst, （もうけ）de fertsjinst
みずあそびする 水遊びする pûdelje
みずあび 水浴び it bad；水浴びをする yn 'e rivier pûdelje
みずあらいする 水洗いする （食器を） (itensboel) ôfspiele
みすい 未遂 殺人［自殺］の未遂 in besykjen ta moard [selsmoard]
みずいらずで 水入らずで （自分たちだけで）foar [mei] eigen
みずいれ 水入れ （水差し）de kanne, de krûk / krúk, （広口の）de wetterkanne
みずいろ(の) 水色(の) (it) blau；水色 it himelsblau （→空色）
みずうみ 湖 de mar
みずかき 水掻き （水鳥の）it swimflues
みずかけろん 水掛け論 in einleas besprek
みずがめざ 水瓶座 de Wetterman
みずから 自ら jinsels, sels；自ら進んで út frije wil
みずぎ 水着 it badpak, it swimpak
みずききん 水飢饉 de droechte （→干魃(ばつ)）
みずきり 水切り it oanrjocht, it ôfdriprek （←水切り台）；水切り遊びをする platsaaie, sweltsjetippe
みずくさ 水草 de wetterpest [-plant]

みずくさい 水臭い （水っぽい）wetterich, （他人行儀な）ûnfreonlik
みずぐすり 水薬 floeiber medisyn, it drankje
みずぐるま 水車 it skeprêd
みずけ 水気 （湿気）de fochtigens；（果物など）水気のある soppich, wetterich, （湿気のある）fochtich
みずこ 水子 in nijberne lytse （→新生児）,（流産した胎児）in ûnfoldroegen frucht,（堕胎した胎児）in aborteane frucht
みすごす 見過ごす fersomje, oersjen （→見落とす）
みずさきあんない 水先案内 de loadstsjinst, it loadswêzen；水先案内する loadse；水先案内船 de loadsboat；水先案内人 de loads
みずさし 水差し （取っ手付きの）de kanne, de krûk / krúk,（広口の）de wetterkanne
みずしぶき 水飛沫 →しぶき；水しぶきを上げる sproeie
みずしょうばい 水商売 彼女は水商売をしている Se wurket yn in kroech.
みずしらずの 見ず知らずの frjemd；見ず知らずの人 de frjemd
みずすまし 水澄まし de wetterskriuwer
ミスター de hear：ミスター鈴木 Hear Suzuki
みずたま 水玉 （水滴）de drip,（露の滴り）de daudrip；水玉模様の stippele
みずたまり 水溜まり de dobbe, de poel, de plasse, de puozze, de wetterpoel [-puozze]：道路の水溜 de puozzen op 'e wei
みずっぱな 水っ洟 →水ばな
みずっぽい 水っぽい wetterich,（コーヒーなどが）（薄い）tin：水っぽいコーヒー wetterige kofje, 水っぽいスープ wetterich sap （→薄いスープ）
みずでっぽう 水鉄砲 it wetterpistoal
ミステリー （なぞ・神秘）it mystearje；ミステリアスな mysterieus （→不

みすてる　見捨てる　ferlitte, ferstjitte：妻子を見捨てる wiif en bern *ferlitte*
みずどり　水鳥　*de* wetterfûgel
みずはけ　水捌け　(排水) *de* drainaazje, *de* ôffier；水はけがよい goed ôfwetterje
みずばしら　水柱　*de* wetterhoas
みずびだしの　水浸しの　ûnder wetter (stean)：大きな津波で多くの村や町が水浸しになった Troch de grutte tsunami *stiene* in soad doarpen en stêden *ûnder wetter*.；水浸しにする oerstreame：海水でその土地が水浸しになった De see *oerstreamde* it lân.
みずぶくれ　水膨れ　*de* blier (cf. brânblier)：手に水ぶくれができ（てい）る *blierren* yn 'e hannen krije
みずふそく　水不足　*de* wetterkrapte
ミスプリ(ント)　*de* printflater, *de* setflater
みずべ　水辺　*de* wâl, *de* wetterkant：水辺に沿って歩く lâns de *wetterkant* rinne
みずぼうそう　水疱瘡　《複》*de* wetterpokken(s)
みすぼらしい　見窄らしい　earmoedich, sjofel, skoarem, skurf, snústerich, suterich：みすぼらしい身なりをして（いる）earmoedich [*skurf*] yn 'e klean (wêze)
みずましする　水増しする　(水の分量を多くする) fersnije, oanlingje, (費用・内容を)（増やす) opblaze
みずみずしい　瑞々しい　farsk, fris (→すがすがしい)
みずむし　水虫　*de* foetskimmel
みずわりの　水割りの　水割りのウィスキー whisky en wetter；ワインを水割りにする wetter by de wyn dwaan
みせ　店　*de* saak, *de* winkel：店を経営する in *saak* hawwe, 店を開く in *saak* iepenje (→開店する), 店で働く yn in *winkel* stean, 店を閉める [たたむ] *de winkel* slute
みせあう　見せ合う　(ある物を互いに) eat oan-inoar (fer)toane
みせいねんの　未成年の　minderjierrich；未成年者 *de* minderjierrige；未成年（であること）*de* minderjierrigens；彼は未成年だ Hy is ûnder de jierren.
みせかけ　見せ掛け　*de* skyn；見せ掛ける fingearje；見せ掛けの sabeare, skynber, uterlik
みせじまいする　店仕舞いする　(閉める) *de* winkel slute (←たたむ)
みせしめ　見せしめ　(こらしめ) *de* bestraffing, *de* straf；(警告) *de* warskôging；見せしめのために as in warskôging foar oaren
ミセス　*de* frou, *de* mefrou：ミセスディクストラ *Mefrou* Dykstra
みせつける　見せ付ける　opskeppe, pronkje
みせびらかす　見せびらかす　(…を) opskeppe (mei), pronkje (mei), skermje (mei), útstalle：高価な時計を見せびらかす mei in prizich horloazje *pronkje*；見せびらかし *de* fertoaning
みせびらき　店開き　de iepening fan in nije winkel；新しく店開きする in nije winkel iepenje
みせもの　見世物　*de* fertoaning, *de* sjo
みせられる　魅せられる　(…に) ûnder de bekoaring komme (fan) (←うっとりさせられる)
みせる　見せる　(手品などを) fertoane, (姿を) jin toane, (人前で) foardwaan, (提示する) sjen litte
みぜんに　未然に　(前もって) tefoaren：未然に防ぐ *tefoaren* komme
みそ　味噌　'miso' (in substânsje makke út beane, brûkt yn Japanske koken)
みぞ　溝　*de* greppel, *de* sleat, (畝と畝との間の) *de* ploechfuorge；溝を掘る greppelje
みぞうの　未曾有の　sûnder foarbyld [presedint]
みぞおち　鳩尾　de put fan de mage
みそか　晦日　de lêste dei fan it jier；大晦日 *de* âldjiersdei
みそこなう　見損なう　fersjen, (判断・

みそめる

評価を）（間違う）ferkeard beoardielje [oardielje]
みそめる　見初める　（…に）（恋をしている）fereale wêze (op), sin hawwe (oan)
みぞれ　霙　wiete snie；みぞれが降る reine en snije tagelyk
（…）みたいな　in soarte (fan)：蛇みたいな in soarte (fan) slang
みたけ　身丈　(身長) de lingte
みだし　見出し　(新聞の) it haad, de holle, de krantekop
みだしなみ　身嗜み　身だしなみがよい［悪い］(gjin) soarch besteegje oan jins foarkommen；身だしなみを整える jin moai meitsje, jin opdwaan
みたす　満たす　ferfolje, （…を) foldwaan (oan), folje：希望［必要］を満たす oan in winsk [ferlet] foldwaan
みだす　乱す　（心・秩序などを）fersteure, ûntregelje：社会の治安を乱す de iepenbiere oarder fersteure
みたて　見立て　(医者の) de diagnoaze (→診断), (選択) de kar
みたところ　見たところ　skynber, nei alle gedachten
みたま　御霊　de geast fan in deade
みだらな　淫らな　ûnearber, ûnfatsoenlik：みだらな写真 ûnfatsoenlike foto's
みだりに　妄りに　(許可なくして) sûnder ferlof, (理由なく) sûnder reden
みだれ　乱れ　(混乱) de disoarder, it ûnstjoer：乱れて yn disoarder；乱れた oarderleas, ûnoersichtlik：乱れる ûnoarderlik wurde
みち　道　（車道）de dyk, (舗装されていない) it paad, (道路) de wei：道に迷う it paad bjuster reitsje, 人に道を教える immen it paad wize, 人に道を空ける foar immen út 'e wei gean, 人に道を尋ねる［教える］immen de wei freegje [wize]
みちあんない　道案内　de lieding；道案内人 de gids, de lieder, de paadwizer
みちがえる　見違える　→見分けがつかない

みぢかな　身近な　familiêr, nei：身近な家族 neie famylje（→近親者）；身近に感じる familiêr [nei] fiele
みちしお　満ち潮　→満潮
みちじゅん　道順　de rûte, (針路) de koer(t)s
みちしるべ　道標　de hânwizer, de paadwizer [wei-]
みちすじ　道筋　de rûte
みちたりる　満ち足りる　（…に）(oer [mei] eat) foldien [kontint] wêze, jin (mei eat) tefreden stelle
みちづれ　道連れ　de meireizger
みちの　未知の　frjemd, ûnbekend；未知 de ûnbekendens；未知数 de ûnbekende
みちのり　道程　it ein, de ôfstân, it trajekt：それは歩くとかなりの道のりです It is in hiel ein te foet.
みちひ　満ち干　eb en floed（→干満）
みちびき　導き　de lieding；導く liede
みちゃくの　未着の　noch net besoarge [oankaam]
みちる　満ちる　fol wurde, (月が) oankomme, winne（↔欠ける）, (潮が) opkomme：月が満ちている De moanne wint.
みつ　蜜　de hunich / huning：蜜のように甘い sa swiet as huning；蜜蜂 de bij：《諺》蜜蜂のいる所には, 蜂蜜がある Dêr't bijen binne, dêr is ek hunich.
みっかい　密会　de gearsit, in geheime gearkomste；密会する yn it geheim moetsje
みつかる　見付かる　fûn [ûntdutsen] wurde
みつぎ　密議　in ferhoalene [geheime] konferinsje
みつぎもの　貢ぎ物　it kado
みつぐ　貢ぐ　（金品を）(贈る) oanbiede, (献上する) presintearje
みづくろいする　身繕いする　jin oanklaaie
みつげつ　蜜月　de bôlemoanne,《複》de wiggewiken

みつける　見付ける　（偶然に）fine,（発見する）úntdekke,（捜し出す）útfine,（探す）sjen, útsjen,（気づく）konsteárje

みつご　三つ子　*de* trijeling, *de* trits,（3歳児）in bern fan trije jier：彼女は三つ子の一人だ Sy is ien fan *trijeling*.；《諺》三つ子の魂百まで It bern is de heit fan de man.

みっこう　密航　in heim(e)like oertocht；密航する heim(e)lik oerstekke；密航者 *de* ferstekkeling

みっこく　密告　geheime ynformaasje；密告する ferriede, lappe, oarbringe：人を警察に密告する immen by de plysje oanbringe；密告者 *de* ferklikker, *de* oanbringer

みっしゅうする　密集する　krioel(j)e, swaarmje；（家屋の）密集地帯 de beboude kom

みつしゅっこくする　密出国する　yllegaal jins heitelân ferlitte

みつしょ　密書　in fertroulike brief

みっせいする　密生する　groeie

みっせつな　密接な　yntinsyf,（親密な）dik, fertroulik, gemiensum, iens, ynlik, yntym, tsjok：密接な関係を続ける *yntinsyf* kontakt ûnderhâlde, 密接な関係 in *ynlike* ferhâlding, …と密接な関係がある in *yntime* relaasje hawwe mei …

みっそう　密葬　in besletten begraffenis

みつぞう　密造　ûnwettige fabrikaazje；密造する ûnwettich fabrisearje；密造酒 yllegaal distilleard

みつだん　密談　in fertroulik petear：（…と）密談する *in fertroulik petear hawwe* (mei)

みっちゃくする　密着する　(…に) (immen [eat]) op 'e foet folgje, plakke (op)

みっちり　→一生懸命に

みっつ　三つ　三つ(の)(de) trije

みっつう　密通　bûtenechtlik geslachtsferkear, *de* troubrek；密通する troubrekke

みつど　密度　*de* tichtens

みつどもえ　三つ巴　三つどもえの争い it trijehoeksgefjocht

みっともない　→体裁が悪い

みつにゅうこくする　密入国する　(heim(e)lik) in lân yn smokkelje

みつばい　密売　heim(e)like [yllegale] ferkeap；密売する heim(e)lik [yllegaal] ferkeapje；密売品 in ûnwettich guod,（密輸品）it slûkersguod, *de* smokkelwaar

みつばち　蜜蜂　→蜜

みっぷうする　密封する　tichtplakke,（封印する）fersegelje

みっぺいする　密閉する　（閉じ込める）opslute

みつぼうえき　密貿易　*de* smokkel(d)erij；密貿易する smokkelje；密貿易者 *de* smokkel(d)er

みつまたの　三つ叉の　trijetinich；三つまたのフォーク it trijetine-foarke；三つまたの道 *de* trijesprong

みつめる　見詰める　eagje, stoarje

みつもり　見積もり　*de* berekkening, *de* besifering, *de* roai, *de* skatting, *de* wurdearring：私の見積もりでは neffens myn *skatting*；見積もる berekkenje, besiferje, notearje, roaie, skatte, wurdearje：費用を見積もらなければならない Wy moatte de kosten *berekkenje*.；過大に［改めて］見積もる oerskatte

みつやく　密約　in heim(e)like belofte；密約する in belofte heim(e)lik dwaan

みつゆ　密輸　*de* smokkel(d)erij；密輸する slûkje, smokkelje：麻薬を国内に密輸する drugs it lân yn *slûkje*；密輸者 *de* smokkel(d)er；密輸品 it slûkersguod

みつゆしゅつする　密輸出する　smokkelje：象牙を（国外に）密輸出する ivoar it lân út *smokkelje*

みつゆにゅうする　密輸入する　slûkje：麻薬を（国内に）密輸入する drugs it lân yn *slûkje*

みつりょう　密猟, 密漁　it streupen；密猟［漁］する streupe；密猟［漁］者

みつりん　密林　de oerbosk, it oerwâld, de rimboe（→ジャングル）
ミディアム　（ステーキの焼き具合）it medium (cf. レア，ウエルダン (trochbakt))
みていの　未定の　kamp, ûnbeslist
みてまわる　見て回る　rûnsjen（→見回る）
みとうの　未踏の　net ferkenne
みとおし　見通し　（将来の）it foarútsjoch, de prognoaze, it útsicht / útsjoch；見通す foarsjen,（見抜く）trochhawwe, trochkrije [-kringe]；見通しがつく foarm krije
みとがめる　見咎める　（…を）oanmerke (op)
みどくする　味読する　appresjearje, wurdearje
みとどける　見届ける　（…を）jin ferwis(sig)je (fan)
みとめる　認める　goedfine, goedkarre, ynskikke, ynstimming hawwe（→承認する），（重要性・価値などを）hechtsje, takenne：彼は自分が間違っていたことを認めた Hy skikte wol yn dat er mis wie.，損害賠償（額）を認める skeafergoeding takenne
みどり(いろ)(の)　緑(色)(の)　(it) grien：それは鮮やかな緑色だ Dat is helder grien.；緑がかった grienich
みとりず　見取り図　de sketskaart,（略図）de skets
みとる　看取る　母の最後を看取った Ik wie derby doe't ús mem op har deabêd [stjer-] lei.
ミドル　（中間）de midden；ミドル級 it middelgewicht
みとれる　見惚れる　（…に）betsjoend wêze（troch）
みなおす　見直す　beriede,（点検する）meunsterje, skôgje,（考え直す）betinke
みなぎる　漲る　（水量が）opsette,（力・元気などが）opswolle, tine
みなげする　身投げする　jin fersûpe
みなごろし　皆殺し　（大量殺人）de streuper

みなごろし　皆殺し　genoside,（大虐殺）de moarderij；一家を皆殺しにする de hiele famylje útmoardzje
みなしご　孤児　→孤児(ミ)
みなす　見做す　（…と）oanmerke [-sjen] (as)：ある文章では 'der' は先行詞としてみなされることがある Yn guon sinnen kin 'der' oanmurken wurde as antesedint.
みなづき　水無月　de juny（→六月）
みなと　港　de haven, de seehaven
みなみ　南　it súd, it suden：北から南へ fan noard nei súd, 南向きの部屋 in keamer op it suden；南の［へ］，南から（の）súd(lik)：南から風が吹いている De wyn is súd.；南太平洋 de Súdsee
みなもと　源　（知識の）de boarne,（物の）de oarsprong：歴史書，百科事典，辞書は私の知識の源です Skiednisboeken, ensyklopedyen, wurdboeken binne myn boarnen., ライン川の源 de oarsprong fan 'e Ryn
みならい　見習い　it learjier；（人を）見習う jin spegelje（oan immen）；見習い neifolgje；見習い看護婦 de learling-ferpleechster；見習い期間 de proeftiid；見習（工）de learjonge
みなり　身形　→服装
みなれる　見慣れる　gewoan wurde；見慣れた［ている］gewoan；見慣れない ûngewoan
みにくい　醜い　lilk, ûnsjoch；醜さ de lilkens；醜い人 de lilkert
みにくい　見難い　dreech te sjen,（読みにくい）ûnlêsber,（ぼんやりした）ûndúdlik
ミニスカート　de minyrok
ミニチュア　（小型模型）de miniatuer
みぬく　見抜く　oersjen, trochgrûnje, trochhawwe, trochkrije：私は彼のたくらみを見抜いた Ik hie syn plan troch.
みぬふりをする　見ぬ振りをする　sabeare net sjen
みね　峰　de pyk, de spits：山の峰 de

spits fan in berch
ミネラル　*it* mineraal；ミネラルウォーター　*it* mineraalwetter
みのうえばなし　身の上話　*it* libbensferhaal
みのう　未納の　efterstallich, ûnfoldien（→未払いの）
みのがす　見逃す　（機会などを）fergoaie, misse,（黙認する）oersljochtsje：違反を見逃す in fergryp *oersljochtsje*；あることを見逃す eat troch de fingers sjen
みのけ　身の毛　身の毛のよだつ（ような）grizelich, ôfgryslik
みのしろきん　身代金　*it* losjild, *de* lospriis
みのほど　身の程　jins sosjale posysje（→分際）
みのまわりひん　身の回り品　have en goed,《複》*de* besittings, *de* spullen
みのり　実り　（収穫・成果）*de* frucht, *de* risping(e)；実りの多い fruchtber
みばえがする　見栄えがする　der attraktyf [oanloklik / oantreklik] útsjen
みはからいで　見計らいで　nei eigen betinken（→裁量で）
みはっけんの　未発見の　（noch）net ûntdutsen
みはったつの　未発達の　ûnûntwikkele
みはっぴょうの　未発表の　net útjûn
みはなす　見放す　ferlitte, opjaan：医者はその患者を見放した De dokter *joech* de pasjint *op*.
みばらいの　未払いの　ûnbetelle, ûnfoldien：未払いの勘定 *ûnfoldiene* rekkens
みはらし　見晴らし　*it* oansjoch,（眺望）*it* útsicht, *it* útsjoch
みはり　見張り　*de* útyk（←見張番）, *de* wacht, *de* weau；見張りをしている op 'e útyk [*weau*] stean；見張る behoedzje, oanskôgje, tasjen, wachthâlde,（…を）wekje（oer）；見張り（人）*de* wachter, *de* weitser, *de* wekker；見張り所（と）*de* útyk
みびいき　身贔屓　*it* nepotisme,（ひいき）*de* geunst, *de* graasje

みぶり　身振り　*it* gebeart,《複》*de* meneuvels；身振りで合図をする meneuvelje, winke；身振り言語 *de* gebeartetaal
みぶるい　身震い　*de* huvering, *de* ridel, *de* ril, *de* siddering；身震いする huverje, ridelje, rilje, rydboskje, sidderje；《形》身震いする huverich, skrousk
みぶん　身分　*de* stân, *de* steat：身分の高い人たち lju fan *stân*；身分証明（書）*de* identifikaasje, *it* persoansbewiis, *de* stamkaart；偽造の身分証明書 in falsk *persoansbewiis*；身分証明書 *it* identiteitsbewiis
みぼうじん　未亡人　*de* widdo：未亡人になる widdo wurde
みほん　見本　*it* meunster, *it* priuwke,（商品の）*it* staal：カーテンの見本 *stalen* fan gerdinen；見本市 *de* jierbeurs
みまい　見舞い　（病人の）*it* sikebesyk；（人を）見舞う（in persoan）besykje, freegje（nei）
みまちがえる　見間違える　ferwikselje（→取り違える）
みまもる　見守る　behoedzje,（世話をする）oppasse,（寝ずの番をする）wekje
みまわす　見回す　rûnsjen
みまわる　見回る　（見て回る）besjen,（巡回する）rûngean,（視察する）ynsptearje, skôgje
みまんの　未満の　minder as, ûnder：それは 10 ユーロ未満だ Dat koste *minder as* 10 euro.
みみ　耳　*it* ear：彼女は片方の耳が聞こえない Se is dôf oan ien *ear*.，喜んで（人の話に）耳を傾ける in iepen *ear* hawwe（foar）, 一心に耳を傾ける mei sân pear *earen* harkje, 耳をそば立てる de *earen* opstekke；耳が聞こえない dôf, stokdôf；耳が遠い hurdhearrich, staf（→難聴で）；耳鳴りがする rûzje：私は耳鳴りがしている De *earen rûzje* my.
みみあか　耳垢　*it* earfet

みみかき　耳掻き　it earskraberke
みみかざり　耳飾り　de earbel（→イヤリング），（ペンダント付きの）de eardrippen
みみざわりな　耳障りな　hinderlik oan de earen
みみず　蚯蚓　de daupier, de dauwjirm, de ierdwjirm
みみずく　木菟　in ûle mei plommen op 'e kop
みみせん　耳栓　it eardopke
みみたぶ　耳朶　it earleltsje, de lel
みみっちい　deun, gjirrich（→けちな）
みみわ　耳輪　→イヤリング
みめ　見目　（外見）it útsicht,（顔立ち）it uterlik；見目麗(うるわ)しい knop, kreas, moai
みめいに　未明に　foar de dage [skimermoarn]
みもだえる　身悶える　jins lichem ferdraaie [kromje]
みもち　身持ち　it dwaan, it optreden（→素行）
みもと　身元　jins berte [identiteit]
みもの　見物　it spektakel,（見世物）de fertoaning
みゃく　脈　de pols：人の脈を見る immen de pols fiele, 医者は彼女の脈を見た Dokter fielde har de pols.
みゃくはく　脈拍　de polsslach：速い脈拍 in flugge polsslach
みゃくらく　脈絡　it ferbân（→文脈, コンテクスト）：その前後の脈絡から út it ferbân
みやげ（もの）　土産（物）　it sûvenir,（贈り物）it geskink, it kado, it presint
みやこ　都　（首都）de haadstêd
みやすい　見易い　maklik te sjen
みやびやかな　雅やかな　elegant, grasjeus, swierich（→優雅な）
みやぶる　見破る　trochsjen（→見抜く）：人の策略を見破る immens streken trochsjen
ミュージアム　（博物館）it museum
ミュージック　（音楽）de muzyk；ミュージシャン de muzikant

みょうぎ　妙技　in geweldige útfiering
みょうごにち　明後日　oaremoarn：私たちは明日か明後日祖父母の所へ行きます Wy gean moarn of oaremoarn nei pake en beppe.
みょうじ　名字, 苗字　de efternamme, de famyljenamme, de skaainamme
みょうじょう　明星　de Fenus（→明け[宵]の明星）
みょうちょう　明朝　moarnier, moarnmoarne, moarntemoarn
みょうな　妙な　bjuster, nuver（→変な）：それは妙な味がする It smakket nuver.；妙なことですが… It is in gek ferskynsel dat…
みょうにち　明日　moarn（→明日(あす)）：明日から fan moarn ôf
みょうねん　明年　takom(me) jier（→来年）
みょうばん　明晩　moarntejûn（→明日の晩）
みょうやく　妙薬　de drug
みょうり　冥利　（神意）de foarsjennichheid,（無上の満足感）de grutste tefredenens；冥利に尽きる goed beleanne wurde
みより　身寄り　de sibbe（→親類）；身寄りのない人 de frjemd = gjin famylje
みらい　未来　it ferfolch, it foarlân, de takomst（→将来）；未来の oankommend, takomstich
ミリグラム　it miligram
ミリメートル　de milimeter, de streek, de streep
みりょうする　魅了する　bekoare, betoverje, feroverje
みりょく　魅力　de bekoaring, de tsjoen；魅力のある bekoarlik, kreas, sjoch；魅力的な oanloklik
みる　見る　（単に）sjen, besjen,（じっと）oansjen,（面倒を）behertigje, behoffenje,（…の）（面倒を見る）soargje（foar）：明かりは何も見えなかった Ik haw gjin ljocht sjoen., ある物を見せる eat sjen litte, よく見える[ない] goed [min] sjen, よく見えないの

で，眼鏡をかけている Ik haw in bril omdat ik net sa goed mear *sjen* kin., 二重に見える dûbel *sjen*, ちょっと見せてくれ！ Lit ris *sjen!*, 私はあえて見る気はしない Ik doarst net te *sjen.*, 自分の姿を鏡で見る jin yn 'e spegel *besjen*, 振り返って見ると efternei *besjen*, もはや見るに耐えられなかった Ik koe it net langer *oansjen.*, 子供の面倒を見る foar de bern *soargje*; 見たところ nei alle gedachten; 目に見えて sjendereach

みる　診る，見る　（医者が）fiele：人の脈を診る immen de pols *fiele*, 医者は彼女の脈を診た Dokter *fielde* har de pols.

ミルク　→牛乳：ミルク入りコーヒー kofje mei *molke*; 粉ミルク *de* molkpoeier, *de* poeiermolke；コンデンスミルク kondinsearre molke, 低脂肪ミルク healfolle molke

ミレニアム　（千年紀）*it* milennium

みれん　未練　→愛着；未練がましい rouwich：あることを未練がましく思わない earne net *rouwich* om wêze

みわく　魅惑　*de* fassinaasje, *de* intriizje；魅惑する boeie, fassinearje, yntrigearje, oanlokje, oantrekke；魅惑的な boeiend, fassinearjend, oanloklik, oantreklik

みわけ　見分け　*de* ûnderskieding；見分ける ûnderkenne, ûnderskiede：私の孫は色々な種類の魚を見分けることができる Us bernsbern kin ferskate soarten fisken *ûnderskiede.*, 見分けがつかない net *ûnderskiede* kinne

みわたす　見渡す　oersjen：その周辺を見渡す it hear *oersjen*

みんい　民意　（興論）de publike opiny

みんえいの　民営の　partikulier, privaat, privee；民営化 *de* privatisearing

みんかんの　民間の　net publyk：民間企業 in partikuliere ûndernimming；民間航空 in partikuliere fleanmaatskippij；民間事業 *de* ûndernimming；民間信仰 *it* folksleauwe；民間説話 *it* folksferhaal；民間伝承 *de* folkloare；民間療法 *de* alternative genêswize

ミンク　*de* nerts

みんげい　民芸　*de* folkskeunst；民芸品 *it* folkshantwurk

みんじ　民事　boargerlike saken；民事の sivyl：民事裁判 in sivyl proses；民事訴訟 *de* rjochtsfoardering；民事法 boargerlik rjocht

みんしゅう　民衆　*it* folk, *it* publyk：一般民衆 in grut *publyk*；民衆の publyk

みんしゅく　民宿　bêd en brochje

みんしゅてきな[に]　民主的な[に]　demokratysk；民主主義 *de* demokrasy

みんせい　民生　it publike bestean [wolwêzen]

みんせい　民政　boargerlike administraasje（↔軍政）

みんぞく　民俗　*de* folkloare（←民俗学）

みんぞく　民族　*it* folk, *de* naasje, （人種）*de* ras；民族衣装 *it* folksgebrûk；民族学 *de* folkskunde；民族学者 *de* folkskundige；民族至上主義 *it* rasisme；民族舞踊 *de* folksdûns（→フォークダンス）

ミンチ　（ひき肉）*it* gehak

ミント　（ハッカ）*it* muntsje

みんな(の)　皆(の)　（*it*）al, alle, allegear(re), alles：みんな一斉に mei ús *allen*, 君たちみんな jim *allegear*, みんな彼の物 Alles is sines.

みんぽう　民法　it boargerlik wetboek, *it* privaatrjocht

みんゆう　民有　*it* priveebesit（↔国有）；民有化 *de* privatisearring

みんよう　民謡　*it* folksliet（→フォークソング）

みんわ　民話　*it* folksferhaal

む ム mu

む　無　*it* neat（↔有）：神はこの世を無から創造された God skoep de wrâld út it *neat*.

むい　無為　*de* liddigens［-ichheid］, *it* neatdwaan；無為な liddich；無為に過ごす omlummelje

むいしき　無意識　*it* ûnbewuste；無意識の［に］ûnbewust, ûnwillekeurich：あることを無意識にやる eat *ûnbewust* dwaan

むいちもんの　無一文の　beroaid, strie-earm, strjittearm

むいみ　無意味　*de* neatigens［-ichheid］；無意味な neatsizzend, sinleas；無意味な言葉 *de* ûnsin（→たわごと）

ムード　(雰囲気) *de* atmosfear, *de* sfear：パーティーのムード *de sfear* op in feest

ムールがい　ムール貝　*de* moksel

むえきな　無益な　nutteleas, ûnbrûkber, ûnnut（→役に立たない）：無益な事柄 *ûnnutte* dingen

むえんの　無煙の　rookleas

むえんの　無鉛の　leadfrij

むえんの　無塩の　sâltleas

むえんの　無縁の　sûnder besibbens,（無関係の）ûnferskillich

むが　無我　*de* ûnselssuchtichheid；無我の net selssuchtich, ûnselssuchtich；無我夢中になる yn ekstaze reitsje

むかいあう　向かい合う　mei-inoar útsjen；向かい合って座る tsjinoer sitte

むかいかぜ　向かい風　*de* tsjinwyn；向かい風だった De wyn wie ús tsjin.

むがいな［の］　無害な［の］　ûnskealik, ûnskuldich：無害の内服薬 in *ûnskuldich* drankje

むかいに　向かいに　《前》(…の) tsjin,（真向かいに）foaroer：その家は私たちの家の真向かいにある It hûs stiet deun *tsjin* uzes oan., 彼は通りのちょうど向かい側に住んでいる Hy wennet hjir *foaroer*.；向かい側に hjiroer, tsjinoer, tsjinsteld

むかう　向かう　(…に)（面する）útsjen (op),（…の方向に）(行く) oangean (op), opkomme (foar)；《前》(…に)（対して）tsjin：彼女は彼に（対して）悪意がある Sy hat eat *tsjin* him.

むかえ　迎え　*de* ferwolkomming（→歓迎, 出迎え）；迎える ferwolkomje, ynhelje, oannimme（→歓迎する）,（出迎える）ferwolkomje, moetsje,（医者などを）（呼びにやる）bidde：子供を養子として迎える in bern *oannimme*；迎えに行く ophelje, immen yn 'e mjitte komme：私が彼女をスキポール（空港）へ迎えに行きます Ik sil har fan Skiphol *ophelje*.

むかえいれる　迎え入れる　(案内して入れる) ynliede

むがく　無学　*de* ûnwittendheid；無学の ûnwittend

むかし　昔　*it* ferline, *de* foartiid,《副》foartiids, ris：ずっと昔 lang *ferline* jierren, 昔は yn 't *ferline*, yn 'e *foartiid*, 昔ある所に一人の男がいた，彼には二人の息子がいた Der wie *ris* in man, dy hie twa soannen.

むかしなじみ　昔馴染み　in âlde freon（→旧友）

むかしばなし　昔話　in âld ferhaal,（伝説）*de* leginde, *de* sêge

むかしふうの　昔風の　âlderwetsk,（古風な）âldmoadrich,（流行後れの）âldfrinzich

むかちな　無価値な　weardeleas,（役に立たない）nutteleas

むかつく　siik fiele,（腹が立つ）jin lilk meitsje；《形》むかついた ûnpaslik

むかっぱら　向かっ腹　向かっ腹が立つ jins temperamint ferlieze

むかで　百足　de tûzenpoat

むかむかする　siik fiele,（…に）jin ergerje（oan）

むがむちゅう　無我夢中　de ekstaze（→有頂天）：無我夢中になる yn ekstaze reitsje

むかんかくな　無感覚な　gefoelsearm, ûngefoelich,（感覚を失った）gefoelleas

むかんけいの　無関係の　（…とは）無関係である yn gjin ferbân stean（mei）

むかんしん　無関心　de ûnferskilligens；無関心な ûnferskillich,（無頓着な）nonsjalant：あることに無関心である earne ûnferskillich foar wêze

むき　向き　（方角・方向）de rjochting,（…への）（傾向）de tendins（om）：向きを変える fan rjochting feroarje = jin omdraaie, 環境を改善しようとする向きがある Der is in tendins om it miljeu te ferbetterjen.；《動》（…）向きである útsjen（op）：その部屋は南向きである De keamer sjocht op it suden út.；《動》（適している）jin eigenje（foar）, passend wêze：この地所は建築には向いていない Dy grûn eigenet him net foar bou.

むぎ　麦　（小麦）de weet,（大麦）de garst, it koarn,（ライ麦）de rogge；麦わら it strie；麦わら帽子 in strieën hoed, de striehoed

むきげんの　無期限の　→無期の

むきずの　無傷の　ûnbeskeadige, ûnskansearre

むきだしの　剥き出しの　bleat, neaken；（歯を）むき出す（de tosken）sjen litte

むきの　無期の　（無制限の）ûnbepaald, ûnbeskaat；無期懲役 libbenslange finzenisstraf

むきの　無機　anorganysk（↔有機の）：無機化学 anorganyske gemy [skiekunde]

むきめいの　無記名の　blanko

むきゅう　無休　無休である gjin fakânsjes hawwe

むきゅうの　無給の　ûnbetelle：無給の看護婦 in ûnbetelle ferpleechster

むきょういくな　無教育な　analfabeet, ûnûntwikkele；無教育者 de analfabeet（→文盲（者））

むきょうような　無教養な　ûnbeskaafd

むきりょくな　無気力な　krêfteleas, sleau；無気力 de sleauwens

むきんの　無菌の　kymfrij

むく　向く　→（ある方向に）向ける,（あることに）適する；（…と）向き合う foarhâlde（mei）

むく　剥く　ôfskile, skile, strûpe（→はぐ）：りんごの皮をむく in appel skile

むくい　報い　（仕返し）de ferjilding, it lean,（報酬）de beleanning；報いる beleanje, ferjilde, leanje

むくち　無口　de ienselvigens [-ichheid]；無口の ienselvich, stikem, swijsum；無口な人 de ienling

むくどり　椋鳥　de protter

むくの　無垢の　argeleas, nayf, ûnskuldich

むくみ　浮腫み　it oedeem

むくれる　driftich wurde, jin lilk [nidich] meitsje

むけいかくな　無計画な　（無謀な）roekeleas, ûnfoarsichtich

むけいの　無形の　foarmleas,（非物質的な）ymmaterieel（↔有形の）

むけっせき　無欠席　perfekte oanwêzigens

むけつな　無血な　bloedleas：無血革命 de bloedleaze revolúsje

むけつの　無欠の　（欠点のない）brânskjin,（完璧な）folslein, perfekt；完全無欠な flaterfrij, loepsuver

むげに　無下に　無下に断る ferdomme, ferpoffe

むける　向ける　（顔などを）takeare,（ある方向に）rjochtsje,（興味・心

などを）fêstigje：背を人に向ける ien de rêch takeare, 銃口を向ける it gewear rjochtsje；君，もっと勉強に目を向けなさい！ Wat mear oandacht by dyn wurk, jong!

むける 剥ける （皮が）ferfelje

むげん 無限 de einleazens, de ûneinigens；無限の［に］einleas, ûnbegrinzge, ûnbeheind, ûneinich：無限の空間 de ûneinige romte

むこ 婿 de skoansoan（↔嫁）

むごい 惨い, 酷い wreed,（惨めな）beroerd, jammerdearlik, jammerlik,（痛ましい）drôf

むこう 向こう de oare kant；向こうに dêr, jinsen：向こうのあの家 dat hûs dêr；《前》（…の）向こうに oer：彼はその教会の向こうに住んでいる Hy wennet oer de tsjerke.

むこうずね 向こう脛 de skine

むこうの 無効の ûnjildich（→期限切れの）：無効のパスポート in ûnjildich paspoart

むこうみずの 向こう見ずの bretaal, dryst, oerdwealsk；向こう見ず de drystens, de oerdwealskens

むこくせき 無国籍 de steat(e)leazens；無国籍の steat(e)leas；無国籍者 de steat(e)leaze

むごんの 無言の lûdleas, stilswijend, stom；無言 de stilte, de stommens, it swijen

むざい 無罪 de ûnskuld：人の無罪を立証する immens ûnskuld bewize；無罪の ûnskuldich：その容疑者は無罪だった De fertochte wie ûnskuldich.

むさくいの［に］無作為の［に］aselekt, willekeurich（→当てずっぽうの，任意の）

むさくるしい むさ苦しい suterich,（狭苦しい）benaud,（汚らしい）fersmoarge, grûzich：むさ苦しい小部屋 in suterich keamerke

むさべつの［に］無差別の［に］sûnder ûnderskie(d)［útsûndering］

むさぼる 貪る begeare, ferdylgje, opfrette：本をむさぼり読む in boek begeare [ferdylgje]；むさぼり食う ferdylgje, opfrette：ライオンが鹿をむさぼり食っている De liuw fret in hart op.

むざんな［にも］無残な［にも］ûnbarmhertich, ûngenedich

むし 虫 （昆虫）it ynsekt,（毛虫）de wjirm：虫のついた wjirmstekk(er)ich；虫がいい mûnich（→図々しい），虫が知らせる in foargefoel hawwe（→予感がする）；虫が好かない ûnhuerich, ûnnoflik（→嫌な，胸が悪くなるような）；虫の好かないやつ de misliksma；虫の居所が悪い nijsgjirrich（→機嫌が悪い）

むしあつい 蒸し暑い benaud, brodsk, brodzich：蒸し暑い天気 benaud waar；蒸し暑くなる broeie

むしかえす 蒸し返す （話・議論などを）ôfliede, opwaarmje

むしかく 無資格（不適格）de ynkompetinsje, de ûnfolsleinens；無資格の ynkompetint, ûnbefoege, ûnbeneamber；無資格者 lju sûnder foech

むじかくな 無自覚な ûnbewuste,（気づいていない）bewusteleas

むしくだし 虫下し it middel tsjin wjirms

むしけら 虫螻 →虫；人を虫けら同様に扱う immen as âld túch behannelje

むしけんで 無試験で sûnder eksamen

むじこで 無事故で skeafrij

むしする 無視する fersomje, ferwaarleaz(g)je, ferwarloaz(g)je, negear(j)e：命令を無視する in befel negear(j)e

むじつの 無実の ûnskuldich

むじな 狢, 貉（穴熊）de das

むしの 無私の belangeleas, ûnbaatsuchtich, ûnselssuchtich（→無我の）

むしば 虫歯 de wolf

むしばむ 蝕む （害虫などによって）oanstekke, tefrette,（錆が）ynfrette, oanfrette,（社会・道徳などを）（駄目にする）fergalje

むじひな 無慈悲な ûnbarmhertich, ûngenedich

むしぼし 虫干し 虫干しをする luch-

むしほんで 無資本で sûnder kaptaal

むしめがね 虫眼鏡 it fergrutglês, de loep：虫眼鏡で物を見る eat troch in fergrutglês sjen

むしゃ 武者 de kriger, de strider（→戦士）

むじゃき 無邪気 de ienfâld；無邪気［に］argeleas, ûnnoazel, ûnskuldich：無邪気な子供たち ûnnoazele bern

むしゃくしゃする《形》yrritant（wêze）（→いらいらする）

むしゃぶりつく 武者振り付く（…に）（すがり付く）hingje（oan）,（強く抱きしめる）fêst omklamme, immen mei de earms omklamme

むしゃむしゃ むしゃむしゃ食べる beplúzje

むしゅうきょうの 無宗教の sûnder religy

むしゅうにゅうの 無収入の sûnder ynkommen

むしゅうの 無臭の rookleas

むじゅうりょく 無重力 de gewichtleazens；無重力状態になる gewichtleas wurde

むしゅみな 無趣味な droech, sûnder leafhawwerijen

むじゅん 矛盾 de tsjinspraak；(…とは）矛盾する stride（mei）, tsjinsprekke：彼のすることと言うこととは矛盾する Syn dieden stride mei wat er seit.；（…と）矛盾している stridich（mei）

むじょう 無常 de ûnwissens［-wissichheid］；無常の twivelachtich, twivelich, ûnwis（→不確かな）

むじょう 無情 de herteleazens［-leasheid］；無情の［に］hert(e)leas, ûnbarmhertich

むじょうけんの 無条件の sûnder betingst(en)：無条件降伏 tastimming sûnder betingst(en)

むしょうに 無性に oerdiedich（→やたらに）

むしょうの［で］無償の［で］fergees,

frij, kostleas（→無料の［で］）

むじょうの 無上の oppermachtich, it grutst …, de grutste …：無上の喜び de grutste blydskip

むしょくの 無色の kleurleas：無色透明な transparant en kleurleas

むしょくの 無職の sûnder fak,（失職した）wurkleas

むしよけ 虫除け it ynsektiside

むしょぞくの 無所属の selsstannich, ûnôfhinklik

むしりょ 無思慮（軽率）de achteleazens［-leasheid］；無思慮な achteleas, ûnbetocht(sum), ûntrochtocht

むしる 毟る ploaitsje, plôkje：にわとりの羽をむしる in hin ploaitsje

むしろ 蓆 in strieëne matte

むしろ 寧ろ earder, leafst, leaver, mear, nochal, wol ＊比較形はしばしば as を伴う：彼の病状はよくなるどころかむしろ悪化している Hy wurdt earder minder as better., むしろどんなことがしたいと思いますか Wat dochsto it leafst(e)?, コーヒーよりむしろ紅茶の方がよい Ik mei leaver tee as kofje., それはフリジア語というよりはむしろドイツ語だ It is mear Dútsk as Frysk.

むしん 無心 de ienfâld, de ûnnoazelens；無心の argeleas, nayf, ûnnoazel, ûnskuldich

むしんけいな 無神経な ûnfetber

むじんぞうの［に］無尽蔵の［に］ûnútputlik

むじんの 無人の ûnbewenne：無人島 in ûnbewenne eilân；無人踏切 de oerwei

むしんろん 無神論 it ateïsme（↔有神論）；無神論(者)の ateïstysk；無神論者 de ateïst

むす 蒸す stome（→ふかす）；蒸し暑い benaud［benypt］wêze；蒸し煮にする smoare

むすうの 無数の legio, ûnberekkenber, ûntelber

むずかしい 難しい dreech, lestich, lêstich, slim, swier,（不機嫌な）kribbich,

むずがゆい

lilk：それは私には難しすぎる Dat is my te *dreech*.，難しい問題 in *dreech probleem*, ギリシャ語は私には難しすぎる Gryksk is te *slim* foar my.，難しい試験 it *drege* eksamen，難しい顔 it *lilk* gesicht；難しさ *de* dregens, *de* slimmens, *de* swierrichheid

むずがゆい　むず痒い　jokje, kribelje（→むずむずする）

むずがる　憤る　jeuzelje（→駄々をこねる，愚図る）

むすこ　息子　*de* soan：放蕩息子 *de* ferlerne *soan*

むすばれる　結ばれる　ferbûn wêze

むすび　結び　it ein，（結論）it beslút，→結び目；紐を結び合わせる touwen oaninoar knoopje

むすびつき　結び付き　*de* bining（→結束）；結びつける bine, opbine（→結ぶ）；言葉は人と人とを結びつける役割をする De taal *bynt* minske oan minske.；結びつく ferbine

むすびめ　結び目　*de* knoop：紐に結び目がある yn 'e *knoop* sitte；…に結び目を作る fêstknoopje

むすぶ　結ぶ　bine, ferbine, knoopje, oanbine,（連結する）keppelje,（関係・友情などを）foarmje：ネクタイを結ぶ in stik *knoopje*

むずむずする　jin jokje [jûkje], kribelje,（…したくて）jokje：背中がむずむずする It *jokket* my op 'e rêch.，のどがひどくむずむずする It *kribelet* my sa yn 'e kiel.；むずむずする気持ち *de* jokte, *de* kribel：体中がむずむずする Ik haw oeral *jokte*.

むすめ　娘　*de* dochter

むせい　夢精　in wiete dream, nachtlike siedútstoarting

むせいげんの [に]　無制限の [に]　ûnbeheind, ûnbepaald, ûnbeskaat, ûneinich

むせいの　無声の　lûdleas, stom：無声（の）映画 *de stomme* film；無声（音）の stimleas：無声音 in *stimleas* lûd

むせいの　無性の　ûngeslachtlik

むぜいの　無税の　belestingfrij

むせいぶつ　無生物　in libbenleas objekt

むせいふの　無政府の　anargistysk；無政府主義 it anargisme；無政府主義者 *de* anargist；無政府状態 *de* anargy

むせいらん　無精卵　in geld aai

むせかえる　噎せ返る　smoare（→むせる）

むせきにんな　無責任な　ûnferantwurde, ûnferantwurdlik：無責任な行為 in *ûnferantwurdlike* die

むせびなき　咽び泣き　*de* snok；むせび泣く snokje, snokke

むせる　噎せる　（息苦しくなる）stikje, stikke,（息が詰まる）smoare

むせん　無線　*de* radio：無線で op de *radio*；無線電信 triedleaze telegrafy；無線電信局 it radiostasjon（→ラジオ放送局）；無線電話 *de* radiotelefony；無線電報 it radiogram, it radiotelegram

むそう　夢想　*de* dream：人を夢想から覚めさせる immen út 'e *dream* helpe；夢想する dreame；夢想家 *de* dreamer

むぞうさに　無造作に　（容易に）gau, licht（→ことも無げに）

むそうの　無双の　sûnder wjergea

むだ　無駄　*de* futiliteit；無駄な futyl, rij；無駄な [に] fergees, omdoch, ûnnedich, ûnnut, ûnrendabel, foar neat, om 'e nocht：ある物を捜しても無駄である earne *fergees* om sykje, 私の努力は全く無駄だった Al myn besykjen wie *omdoch*.，お金を無駄に使う *ûnnedich* jild útjaan

むだばなし　無駄話　it babbelpraatsje, *de* kletserij, it kletspraat（→おしゃべり）；無駄話をする kletse

むだんで　無断で　sûnder ferlof

むたんぽの　無担保の　sûnder dekking [pân]

むち　鞭　*de* swipe：馬にむちを与える *de swipe* deroer lizze（→（人を）駆り立てる）；むちで打つ swypkje

むち　無知　*de* ûnkunde, *de* ûnwittendheid：無知から út *ûnkunde*；無知の [な]

ûnkundich, ûnwittend：あることに無知である earne *ûnkundich* fan wêze

むちうち　鞭打ち　*de* swypslach：人をむちで打つ immen *swypslaggen* jaan；むち打ち症 *de* spierferrekking, *de* swypslach

むちつじょ　無秩序　*de* gaos,（混乱）*de* betizing, *it* ûnstjoer；無秩序の oarderleas, ûngereld, ûnoarderlik

むちゃくちゃな　無茶苦茶な　→めちゃくちゃな

むちゃな　無茶な　roekeleas,（無理な）ûnridlik,（無謀な）dryst：そんな無茶な運転をするな Do moatst net sa *roekeleas* ride.

むちゅうになって　夢中になって　dol, poer, sljocht,（…に）slij (nei)：彼女はこのやつに夢中になっている Sy is *sljocht* nei ［om / op］dy fint., 人はそれに夢中になるだろう Men soe der *sljocht* fan wurde.；夢中にする absorbearje：あることに夢中になっている troch eat *absorbearre* wêze；夢中 *de* absorpsje

むちんで　無賃で　frij, fergees：無賃乗車する *fergees* ride

むつき　睦月　*de* jannewarje［-waris］（→一月）

むっつ　六つ　六つ（の）(*de*) seis

むっつりした　fertrietlik, kiezzich,（不機嫌な）goarrich, misledige,（気難しい）sinnich

むっとする　（憤る）jin lilk［nidich］meitsje；《形》むっとする bedompt, muf, near（→むさ苦しい）：ここはむっとする It rûkt hjir *muf*., 暖かくてむっとする It is *neare* waarm.

むつまじい　睦まじい　freonlik, tadien,（愛情のこもった）oanhelderich, oanhinklik,（似合いの）passend：睦まじい夫婦 in *passend* pear

むていけいの　無定形の　foarmleas

むていこう　無抵抗　*de* geweldleazens；無抵抗で sûnder ferset［geäksel / tsjinstân］

むてきの　無敵の　ûnoerwinlik

むてっぽうな　無鉄砲な　（向こう見ずの）bretaal, dryst, oerdwealsk

むでん　無電　→無線

むてんかの　無添加の　flau；無添加食品 iten sûnder tafoegings

むとうせいの　無統制の　ûnbehearske

むとうの　無糖の　sûkerfrij

むとうは　無党派　stimmers sûnder politike groepearring

むとうひょうで　無投票で　sûnder stimming

むとくてんの　無得点の　doelpuntleas, sûnder doelpunt

むどくの　無毒の　ûnskealik

むとどけで　無届で　sûnder meidieling［oansizzing］(→無断で)

むとんちゃくな［に］　無頓着な［に］　nonsjalant, ûnachtsum, ûnferskillich

むなくそがわるい　胸糞が悪い　stuitsjend, ûnhuer(ich)

むなげ　胸毛　hier op it boarst

むなさわぎ　胸騒ぎ　（不安・心配）*de* ûngerêstens［-heid］, *de* ûnrêst

むなざんよう　胸算用　*de* mentale kalkulaasje；胸算用する mentaal kalkulearje

むなしい　空しい，虚しい　idel, wêzenleas

むにの　無二の　singelier, ûnneifolchber,（非凡な）ûngewoan, wûnder

むにんかの　無認可の　net ynskikt［ynstimd］

むね　旨　（趣旨）*de* strekking

むね　胸　（胸部）*it* boarst,（心臓）*it* hert(e),（肺）*de* long,（心情）*it* hert(e)：広い［狭い］胸 in breed［smel］*boarst*, 胸の苦しさ besetting op it *boarst*, 胸が苦しい It *boarst* smûcht him raar., 胸の痛み pine yn it *hert*, 胸がどきどきする It *hert* jaget my., 胸に疾患がある it op it *boarst*［*de longen*］hawwe；彼女の言葉で胸が一杯になった Myn *hert* wie te fol foar har wurden., 悲しみで胸が裂ける思いだった Myn *hert* briek hast fan trystens., 胸が詰まる besetting fiele op it *boarst*；胸が悪くなるような ûnhuerich；彼女の顔

を見て胸が悪くなった Har gesicht makke my siik.；その芝居を見て胸を打たれた Ik wie oandien troch it toanielstik.；胸をなで下ろす ferlichtsje, romje（→ほっとする）

むねまわり　胸回り *de* boppewiidte, *de* búste（→バスト）

むねやけ　胸焼け *it* maachsoer, *de* soad, *it* soer(brânen)：胸焼けがする lêst fan brânend *maachsoer* hawwe, 胸が焼ける *de soad* hawwe

むねん　無念 （残念）*de* spyt,（憤慨）*de* wrok

むのう　無能 *it* ûnfermogen, *de* ûnmacht（↔有能）；→無能力；無能の ûnmachtich,（不適格の）ynkompetint

むのうりょく　無能力 *de* ynkompetinsje

むひの　無比の ûnferbetterlik, ûnneifolchber, sûnder wjergea

むひはんな　無批判な krityklea, ûnkritysk

むひょうじょう　無表情 *de* effenens［-heid］, jins gesicht yn 'e ploai；無表情の houterich

むびょうの　無病の sûn（→健康な）；無病息災である goed sûn wêze

むふう　無風 *de* stilte；無風の wynstil

むふんべつ　無分別 *de* ûnbeskiedens（→無思慮）；無分別な ûnbeskieden

むへんか　無変化 *de* ûnferoarlikens［-heid］,（単調）*de* ientoan；無変化の ûnferoarlik,（単調な）ientoanich

むほうしゅうで　無報酬で sûnder betelling

むほうしんの　無方針の sûnder belied［rjochtline］

むほうな　無法な （不法な）ûnrjochtmjittich, ûnwettich

むぼうな　無謀な dryst(moedich), kransinnich, ûnfoarsichtich；無謀 *de* drystens

むぼうびの　無防備の warleas

むほん　謀反 （反乱）*it* oproer, *de* opstân, *de* reboelje：謀反する yn *opstân* komme, *reboelje* jaan；謀反の re-belsk；謀反者 *de* opstanneling, *de* rebel

むみの　無味の flau, smaakleas, stylleas

むめいの　無名の ûnbekend, sûnder namme：無名作家 in *ûnbekende* skriuwer；無名 *de* ûnbekendens［-heid］

むめいの　無銘の net ûndertekene, sûnder sinjatuer

むめんきょの　無免許の sûnder fergunning：無免許で車を運転する in auto ride *sûnder fergunning*

むもくてきに　無目的に sinleas, sûnder spesjale bedoeling

むやみに　無闇に （過度に）oerdiedich,（無茶に）roekeleas,（軽率に）ûnfoarsichtich（→やたらと）

むゆうびょう　夢遊病 *it* sliepwanneljen；夢遊病者 *de* sliepwanneler

むようの　無用の nutteleas, ûnnedich, ûnnut

むよくな　無欲な ûnbaatsuchtich, ûnselssuchtich

むら　村 *it* doarp, *it* plak,（小さな村）*de* útbuorren：町と村 stêden en *doarpen*, 小さな村 in lyts *plak*；村人 *it* doarpsfolk；村の暮らし［生活］*it* doarpslibben

むら　斑 *de* ûngelikens,（まだら）*de* spikkel；むらのある ûneffen, ûnegaal,（一様でない）hulterich, stroef, ûngelyk,（はん点のある）spikkelich

むらがる　群がる gearkloftsje, gearrinne, kringe, krioel(j)e, wimelje：みんなが彼の回りに群がった Elkenien *krong* om him hinne., 群集が広場に群がっていた It *krioele* fan 'e minsken op it plein.

むらき　斑気 *de* gril, *de* lúm,（複）*de* oankomsten（→移り気）；むら気な grillich, lumich

むらさき　紫 *it* pears, *it* poarper；紫色の pears, poarperen

むらさきがい　紫胎貝 *de* moksel（→ムール貝）

むらさきすいしょう　紫水晶 *it* / *de* ametist（→アメシスト）

むらす　蒸らす stome（→蒸す）

むり　無理 *de* ûnridlikens；無理な ûnreedlik, ûnridlik,（不可能な）ûnmooglik：無理な要求 in *ûnridlike* eask, 無理な計画 in *ûnmooglik* plan；無理に…させる gebiede；人にあることを無理に押し付ける immen eat yn 'e hannen triuwe

むりかい　無理解　ûnbegryp；無理解な ûnbegrepen

むりしの　無利子の　→無利息の

むりそくの　無利息の　rinteleas（無利子の）：無利息の貸付金 in *rinteleas* foarskot

むりょうの［で］　無料の［で］　fergees, frij, kosteleas, omdoch, om 'e nocht：幼い子供はバスは無料である Lytse bern meie *fergees* yn 'e bus.

むりょく　無力　de krêfteleazens, it ûnfermogen；無力の krêfteleas, machteleas, ûnmachtich：無力である *machteleas* stean [wêze]

むれ　群れ　de keppel, de ploech：家畜の群れ in *keppel* fee, 人々の群れ in *ploech* folk

むれる　蒸れる　（むっとする）bedompt wêze,（風通しが悪くて）near-(zich) wêze

むろん　無論　natuerlik（→勿論）；…は無論のこと lit stean dat [fan]…（→言うまでもなく）

むんむんする　（蒸し暑くて）benaud, benypt, brodzich

め　メ　me

め　目　（器官）it each,（眼球）de eachbal（→目玉）,（視力）it each, it gesicht,（視界）it each, it sicht,（表情）de blik, it each,（継ぎ・縫い目）de naad,（のこぎり）de tosk：黒い目 in blau *each*, くるくるした目 rûne *eagen*, 目がいい［悪い］goede [minne] *eagen* hawwe, 片目が見えない oan ien *each* blyn wêze, 目が利く in skerp *each* hawwe（→鑑識眼がある）, 目が見えなくなる jins *gesicht* ferlieze, 目の届く所に yn (it) *sicht*, かわいい目つき oanfallige *eagen*, 縫い目がほつれている De *naad* is los., 板の継ぎ目 de *naden* tusken de planken, のこぎりの目 de *tosken* fan in seage；目に見えてくる sichtber wurde；（物を見る）目がない gjin *each* hawwe；彼は果物に目がない Se is freeslik gek op fruit.；目が回る flau wêze（→目まいがする）；目にする sjen（→見る）；目に付く opfalle, opfallend wêze（→目立つ）；目には目, 歯には歯 Each om each, tosk om tosk.；目の黒いうちは wylst immen libbet（→生きている間は）；目の毒である ferliedlik wêze；目もくれない fersomje, negeare（→無視する）, 目を奪う fassinearje, yntrigearje（→見とれる）；目を掛ける behertigje, fersoargje（→世話をする）,（人の）目をくらます (immen) in rêd foar de eagen draaie；目を凝らす eagje, oansjen（→凝視する）；目をそらす de holle ôfdraaie（→視線をそらす）；目を楽しませる jins eagen de kost jaan；目をつぶる de eagen slute（→目を閉じる）, stjerre（→死ぬ）, oersljochtsje（→見逃す, 見ぬ振りをする）；目を通す trochlêze[rinne]：リストにさっと目を通す in list flechtich *trochlêze* [-*rinne*]；目を留める oandacht jaan（→注目する）；目を盗んで yn 't geheim（→こっそりと）；目を見張る jins eagen wiid iepenje

め　芽　de knop,（新芽）de sprút；芽

(一) め

が出る knopje, sprute：草の芽がすでに出始めている It gers begjint al te *spruten*.
(一) め　(一) 目　《序数詞の語尾》-te, -de, -tjinde, -ste：5番目 fyf*te*, 7番目 sân*de*, 19番目 njoggen*tjinde*, 30番目 tritich*ste*
めあたらしい　目新しい　nij：目新しい帽子 in *nije* hoed；目新しさ *it* snufke
めあて　目当て　（目標・目的）*it* doel, *it* objekt, *it* wyt, （目印）*it* merk, *it* peil
めい　命　（命令）*it* befel, *de* lêst / lest, （生命）→命(いのち), （宿命）*de* bestimming, *it* lot, *it* needlot：警察の命で op *lest* fan 'e plysje
めい　姪　*de* nicht, （姉妹［兄弟］の娘）*de* muoikesizzer［om-］
めい　銘　（署名）*de* hantekening, （石碑）*de* tinkstien, （墓碑銘）*it* grêfskrift
めい(一)　名(一)　《語頭に付けて》（有名な）bekend, ferneamd：名選手 in *ferneamde* spylder
(一) めい　(一) 名　《人数を示す「種類表示詞」》：50名 fyftich lju［persoanen］
めいあん　名案　goed idee：名案が思い浮かぶ op in *goed idee* komme
めいあん　明暗　ljocht en skaad（→影絵）：人生の明暗 it *ljocht en skaad* fan libben
めいい　名医　in fakkundige dokter
めいうん　命運　jins bestimming［lot / needlot］
めいえん　名演　in útsûnderlik spul
めいおうせい　冥王星　*de* Pluto
めいか　名家　deftige［foarname / treflike］famylje
めいが　名画　（絵の）in bekend［ferneamd］skilderij, （映画の）in moaie［treflike］film
めいかい　冥界　de oare wrâld
めいかいな　明快な　dúdlik, eksplisyt, klear；明快さ *it* foarfêst
めいかいな　明解な　dúdlik, gearhingjend：明解な解説 in *dúdlike*［*gearhingjende*］opheldering
めいかくな［に］　明確な［に］　bepaald, foarfêst, pertinint；（意味・立場などを）明確にする dúdlik meitsje, omskriuwe
めいがら　銘柄　*it* merk（→ブランド）
めいぎ　名義　*de* namme：…の名義で op *namme* fan …
めいきする　明記する　spesifisearje, dúdlik skriuwe
めいきする　銘記する　そのことを銘記しておく Ik sil it ûnthâlde.（→心に留めておく）
めいきゅう　迷宮　*it* doalhôf, *it* labyrint；迷宮入りの net oplost, ûnbeslist（→未解決の）：その事件は迷宮入りになっている It foarfal is noch *net oplost*.
めいきょく　名曲　（すぐれた楽曲）ferneamde［poerbêste］muzyk
めいく　名句　in ferneamd［wolbekend］sizzen
めいげつ　名月　de folle moanne fan 22 septimber
めいげつ　明月　in ljochte moanne
めいげん　名言　in goede siswize
めいげん　明言　*de* ferklearring（→言明）：明言を避ける in *ferklearring* ûntwike；明言する ferklearje
めいさい　明細　*de* spesifikaasje；明細に述べる［記す］spesifisearje；明細書 *de* deklaraasje, *de* spesifikaasje；明細書を提出する deklarearje
めいさい　迷彩　（偽装）*de* kamûflaazje；迷彩を施す kamûflearje
めいさく　名作　*it* masterstik［-wurk］
めいさん　名産　*de* spesjaliteit（→特産品）, in spesjaal produkt
めいし　名士　*de* bekendheid（→有名人）
めいし　名刺　*it* nammekaartsje
めいし　名詞　*it* haadwurd, *it* nomen；名詞の nominaal
めいじする　明示する　dúdlik útdrukke［útsprekke］
めいじつともに　名実共に　sawol letterlik as figuerlik
めいしゃ　目医者　*de* eachdokter（→眼科医）

めいしゅ　名手　*de* artyst, *de* ekspert, *de* fakman（→名人）

めいしょ　名所　そこは名所だ It plak is tige it besjen wurdich., その町の（観光）名所 *de* bysûnderheden fan 'e stêd

めいしょう　名称　*de* beneaming, *de* namme

めいじょうしがたい　名状し難い　ûndefiniearber, net te beskriuwen

めいしょうのち　名勝の地　*de* natuerskientme

めいじる　命じる　befelje, bestelle, gebiede, hjitte（→命令する）：人に仕事をするように命じる immen it wurk hjitte

めいしん　迷信　it byleauwe(n)；迷信深い byleauwich：彼女はとても迷信深い Hja is sa byleauwich.

めいじん　名人　*de* artyst, *de* ekspert, *de* fakman, *de* kanjer

めいせい　名声　*de* ferneamdens [-neamheid], *de* rop：彼の名声は国中に広がっていた Syn rop gyng troch it hiele lân.

めいせき　名跡　in histoarysk plak

めいせき　明晰　*de* helderens [-heid], *de* klearens；明晰な befetlik, helder, klear

めいそう　瞑想　*de* meditaasje；瞑想する meditearje

めいそうする　迷走する　dwale, swerve, sweve

めいだい　命題　*de* proposysje, *de* stelling

めいちゅう　命中　*de* treffer；命中する reitsje, treffe：ゴールポストに（ボールを）命中させた Ik *rekke* de doelpeal.

めいちょ　名著　in grut boek,（傑作）it masterwurk

めいちょうしで　名調子で　（雄弁に）bebekke, bespraakt, redenryk

めいてい　酩酊　*de* dronkenens [-heid]；めいていした［て］dronken

めいど　冥土, 冥途　de oare wrâld, de wrâld fan de deade

めいとう　名刀　in poerbêst swurd

めいにち　命日　jins stjerdei

めいはくな　明白な　begryplik, dúdlik, helder, klear, poer：それが事実であることは明白だ It is *dúdlik* dat it wier is.

めいびな　明媚な　moai, pittoresk

めいひん　名品　in prachtich artikel,（名作）it masterwurk

めいびん　明敏　it ferstân, *de* yntelliginsje；明敏な befetlik, yntelligint

めいふ　冥府　→冥土

めいふく　冥福　彼女のご冥福を祈ります！God mei har genedich wêze!

めいぶつ　名物　（特産品）*de* spesjaliteit,（名物男）in populêr(e) figuer

めいぼ　名簿　*de* list：応募者の名簿 de *list* mei de dielnimmers

めいぼう　名望　（名声）*de* bekendheid, *de* reputaasje, *de* rop,（信望）*de* namme, it prestiizje；名望のある populêr

めいみゃく　命脈　（生命）it libben, *de* libbene；命脈を保つ trochlibje

めいめい　命名　*de* nammejouwing；命名する dope, ferneame, neame

めいめいの　銘々の　（各々の）elk, respektivelik,（個々の［に］）yndividueel, ôfsûnderlik

めいめつ　明滅　*de* flikkering；明滅する flakkerje, flikkerje

めいもくじょう　名目上　（名ばかりの）yn namme

めいもん　名門　in romrofte famylje；名門校 in skoalle mei in heech prestiizje

めいやく　名訳　in prachtige oersetting

めいやく　盟約　*de* gelofte

めいよ　名誉　*de* eare, *de* ûnderskieding：彼は名誉を失った Hy hat syn *eare* ferlern., 名誉を回復する jins *eare* opdwaan；名誉の［ある］earber, earfol；名誉を与える earje；名誉会員 it earelid；名誉教授 in emeritus [mjirkes] professor；名誉毀損 (ぎそん) の lasterlik

めいりょう（さ）　明瞭（さ）　*de* dúdlikens [-likheid], de helderens [-heid], de sichtberens；明瞭な dúdlik, helder, sichtber

めいる 滅入る jin neargeastich [somber] fiele,（意気消沈する）de moedfearren hingje litte；気が滅入るような天気 neargearstich waar

めいれい 命令 it bestel, it foarskrift, de oarder：…の命令によって op bestel fan …；命令する befelje, bestelle；命令的な［に］ymperatyf；命令法 de ymperatyf

めいろ 迷路 it doalhôf

めいろうな 明朗な fleurich, lustich, moedich：明朗な人 in *fleurich* man

めいわく 迷惑 de argewaasje, de oerlêst, de steuring：人に迷惑をかける immen *oerlêst*（oan）dwaan = immen lêstich falle；迷惑をかける úntrive：もしご迷惑でなければ as ik jo net *úntriif*；迷惑な ferfelend, hinderlik

めうえ（のひと） 目上（の人） jins superieur,（年長の人）de senior

メーカー de fabrikant, de makker

メーキャップ （化粧）de opmaak

メーター （計器）de meter：メーターを読み取る de *meter* opnimme

メード de faam, de tsjinstfaam：メードとして働く［住み込む］foar *faam* tsjinje [wenje]

メートル de meter：平方［立方］メートル kante [kubike] *meter*

メール （イーメール）de e-mail：イーメールを送る e-maile；イーメールアドレス it e-mailadres

めおと 夫婦 →夫婦（ふうふ）

めかくし 目隠し de blyndoek,（馬の）目隠し（革）de blynkape [-lap (e)]；目隠し遊びをする blyndoekjeboartsje

めかけ 妾 in yllegale frou

めがしら 目頭 目頭が熱くなる ta trienijen oandien wêze [wurde], 目頭を押さえる jins triennen weifeie

めかす 粧す jin optuge

めかた 目方 it gewicht, it wicht；目方を量る weage

メカニズム it meganisme

めがね 眼鏡 de bril,（角縁の）de ûlebril,（鼻眼鏡）de knypbril, it lornjet,（読書用の）de lêsbril：眼鏡をかけている人 in man mei in *bril* op, 眼鏡をかける de *bril* opsette：眼鏡入れ de brillekoker；眼鏡屋（人）de brilleman, de optisien,（店）de brillewinkel；眼鏡のフレーム it brillemontuer；眼鏡のレンズ it brilleglês

メガホン de megafoan

めがみ 女神 de goadinne

めきめき →益々, 目立って

めキャベツ 芽キャベツ《複》de sprútsjes, de sprútkoal

めくじら 目くじら （目尻）de eachhoeke；目くじらを立てる fitte（→あら探しをする）,（（…に）けちをつける）oanmerkings hawwe [meitsje]（op）

めぐすり 目薬 《複》de eachdrippen（→点眼薬）

めくばせ 目配せ de weau, de wink：人に目配せする immen de weau [wink] jaan；目配せをする knypeagje（→ウィンクする）

めくばり 目配り （見張り）de wacht；目配りをする wachthâlde（→見張る）

めぐまれた 恵まれた bejeftige,（才能に）talintfol

めぐみ 恵み de woldie(d),（神の）de genede, de graasje, de segen(ing)：こんな好天に恵まれて幸いだ Sok moai waar is in *woldie(d).*, 人を恵む immen *graasje* jaan（→（人に）施しをする）

めくら 盲 de bline（→盲人）；めくらの blyn

めぐらす 巡らす （塀などを）omfetsje, omfiemje,（考えを）útprakkesearje（→案出する）

めぐり 巡り （周辺）de omtrek,（巡歴）de rûnreis,（巡回）de rûnte,（血液などの）de sirkulaasje（→循環）

めぐりあい 巡り合い in ûnferwachte moeting；巡り合う oantreffe, tsjinkomme

めぐりあわせ 巡り合わせ it fortún, it

gelok

めくる　捲る　（はぎ取る）ôfstrûpe, （ページなどを）omblêdzje, trochblêdzje,（袖などを）omteare, oprôlje

めぐる　巡る　（回遊する）omreizgje, （季節が）rûndraaie,（囲む）omfiemje

めくれる　捲れる　opteard wêze

めこぼし　目溢し　→黙認；目こぼしする oersljochtsje, tajaan（→大目に見る，黙認する）

めさきに　目先に　foar jins eagen；目先の yn 'e heine takomst（→近い将来の）；目先のことしか考えない net fierder sjen as jins noas lang is

めざす　目指す　（…を）doele [mikke / oansjoere]（op）（→志す）, neistribje, （ある方向を）oangean（→行く）: われわれはより高いレベルを目指している Wy stjoere oan op in heger nivo.

めざとい　目敏い　この老人はとても目ざとい Dizze âlde man hat tige skerpe eagen.

めざまし　目覚まし　（時計）de wekker, （眠気覚まし）wat immen de eagen iepen docht

めざましい[く]　目覚ましい[く]　frappant, opmerklik：目覚ましい発展 in opmerklike ûntwikkeling

めざめ　目覚め　de bewustwurding； 目覚める wekker wurde,（自覚する）gewaarwurde

めざわり　目障り　（邪魔になる物）de steuring,（障害物）de hinder(nis), it obstakel；目障りになる hinderlik wêze te sjen

めし　飯　→ご飯，食事

めしあがる　召し上がる　→飲食する

めした　目下　jins junior

めしつかい　召使い　de feint, de húsfeint, in húshâldlike help

めしべ　雌蕊　de stamper（↔雄蕊）

めじり　目尻　de eachhoeke

めじるし　目印　it kenmerk（→印）；目印を付ける kenmerkje

めじろおし　目白押し　（…で）目白押しである fêstreitsje [-rinne]（mei）, ferstoppe reitsje（mei）

めす　雌　it wyfke, it wiif（↔雄）:雌の動物 in wyfke ＊雌については個々の動物名を参照

メス　（手術用の）it úntleedmes

めずらしい　珍しい　（まれな）bysûnder, kurieus, seldsum, ûngewoan：珍しい鳥 seldsume fûgels, 何か珍しい物 eat ûngewoans；珍しいこと it unikum

めずらしがる　珍しがる　eat sjen as eigenaardich

めだか　目高　in soarte（fan）lytse karper

めだちがりや　目立ちがり屋　de droktemakker, de útslover

めだつ　目立つ　nei foaren komme, op 'e foargrûn komme, opfalle（→目に付く）；目立った［て］frappant, merkber, opfallend, opmerklik：目立った服装をしている opfallend yn 'e klean wêze

めだま　目玉　de eachbol（→眼球）； 目玉焼き bakte aaien,（片面だけ焼いた）it spegelaai；目玉商品 de lokker, it lokkerke

メタル　（金属）it metaal

メダル　de medalje：金メダル獲得者 de winner fan 'e gouden medalje

メタン　it metaan；メタンガス it feangas, it moerasgas

めちゃくちゃな　目茶苦茶な　sûnder ferbân [gearhing]（→支離滅裂な）

メチル　it metyl；メチルアルコール de metylalkohol

メッカ　（イスラム教の聖地）Mekka, （ある物事の中心地）it mekka

めつき　目付き　de blik yn jins eagen； 悪い目つき de eachopslach：彼は目つきが悪い Syn eachopslach is ferkeard.

めっきをする　鍍金をする　（金の）ferguldzje,（銀の）fersulverje,（錫の）fertinje；金めっきのスプーン in fergulde [gouden] leppel

めっきり　→目立って；めっきり寒くなった It wurdt opfallend kjelderich.

メッセージ （声明）de ferklearring, de meidieling,（伝言）it berjocht, it beskie(d)
メッセンジャー （使者）de besteller
めっそうもない 滅相もない →とんでもない，意外な
めったに（…ない） 滅多に（…ない） komselden, selden：この国ではめったに地震は起きない Yn dit lân komt selden in ierdskodding foar., この地方ではめったに雪は降らない Yn dizze regio snijt it selden.
めつぼう 滅亡 it ferdjer；滅亡する ferfalle；滅亡させる ferdjerre
メディア （媒体）it medium,《複》de media
めでたい 目出度い （喜ばしい） bliid, heuchlik,（嬉しい）gelokkich, lokkich,（望ましい）begearlik：めでたい結末 in lokkich ein；めでたく aldergeloks(t), (ge)lokkich（→幸運に（も））
めでる 愛でる （楽しむ）genietsje, (褒める) beare, (称賛する) priiz(g)je
めど 目処 （将来の見通し） it foarútsjoch, de prognoaze,（可能性）de mooglikheid；めどがつく trochsjen （→見通す）
めど 針孔 →針の穴
めとる 娶る trouwe（→結婚する）
メドレー （混成曲）it / de griemmank, de medley：メドレーリレー de estafette
メニュー （献立表）it menu, de spiiskaart [-list]：今日はメニューに何がありますか Wat stiet der hjoed op it menu?
めぬきの 目抜きの （主要な）foarnaam：目抜き通り de buorren
めのう 瑪瑙 de agaat
めのかたきにする 目の敵にする haatsje（→嫌う）
めのたま 目の玉 →目玉
めのまえで 目の前で （眼前に［で］） foar jins eagen
めばえ 芽生え de sprút；芽生える sprute
めはな 目鼻 目鼻がつく fêster foarmen oannimme
めばり 目張り de siichbân；目張りする tichtplakke
めぶく 芽吹く knopsette, útbotsje（→芽生える）
めぶんりょう 目分量 目分量で量る mei it each skatte
めべりする 目減りする （価値・体重などが）ferminderje, ôffalle
めぼし 目星 （見当）it fermoeden；目星をつける fermoedzje（→見当をつける）
めぼしい 目ぼしい （主な）foarnaam：彼の目ぼしい作品 syn foarname wurken
めまい 目眩, 眩暈 de dûzeligens [-lichheid], de dwilens；目まいがする dûzelje：私は目まいがする It dûzelet my.；《形》目まいがする dûzelich, dwyl (derich)：私は目まいがする Ik bin dûzelich.；目まいがして licht yn 'e holle
めまぐるしい［く］ 目まぐるしい［く］ feardich, flechtich, rap
めめしい 女々しい ferweakke, ûnmanlik
メモ de notysje, メモ（帳）de oantekening：メモする notysjes meitsje
めもり 目盛り de skaalferdieling
メモリー de gedachtenis, de memoarje, it oantinken（→記憶，思い出）
めやす 目安 （基準）de noarm, de standert, (目当て) it doel：目安をつける de standert opstelle
めやに 目脂 《複》de eachluzen
メリーゴーランド de draaimole, de karrûsel, de mallemole
めりこむ 減り込む （泥に）fêstreitsje：車輪が泥にめり込んだ De tsjillen binne [wiene(n)] yn de modder fêstrekke.
メリット （利点） it foardiel, it genot
めりはり 減り張り （声の）de modulaasje,（抑揚）de yntonaasje
メリヤス it trikotaazje
メロディー de meldij, de melody
メロドラム de draak

メロン　*de* meloen
めん　面　（側面）*de* kant, *de* side, *de* sydkant,（仮面）*it* masker：彼は物事の明るい面を見る Hy sjocht alles fan 'e fleurige *kant*.
めん　綿　*it* katoen；綿の katoenen
めんえき　免疫　*de* ymmuniteit：病気に対する免疫 ymmuniteit foar [tsjin] syktes；免疫の［性のある］ymmún：ペニシリンに対して免疫になっている *ymmún* foar penisilline
めんかい　面会　*it* fraachpetear, *de* moeting, *it* ûnderhâld：面接を求める in ûnderhâld oanfreegje；面会する moetsje
めんきょ　免許　*de* fergunning, *de* lisinsje（←免許証）；免許状 *de* akte：公証人の免許状 in notariële *akte*；運転免許書 *it* rydbewiis
めんくらう　面食らう　（当惑する）jin sjenearje,《形》ferlegen；面食らって beteutere
めんざい　免罪　*de* frijspraak,（罪・罰などの）*de* ferjeffenis, *de* ferjouwing
めんしき　面識　*de* kunde：人と面識がある *kunde* oan immen hawwe
めんじょ　免除　（義務・課税などからの）*de* frijdom [frijstelling]（fan）：税の免除 *frijstelling* fan belesting；（…から）免除する frijstelle (fan)：彼は兵役を免除されている Hy is *frijsteld* fan militêre tsjinst.
めんじょう　免状　（卒業）*it* diploma,（免許状）*de* lisinsje, *it* sertifikaat
めんしょく　免職　*de* ôfsetting, *it* ûntslach；免職（に）する ôfsette, ôfstekke, ôftankje, ûntslaan
めんじる　免じる　→免除する，免職する
メンス　（生理）*de* menstruaasje（→月経）
めんする　面する　útsjen：そのホテルは湖に面している It hotel *sjocht* op de mar *út*.
めんぜい　免税　frijdstelling fan belesting；免税になっている frij wêze fan belesting；免税の belestingfrij：免税店 in *belestingfrije* winkel, 免税品 in *belestingfrij* artikel
めんせき　面積　*de* ôfmjitting
めんせつ　面接　*it* fraachpetear, *it* ynterview：面接する in ynterview ôfnimme = ynterviewe
めんぜん　面前　（…の）面前で yn oanwêzigens (fan)
メンタルテスト　*de* yntelliginsjetest
めんだん　面談　→面接
めんつ　面子　（面目）*de* eare：面子を保つ jins *eare* ophâlde, 彼には面子がある Dat komt syn *eare* tenei.
めんどう　面倒　*de* drokte, *de* fersoarging, *it* gedonder, *it* geseur, *it* gesoademiter, *it* lijen, *de* rompslomp；面倒な lestich, lêstich：面倒になる *lestich* wurde；面倒を見る berêde, fersoargje, oppasse, soargje,（よく）hoedzje en moedzje；面倒くさい beswierlik
めんとおし　面通し　yn de rige stean ta idintifikaasje fan de fertochte
めんどり　雌鳥　*de* hin（→鶏）
メンバー　（会員）*it* lid；メンバーシップ *it* lidmaatskip
めんぼう　綿棒　*it* wattestokje
めんぼく　面目　（体面）*de* eare, *it* gesicht,（威信）*it* prestiizje,（威厳）*de* weardichheid：面目を失う jins *eare* [*gesicht*] ferlieze
めんみつな[に]　綿密な[に]　minusjeus, omstannich,（詳細な[に]）wiidweidich
めんよう　綿羊　*it* skiep（→羊）
めんるい　麺類　《複》*de* noedels

も　モ　mo

も　喪　*de* rouwe（←喪中）：喪に服している yn *'e rouwe* wêze

も　藻　*de* alch, *it* wier,（海藻）*it* seewier

(…)も　(…も…も) elk,（同じく）mar, tagelyk, teffens,（…もまた）noch, wer,《否定語を伴って》(…もまた…ない) net iens,（いずれも）allebeide, beide, sawol … as,（少なくとも）wol,（…さえも）ek：お前もぼくも do *ek* ik, 私は読書が好きです，子供(たち)もそうです Ik mei graach lêze en myn bern *ek*., 人は野菜やパンだけでなく，肉も食べる Minsken ite net allinnich griente en bôle, mar *ek* fleis., 彼は寺男でありまた墓掘り人でもある Hy is koster en *tagelyk* [*teffens*] deagraver., 私もここにいます Ik bin der ek *noch*., 時には天気のいい日もあれば，また時には悪い日もあった Soms wie it moai waar, dan *wer* striemin., 彼女は私にキスすることも望まなかった Sy woe my *net iens* in tút jaan., 本は2冊とも見当たらない *Allebeide* boeken binne fuort., 彼女は目も見えずまた耳も聞こえなかった Se wie *sawol* blyn *as* dôf., 昼も夜も *sawol* by dei *as* by nacht, 彼女はモーツァルトはいうまでもなくベートーベンも好きです Se hâldt *sawol* fan Beethoven *as* fan Mozart., それは200ユーロもかかる Dat kostet *wol* 200 euro., 学生たちでさえも権利がある De studinten hawwe *ek* har rjochten.

もう　（今頃は）op dit [dat] stuit：彼は今頃はもうニューヨークに着いているに違いない Hy moat *op dit* [*dat*] *stuit* [*momint*] yn New York oankomme [oankommen wêze].；（すでに）al, noch,（間もなく）binnenkoart, hast, ynkoarten, skiel(i)k, wol,（もう少しで）benei, foech, hast,（更に・なお）noch,（もう…でない）nea [net] mear, gjin mear：彼女はもうそこに来ている Dêr is se *al*., 私の手紙をもう受け取りましたか Hawwe jo myn brief *al* krige(n)?, Hast myn brieven *noch* krigen?, もう来るの？ Komst ek *hast*?, 彼はもう70歳になる Hy wurdt *skiel(i)k* al 70., 彼はもうアムステルダムに着いているでしょう Hy sil *wol* op Amsterdam oankommen wêze., もう少しで5時だ It is *benei* fiif oere., お茶をもう一杯どうですか Wolst *noch* tee?, そのことはもう記憶にない Ik wit it *net mear*., 彼女はもう子供ではない Sy is *gjin* bern *mear*.；もう一度 jit(te)ris, noch, nochris, opnij：もう一度キッスをしてください Toe no, *noch* in tút., もう一度言ってください Sis dat *nochris*.；もう結構です！ Nee tanke!

もうあ　盲唖　*de* bline en stomme

もうあい　盲愛　bline leafde；盲愛する blyn leafhawwe

もうい　猛威　*de* fellens, *de* ferheftigens, *de* fûlens；嵐が一日中猛威を振るった De stoarm raasde de dei troch.

もうか　猛火　razende flammen；猛火に飛び込む yn grutte [lôgjende] flammen bedarje

もうがっこう　盲学校　in skoalle foar de blinen

もうかる　儲かる　《形》foardielich, rendabel：もうかる仕事 in *rendabele* saak

もうかん　毛管　→毛細血管

もうきん　猛禽　*de* rôffûgel

もうけ　儲け　*it* foardiel, *it* gewin, *it* profyt：それは自分のもうけになる It giet om eigen *profyt*.；もうける profitearje, rendearje, winne：この仕事はもうけがない Dy saak *rendearret* net.

もうける　設ける　oprjochtsje（→設立する）

もうけん　猛犬　in felle [fûle] hûn

もうこん　毛根　de hierwoartel, de woartel fan in hier

もうさいけっかん　毛細血管　it hierbuiske, kapilêre buizen

もうしあげる　申し上げる　fertelle, sizze ＊「言う」の丁寧語

もうしあわせ　申し合わせ　it akkoart, (取り決め) de ôfspraak；申し合わせる ôfprate, (話し合う) ferprate, (取り決める) ôfsprekke

もうしいれ　申し入れ　(提案) de foarslach, it foarstel, (申し出) it útstel；申し入れる foarslaan, foarstelle, útstelle (→提案する，申し出る)

もうしうける　申し受ける　aksepteare, oanfurdigje, oannimme

もうしおくれる　申し遅れる　…を申し遅れましたが Ik hie al earder sizze moatten dat …

もうしこみ　申し込み　de oanfraach, it oansiik [-syk], de sollisitaasje：人に（結婚を）申し込む immen in *oansiik* dwaan (houlik), 3 人の申し込みを受けている Ik haw trije *sollisitaasjes* rinnen.；申し込む oanfreegje, (…を) sollisitearje (nei)；申込者 de sollisitant；申込書 in brief mei in oanfraach

もうしたて　申し立て　de ferklearring, de smeekbea；申し立てる ferklearje, sizze：彼は自分は潔白だと申し立てた Hy *ferklearre* dat er ûnskuldich wie., 誰がそれを申し立てているのか Wa seit dat？

もうしつける　申し付ける　sizze, (指示する) ynstruearje

もうしで　申し出　it (oan)bod：申し出を受託 [拒否] する in oanbod oannimme [ôfslaan]；申し出る biede, foarhâlde, oanbiede：援助を申し出る

help oanbiede

もうしぶん　申し分　(主張) jins folhâlden, (異議) jins beswier (→言い分)；申し分のない foldwaand(e), folmakke, folslein, goed, ynoarder, opperbêst, perfekt, poerbêst：それは全く申し分ない Sa is it wol *foldwaand(e)*., 新車の乗り心地は申し分ない Myn nije auto rydt *perfekt*.

もうじゅう　盲従　bline hear(r)igens [ûnderdienigens]；(人に) 盲従する (immen) blynseach [-wei] folgje

もうじゅう　猛獣　in fel [fûl / heftich] dier

もうしょ　猛暑　fûle hjittens

もうしわけ　申し訳　(勘弁) it pardon, (言い訳) it ekskús, it ferlechje, de útflecht：申し訳ありません！ *Pardon!*

もうしわたし　申し渡し　de útspraak；申し渡す útsprekke：判決を申し渡す in fûnis *útsprekke*

もうしん　盲信　blyn geloof [leauwe]；盲信する blyn leauwe

もうじん　盲人　de bline；盲人たち de blinen

もうすこしで　もう少しで　benei, foech, hast, omtrint：もう少しで 10 時になる It is *hast* tsien oere., もう少しで彼女は卒倒しそうになった Sy foel *omtrint* flau.

もうせい　猛省　serieus weromsjen；猛省する serieus weromsjen

もうせつ　妄説　in net bewiisde teory

もうぜんと　猛然と　fel, ferheftich, fûl(eindich), heftich

もうそう　妄想　de ferbeelding, de obsesje, de waanfoarstelling, it waanidee

もうちょう　盲腸　de appendiks, de blineterm；盲腸炎 de blinetermûntstekking

もうでる　詣でる　besykje (→訪れる)

もうてん　盲点　in blyn plak, (抜け穴) de mêsk / mesk, it sjitgat：法の盲点 in mesk yn de wet

もうどうけん　盲導犬　de blinehûn

もうどく　猛毒　deadlik fenyn [fergif]

もうはつ　毛髪　*de* hier（→頭髪）
もうひつ　毛筆　in kwast om mei te skriuwen
もうふ　毛布　*de* tekken：電気毛布 in elektryske *tekken*
もうまい　蒙昧　*de* ûnkunde, *de* ûnwittendheid（無知蒙昧）
もうまく　網膜　*it* netflues
もうもく　盲目　*de* blinens；盲目の, 盲目的な［に］blyn；盲目的に blynseach［-wei］（→やみくもに）
もうらする　網羅する　beslute, omfetsje, omfiemje
もうれつな［に］　猛烈な［に］　ferheftich, fûl, fûleindich, heftich：猛烈に抵抗する *ferheftich* fersette；猛烈（さ）*de* ferheftigens, *de* fûlens
もうろうとした　朦朧とした　dizich, faach, nevelich
もうろく　耄碌　*de* seniliteit；もうろくした senyl
もえあがる　燃え上がる　oplôgje, útspatte,（ぱっと）opflikkerje：火は強風にあおられて燃え上がった Troch de hurde wyn *lôge it fjoer wer op*.
もえおちる　燃え落ちる　delbaarne, ôfbaarne
もえがら　燃え殻　（石炭などの）*de* sintel
もえつきる　燃え尽きる　trochbaarne, útbaarne
もえひろがる　燃え広がる　ferspriede
もえる　萌える　（芽が出る）eagje, sjitte, sprute, útsprute
もえる　燃える　baarne：ろうそくが燃えている De kears *baarnt*.；怒りに燃える razend wêze；燃えている［るような］baarnend, razend：燃えるような太陽 *de baarnende* sinne；その家は燃えている It hûs stiet yn 'e brân.
モーセ　モーセの十戒 de tsien geboaden fan Moazes
モーター　（エンジン）*de* motor；モーターボート *de* motorboat
モーテル　*it* motel
モード　（様式・流行）*de* moade

モーニング　（朝）*de* moarn；モーニングコート *it* sjaket
もがく　踠く　wjerakselje,（のたうつ）wimelje
もぎとる　挽ぎ取る　ploaitsje, plôkje, loswrikke：りんごをもぎ取る appels *plôkje*
もぎの　模擬の　（にせの）neimakke；模擬裁判 *it* proefproses；模擬試験 *it* proefeksamen
もく　目　（項目）*de* post,（生物分類上の）*de* oarder
もぐ　挽ぐ　plôkje（→もぎ取る）
もくげきする　目撃する　observearje, skôgje；目撃者 *de* getuge, *de* omstanner, *de* tsjûge：彼女は銀行強盗の目撃者であった Sy wie *tsjûge* fan de bankoerfal.
もぐさ　艾　*de* moksa
もくざい　木材　*it* hout, *it* timmerhout
もくさつする　黙殺する　negearje（→無視する）
もくし　黙示　（天啓）*de* iepenbiering：ヨハネの黙示録 de *Iepenbiering* fan Johannes
もくじ　目次　*de* ynhâld：本の目次 *de ynhâld* fan in boek
もくしする　黙視する　→傍観する
もくず　藻屑　海の藻くずとなる stjerre yn de see（海で死ぬ）
もくする　黙する　jin stilhâlde（→黙る）
もくせい　木星　*de* Jupiter
もくせいの　木製の　houten：木製の靴 in *houten* klomp（→木靴）
もくぜんの　目前の　neiste；目前で foar jins noas, ûnder de eagen；目前に迫っている op hannen wêze
もくそう　黙想　*de* meditaasje, *de* oertinking；黙想する meditearje, mimerje
もくぞう　木像　in houten stânbyld
もくぞうの　木造の　houten：木造の家 in *houten* hûs（←木造家屋）
もくそく　目測　mjitting［opmjitting］mei de eagen；目測する mjitte mei de eagen

もくたん　木炭　*de* houtskoal
もくてき　目的　*de* bedoeling, *it* doel, (意図) *it* doel, *it* opset, *de* strekking：その目的は立派だった De *bedoeling wie goed.*, 目的のない sûnder *doel*, 目的を達成する ta jins *doel* komme；目的地 *de* bestimming, *it* doel, *de* reisbestimming, *it* reisdoel；目的語 *it* foarwerp, *it* objekt
もくとうする　黙祷する　stil bidde
もくどくする　黙読する　stil lêze
もくにん　黙認　stille meistimming；黙認する stil meistimme
もくば　木馬　*it* (houten) hynder
もくはん　木版　*de* houtfyk (←木版画)；木版家 [師] *de* houtfiker [-kapper]
もくひ　黙秘　*it* (stil)swijen；黙秘する swije；黙秘権 *de* swijplicht
もくひょう　目標　*it* doel, *de* doelstelling：目標を達成する ta jins *doel* komme, 目標のない sûnder *doel*
もくめ　木目　*de* kerl, *de* nerf
もくもくとした [て]　黙々とした [て]　stil, (静かに) ynbannich
もくようび　木曜日　*de* tongersdei；木曜日に tongersdei(s)：私たちは木曜日に到着します Wy komme (de) *tongersdei(s)* oan.
もぐら　土竜　*de* mol：(もぐらのように) 全然目が見えない sa blyn as in *mol*
もぐり　潜り　*de* dûk, *it* dûken；潜りの ûnbefoege (→無資格の)：潜りの運転者 in *ûnbefoege* rider
もぐる　潜る　dûke, (潜伏する) ûnderdûke
もくれん　木蓮　*de* magnolia
もくろく　目録　*de* katalogus, *de* list / lyst, *de* steat
もくろむ　目論む　→計画する
もけい　模型　*de* makette, *it* model (→モデル)：模型の組立て it meitsjen fan in *makette*；模型の model：模型自動車 in *model* auto
もさ　猛者　in flink en moedich man

モザイク　(寄木細工) *it* mozayk
もさくする　模索する　taaste；最善の道を模索する de bêste wei sykje
もし (…ならば)　若し (…ならば)　as, mits, of, sa：もし彼がそこにいなかったら，私は彼女に電話をしたのに As hy der net west hie, dan hie ik har skilje wollen., もし彼が私を連れにこなかったら，私は行きません Ik gean net, *of* hy moat my helje. ＊主節に否定語があれば，通例 of を用いる；もしできるなら as it heal kin [koe]
もじ　文字　*de* letter, *it* skrift, *it* teken：大 [小] 文字 grutte [lytse] *letters*, アラビア語の文字は日本語の文字とは全く異なっている It Arabysk *skrift* is in hiel oars as it Japanske *skrift.*, 日本語の文字 Japanske *tekens*；文字 (上) の，文字通りの [に] letterlik；文字盤 *de* wizerplaat
もしかすると　若しかすると　faaks, miskien, wierskynlik (→多分,恐らく)
もしくは　若しくは　of, (さもなければ) oars
もしもし！　(電話で) Hallo!, (ちょっと！) Sei!
もじもじする　skeuvelje
もしや　若しや　oars：君はもしやフリジア人ではないですか Do bist *oars* in Fries, net?
もしゃ　模写　*it* faksimilee, *de* kopy, (絵画・彫刻などの) *de* replika；模写する kopiearje, neitekenje
もじゃもじゃの　rûch(hierrich)：羊の毛はもじゃもじゃしている In skiep hat *rûch* hier.
もしゅ　喪主　*de* nei(st)besteande, *de* neiste
もしょう　喪章　*de* rouban
もす　燃す　→燃やす
もず　百舌　*de* skatekster, *de* wurger(t)
モスリン　*it* netteldoek
もぞう　模造　*de* imitaasje (←模造品)；模造する imitearje
もだえ　悶え　*it* lijen, *de* lijenswei；もだ

える lije；痛みでもだえ苦しむ kronkelje
もたせかける　凭せ掛ける　steune：はしごを壁にもたせかける in ljedder tsjin de muorre *steune*
もたせる　持たせる　hawwe litte,（保たせる）behâlde, hâlde, ynmeitsje
もたもたする　sleau, traach
もたらす　齎す　bringe, jaan,（災い・悲しみなどを）besoargje, oandwaan [-rjochtsje]
もたれる　凭れる　(…に) leune [steune]（op）,（胃に）sitten [stean] bliuwe：壁にもたれる *leune* op de mourre；その食べ物は胃にもたれる It iten stiet yn 'e mage.
モダンな　modern, nijmoadrich：モダンな帽子 in *moderne* hoed
もち　餅　de ryskoeke ('mochi' yn it Japansk)
もちあがる　持ち上がる　tille,（話・問題が）opkomme：その計画が急に持ち上がった It plan *kaam* rimpen *op*.
もちあげる　持ち上げる　heffe, ljochtsje, opheffe, oplichtsje, opnimme, optille, tille
もちあじ　持ち味　de natuerlike smaak
もちあるく　持ち歩く　omdrage
もちあわせ　持ち合わせ　今お金の持ち合わせはない Ik haw no gjin jild mei [by my].
モチーフ　(主題) it motyf (→動機)
もちいる　用いる　(使用する) brûke,（利用する）meinimme,（適用する）tapasse：ガソリンを用いる benzine *brûke*, 夏休みを最大限に用いる de grutte fakânsje *meinimme*, 新しい規則を用いる in nije regel *tapasse*
もちかえり　持ち帰り　it meinimmen；持ち帰る meinimme
もちかえる　持ち替える　fan de iene hân nei de oare bringe
もちかける　持ち掛ける　(持ち出す) opperje,（申し出る）oanbiede,（提案する）foarslaan
もちがよい　持ちがよい　meigean

もちきり　持ち切り　彼女の噂で持ち切りになっている Se giet geweldich oer de tonge.
もちくずす　持ち崩す　（身を) nei de bliksem gean
もちこす　持ち越す　oanhâlde,（繰り越す）transportearje,（延期する）opstelle, útstelle
もちこたえる　持ち堪える　hâlde, stânhâlde, trochmeitsje：わが軍はその島を持ち堪えることができなかった Us leger koe it eilân net *hâlde*.
もちこみ　持ち込み　it ynbringen；持ち込む ynbringe；(機内) 持ち込み荷物 de hânbagaazje
もちごめ　餅米　kleverige rys
もちさる　持ち去る　fuortbringe, weinimme
もちだす　持ち出す　úthelje, útnimme,（提案・意見などを）fuortbringe
もちなおす　持ち直す　（病気・体力などが）ferbetterje,（回復する）betterje, genêze, oansterkje,（天気が）bekomme
もちにげする　持ち逃げする　（…を）útnaaie (mei)
もちぬし　持ち主　de eigener,（土地・ホテルなどの）de besitter：私がこの車の持ち主です Ik bin de *eigener* fan dizze auto.
もちば　持ち場　jins post
もちはこぶ　持ち運ぶ　drage, tille (→運ぶ)
もちまえ　持ち前　jins natuer
もちもの　持ち物　《複》de spullen,（身の回り品）*de* have (en goed),（所有物）it besit, *de* besitting
もちゅう　喪中　de rouwe：喪中である yn 'e *rouwe* wêze
もちよる　持ち寄る　会合で飲食するためにある物を持ち寄る eat bydrage oan it iten of drinken op in gearkomste, 情報を交換するために持ち寄る byinoar komme om ynformaasje [nijs] út te wikseljen
もちろん　勿論　natuerlik, uteraard：もちろん12歳の少年は車は運転でき

もつれ

ない *Uteraard* mei in jonge fan tolve jier net autoride.；(前)…はもちろん neist (→…の他に)：彼は英語はもちろん，フリジア語も研究している *Neist Ingelsk, hat er ek Frysk studearre.*；…はもちろんのことと思う stilswijend oannimme dat …

もつ　持つ　(手に) hawwe, (所持する) drage, hâlde, hawwe, (所有する) besitte, hawwe, (構えている) hawwe, (負担する) drage, (長持ちする) duorje, hâlde, meigean, trochduorje：ナイフを(手に)持っている in mes hawwe (yn 'e hân), ピストルを持っている in pistoal *drage*, 彼は車を２台持っている *Hy besit twa auto's.*, 彼女はたんまりとお金を持っている *Sy hat wol (wat).*, この少女はピアノの才能を持っている [→がある] *Dit famke hat talint foar pianospyljen.*, 費用を持つ de kosten *drage*, 料理した食べ物は長く持つ *Sean iten kin duorje.*, 天気はまだ持つだろう *It waar hâldt noch goed.*, そのロープは持たないだろう *Dat tou hâldt net.*, 私たちの機械はわずか５年しか持たなかった *Us masine is mar fiif jier meigien.*

もつ　(内臓) it binnenst(e),《複》de yngewanten

もっか(の)　目下(の)　no, notiidsk：目下のところ fêst, foarearst, foarfêst [-hâns], op dit pas [stuit]

もっかん　木管　in houten piip；木管楽器 in houten blaasynstrumint

もっきん　木琴　de ksylofoan

もっこう　木工　(人) *de* timmerman, (作業) it timmerwurk (←木工品)

もっこんしき　木婚式　in houten brulloft (結婚５周年記念)

もったいない　勿体ない　(浪費的な) oerdiedich, rij, (過分な) te goed (wêze)：彼の奥さんは彼にはもったいない *Syn frou is te goed foar him.*

もったいぶる　勿体振る　eigenwiis [waan-] dwaan；もったいぶって gewichtich, plechtich, pompeus：もったいぶって話す *pompeus* sprekke

(…を)もって　(…を)以って　mei：スプーンとフォークをもって食べる ite *mei* in leppel en in foarke

もっていく　持って行く　meinimme, opheljle：雨になりそうだ，傘を持って行ったほうがよい *It driget, nim* mar in paraplu *mei.*

もってくる　持って来る　bringe, oanbringe, opheljle：郵便配達人が手紙を持って来る *De post bringt de brieven del.*

もってのほか　以っての外の　(意外な) ûnferhoeds, ûnderwacht(e) (→とんでもない)

もっと　(数・量) mear,《時間・距離・程度》fier：もっと本 [お金] が欲しい *Ik wol mear boeken [jild] hawwe.*, (病気が)回復するにはもっと時間がかかる *Dat moat fier weikomme.*；もっと先に fierderop；もっと遠く fierder(soan)

モットー　(標語) it motto

もっとも　最も　最もよい bêst, 最も多い meast, 最も悪い meast slim, slimst, 最も長い langst＊この他，形・副の最上級がこれに該当する

もっともな　尤もな　(当然な) rjocht, natuerlik, (しかしながら) dêrom, lykwols

もっともらしい　尤もらしい　oannimlik：もっともらしい話 in *oannimlik* ferhaal

もっぱら(の)　専ら(の)　apart, eksklusyf, útslutend：これらの自動車は専らアメリカに輸出されている *Dy auto's wurde eksklusyf nei Amearika útfierd.*

モップ　*de* swabber：モップで拭き取る swabberje

もつれ　縺れ　(糸などの) *de* krinkel, *de* tiis, (髪の) *de* dwar(re), (金銭などの) *de* tizeboel：その紐はもつれている *It tou sit yn 'e tiis.*, 髪のもつれ *dwar(re)* yn it hier；もつれる betize wurde, (足が) kronkelje；もつれさせる jin betiizje

もてあそぶ　弄ぶ　（…を）spylje [tipelje] (mei)

もてあます　持て余す　私は時間を持て余している De tiid falt my lang.；彼は息子を持て余している Hy wit syn soan net te hantearjen., Hy kin syn soan net oan.

もてなし　持て成し　de hanneling/handeling, de traktaasje；（大いに）持て成す behannelje, fergaste, ûnthelje：人を持て成す immen goed behannelje

もてはやす　持て囃す　（褒めたたえる）loovje, priiz(g)je, romje

モデム　it modem

もてる　持てる　《形》（人気がある）populêr；《動》（所有する）hawwe

モデル　（模型・手本）it model, （彫刻・絵画の）it model：そのモデルは画家の前に座っている Dat model stiet foar in skilder.；モデルスクール de modelskoalle

もと　元　→起源, 原因, （元金）it kaptaal；元は earen, eartiids, foarhinne（→以前（は）），（かつて）foartiid(s), ienris：リッヒチェは元公証人だった Richtsje wie ienris notaris.

もと　基　…に基づいて op basis fan …

もとうり　元売り　石油の元売り価格 de distribúsjepriis fan oalje

もどかしい　yrritant, tergjend；もどかしくさせる oanbaarne

もときん　元金　（資本）it kaptaal

もどす　戻す　wer(om)bringe, wer(om)jaan（→返却する），（元の状態に）weromdwaan [-sette]：本を図書館に戻す in boek wer(om)bringe nei de biblioteek

もとせん　元栓　de haadkraan：水道［ガス］の元栓を閉める de haadkraan fan it wetter [gas] tichtdraaie

もとづく　基づく　（…に）jin basearje（op）, fundearje

もとで　元手　it kaptaal, 《複》de jildmiddels, （財源）de sinteraasje

もとどおり（に）　元通り（に）　as tefoaren：彼女は元通り元気になった Sy

waard wer like sûn as tefoaren.；元通りにする restaurearje

もとめ　求め　（要求）de fraach, de kleem；求める freegje, ynfreegje, （助けを）ynroppe, （追い）sykje：人に助けを求める immens help ynroppe, 彼女との交際を求める ferkearing mei har sykje

もともと　元々　《副》（元来）oarspronklik, （本来）natuerlik；元々の oarspronklik, orizjineel, （以前に）foarich

もとより　元より　fan it begjin ôf [oan], （元々）oarspronklik

もとる　悖る　（道義に）（反する）ymmoreel wêze

もどる　戻る　（戻って来る）weromgean, weromkeare, weromkomme, （元の状態に）weromkomme：日本に戻る nei Japan weromgean, 自分の席に戻る nei jins plak weromgean, 旅から戻る fan in reis weromkomme, 静けさが再び戻ってきた De rêst kearde werom., 元の話題に戻る op in ûnderwerp weromkomme

もの　物　（事物）it ding, de saak, （物体）it foarwerp, it objekt：いい［悪い］物 in goed [min] ding, 役に立たない物 in ding fan neat, 私の家のすべての物 alle saken yn myn hûs

もの　者　（人）it yndividu, de minske, de persoan, （やつ）de fint, de keardel, （怠け者）de loaikert

ものいれ　物入れ　de kontener, （小物入れ）de pûde

ものうい　物憂い　loom, mankelyk, sleau（→けだるい）

ものうり　物売り　de sutelder, （パンの行商人）de rinner

ものおき　物置き　de berging, it hok, de loads, de skuorre

ものおしみする　物惜しみする　deun, （けちな）frekkich, krinterich；物惜しみしない gol, rynsk, royaal, skoatich

ものおと　物音　it lawaai, it leven, it rumoer：耳をつんざくばかりの物音 in lawaai [leven] as in oardiel, 物音を

立てる *leven* meitsje
ものおぼえ　物覚え　→記憶
ものがたり　物語　*it* ferhaal, *de* fertelling；物語る fertelle
ものがなしい　物悲しい　drôf, drôvich, tryst, trystich, weemoedich
ものぐさ　物臭（不精）*de* loaiens；ものぐさな loai, sleau
モノクロの　（白黒の）swart-wit：モノクロ映画 in *swart-wite* film
ものごい　物乞い（乞食）*de* bid(de)-ler；物乞いする biddelje
ものごころ　物心（分別）*it* ferstân；物心がつく de jierren fan ûnderskied berikke [krije]；物心のある besteklik
ものごし　物腰　jins omgongsfoarmen
ものごと　物事　*it* ding, *de* saak
ものさし　物差し　*de* liniaal, *de* rij, (巻き尺) *it* mjitlint, (定規) *de* mjitlatte
ものしずかな　物静かな　ynbannich, rêstich, sêft, sunich
ものしらず　物知らず　dom, ûnkundich, ûnwittend
ものしり　物知り　in ûntwikkele persoan
ものずき　物好き　*de* kuriositeit, *it* kuriosum；物好きな kurieus
ものすごい[く]　物凄い[く]　ferskriklik, freeslik, glûpend, groulik, grouwélich, heislik, ôfgryslik：ものすごく寒い *glûpende* kâld, ものすごい痛み in *heislike*(*n*) pine
ものたりない　物足りない　（不充分な）net genôch, ûnbefredige；物足りなさ *it* gemis
ものとり　物取り（泥棒）*de* dief
ものの　（ほんの）mar,（およそ）sokssawat
もののみごとに　物の見事に　dúdlik, moai, suksesfol, treflik：物の見事に的を射る it doel *suksesfol* [*treflik*] treffe
ものほしづな　物干し綱　*de* line；物干し竿 (ぎ) *de* linepeal
ものまね　物真似（人）*de* neibauwer；物まねをする neibauwe
ものめずらしい　物珍しい　benijd, kurieus

ものもち　物持ち（金持ち）*de* rike,《複》*de* rikelju
モノレール　*de* monorail
モノローグ　（独白）*de* monolooch
ものわかりのいい　物分りのいい　besteklik, ferstannich
ものわすれする　物忘れする　eat ferjitte, (忘れやすい) ferjitlik wurde
ものわらいになる　物笑いになる　it foarwerp fan spot wurde
モバイルの　（可動性の）mobyl：モバイルテレフォン in *mobile* telefoan (→携帯電話)
もはや　最早（すでに・今や）al, no,（もはや…ない）nea [net] langer [mear]：もはや手遅れだ It is te let *no.*, もはやこれ以上歩けない Myn skonken kinne my *net langer* drage., もはやそのようなことは起こるまい Dat mei *nea mear* barre., もはやそう頻繁ではない *net mear as* faak
もはん　模範　*it* foarbyld：模範を示す in *foarbyld* jaan；模範的な foarbyldich：模範的な生徒 in *foarbyldige* learling
もふく　喪服《複》*de* rouklean：喪服を着ている (de) *rouklean* drage
もほう　模倣　*de* imitaasje；模倣する imitearje, neibauwe (→真似る)；模倣犯 *de* neibauwer
もまれる　揉まれる　elkoar ferkringe (→押し合う), (乱気流などに) troch turbulinsje hin en wer slingere wurde (→巻き込まれる)
もみ　樅　*de* din；もみの木 *de* dinnebeam；もみ材 *it* dinnehout
もみあう　揉み合う　bakkeleie (→つかみ合いをする)
もみあげ　揉み上げ　*it* bakkeburd (→ほおひげ)
もみがら　籾殻　*it* tsjef / tsjêf
もみけす　揉み消す　（火を）deameitsje, smoare, (事件などを) deaswije, kamûflearje：たばこをもみ消す in sigaar *smoare*
もみじ　紅葉　*de* eskdoarn (→かえで)

もむ　揉む　（くしゃくしゃにする）ferfrommelje,（マッサージする）massearje,（…で）（気を）jin ealgje, ompiele（mei）
もめごと　揉め事　it spul, it trammelant：もめごとがある spul hawwe, 私たちが夕方遅く帰ると，もめごとが起る It jout trammelant as wy jûn wer te let thús komme.
もめる　揉める　（…で）（気が）, jin kwelle, ompiele（mei）
もめん　木綿　it katoen；木綿の katoenen
もも　股　it bil：太もも grouwe billen
もも　桃　de perzik
ももいろの　桃色の　read, rôze（→ピンク色の）
もや　靄　de dize, de nevel, it waas；もやのかかった dizich, nevelich
もやし　萌やし　it mout
もやす　燃やす　baarne, ferbaarne,（燃料・薪などを）stoke：石炭［薪］を燃やす stienkoal［hout］stoke
もやもやした　（気分が）neargeastich, somber
もよう　模様　it / de figuer, de tekening；模様のある tekene
もよおし　催し　（会合）de moeting,（行事）it evenemint,（式典）de seremoanje
もよおす　催す　（会合・集会などを）iepenje,（感じがする）fiele：集会を催す in gearkomste iepenje, 眠気［寒気］を催す slieperich［koel］fiele
もよりの　最寄りの　neist：最寄りの駅 it neiste stasjon
もらう　貰う　（手紙・年金・許可などを）krije, meikrije, oerkrije, ûntfange,（賞を）helje,（お金を）ynbarre（→受け取る）：手紙をもらう in brief krije, 許可をもらう permisje krije, 賞をもらう in priis helje, お金をもらう jild ynbarre
もらす　漏らす　（秘密などを）bleatlizze, iepenbierje, loslitte；小便を漏らす bepisje；大笑いをして小便を漏ら

す jin bepisje fan it laitsjen；（ガス・水などが）漏れる lekke
モラル　（道徳）de moraal：彼にはモラルがない Hy hat gjin moraal.
もり　森　it / de bosk, it wâld（→森林）
もり　銛　de harpoen：もりを打ち込む de harpoen sjitte
もりあがり　盛り上がり　（絶頂）it hichtepunt, de klimaks；（地面が）盛り上がる omheech komme,（活気づく）animearje
もりかえす　盛り返す　（立ち直る）jin betterje, jin bettere hawwe,（元気などを）（取り戻す）opfleurje, oplibje
もりだくさんな　盛り沢山な　plenty
もりもり　もりもり食べる lekker ite
もる　盛る　（料理などを）（山盛りにする）folje, opheapje,（毒を）fergiftigje（→毒殺する）
もる　漏る　（屋根などが）lekke：屋根が漏っている It dak lekt.；《形》漏る lek：水漏れのするバケツ in lekke amer
モルタル　de mortel
モルヒネ　de morfine
モルモット　de proefknyn
もれる　漏れる　（ガス・水などが）lekke,（秘密などが）lekke；漏れ de lekkaazje：食料貯蔵室に水が漏れている Troch de lekkaazje stiet der wetter yn 'e kelder.
もろい　脆い　brekber, bros, tear
もろくも　脆くも　（容易に）gau, licht
もろとも　諸共　mei, tegearre：私たちは車もろとも崖から転落しそうになった De auto drige mei ús fan it klif ôf te fallen.
もろに　→まともに
もろもろの　諸々の　âlderhanne, allerhanne soarten（fan）
もん　門　de poarte,（生物分類上の）de stam：夕方になると町のすべての門が閉められた Jûns waard al de poarten fan 'e stêd sletten.
もん　紋　it famyljewapen（→家紋）,（紋章）it blazoen, it wapen

もんがい　門外　de bûtenkant fan in poarte；門外漢 de bûtenwacht,（素人）de leek, de likebroer

モンキー　（猿）de aap

もんきりがたの　紋切り型の　stereotyp（→月並みの）：紋切り型の文句 stereotipe opmerkings

もんく　文句　（語句）de wurdgroep,（苦情）it beklach, de klacht(e), de reklame：人に文句を言う jins beklach dwaan, 文句も言わずに sûnder beklach [reklame]；文句を言う kleie, reklamearje：君は文句を言う立場にない Do hast neat te kleien.；文句なしの perfekt（→完全に）

もんげん　門限　de tiid der't de poarten op slute

もんこ　門戸　de doar：門戸を開く de doarren iepenje

もんしする　悶死する　nei slim lijen stjerre

もんしょう　紋章　it blazoen

もんしん　問診　in medysk ûndersyk troch in fraachpetear；問診する in pasjint freegje nei syn [har] kondysje, … freegje hoe't hy [sy] him [har] fielt

もんせき　問責　de sensuer / sinsuer；問責する beskrobje

もんぜんで　門前で　foar de poarte；人を門前払いする immen ôfstegerje

モンタージュ　de montaazje（←モンタージュ写真［映画］）

もんだい　問題　de fraach, de kwestje, it probleem：問題は…である De fraach is oft …, 好みの問題 in kwestje fan smaak, 社会問題 in maatskiplik probleem, 問題を解決する in probleem oplosse, その問題はまだ解決していない Der is noch gjin oplossing foar de problemen., 問題を引き起こす problemen jaan

もんちゃく　悶着　→もめごと

もんと　門徒　de folgeling（→信者, 信徒）

もんどう　問答　（in）fraach en（in）antwurd,（対話）de dialooch；問答無用だ Ik wol my de kop net brekke oer sa'n fraach.

もんなしの　文無しの　beroaid, strjitearm

もんばつ　門閥　（家柄）it geslacht, de stambeam

もんばん　門番　de baanwachter, de konsjerzje, de portier

もんぶ　文部　（以前は）文部省 ministearje fan Underwiis ＊現在は教育・科学省 ministearje fan Underwiis, Kultuer en Wittenskip；文部大臣 minister fan Underwiis

もんもう　文盲　it analfabetisme,（人）de analfabeet；文盲の analfabeet

もんもんとする　悶々とする　sieleleed hawwe；彼女は失恋してもんもんとしている Se hat der slim ûnder lit dat se teloarsteld wie yn de leafde.

もんよう　文様　（模様）it patroan

や　ヤ　ya

や　矢　de pylk：弓と矢 pylk en bôge = de pilebôge, 矢を放つ in pylk fersjitte；（人に）矢の催促をする（immen）driuwend fermoanje［oanmoanje］；《諺》光陰矢の如し De tiid hâldt gjin skoft.

やあ！　O!, Och!, Hoi!, Hui!

ヤード　de jellen

やいば　刃　it limmet, it snijflak,（刀）it swurd

やえい　野営　it kamp；野営する kampearje；野営地 it kampearplak
やえざくら　八重桜　dûbele kerseblossem
やえの　八重の　achtfâld；八重咲きの mei dûbele blossem
やおちょう　八百長　（トランプ・スポーツなどで）それは八百長だ！ Dat is trochstutsen kaart!
やおや　八百屋　（人）de grienteboer [-man]，（店）de grienteboer
やおら　betochtsum, súntsjes（→徐ろに）：やおら立ち上がる［口を開く］betochtsum oereinkomme [prate]
やかい　夜会　de feestjûn；夜会服 de jûnsklaaiïng
やがいで［に］　野外で［に］　bûten；野外劇 it iepenloftspul；野外スポーツ de bûtensport [fjild-]
やがく　夜学　de jûn(s)skoalle：夜学生 studinten fan in jûn(s)skoalle
やかた　館　it hearehûs，（城）it kastiel
やがて　（間もなく）daliks, gau, al mar oan，（すなわち）nammentlik
やかましい　喧しい　（音・声が）（うるさい）lûdroftich，（厳しい）strang，（気難しい）kribbich, noartsk, sinnich：やかましや in sinnich minske（→気難しい人）
やから　族　→連中
やかん　薬缶　de skinktsjettel（→湯沸かし）
やかん（に）　夜間（に）　nachtlik, nachts；夜間学校 de jûn(s)skoalle；（病院などの）夜間勤務 de jûn(s)tsjinst；夜間作業 it nachtwurk
やぎ　山羊　de geit（←子山羊，雌山羊），（雄山羊）de geitebok；山羊座 de Stienbok
やきあみ　焼き網　de gril, it / de roaster（→グリル）
やきいん　焼印　it brânmerk
やききる　焼き切る　losbaarne
やきぐあい　焼き具合　ビーフステーキの焼き具合はどうしましょうか Hoe wolle jo jo byf hawwe?

やきぐし　焼き串　de fleispinne, it spit
やきころす　焼き殺す　（人を）（immen）libben ferbrâne
やきすぎる　焼き過ぎる　oerdiedich briede [roasterje]
やきすてる　焼き捨てる　eat yn [op] it fjoer smite
やきたての　焼き立ての　hjit út de ûne
やきつく　焼き付く　（心に）ynbaarne, ynprintsje（→強く印象づける）
やきつくす　焼き尽くす　ôfbaarne, útbaarne（→全焼させる）
やきつける　焼き付ける　（陶器などに）glêssette，（写真を）ôfprintsje，（思い出などを）（心に）ynbaarne：このフィルムの焼き付けをお願いしたいのですが Kinne jo dizze filmrol foar my ôfprintsje?，それが心に焼き付いている It baarnt my yn.
やきとり　焼き鳥　roastere hinnen
やきにく　焼き肉　bret fleis，(特に，牛の腰肉の) it / de byf
やきば　焼き場　it krematoarium（→火葬場）
やきはらう　焼き払う　ôfbaarne
やきまし　焼き増し　in ekstra kopy（fan in foto）
やきもきする　（いらいらする）ûnferduldich [ûngeduldich] wêze，（気をもむ）tobje（→くよくよする）
やきもち　焼き餅　in roastere ryskoek，（しっと）de jaloerskens [-heid]；焼き餅を焼く jaloersk [ôfgeunstich] wêze
やきもの　焼き物　（陶磁器）de keramyk,（陶器）it ierdewurk（→瀬戸物）
やきゅう　野球　de honkbal：野球をする honkbal spylje = honkbalje；野球選手 de honkballer
やぎゅう　野牛　in wyld kobist
やきょく　夜曲　de nokturne（→夜想曲）
やきん　冶金　de metallurgy（←冶金学）；冶金の metallurgysk
やきん　夜勤　（病院などの）de jûn(s)tsjinst

やく 厄 →災難
やく 役 (地位) de betrekking, de posysje, de post, (任務) de post, (役柄) de rol
やく 約 likernôch, omtrint, sa'n, sawat, teneistenby, ûngefear：約4週間 sa'n fjouwer wike, 約100ユーロの費用がかかる It kostet sawat hûndert euro.
やく 訳 de oersetting；訳す oersette；→訳者
やく 薬 →薬(くす)，麻薬
やく 焼く (燃やす) baarne, stoke, (死体を) kremearje, (食べ物を) bakke, briede, roasterje, (肌を) bakke, briede, (…の)(世話を焼く) passe (op)：ごみを焼く túch stoke, パンを焼く bôle bakke, 肉を焼く fleis briede [roasterje], 横になって日光で肌を焼く yn 'e sinne lizze te bakken [brieden], 子供たちの世話を焼く op 'e bern passe；(肉などを)十分に焼いた trochbakt
やぐ 夜具 it bêd(e)guod
やくいん 役員 de funksjonaris, (スポーツ組織委員会の) de offisjal, (企業などの) it kader；役員会 it haadbestjoer (→委員会)
やくがい 薬害 de skealike (by)wurking fan in medisyn
やくがく 薬学 de farmasy
やくがら 役柄 jins posysje [status], (演劇などの) jins rol
やくげん 約言 約言すれば koartom, koartsein (→要するに)
やくご 訳語 in oersetting fan in wurd, (相当語) it ekwivalint
やくざ (ごろつき) de dogeneat, (ならず者) de doerak, (ばくち打ち) de gokker
やくざい 薬剤 →薬；薬剤師 de apteker, de drogist
やくしゃ 役者 (俳優) de akteur《女性形 –trise》, de spylder / spiler《女性形 spylster》, (舞台の) de toanielspiler《女性形 –spylster》
やくしゃ 訳者 de oersetter
やくしょ 役所 it ryksamt, it steatsamt

やくしょく 役職 (役目) de funksje, de rol, (重要な地位) de bestjoersfunksje
やくしん 薬疹 de hûdútslach (troch medisinen)
やくしんする 躍進する ave(n)searje
やくす 訳す fertale, oersette (→翻訳する)：フリジア語を日本語に訳す fan it Frysk yn it Japansk fertale, 物語を他の言語に訳す in ferhaal yn in oare taal oersette
やくそう 薬草 it krûd, genêskrêftige krûden；薬草園 de krûdetún
やくそく 約束 de belofte, de ôfspraak, de tasizzing, it ûnthjit：約束を守る [破る] in belofte neikomme [brekke], 人は約束を守らねばならない Men moat jin oan de ôfspraak hâlde., 約束通りに neffens ôfspraak, 約束(を履行)する tasizzingen dwaan, 人に約束する immen in ûnthjit dwaan, 約束を守る jin oan jins ûnthjit hâlde；約束する belove [-loovje], fersizze, tasizze, ûnthjitte, (会う) 約束をする ôfprate：彼女はここに3時に戻って来ると約束した Se hat tasein dat se hjir om trije oere wêze soe., そのことを君に約束する Dat ûnthjit ik dy.
やくだつ 役立つ helpfeardich, nuttich；役(に)立つ仕事をする nuttich wurk dwaan；役立つ nut hawwe, fan nut wêze, 《形》goed；役に立つ [立たない] (gjin) nut dwaan；役(に)立たない nutteleas；(…を)役立てる goed gebrûk meitsje (fan), (自分のために) jin nuttich meitsje
やくちゅう 訳注 oersetting mei oantekening
やくどう 躍動 de enerzjy；躍動的な enerzjyk, libben
やくどく 訳読 lêzing en oersetting；訳読する oersette efter it lêzen fan de tekst
やくにん 役人 de amtner, de ryksamtner (→公務員)
やくば 役場 it gemeentehûs, it riedshûs, it sted(s)hûs

やくばらい　厄払い　*it* beswarren, *it* útdriuwen；厄払いをする beswarre, útdriuwe
やくび　厄日　in ûngelokkige dei, *de* úngeloksdei
やくひん　薬品　*it* medikamint, *it* medisyn (→医薬品), *de* gemikaliën (→化学薬品)
やくぶつ　薬物　→薬品；薬物中毒 *de* medisynfergiftiging
やくぶん　約分　*it* ferlytsjen；約分する ferlytsje, werombringe
やくぶん　訳文　*de* oersetting (↔原文)
やくほん　訳本　→翻訳書
やくみ　薬味　*it* krûd, *de* speserij, 薬味類 (通例，複数形で) *de* krûderij(en)；薬味を入れた krûdich
やくめ　役目　*de* funksje：監督としての彼の役目 syn *funksje* as direkteur；(…としての)役目を果たす fungearje (as)
やくよう　薬用　genêskundich gebrûk；薬用の genêskundich, medysk
やくよけ　厄除け　(お守り) *it* amulet, *de* talisman；厄除けになる ûnheil ôfkeare
やぐら　櫓　(城の) *de* toer (→塔), (砲塔) *de* geskuttoer
やくりがく　薬理学　*de* farmasy
やぐるまぎく　矢車菊　*de* koarnblom, *de* roggeblom
やぐるまそう　矢車草　→矢車菊
やくわり　役割　(割り当て) *it* part, (役目) *de* rol：重要な役割を演じる in belangrike *rol* spylje
やけ　自棄　*de* fertwiveling (→捨て鉢, 自暴自棄)；やけを起こす wanhopich wurde
やけい　夜景　de gesicht by nacht
やけい　夜警　*de* nachtwacht：レンブラントの「夜警」de *Nachtwacht* fan Rembrandt
やけいし　焼け石　in hjitte stien：それは焼け石に水だ Dat is in drip op in *hjitte* [gleone] *stien*.
やけおちる　焼け落ちる　delbaarne

やけしぬ　焼け死ぬ　libben ferbaarne
やけだされる　焼け出される　útbaarne
やけただれる　焼け爛れる　swold wêze fan it ferbaarnen
やけど　火傷　*de* brân(wûne)；やけどをする baarne；やけど跡 *it* brânplak
やけに　→ひどく
やける　焼ける　(燃える) baarne, (肉・魚などが) roastere wurde, (肌が) briede, (色が) ferkleurje, ferskine (→変色する), (胸が) de soad hawwe
やけん　野犬　*de* swerfhûn
やこう　夜行　(列車) *de* nachttrein；夜行性の生物 *it* nachtdier
やごう　屋号　de namme fan in winkel
やこうの　夜光の　*ljochtjaand*：夜光塗料 *ljochtjaande* ferve
やさい　野菜　*de* griente：新鮮な野菜 farske *griente*；野菜スープ *it* grientesop；野菜畑 *de* grientetún
やさきに　矢先に　あることをしようとしている矢先に op it punt stean om eat te dwaan
やさしい　易しい　maklik, noflik：《諺》言うは易(やす)く，行うは難(かた)し Dat is *makliker* sein as dien.
やさしい　優しい　freonlik, guodlik, leaf, sêft, sêftsedich, tear：この人はとても優しい Dy is sa *guodlik*., (…に対して) 優しい leaf wêze (tsjin), *tear* wêze (oer)
やし　椰子　*de* kokospalm；やしの実 *de* kokosnút (→ココナツ)
やじ　野次, 弥次　*it* bespotten；野次る bespotte, neiroppe；野次馬 *de* taskôger
やしき　屋敷　(大邸宅) *it* hearehûs, (家屋敷) *de* gerjochtichheid
やしなう　養う　grutbringe, opbringe, ûnderhâlde, (精神・能力などを) kultivearje：両親[妻子]を養う âlden [frou en bern] *ûnderhâlde*
やしゅ　野趣　*de* rustikens；野趣のある boersk, (牧歌的な) lanlik, pastoraal
やしゅう　夜襲　in nachtlike oanfal；夜襲する nachts oanfalle

やじゅう 野獣 wylde bisten
やじり 鏃 it pylkkrûd [-oerd], it / de pylkpunt
やじるし 矢印 de pylk, it pylkje《→, ←》
やしろ 社 →神社
やしん 野心 de ambysje, de earsucht：大の野心家 in man mei grutte ambysjes；野心のある ambisjeus, earsuchtich
やすあがりの 安上がりの goedkeap（→安い）
やすい 安い（値段が）goedkeap, leech,（品質がよくない）gemien：安い値段 de lege priis；安っぽい goedkeap
やすうり 安売り de útferkeap
やすげっきゅう 安月給 in leech [lyts] salaris
やすね 安値 in lege priis；車を安値で買う in auto goedkeap keapje
やすぴかの 安ぴかの bluisterich, opsichtich, pronksiik
やすませる 休ませる rêste litte
やすまる 休まる rêstich fiele, jin ûntspanne, ûntteie
やすみ 休み（休日・休暇）de fakânsje,（休息）de rêst：楽しい休みを！ Goeie fakânsje!, 休みを取る fakânsje nimme, 少し休む wat rêst nimme；休む rêste, útrêste,（寝る）sliepe,（欠席する）fersomje：お休み！ Wol te rêsten!, ゆっくりお休み！ Lekker sliepe!, 授業を休む in les fersomje；休まず(に) sûnder ophâlden
やすもの 安物 in goedkeap artikel；安物の goedkeap：《諺》安物買いの銭失い Goedkeap, djoerkeap.
やすやすと 易々と gau, licht, mei gemak（→容易に）
やすらかな [に] 安らかな [に] fredich, freedsum, rêstich：安らかに寝る rêstich sliepe, どうか安らかに眠ってください！ Dat jo fredich rêste meie!
やすらぎ 安らぎ（心の）de gemoedsrêst,（安心）de ferlichting, de ferrom-

ming / gerêststelling；安らぐ de gemoedsrêst hawwe；安らいだ feilich
やすり 鑢 de file
やすんじる 安んじる →安心する
やせい 野生 wylde natuer, it wyld：野生の植物 planten yn it wyld, 野生である yn it wyld groeie [libje]（→自生する）；野生の wyld：野生の植物 [動物] wylde planten [bisten]
やせおとろえる 痩せ衰える úttarre：（衰弱する）ferslopje
やせがまんする 痩せ我慢する ferneare, útstean
やせこける 痩せこける ribskjin [spjochtich] wurde：やせこけた女の子 in spjochtich fanke
やせほそる 痩せ細る ôfklaaie：彼は今度の病気ですっかりやせ細ってしまった Troch dy sykte wie er aardich ôfklaaid.
やせる 痩せる（体重が減る）fermeagerje, yntarre, ôffalle, ôfklaaie, meager wurde；やせた tin,（人・土地が）meager：やせて骨と皮ばっかりの sa meager as brânhout, やせた土地 meager lân
やせん 野戦 de fjildoperaasje；野戦病院 it fjildhospitaal, it（fjild）lazaret
やそう 野草 wylde gerzen
やそうきょく 夜想曲 de nokturne
やたい 屋台 de kream
やたらに [と] 矢鱈に [と]（無差別に）aselekt, sûnder ûnderskie(d),（思慮なく）drystwei,（過度に）oerdiedich
やちょう 野鳥 wylde fûgels
やちん 家賃 de húshier
やつ 奴 de fint, de keardel：彼はいいやつだ Hy is in aardige keardel.
やつあたりする 八つ当たりする（…に）jins grime ôfreagearje [útwierje]（op）
やっかい 厄介 it geseur, it lêst / lest, de omslach, de rompslomp；厄介な ferfelend, lestich, lêstich, omslachtich, penibel, wurksum：厄介な男 in ferfelende keardel, 厄介な情勢 in penibele

やっかん situaasje；厄介者［物］ de lêstpost, de narder
やっかん 約款 （約束の条項） de bepaling, de oerienkomst
やっきになる 躍起になる （…に）gek wurde (mei / op)；躍起になって begearich, happich, hongerich
やつぎばやの［に］ 矢継ぎ早の［に］ 矢継ぎ早に質問を浴びせかける fragen ôffjurje
やっきょう 薬莢 de huls
やっきょく 薬局 it / de apteek (→薬屋)
やっこう 薬効 it rendemint fan in medisyn
やつざきにする 八つ裂きにする （体を）(lichem) stikken meitsje (→ずたずたに裂く)
やつす 窶す （変装する）jin fermomje,（…に）(熱中する)dwepe (mei),（恋にやつれる）fan leafde fersmachtsje
やっつ 八つ 八つ(の) (de) acht
やっつけしごと 遣っ付け仕事 de griemerij；やっつけ仕事をする grieme；やっつけ仕事をする人 de griemer
やっつける 遣っ付ける （打ち負かす）ferslaan, oerwinne,（片付ける）besjen
やつで 八つ手 de fingerplant
やってくる やって来る （こちらに）(hjir) komme, oankomme,（現れる）ferskine：彼女は私に会いにやって来た Se kaam foar my., 彼は私の所へやって来た Hy kaam by my., シンテクラスがやって来る Sinteklaas komt., もうじきに夏がやってくる Daliks komt de simmer oan.
やってみる 遣ってみる besykje：一度やってみる it nochris besykje
やっと （遂に）alteast, úteinlik, op it lêst, einlings en te'n lêsten：彼らはやっと結婚した Uteinlik trouden sy.
やっとこ 鋏 de knyptange
やっぱり 矢っ張り →矢張り
やつめうなぎ 八つ目鰻 de njoggeneach
やつら 奴等 （彼ら）sy, hja, dy kear-

やつれた 窶れた fersliten；やつれるfersmachtsje：恋でやつれる fan leafde fersmachtsje
やど 宿 （ホテル）it hotel, de húsfesting,（宿泊所）it únderdak,（下宿屋）it loazjemint：宿を探す únderdak sykje；宿帳 it gasteboek
やとい 雇い （雇用）it emploai：雇い人 de krêft, de meiwurker, de wurkkrêft, de wurknimmer (→従業員)；雇い主 de únternimmer, de wurkjouwer
やとう 野党 de opposysje (↔与党)
やとう 雇う pleatse,（バス・ボートなどを）ôfhiere (→チャーターする)；雇われて tsjinstber：雇われている女性 in tsjinstbere faam (→女中)
やどかり 宿借り de hearremytkreeft
やどす 宿す （子を）konsipiearje,（身ごもっている）drage
やどなし 宿無し in dakleaze minske (→ホームレス),（浮浪者）de swabber, de swalker, de swerver
やどや 宿屋 de herberch (→宿)
やどりぎ 宿り木 de mistel
やどる 宿る （泊まる）ferbliuwe, oerbliuwe
やな 簗 de fûk(e)
やなぎ 柳 de wylch
やに 脂 （樹脂）it hars,（タール）de tarre,（ニコチン）de nikotine
やにょうしょう 夜尿症 it bêdpisjen (→寝小便)
やにわに 矢庭に abrupt (→いきなり, 不意に)
やぬし 家主 de hospes, de húsbaas, de húseigner,（女性の）de húsfrou
やね 屋根 it dak,（葦でふいた）it tek：スレートぶきの屋根 in laaien dak；屋根裏部屋 de dakkeamer, de fliering, de souder；屋根窓 it dakfinster, it harkeniel
やはり 矢っ張り doch, ek, likegoed
やはん 夜半 de middernacht (→真夜中)：夜半に om middernacht
やばんな 野蛮な barbaarsk, únminsk-

lik；野蛮人 *de* barbaar
やひな 野卑な fulgêr, ordinêr,（低級な）triviaal：野卑な言葉 *ordinêre* taal
やぶ 藪 it bosk, it rûch, *de* rûchte, it strewel；やぶから棒に→出し抜けに
やぶいしゃ 藪医者 *de* wûnderdokter
やぶさか 吝か やぶさかでない net skytskoarje［wifelje］(→躊躇(ちょ)しない),（喜んで…する）reewillich［tsjinstree］wêze
やぶにらみ 藪睨み *de* skiligens；やぶにらみの skilich
やぶへび 藪蛇 《諺》やぶ蛇になるようなことはするな Men moat gjin sliepende hûnen wekker meitsje.（→寝ている犬を起こすな）
やぶる 破る （裂く）skuorre, útskuorre,（壊す）brekke（→破壊する）,（規則・約束を）brekke, net neikomme（→違反する）,（記録を）brekke（→更新する）,（相手・敵を）(fer)slaan（→打ち負かす）：着物を破る *de* klean skuorre, 戸を破る *de* doar *brekke*, 約束［記録］を破る in belofte［rekord］*brekke*, 敵を破る *de* fijân (*fer*)*slaan*
やぶれかぶれ 破れかぶれ 彼はやぶれかぶれになった Hy is fertwivele［wanhopich］wurden.
やぶれる 破れる útskuorre：縫い目が破れている De naad is *útskuord*.
やぶれる 敗れる （負ける）ferlieze, ferslein wurde：試合に敗れる it spul *ferlieze*
やぶん 夜分 （夜間）*de* nacht；夜分に nachts, op 'e jûn
やぼう 野望 →野心
やぼな 野暮な （洗練されていない）ûnbeskaafd,（粗野な）lomp
やま 山 *de* berch,（小山）*de* heuvel（→丘）,（山盛り）*de* berch, *de* heap, it steal, *de* steapel,（山場）*de* krisis,（病気の）,（峠）*de* berchpas：富士は日本の最高の山である Fuji is de heechste *berch* yn Japan., 人の山 in *berch* minsken, 山盛りにしたじゃがいも in *heap* jirpels, 本の山 in *steal* boeken；

彼の病状は山を越した Syn sykte wie út in kritike situaasje kaam［rekke］.
やまい 病 →病気,（悪癖）in minne gewoante
やまいも 山芋 *de* karmozynbei
やまおとこ 山男 （登山家）*de* berchbeklimmer
やまかじ 山火事 *de* boskbrân
やまくずれ 山崩れ *de* ierdferskowing
やまぐに 山国 it berchlân
やまごや 山小屋 *de* berchhut
やまし 山師 （詐欺(ぎ)師）*de* bedrager, *de* swindeler,（相場師）*de* spekulant,（鉱山師）*de* mynwurker
やましい 疚しい skuldich（→後ろめたい）：やましい気がする jin *skuldich* fiele
やまたかぼう 山高帽 *de* dop, *de* garibaldi
やまつなみ 山津波 →山崩れ
やまづみ 山積み 木材をトラックに山積みにする hout steapelje op 'e frachtwein
やまねこ 山猫 *de* boskkat
やまのぼり 山登り *de* berchsport（→登山）
やまば 山場 （危機）*de* krisis,（節目）it draaipunt, it kearpunt
やまばと 山鳩 *de* toartel(do)
やまびこ 山彦 *de* echo, *de* galm, *de* wjerklang, it wjerlûd（→こだま）
やまぶき 山吹 in Japanske roas
やまぶし 山伏 in boeddhistyske muonts
やまもり 山盛り 皿に野菜を山盛りにする griente steapelje op 'e panne, in soad griente opskeppe
やまわけにする 山分けにする eat lyk-op partsje
やみ 闇 （暗闇）*de* tsjusterens, *de* tsjusternis,（不正な取り引き）in ûnrjochtmjittige hanneling；闇の nachtlik；闇市 de klandestine hannel
やみあがり 病み上がり 母は病み上がりだ Us mem is aardich oan it opknappen.
やみうち 闇打ち （不意打ち・奇襲）

やみくもに　闇雲に　blynseach, blynwei
やみつく　病み付く　（病気になる）siik wurde, (…に)（熱中する）dwepe (mei), waarmrinne (foar)
やみよ　闇夜　de nachtlike tsjusterens
やむ　止む　（雨・風などが）falle, lúnje, útwoedzje, (痛みが) jin deljaan, ôfsakje, saksearje, weikwine
やむ　病む　（病気にかかる）siik wurde, (…で)（気をもむ）ynsitte (oer), ompakke (mei)；肺を病む de tarring hawwe
やむなく　已む無く　→已むを得ず
やむをえず　已むを得ず　tsjin heuch en meuch, tsjin jins wil, únwillich (→仕方なく)
やめさせる　止めさせる　（習慣などを）ôfleare, ophâlde litte：彼は大工にのこぎりを引くことを止めさせた Dat seagjen hat er fan in timmerman ôfleard.
やめさせる　辞めさせる　（解雇する）de koer jaan, maaie jaan, (退学させる) fan skoalle ôfstjoere
やめる　止める　（中止する）oerjaan, stake, (断念する) opjaan, (習慣などを) ôfleare：彼は病気になって、その仕事を止めなければならない Doe't er siik waard, moast er it wurk oerjaan., 君はたばこを止めなければならない Do moatst it smoken oerjaan., 仕事[けんか]を止める it wurk [de rûzje] stake, 止めた！ Ik jou it op!
やめる　辞める　（辞職する）betankje, jin dellizze
やもうしょう　夜盲症　de nachtblinens；夜盲症の nachtblyn
やもめ　寡婦　de widdo (→未亡人)（↔男やもめ）
やもり　守宮　de gekko
やや　稍　（少し・いくらか）in bytsje：やや難しい in bytsje slim = wat dreech
ややこしい　gearstald, yngewikkeld, kompleks, tiz(er)ich
ややもすれば　動もすれば　（…したくなる）oanstriid hawwe (om te dwaan)（→どうかすると，ともすると）
やゆ　揶揄　de bespotting, de gekoanstekkerij；やゆする begekje, bespotte, gekjeie, (からかう) pleagje
やよい　弥生　de maart(moanne)（→三月）
やり　槍　de spear；やりの穂先 de spearpunt
やりがい　遣り甲斐　やりがいがある weardich (wêze)：やりがいのある仕事 in weardich wurk
やりかえす　遣り返す　（やり直す）oermeitsje, (…に)（仕返しをする）wraak nimme (op)
やりかけ　遣り掛け　→中途半端
やりかた　遣り方　（方法）de manier, de wei (→扱い方，使い方), (組織立った) de metoade：あることを自分自身のやり方でやる eat op jins eigen manier dwaan
やりきれない　遣り切れない　→我慢できない, (対処できない) net huffe kinne, net ôfkinne
やりぐち　遣り口　→やり方
やりくりする　遣り繰りする　behelpe, huffe, ôfkinne, omgean, omkomme, rêde, stelle
やりこなす　遣りこなす　→やり繰りする
やりこめる　遣り込める　（人を）（黙らせる）(immen) swije litte, (immen) ta swijen bringe：彼に遂にやり込められた Ik wie úteinlik troch him ta swijen brocht.
やりすぎる　遣り過ぎる　trochdriuwe（→度が過ぎる）
やりすごす　遣り過ごす　immen foarbygean [-komme] litte, →やり過ぎる
やりそこない　遣り損ない　de mislearring, de ôfgong（→しくじり）；やり損なう ferknoeie：仕事をやり損なう it wurk ferknoeie
やりだま　槍り玉　彼の仕事はやり玉に上がった Syn wurk wie op krityk der útsocht.

やりっぱなし　遣りっ放し　やりっ放しにする eat heal lizze litte
やりて　遣り手　（有能な人）in bekwaam [kundich] man, de útblinker
やりとげる　遣り遂げる　dwaan, trochpakke, trochsette（→完遂する）
やりとり　遣り取り　（授受）jaan en krijen；やり取りする jaan en nimme
やりなおし　遣り直し　it oermeitsjen；やり直す oermeitsje
やりなげ　槍投げ　it spearwerpen；やり投げをする in spear werpe
やりぬく　遣り抜く　trochfiere（→やり遂げる）
やりば　遣り場　私は目のやり場に困った Ik wist net wêr't ik sjen soe.
やる　遣る　（する・行う）dwaan, （演じる）spylje, （与える）dwaan, jaan：君のためにやっているのだ Ik doch it om dy., エルチェは学校で立派にやっている Jeltsje docht it goed op skoalle., 好きなようにやってください Do dochtst mar., ハムレットをやる Hamlet spylje, 人にある物をプレゼントとしてやる immen eat as presint dwaan [jaan]；医者を呼びに人をやる immen om 'e dokter stjoere；人に手紙をやる immen in brief stjoere；医学をやる foar medisinen studearje；商売［店］をやる hannel [in winkel] driuwe；一杯やる wyn drinke
やるき　遣る気　（熱意）it entûsjasme, de reeëns
やるせない　遣る瀬無い　mistreastich, moedeleas, （寂しい）ferlitten
やれやれ！　（驚いて）Goaien!, Ha!, Hearken!, Och!, （ほっとして）Godtank!；やれやれと思う ferlichtsje, opluchtsje（→ほっとする）
やろう　野郎　de fint, de skevel
やわはだ　柔肌　sêft fel
やわらかい　柔らかい，軟らかい　flanterich, sêft, slop：柔らかい草 flanterich gers, 軟らかい肉 flanterich fleis, 軟らかいバター sêfte bûter, 柔らかい皮 slop lear
やわらぐ　和らぐ　（風・嵐が）bekomme, ôfnimme, ôfswakje
やわらげる　和らげる　（痛み・心などを）fermurvje, fersêftsje, ôfswakje：痛みを和らげる pine fersêftsje
やんちゃな　ûndogens：やんちゃな子供 in ûndogens bern = de ychel（→いたずらっ子）
やんわりと　smout, stadich（→穏やかに）

ゆ　ユ　yu

ゆ　湯　hjit wetter, （風呂）it bad：湯に入る in bad nimme；湯あか de oanslach；湯船 de badkûp
ゆあつ　油圧　de oaljedruk
ゆいいつの　唯一の　ienich：唯一の解決法 de ienige oplossing
ゆいごん　遺言　it testamint, de wilsbeskikking（←遺言状）：遺言状を作成する in testamint meitsje = testamintsje, 遺言で人に遺産を残す immen yn syn testamint sette
ゆいしょ　由緒　（由来）de histoarje；由緒のある adellik, edelmoedich, nommel（→高貴な）, （歴史的に有名な）histoarysk：彼女は由緒ある家柄の生まれだ Hja is fan adellik geslacht.
ゆいしんろん　唯心論　it spiritualisme（↔唯物論）；唯心論者 de spiritualist
ゆいのう　結納　it ferlovingsgeskink：結納金 jild as ferlovingsgeskink

ゆいぶつろん　唯物論　*it* materialisme（↔唯心論）; 唯物論者 *de* materialist

ゆう　有　（存在）*de* stân, *it* wêzen：無から有を生じる *it* wêzen skeppe út it neat

ゆう　勇　→勇気

ゆう　優　（学業成績の）A：彼は英語で優をとった Hy krige in *A* op Ingelsk.

ゆう　言う　sizze（→言(")う）

ゆう　結う　（髪を）hieropmeitsje

ゆうあい　友愛　（友情）*de* freonskip; 友愛の kollegiaal

ゆうい　優位　*de* oermacht, *de* superieurens, *de* superioriteit; 優位を占める dominearje

ゆういぎな　有意義な　sinfol, weardefol：有意義な仕事 in weardefol wurk

ゆういの　有為の　kapabel, kundich, (有望な) hoopfol

ゆういの　有意の　sinfol (→有意義な)

ゆういん　誘引　*de* attraksje; 誘引する oanlokje, oantrekke (→誘い込む)

ゆういん　誘因　*it* motyf, *de* oantrún

ゆううつ　憂鬱　*de* melangoly, *de* trystens; 憂うつな mankelyk, mistreastich, neargeastich, somber, swiermoedich, tryst：憂うつな天気 mistreastich [somber] waar; 憂うつな顔 *it* begraffenisgesicht; 憂うつ症 *de* mankelikens, *de* melangoly

ゆうえき　有益　*de* brûkberens [-heid], *it* nut; 有益な brûkber, fertsjinstlik, nuttich, tsjinstich, weardefol：有益な仕事をする nuttich wurk dwaan

ゆうえつ　（せい）優越（性）　*de* superieurens

ゆうえんち　遊園地　*it* lunapark

ゆうが　優雅　*de* elegânsje, *de* sierlikens; 優雅な elegant, grasjeus, sierlik, swierich

ゆうかい　誘拐　*de* gizeling, *de* ûntfiering; 誘拐する gizelje, ûntfiere, (女性を) skake; 誘拐者 *de* gizel(d)er, *de* ûntfierder (→人さらい)

ゆうかい　融解　*it* ranen; 融解する rane, smelte, terane; 融解点 *it* smeltpunt

ゆうがい　有害　*de* skealikens [-heid]; 有害な neidielich, skealik：喫煙は健康に有害である Smoken is *skealik* foar de sûnens.; 有害物質 in fergiftige [toksyske] substânsje

ゆうがいの　有蓋の　oerdutsen：有蓋馬車 in *oerdutsene* wein

ゆうかく　遊郭　（売春宿）*it* bordeel

ゆうがく　遊学　オランダに遊学する studearje yn Nederlân

ゆうがた　夕方　*de* jûn, *de* jûntiid, 《副》jûns, jûntiids：夕方に op 'e *jûn*, by *jûntiid*, 夕方近く [ごろに] tsjin 'e *jûn*

ユーカリ　*de* eukaliptus

ゆうかん　夕刊　*de* jûnskrante

ゆうかん　勇敢　*de* drystmoedigens, *de* moed; 勇敢な dapper, dryst(moedich), kranich, moedich：勇敢な人 in *moedich* man

ゆうかんの　有閑の　op jins gemak, noflik; 日々を有閑に過ごす dagen spansearje op jins *gemak*; 有閑階級 *de* befoarrjochte klassen [stannen]

ゆうき　勇気　*de* drystmoedigens, *de* moed：勇気を得る *moed* fetsje [krije], 彼はそれをする勇気がない Dêr hat er de *moed* net foar [ta].; 勇気のある dapper, dryst, moedich：勇気を奮い起こす *de* dryste skuon oanlûke [oantsjen]

ゆうぎ　友誼　→友好, 友情

ゆうぎ　遊技　（娯楽）*it* amusemint, *de* ferdivedaasje, *de* leafhawwerij, *de* tiidkoarting

ゆうぎ　遊戯　*it* spul(tsje); 遊戯をする spylje

ゆうきおん　有気音　*de* aspiraasje

ゆうきてきな　有機的な　organysk：有機物 *organyske* substânsje; 有機体 *it* organisme

ゆうきの　有期の　foar in fêste termyn

ゆうきゅう　悠久　（永久）*de* ivichheid; 悠久の ivich

ゆうきゅうの　有給の　betelle, salariearre：有給休暇 in *betelle* ferlof

ゆうきょう　遊興　*it* amusemint, *de* fer-

maaklikheid
ゆうぐう 優遇 *de* foarkarbehanneling：優遇する in *foarkarbehanneling jaan*
ゆうぐれ 夕暮れ *de* skimer(jûn)；夕暮れになる skimerje：夕暮れになってきた It begjint te *skimerjen.*
ゆうげ 夕餉 →夕食
ゆうけいの 有形の （実体的な）taastber,（資産が）taastber：有形文化財 *taastber* kultuerbesit；有形無形の taastber en ûntaastber
ゆうげき 遊撃 *de* ynfal, *de* oerfal；遊撃戦 *de* guerilja(oarloch)（→ゲリラ戦）
ゆうけんしゃ 有権者 *de* kiezer, *de* stimmer, *de* stimrjochthawwer
ゆうげんな 幽玄な （深遠な）djipsinnich
ゆうげんの 有限の einich；有限会社 in nammeleaze fennoatskip
ゆうこう 友好 *de* freonlikens [-likheid],（友好関係）*de* freonskip,（国家間の）*de* betrekking；友好的な befreone, freonlik：友好国 in *befreone* steat,（…と）友好的である *befreone* wêze（mei）
ゆうこう 有効 *it* effekt；有効な［に］effektyf, jildich, probaat：その切符はまだ有効です Dat kaartsje is noch *jildich.*, 有効な治療 in *probaat* middel
ゆうごう 融合 *de* fúzje；融合する gearrane；核融合 *de* kearnfúzje
ゆうこく 夕刻 →夕方
ユーザー （使用者）*de* brûker
ゆうざいの 有罪の skuldich：裁判官は彼女の有罪を宣告した De rjochter hat ornearre dat se *skuldich* is.；有罪判決 *de* skuldichferklearring
ゆうさんかいきゅう 有産階級 *de* boerzoisy
ゆうし 有史 有史以来（の）sûnt ûnheuchlike tiden；有史以前の oerâld, prehistoarysk
ゆうし 有志 *de* frijwilliger,（関心のある人）in belanghawwende persoan
ゆうし 勇士 in dapper [moedich] man,

（英雄）*de* held
ゆうし 雄姿 in grut en breed stal, in dapper(e) figuer
ゆうし 融資 *de* finansiering；融資する finansierje
ゆうじ 有事 有事の際 it needgefal；有事の際に yn gefal fan need
ゆうしかくしゃ 有資格者 in foechhawwende persoan
ユーじがた U字型 *de* U-foarm：U字型の fan in *U-foarm*
ゆうしきしゃ 有識者 learde lju
ユーじこう U字溝 *de* U-sleat
ゆうしてっせん 有刺鉄線 *it* stikeltrie(d)
ゆうしゃ 勇者 →勇士
ゆうしゅう 幽囚 *de* finzenskip,（監禁）*de* opsluting（→投獄，幽閉）
ゆうしゅう 憂愁 *de* melangoly（→憂うつ）
ゆうしゅうな 優秀な bêst, opperbêst, skoander, treflik；優秀 *de* treflikens
ゆうじゅうふだんな 優柔不断な twivelich, twivelriedich, net út 'e rie(d) komme kinne：優柔不断な人 in *twivelich* minske
ゆうじょ 遊女 *de* prostituee（→売春婦）
ゆうしょう 勇将 in dappere generaal
ゆうしょう 優勝 *de* fiktoarje, *it* kampioenskip, *de* oerwinning：（…に対して）優勝する de *oerwinning* behelje（op）；優勝カップ［杯］*de* wikselbeker；優勝決定戦 *de* kampioenswedstriid, 優勝戦 *de* finale；優勝者 *de* kampioen
ゆうじょう 友情 *de* freonlikens, *de* freonskip：友情から út *freonskip*；友情的な freonlik
ゆうしょく 夕食 *it* jûnsbrea [-iten], *it* jûnsmiel：夕食を取る *jûnsmiel* nimme；夕食時間 *it* jûnsmiel
ゆうしょくの 有色の kleurd；有色人種 in ras mei in donkere hûd
ゆうじん 友人 *de* freon（→友だち）：親しい友人 sibbe *freonen*
ゆうじんの 有人の bemanne：有人宇宙船 in *bemanne* romtefartúch [-skip]

ゆうしんろん　有神論　it teïsme（↔無神論）；有神論者 it teïst
ゆうずうがきく　融通が利く　（性格・規則が）fleksibel；融通の利かない bekrompen, nearzich
ゆうすうの　有数の　foarnaam, prominint, treflik（→屈指の）
ユースホステル　de jeugdherberch
ゆうする　有する　→所有する
ゆうせい　有声　de stim（↔無声）；有声（音）の stimhawwend
ゆうせい　郵政　de post（→郵便業務）
ゆうせい　遊星　de planeet（→惑星）
ゆうせい　優勢　de oerhân, it oerwicht,（数・量・力などが）de oermacht：優勢である de oerhân hawwe；優勢な dominant, oermachtich, oermânsk
ゆうぜい　郵税　it posttaryf（→郵便料金）
ゆうぜい　遊説　de ferkiezingstoernee, de kampanje：遊説する in ferkiezingstoernee meitsje
ゆうせいがく　優生学　de eugenetika；優生学上（の）eugenetysk
ゆうせい（の）　優性（の）　（遺伝形質が）(de) dominant
ゆうせいの　有性の　seksueel：有性生殖 seksuele fuortplanting
ゆうぜいの　有税の　（課税できる）belêstber
ゆうせいらん　有精卵　in befruchte aai
ゆうせん　郵船　（郵便船）de postboat
ゆうせん　優先　de foarkar, de prioriteit（←優先権）：(…に)優先権を与える de foarkar jaan (oan), 優先させる prioriteit hawwe
ゆうぜんと　悠然と　gemoedereard（→落ち着いて）
ゆうせんの　有線の　fia de kabel；有線テレビ de kabel(televyzje)；有線放送 útstjoering (fia de kabel)
ゆうそうする　郵送する　fuortstjoere, stjoere；郵送料 it posttaryf
ゆうぞら　夕空　de jûnsloft
ゆうたい　優待　de foarkarbehanneling：優待する［される］in foarkarbehanneling jaan [krije]
ゆうたいする　勇退する　út frije wil tebeklûke
ゆうだいな　雄大な　steatlik,（壮大な）grandioas
ゆうたいるい　有袋類　de bûdeldieren；有袋動物 it bûdeldier
ゆうだち　夕立　de (rein)bui（→にわか雨）
ゆうちする　誘致する　（誘う）oanlokje,（招き入れる）noadigje
ゆうちょうな　悠長な　→のんびりとした，のんきな
ゆうとう　遊蕩　遊蕩にふける losbannich libje（→放蕩にふける）
ゆうとう　優等　de treflikheid；優等のbêst, opperbêst, skoander, treflik；彼女は大学を優等で卒業した Se studearre earfol [oan 'e top] oan 'e universiteit ôf.
ゆうどう　誘導　de lieding；誘導する liede,《形》liedend；誘導尋問 in suggestive fraach；誘導弾［ミサイル］in stjoerd projektyl
ゆうどくな　有毒な　(fer)giftich；（有）毒ガス it gifgas
ユートピア　de utopy
ゆうに　優に　ryklik（→たっぷり）：優に 1,000 ユーロ ryklik 1.000 euro
ゆうのうな　有能な　bekwaam, betûft, fernimslich, knap, kundich：有能な人 in kundich man
ゆうばえ　夕映え　it jûn(s)rea(d)（→夕焼け）
ゆうはつする　誘発する　útlokje,（引き起こす）stichtsje, teweechbringe：戦争を誘発する in oarloch útlokje
ゆうはん　夕飯　it jûnsmiel（→夕食）
ゆうひ　夕日　it jûnsljocht
ゆうび　優美　de graasje, de oanfalligens, de swier；優美な grasjeus, lichtfuottich, oanfallich
ゆうひする　雄飛する　海外に雄飛する tige ambisjeus nei it bûtenlân gean
ゆうびん　郵便　（郵便物）de post,（業務）de post：郵便が玄関マットの上

に置いてある De *post* leit op 'e matte by de foardoar., 第1種郵便で mei de earste *post*, 郵便で oer de *post*；（郵便を）出す fuortstjoere, stjoere；郵便受け［箱］*de* brievebus；郵便為替 *de* postgiro [-kwitânsje], *de* postwiksel：郵便為替で払う mei in *postwiksel* betelje；郵便切手 *de* postsegel；（郵便）切手を収集する *postsegels* garje [sammelje]；郵便業務 *de* post；郵便局 *it* postkantoar：郵便局は何時に開き［閉まり］ますか Hoe let giet it *postkantoar* iepen [ticht]?；郵便小包 *it* postpakket：郵便小包で送る as *postpakket* ferstjoere；郵便私書箱 *de* postbus；郵便貯金 postaal sparjild；郵便配達人 *de* postrin(d)er [brieven-]；郵便葉書 *de* brievekaart；郵便番号 *de* postkoade；郵便ポスト *de* brievebus（→ポスト）；郵便料金 *de* port, *it* posttaryf

ユーフォー　*de* ufo

ゆうふくな　裕福な　ryk, skatryk

ゆうべ　夕べ　*de* jûn（→夕方）；夕べの祈り *de* jûnstsjinst

ゆうべ　昨夜　→昨夜(さくや)

ゆうへい　幽閉　*de* opsluting；幽閉する opslute

ゆうべん　雄弁　*de* sizzenskrêft；雄弁をふるう floeiend prate；雄弁な bebekke, bespraakt, redenryk, wolbespraakt：雄弁な政治家 in *bespraakte* steatsman, 雄弁である *wolbespraakt* wêze

ゆうほう　友邦　in befreone steat,（盟邦）*de* meistander

ゆうぼうな　有望な　hoopfol：前途有望な青年 in *hoopfol* jong

ゆうぼく　遊牧　it nomadysk wêzen；遊牧（民）の nomadysk；遊牧民 *de* nomade, *it* nomadefolk

ゆうほする　遊歩する　dangelje, dreutelje,（散歩する）kuierje；遊歩道 *it* kuierpaad

ゆうめい　有名　*de* ferneamdens [-heid], *de* rop（→名声）；有名な ferneamd, treflik：有名人 in *ferneamd* man；世界的に有名な wrâldferneamd：彼は世界的に有名な言語学者だ Hy is in *wrâld-*

ferneamde taalkundige.

ゆうめい　幽明　it hjirneimels en it ierdsk bestean

ユーモア　*de* humor, *de* koartswyl：ユーモアのセンスがある gefoel foar *humor* hawwe

ゆうもうな　勇猛な　dapper, dryst, moedich（→勇敢な）

ゆうもや　夕靄　*de* jûn(s)dize

ユーモラスな　humoristysk

ゆうもん　幽門　*de* maachútgong

ゆうやけ　夕焼け　*de* jûnsdage, *it* jûnsread

ゆうやみ　夕闇　*de* skimer(jûn), *it* skimertsjuster

ゆうゆうと　悠々と　（落ち着いて）bedaard, rêstich,（楽々と）licht, sûnder muoite,（のんびりと）fredich：川を悠々と渡る in rivier *sûnder muoite* oerfarre, 悠々とたばこを吸う *fredich* smoke

ゆうよ　猶予　（保留）it ûtstel,（ためらい）*de* wifel；猶予を与える ferstelle, útstelle（→延期する）；猶予期間 in útrin fan tiid

ゆうような　有用な　helpsum, nuttich（→役に立つ）；有用性 it nut

ゆうらん　遊覧　it besjen fan de wichtichste dingen；名所を遊覧する de wichtichste dingen besykje；遊覧船 *de* plezierboat,（運河などの）*de* rûnfeartboat

ゆうり　有利　it foardiel；有利な foardielich, nuttich

ゆうり　遊離　*de* ôfskieding, *de* ôfsûndering, *de* skieding；遊離する ôfskiede, ôfsûnderje, skiede；遊離した ôfsûnderlik

ゆうりょ　憂慮　（心配・不安）*de* bangens, *de* eangst(me), *de* soarch, *de* ûngerêsten；憂慮する eangje, omtize, tobje（→思い悩む）

ゆうりょうな　優良な　poerbêst, superieur（→極上の）

ゆうりょうの［で］　有料の［で］　net fergees；有料駐車場 in betelle parkearterrein；有料トイレ *it* munttoilet；有料道路 *de* tolwei

ゆうりょくな　有力な　ynfloedryk, machtich：有力者 in *machtich* man；有力候補(者) *de* kânshawwer

ゆうれい　幽霊　*de* geast, *de* skim / skym：昔の人は幽霊の存在を信じていた Lang lyn leauden de minsken yn *geasten*.

ゆうれつ　優劣　(*de*) superieurens ôf (*de*) ynferieurens

ユーロ　*de* euro (€)

ゆうわ　宥和　(なだめ) *it* kalmearjen；宥和する paaie, stilbêdzje；宥和政策 in befredigjende [fatsoenlike] polityk

ゆうわ　融和　(調和) *de* harmony, (統一) *de* yntegraasje；融和する harmoni(s)earje, yntegrearje

ゆうわく　誘惑　*de* bekoaring, *de* ferlieding, *de* fersiking：(人を)誘惑に陥れる yn ('e) *bekoaring* liede, 誘惑する yn 'e *ferlieding* bringe, 誘惑に負ける *de ferlieding* net wjerstean kinne；誘惑する ferliede, ferlokje, fersykje, lokje, oanlokje：キリストは悪魔に誘惑された Jezus waard *fersocht* troch de duvel.

ゆえに　故に　dêrom, dêrtroch, ek：(それ)故に私は現代小説は読まないんです Ik lês dan *ek* gjin moderne romans. ＊しばしば dan ek の連句で；…の故に fanwege(n) (→…のために), mei it each op …,《接》omdat, om't (→…だから，…なので)

ゆえん　所以　(理由・訳(わけ)) *de* grûn, *de* reden

ゆか　床　*de* flier：タイル張りの床 in stiennen *flier*, 床を張る in *flier* lizze, 彼らは床に寝ていた Se leine oer [op] 'e *flier*.

ゆかい　愉快　*it* geniet, (楽しみ) *de* wille；愉快な gemoedlik, gesellich, plezierich, smout, ûnderhâldend

ゆかしい　床しい　(気品のある) elegant, oanfallich, sierlik, sjyk

ゆかた　浴衣　'yukata' (in soart (fan) Japanske simmerske klean)

ゆがみ　歪み　*de* wurking；ゆがむ kromje；ゆがんだ krom, krûm, rûngear, skeef：窓枠がゆがんでいる It kezyn is *skeef*.

ゆかり　縁　(つながり・関係) *de* betrekking, *it* ferbân, *de* ferbining

ゆき　雪　*de* snie：(雪のように)真っ白い sa wyt as *snie* = sniewyt, 雪に立ち往生した fêstsitten yn 'e *snie*；雪の多い [積もった] snieïch；雪がちらちら降る krôkje；雪が降る snije：昨夜雪が降った It hat fannacht *snijd*.；雪が解ける teie, ûnteie：雪が解け始めた It begûn te *teien*.；雪嵐 *de* sniestoarm；雪男 in ferskriklike snieman；雪掻(か)き(行為) *it* snieskeppen, (道具) *de* snieskeppe, *de* snieskower；雪合戦 *it* sniebaljen；雪合戦をする sniebalje, mei snieballen smite；雪靴 *de* snieskuon；雪国 ûndersnijde gebieten；雪雲 *de* sniewolk；雪景色 snieïch gesicht；雪空 *de* snieloft；雪玉 *de* sniebal；雪溜り *de* sniebank；雪だるま *de* snieman [-poppe]；雪解け *de* tei, *it* teiwaar：雪解けの季節だ It is *teiwaar*.；雪解け水 *it* teiwetter

ゆきあたり　行き当たり　(道路の) *de* ein fan 'e strjitte

ゆきかう　行き交う　komme en gean

ゆきさき　行き先　→行(ゆ)き先

ゆきずりの　行き摺りの　(偶然の) tafallich：行きずりの人 in *tafallige* foarbygonger = *de* passant

ゆきちがう　行き違う　elkoar [inoar] passearje, (誤解する) misferstean, miskenne

ゆきづまる　行き詰まる　fêstrinne, stuitsje：交渉は行き詰まってしまった De ûnderhannelingen binne *fêstrûn*.

ゆきとどいている　行き届いている　(注意深い) foarsichtich [opmerksum] wêze, (…に配慮している) soargje, (手入れをする) oppasse

ゆきどまり　行き止まり　*de* gloppe (→行(ゆ)き止まり，袋小路)

ゆきなやむ 行き悩む fêstsitte, stilfalle

ゆく 行く →行(ʼ)く；どんどん行く trochgean

ゆく 逝く （人が）（死ぬ）ferstjerre, fuortgean, oergean, stjerre

ゆくえ 行方 （これから行く先）*de* bestimming, *it* doel（→目的地）；（行ってしまった先・居所）*it* ferbliuwplank,（前途）*it* ferfolch, *it* foarlân, *de* takomst（→将来）；行方不明の poater；彼は今なお行方不明である Hy wurdt noch mist.；行方不明者《複》lju dy't mist wurde

ゆくさき 行く先 *de* bestimming（→行方，目的地）

ゆくすえ 行く末 （将来）*it* ferfolch, *it* foarlân, *de* takomst：君の行く末が案じられる Ik soargje foar jo yn it *ferfolch*.

ゆくて 行く手 →行く先；行く手を遮る yn de wei stean

ゆくゆく 行く行く （行きながら）op jins wei,（将来）→行く末

ゆげ 湯気 *de* stoom；湯気が立つ stome, stúmje, wazemje：やかんから湯気が立っている It wetter *stoomt* ta de tsjettel út.；湯気を立てる dampe, walmje, wâlmje：やかんが湯気を立てている De tsjettel stiet te *dampen*.

ゆけつ 輸血 *de*（bloed）transfúzje：輸血をする *transfúzje* jaan

ゆさぶる 揺さぶる skodzje：りんごの木を揺さぶる appels fan 'e beam *skodzje*

ゆし 油脂 oalje en fet

ゆし 諭旨 in offisjeel advys [foarstel]

ゆしゅつ 輸出 *de* útfier（←輸出品）：チーズ，じゃがいも，牛はフリースラント州からの輸出品だ Tsiis, jirpels, en fee hearre by de *útfier* út Fryslân.；輸出する útfiere

ゆず 柚子 *de* sitrusfrucht, *it* sitrusfruit

ゆすぐ 濯ぐ ôfspiele [om-], spiele：瓶[口]をゆすぐ flessen [de mule] *spiele*

ゆすり 強請り *de* ôfparser；ゆする ôfparsje（→脅し取る），(ゆすり取る）ôftwinge

ゆずりあい 譲り合い konsesjes fan wjerskanten,（妥協）it kompromis；譲り合う jaan en nimme；道を譲り合う foarrang jaan oan ferkear fan rjochts

ゆずりうける 譲り受ける （財産などを）oanstjerre, oererve（→相続する），（買い取る）oerkeapje, oerkrije, oernimme

ゆずりわたし 譲り渡し （財産・権利などの）*de* oerdracht, *de* oerjefte, *it* transport（→譲渡）

ゆずりわたす 譲り渡す oerdrage, oerdwaan：（…に）権利を譲り渡す rjochten *oerdrage*（oan）

ゆする 揺する widzje（→揺さぶる）：子供を静かに揺すって寝かしつける it bern yn 'e sliep *widzje*

ゆずる 譲る oerjaan, oerlang(j)e, oerleverje,（遺言で）（財産を）fermeitsje,（道を）wike：席を譲る in setel *oerjaan* [plakke / romje]

ゆせいの 油性の oaljich

ゆそう 輸送 *it* ferfier, *it* transport（←輸送機関［費］）；輸送する ferfiere, transportearje：乗客を輸送する passazjiers *ferfiere*

ゆたか 豊か （豊富）*de* oerfloed, *de* rykdom；豊かな［に］oerfloedich, ryk：豊かな土地 in ryk lân，経験豊かな人 in man mei *rike* ûnderfining

ゆだねる 委ねる oerlitte, tafertrouwe（→任せる）：それを君にゆだねる Ik *lit* it oan dy *oer*.

ユダヤじん ユダヤ人 *de* Joad,（女性の）*de* joadinne（→イスラエル人）；ユダヤ（人・教）の Joadsk：ユダヤ人 it *Joadske* folk

ゆだる 茹だる （卵が）siede,（暑さで）brodzich wurde（→うだる）

ゆだん 油断 *de* sleauwens,（不注意）*de* achteleazens；《形》油断する→不注意な；油断のない waaks；《諺》油断大敵 Men moat net oer iis fan ien nacht gean.

ゆたんぽ 湯たんぽ *de* krûp / krúp

ゆちゃく 癒着 *de* adheezje；癒着す

る oanhingje

ゆっくり(と)　langsum, sleau, stadich, (sa) traach (as in slak)：ゆっくり歩く *sleau rinne*, ゆっくり話していただけませんか Wolle jo *stadich* prate?

ゆったりした　bedaard, kalm, rêstich, op jins gemak, (部屋などが) royaal, rom；ゆったりした気持ちになる bedarje, jins gemak nimme, jin rêstich hâlde (→くつろぐ)

ゆでたまご　茹で卵　→卵

ゆでる　茹でる　(卵・野菜などを) kôkje, siede

ゆでん　油田　it oaljefjild

ゆどの　湯殿　de badkeamer (→浴室)

ゆとり　(時間・経費などの) de marzje, (気分の) it gemak；(時間・空間・お金の) ゆとりのある rom (→余裕のある)：ゆとりのある部屋 in *romme* keamer

ユニークな　(独創的な) orizjineel, unyk：ユニークな建築物 in *unyk* gebou

ユニバーシティ　(大学) de universiteit

ユニホーム　it unifoarm：ユニホームを着用している yn *unifoarm* wêze

ゆにゅう　輸入　de ymport, de ynfiering；輸入する ymportearje, ynfiere：外国から車を輸入する auto's út it bûtenlân *ynfiere*；輸入業者 de ymporteur；輸入税《複》 de ynfierrjochten；輸入品 de import：輸入品と輸出品 *ymport* en eksport

ゆのみ　湯飲み　de kop, it teekopke

ゆび　指　(手の) de finger (→親指, 人差し指, 中指, 薬指, 小指), (足の) de tean：指を口に当てる de *finger* foar［op］'e mûle lizze ＊「黙れ」の仕草；(指で) 触れる fingerje：指跡 de fingertaast；指先《複》 de fingerseinen；指サック de hoalling, de slûf /slúf

ゆびおり　指折り　指折り数える op jins fingers neitelle；指折り数えて待つ ferwachtsje (→楽しみに待つ)

ゆびさす　指差す　wize：人を指差す nei immen *wize*

ゆびぬき　指貫き　de fingerhoed

ゆびわ　指輪　de ring, in ring om 'e finger：指輪をはめる in *ring* omdwaan

ゆまく　油膜　(水面に浮かんだ) it oaljeplak

ゆみ　弓　de bôge：矢と弓で mei pylk en *bôge*, 弓を射る in *bôge* sjitte, 弓で射る mei in *bôge* sjitte, 弓を引く in *bôge* spanne

ゆめ　夢　(睡眠中の) de dream, (心に描いた) de dream, (抱負) de dream, de hope：楽しい夢 in swiete *dream*, 彼女の夢が現実となった Har *dream* kaam út.；夢を見る dreame：彼女の夢を見た Ik haw fan har *dreamd.*, 悪い夢を見た Ik haw raar *dreamd.*；夢のような dreamerich：夢のような世界 in *dreamerige* wrâld；夢うつつで heal wekker (en sliepdronken)

ゆゆしい　由々しい　(重大な) wichtich：ゆゆしい問題 in *wichtich* fraachstik

ゆらい　由来　(来歴) de histoarje, (起源) de orizjine；(…に) 由来する ôfskaaie (fan), stamje (út)：この語はラテン語に由来する Dat wurd *stammet* út it Latyn.

ゆらぐ　揺らぐ　(揺れる) skaaie, swaaie, (考え・気持ちなどが) (ぐらつく) stinne, wifelje：樹木が風に揺らいでいる De beammen *swaaie* yn 'e wyn.

ゆらめく　揺らめく　(炎・ろうそくなどが) flikkerje：ちらちらと揺らめいているろうそく (の光) in *flikkerjende* kears

ゆり　百合　de leelje

ゆりいす　揺り椅子　de skommelstoel

ゆりうごかす　揺り動かす　slingerje

ゆりおこす　揺り起こす　skodzje：体を揺すって人を起こす immen wekker *skodzje*

ゆりおとす　揺り落とす　skodzje：木を揺すってりんごを落とす appels fan 'e beam *skodzje*

ゆりかご　揺り籠　de nane, de widze：

揺りかごから墓場まで fan 'e widze oant it grêf

ゆるい　緩い　（結び目が）los,（衣類が）wiid（→だぶだぶの）,（坂・曲がり角などが）flau（→なだらかな）,（取り締まりなどが）laks：そのロープの端がゆるんでいる Der sit in los ein oan dat tou., ドレスをゆるくする in jurk wider meitsje, ゆるやかな坂［曲がり角］in flauwe skeante [bocht], ゆるやかな流れ in flauwe stream, ゆるやかな規制 in lakse regeling

ゆるがす　揺るがす　（揺り動かす）slingerje,（動揺させる）fersteure

ゆるし　許し　（許可）de fergunning, it ferlof, it goedfinen, de permisje,（容赦）de ferjouwing；許す ferjaan, permittearje, talitte, tastean（→許可する）：人の過ちを許す immen syn misset ferjaan, 新しい自転車を買うことを母は許してくれた Us mem hat my tastien om in nije fyts te keapen. = Ik mei fan ús mem in nije fyts keape.

ゆるみ　緩み　de ferslopping, de ûntspanning；（緊張・力などが）緩む ferslopje,（規制などが）ûntspand wêze（緩和される）；（結び目・紐を）緩める losmeitsje,（栓などを）losskroevje,（筋肉を）ûntspanne,（緊張・力などを）ferslopje：靴紐を緩める de fiters losmeitsje, 筋肉を緩める in spier ûntspanne

ゆれ　揺れ　de skommeling, de slinger

ゆれうごく　揺れ動く　skokke, skommelje, slingerje, swaaie：地面が揺れ動いた De ierde skokt., その木は大きく揺れ動いた De beam slingere hinne en wer.

ゆれる　揺れる　skodzje, skokke, swaaie, swinge, wifkje,（ぶらんこなどが）skommelje, touterje：木の葉のように揺れる skodzje as in blêd oan 'e beam, 樹木が風に吹かれて揺れている De beammen swaaie yn 'e wyn.

ゆわえつける　結わえ付ける　bine, fêstbine [-dwaan / -meitsje], opbine

ゆわえる　結わえる　→結びつける

ゆわかし　湯沸かし　de tsjettel, de wettertsjettel

よ　ヨ　yo

よ　世　（世の中・世間）de wrâld,（人生）it libben,（この世・あの世）it libben, de wrâld,（時代）de tiid：この世 dizze wrâld, 世に出る de (wide) wrâld ynlûke, 世のため働く wurkje foar de wrâld, 世を捨てる de wrâld ferlitte, 世をはかなんで自殺する wanhoopje oan it libben en jinsels ferdwaan, 世に遅れる út 'e tiid reitsje（→時代に遅れる）, 前世 jins foarich libben, 来世 jins takomstich libben

よ　余　（…以上）mear as, →余 $\binom{あ}{よ}$ り, 私自身

よ　夜　（夜 $\binom{よる}{}$）de nacht,（夕方）de jûn：寝ずに夜を明かす de hiele nacht opbliuwe, 夜な夜な jûn op jûn, 夜ふけまで ta de jûn út；6時に夜が明ける De sinne komt om 6 oere op.；夜が明けた Moarns komt de dei oan 'e loft.；夜が明ける skimerje

よあかし　夜明かし　夜明かしをする opbliuwe（→徹夜する）

よあけ　夜明け　it lemieren, de skimermoarn：夜明け（と共）に by [mei] it lemieren fan 'e dei

よい　宵　（夕方）de jûn, de jûntiid

よい　酔い　*de* dronkenskip；酔いが覚める ûntnochterje；酔いが回る dronken wurde（→酔う）；眠って酔いをさます jins rûs útsliepe；乗り物酔い *de* lykwichtssteuring；空酔い *de* loftsykte；船酔い *de* seesykte

よい　良い，好い　goed, lekker, moai：よい人 in *goed* minske, よい本 *goede* boeken, それは健康にとてもよい It is tige *goed* foar de sûnens., 機嫌がよい in *goede* bui hawwe, 気分がよい jin *goed* fiele, …する方がよい It is *goed* dat …, よい香り in *lekkere* rook, 天気がよい *lekker* [*moai*] waar, 座り心地がよい椅子 in *lekkere* stoel, 調子があまりよくない Ik bin net sa *lekker*., 居心地のよい部屋 in *moaie* keamer, 器量のよい女の子 in *moai* famke, 景色がよい in *moai* gesicht；頭のよい生徒 in befetlike [ynteliginte / knappe] learling；運のよい fortúnlik, gelokkich；都合がよい gelegen；仲がよい freonlik；用意がよい ree；(病気などが) よくなる betterje（→回復する）；もう帰ってもよい Do kinst no weromgean.；今出発した方がよいでしょう Kinst no mar better fuortgean.；このメロンを食べてもよいですか Mei ik dizze meloen ite?；…がなくてもよい it sûnder eat stelle

よいっぱり　宵っ張り　*de* nachtbraker [-raver]

よいつぶれる　酔い潰れる　jin dea drinke

よいのくち　宵の口　jûns betiid；まだ宵の口だ De nacht is noch betiid [ier]., It is noch op 'e jûn.

よいのみょうじょう　宵の明星　*de* Jûnsstjer（→金星）

よいまちぐさ　宵待草　it nachtlampke

よいん　余韻　*de* neiklank

よう　用　→用事, 仕事；用がある eat hawwe te dwaan, 用がない neat hawwe te dwaan；用を足す boadskipje, jins behoefte(n) dwaan, nei it toilet [húske] gean（→用便をする）；ご用を伺っておりますか Wurde jo al holpen?

よう　要　（要点）it punt, *de* saak；要を得た puntich

よう　様　《類似》…のような [に] lyk, lyksa as,（…と同じ）ように sa … as,（まるで）…のように lykas,（…のように）見える lykje,《目的》…するよう（に）om（…）te …,《願望》…しますように Ik hoopje dat …：みんな同じように扱われる Elkenien wurdt *lyk* behannele., あなたのような少女 in fanke *as* dy, 雪のように白い *sa* wyt *as* snie（→真白な），われわれのような人たち minsken *lykas* wy, 彼女は彼が考えたような病気ではなくて，妊娠していた Sy wie net siik, *lykas* hy tocht, mar swier., 彼は怒っているようだ Hy *liket* lilk te wêzen., いつも帰宅できるよう準備している Ik meitsje risselwaasje *om* nei hûs ta *te* gean., この二冊の本が無事に到着しますように！ *Ik hoopje dat* dizze twa boeken goed oankomme sille.

よう　瘍　*de* stienpûst（→腫れ物）

よう　酔う　（酒に）jin bedrinke,（乗り物に）jin siik fiele, siik wurde,（…に）（うっとりする）fassinearre wêze (troch), optein wêze (oer)：彼は酔ってしまった Hy hat him *bedronken*., 船 [飛行機] に酔う seesiik [loftsiik] wurde, 富士山の美しい景観に酔った Ik wie fassinearre troch it prachtige sicht fan de berch Fuji.

よう！　Hallo!, Hoi!

ようい　用意　（準備）it tarieden, *de* tarieding, *de* taris：用意する *tarieding* meitsje；用意する preparearje, reemeitsje, tariede：食事の用意をする de tafel *reemeitsje*；用意ができている klear, ree：あることの用意ができている derop [derfoar] *klear* wêze, スケートの選手たちはスタートの用意ができている De reedriders binne *ree* foar de start.；用意周到な foarsichtich, soarchsum（→注意深い）

ようい　容易　it gemak, *de* maklikens

[-likheid]：容易に mei *gemak*；容易な［に］maklik, noflik, ûnder ûngemakken：容易な仕事 in *maklik* putsje

よういくする　養育する　grutbringe, opbringe, opfiede：子供を養育する bern *opbringe*；養育費《複》*de* opfiedingskosten

よういん　要因　*de* faktor,（原因）*de* oanlieding, *de* oarsaak

よういん　要員　it fereaske personiel

ようえき　溶液　*de* solúsje

ようえんな　妖艶な　betoverjend, boeiend, fassinearjend

ようおん　拗音　palatale of labiaal-felaar syllabe

ようか　八日　（八日間）acht dagen；八日目 de achtste dei

ようが　洋画　westersk［Europeesk］skilderij

ようかい　妖怪　（化け物）it gedrocht, *it* meunster,（亡霊）*de* ferskining

ようかい　溶解　*de* oplossing；溶解する oplosse, rane,《形》oplosber

ようがい　要害　*de* boarch, *de* fêsting, it fort

ようかん　羊羹　'yokan'（in swiete 'azuki' bean pasta）

ようがん　溶岩　*de* lava

ようき　容器　*de* huls

ようき　陽気　*de* fleur：みんな陽気である De *fleur* sit der goed yn.；陽気な［に］fleurich, lustich, moedich, romhertich：陽気に歌う *moedich* sjonge

ようぎ　容疑　it betinken, *de* fertinking：…の容疑で op *fertinking* fan …；容疑者 *de* fertochte

ようきゅう　要求　*de* eask, *de* foardering, *de* rop：（…に）要求する *easken* stelle（oan），要求する in *foardering* yntsjinje，平和への要求 *de* rop om frede；要求する betingje, easkje, fereaskje, fergje, foarderje：適切な処置を要求する in goede behanneling *easkje*，君は私に過大な要求をしている Do *fergest* nochal wat fan my.

ようぎょ　幼魚　in jonge fisk

ようきょく　陽極　*de* anoade（↔陰極）

ようきょく　謡曲　'yokyoku'（in 'Noh'-liet）

ようぐ　用具　*it* ynstrumint, *it* materiaal,（道具）*it* ark, *it* helpmiddel, *it* wurktúch

ようけい　養鶏　*de* plomfeehâlderij；養鶏家 *de* eineboer［hinne-］；養鶏場 *de* hinnebuorkerij

ようけん　用件　*de* saak（→用事）

ようけん　要件　in belangrike saak

ようご　用語　（言葉遣い）*it* taalgebrûk,（専門の）*de* fakterm, *de* nomenklatuer, *de* term, *de* terminology：法律用語 juridyske *termen*

ようご　養護　*de* hoede：（人を）養護する（immen）ûnder jins *hoede* nimme；養護学級 in klasse foar hendikapte bern；養護施設 *it* ferpleechhûs；養護老人ホーム *it* ferpleechhûs

ようご　擁護　（弁護）*de* ferdigening,（保護）*de* beskerming,（援助）*de* begeunstiging；擁護する begeunstigje, beskermje, bewarje, ferdigenje

ようこう　要項　*de* essinsjele punten

ようこう　要綱　（概要）*de* line, *it* skema, *de* skets

ようこう　陽光　*it* sinneljocht, *de* sinneskyn,（日光）*de* sinne：窓からさす陽光 *de sinne* troch it finster

ようこうろ　溶鉱炉　*de* heechoven

ようこそ！　Wolkom!：ようこそ，フリースラントへ！*Wolkom* yn Fryslân!

ようさい　洋裁　*de* kleanmakkerij；洋裁師 *de* kleanmakker；洋裁店 *de* kleanmakkerswinkel

ようさい　要塞　*de* boarch, *de* fêsting, it fort

ようざい　用材　*it* timmerhout（→材木）

ようさん　養蚕　*de* sidekultuer；養蚕家 *de* side(rûp)kweker；養蚕業 *de* side-yndustry

ようし　用紙　*it* papier（→紙）；試験用紙［問題］*it* eksamenpapier；投票用紙 *it* stimbriefke；申込用紙 *it* oanfraachformulier

ようし　要旨　de line, it skema：この論文の要旨 de line fan dizze skripsje
ようし　容姿　de beskikking, it / de figuer, it stal：がっしりした容姿 in mânsk figuer
ようし　陽子　（素粒子の一つ）it proton
ようし　養子　it pleechbern；養子にする adoptearje, oannimme：日本の子供を養子にする in bern út Japan adoptearje, 子供を養子として迎える in bern oannimme
ようじ　用事　de affêre, it boadskip
ようじ　幼児　it bern, de lytse,《常にinと共に》in lytsenien, it lytske＊ de bokse (1歳〜3歳), it pjut (2歳〜4歳), de krob(be) (4歳〜6歳)；幼児言語 de bernetaal
ようじ　幼時　de bernetiid（→幼年時代）
ようじ　楊枝　de tosk(e)pluzer（→爪楊枝）
ようしき　様式　de styl, de trant；建築様式 de boukeunst；ゴシック様式 de gotyk
ようしきの　洋式の　westersk：洋式のトイレ [窓] in westersk toilet [finster]
ようしゃ　容赦　de ferjouwing, it pardon（→勘弁）；容赦する ferjaan, ferûntskuldigje, sparje：彼は彼女を容赦しなかった Hy sparre har net.
ようしゅ　洋酒　winen en spiritualiën
ようじゅつ　妖術　de toverkeunst, de tsjoenderij（→魔法，手品）
ようしょ　要所　in belangrike posysje, in belangrik punt
ようしょ　洋書　in frjemd boek
ようじょ　幼女　in lyts famke
ようじょ　養女　in adoptearre dochter
ようじょう　養生　de sûnenssoarch；養生する sûnens behertigje, útsiikje
ようしょく　洋食　westersk iten
ようしょく　要職　in belangrike [ferantwurdlike] posysje
ようしょく　養殖　de fiskkwekerij-yndustry, it kweken / kweekjen；養殖する fuortplantsje

ようじん　用心　de foarsoarch, de hoede, de hoedenens [-heid]：用心のため út foarsoarch, 用心しなさい！Wês op dyn hoede!；用心する oppasse：病気にならないように用心する oppasse foar besmetting；（…に）用心する acht jaan [slaan]（op）((…に）注意を払う）：用心深い betochtsum, hoeden, opmerksum, oppassend：用心して歩く hoeden rinne
ようじん　要人　in belangrike persoan
ようす　様子　de blik, de each, it oansjen, de skôging；様子がおかしい frjemd sjen
ようすい　用水　wetter foar befloeiïng；用水池 de boezem, it reservoir
ようすい　羊水　it fruchtwetter
ようずみの　用済みの　→使用済みの
ようする　要する　hoege, （…に）（必要である）nedich wêze (foar)：今要する物は何もありません Ik hoech no neat.；緊急を要する urgint wêze；適切な処置を要する in goede behanneling easkje
ようする　擁する　（抱擁する）omearmje, （所有する）besitte
ようするに　要するに　afijn, koartsein, om koart te gean, koartwei, te witten （→つまり）：要するに，この少年は学校へは行きたくない Koartsein, dy jonge woe net nei skoalle ta gean.
ようせい　妖精　de elf, de fee
ようせい　要請　it fersyk, de oanfraach, de rop：要請を受ける in fersyk krije；要請する fersykje, oanfreegje
ようせい　養成　de opliedng, （訓練）de oefening；養成する opliede, （訓練する）oefenje；養成所 de opliedingsskoalle
ようせいの　陽性の　posityf (↔陰性の)
ようせき　容積　（体積）it folume, （容量）de kapasiteit
ようせつ　溶接　it laskjen；溶接する laskje；溶接工 de lasker；溶接部 de

lask
ようせつする　夭折する　(若死にする) jong stjerre
ようせん　用箋　it briefpapier (→便箋)
ようそ　沃素　it joadium
ようそ　要素　it bestândiel, it elemint：文の要素 de bestândielen fan in sin；(文の)構成要素 de komponint
ようそう　様相　it aspekt, it faset：あらゆる様相を呈する alle aspekten biede
ようそうする　洋装する　Europeeske [westerske] klean oanlûke
ようたい　様態　(状態) de kondysje
ようだい　容体, 容態　de kondysje, de stân：患者の容態 de kondysje fan de pasjint；患者さんの容態はどうですか Hoe is it mei de pasjint?
ようたし　用足し　it boadskip：用足しをする boadskippen dwaan；用足し(→トイレ)に行く nei it húske [toilet] gean
ようだてる　用立てる　(お金を貸す) liene：人にお金を用立てる immen jild liene, jild oan immen liene
ようだん　用談　in saaklik petear；用談する oer saken prate
ようち　用地　(土地) it lân
ようちえん　幼稚園　de beukerskoalle (→保育園)
ようちな　幼稚な　bernich, bernlik, lytsbernich
ようちゅう　幼虫　de rûp
ようちゅうい　要注意　要注意である hoedenens easkje
ようつい　腰椎　de lendewringe
ようつう　腰痛　it spit：腰痛がある spit hawwe, it spit yn 'e rêch hawwe
ようてい　要諦　(秘訣) it slach (→要点)
ようてん　要点　it punt, de saak：要点を把握する [まとめる] in belanglyk punt begripe [gearfetsje], 要点をついている ta de saak dwaan
ようでんき　陽電気　positive elektrisiteit (↔静電気)

ようと　用途　it nut, (使用) it gebrûk：用途が広い algemien brûkber [nuttich]
ようとん　養豚　de bargefokkerij (←養豚場)；養豚業者 de bargeboer [-hâlder / -mester]
ようなし　洋梨　de par
ようにく　羊肉　it skieppefleis (→マトン)
ようにん　容認　de ynstimming, de meistimming；容認する gunne, ynskikke, meistimme, tastean (→認める)
ようねん　幼年　de bernetiid (←幼年時代)
ようは　要は　→要するに, つまり
ようばい　溶媒　it oplosmiddel
ようび　曜日　de dei (fan de wike)：今日は何曜日ですか Wat dei is it hjoed?
ようひし　羊皮紙　it perkamint
ようひん　用品　it ding；事務用品 it skriuwark；台所用品 it itensiedersark, de rêding
ようふ　養父　de pleechheit
ようふうの　洋風の　(ヨーロッパ風の) Europeesk, (西洋風の) westersk：洋風の建物 in westersk gebou
ようふく　洋服　de jûpe / jurk；洋服屋 de kleanmakker, de skroar
ようふぼ　養父母　《複》de pleechâlden
ようぶん　養分　de fieding, it fiedsel (→栄養)
ようへい　傭兵　de hierling, de hiersoldaat
ようべんする　用便する　nei it húske [toilet] gean (→用足しに行く)
ようぼ　養母　de pleechmem
ようほう　用法　(言葉の) it spraakgebrûk (→語法), (使用) it gebrûk, (方法) de wei：前置詞[薬]の用法 it gebrûk fan preposysjes [medisinen], コンピューターの使用(法)を知っている mei kompjûters oer de wei kinne
ようほう　養蜂　de ymkerij；養蜂家 de bijker, de ymker
ようぼう　要望　de eask；要望する begeare, betingje, easkje, fereaskje, fergje

ようぼう　容貌　*it* uterlik, *it* útsicht（→顔立ち）
ようまく　羊膜　*it* fruchtflues
ようみゃく　葉脈　*de* ier, *de* nerf
ようむ　用務　*de* affêre, *it* boadskip, *it* wurk：毎日の用務 jins deistich *wurk*；用務員 *de* oppasser
ようむき　用向き　*it* boadskip, *de* saak
ようめい　幼名　jins namme yn de bernejierren
ようめい　用命　（注文）*de* oarder；用命する bestelle, oanfreegje；ご用命は？ Kin ik jo helpe?
ようもう　羊毛　*de*（skieppe）wol；羊毛を刈る skieppeknippe
ようもうざい　養毛剤　*it* hiergroeimiddel
ようやく　要約　*de* gearfetting, *it* resumee；要約する gearfetsje, resumearje；要約した summier
ようやく　漸く　（ついに）einlings, úteinlik, op it lêst, yn it［'t］lêstoan,（辛うじて）krapoan, krekt, skraach,（次第に）geandewei, linkelytsen, neigeraden：ようやく彼らがやって来た Dêr binne se *einlings*., 彼らはようやく結婚した *Uteinlik* trouden sy., ようやく4時です It is *krapoan* fjouwer oere., 彼女はようやく字が書けるようになった Se koe noch mer *krekt* skriuwe., 彼はようやく理解し始めた *Linkelytsen* krige er it foar it ferstân., ようやく仕上げに近づいている It sil *neigeraden* wol klear komme.
ようようと　洋々と　→（海などが）広々として
ようらん　要覧　*it* hânboek（→便覧）
ようらん　揺籃　（揺りかご）*de* nane, *de* widze
ようりつする　擁立する　→支援する, 後援する
ようりょう　用量　*de* koer,（薬の一回分の）*de* doasis（→服用量）
ようりょう　要領　（要点）*it* punt,（こつ）*de* slach；要領を得た effisjint, puntich：要領を得た発言 in *puntige* opmerking；要領のいい skrander：要領のいい看護婦 in *skrandere* ferpleechster；要領の悪い lomp, sukkelich, ûnbeholpen（→ぎこちない）
ようりょう　容量　*de* kapasiteit,（容積）*it* folume
ようりょくそ　葉緑素　*it* blêdgrien, *it* glorofyl
ようれい　用例　*it* foarbyld,（実例）*it* eksimpel：用例を挙げてくれませんか Kinne jo my in *foarbyld* jaan?
ようろういん　養老院　*it* âlderein(te)hûs（→老人ホーム）；養老年金→老齢年金
ヨーグルト　*de* yochert / jochert
ヨード　*it* joadium
ヨーヨー　*de* jojo
ヨーロッパ　Europa；ヨーロッパの Europeesk：ヨーロッパ議会 it *Europeesk* parlemint, ヨーロッパ連合 de *Europeeske* Uny；ヨーロッパ人 *de* Europeaan
よか　余暇　frije［liddige］tiid：余暇に yn jins *frije tiid*
よか　予科　in tariedende kursus
ヨガ　*de* yoga
よかく　与格　*de* datyf
よからぬ　良からぬ　→悪い
よかれ　善かれ　善かれ悪しかれ hoe dan ek（mar）（→とにかく）
よかん　予感　*it* foargefoel：予感がする in *foargefoel* hawwe, あることの予感がする earne in *foargefoel* fan hawwe
よき　予期　*de* ferwachting（→予測）：予期に反して tsjin jins *ferwachting*；予期する ferwachtsje,（…を）foarútrinne（op）
よぎ　余技　*de* hobby, *de* leafhawwerij（→隠し芸）
よぎない　余儀ない　tsjin heuch en meuch, tsjin jins wil（→やむを得ず）；余儀なく…させられる needsake wêze om …
よきょう　余興　（娯楽）*it* amusemint, *it* fermaak,（隠し芸）jins favorite nûmer
よぎり　夜霧　*de* nachtdamp［-mist］
よきん　預金　*it* deposito(jild), *de* yn-

lage, (貯金) it sparjild；預金する deponearje, jild op it sparbankboekje sette, (貯金する) besparje；預金口座 de depositorekken；預金通帳 it sparbankboekje；定期預金 in fêste rekken；当座預金 in rinnende rekken

よく 欲 (強欲・貪欲) de begearigens [-gearichheid], de begearlikens [-heid], de gjirrigens, (欲望) de begearte, (願望) it / de ferlangst, de winsk, (渇望・熱望) de honger, de toarst；金銭欲 de jildsucht；権力欲 de hearsksucht；食欲 de skroei；性欲 de libido, seksuele lust；知識欲 honger nei kennis；名誉欲 de earsucht；欲(の)深い begearlik, gjirrich；欲張りの begearich

よく 翼 de wjuk (→翼(はね))

よく 良く, 好く (十分に) fol, folle, goed, moai, wol, (うまく) goed, kundich, tûk, (しばしば) faak, folle, gauris, in soad：それはよく見える It is goed te sjen., 彼女はよく日焼けしている Sy is moai brún., 君に言っていることはよく分かる Ik begryp dy wol., よく眠る wol sliepe, よい医者 in goede dokter, 彼女のエッセイはよく書けている Har essay is kundich skreaun., 彼はここによく来る Hy komt hjir faak., よく歩く faak [in soad] rinne, 私の夫は(帰宅が)遅くなることがよくある Myn man komt wol gauris te let.；よくなる betterje, opweidzje, (病気などが) foarútgean, ophelje

よくあさ 翌朝 →翌朝(よくちょう)
よくあつ 抑圧 de ferdrukking, de twang, de ûnderdrukking：少数派に対する抑圧 de ûnderdrukking fan minderheden；抑圧する ferdrukke, ûnderdrukke
よくげつ 翌月 de folgjende moanne
よくし 抑止 de ôfskrikking；抑止する ôfskrikke：核兵器(の使用)を抑止させるために nukleêre wapens om ôf te skrikken；抑止力 it ôfskrikken
よくしつ 浴室 de badkeamer
よくじつ 翌日 de folgjende dei
よくしゅう 翌週 de folgjende wike

よくじょう 浴場 de badkeamer；公衆浴場 in publyk badhûs
よくじょう 欲情 de lust, seksuele lust
よくする 良くする ferbetterje (→改善する), (…に)(親切にする) freonlik [goedgeunstich] wêze (tsjin)
よくする 浴する (恩恵に) de foarkar [geunst] krije
よくせい 抑制 de kontrôle, de rem, 抑制する bedimje, kontrolearje, remme, tebeksette, (料金・物価などを) ynhâlde
よくそう 浴槽 de badkûp (→湯船)
よくちょう 翌朝 moarnmoarne, moarntemoarn；その翌朝 de oare moarns
よくとく 欲得 (我欲) de eigenbaat, de selssucht
よくねん 翌年 it folgjend jier
よくばり 欲張り de ynklauwerichheid；欲張りの begearich, ynklauwerich：欲張る begearich wêze；欲張り(の人) de ynklauwer
よくばん 翌晩 takom(me) nacht, moarntejûn
よくぼう 欲望 de begearingens, de wille, (…への) de begearte (nei)
よくめ 欲目 →ひいき目；欲目の親 jins partidige âlder；欲目で見る iensidich besjen
よくや 沃野 in fruchtber lân
よくよう 浴用 浴用タオル de baddoek (→バスタオル)；浴用石けん de badsjippe
よくよう 抑揚 de yntonaasje；抑揚をつける yntonearje
よくよく 翌々 翌々月 twa moanne lettter；翌々年 twa jier letter
よくよく 良く良く (注意して) mei omtinken, (非常に) tige, slim ＊通例, マイナスの意味合いが強い
よくりゅう 抑留 it ynternearjen, de ynternearring；抑留する ynternearje
よけいな 余計な oerstallich, ûnnedich, te folle：物を余計に作る eat oerstallich meitsje
よける 避ける mije, ûntwike (→避

よけん　予見　(さ)ける)：車をよける in auto *mije*

よけん　予見　it foarútsjoch；予見する foarsjen (→予測する)

よげん　予言，預言　de foarsizzing：私の予言が的中した Myn *foarsizzing* kaam út.；予言する foarsizze, (占う) wiersizze；予言的な［に］profetysk；予言者 de profeet (←キリスト教の預言者)

よげん　余弦　de kosinus

よこ　横　(側面) de side, (脇) de side, (横幅) de breedte, de wiidte：横に座る[立つ] fan *siden* sitte [stean], 縦横 de lingte en de *breedte*；横から[に] sydlings, 横に krúslings (→斜(は)に)，(左右の方向に) rjochtsôf [loft-]；横の horizontaal (↔縦の)；横に置く oan kant lizze, (子供を) 横にする (in bern) op bêd lizze (→寝かしつける)；横になる deljaan, lizze：ベッドに横になる yn [op] bêd *lizze*；横を向く ôfdraaie, ôfkeare (→そっぽを向く)；首を横に振る skodholje (→拒否する)

よご　予後　(病後の予想・見通し) de prognoaze

よこあな　横穴　de grot, it hoal, de hoale (→洞窟)

よこいと　横糸　(織物の) de ynslach (↔縦糸)

よこうする　予行する　repetearje

よこがお　横顔　it profyl (→プロフィール)

よこがきにする　横書きにする　horizontaal skriuwe

よこかぜ　横風　de sydwyn

よこぎる　横切る　oerstekke, passearje, trochkruse：道を横切る in strjitte oerstekke；横切って dwerslings, sydlings：彼は私の前を横切って行った Hy gong my *sydlings* foarby.

よこく　予告　de foarsizzing；予告する foarsizze

よこぐるま　横車　横車を押す jins sin trochsette (→(自分の主張を)押し通す)

よこしまな　邪な　goddeleas, heilleas；よこしま de goddeleazens

よこす　寄越す　(送る) stjoere, (与える) jaan, (渡す) (oer)rikke：彼女が手紙をよこした Se *stjoerde* my in brief., 私の所へ医者をよこしてくださいませんか Wolle jo in dokter nei my ta *stjoere?*, そのお金をよこせ！ *Jou* my it jild!

よごす　汚す　grieme, kladderje；汚れた grûzich, plakkerich, smoarch；汚れ it plak, de smoargens

よこすべり　横滑り　(自動車などの) de slip：横滑りする yn 'e *slip* reitsje = slippe

よこたえる　横たえる　(そっと) flije

よこっとび　横っ跳び　de sydsprong；横っ跳びする oan 'e kant springe

よこっぱら　横っ腹　de side (→脇腹)，(特に牛・馬の) de fang

よごと　夜毎　alle jûnen, jûn op jûn (→毎晩)

よこどりする　横取りする　ôfwinne, (奪い取る) ôfpakke, snaaie

よこながしする　横流しする　yllegaal ferkeapje

よこながの　横長の　rjochthoekich

よこなみ　横波　in sydlingse weach；私たちのボートは横波を受けて転覆した Troch *in sydlingse weach* sloech ús boat om.

よこばいする　横這いする　(かにのように) sydlings krûpe

よこはば　横幅　de breedte, de wiidte：家の横幅 de *breedte* fan it hûs

よこぶえ　横笛　de dwersfluit (→フルート)

よこみち　横道　de sydwei (→脇道)；(主題から) 横道にそれる ôfdwale

よこむきの[に]　横向きの[に]　sydlings；横向きの fan 'e side：横向きの写真 in foto *fan 'e side*；横向きに op 'e side：横向きに寝る *op 'e side* lizze

よこめ　横目　in sydlingse blik；人を横目で見る immen sydlings oansjen

よこもじ　横文字　in Europeeske [wes-

よこやり　横槍　横槍を入れる steure, ûnderbrekke（→邪魔する）, yngripe（→干渉する）

よこゆれ　横揺れ　*it* roljen,（地震の）laterale skok；（船・飛行機などが）横揺れする rolje, rôlje,（地震などが）lateraal skokke

よごれ　汚れ　*de* kladde, *it* plak, *de* smoargens；汚す smoarch meitsje,（しみをつける）grieme, kladderje；汚れる fersmoarje, smoarch wurde；汚れた grûzich, plakkerich, smoarch：家の中が汚れている grûzich yn 'e hûs wêze, 体が汚れて（いる）plakkerich om 'e lea, 汚れた茶碗 *de smoarge* kopkes, 汚れた川 in *smoarge* rivier（→汚染された川）

よこわりの　横割りの　（組織などが）horizontaal：横割り組織にする *horizontaal* organisearje

よさ　良さ　（真価）*de* fertsjinst(e),（利点）*de* deugd

よざい　余罪　oarmans misdieden：余罪を追及する *oarmans misdieden* neifreegje

よさん　予算　*de* begrutting,（見積もり）*de* berekkening, *de* priisopjefte, *de* roai, *de* rûs, *de* skatting：予算を立てる in *begrutting* meitsje, 予算（額）を超過する boppe［oer］de *begrutting* útgean；予算を立てる begrutsje,（見積もる）berekkenje

よし　由　（理由）*de* reden,（手段）*it* middel；何が起きるか知る由もない Witst noait wat der barre kin［sil］.；…の由 It sizzen is［giet］, dat …, Ik hear dat …

よし　葦　*it* reid（→葦 （あし））

よし！　Goed!, Okee!（→よろしい！）

よしあし　良し悪し　goed en kwea（→善悪）：良し悪しの判断は難しい De beoardieling fan *goed en kwea* is dreech.

よじげん　四次元　fjouwer diminsjes

よしず　葦簾　in reiden sket

よじのぼる　攀じ登る　klimme：壁をよじ登る oer in muorre *klimme*

よしみ　誼　*de* freonskip：友だちのよしみで om 'e wille fan de *freonskip*

よしゅう　予習　*de* tarieding；予習する jins lessen tariede, de les tariede

よじょう　余剰　*it* oerskot；余剰価値 *de* mearwearde

よじょう　余情　→余韻

よじる　捩る　ferdraaie, fersette, ferwringe, wringe：手をよじる jin de hannen *wringe*；よじれる krinkelje

よしん　予審　*it* foarûndersyk

よしん　予震　*de* foarskok

よしん　余震　*de* neiskok

よしんば（…としても）《接》al：よしんばそれが1日中続いたとしても ek *al* duorret it de hiele dei

よす　止す（止める）oerjaan, ophâlde, stopje：よせ！ Hâld op!；よしなさい！ Lit dat!

よすう　余数　（割り［引き］算の余り）*de* rêst / rest

よすが　縁　（手段）*it* middel（→手掛かり）

よすてびと　世捨て人　*de* hearremyt, *de* kluzener（→隠者）

よせ　寄席　'yose'（it teater foar it Japansk fariëtee）

よせあつめ　寄せ集め　*de* gearstalling；寄せ集める gearstalle

よせい　余生　de rest fan jins libben

よせい　余勢　*de* ympuls；余勢をかって troch de oerwinning oanmoedige

よせぎざいく　寄せ木細工　*it* mozayk；寄せ木張りの床 *it* parket, *de* parketflier

よせざん　寄せ算　→足し算

よせつけない　寄せ付けない　keare, ôfbliuwe, ôfhâlde, ôfwarre

よせる　寄せる　（近づける）neier bringe,（椅子などを）（引き寄せる）byskowe, oanlûke,（脇に押しやる）fuortsette, weitriuwe,（…に）（身を）libje (mei),（手紙などを）stjoere,（立ち寄る）delkomme, ynrinne,（一か所に）（かき集める）gearbringe, gearlûke

よせん　予選　*de* seleksjewedstriid；(…の) 予選を通過する jin klassearje (foar)

よそ　余所, 他所　(他の土地) *de* frjemdte；よその frjemd；よそ者 *de* frjemd

よそう　予想　*de* ferwachting, *it* foarútsjoch；予想する ferwachtsje, foarsjen：それは予想されることであった Dat wie te *foarsjen*.；予想外の ûnfoarsjoen, 予想外の[に] ûnferwacht(e) [-wachts]：予想外の費用 *ûnfoarsjoene* útjeften, 予想外の多数出席者 in *ûnferwacht* grutte opkomst

よそう　装う　(ご飯などを) opskeppe

よそおい　装い　(制服) *de* dracht, *de* klean, (飾り付け) *de* fersiering, (化粧) *de* opmaak：きちんとした装いをして moai yn 'e *klean*

よそおう　装う　(着飾る) jin optuge, (振りをする) fingearje, jin foardwaan

よそく　予測　*de* prognoaze (→見通し), (見積もり) *de* skatting；予測する oersjen, (見積もる) begrutsje, berekkenje, (予想する) foarsjen：彼の不幸は予測されなかった Syn ûngelok wie net *oer te sjen*.

よそみする　余所見する　ôfkeare：よそ見をするな！ Net *ôfkeare*!

よそめ　余所目　publike oandacht (→人目)；彼女はよそ目には幸せそうに見える Se liket gelokkich nei oaren ta.

よそよそしい　余所余所しい　ûnfreonlik, (そっけない) kâld, koartôf [-wei], koel：人に対してよそよそしくする *koel* tsjin immen dwaan

よぞら　夜空　*de* nachtloft

よたもの　与太者　*de* skoelje, *de* smjunt, *de* strjitbinde

よたよた　ûnfêst：よたよた歩く *ûnfêst* rinne；(老人・幼児が) よたよた歩く wjukkelje

よだれ　涎　*de* flibe, *it* spui (→唾液)：それが欲しくてよだれが出る De *flibe* rint my om 'e tosken.；よだれを垂らす flybkje, spuie；よだれ掛け *de* slab(be)

子供によだれ掛けを掛ける in bern *de* slab foardwaan

よだん　予断　→予測；予断を許さない wif wêze

よだん　余談　*de* ôfdwaling；余談ですが fierder(s) (→ついでに言うと)；余談はさておき om werom te kommen

よち　予知　*de* foarkennis, *it* meiwitten；予知する foarsjen

よち　余地　*de* romte：それについては改善[議論] の余地がない Dêr is gjin *romte* foar ferbettering [diskusje].

よちょう　予兆　*it* foarteken (→前兆)

よちよち　よちよち歩く waggelje, wjukkelje

よつ　四つ　四つ(の) (*de*) fjouwer

よつおり　四つ折り　*it* kwart (←四つ折り判)

よっか　四日　4日 fjouwer dagen

よつかど　四つ角　(十字路) *de* fjouwersprong, *de* krusing, *it* krúspunt, *de* krúswei

よつぎ　世継ぎ　*de* erfgenaam [-genamt], (王位の) *de* troanopfolger

よっきゅう　欲求　*de* drang, *de* driuw, *de* lust：彼は性的欲求を抑えることができなかった Hy koe de *lusten* net hâlde.；欲求不満 *de* frustraasje；欲求不満を起こさせる frustrearje

よつご　四つ子　*de* fjouwerling

よっつ　四つ　四つ(の) (*de*) fjouwer

よつつじ　四つ辻　→十字路

よって　因って　(それ故に) dêrfan, dêrom, dêrwei

よって　依って　(手段・準拠) …によって op grûn fan …, troch：彼女の援助によって *troch* har help

ヨット　*it* jacht, *de* sylboat, *it* syljacht；ヨットを操縦する sile；ヨットクラブ *de* sylferiening；ヨット操縦者 *de* siler (←ヨットマン)；ヨットハーバー *de* jachthaven；ヨットレース *de* silerij

よつば　四つ葉　四つ葉のクローバ *de* klaverfjouwer

よっぱらい　酔っ払い　*de* dronkeman；

酔っ払う jin bedrinke；酔った［て］dronken, ferkeard：酔っ払って帰宅する ferkeard thús komme

よっぴて　夜っぴて　→夜通し

よっぽど　→よほど

よつんばいで　四つん這いで　op hannen en fuotten；四つんばいになってはう op ('e) knibbels krûpe

よてい　予定　it plan, de planning, it skema：予定通りにはかどる neffens plan ferrinne；予定する ornearje：この部屋はあなたに使ってもらう予定だ Dizze keamer is foar jo ornearre.；予定表 de deiyndieling, it tiidskema（→スケジュール）

よとう　与党　de regearingspartij（↔野党）

よどおし　夜通し　（一晩中）de hiele nacht

よとく　余得　in ekstra fertsjinst

よどみ　淀み，澱み　（沈殿）it besinksel, de delslach, de ôfsetting,（停滞）de stagnaasje, de stilstân；よどむ ôfsette（→沈殿する）,（停滞する）stagnearje, stilstean；よどみなくしゃべる flot prate

よなか　夜中　(de) middernacht：（真）夜中に om middernacht = nachts

よなれた　世慣れた　wráldwiis（→世間擦れした）

よにげする　夜逃げする　nachts ûntsnappe

よねつ　余熱　restearjende waarmte

よねん　余念　→雑念

よのなか　世の中　（世間）de wráld,（時勢）de streaming：世の中に出る de (wide) wráld ynlûke, 世の中は狭いですね Wat is de wráld dochs lyts!

よは　余波　（災害・事件などの）de neisleep, de neiweeën, de neiwurking：台風の余波 de neisleep fan de tyfoan

よばいをする　夜這をする　in famke har sliepkeamer nachts ynslûpe om te frijen

よはく　余白　de romte, de spaasje；余白の marginaal

よび　予備　it reservoir,（予備品）de reserve；予備の reservearre；予備の椅子 de reservebank；予備の食糧 it / de proviand；予備の選手 de banksitter, de reservespiler（→補欠）, 予備のタイヤ de reservebân；予備の部屋 de gastekeamer（来客用の部屋）；予備（資）金 it reservefûns；予備試験 it tentamen；予備調査 it foarûndersyk；予備費 de foargeande kosten；予備部品 it reserveûnderliel；予備兵 de reservist

よびあつめる　呼び集める　gearbringe, gearroppe

よびいれる　呼び入れる　ynroppe,（…に）roppe (yn)：彼女を呼び入れなさい Rop har der ris yn.

よびおこす　呼び起こす　（人を）wekje,（記憶・興味を）oproppe, wekje：6時に呼び起こしてくれないか Wolst my om seis oere wekje?,（あることに対して）人に興味を呼び起こさせる geweldige belangstelling（foar eat）wekje

よびかけ　呼び掛け　de oprop,（訴え）it berop；（大声で）呼びかける beroppe, roppe, taroppe,（訴える）jin beroppe：大声で呼びかけても彼には聞こえなかった Ik koe him net beroppe.

よびすて　呼び捨て　呼び捨てにする rjochtsje dy [jo] no net ta immen sûnder syn titels te brûken

よびだし　呼び出し　de oprop,（召喚）de oprop：呼び出しに応じる oan in oprop foldwaan；呼び出す ôfroppe, oproppe,（召喚する）ferroppe, weromhelje,（霊などを）oproppe：証人を呼び出す in tsjûge oproppe, 霊を呼び出す geasten oproppe

よびたてる　呼び立てる　taroppe,（人を）（来るように求める）immen fersykje (om) te kommen

よびつける　呼び付ける　roppe,（召喚する）sommearje：先生が私を職員室に呼び付けた De learaar rôp my nei de learaarskeamer.

よびとめる　呼び止める　oanroppe, roppe：見知らぬ人を呼び止める in frjemd

よびな　呼び名　jins gewoane namme, de alias（→通称）: oanroppe

よびにやる　呼びにやる　helje（litte）: 医者を呼びにやる de dokter helje（litte）

よびもどす　呼び戻す　weromroppe,（記憶などを）ophelje, roppe,（召喚する）weromhelje：大使を呼び戻す de ambassadeur weromhelje

よびもの　呼び物　de attraksje, de publykslûker：その晩の最大の呼び物 de grutste attraksje fan 'e jûn

よびょう　余病　de komplikaasje：余病を併発する in komplikaasje besoargje；彼は重い病気を患っていたが，余病を併発し，亡くなった Hy wie slim siik, en doe't der komplikaasjes by kamen, is er stoarn.

よびよせる　呼び寄せる　gearroppe,（呼び集める）gearbringe

よびりん　呼び鈴　de bel, de doarbel：呼び鈴を押す op 'e bel drukke

よぶ　呼ぶ　（声を掛ける）bestelle, roppe,（医者などを）roppe,（関心・注目などを）lûke, oanlûke, wekje,（反響・疑惑などを）bewurkje, oandwaan, oproppe,（招待する）bidde, noadigje,（名付ける）neame,（…と）hjitte（→称する）＊通例，過去分詞 hjit で用いられる：タクシーを呼ぶ in taksy bestelle, 医者［警察］を呼ぶ in dokter［plysje］roppe, 注目を呼ぶ de oandacht oanlûke, 疑惑を呼ぶ twivel oproppe, 人をお茶に呼ぶ immen op 'e tee noadigje, 彼らは息子をリッケラと呼んでいる Sy neame har soan（fan）Likele., ベアトリックスと呼ばれているわが国の女王 ús Keninginne hjit Beatrix

よふかし　夜更かし　夜更かしをする nachts let opbliuwe

よふけに　夜更けに　oant let yn 'e nacht

よぶん　余分　de oerstalligens［-lichheid］；余分な［に］ekstra, oerstallich, tefolle, 余分に deropta, oer：これらの板は余分だ Dizze planken binne oerstallich., もう少し余分［余計］にください Jou mar oer.

よほう　予報　de foarsizzing；予報する foarsizze；天気予報 it waarberjocht

よぼう　予防　de previnsje,（防止）de ferhindering；予防する foarkomme,（防止する）ferhinderje, ferhoedzje；盗難予防 de ynbraakprevinsje；予防接種 de faksinaasje, de yninting：インフルエンザの予防接種 faksinaasje tsjin de gryp；予防接種［注射］する ynintsje：…の予防注射をする ynintsje tsjin …

よほど　余程　（かなり）behoarlik, belangryk,（もう少しで）benei, hast

よぼよぼの　ôflibbe, útlibbe：よぼよぼの馬 in ôflibbe hynder

よみ　黄泉　（黄泉の国）it deaderyk

よみ　読み　de lêzing,（先見）it foarútsjoch,（洞察）it ynsjoch：彼女は読みが浅い［深い］Se hat gjin［in skerpsinnich］ynsjoch.

よみあげる　読み上げる　ôflêze：名前を読み上げる in namme ôflêze

よみあやまる　読み誤る　ferkeard útsprekke,（誤解する）ferkeard útlizze

よみおとす　読み落とす　1行読み落とす in rigel oerslaan

よみおわる　読み終わる　trochlêze, oan 'e ein ta lêze

よみかえす　読み返す　neilêze, oerlêze, op 'e nij lêze

よみがえる　蘇，甦る　ferrize, oplibje：キリストは3日目によみがえるだろう Kristus sil op 'e tredde dei ferrize.；よみがえらせる opwekje：死者をよみがえさせる de deaden opwekje

よみかき　読み書き　lêzen en skriuwen

よみかた　読み方　（発音）de útspraak,（解釈）de ynterpretaasje

よみきかせる　読み聞かせる　foarlêze

よみきる　読み切る　útlêze（→通読する）

よみごたえ　読み応え　この本は読みごたえがある Dit boek is it lêzen wol

wurdich.
よみこなす　読みこなす（理解する）begripe, ferstean：このような詩はなかなか読みこなせない Sokke dichten binne dreech te *begripen*.
よみて　読み手　*de* lêzer
よみとおす　読み通す　trochlêze（→通読する）
よみとばす　読み飛ばす　oerslaan：4ページ読み飛ばす fjouwer siden *oerslaan*
よみにくい　読み難い　彼女の字はとても読みにくい Har hânskrift is tige ûnlêsber.
よみふける　読み耽る　troch te lêzen absorbearre wêze
よみもの　読み物　*de* lektuer,（教材としての）*de* lêsstof, *it* lêzen：もう読み物がない Ik haw gjin *lektuer* mear. = Ik haw neat mear te lêzen.
よむ　読む（文字・文章を）lêze,（音読する）foarlêze, lûdop lêze,（黙読をする）lûdleas lêze,（推察する）riede,（理解する）lêze：本を読む in boek *lêze*, 聖書（の一節）を声に出して読む út 'e bibel *foarlêze*, 私は彼女の眼差しから不安な表情を読み取った Ik *lies* de eangst yn har eagen., この文章をどう読み［→理解］ますか Hoe *lêsto* dizze sin?
よめ　嫁（息子の妻）*de* skoandochter（義理の娘）,（花嫁）*de* breid,（妻）*de* frou
よめい　余命　*de* rest [rêst] fan jins libben；彼の余命 syn hiele fierdere libben；彼女の余命はいくばくもない Har dagen binne teld.
よめいり　嫁入り　*de* trouwerij；嫁入り道具［衣装］*de* útset
よめる　読める　lêze kinne,（分かる）ferstean：彼女は日本語が少し読める Se kin in bytsje Japansk *lêze*.
よもぎ　蓬, 艾　*de* byfoet
よもや　→まさか
よやく　予約（座席・ホテルの）*de* plaksprekking,（本などの）*de* ynskriuwing,（約束）*de* ôfspraak：予約によって購入する by *ynskriuwing* ferkeapje, 今朝予約ができますか Kin ik fan 'e moarn in ôfspraak meitsje?；予約する reservearje,（本・雑誌などを）abonnearje；予約注文する yntekenje：新刊書を予約注文する *yntekenje* op in nij boek；座席を予約する plakbesprekke
よゆう　余裕（時間・経費などの）*de* marzje,（空間の）*de* romte；（形）余裕がある rom；…の余裕がない jin permittearje：自動車を買う余裕はない Ik kin my gjin auto *permittearje*.
より　縒り　*de* draai；よりを戻す fermoedsoene（→仲直りをする）
（…）より　《比較》as,《起点》（…から）fan, sûnt,（…より以外に）behalve(n), útsein：夏の天気よりは春の天気がよかった Wy hiene fan 't maitiid better waar *as* yn 'e simmer., フリジア語はオランダ語より音声の数が多い It Frysk hat mear lûden *as* it Hollânsk., 事務所より居間へ *fan* it kantoar nei de wenkeamer, アムステルダムよりフローニンゲンまで *fan* Amsterdam nei Grins, 1986年より *sûnt* 1986, 私には読書よりほかに道楽はない Ik haw gjin hobbys *behalven* lêzen.
よりあい　寄り合い　*de* gearkomste；寄り合う assemblearje, gearkomme
よりあつまる　寄り集まる　wimelje（→寄り合う）
よりかかる　寄り掛かる（…に）leune [steune]（op）：壁に寄りかかる *leune* op 'e muorre
よりごのみ　選り好み　より好みをする sinnich wêze：彼女は食べ物により好みがある Se *is sinnich* wat iten oanbelanget.
よりすぐる　寄り縒る　→頼る
よりそう　寄り添う　oankrûpe,（心地よく）jin nestelje：彼らはソファーに心地よさそうに寄り添っていた Sy *nestelen* har tegearre op 'e bank.；寄り添って deun neist：彼女は母親に寄り添って歩いていた Se rûn *deun*

よりつく　寄り付く　tichtby komme（→接近する）；寄りつかない mije, ûntwike（→避ける）
よりどころ　拠り所　（根拠）de basis, de grûn；信仰は彼女の心のより所です It leauwen is har ienige anker.
よりぬく　選り抜く　útkarre, útpikke（→選(え)り抜く）
よりみち　寄り道　寄り道する oanrinne（→ちょっと立ち寄る），（回り道をする）omfytse, omreizgje, omride
よりめの　寄り目の　skilich
よりょく　余力　de reservekrêft [-macht]；あることをする余力がある genôch enerzjy hawwe om eat te dwaan
よりわける　選り分ける　skiftsje, sortearje, útsykje：りんごを選り分ける appels skiftsje, サイズによって選り分ける op mjitte sortearje
よる　夜　de nacht, (夕方) de jûn：夜も昼も nacht en dei, 水曜日の夜から木曜日の夜にかけて yn 'e nacht fan woansdei op tongersdei, 夜に by nacht [jûntiid] = jûntiids, nachts, 夜遅く op 'e lette jûn
よる　因る, 依る, 由る　（…が原因で）fan, fanwege(n), foar, oan, troch, trochdat,（…に応じて）neffens, ôfhinklik fan,（手段・方法によって）by, troch：空腹により fan de honger, 悪天候により fanwege(n) it minne waar, われわれの犯した罪により foar ús sûnden, がんにより死ぬ oan kanker stjerre, 猛暑により troch fûle hjittens, 電話によって oer de telefoan, その作家によって troch de skriuwer
よる　拠る　（…に基づいて）neffens, nei, troch middel fan：彼の忠告により neffens syn advys, 規則により neffens it reglemint
よる　寄る　（近づく）bykomme,（集って来る）gearkomme,（立ち寄る）delkomme（→訪問する）：子供たちが私の所へ寄って来た De bern kamen by my gear., じきにまた私どもの所へ寄ってください Do moatst yn koarten wer ris by ús delkomme.；《諺》3 人寄れば文珠の知恵 Twa witte, kinne mear as ien (allinne).
よる　選る　（選び出す）útpikke, útsykje
よる　縒る　（糸・紐などを）meitsje troch stringen yninoar te draaien
よれよれの　flanterich, suterich：彼の洋服はよれよれになっている Syn klean binne flanterich.
よろい　鎧　it harnas, de rissing,（胴よろい）it pânser
よろいど　鎧戸　it lûk,（シャッター）it blyn, de sluter
よろく　余禄　in ekstra fertsjinst（→余得）
よろこばしい　喜ばしい　bliid, heuchlik
よろこばす　喜ばす　befalle, ferguldzje, ferhûgje, oanstean
よろこび　喜び, 悦び　de blydskip, it leaf, de nocht,（大喜び）de freugde：喜びのあまり思わず叫ぶ skrieme fan blydskip, 喜んで mei nocht（→満足して），子供(たち)の大喜び de freugde fan myn bern, 大喜びして(いる) fol freugde (wêze)；喜ぶ jin ferhûgje,（…に）(大喜びする) jin ferlustigje (yn)
よろこんで　喜んで　graach, mei alle wille：喜んでその仕事をします Ik doch dat wurk leaver. ＊ leaver は graach「喜んで」の比較級；（…で）喜んでいる bliid [wiis] wêze (mei)；喜んで…する ree [willich] wêze om … te …：喜んでお手伝いします Ik bin ree om jo te helpen.
よろしい！　宜しい！　Goed!, Okee!
よろしかったら　as jo wolle
よろしく！　（母から）（…に）Dochst … de groeten (fan mem)!, 母からよろしく Krijst de groeten fan mem!
よろめく　knoffelje, strampelje
よろん　世論　publike opiny（→世(せ)論）；世論に訴える jin beroppe op de publike opiny；世論調査 it opiny-ûndersiik

よわい　弱い　（体力・性格が）slop, swak, tear, wrak, (性格・知能が) swak, (色・光などが) tear, (苦手な) net sterk (→不得意な)：足首が弱い *slop yn 'e ankels*, 弱い足 *swakke fuotten*, 弱い性格 *swak karakter*, 弱い者 *in swak persoan*, (…に)弱い *in swak hawwe (foar)*, 意志の弱いやつ *in sloppe [willeaze] fint* = *de swakkeling*, 体の弱い少年 *in tear jonkje*, 色が弱い *De kleur is tear.*, ぼくは数学に弱い *Ik bin net sterk yn wiskunde.*; 頭が弱い *swaksinnich*; 暑さに弱い *maklik befongen wurde troch de hjitte*; 酒に弱い *gau dronken wurde*

よわき　弱気　*de swakkens*; 弱気な *skichtich, skoftich, skrutel*

よわく　弱く　*meager*; 弱くする *ferslopje*

よわごしの　弱腰の　*swak yn de knibbel*, (意気地のない) *slop*

よわさ　弱さ　*de swakkens, de swakheid, de swakte*

よわす　酔わす　*immen dronken fuorje*, (うっとりさせる) *betoverje*

よわたりする　世渡りする　*foarútbuorkje [-gean] yn de wrâld*

よわね　弱音　弱音を吐く *eamelje, grine, jeuzelje* (→泣き言を言う)

よわび　弱火　*in lytse flam* (→弱火(とろ))

よわまる　弱まる　（苦痛などが）*ferswakje, ôfsakje*, （風・嵐などが）*falle, ôfsakje, ôfswakje*, （衰える）*ferfalle*：風が弱まっている *De wyn falt.*, 嵐が弱まりつつある *De stoarm is yn it ôfsakjen.*

よわみ　弱み　（弱点）*it swak, de swakkens, de swakte*：人には誰でも弱みがあるものだ *Elk minske hat syn swak.*

よわむし　弱虫　*de janhin, de labbekak, de sleaukert, de sloppeling, de stakker*

よわめる　弱める　*ôfsakje, ôfswakje*

よわよわしい　弱々しい　*krêfteleas, larderich, skriel*：弱々しい坊や *in skriel fintsje*

よわらせる　弱らせる　→弱める, (体力などを) *ferswakje litte*, (困らせる) *ferbouwerearje*

よわりはてる　弱り果てる　（へとへとに疲れる）*deawurch wurde*, (困り果てる) *deaferlegen wêze, der alhiel ôf wêze* (→当惑する)

よわりめ　弱り目　《諺》弱り目に崇(た)り目　*In ûngelok komt hast nea allinne.*

よわる　弱る　（衰弱する）*ferswakje, úttarre*, （困る）*yn ferlegenheid brocht wêze*：彼女は病気で弱っている *De sykte hat har úttard.*

よん　四　四（の）（de）*fjouwer*; 四番目（の）（*it/de*）*fjirde*

よんじゅう　四十　40（の）（de）*fjirtich*; 40番目（の）（*it/de*）*fjirtichste*

よんじゅういち　四十一　41（の）（de）*ienenfjirtich*

よんとうぶん　四等分　四等分する *eat yn fjouweren diele*

よんどころない　拠ん所無い　（已むを得ない）*tsjin heuch en meuch* (→仕方なく)

よんびょうし　四拍子　*de fjouwerkwartsmjitte*

よんりんの　四輪の　*mei fjouwer tsjillen*

ら ラ ra

ラード　*de* riezel
らいう　雷雨　*it* ûnwaar,（一時的に激しい）*de* tongerbui
らいうん　雷雲　*de* tongerloft［-kop / -wolk］, *de* ûnwaarswolk：雷雲が空を覆っている Dêr sit［hinget］in *tongerloft*.
らいえん　来援　来援を頼む immens help ynroppe（→人に助けを求める）
ライオン　*de* liuw,（雌の）*de* liuwinne
らいかん　雷管　*it* slachhuodsje
らいきゃく　来客　*de* besiker, *de* gast：不意の来客 in ûnferwachte besiker；（ホテルなどの）来客名簿 *it* gasteboek
らいげつ　来月　*de* folgjende［oare］moanne
らいこう　来航　ペリーは浦賀に1853年に来航した Perry kaam yn 1853 mei it skip nei Uraga ta.
らいさん　礼賛　*de* lof, *de* lofprizing（→賞賛）
らいしゅう　来週　nije［oankommande］wike
らいしゅう　来襲　*de* ynfal, *de* oerfal：敵の来襲に備える maatregels treffe tsjin in fijannige ynfal
らいしゅん　来春　takom(me) maitiid［-tyd］
らいじょうする　来場する　meidwaan（→出席する）；来場者 *de* audiïnsje, *it* gehoar
らいしん　来診　来診を求める dokter komme litte
ライス　*de*（seane）rys；ライスカレー rys mei kerry
らいせ　来世　*it* hjirneimels（→黄泉（よみ）の国）
ライセンス　（免許証）*it* brevet, *de* fergunning, *de* frijbrief, *de* lisinsje
ライター　（たばこ用の）*de* fjoeroanstekker, *de* oanstekker
ライター　（著作家）*de* skriuwer
らいちょう　雷鳥　*de* sniegoes
らいてんする　来店する　nei ús winkel ta komme；ご来店をお待ちしております Wy ferwachtsje jo yn ús winkel.
ライト　（明かり）*it* ljocht：ライトをつける［消す］it *ljocht* oandwaan［útdwaan］
ライトきゅう　ライト級　*it* lichtgewicht；ライト級の選手 *de* lichtgewicht
ライトバン　*de* stationcar
らいにちする　来日する　Japan besykje, nei Japan ta komme
らいねん　来年　takom jier
ライバル　（競走相手）*de* konkurrint, *de* meistrider, *de* rivaal
らいびょう　癩病　*de* lepra（→ハンセン病）
らいひん　来賓　（来客）*de* gast,（訪問客）*de* besiker；来賓室 *de* gastekeamer
ライフ　（生命・生涯）*it* libben；ライフスタイル *de* libbensstyl；ライフワーク *it* libbenswurk
ライブラリー　（図書館）*de* biblioteek
ライフル　（銃）*it* gewear, *it* sjitgewear
らいほう　来訪　→訪問；来訪者 *de* besiker
ライむぎ　ライ麦　*de* rogge；ライ麦パン *it* rogge(n)brea
らいめい　雷鳴　*de* slach, *de* tongerslach
ライラック　*de* sering（→リラ）
らいれき　来歴　*de* histoarje,（由来）*de* oarsprong, *de* ôfkomst,（起源）*it* komôf, *it* ûntstean
ラウドスピーカー　（拡声器）*de* lûd-

spreker
ラガー（ラグビー）it rugby
ラガービール it lagerbier, it / de pils
らく 楽 it gemak, de gerêststelling, de geryflikens, de maklikens [-likheid]; 楽な［に］gerêst, geryflik, maklik：楽な仕事 in maklik putsje；楽になる romje；どうぞお楽に！ Doch mar as wiest thús!；《諺》楽あれば苦あり Dy't moai wêze wol, moat pine útstean.
らくいん 烙印 （焼き印）it brânmerk（←汚名）；烙印を押す merke
らくえん 楽園 it paradys：そこは楽園みたいな所だ It liket dêr wol in paradys.
らくがき 落書き （壁などの）de graffity,（いたずら書き）de krabbel：汽車に落書きが一杯してあった De trein siet ûnder de graffity., 落書きする graffity skriuwe
らくご 落語 in komike fertelling；落語家 de komyk, in komike ferteller
らくごする 落伍する, 落後する efteropkomme, ôffalle, efterop reitsje,（脱落する）útfalle；落伍者 de efterbliuwer
らくさ 落差 （高さの）it hichteferskil, it nivoferskil,（違い）it ferskil
らくさつ 落札 in suksesfol bod：落札する in suksesfol bod dwaan；落札者 de bieder（↔入札者）；落札価格 in oerienkommen priis
らくじつ 落日 de sinneûndergong（→日没）（↔日の出）
らくせい 落成 →完成
らくせき 落石 in fallende stien, in fallend rotsblok
らくせんする 落選する 彼は選挙に落選した Hy hie by de ferkiezing gjin sukses.
らくだ 駱駝 it / de kamiel
らくだいする 落第する sakje（↔進級する）；落第生 de sittenbliuwer, in studint dy't sakket；落第点 de ûnfoldwaande（→不合格点）
らくたん 落胆 de mismoedigens, de teloarstelling；落胆させる mismoedigje, teloarstelle；落胆した［て］mismoedich, teloarsteld：落胆する mismoedich wurde, 人を落胆させる immen mismoedich meitsje
らくちゃくする 落着する besljochtsje, oplosse（→解決する）
らくちょう 落丁 in ûntbrekkende side
らくてんてきな［に］ 楽天的な［に］ optimistysk；楽天家［主義者］de optimist；楽天主義 it optimisme
らくのう 酪農 it suvelbewurkjen；酪農家 de melkfeehâlder；酪農業 de melkerij；酪農場 de melkerij, it suvelbedriuw；酪農製品 it molkprodukt,（乳製品）de suvel
らくばん 落盤 de fersakking（→陥没）；落盤する fersakje
ラグビー it rugby
らくよう 落葉 fallen fan blêden；すっかり落葉している Blêdden binne al fallen.
らくらい 落雷 de tongerslach
らくらく（と） 楽々（と） mei gemak, sûnder kantroeren（→容易に）
ラケット （テニスラケット）it / de tennisracket
（…）らしい （…のように思われる）lykje, skine, talykje,《接》（…にふさわしい）krekt as,（…ということらしい）It sizzen is [giet], dat …：彼は怒っているらしい Hy liket lilk te wêzen., 雨になるらしい It liket as sil it reine., ドアは全部閉まっているらしい It skynt dat alle doarren ticht wiene., 彼女は1年前より快方に向かっているらしい It liket my ta dat se der better útsjocht as in jier lyn., 彼女はきっとお金を必要としているらしい It sizzen giet dat se jild nedich hat.；いかにも…らしい krekt wat（foar）：誕生日を忘れるなんていかにも彼らしい It is krekt wat foar him om syn jierdei te ferjitten. ＊形容詞語尾 –ich や –lik を有する語にも「…らしい」の意味を持つ語がしばしば見られる：子供らしい bernich, 女性らしい froulik

ラジウム　*it* radium
ラジエーター　（電気の暖房器）*de* ferwaarming, *de* radiator,（車の冷却器）*de* radiateur
ラジオ　（放送）*de* radio,（受信機）*de* radio：携帯ラジオ in draachbere *radio*, ラジオを聴く nei de *radio* harkje, ラジオをつける［消す］ de *radio* oansette [útsette]；ラジオアナウンサー *de* radio-omropper《女性形 –ropster》；ラジオ受信機 *it* radiotastel；ラジオ聴取者 *de* radioharker；ラジオ番組 *it* radioprogramma；ラジオ放送 *de* radio-omrop, *de* radioútstjoering；ラジオ放送局 *it* radiostasjon
らしんばん　羅針盤　*it* kompas：羅針盤で航行する op *kompas* farre [sile]
ラスト　（最後の）lêst：ラストチャンス de *lêste* kâns
ラズベリー　*de* framboas
らせん　螺旋　*de* spiraal；らせん状［形］の skroeffoarmich；らせん階段 *de* draaitrep(pen), *de* winteltrep；らせんぜんまい *de* spiraalfear
らたい　裸体　in neakene lea：裸体の［で］neaken；裸体画［彫刻］*it* / *de* neakenfiguer；裸体写真 *de* neakenfoto（→ヌード写真）；裸体主義者 *de* neakenrinner（ヌーディスト）
らち　埒　（限界）*it* bestek；らちが明かない→はかどらない
らち　拉致　*de* ûntfiering：拉致する ûntfiere（→誘拐(ゆうかい)する）
らっか　落下　*de* fal；落下する falle；落下傘(さ)→パラシュート
ラッカー　*it* / *de* lak；ラッカーを塗る lakke
らっかせい　落花生　*de* apenút（→ピーナッツ）
らっかん　楽観　in optimistysk bestek；楽観的な［に］optimistysk（→楽天的な［に］）；楽観する optimistysk wêze；楽観家→楽天家
ラッキーな　（幸運な）gelokkich, lokkich
らっきょう　辣韮　*de* selot, *de* sjalot

らっこ　猟虎　*de* seeotter
ラッシュ　（混雑）*de* kongestje,（好景気）*de* heechkonjunktuer；ラッシュアワー *de* spits, *de* spitsoere：ラッシュアワーに yn 'e *spitsoere*, 7時がラッシュアワーだ Om 7 oere is it *spitsoere*.
らっぱ　喇叭　*de* trompet,（トランペット）*de* bazún / bazune：らっぱを吹く op 'e *trompet* blaze [spylje]
ラップ　*it* sellofaan（→セロファン）：ラップで包む eat yn *sellofaan* wuolje
らつわんの　辣腕の　（敏腕な）betûft, gewikst, skerpsinnich
ラテンご　ラテン語　*it* Latyn；ラテン語（の）, ラテン系（の）(*it*) Latynsk
らば　騾馬　*it* mûldier
ラブ　（愛）*de* leafde；ラブシーン *de* leafdesêne；ラブストーリー *de* leafdeskiednis；ラブソング *it* leafdeliet；ラブレター *it* / *de* leafdesbrief
ラベル　*it* etiket, *it* label：（…に）ラベルを貼(は)る in *etiket* plakke (op)
ラベンダー　*de* lavindel
ラム　（酒）*de* rum
ラム　（子羊肉）*it* lammefleis
られつする　羅列する　opneame, opsomje（→列挙する）
らん　蘭　*de* kaaiblom, *de* orchidee
（-）らん　（-）欄　（新聞などの）*de* kolom,（寄稿欄）*de* kronyk；《複合語の第二要素として》(-)rubryk：スポーツ欄 in sport*rubryk*
らんうん　乱雲　in grutte grize reinwolk（→雨雲）
らんおう　卵黄　*de* djerre, *it* giel, *it* read：卵（の）黄（身）it giel [read] fan it aai（↔白身）
らんがい　欄外　*de* marzje：欄外に yn 'e *marzje*；欄外の marginaal
らんかく　卵殻　*de* aaidop
らんかく　乱獲　（動植物の）eksessive [oerdiedige] fiskerij [jacht]；（魚や動物を）乱獲する oerdiedich [roekleas] fiskje [jeie]
らんがく　蘭学　de stúdzje fan Hol-

lânske（of Westerske）wittenskippen；蘭学者 in gelearde fan it Hollânsk
らんかん　卵管　de aailieder
らんかん　欄干　de leuning, de lining
らんきりゅう　乱気流　de turbulinsje：乱気流に巻き込まれる telâne komme yn de *turbulinsje*
ランキング　（格付け）de klassearring
ランク　（位）de posysje,（格付け）de klassearring
らんさいぼう　卵細胞　de aaisel
らんざつ　乱雑　de disoarder；乱雑な[に] oarderleas, rommelich
らんし　卵子　de aaisel（→卵細胞）（↔精子）
らんし　乱視　it astigmatisme；乱視の astigmatysk
らんしゃする　乱射する　yn it wylde wei fjurje
らんじゅくした　爛熟した　oerryp：らんじゅくする *oerryp* wurde
らんしん　乱心　（狂気）de dûmens, de dwylsin, de krankinnigens, de waansin
らんすう　乱数　in aselekt getal
らんそう　卵巣　it fruchtbegjinsel, de fruchtknop, it ovarium；卵巣がん aaistôk kanker；卵巣腫瘍 de aaistôktumor；卵巣ホルモン aaistôk hormoanen
らんだする　乱打する　stompe, wyld slaan
ランチ　（昼食）de lunch / lunsj, it mid-deisiten [-miel],（冷たい）it brea
らんとう　乱闘　（殴り合い）de fjochterij, de houwerij, de slaggerij
らんどく　乱読　willekeurich lêzen；乱読する willekeurich lêze
ランドセル　de skoaltas
ランドリー　de waskerette
ランナー　（走者）de rinner：長距離ランナー de langeôfstânrinner
らんにゅうする　乱入する　ynbrekke
ランニング　（走ること）de rin
らんぱく　卵白　it aaiwyt, it wyt fan in aai
らんぴ　乱費　it fergriemen；乱費する ferbargje, ferbrûke, fergrieme（→浪費する）
らんぴつ　乱筆　de krabbel
らんぶ　乱舞　in útlitten dûns；乱舞する útlitten dûnsje
ランプ　de lamp(e),（明かり）it ljocht
らんぼう　乱暴　it geweld, de rûgens；乱暴な geweldich, rûch, woast：乱暴な口のきき方 *rûch* praat；乱暴する geweld brûke
らんまん　爛漫　らんまんと咲き乱れている yn 'e folle bloei wêze
らんみゃく　乱脈　de betizing, de trewyn, it ûnstjoer：乱脈を極めて（いる）yn *trewyn*（wêze）
らんよう　乱用　it misbrûk；乱用する misbrûke

り　リ　ri

り　利　（利益）de fertsjinst, it gewin, it profyt, de winst,（有利）it foardiel, it genot,（得）it profyt,（利子）de rinte
り　理　（理性）it ferstân,（道理）de rede；理にかなった ordintlik, reedlik
リアリズム　（現実主義）it realisme
リアルな　（現実的な）realistysk,（現実の）reëel；リアルタイム echte tiid,（同時性）de lyktidigens [-tidichheid]
リーグ　（スポーツの）（連盟）de divyzje
リース　（花輪）de krâns(e)
リーダー　（指導者）de lieder；リーダーシップ it liederskip

リード （得点の差） *de* foarsprong：わずかなリードで勝つ mei in lytse *foarsprong* winne

リール （糸車） *de* haspel / hispel, *de* klos, （フィルム・ホースなどの） *de* spoel；（リールに）巻く haspelje

りえき 利益 *de* fertsjinst, *it* foardiel, *it* gewin, *it* profyt：人から何らの利益も受けない neat gjin *profyt* fan immen hawwe；利益を得る profiteare；利益をもたらす rendearje；利益のある rendabel

りえん 離縁 *de* skieding （→離婚）；離縁状 *it* / *de* ôfskiedsbrief

りか 理科 *de* wittenskip

りかい 理解 *it* begryp, *it* besleur, *de* ferstânhâlding, *it* ynsjoch, （理解力） *it* ferstân：それは理解を越えている Dat giet boppe myn *begryp*., 彼はこの件に関して十分な理解を持っている Hy hat wol *ynsjoch* yn dy saak.；理解する begripe, fernimme （→悟る）, ferstean, fetsje, neikomme, snappe （→分かる）：すみませんが君の言っていることは理解できません Nim my net kwea(ôf), ik *ferstie* dy net., それは私には理解できない Dat kin ik mei myn ferstân net *fetsje*.；理解できる begryplik, ferklearber, fersteanber：自分の考えを理解してもらう jin *fersteanber* meitsje

りがい 利害 （利益と損失） gewin [winst] en ferlies, （有利と不利） foardiel en neidiel；利害関係 *it* belang：（…に）利害関係を持つ *belang* hawwe （by）

りがく 理学 *de* wittenskip；理学療法 *de* fysioterapy；理学療法士 *de* fysioterapeut

りがんする 離岸する （出航する） farre, útfarre

りき 利器 *de* gemakken：現代のあらゆる利器 alle moderne *gemakken*

りきがく 力学 *de* dynamyk；力学上の dynamysk

りきさく 力作 *de* krêfttoer

りきし 力士 in 'sumo' wraksel(d)er

りきせつする 力説する aksintuearje；あることを力説する earne (de) klam op lizze

りきてん 力点 （重点） *it* aksint：（…に）力点をおく it *aksint* lizze (op)

りきみ 力み *de* spankrêft, *de* spanning；力む spanne, stinne

リキュール *de* likeur

りきりょう 力量 （能力） *it* fermogen, *de* knappens, *de* krêft：力量を試す jins *krêften* teste

りく 陸 *it* lân, （大陸） *it* kontinint

りくあげ 陸揚げ *it* útladen；陸揚げする losse, útlade；陸揚場 *it* losplak

リクエスト *it* fersyk, *de* oanfraach, *it* oansiik [-syk]：リクエストする in *fersyk* dwaan；リクエスト番組 *it* fersykplateprogramma

りくかいくう 陸海空 lân, see en loft：陸海空を制する it *lân*, de *see* en de *loft* kontrolearje

りくぐん 陸軍 *de* lânmacht, *it* leger

りくち 陸地 →陸

りくつ 理屈 *de* rede, （論理） *de* logika, （理論） *de* teory, （こじつけ） *it* sofisme；理屈っぽい rûzje-achtich, （口論好きの） tsierderich, wrokkerich

りくとう 陸稲 de rys dy't boud wurdt op 'e lân

リクライニングシート *de* sliepstoel （←リクライニングチェア）

りくろで 陸路で oer it lân；陸路と海路経由で te lân en te wetter

りけん 利権 *de* konsesje, （権利） *it* rjocht

りげん 俚諺 in provinsjaal idioom

りこ 利己 *de* eigenbaat, *de* selssucht；利己的な [に] baatsuchtich, egoïstyk, selssuchtich；利己主義 *it* egoïsme, *de* selssucht；利己主義者 *de* egoïst

りこう 利口 *de* skranderens；利口な behindich, betûft, skrander, túk：利口な女の子 in *behindich* fanke

りこう 履行 （実行） *de* útfiering, *de* útoefening；履行する ynlosse, （実行する） ferfolje, útfiere, útoefenje：約束

を履行する in belofte *ynlosse*

リコール （欠陥品・廃品などの）（回収） *it* opheljen, （解散・解職の） *de* ôfsetting, *de* ûntbining；リコールする ophelje

りこん 離婚 *de* echtskieding, *de* skieding：離婚をしている yn (in) *skieding* lizze；離婚する［させる］ skiede：彼の妻は離婚を望んでいる Syn frou wol *skiede*.；離婚女性 in skieden frou；離婚訴訟 *de* echtskiedingsproseduere

リサイクル *it* recycljen；リサイクルする recyclje；リサイクル紙 *it* werbrûkpapier

りさいする 罹災する （被災する）lije；罹災者 *de* lijer

リサイタル *it* recital

りざや 利鞘 *de* winstmarzje

りさんする 離散する ferspriede, fertoarkje

りし 利子 *de* yntrest, *de* rinte （→利息）：利子で生活する fan de *yntresten* libje = rintenierje

りじ 理事 *de* bestjoerder, *de* direkteur, *de* regint；理事会 *it* bestjoer, *it* haadbestjoer

りしゅうする 履修する （課程などを）（修了する）ôfmeitsje, ôfstudearje：全教科を履修する alle fakken *ôfmeitsje*

りじゅん 利潤 →利益

りしょく 利殖 *de* jildwinning

りしょくする 離職する jins baan oerjaan

りす 栗鼠 *de* iikhoarn

りすう 理数 wittenskip en wiskunde

リスク （危険） *it* / *de* risiko：リクスのない sûnder *risiko*

リスト （目録） *de* list, *de* rol, *de* steat：リストを作る *listen* opmeitsje（→列挙する）

リズミカルな［に］ ritmysk：リズミカルな音楽 *ritmyske* muzyk

リズム （律動） *it* ritme：音楽のリズムに合わせて op it *ritme* fan de muzyk

りする 利する （得をする）profitearje, winne, （利用する）jin betsjinje

りせい 理性 *it* ferstân：感情と理性 it hert en it *ferstân*, 理性を失う it *ferstân* ferlieze；理性のある ferstanlik；理性的な［に］rasjoneel；理性のない redeleas

りそう(の) 理想(の) (*it*) ideaal：戦争のない世界が多くの人たちの理想だ In wrâld sûnder oarloch is it *ideaal* fan in soad minsken.；理想郷 *de* utopy（→ユートピア）；理想主義の idealistysk, 理想主義(的)な ideëel；理想主義 *it* idealisme；理想主義者 *de* idealist

リゾート （保養地） *de* fakânsje-oarde（→行楽地）

りそく 利息 →利子

りだつ 離脱 *de* ôfskieding, （脱退） *de* ôffal；離脱する ôffalle, ôfskiede；党を離脱する ûntrou oan in partij wurde

りち 理知 *de* yntelliginsje, *it* tinkfermoegen；理知的な［に］ yntellektueel, yntelligint

リチウム *it* litium

りちぎな 律儀な earlik, oprjocht（→正直な，誠実な）：彼は律儀な人だ Hy is in *oprjocht* man.

りちゃくりく 離着陸 opstiging en lâning

りつ 律 （規律） *de* dissipline, （旋律） *de* meldij, （戒律） *it* gebod

りつ 率 （割合） *it* gehalte, *de* proporsje, （百分率） *it* persintaazje（→パーセンテイジ）；率のいい仕事 goed betelle wurk

りつあん 立案 *it* plan, *de* planning（→計画）：立案する in *planning* meitsje = planne；立案者 *de* planner

りっか 立夏 it begjin [de earste dei] fan 'e simmer ＊5月6日頃

りっきゃくする 立脚する （…に）basearje (op)（→…に基礎を置く）；立脚点 *it* stânpunt

りっきょう 陸橋 *it* fiadukt, *de* loftbrêge

りっけんくんしゅ 立憲君主 in konstitúsjonele monarch；立憲君主国 in konstitúsjonele monargy

りっこうほ 立候補 *de* kandidatuer；

立候補者 de kandidaat：(…に)立候補する jin *kandidaat* stelle (foar)

りっしでん　立志伝　de biografy fan in man [frou] dy't him [har] sels opwurke hat

りっしゅう　立秋　it begjin [de earste dei] fan 'e hjerst ＊8月8日頃

りっしゅん　立春　it begjin [de earste dei] fan 'e maitiid ＊2月4日頃

りっしょう　立証　*it* bewiis；立証する bewize, wiermeitsje：彼は彼女の有罪を立証できなかった Hy koe har neat *bewize*.；立証できる bewiisber, oanwiisber

りっしん　立身　立身出世 jins sosjaal súkses, (昇進) de promoasje

りっする　律する　(判断する) beoardielje, oardielje

りつぜんとする　慄然とする　grize (→ぞっとする)；りつ然とした[て]grizelich：りつ然とするような光景 in *grizelich* gesicht

りつぞう　立像　in stânbyld fan in steand(e) figuer

りったい　立体　(数学の) *it* lichem；立体的な trijediminsjonaal；立体音響(の)(de) stereo；立体音響(効果) de stereofony；立体交差 in boppegrûnske krusing；立体写真術 de stereografy

りっち　立地　de lokaasje, de situaasje；立地条件がよい[悪い](net) gaadlik situearre wêze

りっとう　立冬　it begjin [de earste dei] fan 'e winter ＊11月8日頃

りつどう　律動　*it* ritme (→リズム)

リットル　*it* mingel：1リットルの牛乳 in *mingel* molke

りっぱな　立派な　bêst, goed, moai, prachtich, respektabel, (正当な) legaal：彼はそれを立派にやっている Hy docht it *bêst*., 立派な教会 in *prachtige* tsjerke, 立派な政治家 in *respektabel* steatsman, 立派な取引 in *legale* hannel

りっぷくする　立腹する　(腹を立てる) jin lilk meitsje, jin nidich meitsje (→怒る)

りっぽう　立方　立方メートル *it* kúb；立方体 de kubus；立方(体)の kubyk

りっぽう　立法　de wetjouwing；立法権 de wetjaande macht；立法者 *de* wetjouwer；立法府 de wetjaande ôfdieling fan de regearing

りづめの　理詰めの　logysk, teoretysk

りつろん　立論　(論証) de argumintaasje, (立証) *it* bewiis；立論する argumintearje

りてん　利点　*it* foardiel, *it* genot：携帯電話の利点と欠点 *foardielen* en neidielen fan in mobile telefoan

りとう　離島　in ôfhandich [efterôf lizzend] eilân

りとう　離党　de spjalting；離党する dolearje, jin ôfskiede, ôfsplitse, ûntrou oan in partij wurde

リトマス　*it* lakmoes：リトマス試験紙 *it* lakmoespapier

りにゅう　離乳　*it* ôfwennen；離乳する ôfwûn wurde；離乳させる ôfwenne：赤ん坊を離乳させる in bern fan 'e tate *ôfwenne*

りにょう　利尿　*it* diurese；利尿剤 it diuretske middel, in medisyn om urine ôf te driuwen

りにんする　離任する　jins post oerjaan

りねん　理念　(概念) *it* idee, (基本原理) de grûnslach, *it* prinsipe, (イデオロギー) de ideology

リハーサル　(下稽古) de repetysje

リバーシブルの　(裏返しできる) omkearber

リバイバル　(復活) de oplibbing

りはつ　理髪　*it* hierknippen；理髪師 *de* barbier, *de* kapper；理髪店 *de* kapper

りはつな　利発な　→利口な

リハビリ(テーション)　de rehabilitaasje, de reklassearring

りばらい　利払い　it beteljen fan rinte

りはん　離反　de ferfrjemding；(…から) 離反する ferfrjemdzje (fan)

りびょうする　罹病する　(病気にかかる) fetsje, krije

リビングルーム （居間）de húskeamer, de sitkeamer, de wenkeamer
りふじんな　理不尽な （不合理な）ûnbillik, ûnridlik
リフト （エレベーター）de lift, （スキー場の）de skylift
リベート （割り増し金）de preemje, （手数料）de kommisje, de provisy, （わいろ）de omkeaperij
りべつ　離別　it ôfskied, de skieding；離別する ôfskiede, skiede
リベット （鋲（びょう））de klinkneil
リベラルな （考え方などが）（自由な）frijsinnich, grou, liberaal
リポーター （記者）→レポーター
リポート →レポート
リボン （テープ）it lint, （インク付きの）it lint：タイプライターのリボン in lint fan in skriuwmasine
りまわり　利回り （利率）de rintefoet [-standert]
リミット （限界）de grins, de limyt, it perk
リムジン　de limûsine；リムジンバス in bus foar loftreizgers
りめん　裏面　de efterkant；裏面に efterop
リモ（ート）コン（トロール）　de ôfstânsbetsjinning
りゃく　略 （省略）de omisje
りゃくき　略記 （要約）de gearfetting, it oersicht, it resumee
りゃくご　略語　de ôfkoarting
りゃくじ　略字　in simplistyske foarm （fan Sineesk of Japansk skrift）
りゃくしきの　略式の　ynformeel（→非公式の）
りゃくしょう　略称　in ôfkoarte titel
りゃくす　略す （省略する）ôfkoartsje, （短縮する）ferkoartsje, ynkoartsje
りゃくず　略図　it skema, de skets；…の略図を描く sketse；略図を描く ôftekenje
りゃくだつ　略奪　de plondering；略奪する plonderje；町を略奪する in stêd plonderje；略奪者 de plonderder；略

奪品 de bût / bút
りゃくれき　略歴　it profyl, in skets fan jins libben
りゆう　理由　de grûn, de reden：…を理由に op grûn fan …, 医学的な理由から op medyske grûnen, どう言う理由でそれをしたのか Om wat reden hast dat dien?, ちゃんとした理由で mei rjocht en reden, このような理由で om [út] dy reden
りゅう　竜　de draak
りゅうい　留意 （注意）de acht, （配慮）de attinsje：留意する jin yn acht nimme；（健康に）留意する jin ûntsjen, jin wachtsje：自分の健康に十分留意してください Do moatst dy tige wachtsje.
りゅういき　流域　it bekken, de delling, de kom
りゅういん　留飲　留飲を下げる jin noflik fiele
りゅうかい　流会　it ôfstel fan in gearkomste：流会にする in gearkomste ôfstelle
りゅうがくする　留学する　yn it bûtenlân studearje；留学生 in studint dy't yn it bûtenlân studearret
りゅうかすいそ　硫化水素　it wetterstof
りゅうかん　流感　de gryp（→インフルエンザ）：その村には流感がはやっている Der giet gryp om yn it doarp.
りゅうき　隆起　it útsteksel；隆起する útstekke（→盛り上がる）
りゅうぎ　流儀　de moade, de styl, de trant, （方法）de wei, de wize：自分流儀に op jins eigen wize
りゅうけい　流刑　→流刑（るけい）
りゅうけつ　流血　it bloedferjitten；流血の bluodderich
りゅうげん　流言　in falsk geroft, it falskpraat
りゅうこう　流行　de moade, （病気などの）it hearskjen：流行している yn 'e moade wêze；（最新）流行の gongber, moadrich, mondên, nijmoadrich, populêr；（病気などが）流行する

hearskje：この辺り一帯に風邪が流行している De gryp *hearsket* hjir.

りゅうこつ　竜骨　（船の）*de* kyl

りゅうさん　硫酸　*it* swevelsoer；硫酸塩 *it* sulfaat；硫酸カルシウム *it* kalsiumsulfaat

りゅうざん　流産　*de* miskream, *de* omflap：流産する in *miskream* hawwe [krije]

りゅうし　粒子　*it* stofdieltsje,（砂の）*de* sânkerl（→砂粒）

りゅうしつする　流失する　（洪水で）meisleept wêze（troch in oerstreaming）

りゅうしゅつ　流出　*de* stream, *de* útrin, *de* útstoarting,（激しい感情の）*de* stream；流出する floeie, útfloeie, útmûnje, útstoarte

りゅうすい　流水　rinnend [streamend] wetter

りゅうせい　流星　*de* meteoar, fersjittende stjerren

りゅうせい　隆盛　*de* foarspoed；隆盛な foarspoedich

りゅうせんけい　流線型　*de* streamline；流線型にする streamlynje

りゅうたい　流体　（液体と気体）floeistof en gas；流体力学 *de* hydrodynamika

りゅうち　留置　*de* finzenis；留置する finzen sette；留置所 *de* plysjesel,（拘置所）*de* finzenis

りゅうちょうな [に]　流暢な [に]　floeiend, flot, flotwei：日本語を流暢にしゃべる *floeiend* Japansk prate, 流暢に話す *flot* prate

りゅうつう　流通　（金銭の）*de* rûlaasje, *de* rûntegong, *de* sirkulaasje,（商品の）*de* distribúsje,（空気の）*de* fentilaasje；流通する rûlearje, sirkulearje；流通している gongber：流通貨幣 *gongbere* munt；流通経済 *de* ekonomyske sprieding；流通センター *it* distribúsjesintrum

りゅうどうする　流動する　（流れる）floeie, streame,（事態・情勢などが）yn beweging wêze；選挙の情勢は極めて流動している It ferrin fan de ferkiezing wikselt sterk.；流動的な [性の] floeiber,（不安定な）ynstabyl, ûnstabyl：流動食 *floeiber* fiedsel；流動体 *de* floeistof, *it* focht

りゅうにゅう　流入　*de* tafloed：難民の流入 in *tafloed* fan flechtlingen；流入する binnenstreame

りゅうにんする　留任する　op jins post bliuwe

りゅうねんする　留年する　（落第する）op skoalle sitten bliuwe；留年生 *de* sittenbliuwer（→落第生）

りゅうは　流派　*de* skoalle（→学派）：華道の流派 in *skoalle* fan blomsierkeunst

りゅうひょう　流氷　*it* driuwiis

りゅうぼく　流木　*it* driuwhout, *it* wrakhout

リューマチ　*de* rimmetyk：関節のリューマチ *rimmetyk* yn 'e knieren；リューマチ（性）の rimmetikich

りゅうよう　流用　*de* taeigening；流用する eigenje, taeigenje（→着服する）

リュック（サック）　*de* rêchpûde, *de* rêchsek

りよう　利用　*it* gebrûk（→使用）：ある物を利用する eat yn *gebrûk* hawwe；利用する brûke, jin betsjinje,（機会を）waarnimme：機会を利用する jins trekken *waarnimme*；利用できる beskikber：その計画に利用できるお金が 3,000 ユーロある Der is trijetûzen euro foar dat plan *beskikber*.；利用価値 *de* gebrûkswearde；利用者 *de* brûker

りよう　理容　*it* hierknippen；理容師 *de* barbier,（男性の）*de* kapper,（女性の）*de* kapster；理容室 *de* kapper（→理髪店）

りょう　猟　（狩り）*de* jacht：猟に行く op 'e *jacht* gean；猟師 *de* jager

りょう　量　*de* kwantiteit, *it* kwantum；量の, 量的な [に] kwantitatyf

りょう　漁　*de* fiskerij；漁をする fiskje：漁に行く te *fiskjen* gean；漁師 *de* fisker(man)

りょう　寮　*de* sliepseal：寮生活を送

る yn in *sliepseal* libje

りょういき　領域　*it* gebiet,（研究）*it* fjild, *it* terrein（→分野）,（広い）*it* / *de* skala

りょういん　両院　（上院と下院）de Earste en de Twadde Keamer

りょうえん　良縁　in goed partoer [pear]：彼らなら良縁になるだろう Se soenen *in goed pear* wêze.

りょうかい　了解　（理解）*it* begryp, *de* ferstânhâlding,（同意）*de* meistimming：了解の微笑 in glimke fan *ferstânhâling*；了解する begripe, ferstean, meigean, meistimme

りょうかい　領海　de territoriale wetters：領海内に binnen *de territoriale wetters*

りょうがえ　両替　*de* útwikseling；両替する ynwikselje, omwikselje, útwikselje：これをユーロに両替したいのですが Ik woe dit graach *omwikselje yn euro's*.；両替所 *it* wikselkantoar

りょうがする　凌駕する　（…を）superieur wêze（oan）

りょうがわ　両側　beide kanten：道の両側に oan *beide kanten* fan de wei

りょうがん　両岸　beide banken

りょうがん　両眼　beide eagen

りょうぎ　両義　twaliddige betsjutting

りょうきょく　両極　de noardpoal en súdpoal

りょうきょくたん　両極端　beide utersten

りょうきん　料金　*it* taryf（←料金表）,《複》（費用）*de* kosten,（報酬）*it* honorarium；（高速道路などの）料金所 *de* tol

りょうくう　領空　*it* loftrom, *de* loftromte：日本の領空 it Japanske *loftrom*

りょうか　良家　goede famylje：彼女は良家の出である Sy is fan *goede famylje*.

りょうけい　量刑　*de* strafmjitte：量刑を上げる[下げる] de *strafmjitte* ferheegje [ferleegje], 量刑を言い渡す in *strafmjitte* útsprekke

りょうけん　了見，料簡　（思案）*it* beried, *it* betinken, *it* oerlis；了見が狭い bekrompen, benypt, neargeastich, nearzich

りょうけん　猟犬　*de* jachthûn

りょうこうな　良好な　goed, moai,（満足な）befredigjend,（順調な）geunstich：その患者（の経過）は良好です De pasjint is wol *goed*.；この工場の生産高は今年ははるかに良好である De produksje fan dizze pleats is dit jier folle heger.

りょうさい　良妻　in goede frou（↔悪妻）

りょうさん　量産　massale produksje；量産する yn massa produsearje

りょうし　量子　*it* kwantum：量子力学 *de* kwantummeganika；量子論 *de* kwantumteory

りょうじ　領事　*de* konsul；領事館 *it* konsulaat

りょうしき　良識　*de* nochterens,（常識）it sûne ferstân；良識ある besteklik, ferstannich, nochteren：良識ある婦人 in *ferstannige* frou

りょうしつの　良質の　heechweardich：良質の紙 *heechweardich* papier

りょうしゃ　両者　beide persoanen, beide partijen

りょうしゅ　領主　de hear fan in hearlikheid

りょうしゅう　領収　*de* ûntfang(st)；領収書 *it* bewyske, *de* kassabon, *de* kwitânsje（→レシート）：領収する in *bewyske* krije

りょうじゅう　猟銃　*it* jachtgewear

りょうしょ　良書　in goed boek

りょうしょう　了承　*de* goedkarring, *de* ynstimming（→承認）；了承する goedfine, goedkarre, ynstimme：その案を了承する it plan *goedkarre*

りょうしょく　糧食　*de* provisy

りょうじょく　凌辱　*de* belediging, *de* misledigjing；凌辱する misledigje,（女性を）ferkrêftsje（→強姦する）

りょうしん　両親　《複》*de* âldelju, *de*

âlden

りょうしん　良心　*it* gewisse：彼は良心の呵責に苦しんだ Hy hie lêst fan syn *gewisse*.；良心的な［に］sekuer；良心の呵責 *de* wroege / wroeging；良心の声 *de* ropstim

りょうせい　両性　beide geslachten

りょうせいの　良性の　（腫瘍(しゅよう)などが）goedaardich（↔悪性の）

りょうせいるい　両生［棲］類　*de* amfiby；両生類動物 in twaslachtich dier

りょうせん　稜線　（尾根）*de* kaam

りょうせん　僚船　*it* susterskip

りょうたん　両端　beide einen

りょうち　領地　→領土

りょうて　両手　beide hannen

りょうてい　料亭　in Japansk restaurant

りょうてんびん　両天秤　両天秤に掛ける tusken de wâl en it skip falle

りょうど　領土　*it* territoarium：北方の島々は日本の領土である De noardlikste eilannen binne Japansk [hearre by it Japanske] *territoarium*.

りょうどなり　両隣　両隣の家 de oanswettende hûzen

りょうにん　両人　beide（→双方, 両者）, sawol … as：新郎新婦のご両人 *sawol* breid *as* breugeman

りょうひ　良否　*de* kwaliteit；私はそのことの良否が分からない Ik wit net oft it goed of kwea is.

りょうほう　療法　*de* remeedzje, in wize fan behanneling；精神療法を受ける in wize fan psychyske behanneling neisjen litte

りょうほう（の）　両方（の）《数詞》beide：両方の子供 *beide* bern

りょうめ　両目　beide eagen

りょうめん　両面　（物の表裏）beide kanten；人生の両面 it ljocht en skaad fan it libben

りょうやく　良薬　in goed medisyn：《諺》良薬は口に苦し *In goed medisyn* smakket bitter.

りょうゆう　領有　*it* besit；領有する besitte,（統治する）hearskje；領有権 *de* hearskippij（→統治権）

りょうよう　療養　*de* behanneling, it better wurden,（保養）*de* rêst；療養する better wurde；療養所 *it* sanatoarium（→サナトリウム）

りょうように　両様に　op beide [twa] wegen

りょうよく　両翼　beide wjukken

りょうり　料理　*it* itensieden, *it* kôkjen：フランス料理 de Frânske *koken*；料理する itensiede, koaitsje, kôkje, siede,（魚を焼いて）bakke, kôkje：魚を料理する fisken *bakke* [*kôkje*], 食べ物を料理する it iten *siede*；料理人 *de* kok（→コック）；料理店 *it* restaurant（→レストラン）

りょうりつする　両立する　《形》kompatibel；両立しない stridich, net kompatibel

りょうりん　両輪　beide tsjillen

りょうわき　両脇　beide kanten；彼は数冊の本を両脇にかかえている Hy hat guon boeken ûnder beide earmen.

りょかく　旅客　*de* passazjier,（旅行者）*de* reizger；旅客運賃 *it* reisjild,《複》*de* reiskosten（→旅費）；旅客機 *it* passazjiersfleantúch（→飛行機）；旅客船 *de* passazjiersboat, *it* passazjiersskip

りょかん　旅館　*de* herberch（→宿屋）,（ホテル）*it* hotel

りょくちゃ　緑茶　griene tee

りょくないしょう　緑内障　*it* glaukoom, griene staar

りょけん　旅券　*it* paspoart, *de* reispas（→パスポート）：旅券を申請する in *paspoart* oanfreegje

りょこう　旅行　*de* reis, *de* tocht, *de* toer, *de* trip,（短期の）*de* gong：旅行に出発する de *reis* begjinne, 旅をする in *tocht* meitsje, 骨の折れる旅行 in swiere *gong*；旅行する reizgje；汽車で旅行する mei it spoar [de trein] *reizgje*, 奈良へ旅行する nei Nara *reizgje*；旅行案内書 *de* reisgids（→ガイドブック）；旅行案内者 *de* reislieder（→ガイド）；（大

型の）旅行かばん *de* koffer（→スーツケース）；旅行先 *it* reisdoel；旅行者 *de* reizger；旅行者用小切手 *de* reissjek（→トラベラーズチェック）；旅行代理店 *it* reisburo；旅行日程 *de* reisrûte；旅行費→旅費

りょだん 旅団 *de* brigade；旅団長 *it* brigadekommando

りょっか 緑化 it skema om beammen te plantsjen；緑化する beammen plantsje

りょてい 旅程 *de* reisrûte（→旅行日程）

りょひ 旅費 *it* reisjild，《複》*de* reiskosten

リラ *de* sering（→ライラック）

リラックス （息抜き）*de* ferdivedaasje, *de* ferslopping, *de* lins, *de* ûntspanning；リラックスする ferslopje, loskomme

りりく 離陸 *de* opstiging；離陸する opstige

りりつ 利率 *de* jildkoers, *de* rintestandert

リレー （競走）*de* estafette

りれき 履歴 *de* karriêre, jins（persoanlike）histoarje；履歴書 jins libbensbeskriuwing

りろせいぜんと 理路整然と logysk：理路整然と話す *logysk* prate

りろん 理論 *de* teory：それは理論的には可能です Yn *teory* is it mooglik.；理論的な［に］teoretysk：それは理論的に証明できる Dat is *teoretysk* ferklearber.

りん 燐 *it* fosfor

りんか 隣家 in neistlizzend hûs

りんかいの 臨海の fan［oan］'e seekant：臨海学校 in skoalle oan 'e seekant

りんかいの 臨界の krityk：臨界状態 in *kritike* situaasje, 臨界点 in *krityk* punt

りんかく 輪郭 *de* line, *de* omtrek，（概要）*it* skema, *de* skets

りんがく 林学 *de* boskboukunde

りんかん 輪姦 ferkrêfting troch yn tal mannen；輪姦する om bar ferkrêftsje

りんきおうへんの 臨機応変の gaadlik, geskikt（→適切な，当を得た），（状況に応じて）troch omstannichheden

りんぎょう 林業 *de* boskbou

リング （ボクシングなどの）*de* ring

リング （指輪）*de* ring；避妊リング→避妊

りんげつ 臨月 *de* lêste drachtmoanne；彼女は今月が臨月です Se tidiget dizze moanne wol op har poppe.

りんけんする 臨検する ynspektearje, ûndersykje

りんご 林檎 *de* appel：《諺》りんごの実は木から遠く離れて落ちない De *appel* falt net fier fan 'e beam.；りんごの木 *de* appelbeam；りんごジュース *it* appelsop

りんこく 隣国 in neistlizzend lân

りんさん 燐酸 *it* fosforsoer

りんじの 臨時の ekstra, tydlik,（一時的な）foarriedlik：臨時国会 in *ekstra* sesje fan de Keamer, 臨時支出 in *ekstra* útjefte, 臨時収入 in *ekstra* ynkommen, 臨時列車 in *ekstra* trein, 臨時の手当 in *tydlike* útkearing, どこかで臨時に働く earne *tydlik* wurkje, 臨時休業 *tydlike* sluting（fan in winkel）；臨時社員 *de* ynterim, *de* útstjoerkrêft；臨時費 ûnfoarsjoene útjeften；臨時雇い *de* needhelp

りんじゅう 臨終 *it* deabêd, jins dea：臨終が迫っている De *dea* stiet foar de doar.；ご臨終です Syn［Har］ein is kommen.

りんしょうの 臨床の klinysk（←臨床的な［に］）：臨床的には死んでいる *klinysk* dea wêze, 臨床検査 in *klinyske* test, 臨床心理学 *klinyske* psychology

りんしょく 吝嗇 （けち）*de* deunens, *de* krinterichheid；りんしょく家 *de* frek, *de* gjirrigert, *de* nepert, *de* potter, *de* skriemer（→けちん坊）

りんじん 隣人 *de* buorman, *de* neiste,（特に女性の）*de* buorfrou；隣人愛 *de* neisteleafde

リンスする　→濯(すす)ぐ
りんせき　臨席　(出席) de oanwêzigens；臨席する meidwaan；臨席している oanwêzich
りんせつした　隣接した　anneks, neistlizzend, oanswettend：隣接した建物 de *oanswettende* gebouwen；(…に)隣接する beswette, grinz(g)je (oan)：海に隣接している *grinz(g)je* oan 'e see
リンチ　(私刑・拷問) de kwelling, de marteling, de piniging；リンチを加える marteije, pinigje (→拷問にかける)
りんね　輪廻　de sielsferhuzing (→流転)
リンネル　it fyndoek, it linnen；リンネル製の linnen；リンネル製品 it linneguod
リンパ　de lymfe (←リンパ液)；リンパ線 de lymfeklier
りんびょう　淋病　de gonorroe
りんぶ　輪舞　de raai(dûns)；輪舞する raaidûnsje
りんぺん　鱗片　(魚の) de skob(be) (→うろこ)
りんや　林野　de bosken en de fjilden
りんり　倫理　de moraal：キリスト教の倫理観 de kristlike *moraal*；倫理的な[に] moreel, seedlik (→道徳的な)；倫理学 de etyk, de sedelear (→道徳哲学)
りんりつする　林立する　(…が) optille (fan)：ニューヨークには高層建築物が林立している New York tilt op fan hege gebouwen.
りんりんなる　りんりん鳴る　tinkelje, tsjingelje

る　ル　ru

るい　累　(厄介) it gedonder, it lêst / lest, (迷惑) de argewaasje, de oerlêst；累を及ぼす in ûngelokkich effekt hawwe
るい　類　(種類) it / de soarte, (比類) de likens, (生物分類上の) it slachte；あらゆる(種)類のペン allerhanne *soarten* (fan) pinnen, この花の美しさは世界にも類を見ない De skientme fan dizze blommen hat gjin *likens* yn de wrâld.；《諺》類は友を呼ぶ Gjin minske is gelyk.
るいえん　類縁　(親族) de besibbens, de ferhâlding, de sibbe；類縁の sib
るいか　累加　de kumulaasje；累加する kumulearje, (形) kumulatyf
るいぎご(の)　類義語(の)　(it) synonym (→同意語(の))
るいけい　累計　(合計) it totaal
るいけい　類型　it type；類型の lyksoartich, oerienkomstich (→類似した)
るいご　類語　it synonym：'sneon' と 'saterdei' は金曜日の翌日を表わす類語である 'sneon' en 'saterdei' binne synonimen foar de dei nei freed.；類語辞典 in wurdboek fan synonimen
るいじ　類似　de analogy, de gelikenis, de lykfoarmigens, de oerienkomst：ちっとも類似していない Der is hielendal gjin *oerienkomst*.；(…に)類似する aardzje (nei), lykje (op)；類似した[て] analooch, lykfoarmich, lyksoartich, oerienkomstich, (…に) analooch (oan)；類似品 de imitaasje (→模造品)
るいしょ　類書　lyksoartige boeken
るいじょう　累乗　de macht (→乗)
るいしん　累進　(課税の) de progresje；累進的な[に] progressyf：累進課税 *progressive* belesting
るいじんえん　類人猿　de minskaap
るいすい　類推　de analogy, de oanpas-

sing：…から類推して nei *analogy* fan …, 類推する nei *analogy* riede

るいする 類する （…に）lyk wêze (oan), lykje (op)

るいせき 累積 *de* opheaping；累積する kumulearje, opheapje,《形》kumulatyf

るいせん 涙腺 *de* trienklier

るいひ 類比 →類推

るいべつ 類別 *it* kategorisearjen；類別する klassearje, yn kategoryen ferdiele

るいるいと 累々と 累々とした屍(しかばね) deaden op in bult

るいれい 類例 in lyksoartich foarbyld

るいれき 瘰癧 *de* kliersykte

ルーズな （だらしない）los, rûch, slôf, ûnearber

ルーズリーフ （抜き差し自在の）in losblêdich skrift,（用紙）losblêdich papier

ルート （乗物の）（経路）*de* line, *de* rûte,（外交・通商などの）*de* wei：別のルートを進む in oare *wei* ynslaan [útgean], 外交ルートを通じて lâns diplomatike *wei*

ルーペ →拡大鏡

ルーム （部屋）*de* keamer；（ホテルでの）ルームサービス betsjinning op 'e keamer；ルームメイト *de* keamergenoat

ルール （規則）*de* regel(ing)：ルールを守る in *regel* ferdigenje

ルーレット *de* rûlette

ルーンもじ ルーン文字 *de* rune ＊古代ゲルマン人の文字

るけい 流刑 →流罪

るざい 流罪 *de* ferbanning；流罪にする ferbanne

るす 留守 *de* absinsje, *de* ferhindering, *it* fersom, *de* ôfwêzigens：私の留守中に yn myn *ôfwêzigens*；留守にする weibliuwe；留守にして fuort：医者は今日は留守です Dokter is hjoed *fuort*.；留守番をする thús bliuwe；留守番電話 *it* antwurdapparaat

るつぼ 坩堝 *de* raantsjettel, *de* smeltkoes

るてん 流転 （次々と移り変わること）(geduerige) feroaring,（輪廻(りん)）*de* reynkarnaasje；流転する feroarje；万物は流転する Neat bliuwt itselde.

ルネッサンス （文芸復興）*de* renêssânse

ルビー *de* robyn

るふ 流布 *de* sirkulaasje；流布する sirkulearje

ルポルタージュ （現地報道）*de* reportaazje

るり 瑠璃 *it* lazuer

るる 縷々 （事細かに）yn 'e finesses：あることをるる述べる eat yn 'e *finesses* beskriuwe

るろう 流浪 *de* omswerving；流浪する omswerve, swerve；流浪の民 *de* swerver

ルンバ *de* rumba

ルンペン （浮浪者）*de* swabber, *de* swalker

れ レ re

レア （生焼け）net gear (cf. goed gear, heal gear)

れい 礼 （挨拶）*de* begroeting, *de* bûging, *de* groet(e)nis,（会釈）*de* bûging,（礼儀）*de* hoflikens [-likheid],《複》*de* manieren,（謝意・謝礼）*de* beleanning, *de* tank(berens), (特に，医者・弁護士への) *de* fergoeding, *it* honorarium：彼は女王の前で礼をした Hy makke in *bûging* foar de keninginne., 礼を知らない gjin *manieren* hawwe, お礼の言葉 in wurd fan *tank*, 医者にお礼をする *honorarium* jaan foar de dokter；礼をする *bûge* (→お辞儀をする), groetsje (→挨拶する), (お礼を言う) tankje, (支払う) fergoedzje

れい　例　(実例) *it eksimpel*, *it foarbyld*, (慣例) *de gewoante*, *de sede*, *de wenst*, *de wizânsje*, (前例) *it presedint*：例を挙げる in *foarbyld* jaan, …の例として as *foarbyld* fan …, 例の通り(に) neffens *gewoante* = *âldergewoante*, nei [*út*] *âlderwenst*, そのような例 (→前例) はこれまで見たことはない Sa'n *presedint* haw ik nea sjoen., 彼女は例の通り (→いつものように) 同じ場所に座っていた *Aldergewoante* gie hja op itselde plak sitten.

れい　零　*de* nul (→ゼロ)：2 対 0 (零) で負ける mei twa-*nul* ferlieze

れい　霊　(霊魂) *de* siel(e), (亡霊) *de* geast, *de* skim / skym, *it* skynsel, *it* spoek；霊的な [に] geastlik；先祖の霊を祭る jins foarâlden ferearje

れいあんしつ　霊安室　*it mortuarium*, *de* roukeamer (→遺体安置所)

れいえん　霊園　*it* begraafpark (→墓地)

れいか　零下　ûnder nul：零下10度の気温 de temperatuer fan 10 graden *ûnder nul*

れいかい　例会　in reguliere moeting
れいかい　霊界　de spirituele wrâld
れいがい　冷害　skea troch kâld waar
れいがい　例外　*de* útsûndering：例外的に by *útsûndering*, 例外のない規則 in regel sûnder *útsûndering*；例外の seldsum, útsûnderlik

れいかん　霊感　*de* ynjouwing, *de* ynspiraasje：霊感を受ける *ynspiraasje* krije；霊感を与える ynspirearje；人 [あること] から霊感を受ける *ynspi-rearre* wurde troch immen [eat]

れいき　冷気　*de* kjeld

れいぎ　礼儀　*de* hoflikens [-likheid], 《複》*de* manieren：礼儀正しい goede *manieren* hawwe；礼儀作法 *de* etikette, *it* fatsoen (→エチケット)：彼は礼儀作法をまるで知らない Der sit gjin *fatsoen* oan him., 礼儀上 foar 't *fatsoen*；礼儀正しい behoarlik, fatsoenlik, hoflik：礼儀正しく振る舞う jin *behoarlik* [*fatsoenlik*] hâlde (en drage)；礼儀が悪い ûnbeleefd (→無作法な)

れいきゃく　冷却　*de* ôfkuolling；冷却する ôfkuolje；冷却水 *it* kuolwetter

れいきゅうしゃ　霊柩車　*de* roukoets

れいきん　礼金　(謝礼) *de* beleanning

れいぐう　冷遇　*de* mishanneling；冷遇する mishannelje

れいけつの　冷血の　kâldbloedich, koelbloedich：冷血動物 in *kâldbloedich* dier

れいけん　霊験　(ご利益(ˇ)) god(de)like genede

れいこう　励行　(実行) *de* praktyk, *de* útfier(ing)；励行する fiere, útfiere

れいこくな　冷酷な　hert(e)leas, wreed：冷酷な人間 in *wreed* man, 人を冷酷に扱う immen *wreed* behannelje；冷酷 *de* wredens / wreedheid

れいこん　霊魂　*de* siel(e)：霊魂の不滅 de ûnfergonklikens fan de *siel*

れいさいな　零細な　lyts：零細農家 in *lytse* boer

れいしっぷ　冷湿布　kâld kompres

れいしょう　冷笑　*de* úthaal；冷笑する skamperje, útgnize

れいしょう　例証　*it* bewiismateriaal, *it* blyk, *de* útwizing；例証する yllustrearje, taljochtsje

れいじょう　令状　(逮捕などの) *it* befelskrift, *it* eksploat, (差し押さえ) *it* twangbefel

れいじょう　礼状　*de* tankbetsjûging
れいじょう　令嬢　jo [syn / har] dochter
れいじょう　霊場　*it* hillichdom

れいすい　冷水　kâld wetter
れいせい（さ）　冷静（さ）　de bedaardens [-daardheid], de dimmenens, de koelte；冷静な［に］bedaard, kalm, koel：冷静にしている koel bliuwe, 冷静になる kâlm wurde
れいせつ　礼節　→礼儀
れいせん　冷戦　kâlde oarloch
れいぜんに　霊前に　op it alter：ある物を霊前に供える eat offerje op it alter, 霊前の供え物 de offerjeft op it alter
れいぞうこ　冷蔵庫　de frieskast, de iiskast, de kuolkast
れいそく　令息　jo [syn / har] soan
れいだい　例題　(練習問題) de oefening：例題を与える in oefening jaan
れいたんな　冷淡な　izich, koel, ûnferskillich, wreed：冷淡な返事 in izich antwurd
れいだんぼう　冷暖房　de klimaatregeling；冷暖房装置 de klimaatregeler
れいちょうるい　霊長類　it / de primaat
れいてつな　冷徹な　koelbloedich
れいてん　零点　de nul, it nulpunt
れいど　零度　0 graden：水は摂氏0度で凍る Wetter friest ûnder 0 graden Celsius.
れいとうする　冷凍する　befrieze；冷凍の beferzen, izich：冷凍食品 beferzen iten
れいねん　例年　it gewoane jier；例年の jierliks；例年にない ûngewoan
れいのうしゃ　霊能者　it medium (→霊媒)
れいはい　礼拝　de earetsjinst, (特にキリスト教の) de tsjinst：礼拝は日曜日の朝9時に始まる De tsjinst begjint sneintemoarn om njoggen oere.；礼拝堂 de kapel (→チャペル)
れいばい　霊媒　it medium (→霊能者)
レイプ　(強姦) de ferkrêfting；レイプする ferkrêftsje
れいふく　礼服　foarmlike klean
れいふじん　令夫人　jo [syn] frou
れいぶん　例文　it foarbyld (→用例)：例文を挙げる in foarbyld jaan
れいほう　礼砲　it salút, it salútskot：(…に対して) 礼砲を放つ salútskotten losse (foar)
れいぼう　冷房　de luchtkuolling；(部屋を) 冷房する (in keamer) kuolje；冷房車 de kuolwein；冷房装置 de kuolynstalaasje
れいみょうな　霊妙な　wûnderbaarlik, wûnderlik
れいめい　令名　(名声) de bekendheid, de namme, de reputaasje
れいめい　黎明　(夜明け) de dage, it lemieren, de skimermoarn
れいらくする　零落する　ferfalle, nekje
れいれいしい　麗々しい　bluisterich, opsichtich, pronksiik
レインコート　de reinjas
レーザー　de laser；レーザー光線 de laserstriel
レース　(競走) de rees, (レース編みの) it kantwurk
レーズン　(干しぶどう) de rezyn
レーダー　(電波探知機) de radar
レート　(歩合) de ferhâlding：為替レート de faluta, de koers：1ドルの為替レートは95円だ De koers fan de dollar is 95 yen.
レーヨン　it rayon
レール　(軌道) de rail
レガッタ　(ヨットレース) it hurdsilen；レガッタに参加する hurdsile
れきし　歴史　de histoarje, de skiednis：フリジア人の歴史は2,000年以上の昔にさかのぼる De histoarje fan de Friezen is mear as 2.000 jier âld.,《諺》歴史は繰り返す De skiednis werhellet him., 私は (課目としての) 歴史が好きです Ik hâld fan skiednis.；歴史的な［に］histoarysk, skiedkundich：歴史的瞬間 in histoarysk momint.；歴史家 de histoarikus, de skiedkundige (←歴史学者)；歴史学 de skiedkunde
れきしする　轢死する　(…にひかれて) (死ぬ) deajeie (troch)
れきせい　瀝青　it pik

れきぜんとした 歴然とした （明白な） apert, klear, manifest：歴然とした事実 it *kleare* feit

れきだい 歴代　歴代の内閣 opinoar folgjende kabinetten

れきにんする 歴任する　彼は要職を歴任した Hy hat efterinoar belangrike posten beset.

れきねん 暦年　it kalinderjier

れきほうする 歴訪する　（…を）in om-reis meitsje（troch）

レギュラー （通常の）gewoan, regulier, （正規の）normaal：レギュラーメンバー in *normaal* lid

レクリエーション　*de* frijetiidsbesteging, *de* rekreaasje

レコーダー　タイムレコーダー it tiid-opnimapparaat, テープレコーダー *de* bânopnimmer

レコード （音盤）*de* plaat；レコードプレーヤー *de* platespiler

レコード （記録）it rekord：レコードを破る in *rekord* brekke

レザー （皮革）it lear, （合成皮革）it keunstlear

レシート （領収書）it bewyske, *de* kassabon, *de* kwitânsje

レシーバー　*de* (radio)ûntfanger

レジ（スター） *de* kas, it kasregister, *de* kassa

レジスタンス （抵抗）it ferset, *de* tsjinstân, *de* wjerstân

レシピ （調理法）it resept

レジャー　*de* frjietiidsbesteging

レジ（ュ）メ （要約）*de* gearfetting

レズ →レスビアン

レスキュー （救助）*de* rêding；レスキュー隊 *de* rêdingsploech

レストラン　it restaurant

レスビアン （女性の同性愛者）*de* lesbjenne（↔ホモ）

レスラー　*de* wraksel(d)er

レスリング　*de* wrakseling；レスリングをする wrakselje

レセプション （歓迎会）*de* resepsje

レター （文字）*de* letter, （手紙）it / *de* brief＊文法性については「手紙」を参照；ラブレター it / *de* leafdesbrief

レタス it slaad：（レタスのように）成長が早い groeie as *slaad*

れつ 列 （人・車の）*de* file, *de* rige, *de* rûts, *de* sliert, *de* streek, *de* tôch：列を作る in *file* foarmje, 車の列 in *rige* auto's, （一）列に並んでいる op 'e *rige* stean, スケートをする人たちの連なった列 in *sliert* reedriders

れつあくな 劣悪な　ynferieur, min, minderweardich, rudich：劣悪な労働条件で ûnder *minne* wurkomstannichheden

れっか 劣化　*de* degeneraasje；劣化する degenerearje

れっか 烈火　彼女は烈火のごとく怒った Se wie razend [poer(lilk)].

レッカーしゃ レッカー車　*de* takelwein

れっきとした 歴とした （はっきりした）dúdlik, klear, （立派な）nommel：れっきとした家柄 *nommel* geslacht

れっきょ 列挙　*de* opsomming；列挙する neame, opjaan, opneame, opsomje：列挙できないほど多くの tefolle om *op* te *neamen*

れっしゃ 列車 （汽車）*de* trein：君たちの列車は何時に到着しますか Hoe let komt jim *trein*?；列車事故 it treinûngemak

れっしん 烈震　in katastrofale [rampsillige] ierdbeving [-skodding]

れっする 列する （出席する）meidwaan, （…に）（名を連ねる）hearre (by / oan)

レッスン （授業）*de* les, （練習）*de* oefening：音楽のレッスン les yn muzyk

れっせい 劣勢　*de* minderweardigens [-ichheid]；（…より）劣勢である ynferieur wêze（oan）

れっせいの 劣性の　resessyf：劣性遺伝子 in *resessyf* gen

れっせき 列席　→出席；列席する meidwaan；列席者 *de* opkomst

レッテル　it etiket, it label

れっとう 列島 in rige eilannen
れっとうかん 劣等感 it minderweardichheidsgefoel；劣等 ynferieur, minder
れっぷう 烈風 in hurde [krêftige / straffe] wyn
レディー （貴婦人）de dame
レディーメード （出来合いの）pasklear：レディーメードの洋服 *paskleare klean*
レトリック （修辞学）*de* retoryk, *de* retorika
レバー （肝臓）*de* lever
レバー （てこ）*de* hefboom
レパートリー （得意な演目）*it* repertoire
レビュー （批評・評論）*de* beoardieling, *it* besprek, *de* resinsje, *de* skôging
レビュー （軽喜劇）*de* revu
レフェリー （主任審判員）*de* arbiter, *de* fluitist, *de* skiedsrjochter
レベル （水準・基準）*it* nivo, *it* peil：教育のレベルが高い It *nivo* fan it ûnderwiis is heech., 同じレベルである op *peil* wêze
レポーター *de* ferslachjouwer, *de* reporter
レポート （報告書）*it* ferslach, *it* rapport,（報道記事）*de* reportaazje：レポートを作成する in *ferslach* opmeitsje
レモネード *de* limonade
レモン *de* sitroen：レモンティー tee mei *sitroen*；レモンジュース it sitroensop
レリーフ （浮き彫り）*it* reliëf
れんあい 恋愛 *de* leafde：自由恋愛 frije *leafde*；恋愛の fereale, grien：恋愛中である *fereale* [*grien*] wêze；恋愛関係 *de* leafdesferhâlding；恋愛詩 *it* leafdesgedicht
れんが 煉瓦 *de* bakstien, *de* stien；れんが造りの bakstiennen：れんが造りの家 in *bakstiennen* hûs
れんかで 廉価で →安価な
れんきゅう 連休 trochrinnende fakânsjes
れんきんじゅつ 錬金術 *de* algemy；錬金術師 *de* algemist
れんげ 蓮華 *de* lotusblom；れんげ草 *de* hokjespeul
れんけい 連係 （密接な関係）in tichte ferbining；連係プレイ hecht teamwurk
れんけつ 連結 *it* ferbân, *de* ferbining, *de* keppeling；連結する keppelje, oankeppelje：その汽車の機関車には8両の客車が連結されていた Oan de lokomotyf fan de trein wiene acht weinen *keppele*.
れんこ 連呼 oanhâldend roppen
れんご 連語 *de* ferbining (cf. 句，複合語)
れんごう 連合 *de* ferien(ig)ing, *de* kombinaasje, *de* uny；連合する ferien(ig)je, kombinearje
れんこうする 連行する opbringe, weifiere：泥棒を連行する in dief *opbringe*
れんごく 煉獄 *it* fagefjoer [faaie-]
れんこん 蓮根 de woartels fan in lotus
れんさ 連鎖 *de* oanienskeakeling；連鎖反応 *de* kettingreaksje
れんさい 連載 *de* rige, *de* searje：連載小説 in *searje* romans, 連載される yn *searje* [*útjûn*] wêze
れんさく 連作 （続き物）*de* searje,（連続生産）*de* searjeproduksje：戦争をテーマにした連作 in *searje* boeken oer de oarloch
れんざする 連座する （…に）jin minge (yn)
れんざん 連山 in rige bergen (→連峰)
れんじ 連辞 *it* keppeltiidwurd
レンジ *it* komfoar；電子レンジ *de* magnetron；ガスレンジ *it* gasfornús
れんじつ（の）連日（の）daagliks, deistich：連日の仕事 daagliks [*deistich*] wurk
れんしゅう 練習 *de* beoefening, *de* oefening：練習する beoefenje, dressearje, ynstudearje, oefenje, trene：子

供たちに読み方の練習をさせる bern *oefenje* yn it lêzen，ピアノの練習をする op de piano *oefenje*
レンズ *de* lins：カメラにはレンズがはめてある Yn in fototastel sit in *lins*.
れんそう 連想 *de* assosjaasje：連想を呼び起こす *assosjaasjes* oproppe；連想する assosjearje
れんぞく 連続 *de* opfolging；連続する oanhâlde, trochgean；連続した trochrinnend：連続物語 in *trochrinnend* ferhaal；連続番号 *trochrinnende* nûmering；連続的な[に] geduerich, kontinu, oanhâldend, oanienwei, oaninoar；連続番組 *de* searje；連続物 *de* rige（→続き物）
れんたい 連帯 *de* ferbûnens, *de* lotsferbûnens, *de* solidariteit, *de* solidêrens：連帯感 in gefoel fan *solidariteit*；連帯責任 de dielde ferantwurdlikheid；連帯の[して] solidêr
れんたい 連隊 *it* rezjimint
レンタカー *de* hierauto
レンタル（賃貸料）*de* hier
れんちゅう 連中 *de* fleet，(人の群れ) *it* bûn, *de* ploech, *de* rist
れんどうする 連動する（…と）oparbeidzje (mei)
レントゲン（放射総量の単位）*de* röntgen；レントゲン写真 *de* röntgenfoto：レントゲン写真を写してもらう in

röntgenfoto meitsje litte
れんにゅう 練乳 kondinsearre molke
れんぱつする 連発する repetearjend fjurje, (質問を) ôffjurje；連発銃 *it* repeteargewear
れんびん 憐憫, 憐愍（哀しみ）*it* meilijen, *de* moederaasje；自己憐憫 *it* selsbeklach
れんぽう 連邦 *de* federaasje（←連邦政府）；連邦の federaal
れんぽう 連峰 in rige bergen
れんま 練磨 hurde training [trening]；練磨する hurd traine
れんめい 連名 mienskiplike hantekening；連名で út namme fan ús beiden, mei it ûnderskriuwen
れんめい 連盟 *it* bûn, *de* divyzje, *de* federaasje；国際連盟 *it* folkebûn
れんめんとした 連綿とした（絶え間のない）trochrinnend
れんらく 連絡 *it* ferbân, *de* ferbining, *it* kontakt：(…に) 連絡する *kontakten* lizze (mei), 人と連絡する *kontakt* opnimme mei immen, 人と連絡を保つ yn *kontakt* bliuwe mei immen；連絡がつく berikke：彼にはどうしても連絡がつかない Ik kin him net *berikke*.；連絡駅 *it* krúspunt
れんりつ 連立 *de* koälysje, (連合) *de* uny；連立内閣 *it* koälysjekabinet

ろ 口 ro

ろ 炉（家庭の）(炉火・炉辺) *it* fjoer, *de* hurd：(暖) 炉を囲んで座る om it *fjoer* sitte
ろ 櫓 *de* wrikriem：ろをこぐ wrikje, wrikke
ろう 牢 *de* finzenis, *de* gefangenis, *de* kerker：牢に入れられる *de finzenis*

yngean（→投獄される）
ろう 労（労働）*it* wurk, (苦労) *it* lijen, *de* muoite, (慰労) *de* tsjinst：労に報いる immen beleanje foar syn [har] *muoite*, 労をねぎらう immen tankje foar syn [har] *tsjinst*
ろう 楼（塔）*de* toer

ろう　蝋　*it* / *de* waaks；ろう製のwaaksen：ろう人形 in *waaksen* byld

ろうあ　聾唖　*de* dôfstommens；ろうあ（者用）の dôfstom, stom-en-dôf；ろうあ者 *de* dôfstomme

ろうえい　漏洩　（水・秘密などの）*it* lek；漏洩する lekke（→漏れる）

ろうえき　労役　（肉体労働）fysyk wurk

ろうか　老化　*it* ferâlderjen：老化現象 it symptoom fan it *ferâlderjen*；老化する ferâlderje

ろうか　廊下　*de* gong, *de* korridor

ろうがん　老眼　（遠視）*de* fiersjendens；老眼になる fiersjend wurde；老眼鏡 *de* lêsbril（→読書用の眼鏡）

ろうきょう　老境　*de* âlderdom, *de* grizens / griisheid

ろうごく　牢獄　*de* finzenis（→刑務所）

ろうごに　老後に　yn jins âlderdom；老後に備えて蓄える foar de âlde dei sparje

ろうさい　労災　労災保険 de fersekering tsjin ûngemakken

ろうさく　労作　in muoisum wurk, it produkt fan jins jierrenlange skreppen

ろうし　労使　arbeid en behear；労使関係（複）*de* arbeidsferhâldingen

ろうしゅう　老醜　de ûnsjoggens fan âlderdom

ろうじょ　老女　in âlde frou

ろうしょう　朗誦　lêzen [foardracht]（lûdop）

ろうじょうする　籠城する　belegere wêze, besingele wurde

ろうじん　老人　*it* âld,《複》*de* âlden, *de* âldman：老人医療 sûnenssoarch foar de *âlden*；老人介護 soarch foar de *âlden*；老人病 de sykte fan de *âlden*, 老人は終日働くことはできない In *âldman* kin net de hiele dei arbeidzje.；老人ホーム *it* ferpleechhûs

ろうすい　漏水　（水もれ）*it* lek：漏水を防ぐ it *lek* tichtsje

ろうすいした　老衰した　ôflibbe, útlibbe；老衰で死ぬ fan âlderdom stjerre

ろうする　労する　（苦労する）jin útsloovje

ろうする　弄する　詭弁を弄する sofisme brûke

ろうぜきをはたらく　狼籍を働く　（乱暴をする）geweld brûke

ろうそく　蝋燭　*de* kers：ろうそくをともす de *kers* oanstekke；ろうそく立て *de* kersestander

ろうたい　老体　in âlde lea

ろうでん　漏電　*de* koartsluting, *de* lekkaazje

ろうと　漏斗　→じょうろ

ろうどう　労働　*de* arbeid, *it* wurk；労働する arbeidzje, wurkje（→働く）；労働運動 *de* arbeidersbeweging；労働災害 in yndustrieel ûngelok；労働時間 *de* wurkoere [-tiid]；労働市場 *de* arbeidsmerk；労働条件 *de* arbeidsbetingst；労働争議 *it* arbeidsskeel；労働党 de Partij fan 'e Arbeid；労働法 *it* arbeidsrjocht；労働賃金 *it* arbeidslean；労働力 *de* wurkkrêft

ろうどうくみあい　労働組合　*it* fakbûn, *de* fakferiening；労働組合運動 *de* fakbeweging

ろうどうしゃ　労働者　*de* arbeider《女性形 –ster》, *de* wurker《女性形 –ster》, *it* wurkfolk；労働者階級 *it* arbeider(s)folk, de arbeidzjende klasse, *de* wurkkrêft；終身雇用労働者 fêste arbeiders；自由労働者 losse arbeiders；移民労働者 bûtenlânske wurknimmers

ろうどく　朗読　*de* foardracht；朗読する foardrage, opsizze, resitearje：詩を朗読する in gedicht opsizze

ろうにゃくなんにょ　老若男女　manlju en frouljue fan alle jierren；老若男女を問わず sûnder ûnderskied fan leeftiid of geslacht

ろうねん　老年　hege leeftiid

ろうば　老婆　*it* âldminske, *it* âldwiif；老婆心 oerdiedige goedens

ろうばい　狼狽　*de* ferheardens [-heid], *de* konsternaasje, *de* ôfwêzigens；狼狽する úntheistere wurde；狼狽さ

せる ûntheisterje；狼狽した［て］feralterearre, ferheard, ûntheisterje

ろうはいぶつ 老廃物 《複》de ekskreminten

ろうひ 浪費 de fergriemerij；浪費する ferbargje, ferdonderje, ferdwaan, fergrieme, fersile, fersilje, opmeitsje：お金を浪費する jild fergrieme = jins jild der trochdraaie；《形》浪費する［した］oerdiedich, rij；浪費家 de fergriemer, de opmakker, de trochbringer, de weismiter；浪費癖 rije gewoanten

ろうふ 老父 jins âlde heit

ろうぼ 老母 jins âlde mem

ろうほう 朗報 goed nijs, goede tynge

ろうむ 労務 de arbeid, it wurk (→労働)

ろうや 牢屋 →牢獄

ろうりょく 労力 (労働力) de wurkkrêft, (骨折り) de arbeid

ろうれい 老齢 de âlderdom：老齢で死ぬ fan âlderdom stjerre；老齢年金 it âlderdomspensjoen

ろうれんな 老練な bedreaun, rûtinearre；老練家 de feteraan (→ベテラン)

ろうろうと（した） 朗々と（した） sonoar：自作の詩を朗々と吟じる jins eigen gedicht sonoar resitearje

ろえい 露営 (テント無しの) it bivak, (野営) it kamp；露営する kampearje (→野宿する)；露営地 it bivak, it kampearplak

ローカルの (地元の) lokaal；ローカル列車 it lokaaltsje

ローション (化粧水) de losjon

ロース (牛肉の) it lendestik (→サーロイン), (豚肉の) de bargehazze

ロースト ローストする briede, roasterje；ローストビーフ it / de rosbyf

ロータリー (環状交差点) it ferkearsplein, it knooppunt, de rotonde；ロータリークラブ de Rotaryklup

ロードショー (上映の) (独占興行) de (film)premjêre

ロープ it tou

ロープウェー de kabelbaan

ローマ Rome：《諺》ローマは1日にして成らず Rome is net yn ien dei boud.；ローマ人［市民］de Romein；古代ローマ人の，ローマ市民の Romeinsk；ローマ体活字 de Romein；ローマ数字 Romeinske sifers；ローマ暦 de Romeinske kalinder；ローマカトリック教会の katolyk, roomsk；ローマカトリック教徒 de katolyk,《総称》de roomsken, ローマカトリック教 it katolisisme

ローラー (地ならしをする) de roller；ローラースケート de rôlredens

ロール (巻き物) de rôle；ロールキャベツ in rôltsje fan koal mei gehak fuld；ロールパン it bôltsje

ローン (貸し付け) it lien, de liening：低金利のローン in liening tsjin in lege rinte

ろか 濾過 it filterjen；濾過する filterje；濾過器 it filter (→フィルター)

ろかた 路肩 de berm, de flechtstreek [-stripe]：路肩に yn 'e berm, 高速道路の路肩 de flechtstreek fan de autowei

ろく 六 6(の)(de) seis；6番目(の) (it / de) sechsde / seisde；《副》6回 seisris

ろくおん 録音 de opname；録音する ynsprekke, opnimme：母の声を録音する ús mem har lûden opnimme；録音機 de bânopnimmer (→テープレコーダー)

ろくが 録画 (ビデオテープの) de fideo：ある物を録画する eat op ('e) fideo sette

ろくがつ 六月 de juny

ろくじゅう 六十 60(の)(de) sech(s)tich；60番目(の) (it / de) sech(s)tichste

ろくじゅういち 六十一 61(の)(de) ienensech(s)tich

ろくでなし 碌で無し de sek, de slampamper, it ûnrant

ろくでもない 碌でも無い ûnnut (→役に立たない)

ろくな 碌な (満足な) behoarlik；ぱ

くはろくな本は持っていない Ik haw gjin boeken fan belang. ＊否定語を伴う「ろくな[に]…ない」

ろくに　碌に　（十分に・満足に）fol, foldien；ろくに考えもしないで sûnder it nedige omtinken

ろくまく　肋膜　de pleura；肋膜炎 de pleuris

ろくろ　轆轤　（施盤）de draaibank, (陶工用の) de draaiskiif

ロケ（ーション）（映画の）in opname bûtendoar

ロケット　de raket（←ロケット弾）：ロケットを発射する in raket lansearje

ロケット　（首飾りの）it medaljon

ろけん　露見　de ienpenbiering；露見する iepenbiere wurde

ろこつな　露骨な　blank, iepen, neaken：露骨な描写 de neakene beskriuwing；露骨に言えば om frijút te sprekken

ろし　濾紙　it filtrearpapier

ろじ　路地　de gloppe, de steech

ロシア　Ruslân；ロシア（語・人）(の)（it）Russysk

ろしゅつ　露出　（フィルムなどの）de beljochting；露出する beljochtsje；露出狂 de ekshibisjonist；露出症 it ekshibisjonisme

ろじょうで　路上で　op 'e strjitte：路上で遊ぶ op 'e strjitte boartsje

ロス　（損失）it ferlies；時（間）のロス it tiidferlies

ろせん　路線　de rûte（→ルート）,（方針）de line：レーワルデンからドッカムまでの路線 de rûte fan Ljouwert nei Dokkum

ロッカー　→コインロッカー；ロッカールーム de klaaikeamer（→更衣室）

ロッキングチェア　（揺り椅子）de skommelstoel

ロッククライミング　it berchbeklimmen

ロックンロール　de rock-'n-roll

ろっこつ　肋骨　de rib(be)

ロッジ　（山小屋）de berchhut

ろてい　露呈　→露見

ろてん　露天　de iepene loft；露天風呂 it iepenloftbad

ろてん　露店　de kream

ろば　驢馬　de ezel

ろばた　炉端　de hurd

ロビー　（ホテルなどの）de hal

ロブスター　de kreeft

ロボット　de robot

ロマンしゅぎ　ロマン主義　de romantyk；ロマン主義[派]の romantysk；ロマン主義者 de romantikus

ロマンス　（長編小説）de roman,（恋愛小説）de românse

ロマンチスト　de romantikus（→ロマン主義者）

ロマンチックな　romantysk：彼女のロマンチックな生涯 har romantysk libben

ろめん　路面　it weidek；路面電車 de tram：路面電車に乗る de tram nimme [pakke]

ろれつ　呂律　de artikulaasje；ろれつが回らない de spraak ferlern hawwe

ろん　論　（議論）it argumint,（意見・考え）de opiny,（理論）de teory,（評価）it besprek, it kommentaar, de oanmerking,（小論文）it essay：彼らの論は著しく異なっている Har opinys binne gâns ferskillend.；論の立て方 de ûntjouwing fan de teory，政策論 kommentaren op polityk，芸術論 in essay oer keunst；《諺》論より証拠 Sizzen is neat mar dwaan is in ding.；論を俟(ま)たない Dat seit himsels.

ろんがい　論外　それは論外だ Dat kin net.

ろんぎ　論議　de besprekking, de diskusje, it dispút, de kontroverze（→議論）；論議する beprate, besprekke, diskusjearje, disputearje

ろんきゃく　論客　de polemist

ろんきゅう　論及　it gewach（→言及）

ろんきゅうする　論究する　danich [duchtich / stevich] diskusjearje

ろんきょ　論拠　de grûn,（根拠）de

basis：確固たる論拠に立脚している fêste grûn ûnder de fuotten hawwe；(…に）論拠をおく jin basearje（op)

ロング （長い) lang：ロングスカート lange rok, ロングヘア lang hier；ロングブーツ de kaplears, hege lears

ろんこう 論考 →研究，考察

ろんこく 論告 it finale rekwisitoar

ろんし 論旨 it punt fan in argumint

ろんしゅう 論集 in samling fan ferhannelingen

ろんじゅつ 論述 de ferklearring, de meidieling；論述する konstatearje, útiensette

ろんしょう 論証 de arguminttaasje；論証する arguminttearje

ろんじる 論じる besprekke, debattearje, (…について) diskusjearje（oer)：時事問題を論じる aktualiteiten besprekke

ろんせつ 論説 （論評) it kommentaar, （社説) it haadartikel

ろんそう 論争 it argumint, de bestriding, it dispút, it pleit：論争に決着をつける it pleit besljochtsje；論争する bestride, disputearje, redendiele；論争の余地がある diskutabel

ろんだい 論題 ûnderwerp fan diskusje, (主題) it tema

ろんだん 論壇 de wrâld fan 'e sjoerna-

listen

ろんちょう 論調 de toan fan in argumint

ろんてき 論敵 jins opponint（yn in argumint)

ろんてん 論点 （de kearn fan) in argumint

ロンドン Londen

ろんぱ 論破 de falsifikaasje；論破する falsifiearje

ろんばく 論駁 de falsifikaasje；論駁する wjerlizze；論駁できる wjerlisber

ろんぴょう 論評 it kommentaar, de oanmerking：（あることを) 論評する kommentaar（op eat) jaan；論評する oanmerke；論評者 de kommentator

ろんぶん 論文 de skripsje, (学位論文) de dissertaasje, de teze, (博士論文) it proefskrift, (研究論文) de stúdzje, (試論) it essay, (小論) it artikel, it opstel：論文を書く in opstel meitsje [skriuwe]

ろんぽう 論法 it argumint, de logika, de redenaasje：そのような論法は通用しない Dat argumint giet net op.

ろんり 論理 de logika（←論理学)；論理的な［に] logysk：論理的に考える［推論] する logysk tinke [redenearje]

わ ワ wa

わ 和 （平和) de frede, (調和) de harmony, (和解) de fermoedsoening, (合計) de som(ma)：日本はオランダと和（→平和条約) を結んだ Japan sleat frede mei Nederlân., 家族の和 de harmony yn de famylje, 5と5の和は10である De som fan fiif en fiif is tsien.

わ 輪 （円形) de rûnte, de sirkel, (環) de sirkel, (車輪) it tsjil, (桶・輪回しなどの) de hoep：輪になって座る yn 'e rûnte sitte, 輪を作る in sirkel foarmje, 輪回し（→フラフープ) をして遊ぶ boartsje mei de hoep；輪ゴム it elastyk

ワー（ド)プロ（セッサー) de tekstferwurker

わいきょく 歪曲 *de* misfoarming；歪曲の misfoarme；歪曲する ferdraaie, ferwringe

わいざつ 猥雑 *de* trivialiteit；猥雑な fiis, plat, ordinêr, triviaal, ûnfatsoenlik：猥雑な言葉 *fiis* praat, *platte* taal

ワイシャツ *it* himd (←シャツ)

わいせつ 猥褻 (行為) *de* ûntucht；わいせつな fiis, ûntuchtich：わいせつ(な)罪 kriminele ûnseedlikheid；わいせつな話をする fiisprate

わいだん 猥談 ûnfatsoenlik praat

ワイパー *de* rutewisker

ワイヤ *de* metaaltrie(d), *de* trie(d)

わいろ 賄賂 *de* omkeaperij,《複》*de* stikelpeinjen (→贈賄, 収賄)；わいろを贈る omkeapje, (買収する) bekeapje；わいろを受け取る jin omkeapje litte

ワイン *de* wyn：赤[白]ワイン reade [wite] *wyn*, 一瓶のワイン in flesfol *wyn*；ワイングラス *de* romer

わおん 和音 *it* akkoard

わか 和歌 'waka' (in tradisjoneel Japansk gedicht)

わが 我 (私の) myn, (私たちの) ús：わが母 *ús* [*myn*] mem＊通例, *ús* を用いる, わが国 *ús* steat

わかい 和解 *it* akkoart, *de* fermoedsoening, *it* kompromis, *de* tuskenoplossing；(…と)和解する (de) frede slute (mei), (…と) jin fersoen(j)e (mei)；和解させる ferien(ig)je, soene

わかい 若い (年齢が) jong, (活力がある) jeuchlik, jeugdich, (未熟な) grien：妻はぼくより5つ若い Myn frou is fiif jier *jonger* as ik., 彼女は年の割には若く見える Sy is *jong* foar har jierren., 彼は65歳だけども若(々し)く見える Hy is 65 jier, mar hy sjocht der noch o sa *jeuchlik* út., 君の考えはまだ若い Dyn gedachte is noch grien.

わかがえり 若返り *de* ferjonging；若返る ferjongje, jonger wurde

わかげ 若気 jeuchlik entûsjasme

わかさ 若さ *de* jeugd, *de* jeugdigens [-ichheid]

わかじに 若死に foartidige dea；若死にする jong stjerre

わかしらが 若白髪 foartidich griis hier

わかす 沸かす kôkje, siede：お湯を沸かす wetter *kôkje*

わかぞう 若造 in jonge fint

わかちあう 分かち合う →分け合う

わかての 若手の jong(er)：若手の議員 in *jonge* parlemintariër

わかどり 若鶏 *de* pyk

わかば 若葉 jonge blêden

わかふうふ 若夫婦 (新婚間もない) *it* jonge pear

わがまま 我が儘 *de* eigenbaat, *de* selssucht；わがままな baatsuchtich, eigensinnich, selssuchtich (→利己的な)

わがみ 我が身 (自分自身) jin, jin (sels), sels：わが身を取り戻す ta *jinsels* komme (→立ち直る)

わかめ 若布 'wakame' (in soarte seewier)

わかめ 若芽 in jonge knop

わかもの 若者 *it* jong, *de* jongfeint,《集合的に》*de* jongheid, 若者(たち) *de* jeugd, *de* jonge, *de* jongelju, *de* jongerein, *it* jongfolk

わからずや 分からず屋 *de* stiifkop (→頑固な人)

わかりきった 分かり切った dúdlik, evident, fanselssprekkend

わかりにくい 分かり難い ûnfersteanber, (判読しにくい) ûnlêsber

わかりやすい 分かり易い begryplik, ferklearber, fersteanber

わかる 分かる begripe, ferstean (→理解する)：それは私には分からない Ik *begryp* it net., すみませんが，君が言っていることは分かりませんでした Nim my net kwea(ôf), ik *ferstie* dy net.

わかれ 分かれ (川・道・枝などの) *de* sydtûke, (分派) *de* tûke

わかれ 別れ (離別) *it* ôfskie(d), *de* skieding：別れを告げる ôfskie(d) nimme, 先生とのお別れに by it *ôfskie(d) fan master*, 別れ際に ta (in) *ôfskie(d)*

わかれる　分かれる　（分離する）*ôfskiede, ôfsûnderje, jin splitse*, （意見などが）*ferdiele*：その川は二つの支流に分かれている De rivier *splitst* him yn twa tûken., このことで意見が分かれている Hjir binne de mieningen oer *ferdield*.

わかれる　別れる　（離別・離婚する）*skiede*：母親と娘は（互いに）10年間別れて（生活して）いる Mem en dochter hawwe tsien jier (faninoar) *skaat* west., 彼の妻は別れること（→離婚）を望んでいる Syn frou wol *skiede*.

わかれわかれに　別れ別れに　*ôfsûnderlik*：別れ別れに暮らす *ôfsûnderlik libje*

わかわかしい　若々しい　*jeuchlik, jeugdich*：彼女はとても若々しい Se is o sa *jeuchlik*.

わき　脇　（傍ら）*de kant, de side*, （脇腹）*de side*：道路の脇の家 in hûs oan 'e *kant* fan 'e dyk, 脇に寄れ！Oan 'e *kant!*, 脇を見る in oare *kant* útsjen, 両脇 beide *siden*, 脇に立つ fan *siden* stean；脇に置く efterútlizze；脇を通る foarbykomme [-rinne]；脇道 *de sydwei*；脇役 in sekondêre rol, in akteur [aktrise] mei in byrol

わきあがる　湧き上がる　（煮え立つ）oan 'e kôk wêze, （歓声が）opwâlje

わきおこる　沸き起こる　（拍手・歓声が）opwâlje；どっと喝采が沸き起こった Der klonk in daverjend applaus op.

わきが　腋臭　de rook fan jins oksel

わきかえる　沸き返る　（湯が）hurd siede, （怒りが）kôkje, opbuorrelje, jin opwine, （熱狂する）gek wurde

わきげ　腋毛　it hier yn jins oksel

わきたつ　沸き立つ　→沸き返る

わきでる　湧き出る　opwâlje, welje：水がこの地面から湧き出ている It wetter *wellet* hjir út 'e grûn.

わきのした　脇の下　*de oksel*

わきまえる　弁える　（違いを）ûnderskiede（→識別する）, （心得る）witte

わきみず　湧き水　*de welle*

わく　枠　（眼鏡・額などの）it ramt, （範囲）it ramt, （限度）de limyt：…の枠で yn it *ramt fan* …

わく　沸く　kôkje, siede, （興奮する）opwûn wêze

わく　湧く　gjalp(j)e, stjalpe

わくぐみ　枠組み　it kader, it ramt, （骨組み）it skelet

わくせい　惑星　*de dwaalstjer(re), de planeet*：地球や火星は惑星である De ierde en Mars binne *planeten*.

ワクチン　it faksin；ワクチン接種 *de faksinaasje*；ワクチン接種をする faksinearje

わくわくした　oeral, oerémis：子供たちはわくわくしている De bern binne *oerémis*.：わくわくさせる spannend

わけ　訳　（理由・原因）*de grûn, de oanlieding, de reden*, （意味）*de betsjutting, de sin*, （事情・いきさつ）it gefal, de tadracht, （道理）de rede：確固とした訳がある fêste *grûn* ûnder de fuotten hawwe, どう言う訳でそれをしたのか Om wat *reden* hast dat dien?, どんな訳があっても…ない yn gjin *gefal*；訳の分からない人 in ûnridlike man；訳の分からないことを言う ûnsin prate

わけあう　分け合う　diele, partsje

わけあたえる　分け与える　distribuearje, ferstrekke, ompartsje, útdiele（→分配する）：子供たちにりんごを分け与える appels *útdiele* oan de bern

わけいる　分け入る　（…に）jin wrotte (troch)：彼は群集の中に分け入った Hy *wrotte* him troch de mannichte.

わけても　別けても　→とりわけ、なかでも

わけない [く]　訳無い [く]　maklik, noflik（→容易な）：訳ない仕事 in *maklik* putsje, 郵便局は訳なく見つけられます It is *maklik* om it postkantoar

te finen.
わけへだて 分け隔て　de diskriminaasje：分け隔てなく sûnder diskriminaasje；分け隔てる diskrimineárje
わけまえ 分け前　it diel, it oandiel [-part], it part, it / de poarsje,（宝くじの）it lot：財産の分け前 it diel fan it goed, それぞれの分け前 elk syn part [poarsje]
わけめ 分け目　（髪の）de skieding；髪に分け目を入れる in skieding meitsje yn jins hier
わける 分ける　（分割・分配する）diele, ferdiele, ferkavelje, splite,（分離する）skiede,（分類する）yndiele, klassearje：母はメロンを四つに分けた Mem dielde de meloen yn fjouweren., 人に利益を分ける（→分配する）immen yn 'e winst diele litte, 政治と宗教は分ける（→分離する）べきだ Men moat polityk en religy skiede., 四つのグループに分ける yndiele yn fjouwer groepen
わごう 和合　de harmony；（…と）和合する harmoniearje (mei)
わこうど 若人　it jong, de jongfeint（→若者）
ワゴン　de wein
わざ 技　（腕前）de bekwamens, de slach,（演技）de útfiering
わざ 業　（技能）de feardigens [-dichheid], de tûkens,（行い・仕業）it optreden, it wurk：神のなせる業 in wurk fan God
わざと 態と　（故意に）mei opset[sin],（意識して）bewust
わざとらしい［く］ 態とらしい［く］（不自然な［に］）krampeftich, ûnnatuerlik：わざとらしく笑う krampeftich laitsje
わさび 山葵　'wasabi' (in Japanske mierikswoartel), brûkt mei rauwe fisk
わざわい 災い　de ramp, it ûngelok, it ûngemak, it ûnheil, it ûnk：災いを招く it ûnheil [ûnk] oproppe
わざわざ 態々　（特に）hielendal：彼はわざわざフローニンゲンからやって来た Hy kaam hielendal fan Grins.
わし 鷲　de earn
わしゃ 話者　de prater, de sprekker (↔ 聴者)
わじゅつ 話術　de fertelkeunst；彼は話術にたけている Hy is in goede sprekker.
わしょく 和食　Japansk iten [gerjocht]
わずか(に) 僅か(に)　in bytsje：私は僅かにフリジア語が話せます Ik kin in bytsje Frysk prate., 僅かの inkel(d), in pear, in stikmannich：僅かな人たち inkel(d)e lju；僅かな…もない gjin grevel
わずらい 患い　（病気）de sykte
わずらい 煩い　it fertriet, de kwelling, de swierrichheid
わずらう 患う　（病む）siik wêze,（…を）(思っている) omlije [sukkelje] (mei)：彼女はリュウマチを患っている Se sukkelet mei rimmetyk.
わずらう 煩う　jin bekommerje [kwelle],（…で）(気をもむ) ompakke (mei)
わずらわしい 煩わしい　beswierlik, ferfelend, hinderlik, lêstich (→厄介な)
わずらわす 煩わす　（人を）immen lêst besoargje,（悩ます）ergerje, pleagje
わすれがたい 忘れ難い　ûnferjitlik
わすれがたみ 忘れ形見　de gedachtenis, it oantinken
わすれがち 忘れ勝ち　ferjitlik
わすれっぽい 忘れっぽい　ferjitlik：老人はしばしば忘れっぽくなる Alde minsken wurde faak ferjitlik.
わすれなぐさ 忘れな草　it blaublomke, de ferjit-my-net
わすれもの 忘れ物　in benefterbleaun ding
わすれる 忘れる　ferjitte,（置き忘れる）lizze litte：それをすっかり忘れてしまった Ik haw it glêd fergetten., 傘を電車に置き忘れた Ik haw yn de trein myn paraplu lizze litte.；われを忘れる jin ferjitte
わせい 和声　de harmony

わせいの　和製の　fan Japanske makkelij：和製の風呂 in bad *fan Japanske makkelij*

わせの　早生の　foarbarich, foartidich

わた　綿　it katoen；綿の katoenen, watten：綿（製）の下着（複）de *katoenen* ûnderklean

わだい　話題　it praat, in ûnderwerp fan petear,（主題）it tema, 話題になる te *praat* komme, そのことが話題になっている Der is [giet] *praat* fan [oer].、話題を変える it *praat* op wat oars bringe

わだかまり　蟠り　（しこり）in aaklik [min] gefoel,（遠慮）de ienselvigens, de reserve：わだかまる djip woartele wêze yn jins hert

わたくし　私　私は [が] ik；私を [に] my；私の myn,（「公」に対して）privaat（→私的な）；私の物 mines；私自身は [が] iksels；私自身を [に] mysels；私たちは [が] wy；私たちを [に] ús；私たちの ús；私たちの物 uses, uzen；私たち自身 wysels；私たち自身を [に] ússels

わたし　渡し　（渡し場・船）it fear；渡し舟 [船] it fear, de oerhaal（→フェリー）；渡し守 de fearman（→船頭）

わたす　渡す　（手渡す）oanjaan, oanlangje, oerjaan, rikke, trochjaan,（こっそり）tastopje：その鍵を私に渡してください Jou my de kaai ris *oer*., 人に何がしかのお金をそっと渡す immen wat jild *tastopje*

わだち　轍　it spoar, it weinspoar：馬車のわだち *spoarren* fan in wein

わたり　渡り　（渡ること）it oergean,（鳥などの）de trek,（交渉）de ûnderhandeling：渡り職人 in losse wurknimmer；渡り鳥 de trekfûgel, de trekker

わたりあう　渡り合う　→応戦する,（殴り合う）mei-inoar op de fûst gean,（言い争う）stride, slaande deilis wêze

わたりあるく　渡り歩く　omswalkje, omswerve；彼は仕事を探すためにあちこちと渡り歩いた Hy gong fan it iene plak nei it oare om wurk te finen.

わたる　亙る　（範囲などが）（及ぶ）bestrike, jin útstrekke,（時間が）（及ぶ）duorje：森は A（地点）から B（地点）までの範囲にわたる It bosk *strekt* him *út* fan A oant B., 会議は 2 日にわたった De gearkomste *duorre* twa dagen.

わたる　渡る　（道・橋・川などを）oerstekke,（船などで）oersette, oerstekke,（移住する）oergean,（暮らす）libje,（人手に）oergean（→譲渡する）,（鳥が）trekke（→渡来する）：道を渡る in strjitte *oerstekke*（→横切る）, アメリカに渡る *oerstekke* nei Amearika, イギリス海峡をカヌーで渡る it Kanaal *oersette* mei in kano

ワックス　it / de waaks：ワックスで椅子を磨く stuollen yn 'e *waaks* sette

ワット　de watt《略 W》

わな　罠　de falle, de klim, it knip, de strûp：ねずみがわなにかかっている De mûs sit yn 'e *falle*., 野うさぎをわなで捕まえる in hazze yn 'e *strûp* fange；わなにかける strûpe

わなげ　輪投げ　it ringwerpen

わに　鰐　（クロコダイル）de krokodil,（アリゲーター）de alligator

わび　詫び　（弁解）it ekskús,（陳謝）de apology：わびる jins *ekskús* meitsje [oanbiede]

わびしい [く]　侘しい [く]　（寂しい）ferlitten, ienlik, iensum：わびしく暮らす *ferlitten* libje；わびしさ de iensumens [-heid]

わふう　和風　（日本風）Japanske styl

わへい　和平　→平和；和平交渉《複》de fredesûnderhannelingen

わほう, 話法　hoe doelmjittich te sprekken [praten],（文法の）de rede：直接 [間接] 話法 de direkte [yndirekte] *rede*

わめきごえ　喚き声　de skreau,（金切声）de gier

わめきたてる　喚き立てる　→わめく

わめきちらす　喚き散らす　rache en skelle

わめく　喚く　roppe, skreauwe,（痛く

て）útjammerje, útskreauwe,（金切声を上げる）giere

わやくする 和訳する （英語を）(it Ingelsk) yn it Japansk oersette

わようせっちゅうの 和洋折衷の heal-westersk：和洋折衷の建物 in heal-westersk gebou

わら 藁 *it* strie,（わらの茎）*de* strie：わらにもすがる jin oan in *strie* fêsthâlde；わらぶき屋根 *it* striedak

わらい 笑い *de* laits,（微笑）*de* glim, *de* glimp：意味ありげな笑い in narderich *glimke*；(…を) 笑う laitsje (om), (jin) laitsje：あることについて笑う om [oer] eat *laitsje*, 彼らは私を見て笑った Sy laken om my., 笑わせないでください Lit my net *laitsje*., 私は笑わないではいられなかった Ik koe it *laitsjen* net hâlde., 大笑いする skatterje fan it *laitsjen*, 腹を抱えて笑う jin slop [stikken] *laitsje*, どっと笑う útspatte fan *laitsje*, どっと笑い出す it útsprûste fan it *laitsjen*, わっと笑い出す yn *laitsjen* útbarste,《諺》笑いは最良の薬 *Laitsjen* is sûn wurk.,《諺》笑う門には福来たる *Laitsjen* bringt gelok.；笑っている laitsjend：彼女の笑っている顔 har *laitsjend* gesicht；笑い話→冗談

わらび 蕨 *de* faren, *de* fear (→羊歯(ﾊ))

わらわせる 笑わせる laitsje litte

わり 割 →率，割合；割に合わない ûntankber：割に合わない仕事 *ûntankber* wurk

わりあい 割合 *it* gehalte, *de* proporsje；割合に betreklik, navenant

わりあて 割り当て *de* ferdieling, *it* kwotum, *de* omslach,（配給量）*it* rantsoen；割り当てる ferdiele,（配給する）rantsoenearje：仕事を割り当てる de taken *ferdiele*

わりいん 割り印 immens fersegele dokumint

わりかん 割り勘 *de* omslach；割り勘にする de helt(e) betelje, omslaan：パーティーの費用は割り勘になった De kosten fan it feest waarden *omslein*.

わりきる 割り切る in dúdlike oplossing fine（foar in probleem）

わりきれる 割り切れる （割り算で）dielber wêze：20 は 2 で割り切れる 20 is *dielber* troch 2.；(気持ちが) 割り切れない noch twivel hawwe

わりこむ 割り込む （話に）ôfsnije, snije, ûnderbrekke：話に割り込む it petear [praat] *ôfsnije*,（列に）de line ûnderbrekke

わりざん 割り算 *de* dieling (→除法) (↔掛け算)

わりだか 割高 割高である betreklik djoer wêze

わりだす 割り出す （算出する）kalkulearje,（推断する）dedusearje：必要経費を割り出す de nedige kosten *kalkulearje*

わりつけ 割り付け *de* opmaak (→レイアウト)；割り付ける opmeitsje

わりに 割に （割り合い）betreklik, navenant (→比較的に)

わりびき 割引 *it* diskonto, *de* rabat, *de* reduksje：汽車やバスでの旅行で割引が受けられる *reduksje* op reizgjen mei trein en bus krije；割り引く diskontearje, redusearje (→値引きする)

わりましの 割増しの ekstra：割増し料金 in *ekstra* taryf = *it* opjild

わりやす 割安 割安である betreklik goedkeap wêze

わる 悪 →悪者

わる 割る brekke, spjalte, splite,（数を）diele (→割り切れる)：茶わんを割る in kopke *brekke*, 板を割る de planke *spjalte* [*splite*] (→裂く)

わるい 悪い kwea, min, slim ＊これらの語が最も頻度が高い,（品質が）gemien, minnich, ûnderhânsk,（道徳的に）euvel,（態度・天候が）foech,（調子・具合が）oerstjoer,（有害な）kwea-aardich, neidielich, skealik,（悪性の）kwea-aardich, lilkaardich：（くせの）悪い犬 in *kweade* hûn, 悪い知らせ *kweade* tynge, 悪い歯列 in *min* gebyt,

機嫌が悪い in min sin hawwe, 品質が悪い fan in minne kwaliteit, それは見た目よりは悪くない It is net sa slim as dat it liket., その果物は(品質が)悪い De fruchten binne gemien [minnich]., あることを理由に人を悪く思う immen eat euvel nimme, 悪い態度 foech optreden, 悪い天気 foech waar (→悪天候), たばこ(を吸うこと)は健康に悪い Smoken is neidielich foar de sûnens., 胃の具合が悪い De mage is my oerstjoer., 悪いインフルエンザ kwea-aardige gryp, 悪い[悪性の]がん kwea-aardige kanker;《その他》愛想が悪い ûnfreonlik;意地が悪い gemien;居心地が悪い ûngeryflik, ûngesellich;気分が悪い raak, siik, ûngedien, ûnpaslik;顔色[血色]が悪い goar (sjen);行儀が悪い stout, ûnbehouwen, ûnskiklik;都合が悪い ûngelegen, ûngeunstich;運が悪い yn it ûngelok wêze;健康[胃]の状態が悪い sukkelje mei jins sûnens [mage];(人を)悪く思う kweasprekke (fan) (→人の悪口を言う);人に悪いことをする immen ûnrjocht (oan)dwaan;悪いのは私です It is myn skuld.

わるがしこい 悪賢い beslipe, betûft, genip(er)ich, goochem, liep, listich, slûchslim, trochtrape (→抜け目がない, ず(賢)い)

わるぎ 悪気 it erch, de moedwil, de willemoed:彼はそれを悪気があってやったのではなかった Hy die it sûnder erch.;悪気のない argeleas,(無邪気な) ûnskuldich

わるぐち 悪口 (人の)悪口を言う kweasprekke (fan), rabbelje, rabje:他人の悪口を言うな! Do moatst net fan oaren kweasprekke!

わるくなる 悪くなる (天候・病気などが) efterútgean, oanboazje;悪くなった ferkeard, goar:悪くなったりんご in ferkearde appel, 悪くなった(→腐った)魚 ferkearde fisk

わるだくみ 悪巧み de keunst, de kneep, de list,(悪質な策略) in gemiene streek

わるぢえ 悪知恵 (ずるさ) de liepens,(奸知(かん)) de smychtestreek

ワルツ de wals;ワルツを踊る walse

わるびれずに 悪びれずに sûnder bangens [eagst(me)],(ずうずうしく) skamteleas

わるふざけ 悪巫山戯 悪ふざけが過ぎる De gekheid [Dat] giet te fier.

わるもの 悪者 de liepert (→悪人)

わるよいする 悪酔いする (飲み過ぎて) mislik wurde fan te folle drinken

われ 我 →私たち, 我(が);我先に席を争う fjochtsje om sitplakken;我知らず ûnwillekeurich;我ながら自分の行動を恥ずかしく思っている Ik skamje my foar myn gedrach.;我に返える ta jinsels komme;我を忘れる jin ferjitte

われめ 割れ目 de brek, de spjalt(ing), de splitsing

われる 割れる spjalte, splite (→裂ける)

われわれ 我々 →私たち

わん 碗 de kom / kûm:わんを割る in kom brekke

わん 湾 de bocht, de golf,(入り江) de baai:東京湾 de Bocht fan Tokio

わんがん 湾岸 de kust fan in baai

わんきょく 湾曲 (曲がり) de draai, de kromming;湾曲した krom, krûm

わんしょう 腕章 de earmbân

わんぱくな 腕白な ûndogens;腕白小僧 de kweajonge, de ûndeugd,(いたずらっ子) de ychel

ワンピース de jûpe, de jurk

ワンマン (独裁者) de autokraat;ワンマンカー in bus sûnder in konducteur;ワンマン社長 in autokratyske direkteur [presidint]

わんりょく 腕力 it geweld:腕力を振う geweld brûke

ワンルームマンション it ienpersoansappartemint

わんわん! 《犬の吠え声》Wafwaf!;(犬が)わんわん吠える bylje

付　録（一）
フリジア語の諺

1　挨拶より円札　　　　　　Lûd sprekken follet gjin sekken.
2　悪銭身につかず　　　　　（195）
3　悪魔の噂をすると悪魔が姿を現す
　　　　　　　　　　　　　As men it oer de duvel hat, trapet men hin op 'e sturt.
4　あき樽は音が高い　　　　Stille wetters hawwe djippe grûnen.
5　朝起きは三文の得、198　Moarns let, de hiele dei let.
6　浅瀬に徒（あだ）浪　　　（52）
7　足下から鳥が立つ　　　　In ûngelok [ûngemak] leit op in lyt plakje.
8　明日の百より今日の五十　Better ien fûgel yn 'e hân as tsien yn 'e loft.
9　新しい靴下を手に入れる前に古い靴下を処分するな
　　　　　　　　　　　　　Men moat gjin âlde hoazzen [shuon] fuortsmite foar't men nije hat.
10　羹（あつもの）にこりて膾（なます）を吹く（22, 238）
11　雨降って地固まる、170　Oan alle lijen komt ienris in ein.
12　新たな食物は新たな食欲を生む
　　　　　　　　　　　　　Feroaring fan kost jout nije skroei.
13　有るは無いにまさる　　　Better eat as neat.
14　あらゆる変化がよい結果になるとは限らない
　　　　　　　　　　　　　Alle feroaring is gjin ferbettering.
15　過ちは人の常、誤つは人の性
　　　　　　　　　　　　　Fersinne(n) is minsklik.
16　言うとなすことは別事である
　　　　　　　　　　　　　Sizzen is neat mar dwaan is in ding.
17　意外なことがよく起こるものである
　　　　　　　　　　　　　In ûngelok [ûngemak] leit op in lyt plakje.

18	生きるために食え、食うために生きるな	Men moat ite om te libben en net libje om te iten.
19	意志のある所に道がある	Wa't wol, dy kin.
20	急がば回れ	In stadige rinner komt der ek., Hurdrinners binne dearinners.
21	偉大なる人の罪は大罪になる	Wat grutter geest wat grutter beest.
22	一度噛まれると二度用心深くなる	Ien ezel stompt him gjin twa kear oan 'e selde stien.
23	一度泥棒になると万年泥棒となる	Dy't ien kear stellen hat, is altyd in dief.
24	一を聞いて十を知る、93	In goed fersteander hat oan in heal wurd genôch.
25	一刻千金	(167)
26	一石二鳥、一挙両得	Twa miggen yn ien flap.
27	一方の手で他方の手を洗うと、両手が駄目になる	At de iene hân de oare wasket, wurde se beide skjin.
28	いとわぬ馬には誰でも荷を乗せる	Al te goed is (in) oarmens gek.
29	犬を打つ棒を見つけるのは容易なことである、249	Dy't in hûn smite wol, kin altyd wol in stien fine.
30	犬も歩けば棒に当たる	In fleanende krie fangt altyd wat.
31	言わぬは言うに勝る	(219)
32	嘘には足がない	Leagens hawwe koarte skonkjes.
33	嘘も方便	It doel hilliget de middels.
34	家(うち)ほどよい所はない	(258)

35	うなずきは目くばせと同じ　（24）	
36	馬が盗まれてから馬小屋の戸を閉めるのは遅すぎる	
		De dobbe damje as it kealtsje fersupt is.
37	瓜のつるに茄子(なす)はならぬ	
		Al wat fan katten komt, wol mûzje.
38	噂半分嘘半分	Fan hearren en sizzen lycht [liicht] men it meast.
39	噂をすれば影がさす　（3）	
40	運命の女神は勇者を遇する	
		De bretalen hawwe de heale wrâld.
41	えびで鯛を釣る　（119）	
42	黄金の鍵はすべての扉を開くことができる	
		Jild is de kaai op alle stotten.
43	狼に衣　（80）	
44	狼は毛が脱げても、その本性には変わりはない	
		De foks ferliest syn hier wol, mar syn aard [streken] net.
45	大勢になればなるほど陽気になる	
		Wat mear sielen, wat mear freugde.
46	お金は匂わない	Jild stjonkt net.
47	遅れた奴は鬼に食われろ	Elk sines dan kriget de duvel neat.
48	奢(おご)れる者日久しからず	Jim sille noch fan heechmoed fergean.
49	遅くてもしないよりまし	Better let as net.
50	遅すぎるよりは早い方がよい	
		Better bytiids as te let.
51	鬼のいぬ間の洗濯　（185）	
52	音を立てないで流れる川は深い	
		Stille wetters hawwe djippe grûnen.
53	溺れる者はわらをも掴む	In drinkeldeade hâldt him oan in strie fêst.
54	親が親なら子も子　（252）	

55	親鶏も巣を作れば若鶏これを習う	
		Sa't de âlden sjonge, sa piipje de jongen.
56	親に欲目なし	(218)
57	親猫も子猫と同じくらい乳をなめる	
		In âld bok mei ek noch wol in grien bledsje.
58	折れるより曲がれ	Better buge as barste.
59	蛙の子は蛙	(252)
60	輝くものすべてが金とは限らない	
		It is net allegearre goud wat der blinkt [blikkert].
61	過失も告発すれば半ば正されたのに等しい	
		It is better halze as krabbe.
62	火事のあとの火の用心	(36)
63	風を蒔いてつむじ風を刈り入れる	
		Dy't wyn sieddet, sil stoarm rispje.
64	片目でも盲人国の王様	In it lân fan'e blinen is ieneach kening.
65	金が金を儲ける	It wetter rint altyd nei de see.
66	壁に耳あり	De muorren hawwe hjir earen.
67	亀の甲より年の功	(174)
68	瓶(かめ)はあまりしばしば井戸へ行くのでついに割れてしまう	
		De krûk giet salang te wetter dat er de hals brekt.
69	空(から)の容器は一番音を立てる	
		Lege fetten beare meast.
70	狩人罠(わな)にかかる	Dy't in grêf foar ien dolt falt der sels yn.
71	可愛い子には旅をさせよ	Dy't sin leaf hat, dy kastijt se.
72	艱難汝を玉にす	(209)
73	頑張れば事は成る	Op 'e ein fûke fangt men de fisk.
74	機会は盗人を生む	De gelegenheid makket de dief.
75	既往は咎(とが)めず	(133)

76	聞き違いをする者は答え違いをする	Dy't net hearre wol, moat flele.
77	危急の際の友人こそ本当の友人である	
		In freon yn need, in wiere freon.
78	きしる扉は長く蝶番についている	
		Kreakjende weinen duorje langst.
79	汚い豚ほど最もよく育つ	Smoarge bargen groeie bêst.
80	狐が説教するときに鵞鳥に気をつけよ、43	
		As de foks dominy is, mei de boer syn guozzen wol.
81	気楽にやれ	Stadichoan, dan brekt de line net.
82	逆境にもよい面がある	（170）
83	窮すれば通ず	It moat earst op 't slimst ear't it betteret.
84	今日の仕事を明日まで延ばすな	
		Men moat de dei net fan hûs stelle.
85	苦あれば楽あり	Gjin risseltaat [winst] sûnder ynspanning.
86	食うだけなら犬でも食う	（18）
87	空腹は最高のソース	Honger leart de bear dûnsjen.
88	愚人は思っていることをすぐにしゃべる	
		Dêr't it hert fol fan is, dêr rint de mûle fan oer.
89	愚人は賢人が7年かかって答える以上の質問を一時間のうちに発する	
		In gek freget mear as sân wizen beäntwurdzje kinne.
90	苦しい時の神頼み	Need leart bidden.
91	経験は最高の教師	Al dwaande leart men.
92	佳人薄命	（201）
93	賢人には一言で足りる	In goed fersteander hat oan in heal wurd genôch.
94	恋は盲目	De leafde is blyn.
95	光陰矢の如し	De tiid hâld gjin skoft.
96	後悔先に立たず	Berou komt nei de sûnde.

97	甲が茂みを打ちあさり、乙が鳥を捕まえる	
		De hynder der dy't de hjouwer fertsjinje, krije se altyd net.
98	好機を逸すべからず	（164）
99	郷に入っては郷に従え	Lânswize lânsseare.
100	甲の生は乙の死である	De iene syn dea is de oare syn brea.
101	甲の善行は乙の善行に値する	
		De iene deugd is de oare wurdich.
102	弘法も筆の誤り	De bêste klok is wolris fan slach., Elk keatser slacht de bal wolris mis.
103	乞食を馬に乗せると乞食は疾駆する	
		It binne sterke skonken dy't de wiele drage kinne.
104	乞食を三日すれば忘れられない	（23）
105	子供と馬鹿は嘘が言えぬ	
		Dronkene lju en lytse bern sizze de wierheid.
106	子供の早耳	（157）
107	この親にしてこの子あり	（59, 252）
108	転がる石に苔むさず	In stien dy't rôlet waakst gjien moas op.
109	転ばぬ先の杖	Berie (d) giet foar de die(d).
110	婚礼は婚礼を生む	Fan in brulloft komt in brulloft.
111	最高品が一番安い	Goedkeap (is faak) djoerkeap.
112	歳月人を待たず	De tiid en tij wachtsje op gjin minske.
113	最初に生まれた者が最初に食物を与えられる	
		Dy't neist oan 't fjoer sit, waarmt him bêst.
114	最初に来た者が最初に食物を供せられる	
		Dy't earst yn 'e roef komt, hat kâns fan plak.
115	最後に負けるなら、最初に勝つ方がよい	
		De earste winst is kattewinst.

116　最後に笑う者が最もよく笑う
　　　　　　　　　　　　　　Dy't lêst laket, bêst laket.
117　先勝ちは糞勝ち　　　　（116）
118　雑草は早く伸びる　　　Unkrûd fergiet net.
119　鯖を捕らえるために鰯を投げ与える
　　　　　　　　　　　　　　In tsjilling útsmite om in einfûgel te fangen.
120　猿も木から落ちる　　　（102）
121　去る者は日々に疎(うと)し　Ut it each, út it hert.
122　仕事が終われば、安息は甘美なもの
　　　　　　　　　　　　　　Nei dien wurk is it goed rêsten.
123　釈迦に説法　　　　　　It aai wol wizer wêze as de hin.
124　ジャックには皆似合いのジルがいる、184
　　　　　　　　　　　　　　Der is gjin pôt sa bryk of der is deskel lyk.
125　十人十色　　　　　　　（207）
126　朱に交じわれば赤くなる（203）
127　正直は最善の策　　　　Earlik duorret langst.
128　正直者の言葉は証文同様に確かである
　　　　　　　　　　　　　　In man in man, in wurd in wurd.
129　人生は決して楽しいことばかりではない
　　　　　　　　　　　　　　It libben is net altyd rys mei rezinen, mar ek
　　　　　　　　　　　　　　wolris grot mei krôde.
130　死んだらあの世にお金はもって行けない
　　　　　　　　　　　　　　It lêste himd hat gjin bûsen.
131　新領主の新法律　　　　Nije hearen, nije wetten [manearen].
132　スカートも私の肌身に近いがシャツはもっと近い
　　　　　　　　　　　　　　It himd is neier as de rôk.
133　過ぎ去ったことは過ぎ去ったことにしよう
　　　　　　　　　　　　　　Gjin âlde kij út 'e sleat helje.

134	すぐれた職人は道具を選ぶ	
		Goed ark is it heale wurk.
135	すべてを掴めばすべてを失う	
		Dy't it ûnderste út 'e hanne wei hawwe wol, krijt it lid op 'e noas.
136	滑り出しで好調なら半ば成就したのに等しい	
		In goed begjin is de helte fan it wurk.
137	精神一到何事か何らざらん　(19, 73)	
138	急いては事をし損ずる	Hurdrinners binne dearinners.
139	晴天の霹靂(へきれき)	In tongerslach ús in kleare loft.
140	背に腹は替えられない　(132)	
141	絶望的な病気には荒治療が必要である	
		Sêfte dokters meitsje stjonkende wûnen.
142	草むら中の二羽より掌中の一羽	
		Better ien fûgel yn 'e hân as tsien yn 'e loft.
143	大事なことは第一にしておこう	
		Wat swierst is, moat swierst weage.
144	多芸は無芸　(181)	
145	大山鳴動して鼠一匹　(177)	
146	第二の殴打で喧嘩になる	Twa kibje, twa skuld.
147	大欲は無欲に似たり　(135)	
148	蓼(たで)食う虫も好きずき	Elk syn meuch.
149	他人の難破船をお前の航路目標にせよ	
		In skipp op it strân is in beaken yn see.
150	他人を欺く者は最後に自分自身を欺く	
		Dy't in oar beskyt, beskyt op it lêst himsels.
151	他人より身内　(159)	
152	卵を割らずにオムレツは作れない	
		Dêr't hout kappe wurdt, falle spuonnen.

153	種を蒔いたように刈り入れをせねばならない	
		Dy't it gat baarnt, moat op 'e blierren sitte.
154	誰でも好敵手を得る	Der is altyd baas boppe baas.
155	便りのないのはよい便り	Gjin nijs, goed nijs.
156	団結は力なり	Iendracht makket macht.
157	小さな水差しに大きな耳がある	
		Lytse potten hawwe ek earren.
158	知は力なり	Kennis is macht.
159	血は水よりも濃し	It bloed krûpt der't it net gean kin.
160	調子に乗り過ぎるとついに失敗する、68	
		Men hout in beam sa lang oan't er omfalt.
161	燕が一羽来たとて夏にはならない	
		Ien swel makket noch gjin simmer.
162	罪はみなその罰を伴う	It kwea straft himsels.
163	手遅れにならないように用心する者は賢者である	
		Foarsichtigens hâldt it âld porslein hiel.
164	鉄は熱いうちに打て	Men moat it izer smeie as it hjit is.
165	手で鉄を折ることはできない	
		Men kin gjin izer mei hannen brekke.
166	東西いずこたりとも家庭に勝るものはない、258	
		East west, thús bêst.
167	時は金なり	Tiid is jild.
168	時はすべての苦しみを癒す	
		De tiid fersêftet alle leed.
169	隣りの花は赤い	It is altyd fet yn oarmans skûtel(s).
170	どの雲にも銀の裏地がついている	
		Elke wolk hat in sulveren râne.
171	乏しく生まれれば一生涯貧しい	
		Wat út in guozze-aai bret is wurdt noait in pau.

172	捕らぬ狸の皮算用	（214）
173	鳥なき里の蝙蝠(こうもり)	（64）
174	長生きすればするほど一層物知りになる	

         It ferstân komt mei de jierren.

175　長く弦を張ったままにしておけば弱くなる

         De bôge kin net altyd span wêze.

176　鳴き声ばかりで毛は一本もない

         In butte geraas en in bytsje wol(l).

177　鳴き面に蜂　　　In ûngelok komt noait [hast nea] allinne.

178　情けは他人(ひと)の為ならず（101）

179　何も持っていない者は何も失う心配はない

         Wat men net wit, dat deart jin net.

180　鍋が釜を黒ん坊呼ばわりする

         De pôt ferwyt de tsjettel dat er swart is.

181　何でもやれる人に優れた芸はない

         Tolve ambachten en trettjin ûngelokken.

182　憎まれっ子世に憚る　　Unkrûd fergiet net.

183　濁り水の中の魚を捕らえるのはよいことである。

         Yn troebel [tsjok] wetter, is it goed fiskjen.

184　似た者夫婦　　　（124, 252）

185　猫がいないと鼠があばれる

         As de kat fan hûs is, stekt de mûs de sturt om-
         heech.

186　猫が鼠を捕らえれば猫は鳴かない

         As de kat mûzje, miaukje se net.

187　猫に九生あり　　In kat komt altyd op 'e poaten telâne.

188　猫に小判、豚に真珠　Pearel foar de bargen [swinen] smite.

189　猫は暗い所では皆灰色に見える

         As it tsjuster is, binne alle katten grau.

190	眠っている犬を起こすな	Men moat gjin sliepende hûnen wekker meitsje.
191	馬鹿と子供は正直	(105)
192	初めは何でも難しい	Alle begjin is swier.
193	始めよければ半成功	(136)
194	走り回る犬は骨を見つける	
		In fleanende krie gangt altyd wat.
195	裸で物を落とす例(だめ)なし	(179)
196	バターをたくさん持っている人は厚く塗る	
		Dy't it breed hat lit breed hingje.
197	ぱっと儲ければぱっと使ってしまう	
		Sa wûn, sa rûn.
198	早起きは三文の得、5	Moarns let, de hiele dei let.
199	半分でも無いよりはまし	In heal aai is better as in lege dop.
200	光るもの必ずしも金ならず	
		It is allegearre goud wat der blikkert.
201	美人薄命	De moaisten stjirre jong.
202	羊の群れのうち一頭が溝を跳び越えると残りは全部がそれに倣う	
		As der ien skiep oer de daam giet, fleane se der allegearre oer.
203	ピッチに触る者は手が汚れる	
		Dy't mei pik omgiet wurdt der mei besmet.
204	必要事で徳をつくる	As it net kin sa't moat, dan moat it mar sa't kin.
205	必要は発明の母	Earmoed siket list.
206	一樽の酢よりも一滴の蜂蜜の方がたくさんの蝿が捕らえる	
		Men kin mei goedens mear wurde as mei lilkens.
207	人の心は皆違う	Safolle hollen, safolle sinnen.
208	人は種蒔きをしたように、刈り込むであろう	
		Men rispet wat men sielde hat.

209　人は皆その苦悩を嘗めなければならない
　　　　　　　　　　　　　　　De goede moat it mei de tsjoede ûntjilde.
210　一つの事業にすべてをかけるな
　　　　　　　　　　　　　　　Men moat net alle aaien ûnder ien hin lizze.
211　火の無い所に煙は立たぬ　Der wurdt gjin ko bûnt neamd of der is in wyt hier oan.
212　ひもじい時にはまずい物なし（87）
213　百聞一見に如かず　　　　Sjen is leauwen.
214　ひよこが孵らぬうちにその数を数える、172
　　　　　　　　　　　　　　　Priizgje de dei net foar't it jûn is.
215　拾い物は我が物　　　　　（245）
216　武士に二言なし　　　　　（128）
217　覆水盆に返らず　　　　　Wat dien is, is dien.
218　梟は自分の子が一番美しいと思っている
　　　　　　　　　　　　　　　Elk hâldt syn protten foar in lyster.
219　弁舌は銀、沈黙は金　　　Sprekken is sulver, swijen is goud.
220　忘恩は世の常　　　　　　As de bargen genôch hawwe, dan skoppe se de trôch om.
221　帽子が合うなら、その帽子を被れ
　　　　　　　　　　　　　　　Dy't de skoech past, lûkt him oan., Dy't in noas hat kin 't mar rûke.
222　吠える犬は噛みつかぬ　　Hûnen dy't blaffe, bite net.
223　骨折り損　　　　　　　　（232）
224　曲がるか折れるかいずれか
　　　　　　　　　　　　　　　It is [most] bûge of barste.
225　馬子にも衣装　　　　　　Men ken de fûgel oan syn fear.
226　まさかの時の友は真の友　（77）
227　待てば海路の日和あり　　Lang gasten stjonke.
228　身から出たさび　　　　　（153, 208）

229	三つ子の魂百までも	It bern is de heit fan de man.
230	蜜蜂のいる所には、蜂蜜がある	
		Dêr't bijen binne, dêr is ek hunich.
231	見よう見まね	(55)
232	無駄骨を折る	Turf yn it fean bringe., Wetter nei de see drage.
233	物事は困難を経て容易になる	
		Alle begjin is swier
234	物事を成り行きに任せる	Men moat witte út wat hoede de wyn waait.
235	貰い物に苦情	Fize bargen wurde net fet.
236	貰った馬の口の中を見るな	
		In jûn hynder sjocht men net yn 'e bek.
237	約束は負債である	Belofte makket skuld.
238	火傷をした子供は火を怖がる	
		Men moat leare mei skea en skande.
239	安物買いの銭失い	(111)
240	柳に雪折れなし	(78)
241	やりかけたことは何がなんでも通せ	
		Dy't a seit moat ek b sizze.
242	薮(やぶ)蛇をつついて出す	(190)
243	夜目遠目傘の内	(189)
244	優秀な操舵手は隣に立つ	De bêste stjoerlju steane faak fan oan wâl.
245	有は有である	Hawwen is hawwen (en krijen is de keunst).
246	雄弁は銀、沈黙は金、219	
		Sprekken is sulver, swijen is goud.
247	猶予は免除でない	Wat yn 't fet is, bedjert net.
248	ライオンの皮ができなくても狐の皮ができる	
		Dy't net stenk is, moat snoad wêze.
249	理屈と膏薬はどこでもつく	(29)

250	立派な羽毛は立派な鳥を作る、225	
		Men ken fûgel oan syn fear.
251	良酒は看板を必要としない	
		Goede waar priizget himsels.
252	林檎は木から遠く離れて落ちない	
		De appel falt net fier fan 'e beam.
253	類は友を呼ぶ	It iene bist ken it oere., Soart seket soart.
254	老人の馬鹿ほど馬鹿なものはいない	
		Wat âlder, wat mâlder [gekker].
255	老木は植え替えると枯死する	
		Alde beamen moatte net te swier snoeid wurde.
256	ローマは一日にて成らず	Rome is net yn ien dei boud., Aken en Keuken binne net op ien dei boud.
257	論より証拠	Sizzen is neat mar dwaan, is in ding.
258	わが家にまさる所はない	Oeral thús, mar thús it bêste.
259	笑いは最良の薬	Laitsjen is sûn wurk.
260	割れなべにとじぶた	(124)

付　録（二）
フリジア語文法の概要

［Ｉ］ 品詞の語形変化とその機能
1．名詞：文を構成する主要素（主語、目的語、補語など）になる。
　A）名詞の数：単数と複数

　　通例、単数の語尾に、-s、-en のいづれかを付けて、複数形にする。
　(1) -s を付ける主な語
　　(a) 語尾が -el, -em, -en, -er などで終わるもの：
　　　　tafel　　（テーブル）　tafels　　；tekken　（毛布）　tekkens
　　　　blossem（花）　　　　blossems ；keamer（部屋）　keamers
　　(b) 指小辞（-ke, -je, -sje, -tsje）で終るもの：
　　　　famke　（少女）　　　famkes　 ；boatsje（小舟）　boatsjes
　　　　boekje　（小さい本）　boekjes　 ；huntsje（子犬）　huntsjes
　　(c) 親族語の一部：
　　　　pake　　（祖父）　　　pakes　　；omke　（叔父）　omkes
　　　　beppe　（祖母）　　　beppes　 ；muoike（叔母）　muoikes
　　　　＊比較：heit（父）heiten, mem（母）memmen など。
　　(d) 外来語：綴りが -a, -o, -u で終わる語は、's を付ける：
　　　　opera　（オペラ）　　opera's　 ；auto　（自動車）auto's
　　　　foto　　（写真）　　　foto's　　 ；menu　（メニュー）menu's
　(2) -en を付ける主な語
　　(a) 1音節の語：
　　　　boek　（本）　　　　boeken　 ；aai　　（例）　　aaien
　　　　wurd　（語）　　　　wurden　 ；dier　（動物）　dieren
　　(b) 〈短母音＋短子音〉からなる語は子音字を重ねる：
　　　　kat　　（猫）　　　　katten　　；skip　（船）　　skippen
　(3) 変則的な語：語中の母音、語末の子音が変則的に変わる
　　　　paad　（道）　　　　paden　　；hûs　　（家）　　huzen

foet	(足)	f*uo*tten	; brief	(手紙)	brie*ven*
ko	(雌牛)	k*ij*	; dei	(日)	d*agen*
god	(神)	go*aden*	; each	(日)	ea*gen*

(4) 単・複同形の語：

bern （子供） bern ; skiep （羊） skiep

B) 名詞の文法性：中性 (it) と通性 (de)：究極的には、個々の単語の性を覚える以外に方法はないが、以下の事例は多少参考になるかも知れない。

(1) 中性：「地名」、「指小辞」、「一部の金属／物質名」、「不定詞の語尾に -n が付く語」、ある種の接尾辞 (-t (e), -sel, -fol, -isme)、など。Fryslân（フリースラント）、Ingelân（イギリス）；beamke（小さい木）、huntsje（子犬）；izer（鉄）、sâlt（塩）；ite*n*（食物）、lêze*n*（読書）；beam*t(e)*（樹木）、bak*sel*（パン焼き）、hân*fol*（手一杯）、ego*isme*（利己主義）

(2) 通性：「性別」、「四季名／月名／曜日名」、ある種の接尾辞（抽象名詞語尾：-de, -te, -ens, -nis, -tme）、-ing 語尾を有する名詞、など。この性はかっての男性名詞と女性名詞が１つに統合されたもの。

heit（父）、mem（母）；winter（冬）、april（四月）、freed（金曜日）；leaf*de*（愛）、hich*te*（高さ）、ken*nis*（知識）、stil*tme*（静けさ）、beweg*ing*（運動）

C) 名詞の格：形態が異なるのは所有格のみで、いわゆる「所有」の意味に関係のある形態。「所有関係」は、多くの場合、前置詞 fan を用いる傾向がある。

(1) 人／人名：性・数に合わせて所有代名詞を選ぶ。

dy frou *har* man（この女性の夫）、de timmerman *syn* soan（その大工の息子）、dy lju *har* hope（この人たちの希望）、Likele *syn* auto（リッケラの自動車）

(2) 親族関係を表す語：語尾に -e を付ける。((4) の後例を参照)

heit*e* folpinne（父の万年筆）、myn memm*e* hoed（私の母の帽子）
- (3) 古い属格形（-s）を付ける。
  God*s* genede（神の慈悲）、har buorman*s* dea（彼女の隣人の死）
- (4) fan を用いた表現：
  de kaai *fan* de doar（ドアの鍵）、in fyts *fan* ús heit（父の自転車）

D） 指小辞：ある種の語に「小さい・可愛い、など」の意味を付加するために -ke, -tsje, -sje, -je のいずれかを付ける。

- (1) -ke：語尾が母音／[-m, -p, -f, -s, -r] などで終わる語：

aai	（卵）	aai*ke*	; brief	（手紙）	brief*ke*
beam	（木）	beam*ke*	; bus	（バス）	bus*ke*
doarp	（村）	doarp*ke*	; doar	（ドア）	doar*ke*

- (2) -tsje：[-n, -l] で終る語：

hûn	（犬）	hun*tsje*	; taal	（言語）	taal*tsje*

- (3) -sje：[-t] で終わる語：

wurd	（語）	wurd*sje*	; plant	（植物）	plant*sje*

  ＊語尾の -d は [-t] と発音する

- (4) -je：[-k, -ŋ, -x] で終わる語：

dak	（屋根）	dak*je*	; each	（目）	each*je*
kening	（王）	kenink*je*			

  ＊-ng は -nk に変わる

2．**代名詞**：通例、代名詞は名詞の代用をする。

代名詞の種類：

(1) 人称代名詞には、3つの格（主格、目的格、所有格）がある。

	人称	**主格**	連接辞・弱形	**目的格**	弱形
単数	1人称	ik（私は）	'k	my [mεi]	[mi]
	2人称	do（君は）〈親称〉		dy [dεi]	[di]
		jo（あなたは）〈敬称〉	je	jo	
	3人称	hy（彼は）	er	him	[əm]
		hja（彼女は）	se	har	[ər]
		it（それは）	't	it	
複数	1人称	wy [vεi]（私たちは）	we [və, vi]	ús	
	2人称	jimme（君［あなた］たちは）	jim	jimme	
	3人称	sy, hja, it（彼［彼女・それ］らは）	se	harren	[har]

	人称	**所有格**	**所有代名詞**
単数	1人称	myn（私の）	mines, minen（私のもの）
	2人称	dyn（君の）〈親称〉	dines, dinen（君のもの）
		jo, jins（あなたの）〈敬称〉	jowes, jinnes（あなたのもの）
	3人称	syn（彼の, その）	sines, sinen（彼［それ］のもの）
		har（彼女の）	harres（彼女のもの）
複数	1人称	ús（私たちの）	uzes, uzen（私たちのもの）
	2人称	jimme（君たちの、あなたがたの）	jimmes（君［あなた］たちのもの）
	3人称	har（彼らの, それらの） harren（彼女らの）	harres（彼［彼女・それ］らのもの）

(2) 指示代名詞；指示形容詞：「これは／この」；「あれは／あの」の2つの用法。

	通性	中性	通性	中性
単数	dizze	dit	dy	dat
	（これ）		（あれ）	
複数	dizze		dy	
	（これら）		（あれら）	

Dit [*Dat*] is myn lân.　（これ［あれ］は私の土地です）

Dit [*Dat*] lân is mines.（この［あの］土地は私の物です）

(3) 不定代名詞：不特定の人／物を指す。

ien, immen, men（人）、wat（ある物）、elk（どんな人／物）、alles（あらゆる人／物）、など：

Der is *ien* by de doar. 　（ドアのところに誰かいる）

Hat er *wat* ferteld? 　　（彼は何か話しましたか）

(4) 再帰代名詞：通例、目的語となるこの代名詞（jin）は主語と同一の人／物を指す。

Ik	skamje	**my.**	（私は恥をかく）
Do	skammest	**dy.**	（君は恥をかく）
Jo	skamje	**jo.**	（あなたは恥をかく）
Hy/Hja	skammet	**him/har.**	（彼［彼女］は恥をかく）
Wy	skamje	**ús.**	（私たちは恥をかく）
Jimme	skamje	**jimme.**	（君たち［あなたがた］は恥をかく）
Hja	skamje	**harren.**	（彼らは恥をかく）

(5) 疑問代名詞；疑問副詞：wat（何）、wa（誰）；hok（どのような）、hoe（どのように）、wer（どこに）、wêrom（どうして）、wannear（いつ）、など。

Wat is jo namme? 　　（お名前は）

Wa seit dat? 　　　　（誰がそう言いましたか）

Hoe giet it mei jo? 　　（お元気ですか）

(6) 相互代名詞：「互いに」の意味を持つ語（inoar, elkoar）。

Hje seine *inoar* [*elkoar*] earst neat.（彼らは最初互いに口をきかなかった）

(7) 関係代名詞；関係副詞：先行詞が通性・単数の名詞と通性・中性の複数名詞の場合は、dy't を、中性・単数の名詞の場合は、dat を用いる。また、関係副詞には「場所」を示す der't と「時」を示す doe't とがある。

De frou *dy't* hjir juster wie is sjongster.

　（昨日ここにいた女性は歌手です）

It hûs *dat* ik kocht haw wie tige djoer.

　（私が買った家はとても高価でした）

Ik wit in plak *der't* it goed prate wol.

　（私は落ち着いて話のできる場所を知っている）

Yn it jier *doe't* dit barde is dit bern berne.

（これが起きた年に、この子供が生まれた）

＊ doe't の代わりに dat を用いることも可能

3．**形容詞**

A）形容詞の機能には、2つの用法がある：

(1) 限定的用法：名詞を修飾する。

　　It is *moai* waar.　　　（いい天気です）

　　Hy hat in *nije* kaai.　（彼は新しい鍵を持っています）

(2) 述語的用法：主格補語／目的格補語となる。

　　Dy rivier is *wiid*.　　（その川は幅が広い）

　　Ik fyn har *leaf*.　　　（彼女は素敵だと思う）

B）形容詞の語尾：形容詞に後続する名詞の性・数によって、またそれに先行する語（限定詞など）の有無によって、-e/-en が付くことがある。

(1) -e が付く場合：

　(a) 冠詞 + 〈形容詞 -e〉+ 通性・単数名詞：

　　de [in] jong*e* faam（若い女）、de [in] grutt*e* man（大きな男）

　(b) 限定詞（it/dit/dat）+〈形容詞 -e〉+ 中性・単数名詞：

　　it [dit/dat] moai*e* popke（その [この / あの] 綺麗な人形）

　　＊ただし、ien, elk, gjin, sa'n, hoe'n, myn、などが先行すると、通例、-e を付けない

　(c) 〈形容詞 -e〉+ 複数名詞：

　　jong*e* fammen（若い女たち）、twa âld*e* bussen（2台の古いバス）

(2) -en が付く場合：

　(a) 形容詞に強勢が置かれる場合：特に、in, gjin, sa'n などに先行される時に多く見られる。

　　Har heit is in djip*pen* tinker.（彼女の父は実に思慮深い）

　(b) 形容詞の直後に、代名詞の ien（人／物）が来る時。

　　Ik wol in grut*ten* ien.（僕は大きいのが欲しい）

　　＊ien が省略されても、形容詞の語形はそのまま

(3) -e/-en が付かない場合：
　(a) 形容詞が、-en, -er, -ster などの語尾で終わる時。
　　 de iep*en* brêge（開いている橋）、de loft*er* [rjocht*er*] hân（左 [右] 手）、
　　 Dracht*ster* koeke（ドラハテンクッキー）
　(b) 不定冠詞（in）＋形容詞＋man（人）/（職業名）の時。
　　 in machtich man（力のある人）、in ferneamd professor（有名な教授）
C) 形容詞の比較：2つの**変化形**と3つの**比較形**（原級、比較級、最上級）
(1) 規則変化：通例、形容詞語尾に、-er（比較級）、-st（最上級）を付ける。

　　(a) nij　　（新しい）　　：nij*er*　　　：nij*st*
　　　　moai　（綺麗な）　　：moai*er*　　：moai*st*
　　(b) breed　（広い）　　　：bred*er*　　：breed*st*
　　　　＊比較級のみ発音・綴りが変わる
　　(c) braaf　（正直な）　　：brav*er*　　：braaf*st*
　　　　＊語末が -f の場合、有声化され -v となり、母音は短くなる
　　(d) grut　 （大きい）　　：grut*ter*　 ：grut*st*
　　　　＊語末が〈短母音＋子音〉の場合、比較級では子音字を重ねる
　　(e) min　　（悪い）　　　：min*der*　　：min*st*
　　　　＊語末が -l, -n, -r で終わる場合は、比較級は -der となる
　　(f) heech （高い）　　　：heg*er*　　 ：heech*st*
　　　　＊語末が -ch で終わる場合は、比較級は -ger となる
　　(g) trou　（本当の）　　 ：trou*wer*　 ：trou*st*
　　　　＊語末が -ou, -au で終わる場合は、比較級は -wer となる
(2) 不規則変化：比較形がそれぞれ異なる。
　　　　goed　（良い）　　　：better　　　：bêst
　　　　folle　（多くの）　　：mear　　　　：meast
　　　　let　　（遅い）　　　：letter　　　：lêst

D) 形容詞の比較形の用法：
(1) 原級：同等の比較で、通例、sa/like…as（…と同じく）で表現される。

Hy is sa[like] âld as ik. （彼は私と同じ年です）

(2) 比較級：同一の人／物ないしは他の人／物との比較で、同一の場合には、単に比較形だけで、他との比較では、通例、as（…より）と共に用いる。

Har sikte wurde minner. （彼女の病気はさらに悪くなっている）
Dizze ko is grutter as dy ko. 　　（この牛はあの牛より大きい）
It Frysk hat mear lûden as it Hollânsk.

（フリジア語はオランダ語より音声の数が多い）
＊名詞の比較は、名詞の前に mear を用いる

(3) 最上級：3つ（以上）の人／物の中で「一番…だ」を表現する。最上級の前に、通例、定冠詞を付ける。

Dat is it bêste plak foar dy.

（あそこは君にとって最も素晴らしい所だ）

4. **数詞**：基数詞と序数詞

	基数詞	序数詞
1	ien	earste, foarste
2	twa	twadde, twade, oarde
3	trije	tredde, trêdde
4	fjouwer	fjirde
5	fiif	fyfte, fyfde
6	seis	sechste [sékstə], seisde, sechde
7	sân	sânde
8	acht	achtste [ákstə]
9	njoggen	njoggende
10	tsien	tsiende
11	alve, âlf	âlfde, alfte
12	tolve, tolf	tolfte, tolfde
13	trettjin	trett(s)jinde
14	fjirtjin	fjirt(s)jinde
15	fyftjin	fyft(s)jinde

16	sech(s)tjin	sech(s)tsjinde
17	santjin	sant(s)jinde
18	achttjin	achtt(s)jinde
19	njoggentjin	njoggentjinde
20	tweintich	tweintichste
21	ienentweintich [jin-]	ienentweintichste
30	tritich	tritichste
40	fjirtich	fjirtichste
50	fyftich	fyftichste
60	sech(s)tich	sech(s)tichste
70	santich	santichste
80	tachtich	tachtichste
90	njoggentich	njoggentichste
100	hûndert	hûndertste
110	hûndert en tsien	hûndert en tsiende
115	hûndert en fyftjin	hûndert en fyftjinde
200	twahûndert	twahûndertste
235	twa hûndert fiifentritich	twa hûndert fiifentritichste
1000	tûzen	tûzenste
10.000	tsientûzen	tsientûzenste
1.000.000	miljoen	miljoenste
0	nul	

5．冠詞：不定冠詞と定冠詞

　A）不定冠詞（in）：通例、不特定の「加算名詞」と共に用いる。

　　(a)　「1つ、ある」の意味で：

　　　　Hy hat *in* dochter.　　　（彼には娘が（一人）いる）

　　(b)　「種類全体」を表す：

　　　　In hûn is in trou dier.　（犬（という動物）は忠実な動物だ）

　　しかし、次のような場合には、冠詞はしばしば省略される。

　a）「職業／身分」を表す語が補語になる場合：

　　　I bin *dokter*.　　　（私は医者です）

　b）as（…として）の後で：

　　　Hy wurkt as *advokaat*.　（彼は弁護士として働いている）

　c）その他：特定の連句で：

　　　Hja binne *broer en suster*.　（彼らは兄妹である）

B) 定冠詞：it（中性）と de（通性）：不特定のものを特定化する場合に用いる。この２形の選択は名詞の性と数によって決まる。

(a) 不定詞の名詞的用法：〈動詞 -n〉はすべて中性名詞扱いになる。
it ite*n*（〈ite（食べる）（食べ物）、*it* sje*n*（〈sjen（見る）（見ること）

(b) 既出の人／物を指す場合：
It horloazje is tige djoer.（その時計は大変高価です）

(c) その場の状況でそれと判別できる場合：
Wolle jo *de* gerdin tichtdwaan?（（その）カーテンを閉めてくれませんか）

(d) 形容詞（句／節）によって限定される場合：
de oere *fan kommen*（到着の時間）
It jong *dat hjir juster wie* is myn freon.
（昨日ここにいた青年は私の友達です）

(e) 形容詞が最上級の場合：
it lêste nijs（最近のニュース）、*de* grutste beam（一番大きな木）

(f) 序数詞の場合：
it twadde perron（２番ホーム）、*de* 19de ieu（19世紀）

(g) 唯一無二の者／物：
de sinne（太陽）、*de* moanne（月）

(h) 方角／左右：
it easten [westen/suden/noarden]（東／西／南／北）
it lofter each（左の目）、*de* rjochter hân（右の手）

(i) その他：固有名詞（言語、河川／海、公共施設、など）：
it Frysk（フリジア語）、*it* Ingelsk（英語）、*it* Hollânsk（オランダ語）
＊言語名は常に中性名詞扱い
de Ryn（ライン川）、*de* Noardsee（北海）、*it* Fryske Akademy（フリスク・アカデミー）、*de* Ryksoerheit（中央政府）、*de* Ljouwerter Krante（レーワルデン・クロンテ）（（地方新聞名））

フリジア語文法の概要

6．**動詞**：動詞は、文を構成する品詞の中で最も重要な機能を持ち、その語形変化も多様である。
 A) 動詞の語尾（原形）には、次の３つのタイプがある。
  (a) -e：hauw*e* （持つ）、 komm*e* （来る）
  (b) -je：laits*je* （笑う）、 tank*je* （感謝する）
  (c) -n：gea*n* （行く）、 sje*n* （見る）
 B) 動詞は（特に）機能的視点から、次のタイプに下位分類できる。
 (1) 本動詞：文の主要素である「述語動詞」になる。これには、基本的には、自動詞と他動詞の区別がある。
  (a) 一般動詞：rinne （歩く、走る）、lêze （読む）、など。
   In ko *rint*.　　　（牛が歩く［いている］）
   Hy *lêst* in boek.　（彼は本を読む［んでいる］）
  (b) 再帰動詞：目的語に再帰代名詞をとる。通例、辞典などでは、jin で表示する：(jin) skamje （恥じる）、(jin) bestilje （我慢する）、など。「再帰代名詞」（P.659）を参照。
   Ik *skamje my* foar myn gedrach. （自分の振る舞いを恥ずかしく思っている）
  (c) 分離動詞：この種の動詞はある条件のもとで（主に、命令文、現在／過去時制など）前綴りは動詞の語幹と分離し、通常、文末に置かれる：*oan*sjen （見る）、*op*stean （立つ）、など。
   Sjoch ris *oan*!　　　（ちょっと見て！）
   Hy *kappet* de beam *om*. （彼はその木を切っている）
   De liuw *brocht* de nacht yn it hok *troch*.
   　　　　　　（そのライオンは、夜を檻の中で過ごした）
   De pine hast net *út* te *stean*. （痛みはほとんど我慢できなかった）
   It begruttet my om jo *wekker* te *meitsje*.
   　　　　　　（（寝ているのを）起こしてすみません）
   ＊上記２例のように、分離動詞は te を前後に分離する
  (d) 非人称動詞：通例、非人称代名詞 it が主語となる：frieze （凍

る)、reine(雨が降る)、snije(雪が降る)など。
It *reint*. (雨が降る[っている])

(2) 助動詞

(a) 本来の助動詞は、通例、本動詞と共に用いられる:これには、kinne(…できる)、meie(…してもよい、…できる)、moatte(…ねばならない)、sille(…だろう)、wolle(…だろう、…したい)、などがある。

Ik *kin* swimme. (私は泳げる)
Mei ik dizze appel ite? (このりんごを食べてよいですか)
Do *moatst* dit plan opjaan. (この計画を断念すべきです)
Hja *sil* hjir moarn komme. (彼女は明日ここに来るだろう)
Ik *wol* it goed mei har meitsje. (彼女とうまくやって行きたい)
Ik *moat* nei hûs. (家に帰らなくちゃ)

＊「運動」を表す動詞(特に、gean, komme、など)はしばしば省略される

(b) 本動詞から転用された助動詞:hawwe は過去分詞と共に「完了形」を、wurde/wêze は過去分詞と共に「受動態」を形成する。

Hja *hat* my jierdei *fergetten*. (彼女は私の誕生日を忘れていた)
It brief *wurdt* troch my *skreaun*. (その手紙は私が書いたものです)

＊「受動態」の項を参照

C) 動詞の活用:**弱変化動詞**(または規則動詞)と**強変化動詞**(または不規則動詞);なお、動詞の中にはこの両方を兼ねる、いわゆる「混合変化動詞」もある。具体的には、『フリジア語辞典』の「不規則動詞変化表」を参照。

(1) 弱変化動詞:過去形が -t/-de で終わる:

(a) -te で終わるグループ:(b) -de で終わるグループ

telle(告げる):語幹:tel-;stappe(歩む):語幹:stap-

〔現在形〕

単数	1	tel	stap
	2	tel**st**	stap**st**
		tel**le**（敬称）	stap**pe**（敬称）
	3	tel**t**	stap**t**
複数		tel**le**	stap**pe**

〔過去形〕

単数	1	tel**de**	stap**te**
	2	tel**dest**	stap**test**
	3	tel**de**	stap**te**
複数		tel**den**	stap**ten**

〔現在分詞〕tel**lend**　　　　　　stap**pend**

〔過去分詞〕tel**d**　　　　　　　stap**t**

〔命　令　形〕tel　　　　　　　　stap

(2) 強変化動詞：通例、過去形と過去分詞形の語幹の母音を変化させる。

　(a) drinke（飲む）：語幹：drink-；(b) skriuwe（書く）：語幹：skriuw-

〔現在形〕

単数	1	drink	skriuw
	2	drink**st**	skriuw**st**
	3	drink**t**	skriuw**t**
複数		drink**e**	skriuw**e**

〔過去形〕

単数	1	dr*o*nk	skr*eau*
	2	dr*o*nk**st**	skr*eau***t**
	3	dr*o*nk	skr*eau*
複数		dr*o*nk**en**	skr*eau***wen**

〔現在分詞〕drink**end**　　　　　skriuw**end**

〔過去分詞〕dr*o*nk**en**　　　　　skr*eau***n**

〔命　令　形〕drink　　　　　　skriuw

D) 時制：ある「状態・運動」の時間的関係を示す。基本的には、3

つの時制がある。

[例]：sjen（見る）

(a) 現在、過去、未来：現在時制で「進行」や「未来」の意味を表すことができる。特に、「進行」の意味を強調する時には、〈wêze oan te ＋不定詞 -n〉で表現する。

 Ik *sjoch*.　　　　　　　（現在時制）cf. Ik *bin oan te* lêzen.
 Ik *seach*.　　　　　　　（過去時制）
 Ik *sil* sjen.　　　　　　（未来時制：〈助動詞＋動詞の原形〉）

(b) 現在完了、過去完了、未来完了：

 Ik *ha* sjoen.　　　　　　（現在完了：〈hawwe ＋過去分詞〉）
 Ik *hie* sjoen.　　　　　　（過去完了：〈hie ＋過去分詞〉）
 Ik *sil* sjoen hawwe.　　　（未来完了：〈sille ＋過去分詞＋ hawwe〉）

E) 法：話し手/書き手がある事柄を述べる時の「心的態度」を表現する様式で、「直説法」、「仮定法」/「条件法」、「命令法」の3つがある。

(a) 直説法：ある事柄をありのままに述べる。

 Dizze plysjeman *is* lang.　　　（この警官は背が高い）
 De sinne *sakket* yn it westen.　（太陽は西に沈む）

(b) 仮定法/条件法：「仮定」、「願望」、「推量」などを述べる。現在、未来のことに言及する時は動詞・助動詞は過去形を、また過去について言及する時は過去完了形を用いる。

 Ik *woe* dat ik in fûgel *wie*.（僕が鳥だったらなあ）
 As se *thúskaam*, *woe* ik mei har prate.
 　　　　　　　　　　　（彼女が帰宅したら、彼女と話がしたい）
 ＊しばしば、as（もし…ならば）が用いられる
 As ús mem thús *west hie*, *wie* dit noait *bard*.
 　　（母が家にいたら、こんなことは起こらなかっただろうに）
 As ik dokter *west hie*, dan *hie* ik him *helpe wollen*.
 　　（私が医者だったら、（その時）彼を助けていただろうに）

(c) 命令法：ある行為を相手に命じる法で、もし動詞の語尾が -je で終われば、そのままで命令形になるが、-e/-n で終われば、1人称単数形を用いる。

 Wachtsje ris.　　　　　　（ちょっと待ってください）
 Harkje jo ris nei my.　（君（たち）、私の言うことを聞いて）
  ＊相手を特に強調する時には、主語を後続させる
 Ferjit myn telefoannûmer net.　（私の電話番号を忘れないで）
  ＊ Ferjit の原形は、ferjitte（忘れる）
 Jou my mar in kopke kofje.　（コーヒーを一杯ください）
  ＊ Jou の原形は、jaan（与える）
 Pas der goed *op*.　　　　（それには十分注意してください）
  ＊ Pas…op の原形は、oppasse（…に注意する）。命令法では、分離動詞は語幹と前綴りとが分離する

F）不定法：動詞の形態の1つで、大別して、「原形不定詞」と「（te）＋不定詞」がある。

(1) 原形不定詞：助動詞（sille、wolle、meie、moatte、kinne、など）と共に用いられる。

 Hy sil in lêzing oer polityk *hâlde*.
      （彼は政治について講義をするだろう）
 Ik wol graach yn de sinne *sitte*.　（私は日向ぼっこがしたい）
 Do meist by ús *bliuwe*.　（君は私たちの所にいてよい）
 Ik moat dit plan *opjaan*.
     （私はこの計画を断念しなければならない）
 Hy kin Frysk net *prate*.　（彼はフリジア語が話せない）

(2)「（te）＋不定詞」：te が「付かない場合」と「付く場合」とがある。

 (a) te が付かない場合：
  Lit ús mear Ingelsk *leare*.（英語の勉強をもっとしましょう）
   ＊「使役動詞」（litte（…させる）と共に
  Ik seach in fûgel *fleane*.　　（鳥が飛んでいるのを見た）

　　　　＊「知覚動詞」（sjen（見る）、hearre（聞く）、fiele（感じる）、
　　　　　など）と共に
　　Myn man bliuwt hjir *stean*.　　　　（私の夫はここに立っている）
　　　　＊「状態動詞」（bliuwe（留まる）、gean（…になる）、lizze（横
　　　　　になる）、など）の補語になる
(b)　te が付く場合：te ＋〈動詞の原形 -n〉となる。
　　Om djip yn jinsels *te sjen* is goed.
　　　　　　　　　　　　　　　　（自己を深く見詰めることはよいことだ）
　　　　＊名詞的用法で、is の主語になる
　　Ik hoopje hjir *te bliuwen*.　　　（私はここにいたい）
　　　　＊名詞的用法で、hoopje の目的語になる
　　Ik learde him om it wurd *te staverjen*.
　　　　　　　　　　　　　　（私は彼にその単語の綴りを教えた）
　　　　＊名詞的用法で、learde の直接目的語になる
　　Hjir is neat *te belibjen*.　（ここには証拠となるものは何もない）
　　　　＊形容詞的用法で、neat を修飾する
　　Se gong *te melken*.　　　　（彼女は牛乳を絞りに行った）
　　　　＊副詞的用法で、gong を修飾する
　　Heit hat my stjoerd om jo *te helpen*.
　　　　　　　　　　　　　　（父は君を手助けするために私を使わした）
　　　　＊（…する目的で）を強調するために、om…te の構文になる
(c)　不定詞の特殊用法：動詞を名詞化する用法で、前項と同じく、
　　　語尾に -n を付け、「中性名詞」扱いにする。
　　Lêzen is myn ienige leafhawwerij.（読書は私の唯一の趣味です）
　　Wy ferwachtsje it *kommen* fan 'e maitiid.
　　　　　　　　　　　　　　（私たちは春の訪れを楽しみに待っている）
　　　　＊定冠詞（it）が付いているのは、fan 'e maitiid に限定されて
　　　　　いるから
　　It *iten* smakket my goed.　　　（その食べ物はおいしい）

G) 現在分詞（-end）と過去分詞（-d/-t/-(e)n）
(1)(a)形容詞的用法：分詞は共に形容詞扱いとなり、名詞を修飾する。

   in *sprekkend* gesicht   （〈sprekke） （表情に富む顔）
   in *triljend*e hân   （〈trilje） （震えている手）
   ＊語尾の -e は形容詞の用法に準ずる
   seane aaien   （〈siede） （ゆで卵）
   in *snipte* dief   （〈snippe） （逮捕された泥棒）

 (b) 副詞的用法：現在分詞に限定された用法で、やや文語的表現。
   Sjongend kaam myn dochter thús.（娘が歌を歌いながら帰宅した）

(2) 完了時制：hawwe/wêze ＋過去分詞
  Ik *haw* him noait wer *sjoen*. （彼には再び会っていない）
   ＊現在完了時制
  Hy frege wa't it *dien hie*. （誰がそれをしたのか彼は尋ねた）
   ＊過去完了時制で、過去分詞が**他動詞**の場合は、hawwe を用いる
  In augustus *sille* de plannen wol *folwoeksen wêze*.
    （８月にはその植物もすっかり成長しているでしょう）
   ＊未来完了時制で、過去分詞が**自動詞**の場合は、wêze を用いる

(3) 受動態：wurde/wêze ＋過去分詞：前者は現在・過去・未来の受動態に、後者は、通例、未来完了の受動態に用いられる。
  ［例］Hy *skriuwt* it brief.（彼はその手紙を書く）
 (a) 現在時制 ：It brief *wurdt*（troch him）*skreaun*.
 (b) 過去時制 ：It brief *waard*（troch…）*skreaun*.
 (c) 未来時制 ：It brief *sil*（troch…）*skreaun wurde*.
 (d) 現在完了時制：It brief *is*（troch…）*skreaun wurden*.
 (e) 過去完了時制：It brief *wie*（troch…）*skreaun（wurden）*.
 (f) 未来完了時制：It brief *sil*（troch…）*skreaun（wurden） wêze*.

7. 副詞

フリジア語の副詞はその大部分が形容詞と同じ語形をしている。語形変化としては、副詞の1部が比較形を持つこと、また意味を強調するために、語尾の -e（「形容詞の語尾」を参照）を付けることである。

(1) 機能による分類：

(a) 形容詞を修飾する

It is hjoed *tige* moai waar.　　（今日はとても良い天気です）
＊形容詞 moai を修飾している

(b) 動詞を修飾する

Wolle jo *stadiger* prate?　（もっとゆっくり話してくれませんか）
＊動詞 prate を修飾している

(c) 他の副詞を修飾する

Jo kinst *sa* goed swimme.　　（君はとても上手に泳げる）
＊副詞 goed を修飾する

(d) 文全体を修飾する

Gelokkich kaam ik op 'e tiid.　　（幸い、時間に間に合った）
＊文 kaam ik op 'e tiid を修飾する

(2) 意味による分類：

(a) 「場所」に関するもの：

der/dêr（そこ）、hjir（ここ）、foar（前に）、efteroan（後ろに）、boppe（上に）、nei（近くに）、yn（中に）、thús（家に）、bûten（外に）、binnen（内側に）、など。

(b) 「時」に関するもの：

hjoed（今日）、juster（昨日）、moarn（明日）、jûns（夕方）、nachts（夜）、earst/foarst（最初に）、altyd/altiten（常に）、no（今）、など。

(c) 「様態」に関するもの：

stadich（ゆっくりと）、handich（急いで）、hoeden（注意して）、

graach（喜んで）、hurd（懸命に）、heislik（恐ろしく）、krekt（正確に）、bêst（最高に）、など。
(d) 「程度／度合」に関するもの：
danich（すっかり）、tige（とても）、slim（ひどく）、fierwei（はるかに）、faaks（多分）、folle/gâns（沢山）、betreklik（比較的に）、mar（単に）、など。
(e) 「頻度」に関するもの：
wer/wolris（再び）、soms（時々）、ienris/ienkear（かつて、一度）、faak（しばしば）、twaris（2度）、jimmerwei（絶えず）、gauris（頻繁に）、など。
(f) 「結果」に関するもの：
doe（それから）、dus/dêrom（従って）、dan（それで）、など。
(g) 「肯定／否定／断定」に関するもの：
ja（はい、そうです）、nee（いいえ）、net（…でない）、noait（決して…ない）、beslist（確かに）、grif/wis/fêst（確かに）、など。
(h) その他：
doch（とにかく）、bygelyks（例えば）、oars（そうでなかったら）、mei-inoar（互いに、一緒に）、など。

8. 前置詞

A) 前置詞の機能：大別して、修飾句と動詞句を形成する。
(1) 修飾句：〈前置詞＋名詞（相当語）〉で構成され、先行の名詞、形容詞、動詞などを修飾・限定する。
　　It is de foto *fan myn famylje.*　　（それは私の家族の写真です）
　　　＊先行の名詞（句）de foto を修飾している
　　Ik bin flau *fan 'e honger.*　　（おなかがすいて眩暈がする）
　　　＊先行の形容詞 flau を修飾する
　　Richtsje lêst in boek *yn de keamer.*（リッヒチェは部屋で本を読んでいる）
　　　＊先行の動詞 lêst を修飾する

(2) 動詞句：〈動詞＋前置詞〉で構成され、文の主要素となり目的語をとる。

Hja *siket om* Hoekstra syn kaai.

(彼女はフクストラの鍵を捜している)

＊後続の目的語（句）Hoekstra syn kaai を支配する

Ik *hoopje op* better waar.　（良い天気になることを望んでいます）

＊後続の目的語（句）better waar を支配する

B）前置詞の意味と種類

(1)「場所／方角」に関するもの：

efter/achter（…の後ろに）、by（…の近くに）、boppe（…の上に）、fan（…の、…から）、foar（…の前に）、yn（…の中に）、nei（…の方へ）、oan（…に対して）、oer（…の（上）方に）、op（…（の上）に）、troch（…を通って）、tsjin（…に対して）、ûnder（…の下に）、など。

(2)「時」に関するもの：

binnen（…以内に）、efter（…の後に）、foar（…の前に）、nei（…の後で）、op（…に）（（日・曜日））、sûnt（…以来）、troch（ずっと）、など。

(3) その他：「手段／道具」（…によって）mei, by, troch；「材料」（…で）fan；「起源／出身」（…から）fan；「原因／理由」（…で）fan, troch, foar, út；「関連／付帯」（…と、…について）om, oer, fan, mei, oan；「所有／部分」（…の）fan；「追求」（…を求めて）foar, op；「賛成／反対」（…のために、…に対して）foar, tsjin；「割合／比較」（…に比較して、…ように）foar, as；「除外／排除」（…を除いて）bûten, sûnder；「行為者」（…によって）troch、など。

9．**接続詞**：語、句、節などを連結する機能を持つ。これには、**等位接続詞**と**従属接続詞**の２種類がある。

(1)「等位接続詞」は、語、句、節などを、**並列的に**連結する。そ

の主なものとして：en（そして、…と）、mar（しかし）、of（または）、want（…と言うのは）、noch 〜 noch（…どちらも…ない）、dus（だから、従って）、などがある。

 It kastiel is ald *en* grut. （その城は古くて大きい）
 De frucht is lyt *mar* swiet. （その果物は小さいが、美味しい）
 Ik wol kofje *of* tee drinke. （僕はコーヒーか紅茶を飲みたい）
 Se kin net komme, *want* se is siik.
    （彼女は来られない、と言うのは病気だから）

(2) 「従属接続詞」は、主節に**従属的**に連結する。これには、3つのタイプがある。

 (a) 名詞節：主節、目的節、補語節になる。通例、dat（…であることは）、oft（…かどうか）、wa't（誰が）、wat（何が）、などの接続詞や疑問詞が用いられる。

 Dat er gjin fyts hat is wier.
    （彼が自伝車を持っていないのは事実だ）
  ＊ is の主節となる

 Hy seit *dat er gjin wurk hat*. （彼は仕事がないと言っている）
  ＊ seit の目的節となる

 It feit is *dat er syn plan opjoech*.（事実は彼が計画を諦めたことだ）
  ＊ is の補語節となる

 Ik wit net *oft it wol wier is*. （それが本当かどうか分からない）
  ＊ wit の目的節になる

 Hy frege my *wa't de frou wie*. （彼はその女性は誰かと尋ねた）
  ＊ frege の目的節になる

 (b) 形容節：関係代名詞（dy't（通性）、dat（中性））などによって導入される節で、先行詞を修飾・限定する。

 Dat is in fraach *dy't ik net beäntwurdzje kin*.
    （それは私には答えられない質問です）
  ＊ dy't…kin が先行詞 in fraach を修飾する

It boek *dat ik lês* is tige interesant.

（私が読んでいる本はとても面白い）

＊ dat…lês が先行詞 It boek を限定している

(c) 副詞節：常に、主節に従属する。その数が最も多く、「…時」：doe't（…時）、wylst（…間）、foar't/foardat（…前に）、sûnt（…以来）、oant（…まで）；「理由 / 原因」：om't/omdat（…なので）、mei't/meidat（…だから）；「結果」：dat/sadat（…なので）；「条件 / 仮定」：as（もし…ならば）；「譲歩」：(al) hoewol't/al（…ではあるが）、などがある。

Doe't hy siik is, bliuwt er thús.（彼は病気の時は、家にいる）

＊副詞節が主節に先行する時は、主節の語順は「動詞＋主語」になる（「語順の倒置」の項を参照）

As er komt, moatst my roppe.（もし彼が来たら、私に是非声をかけてください）

Hy hat gelok, *alhoewol't er gjin jild hat*.（彼は金がないけれども、幸せだ）

＊副詞節が主節に後続する時は、主節の語順は「主語＋動詞」となる

[II] 文の種類と構造

文は、意味と構造によって、2つのタイプに分類できる。

A) 意味による分類：それぞれの文には「肯定文」と「否定文」とがある。

(1) 平叙文：あることがらを単に述べる文で、「普通文」とも言われる。

Ik haw twa dochters.（私には2人の娘がいる）

De klok stiet op fjouwer oere.（時計が4時を打っている）

Hja haw gjin jild.（彼女はお金を全然持っていない）

(2) 疑問文：あることを尋ねる文。これには「ja（はい）」か「nee（いいえ）」で答えられる文と答えられない文（つまり、疑問詞

を用いる文）とがある。疑問詞の種類については、「疑問代名詞，疑問副詞」を参照。

Komme jo mei de bus?（バスで来ますか）

Hawwe jo myn boek al krigen?（私の本をもう受け取りましたか）

Wat seit de jonge?（その若者は何と言いましたか）

Wa sil derfoar straft wurde?（そのために誰が罰せられるのか）

(3) 感嘆文：「喜怒哀楽」の感情を表す文。通例、wat（なんて）、hoe（まあなんて）などが用いられ、感嘆符（！）が文末に付けられる。時に、平叙文に感嘆符を付けて、感情を表すこともある。

Wat is it kâld!（何て寒いんだろう）

Wat in leave poppe!（何て可愛い赤ちゃんでしょう）

Hoe moai is dit tún!（この庭は何て綺麗なんでしょう）

O, wat djoer!（まあ、随分高いこと！）

Proast!（乾杯！）

　＊感情の表出は、しばしば〈主語＋動詞〉が省略されて、変則的な文になる。

(4) 命令文：ある行為を相手に命じる文。通例、主語を省略する。動詞の「命令法」を参照。

Rink, jou my de hammer ris oer.（リンク、僕にハンマーをちょっとよこしてくれ）

Heit, gean hjir mar efkes sitten.（お父さん、ここにしばらく掛けていてください）

B) **構造による分類** (1)：文を構成する５つの基本文型；実際には、多様な文型が考えられるが、ここではその中で最も基本になる文型を５つのタイプに分類する。（S＝主語、V＝動詞、C＝補語、O＝目的語）

(1) S＋V：動詞は主に「状態・運動」を表す「完全自動詞」。しばしば、それを修飾する副詞を伴う。

Ik *sit* op in stoel.（私は椅子に掛けている）

　　　　＊op in stoel は副詞句で、動詞 sitte（座っている）を修飾している

　　　De bus *stoppet* hjir net.（そのバスはここには止まらない）
　　　　＊hjir（ここ）と net（…でない）は共に副詞で、動詞 stopje（止まる）を修飾している

(2) S + V + C：動詞は、主に、「…である」およびこれに準ずる極く限られた語で、補語をとる「不完全自動詞」。C は通例、形容詞（句）なしは名詞（句／節）。

　　　Dat *is* wier.（それは本当だ）
　　　　＊形容詞 wier が is の補語

　　　Dit *is* de pop fan syn suster.　（これは彼の妹の人形だ）
　　　　＊名詞 de pop が is の補語

　　　It finster *stiet* iepen.　　　　（窓が開いている）
　　　Likele *bliuwt* stom.　　　　　（リッケラは黙っている）

(3) S + V + O：動詞は、目的語を支配する「完全他動詞」で、その数は圧倒的に多い。O は通例、名詞（句／節）。

　　　Ik *haw* har brief *ferlern*.　　　（私は彼女の手紙をなくした）
　　　　＊har brief が目的語

　　　Jo *kinne* Frysk *prate*.　　　　（あなたはフリジア語が話せます）
　　　　＊Frysk が目的語

(4) S + V + O + O：この類の動詞は、２つの目的語（間接目的語と直接目的語）を支配する比較的数少ない語に限られる。

　　　Hja *joech* de bern appels.（彼女は子供（たち）にリンゴをあげた）
　　　　＊de bern が「間接目的語」で、appels が「直接目的語」

　　　De learaar *learde* ús Ingelsk.
　　　　　　　　　　　　（その先生が私たちに英語を教えてくれた）

　　　Lit my dat mar *dwaan*.　（私にそれをさせてください）

(5) S + V + O + C：目的語と補語をとる動詞で、「不完全他動詞」。この種の動詞は、そう多くはない。補語の位置にはいろいろな

要素がくる。

  Ik *fyn* har leaf.　　　　　（彼女は素敵だと思う）

   ＊形容詞 leaf（素敵な）は、fyn の目的補語

  Wy *funen* de man his heit.

   （私たちはその人が彼のお父さんだと言うことに気づいた）

   ＊名詞 his heit が、funen の目的補語

  Ik *hearde* in polysjeman roppen.（私は警官が呼んでいるのを聞いた）

   ＊原形不定詞 roppen が目的補語

C)　**構造による分類**（2）：単純な構成からより複雑な構成へ

(1)　単文：〈S + V〉を基本とする文。具体的には、前項を参照。

  Ik stie yn de rein.　　　　　　（私は雨の中に立っていた）

  Hy en ik boartsje yn 'e tún.　　（彼と僕は庭で遊んでいる）

  Hja rûn en rûn deis.　　　　　（彼らは毎日歩きに歩いた）

(2)　重文：2つ（以上）の単文を、通例、等位接続詞によって連結した文。

  Myn lichem skokte en skodde wer *en* ik klappertoske.

  （私はまた身体中がブルブル震えてきて、歯がガクガクしてきた）

  Ik kom mei de bus *of* ik kom mei de trein.

       （私はバスで行くか汽車で行くかする）

(3)　複文：従属接続詞、関係代名詞、疑問代名詞などによって導かれた従属文と主文からなる文。

  Hja frege *oft wy komme koene*.

      （私たちが来られるかどうか彼女は尋ねた）

  Ear't ik jo brief krige, wist ik der neat fan.

  （あなたから手紙を貰うまでは、私はその事については何も知りませんでした）

  Ik ferstean net *wat er seit*.　　（彼が言っていることは分からない）

(4)　混合文：単文、重文、複文の3つの文がいろいろと複合的に組み合わさった文である。

Henny Mets is in fleurich *en* aardich fanke, allinne sy praat sa lûd *en* se is *as* se op 'e dyk boartet sa berndich. It is hiel spitich *dat* Henny in freondin hat, Beppy, *dy't* in hiel ferdjerlike yndruk op har hat, *want* it fanke is slim goar *en* smoarch.『アンネの日記』より

（ヘニー・メッツは素直で、朗らかな女の子です。とても話し声が大きくて、その上、外で遊ぶ時はまるで子供みたいです。彼女にはベッピーという女友達がいますが、すごく残念なことに、ヘニーにはあまり快く思われていません。と言うのもベッピーはひどく下品で、意地悪ですから）

＊上記の文章は、等位接続詞（en、en、want、en）と従属接続詞（as、dat、dy't）から成る典型的な「混合文」である

D) **語順の倒置**：狭義には、S + V…構文が、V + S…構文に義務的ないし隋意的に転換することを指す。この主な条件を以下に示す。

(1) 疑問文で：

Hawwe jo myn brief al lêzen?　　（私の手紙をもう読みましたか）
Wolle jo de doar tichtdwaan?　　（ドアを閉めてくれませんか）
Wat *is jo* namme?　　　　　　　（あなたの名前は何ですか）
Wer *binne de bern*?　　　　　　（子供たちはどこにいますか）

(2) 感嘆文・祈願文で：

Hoe moai *is dyn horloazje*!　　（あなたの時計は何て素敵なんでしょう）
Wat *is it* kâld!　　　　　　　　（何て寒いんだろう）
Wie ik mar ryk!　　　　　　　（金持ちであればいいのになあ）

(3) 強調構文で：特に、S + V + C/O 構文で、C/O が強調されると、C/O + V + S 構文になる。

Dat *haw ik* skjin fergetten.　（そのことをすっかり忘れていました）
Grut *is God* derboppe.　　　　（天にいます神は偉大なり）

＊目的語 Dat、補語 Grut が共に文頭に置かれ、強調されている

(4) ある特殊な語（例えば、as（…だけども、さも…かのように））などが先行する場合や、直接話法の「伝達動詞」(例えば、sizze（言

う））が文末に来る場合に、倒置構文になる。

Ik wit it noch skoan, as *is it* al lang lyn.
　　　（それはずっと以前のことだけども、今でもなお良く覚えている）
Hy bearde as *hie er* dat net heard.
　　　（彼はそれをまるで聞いていなかったかのような振りをした）
'Ik bin de direktuer,' *sei ik*.（「私がその社長です」、と私は言った）

(5) 副詞（句／節）が文頭に来ると、義務的に、S＋Vが倒置する。これを「定型倒置」と言い、倒置構文の中で最も典型的である。

Juster *wie ik* in Dokkum.　　　（昨日私はドッカムにいました）
Yn it doarp *haw ik* mei syn frou iten.
　　　（その村で彼の奥さんと食事をしました）
As it moarn reint, *woe ik* thús bliuwe.
　　　（明日雨が降ったら、家にいたいです）
Doe't ik yn 't park wie, *seach ik* him rinnen.
（公園にいる時に、彼が散歩をしているのを私は見かけました）

E) **動詞（句）の位置**：(v＝助動詞、V＝本動詞)

(1) 単文で、特に、v＋…Vの場合と、$v^1…V＋v^2$ の場合とがある。$v^1…v^2＋V$ も可能である。

Ik *sil* it net wer *sizze*.　　　（そのことは2度と言いたくない）
Do *meist* dy wol *skamje*.　　　（君は恥を知るべきだ）
Hy *is* it wis *wurden*.　　　（彼はそれに気づいている）
Hoekstra *hat* tweintich in Drachten *wenne*.
　　　（フクストラはドラハテンに20年間住んでいる）
Se *sil* hjoed net *komme kinne*.（彼女は今日は来られないだろう）
　　＊ kinne komme の語順はオランダ語の影響と考えられる
In augustus *sille* de beammen wol *folwoeksen wêze*.
　　　（8月には、その樹木もすっかり成長しているでしょう）

(2) 複文が、特に、副詞節と主節からなる場合、副詞節の動詞句は〈従属接続詞＋S…V（＋v）〉となり、また主節は前項の(5)に

準じ倒置構文となる。

Doe't er siik waard, *moast* er it wurk *oerjaan*.
　　　　（彼は病気の時、仕事を断念しなければならなかった）

Safier't ik wit, *is* it noch net *betelle*.
　　　　（私が知っている限り、それは未払いになっている）

|編者紹介|

兒玉仁士 ［こだま・ひとし］獨協大学名誉教授（英語学・フリジア語学）
　　　1931年 鹿児島県(薩摩川内市)生まれ。1955年 青山学院大学文学部卒，1966年 青山学院大学大学院修士課程修了。Cambridge 大学（古・中期英語），Groningen 大学（フリジア語）にて在外研究。1966年-2001年 獨協大学講師・助教授・（大学院兼任）教授。
　　　〈業績〉『フリジア語辞典』（大学書林），『フリジア語文法』（大学書林），『新英和大辞典』（第5版）（研究社）（編集協力・執筆），『英語語源辞典』（研究社）（分担執筆），その他

目録進呈　落丁本・乱丁本はお取替えいたします。

平成 27 年 12 月 10 日　Ⓒ 第 1 版　発行

日本語フリジア語辞典	編　者　兒　玉　仁　士
	発行者　佐　藤　政　人
	発行所
	株式会社　大　学　書　林
	東京都文京区小石川 4 丁目 7 番 4 号
	振替口座　00120-8-43740
	電　話　(03) 3812-6281〜3 番
	郵便番号 112-0002

ISBN978-4-475-00168-7　　　　　　開成印刷／牧製本

大学書林
語学参考書

著者	書名	判型	頁数
兒玉仁士編	フリジア語辞典	A5判	1136頁
兒玉仁士著	フリジア語文法	A5判	306頁
朝倉純孝著	オランダ語辞典	A5判	1200頁
朝倉純孝著	オランダ語四週間	B6判	384頁
朝倉純孝編	オランダ語常用6000語	B小判	328頁
朝倉純孝著	オランダ語会話ハンドブック	B6判	248頁
朝倉純孝著	オランダ語文典	B6判	224頁
ムルタテューリ 渋沢元則訳注	マックス・ハーフェラール	B6判	272頁
鳥井裕美子編	オランダ語会話練習帳	新書判	228頁
檜枝陽一郎編	オランダ語基礎1500語	新書判	152頁
塩谷　饒著	オランダ語文法入門	B6判	192頁
清水　誠著	現代オランダ語入門	A5判	336頁
斎藤　信著	日本における オランダ語研究の歴史	B6判	246頁
河崎　靖著	オランダ語学への誘い	A5判	128頁
河崎　靖 クレインスフレデリック	低地諸国（オランダ・ベルギー） の言語事情	A5判	152頁
田原憲和著	ルクセンブルク語入門	A5判	152頁
森田貞雄著	ゲルマーニアをめぐって	B6判	138頁
浜崎長寿著	ゲルマン語の話	B6判	240頁
下宮忠雄編	ゲルマン語読本	B6判	168頁
下宮忠雄著	ゲルマン語対照辞典の試み	B6判	176頁

― 目録進呈 ―

50音・ローマ字

（清音・濁音）

あア	a	いイ	i	うウ	u	えエ	e	おオ	o
かカ	ka	きキ	ki	くク	ku	けケ	ke	こコ	ko
さサ	sa	しシ	shi/si	すス	su	せセ	se	そソ	so
たタ	ta	ちチ	chi/ti	つツ	tsu/tu	てテ	te	とト	to
なナ	na	にニ	ni	ぬヌ	nu	ねネ	ne	のノ	no
はハ	ha	ひヒ	hi	ふフ	fu/hu	へヘ	he	ほホ	ho
まマ	ma	みミ	mi	むム	mu	めメ	me	もモ	mo
やヤ	ya	(イ	i)	ゆユ	yu	(エ	e)	よヨ	yo
らラ	ra	りリ	ri	るル	ru	れレ	re	ろロ	ro
わワ	wa	(イ	wi)	(ウ	wu)	(エ	we)	をヲ	wo
んン	n								

がガ	ga	ぎギ	gi	ぐグ	gu	げゲ	ge	ごゴ	go
ざザ	za	じジ	ji/zi	ずズ	zu	ぜゼ	ze	ぞゾ	zo
だダ	da	ぢヂ	ji/zi	づツ	zu	でデ	de	どド	do

ばバ	ba	びビ	bi	ぶブ	bu	べベ	be	ぼボ	bo
ぱパ	pa	ぴピ	pi	ぷプ	pu	ぺペ	pe	ぽポ	po